市委办公室

8月31日，中国共产党津市市第十二次代表大会开幕式现场

11月2日，传达学习中国共产党十八届六中全会精神

会议现场——市委书记傅勇投票

4月11日，市委书记王学武调度园区建设工作

5月24号，市委常委会召开“两学一做”学习教育第一专题学习讨论会。

6月28日，王学武“七一”走访慰问生活困难党员

市政府办公室

▲常德市市委书记王群检查我市防汛工作情况

7.15全市2016年上半年度城市创建工作大会召开▶

7.30全市领导干部大会召开

9.9我市召开第32个教师节庆祝表彰大会

10.19三湘和达公用型保税仓库启用

11.15我市召开创"国卫"暗访反馈问题整改暨迎接国家技术评估动员会

12.14省卫计委评估验收我市"创国卫"国家暗访问题整改情况

12.19溢多利项目对接会召开

2016年11月23日至25日召开津市市第十七届人民代表大会第一次会议

津市市第十六届人民代表大会第五次会议

津市市人大常委会

津市市第十七届人大代表初任培训

视察绿色走廊建设情况

市第十七届人大代表第28选区选举现场

2015年度部门工作评价

市十六届人大常委会第二十七次会议召开

政协津市市委员会

2016年1月8日，政协津市市第十一届委员会第五次会议开幕式

2016年3月15日、16日，省政协常委、人口资源环境委员会主任胡伟林率领省财政厅、水利厅部分领导及专家调研津市市城乡供水一体化工作。

2016年11月23日，政协津市市第十二届委员会第一次会议开幕式

2016年4月18日，常德市政协临澧活动组委员来津市异地视察。

2016年6月17日，市政协主席姜正才一行实地考察澧县电商大楼，与负责人密切交谈电商产业发展事项。

2016年4月28日，市政协召开主席（扩大）会议，专题协商并村工作

2016年8月12日，市政协以“深刻反思衡阳破坏选举案教训，切实加强换届风气监督，努力营造良好政治生态”为主题，召开领导班子专题民主生活会。

2016年5月4日，市政协召开2015年度民主监督回访视察工作总结座谈会

2016年8月29日下午，市政协委员人选推荐提名工作会议召开▶

津市市人武部

▲2016年12月18日，省军区司令员黄跃进来津调研武装工作

2016年6月22日，省军区副政委刘建新带工作组来津市人武部检查调研

2016年3月9日，津市市民兵预备役工作暨国动委全会在市人武部召开

2016年12月21日，津市市人武部政委姜超在市委党校给市科级干部进行国防教育授课

2016年11月2日，国防教育知识宣讲走进德雅中学

2016年9月13日，津市市2016年新兵欢送大会在市人武部举行

2016年5月13日，津市市人武部组织市民兵应急连参加常德市民兵应急分队抗洪抢险综合演练

市委组织部

2016年基层党组织书记集中轮训

“三类人员”比选

“两学一做”学习教育工作会议

科干班结业

市委统战部

▲统战部长黄沅敏调研宗教工作

津市市委中心组专题学习统战工作▶

市人民法院

巡回审判

执行工作新闻发布会

电信诈骗案开庭

宪法日宣誓

2016年司法公正常德行动员大会▶

检察长王朝阳带领干警开展“国家宪法日”集体宣誓活动

市人民检察院

津市检察院召开创建省级文明标兵单位专题部署会

开展检察官履职评议大会

津市检察院召开首次新闻发布会

市检察院深入开展精准扶贫建档立卡工作

加强侦查监督,维护司法公正
开展“检察开放日”活动

市 公 安 局

▲2016年全市公安工作会议

津市市“回应民调关注，打击违法犯罪”专项行动新闻发布会 ▶

从武汉将犯罪嫌疑人抓获归案

支援常德“德马”赛事安保后的合影

上门为行动不便的老人办理身份证

禁毒日宣传

2016年度国家工作人员普法考试国税局考场

人身损害赔偿纠纷协议签署现场

市 司 法 局

领导干部夜校开班仪式

湖南省“法润三湘”公共法律服务志愿者津市市大队人民调解分部成员

“三下乡”摆设法律咨询台为老百姓提供法律咨询

2016年津市市法治文艺调演

市城管执法局

2016年1月6日，津市市政府副市长李景峰一行来到市城管执法局调研2016年春节市容卫生综合整治及公厕、垃圾中转站建设工作。

2016年津市市新建清远路公厕外观

2016年津市市新建清远路垃圾转运站

2016年3月28日，津市市城管执法局领导班子前往药山镇奇龙村八组进行精准扶贫。

2016年7月1日，CCTV-2中央电视台财经频道记者团就城乡生活垃圾处理相关问题对津市市环卫处负责人进行了现场采访。

2016年4月15日，津市市城管执法局执法队员在丝绢路拆除乱搭违建物现场

2016年5月20日，津市市城管执法局执法队员夜间在澹津路和护市路交汇处查处超限超高渣土车辆。

2016年9月，津市市城管执法局联合津市市电视台记者对城区刘公桥路附近夜市进行劝导、规整。

津市市城管执法局2016年度总结表彰大会

市安监局

◀2016年7月市长陈章杰检查安全生产工作

市长安全生产谈心对话活动▶

◀2016年6月16日安全生产咨询日活动形式多样

▲2016年6月24日我市举办安全生产行政执法软件培训

◀2016年6月15日安全生产忠诚卫士演讲赛

聘请支队专家开展法制培训

指挥春运高峰车辆

市公安局交警大队

驾驶人科目一考试现场

酒驾整治战前动员

交通违法夜查行动

2016年省自行车联赛津市邀请赛交通安保

创国卫僵尸车治理

违法停车行为现场查处

开展义务献血活动

警营文化羽毛球比赛

市地税局

2016年4月19日，津市市地税局召开"营改增"专题收入分析会

2016年8月12日，常德市文明办考核验收津市市地税局文明创建工作

2016年3月31日，召开津市市国、地税局深度合作工作联系会

2016年3月24日，津市市国、地税局联合开展企业所得税汇算清缴培训

2016年5月4日，津市市地税局表彰最美地税青年

2016年7月1日，召开庆祝中国共产党成立95周年党员大会

2016年3月7日，开展"保护母亲河"学雷锋志愿服务活动

2016年12月6日，举办"冲刺30天 实现完美收官"2016年冬季趣味运动会

◀2016年3月9日，津市国税局召开2016年度国税工作会议。

2016年3月16日，津市国税局召开2016年党风廉政建设工作会议。▶

市国税局

◀2016年10月，津市国税局开展增强“三员”身份意识教育、扎实开展两学一做学习教育。

▼2016年3月1日，津市国税局税务夜校开讲，全年开展税务夜校24期。

▲2016年，津市国税局开展道德讲堂活动场景。

2016年3月24日，津市国税局、津市地税局联合开展所得税培训。▶

湖南津市湘淮村镇银行

副市长周澧莅临调研开业筹建工作

创立大会

精准扶贫

长沙银行津市支行

津市支行-门头

津市政府与长沙银行-签署战略合作协议会议现场

省人大副主任参观澧水二桥

常德市市委书记王群视察澧水二桥

市交通运输局

码头技术交底会

省运管来津检查

◀农村公路

广州路桥

安保工程▶

车站消防演练现场

棠渡线大修施工现场

新洲超限检测站

八一工作座谈会

并村改革后新建村（社区）授牌仪式

市民政局

津市市民政局开展农村法制宣传月活动

慈善助学金发放仪式

◀档案数字化加工工作正式启动

▼6·9国际档案日宣传活动

市档案局

X028线处治水毁（2016年7月6日）

路域整治清除非标（2016年3月7日）

路政宣传月现场（2016年5月24日）

市公路局

增设安全标志牌（2016年8月30日）

X028线肖家湖段处治边坡坍塌（2017年5月22日）

市农业局

津市市农民技术培训中心

农教培训现场

蔬菜（食用菌）种植标准化生产车间

◀太阳能得到广泛应用

津市锦绣兰苑生态农庄掠影

神九堰土家民俗风情园全景

中意糖果展示中心

市畜牧水产局

省农委主任刘宗林等考察津市苋草种植基地

省饲料办检查验收我市饲料生产企业

常德市副市长朱晓平调研津市佳和灵泉基地

检验农贸市场肉品两章两证

新华社记者团考察津市畜禽养殖粪污综合利用

农业部来津调研洞庭湖区畜禽养殖污染治理试点

中国农业大学孙振钧教授来津指导畜禽水产养殖污染综合治理工作

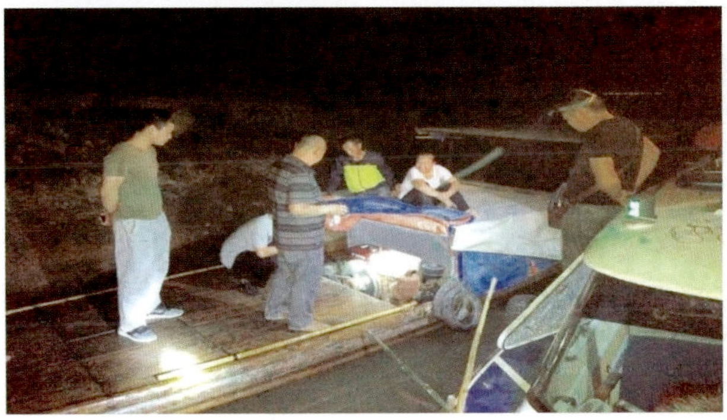

打击非法电捕鱼

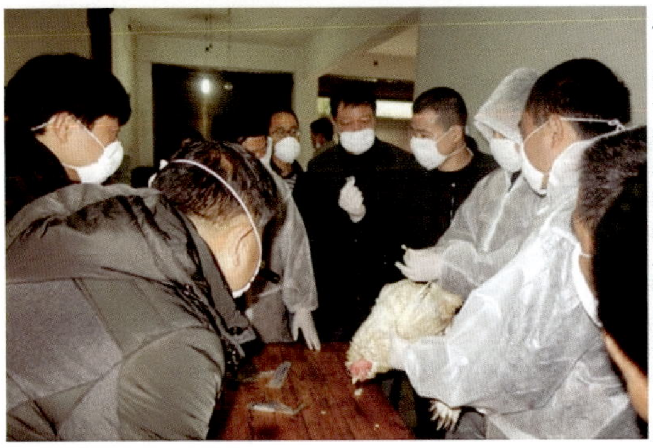

举办津市动物疫病监测采样培训班

拆除禁养区养殖场栏舍

市农机局

省农机局副局长肖琳调研我市农机制造产业发展

农机购置补贴专用核查摩托车发放仪式

举办油菜免耕直播现场演示会

在湘潭高垅航空基地举办农机无人植保飞机培训班

市农经局

▲津市市农村土地确权第一轮市级自检存在问题交办及后段工作调度会

土地确权第一轮自检▶

外业指界

省确权办来津市督查农村土地承包经营权确权登记颁证工作

市电信局

津市电信2016年12月14日在南苑宾馆召开津市市"智慧城市"高层论坛会▶

▼津市电信2016年12月31日召开总结表彰大会

◀津市电信庆祝5.17电信日健步走活动

市住建局

▲省委常委李薇薇视察水厂

2015年省住建厅厅长蒋益民白龙潭水厂调研▶

▲供水探漏

省水利厅副厅长钟再群白龙潭水厂调研▶

白龙潭

改造后的沥青道路

智慧城市建设

津市智慧城市指挥中心平台对接成功

施工现场▶

兰苑宾馆

兰苑宾馆全景

兰苑夜景

兰苑宾馆会议中心

兰苑宾馆KTV

兰苑宾馆总统套房

兰苑宴会厅

兰苑宾馆餐厅包房

兰苑宾馆大堂

国网津市市供电公司

公司负责人陪同常德供电公司领导督察500千伏常德北变电站施工进度

圆满完成药山竹林禅院落成保电

6月10日，五月初六，端午次日，著名禅宗祖庭药山惟俨禅师道场湖南省常德市津市市药山寺竹林禅院隆重举行落成典礼“人山人海”，国网津市市供电公司电骡子服务队通过周密部署，精心组织，圆满完成了药山寺竹林禅院安全保供电工作。

据悉，药山寺又名慈云禅寺，始建于唐初，此次构成恢复与重建是致力推动汉传佛教修证的传统文化，重朴实禅风，不断丰富发展生活禅。

在落成典礼前半个月津市供电分公司就出台了相关保电预案，详细策划保电方式与事故处理预想，并组织成立保电小组。为加强预警工作，防范因天气原因或高温高负荷造成电网事故，对线路、设备进行了多次拉网式排查，及时发现问题和隐患，采取整改措施。

6月10日早晨6点10来名电骡子备齐发电机1台，出动2台抢修车辆，装备抢修工具及物料，值守现场保电，同时远端增加了值班力量，抢修人员24小时待命，备足抢修物资，切实做到了发生故障快速响应、快速到达、快速排除隐患，圆满完成了此项保电任务。

全员质量改善活动启动大会

全员质量改善活动警示教育

▲团中央少年部副部长刘剑波等人来公司调研

常德市科学技术进步奖

证 书

为表彰常德市科学技术进步奖获得者，特颁发此证书。

获奖项目：汽车起重机用重型车桥的技术研究与产业化

奖励等级：一等奖

获奖单位：湖南中联重科车桥有限公司（第1完成单位）

证书号：015001

湖南中联重科车桥有限公司

后备管理骨干培训班

现代物流进出库操作比武

气排球赛

◀职代会

党代会▶

人大34选区

春节联欢会

湖南省湘澧盐化有限责任公司

活水盐系列

雪牌活水盐以千百万年沉淀井矿岩盐为基础原料，纯净无污染，全程饮用水开采，生产过程拒绝与工业盐交叉、完全独立生产线，绿色加工，添加绿色抗结剂，是绿色食用盐的升级产品。现开发推出加碘活水盐、低钠活水盐、海藻碘活水盐、无碘活水盐系列。

民建常德市委主委杨新辉参观民建会员傅闵鑫举办的毛主席红色纪念馆

民建津市市委

民建市委各支部组织学习习总书记重要讲话精神

民建市委组织老会员重阳节活动留影

民建市委举办参政议政骨干培训班

民建市委深情结对职业中专四名贫困学子

民建会员傅绍荣开展34次送温暖活动

民盟津市市委

津市盟员代表参加常德民盟换届选举大会

12月，民盟津市职专支部举行换届选举大会

多位盟员获常德民盟表彰

6月，民盟市委在翊武中学开展“烛光行动”

津市市图书馆

津市图书馆之友
益跑益歌音乐派对 ▶

书香致远伴成长

◀二小三小德育基地

“孝亲敬老，弘扬美德”
道德讲堂活动 ▶

市总工会开展慰问一线职工“送清凉”活动

市总工会参加缅怀先烈活动

全市职工技能竞赛“十佳百优”员工合影

市人大副主任总工会主席李亚林参加2016年“金秋助学”活动

市 总 工 会

津市总工会志愿者服务队关爱困难家庭

津市市庆“五一”岗位标兵表彰大会

工商联换届选举现场

市工商联

津市工商联号召非公企业到嘉山实验中学开展“企业助学，爱暖嘉园”公益活动

走访慰问贫困户

工商联组织女企业家协会参与精准扶贫

市残联

市残联开展“助残日”慰问活动

市残联举办农村残疾人食用菌技术培训班

农村贫困残疾人“爱心房”建设工作会议

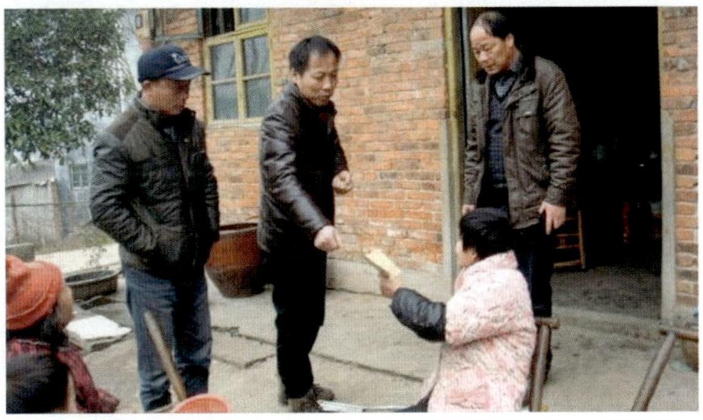

慰问残疾人家庭

市侨联

市侨联主席朱方军（右二）与常德市侨联主席陈丽君（左三）一道陪同旅美华侨张增芳教授夫妇（右三）考察津市食用菌基地，张教授是终生享受国务院津贴的专家，2013 年国务院侨办全球华人创业团队领军人；美国国务院认定的杰出教授，欧美精英创业协会副会长。

【精准扶贫】市侨联为药山镇和平村贫困户周涛清改善居住条件，图为工作人员正在施工。

市信访局

▲现任市委书记傅勇在信访局接访群众

市长陈章杰在信访局坐班接访▶

第十七届人大换届选举

棚改攻坚：西河街人民路39号整栋倒房现场

三洲驿
街道办事处

▲求真务实的团队

▲消防演练

创国卫，提颜值►

汪家桥街道办事处

2016年5月，德莱联盟网吧，汪家桥街道失业人员计算机操作培训班

班子成员会讨论

2016年3月，静雅养老院，对辖区敬老院进行安全大排查▶

2016年11月，人民路君之林巷至小渡口路段铺设板砖

2016年7月，新村社区清理沟渠

2016年7月，汪家桥社区、城东社区广场舞

街道党工委在“美丽家园 合力共建‘棚改攻坚’专题文艺汇演”上讲话

襄阳街街道办事处

三办航拍 摄影：周献坤

党员活动中心

阳由社区一角

新 洲 镇

灵泉大道道路改造

改造后的湘东路

新洲镇举行首届“恒源杯”全民广场舞大赛

省古建筑保护专家组勘察、指导万寿宫的修葺保护与利用

东正街安置房建设中

新洲集镇街道建设三线入地

◀嘉山远眺

▼药山竹林禅院

市文广体新局

湖南省自行车越野赛在津市举行

群众参加百团大赛

吴学军国画

《津市年鉴(2017)》编纂委员会

《津市年鉴》编辑部

编辑说明

一、《津市年鉴》是由中共津市市委、津市市人民政府主办，津市市人民政府地方志办公室编纂、出版的综合性地方年鉴。《津市年鉴 2017》收载 2016 年津市市经济和社会发展基本情况和基本资料。

二、《津市年鉴》是一部资料、知识、信息高度密集的地情工具书，它全面、系统、真实地记载了津市市自然、经济、政治、文化和社会发展的历史进程，为各级党政领导科学决策提供可靠依据和最新信息，为国内外广大读者了解津市、研究津市提供基本资料；为编纂《津市市志》积累保存史料。

三、本年鉴采用分类编辑法，以“部类”为单元，“部类”由“分目”和“条目”组成，“条目”为收录资料信息的基本单元。本年鉴所有资料，均由市直各部门、各镇、街道及驻津各单位负责撰写，并经撰稿单位领导审核，资料具有权威性。

四、本年鉴凡涉及津市市国民经济发展的全面性数据概以津市市统计局提供的数据为准。因统计口径等原因，有关部门所用的个别数据可能与“统计资料”中的数据不尽一致，采用时酌选。市级领导名录、市直单位及镇、街道领导名录由中共津市市委组织部提供，各驻津单位领导名录由相关单位提供，任职时间截止于 2016 年 12 月 31 日。

五、本年鉴的编辑出版，得到了全市各部门、各单位及驻津各单位的大力支持，在此谨向有关部门和单位表示感谢，并希望继续得到各方面的关心和支持。

编　者

2017 年 5 月

市委市政府中心工作

城市创建工作 1
机构设置 1
简要回顾 1
工作机制 3
工作经验 3
工作目标 3
重点工作 4
城市建设 4
城市管理 5
存在问题 5
智慧城市建设 6
概况 6
项目建设 6
概况 6
脱贫攻坚工作 7
概况 7
棚户区改造 7
棚改攻坚的成绩令人鼓舞 7
棚改攻坚的问题不容忽视 8
棚改攻坚的力度必须加强 9

专 文

开足马力　决战决胜　为提前实现全面小康而努力奋斗 王学武 11
坚持工业立市　突出产业兴城　为建设澧水流域现代化的中心城市而努力奋斗 傅　勇 19
津市市人大常委会工作报告 王育平 26
政府工作报告 陈章杰 30
政协津市市第十一届委员会常务委员会工作报告 姜正才 36
2016年津市市国民经济和社会发展统计公报 41

大 事 记

2016年 44

津市概况

位置、面积 56
行政区划 56
人口 56
气候特征 56
气候事件 57
气候影响 57
水文 58
概况 58
河湖普查 58
雨情 59
水情 59
旱情 61
环境质量 64
地表水环境质量 64
城乡集中饮用水水源地水质 65
空气环境质量 65
声环境质量 65
市、市直机关、乡镇街道及驻津单位领导名录 66

中共津市市委员会

综述 74
产业后劲显著增强 74
城乡面貌持续改观 74
内生动力明显增强 74
民生保障更加有力 74
民主法治加快推进 75
党的建设富有成效 75
中共津市市第十二次代表大会 75
中共津市市委十二届一次全会 75
市委常委会议 75
中共津市市委重要文件 78
办公室工作 80
概况 80
办文办会 80
督促检查 80
综合调查 80
党委信息 80
机要保密 80
服务中心 80
纪检监察 81
概况 81
选举产生第十二届纪律检查委员会 81
制度建设 81
党纪党风宣传教育 81
查处违纪案件 82
查处“四风”案件 82
换届风气监督 82
行政监察 82
纪检监察队伍建设 83
组织工作 83
班子配备、市镇换届 83
干部教育、干部监督、人才工作 84
基层党建 86
党员教育 88
宣传工作 89
概况 89
新闻外宣 90
津市手机报 90
书香社区建设 90
欢乐津城活动 90
文明城市创建 91
志愿服务平台 91
志愿服务活动 91
文明单位创建 91
市委中心组学习 91
年轻干部读书班 91
基层宣讲 91
统战工作 91
概况 91
统一战线服务“十三五”行动 91
同心工程 92
党外代表人士队伍建设 92
非公经济领域统战工作 92
民族宗教 92
对台工作 93
自身建设 93
政法工作 93
概况 93
维护稳定 95
平安创建与社会治理 95
执法监督 97
队伍建设 98
防范和处理邪教工作 99
概述 99
基础工作进一步夯实 99
打击防控进一步有力 99
警示宣传进一步拓展 99
无邪创建进一步深入 100
帮教巩固进一步有效 100
机构编制 100
概况 100
行政管理体制改革 100
政审批制度改革 100
网上名称管理 100
机构编制管理 100
事业单位登记管理 101
老干部工作 101
概况 101
落实老干部政治待遇 101
落实老干部生活待遇 102
改善老干部活动条件 102
关心下一代工作 102
老体协工作 102
老科协工作 102
工作队伍建设 103
党校工作 103
概况 103
干部培训 104

完成多媒体教室建设 105
档案工作 105
概况 105
馆藏资源建设 105
档案查阅利用 105
档案信息化建设 105
档案业务建设 105
档案法制宣传 105
编研与展览 106
服务市中心工作 106
史志工作 106
概况 106
多措并举，扩大党史影响力 106
启动建设“一馆一室” 107
编纂出版发行《津市市乡镇（街道）简志》 107
编纂、出版、发行《津市年鉴》（2016） 107
机关事务管理 107
概况 107
绿化管理 108
物业管理 108
食堂管理 108
安全保卫 108
财务管理 108
中心工作 109
接待工作 109
概况 109
重宾接待 110

津市市人民代表大会常务委员会

概述 113
换届选举 113
监督工作 113
代表工作 113
人事任免 114
自身建设 114
人民代表大会 114
人大常委会会议 115
视察 116

津市市人民政府

概况 117
市政府 2016 年常务会议 119
市政府文件 122
津市市政府十六届六次全体会议 122
市政府重点工作推进会 122
办公室工作 124
概况 124
参政设谋 124
政府督查 124
办文办会 124
法制工作 124
市长热线 124
应急管理 125
电子政务 125
政务公开 125
优化环境 125
城市工作 126
金融工作 126
机关建设 126
发展和改革工作 127
概况 127
规划与调研 127
向上争资 127
津澧融城 128
公车改革 128
物价管理和检查 128
统计 129
概况 129
第三次全国农业普查 129
城乡居民生活 130
民政 130
概述 130
社会救助 130
救灾救济 131
优待抚恤 131
退伍安置 131
双拥共建 131
养老服务 131
福利慈善 132
社区建设 132
地名区划 132
社会组织管理 141
殡葬改革与服务 143
福利彩票发行 143
社会事务 143
其他工作 143
人力资源和社会保障 144
概况 144

征缴社会保险基金创新高　144
突出民生需求，促进就业创业　144
完善保障体系，推进普惠共享　145
规范管理流程，人事人才为民　145
维权力促和谐，维护大局稳定　145
转变工作作风，提质服务便民　145
就业培训工作探索创新　146
职介服务专项活动扎实开展　146
失业保险　146
小额贷款工作稳妥推进　146
落实养老待遇调待工作　147
完善被征地农民社保政策　147
退休人员领取养老金资格认证　147
修订助保惠民政策，扩大助保范围　147
机关事业单位养老保险　147
认真做好调待工作，按时足额发放养老金　147
积极推进机关事业单位养老保险改革　147
城镇职工基本医疗保险　147
创新思路抓扩面征缴　147
完善内部管理，突出便捷服务　147
严把关口强化基金监管　147
城乡居民基本医疗保险　147
工伤保险　148
维权力促和谐，维护大局稳定　148
劳动争议仲裁　148
城乡居民基本养老保险　148
政务服务中心　148
概况　148
政务服务　148
信访工作　149
概况　149
津市市：三十年如一日坚持领导接访　150
旅游工作　150
概况　150
旅游宣传营销　151
景区创建　151
旅游资源　151
旅游项目建设　151
旅游规划　151
湖南省嘉山风景名胜区　152
概况　152

中国人民政治协商会议
津市市委员会

概况　154
召开政协津市市第十一届委员会第五次会议　154
召开政协津市市第十二届委员会第一次会议　154
协商议政　154
提案工作　155
民主监督回访视察　156
重要履职成果回访视察　156
视察活动　156
换届工作　156
对外宣传　157
合作共事　157
联络交流　157
服务市委中心工作　157
文明单位创建　157
十一届政协重要履职成果编辑　158
“两学一做”学习教育　158
党风廉政建设　158
政协津市市第十一届委员会常委会议　158

民主党派·工商联·群众团体

中国民主同盟津市市委员会　160
概况　160
参政议政　160
自身建设　160
社会服务　161
中国农工民主党津市市委员会　161
概况　161
参政议政　161
自身建设　161
社会服务　162
中国民主建国会津市市委员会　162
概况　162
自身建设　162
参政议政　162
社会服务　163
工商联　163
概况　163
换届选举　163
参政议政　164
教育培训　164
商协会发展　164
光彩事业　164
招商引资　164
五城同创　164

自身建设 164
总工会 165
概况 165
职工维权 165
职工帮扶 165
业务工作 166
学习宣传 166
创新特色 167
共青团 167
概况 167
主题研讨,引导青年 167
搭建平台,凝聚青年 167
完善组织,保障青年 167
品牌活动,活跃青年 167
妇女联合会 168
概况 168
妇联改革 168
宣传教育 168
活动开展 169
事业发展 169
文学艺术界联合会 170
“津市文联”微信公众号影响力逐步提高 170
《兰草》影响日益深远 170
“义务送春联”活动持续举办 170
文艺创作成果丰硕 170
残疾人联合会 170
概况 170
残疾人民生项目 170
市残疾人康复托养中心项目建设 170
残疾人就业工作 170
信访维权工作 171
科学技术协会 171
概况 171
成立镇、街道、企业科协 171
召开届中选举会议 171
举办“‘财税杯’津市市首届青少年科技创新大赛” 171
创办科普内刊《兰津科苑》 171
开展评选表彰“科普示范基地”、“科普示范社区”、“科普示范协会”、“科技示范户”和“农村科普带头人”活动 171
举办“科普进社区、下乡村”科普文艺宣传活动 172
强服务,强力提升科协的影响力 172
归国华侨联合会 172
概况 172
营造环境 172
大力宣传 172
摸清底子 172
服务社团 172
公益助残 172
加强联谊 172
服务中心 173

军　事

概况 174
兵员征集 177
国防动员 177
对外有偿服务清理清查 178
民兵训练 178
省军区司令员黄跃进来津市调研指导武装工作 178
武警津市中队 178
概述 178
历史沿革 178
部队管理 179
军事训练 179
思想政治教育 179
后勤保障 179
拥政爱民 179

检察·审判

检察 180
概况 180
职务犯罪侦查 180
刑事检察 180
诉讼监督 180
民事行政检察监督 180
案件管理 181
规范司法行为 181
教育培训 181
纪律作风建设 181
审判 182
概况 182
刑事审判 182
民商事审判 182
行政审判 182
案件执行 182
立案信访 183
审判管理 183
司法改革 183
队伍建设 183

政务保障　183

公安·司法

公安　184
概况　184
维护稳定　184
刑事侦查　184
经济犯罪侦查　185
治安管理　185
禁毒工作　186
110 指挥调度工作　187
基层基础建设　187
机构调整　187
人口管理　187
“三实”工作　187
规范执法　187
监所建设　188
公安科技和综合保障　188
队伍建设　188
改革创新　189
消防工作　189
概况　189
公安交通管理　190
概况　190
开展三项整治　191
省级文明单位创建成功　191
装备后勤　191
城市创建　191
便民服务　192
交通事故　192
科技设备及停车设施　192
车驾管业务　192
司法　192
概况　192
公共法律服务　193
人民调解　193
法治建设　194
社区矫正　194
队伍建设　195
津市监狱　195
概况　195
监狱第九届党代会胜利召开　196
开展文明创建活动　196
抗洪抢险取得胜利　196
深化土地合作经营机制　196
全面取消罪犯室外劳作　196

交通·邮政·通信

交通运输　197
概况　197
交通现况　197
道路运输市场　197
水运市场　197
交通基础建设　198
S233 津市澧水二桥建设　200
津市港窑坡渡港区嘉山作业区一期工程建设　200
航道疏浚　200
综合物流站场建设　200
交通行业管理　200
津市公交　201
公路管理　202
概况　202
公路养护　202
安全生产　202
路政执法　202
邮政　202
概况　202
经营增效　203
项目创新　203
能力提升　203
管理　203
文化引领　204
电信　204
概况　204
移动通讯　205
概况　205
联通通讯　205
概况　205
网络建设　205
社会公益　205

城市建设与管理

住房和城乡建设　206
概况　206
班子建设　206
规划工作　206

设施建设 207
市政维管 207
城市亮化工程 207
城市创园 207
绿化维护 208
建筑管理 208
质安工作 209
海绵城市建设试点 209
新型城镇化建设试点 210
建设执法 211
扶贫结对 211
争资争项 211
农村危改 212
燃气污水 212
城建档案 212
供水 212
概况 212
安全优质生产 212
农村供水运营 212
供水设施建设 213
供水营销服务 213
公司经营管理 213
房地产管理 214
房地产市场管理 214
物业管理 214
住房保障 214
棚户区改造 214
产权交易 214
白蚁防治 215
直管公房 215
城管执法工作 215
概况 215
城市管理 215
环境卫生 216
环卫设施建设 217
队伍建设 217
民生 217

工业 · 科技 · 电力

工业和科技工作 218
概述 218
产业发展 219
存在的问题 220
科技工信局召开干部作风整训会 220
津市知识产权工作获省级表彰 220
津市市推进新型工业化暨园区攻坚大会召开 220
仁和盛二期彩印和精包装项目签约 220
市政协召开工业企业降成本、减负担协商会 220
工业企业一线员工职业技能大赛落下帷幕 221
科技工信局召开老干支部成立大会 221
常德经信委领导调研津市散墙工作 221
常德市科技局调研津市生物医药产业 221
局党组组织纪念建党 95 周年专题党课活动 221
津市省级高新技术产业开发区获批 221
津市市企业家协会第二届会员大会成功举行 221
津市获 2016 年全省科技成果转移转化示范县市 222
召开“领导联产业、部门服务企业”活动动员大会 222
留美博士后谢新开在津拟建博士工作站 222
常德市政府推新督查组莅津专项督查 222
溢多利项目对接会召开 223
津市新洲镇灵泉机制砖厂烟囱成功实施定向爆破 224
市工业企业特派员工作调度会召开 224
湖南中联重科车桥有限公司 224
经营概况 224
资阳子公司股权结构变更 224
车桥公司荣获常德“科学技术进步奖”一等奖 224
车桥公司通过质量安环管理体系建设 225
车桥公司是湖南省制造业信息化示范企业 225
共青团中央领导调研青年工作 225
新产品·新市场 225
持续开展全员质量改善活动 225
关爱员工、稳定队伍 225
竞赛活动形式多变，成果突出 225
员工培训和学习活动 226
企业文化生活多彩纷呈 226
湖南省湘澧盐化有限责任公司 227
概况 227
矿山地质环境恢复治理分期验收 227
“心系盐化 圆梦中华”春节联欢晚会 227
第一届九次职代会 228
“适应新形势 开创新局面”知识竞赛 228
60 万吨盐硝联产节能技改项目通过环保验收 228
中共湖南省湘澧盐化有限责任公司第一次党代会 228
防震减灾 228
概况 228
业务工作 228
专项工作 229
中心工作 229
电力 229
企业概况 229

电网概况　229
人力资源　229
电网建设与发展　229
民生实事工作　229
低电压治理　230
经营管理　230
安全生产　230
营销服务　230
党的建设和精神文明建设　231

农业·水利

农村工作　232
概况　232
城乡一体化改革试点　232
现代农业发展　232
美丽乡村建设　233
农村环境整治　233
农产品质量安全监管　233
农业科技推广和农民教育培训　233
农业执法工作　233
农业环境保护　233
农村能源建设　233
农经工作　233
概况　233
农村土地承包管理工作　234
农民权益维护和农民负担监管工作　234
农民专业合作社建设工作　234
畜牧兽医水产　235
概况　235
生猪产业标准化推进　235
渔业产业结构调整　235
动物疫病防控　235
创建省畜禽水产品质量安全监管示范县　235
渔业资源保护　235
农业部洞庭湖区畜禽水产养殖污染治理试点　235
养殖环境专项整治行动　235
推进养殖场污染治理和综合利用　236
定点屠宰管理职能移交　236
屠宰场整改和新屠宰场建设　236
发展粮改饲项目　236
林业　236
资源现状　236
造林绿化　236
湘北公路绿化提质改造　236
义务植树　237
林政资源管理　237
森林资源保护　237
森林防火　237
古树名木普查　238
毛里湖国家湿地公园建设　238
国有林场及嘉山国家森林公园建设　238
创建国家森林城市　239
秀美村庄建设活动　240
澧水河口湿地自然保护区申报省级自然保护区　240
绿色走廊建设　240
毛里湖国家湿地公园　241
概况　241
湿地公园保护　241
湿地公园建设　241
公园试点通过国家验收　241
国家AAA级旅游景区创建　241
森林公安　242
概况　242
业务工作　242
队伍建设　242
农业机械　243
概况　243
农机安全生产　243
农机购置补贴　243
农机科技推广　244
农机专业合作社　244
农机教育培训　244
农机市场监管　244
农机中心工作　244
农机队伍建设　245
水务　245
概况　245
水利建设　245
农村安全饮水工作　245
洞庭湖区水环境综合治理沟渠塘坝清淤增蓄专项行动　246
西毛里湖排涝泵站新建工程　247
防汛抗旱工作　247
水行政执法　249
水资源保护和水土保持工作　249

商　贸

商务粮食工作　251
概况　251

机构设置　251
招商引资工作　251
外经外贸工作　251
商贸流通工作　252
粮食工作　253
中心工作　253
市商务粮食局首次干部职工大会召开　253
评选“十佳米粉烹饪技术标兵”　253
津市互联网产业园揭牌开园　253
陈章杰率队赴南京招商　253
省贸易促进会领导来津调研指导　254
转变思想观念 重视对外投资　254
粮食行业协会暨早籼稻托市收购工作会议　254
陈章杰率团参加“沪洽周”系列招商活动　254
省军粮供应管理中心来津市检查指导工作　254
涂贤春调研商务工作　254
陈章杰率队赴航空集团招商　254
常德海关驻津工作站揭牌三湘和达公用型保税仓库启用　255
烟草工作　255
概况　255
供销工作　255
概况　255
农资流通服务　256
服务网络建设　256
供销综合改革　256
市场服务　256
概况　256
市场创建　256
市场提质　257
市场管理　257
市场服务　257
公共资源交易　257
概况　257
兰苑宾馆　258
概况　258

金　融

中国人民银行津市支行　259
概况　259
加强窗口指导，落实稳健货币政策　259
深化金融生态创建，全力维护金融稳定　259
加强支付结算管理，提高结算质量　259
加强国库管理，全面提升国库工作水平　259
推进反洗钱工作，提升反洗钱工作水平　259
加强征信服务工作，进一步推进信用体系建设　260
加强人民币流通管理工作，强化人民币收付和反假业务检查　260
积极开展各类金融知识宣传活动　260
加强执法检查，严肃金融秩序　260
金融扶贫服务站建设初见成效　260
工商银行津市支行　260
概况　260
存款　261
贷款　261
中国建设银行股份有限公司津市支行　261
概况　261
亮点工作　261
中国银行津市支行　262
概况　262
业务工作　262
内控管理　263
企业文化　263
服务中心工作　263
中国农业银行股份有限公司津市市支行　263
概况　263
主体经营指标　263
工作措施　264
中国农业发展银行津市市支行　265
概况　265
业务经营　265
津市农村商业银行　265
概况　265
经营成效　265
信贷服务　265
网点服务　266
邮政储蓄银行津市市支行　266
概况　266
业务工作　266
华融湘江银行津市支行　267
概况　267
主要工作业绩　267
员工风采　267
银政、银企合作成果　267
收获荣誉　267
湖南津市湘淮村镇银行　268
概况　268
长沙银行股份有限公司津市支行　268
概况　268
津市市金源小额贷款有限责任公司　268
概况　268

方正证券常德津市澹津路证券营业部 269
概况 269
证券经纪业务 269
融资融券业务、IB 业务、证券投资顾问业务 269
营业部企业文化 269
中国人民财产保险股份有限公司津市支公司 269
概况 269
中国人寿保险股份有限公司津市支公司 270
概况 270
业务发展情况 270
打造“诚信服务金牌团队” 270
培训一支一流的员工队伍 270
“两学一做”学习教育 270
诚信服务 270
反洗钱工作 271
“两个加强、两个遏制”回头看工作 271
保险理赔 271

财政·税务

财政 272
概况 272
国库集中支付 274
非税收入征收 274
政府采购和投资评审 274
预算管理改革 274
融资与债务管理 274
民生保障 275
乡镇财政管理 275
财政支持发展 275
财政内部管理 275
国税 276
概况 276
组织收入 276
营改增 276
征管服务 276
从严治党 277
队伍建设 277
地税 277
概况 277
税收征管 278
依法治税 278
国地合作 278
纳税服务 278
队伍管理 278
党风廉政建设 278
地税文化 278
市住房公积金管理 278
概况 278

经济执法与监督

环境保护 280
概述 280
环境质量状况 281
污染物总量减排 282
西毛里湖生态保护 282
农村环境综合整治 282
环境保护大练兵 282
国土资源管理 282
概括 282
保障发展 282
保护耕地 282
土地利用总体规划调整完善 282
严格规范土地交易市场 283
地质灾害防治 283
国土资源执法监察 283
不动产统一登记 283
稳妥有序开展征地拆迁工作 283
基础工作 283
国土政策法规宣传 284
作风建设 284
审计 284
概况 284
预算执行审计 284
经济责任审计 285
政府投资审计 285
政策跟踪审计 285
安全生产监督管理 285
概况 285
基层基础 285
体制机制 286
业务工作 286
市场和质量监督管理 287
概况 287
中心工作 287
商事制度改革 288
食品药品监管 288
市场质量监管 288
宣传培训 288

队伍建设　289
党建工作　289

教　育

教育工作　290
概述　290
德育　291
体卫艺科工作　292
学前教育　292
义务教育　294
特殊教育　294
普通高中　294
职业教育　295
成人教育　295
民办教育　295
队伍建设　296
教育基金　296
教师培训　296
教学教研　297
教育投入及办学条件　297
教育装备与实验教学　298
教育信息化工作　298
学生资助工作　298
校车安全管理　298
教育督导　299
津市市第一中学　299
概况　299
教师队伍建设　299
德育工作　300
教学工作　300
学生活动　300
后勤工作　301
工会工作　301
政府支持　301
津市三中　301
概述　301
主要荣誉　301
重大事件　301
湖南广播电视大学津市分校　301
办学定位　301
专业设置与办学规模　302
办学条件　302
师资队伍建设　302
教学资源　302
教学资源使用　302
教学与教学管理　302
学生支持服务　303
质量监控及评价　303
津市职业中专学校　303
学校概况　303
教师队伍　303
教师培养情况　303
教育教学改革　303
德育工作情况　304
规范管理情况　304
设备设施　304
学生素质　304
在校体验　304
资助情况　304
就业质量　304
职业发展　304
校企合作　305
社会贡献　305
津市德雅中学　305
学校概况　305
教师队伍建设　305
德育工作　305
教学教研　306
后勤工作　307
校园文化　307
津市五中　307
学校概况　307
师德师风建设　308
德育工作　308
教学教研　308
后勤工作　308
津市翊武中学　308
改善办学条件　308
德育工作　308
师资队伍建设　309
校园安全　309
津市市第一小学　309
学校概况　309
队伍建设　309
文化建设　309
德育工作　309
教学教研　310
津市市第二小学　310
概况　310
学校荣誉　310

教学教研 310
办学理念 310
津市市嘉山实验学校 310
学校概况 310
办学理念 311
学校荣誉 311
队伍建设 311
德育工作 311
教学教研 311
校园文化 311
宣传工作 312
津市市火花幼儿园 312
学校概况 312
教师队伍建设 312
师德建设 312
教学教研 312
德育教育 312
家长工作 313

卫生 · 计生 · 医疗

概况 314
卫生计生监督 315
妇幼保健 316
创建国家卫生城市 316
国家基本公共卫生服务 317
个体诊所管理 317
市人民医院 317
市中医医院 318
疾病预防 318
血防工作 319
实施国家基本药物制度 319
人口计生工作 319
流口管理 320
计生政策惠民 320
计生协会工作 320

文化·新闻·体育

文化 体育 广电 新闻出版 322
概况 322
文化事业 322
体育 323
文化市场管理 323
文物工作 323
概况 323
文物保护 324
考古调查、勘探、发掘 324
对外交流与展示宣传 324
论文、专著、文献资料 324
广播电视 324
概况 324
新闻外宣 325
自办栏目 325
图书发行销售 325
概况 325
教材教辅发行 325
一般图书销售 325
文化用品销售 325
图书借阅 326
概况 326
开展“车胤读书节”系列活动 326
举办“红色“主题年活动 327
打造文化志愿者队伍 327
人才队伍建设 328

镇 街道

新洲镇 329
概述 329
美丽城镇建设 329
农业基础建设 330
精准扶贫 330
产业发展 330
计划生育 330
安全生产 330
社会保障 330
敬老院建设 330
毛里湖镇 330
概况 330
基础设施 331
产业建设 331
集镇棚改 331
环保工作 331
民生建设 331
安全工作 331
社会文化 332
药山镇 332
概况 332

经济发展 332
城乡建设 332
扎实推进交通大会战 332
民生保障 332
社会事业 332
党建工作 333
安全稳定 333
白衣镇 333
概况 333
综治维稳 334
水利设施 334
民政劳保 334
生态环保工作 335
农业经济 335
三洲驿街道办事处 335
概况 335
党的建设 335
安全稳定 335
民生服务 335
社会事业 336
五城"同创 336
棚户改造 336
党风廉政建设 336
办事处获 2015 年度全国模范职工之家称号 336
办事处获 2016 年度津市市文明单位称号 336
汪家桥街道办事处 336
概况 336
组织建设 336
征迁拆违 337
城市创建 337
社会保障 337
安全生产 337
计划生育 337
综治维稳 337
襄阳街街道办事处 337
概况 337
基层党建 337
三大攻坚 338
城市创建 338
产业发展 338
社会保障 338
志愿服务 338
综治维稳 338
计划生育 339
金鱼岭街道办事处 339
概况 339
五大建设 339
六大保障 340
绿色存折 340
嘉山街道办事处 340
概况 340
安全生产 340
农林水利 340
计划生育 340
社会保障 341
"五城"同创 341
党的建设 341
综治维稳 341

高新技术产业开发区

高新技术产业开发区 342
园区基础设施建设 342
税收与经济增长 342
获批省级高新技术开发区 342
招商与产业发展 342
土地处置 342
闲置企业盘活 343
党风建设 343

地 方 文 献

津市市人民政府法制办公室　关于做好行政处罚决定书网上公布工作的通知 344
津市市人民政府　关于依法关闭取缔非法粘土砖厂的通告 345
津市市人民政府办公室　关于印发《津市市出生缺陷防治实施方案》的通知 345
津市市人民政府关于印发　《津市市政府购买棚改服务暂行办法》的通知 348
津市市人民政府办公室　关于印发《2016 年津市市政务公开工作要点》的通知 350
津市市人民政府办公室　关于印发《津市市行政执法办理制度》的通知 353
津市市人民政府　关于印发《津市市行政机关参加行政诉讼暂行规定》的通知 354
津市市人民政府办公室　关于废止《津市市价格调节基金管理办法》的通知 356
津市市被征地农民社会保障工作暂行办法 358
常德规委会确定津澧城市空间发展一体化规划 360
海绵城市专项规划编制暂行规定 362

城市创建工作

【机构设置】为强化对“五城同创”工作的组织领导，成立了由市委书记任政委、市长为指挥长、5名市级领导任副政委，8名市级领导任副指挥长，19名市级领导任指挥部成员的城市创建工作指挥部，指挥部办公室主任由市政协副主席、市创建工作指挥部副指挥长王文军担任，市委常委、宣传部长黄治军任常务副政委，市政府副市长李景峰任常务副指挥长。创建办抽调人员11人，下设综合办公室、创卫组、创森创园组、创模组、创文组。2016年，由于创国卫申报迎省检工作时间紧、任务重、问题多、差距大，市创建办与市创卫办合署办公市创卫办根据8个专业组的需要抽调人员11人，由市卫计局局长郭天明任创卫办主任，副书记、副局长龚德全任副主任，具体负责创卫办的日常工作市创建办抽调了11个人，负责日常统筹协调工作。市城市创建工作指挥部下设创卫、创园、创森、创模、创文等五个分指挥部，5名城市创建指挥部的副政委或副指挥长同时兼任5个分指挥部的指挥长，市卫计局、市林业局、市住建局、市交警大队、市文明办“一把手”分别任分指挥部办公室主任。全市各街道、市直各单位也成立了相应的机构。

下半年，结合2016年的干部异动情况，市创建工作指挥部的领导班子部分进行调整，新任市委书记傅勇任指挥部政委，新任市委常委、市委宣传部长张海卿任常务副政委，新任副市长徐兴勇任常务副指挥长，其他副政委、副指挥长的人员不变。副市长李阳任创卫分指挥部的指挥长，副市长徐兴勇任创园分指挥部的指挥长，副市长高见任创森分指挥部的指挥长，副市长、公安局长戴志刚任创交模分指挥部的指挥长。

（杨波）

【简要回顾】津市2011年启动国家卫生城市创建工作，在深入扎实地开展爱国卫生运动和城市环境综合整治后，从控违拆违、棚户区改造、城市基础设施建设入手，历经5年的艰苦努力，在市容卫生、农贸市场、老旧小区和城中村、城乡结合部、食品安全、生态环境等一系列专项整治上取得了明显成效。城市形象、城市品位和市民素质大幅提升。回顾5年来的创建历程，可概括为“三个阶段、三种态势”。

一是逆势而动的起步阶段。2011年4月，市委出台《关于创建国家园林城市和国家卫生城市的决定》，2012年4月，全市创建国家园林城市和国家卫生城市动员大会召开。2011—2013年，这是一个艰难起步的阶段，也是一个凝聚共识的阶段。从群众看得见，摸得着的问题解决起，封闭垃圾楼道，清理化粪池，清除垃圾围，改造和建设城中村和老旧小区，整治小街小巷。创建工作赢得了市民的支持。

二是顺势而为的攻坚阶段。2013年5月，常德市开展“新常德、新创业”主题活动，推进“三改四化”，实施城市三年攻坚，我市提出“大干新三年，建设新津市”口号，全市“两城创建”、“三改四化”、控违拆违、棚户区改造和城乡环境整治工程同步推进。基础设施建设和棚户区改造为创国卫奠定了基础，拓展空间，这是一个攻坚破难的阶段，也是一个积累信心的阶段。对照国家卫生城市标准，开展“六大工程”建设、实施“六大城市管理”，市容市貌大幅改观。2015年7月邀请省爱卫会专家对创国卫工作进行模拟检查，专家组提出的38个整改问题，各主创单位迅速开展整治。

三是乘势而上的冲刺阶段。2016年3月，市委召开创国卫工作申报迎检工作动员大会，面对时间紧、任务重的创卫形势，市委政府信念坚定，各部门通力配合。在组织机构上，实现力量整合；在重点环节上，启动了“八小门店”的治理，开展了软件资料的规整，组织了搬家式大扫除和除“四害”行动，并以各街道为单位，组织多轮次的环境卫生整治和市容市貌整治，为巩固整治成果，营造创建氛围，全市所有机关事业单位对市容市貌全员开展路段包保工作，针对陈年垃圾和棚改建筑垃圾等突出问题，组织开展了“两清”专项整治活动。完成24本技术评估资料的收集规整工作，在通过省级评估之后，又紧急完善6本申报资料。

自2012年以来，按照“政府组织、社会参与、市民为主”的创建方针，坚持“条块结合、属地管理、以块为主、重点突破、全面推进、巩固提高、长抓不懈”的工作原则，从群众最关心的热点、难点问题入手，从创建最关键的重点、弱点项目抓起，发动全体市民和社会力量广泛参与，精心组织开展“两城创建”、“三改四化”、“五城同创”等城市创建活动，城市创建工作取得阶段性成效。回顾近几年的工作，主要有以下几个特点：1、强化领导，统一指挥。为强化对“五城同创”工作的组织领导，市委市政府成立了城市创建工作指挥部，市委书记任政委，市长任指挥长，5名市级领导任副政委，8名市级领导任副指挥长，19名市级领导任指挥部成员，指挥部办公室下设综合协调、质量监督、后勤保障、信访维稳、宣传报道五个专业组，“四街一区”分别成立分指挥部，全市上下建立起了指挥有力、高效运转的“五城同创”工作司令部。2、完善机制，齐抓共管。一是建立了“5115”工作责任机制。构建五片、十线、十五家牵头单位的工作责任机制，各项工作任务分别落实到四个街道和工业集中区、十名市级领导各分管的一线和十五家责任单位，由市城市创建工作总指挥部负责指导、协调、调度和督办、考评、奖惩，提高工作效益，加快工作进度。二是建立双“三级”考核奖惩机制。第一套三级考核是指挥部考核五片、五片考核社区（工作队）、社区考核辖区单位和后盾单位。第二套三级考核是指挥部考核十线、十线考核相关责任部门、相关责任部门考核具体执行单位。实施双“三级”考核奖惩机制以来，城市创建的各项工作落实效果得到进一步提高。三是推行市场化运作机制。通过政府购买服务的形式，先后将城区环卫清扫、城区“除四害”、城区“牛皮癣”的清除、管线入地、城区公交站点改造、智慧城市等6项工作实行了市场化运作，大大降低行政运行成本，提高工作效率，有效解决城市管理中的“老大难”问题。四是建立市级领导联社区机制。市委、市政府将25名市级领导分别联系一个社区，每个社区派驻一个城市工作队，每个城市工作队挂靠若干后盾单位，有力支持了示范小区建设、控违拆违及社会维稳等工作。3、加强宣传，全民参与。为确保城市创建工作的科学、健康、有序推进，专门制定《城市创建宣传工作方案》，统筹创建宣传工作。市电视台、政府网站等媒体尽心策划，开设专题、专栏、专版，全方位、多角度报道社会各界参与城市创建的的动态和热情，营造良好的创建氛围。各部门单位主动唱响“五城同创”的主旋律，利用创建工作简报、文艺宣传活动、健康教育宣传、中小学校城市创建宣传、手机短信、大型LED电子显示屏、建筑围挡、围墙和户外广告等平台，大力宣传创城工作，使“五城同创”工作迅速升温，进一步激发了的全民参与创建的热情。4、突出重点，强力推进。路改方面，以城市道路升级改造为重点，加强城市基础设施建设。近三年，累计投入城市建设资金6亿多元，升级改造和沥青罩面主次干道40多条，黑化硬化、升级改造小街小巷30多条。水改方面，扩容改造汪家桥机埠，疏浚改造沟渠、堰塘、疏通下水道22.7公里，城市排水系统逐步贯通。棚改方面，加速推进城市棚户区改造，五年来，累计融资20多亿元，改造棚户区16个1万余户、50多万平米，改造面积居全省区县市第一。加大住房保障力度，争取上级政策资金近6.8亿元，新建保障性住房6000套、30万平方米。绿化方面，市城区投入2068多万元，绿化升级改造了孟姜女大道、洞庭大道、丝绸路等城市主次干道，完成城区61家庭院单位绿化改造和38处空坪隙地绿化升级，实施拆墙透绿单位14家，13家单位荣获常德市园林式单位，全市新增绿地面积90公顷。农村绿化方面，累计投入资金7000多万元，完成荒山造林27840亩，乡村硬化公路植树169公里，森林抚育1.5万亩，创建秀美村庄31个，农村义务植树100万株，保护管理省级以上生态公益林2.36万亩。美化方面，打响控违拆违攻坚战，累计拆除违法建筑6000多处、17万平米，基本实现了存量违法建筑清零的目标。完成了孟姜女大道、车胤大道、九澧大道两侧临街铺面、新村三眼桥小区“穿衣戴帽”改造工程。封堵垃圾楼洞5800多个，清理化粪池3800余口。投入6000多万元，升级改造功能不全、设施落后老旧小区61个。全面入地孟姜女大道、车胤大道、九澧大道等过街强弱电、管线。亮化方面，投资1631万元，新装主干道华灯387盏、玉兰灯18盏、高杆钠灯5盏，改造小街小巷路灯350盏。新建和升级改造城市夜景49处，城市亮化景点到达71处。数字化方面，与省广电有限总公司签订战略合作协议，投入5800万实施“智慧城市”建设。其中，天网工程建设已完成200个前端监控点建设、14个电子卡口建设和市公安局应急指挥中心建设。智慧城管建设，已建立了91个高清监控点，复用公安、交警城区377个前端监控，建设城管分平台。“智慧社区”建设试点了2个城市社区。5、规范管理，巩固成果。坚持建管并重原则，围绕城市八乱，积极开展市容市貌、渣土运输、小餐饮店、交通秩序、砂石码头、城市“两禁”等常态化专项整治，完成单位路段包保工作，规范城市管理，市容秩序明显好转。一是规范渣土运输管理。强制改装渣土车辆101台，首次同砂卵石场、建筑工地等签订了行政合同，限定了运输路段和时段；加大了渣土撒落查处力度，累计处罚渣土车辆196台次。二是强化户外广告管理。规范城市广告，以“三个一律消失”的决心，有效根治了城区气球、拱门、横幅“满城飞”的乱象。对全市公共区域车辆泊位进行了施划，城市形象进一步提升。三是强化城市“两禁”管理。及时制止“违禁”苗头142起，依法予以拘留违规燃放者6名。自2015年1月1日起，对殡仪馆和公墓实行禁炮。城市“两禁”取得实效。四是强化环卫清扫管理。新建、改造垃圾中转站和公厕20多处，安装果皮箱380个。引进家宝公司，实施了清扫保洁市场化，城市卫生环境持续向好。五是强化交通秩序管理。市交警、城管、交通等部门通力合作，广泛宣传和高密度开展集中整治，对乱停乱靠、逆行逆停实施严管重罚，城区交通秩序持续规范。六是砂石码头基本得到取缔。目前，市城区河道、码头已全面禁采、禁卸，纳入取缔范围的13处码头已全部退市。

经过五年艰辛努力，津市能顺利通过省级技术评估，即将全部完成申报程序，成绩来之不易，令人欣喜。成绩的取得，主要得益于领导高位推动，得益于部门整体联动，得益于街道社区艰辛付出，得益于上下齐心的综合保障，得益于细致周密迎检调度。（杨波）

【工作机制】继续实行“双三级”考核奖惩机制。第一套三级考核是指挥部考核五片（街道）、五片（街道）考核社区、社区考核辖区单位和后盾单位。第二套三级考核是指挥部考核十线、十线考核相关责任部门、相关责任部门考核具体执行单位。建立了一月一考核，半年一调度，年度一总评的工作机制。市创建办、市创卫办联合市委督查室、政府督查室、对城市创建工作实行一月一考核，一季一排名，半年一调度，召开半年城市创建工作大会进行调度点评，在年终召开全年工作总结大会进行总结表彰。采取了“四个结合”的灵活调度机制。“四个结合”即：综合检查与专业督导相结合、领导调研与专题督导相结合、现场交办与微信发布相结合、督导检查与活动评比相结合。市创建办每月下旬对城市创建工作进行一次综合性的检查考核；市创卫办分成8个专业组随时对创卫工作进行专业督导；在创卫迎检的关键时期，市主要领导亲自下到街道社区进行检查督导；市创建工作指挥部办公室根据工作进展情况，针对特定工作进行专题督导；8个专业督查组成员和宣传督查组成员在迎检关键时期深入各社区进行现场督导，发出督办书300多份，同时在微信平台向创建责任单位发出督办整改事项1000多条。襄阳街街道创新工作机制，实行督导检查与活动评比相结合，在襄阳街街道启动襄窑路样板示范街创建活动，在阳由、澧阳、荷花三个社区开展“文明卫生示范户”创建评选活动，经过社区推荐、办事处评选，共选出了30户“文明卫生示范户”，襄阳街街道聘请腰鼓队敲锣打鼓对辖区30户“文明卫生示范户”进行了授牌仪式，为每户发放了价值100元的物质奖励，同时襄阳街街道定期或不定期对环境卫生状况进行检查、抽查，对不符合文明卫生标准的示范区随时摘取“文明卫生示范户”牌匾。

【工作经验】在城市创建“过五关斩六将”的攻坚过程中，积累丰富的城市创建工作经验。1.领导重视，整体联动，提供强有力的工作保障。创国卫关键在领导，在创国卫过程中，市级领导发挥的高位助推作用，难能可贵。一是指挥部领导指挥若定。在创卫迎检的关键时期，市主要领导主要精力调度和督导创国卫工作，指挥部三位坐班领导张海卿、李阳、王文军，不分日夜地部署安排、协调指挥，每临国检前的最后几天，市委副书记也到创建指挥部坐阵指挥，由于各位领导的指挥有方，确保了创卫迎省级技术评估、迎国家暗访、迎整改验收的各项工作有条不紊地推进。二是联社区市级领导靠前指挥。创卫迎检的关键时期，特别是迎国家暗访的关键时期，25个联社区的市级领导下到所联社区，每天工作时间在2小时以上，点对点、面对面的解决创国卫工作中的具体问题，并协调后盾单位对社区的各项支持保障按时到位。三是8个专业组牵头领导现场督办。8个专业组的领导率领各自的团队，深入一线、排查问题、现场交办。四是辖区单位领导的紧密配合。辖区单位领导组织单位的干部职工常年开展了搬家式卫生大扫除、路段包保工作，组织本单位干部职工下到所联社区参与环境卫生整治工作，并作为社区后盾单位对社区创建工作提供了一定的资金保障。四是主创单位履责担当。各主创单位发挥牵头引领作用，为顺利通过暗访立下汗马功劳。市卫计局作为牵头主创单位，全面科学部署创国卫工作，全力以赴开展小理发、小浴室、小旅社等“三小”门店整治工作，创国卫工作连克三道难关；市监局局长陈杰在餐饮行业的规范提质上，克服了700多家门店线长面广的困难，合理分工、分类指导，收到了良好效果。市城管局加强巡查整治力度，对出店经营、摆摊设点、早餐夜市、马路市场进行综合治理，并对主次干道定期进行全程路面清洗，保证市容市貌的整洁靓丽；市交警大队出动警力，清除“僵尸车辆”，整顿乱停乱靠，确保了道路通畅，秩序良好；市交通运输局整治扬尘污染，提质改造欣运车站，整治修车店的出店经营，保证了良好的交通秩序；市场中心落实划行归市、隔离宰杀各项举措，开展市场内和市场外周边环境整治，成效明显；市房管局投入大量的人力物力对棚改区的建筑垃圾进行了清除，并全部设置围挡和大型标语。五是街道社区敢打硬仗。各街道在迎暗访过程中不惜一切财力、物力、人力，为成功通过暗访做出了艰辛努力，每个街道的创国卫工作都形成了独特的经验。三洲驿街道不遗余力开展城乡结合部的改造，成效明显；汪家桥街道在关键时期，组织街道社区干部，将新村三眼桥零担市场在两天之内整体搬迁到绿荷池市场；襄阳街街道建立志愿服务队劝导机制、月考核排名奖惩机制、装修门店垃圾处置机制，为建立城市管理长效机制进行有益探索；金鱼岭街道主动配合职能部门，对“八小门店”进行分类整治，取得实效；嘉山街道集中全力禁止居民种菜和整治乱摆乱放，小区面貌焕然一新。（杨波）

【工作目标】2016年全力实现年初制定的工作目标：创森成功摘牌，2016年9月，津市市配合常德市成功创建为国家森林城市；创园成功申报，2016年11月，津市创建国家园林城市顺利通过省住建厅初检，明年11月，接受国家住建部的现场检查验收；创模夯实基础，开展城市交通规划编制，聘请省畅通工程专家加强了“创模”工作指导，召开了创交模评价体系培训会，规范设置了城区主次干道交通安全设施、道路标识、标线，为2017年申报国家交通管理模范城市奠定了基础;创文成功“入笼”,8月份,迎接了省级文明城市换届的暗访工作,12月份,迎接了省级文明城市换届的资料和现场检查工作,开启了新一轮次的省级文明城市创建。完成了省级、常德市级、津市级等三级文明单位、文明社区(镇、村)、窗口单位创建,其中省级文明单位3家,常德市级文明单位5家,津市级文明单位10家,常德市级窗口单位1家,常德市文明社区(镇村)4个;创卫成功闯过“三关”,6月份,我市顺利通过省级技术评估,7月份申报材料被国家爱卫办审批通过,我市提前闯过了年初确定的申报关;10月上旬,我市顺利通过了国家爱卫办对我市创国卫工作组织的暗访,一举闯过暗访关,跨过创国卫工作最难的一道关口;12月中旬,津市接受省爱卫办对国家暗访问题整改验收和技术评估,顺利通过整改验收关。下阶段,只有最后一道关口,即:元月上旬,如果国家爱卫办接受省爱卫办对津市进行技术评估的请求,我市将向最后一个目标奋力冲刺。

(杨波)

【重点工作】1. 集中力量抓整治,创建基础大为夯实。一是生态治理成果丰硕。组织开展了秀美村庄建设、绿色通道建设、绿色走廊建设等活动,生态绿化有了质的飞跃。先后实施了公共绿地建设、道路绿化建设、空坪隙地植绿补绿工程,并开展了园林式单位的达标创建活动,城区绿化进入快速发展期。森林覆盖率达到25%;绿地率达33.76%;绿化覆盖率达到37.4%;人均公园绿地面积达到9.98平方米。二是环境治理成绩斐然。各街道共投入资金222万元,拆除违建586处14770m²;清理垃圾44107吨,清理臭水沟、臭水塘26处31507m²,铲除牛皮癣36613处。三是市容市貌整治成效明显。重点对出店经营、占道经营、流动摊贩、违章构(筑)物等城市“八乱”行为进行了拉网式巡查和整治。加大对砂石码头、建筑工地、渣土运输的整治力度,开展了路段包保工作,市容市貌秩序得到有效规范。四是“八小门店”整治实现预期。实施“入店宣传、业主培训、示范带动、以奖代投、强化监管”等一系列举措,促进大多数门店达到了“经营规范、证照齐全、功能分区、健康保障、长效保洁”标准。小网吧、小歌厅合格率达90%以上,小洗浴店、小理发店、小旅店合格率达70%以上,小餐饮店、小食品店、小作坊合格率达到65%以上。2.集中财力抓项目,城市基础设施大为改观。一是拓展了道路建设。完成银苑中路改造等8项工程,北大沟改造等10项工程正在动工和建设之中;工商巷等多条小巷正在实施改造;完成了50多处破损地面修补,并对人行道板、侧石、路面裂缝进行了维护。二是启动了健康公园建设。在三湖公园改造的同时,同步在三湖实施健康公园建设项目。三是实施公厕、中转站建设。新码头、湖桥、大码头二楼、燕子窝四座公厕已竣工并投入使用,其他3座中转站正在建设中。四是推进农贸市场建设。绿化池农贸市场升级改造正在进行中,三眼桥零担市场的经营户即将整体搬迁到绿荷池农贸市场经营。3.集中智慧抓机制,城市管理大为提质。一是建立了市场化运作机制。路面保洁、“牛皮癣”清理、除“四害”、管线入地、公交站台建设实施市场化运作模式。二是建立科学合理的调度机制。“一统五分”的调度机制。系统有序,功能清晰;五片、十线、十五个主创单位构成的“5115”工作机制条分缕析,责任分明。三是建立了“市级领导联社区”机制。市委、市政府将25名市级领导分别联系一个社区,每个社区挂靠若干后盾单位,有力支持了社区的城市创建工作工作。四是建立双“三级”考核机制。第一套三级考核是指挥部考核五片、五片考核社区、社区考核辖区单位和后盾单位。第二套三级考核是指挥部考核十线、十线考核相关责任部门、相关责任部门考核具体执行单位。4.集中资源抓宣传,创建氛围大为浓厚。一是集中广告资源。在城市入城口和其他主要路段竖立了6块大型固定的宣传标语。二是集中媒体资源。市电视台电视台新闻频道、津市微信公众号、津市市广播电台、市政府网站、津市手机报等五个媒体,开展全方位的综合创建宣传;市电视台专门建立曝光台,每天对市容市貌的“八乱”现象进行曝光。三是集中社会资源。全市所有单位电子显示屏和宣传专栏进行户外宣传,学校开展小手拉大手活动,将城市创建全面引入家庭,提高市民的参与度。

(杨波)

【城市建设】1. 强化市政基础建设。完成了刘公桥中路等7条道路提质改造工程;完成了汤家湖东路等6条道路的路灯提质改造工程;完成了银苑小巷等5条小街小巷的建设改造工程;完成了城东幼儿园围墙挡土墙南移重建、莱恩幼儿园对面居民排水改造等民生工程。2.强化了城乡造林绿化。今年来,市林业局以国家森林城市创建为抓手,利用国家造林项目组织全市新造林1.57万亩,完成义务植树77万株,建成1个绿色庭院示范村和50个绿色庭院示范户,组织实施湘北公路沿线造林绿化45公里,其它公路植树工程39.3公里,投入13000多万元开展了绿色走廊建设。市住建局以国家园林城市创建为抓手,以澹津公园、三湖公园、古大同森林公园、皇姑山森林公园为重点新建、改建公园绿地10余处,新建清远观公园、征稽所广场、双济游园等3处公园绿地,绿化城市主次干道10条,绿化小街小巷12条,补栽补种道路30条。创建市委党校等10家省级园林式单位(小区),润农公司等19家市级园林式单位(小区)。目前,我市园林式单位(小区)达到82家。3.强化了城区棚户区改造。今年,我市共实施棚户区改造项目12个,涉及居民8130户,累计投入资金8个亿。特别是西河街、双济路项目,两个地块涉及居民1145户,通过整体搬迁,棚户区居民从黑瓦屋搬进了新家,棚户区的居住环境得到了质的提高。4.强化了环卫设施建设。2016年计划新建及升级改造公厕16座、中转站9座。目前,新码头等11座公厕已竣工并投入使用;博联家居城等6座中转站已竣工,其他建设工程正在进行中。

5.强化了农贸市场投入。为方便业

主经营和群众购物，改善市场经营条件，市场中心累计投入资金140多万元，改造门面15间、摊位25个、公厕4座、清理下水道1300米；硬化地面1500平方米；设立拦车立柱(围栏)150米；更换下水道盖板850块；配置熟食三防设施11个、不锈钢货架12个、不锈钢操作台17个；购置塑料菜篮5600个、铺防滑塑胶地毯900多米；在创建迎检期间，聘请40多名清扫保洁人员，全天清扫保洁不低于12小时，确保创建国家卫生城市迎检达标。此外，市场中心督促业主对1999年兴建的占地面积2700平方米的绿荷池农贸市场进行了升级改造。（杨波）

【城市管理】1. 开展市容市貌整治。市城管执法局、市交警大队、市交通运输局在街道社区和公安局的强力配合下，采取"疏堵结合"的办法，市容市貌得到较大的改观。一是严治城市"八乱"。2016年全市持续开展市容环境集中整治行动，上半年共查处、取缔违规占道行为402处；收缴、规整流动摊点582起；拆除违章搭建物、构筑物、棚阁93处；对违反市容市貌行为下达限期整改通知书154份。二是规范户外广告。按照"尺寸统一、材质合格"的原则，对城区临街门店招牌进行了统一规范和调整，对破损、侵占绿地、不符合要求的户外广告、标识牌等进行拆除和清理。2016年累计拆除、清理违规设置户外广告31处，拆除违规设置标识牌176处。三是清除城市"牛皮癣"。继续加大对城市"牛皮癣"的清除力度，建立健全"牛皮癣"考核办法和细则，派专人负责对"牛皮癣"清理工作进行考核，督导清理人员及时清理。共清除城市"牛皮癣"8543处。四是严查违规渣土车。市城管局按照全覆盖、无撒漏、不带泥上路原则，加大渣土车管理力度，今年来共对砂石码头、在建工地违规业主下达整改通知书61份，查处违规渣土车辆342台次，暂扣35台次，劝导187台次。五是规范车辆停靠。2016年市交警大队在城区乱停乱靠整治中共抓拍违法停车6723起，拖移车辆230余台次，锁车450余辆；市城管局在乱停乱靠整治中累计抄牌1383台次，对乱停乱放的非机动车辆，采取教育劝导与现场纠正摆放相结合的方式，共规范车辆停放1637台次。通过不间断巡查、教育规劝、严罚违章行为等措施，人行道乱停乱靠现象明显减少。2.开展了环境卫生综合整治。各街道一方面组织辖区单位定期开展搬家式卫生大扫除活动，一方面集中劳力、集中资金、集中时间开展声势浩大的环境卫生整治行动。三洲驿街道办事处长期雇佣专业清运队伍清理辖区常年积存的建筑垃圾，外运积存垃圾1560车，辖区环境得到极大的改善。汪家桥街道办事处共清除辖区各类建筑垃圾、生活垃圾、杂草杂物17000余车，清理沟渠5800多米；清除"牛皮癣"3500余处，楼栋300多栋，城中村堰塘全部得到整治，屠宰场臭水沟杂草杂树、水面全部得到清理。襄阳街街道办事处以荷花社区、澧阳社区、阳由社区、盐矿社区为重点，共清理陈年垃圾18处，4225立方米，清理臭水沟、堰塘3处，面积14070平方米，清运垃圾138车，铲除辖区牛皮癣500余处。金鱼岭街道办事处组织临时环卫工800余人，动用渣土运输车20辆，垃圾清运车12辆，挖土机3辆，共清运垃圾1000余吨。嘉山街道办事处清理卫生死角660余处6330余平方米，清理"城市牛皮癣"2320处，清理清运垃圾杂草900余吨，拆除乱搭乱建7处500平方米，清理乱堆乱放300余处，修补平整路面1760平米。3.开展"八小"门店整治。全市共有三小(小美容美发123家、小宾馆旅店64家、小洗浴25家、)273家，在未整治前没有一家符合国家卫生标准，市卫生计生综合监督局为使"三小门店"达到国卫标准，采取了三项措施进行"三小门店"整治。一是迅速摸清本市公共场所"三小"行业基本情况，对存在问题提出治理目标，并严格按时间节点推进治理进度；二是分街道组织"三小行业"业主培训，参训人员480多人次；三是实行量化分级管理。对无法达标的和违法经营户依法予以取缔；对比较困难的经营业主实行奖补政策，凡业主自行整改符合国家卫生标准的，按照整改投入金额一次性给予奖补，共奖补资金38万元之多。通过全年的整治，"70%"三小门店基本符合国家卫生标准，取得阶段性成果。市场监督管理局将食品"三小"门店作为创卫的重点，全局人员利用90%的精力，对小餐饮店进行"前灶后移"和"明厨亮灶"改造。截止12月15日，主干道小餐店改造率已达到100%。市文体广新局投入资金近30万元，对城区30家网吧全部安装了紫外线消毒灯，21家歌舞厅全部配备了消毒柜，改造歌舞厅消毒间11家，"两小"门店全部办理《个人健康证》、《卫生许可证》，经营场所证照齐全，消毒、通风设施配备到位，卫生环境大有改善。同时，还制作"两小"门店禁烟标识、卫生标准、文明用语、未成年人严禁入内以及黄、赌、毒等各类警示牌共1000张。4.开展交通秩序整治。一是开展了摩托车专项整治活动。市交警大队为了排除交通事故隐患，预防道路交通事故，从3月1日起长时间地组织开展摩托车专项整治。全年共现场检查摩托车8000余台，查处无证驾驶358余起，未上户摩托车479余起，督促购买保险1100余台次；二是开展"保秩序、压事故"、"春雷行动"专项整治行动。市交警大队从3月14日–11月30日，开展了夜间道路通行安全检查统一行动，对酒驾等严重交通违法行为进行专项整治，全年共现场查处交通违法简易程序12963起。查处交通违法一般程序程序1690起。非现场执法查处52926起。三是加大城区机动车非法营运整治力度。市交通运输局出动执法车辆110台次，执法人员135人次，重点打击从事客运的各类小车、摩托车等非法营运行为。共查获涉嫌非法营运两轮摩托车209台。（杨波）

【存在问题】创建工作进展还不够平衡，有的单位部门对推进持续开展创建攻坚战存在畏难和厌烦情绪。与其他国家卫生城市相比，城市基础设施不尽完善，市民参与文明创建还不够主动，城市管理的长效机制尚未建立，软硬件的投入还不足，流动摊贩现象依然存在，占道经营及已清退的马路市场时有反弹，建成区清扫保洁未实行全覆盖、城乡结合部的环境卫生治理达不到整体推进的效应；"八小"行业基础条件薄弱，管理难度大，工业园的污水处理站建设、老城区雨污管网分流无法预期完成有硬伤，责任追究还未落到实处，管理重心还没有真正下移，责权利不能有机统一等等这些给创建工作带来一定的难度。（杨波）

智慧城市建设

【概况】津市是国家第三批智慧城市建设试点城市，津市智慧城市建设项目是国家发改委新型城镇化建设中小城市改革试点重点工程，取得1亿元专项建设基金。津市智慧城市建设自2014年启动以来，在市委市政府高度重视，建设各方积极配合，在上级主管部门的具体指导下，按照《国家智慧城市创建任务书》及常德市政府《关于加快推进智慧常德建设的实施意见》"六个统一"（即：统一规划、统一标准、统一平台、统一建设、统一运维、统一管理）的要求，稳步实施基础建设，大胆尝试机制创新，优先建设"基础性、平台性、民生性"工程，完成了一批子项目工程。

2014年4月，市政府与湖南广电签订《津市智慧城市建设战略合作协议》正式启动智慧城市建设。截止2016年10月，通过发挥基金带动作用，采取湖南广电作为投资主体进行项目建设，政府购买服务模式，顺利完成"智慧津市"一期工程（市应急指挥中心、天网工程一期、智慧城管、智慧教育、智慧津市APP、智慧乡村试点）1.43亿元项目建设。

（1）市应急指挥中心：建成智慧城市总机房、中心平台、应急指挥大厅。它既是公安、交警、城管的视频信息资源整合、管理、指挥调度中心平台，又是全市电子政务、信息化管理、综治维稳、防灾应急和智慧城市大数据云计算中心，能对接各子项目应用端口，并对接常德市应急指挥中心平台，发挥市委、政府应急处突最高指挥中心作用。

（2）天网工程：2015年12月全部完工投入运行。共安装673个高清监控摄像机；新建13个电子卡口、3个高空瞭望台、9个电子围栏，12个派出所警务调度站，去年已完成与常德市平台数据对接，实现了数据互联互通，并对津市政府机关、电力、通讯、银行、车站、学校、广场、聚居区、进出津市卡口及城市主干道24小时监控的全覆盖。运行大半年来，通过智能化、信息化手段对治安综合治理，案件侦破，交通拥堵预警都发挥了巨大作用，得到公安、交警部门的高度认可。

（3）智慧城管：2016年4月，"智慧城管"系统建成并交付使用。智慧城管系统与市应急指挥中心连接，充分发挥中心视频监控及指挥调度作用。实现对城管问题和突发事件的及时处理、温馨劝阻、信息采集和全民智能参与。实现了城市管理由被动管理型向主动服务型转变。

（4）智慧教育：2016年10月，通过建成"教育资源应用服务平台"、"教育管理应用服务平台"，"平安校园"、做到了宽带网络"校校通"、优质资源"班班通"、网络空间"人人通"，实现了全市城乡31所学校教育网络高效覆盖、资源丰富共享、数据安全存储；完成"三通两平台"的教育信息化建设任务。让教育部门实时掌握全市教育现状，让农村学校享受到优质教育资源，让老师、学生、家长良性互动享受到全新的教育信息化服务。

（5）智慧津市APP：2016年2月，网络公司开发的智慧城市手机互联网APP平台，包含津市政、商、民生各类信息及市民通过互联网移动终端表达民意，参与城市管理，享受信息化民生服务便利的各项功能。

（6）智慧乡村：启动包含农村宽带、无线WIFI、安防监控、电商平台、应急广播等建设内容，完成全市农村电视户户通工程、城乡一体化管网工程的智慧乡村项目，实现了农民共享信息，加速推进乡村集镇化进程。

根据国家发改委专项基金建设内容的要求和津市实际，我们要在两年内完成一中心（大数据信息中心），三平台（改扩建应急指挥中心5000平方米、市民信息服务平台、农村综合信息服务平台），十五大工程（智慧天网、城管、教育、社区、地理空间信息系统、环保、森林防火、交通、防汛、旅游、农业、园区、乡村、医疗、食品安全生产）5亿元建设任务，将津市打造成初具规模的县级智慧城市建设样板，完成发改委项目验收和改革试点任务。（李峰）

项目建设

【概况】强力推进项目建设，加快津市经济发展。1.项目建设稳步推进。重点项目方面。2016年，确定投资1000万元以上重点建设项目72个（续建31个，新建41个）。截止12月30日，72个重点项目已开工的有"两湖"生物医药园、工业园污水处理厂及配套管网建设、现代农业综合示范基地、电商产业园建设项目、新合新GMP建设项目、标准化厂房建设、中科科凌高铁高低压转换器生产线、关山明月生态园、佳和现代农业科技生态园、嘉晟□新天地商贸中心建设、药山休闲旅游开发、博联家居建材广场、S238新药线、新洲生态文化名镇建设、澧水二桥建设、窑坡千吨级码头、津市"三改四化"建设工程、盐矿独立矿区棚改及基础公共服务设施建设项目、毛里湖电排建设、毛里湖湿地公园建设、城内垸防洪防涝工程、市民之家建设、全民健身中心、民安安置房建设工程、养老服务体系建设、津澧融城污水管网工程、药山集镇改造、残疾人托养中心建设工程、乡镇卫生院改造工程、三湖公园提质、白衣集镇改造、棚改攻坚工程、九码头特色小吃商业街建设、常德市津市市乡镇生活污水处理工程、生产街建设、智慧城市建设、一中美丽校园建设、农村学校改造工程、西毛里湖水环境治理、公安局业务用房、新洲棚户区改造、绿色津市绿色走廊建设、城乡供水一体化等43个，开工率为81%。已完工的有宝悦乐城城市综合体建设、高标准农田建设项目、综合物流园建设、沅澧快速干线2号大道、农村公路“断头路”改造、工业集中区基础设施建设、消防大队营房改造、乡镇生活污水处理工程、S205湘北干线生态走廊建设、澹津公园升级改造、城区美丽校园建设工程、毛里湖集镇改造、职教基础能力建设、新农村示范片、殡仪馆搬迁等15个。完成年度建设任务的有现代农业综合示范基地、电商产业园、标准化厂房建设、佳和现代农业科技生态园、药山休闲旅游开发、新天地、博联家居、澧水二桥建设、窑坡千吨级码头、毛里湖电排建设、津市“三改四化”建设工程、城内垸防洪防涝工程、毛里湖湿地公园建设、全民健身中心、三湖公园提质、一中美丽校园建设、农村学校改造工程、新洲棚户区改造、城乡供水一体化、西毛里湖水环境治理、乡镇卫生院改造工程、棚改攻坚工程、生产街建设、九码头特色小吃商业街建设、智慧城市建设、公安局业务用房等25个。常德考核项目方面。列入省重点建设项目1个,列入常德重点项目42个(其中,列入常德市百大重点项目4个)，目前已全部动工建设,动工率达100%。截止12月，重点项目建设实际完成投资76.08亿元，超额完成6.98亿元，完成率达110.1%。其中新农村示范片、关山明月生态园、新洲镇敬老院等12个项目全面建成。基金项目方面。2015–2016年,争取国家专项建设基金项目14个,到位基金6.228亿元。目前,已有12个基金项目动工建设。固定资产投资方面。2016年，完成固定资产投资119亿元,较上年增长19%。2.项目谋划初见成效。项目前期方面。2016年,确定前期项目任务49个,目前城区污水管网建设、津市特色商业街区等24个项目已提前开工建设。项目开发方面。全市确定项目开发任务50个，已完成开发任务的有发改局、文体广新局、房管局、白衣镇、药山镇、新洲镇等37个单位。

脱贫攻坚工作

【概况】2016年，全市共有贫困村13个,贫困户3025户,贫困人口10058人。把脱贫攻坚工作作为农村“三大战役”之一,着力强化领导力量,加大工作力度,努力构建了“大扶贫”格局,制订出台了《津市市2016年脱贫攻坚实施方案》,建立了“一把手”责任制、目标责任制、考核问责制“三个制度”。出台了对各乡镇(嘉山街道)、驻村工作队、后盾单位的扶贫工作考核办法(津扶领发〔2016〕7号),明确了考核内容、考核细则以及计分办法。加强贫困户技能培训，确保贫困农户自我脱贫能力的提升。投入技能培训资金14.04万,完成技能脱贫行动人数17人，市本级驾校12人;实施月嫂培训3期,培训贫困妇女71人;开展养老护理员培训3期，85名贫困人口参加了培训;安排实用技术资金10万,完成实用技术培训500人;安排贫困生资助资金38万，落实贫困生资助人数195人。通过就业优惠政策扶持引导农村贫困劳动力就业176人。

脱贫攻坚做到了“三个精准”。全市抽市直机关干部410人,组成驻村帮扶工作队13个,确定后盾单位127家。一是精准结对联动帮扶。按照“驻村帮扶、结对帮扶、联村帮扶、社会帮扶”的整体联动帮扶模式，实现了贫困村驻村帮扶、贫困户结对帮扶“两个全覆盖”。13个重点贫困村都建立了县领导挂帅、工作队落实、后盾单位保障的工作机制。对重点贫困户采取“四对一”结对帮扶,即:1名后盾单位负责人、1名后盾单位经办人、1名乡镇干部、1名村干部结对帮扶。二是精准施策改善民生。每个贫困村制定了脱贫计划,每个贫困户编制了脱贫手册,实施动态管理。通过推进“五个精准到户”，核定兜底保障对象1014户2793人；完成贫困户危房改造460户,D级危房户和无房户的补助资金提高到了4万元/户；完成实用技术培训500人，转移就业贫困劳动力176人,发放雨露计划资金54.04万元,教育助学2808人次332万元。三是精准发力办好实事。投入资金594万元,全面完成所有贫困村电网改造任务。7个贫困村完成村组道路建设任务。6个有沟渠、堰塘整修任务的贫困村，已完成4个村,剩余可在年底完成。8月底完成了有线电视、宽带网络入户工程,无线广播全覆盖。贫困村的村级活动场所全部达标。在发展集体经济方面,各村思路清晰,如箭楼村利用原集体土地,栽种柑橘后向村民发包,集体收入超过5万元;和平村依托后盾单位援助的农业机械设备对外租赁，每年可创收3万元;庹家峪村以村集体占股60%发展香菇产业,已经开始获得收益。（傅丽）

棚户区改造

【棚改攻坚的成绩令人鼓舞】自棚改三年攻坚工作启动以来,2015年完成棚户区改造5544户,2016年启动棚改项目共27个、10378户，建设公租房1272套。一年来的棚改攻坚工作成绩值得充分肯定。一是领导给力。书记、市长多次调度棚改攻坚工作,亲临棚改现场进行踏勘;人大主任、政协主席坚持把工作重点钉在棚改一线，听取群众意见,解决棚改实际问题;各联点市级领导在百忙之中,也挤出时间多次到社区调度、指导工作。二是部门负责。各分指挥部始终做到日调度,周小结,把棚改工作列入首要工作来抓,“一把手”扛起责任,亲自调度指挥;各职能部门对棚改工作均开设“绿色通道”,棚改项目的各种手续做到了在最短的时间办理。三是干部发力。棚改干部坚持“5+2”、“白+黑”,加班加点,日夜奋战在棚改一线,涌现出了陈晓兰、戴志海等多名棚改工作典型。四是群众支持。现在,越来越多的群众支持并参与我们的棚改工作，很多群众主动拆除违章建筑，有的甚至主动协助基层干部做征收思想工作。今年4月，文家湾社区砖厂居民在实施棚改后还自发组织了“支持政府棚改，追忆津砖辉煌亲情会”棚改文艺汇演。

方法比较奏效。思路清晰。在《津市市城市棚户区改造项目规划（2013年-2017年）》的基础上，明确用三年时间全面完成主城区成片棚户区改造，基本完成城中村改造，大力推进棚改工作向镇延伸，三年攻坚计划25273户。棚改攻坚以提高基础设施和公共服务设施建设水平，促进城市提质和人居环境改善为目的，在老城区坚持“四必拆”，并进一步明确以点带面、全面推进的工作思路，明确西河街、双济沟以东等6个片区为棚改三年攻坚的示范重点项目。机制健全。成立市棚改三年攻坚指挥部和九个分指挥部，建立市级领导联社区机制，实行了市级领导、街道部门、社区三级联动；建立健全“周巡查、月调度、季考核、年总评”工作机制，全面开展“棚改工作比比看”活动，在市级领导、乡镇街道、职能部门之间掀起抓棚改、比棚改的大热潮；市指挥部对各分指挥部工作任务、工作进度每周上墙公示，随时收集掌握全市棚改工作进度，均实行了挂图作战、进度倒逼。保障到位。通过“搭建平台融一块、上级资金补一块、财政资金投一块”等方式，多渠道筹集棚户区改造资金，有效破解了“钱从哪里来”的问题。共筹措棚改资金6.14亿元。融资方面，通过将棚改项目打捆，向国开行申请棚改贷款1.9亿、争取农发行棚改基金0.24亿元。此外，国开行2016年项目3亿贷款、0.57亿基金已通过审贷会审批。争资方面，通过整合民生保障项目资源，积极向上争取保障性安居工程专项补助资金3.43亿元，其中专项补助2.54亿、基础设施配套0.89亿元。

成效比较明显。2016年，棚改各项工作进展顺利。征拆工作稳步推进。启动棚改征收19处，共完成征收任务1990户，占全年征收任务的69%；拆除房屋2114户；拆除违章建筑466处、2万平方米。基本实现了“四必拆”的工作目标。功能性改造已显成效。启动功能性改造项目12个、7501户。金帆小区、保河堤片区、荷花小区3个项目已基本完成，原保河堤镇的“湿地风情”特色初具规模；澹津、护市城中村改造、新洲镇、白衣镇等7个项目正在建设中；原李家铺、棠华片区2个改造项目已完成项目前期工作。通过实施道路、管网、亮化、绿化、立面等功能改造，居民居住环境得到改善，城市品质得到提升。居民安置有条不紊。安置工作采取货币补偿和实物安置相结合的方式进行。货币补偿方面，安置居民1452户，占征收总数的73%，并制定出台了棚改安置补贴政策，为229户居民发放棚改安置补贴899万元，上千户居民在城区购买了新房，有效去除了商品房库存。实物安置方面，9月底，完成了民安一期等5个往年公租房项目、1438套房屋摇号选房，计划在10月底前开始发放钥匙完成入住，可安置历年棚改居民4千余人；去年1450套公租房建设指标今年已基本建成；民安路公租房三期352套已完成施工图设计及预算编制，正在进行项目招标。安置工作的有序推进促进了棚改攻坚的大局稳定。棚改项目的整体推进改善了居民人居环境，提升了城市基础设施，赢得了广大民心。

【棚改攻坚的问题不容忽视】棚改工作总体推进是好的、成效也是明显的，但较计划进度仍有一定差距，一些突出问题依然存在，比如各分指挥部进度不一，征收工作进度最好与进度最慢的有60个百分点的差距，功能性改造工作进度最好与进度最慢的有90个百分点的差距；部分项目进展缓慢，到10月为止，还没有一处功能性改造项目竣工验收，个别集镇功能性改造项目还仅完成前期手续；棚改攻坚的关键一环，征收工作总体不容乐观，年初明确的几个示范点的征收工作均还有较大任务缺口，特别是私房征收成绩不尽如人意。目前，征收工作已经严重影响到我们的城市建设（因双济沟的“钉子户”未拔出，氧化塘的建设严重受阻）、重点项目施工（因征拆不到位，双济路津澧大道段至车胤大道段建设迟迟不能进场施工）、政府履约和土地出让（因生产街征拆不彻底，导致政府不能按要求履约，影响净地出让）。

客观上，棚改攻坚的难度越来越大。一是棚改攻坚越往后，剩下的都是难啃的“钉子户”。由于棚改攻坚的不断推进，部分棚改居民对货币补偿的要求远超市场价值，“钉子户” 现象逐步显现，存在个别漫天要价、非法强占的现象，如生产街原盐矿转运站仓库，市政府已经与盐矿签订了征收补偿协议，补偿款已支付到位半年时间了，原租赁户非法强占房屋，拒不搬离；双济沟某典当行在发布征收公告后突击扩建，索要天价补偿；紧邻人民医院原一门诊部一待征收房屋，本为办公用房性质，但产权人执意一至三层全部按照商业门面索要补偿。二是棚改攻坚越往后，安置压力越发凸显。随着人居环境的不断改善和基础设施的持续完善，群众对棚改的期望也越来越高，特别是一些公房棚改对象和城中村征地拆迁安置对象对住房的需求还十分迫切，很大一部分都要求现房安置，在现有安置房源严重不足的情况下，进一步加剧拆迁征收与住房安置的矛盾。三是棚改攻坚越往后，国家政策口子在不断紧缩。为加快落实“三去一降一补”的供给侧改革，全力推进房地产业“去库存”措施，今年年初，国家对公租房与棚改安置房建设项目进行紧急叫停，收回了2016年已经下达的建设计划，并明确今后不再新增和实施公租房与棚改安置房建设项目。并且，就在上个月，住建部又下达紧急通知，对2017年的棚改不再实施功能性改造，全部实行货币化补偿。这些政策的调整，对争取上级资金和项目计划提出新的挑战，同时也对项目实施和规范管理增加新的难度。

主观上，棚改攻坚的思想有些松劲。一是存在畏难情绪。主要体现在：少数干部、责任单位做群众工作怕麻烦，遇到“钉子户”不敢动真碰硬，不愿在征收工作上想办法,不想在征收对象上下功夫,有躲一躲、拖一拖的消极思想,个别干部的这种畏难情绪还比较严重。二是存在观望心态。今年是换届之年,棚改工作在客观上受到了一定的影响,但更多的是少数干部没有把棚改工作放在心上,没有把棚改责任扛在肩上,有的观望市委、市政府的态度,有的等待工作岗位的调整,妄加揣测棚改攻坚还推不推的问题,肆意臆断已确定的功能改造项目还搞不搞的问题,总之是以各种理由拖延棚改工作,在落实效果上搞应付、打折扣。今天,傅勇书记、陈市长亲临我们会场,并将作重要讲话和工作指示,就是为了明确地传达市委、市政府坚定不移推进棚改攻坚的决心,让我们吃一颗定心丸,因此,请我们这些有观望等待心理的干部要就此止步,坚决将思想统一到市委、市政府的决策部署上来,全力抓好贯彻落实。三是存在利益牵扯。在棚改工作推进过程中,一些“钉子户”难拔掉,一些安置补偿问题难解决,个中原因就有我们干部牵扯其中的问题。个别干部在利益面前大局意识不够,为亲朋好友的房屋征收“出谋划策”,为提高家人的补偿挖空心思钻政策空子,提不合理要求,一定程度上影响了棚改征收的顺利推进。

【棚改攻坚的力度必须加强】棚改攻坚工作进入了关键期,也进入了深水区,需要协调解决的问题更多、遇到的难度更大、摆在面前的任务更重,容不得有任何的思想松动,每一家部门单位、每一位党员干部要以高度的责任感和使命感参与其中,以勇于担当、迎难而上的气魄推动棚改工作取得新的突破。

1.关于任务落实。对于2016年的工作目标和任务落实问题,市委、市政府已确定的2017年提前启动的功能性改造项目,虽然国家不再下达计划,但津市还是要有始有终,把工作做到底。对于2017年的棚改工作,就是两个方面。一是切实抓好计划申报。必须抓住2017年这个计划下拨的高峰期。从兄弟区县市的申报情况看,津市的竞争也越来越大,2016年常德市累计下达棚改工作计划为5.1万套,其中常德市本级就达到了1.7万套,占据了常德市计划总量的三分一,津市因为工作基础较好,前期准备工作充分,有幸争取到8130套。常德市申报的2017年棚改计划总量已经突破了8万套,其中常德市本级就有2.6万套,在国家计划缩减的情况,我们的申报计划必定受到较大的冲击和影响,因此,全市上下一定要进一步做好基础工作,尽早准备资料,并积极搞好向上对接,确保津市能够争取更大的棚改蛋糕,为津市争取到更多的项目和资金。二是切实抓好重点区域。根据市委、政府的初步安排,明年的棚改工作重点将围绕“一街两片”展开,“一街”就是突出抓好西河街至汪家桥的棚改征收工作,“两片”就是临津桥西入城口、涔水桥东入城口两个片区的棚改征收工作。此外,还有襄阳街水文站片区、一中东大门片区等重点也要一并推进。当然,这些都还没有经过充分研究和论证,请各街道、各责任部门抓紧摸排、澄清底数,尽快制定详实的工作计划和推进方案,报市委、市政府主要领导审定和相关会议议定后实施。

2.关于征收突破。一是要拔掉“钉子”。对强占房屋、突击搭建、非法阻工、妨碍征收公务的对象,公安机关要依法予以打击。各分指挥部要对征收对象进行一次再梳理,把有可能严重阻碍正常征收工作的对象筛选出来,尽早做好司法强拆前期准备工作,一旦反复协商达不成征收安置补偿协议的,立即进入强拆程序。党员干部要发挥征收工作中的积极作用,帮助征收对象做好政策宣传、思想开导工作,对甄别出来的“钉子户”对象,市委、市政府将启动棚改征收对象的责任包保制度,由涉及到的党员干部、公职人员及所在单位进行包保征收,直到征收完成为止。二是要落实政策。积极兑现棚改货币安置补贴政策,采取政府补贴、鼓励开发商让利的措施,对选择货币补偿的棚改居民补贴3至5万元用于自主购房,同时加强宣传引导和跟踪服务,为自主购房提供便利,使棚改居民自愿选择货币安置,以缓解棚改安置压力。其次是妥善安置好居民。目前我们在建的部分公租房,要在保证质量的前提下,抢工期、抓进度,积极稳妥地做好居民回迁工作,确保群众尽早入住。同时还要切实落实安置过渡政策,及时足额发放过渡安置费,符合条件了优先给予廉租住房租赁补贴,进一步拓宽安置过渡渠道,确保被征收群众居有其所。三是要把握原则。在征收突破过程中,必须坚持原则,守住公平公正底线,严格按照补偿标准执行,既不能损害群众利益,也不能为了完成任务,无原则地擅自提高补偿标准,要做到一把尺子量到底,绝不让先搬的吃亏,后搬的得利。

3.关于项目建设。一是要拔高标准。棚改工作还是要坚持规划先行,做到功能配套,设施齐全,群众方便。对于征收完成后的空白地块,不能随意出让,不能随意建设,要实行统一规划,实施有利于推动城市大发展的成片开发利用。同时所有棚改项目要严把工程质量关,严格执行项目基本建设程序,落实安全生产各项具体措施,做好施工现场管理,确保棚改项目质理过硬、安全可靠。二是要加快进度。对于接近完工的项目,比如原保河堤、金帆小区等功能性改造项目,要加快工程煞尾工作,年前完成竣工验收。对于已完成前期工作、但未开工的项目,如棠华、李家铺等功能性改造项目,要马上组织开工,确保春节前基本完工。对于在建的民安二期、民安三期公租房要分别确保明年6月份和年底之前交付使用。三是要加强管理。坚持建管同步,建立长效机制,管理和维护好新的建筑和设施。特别是要在居民自治方面,加大引导和培育力度,推动棚改小区改造升级后物业管理同步配套,市容管理同步跟进,社区管理服务组织同步组建。

4.关于棚改资金。在积极争取上级资金的同时,我们还要大力融资,市财政、城投、房管等部门要主动作为,加强与省住建、国开行、农发行等相关部门的沟通协调,要包装好棚改项目,按照贷款申报要件要求，尽快提供相关资料，尽快融入更多的棚改资金，为棚改工作提供有力的资金支撑。要全力引资，强力推进 PPP 模式，最大限度开放合作领域，吸引社会资本参与城市基础设施建设。鼓励有实力、信誉好的企业，特别是大型国有企业参与棚户区改造，通过市场化的途径进行棚改新区建设。要高效用资，要遵循专款专用、厉行节约、公开透明的原则，强化对资金的监管，提高资金的使用效益，确保资金高效运转，按照政策要求、时序进度把握棚改节奏。

开足马力　决战决胜
为提前实现全面小康而努力奋斗

——在 2016 年市委经济工作会议上的讲话

市委书记　王学武

（2016 年 1 月 7 日）

同志们：

这次会议的主要任务是，贯彻落实党的十八届五中全会和中央、省委、常德市委经济工作会议精神，回顾总结 2015 年工作，分析当前经济形势，研究部署 2016 年工作，动员全市上下团结一心、奋力拼搏，开足马力、决战决胜，为提前实现全面小康而努力奋斗。等下，章杰同志还要作具体部署，请大家抓好落实。下面，根据市委常委会研究的意见，我讲三个方面的问题。

一、认真总结，盘点发展新业绩

2015 年，是“十二五”的收官之年。面对复杂严峻的宏观形势和艰巨繁重的改革发展稳定任务，全市上下主动适应新常态，坚持小康统揽，突出改革攻坚，决胜“三大战役”，经济社会发展难中求进，基本实现了 2015 年和“十二五”规划确定的发展目标。一是稳增长卓有成效。把稳增长作为工作的重中之重，预计全年实现地区生产总值 114.5 亿元，增长 8.7%，主要经济指标处于常德中上等水平，在经济整体下行的大背景下实现了逆势增长。全面小康实现程度达到 90.5%，居全省前列。二是抓产业取得突破。大力培育主导产业，“两湖”生物医药园初具规模，新合新、鸿鹰生物、欣龙无纺等企业产销两旺，成为新的经济增长点，中联车桥、湘澧盐化、娄星纺织等企业顶住压力，稳中有进，起到了托底助推作用。三是促城乡成效明显。深入推进“五城同创”，城市功能更加完善，市民文明素养不断增强，群众的“参与度”“点赞率”“归属感”明显提升。启动棚改“三年攻坚”，全年争资3.6亿元，棚改模式成为“津市名片”。美丽乡村建设被评为全省先进，城乡供水一体化模式在全省推介。四是惠民生保障有力。筹措资金近5亿元，切实保障了城建、交通、水利及生态建设重点项目资金需求。企业养老实现“十一”连增。公职人员经济待遇人均提高1.2万元。民生支出水平大幅提升，占一般公共预算支出的83%。五是防风险值得肯定。主动应对各类风险挑战，平稳推进5家破产企业重整，中意糖果、雪丽造纸分别被上市企业金健米业、溢多利收购，实现了战略重组；抢抓债务置换机遇，政府债务结构得到优化；稳步稳妥推进政府机构改革、乡镇区划调整改革，各项改革工作走在常德前列。民调工作在全省排位第6，是常德区县市历史上取得的最好成绩。六是强党建扎实有效。坚持用党建引领全局，干部能力稳步提升，科级班子配齐配强，基层党建述职测评位列常德第一方阵。严格落实“两个责任”，“四风”问题得到有效遏制，党风廉政建设工作得到省委巡视组肯定。

过去的一年，是极不平凡的一年。总的来看，困难比预想的大，效果比预想的好。成绩来之不易，经验弥足珍贵。一是谋发展上凝聚了工作合力。“五大家”班子团结一心，引领全市上下共识共为，心往一处想、劲往一处使，形成了良好的政治生态，汇聚了强大的发展合力。二是抓落实上坚持了一以贯之。市委市政府按照年初确定的目标，不折腾、不摇摆，努力克服改革发展中的不利因素，保持干事的标准不降、力度不减，较好地推进了各项工作开展。三是破难题上推出了创新举措。面对经济下行、企业破产、市场低迷的困境，我们积极应对挑战，不等不靠，迎难而上，主动内引外联、靠大引强，引进和盘活了一些新老项目，推动了津市经济逆势上扬。四是落脚点上注重了民生优先。我们始终把民本民生作为一切工作的出发点和落脚点，加强保障力度，推进精准扶贫，促进民生升温，提升了社会各界的满意度。

二、研判形势，明晰发展新思路

告别“十二五”，迈入“十三五”。津市的发展又要开启新的征程，迎接新的挑战。我们必须以全局眼光和辩证思维来看待当前形势，既要面对挑战、迎难而上，又要抢抓机遇、顺势而为，不断增强预见性、系统性和主动性，努力在适应新常态中谋求新发展。

谋求新发展，必须认清新形势。面对改革发展的蓬勃热潮，我们不能跟风赶浪，而要冷静分析，切实找出发展中的隐忧和不足，打有准备之仗、有把握之仗。各类风险并存。当前，我国经济仍处于增速换挡、结构调整和政策消化的关键时期，实体经济持续下行，金融风险持续加大，CPI、PPI等反映经济活跃程度的指标差强人意，企业家、金融机构的信心不足，工业企业会不会有破产潮？银行会不会形成大量坏账？实体经济创伤会不会加深？加之当前各项改革进入深水期，必然涉及到利益的分配和重新调整，会不会引发一些不稳定因素？等等，发展的形势仍然不够明朗。发展水平较低。我市发展不充分、不平衡的问题依然存在。发展规模太小，质量效益不高，产业结构欠优，转型升级任务艰巨，发展的方式仍然较为粗放。发展后劲不足，优质项目不多，产业活力有待进一步激发，经济的外向度与区域融合度有待进一步提高。城乡发展不平衡，城乡一体化建设还有大量的工作要做。群众对生活品质、精神文化等方面的需求更加迫切，更加注重个性发展，更加注重人居环境，需要我们积极回应、满足期待。思想解放不够。我们的视野还不够开阔，封闭保守、小成即满的思想依然存在，骨子里的小家子气、小市民气息依然根深蒂固。在抓发展、抓建设方面，还停留在“敲敲打打”“修修补补”上，停留在“小家碧玉”“涂脂抹粉”上。新常态下，干部不愿为、不敢为、不会为、慢作为的问题依然存在，特别是今年面临县乡两级同步换届，少数干部还心神不定，干事精力还不够集中。面对这些困难和挑战，我们必须把局势看得更透彻一些，把困难估计得更充分一些，把措施制定得更具体一些，全力破除发展瓶颈，主动应对各类挑战。

谋求新发展，必须抢抓新机遇。面对改革发展的艰巨任务，我们不能妄自菲薄，而要坚定信心，切实用好发展中的机遇和条件。从宏观环境来看，一方面，发达国家宽松货币政策转向正常化，新兴市场国家加快经济发展方式转变、推进结构性改革，复苏态势仍将延续，尤其是新一轮科技和产业革命蓄势待发，催生“互联网+”“分享经济”“智能制造”等新理念、新业态，孕育着时不我待的历史性机遇。另一方面，我国经济发展长期向好的基本面没有变，经济韧性好、潜力足、回旋余地大的基本特征没有变，经济持续增长的良好支撑基础和条件没有变，经济结构调整优化的前进态势没有变，宏观形势整体对我们有利。从政策利好来看，中央、省委经济工作会议、中央城市工作会议和各级“十三五”规划，都释放了一些重大利好。比如，围绕“降成本”，国家实施积极财政政策，一方面进一步减税降费，通过降低制度性交易成本、企业税费负担、社会保险费、企业财务成本、电力价格、物流成本，着力降低企业成本，减轻企业负担；另一方面采取财政赤字来弥补对公共财政支出造成的缺口，并在三年时间内置换十几万亿的地方债务。比如，围绕“去库存”，国家推进供给侧结构性改革，正加紧出台激励政策，通过深化住房制度改革、推进商品房与保障房置换、激励房产企业降价、给予购房业主信贷支持和适度购房补贴等措施，切实降低购房成本，消化存量商品房。特别是“十三五”期间，津澧融城必将进入实质性推进阶段，将在城镇基础设施共建、生态环境共治、公共服务共享等重点领域取得重大突破。我们要认真研究、消化、运用好这些政策，切实把政策变成一种现实的生产力，变成一种实实在在的投入，变成一种老百姓的获得感。从自身发展来看，近年来，通过全市上下的共同努力，工业经济、城乡面貌、社会事业等方面取得了长足进步，为加快发展打下了坚实基础。通过狠抓干部作风建设，严格落实“两个责任”，为干事创业营造了良好的政治生态。通过干部人事调整，优化科级班子结构，干部活力得到全面激发，为各项工作开展提供了不竭动力。这些机遇和条件，是我们做好今年工作的力量源泉和重要保证。

谋求新发展，必须把握新要求。我们要紧扣时代脉搏，遵循发展规律，更好的肩负起历史和群众赋予我们的使命和责任。要把握上级精神。做好今年的工作，我们要把握好上级经济工作会议精神，按照“五位一体”总体布局和“四个全面”战略布局，牢固树立创新、协调、绿色、开放、共享五大发展理念，突出供给侧结构性改革，着力去产能、去库存、去杠杆、降成本、补短板，提高供给体系质量和效益，提升投资有效性，加快培育发展新动能。要把握发展定位。立足当前形势和良好预期，着眼于加压奋进和科学发展，市委认为，今后五年，要以建设“智慧津市、和谐津市、美丽津市、活力津市、幸福津市”“五个津市”为路径，继续开拓进取、埋头苦干，把津市建设成湘西北“工业实力强、城乡一体化、现代气息浓”的精致城市，抢抓历史机遇，推进津澧融城，全力打造“洞庭第五极、常德副中心”。要把握历史使命。迈入“十三五”，我们要准确把握历史使命，推动津市向新的更高目标迈进。要两个率先实现，即率先实现全面小康，夯实迈向现代化的基础；率先实现城乡一体，增强每一个津市人的获得感。要两个基本建成，即基本建成国家级园区；基本建成津澧新城。要两个历史跨越，即人均GDP历史性跨越1万美元大关；财政总收入历史性跨越10亿元大关。要把握阶段要求。今年是提前实现全面小康的收官之年，我们要坚定目标、抢抓机遇、攻坚克难，稳固“新津市建设”的先期成果，实现精准脱贫，确保全面小康战役决战决胜。今年是“十三五”规划的开局之年，县域经济发展新一轮的竞争已经开始，我们要牢牢把握经济工作的主动权，为“十三五”开局奠定坚实基础。今年是县乡两级同步换届之年，我们要突出党的领导这个根本，抓住合力凝聚这个关键，用好统筹兼顾这个方法，选好干部、配好班子、谋好发展。要实现这样的目标，需要我们共识共为，敢闯敢干，一以贯之抓落实。

2016年，全市经济工作的指导思想是：全面贯彻党的十八大和十八届三中、四中、五中全会及中央、省委、常德市委经济工作会议精神，按照“五位一体”总体布局和“四个全面”战略布局，坚持稳中求进工作总基调，紧扣“新常德新创业”总要求，抢抓津澧融城重大战略机遇，主动对接长江经济带，融入洞庭湖生态经济区，着力园区攻坚、城乡一体化攻坚、棚改攻坚“三大攻坚”和“交通大会战”，突出抢机遇、稳增长、调结构、促改革、防风险、惠民生，开足马力、决战决胜，率先实现精准脱贫，提前实现全面小康，为“十三五”开好局、起好步。

2016年，全市经济工作的主要预期目标是：地区生产总值增长9.5%左右，规模工业增加值增长10%左右，固定资产投资增长20%左右，财政总收入增长10%以上，社会消费品零售总额增长12.5%左右，城乡居民人均可支配收入增长11%左右；完成上级下达的节能减排目标任务。

要实现今年的发展目标，必须坚持四大发展战略。

——坚持开放带动战略。着力推进“交通大会战”，加强与外部的互联互通，促进资源要素高速高效流动。要进一步解放思想，放开手脚，放下束缚，主动走出去学习外地先进理念，以开放的思维、开放的视野、开放的胸怀，构建内陆开放新高地。

——坚持创新驱动战略。创新是引领发展的第一动力。当前，津市经济发展的质量和效益还不高，企业竞争力还不强，这些都需要我们树立创新发展理念，加快产业转型升级，推动各领域深度调整，着力培育发展新动能，形成智慧增长、精明增长的良好格局。

——坚持改革推动战略。要把改革作为理顺体制机制、激发发展活力的重要推手，要抢抓国家津澧新型城镇化、中小城市综合改革和城乡一体化等重大改革试点机遇，积极引导经济社会各领域深化改革，充分释放改革红利。

——坚持项目拉动战略。要以大建设，促进大发展。项目建设是加快县域经济发展的不二法宝，要围绕主导产业发展，强化招商引资，把握上级政策，强化向上争资，力促更多的项目、资金落户津市，为发展提供强劲支撑。

围绕上述指导思想和预期目标，今年要重点抓好六个方面的工作：

1.心无旁骛抓好“三大攻坚”“一大会战”。要集中人力、物力、财力，全力推进“三大攻坚”“一大会战”，抓住“牛鼻子”，打好歼灭战，切实打出影响、打出声势、打出成效。

推进园区攻坚。园区始终是津市最大的优势、也是最大的潜力。要着力把园区打造成津澧融城的主战场、创新创业的主阵地，构筑洞庭湖生态经济区新的增长极。要思想攻坚。以“建设高水平国家级园区，重振津市工业重镇雄风”为目标，破除惯性思维、路径依赖，克服等、要、靠的思想，坚定“鸡毛换糖再出发”的决心和勇气，推进园区二次创业，开启园区“第二个十年”发展的新征程，努力实现园区规模工业增加值、高新技术企业户数、入库税收等主要经济指标三年翻番的目标。要配套攻坚。完成“两湖”生物医药园深度设计，启动“两湖”沿湖景观打造，力促国家级生物发酵技术产业基地落户津市。要推进胥家湖路西段、周家铺路南段等路网建设，完善道路绿化、管网铺设、供电供水等基础配套，建成工业污水处理厂，不断优化园区平台。要项目攻坚。以“两湖”生物医药园为重点，迅速促成溢多利系列项目落地，紧盯大北农、海南欣龙、湖南粮食集团、恒天九五等战略合作伙伴，争取更多项目落户津市。集中力量抓项目，全力以赴壮产业，积极推进新博生物、大汉客车等项目建设，力争今年新开发土地500亩，新引进项目10个，新增规模企业8家，实现规模工业产值165亿元，完成入库税收1.6亿元，积极争创省级高新园区。要效益攻坚。按照“多兼并重组、少破产清算”的原则，推进企业“二次招商”，争取国家政策支持，帮助企业脱困解危、轻装上阵。开展低效和闲置土地清理整顿，盘活园区低效资源。要服务攻坚。突出专业化、精细化、多元化的工作导向，成立招商服务中心、企业服务中心，探索组建法务部，建立涵盖信息、政策、金融、中介、人力资源、科技创新等门类的服务平台，促进园区服务整体提质。

推进城乡一体化攻坚。牢固树立“全域津市”理念，以打破城乡二元结构为目标，以小城镇建设为重点，完善设施配套，强化公共服务，让老百姓在家门口就能享受到城镇化的成果。加强镇村建设。开展镇村“一加一”示范，即推进4个镇和金鱼岭街道小城镇建设，并各自建设1个新型农村社区。要重点抓好小城镇建设，做好集镇深度规划设计，强力推进集镇控违拆违，全面推进中心镇立面改造，完善主干管网设施配套，狠抓马路市场整顿，推动集镇农贸市场提质改造，全面启动小城镇雨污分离和生活污水生态化处理项目，使中心镇硬件环境显著提升。要重点抓好美丽乡村建设，继续打造“四居两村”示范片，重点培育新型农业经营主体，打造一批主题鲜明、富有特色的美丽乡村建设品牌。要完善农村休闲小广场、村民活动中心、体育健身广场等公共设施，加快建设美丽宜居乡村。完善公共服务。探索社保城乡一体化，以同质均等化为原则，完善城乡居民养老保险转移机制，加快“新农合”与城镇居民医疗保险制度的整合，探索推进社区居民在医保、养保等方面与城市并轨，在子女就学、公共卫生等方面享有同等待遇。要跟进乡镇区划调整改革配套措施，坚决落实便民服务不变、惠农政策不变、支持力度不变、发展规划不变“四个不变”要求。推进绿色建设。实施“点亮一带”工程，即从药山镇沿湘北干线至工业集中区高速入口，打造一条“绿树成荫、四季飘香，民居古朴、设施现代”的景观带。实施全面绿化工程，继续推进荒山造林和生态示范户建设，着力扩大花、草、树木的覆盖率。深化产权改革。探索农村土地承包经营权股权化改革，对农民土地承包经营权确权颁证，出台农民土地承包经营权抵押、担保、转让的地方性规定，鼓励农民以领办、入股等形式参与农村经济建设。推进集体资产股份化改革，探索把股份制引入集体资产管理，按照“资产变股权，农民当股东”的思路，使农村集体资产真正成为产权清晰、权责明确、农民自主的资产。

推进棚改攻坚。把棚改当成推进城市建设的主抓手，全力打响棚改“三年攻坚”战役。要咬定攻坚目标。以解决中低收入家庭住房问题为目标，以提升城市品味为标准，以解决民生问题为要求，以“征收、补偿、安置、建设”为重点，集中力量推进棚改工作。力争到2017年改造棚户区2.5万多户，全面完成主城区成片棚户区改造，基本完成城中村改造，大力推进棚改向各镇延伸。今年要重点启动西河街、油榨坊等6个重点片区改造，确保年内完成棚改8130户、新建公租房830户的目标。要创新改造模式。完善房屋征收补偿政策，推行城中村“公寓式”安置与综合整治相结合的安置方式，减少拆迁安置资金，提高棚改攻坚效率。要推广生产街棚改经验，构建以融资为主、争资为辅的棚改资金筹措模式。要把握中央“去库存”的政策机遇，打通安置房和房地产供需通道，鼓励货币补偿方式，探索出台棚改户购买商品房奖补政策。鼓励广大拆迁户购买商品房，消化房产库存，加速人口向中心城区集聚，为现代化城市建设集聚人气。要提升棚改品质。加大城中村改造力度，对老百姓反映强烈

的敞开式小区升级改造，对棚改拆除地块进行停车位建设及增绿补绿。加大控违拆违力度，以住建部门为主体，按照控违拆违与城市建设同步原则，统筹推进小区环境整治、城中村改造、棚户区改造，做到拆除一片、建设一片、管好一片，切实提高城市通透性，改善居民居住环境，确保城市品质持续提升。

推进“交通大会战”。目前，我市交通外部连接不通、内部循环不畅，成为制约经济社会发展的最大瓶颈。面对这一严峻现实，我们必须抢抓洞庭湖生态经济区建设、津澧融城等战略机遇，大干快上交通项目，启动“交通大会战”，切实改善我市交通区位条件。要大胆谋划项目。立足津澧新城，对接湘西北，按照“水陆并进”的思路，大胆谋划交通项目。以迈进轨道交通时代为目标，全力以赴争取襄荆常高铁项目、石门至岳阳铁路项目过境津市；以建设“澧水流域航运中心”为目标，积极谋划津市港建设，将其建成澧水流域中心港和首个保税物流中心；以提升通江达海能力为目标，大胆谋划津石运河建设，从津市开凿，连石首、进长江，直接对接长江经济带，全面提升区域开放水平。要抓好项目前期。打好“交通大会战”，要主动作为、不等不靠。要围绕毛里湖国家湿地公园建设、津澧新城建设、澧水航道建设，包装好一批重大交通项目。要启动谋划毛里湖环湖公路、毛里湖对外连接公路项目，加速完成G353和S306津市段改线项目前期，促进项目早日开工建设。要加快项目建设。积极推进沅澧快速干线2号大道、安慈高速津市段建设，加快融入湘西北的交通大动脉。加速澧水二桥建设，启动千吨级码头、G353津市段（北绕城线）项目，推进S238新药线、渡棠公路建设，升级改造石保公路，构建快速便捷的市域交通体系。继续推进农村“断头路攻坚计划”，以奖代投，力争两年内基本消除农村公路“断头路”。

2.科学统筹促进产业发展。要加快转变发展方式，实现三次产业量质齐升，着力构建产业结构优、创新能力强、开放程度高的现代产业体系，提升津市核心竞争力。

把工业作为经济发展的支撑点。始终坚持“工业主导”战略，办大工业、大办工业。重点打造“两湖”生物医药园，以溢多利、天津医药为依托，引进生物酶制剂、医药中间体、生物制药等产业项目，拓展产业链条，壮大产业集群。把握消费需求，引进现代食品生产技术与工艺，积极开发休闲食品、特色食品，鼓励新中意集团、南北特等企业开展扩产、技术改造和新产品开发。发挥中联车桥、大汉客车装备制造业品牌优势，积极与三一、东风、湘电集团等汽车企业对接，开展汽车智能化核心技术开发，抢占节能产品与新能源汽车高端市场。抓好纺织、盐化工等传统优势产业升级改造。培育发展非织造新材料、光伏新能源等战略性新兴产业。要在“帮企业”上下真功，继续开展“百名干部帮扶百家企业”活动，提振企业发展信心。要在“降成本”上做文章，强化融资帮扶，开展助保贷业务，设立1000万元的中小企业发展基金、1000万元的存量贷款贴息专项资金、3000万元的融资过桥资金，帮助企业降低融资成本。

把农业作为经济发展的兴奋点。坚持发展精品农业、现代农业，转变农业发展方式，提高现代化水平，让农业成为有奔头的产业，让农民成为体面的职业，让农村成为安居乐业的幸福家园。要推进农业结构调整，鼓励棉改水、棉改菜，培育发展食用菌、生猪养殖等特色产业。壮大食用菌产业，建成食用菌研究所，发挥种苗供给、技术支撑、加工销售等作用，促进产业规模不断壮大，力争实现种植规模年内翻一番。发展生态养殖业，以佳和农牧公司为依托，推广“猪、沼、苗”种养平衡的生态养殖模式，推行“集团公司＋生态农场＋生态小农庄”经营形态，带动现代生态养殖业发展。培育新型农业主体。出台扶持政策，培育一批农村经济大户、家庭农场和农民专业合作社。以荣晟公司为示范，打造标杆企业，带动社会资本、农业大户、返乡农民投身现代农业发展。积极落实农机补贴，推进粮油全程机械化生产、规模化经营；大力实施高标准农田建设、产油大县等项目，增强农业生产保障能力。

把服务业作为经济发展的引爆点。坚持把服务业作为加快发展的新引擎，积极构建现代服务业体系。房地产、电子商务、文化旅游、健康养老、金融服务、现代物流等六个服务业推进小组要加强政策研究和对接，科学引导服务业健康快速发展。要稳步发展房地产业，按照“去库存”的目标，着力打通房地产供给与需求、保障房和商品房、金融机构和开发商“三条通道”，刺激房地产市场；要研究出台购房补贴、子女免费就学、办证“一站式”等激励政策，吸引市民和周边区县、特别是洪湖区居民来津购房，激活消费需求。要以宝悦乐城、博联家居等商贸综合体为重点，引进名品名店名牌，集聚城市人气，繁荣城市经济。要搭建电子商务平台，加速电子商务产业园、城乡流通再造项目落地，对接阿里巴巴农村淘宝部、湖南云端电子商务平台，开展“津市牛肉米粉”网络推广，推动柑橘、食用菌、茶油等特色产品上网销售，形成商贸服务业“网上网下”协调发展的格局。要做好文化和旅游结合文章，积极发展文化生态旅游，大力整合毛里湖、嘉山、“美丽乡村”等旅游资源，以“关山明月”户外帐篷节、药山慈云讲堂等活动为引领，深入挖掘药山福田米、灵犀山茶油等特色产品，开辟精品旅游线路，促进文化旅游产业做强做精。

3.更高标准推进“五城同创”。牢固树立“紧凑城市、精品宜居、精明增长、智慧现代”的理念，坚定“五城同创”不动摇，加大建设投入，完善治理体系，确保年内“创森夺牌、创卫创园申报、创文入笼、创模升级”的目标，为建设现代气息浓的精致城市打下基础。

完善城市功能。坚持规划引领，完成城市总规编制，启动全市控制详规编制。加快城市基础设施建设，启动盐兴路、生产街大道等道路新建，完成孟姜女大道中段、九澧大道东段等道路改造工程，加大小街小巷硬化、绿化、亮化改造力度，全面改善城市“微循环”。加强公共服务投入，加速公交站台建设，落实城区2个大型停车场，抓好农贸市场改造。实施城区排水处理设施新建改造工程，加大城区污水沟、臭堰塘等黑臭水体的治理力度，启动污水处理二期工程建设，实现城区生活污水全收集、全处理。统筹旧城管网改扩建，规划燃气管网建设，完成城市主干道管线入地，做好店招店牌的规范整治，进一步巩固“三改四化”成果。

提升城市品位。要以建设精致城市为导向，着力推进“三湖”公园、澹津公园改造，启动植物园、澧水沿河风光带、澧水二桥附属风光带建设工程，构建现代、精致、具有视觉冲击力的生态城市体系。要以“完美社区”为依托，从细节入手、从品质着力，加大公用设施投入，加快示范小区建设，彰显城市的特质和品位；引入海绵城市理念，实施澹水、“三湖”、汤家湖、长山湖、胥家湖、团湖等城区水域全面退养，启动河湖连通工程，构建津城环城水系，还城市一汪碧水，把好山好水好风光融入城市。

创新城市管理。完善“5115”推进机制；以街道办事处为主体，以居民自治为基础，实行“执法集中、管理下沉”，严格落实城管进街道、下社区，同步推进城管职能向乡镇延伸，构建“大城管”格局。加强小区自治，开展“大评小奖”活动，提高市民参与自治积极性；积极整合交通劝导志愿者、环保志愿者等志愿组织，广泛开展志愿者服务，营造全民“大创建”的良好氛围。健全城市“智慧”管理功能，探索“智慧城管”“智慧教育”“智慧医疗”“智慧社区”等领域的共联共建，全面提升城市管理信息化水平。

4.全力以赴保障民本民生。按照人人参与、人人尽力、人人享有的要求，树立问题导向，着力解决民生突出问题，提高群众的获得感，让全市人民享有更高水平的社会保障和民生服务。

决胜扶贫攻坚。深入开展精准识贫、精准扶贫、精准脱贫，完善农村贫困户建档立卡系统，深入推进“一进二访”活动，全面实施社会保障到户、生产发展到户、技能培训到户、教育助学到户、危房改造到户“五到户”工程，确保年内实现10624名农村贫困人口整体脱贫、13个贫困村全部摘帽。率先启动城市精准扶贫工作，实施托底保障，加大城市低保、城市三无人员等困难群众生活保障力度；开展城乡低保清理排查，实行动态跟踪，真正做到应保尽保；探索建立最低生活保障、教育医疗、廉租住房等全方位的社会救助体系。

建设完美社区。按照建、管、用相结合的思路，推动“完美社区”由建设向治理转型，把居民自治作为今年社会治理创新的重头戏，全面铺开小区、院落自治，帮助自治组织组建网格支部、业主委员会、物业管理、社会组织、社会救助“五位一体”的管理模式，结合“智慧社区”建设试点工作，完善配套社区养老、助残等公益性服务设施，提升社区平台的综合服务水平。

发展社会保障事业。要稳步推进社保扩面，用活用足激励政策。抓实“助保工程”，援助困难群体参保，落实被征地农民参保，引导因土地征用而逐渐被边缘化的特殊群体参保。开通“12333”社会保障服务平台，畅通政策咨询、业务查询、投诉举报渠道。

发展教育事业。以“城乡一体、一校一品、活力迸发”为方向，继续实施农村薄弱学校改造，全面推进城区美丽校园建设，理顺三中和德雅中学办学体制，加快教育信息化建设工程，启动一中美丽校园和二小东校区建设工程，谋划论证职业中专整体搬迁工作，全力打造均衡优质教育，办好人民满意教育。

发展卫生计生事业。启动人民医院选址新建和“三院一中心”建设的前期工作，全面推进社区卫生服务中心提质改造，完成33个卫康室建设，开展妇幼保健优质服务示范县创建；大力发展肝胆、中医脉管等省级特色重点专科，提升医疗卫生水平。坚持计划生育基本国策，落实全面两孩政策，开展“爱心助孕”行动。

发展文化体育事业。深入开展社会主义核心价值观教育，弘扬中华民族优秀文化传统，以车胤读书节为载体，以“读家书、塑家风”为主题，持续深入开展全民阅读活动，倡导健康文明生活。传承历史文化，启动虎爪山遗址加固工程，加快益泰绸布庄等传统建筑修缮，打造津城特色样板一条街，提升城市文化内涵。创新文化服务载体，探索“互联网＋图书馆”服务模式，巩固津市新闻、平安津市、津津乐道0736等信息服务平台，营造健康积极、风清气正的城市文化氛围。积极发展足球、乒羽等协会组织，刺激体育市场，激活全民健身热情。

发展民政养老事业。加快养老项目建设，推进西毛里湖健康养老产业园和养老服务中心二期建设，启动市老龄康复医院项目，完成殡仪馆搬迁工作，完善集镇养老院、村(居)幸福院等养老服务设施，打造湘西北养老服务产业品牌。大力发展养老服务产业，建立社区居家养老服务平台，鼓励发展养老服务中小企业，引导相关企业和机构开发养老服务产品。

推进创新创业。深入开展“大众创业、万众创新”活动，全面落实创新创业带动就业政策，落实200万元的扶持资金，充分发挥小额担保贷款的杠杆作用，引导更多的人参与创业。积极筹措资金，加快工业集中区创业孵化基地和标准厂房建设，积极引进和搭建各种创新创业平台，争取省级孵化器平台项目，大力开展创新创业服务，鼓励青少年参与科技创新大赛，营造全市创新创业的良好氛围。

5.积极稳妥开展各类改革。全面深化各类改革，敢于啃硬骨头、敢于涉险滩，抓好改革政策落地，使改革不断见到实效，激活发展的新动能。

围绕体制机制抓改革。推进合村工作。以村级布局从“量多面散”向“优化集中”转变为目标，稳步稳妥推进合村工作；结合乡镇区划调整改革，搭建镇级公共服务平台，抓好便民服务中心建设，实行一个中心“一站式”服务，统筹布局产业项目和公共服务设施，确保农村大局整体稳定。推行简政放权。要以转变政府职能为重点，以“三减少一下放”为核心内容，优化机构设置，严格控制编制，提高行政效能。推行清单落实。对“权力清单、责任清单、负面清单、政策清单、政府投资审核目录”实行动态管理、及时公布。做好国务院、省、常德市政府取消下放行政审批事项的承接工作。

围绕搞活经营抓改革。要创新城市经营。大力推行PPP模式，支持民间资本进入基础设施、社会事业等领域。以社会化运作为手段，逐步将市政、园林、农贸市场管理等公共领域推向市场。要创新金融服务。以服务中小企业为重点，引进城市商业银行及证券、担保、信托等非银行金融机构，开展业务创新、金融产品创新。大力发展村镇银行，培育小贷公司、资金合作社等小型金融组织。建立企业上市培育梯队，争取三年内 1-2 家企业挂牌上市。创新风险防控。加强风险防控意识，完善债务预算管理，继续加大债券置换存量债务工作，真正把投融资公司推向市场，积极防控财政风险。加强实体经济运行、金融服务机构的监测分析，坚决制止违法违规举债行为，紧密防范债务、融资等各类风险的发生。

围绕区域发展抓改革。要把津澧融城作为津市最大的改革，以积极、开放、务实的态度，主动对接、强化协同，逐步形成横向错位发展、纵向分工协作的发展格局。要推进规划一体化。共同谋划津澧新城，建立津澧沟通协商机制，在津澧新城规划设计上充分交换意见，探索构建“一个平台、统一标准”的规划管理体系。要推进基础建设一体化。积极对接上级政策，从津澧两地最没有争议的地方抓起，围绕水利工程、公用设施、环境整治、铁路建设等方面，包装设计一大批基础设施建设项目，争取中央、省里更多的支持，惠及两地群众。要推进公共服务一体化。加大公共交通投入，尝试推进两地客运班线公交一体化，逐步实现出租车跨区域运营标准统一。全面完善津澧医疗合作机制，建立统一医疗保险服务体系，逐步实现两地社会保障体系共建共享。

6.坚定不移推动绿色发展。坚持绿色发展导向，推动绿色转型，把绿色发展理念带入经济社会发展各方面，走出一条转型升级的发展新路。

实施生态覆绿工程。深入推进嘉山国家森林公园和毛里湖国家湿地公园建设，围绕“生态体验、生态田园、生态健身、生态旅游”四条主线，扎实开展绿化规划及施工指导，积极对接洞庭湖区水生植物园、资源保护等重点项目，争取湿地保护和生态补助资金，谋划国际重要湿地和省级自然保护区申报工作。以退耕还林、长江防护林项目建设为平台，以全民义务植树、生态示范户建设为手段，大力开展“三边”绿化、封山育林及义务植树活动，力争年内全市所有村、社区达到秀美村庄标准。全面完成省道、高速公路进出口绿化新造林及补植任务，力争用三年时间建成一条集旅游、休闲、健身于一体的“绿色走廊”。

开展生态治理行动。深入开展“蓝天碧水净土”行动，实施大气、水体、土壤专项治理。开展餐厨油烟治理，强化夜市摊贩管理，全面落实油烟净化，打造无油烟样板街。积极发展清洁能源，严控城区扬尘，强力整治黄标车，不断完善空气优化措施。修复水体生态功能，对护市垸、阳由垸内水体进行疏浚清淤、生态拦截和护坡。抓好毛里湖湖泊治理，降低养殖密度，实行生态养殖，并对禁养区内企业实行全部关停或整体搬迁。实施土壤污染防治工程，抓好土壤分级管控工作，开展土壤污染综合防治示范区建设。

构建生态环保体系。完善园林绿化养护、古树古木管理、湿地保护、污染治理等方面的制度，引导市民积极开展生态创建活动。实施“退二进三”战略，严格企业环评准入，淘汰高耗能、高污染企业，继续实施“北工南移”工程，推动低碳循环发展。积极发展生态小农庄，引导畜禽粪污等废弃物达标排放，大力发展废弃物资源化利用。推动“农村小康环保行动计划”试点，重点实行农村垃圾无害化处理、农村环境综合整治工程。组织开展低碳码头、低碳公路、低碳航道等主题性试点，积极打造一批绿色交通示范工程，加快绿色交通发展步伐。

三、凝聚合力，激活发展新动能

干事创业关键在人，特别是领导干部这个“关键少数”。要坚持全面从严治党、全面依法治市，不断提高领导干部驾驭经济社会发展的能力，为“十三五”开好局提供坚强保障。

1.加强组织建设。始终把党建作为最大的政治任务来抓，落实管党责任，注重统筹推进，着力构建“大党建”格局。强化基层党建。要按照“全覆盖、高标准、出特色、补短板”的要求，深入推进基层党建“八大建设”。要落实“三个必须”，即各级党组织书记必须落实党建第一责任，基层党建的每一项任务必须扎实完成，党建责任落实不力必须严格追责。要认真开展“基层党建标准化建设年”活动，选择 1-2 个镇村先行分类试点，探索构建标准体系，带动基层党建标准化、规范化建设。要突出打造亮点，探索农村社区“3+X”基层治理模式。抓好干部工作。完成好县乡两级同步换届的人事安排工作。要着力实施退出一批、交流一批、提拔一批“三个一批”，落实职数基本消化到位、结构基本配备到位、机制健全到位“三个到位”，加强和改进年轻干部梯度培养，优化领导班子结构。要着力建设学习型党组织，认真落实党委(组)中心组、党支部学习制度，继续办好年轻干部读书班，不断提升干部能力。要完善绩效考核评价体系和奖惩机制，量化考核标准，全面推行领导干部“能上能下”机制。加大人才引进。继续实施“五百英才引进工程”。探索建立人才考评激励机制，逐步建立专技人才岗位调整机制。要依托重点产业发展、重大项目实施，加强高层次创新人才培养基地建设。要围绕本土企业用工，重点加大生物医药、机械制造等专业技术人才引进力度。创新引才工作方式，依照“户口不迁、编制不转、智力流动、来去自由”的方针，最大限度激发活力、留住人才，为津市发展提供人才支撑。

2.注重能力建设。作为党员干部、特别是领导干部，既是决策者、实践者，又是组织者、推动者，更是先行者和引领者，要不断提升能力、主动作为，树立从我做起、向我看齐的工作导向，带好“一班人”，带动“一群人”。要提升学习力。新常态要有新作为，迫切需要领导干部以领先的思想、过人的眼界来科学决策，需要以卓越的能力、过硬的本领来推动发展，这一切都建立在不断学习的基础上。要深入开展学习精神、研究政策活动，吃透十八届三中、四中、五中全会和上级经济工作、城市工作等会议精神，理清发展思路，对接政策项目，充分释放政策红利；要敢于走出去、引进来，开拓眼界、开放思维，切实把学习力转化为现实的生产力。要提升开拓力。津市正步入模式转变、结构升级的新阶段，面临的困难和矛盾层出不穷、纷繁复杂，如果习惯于墨守成规、按部就班，那只会捆住手脚、消沉斗志、贻误时机。作为领导干部，必须带头突破各种思想桎梏，带头纠正迟滞发展的陈旧思维，从传统的观念束缚中解放出来，从狭隘的局部利益中解放出来，牢固树立开放意识、创新意识、机遇意识、争先意识，以先行者和引领者特有的开拓精神，把握发展大势，抢跑“十三五”。要提升落实力。三分制度，七分执行。抓落实不仅是政治组织觉悟的体现，也是一种工作能力的体现。我们不缺口号、不缺文件、不缺政策，缺的是一种实实在在的落实能力。新常态下，肯定会遇上“旧常态”下形成的一些惯性和阻力，我们要坚决杜绝工作说得多、做得少，光说不练的行为，按照“踏石留印、抓铁有痕”的要求，紧扣目标任务，制定过硬措施，一抓到底、善始善终、善做善成。

3.深化廉政建设。始终把纪律和规矩挺在前面，打造风清气正的政治生态。落实“两个责任”。各级党委(组)要切实担负起党风廉政建设主体责任，纪委(纪检组)要落实监督责任，要树立不抓党风廉政建设就是严重失职的意识，敢抓敢管、动真碰硬，种好自己的“责任田”，做到守土有责、守土负责、守土尽责。要对落实“两个责任”情况开展监督检查，强化“一对一约谈”，严格“一案三查”，建立责任倒逼机制。加强监督管理。强化源头预防，发挥审计监督作用，细化监督职责，创新监督方式，扩大社会监督力量。突出监督重点，加大对权力运行监管，加强乡镇区划调整纪律、换届纪律、专项资金、工程招投标等方面的监督，确保各项工作平稳推进。抓好市委工作监督员队伍建设，完善村务监督委员会、农村“三资”管理等制度，推进镇务、村务公开透明。要推进廉政文化深入千家万户，深入开展党员干部优良家风评选活动，持续巩固和深化巡视整改成果。强化执纪监督。严查“四风”典型问题，加大对违规赈酒、违反工作纪律等作风“顽疾”的查处曝光力度。要严格案件查办，着力查处群众身边的腐败问题，严查截取挪用专项资金、为官不为、“雁过拔毛”式腐败，推动执纪成果向民生成果转化。这里，我提醒大家，在作风问题上一定要保持清醒认识，千万不要认为是普遍存在的问题就无关痛痒，千万不要指望按惯例做就高枕无忧，千万不要期盼作风建设问题不大就心存侥幸。

4.坚持法治建设。推进依法治市，深化法治津市建设，营造优良的法治环境。弘扬法治精神。把法治教育纳入市民教育和精神文明创建体系，按照“谁执法、谁普法”“谁管辖、谁普法”的要求，健全普法考评机制，落实普法主体责任。抓好市委常委会会前学法、市委中心组学法和科局长讲法活动，提升党员干部运用法治思维和法治方式解决矛盾问题的能力。深入开展法治宣传，广泛开展群众性法治文化活动，抓好“法治夜话”等普法品牌，加强法治广场、青少年法治宣传教育基地等普法阵地建设，提升群众法治素养。严格依法用权。要实行法无授权不可为、法定职责必须为，不断提高行政效能和服务水平。要坚持依法决策，严格执行重大决策公众参与、专家论证、风险评估等法定程序，不断增强决策公信力和科学性。要完善执法程序和操作流程，全面落实行政执法责任制，严格执法监督、评议考核和责任追究。要促进司法公正，继续开展定期“晒案”，完善人民陪审员和人民监督员制度，提升群众司法参与度；严格落实“办案质量终身负责制”“错案责任倒查问责制”，确保公平公正贯穿于司法运行的全过程。推进依法治理。以平安创建为总揽，加强社会治安治理，重点打击网络诈骗、“两抢一盗”“涉毒”等各类违法犯罪行为。深入推进社会治理网格化，组建专职网格员队伍，建立大数据网络信息平台，延伸社会治理触角。要依法处理信访问题，对当事人的诉求，于法有据的，必须坚决支持、妥善解决；于法无据的，决不能肆意突破法律“和稀泥”，要依法打击、强力整治。要建立健全安全生产责任制，加强安全生产隐患排查，重点突出对危化企业、非煤矿山、校车等监管执法，完善应急预案，切实提高应急处置能力。

同志们，“十二五”已经完美落幕，“十三五”正待扬帆起航；新的形势逼人前行，新的任务催人奋进。让我们在市委的坚强领导下，进一步解放思想、继续埋头苦干，开足马力、决战决胜，为提前实现全面小康而努力奋斗！

坚持工业立市　突出产业兴城
为建设澧水流域现代化的中心城市而努力奋斗

——在中国共产党津市市第十二次代表大会上的报告

市委书记　傅勇

（2016 年 8 月 31 日）

各位代表，同志们：

现在，我代表中国共产党津市市第十一届委员会向大会作报告。

中国共产党津市市第十二次代表大会，是在我市全力推进实施"十三五"规划之际召开的一次重要会议。大会的主要任务是：回顾总结过去五年工作，研究部署今后五年工作，团结带领全市人民，坚持工业立市、突出产业兴城，为建设澧水流域现代化的中心城市而努力奋斗。

过去五年的主要成就与基本经验

过去的五年，是我市发展史上极不平凡的五年。面对复杂的外部环境和艰巨的发展任务，我们认真贯彻落实中央、省委和常德市委的各项决策部署，团结带领全市人民，坚持党建总揽，突出"三大战役"，力推新型工业化、新型城镇化、农业现代化，实现了经济社会平稳较快发展，胜利完成了市第十一次党代会提出的各项目标任务。先后被评为常德市绩效考核良好单位、全省全面小康"十快进县"、全省开放型经济先进单位、全省社会管理综合治理先进县、全国"六五"普法先进县、全国计划生育优质服务先进县、全国科技进步先进县，并连续八年保持"全国平安建设先进县"称号。

——过去五年，我们坚持"稳增长、促发展"，经济建设跃上新台阶。始终坚持工业立市核心战略，在经济下行的大环境下实现了难中求进、逆势增长。经济总量稳步增长。2010-2015 年，地区生产总值增长到 115.3 亿元，年均增长 11%；规模工业总产值和增加值分别增长到 183.7 亿元、45.9 亿元，年均增长 16%、16.5%；财政总收入增长到 6 亿元，年均增长 10.9%。全面小康实现程度达到 91.6%，居全省前列。三次产业结构调整到 15.4 ∶ 48.4 ∶ 36.2，发展质效明显向优。工业主导更加突出。工业增加值占 GDP 半壁江山，规模工业企业达到 92 家，其中高新技术企业 12 家、年产值过亿元企业 62 家。工业园区成长为"百亿园区"，成功申报为省级高新区。"两湖"生物医药园初具规模，生物酶制剂及应用特色产业基地被列为国家火炬特色产业基地。农业基础更加夯实。生猪、食用菌、肉兔、休闲农业等特色产业不断壮大，培育各类农民专业合作社 60 家，畜牧业生态循环养殖模式得到农业部肯定。成功争取到国家小农水重点县、省产油大县等重大项目。服务业发展更加完善。成功引进华融湘江银行，银行、证券、保险等各类金融业态不断增多。宝悦乐城商业综合体开业运营，麦当劳、国美电器等商业品牌进驻津市。房地产市场稳步发展，新建了一批精品楼盘。

——过去五年，我们坚持"惠民生、办实事"，社会事业开创新局面。始终坚持以人为本，改善民本民生，群众幸福指数不断提高。推进脱贫攻坚。2015 年城乡居民人均可支配收入达 26027 元、11285 元，比 2010 年分别增长 69.5%、97%。贫困户建档立卡和"四类人员"清理工作得到省、常德市高度认可，所有贫困村、贫困户实现了结对帮扶。健全社会保障。基本养老保险、医疗保险在制度上实现全覆盖，失业、工伤、生育保险覆盖了所有用人单位。企业退休人员月人均养老金实现连续增长。农村劳动力转移就业持续扩大，新增城镇就业 2.8 万人。促进教育提质。改造中小学校舍，新建嘉山实验学校，理顺火花幼儿园、三中办学体制，配齐建强教师队伍。基础教育质量得到较大提升，中高考成绩在常德市进步最大。被评为“湖南省发展学前教育典型县市”“湖南省特殊教育工作先进县市”。完善养老服务。建成了全省一流的养老服务中心，高标准推进一乡一敬老院、一村一幸福院建设，建成各类养老机构 77 所，被评为“全省社会养老服务先进县市”。繁荣文化事业。新图书馆建成运行，乡镇综合文化站、农家书屋实现全市无缝覆盖。“津市发布”等新媒体发展迅速，《兰草》成为津市文化名片，虎爪山遗址成功申报为国家级重点文物保护单位。加强卫生计生事业。稳妥推进公立医院改革，新型农村合作医疗、基本药物制度保持全覆盖，人均卫生资源占有率全省领先，计生工作、基本公共卫生服务工作进入全省先进行列，被评为全国基层中医药工作先进单位。

——过去五年，我们坚持“大投入、强统筹”，城乡面貌发生新变化。始终坚持城乡统筹，加快基础设施建设，大力改善人居环境。城市面貌焕然一新。“三改四化”“五城同创”取得阶段性成果，国家森林城市通过验收，国家卫生城市通过省级技术评估，省级文明城市、省级卫生城市通过复检。累计投资 15 亿元以上，新建和改造城市主次干道 56 条、小街小巷 33 条、城区排水系统 150 公里、农贸市场 7 个，拆除违建 20 余万平方米，建设示范小区 63 个。完美社区建设被评为常德市先进单位。先后投入 20 多亿元，建设保障性住房 10766 套，改造棚户区 22150 户，基本实现应保尽保。三眼桥小区、荷花小区、三湖小区改造连续三年被列为全省棚改示范工程，棚改“津市模式”被《人民日报》等媒体广泛报道。成功争取国家智慧城市试点、省海绵城市试点。镇村环境日新月异。加强城乡基础建设，群众生产生活条件大为改善，城镇化率达 65.8%。扎实推进美丽乡村建设，关桥村、大山村分别被评为省、常德市美丽乡村建设示范村。交通区位显著改善。东常高速建成通车，结束了我市没有高速公路的历史。涔水大桥顺利通车，打开了我市的东大门。澧水二桥、沅澧城镇快速干线 2 号线快速推进。干线公路全面升级成 1 条国道、7 条省道。窑坡渡千吨级码头启动建设。

——过去五年，我们坚持“破难题、抓创新”，深化改革凸显新活力。始终坚持以改革破解困局，激活发展新动能。体制机制改革持续深化。稳妥完成政府机构改革、合乡并村改革、园区“一权两制一司”改革。深化行政审批制度改革，取消调整部分非行政许可审批事项。开展权力清单清理，权力事项在政府网站公布。“三证合一、一照一码”登记模式全面实施。完成了工商、质监管理体制下放及食品药品监管体制改革。被评为“常德市全面深化改革先进单位”。区域发展改革持续推进。成功申报国家新型城镇化综合试点、国家中小城市综合改革试点，参与编制了《津澧城市空间发展一体化规划》，津澧融城改革进入实质推进阶段；推进投融资体制改革，城投、住保投等投融资公司有序运转，嘉山实业公司市场化运作取得实效。推进金融体制改革，率先成功组建了农村商业银行。民本服务改革持续突破。城乡供水、客运环线等“四个一体化”改革经验被省委改革办重点推介。推进城管进社区，城管职能向乡镇延伸。城市污水处理厂、白龙潭水厂投入运行，垃圾无害化处理 PPP 项目纳入全省首批改革试点名录。环卫保洁、公交站台、管线入地等城市管理市场化运作改革走在常德前列。

——过去五年，我们坚持“优环境、重治理”，生态建设呈现新气象。始终坚持绿色发展，建设美丽津市，营造了“山清水秀”的秀美生态。推进绿色建设。嘉山森林公园成功申报为国家森林公园，毛里湖国家湿地公园正式授牌。启动城区周边“绿色走廊”和湘北公路沿线绿色景观带建设。开展“十万乔木绿津城”“万千百十生态绿化工程”“秀美村庄建设” 等系列生态造林绿化建设活动，完成营造林 6.23 万亩，新造生态林 4.97 万亩，城市绿化覆盖率达 37.4%，森林覆盖率达到 23.8%。开展污染治理。深入开展“蓝天碧水净土”行动，加强生态保护，划定畜禽养殖适养区、限养区和禁养区，全面禁止水库、湖泊、山塘投肥养殖。西毛里湖湖泊生态保护工作得到环保部高度肯定。深化环境整治。成功争取湖南省首批农村环境综合整治整县推进项目，“户分类、村收集、镇转运、市处理”的农村生活垃圾处理模式在全省推广，乡镇污水处理设施建设走在全省前列，农村垃圾处理“绿色存折”制度被央视深度报道。成功创建 2 个国家级、5 个省级生态乡镇和 1 个国家级、34 个省级生态村。

——过去五年，我们坚持“改作风、提能力”，党建工作收获新成果。始终坚持把党建工作作为最大的政治任务，全面落实从严管党治党责任。队伍建设成效明显。深入开展党的群众路线教育实践活动、“三严三实”专题教育活动、“两学一做”学习教育，组织高质量的市委中心组扩大学习，开展“学株洲赶宁乡、建设新津市”活动，选派领导干部赴清华大学、宁乡县培训学习，干部服务群众、服务发展的能力显著提升。党员干部“到户工作法”入选全国基层党组织创新社会管理实践案例，非公党建、党群互助组、处置不合格党员试点、党员干部“组团式”服务等工作在全省推介，市委年轻干部读书班经验被《湖南日报》重点报道。广泛开展“车胤读书节”“津市故事百姓讲·最美津市人”等强学习、争先进系列活动，党员干部先锋模范作用不断凸显。党的群众路线教育实践活动省民调测评常德第一。基层基础更加稳固。全面完成乡镇“五小”设施“清零”，村（社区）干部待遇和低限运转经费不断提高。基层党建述职测评位列常德第一方阵。坚持反腐倡廉方针，全面推进惩防体系建设，各项工作受到省委巡视组的高度肯定，党风廉政建设工作经验被中纪委推介。实施“五百英才引进工程”，共引进各类人才 491 人，缓解了基层单位的人才短缺困境。民主政治有序推进。加强和改进党对各项事业的领导，法治政府建设成绩显著，人大、政协作用得到充分发挥，各民主党派、工商联、无党派人士参政议政、民主监督作用进一步增强，爱国统一战线继续壮大。“平安津市”创建扎实有效，民调工作在全省取得历史以来最好成绩。国防动员和民兵预备役建设不断加强，“双带双促” 活动成效明显，被评为常德市党管武装工作先进单位。工会、共青团、妇联等群团组织工作取得新进展。

成绩来之不易,实践充满艰辛。过去的五年,既是津市团结一心、埋头苦干的五年,又是津市锐意进取、跨越发展的五年,更是津市政通人和、民生殷实的五年。五年里,面对诸多困难和挑战,全市广大党员和干部群众全力以赴谋发展、凝心聚力干事业,为津市的发展倾注了大量心血、付出了艰辛努力。在此,我代表中共第十一届津市市委,向全市广大党员和干部群众,向各位老领导、老同志、企业家们,向所有关心支持津市经济社会发展的上级领导、各界朋友,表示衷心的感谢并致以崇高的敬意!

五年的历程,极不平凡。面对各种风险和考验,我们之所以能够取得令人鼓舞的成绩,归根结底,就是坚定不移地把上级精神与津市实际紧密结合起来, 走建设新津市的科学发展之路。五年的实践,经验宝贵。

——风清气正的政治生态是津市跨越发展的根本保证。五年来,我们始终坚持全面从严管党治党,端正党风、带动政风、促进民风,在"三大战役""五城同创"等工作中,市"五大家"班子带领全市上下一心一意谋发展、团结一致搞建设,创造了津市事业发展的辉煌。

——时不我待的机遇意识是津市赢得未来的制胜关键。五年来,我们始终强化机遇意识,在招商引资、争资争项等工作中,全市上下破除消极等待思想,着力开放发展,把握机遇、抓住机遇、用好机遇,实现了全市经济稳步增长、向优向好。

——开拓创新的进取精神是津市破解困局的强大推力。五年来,我们始终坚持锐意进取、创新发展,在澧水二桥建设、企业破产重组等方面,面对困难不退缩,以破解要素瓶颈为导向,创新方法、克难奋进,实现了津市经济社会较快发展。

——真抓实干的务实作风是津市干事成事的力量源泉。五年来,我们始终坚持讲实话、出实招、办实事、求实效,在"园区攻坚""三改四化"等工作上,从大处着眼、小处着手,苦干实干、合力攻坚,办成了一大批事关发展的大事实事,获得了社会的普遍认同。

——以人为本的民生导向是津市和谐稳定的坚实基础。五年来,我们始终坚持以人为本,重视民生、关注民生、服务民生,在"棚改攻坚""完美社区"建设等工作中,以群众满意为目标,着力解决群众最关心、最现实的热点难点问题,凝聚了人心,推动了发展。

在总结成绩的同时,我们也要清醒地看到发展中存在的困难和不足。经济总量不大、财政实力不强的问题依然存在;发展方式粗放,产业结构不合理,经济运行面临诸多挑战。对此,我们要深刻认识,保持清醒头脑,采取有力措施,认真加以解决。

今后五年的发展定位与目标任务

做好今后五年的工作,一定要把握发展大势,认清阶段性特征,不断增强工作的预见性、主动性和实效性,努力适应新常态,加快谋求新发展。一是宏观机遇叠加。世界经济曲折复苏,我国进入到经济中高速发展的新常态。国家区域经济布局和重心加快向内地倾斜,长江经济带、洞庭湖生态经济区等国家战略加快实施,津澧融城有望加快推进。津市作为国家新型城镇化综合试点、国家中小城市综合改革试点,未来五年,津澧融城有望在城镇基础设施共建、生态环境共治、公共服务共享等重点领域取得重大突破。二是改革动能迸发。国家突出供给侧结构性改革,实施积极的财政政策,推进"三去一降一补",出台系列激励政策,为转换增长动力、扩大有效投资、培育新的增长点创造了条件。津市先后推进园区"一权两制一司"、城乡一体化、合乡并村等改革,优化发展要素配置,必将带来巨大的发展潜力。三是基础优势明显。经过几年来的奋斗,津市新的增长动力正在加速形成。基础扎实的园区平台优势、宜居宜业的生态环境优势、特色鲜明的文化资源优势、宽松优质的服务环境优势,为谋求跨越发展奠定了坚实基础。通过党的系列教育活动,狠抓干部作风,落实"两个责任",优化班子结构,为干事创业营造了良好的政治生态。综合研判宏观发展形势和区域发展来势,今后一段时期,津市必将迎来新一轮跨越发展的大好机遇。

今后五年,全市工作的指导思想是:深入贯彻党的十八大和十八届三中、四中、五中全会精神,按照"五位一体"总体布局和"四个全面"战略布局的要求,牢固树立"五大发展"理念,对接长江经济带,融入洞庭湖生态经济区,紧扣新常德新创业,坚持工业立市、突出产业兴城,为建设澧水流域现代化的中心城市而努力奋斗!

"坚持工业立市、突出产业兴城,建设澧水流域现代化的中心城市"是市委立足津市市情,顺应发展趋势,认真研究提出的发展主题和定位。

——坚持工业立市。工业是津市的经济命脉。津市新一轮发展的基础在工业、潜力在工业、出路在工业。我们要保持战略定力,坚持一张蓝图干到底,坚定工业立市的信心和决心,大干工业、干大工业,重振津市工业雄风。

——突出产业兴城。产业是城市发展的内核。城市的兴旺发达离不开产业的支撑。近年来,我市的硬件基础显著改善,但城市产业不强、功能不优的问题制约了津市的发展。我们要牢固树立"经营城市"的理念,发展城市新业态,推动以产兴城、以城促产、产城共建,实现产业与城市的高度匹配和融合发展。

——建设澧水流域现代化的中心城市。近代以来直至上世纪末,津市一度因水运昌盛、商贸繁荣、工业发达而成为澧水流域中心城市。伴随着津澧两地加快融合发展,必将促成津澧新城成为澧水流域现代化的中心城市。根据现有基础优势,我们要率先从四个方面突破,建设四个中心。一是工业经济中心。依托省级高新区平台,优先发展生物医药、机械制造产业,壮大骨干企业,培育小微企业,加速转型升级,争创国家级园区,打造功能齐全、产业特色鲜明、辐射澧水流域、带动经济发展的区域性工业经济中心。二是现代物流中心。依托津市港口的区位优势、澧水流域唯一的公共保税仓、千吨级码头以及三湘和达等大型物流、电商企业,强化物流功能集聚,致力形成物流企业总部基地、物流要素集聚中心、物流服务通关平台,打造服务津市城乡、辐射澧水流域、对接长江经济带的现代化物流中心。三是金融服务中心。依托澧水流域唯一的县级现金供应中心、常德各区县市唯一具有独立核算资格的证券营业部、常德市外汇远程核销试点资质，培育壮大银行业、证券业、保险业，做大金融机构集聚效应，打造澧水流域的银行业集聚地、证券业区域总部、保险业服务高地。四是创新研发中心。依托津市在澧水流域研发领域的领先地位，骨干企业行业领先的自主创新能力，长期以来与科研机构、高等院校合作形成的广泛人脉基础，通过培育创新资源、构建创新机制、搭建创新平台、营造创新环境，打造具有区域性影响力的创新研发中心。

今后五年，全市经济社会发展的总体目标是："两个率先实现"，率先实现全面小康，率先实现城乡一体；"两个基本建成"，基本建成国家级园区，基本建成津澧新城；"两个历史跨越"，人均GDP历史性跨越1万美元大关，财政总收入历史性跨越10亿元大关。具体目标是：到2020年，全市地区生产总值达到200亿元，年均增长10%左右。财政总收入达到12亿元，规模工业总产值突破400亿元，城乡居民人均可支配收入分别达到46000元、22000元。社会事业全面进步，人民生活富足殷实，生态环境持续改善，党的建设、民主法治建设和精神文明建设进一步加强。

各位代表，同志们，建设澧水流域现代化的中心城市，是历史和时代赋予全市各级党组织和党员干部的神圣使命，是我们团结和带领全市人民共创美好未来的庄严承诺。我们一定要紧盯目标、坚定信心，开启新的征程、创造新的业绩。

一、坚持工业立市，重振工业雄风

工业兴则津市兴。必须高举工业立市的大旗，坚持不懈抓好招商引资、项目建设，积极推进产业转型升级、企业创新创造，重振津市工业经济雄风。

1.凝心聚力，打造重工亲商的优质环境。全市上下特别是各级领导干部，一定要真情实感关注工业、真心实意帮扶工业、真抓实干推进工业。打造亲商安商的发展环境。企业家是津市工业的脊梁，是津市最稀缺、最宝贵的资源。要积极鼓励、大力支持一切有创业意愿的投资者，从各方面创造条件，扶持他们在津市投资兴业，褒扬他们的成绩，宽容他们的失败。领导干部要主动和企业家交朋友，对企业家做到政治上尊重、事业上支持、生活上关心，形成"亲""清"的政商关系。要发挥企业家协会作用，搭建企业家交流合作平台，提升企业家在经济决策中的话语权。要大力表彰优秀企业、优秀企业家和优秀员工，让这些社会财富的创造者赢得社会应有的尊重。打造宽松优惠的政策环境。切实为企业降成本、减负担，推行部门收费公示，建立"负面清单"，实行"首查免罚"，做到惠企政策立即落实，政府承诺坚决兑现。创新服务举措，打破束缚工业经济发展的条条框框，凡是上级没有明令禁止的，都可以大胆探索，其他地方的成功经验，都可以比照借鉴。维护企业经营环境，严格执行封闭式管理和企业宁静日制度，严厉打击强揽工程、强买强卖、乱收乱罚等破坏经济环境的行为。打造优质高效的服务环境。全面推行限时办结制度，做到急事急办、特事特办、难事巧办、事事快办，提升服务质量和效率。各级领导干部都要主动学习研究国家产业政策，关注工业发展态势，提升为企业办实事、解难题的能力水平。要把过去工业战线的老领导、老专家请回来，挑选一批年轻干部，组建企业服务中心，以老带新，打造一支爱工业、懂经济、会服务的人才队伍。

2.锁定目标，争创国家级园区。工业立市，园区是主战场、主阵地。要坚持"力量向园区集中、要素向园区集聚、政策向园区倾斜"，聚力园区攻坚，推进二次创业，用五年的时间，将高新区建设成澧水流域生产高效、生活便捷、生态协调的新型示范园区，力争跻身国家级园区行列。到2020年，园区建成面积达到12平方公里，园区规模工业产值突破350亿元，入库税金突破7亿元。突出规划引领。按照"工业新城、城市新区"的发展定位，对照国家级园区申报要求，完善园区空间发展规划、产业发展规划和专项配套规划。坚持一张蓝图管到底，切实维护规划的严肃性，促进规划高端化、建设精致化、管理精细化。完善配套功能。加快嘉山电排、千吨级码头、工业污水处理厂、热电中心、燃气和道路管网建设，不断增强园区承载能力。加快物流园二期和保税仓建设，引导金融、信息、科技等服务网点入驻园区，鼓励发展商贸、流通、娱乐等生产和生活配套服务业，完善教育、卫生等公共服务配套设施，促进园区"职住平衡"。加快推进长山湖、团湖、胥家湖环境改造提质，实施生态防护林建设，促进经济与生态和谐发展。创新体制机制。巩固和深化"一权两制一司"改革，建立科学的园区考核激励制度，推动嘉山实业公司向现代化公司转型发展。推进园区用人机制改革，打破身份界限，探索高薪引智、高薪引才，合理拉开薪酬差距，激发人才活力。

3.精准发力，实施"1115"工程。到2020年，生物医药产业产值突破100亿元，新引进工业企业100家，产值过亿元企业突破100家，产值过5亿元企业10家。大力发展产业集群。积极促成溢多利产业园系列项目入驻园区，着力建设生物医药发酵、生物酶制剂发酵、植物提取物生产、特色医药原料药生产四大基地，打造生物医药产业百亿集群，将"两湖"生物医药园建设成国际一流、国内领先的生物酶制剂及应用专业园区。发挥中联车桥、致远汽配的引领作用，集聚一批配套企业，做大做强机械制造产业，改造提升食品、纺织、盐化工等传统产业，积极培育新材料等新兴产业。精准帮扶骨干企业。实施骨干企业倍增计划，强化市级领导联产业、部门服务企业制度，实行领导一抓到底、部门一包到底，把发展工业、服务企业的成效作为考核评价干部实绩的重要内容。动态选取30家重点企业，派驻特派员，根据企业生产经营方面的不同需求，开展个性化服务、差异化帮扶，一企一策、一事一结。着力培育小微企业。实施小微企业成长计划，加大标准化厂房建设力度，完善配套设施，依托产业龙头企业，发展相关配套企业。对小微企业实施贷款扶持、厂房租赁补贴、技术帮扶等激励政策，引进各类创业主体，着力打造小微企业快速成长的环境，培育一批投资主体多元、市场前景看好的小微企业。

4.注重实效，全力招商引资。坚持招商引资“首位战略”，推动招商引资向更大规模、更宽领域、更高水平迈进。坚持全员招商。坚持领导带头、部门主责，实行月调度、季通报，将招商工作实绩作为单位绩效考核和干部提拔重用的重要依据。加大对招商引资有功人员的奖励力度，充分调动社会各界参与招商引资的积极性，在全市上下形成关注招商、支持招商、主动招商的浓厚氛围。坚持产业招商。紧盯国家政策，研判产业动向，实施课题调研，找准促进地方发展的对接点。立足产业基础，围绕现有产业体系，精心策划一批产业对接和关联配套的项目，提升专业化分工和产业集群发展水平。突出精准招商，围绕溢多利生物、中联重科、欣龙控股、金健米业、大北农、恒天集团等合作伙伴，引进一批投资规模大、带动能力强的战略项目。坚持以商招商。招商引资，首先要服务好现有企业，企业成功、客商满意就是最好的招商名片。鼓励现有企业联大靠强，引进战略合作者，加快向现代企业迈进。发挥企业家人脉广、信息灵的优势，引导他们发动朋友和合作伙伴，来津投资兴业。推进二次招商，通过资产重组、腾笼换鸟等措施，盘活园区闲置土地、厂房、设备等资源，最大限度发挥资产效益。坚持理性招商。严格项目评价论证，建立科学的项目引进决策机制，做到全力以赴招商、宁缺勿滥选商。建立从项目策划、跟踪洽谈、签约入驻，到开工建设、竣工投产的全流程推进机制，力求引进一家、成功一家。

二、树立经营理念，建设现代城市

把握历史机遇，顺应群众期待，瞄准“澧水流域现代化的中心城市”发展定位，以开阔的视野、开放的心态、开拓的举措，建设功能完善、产业集聚、协作共赢的现代城市。

1.以功能为基础，提升城市品质。尊重城市发展规律，统筹推进城市规划、城市建设、城市管理，让群众生产生活更方便、更舒心、更美好。推进城市规划提质。结合津澧融城大势和城市发展定位，统筹考虑城市功能分区、功能配套和产业发展，从规划源头把控城市开发节奏、开发质量、开发效益。科学编制城市总规、控制性详规及相关专业规划，系统规划涔水新城、阳由垸的建设与发展。加强城市空间立体性、平面协调性、风貌整体性、文脉延续性的规划和管控，彰显津市地域环境、人文特色“基因”。推进城市建设提质。按照海绵城市标准，实施海绵社区、海绵机关等六大重点工程，打造“会呼吸的城市”，为推广“海绵城市”提供可复制的试点经验。改造提升老城区，有序拉开新城区框架，拓展城市发展空间。开展交通大会战，实施澧水二桥、沅澧城镇快速干线2号大道、5号大道等一批重大交通项目建设，提质升级城区主次干道，改善城市通达条件。完善公园广场、大型停车场、公交站点以及全民健身中心、工人文化宫、文化艺术馆、规划展示馆、博物馆等功能配套，为市民提供便捷多样的城市公共服务。推进管线入地，建设澧水风光带等一批城市景观工程。深入推进棚改攻坚，持续改善人居环境，不让任何一个城市角落在发展中掉队。推进城市管理提质。创新管理体制、管理模式、管理手段，推动城市规范、文明、有序运行。继续深入开展“五城同创”，确保创建成功，整体提升城市品牌形象。推进城市管理体制改革，努力构建“大城管”格局。坚持人文关怀与依法严管相结合，大力整治乱搭乱建、乱停乱靠等行为，缓解城市交通拥堵和停车难等问题。加快“智慧城市”建设，提高城市管理信息化水平。探索市政设施与绿化维护等市场化运作模式。加强引导，提升居民自治覆盖面和管理水平，激发群众自觉参与城市管理。

2.以产业为重点，增强城市活力。以差异化的发展策略、市场化的经营手段、现代化的新兴业态，搞活城市经营，培育创业热土，引领现代城市经济。建设现代物流中心。支持本地物流龙头企业做大做强，整合各类物流市场主体，实现功能再造；着力引进国内大型物流企业、跨境电商和管理服务机构。加快公共保税仓、千吨级码头等物流基础设施建设。加大扶持力度，在放开准入条件、降低运营成本、引进专业人才、拓展市场空间等方面，给予政策资金支持，不断集聚物流配送、商品交易信息、电商物流人才等要素，逐步打造高端的仓储采购、配送中转、增值物流等服务品牌。大力整合海关、海事等口岸服务资源，与企业实现有关数据共联共享，集“一站式”通关、保税退税、行政审批查验、地面运营服务等功能于一体，建立信息咨询处理、物流综合服务枢纽。建设金融服务中心。积极引进商业银行、投资基金公司、担保公司、保险理财公司等各类金融机构，鼓励民间资本发起或参与设立金融机构，规划建设金融街区，加快形成澧水流域银行业集聚地。大力引进具有独立核算资质的保险营业部，促进保险业集中发展，辐射拓展周边保险市场，建成澧水流域的保险服务高地。拓展本地证券机构经营范围，扩大区域性影响；积极引入证券公司，形成区域总部。升级现有金库，扩大现金存备范围，建设辐射澧水流域及湘鄂边界的区域性现金中心。在金融机构引进、人才引进、金融信贷奖励等方面出台优惠政策。推进信用体系建设，创建省级金融安全区。建设创新研发中心。着力搭建创新平台。加快创新产业园建设，引进中南大学等院校建立成果转化基地，积极创建省级科技孵化器。支持溢多利、中联车桥、新中意等企业提升研发水平，增强自主创新能力，争创国家级生物医药研发中心、工程机械研发中心、食品研发中心。着力吸引创新主体。积极支持企业加大创新人才引进力度，为创新人才提供优良的工作、生活环境；设立创新引导基金；积极帮助企业申报各类科技创新资金；加快构建创新机制，大力引进信息技术、文化创意、绿色能源等各类创新主体。加快发展其他服务业。引进片区开发战略投资者，拓展城市商贸新业态，弥补消费短板，刺激消费需求。推进酒店、餐饮、娱乐业发展，加大津市牛肉米粉等特色品牌打造力度。有序发展房地产业，提升物业管理和配套服务水平。大力发展家政服务、专业事务所等服务产业，大力推行互联网+、品牌连锁等新的商业模式，带动大众创业、万众创新。

3.以改革为动力，推进津澧融城。按照“洞庭第五极、常德副中心”的融城定位和“科学统筹、规划引领、改革促融”的融城要求，秉持互惠互利原则，强化津澧协作，实施交通组织、公共服务、生态建设、防洪工程等九个一体化，纵深推进融城。发展区域交通。深化津澧交通服务区域合作,努力建成“公路、铁路、水路”一体交通网络,重点抓好安慈高速津市段、澧水航道疏浚和窑坡渡港区建设,推进澧水搜救中心建设,力争高铁、城际铁路挤入国家路网规划笼子,打通淞虎航道,建设通达长江、对接长江经济带的黄金水道。统筹公共服务。探索开通两地公交专线,实现出租车无障碍运营,率先推进交通一体化。完善津澧地理信息数据库,推进津澧智慧城市建设。加强津澧两地在医疗卫生、养老保障等方面政策统筹,推动两地信息共享、政策统一、待遇同等。推进生态共享。以澧水流域历史文化延续为主线,协同建设澧水两岸滨河风光带,加强水生态治理。抢抓全省开展“绿道建设”的机遇,共同推动津澧公路绿色走廊建设。统一防洪标准。建立津澧防洪排涝协调机制,加强两地河湖连通、防汛保安、水源保护等方面的对接合作,争取淞澧大垸整体升级,将防洪标准由20年一遇提升到50年一遇。加强护市垸、阳由垸、新洲垸的防洪建设,同步推进澧水、澹水、涔水、道水等水系环境基础建设。

三、突出民本情怀,推进城乡一体

按照以人为本、执政为民的要求,推进城乡一体化改革试点,发展现代农业,建设美丽城镇,统筹公共服务,构建产业互补、生态宜居、社会和谐的一体化发展新格局。

1.打造生态产业。牢固树立绿色发展理念,科学保护好山水林地资源,大力发展生态农业。实现生态化种养。发展循环经济、健康养殖,推进农业标准化建设,调优产业结构,提升农产品品质,建设一批无公害畜禽产品、绿色蔬菜、有机瓜果产业基地。实现规模化经营。以农村土地流转为突破口,促进土地适度规模集中经营。扶持和培育农民专业合作社、家庭农场、经济大户等一批新型经营主体。壮大农产品加工业,延伸产业链,实现农产品加工升值。实现品牌化营销。实施农业品牌战略,依托药山、关山等地人文山水资源,打响休闲产业品牌;依托毛里湖国家湿地公园和嘉山国家森林公园,打响生态旅游品牌;依托农超对接、线上线下等新型平台,打响津市有机农产品和特色食品品牌。

2.建设特色集镇。按照“以城市为中心、以集镇为纽带、以村居为支点”的发展框架,科学规划集镇空间,统筹考虑人口分布、国土利用、产业布局和城镇化格局,不断提升集镇的综合承载能力。推进镇村示范。重点建好新洲荆楚古城、毛里湖湿地风情小镇、药山唐风小镇、白衣生态宜居镇4个特色镇,同步推进其他3个集镇的改造升级。推进美丽乡村建设,深化完美社区建设,探索推进新型农村社区建设,引导农民适度集中居住。规范城镇管理。推进国土、城管职能委托授权到镇,规范集镇建设和农民建房。推进城乡生活垃圾处理一体化,建立垃圾处理市场化运行机制。以新型农村社区为平台,探索“3+X”社会治理模式。夯实发展基础。完善路网、电网、管网、林网、互联网“五网”建设,推进农村“五小水利”工程建设。落实国家关于治水、治气、治土3个“十条”精神,全面开展环洞庭湖区环境整治“五大专项行动”,争创澧水河口国家级自然保护区和国际重要湿地。配套农村公益基础设施,加大新型能源推广力度,完成高标准农田建设。培育新型职业农民,提高农民生产经营技能。

3.发展社会事业。统筹社会民生事业发展,提升人民群众的幸福感和获得感。推进脱贫攻坚。深入推进贫困村驻村帮扶和重点贫困户结对帮扶“两个全覆盖”,全面落实社会保障、生产发展、技能培训、教育助学、危房改造“五个精准到户”,切实办好电力建设、交通设施、农田水利、信息网络、村级活动场所建设、发展集体经济等新一轮脱贫攻坚“六件实事”,确保全市13个贫困村、8752名贫困人口按期脱贫。推进社会保障事业。完成城乡全覆盖的均等化医疗保障体系改革,统筹推进城乡创业带动就业。继续加大低保救助,逐步统一城乡低保救助标准。继续推进城镇棚户区改造,完善住房保障货币补贴机制,解决城镇中低收入家庭的住房困难问题。推进教育事业。实施“教育强市”战略,加快教育现代化步伐,科学规划中小学校布局,深入推进素质教育。发展壮大普惠性学前教育,加快普及高中阶段教育,协调发展职业教育、特殊教育。推进城区“美丽校园”建设,重点抓好津市一中建设。推进卫生计生和养老事业。深化医疗卫生体制改革,完善分级诊疗、双向转诊等运行机制。加大人民医院、中医院特色专科建设,提升医疗水平,重点支持精神康复、儿童医疗、中医药事业发展。加强重大传染病的防控。坚持计划生育基本国策,完善卫生计生服务体系,促进人口均衡发展。继续加大对养老产业的投入,建设居家养老、社区养老、机构养老“三位一体”的新型养老社区,探索医养结合发展路径,打造集旅游、休闲、养老、医疗为一体的健康养老产业基地。

全面推进党要管党和从严治党

事业成败,关键在党。必须充分发挥党委统揽全局、协调各方的核心作用,坚定不移地推进从严管党治党、全面依法治市,为建设澧水流域现代化的中心城市提供坚强的政治保障。

1.引领意识形态,凝聚推动发展的津市力量。建设澧水流域现代化的中心城市,需要全市上下进一步解放思想,突破思想束缚,凝聚发展共识,汇聚磅礴力量。要加强理论武装。深入开展理想信念教育和党性教育,引导党员干部读原著、学原文、悟原理,不忘初心,继续前进,牢固树立政治意识、大局意识、核心意识、看齐意识,自觉遵守政治纪律和政治规矩,坚持做到忠诚于党我带头、干事创业我带头、服务群众我带头、改进作风我带头、廉洁自律我带头,将思想和行动统一到市委的决策部署上来。要倡导社会新风。着力培育社会主义核心价值观,以创建全国文明城市为契机,加强文体基础设施建设,广泛开展“书香津市”、欢乐津城、全民健身日、农民运动会等群众性文体活动,以及道德模范、文明市民等先进典型评选活动,引导群众摒弃陋习、崇尚新风,在全社会形成积极向上、文明健康的清朗之风。要传承津市精神。津市文化底蕴深厚,古有孟姜女传说、囊萤夜读故事,近有九澧门户、商贾云集的繁华,是早期共产党人活动的革命老区。要通过开展“津市精神”征集提炼、“读家书·塑家风”车胤读书节等活动,增强全市人民对津市的认同感和自豪感。

2.加强组织建设,筑牢科学发展的执政基础。党的基层组织是党的全部工作和战斗力的基础,必须抓常抓实、久久为功。

要严格党内政治生活。坚持和落实“三会一课”、民主集中制、谈心谈话、请示报告等制度，突出以上率下，防止党内生活形式化、自由化、行政化、庸俗化，切实提高党内组织生活质量。要严肃党的组织生活纪律，从严从实指导基层党组织定期、按时开展组织生活，确保人员、时间、内容和效果得到有效落实。要夯实党的基层基础。全面落实基层党建“八大建设”任务，以“精准党建”为抓手，加强基层党组织带头人队伍建设，探索建立全市基层党建信息系统，加强机关、农村和社区基层党组织标准化建设。健全党员志愿服务团队建设，建立精准扶助贫困家庭、困难党员的机制。严格党建责任，完善党组织书记抓基层党建工作述职评议考核制度。加大人、财、物向基层倾斜力度，推进村(居)综合服务平台和社区服务平台规范化建设，大力发展村级集体经济，不断强化基层运转保障，切实把每个基层党组织建设成为推动发展、服务群众、凝聚人心、促进和谐的坚强堡垒。要选优配强干部人才队伍。按照习总书记提出的“二十字”好干部标准，落实“四不唯”要求，树立重品性、重实干、重基层、重公认的用人导向，让忠诚、干净、担当的干部有为有位。深化干部人事制度改革，建立“能上能下”的选任机制，充分调动各层次、各年龄段干部的积极性，形成“能者上、平者让、庸者下”的良好氛围。要关心关爱干部，提高干部经济待遇，落实公休假制度，加强年轻干部、妇女干部和党外干部的培养和使用，发挥好老干部作用。树立“人才优先”理念，加大急需专业人才引进力度，想方设法为他们提供优厚的工作待遇和干事创业的发展平台，构建一支数量充足、结构合理、梯次分明的人才队伍，为全市发展提供强大的智力支撑。

3.改进干部作风，形成干事创业的浓厚氛围。作风建设要驰而不息的抓下去。近年来，通过党的群众路线教育实践活动、“三严三实”专题教育活动以及“两学一做”学习教育，“四风”问题得到有力整治，群众反映强烈的突出问题得到有效解决，党风、政风、民风为之一新。但是，极少数党员干部“廉而不勤”“难而不为”“小成即满”的问题仍然存在。因此，我们要旗帜鲜明的弘扬三种作风。要大力弘扬心无旁骛、真抓实干的作风。“空谈误国，实干兴邦”。面对千头万绪、纷繁复杂的工作，我们必须沉下心来，扑下身子，不做表面文章，不搞形象工程，用“抓铁有痕、踏石留印”的精神，干好、干成每件事，脚踏实地将市委的决议决策落到实处。要大力弘扬迎难而上、敢于担当的作风。我们要以不畏艰险的勇气、敢于负责的态度，围绕新一届市委确定的工作目标和“十三五”规划，自加压力，克难奋进，把工作实绩写在津市大地上，在建设澧水流域现代化的中心城市中建功立业。要大力弘扬昂扬向上、争创一流的作风。我们要始终保持积极进取、奋勇争先的干劲和激情，充分把握国家新型城镇化综合试点、国家中小城市综合改革试点等各种机遇，敢闯敢干、先行先试，主动置身全国、全省、全常德审视自我，跳出津市看津市，着眼全局谋发展。

4.推进依法治市，保持和谐稳定的良好局面。围绕法治建设“带头、规范、监督、普及”八字方针，全面推进依法治市，争创全国法治先进县市。要全面强化依法执政。以坚持依法执政、强化依法决策、建设法治政府为重点，全面提升各项工作法治化水平。要坚持市委常委会、市政府常务会会前学法制度，完善领导干部、行政执法人员学法制度，经常性开展法律知识培训，切实提高公职人员的依法行政能力。要维护社会公平正义。推进司法公正和执法监督改革，健全阳光司法机制，提高市委政府的公信力。加大全民普法教育力度，健全权力公开、权益保障、公众自治、司法救助等机制，形成全社会依法、找法、用法、靠法的良好环境。推动诉讼制度、涉法涉诉信访改革，探索完善律师参与化解和代理涉法涉诉信访案件制度，解决老百姓打官司难的问题。持续推进“平安津市建设”，建立平安创建工作长效机制，构建“大安全”格局，打造安全稳定的社会环境。要巩固加强民主法治。加大对党委、政府和司法系统依法行使权力的监督，支持人大依法行使重大事项决定权、监督权和人事任免权，支持政协围绕团结、民主两大主题履行职能。认真做好民族、宗教、侨务、对台和社会各阶层人士工作，巩固发展最广泛的爱国统一战线。发挥工会、共青团、妇联等群团组织的桥梁纽带作用，更好地凝聚发展力量。强化党管武装工作，深化全民国防教育，完善国防动员体制，加强国防后备力量建设，深入开展“双带双促”工作，巩固发展军政军民团结的大好局面。

5.坚持反腐倡廉，营造风清气正的政治生态。反腐倡廉必须常抓不懈，拒腐防变必须警钟长鸣。要始终把管党治党责任扛在肩上。严格落实党风廉政建设责任制，着力加强各级党组织从严治党的全面领导责任、党组织主要负责人的第一责任和班子成员的分管责任，强化“一岗双责”，推动“三责”协同发力，切实将主体责任落到实处。认真贯彻《中国共产党问责条例》，把问责作为全面从严治党的利器，敢于抵制方方面面的“说情风”和“潜规则”，勇于执纪问责，以监督责任的精准发力推动主体责任的有效落实。要始终把纪律和规矩挺在前面。要把严明党的政治纪律放在首位，按照“党纪严于国法”的要求，一把尺子量到底。党员干部要严格按照《中国共产党廉洁自律准则》《中国共产党纪律处分条例》要求，讲规矩、守纪律，始终做到心有所畏、言有所戒、行有所止。纪检监察部门要切实运用好监督执纪“四种形态”，注重抓早抓小，先于法律作出反应，力在“破纪”之初作出处理，把违纪的危害和损失降到最低。要始终把高压惩治贯穿始终。坚持正风肃纪的高压态势，不仅要坚决查处发生在领导和干部中的滥用职权、贪污受贿、失职渎职的案件，也要重点聚焦转移支付、扶贫救济、惠民补贴等发生在群众身边的腐败问题，发现一起查处一起，绝不姑息。建立有效的责任追究制度体系，整合部门职能优势，合力推动党要管党、从严治党责任落地生根，营造风清气正的政治生态。

各位代表，同志们，津市的昨天，是激情燃烧的岁月；津市的今天，是凯歌行进的华章；津市的明天，是宏伟崛起的画卷。蓝图已经绘就，战鼓已经擂响，让我们紧密地团结在以习近平同志为总书记的党中央周围，开拓奋进、埋头苦干，坚持工业立市、突出产业兴城，为建设澧水流域现代化的中心城市而努力奋斗！

津市市人大常委会工作报告

——在津市市第十六届人民代表大会第五次会议上

津市市人民代表大会常务委员会主任　王育平

(2016 年 1 月 8 日)

各位代表:

我受津市市第十六届人民代表大会常务委员会的委托,向大会报告工作,请予审查,并请列席会议的同志提出意见。

2015 年工作回顾

过去的一年,市人大常委会在市委的正确领导下,深入贯彻落实党的十八大和十八届三中、四中、五中全会精神,紧紧围绕市十六届人大四次会议确定的工作思路,依法行使重大事项决定权、监督权和人事任免权,充分发挥了地方国家权力机关的作用,有力推进了我市经济社会发展和民主法治进程。

一年来,共召开常委会会议 9 次、主任会议 13 次; 听取和审议专项工作报告 37 项,作出决议、决定 11 个,形成审议意见 4 份;依法补选津市市人大代表 13 名、常德市人大代表 3 名;依法任免"一府两院"国家机关工作人员 34 人次。

过去的一年,我们坚持服务发展大局,促进了全面小康建设

关注经济社会发展。听取了市人民政府《关于津市市国民经济和社会发展第十三个五年规划纲要(草案)》编制情况的报告,对我市"十三五"规划纲要(草案)提出相关意见和建议,促使规划编制更加科学。听取了市人民政府《关于 2015 年上半年工业经济发展情况的报告》,提出"增强信心、精准服务、优化环境"等意见,为缓解经济下行压力传递了正能量。听取了《国、地两税 2014 年度税收征管及 2015 年度税收安排情况的报告》,督促强化税收征管、挖掘税收潜力,努力壮大地方财力。在社会事业发展、棚户区改造、基础设施建设等方面,支持市人民政府开展政策性融资,促进了地方经济发展。

督促统筹城乡建设。听取和审议了市人民政府《关于津市市城市总体规划(1997—2015)纲要》实施情况以及《津市市城市总体规划(2015—2030)纲要(草案)》编制情况的报告,提出"完善规划内容、健全规划体系、增强规划意识、强化规划执行"的审议意见,督促市人民政府对新版总规纲要(草案)进一步进行了修改完善。围绕省委、常德市委及津市市委关于区划调整的有关决定,分别听取了市人民政府《关于津市市新洲镇、灵泉镇、金鱼岭街道行政区划调整及设立嘉山街道的情况汇报》、《关于津市市乡镇行政区划调整实施方案的议案》,及时作出决议,推动区划调整工作顺利开展。组织省、常德市、津市市三级人大代表对"城乡一体化"工作开展视察并召开座谈会,代表提出"立足资源优势,打造地方特色"、"推进城乡一体化建设信息化管理"等多条有价值的意见、建议,为市委、市政府决策提供了参考。

审查财政资金使用。强化预算监管,对年度预算提出"优化支出结构"等建议,市人民政府高度重视,压减了预算支出。监督预算执行,对本级财政重大支出进行了备案审查。审查上年度财政决算,对 2014 年预算收支平衡、政府债务、预备费使用、重大投资项目绩效评价等情况进行了重点审查,批准了 2014 年财政决算。听取了全市 2014 年度融资资金使用及债务管理情况,对当前政府债务提出"正确看待、逐步化解、严格控制"等

建议，督促市人民政府规范使用融资资金，防范债务风险。

过去的一年，我们主动回应群众呼声，促进了民本民生改善

紧扣民意抓督办。围绕议案办理，狠抓民生事项督办落实。督办农村安全饮水。按照市委要求，常委会与相关部门组成督查组，多次进入本市生产企业、施工现场，明查暗访，监督管材管件质量，对督查中发现的质量不合格的管材管件，责令全部退换。坚持每周派人到各乡镇督工程质量和进度，确保了我市农村安全饮水工程按期完工，全线通水。为确保供水水质安全，常委会负责人经常督促水务、环保部门对取水口上下游水质定期监测，发现违规排放问题，及时交办，责令整改。我们的做法得到常德市人大常委会的充分肯定，相关经验在《常德日报》、《湖南日报》上推介。督办农村电网低电压改造。督促电力部门到各个乡镇召开座谈会、收集情况、搞好对接，制订出可行的电网改造方案。改造过程中，组织代表视察进度，听取工作情况汇报。针对改造中代表反映的问题，主任会议成员专门约见市人民政府、国网津市供电公司负责人，督促整改，促进了该项工作顺利推进。目前，已经完成了 46 个村居的电网改造。督办城乡养老服务。采取听汇报、现场督导、组织视察等措施，督促完成了乡镇养老院的新建、改(扩)建以及城区养老院的升级改造，基本实现了乡镇、街道养老服务全覆盖。目前，全市每千名老人拥有床位数达到 40 张，高于全省所要求的标准(35 张)。督办绿色走廊建设。专题听取绿色走廊建设启动情况汇报，视察进展情况，推动绿色走廊建设纳入了城建规划，搭建起了领导班子，确定了生态体验等四条环线线路走向，启动了道路建设及道路两旁的绿化工作。

围绕热点抓监督。监督住宅专项维修资金的使用管理。鉴于市民对该项资金使用管理存在疑问，开展专项调查，及时将调查情况公开，消除了群众的疑虑。在充分肯定房管部门工作的同时，建议科学使用住宅专项维修资金，使之更好地惠民。监督涉农项目质量。根据代表提出的《关于加强涉农项目监督的建议》，听取市人民政府关于涉农项目监督工作汇报，要求市人民政府对所有涉农项目进行清理，完善制度，提高涉农项目资金使用效益。多次组织市政府办、市发改局、市质监站等单位到国土、水利、农开等涉农项目施工现场进行督查，督查中发现新洲镇青山峪村辖区内实施的农开项目存在质量问题，责令返工并全程监督。监督禁毒工作。针对群众反映强烈的禁毒问题，常委会开展了专题调查研究，听取专项工作报告，客观、全面地评估我市禁毒工作，提出审议意见，跟踪整改落实。市人民政府高度重视，突出宣传预防，强化禁毒保障，严格社会管控，落实责任追究，解决了禁毒工作常态机制问题，调动了社会各界参与禁毒工作的积极性。市公安局在强化打击处理的同时，严格队伍管理，对全体干警进行尿检，没有发现吸毒情况。

突出重点抓活动。“司法公正常德行”活动，突出加强了涉案财物监督，督促司法机关清查 2012 年以来的涉案财物管理情况，向常委会报告清查结果，进一步规范执法行为。“农产品质量安全行”活动，注重不断强化农产品质量监管力度，健全了农产品质量监测体系。“农民健康行”活动，加强了农村基层医疗单位药物采购、使用管理，探索集中网上采购、统一配送的服务模式，切实保证了农民用药安全。“民族团结进步行动”活动，积极为少数民族群众做好各项服务工作，大大提高了干部群众维护民族团结的自觉性。“环保世纪行”活动，以强化水污染、大气污染防治为重点，推动乡镇集镇污水处理站建设全覆盖，督促取缔了城北区的手烧锅炉，切实改善了人居环境。

过去的一年，我们全力维护公平正义，促进了民主法治建设

以工作监督推动依法行政。7—9 月，常委会对交通运输工作、粮食工作、工业和信息化工作开展了评议，通过集中座谈、个别走访、问卷调查、听取工作汇报，全面掌握情况，在常委会会议上集中评议。针对工作评议调查反映的突出问题，由参会代表现场询问，被评议单位负责人现场回答，问出了压力，促进了工作。规范行政执法检察监督工作。督促检察机关制订了《行政执法检察监督工作联席会议制度》，建立了执法信息网络共享平台，实行了执法情况向检察机关报备，切实推动行政执法公开。开展规范性文件备案审查，督促市人民政府依法决策，防范法律风险。去年共接收登记规范性文件 24 份，提出合理化建议 20 多条。

以执法检查推动法律落实。4—5 月，组织开展了《药品管理法》执法检查。这次执法检查打破常规，不开动员会，不提前下发通知，列出检查清单，搞好自身培训，直接到基层检查。针对执法检查发现的药品价格、医疗收费、药品虚假广告等突出问题，启动现场询问，逐一弄清缘由，拿出整改意见。围绕公立医院实行药品零差率后患者负担情况，开展延伸调查，对调查发现的问题进行了交办，督促整改到位。10—11 月，组织开展了《农村土地承包法》执法检查，提出了“按照要求完成农村土地承包经营权确权登记颁证”、“进一步规范和指导农村土地流转”、“不断强化农村土地承包纠纷处理和承包管理工作” 等审议意见，对农村土地确权登记颁证、土地流转和纠纷调处工作落实起到了较好地推动作用。

以司法监督推动公正执法。首次开展法官、检察官履职评议。通过民主推荐、主任会议票决，确定了 6 名履职评议对象，采取民主测评、个别座谈、走访调查、查阅案卷等形式，全面开展调查，并在常委会会议上进行评议，起到了改进工作、宣传典型的作用。继续推行司法案件报备制度。去年全市各司法机关向常委会报备司法案件 93 件。督促建立执法监督档案，注重结合案件评查、人事任免等搞好综合运用，充分发挥了执法档案的作用。认真督办涉法涉诉信访事项。去年共接待来访群众 60 多人(次)，受理涉法涉诉信访 28 件，有效化解了涉法涉诉矛盾。

过去的一年，我们不断改进代表工作，促进了主体作用发挥

抓服务，搭建履职平台。加强人大代表培训，着力提升代表

的履职能力。一年来，采取外出培训、小组培训、专题学习、交流学习相结合，共组织人大代表参加各类培训156人次。进一步畅通代表知政知情渠道。去年，人大代表共列席市人大常委会、市委常委会、市人民政府常务会议78人次，参加政情通报会、重要工作部署会等会议110人次，参加集中视察、执法检查、工作评议、“两官”履职评议、旁听庭审、“警营开放日”、“司法开放日”等活动133人次，推荐了28名人大代表担任优化经济环境监督员等社会监督职务。组织代表联系选民。着力发挥“人大代表联系群众工作室”平台作用，代表每个月第一周星期五上午接待选民、下午走访选民。鼓励基层创新，拓展代表工作室的平台作用。比如襄阳街街道探索推行选民联络员制度，选聘了48名“选民联络员”，为代表接待、走访选民提供服务，选民联络员与代表结对，广泛、及时、准确收集社情民意后反馈给代表，促进了代表与选民的密切联系。

重实效，完善督办方式。围绕解决人大代表建议办理“被满意”的问题，不断改进督办方式，将过去代表建议办理由承办单位找代表征求满意度，改为常委会牵头向代表征求满意度。从81件建议中确定10件涉及民本民生的重点建议，由主任会议成员领衔督办。选择3件重点建议，由承办单位在常委会会议上汇报办理情况，现场进行办理满意度票决。这些举措，提高了承办单位的责任认识，促进了办理工作。如邹惠荣代表领衔提出的《关于解决乡镇糖尿病患者领药难问题的建议》，主任会议成员连续督办，承办单位克服多种困难，圆满解决了他们到市城区来回奔波的问题，现在乡镇糖尿病患者可以直接到所在乡镇卫生院领取药品。

增活力，激发履职热情。继续组织人大代表向原选区选民或原选举单位述职，让代表主动接受选民监督。截至目前，已组织98名津市市人大代表、14名常德市人大代表、10名津市市人大常委会委员开展了述职。完善代表履职档案，晒代表履职情况。开展评先评优活动，评选出了15名代表活动积极分子、12名人大先进工作者、5件好建议。

过去的一年，我们继续加强自身建设，促进了工作效能提升

开展“三严三实”专题教育。按照市委的部署安排，积极开展讲专题党课、学习研讨活动。认真践行“三严三实”，开展了“进村入户、访困问需、访贫问计”等活动，较好地完成了招商引资、“五城同创”、企业破产清算资产处置、棚户区改造、美丽乡村建设等中心工作。配合常德市人大开展了工作评议调查、《水污染防治法》执法检查、安全饮水工程视察，圆满完成了任务。

加强基层人大工作指导。坚持定期召开乡镇、街道、工业集中区人大工作联席会议，交流工作，开展讲评。加强业务指导，推动各乡镇进一步提高人民代表大会会议质量，及时做好代表补选。开展“人大代表联系群众工作室”运行情况调研，推动规范运行。

狠抓机关干部队伍建设。开展对外交流，组织常委会机关干部到北京、深圳全国人大培训中心学习，到赫山区、鼎城区、永定区等地学习交流工作经验，提升业务水平。开展党纪政纪法规教育，强化干部职工的廉政意识。加强调研宣传，努力提升形象。去年在常德市级以上刊物、网站发表文章243篇，其中《三三模式承载街道人大工作的成功探索》、《“四式”检查法，促进“用药”安全》等多篇文章被《人民之友》、《人大传真》刊发。组织干部到贵州省湄潭县、湖北省随州市考察城市建设，到林伯渠故居开展红色革命教育，活跃了机关氛围，激发了队伍活力。

各位代表，回顾一年的工作，我们坚持一个“实”字，推动了民生大事的落实；注重一个“公”字，促进了司法公信力的提升；着眼一个“活”字，激发了代表的履职热情；力求一个“优”字，提高了人大常委会服务大局、服务群众的水平。能够取得这些成绩，我们感到无比欣慰，也深知，这些成绩的取得主要得益于市委的正确领导，得益于市政府、市政协、市人武部的大力支持，得益于常委会组成人员、全体代表和人大工作者的共同努力，得益于全市各单位和全市人民群众的密切配合。在此，我谨代表市人大常委会向全体代表和人大工作者，向关心、支持人大工作的社会各界表示衷心的感谢！

在报告工作的同时，我们也清醒地认识到，过去一年的工作，与宪法和法律对我们的职责要求还有一定差距，与全体代表和广大群众对我们的期盼期待还有一些不足。主要表现在：监督的实效有待进一步提高，代表与群众的联系有待进一步加强，代表建议的办理有待进一步落实等。这些问题，我们将高度重视，认真加以改进。

2016年主要任务

各位代表，2016年是提前实现全面小康的收官之年，是“十三五”规划的开局之年，也是地方人大换届选举之年，做好今年的工作，至关重要。

今年，市人大常委会工作的指导思想是：在市委的坚强领导下，深入贯彻落实党的十八大和十八届三中、四中、五中全会以及《中共中央转发〈中共全国人大常委会党组关于加强县乡人大工作和建设的若干意见〉的通知》精神，以提前实现全面小康为统揽，围绕全市发展大局，认真履行法定职责，扎实做好换届工作，推动全市人大工作不断向前发展。

新的一年，我们将依法行权，认真履行常委会的法定职责

科学讨论决定重大事项。紧扣市委重大决策部署，围绕我市全局性、长远性、根本性的重大事项和重大问题，适时作出决议、决定。

加强财经工作监督。听取市人民政府《关于2015年度融资资金使用管理及债务管理情况的报告》、《关于专项资(基)金使用和管理情况的报告》、《关于2015年度城建项目计划执行和2016年度城建项目计划及资金安排情况的报告》、《关于2016年上半年工业经济发展情况的报告(含园区经济建设)》。

加强司法工作监督。听取《2016年法官、检察官履职评议情况的报告》、听取和审议市人民政府《关于“六五普法”成果和“七五普法”筹备启动情况的报告》、听取市人民法院和市人民检察院有关工作情况的报告。

加强市人大及其常委会决议、决定和审议意见的督办，重点听取市人民政府《关于市十六届人大四次会议"一号议案"办理进度情况的报告》、《关于〈农村土地承包法〉执法检查审议意见落实情况的报告》；听取2015年度工作评议单位整改落实情况的报告，并进行满意度票决；采取听取专项工作情况报告的形式，推动政府职能部门改进工作，提升工作水平。

依法进行人事任免。坚持党的领导，贯彻党委的人事意图，严格任免程序，落实宪法宣誓制度，依法任免国家机关工作人员。

新的一年，我们将以人为本，全力保障人民群众的合法权益

紧跟市委决策部署，听取市人民政府《关于棚改三年攻坚工作进展情况的报告》，督促按时间进度推进工作。

大力支持社会事业发展，听取市人民政府《关于教育、卫生三年攻坚计划实施情况的报告》，提出意见和建议。

按照常德市的统一部署，认真开展农产品质量安全行、环保世纪行、司法公正常德行、农民健康行、民族团结进步行动等"五行"活动，突出主题，精心组织，切实解决一批群众关心关注的民生问题。

认真做好人大信访工作，及时接待群众来访，督促处理信访问题，努力维护人民群众的合法利益和正当诉求。

新的一年，我们将固本强基，充分发挥代表的主体作用

继续组织开展代表向选民述职活动，强化代表主动接受监督的意识。

进一步规范"人大代表联系群众工作室"的运行，督促代表主动密切联系选民。

加强代表建议办理督办，实行主任会议成员分工负责、相关委室配合参与的督办机制，选择部分重点建议在常委会会议上进行票决。

新的一年，我们将精心组织，圆满完成换届选举工作任务

按照上级要求，今年市镇两级领导班子将同步进行换届。常委会将在市委的领导下，切实做好换届选举的各项工作。

认真做好代表资源的调查摸底。常委会主任会议成员将分别走访市人大代表，全面掌握代表本届以来的履职情况，建立代表资源库，推荐履职优秀的代表作为连任代表候选人。

做好市镇人大代表的选举工作。科学制定工作方案，会同组织部门严把代表的"入口关"，加强换届选举工作的宣传、培训、指导和监督，做好代表资格审查工作。

筹备召开市第十七届人民代表大会第一次会议。在市委的领导下，选举产生新一届市人大常委会组成人员、新一届市人民政府领导班子、人民法院院长、人民检察院检察长。

新的一年，我们将务求实效，不断加强常委会的自身建设

深入学习贯彻落实党的十八届五中全会、《中共中央转发〈中共全国人大常委会党组关于加强县乡人大工作和建设的若干意见〉的通知》精神，进一步争取市委对人大工作的重视和支持，加强人大组织建设，配齐配强工作力量。进一步修订完善《市人大常委会议事规则》。加大代表工作公开力度，主动接受选民监督。加强对镇、街道人大工作指导，全面落实上级精神。

认真组织学习新修订的《选举法》、《代表法》、《地方组织法》等法律法规，全面、准确掌握人大工作的新要求。

围绕市委重大决策，围绕人大及其常委会决议、决定落实，围绕全市人民集中反映的热点难点问题，开展视察调研，加强结果运用，指导工作开展。

服从市委的统一安排，积极参与并完成各项中心工作任务。

各位代表，改革发展任务艰巨，"十三五"目标宏伟远大，群众期盼殷切厚重。新的一年，我们要始终树立时不我待的责任意识，始终恪守勇于担当的为民情怀，始终保持昂扬向上的工作热情，在市委的坚强领导下，团结一心，依法履职，开足马力，决战决胜，为提前实现全面小康作出更大贡献！

政府工作报告

——在津市市第十六届人民代表大会第五次会议上

津市市人民政府代市长 陈章杰

(2016 年 1 月 8 日)

各位代表:

现在,我代表市人民政府,向大会报告政府工作,请予审议,并请各位政协委员和其他列席人员提出意见。

2015 年工作回顾

2015 年,在市委正确领导下,在市人大、市政协的监督支持下,我们团结带领全市人民,坚持小康总揽,注重改革引领,决胜“三大战役”,全市经济社会稳步健康发展。主要经济指标较快增长,实现地区生产总值 114.5 亿元,增长 8.7%(预计数,下同);财政总收入 6.1 亿元,增长 12.1%;社会消费品零售总额 54.1 亿元,增长 12.5%;城乡居民人均可支配收入分别达到 26500 元、11426 元,分别增长 9.7%、10.8%;全面小康实现程度达到 90.5%。这一年,我们突出了民生为本,在常德市 9 个区县中率先实现饮水安全全覆盖,构建了全省率先、常德唯一的城乡供水一体化模式,大力推进棚改工作,成为杜家毫省长在全省“两棚两房”工作现场会上唯一表扬的县市;我们狠抓了生态建设,坚定不移守护绿水青山,在全省率先实现集镇污水处理站的全覆盖,消灭了农村白色垃圾,农村环境综合整治整县推进项目中期验收考核排名全省第一,毛里湖湖泊治理项目绩效评估考核排名全省第一,承办了全省现代畜牧业建设工作会议,畜牧业生态循环养殖模式在全省推广;我们维护了大局稳定,连续 11 年保持全国平安县市称号,综治民调工作位列全省第六、常德市第一,是常德区县市历史上取得的最好成绩。回顾一年来的工作,主要是:

产业发展步伐加快。工业经济稳中有升。完成规模工业总产值 182.5 亿元,增长 16.2%;规模工业增加值 46 亿元,增长 12%;规模企业户数达到 103 家。生物医药产业逆势猛进,鸿鹰生物、新合新被上市公司溢多利收购,10 家规模企业实现产值 24 亿元,增长 104%。加大企业帮扶力度,完善财鑫担保风险机制,参与常德股权投资基金,为企业新增融资 2.1 亿元,协调过桥资金 5000 多万元。面对 5 家企业先后破产、数千名工人失业的困难局面,积极作为,不等不靠,推动企业依法破产重整,中意食品和雪丽造纸先后与上市公司金健米业、溢多利重组,切实维护了社会稳定,实现了破产企业的“凤凰涅□”。农业基础更加夯实。实现农林牧渔业总产值 29.8 亿元,同比增长 3.9%。新发展农民专业合作社 60 家、家庭农场 9 家、各类农村经济大户 482 户,新增绿色食品 1 个、有机食品认证 2 个。生猪、食用菌、休闲农业等特色产业不断壮大。落实食用菌产业发展基金 100 万元,兴办香菇示范基地 5 个、双孢菇示范基地 1.2 万平米。第三产业加快发展。宝悦乐城 26 万平米商业综合体即将开业运营,上海博联有限公司投资的家居建材专业市场启动建设。市政府高度关注老百姓的“菜篮子、米袋子”问题,直接投资 5000 多万元,基本完成了城区 7 座农贸市场的标准化改造,极大地方便了普通群众的日常生活消费。随着人居环境的不断改善,房地产业发展迅猛,销售形势喜人,共销售商品房 15.4 万平米,同比增长 49%,房地产市场在外围低迷的环境下,呈现出一枝独秀的红火局面。药山寺遗址、嘉山国家森林公园、毛里湖国家湿地公园建设稳步推进。

后劲活力显著增强。项目建设成效明显。集中开展“百日招商大会战”,共签约引进新项目 22 个,协议投资 25.7 亿元。完成全社会固定资产投资110.4亿元，增长20%，70个投资1000万元以上的重点项目，67个动工建设。澧水二桥启动建设，窑坡渡千吨级码头完成所有前期工作。向上争取资金17.9亿元，成功争取国开行、农发行项目建设资本金专项基金3.4亿元，占到常德市前四批项目资金总额的1/3，无论是项目个数，还是资金总额都位列全省县市前列。积极推进债券置换债务工作，实现代发债券3100万元、置换份额3.43亿元。园区平台不断夯实。胥家湖路东段建成通车，团湖公租房和中小企业孵化园标准厂房主体封顶，嘉山实验学校投入使用。剥离工业集中区的社会管理职能，新设了嘉山街道办事处，将杉堰村、戚家村、关桥村纳入街道办事处行政管辖范围。启动了"两湖"生物医药园建设。园区实现规模工业总产值142亿元，增长29%。改革创新纵深推进。政府职能转变和机构改革、乡镇区划调整工作稳步实施，国家新型城镇化、国家中小城市综合改革试点前期工作稳步推进。积极推进城乡一体化试点工作，提出实现城乡发展规划、产业发展、基础设施、公共服务、生态文明、社会管理等"六个一体化"的总体思路，把抓好新型农村社区示范建设作为切入点和突破口。垃圾无害化处理PPP项目纳入全省首批试点名录。商事制度改革基本到位，"三证合一、一照一码"登记模式全面实施。推进大众创业、万众创新，出台了《关于促进创新创业带动就业的实施意见》。

城乡面貌深刻变化。城市品质持续提升。继续打好城市提质战役，投入资金1.7亿元，实施城市基础设施建设项目44个，新建和改造了城市道路、小街小巷19条，建成了征稽广场、嘉山广场，完成了汪家桥改造，全面实施了第三轮21个示范小区建设。提质更新了52辆公交车、21辆城乡环线客运车辆。纵深推进控违拆违，拆除各类违建3.4万平米。推进单位路段包保工作，顺利通过灭鼠、灭蟑复查和灭蚊达标考核。智慧城市建设获批国家智慧城市试点。棚改攻坚持续加力。启动棚改三年攻坚，确定了首批实施的西河街、护市城中村等重点示范片区。争资3.6亿元，融资1.9亿元，新建1396套保障房，实施棚户区改造5544户，核发租赁补贴844.8万元。农村面貌持续改观。完成农村"断头路"建设50公里，维修改造机埠90处。推进小城镇建设，探索乡镇"三改四化"，启动了集镇亮化美化和控违拆违工作。扎实推进美丽乡村建设，关桥村、大山村分别被评为湖南省和常德市美丽乡村建设示范村。生态环境持续优化。启动城区周边"绿色走廊"建设，新造林1.52万亩，公路植树94公里，建成生态示范户1000多户，白衣镇蒲山村、原渡口镇新福村实现了生态示范户建设全覆盖。深入开展"蓝天碧水净土"行动，全面取缔城北区手烧锅炉，新建空气自动监测站1座，城区空气质量优良天数和达标率均稳定在90%以上。

民主法治持续加强。深入推进"法治津市"建设。坚持重大事项集体决策，自觉接受人大法律监督、政协民主监督，办理人大代表建议81件、政协委员提案72件，办理回复率、满意和基本满意率为100%。深化行政审批制度改革，减少、取消、调整行政审批事项27项、非行政审批事项20项，全面清理和公示部门权力事项3922项、涉企收费项目64项。加强公共法律服务，司法局被评为"全国人民调解宣传工作先进单位"，原保河堤镇司法所被评为"全国先进司法所"。坚持市级领导信访接待日、市长热线受理回复等制度，群众合法诉求得到有效解决。

民生事业卓有成效。群众获得感明显增强。社保扩面5000多人，社会保险费征缴入库2.35亿元、支付5.43亿元。企业养老保险实现"十一连增"，研究出台了被征地农民养老保险实施办法，提高了城乡低保、农村五保老人供养标准。坚持创业带动就业，新增创业主体1506户，新增各类就业人员11398人。社会事业全面发展。教育工作成功跻身全国中小学责任督学挂牌督导创新县市、全省发展学前教育事业典型县市。投入9000多万元，启动了市一中教学科技大楼建设，完成幼儿园及义务教育阶段薄弱学校改造、城区3所学校"美丽校园"建设任务，全面消除了所有学校的D级危房。启动金鱼岭社区卫生服务中心综合楼、白衣卫生院公卫楼及公租房、汪家桥社区卫生服务中心整体搬迁等建设。人民医院和中医院所有药品（除中药饮片外）全部实现零差率销售。通过"全国基层中医药工作先进单位"国家级评审验收。人口计生工作继续保持省级模范单位称号。突出食品药品安全、道路交通安全、消防安全、校车安全和安全生产隐患治理，未发生重特大安全事故。完成了全国第三次经济普查工作任务。人民防空、国防动员、国防教育水平稳步提高。编制、监察、审计、物价、外事侨务切实履行了职能。广播电视、体育、民族宗教、地震、档案、保密、方志、老龄、残联等各项工作都有新的进步。各民主党派、工商联、工会、共青团、妇联、文联发挥了重要作用。

各位代表、同志们！一年辛苦不容易，一年变化不寻常。我们取得的每一点成绩，实现的每一点进步，都是市委统揽全局、正确领导的结果，是市人大、市政协全力监督、支持的结果，是全市人民万众一心、奋力拼搏的结果。在此，我代表市政府，向辛勤工作在各条战线、各个岗位上的全市人民，向各位人大代表和政协委员，向各民主党派、工商联和社会各界人士，向为津市社会稳定做出积极贡献的部队官兵，向所有关心支持津市改革发展的同志们、朋友们，向在津市创业的投资者、建设者、贡献者，表示最衷心的感谢和最崇高的敬意！

在看到成绩的同时，我们也清醒地认识到，全市经济社会发展进程中仍有不少困难和问题：一是受各种因素影响，地区生产总值、社会消费品零售总额、城乡居民人均可支配收入等经济指标未完成年度目标；二是发展还不充分，经济总量规模小，产业结构不优，企业生产经营困难的问题依然突出；三是发展后劲不足，民生事业欠账还不少，城乡发展差距较大的问题仍然存在；四是发展环境还不优，思路不开阔，思想不解放，少数干部群众保守封闭、观念落后，少数政府工作人员作风不优、为官不为的现象仍然存在，等等。对此，我们一定坚决采取措施，认真加以解决。

2016年工作安排

各位代表、同志们，2016年是"大干新三年，建设新津市"

的冲刺之年，是“十三五”规划的开局之年，也是提前建成全面小康、提前实现精准脱贫的决战之年。谋划和推进发展，必须清醒认识外部环境的深刻变化，切实做到抢机遇、稳增长、调结构、促改革、防风险、惠民生。当前，发展环境深刻变化，国内经济增速换挡、结构调整阵痛、动力转换困难相互交织，津市面临稳增长、促转型的双重压力、双重任务，必须顺应大势、积极应对。发展机遇不断叠加，国家区域经济布局和重心加快向内地倾斜，长江经济带、洞庭湖生态经济区等国家战略加快实施，津澧融城实质推进，带来了政策利好和重大机遇。发展能量蓄势待发，全市人民围绕“大干新三年，建设新津市”，强力推进“三改四化”、“三大战役” 等重点工作，为津市发展蓄积了强大能量。总体来看，我们仍然处于大有作为的战略机遇期。

今年政府工作的总体要求是：全面贯彻党的十八大和十八届三中、四中、五中全会和市委经济工作会议精神，坚持“创新、协调、绿色、开放、共享”五大理念，坚定工业主导战略，推进园区攻坚、城乡一体化攻坚、棚改攻坚，积极开展“五城同创”，强力推动民生升温，率先实现精准脱贫，提前实现全面小康，为“十三五”开好局、起好步。全年经济社会发展的主要预期目标是：地区生产总值增长 9.5%左右，财政总收入增长 10%以上，规模工业增加值增长 10%左右，全社会固定资产投资增长 20%左右，社会消费品零售总额增长 12.5%左右，城乡居民人均可支配收入增长 11%左右，完成上级下达的节能减排约束性指标。

一、全力以赴壮大工业经济

坚持“工业主导”战略，努力打造园区平台，提升传统产业，壮大优势产业，优化涉企服务，重振津市工业雄风。

狠抓园区攻坚。从思想解放、配套、项目、效益、服务五个方面全面推进园区攻坚，争取获批省级高新园区。全速推进“两湖”生物医药园建设，完成环评批复、深度设计和胥家湖调规工作，推进沿湖景观打造和胥家湖景观桥建设。完善功能配套，启动胥家湖路西段、团湖路北段和周家铺路南延北拓工程建设，迁转龙岗路北侧 7 座 110KV 电力杆塔。完成工业污水处理厂及排渍泵站建设。继续深化体制机制改革，探索在园区设立一级金库。提升园区服务水平，成立招商服务中心、企业服务中心，适时组建法务部。严把园区项目入口关，抓好园区闲置用地的清理工作，对不能按期履约的项目，依法收回土地。

做强优势产业。力争规模工业总产值突破 200 亿元，规模企业户数超过 110 家，新增高新技术企业 4 家。推动工业结构深度调整，重点打造生物医药与健康食品、装备制造等优势产业，改造提升纺织、盐化工等传统优势产业，培育发展新材料新能源等战略性新兴产业。依托“两湖”生物医药园，重点扶持新合新、鸿鹰生物等企业，大力引进生物酶制剂、医药中间体、生物制药等产业项目，积极争创国家火炬生物酶技术特色产业基地。积极与中车、三一、东风、湘电集团对接，以中联车桥为龙头，重点发展工程车底盘、汽车整车、现代农业机械等产品，推进大汉客车尽早量产，力争客货车年生产能力达到 2000 辆。以新中意、嘉品嘉味、润农茶油等为龙头，积极支持食品企业技术改造和新产品开发。抓好纺织、盐化工等产业的转型升级。培育发展非织造新材料、光伏新能源等新兴产业。推进工业化、信息化“两化”融合，加大企业研发投入，建设国家级生物医药、省级装备制造、盐化工等三个技术研发中心，鼓励科技成果转化。

真心帮扶企业。工业经济是津市的命脉，中小企业是津市发展的源泉。为了切实帮助中小企业渡难关、过严冬，新的一年，我们将打出帮扶企业发展的系列“组合拳”：一是强化工业领导小组的责任，严格实施“一企一策”贴心帮扶，抓好市级领导、部门服务联系企业制度的落实，帮助找准企业面临困难的症结，不解决具体问题绝不收兵；二是努力扩大中小企业融资渠道，在继续抓好财鑫担保、科技银行担保的基础上，充分发挥财政资金的杠杆撬动作用，安排 1000 万元存量贷款贴息专项资金、3000 万元融资过桥资金，设立 1000 万元的中小企业发展基金（可撬动动态总额达 1 亿元的“助保贷”），出资 2000 万元入股省高新产业创投基金，确保年内新增工业贷款 3 亿元以上；三是想方设法降低中小企业的融资成本，积极开展政银企对接，引导金融机构对接落实好上级关于帮扶企业的优惠政策，在确保不断贷、不抽贷的基础上，尽可能的用好用活挂账止息、止本付息、集中付息等政策，并设法将存量贷款基准利率降低到现行贷款基准利率水平；四是依法防范企业融资风险，规范民间融资行为，将民间融资利息降到合理水平，对非法拆借资金、民间借贷利息超过规定标准的行为，坚决依法打击处置；五是政府采购优先使用本地企业产品，全面落实企业税费减免、奖励补贴政策，进一步清理和规范涉企收费；六是继续做好停产破产企业的帮扶工作，重点抓好卡普吉诺、嘉城汽部、鑫洲汽配、朝宏油泵等企业的“二次招商”。在当前实体经济渡难关的关键时刻，我们要充分尊重、关心、支持企业家，要当好企业和企业家的坚强后盾，把解决企业的困难作为政府的工作重点，以政府的工作效率换取企业的发展效益，为实体经济发展搭上一把手、添上一把柴、加上一把火！

二、坚持不懈抓好项目建设

把项目建设作为稳增长的“主引擎”，继续开展项目建设年活动，实现“十三五”项目建设开门红。

积极争资引项。深入研究国家产业政策、投资取向与各级“十三五”规划，重点在产业发展、城市建设、民生工程、节能环保等方面，策划、论证、包装一批大项目、好项目，力争更多的项目挤进国家和省市笼子，形成重点项目申报一批、开工一批、储备一批的梯次推进格局，力争在高铁、高速公路项目方面实现新突破。继续大力向上争资，确保争资总额在 2015 年的目标基础上增长 20%。

加快项目建设。重点抓好“两湖”生物医药园、中小企业孵化园等工业项目。重点落实美丽乡村、毛里湖生态保护和国家湿地公园建设等农业与生态项目。重点实施市一中教学科技大楼、人民医院能力提升工程、公安局业务技术用房等民生与社会事业项目。重点推进交通建设，补齐交通短板，积极谋划澧水航道升级为二级航道，推进沅澧快速干线2号大道、安慈高速津市段建设，抓好G353津市段(北绕城线)的前期工作，加快推进澧水二桥、S238棠华至药山段公路建设，改善石保公路的通行条件，构建快速便捷的市域交通体系。

注重招商选资。强化"选商"意识，力争引进2000万元以上项目15个，其中亿元项目5个，10亿元以上的工业项目1个。突出园区招商，围绕生物医药与健康食品、装备制造等核心产业，把产业链延伸和优势资源开发作为招商引资的主要领域，加大标准厂房的招商力度。积极承接科研院所成果转化项目。重视引进现代农业、三产服务业项目。要把"引老乡、回故乡、建家乡"化为实实在在的具体行动，创造条件吸引在外创业的本土企业家返乡创业。改革招商方式，突出专业招商、精准招商，建立专业的招商网页和微信平台。探索委托代理招商，加强与相关专业中介公司、商会协会、上级部门派驻发达地区的办事处的联系。进一步理顺招商工作机制，实现招商引资"一站式"服务，提高办事效率。

三、继续抓好城镇扩容提质

努力创造优良的城乡人居环境，完善城镇功能，提升城镇品质，为建设安静安全、宜居宜业、知书知礼的精致城市打好基础。

深入推进"五城同创"。推进城市管理攻坚，下定决心构建"大城管"工作格局，抓好渣土车、集贸市场周边环境、控违拆违、交通秩序等专项整治，建立市容市貌管理长效机制。逐步对市政设施、绿化设施的日常维护管理实行市场化改革。深入推进小区居民自治，在所有成型小区和具备条件的敞开式小区建立业主委员会。彻底整治马路市场，继续抓好农贸市场升级改造，探索对农贸市场的经营管理实施市场化改革。有序疏导停车压力，启动城区大型停车场建设，加大城区空坪隙地改造为绿荫停车位的力度，全面开放单位院落允许停放社会车辆，探索实行城市主次干道停车位超时限有偿使用机制。深入抓好城区周边"绿色走廊"、植物园等工程建设。确保国家森林城市创建成功，抓好国家卫生城市的申报验收，争取拿到D类城市一等交通管理水平的牌子，确保省级文明城市复检达到90分以上，赢得国家文明城市创建的入场券。

加快中心城区建设。充分发挥中心城区在城镇化进程中的主导地位和引领作用，树立"精明增长"、"紧凑城市"理念，推动城市发展由外延扩张向内涵提升转变，将好山好水好风光融入城市。坚持规划引领，完成城市总规编制，并通过省政府审查，启动全市控制性详规编制。注重完善城市功能，投入2.24亿元，实施城建项目35个。推动盐兴路、生产街大道等道路新建，完成九澧大道东段等道路的升级改造工程，启动实施澧水风光带建设，完成澹津公园、三湖公园升级改造。积极申报"海绵城市"建设试点，有序实施河湖连通工程，基本完成城区黑臭水体和周边沟渠管网改造，改造人民医院至大同路污水管网，实行雨污分流。推进智慧城市建设，在完善"天网"工程的基础上，有序启动智慧教育、智慧社区、智慧城管等项目建设。

推进棚改攻坚。将棚户区改造作为城镇建设的主旋律，试点推行居民自治改造的棚改模式，鼓励实施货币化安置，货币化安置率原则上不低于50%。年内确保完成城镇棚改8130户，新建公租房830套。以西河街片区、双济沟以东片区、护市城中村改造、澹津城中村改造等示范项目为重点，以点带面推进全市棚改工作。力争通过两年努力，全面完成主城区成片棚户区改造，基本完成城中村改造，推动棚改工作向乡镇延伸。通过棚改攻坚的推进，把城市建设的难点变成城市发展的亮点，用干部的辛苦指数换取群众的幸福指数，切实增强人民群众的获得感、归属感。

抓好集镇建设。跟进乡镇区划调整的配套措施，抓好便民服务中心建设，对乡镇区划调整后的原乡镇治所所在地，坚持做到便民服务不变、惠农政策不变、支持力度不变、发展规划不变。抓好城乡一体化建设，推进4个镇和金鱼岭街道的小城镇建设，建好集镇新型农村社区，打造药山镇沿湘北干线至工业区高速入口的景观带。按照"一镇一品"的原则，重点抓好新洲镇美丽城镇建设试点和"江南第一楚城"建设，打造药山镇和毛里湖镇等文化旅游名镇、白衣镇生态宜居小镇。

四、积极发展现代农业

跳出农字抓农业，跳出农业抓农村，让农业成为有前景的产业，让农村成为更美丽的家园。

夯实农业发展基础。完善农村基础设施建设，加固堤防2.5公里，塘坝清淤扩容500口，渠道清淤疏浚200公里，维修改造机埠80处。推进高标准农田建设，完成农村低压电网改造。继续投入资金500万元，实行以奖代补，建设农村"断头路"50公里，力争两年内实现农村"断头路"基本清零。投入8000万元，建好西毛里湖排涝泵站工程，变水患为水利，彻底解决困扰沿湖周边10多万群众多年的水患问题。力争将阳由垸由蓄洪垸改编到一般垸。全面完成基本农田永久划定工作。抓好森林防火、动植物疫病防控和农产品质量检验检测。

提升农业生产能力。大力发展特色种植业。落实食用菌产业发展专项资金，建立食用菌研究所，引进深加工企业，力争食用菌总产量达到1万吨，产值达到2亿元。大力发展生态养殖业。以大型生猪养殖企业为龙头，推进生猪标准化养殖，力争全年出栏生猪60万头，争取挤入国家生猪调运大县笼子；推广种养平衡的生态养殖模式，推行"公司+生态农场+生态小农庄"的经营业态；以"四式养蚯"为载体，强化畜禽粪污废弃物的综合利用。大力培育新型经营主体。加强新型职业农民培训，扶持发展专业大户、农民合作社、家庭农场等新型经营主体。完成农村土地确权登记颁证工作，引导和规范土地流转。

着力建设美丽乡村。进一步提质升级金鱼岭"四居两村"和神九堰美丽乡村建设示范片。深入推进农村环境综合整治，力争实现垃圾分类处理、农村生活污水处理、畜禽养殖污染治理全覆盖。建设"绿色津市"，抓好秀美村庄建设，完成荒山造林8650亩、公路绿化45公里，建设生态示范户1000户。确保毛里湖国家湿地公园试点建设通过验收，力争毛里湖挤入国家重点湖泊笼子，全面启动毛里湖国际重要湿地申报。要让津市农村天更蓝、山更绿、水更清、地更净，让每一位津市人在家门口就能享受到城乡生态建设的成果。

五、着力发展现代服务业

坚持生产性服务业与生活性服务业、传统服务业与现代服务业并重，以商圈集聚化、业态多元化促进现代服务业发展提速、比重提高、水平提升。

大力发展商贸物流。围绕健康养老、房地产、物流及专业市场、文化旅游、电子商务、金融服务等六大重点，出台专项扶持发展政策。着力引进知名商贸流通企业，加快宝悦乐城商业综合体、博联家居建材专业市场、九码头特色小吃商业街建设，完成机械化定点屠宰场建设。引进和培育电商市场主体，积极对接湖南湖湘商贸有限公司，扶持建设电子商务产业园，发展农村电子商务，申报电子商务进农村示范县市。建立健全农村商贸网点和配送体系，拓展农村消费市场。积极发展社区服务、体育健身、文化娱乐等服务业态，满足居民多层次消费需求。

重视发展旅游业。推进旅游与生态、民俗、文化深度融合，大力发展农业观光、乡情体验等旅游项目。推进毛里湖国家湿地公园、嘉山国家森林公园、药山寺遗址等景区建设，继续扩大神九堰、关山等乡村休闲旅游品牌影响。精心策划、包装、推介一至两个津市特色旅游产品，争创湖南省优秀旅游商品。

加快发展现代金融。积极引进金融机构，继续做好与长沙银行、民生银行、兴业银行等金融机构的对接工作，力争浏阳农商行在津市设立村镇银行。加强金融安全监管，强化个人、企业失信贷款管理，对于未在金融部门备案而开展金融服务活动的机构，一律进行取缔。创新金融服务理念，争取实施农村“两权”抵押贷款试点。

积极发展房地产业。适当提高房地产企业准入门槛，规范商品房建设行为，加强商品房预售管理，着力建设精致商住小区。积极开展城市营销和房地产推介活动，吸引农村居民和周边县市区人群来津置业安居。在执行上级优惠政策的基础上，出台并执行本地的房地产去库存系列优惠政策，打出激活房地产市场的“组合拳”，打通商品房与棚改安置房、商品房与公租房、购房市场与租房市场三个供需通道，实现住房存量资源的优化配置，满足社会不同层面、不同群体、不同需求，最大限度地实现“居者有其屋”的美好愿景。

六、坚持推进改革创新

在重点领域和关键环节的改革上出硬招，出实招，以改革促动新发展，以创业催生新活力。

继续深化改革。全面落实省、常德市及本级确定的各项改革任务。积极承接国家新型城镇化、国家中小城市综合改革试点。稳妥推进并村工作。定期清理和公布行政审批项目，积极推进网上审批。深化财税体制改革，改进预算管理，推进预算信息公开，实行财政资金使用绩效评估管理。鼓励扩大民间投资，探索建立PPP项目投资基金和项目平台。完善城投、住保投、交通投、嘉山实业等投融资公司的法人治理结构，做实资本金，确保资产负债率保持合理水平。

服务创业就业。全力打造活力之城、创业之城。坚持商事登记“先照后证”、公司注册“零门槛”，全面落实全民创业各项优惠政策，安排200万元的扶持资金，从市场准入、税收优惠、融资服务、用地保障、创业补助等方面，大力扶持本土能人、产业大户、返乡人士、失地农民、退役军人、高校毕业生创新创业，力争全年新增创业主体1200户。加快中小企业孵化园建设，正式运行科技企业孵化器，筹建创业孵化基地。完善就业服务网络，新增城镇就业5500人、失业人员再就业3000人，新增农村劳动力转移就业2000人，城镇零就业家庭实现动态就业援助100%。

七、统筹发展社会事业

做到社会事业与经济发展同步部署、同步推进，解决好群众最关心、最现实的利益问题，让群众共享发展成果。

全力打好扶贫攻坚战。集中力量推进农村精准识贫、精准扶贫、精准脱贫，全面实施社会保障到户、生产发展到户、技能培训到户、教育助学到户、危房改造到户“五到户”工程。加大扶贫资金投入，财政落实扶贫专项资金100万元，安排贫困村基础设施、公共服务、产业发展专项帮扶资金500万元。推进金融产业扶贫，建立扶贫贷款风险补偿制度，财政配套200万元的扶贫贷款风险补偿金，通过金融杠杆，为贫困户创业提供小额信用贷款，引导扶贫产业发展。年内实现10624名农村人口整体脱贫、13个贫困村全部摘帽。津市是老工业城市，城区还有一些生活上有困难的群众，我们不能扶贫抓了农村，忘了城市，将高度关注和切实解决这部分群众的衣、食、住、行等困难问题，确保城乡所有贫困人口学有所教、劳有所得、病有所医、老有所养、住有所居，让28万津市人民都在阳光下有尊严地生活，努力不让一个津市居民在全面奔小康的路上落伍掉队。

切实改善保障民生。扩面社会保险，征缴社会保险费2.92亿元，新增各类保险参保5000人以上。更加注重对特定人群、特殊困难的精准帮扶，建立启动救急难机制，抓好“助保工程”，提高城乡低保、农村五保供养水平，使特困人员不为饥寒所迫、大病所困、失业所忧、灾害所难。发展民政养老事业，启动养老服务中心二期和老龄康复医院建设，谋划建设毛里湖健康养老产业园，完成殡仪馆搬迁工作。积极引进养老服务连锁企业，支持和鼓励社会组织、物业企业、民营机构兴办、营运日间照料等养老服务项目。

提升社会治理能力。以“天网”工程为依托，扎实推进平安津市建设，全面提升社会综合治理水平。规范网格化管理，充分发挥网格平台作用。坚持法治信访理念，引导群众依法逐级走访和网上信访。建立健全覆盖城乡的公共法律服务体系。依法打击各类违法犯罪活动。严格重点行业、重点领域安全生产监管，加强消防安全、交通安全、食品药品安全管理，坚决遏制重特大事故发生。完善应急体系建设，强化预案管理，增强应急能力。津市经济社会的健康发展，离不开广大基层干部的辛勤劳动和无私奉献。更加关心关爱基层干部，为社区工作“减负”，逐步实行社区工作正面清单制，切实改善社区和村居干部的工作条件和生活待遇，让所有基层干部工作上有劲头、生活上有想头、事业上有奔头。

加强生态文明建设。划定生态保护红线，积极争创省级生态文明建设示范区。打好大气污染防治攻坚战，对城北区申报使用20吨以下的燃煤锅炉一律不予审批，城南区锅炉实施电、天然气等清洁能源改造，全面实行规模餐饮业油烟治理。推广清洁能源，接通“五县一市”天然气管道，搬迁燃气储气站，实现城北区天然气全覆盖，并逐步向城南区和乡镇延伸。加强水污染治理，实现城区生活污水全收集、全处理。实施土壤污染净化和农用地土壤污染修复工程。良好的生态环境是津市的最大优势和最大财富，我们一定要像保护眼睛一样保护好津市的青山绿水、蓝天净土。

繁荣各项社会事业。继续抓好教育卫生三年攻坚。努力创办满意教育，继续改造农村薄弱学校，加快城区“美丽校园”建设，扩容提质火花幼儿园，加快理顺德雅、三中办学体制机制。强化校企合作，打造职业教育品牌。改善特殊教育办学条件。完善医疗卫生服务体系，争创二级甲等中医院，启动妇幼健康优质服务示范县市的创建工作。推进工业新区医院及卫康室建设，探索医养结合新模式。坚持计划生育基本国策，全面落实一对夫妇可生育两个孩子政策，提升计划生育服务水平。健全现代公共文化服务体系，开展全民健身运动，启动工人文化宫土建工程，推进农村文体小广场建设。传承历史文化，启动虎爪山遗址加固工程，加快益泰绸布庄等传统建筑修缮，启动“车胤囊萤照读”国家级非物质文化遗产的申报工作。抓好第三次全国农业经济普查。保障水、电、气供应，建立完善水、电、气阶梯价格制度。认真抓好国防动员、民兵预备役和人民防空工作，支持驻津部队、武警部队建设，进一步做好审计、统计、外事侨务、对台、民族宗教、地震、保密、方志、老龄、残联、工会、共青团、妇联、文联、科协等工作。

各位代表、同志们，打铁还需自身硬！我们将以建设执政为民的法治政府为目标，努力实现政府工作的与时俱进。

强化法治思维，坚持依法行政。认真执行人大及其常委会的决议和决定，积极支持人民政协发挥协商民主作用，主动听取民主党派、工商联、无党派人士和人民团体的意见和建议。自觉接受人大法律监督、工作监督和政协民主监督，认真办理人大代表建议和政协委员提案。加强规范性文件和政府合同的监督管理，推行政府及其工作部门权力清单、责任清单制度。建立政府及其工作部门负责人主动出庭应诉重大行政诉讼案件制度，自觉履行人民法院的生效判决、裁定。启动“七五”普法教育，深入开展法制宣传和法制建设，完善法律顾问和法制培训制度，大力提高公职人员尤其是领导干部依法行政的意识和能力。

强化责任担当，坚持高效施政。积极推进政府绩效管理。建立执法部门重要岗位效能监察机制，开展行政许可自由裁量权试点，确保行政决策高效依法落实。严格落实登记备案制，规范涉企检查执法，开展涉企收费项目清理、公示，探索第三方评价机制，进一步优化经济环境。强化治庸问责，坚决整治“中梗阻”、不作为、慢作为、乱作为，坚决克服懒政、怠政，坚决惩处失职、渎职。

强化政务公开，坚持阳光理政。以更大力度拓展、深化政务公开领域和内容，积极完善政务服务体系，健全突发事件、公共危机事件和群众关注的社会热点问题信息发布机制，不断增强政府工作的透明度。启动政务中心服务大厅新建，落实审批职能的“两集中三到位”。办好政府门户网站，完善电子政务平台建设。

强化廉政建设，坚持廉洁从政。认真落实“一岗双责”，深入开展理想信念教育、岗位廉政教育，筑牢拒腐防变的思想防线。建立健全反“四风”、转作风的长效机制，坚持勤俭办事，反对铺张浪费。加强项目招投标、行政审批、公共资源交易等重点领域和关键环节的监督，促进规范管理。强化行政监察，纠正行业不正之风，严肃查处腐败案件。

各位代表、同志们！新的目标令人鼓舞，新的形势催人奋进，新的征程任重道远。让我们在市委的坚强领导下，把人民的期盼变成前进的动力，把历史的使命化作实干的行动，聚精会神搞建设，一心一意抓发展，确保提前实现全面小康，为打造湘西北“工业实力强、城乡一体化、现代气息浓”的精致城市而不懈奋斗！

政协津市市第十一届委员会常务委员会工作报告

——在政协津市市第十一届委员会第五次会议上

市政协主席　姜正才

(2016年1月8日)

各位委员、同志们:

我受政协津市市第十一届委员会常务委员会委托，向大会报告工作，请予审议，并请会议列席人员提出意见。

2015年工作回顾

2015年，在中共津市市市委的坚强领导下,市政协常委会主动适应经济发展新常态,按照“忠实履职,奉献津市”的总要求,坚持以巩固党的群众路线教育实践活动成果、开展“三严三实”专题教育为契机，组织和带领全体政协委员,突出提升履职能力,突出夯实履职基础,突出履行政协职能,政协工作和政协事业实现了新的进步。

一年来,我们开创了政协工作新境界。市委高度重视政协工作,隆重召开了市委政协工作会议,总结我市政协工作经验,部署今后一段时期的政协工作,深入推进政协工作制度化、规范化、程序化建设;市委常委会议3次听取和研究政协工作;市委市政府主要负责同志主动加强领导,多次调研指导政协工作,政协事业呈现生动活泼的局面。

一年来,我们建立了协商议政新机制。首次制定印发了年度协商工作计划,形成了“12310”政治协商体系,即1次全体会议协商、2次常委会议协商、3次主席会议协商、10次对口协商和提案办理协商。

一年来,我们创新了民主监督新模式。首次向涉及民生安全领域的6家单位委派6个民主监督小组,开展集中监督。通过统一委派,统一动员,统一调度,统一评议,提高了民主监督的组织化程度,有力地支持了部门工作。

一年来,我们拓宽了委员论坛新路径。举办了“美丽津市·满意教育”政协委员论坛,采取专题论坛、校园论坛和网络论坛相结合的方式，首次系统地对我市教育工作进行调研协商,为我市“十三五”教育事业的发展建言献策,将对我市教育事业的发展产生巨大影响。

一年来,我们改革了提案督办新方法。通过市委市政府主要领导签批重要提案，市政协主席会议成员督办重点提案,市委督查室、市政府督查室和市政协提案委督办面上提案等方式,促进提案办理工作,并首次对重点提案的办理工作开展协商评议。

一年来，我们拓展了政协影响新领域。《文史博览·人物》2015年第二期发表了《从背后看津市——一个政协主席的观察》,《湘声报》对“薛君委员工作室”的工作事迹和政协提案工作进行了采访报道,扩大了我市政协的影响力。《县级政协履行民主监督职能的探索与实践》获得常德市政协理论征文二等奖,《关于工业集中区土地利用情况的协商报告》获得常德市政协优秀调研报告二等奖,《关于切实加快东常高速全线贯通运营的建议》被评为常德市政协优秀提案,《常德沅水二桥安全管理需待加强》被评为常德市政协优秀社情民意信息,刘仕彬委员被评为常德市优秀政协委员等等。

回顾这一年来的工作情况,主要是:

一、协商议政献智献策

政治协商是政协的首要职能。一年来,市政协始终坚持以服务发展、促进发展为己任，准确把握市委市政府工作中心，有针对性地协商议政。

集中协商突出了发展主题。在市政协十一届四次会议上，委员们围绕我市经济社会发展的重大问题进行协商讨论。市政府十分重视政协委员提出的意见建议，对这些意见建议进行分类梳理，逐条交办。会议集中对生物医药产业、食用菌产业、饮水安全等5个课题进行了大会协商，市委市政府主要领导对大会协商发言材料现场签批，明确分管领导牵头、部门办理落实。

专题协商扣准了热点重点。市政协十一届第十四次常委会议听取了反腐败工作情况通报；第十五次常委会议协商了上半年我市经济社会发展情况，听取了市人民法院、市人民检察院、市公安局、市司法局的工作汇报；第十九次常委会议协商了《津市市国民经济和社会发展第十三个五年规划纲要》。5月份，主席会议视察协商了我市城乡供水一体化工作，提出了加强组织领导、理顺管护机制、确保水质安全等建议；6月份，主席会议专题协商了工业集中区土地利用情况，提出了树立四种意识、提高土地效益、加强执法监管等建议；11月份，主席会议专题协商了1号提案《关于规划建设车胤文化公园的建议》的办理工作，提出了下定决心、科学规划、尽早决策、适时实施等建议。每一次协商活动，我们都形成了书面协商意见，并报送市委市政府作为决策参考。

对口协商体现了民本民生。市政协各专委会分别围绕农村危房改造、商贸发展、村居卫生室建设等课题与相关职能部门和乡镇街道开展对口协商。

二、委员论坛聚焦聚力

政协委员论坛是本届政协的一项开创性工作，是政协委员参政议政的新载体，交流政见的新平台，展示风采的新舞台。按照一届一个主题、一年一个专题的思路，我们成功举办了“美丽津市·满意教育”政协委员论坛。本次论坛体现了三个特点：

选题精准。为举办好“美丽津市·满意教育”政协委员专题论坛，市政协广泛征求社会各界和政协委员意见，3次召开主席会议筛选课题，精心选择了《昂起教育龙头，建设九澧名校》《加大教育投入力度，筑梦教育现代化》等8个选题，作为专题论坛调研发言课题。这些课题涵盖了我市教育投入、学校布局、教师队伍、生源培优、职业教育等方方面面，全方位、系统地反映我市教育工作。

调研精深。为深入开展课题调研，市政协成立了8个课题调研组，每组由一名主席会议成员牵头，精选部分政协委员组成。7–9月，调研组先后走访中小学校27所，召开座谈会15次，发放调查问卷1200多份。调查组还分赴澧县、石门、临澧、安乡等地学习考察。在掌握内情、了解外情的基础上，调研组认真撰写、反复修改调研文稿，主席会议逐一审阅，最后提交论坛发言。

成果精彩。10月份，在“美丽津市·满意教育”专题论坛上，播放了《反观与重振》的专题视频，8位政协委员分别代表调研组进行了中心发言，编发了《“美丽津市·满意教育”政协委员论坛专辑》。此外，校园论坛收到论文86篇，网络论坛点击率达5000多次。可以说，本次论坛发出了办“九澧一流、全省领先”教育的呐喊。市委市政府主要领导和分管领导高度重视，分别出席了专题论坛和论坛总结座谈会，并作了重要讲话。教育工作领导小组和教育部门迅速响应，几次召开会议研究，分门别类梳理论坛成果，形成了7大类30条，即将提交市政府常务会和市委常委会审议。市财政局迅速进驻津市一中开展调研，准备从投入机制上提供发展保障。社会各界纷纷掀起爱心助教、捐资助学的新风潮。全社会关心教育、支持教育的浓厚氛围正在形成。

三、民主监督尽职尽责

开展民主监督是政协履行三大职能的应有之义。我们特别注重发挥组织监督、提案评议、社情民意在履行民主监督职能中的作用。

注重了组织委派。2015年市政协向涉及民生安全的市安监局、药监局、工商局、质监局、卫生局、交警大队等6家单位委派了6个民主监督小组，从行政执法、安全监管、工作效能、工作作风等四个方面开展集中监督。其目的是为了实现民主监督工作的“四个转变”：由个人监督向组织化监督转变、由被动监督向主动监督转变、由单项工作监督向全面工作监督转变、由随机性监督向规范化制度化监督转变。年初，印发了《民主监督小组工作方案》；6月份，召开了委派民主监督小组工作动员会；7–11月，实行每月一调度；12月召开了委派民主监督小组工作评议会。通过委派民主监督小组，开展集中监督，有力地提高了民主监督的组织化程度，做到在监督中支持，在监督中服务，在监督中作为。

强化了提案评议。市政协十一届四次会议以来，共立案提案80件。截止12月底，已全部办复完毕，委员满意和基本满意率为100%，办结率为46%。市委市政府十分重视政协提案工作，主要领导分别签批了《关于发展壮大我市生物医药产业的建议》《关于推进城乡一体化的建议》等6件重要提案，交由市委督查室和市政府督查室重点督办。市政府在政府全会上对政协提案逐一交办。市政协把提案工作作为政协经常性工作的主要抓手，选择了6件重点提案由主席会议成员领衔协商督办。10月份，市政协十一届十六次常委会议对重点提案的办理情况进行专题评议，现场进行满意度测评，并将评议结果报送市委市政府。

反映了社情民意。坚持把群众利益作为第一追求，积极为民生问题鼓与呼，及时收集和反映社情民意信息，把各界别、各阶层的意见和建议传递给市委市政府。一年来，共收到社情民意信息168条，编发《社情民意》12期，为促进问题解决和民生改善建言献策。

凸显了政协意识。全市各级各单位不断增强政协意识，各乡镇、街道、工业集中区党（工）委认真贯彻落实市委政协工作会议精神，为政协工作提供保障；市委组织部、市规划局等单位积极办理政协提案,民主测评排名靠前;市安监局、市卫计局和市交警大队等单位主动接受政协民主监督,虚心接受整改意见;市教育局全力协助政协委员论坛,对论坛成果及时进行转化;市财政局、市民政局、市地税局、市国税局等单位提供优质服务,大力支持政协委员履职等等。

四、服务中心有为有位

市政协放眼全市,立足全局,围绕市委市政府中心工作体现政协价值,发挥政协作用。

主动参与。市政协领导班子成员都参与了市委的大跨度分工,每位同志都直接参与了市委市政府某一方面的工作。各位政协常委、政协联络处主任和政协工作组长在各自岗位上肩负着重要职责,为我市经济社会发展做出了突出贡献。

主动作为。市政协积极参与"五城同创"包片、美丽乡村办点、完美社区建设、涔水新城建设、控违拆违、项目建设等工作,积极参与招商引资、联系企业、湿地公园建设等工作,积极参与卡普吉诺公司维稳帮困工作。市政协机关按照全市统一安排,积极开展路段包保、文明劝导、交通秩序维护等工作。易旭、黄大庆、潘津秀、毕家寿、杨付明等委员充分发挥自身优势,积极履行政协职能。

主动配合。遵照市委统一部署,市政协按照"全覆盖、不漏户,扶真贫、真扶贫"的总体要求,扎实开展"进村入户、访困问需、访贫问计"活动,领导班子成员和机关干部深入到各自联系点村,协调落实帮扶资金,指导制定脱贫计划,帮助贫困户解决就医、就学、就业以及生产生活中的一些实际困难。

五、团结联谊同心同向

政协既是发扬民主的渠道,也是加强团结的平台。我们坚持大团结大联合,为改革发展凝聚共识、增添能量。

加强合作共事。参加人民政协的各民主党派、工商联、无党派代表人士和社会团体是政协组织的宝贵资源和履职的重要基础。市政协积极为各民主党派、工商联和无党派人士创造议政建言的条件,邀请各党派团体参加市政协组织的调研、视察、协商等活动,重视由党派团体提出的提案和反映的社情民意信息,调动党派团体参政议政的积极性。一年来,各党派团体提交提案 39 件,反映社情民意信息 75 条。

加强联络联谊。利用召开政协会议、组织政协活动、开展外出招商等机会,加强与社会各界联系。主动慰问联系旅外委员,推介我市经济社会发展情况和市委市政府重大工作举措,鼓励旅外委员发挥优势,为家乡建设献计出力。孙渊委员组织召开北京的津市人士座谈会,为津市发展建言献策。邹晓龙、田昊委员建立"津津乐道"和"御风行"微平台,为挖掘、推介津市文化不遗余力。徐敏委员身在外地心系故土,积极为家乡筹资修路。

加强工作交流。2015 年,我们首次加入了湘鄂边十县(市)政协主席联席会议,分别参加了 5 月在石首市召开的第十九次、10 月在华容县召开的第二十次政协主席联席会议。协助常德市政协开展了泛湘西北现代立体交通大格局、常德米粉等课题调研,承办了常德市区县(市)政协秘书长联席会议。常德市政协武陵区活动组、澧县、安乡县、沅陵县、安化县、常宁市等兄弟政协先后来我市交流工业发展、现代农业、殡葬改革、委员工作室、湿地公园建设、棚户区改造等工作。组织常德市政协津市活动组、政协课题调研组先后赴临澧、澧县、石门、安乡等地学习考察。

六、自身建设求实务实

我们始终把自身建设作为提高履职能力和水平的基础性工作来抓,切实加强理论学习、作风建设和干部队伍管理。

深入开展"三严三实"专题教育。6 月份以来,我们以党组书记上党课为开端,市政协领导班子扎实开展"三严三实"专题教育。按照"严以修身、严以用权、严以律己、谋事要实、创业要实、做人要实"的总要求,开展了 3 次专题研讨,召开了专题民主生活会和组织生活会。通过扎实开展"三严三实"专题教育,较好地解决了在修身做人、为官用权、干事创业等方面存在的突出问题,机关干部尤其是领导班子成员的政治意识和规矩意识进一步增强,事业心和责任感进一步增强。

大力创新工作机制。5 月份,市委召开了市委政协工作会议,出台了《关于进一步加强新形势下人民政协工作的若干规定(试行)》《关于进一步加强人民政协提案办理工作的实施意见》和《关于进一步加强政协联络处建设的实施意见》等文件,进一步推进人民政协工作制度化、规范化和程序化建设,为今后一段时期我市人民政协事业的发展提供了坚实的制度保障。我们创新了委员履职新方式。充分运用市政协委员履职评价系统和政协提案平台系统,规范了委员履职管理和工作评价,激发了委员履职的积极性和主动性,提高了政协委员工作信息化水平。

加强政协理论学习。2015 年,是政协"履职能力建设年"。市政协围绕中共十八大和十八届三中、四中、五中全会精神以及上级政协工作会议精神,采取集中学习与委员自习、专家授课与理论研讨、卷面考试与知识抢答等形式,认真开展政协理论学习活动,不断提高政协委员的政治把握能力、调查研究能力、联系群众能力和合作共事能力。我们印发了《2015 年政协理论学习活动方案》,明确了学习篇目和内容;邀请了常德讲师团来政协机关作专题辅导报告;开展了政协理论征文活动,共收到政协理论研究论文和心得体会 106 篇;举办了政协理论知识抢答赛。通过学习,深化了政协委员对人民政协工作的认识和体会,激发了政协委员的责任感和使命感,增强了政协委员的主动性和创造性。

注重彰显界别特色。我们积极探索发挥界别作用的有效方法和途径,充分体现界别特色,发挥界别作用。法制界委员周学元身残志坚,积极为残疾人奔走疾呼。工商界委员参加"防范企业风险"培训学习,筹资慰问乡村残疾老人。工业界委员深入企业视察调研,参与扶贫帮困工作。科教界委员以"薛君委员工作室"为依托,常年开展亲子读书活动,为农村薄弱学校募集资金。农林界委员围绕食用菌产业发展、城乡供水一体化工作开展实地视察,积极建言献策。社群界委员组织纪念抗战胜利 70

周年书画展，协办环保纪念活动日文艺演出。文艺界委员对新洲古城建设进行回访视察，协商督办重要提案。医卫界委员积极参加“牵手社会三无人员”活动，为贫困户赠送生活物资，开展青少年控烟知识讲座，举办老年保健专场咨询活动。各界别委员积极发挥自身优势，广泛开展特色活动，扩大政协影响。

重视政协联络处建设。一年来，全市12个政协联络处切实加强自身建设。10月份，市委督查室、市政府督查室和市政协办公室对政协联络处建设情况进行了专项督查。从督查结果来看，政协联络处的工作机制、履职条件、人员队伍等都得到了充分保障，政协联络处自身建设上了新台阶。

各位委员，过去一年成绩的取得，是中共津市市委高度重视、坚强领导的结果，是市人大、市政府、市人武部大力支持、鼎力相助的结果，是全市各部门单位、社会各界人士充分理解、团结协作的结果，是市政协各参加单位和广大政协委员认真履职、倾情奉献的结果。在此，我代表市政协常委会，向各位委员，向所有关心支持政协事业发展的各级领导、各界人士、各位朋友，表示衷心的感谢！

在肯定成绩的同时，对照新形势下政协工作的新要求，我们还存在一些不足，主要是委员主体作用发挥不平衡、履职成果转化不充分、调查研究工作有待加强等等。对此，我们要认真分析研究，切实加以解决。

2016年主要工作任务

2016年，是“十三五”规划的开局之年，是市乡提前同步换届之年，也是我市提前建成全面小康社会决胜之年。市政协工作总的指导思想是：认真贯彻落实中共十八大和十八届三中、四中、五中全会精神以及中央、省委、常德市委和津市市委经济工作会议精神，牢牢把握团结、民主两大主题，以更加契合党政中心、更加体现民生民心、更加彰显政协特色为目标，重回访、攻薄弱、强联谊、抓换届，忠实履职，奉献津市，为建成全面小康社会作出新的贡献。

——做好新一年的政协工作，必须贯彻新理念。深刻领会中央提出的创新发展、协调发展、绿色发展、开放发展、共享发展的内涵，自觉用“五大发展”理念谋划政协工作、指导政协履职。

——做好新一年的政协工作，必须落实新要求。认真贯彻落实中央关于加强社会主义协商民主建设的新要求，深入开展政治协商，为发展社会主义协商民主、推进民主政治建设，发挥人民政协独特的优势和作用。

——做好新一年的政协工作，必须顺应新期盼。强化履职为民宗旨，深入了解群众愿望，积极反映群众诉求，主动关注老百姓身边的事情，帮助市委市政府多做一些提升群众幸福感、增加社会温暖度的工作。

——做好新一年的政协工作，必须力求新作为。坚决拥护省委、常德市委和津市市委关于市四大家同步换届的决定，积极引导委员正确对待提前换届，增强责任感和使命感，善始善终地履行好各项职责，力争在换届之年发挥更大的作用、实现更大的作为。

2016年的工作思路是：把握一个重点、强化三项职能、实现三大突破、开展三大活动、做好三项工作。

一、把握一个重点

主要是聚焦政协自身建设这个重点。一是抓换届。今年是换届之年。市四大家提前同步换届，是省委、常德市委和津市市委作出的重大决定，是全市人民政治生活中的一件大事。我们要把提前换届作为一项重要的政治任务，在市委的统一领导下，统一思想，统筹谋划，稳步推进，积极与市委组织部、市委统战部等部门衔接沟通，做好委员提名推荐等基础性工作，落细落小落实每一项具体任务。要定好界别。根据界别划分标准和社会结构变化，适当调整界别设置。要选好委员。注意新老委员更替，注意吸纳不同阶层的优秀人才，进一步优化政协委员队伍。要搭好班子。高度重视界别召集人和工作组长的遴选工作，精心选择真正热心政协事业的界别召集人和政协工作组长，为政协工作提供组织保障。严肃换届纪律，营造风清气正的政治生态，保障换届工作规范有序推进。二是定机制。认真总结本届政协的工作经验，进一步修订政协各项议事规章、工作制度、履职机制，为新一届政协工作顺利开局提供制度保障。三是改作风。切实加强机关作风建设，坚持用“三严三实”的标准要求干部、管理干部，鼓励干部多想事、多干事，引导干部比作风、比实绩，努力营造勤勉敬业、积极向上的机关氛围。积极开展文明机关创建活动，大力推行文明办公，继续在机关干部中开展“四个一”的活动（每月读1本好书，每年高质量撰写1篇理论研究文章、1份调研报告、1件社情民意信息），推动机关建设与管理再上新台阶。

二、强化三项职能

强化政治协商。充分发挥人民政协作为协商民主专门机构的作用，进一步强化政治协商的广度和深度，开展广泛多层的协商活动，制定市政协“12310”协商工作细则。全年主要围绕“五城同创”、棚改攻坚，召开2次常委协商会议；聚焦工业企业帮扶、电商产业发展、合乡并村工作，安排3次主席协商会议；选取社区矫正工作等，组织开展10次对口协商和提案办理协商活动，努力为市委市政府科学决策提供更多更有益的参考。

强化民主监督。一是抓回访。把2016年确定为“政协重要履职成果跟踪回访年”，对本届政协重要履职成果的转化落实情况进行“回头看”。重点对本届政协建议案、3次政协委员论坛成果、重点提案、重要社情民意信息的办理落实情况进行跟踪回访。二是抓视察。主要围绕2015年民主监督意见整改落实情况，以及殡仪馆搬迁、三湖公园建设等重大民生工程开展视察。三是抓评议。继续评选6件重点提案进行协商督办和民主评议，进一步完善政协1号提案协商办理工作机制。

强化参政议政。尊重和保障委员的民主权利，为委员积极、主动、有效履职创造良好条件。要组织委员参加履职活动，进一步扩大委员在协商、视察、调研等履职活动中的参与面。要组织委员认真撰写提案，继续开展“提案撰写月”活动，选取一些事关经济社会发展全局和群众普遍关注的热点难点问题，组织委员深入调查研究，多撰写一些高质量的提案，多提交一些联名提案和集体提案。要组织委员反映社情民意信息，进一步优化社情民意信息收集、编报、反馈、督办机制，引导委员走进基层、走近群众，积极反映群众身边的小事、难事、具体事，帮助市委市政府收集社情、了解民意。

三、实现三大突破

强化政协理论研究。政协理论研究是新时期政协的一项重要工作。加强政协理论研究，对于把握政协工作新规律，探索政协工作新方法具有重大意义。今年，市政协将筹建政协理论研究会，从组织章程、组织机构、会员队伍、研究方向等方面予以规范，进一步加强我市政协理论研究工作。要加强调查研究，政协各参加单位和政协工作组年初确定调研课题，利用一年时间，深入开展调查研究，年底形成调研报告。要把步子迈出去，思想引进来，切实提高调查研究能力和水平。

强化文史资料征集。注重发挥文史资料“存史、资政、团结、育人”的作用，认真做好文史资料的收集工作，充分发挥文史资料的社会功能。从今年开始，主要围绕老品牌、老码头、老河街、老建筑等“津城老字号”，开展系列文史资料征集工作，每年编辑一套。今年要着重做好《小城记忆——津城老字号系列》之《老品牌》的征集出版工作。

强化政协宣传工作。要不断加强和改进政协对外宣传工作，展示人民政协的良好形象。认真总结本届政协工作，积极向常德市级以上媒体进行推介，宣传政协工作。要认真加强政协网站建设，充实内容，丰富形式，办出特色。要认真挖掘政协有影响力的典型事件、典型人物和特色工作，既作经验传承，又作榜样宣传。

四、开展三大活动

开展联络联谊活动。今年下半年，湘鄂边十县(市)第二十二次政协主席联席会议将在我市召开，要认真做好视察、会议等各项筹备工作，充分展示我市经济社会发展成果。要围绕发展现代交通、建立湘鄂边立体交通网络这个大课题，发动十县(市)政协根据自身实际，进行调研交流，为我市交通突围“打通小循环，参与大循环”广纳智慧。要继续加强与兄弟区县(市)政协的联系联谊，交流工作经验，推动政协工作和政协事业阔步发展。要加强政协各界别委员之间的联系交流，活跃界别工作。

开展委员走访活动。继续开展好“委员一家亲”的大走访活动，进一步加强委员的联系和服务，畅通旅外委员了解情况、反映意见的渠道，帮助旅外委员更好地履行职责，引导他们投入家乡经济社会建设。

开展理论学习活动。党的十八届五中全会着眼于全面建成小康社会，对“十三五”进行顶层设计、作出全面部署，提出了一系列新观点、新思路、新理念、新要求和新举措。全市政协组织、各参加单位、广大委员和机关干部要把深入学习领会、全面贯彻落实十八届五中全会精神，作为当前的首要政治任务，切实把思想和行动统一到中央的决策部署上来。要组织委员认真学习贯彻市委经济工作会议精神，更好地服务市委市政府中心工作。

五、做好三项工作

服务中心有作为。根据市四大家班子领导分工，继续积极配合、服务全市工作大局，以高度的政治责任感和强烈的事业心抓好市委安排的各项工作，在落实市委市政府重大决策上充分发挥协调、献智、服务的作用，使履行政协职能与市委市政府中心工作同频率、共振动。

热心公益显价值。要始终注重在服务民生上用心、用情、用力，把关注民生、体察民情贯穿于履职的各个方面，更加关注合乡并村之后农村的就医就学、办牌办证、社会治安等群众最关心、最直接、最现实的利益问题，协助市委市政府落实相关惠民政策。组织动员政协委员到基层去、到群众中去，开展献爱心、送温暖活动。鼓励每个专委会和工作组每年开展1-2次公益活动，用实际行动使“人民”与“政协”紧相连，“政协”与“人民”心相印。

团结合作聚力量。要充分发挥多党合作制度的政治优势，加强同各民主党派、工商联、无党派人士的合作共事，更好地发挥他们在政协工作中的骨干作用。要坚持把发扬民主、增进团结、协调关系、化解矛盾作为履职的重要着力点，协助市委市政府做好凝心聚力的工作，为促进政党关系、民族关系、宗教关系、阶层关系和海内外人士关系的和谐发挥积极作用。要充分发挥民族、宗教界代表人士的作用，促进民族团结、宗教和睦、社会和谐。

各位委员，同志们，中共十八届五中全会拉开了新一轮五年规划建设的伟大序幕，津市改革发展的生动实践为我们提供了履职尽责的广阔舞台。人民政协事业天地浩瀚、大有可为。让我们在中共津市市委的坚强领导下，同心同德、团结奋进，求真务实、开拓创新，为建设智慧和谐美丽活力幸福的新津市作出新的更大的贡献！

2016年津市市国民经济和社会发展统计公报

津市市统计局

（2017年3月1日）

2016年，面对复杂的形势和艰巨的任务，全市人民在市委市政府的坚强领导下，适应新常态，善于新作为，敢于新突破，坚持小康总揽，突出园区攻坚、城市提质、民生升温“三大战役”，不断攻坚克难，实现了经济社会发展的新跨越。

一、综合

初步核算，2016年，全市实现地区生产总值132亿元，增长9.8%。其中，第一产业增加值20.4亿元，增长3.5%；第二产业增加值63.4亿元，增长9.9%；第三产业增加值48.2亿元，增长12.3%。

全市三次产业结构为15.5:48.0:36.5，二、三产业占地区生产总值比重为84.5%，比上年持平。一、二、三产业对经济增长的贡献率分别为5.5%、48.9%和45.6%，分别拉动经济增长0.5个、4.8个和4.5个百分点。规模以上工业中七大产业完成工业总产值168.4亿元，增长8.5%。其产值和增速分别是：汽配40.4亿元，增长13.0%；盐化工21.7亿元，下降9.3%；食品40.9亿元，增长9.4%；造纸2.0亿元，下降62.2%；纺织20.5亿元，增长23.4%；生物医药24.6亿元，增长18.2%；新型建材18.3亿元，增长18.3%；其他产业25.1亿元，增长8.2%。

全年共完成省重点民生实事工作任务19项，责任承办单位15家，共投入经费7.20亿元。其中国家投入1.28亿元、省级投入1.05亿元、县市投入1.09亿元、其他投入3.77亿元。完成的主要重点民生实事项目分别是：新增城镇就业人口5805人。实现3425名贫困人口脱贫。建设美丽乡村示范村1个。农村自来水建设普及率97%。帮助残疾儿童实施抢救性康复14人。新增养老服务床位272张。农村危房改造800户。城镇市政管网水水质达到《生活饮用水卫生标准（GB5749-2006）》要求。城市棚户区改造8130套。农村信息化工程（直播卫星户户通建设）1070户。完成义务教育合格学校建设2所。救治救助贫困重性精神疾病患者35人。农村适龄妇女（35-64岁）“两癌”免费检查3266人。新增社会治安视频监控摄像头50个。农村公路提质改造27.74公里。农村公路安保设施改造2.7公里。农村配电网改造5个行政村。

二、农业

全年完成农林牧渔业总产值34.27亿元，增长3.4%。其中，农业产值12.2亿元，增长2.6%；林业总产值3.33亿元，增加4.9%；牧业总产值15.76亿元，增长3.0%；渔业总产值2.13亿元，增加7.7%；农林牧渔服务业产值0.88亿元，增长8.21%。全年实现农林牧渔业增加值20.93亿元，增长3.63%。其中农业增加值8.75亿元，增长2.63%；林业增加值2.88亿元，增加4.91%；牧业增加值7.38亿元，增长3.38%；渔业增加值1.36亿元，增加7.57%；农林牧渔服务业增加值0.56亿元，增长8.2%。

农作物播种面积75.27万亩，其中粮食作物播种面积37.32万亩，经济作物播种面积37.95万亩，减少0.2%。

全市主要农产品产量情况如下：

产品名称	计量单位	产量	比上年增长%
粮食	吨	138862	-2.2
其中：稻谷	吨	133918	-2.3
玉米	吨	286	-11.7
豆类	吨	1121	3.1
薯类	吨	1652	0.4
油料	吨	30310	-0.6
其中：油菜籽	吨	28341	-0.7
棉花	吨	5660	-4.4
蔬菜	吨	146274	1.5
瓜果	吨	29578	1.4
其中：柑橘	吨	17798	2.3
茶叶	吨	123	2.5

全年完成养殖业产值17.89亿元，占农业总产值的52.2%；水产品产量27737吨。

全市主要家禽及牲畜产量如下：

名称	2016年实际	比上年增减%
牲猪全年出栏	54.66万头	0.1
出栏牛	0.62万头	5.1
出栏羊	4.4万只	3.3
出笼家禽	447万羽	4.7

年末拥有农业机械30929台，比上年增加296台，总功率193201千瓦，比上年增加2563千瓦。

年末实有耕地面积32.6万亩,其中:水田19.1万亩,旱地13.25万亩,常用耕地面积31.64万亩。农村用电量2749万千瓦时,增长6.6%;农用化肥施用量(折纯量)1.20万吨,减少21.1%。全年开工各类水利工程128处,水利工程投入资金7250万元,水利工程完成土石方60万立方米。完成堤防除险加固2处、整修新建塘坝602处、渠道清淤333处494.54公里、机埠维修改造28处。新增农田有效灌溉面积370公顷。

三、工业和建筑业

全市规模以上工业完成工业总产值193.52亿元,增长8.5%。全市完成工业增加值59.80亿元,增长10.1%。规模以上工业企业完成增加值43.88亿元,增长10.2%,其中:国有企业完成增加值2.35亿元,增长4.2%;股份制企业完成增加值40.99亿元,增长8.2%;其它经济类型工业企业完成增加值0.37亿元,下降53.2%。产销衔接状况良好,全市规模以上工业产品销售率98.3%。规模以上工业企业完成主营业务收入190.20亿元,增长7.7%,实现利润总额4.79亿元,下降8.3%。

规模以上工业企业完成入库税金1.61亿元,增长12.9%。新增规模以上工业企业7家。完成工业固定资产投资46.9亿元,下降4.5?%,其中技术改造投资36.1亿元,增长34.2%。战略性新兴产业完成工业总产值33.12亿元,增长23.6?%。全年工业园区基础设施建设完成投资4亿元,自开始建设已累计完成投资21.43亿元。

全市主要工业产品产量如下:

产品名称	2016年产量	比上年增长%
精制盐	68.9万吨	-4.3
水泥	112.8万吨	16.2
车桥	18.7万根	-4.2
纱	6.7万吨	45.7
糖化酶	36.3万标吨	8.5
氢化可的松	1018.49吨	291.4

全市建筑业增加值3.74亿元,增长7.1%。资质以上建筑企业9家,完成建筑业总产值6.8亿元,增长10.9%。

四、固定资产投资

全社会固定资产投资118.8亿元,增长10.9%,其中技改投资36.1亿元,增长34.2%;房地产开发投资15.8亿元,下降23.7%。基本建设投资66.9亿元,增长2.6%。按产业分,第一产业完成投资1.4亿元,增长7.7%;第二产业完成投资46.9亿元,下降4.5%;第三产业完成投资70.5亿元,增长12.9%。按经济类型分,国有投资21.7亿元,增长21.1%,非国有投资97.1亿元,增长13.8%。

全年房屋施工面积140.7万平方米,下降12.4%,其中住宅117.8万平方米,下降15.5%。房屋竣工面积12.9万平方米,增长13倍。房屋销售面积13.3万平方米,增长22.0%。

五、国内贸易、物价

2016全年完成社会消费品零售总额61亿元,增长12%。各季度增速分别为11.8%、11.8%、12%和12%,呈现平稳增长的特点。城镇市场实现零售额51.9亿元,增长11.9%,占社会消费品零售总额比重为85%,乡村社会消费品零售额9.1亿元,增长12.5%。限上批发业零售额0.26亿元,增长8.0%;限上零售业零售额12.9亿元,增长28.5%;限上住宿业零售额0.1亿元,减少2.7%;限上餐饮业零售额0.8亿元,增长19%。限上零售业零售额占社会消费品零售总额的21%。23家规模以上服务业企业完成营业收入5.0亿元,增长34.5%。

居民消费价格总体平稳,居民消费价格指数102.1%,商品零售价格指数101.1%。

六、对外经济

全年共签约新项目36个,增长63.6%。内资到位资金50.7亿元,增长4.3%,外资到位资金7600万美元,增长17.5%。进出口总额4495万美元,与去年持平,其中出口额4181万美元。

七、交通、邮电业和旅游

全年完成交通运输邮电仓储业增加值5.82亿元,增长10.8%。全社会运输单位完成货运量598万吨,下降0.2%,货物周转量117739万吨公里,增长0.1%。全市客运量338万人,下降14.4%,旅客周转量11305万人公里,下降4.8%。境内公路全程总长513.5公里,其中国道3.97公里,省道135.61公里,县道12.19公里,乡道145.02公里,专用公路1.68公里,村道215.04公里。年末全市汽车保有量12702辆,增长17.4%,其中民用汽车12506辆,增长26.5%。本年新注册民用汽车1887辆,增长30.1%,其中新注册轿车1883辆,增长32.0%。

全市完成邮电业务总量1.49亿元,增长5.7 %;年末固定电话用户20639户,下降6.6%;移动电话用户196166户,增长26.4 %;宽带网用户44088户,增长36.1 %。

加快推进旅游项目建设,旅游经济增长明显,全年旅游总收入10.86亿元,增长12.4%。国内旅游人数159.89万人次,增长12.7%。境外入境人数74人次,增长2.8%。全年出境人数9550人次,增长14.4%。推出"津市人游津市"活动,举办了"枇杷节"、"杨梅节"等水果采摘活动,举办了"摸鱼采莲"等乡村游活动,初步形成一日游精品路线,将"新洲美丽乡村游"线路挤进常德二十条精品线路。

八、财政、金融和保险

全年完成财政总收入6.43亿元,增长7.2%,其中公共财政预算收入4.29亿元,增长4.6%;公共财政预算支出24.90亿元,增长26.3%;国地两税完成各项税收入库5.1亿元,与去年同期持平,其中国税收入2.09亿元,增长21.2%;地税收入3.03亿元,下降10.7%。

年末金融机构各项存款余额110.92亿元,增长25.5%,其中非金融企业存款余额20.27亿元,增长53.8%,住户存款余额74.47亿元,增长10.1%。金融机构各项贷款余额35.17亿元,增长7.3%。全年各项保费收入1.02亿元,下降11.3%,保险业务支出 0.88 亿元，增长 63.0%。

九、教育和科学技术

全市共有中小学学校 32 所，其中：小学 19 所，初中学校 9 所，普通高中 2 所，中等职业学校 1 所，特殊教育学校 1 所。各类在校学生 16178 人，下降 1.4%，其中小学在校学生 9067 人，增长 0.5%，初中在校学生 3497 人，下降 1.3%，高中在校学生 2662 人，下降 6.9%，特殊教育学校在校学生 135 人，下降 8.0%，中等职业学校在校学生 817 人，下降 4.0%。各类学校招生总数 3867 人，下降 7.2%，毕业生总数 3805 人，下降 15.5%。幼儿园在园幼儿数 4796 人，下降 2.2%。高中阶段毛入学率 97.4%，毕业生升学率 97.8%。落实义务教育保障资金 1352 万元，下降 8.7%，发放中职国家助学金 15.6 万元，增长 8.3%。

年末高新技术企业 14 家，省级工程技术研究中心 3 个。获得湖南省科技进步奖 1 项，获得常德市科技进步奖励 1 项。专利申请 85 件，其中发明专利 15 件。授权专利 51 件，其中发明专利 25 件。全年技术合同成交金额 0.61 亿元，增长 43.7%。

十、文化、卫生和体育

全市拥有专业艺术表演团体 1 个，群众文化馆 1 个，新增 2 个图书馆分馆，1 个社区文化广场，1 个红色纪念馆，1 个民俗文化展览馆。文化创作成绩斐然，2016 年常德市百团大赛中，获 3 个二等奖、3 个三等奖、1 个精品节目奖、2 个优秀创作奖，其中大鼓节目《现实》获“湖南省欢乐潇湘文艺演出”银奖；常德市第十届鼓书擂台赛暨全国第二届鼓书邀请赛中，获一银一铜。图书馆流通量达 32320 人次，外借 43277 册图书，开展车胤读书节、图书馆之友等活动。博物馆与市一中联合开展“夏令营”活动，在社区、学校进行巡回展览，邀请广大市民走进博物馆，共接待 6.3 万余人次。年内放映农村公益电影 1022 场。全市拥有广播电台 1 座，中短波广播发射转播台 1 座，广播综合人口覆盖率 99.8%。拥有电视台 1 座，电视综合人口覆盖率 97.0%。有线电视用户 6.22 万户，增长 2.4%。

全市医疗卫生机构总计 229 家。其中医院 5 家，基层医疗卫生机构 211 家，专业公共卫生机构 13 家。卫生机构人员数 1864 人，其中卫生技术人员 1375 人，卫生机构实有床位 1192 张。救治救助贫困重性精神病患者 35 人。参加新型农村合作医疗人数 15.89 万人。

群众体育进一步普及，经常参加体育锻炼人数 20.4 万人，年内开展全民健身项目 21 项次。城乡公共体育基础设施不断完善，全市拥有体育场地 88 个，其中运动场 4 个，游泳池 1 个，各种训练房 21 个。新建农民体育健身工程行政村 6 个。成功引进五环时代全民健身中心，如期运营共祥乒羽毛球馆、力美健康中心。每月组织 2 次以上全民健身活动，圆满举行了常德市老干部门球赛、湖南省自行车邀请赛。

十一、人口、人民生活与社会保障

年末全市居民总户数 97947 户，总户籍人口 239744 人，其中城镇人口 124664 人，乡村人口 115080 人。按性别分，男性人口 121588 人，女性人口 118156 人。按年龄分，0-17 岁 32378 人，18-34 岁 48031 人，35-59 岁 102369 人，60 岁及以上 56966 人。年内人口出生率 7.38‰，年内人口死亡率 5.09‰，人口自然增长率 2.29‰。

全年城乡居民人均可支配收入 23157 元，增长 8.5%。其中城镇居民可支配收入 28236 元，增长 8.5%，农村居民人均可支配收入 13142 元，增长 8.9%。

年末城镇登记失业率 3.17%。参加城镇基本养老保险职工人数 25884 人，离退休人员 26380 人。新型农村养老保险登记参保人数 53753 人。城镇居民基本医疗保险参保人数 71021 人。城镇职工基本医疗保险参保人数 29504 人。参加失业保险 16012 人。领取失业保险金人数 301 人。参加生育保险 12607 人。参加工伤保险职工人数 12533 人。

获得政府最低生活保障的城镇居民 14.31 万人次，发放城镇居民最低生活保障经费 0.41 亿元，增长 5.1%；获得政府最低生活保障的农村居民 10.66 万人次，发放农村居民最低生活保障经费 0.13 亿元，增长 4.2%。各类收养性社会福利单位床位数 2513 张，增长 6.3%，各类收养性社会福利单位收养人员数 1650 人，增长 3.5%。新改建城乡养老服务示范点 13 所，养老服务示范点新增床位数 129 张。

十二、资源、环境和安全生产

年末森林覆盖率 18.6 %，比上年提升 0.3 个百分点，全年完成造林面积 1046 公顷，增长 3.2%，退耕还林工程造林面积 133 公顷。城市人均公园绿地面积 9.69 平方米。人均水资源保有量 1863 立方米，年内平均降水量 1281 毫米，总用水量 13705 万立方米。总体水质状况提高，满足Ⅲ类标准断面比例达到 100%。

全年万元 GDP 耗能 0.35 吨标准煤，规模以上工业企业能源消费量 19.42 万吨标准煤，下降 20.5%，万元规模以上工业增加值耗能下降率达到 17.8%。减排治污成效明显。主要污染物排放均呈下降态势，全年化学需氧量、二氧化硫、氨氮及氮氧化物排放量分别为 9163 吨、7070 吨、840 吨、623 吨，分别下降了 2.0%、2.5%、1.0 %和 4.0%。

安全生产形势持续稳定，全年发生各类安全生产事故 2 起，减少 75%，各类安全生产事故死亡人数 3 人。亿元 GDP 生产安全事故死亡人数 0.02 人 / 亿元。全年发生生产经营性道路交通事故 2 起，下降 75 %。

注：

1.本公报中数据均为初步统计数据。

2.地区生产总值、各产业增加值绝对数按现价计算，增长速度按可比价计算。

2016 年 1 月

4 日　中国共产党津市市第十一届委员会第六次全委(扩大)会在兰苑宾馆隆重召开。全体市委委员、市委候补委员;不是市委委员、市委候补委员的市级领导和副处级以上领导干部等参加会议。

5 日　市第十六届人大常委会第二十六次会议召开。市领导王育平、邓惠荣、黄费武、李亚林、胡湘萍、邓开泉出席会议。市领导周功表、李景峰、文国平等列席会议。

7 日　2016 年中共津市市委经济工作会议在市红旗剧院召开。

8 日　政协津市市第十一届委员会第五次会议在兰苑宾馆会议中心举行第一次全体会议暨开幕式。全体在家的市领导、全体政协委员参加会议。

同日　市第十六届人民代表大会第五次会议预备会议在兰苑宾馆召开。市领导王学武、陈章杰、杨文惠、万长华、马吉云参加预备会议。

同日　市第十六届人民代表大会第五次会议在市兰苑宾馆隆重开幕。市领导王学武、王育平、陈章杰、杨文惠、姜正才、万长华、马吉云、邓惠荣、黄费武、李亚林、胡湘萍、邓开泉等参加会议。

同日　市十六届人民代表大会第五次会议举行大会主席团第一次会议。市领导王学武、陈章杰、杨文惠、王育平、、万长华、马吉云、黄费武、李亚林、胡湘萍、邓开泉参加会议。

同日　市第十六届人民代表大会第五次会议在市兰苑宾馆举行大会主席团第二次会议。市领导王学武、陈章杰、杨文惠、王育平、万长华、马吉云、黄费武、李亚林、胡湘萍、邓开泉参加会议。

9 日　政协津市市第十一届委员会第五次会议分组讨论会举行。市领导王学武、陈章杰、姜正才、黄治军、周功表、卢刚、姚跃进、董新满、阿毅、曹后新、王文军、梁文利参加会议。

同日　参加津市市第十六届人民代表大会第五次会议的全体代表和列席人员到指定地点集中参加分团讨论活动。市领导王学武、陈章杰、杨文惠、王育平、邓惠荣、黄费武、李亚　?市领导王学武、陈章杰、杨文惠、王育平、邓惠荣、黄费武、李亚林、胡湘萍、邓开泉参加人大分团讨论。

同日　政协津市市第十一届委员会常务委员会第二十次会议在市兰苑宾馆召开。市领导杨文惠、姜正才、马吉云出席会议。

同日　津市市第十六届人民代表大会第五次会议在市兰苑宾馆举行大会主席团第三次会议。市领导王学武、王育平,市委副书记、陈章杰、杨文惠、万长华、马吉云、黄费武、李亚林、胡湘萍、邓开泉参加会议。

同日　政协津市市第十一届委员会第五次会议在市兰苑宾馆胜利闭幕。全体政协委员参加会议。全体在职市级领导,市政席老主席,市人民法院、市人民检察院、市公安局主要负责人应邀出席会议。

同日　市第十六届人民代表大会第五次会议继续举行分团讨论,市领导王学武、卢刚、邓开泉参加讨论。

10 日　市人民代表大会首次举行宪法宣誓仪式，参加津市市第十六届人民代表大会第五次会议的全体代表和列席人员参加仪式。

同日　市第十六届人民代表大会第五次会议举行第二次全体会议及闭幕式。市领导王学武、王育平、陈章杰、杨文惠、姜正才、万长华、马吉云、邓惠荣、黄费武、李亚林、胡湘萍、邓开泉、乔维松等参加会议。

同日　市委副书记、市长陈章杰一行先后前往欣运车站、好润佳超市、宏力纺织公司、园区团湖公租房建设项目现场,实地检查督导企业及施工项目安全生产工作。

11 日　国家发改委农经司司长吴晓，国家发改委农经司林业处处长杜孝忠,省发改委纪检组长罗懿一行来津考察毛里湖国家湿地公园。常德市领导朱水平,津市领导陈章杰、周功表、曹后新参加了考察活动。

18 日　全市低温雨雪冰冻恶劣天气应对紧急工作会召开。市领导陈章杰、周功表、文国平等参加会议。

19日　召开市委常委班子“三严三实”专题民主生活会。常德市委常委、市委秘书长黄清宇，津市全体市委常委会组成人员参加会议。

20日　园区建设调度会在市委一楼会议室召开。市领导王学武、杨文惠、黄杰、严东平出席会议。

20日　市委副书记、市长陈章杰在市政府三楼会议室主持召开市政府2016年第1次常务会议，市领导周功表、徐兴庭、杨健全、李景峰、李阳、文国平、黄杰等参加会议。

同日　在兰苑宾馆会议中心举行市委年轻干部读书班结业典礼，并召开了年轻干部座谈会。市领导王学武、杨文惠、黄治军等出席会议。

21日　王学武书记召开园区调研座谈会。市领导黄杰参加走访。

25日　市委副书记、市长陈章杰赴各镇调研，市领导徐兴庭参与调研。

26日　市领导王学武、邓惠荣一行走访看望部分困难移民、渔民及优抚对象。

同日　市委副书记、市长陈章杰在市创建办会议室调度2016年五城创建工作。市领导黄治军、李景峰、王文军、余永贵、余甫华参加会议。

同日　市领导杨文惠、黄杰考察对接上海东方龙国际商务平台，开展推介招商活动。

同日　市领导黄治军、熊斌走访慰问离退休老干部。

28日　市领导熊斌、马吉云开展春节走访慰问活动。28日市领导走访慰问道德模范。市领导杨文惠、黄治军参与慰问。

29日　王学武调研关山村美丽乡村建设。市领导周功表参与调研。

2016年2月

1、2日　市委副书记、市长陈章杰走访慰问驻津部队、优抚事业单位、离退休老干部、劳动模范、优秀教师及社区特困群体，为他们送上新年祝福及春节物资。随后到友联纺织有限公司进行走访慰问。

2日　市政府班子“三严三实”专题民主生活会在市政府常务会议室召开。市领导周功表，徐兴庭，李景峰，李阳，文国平，黄杰出席会议；市领导杨健全、刘瑜、严东平、张伟莉、温南军列席会议。

同日　市人民政府第十六届六次全体会议在市兰苑宾馆会议中心召开。全体在家市级领导，市政府副处级以上领导干部参加会议。

同日　江韬同志履新见面会在市委办一楼会议室召开。市领导王学武、杨文惠、江韬参加会议。

同日　市老干部政情通报会在市兰苑宾馆二楼会议中心召开。市领导杨文惠、王育平、姜正才、周功表、马吉云参加会议。

同日　市委书记王学武在佳和生态农业有限公司进行走访慰问，送上新春的祝福。

3日　市领导王学武、杨文惠、王育平、梁文利一行走访慰问驻津解放军指战员、武警官兵和退伍老军人，向他们致以节日的问候和美好的祝愿。

同日　市安全委员会2016年第一次全体会议在市委一楼会议室召开。市领导王学武、陈章杰、周功表参加会议。

同日　常德市市委常委、组织部长、统战部长雷绍业来津市慰问劳动模范、困难群众。市领导王学武、陈章杰、马吉云、李亚林参加活动。

4日　市领导王学武、陈章杰、姜正才、张海卿、胡湘萍、李阳、王文军、张伟莉来到教育系统离休干部、特级、名优、病困教师家中，送去了节日的祝福。

6日　市领导陈章杰、周功表一行检查督导重点领域安全生产工作。市领导徐兴庭、李景峰参加安全生产检查。

同日　市领导陈章杰、周功表走访慰问节日期间坚守在工作一线的干部职工。

15日　市领导调研全市三大攻坚和交通大会战工作。市领导徐兴庭、熊斌、邓开泉、李景峰、黄杰等参加调研。

同日　市领导王学武一行调研三洲驿街道棚改工作。市领导熊斌、邓开泉参加会议。

17日　常德市委副书记徐正宪调研指导津市美丽乡村建设。市领导杨文惠、周功表、徐兴庭、刘瑜参加调研。

22日　全市干部作风整训大会在市红旗剧院召开。全市处级以上领导、副科级以上领导干部以及国有企业主要负责人和全市的村(居)书记参加会议。

23日　历时两天的全市干部作风整训大会闭幕。全市处级以上领导、副科级以上领导干部以及国有企业主要负责人和全市的村(居)书记参加会议。

24日　国家农业部畜牧司副司长王俊勋、国家农业部畜牧司副处长王健一行调研津市畜禽养殖生产及污染防治情况。省畜牧水产局副局长欧燎原，省畜牧水产局科教环保与法规处处长肖光明，常德市委副书记徐正宪，市领导杨文惠参加调研。

25日　2016年城市建设项目开工启动仪式在银苑中西路处举行。市领导周功表、黄治军、邓开泉、王文军、梁文利参加仪式。

26日　中共津市市第十一届纪委第十六次全会在市兰苑宾馆会议中心召开。市领导王育平、姜正才、张海卿在主席台就坐。全体在家的市级领导、市委委员参加大会。

同日　西洞庭管理区党委书记邹如龙、区管委会主任周胜带领考察团参观市棚户区改造、完美社区和示范小区建设工作。市领导杨文惠、周功表参加活动。

27日　市委书记王学武主持召开2016年度后湖社区棚改攻坚第1次调度会。

同日　市委书记王学武深入药山镇三合村（省级贫困村）调研脱贫攻坚工作。市领导徐兴庭参加。

28日　市委书记王学武一行来到新洲镇，就仿古城镇建设工作进行实地调研。市领导周功表、李景峰参加调研。

同日 市委副书记、市长陈章杰调度金鱼岭街道棚户区改造工作。市领导邓开泉、李景峰参加调研。

29日 市委书记王学武一行前往一中教学楼建设现场、澧水二桥建设现场、二完小拟建地调研项目建设情况。市领导周功表、张海卿、李阳、黄杰、梁文利参加调研。

2016年3月

1日 市委书记王学武在市工业集中区四楼会议室主持召开园区项目建设调度会。市领导杨文惠、黄杰参加会议。

同日 三洲驿街道2016年棚改攻坚动员会在市兰苑宾馆会议中心召开。市领导王学武、周功表、黄治军、万长华、熊斌、张海卿、邓惠荣、邓开泉、姚跃进等参会。

同日 省住建厅党组成员、总工程师易继红带领省厅城建处、村镇处、风景保护研究中心负责人一行调研津市城市建设工作。市领导王学武、周功表、李景峰参加调研。

3日 省环保厅党组书记、厅长刘尧臣，常德市委副书记徐正宪一行调研津市环境保护工作。市领导王学武、陈章杰、王育平、姜正才、刘瑜参加调研。

同日 全市棚改攻坚工作调度会在市政府三楼会议室召开。市领导陈章杰、周功表、邓开泉、李景峰参会。

同日 召开全市镇党委换届工作会议。市领导王学武、万长华、马吉云参会。

同日 市领导王学武在市委一楼会议室主持召开了第一专业招商小组第一次调度会议。市领导周功表参会。

同日 市政协主席姜正才在政协三楼会议室主持召开第五专业招商小组工作会议。市领导马吉云、李阳参会。

4日 全市2016年项目工作培训班在国土局三楼会议室举办。市领导周功表、梁文利参加此次培训班。

同日 召开合村工作会商会，部署安排下阶段合村工作。市领导杨文惠，周功表，马吉云参加会议。

6日 市领导陈章杰、徐兴庭、胡湘平一行先后前往毛里湖镇土桥村、金鱼岭街道大旗村调研脱贫攻坚、美丽乡村工作。

7日 市委书记王学武在市委办一楼会议室主持召开"一宫二馆三中心"暨车胤文体公园建设调度会。市领导杨文惠、王育平、姜正才、周功表、李亚林、李景峰、李阳、黄杰参会。

同日 市委书记王学武走访慰问了"全国三八红旗手"朱云香、杨成芬，并通过她们向全市的妇女同志送上节日的祝福。

8日 全市城乡一体化攻坚、农业农村工作、美丽乡村建设暨脱贫攻坚会议在兰苑宾馆二楼会议室召开。全体市级领导参加会议。

同日 市委书记王学武在市委办一楼会议室主持召开"四居两村"美丽乡村建设调度会，对下阶段美丽乡村建设工作进行了安排部署。市领导周功表、徐兴庭、胡湘萍参加会议。

9日 常德市原政协主席、老年体协主席刘春林一行调研津市老年体协工作和常德市第十七届机关老干部门球赛筹备工作情况。市领导王学武、陈章杰、姜正才参加活动。

10日 王学武调研毛里湖国家湿地公园建设工作。市领导姜正才、杨健全、曹后新参加调研。

同日 市领导陈章杰、李阳深入城区、农村学校调研教育工作。

同日 市第十六届人大常委会第二十七次会议在市人大会议室召开。市人大常委会副主任黄费武主持会议。市领导王育平、周功表、邓惠荣、李亚林、胡湘萍、邓开泉出席会议。

13日 台湾淳安集团董事长邱森盈、淳安电子股份有限公司董事长张荣德来津市参观考察，对接产业合作项目。市领导陈章杰、黄杰参加活动。

同日 市领导王学武、邓开泉、李景峰一行调研棚户区改造工作进展情况。

同日 市委书记王学武调度指导三洲驿街道棚改攻坚工作。

15、16日 省政协常委、人口资源环境委员会主任胡伟林一行调研市城乡供水一体化工作情况。市领导王学武、姜正才、徐兴庭参加调研。

17日 全市城市建设与管理工作双月调度会在市委办一楼会议召开。市领导陈章杰、周功表、黄治军、李阳、王文军参加会议。

同日 市领导王学武、江韬、刘瑜深入药山镇三合村村组农户、产业基地，调度三合村脱贫攻坚工作。

同日 湖南苏宁云商有限公司总经理窦祝平，长沙成真科技有限公司董事长刘斌，湖南亮家传媒董事长彭容华等一行6人来津考察。市领导陈章杰、李景峰参与陪同。

同日 市教育基金会第一届理事会第一次会议在市教育局行政会议室召开。市领导杨文惠、张海卿、李阳出席了会议。

21日 市委书记王学武主持召开2016年一季度市委中心组(扩大)学习会议，学习传达全国"两会"精神报告会。市委中心组全体成员参加学习。

22日 常德市人大常委会主任刘明、常德市人大常委会副主任王先蒙、常德市人大常委会秘书长万利一行调研市农村饮水安全长效机制建设工作情况。市领导王学武、王育平、徐兴庭、江韬、邓惠荣等参加调研。

同日 市委书记王学武深入药山镇奇龙村、药山村，调度美丽乡村基础设施建设工作。市领导王育平、周功表、张伟莉参与调度工作。

同日 省统计局党组成员、总统计师戴乐平一行来津督查统计联网直报体系建设工作。市领导陈章杰、周功表参加活动。

同日 市领导陈章杰、周功表调研全市项目建设及向上争资工作。

同日 市委副书记、市长陈章杰一行到市商务粮食局调研指导商务粮食工作。市领导杨健全、黄杰参加调研。

同日 市政协十一届委员会常务委员会第二十一次会议在兰苑宾馆会议中心召开。市领导姜正才主持会议，市领导黄治军、李景峰、李阳应邀参加会议。

23日 海绵城市建设试点工作调度会在市住建局召开，

会议对海绵城市建设试点工作进行了安排部署。市领导王学武、李景峰参加调度。

同日　市全面小康推进工作调度会在市委办一楼会议室召开。市领导杨文惠、江韬参会。

24 日　市委书记王学武在市委一楼会议室主持召开重点招商项目调度会。市领导杨文惠、江韬、黄杰参加会议。

同日　市委副书记、市长陈章杰在市政府第二行政中心会议室主持召开 2016 年度市政府第 3 次常务会议。市领导周功表、徐兴庭、杨健全、李景峰、李阳、文国平、黄杰出席会议;市领导胡湘萍、邓开泉、梁文利、吴双喜应邀参加会议;市领导张伟莉、严东平、温南军列席会议。

25 日　全市学习贯彻习总书记新闻舆论工作重要讲话精神座谈会在市兰苑宾馆召开。市领导杨文惠、江韬、胡湘萍、李阳、王文军参加会议。

同日　全市精神文明建设指导委员会全体会议在兰苑宾馆会议中心召开。市领导杨文惠、黄治军、江韬、胡湘萍、李阳、王文军参加会议。

27 日　市委副书记、市长陈章杰一行实地调研澧水航道建设。市领导姜正才、黄杰参与调度。

27、28 日　重庆民投公司总裁陈仲川等一行 4 人来津进行投资考察。市领导王学武、周功表、黄杰与考察团进行了沟通交流,介绍了招商政策等相关情况。

28 日　召开并村改革工作动员会，对并村改革工作进行安排部署。市领导王学武、杨文惠、周功表、万长华、马吉云、杨健全参加会议。

29 日　全市创建国家卫生城市工作调度会在市国土资源局三楼会议室召开。市领导王学武、黄治军、李阳、王文军参加会议。

30 日　市领导考察周边人民医院迁建项目。市领导王育平、姜正才、黄治军、胡湘萍、李阳、王文军参与考察。

31 号　市领导陈章杰、邓开泉、李景峰一行调研了棚户区改造工作进展情况。

2016 年 4 月

1 日　“慎终追远缅怀先烈——我们的节日·清明”群众性纪念活动在津举行。常德市文明办专职副主任贵学军,市领导杨文惠、黄治军、胡湘萍、杨健全、王文军等出席活动。

7 日　市领导王学武、徐兴庭、江韬深入毛里湖镇同乐村和白衣镇金林村调研扶贫攻坚工作并召开座谈会。

同日　市城乡规划管理委员会召开 2016 年度第二次会议。市领导王学武、陈章杰、王育平、姜正才、江韬、李景峰参会。

同日　常德海关党组书记、关长徐承军一行来我市调研。市领导陈章杰、黄杰参与调研。

8 日　城市建设与管理工作调度会在兰苑宾馆会议中心召开。市领导陈章杰、黄治军、江韬、邓开泉、李景峰、李阳、王文军参会。

11 日　市委书记王学武调度市工业集中区建设工作,市领导江韬、黄杰、严东平参加调研。

同日　市领导陈章杰、徐兴庭调研全市防汛准备工作情况。

12 日　市领导王学武、熊斌、江韬调度三洲驿街道办事处棚改攻坚工作。

同日　市发改委调研员魏明、重点办主任张凯等一行督导检查我市 2016 年一季度固定资产投资和重点项目建设情况。市领导王育平、周功表、曹后新、梁文利参加了活动。

13 日　召开防汛抗旱会商会。市领导王学武、陈章杰、杨文惠,王育平、姜正才参会。

14 日　市委工作监督员座谈会在市委办一楼会议室召开。市领导王学武、江韬参会。

15 日　召开全市防汛抗旱工作动员会。全体在家市领导参加会议 18 日　市政府与省五环集团在长沙湖南宾馆正式签订市五环时代全民健身项目。市领导王学武、陈章杰、黄治军、江韬李阳等加活动。

19 日　全市卫生和计划生育工作会议在兰苑宾馆会议中心召开。市领导杨文惠、、黄治军、胡湘萍、李阳、姚跃进等参加会议。

21 日　常德市委常委、组织部长、统战部长雷绍业调度嘉山街道关桥村美丽乡村建设工作。市领导王学武、陈章杰、徐兴庭、马吉云、江韬参加调度。

同日　常德市委常委、组织部长、统战部长雷绍业检查市防汛工作情况。市领导王学武、陈章杰、徐兴庭、马吉云、江韬参加检查。

同日　市领导王学武、黄治军、江韬、李阳一行督导创建国家卫生城市工作。

同日　市委副书记、市长陈章杰在市政府第二行政中心会议室主持召开 2016 年度市政府第 4 次常务会议。市领导周功表、徐兴庭、杨建全、李景峰出席会议;市领导邓惠荣、梁文利、吴昊应邀参加会议;市领导张伟莉、严东平、温南军等列席会议。

22、23 日　陈章杰率考察团赴怀化溆浦县、张家界武陵源区和慈利县、常德市等地,就城市建设与经营工作进行学习考察。市领导李亚林、李景峰、黄杰参与了考察。

26 日　召开全市上半年“创平安、促满意”工作动员大会。市领导王学武、杨文惠、熊斌、邓惠荣、王文军参会。

27 日　开展换届风气监督培训班活动。全体在家市领导参加会议。

28 日　市领导王学武、万长华、马吉云、江韬等深入新洲镇葵花村、药山镇双门村和毛里湖镇川门村调研扶贫攻坚工作。

同日　市政协召开会议,专题协商并村工作。市领导姜正才、周功表、杨健全、姚跃进、董新满、王文军、梁文利参会。

28、29 日　2016 年全省国家湿地公园试点迎检验收建设管理培训班在市兰苑宾馆会议中心召开。市领导王学武、陈章杰、姜正才、徐兴庭、曹后新参会。

2016年5月

3日 市委书记王学武在市委办会议室主持召开棚改攻坚工作调度会。市领导陈章杰、杨文惠、王育平、姜正才、周功表、江韬、邓开泉、李景峰参会。

同日 市委书记王学武督导检查防洪大堤险工险段整治和防汛准备工作情况。市领导王育平、姜正才、徐兴庭、江韬、黄费武、李亚林、胡湘萍、杨健全、李景峰、李阳、黄杰、刘瑜、董新满、梁文利分段参加督导检查。

4日 市领导王学武、江韬一行调研市文体广新局和市人社局工作情况。

5日 省人大常委会原副主任蒋作斌、省政协人口资源环境委员会原主任陈本洪、省发改委党组成员、湘西办主任周震虹一行调研津市经济社会事业发展情况。市领导王学武、杨文惠、王育平、周功表、江韬参加调研。

同日 陈章杰召开“五城同创”调度会。市领导黄治军、李阳、王文军参与指导调度创建国家卫生城市相关工作。

6日 召开全市党务工作、“雁过拔毛”式腐败问题和“纠四风、治陋习”专项整治工作暨依法行政、优化经济发展环境、项目建设、向上争资、招商引资工作会议。全体在家的市领导参加了会议。

同日 市委副书记、市长陈章杰在市政府三楼会议室主持召开2016年度市政府第5次常务会议。市领导徐兴庭、杨健全、李景峰、李阳、文国平、黄杰、刘瑜出席会议;市领导海卿、黄费武、梁文利、吴昊应邀参加会议;市领导张伟莉、严东平等列席会议。

9日 市领导王学武、陈章杰、周功表、江韬、李景峰一行前往湖南建工集团,就津市项目建设开展战略合作考察洽谈。

同日 市领导陈章杰、杨文惠、黄杰一行前往省医药行业协会、省食品行业联合会宣传推介,招商对接,商洽深度合作相关事宜。

10日 市委书记王学武在兰苑宾馆二楼会议中心主持召开全市“两学一做”学习教育工作会议。全体在家市级领导参会。

11日 市委书记王学武调研市卫计局和商务粮食局工作情况。市领导张海卿、江韬、李阳参加调研。

同日 市领导王学武、徐兴庭调研嘉山国家森林公园建设工作。

同日 城市建设与管理工作月调度会在市住建局会议室召开。市领导陈章杰、黄治军、江韬、邓开泉、李景峰、王文军参加会议。

12日 常德市委书记王群,常德市委常委、市委秘书长黄清宇一行督导检查津市防汛准备工作情况。市领导王学武、陈章杰、徐兴庭、江韬参加检查。

13日 常德市第一人民医院一行8人在院长陈能志、党委书记屈晶华同志带领下,来津市调研考察市人民医院。市领导王学武、陈章杰、王育平、姜正才、黄治军、李阳、王文军参与活动。

同日 市委书记王学武主持召开创建国家卫生城市工作调度会。市领导王育平、徐兴庭、黄治军、李景峰、王文军等参加会议。

同日 市委书记王学武召开镇、街道、集中区党(工)委书记例会。市领导周功表、马吉云、江韬、杨健全参加会议并就相关工作提出意见要求。

16日 省住建厅党组成员、副厅长宁艳芳、省住建厅村镇处处长黄立一行调研津市城乡一体化建设工作。市领导陈章杰、江韬、李景峰参与调研。

19日 举行市互联网产业园开园暨电子商务高峰论坛。湖南省财政厅经建处副处长肖念涛,常德市商务局副局长王新军,市领导王学武、陈章杰、杨文惠、王育平、姜正才、李阳等参加了此次活动。

同日 市领导陈章杰、杨文惠、马吉云一行调研市人才公寓运行情况。

20日 市委副书记、市长陈章杰主持召开第二次“创国卫”工作调度会。市领导黄治军、江韬、胡湘萍、杨健全、李阳、王文军参加会议。

23日 市领导陈章杰、黄杰现场调度市公路不停车超限检测系统的安装地点,对建设选址和下一步建设工作进行部署。

同日 召开2016年优化经济发展环境监督员座谈会。市领导陈章杰、周功表参加会议。市领导徐兴庭、李景峰、李阳、文国平、黄杰、刘瑜参加会议。

24日 市委书记王学武主持召开市委常委会“两学一做”学习教育第一专题学习讨论会。全体在家市委常委领导参会。

同日 常德市人大主任刘明调研津市澹水蔡家河段养殖污染治理工作。市领导王学武、陈章杰、王育平、徐兴庭参与调研。

同日 省交通厅原厅长李安,常德市委常委、政法委书记何英平调研津市经济社会发展情况。市领导王学武、陈章杰、江韬、黄杰参加调研。

同日 常德市专家组指导津市“创国卫”工作。市领导王学武、陈章杰、黄治军、胡湘萍、杨健全、李景峰、李阳、刘瑜、王文军参加活动。

25日 省教育督导评估组组长、省督学杨国旗带领省专家组督导评估考核津市教育工作。市领导杨文惠、王育平、姜正才、张海卿、马吉云、胡湘萍、王文军等参加会议。

26日 市领导王学武、李景峰、李阳、王文军一行深入部分街道社区,监督指导重点难点地段创建国家卫生城市整治工作。

30日 市委书记王学武调度“创国卫”工作。市领导黄治军、江韬、李阳、王文军参加会议。

同日 市领导陈章杰、王文军等专题督导汪家桥街道“创国卫”工作。

31 日 市政协举办“美丽津市·满意教育”政协委员论坛回访视察。市领导姜正才、张海卿、李阳姚跃进、董新满、阿毅、曹后新、王文军、梁文利等参加视察和座谈会。

2016 年 6 月

1 日 市委书记王学武召集市卫计局、市市监局、市文广新局负责人专题调度“八小门店”整治工作。市领导黄治军、杨健全、李阳、王文军及创建办负责人参加会议。

同日 市委书记王学武主持召开了三洲驿街道“创国卫”工作调度会。市领导周功表、黄治军、万长华、张海卿、胡湘萍、姚跃进参加调度。

同日 市人大常委会主任王育平调度襄阳街办事处“创国卫”迎省检工作。市领导杨文惠、徐兴庭、马吉云、邓惠荣、黄费武参加调度。

同日 金鱼岭街道召开“创国卫”工作调度会。市领导陈章杰、李亚林、文国平、曹后新出席会议。

同日 嘉山街道办事处召开 2016 年度“创国卫”申报迎省检调度会。市领导杨文惠、姜超、黄杰，人武部部长吴昊出席会议。

2 日 市委书记王学武调研全市项目建设工作，对下阶段工作提出了相关要求。市领导周功表、梁文利参加调研。

同日 市委副书记、市长陈章杰，市政府副市长李阳一行深入三洲驿街道，督导难点地段“创国卫”工作。

3 日 市领导王学武、黄治军、江韬深入三洲驿街道门店社区，督导“创国卫”难点地段整改工作。

同日 市环境保护委员会第一次全体会议在市政府办三楼会议室召开。市领导陈章杰、周功表、徐兴庭、邓开泉、杨健全、李景峰、李阳、文国平、黄杰、刘瑜、曹后新参加会议。

同日 全市防汛抗灾工作调度会召开。市领导杨文惠、徐兴庭、姜超、李景峰、文国平参加会议。

4 日 王学武调度“创国卫”工作。市领导黄治军、马吉云、胡湘萍、杨健全、李景峰、李阳、王文军参加会议。

同日 市委副书记、市长陈章杰带领相关部门负责人督导检查金鱼岭街道“创国卫”工作情况。

6 日 市领导王学武、张海卿、江韬、李阳一行在市一中考点调研全市高考考务工作。

同日 市委副书记、市长陈章杰在金鱼岭街道主持召开创国卫迎检期间路段包保工作调度会。

同日 市委书记王学武主持召开三洲驿街道片“创国卫”路段包保工作调度会。市领导江韬参会。

7 日 省住建厅党组副书记、副厅长袁湘江一行来津市调研津澧城市空间发展一体化工作。市领导王学武、陈章杰、江韬、李景峰参与调研。

8 日 市领导王学武、黄杰、王文军一行深入嘉山街道办事处，督导“创国卫”工作。

11 日 市委书记王学武主持召开“创国卫”迎检工作调度会。市领导陈章杰、黄治军、马吉云、江韬、胡湘萍、杨健全、李景峰、李阳、王文军参加会议。

13 日 北新集团总经理、北新房屋董事长陶铮，北新房屋总经理尹稷华一行实地考察津市首批节能环保型新型房屋试点项目建设情况。常德市政府副市长匡加才，市领导陈章杰、李景峰等参加考察。

14 日 “创国卫”评估意见反馈会在市兰苑宾馆会议中心召开。市领导杨文惠、姜正才、黄治军、马吉云、江韬、胡湘萍、杨健全、李景峰、李阳、王文军参加会议。

16 日 常德市人大常委会主任刘明调研指导津市“两学一做”工作，并前往金鱼岭街道大关山村讲授党课。常德市人大常委会秘书长万利，市领导王学武、王育平、马吉云、江韬参加调研。

17 日 常德市委常委、纪委书记陈恢清督导津市“两个责任”落实情况。市领导陈章杰、杨文惠、王育平、姜正才、周功表、徐兴庭、黄治军、熊斌、万长华、张海卿、姜超、马吉云、江韬等参会。

20 日 全市重点项目建设调度会在市委办一楼会议室召开。市领导王学武、陈章杰、杨文惠、王育平、姜正才、周功表、江韬、李亚林、李景峰、李阳、梁文利参加会议。

同日 市领导王学武、周功表、徐兴庭、江韬检查指导澧水二桥施工现场防汛工作。

22 日 全市传达学习常德市换届工作座谈会会议在兰苑宾馆会议中心召开。“四大家”领导班子成员参加会议。

同日 全市 2016 年度禁毒工作会议在市政府常务会议室召开。市领导陈章杰、熊斌、李亚林、文国平、阿毅参会。

同日 市委副市记、市长陈章杰在市政府常务会议室主持召开 2016 年度市政府第 7 次常务会议。市领导周功表、徐兴庭、杨健全、李景峰、文国平、黄杰、刘瑜出席会议；市领导熊斌、胡湘萍、姚跃进、阿毅、吴昊应邀参加会议；市领导张伟莉、严东平、温南军等列席会议。

同日 陈章杰主持召开的 2016 年度市政府第 7 次常务会议上，与会人员集中学习了《农村土地承包法》。市领导周功表、徐兴庭、熊斌、胡湘萍、杨健全、李景峰、文国平、黄杰、刘瑜及常务会参会人员参加学习。

同日 在司法局会议室举行领导干部法治夜校开班仪式。市领导杨文惠、王育平、姜正才、周功表、熊斌、江韬、文国平及部分行政执法单位负责人参加活动。

23 日 组织防汛抢险机动队开展防汛抢险实战演练。全体在家市领导现场观摩演练。

同日 市领导王学武、江韬调研药山镇相关工作开展情况。

23、24 日 市领导陈章杰、杨文惠、王育平、黄杰一行前往广东珠海，参加“溢多利生物产业发展与行业高端论坛珠海峰会暨成立二十五周年庆典”活动。

24 日 市委书记王学武以“普通党员如何在建设精致城

市中建功立业”为主题，为联点社区后湖社区全体党员上了一堂生动的党课。市领导江韬参会。

27日　召开防汛工作会商会　启动防汛抗灾Ⅲ级应急响应。市领导王学武、陈章杰、徐兴庭、江韬参会。

28日　在中国共产党建党95周年到来之际，市委书记王学武走访慰问部分生活困难党员，为他们送去节日的祝福和组织的关怀。

29日　常德市委常委、组织部长、统战部长雷绍业督导检查津市防汛抢险工作。市领导陈章杰、王学武、王育平、姜正才、周功表、徐兴庭、熊斌、马吉云、江韬、杨健全、李景峰参加检查。

同日　市委书记王学武主持召开防汛工作紧急会商会。市领导陈章杰、周功表、姜超、江韬参会。

30日　全市防汛工作暨安全生产工作调度会在兰苑宾馆会议中心召开。全体在家市级领导参加会议。

同日　全市纪念建党95周年暨“七一”表彰大会在兰苑宾馆会议中心召开。全体在家市级领导参加会议。

同日　市委副书记、市长陈章杰深入金鱼岭街道走访慰问老党员，向他们致以节日的问候。

2016年7月

1日　市领导王育平、姜正才、周功表、徐兴庭、江韬、杨健全、李景峰、文国平参加常德市政府副市长朱晓平主持召开常德市防汛抗灾视频会商会。

2日　全市防汛抗灾工作会议召开。市领导王学武、陈章杰、杨文惠、徐兴庭、江韬参加会议。

3日　市委书记王学武、徐兴庭督导全市防汛工作进行。

4日　常德市委常委、组织部长、统战部长雷绍业督导检查津市防汛抢险工作。市领导王学武、陈章杰、杨文惠、徐兴庭等参加检查。

7日　市委副书记、市长陈章杰实地调研市交通工作。市领导黄杰参加调研。

8日　市委书记王学武检查安全生产工作。市领导周功表、江韬参加检查工作

同日　市委副书记、市长陈章杰一行前往嘉山实业有限公司、市保障性住房投资建设开发有限公司、市城投公司进行调研。市领导周功表、李景峰、黄杰等参会。

同日　市领导陈章杰、周功表、文国平检查安全生产工作。

11日　国家林业局专家组来津评估验收湿地公园建设。市领导王学武、杨文惠、王育平、姜正才、周功表、徐兴庭、曹后新参加验收。

12日　陈章杰深入文家湾社区指导　“两学一做”学习教育活动。市领导文国平参加了学习。

同日　市委副书记、市长、规委会主任陈章杰在市住建局四楼会议室主持召开城乡规划管理委员会2016年第三次工作会议。市领导王育平、姜正才、周功表、邓开泉、李阳、王文军出席了会议。

13日　召开防汛会商会。市领导王学武、张海卿、杨健全、李景峰、董新满参加会议。

同日　省委政研室副主任、省小康办常务副主任张伟达调研津市全面建成小康生活工作推进情况。市领导王学武、杨文惠、江韬参与调研。

14日　市领导陈章杰、李景峰调研海绵城市建设工作。

同日　市委副书记、市长陈章杰率队就棚户区改造工作开展调研。市领导李景峰、邓开泉参与调研。

同日　市人大换届选举委员召开第一次会议。市领导杨文惠、王育平、邓惠荣、黄费武、胡湘萍、邓开泉参加会议。

15日　市委书记王学武督导检查毛里湖周边防汛工作情况。市领导张海卿、黄费武、董新满、王文军、梁文利参加检查。

同日　全市2016年上半年度城市创建工作大会在兰苑宾馆会议中心召开。全体在家的市级领导参会。

18日　常德市委常委、组织部长、统战部长雷绍业一行来津市检查安全生产及防汛工作情况。市领导王学武、陈章杰、杨文惠、周功表、徐兴庭、张海卿、马吉云、江韬、黄费武、文国平、刘瑜、董新满、王文军、梁文利分别陪同参加检查。

同日　湖南体育产业集团有限公司领导来津调研健身中心项目推进工作。市领导王学武、陈章杰、李景峰、李阳参加座谈。

19日　市城乡规划管理委员会召开2016年第四次会议。市领导陈章杰、姜正才、周功表、徐兴庭、江韬、邓开泉、王文军参加会议并就相关项目发表意见。

20日　市委书记王学武主持召开市委常委“两学一做”学习教育第二专题学习讨论会。全体在家市委常委领导参会。

同日　全市人大、政协换届选举动员大会在市兰苑宾馆会议中心召开。全体在家的市领导参会。

同日　常德海关考察津市设立保税仓和海关工作站相关情况。市领导陈章杰、杨文惠、江韬参加活动。

22日　陈章杰在市第二行政中心三楼会议室主持召开2016年度市政府第8次常务会议。市领导周功表、徐兴庭、李景峰、李阳、文国平、黄杰出席会议；市领导邓开泉、董新满、吴双喜应邀参加会议；市领导张伟莉、严东平、温南军等列席会议。

同日　市委副书记、市长陈章杰检查毛里湖周边各镇防汛工作。市领导徐兴庭、张海卿、黄费武、董新满、王文军、梁文利参加检查。

同日　举行企业军转干部庆“八一”建军节座谈会。市领导陈章杰、周功表、姜超、文国平参与座谈。

26日　市领导陈章杰、邓惠荣、文国平、阿毅一行先后前往市消防大队、市光荣院、武警中队、金鱼岭办事处慰问部分驻津武警部队官兵及涉军优抚对象。

同日　市领导周功表、马吉云开展走访慰问活动。

28日　常德市人大常委会主任会议视察津市毛里湖国家湿地公园湿地保护工作。常德市委常委、市政府副市长提名人选任晨，常德市人大常委会副主任王孝山、王先蒙，人大常委会

秘书长万利，市领导王学武、王育平、徐兴庭、邓惠荣参加活动。

29 日　召开洞庭湖水环境综合治理专项行动动员会。市领导周功表、徐兴庭参会。

30 日　全市领导干部大会在市兰苑宾馆会议中心召开。全体县处级干部、市委委员等参加大会。

同日　市领导傅勇、陈章杰、杨文惠、徐兴庭、张海卿、江韬、黄费武、董新满、王文军、梁文利检查毛里湖防汛工作。

同日　市委书记傅勇履新第一天专程走访了市委、市人大、市政府、市政协、市人武部及市委政法委、市纪委、市委宣传部、市委组织部、市委统战部，并与大家进行座谈。市领导陈章杰、江韬全程参与走访。

31 日　市领导傅勇、陈章杰、江韬、李景峰调研城建城管工作。

同日　市领导傅勇、陈章杰一行深入市工业集中区部分重点企业，实地调研工业经济与园区建设工作。市领导杨文惠、江韬、黄杰、曹后新参与调研。

同日　市领导傅勇、江韬一行走访慰问了部分离退休老干部。

2016 年 8 月

5 日　年产 6 万吨次氧化锌深加工项目正式签约。市领导陈章杰、杨文惠、王育平、黄费武、黄杰、曹后新参加仪式。

8 日　市委常委会召开以“深刻反思衡阳破坏选举案教训，切实加强换届风气监督，努力营造良好政治生态”为主题的专题民主生活会。全体市委常委参加，市人大常委会主任王育平列席会议。

同日　市领导周功表、姜超检查征兵体检工作。

9 日　市委书记傅勇一行分别深入三洲驿街道、汪家桥街道，实地调研人大换届选举工作。市领导杨文惠、熊斌、江韬、杨健全、李景峰参加调研。

10 日　市委书记傅勇一行前往白衣、新洲两镇调研换届选举工作情况。市领导杨文惠、周功表、张海卿参与调研。

同日　市领导傅勇、陈章杰调研项目建设及向上争资工作。市领导周功表、江韬、杨健全、李阳、文国平、梁文利参加调研。

同日　常德市人大常委会副主任王先蒙率执法检查组一行来津市开展《农产品质量安全法》执法检查。市领导陈章杰、王育平、徐兴庭、邓惠荣陪同检查。

11 日　市委书记傅勇前往毛里湖、药山两镇调研换届选举工作情况。市领导王育平、黄治军、江韬、李阳参加调研。

同日　市领导陈章杰、李景峰一行来到出现内涝积水地段紧急调度暴雨灾害应对工作。

12 日　市政府召开以“深刻反思衡阳破坏选举案教训，切实加强换届风气监督，努力营造良好政治生态”为主题的专题民主生活会。市政府领导班子全体成员参加会议。

16、18 日　陈章杰率津市代表团参加了 2016 常德(上海)投资促进会。市领导杨文惠、黄杰及市高新区、市商务粮食局负责人参加此次招商活动。

20 日　市委书记傅勇主持召开处级领导干部大会。常德市委组织部部务委员、工会主席邹亚平，全体在家的副处级以上领导及老干部代表出席会议。

20、21 日　市委书记傅勇分别主持召开党群部门、经济部门、社会民生部门座谈会。全体在家市领导参加会议。

22 日　市领导傅勇、陈章杰调度市高新区重点项目建设工作。市领导杨文惠、王育平、姜正才、熊斌、李景峰、邓开泉、刘瑜、杜登全、王文军、严东平等参加会议。

同日　全市第十二次党代会宣传工作调度会在市委办一楼会议室召开，市领导杨文惠、张海卿出席会议。

25 日　市委常委会中心组开展计划生育政策法规及理论知识专题学习，常德市卫计委计划生育基层指导科科长尹昭受邀做专题辅导讲座。全体市委中心组成员参加了学习活动。

26 日　常德市市委常委、组织部长、统战部长雷绍业及常德市委组织部相关负责人一行，检查指导津市换届各项准备工作。市领导杨文惠、黄沅敏、伍子科、马吉云参加会议。

同日　市委第十二次党代会筹备工作会议召开。市领导杨文惠、马吉云参会。

28 日　市委书记傅勇调研三洲驿街道市人大代表换届选举筹备工作。市领导李景峰参加调研。

同日　市委书记傅勇检查指导第十二次党代会筹备工作情况。市领导杨文惠、马吉云、江韬、阿毅参加督导。

30 日　中国共产党津市市第十二次代表大会预备会议在市兰苑宾馆会议中心召开。会议由市委副书记杨文惠主持。在主席台就座的市领导有：傅勇、陈章杰、杨文惠、王育平、姜正才、熊斌、张海卿、黄沅敏、伍子科、马吉云、江韬、李景峰。

同日　中国共产党津市市第十二次代表大会召开主席团第一次会议，会议由市委副书记杨文惠主持。常德市委组织部部务委员、工会主席邹亚平，市领导傅勇、陈章杰、王育平、姜正才、熊斌、张海卿、黄沅敏、伍子科、马吉云、姜超、江韬、李景峰、徐兴勇等主席团成员参加会议。

31 日　中国共产党津市市第十二次代表大会主席团常务委员会第一次会议在兰苑宾馆二楼会议室召开。市领导陈章杰、杨文惠、王育平、姜正才、熊斌、张海卿、黄沅敏、伍子科、马吉云、姜超、江韬、李景峰、徐兴勇等参加了会议。

同日　中国共产党津市市第十二次代表大会召开主席团第二次会议，会议由市委副书记杨文惠主持。市领导傅勇、陈章杰、王育平、姜正才、熊斌、张海卿、黄沅敏、伍子科、马吉云、姜超、江韬、李景峰、徐兴勇等主席团成员参加会议。

同日　中国共产党津市市第十二次代表大会召开各代表团讨论会。市领导傅勇、陈章杰、杨文惠带领全体市委常委候选人、纪委常委候选人与代表见面。

同日　中国共产党津市市第十二次代表大会举行开幕式及第一次全体会议。出席会议的上级领导有：常德市委组织部部务委员、工会主席邹亚平。在主席台前排就座的市领导有：傅勇、陈章杰、杨文惠、王育平、姜正才、熊斌、张海卿、黄沅敏、伍子科、马吉云、姜超、江韬、李景峰。

同日 中国共产党津市市第十二届委员会召开第一次全体会议。傅勇当选为中国共产党津市市第十二届委员会书记；陈章杰、杨文惠当选为中国共产党津市市第十二届委员会副书记。

2016年9月

1日 中国共产党津市市第十二次代表大会召开主席团第四次会议。会议由市委副书记杨文惠主持。全体主席团成员参加会议。

同日 中国共产党津市市第十二次代表大会召开主席团第五次会议。会议由市委副书记杨文惠主持。全体主席团成员参加会议。

同日 中国共产党津市市第十二次代表大会召开第三次全体会议。在主席台前排就坐的市领导有：傅勇、陈章杰、杨文惠、王育平、姜正才、熊斌、张海卿、黄沅敏、伍子科、马吉云、姜超、江韬、李景峰。

同日 中国共产党津市市第十二次代表大会圆满完成各项议程，胜利闭幕。闭幕式由市委书记傅勇主持。在主席台前排就座的市领导有：傅勇、陈章杰、杨文惠、王育平、姜正才、熊斌、张海卿、黄沅敏、伍子科、马吉云、姜超、江韬、李景峰。

2日 常德市委常委、组织部长、统战部长雷绍业调研检查津市统一战线重大决策部署贯彻落实情况。市领导傅勇、黄沅敏、马吉云、胡湘萍参加会议。

5日 市委中心组在兰苑宾馆二楼会议中心举行三季度（扩大）学习暨统战工作专题讲座。全体在家的市级领导参加学习。

7日 市领导傅勇、熊斌调研重点项目建设工作

同日 陈章杰在创建办会议室，对近期路段包保与搬家式卫生大扫除工作不力的市邮政局等11家单位进行了工作约谈。

同日 陈章杰督导检查全市创“国卫”工作情况。市领导张海卿、李阳、王文军参加督导。

8日 傅勇检查指导三洲驿街道、汪家桥街道市容市貌整治工作。市领导张海卿、王文军参加检查。

9日 市委、市政府隆重召开津市市第32个教师节庆祝表彰大会。会议由陈章杰主持，市领导傅勇、黄沅敏、胡湘萍、李阳、王文军、张伟莉、贺修双出席了会议。

同日 市领导傅勇、张海卿、王文军督导襄阳街、金鱼岭、嘉山街道创“国卫”工作情况。

同日 全市创建国家卫生城市工作调度会在市委办一楼会议室召开。市领导傅勇、陈章杰、张海卿、胡湘萍、李阳、王文军参加会议。

同日 全市2016年下半年“创平安、促满意”工作动员大会在兰苑宾馆二楼会议中心召开。市领导傅勇、李景峰、李亚林、戴志刚、王文军参会。

10日 市领导傅勇、李阳督导“创国卫”难点地段整改工作。

11日 市领导陈章杰、姜正才、张海卿、李阳、王文军督导市城区各街道办事处“创国卫”工作。

同日 全市“创国卫”工作阶段性讲评会在市委会议室召开。

12日 市委副书记、市长陈章杰深入街道社区、人流密集场所，督导“创国卫”工作。市领导张海卿、李阳、王文军参加督导。

13日 长沙银行常德分行行长陈富华来津市洽谈开设分支金融机构相关事宜。市领导傅勇、杨健全、雷光键参会。

同日 陈章杰在市第二行政中心三楼会议室主持召开2016年度市政府第9次常务会议。市领导熊斌、杨健全、李阳、刘瑜、杜登全、戴志刚、高见出席会议；市领导邓惠荣、梁文利应邀参加会议；市领导张伟莉、严东平、温南军、石勇列席会议。

14日 市委副书记、市长陈章杰一行调研水利建设工作。市领导熊斌、高见、徐兴勇陪同调研。

同日 市委副书记、市长陈章杰督导金鱼岭街道文家湾社区“创国卫”工作。

同日 市委副书记、市长陈章杰调度“创国卫”工作进展情况。市领导杨文惠、王育平、姜正才等全体在家市领导参加会议。

17日 市委书记傅勇督导三洲驿街道“创国卫”工作。

同日 市委书记傅勇在市创建指挥部听取“创国卫”情况汇报，调度“创国卫”工作。市领导李阳、王文军参会。

同日 市委副书记、市长陈章杰一行来到市部分重点难点地段，督导检查“创国卫”工作。市领导王文军参加督导。

18日 市第十二次党代会代表提案交办会在市委办一楼会议室召开。市领导杨文惠、马吉云、江韬参会。

19日 市安全生产隐患整治约谈暨市安委会第三次会议在政府三楼会议室召开。市领导陈章杰、熊斌、戴志刚参会。

同日 全市创建国家卫生城市工作调度会在市委办一楼会议室召开。市领导杨文惠、王育平、姜正才分别就“创国卫”工作提出意见与建议。全体在家市领导参加会议。

21日 傅勇主持召开市委常委班子“两学一做”学习教育第三次专题集中学习讨论会。全体在家市委常委参会。

22日 市领导、傅勇、杨文惠、张海卿、李阳、徐兴勇、王文军督导桥北区“创国卫”工作。

同日 市领导傅勇、杨文惠、张海卿、李阳、王文军一行督导桥北区农贸市场“创国卫”工作。

同日 市企业家协会召开第二届会员大会。市领导傅勇、杨文惠、王育平、姜正才、李景峰、胡湘萍、杜登全参加会议。

25日 市领导陈章杰、李阳、徐兴勇调研了市三中教育教学工作。

同日 市城乡规划管理委员会召开2016年第五次工作会议。市领导王育平、姜正才、熊斌、江韬、邓开泉、李阳、杜登全、

王文军参加会议。

26日 市政府办机关支部在市政府常务会议室召开“两学一做”学习教育第三专题学习讨论会。市政府班子成员参加讨论。

同日 市四大家领导参加襄阳街街道市第十七届人大代表第28选区选举。市委书记傅勇、陈章杰、王育平、姜正才等在家市领导参加选举。

同日 市委副书记、市长陈章杰深入建筑工地、烟花爆竹直销店、危化企业，实地检查安全生产工作。

2016年10月

7日 常德市城投公司董事长方际三调研指导津市城市建设工作。市领导傅勇、陈章杰、徐兴勇参加调研。

8日 傅勇在市委办一楼会议室主持召开专题会议，传达学习中共常德市第七次党代会会议精神。全体市级领导参加会议。

同日 召开“创国卫”工作调度会，对全市创建工作进行再动员、再部署。市委书记傅勇出席会议并讲话，市委副书记、市长陈章杰主持会议。全体在家的市级领导、各主创单位和五个街道等单位负责人参加会议。

同日 市领导傅勇、江韬，带着市委对退休老干部的关心，分别看望慰问退休老干部伍千善和郭贻万，鼓励老干部继续为我市发展发挥余热。

同日 陈章杰带着市委市政府对老干部的关心，先后走访慰问退休老干部胡振球、易祚金和黄大军，向他们致以节日问候。

10日 市领导杨文惠、黄沅敏调研全市商贸流工作。

同日 市领导王育平、江韬、徐兴勇调研全市2017年城建计划项目情况。

11日 常德市委常委、组织部长梁仲调研津市经济社会发展及基层党建工作。市领导杨文惠、王育平、姜正才、熊斌、张海卿、黄沅敏、伍子科、马吉云、姜超、江韬、李景峰、杨健全、杜登全参加活动。

12日 全市完美社区建设工作座谈会在三洲驿街道柏枝林社区召开。市领导陈章杰、杨健全参会。

13日 陈章杰调研新州镇城乡一体化及精准扶贫工作。市领导杨文惠、高见参加调研。

17日 市委书记傅勇在市水务局会议室，主持召开全市农口部门调研座谈会。市领导杨文惠、江韬、高见及市委办，市直农口部门全体班子成员参加会议。

同日 陈章杰主持召开市环境保护委员会2016年第二次全体会议。市领导邓开泉、杨健全、李阳、戴志刚、曹后新参加。

18日 市领导傅勇、王育平、江韬、徐兴勇调研海绵城市建设工作。

19日 举行常德海关驻津市市工作站揭牌暨三湘和达公用型保税仓库启动仪式。常德海关驻津市市工作站揭牌仪式上，市委常委、政法委书记李景峰介绍了海关工作站的筹备情况。常德海关关长徐承军，市委副书记、市长陈章杰签署合作备忘录。常德市政府副市长匡加才、长沙海关副关长齐忠平分别讲话，长沙海关关长黎对贞、常德市市委副书记徐正宪共同为海关工作站揭牌。

同日 召开常德市第十七届市、县(区)直属机关老干部“人防杯”门球赛协调会。市领导江韬、李阳参加会议。

20日 城市建设与管理工作调度会在市住建局召开。市领导陈章杰、张海卿、江韬、徐兴勇、王文军参加会议并对下阶段城市建设与管理工作提出了意见和建议。

同日 召开“创国卫”工作调度会，对暗访后全市创建工作进行再动员、再部署。市委副书记杨文惠出席会议并讲话，市委常委、宣传部长张海卿主持会议。八个专业组牵头市级领导参加会议。

21日 陈章杰在市政府常务会议室主持召开2016年度市政府第10次常务会议。市领导熊斌、杨健全、杜登全、高见、徐兴勇，市政府党组成员甘雪林、葛胜出席会议；市人大常委会副主任黄费武、市政协副主席曹后新、人武部部长吴昊应邀参加会议；市政府正处级干部张伟莉、市政府副处级干部严东平、电大津市分校校长温南军及人大代表、政协委员、优化经济环境监督员、法律顾问列席会议。

同日 市委书记傅勇率招商小分队赴海南欣龙控股（集团)股份有限公司，开展项目对接和招商洽谈活动。市领导李景峰以及高新区相关负责人参加考察。

24日 市政府重点工作推进会暨全市政情通报会在市兰苑宾馆会议中心召开。市领导王育平、姜正才、熊斌、杨健全、李阳、刘瑜、杜登全、戴志刚、高见、徐兴勇参加会议。

25日 全市组群部门调研座谈会在市委办一楼会议室召开。市领导傅勇、杨文惠、马吉云及市委办，全市组群部门班子成员参加会议。

27日 傅勇召开经济部门调研座谈会。市领导熊斌参会。

同日 市企业家协会第一次会长会议在金湘猪鬃公司会议室召开。市领导陈章杰、李景峰、胡湘萍、杜登全参加会议。

28日 常德市人大常委会主任刘明、常德市人大常委会秘书长万利调研津市“两学一做”学习教育工作情况。市领导傅勇、杨文惠、王育平、马吉云参加调研。

31日 省人大常委会副主任刘莲玉督查调研津市贯彻落实省委人大工作会议精神及相关工作情况。市领导杨文惠、王育平参与调研。

同日 市委副书记、市长陈章杰一行赴湖南一朵生活用品有限公司对接招商。

2016年11月

1日 召开加快推进三产服务业工作征求意见会议。市领导姜正才、伍子科、马吉云、杨健全、李阳、杜登全、高见参加会议。

2日 市委书记傅勇调研宣传部门相关工作。市领导张海卿、李阳参加会议并就下阶段宣传工作提出具体工作意见。

同日 全市棚改攻坚推进会在市兰苑宾馆会议中心召开。全体在家市领导参会。

同日 市委书记傅勇主持召开传达学习十八届六中全会精神会议，传达学习中国共产党十八届六中全会精神，安排部署贯彻落实工作。全体在家市领导参加会议。

3日 召开"雁过拔毛"式腐败问题和"纠'四风'、治陋习"专项整治工作调度会。市领导杨文慧、伍子科参会。

3日、4日 市委副书记、市长陈章杰深入镇村、农业生产基地和"三农"建设重点项目现场，实地调研扶贫攻坚等"三农"重点工作情况。市领导杨文惠、姜正才、严东平参与调研。

7日 召开津澧融城第一次联席会议。市领导傅勇、陈章杰、杨文惠、王育平、姜正才、熊斌、江韬，澧县县领导邹如龙、徐苠、马永忠、颜学锦、张晓莲、朱卫兵、金贤松等相关领导出席会议。

8日 市委书记傅勇专题调研政法部门工作情况。市领导李景峰、戴志刚、阿毅参加会议。

同日 市领导陈章杰、杨健全、温南军调研社区建设工作。

9日 市领导傅勇、姜正才、邓开泉、徐兴勇调研全市2017年城市建设工作计划。

同日 市委书记傅勇调研全市社会事业部门工作情况。市领导杨文惠参会。

同日 市委副书记、市长陈章杰在市政府会议室调度第二招商小组工作情况。市领导杨健全参加会议。

同日 市委副书记、市长陈章杰调度高新区建设工作。市领导熊斌、李景峰参与调研。

10日 市委副书记、市长陈章杰调度金鱼岭街道棚改攻坚工作。市领导黄沅敏、胡湘萍、邓开泉、刘瑜、戴志刚、徐兴勇参与活动。

11日 市委中心组召开四季度（扩大）学习暨常德市第七次党代会精神宣讲报告会。全体在家市领导参加会议。

同日 召开2017年城建计划调度会。市领导傅勇、王育平、姜正才、熊斌、江韬、邓开泉、王文军参加会议。

15日 全市创"国卫"暗访反馈问题整改暨迎接国家技术评估动员会在兰苑宾馆会议中心召开。全体在家市领导参加。

17日 市委副书记、市长陈章杰调研毛里湖国家湿地公园建设工作。市领导、姜正才、熊斌、高见、曹后新参加调研和座谈会。

21日 津市市召开会议传达学习省党代会精神及省委书记杜家毫重要讲话精神。全体市委委员、市委候补委员，全体在家的市领导参加会议。

23日 津市市第十七届人民代表大会第一次会议在市兰苑宾馆会议中心隆重开幕。在主席台前排就座的有傅勇、陈章杰、姜正才、王育平、董新满、阿毅、曹后新、梁文利、雷光键、李子牙。在主席台就座的还有全体在职的市级领导。

同日 中国人民政治协商会议津市市第十二届委员会第一次会议在市兰苑宾馆会议中心隆重开幕。在主席台前排就座的有傅勇、陈章杰、姜正才、王育平、董新满、阿毅、曹后新、梁文利、雷光键等，在主席台就座的还有全体在职的市级领导。

同日 津市市第十七届人民代表大会第一次会议预备会议在市兰苑宾馆会议中心召开。市领导傅勇、陈章杰、王育平、伍子科、马吉云、邓惠荣、黄费武、李亚林、胡湘萍、邓开泉参加会议。

同日 津市市第十七届人民代表大会第一次会议举行大会主席团第一次会议。市领导傅勇、王育平、陈章杰、伍子科、黄费武、李亚林、胡湘萍、邓开泉参加会议。

同日 津市市第十七届人民代表大会第一次会议举行大会主席团第二次会议。市领导傅勇、陈章杰、伍子科、黄费武、李亚林、胡湘萍、邓开泉参加会议。

同日 中国人民政治协商会议津市市第十二届委员会第一次会议举行大会主席团第二次会议。市领导姜正才、马吉云、董新满、阿毅、曹后新、梁文利、雷光键参会。

同日 市委书记傅勇调度三洲驿街道棚改攻坚工作。市领导熊斌、江韬、邓惠荣、邓开泉、徐兴勇、姚跃进、董新满、曹后新参加调研。

24日 津市市第十七届人民代表大会第一次会议举行大会主席团第三次会议。市领导傅勇、陈章杰、王育平、伍子科、马吉云、黄费武、李亚林、胡湘萍、邓开泉参加会议。

同日 中国人民政治协商会议津市市第十二届委员会第一次会议举行大会主席团第三次会议。市领导姜正才、马吉云、董新满、阿毅、曹后新、梁文利、雷光键参会。

同日 中国人民政治协商会议津市市第十二届委员会第一次会议圆满完成各项议程，胜利闭幕。主席台前排就座的有：傅勇、陈章杰、姜正才、王育平、董新满、阿毅、曹后新、梁文利、雷光键等，出席会议的还有全体在职市级领导。

25日 津市市第十七届人民代表大会第一次会议举行第二次全体会议。在主席台前排就座的有：傅勇、王育平、陈章杰、杨文惠、伍子科、马吉云、邓惠荣、黄费武、李亚林、胡湘萍、邓开泉、唐超虎。出席会议的还有全体在职市级领导。

同日 津市市第十七届人民代表大会第一次会议举行大会主席团第四次会议。市领导傅勇、陈章杰、杨文慧、王育平、伍子科、黄费武、马吉云、李亚林、胡湘萍、邓开泉参加会议。

同日 津市市第十七届人民代表大会第一次会议举行第三次全体会议。在主席台前排就座的有：傅勇、王育平、陈章杰、杨文惠、姜正才、伍子科、马吉云、邓惠荣、黄费武、李亚林、胡湘萍、邓开泉、唐超虎。出席会议的还有全体在职市级领导。

26日 市委书记傅勇深入部分工业企业开展调研。市领导李景峰、杜登全陪同调研。

28日 召开落实"两个责任"制度工作会议。市领导傅勇、伍子科参会。

同日 召开2016年绩效评估工作调度会。市领导杨文惠、熊斌、马吉云参与调度。

2016 年 12 月

1 日　市政府在第二行政中心会议室召开《政府工作报告》征求意见座谈会。市领导陈章杰、熊斌参加会议。

2 日　召开金融工作调研座谈会。市领导傅勇、熊斌、马吉云、李景峰、杨健全参加会议。

同日　市委书记傅勇、市政协主席姜正才特邀湖南同元文化古镇旅游开发有限公司总经理金义红一行，调研城市建设及旅游工作。

同日　市委副市记、市长陈章杰在市政府常务会议室主持召开 2016 年度市政府第 11 次常务会议。市领导熊斌、杨健全、李阳、刘瑜、戴志刚、高见、徐兴勇出席会议；市领导黄费武、梁文利、雷光键、吴昊应邀参加会议；市领导张伟莉、严东平、温南军列席会议。

5 日　常德市委副书记徐正宪一行调研津市美丽乡村建设和农村环境整治工作。常德市农业委主任李百艳、常德市环保局党组书记关建锋及津市领导杨文惠、刘瑜、高见参加调研。

6 日　常德市政府副市长匡加才、常德市政府副秘书长程灵敏及常德市发改委、常德市财政局相关负责人来到津市，就《常德市政府工作报告》(征求意见稿）进行座谈。市领导陈章杰、杨文惠、王育平、姜正才参加座谈。

7 日　全市“创国卫”工作调度会在市委一楼会议室召开。市领导傅勇、杨文惠、马吉云、胡湘萍、李阳、刘瑜、徐兴勇、王文军参加会议。

同日　常德市人大常委会副主任王先蒙调研津市供销社综合改革工作。市领导陈章杰、高见参与调研。

8 日　市领导傅勇、江韬深入市家居建材广场、宝悦乐城调研全市商贸发展工作。

同日　市领导王育平、邓惠荣、黄费武、李亚林、胡湘萍、邓开泉、对市第十六届人大四次会议“1 号议案”提出的“绿色走廊”规划和建设情况进行实地视察。市领导熊斌、高见参加活动。

11 日　市委副书记、市长陈章杰督查指导全市“创国卫”工作。市领导李阳、徐兴勇、王文军参加督导。

12 日　市政府召开落实党风廉政建设“两个责任”谈心谈话会。市领导陈章杰主持会议。

14 日　“创国卫”国家暗访问题整改情况验收暨技术评估指导反馈会在兰苑宾馆会议中心召开。市领导傅勇、陈章杰、杨文惠、张海卿、马吉云、胡湘萍、李阳、刘瑜、徐兴勇、王文军参加会议。

15 日　常德市第一人民医院院长陈能志一行来到津市，商谈与市人民医院开展战略合作事宜。市领导傅勇、陈章杰、李阳参加活动。

同日　市委副市记、市长陈章杰在市政府常务会议室主持召开 2016 年度市政府第 12 次常务会议。市领导熊斌、杨健全、李阳、刘瑜、杜登全、高见、徐兴勇出席会议；市领导李亚林、梁文利、雷光键、吴昊应邀参加会议；市领导温南军等列席会议。

16 日　召开全市 2016 年优化经济发展环境测评暨市委中心组四季度第三次(扩大)学习会议。市领导傅勇、陈章杰、杨文惠、王育平、姜正才、熊斌、张海卿、黄沅敏、伍子科、马吉云、姜超、李景峰等全体在家市领导参加会议。

18 日　市委书记傅勇在兰苑宾馆二楼会议中心主持召开津澧融城推进工作第二次联席会。市领导陈章杰、杨文惠、王育平、姜正才、熊斌、江韬、杜登全、徐兴勇、雷光键，澧县县领导徐荩、马永忠、张晓莲、朱卫兵、金贤松、淡光兴、罗先春参加会议。

19 日　溢多利项目对接会在市委常委会议室召开，溢多利生物科技股份有限公司董事长陈少美一行就项目推进情况与市委书记傅勇，市委副书记、市长陈章杰交换意见。市领导杨文惠、王育平、姜正才、李景峰、杜登全参会。

20 日　迎接“国家义务教育发展基本均衡县(市、区)”督导认定工作。汇报会由省教育厅工会主席高新明主持，省教育厅财建处副调研员刘旭日，常德市政府副秘书长易耀平及省、常德市教育督导专家，市领导傅勇、陈章杰、王育平、姜正才、李阳出席了汇报会。

同日　市政府在三楼常务会议室召开治超迎省检工作调度会。市领导陈章杰、徐兴勇参会。

21 日　市政府与长沙银行常德分行签订战略合作协议。市领导傅勇、陈章杰、熊斌、马吉云、江韬、杨健全参加仪式。

同日　市政府在市国土局会议室召开《政府工作报告》征求意见座谈会。市领导陈章杰、熊斌、邓惠荣、梁文利参加会议。

22 日　常德市委常委、组织部长梁仲在津市开展落实“两个责任”谈心谈话活动。全体市委常委参会。

同日　市领导陈章杰、杜登全及市治超办、市交通局、市交警大队负责人督导检查全市治超工作。

26 日　全市安全生产约谈会议在市委办一楼会议室召开。市领导傅勇、熊斌、戴志刚参加会议。

同日　市政府召开重点建设项目专题调度会。市领导傅勇、陈章杰、姜正才、张海卿、李亚林、李阳、杜登全、高见、徐兴勇、梁文利参加会议。

27 日　召开“创国卫”工作调度会，安排部署下阶段创建工作任务。

市领导傅勇、陈章杰、杨文惠、王育平、姜正才、张海卿、马吉云、胡湘萍、徐兴勇、王文军参加会议。

28 日　津澧新城经济与社会发展规划编制工作启动。市领导傅勇、熊斌参与专题调研。

29 日　市委书记傅勇前往市人民医院看望慰问老干部郭贻万。

30 日　市委召开专题会议传达省委、常德市委经济工作会议精神。市领导杨文惠、王育平、姜正才、熊斌、张海卿、黄沅敏、马吉云、江韬、李景峰等全体在家市领导参加会议。

（市委办）

津市概况

【位置、面积】津市市位于常德市北部(常德市位于湖南省北部),地处澧水尾闾,洞庭湖西缘。东径 111° 45′ 59″ ~112° 1′ 40″,北纬 29° 16′ 30″ ~ 29° 39′ 46″。境南接常德鼎城区,界长 28.8 公里;西北、东北与澧县澧阳区、红湖区、梦溪区抵界,界长 80 公里,境东与安乡珊瑚毗邻,界长 9.6 公里,境西与临澧烽火、柏枝乡接壤,界长 41.6 公里。全市面积 550.79 平方公里,其中澧水北 45.22 平方公里,澧水南 505.57 平方公里。在常德市 9 个县、市、区中,幅员居第 8 位。（志办）

【行政区划】2016 年,津市辖 5 个街道(三洲驿、汪家桥、襄阳街、金鱼岭、嘉山)4 个镇(新洲、毛里湖、药山、白衣)。新洲镇辖青山裕、车胤、九堰、长岭岗、荷花堰、黄林堰、同兴、鹿山、杨家、龙山、汉泗、复兴、兴隆、李家、马家 16 个建制村,嘉山、万寿宫、孟姜女、五泉 4 个社区居委会,总面积 86.12 平方千米。镇人民政府驻万寿宫社区(原新洲镇人民政府驻地)。

毛里湖镇辖花桥、田家山、澧赋、七星、民兴、中心、青苗、荣台、大山、中南、长寿、川门、樟树、庙基、土桥、箭楼、利兴、灯塔、万家、同乐、双堰岗、梁家坪、清泉、双坪 24 个建制村,河口、龟山、大桥、官堰 4 个社区居委会,总面积 107.82 平方千米。镇人民政府驻河口社区(原保河堤镇人民政府驻地)。

药山镇辖新湖、新民、民主、茶场、新福、新合、三合、李阳、天鹅、双合、金盆、发瑞、枫树、岳山、奇龙、西湖、临东、黄金、双门、官堰、联合、礼安、新华、白云山 24 个建制村,文昌阁、界福、棠华铺、三叉路 4 个社区居委会,总面积 134.31 平方千米。镇人民政府驻文昌阁社区(原渡口镇人民政府驻地)。

白衣镇辖蒲山、金泉、天门、金坪、红光、荷花、会云、钟灵、建国、双马、柏林、永兴、金星、长安、金林 15 个行政村及白衣庵、石板滩 2 个社区居委会。

嘉山街道辖杉堰、戚家、关桥 3 个建制村和团湖、明道 2 个社区居委会,总面积 21 平方千米。办事处驻明道社区(津市市龙岗路 1 号)。（志办）

【人口】2016 年末全市居民总户数 97947 户,总户籍人口 239744 人,其中城镇人口 124664 人,乡村人口 115080 人。按性别分,男性人口 121588 人,女性人口 118156 人。按年龄分,0–17 岁 32378 人,18–34 岁 48031 人,35–59 岁 102369 人,60 岁及以上 56966 人。年内人口出生率 7.38‰,年内人口死亡率 5.09‰,人口自然增长率 2.29‰。

（志办）

【气候特征】2016 年,全年气温偏高,阶段性起伏明显,出现了 2 轮低温雨雪冰冻天气和 3 次寒潮,7 月下旬到 8 月初、8 月中旬出现了 2 段高温期。年内旱涝并举,汛期(4 ~ 9 月)降水整体偏多 2 成有余,期间出现了 3 段雨水相对集中期和不同程度洪涝,9 月中旬至 10 月中旬出现了中到特旱。日照呈东北多、西南少的分布态势,总体不足。入春入夏提前,入秋入冬偏晚,夏长特征明显。

气温:2016 年津市市年平均气温 17.8℃,较常年偏高 0.8℃,属偏高范畴,与上年比偏高 0.2℃,平 1960 年以来第 3 高值(1998 年)。

空间分布 : 年平均气温 17.3℃ ~ 18.2℃,呈东高西低的分布态势,与常年比, 偏高 0.7℃。按照气温等级划分标准,津市偏高。与上年比,偏高 0.3℃。

时间分布:全市各月平均气温与常年同期比,除 5 月、6 月和 11 月偏低外,其余月份均偏高。

其中 2 月全市平均气温较常年同期偏高 2.1℃, 为 1960 年以来第 6 高值。3 月偏高 2.2℃,平 1960 年以来历史同期第 5 高值 (2001 年)。4 月偏高 1.9℃, 平 1960 年以来历史同期第 5 高值(1974 年)。5 月偏低 1.0℃,为 2004 年以来历史同期最低值。9 月偏高 1.6℃,为 1960 年以来第 3 高值。12 月偏高 1.7℃, 创 1960 年以来历史新高。2016 年日极端最低气温 –4.9℃(澧县,1 月 25 日),日极端最高气温 39.7℃。全市先后于 7 月 21 日 ~8 月 1 日、8 月 12 ~ 20 日出现了 2 段高温期。年内全市平均高温日数达 26.9d, 较常年偏多 6.1d。

降水:2016 年全市年平均降水量 1548.7mm,较常年偏多 15.2%,属正常范畴，与上年比偏多 14.8%。

空间分布：年总降水量 1309.8mm，与常年比，偏多 3.3%。按照降水等级划分标准，属正常。与上年比，偏少 4.1%。

时间分布：1～3 月和 9 月全市平均降水量较常年同期偏少，其余各月偏多。

2 月全市平均降水量较常年同期偏少 72.1%，为 1960 年以来历史同期第 7 低值。4 月较常年同期偏多 34.5%，为近 10 年来历史同期第 2 高值。7 月较常年同期偏多 49.4%，为 1960 年以来第 9 高值。8 月较常年同期偏多 58.6%，为近 10 年来历史同期第 2 高值。

日照：2016 年全市年平均日照时数 1471.4h，较常年偏少 7.4%，属偏少范畴，与上年比偏多 7.0%，为 1960 年以来第 6 低值。

空间分布：年总日照时数 1268.0h～1615.0h，与常年比，偏多 7.5h。按照日照多寡划分标准，属正常范畴，石门偏多。与上年比，偏多 169.9h。

时间分布：从全市逐月平均日照时数分布来看，2 月、3 月、9 月和 12 月日照时数较常年同期偏多，其余月份不同程度偏少。1 月较常年同期偏少 30.1h，为 1960 年以来历史同期第 4 低值。2 月较常年同期偏多 71.3h，创 1960 年以来历史同期新高。10 月较常年同期偏少 54.2h，创 1960 年以来历史同期新低。11 月较常年同期偏少 50.8h，为 1960 年以来历史同期第 8 低值。（志办）

【气候事件】2016 年在全球极端天气气候事件多发频发的大背景下，津市年平均气温平 1960 年以来第 3 高值，但阶段性低温雨雪冰冻和高温热浪明显，年内出现了 2 段高温期和 3 次寒潮天气过程。年降水量较常年偏多 1 成有余，年内旱涝并举，16 轮强降水过后，出现了不同程度的秋旱。日照明显不足，为 1960 年以来第 6 低值。年内低温雨雪冰冻、“五月低温”、暴雨洪涝、高温热浪、冰雹雷雨大风等灾害性天气，给全市工农业生产及人体健康造成了不同程度的影响。

雾霾：2016 年影响津市的冷空气势力总体偏弱，静稳天气形势较多，导致雾和霾多发。全市平均雾日 48.8d，较上年偏多 17d。大雾对交通出行带来了一定不利影响。全市平均霾日 51d，较上年偏多 11.3d，霾日导致空气质量偏差，对人体健康造成了不利影响。

暖冬：2015/2016 年冬季全市平均气温较常年同期偏高 0.9℃，为 1960 年以来第 8 高值。期间 2016 年 2 月全市平均气温较常年同期偏高 2.1℃，为 1960 年以来第 6 高值，2015 年 12 月平均气温较常年同期偏高 0.4℃，2016 年 1 月平均气温较常年同期偏高 0.2℃，达到暖冬标准。

低温雨雪冰冻：于 1 月 20～25 日、1 月 31 日～2 月 1 日出现两次低温雨雪冰冻天气。21 日夜～22 日全市普降中到大雪，澧水流域出现大到暴雪。平原地区最大积雪深度达 10cm，23 日雨雪逐渐停止，全市转为晴冷模式。25 日清晨天气放晴，最低气温降至 -6～-7℃。1 月 31 日～2 月 1 日全市普降大雪，部分暴雪，降雪主要集中在 31 日白天，此次降雪强度大、影响范围广但持续时间不长，最低气温降至 -1～-2℃。

寒潮：2016 年，全市先后于 2 月 12～14 日、3 月 7～10 日以及 11 月 21～23 日迎来了三次寒潮过程。寒潮带来的雨雪、大风天气对交通和农作物生长造成了一定的不利影响，同时气温剧降导致呼吸道、心脑血管等疾病患者猛增。

五月低温：5 月 19～23 日，持续低温阴雨天气。“五月低温”对双季早稻分蘖生长和中稻播种育秧产生了一定的不利影响。

冰雹雷雨大风：8 月 14 日全市大部普降大到暴雨，出现短时雷雨大风，白衣镇、新洲灵泉等乡镇出现小冰雹。

暴雨洪涝：2016 年全市经历了 16 轮强降水天气过程，共出现 38 站次暴雨以上量级降水，其中 5 站次大暴雨，大部分地区于 6 月 27 日～7 月 6 日、7 月 12～21 日、8 月 2～11 日出现了 3 段雨水相对集中期。时间分布上，4～10 月均有暴雨发生，其中 7 月、8 月最多，分别出现了 9 站次暴雨。

高温：2016 年夏季全市平均高温日数 26.0d，较常年同期偏多 6.8d。7 月下旬至 8 月初、8 月中旬全市出现了 2 段高温期。7 月 25 日～31 日全市大部持续 37℃以上的晴热高温，26 日最高气温达 39℃，为全年最高。

秋旱：9 月 11～27 日全市气温持续偏高，无有效降水，导致津市部分乡镇达到轻度干旱标准，截至 10 月 18 日，全市各地均未出现有效降水过程。据统计 9 月 11 日～10 月 18 日全市平均降水量仅 1.3mm。按照综合气象干旱指数划分标准，截至 10 月 18 日全市出现中－特旱，各地土壤缺墒严重，对农作物的生长发育造成了一定的不利影响。

连阴雨：10 月全市平均降水日数 15.0d，较常年同期偏多 3.3d，全市平均日照时数 71.7h，，较常年同期偏少 54.2h，创 1960 年以来历史同期新低。特别是 10 月 19 日～31 日全市大部分地区持续阴雨寡照天气，连阴雨天气对秋收秋种活动产生了不利影响，导致晚稻收割进度延长 10 天左右。（志办）

【气候影响】2016 年全市气温偏高，降水总量偏多且时空分布不均，日照不足，灾害天气频繁。年内寒潮、低温雨雪冰冻、五月低温、暴雨洪涝、冰雹雷雨大风、秋旱等灾害性天气给津市农业生产造成了一定的不利影响。总体而言，全市农业气候属于偏差年景。

气候与林业：2016 年津市年平均气温偏高，平 1960 年以来第 3 高值，且四季的平均气温均较常年同期均偏高，虽然降水总量偏多，但高温日数较多，相比 2015 年森林火险气象等级略有上升。为综合分析 2016 年气候条件对森林火险的影响，特引进森林火险气象等级模型。对 2016 年林业主产区森林火险气象等级逐日变化散点图分析发现，4 到 5 级森林火险气象等级日数主要分布在 2 月上中旬、2 月下旬中期至 3 月上旬和 9～10 月。

气候与防汛抗旱：2016 年津市旱涝并举，汛期（4～9 月）降水整体偏多 2 成有余，期间出现了3段雨水相对集中期和不同程度洪涝，9月中旬至10月中旬出现了中到特旱。

气候与交通：年内，大雾造成的低能见度、低温雨雪冰冻、暴雨等灾害性天气对交通运输造成了较大不利影响。1月的两次低温雨雪天气过程，导致多处路段因路面结冰封闭交通。常吉、常张高速公路积雪严重，被迫关闭。雨雪天气给津市春运返程造成了一定影响，但未发生大规模旅客滞留现象。6月19~20日澧水流域发生强降水，导致澧水流域多处山体滑坡，S303线部分路段一度中断。6月下旬至7月初持续出现强降雨天气，城区部分道路积水严重，也给道路交通安全带来很大影响。

气候与电力：2016年全市年平均降水量较常年偏多，但降水时空分布不均，1~3月降水月月偏少，4月降水过程增多，强度加强，汛期(4~9月)全市平均降水量较常年同期偏多24.2%，大部分地区于6月27日~7月6日、7月12~21日、8月2~11日出现了3段雨水相对集中期。虽然汛期降水偏多，但上游皂市、竹园等各大水库提前开闸泄洪，同时9月中旬至10月中旬全市未出现有效降水，全市现中－特旱，不利于蓄水。2016年气温总体偏高，但阶段性气温起伏明显，低温雨雪和晴热高温天气并举。高温期间全市用电量剧增，用电负荷连创新高。

气候与人体健康：人体舒适度是从气象角度来评价不同气候条件下人的舒适感，根据人类机体与大气环境之间的热交换而制定的生物气象指标。分析发现，2016年市城区人体感觉舒适日数85d，较上年减少30d，较舒适日数123d，较上年增加18d，人体感觉舒适、较舒适日数占全年总日数的56.8%。不舒适日数116d，较上年增加3d，很不舒适日数42d，较上年增加10d，总体上不舒适、很不舒适日数较上年增加13d。人体感觉舒适及较舒适的时段主要分布在4~6月、9月，其中9月舒适日数达18d，不舒适日数主要分布在1~3月、7~8月和11~12月，很不舒适日数主要出现在1月。

气候与环境：2016年市城区空气质量优秀天数49d，良好天数189d，空气质量良好或优秀天数共238d，较去年减少45d，占全年总日数的65.0%。空气轻度污染天数81d，中度污染天数14d，重度重污染天数5d，无严重污染天数。时间分布上，轻度及以上污染时段主要集中在1~3月和11~12月，这与霾多发时段的对应关系较好。重污染主要发生在1月初，此次过程为区域性过程，华北、黄淮及华中等多地均出现了中－重度霾，省内周边地区4~5日也出现了重污染天气，具有强度强、持续时间长、发生范围广的显著特点。（志办）

水　文

【概况】津市市位于洞庭湖水系澧水中下游和西洞庭湖区，境内河网密布，水资源充沛，水能资源较为丰富。

澧水又称九澧，位于湖南西北部。干流及主要支流皆自西北流向东南。澧水源头在桑植县南岔以上，分北、中、南三源，以杉木界北源为主，中源出湘鄂边界的八大公山东麓，名绿河，南源出自湖南省永顺县万枯山，名上峒河。三源在南岔汇合后往南经桑植、永顺，再向东流，在永定境内纳茅溪，经慈利纳溇水，至石门纳渫水，经临澧至澧县纳道水、涔水，流至津市小渡口注入洞庭湖。澧水干流全长390公里，流域面积18496平方公里（湖南境内15505平方公里），多年平均径流量131.2亿立方米。流域内共有一级支流74条，上游的主要支流有南岔河、郁水、茅溪、狮头溪、九渡溪(又名九都溪)、溇水(又名后江)、零溪河，中下游主要有渫水、道水、澹水、涔水等。

松滋河源于长江松滋口，主干分东西两支，其中西支在湖南境内歧出一支，称中支。松滋西支经毛家汊至濠口注入七里湖与澧水交汇，西支全长113公里(青龙窖至濠口又称官垸河，长27公里)。松滋中支从三汊脑起，至小望角与松滋东支汇合，中支全长38公里。松滋东支全长162公里，其中湖南境内长80公里，从甘家厂至小望角长44公里，又名大湖口河；小望角至小河口长17公里，又称安乡河；小河口以下19公里称松虎洪道。

虎渡河源于长江太平口，全长110.7公里，流经安乡境内42.7公里。

藕池河源于长江藕池口，共分三支，东支全长106公里，不流经津市。中支自东支黄金岔岐出，经南鼎垸的陆家岭分成东西两河入南县境内，至下柴市与西支汇合，长54.2公里，安乡境内42.7公里。藕池河西支以称官当河，自康家岗分流，在下柴市与中支汇合，从茅草街注入西洞庭湖，全长86.6公里，安乡境内36.4公里。

渫水河位于湖南省常德市石门县，上游支流众多：百溪河、高桥河、金家河、上延河、黄连河、干沟河等，一路蜿蜒东南流，沿途又纳入狮子溪、发人溪、黄虎港河、石家河、黄福溪、麻纳溪、竹溪河、商溪河、小河、黄水、仙阳河、南溪等大小支流146条(含渫水)，历经壶瓶山镇、所街乡、雁池乡、磨市镇、维新镇、皂市镇，在新关镇的喻家河口注入澧水，全长163公里，流域面积3125.5平方公里。

涔水属澧水支流，发源于石门县黑天坑，流经刘家湾、莲花堰、王家厂、大堰垱、梦溪、涔南、永丰，在小渡口注入澧水。河流长度114公里，流域面积1525.75平方公里。

道水系澧水一级支流，属九澧之一。道水有南北二支，南支发源于慈利五雷山麓，北源多系溪涧组合，发源于慈利苗市桃树垭东麓，全长102公里，集水面积1362.8平方公里。（志办）

【河湖普查】2014年，津市市完成了第一次水利普查，津市市水文局对全市境内流域面积50平方公里以上河流和1万亩以上湖泊进行调查和登记，经过统计，津市市流域面积50平方公里以上河流共有8条，1万亩以上湖泊共有8个。（志办）

【雨情】2016年全市累计降雨1679.1毫米，较历年同期均值1434.9毫米偏多17.02%；其中汛期4至9月累计平均降雨1253.1毫米，较历年同期均值994.1毫米偏多26.05%。总体上降雨与历年均值偏多两到三成。

空间分布上，降雨主要集中在澧水流域北部地区。澧水流域1545.5毫米次之，洞庭湖区1330.0毫米最小。

时间分布上，汛前1至3月累计平均降雨偏少3成，汛期4至9月偏多2至3成；汛期除9月份降雨偏少以外，其它5个月降雨均偏多；全市主要暴雨过程基本上集中在6月下旬至8月中旬，6、7、8月累计平均降雨765.2毫米，占整个汛期降雨的61%；7月是今年汛期降雨最为集中时期，7月累计平均降雨295.7毫米，占整个汛期降雨的23.6%，全市各主要江河湖库在7月均发生了较大洪水；汛期降雨最小的月份为9月的65.1毫米，仅占汛期降雨的5.2%。

2016年降雨特性分析：

（1）汛期降雨量偏多，过程频繁，影响范围广

今年汛期除9月份降雨偏少以外，其它5个月降雨均偏多，4至8月，平均月降雨量均在200毫米以上；整个汛期降雨较历年均值偏多2成以上。通过主要降水过程的分析，降雨量大，过程频繁、影响范围广的降水特点尤为明显。

（2）局部暴雨强度大

进入汛期以来，全市先后发生了几次区域性暴雨过程，导致部分地区受灾严重。　（志办）

【水情】受强降雨及大型水库泄洪影响，津市主要江河湖泊及中小河流均发生了不同程度的洪水过程。澧水干流石门以下河段发生了4次明显的洪水过程，且出现了五年来首次超警戒水位的洪水；澧水一级支流溇水、道水水位等均出现了较大程度的上涨，道水临澧县城河段出现超警戒水位。

主要洪水过程

澧水。6月19日至21日，受强降水及水利工程的影响，澧水干流及部分支流发生了第一次明显的洪水过程，澧水控制站石门站在6月20日21时出现57.67m的洪峰水位，相应流量7300m³/s；津市站6月21日7时出现39.43m的洪峰水位；澧水一级支流溇水雁池站在6月19日23时出现140.52m的洪峰水位（涨幅6.80m），相应流量3130m³/s，为雁池站建站以来有实测资料排第三位的洪水过程。

6月26日至28日，受强降雨及水利工程调度的影响，澧水干流发生了自2010年以来首次超警戒水位的洪水。石门站在6月28日11时出现58.60m的洪峰水位，相应流量9050m³/s，超警戒水位0.10m，在警戒水位以上运行10个小时；津市站在6月29日7时出现41.81m的洪峰水位，超警戒水位0.81m，在警戒水位上运行了23个小时。

7月1日至3日，受强降雨影响，澧水干流发生了第三次明显的水位上涨过程，澧水干流石门站在7月2日3时出现57.46m的洪峰水位，相应流量6390m³/s；津市站在7月2日11时出现40.79m的洪峰水位。与此同时，澧水一

表一　　**2016年常德市各月降雨量统计表**　　单位：毫米

区县	常德	桃源	鼎城	武陵	汉寿	石门	澧县	临澧	津市	安乡
1	45.8	64.7	63.9	34.5	48.6	36.9	35.9	39.2	22.5	28.3
2	28.8	39.6	43.9	20	9.5	26.6	21.8	29.1	18	19
3	83.6	121.8	121.6	92	62.5	56	52.3	72.6	82.5	54.8
4	204.8	216.9	247.1	273.5	225.4	184.5	178.4	185.9	187.5	154.3
5	221	272.4	274.8	230	218.5	185.8	204.4	191.3	161.5	117.5
6	237.2	208.5	135.6	165	87.8	390.7	315.9	253.5	248	154.3
7	295.7	361.1	348	250	236.7	284.9	232.9	228.3	321.5	262.8
8	232.3	334.3	249.9	170	102.2	217.6	190.3	213.8	228	203.8
9	65.1	94.2	116.4	80	87.5	29.9	27.4	44.9	25	29.8
10	134.9	156.1	154.3	132	126.1	140	114.6	112.2	102.5	85.8
11	99.3	93.4	102	89	89.7	122.4	105.9	86.4	72	71
12	51.9	59.1	70.9	65	65.6	42.2	37.7	43.9	35.5	44.8
汛期合计	1253.1	1477	1371.8	1168.5	958	1291.5	1149.4	1117.7	1171.5	922.3
汛期多年平均	994.1	1102.3	947.3	933.5	958.9	1128.7	881.7	886.3	825.7	867.3
距平（%）	26.05%	33.99%	44.81%	25.17%	-0.09%	14.42%	30.36%	26.11%	41.88%	6.34%
全年合计	1679.1	1970.8	1928.3	1601	1323.2	1688.9	1517.6	1501.1	1474.5	1225.8
全年多年平均	1434.9	1604.7	1398.3	1398.3	1409.7	1526.9	1216.9	1267	1236.8	1246.2
距平（%）	17.02%	22.81%	37.90%	14.50%	-6.14%	10.61%	24.71%	18.48%	19.22%	-1.64%

表二　　2016 年常德市汛期各控制站最高水位统计表

河名	站名	最高水位 (m)	发生时间 (月、日)	相应流量 (m^3/s)	警戒水位 (m)	超警 (m)	历年最高 (m)	发生时间 (月、日)
沅水	五强溪	57.97	6 月 29 日 0 时	12500			64.5	2014-7-17
	桃花源	44.04	6 月 29 日 16 时		45.00			
	桃源	41.02	7 月 6 日 22 时	12200	42.50		47.37	2014-7-17
	常德	38.31	7 月 7 日 8 时		39.00		42.49	1996-7-19
大杨溪	杨溪桥	89.17	8 月 10 日 10 时				90.82	1996-7-12
渫水	雁池	140.52	6 月 19 日 23 时	3130			143.88	2011-6-18
	皂市	78.91	6 月 27 日 14 时	1060			81.59	2012-6-27
澧水	石门	58.60	6 月 28 日 21 时	9050	58.50	0.10	62.66	1998-7-23
	合口	48.00	6 月 28 日 23 时		48.50		47.03	2010-7-11
	澧县	43.21	6 月 29 日 3 时		43.50		41.48	2010-7-12
	津市	41.81	6 月 29 日 7 时	9340	41.00	0.81	45.02	2003-7-11
道水	临澧	46.72	7 月 2 日 9 时	622	46.50	0.22	47.87	2012-7-18
湖区	安乡	37.6	7 月 3 日 6 时	4550	37.00	0.60	40.44	1998-7-24
	石龟山	38.74	6 月 29 日 13 时	6630	38.50	0.24	41.89	1998-7-24
	牛鼻滩	37.53	7 月 7 日 6 时				40.57	1996-7-19
	周文庙	36.46	7 月 7 日 13 时		36.00	0.46	38.79	1996-7-20
备注	桃花源站为 2015 年新建站点							

级支流道水受连续降水的影响,出现了今年以来的最大洪水过程,临澧站 7 月 2 日 9 时出现 46.72m 的洪峰水位,相应流量 622m³/s,超警戒水位 0.22m,在警戒水位上运行 7 个小时。

7 月 17 日至 20 日,受强降雨影响,澧水干流发生了今年以来第四次明显的水位上涨过程,且在 19 日、20 日出现了连续两次的洪水过程,均未超警戒水位。澧水干流石门站 7 月 19 日 4 时出现 57.56m 的洪峰水位,相应流量 6820m³/s;津市站 7 月 19 日 16 时出现 40.27m 的洪峰水位。

西洞庭湖区。受澧水来水、三峡水库加大下泄及洞庭湖顶托影响,西洞庭湖区全线出现了超警戒水位的洪水,部分站点长时间在警戒水位以上运行。

石龟山站自 6 月 29 日 6 时进入警戒水位,6 月 29 日 13 时出现 38.74m 的洪峰水位,超警戒水位 0.24m,6 月 29 日 22 时退出警戒水位,在警戒水位上运行了 16 个小时。

水情特点:

(1)超警戒水位站点多,时间长

受几次强降雨及洞庭湖洪水顶托影响,先后有石门、津市、临澧、石龟山、安乡、周文庙 6 个预报断面发生超警戒水位。其中,澧水干流石门站以下河段发生了自 2010 年以来首次超警戒水位的洪水,澧水一级支流道水临澧站发生了超警戒水位的洪水。西洞庭湖区安乡站在警戒水位上持续运行 268 个小时,周文庙站在警戒水位上运行了 72 个小时。

(2)洪水过程频繁,时间集中

从 6 月下旬至 8 月中旬,先后发生了 6 次强降雨过程,降雨量多,时间长,强度大。受其影响,各主要江河湖泊在短时间内均发生了几次明显的洪水过程,过程较为频繁,时间较为集中。

(3)中小河流山洪突出,新建站点出现较大洪水过程

暴雨洪水相对突出,特别是 8 月 10 日凌晨发生在汉寿县丰家铺镇的短时强降雨,最大 1 小时降雨 49mm,最大三小时降雨有 142mm,重现期达到两百年一遇的标准。特大暴雨引发山洪,冲垮山塘、桥梁,全镇 17 个村普遍受灾严重。受其影响,下游沧水朱家铺站最高水位达 43.65m,仅次于 2013 年的最高水位,排位 98 年以来的第二高水位。

受局地强降雨影响,还有下列中小河流新建站点出现建站以来的较大洪水。包括石门的南坪河、江坪河、竹溪河、白洋湖,澧县的涔水,石门的南坪河站最高水位达到 289.14m,接近实测历史最高水位;石门双合站最高水位达到 278.55m,为实测历史最高水位;临澧白洋湖站最高水位达到 61.33m,为实测历史最高水位。

(4)水库优化调度作业明显

在澧水这几次洪水过程中,皂市、江垭水库科学调度,提前腾库待蓄,充分发挥了大型骨干控制性水库的拦洪削峰的调蓄作用,在防洪减灾和合理利用雨洪资源方面发挥了重要的作用,防洪减灾效益显著。在澧水流域"6.28"洪水过程中,江垭水库、皂市水库合计削峰约 2000 m³/s,降低了下游石门站、津市站水位约 1.0~2.0m,如没有江垭水库、皂市水库的削峰、错峰调度,石门以

表三　　**2016 年中小河流站点最高水位统计表**

序号	站名	河名	最高水位（m）	发生时间（月、日、时、分）	历年最高（m）	发生时间（月、日）
1	伍甲拐	冲柳撇洪河	35.51	7 月 3 日 3 时	35.51	2016-7-3
2	三间桥	冲柳撇洪河	33.67	7 月 5 日 13 时	33.67	2016-7-5
3	柳叶湖	冲柳撇洪河	34.07	7 月 3 日 21 时	34.07	2016-7-3
4	马家吉	马家吉河	34.06	7 月 3 日 11 时	34.06	2016-7-3
5	新河口	马家吉河	33.98	7 月 5 日 16 时	33.98	2016-7-5
6	土硝湖	冲柳撇洪河	33.96	7 月 5 日 21 时	33.96	2016-7-5
7	安乡城关	松滋洪道	37.70	7 月 3 日 11 时	37.70	2016-7-3
8	新洲	澧水洪道	40.35	6 月 29 日 8 时	40.35	2016-6-29
9	白洋湖	道水	61.33	7 月 2 日 2 时	61.33	2016-7-2
10	金盆	竹溪河	172.00	7 月 20 日 5 时	172.00	2016-7-20
11	南坪河	石家河	289.14	6 月 19 日 19 时	290.54	2014-9-10
12	安溪	黄虎港河	357.60	8 月 20 日 5 时	357.60	2016-8-20
13	朱家铺	沧水	43.64	8 月 10 日 14 时	43.64	2016-8-10
14	杜家岗	仙阳河	137.12	6 月 27 日 10 时	137.12	2016-6-27
15	双合	渫水	278.55	6 月 19 日 19 时	278.55	2016-6-19
16	南坪	南坪河	289.14	6 月 19 日 19 时	289.14	2016-6-19
17	灌溪	渐河	40.05	8 月 15 日 6 时	40.05	2016-8-15
18	南阳嘴	南湖撇洪河	35.69	7 月 6 日 11 时	35.69	2016-7-6
19	深水港	延溪	43.92	7 月 18 日 17 时	43.92	2016-7-18
20	理公港	兰溪	66.30	7 月 18 日 12 时	66.30	2016-7-18
21	观音寺	大洑溪	65.89	7 月 18 日 18 时	65.89	2016-7-18
22	黄石(坝下)	白洋河	57.41	7 月 19 日 12 时	57.41	2016-7-19
23	松阳坪	夷望溪	105.72	6 月 29 日 11 时	105.72	2016-6-29
19	备注	常德市中小河流站点从 2014 年起开始运行;有下列站更名:2015 年五宝山更名为朱家铺、江坪更名为双合、维新厂更名为杜家岗;2016 年黄石更名为黄石(坝下)、茶庵铺更名为松阳坪。				

表四　　**常德市超警戒水位站点统计表**

流域	序号	站名	超警戒水位时间	退出警戒水位时间	超警戒水位运行时间	洪峰水位（m）	相应流量（m^3/s）	洪峰水位出现时间	警戒水位（m）	超警戒水位（m）
澧水	1	石门	6 月 28 日 13 时	6 月 28 日 23 时	10	58.60	9050	6 月 28 日 21 时	58.50	0.10
	2	津市	6 月 28 日 17 时	6 月 29 日 16 时	23	41.81	9340	6 月 29 日 7 时	41.00	0.81
	3	临澧	7 月 2 日 6 时	7 月 2 日 13 时	7	46.72	622	7 月 2 日 9 时	46.50	0.22
湖区	4	安乡	6 月 29 日 10 时	7 月 22 日 19 时	268	37.60	4550	7 月 3 日 6 时	37.00	0.60
	5	石龟山	6 月 29 日 6 时	6 月 29 日 22 时	16	38.74	6630	6 月 29 日 13 时	38.50	0.24
	6	周文庙	7 月 6 日 1 时	7 月 9 日 0 时	72	36.46		7 月 7 日 13 时	36.00	0.46
	7	备注	安乡站在 6 月 29 日至 7 月 22 日之间先后三次出现超警戒水位,累计超警戒水位时间 268 小时							

下河段将出现超警戒水位 1.0m 左右的洪水过程。　　（志办）

【旱情】除 9 月份降雨较少以外,其于大部分时间雨水较为充沛,除石门县和澧县部分山丘区在 9 月底发生中度干旱外,其他地区没有出现大范围的干旱情况。

二、水资源量

降水及分布

2016 年全市年平均降水量 1781.1 毫米,折合水量 323.9 亿立方米,较上年增加 23.0%,比多年平均偏多 24.1%,属平丰年景。

各区、县(市)分布:2016 年各区、县(市)降水深与上年、多年平均的比较

表五　2016 年分区年降水量与上年、多年平均比较

分区名称		计算面积	年降水量		上年降水量	与上年比较	多年平均降水量	与多年平均比较
		(km²)	(mm)	(亿 m³)	(亿 m³)	(%)	(亿 m³)	(%)
行政分区	武陵区	212	1624.5	3.446	2.760	24.8	3.0	16.2
	鼎城区	2234	1809.8	40.43	31.42	28.7	31.2	29.4
	安乡	1087	1499.9	16.30	14.65	11.3	13.5	20.4
	汉寿	2018	2030.0	40.97	26.66	53.7	28.5	44.0
	澧县	2075	1494.0	31.00	27.54	12.6	25.2	22.8
	临澧	1203	1509.4	18.16	16.25	11.8	15.2	19.1
	桃源	4314	2019.7	87.12	70.18	24.1	69.2	25.9
	石门	3970	1726.1	68.53	57.99	18.2	60.6	13.1
	津市	558	1494.7	8.340	8.465	-1.5	6.9	20.8
	经开区	54.0	1809.8	0.9773	0.7595	28.7	0.8	29.2
	柳叶湖	138.8	1809.8	2.512	1.861	35.0	1.9	29.4
	西湖	70.3	2030.0	1.427	0.9285	53.7	1.0	44.0
	西洞庭	110.0	1809.8	1.991	1.547	28.7	1.5	29.2
	桃花源	142.5	2019.7	2.878	2.318	24.1	2.3	25.9
流域分区	资水	42	2030.0	0.8475	0.5514	53.7	0.6361	33.2
	沅江(浦市镇以下)	5086	1981.1	100.76	81.10	24.2	80.31	25.5
	澧水	6235	1629.7	101.61	87.87	15.6	87.45	16.2
	洞庭湖环湖区	6236	1779.3	110.95	85.45	29.9	84.19	31.8
	其它	588	1658.2	9.750	8.359	16.6	8.350	16.8
常德市(合计)		18187	1781.1	323.9	263.3	23.0	260.9	24.1

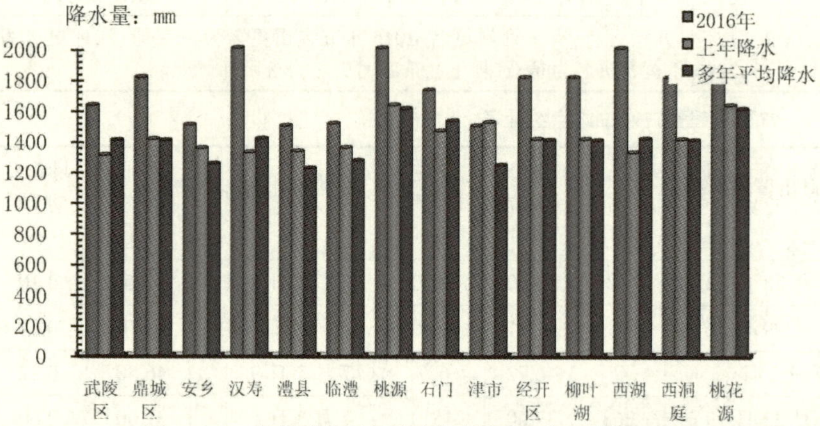

图 1　2016 年行政分区年降水深与上年、多年平均比较

情况见图 1。

主要河流降水分布：澧水区年降水量 101.6 亿 m³，与多年平均比较偏多 16.2%；洞庭湖环湖区年降水量 110.9 亿 m³，与多年平均比较偏多 31.8%；荆南四河水区降水量 9.750 亿 m³，与多年平均比较偏少 16.8%。

2016 年降水的主要特点是：

全年降水主要集中在汛期，全市汛期(4～9 月)降水占年降水量的 64.7%，连续最大 4 个月降水量(6～9 月)占全年的 52.4%左右。与历年同期相比，澧水流域汛期降水主要集中在 7 月份，较多年平均偏多 40%以上，则 4～6 月份较多年平均偏少 20%以上。

2016 年全市主要河流代表站降水量年内分配见图 4。

地表水资源量

2016 年全市地表水资源(天然河川径流）量 165.6 亿立方米，比上年增加 24.5%，较多年平均偏多 26.2%，折合径流深 910.4 毫米，径流系数 0.52。

各区、县(市)地表水资源量与多年平均比较：武陵区 32.1%、鼎城区 18.1%、汉寿县 23.0%、安乡县 31.4%、澧县 24.9%、临澧县 12.8%、桃源县 23.4%、石门县 33.8%、津市 51.4%。

2016 年各行政分区地表水径深与上年、多年平均比较情况见图 5。

分区各水系与多年平均比较：澧水区偏多 28.5%、洞庭湖环湖区偏多 24.1%、荆南四河区偏多 39.7%。

地表水资源分布特点：

① 年径流深分布与降水基本相同，呈三高一低。

高值区：澧水一级支流溇水区年径

表六

2016年地表水资源量与上年、多年平均比较

分区名称		计算面积 (km²)	当年地表水资源量 (亿 m³)	上年地表水资源量 (亿 m³)	与上年比较 (%)	多年平均地表水资源量 (亿 m³)	与多年平均比较 (%)
行政分区	武陵区	212	2.292	1.563	46.6	1.735	32.1
	鼎城区	2234	17.21	14.72	16.9	14.57	18.1
	安乡	1087	5.684	4.761	19.4	4.327	31.4
	汉寿	2018	14.21	11.08	28.2	11.55	23.0
	澧县	2075	14.18	12.58	12.7	11.36	24.9
	临澧	1203	8.443	8.100	4.2	7.486	12.8
	桃源	4314	45.35	37.40	21.3	36.84	23.1
	石门	3970	49.66	35.95	38.1	37.12	33.8
	津市	558	3.927	3.159	24.3	2.59	51.4
	经开区	54	0.4848	0.3429	41.4	0.3398	42.7
	柳叶湖	139	1.205	0.9632	25.1	0.9437	27.7
	西湖	70	0.4954	0.3852	28.6	0.4016	23.4
	西洞庭	110	0.9329	0.6986	33.5	0.6921	34.8
	桃花源	142	1.498	1.237	21.1	1.217	23.1
流域分区	资水	42	0.4412	0.3881	13.7	0.4120	7.1
	沅江(浦市镇以下)	5086	53.76	43.82	22.7	43.39	23.9
	澧水	6235	62.73	49.06	27.9	48.82	28.5
	洞庭湖环湖区	6236	41.57	34.32	21.1	33.50	24.1
	其它	588	7.070	5.352	32.1	5.060	39.7
常德市(合计)		18187	165.6	132.9	24.5	131.2	26.2

表七

2016年分区水资源总量

分区名称		计算面积 (km²)	年降水量 (亿 m³)	地表水资源量 (亿 m³)	地下水资源量 (亿 m³)	重复计算量 (亿 m³)	水资源总量 (亿 m³)	产水系数
行政分区	武陵区	212	3.446	2.292	0.3782	0.3782	2.292	0.67
	鼎城区	2234	40.43	17.21	3.984	3.185	18.01	0.45
	安乡	1087	16.30	5.684	1.922	1.470	6.136	0.38
	汉寿	2018	40.97	14.21	3.570	2.748	15.03	0.37
	澧县	2075	31.00	14.18	2.942	2.747	14.38	0.46
	临澧	1203	18.16	8.443	1.984	1.972	8.454	0.47
	桃源	4314	87.12	45.35	7.466	7.466	45.35	0.52
	石门	3970	68.53	49.66	6.886	6.886	49.66	0.72
	津市	558	8.340	3.927	0.7912	0.5956	4.123	0.49
	经开区	54	0.9773	0.4848	0.0963	0.0738	0.5072	0.52
	柳叶湖	139	2.512	1.2055	0.2475	0.2259	1.227	0.49
	西湖	70	1.427	0.4954	0.1244	0.0951	0.5246	0.37
	西洞庭	110	1.991	0.9329	0.1962	0.1504	0.9787	0.49
	桃花源	142	2.878	1.498	0.2466	0.2466	1.498	0.52
流域分区	资水	42	0.8475	0.4412	0.5876	0.5876	0.4412	0.52
	沅江(浦市镇以下)	5086	100.76	53.76	8.831	8.831	53.76	0.53
	澧水	6235	101.61	62.73	10.24	10.24	62.73	0.62
	洞庭湖环湖区	6236	110.95	41.57	10.21	7.62	44.17	0.40
	其它	588	9.750	7.070	0.9654	0.9654	7.070	0.73
常德市(合计)		18187	323.9	165.6	30.84	28.24	168.2	0.52

流深在 800～1200 毫米。

低值区：澧水入湖区间及长江三口入洞庭湖部分区域，年径流深 500–700 毫米；

②年内分配不均。全市大部分水文站连续最大四个月径流量占全年的 48.7～62.2%左右，澧水流域连续最大四个月径流量集中在 4～7 月份。

③径流系数大。因降雨集中、暴雨强度大、土壤前期饱和，常德市平均产水系数达 0.52。

地下水资源量

2016 年全市地下水资源量 30.84 亿立方米（其中洞庭湖环湖区 10.21 亿立方米），比上年减少 3.2%，地下水径流模数 16.95 万立方米 / 平方公里?年。

2016 年各分区地下水资源量分布情况见图 6。

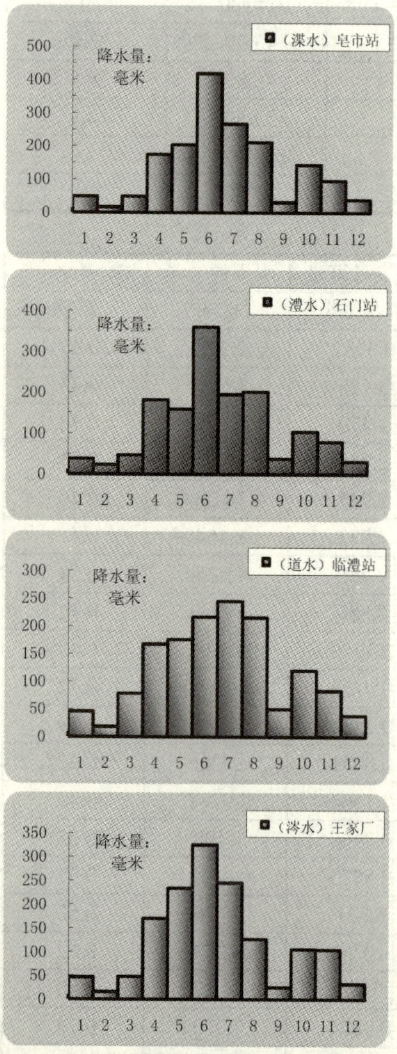

图 2　2016 年主要河流代表站月降水量分布

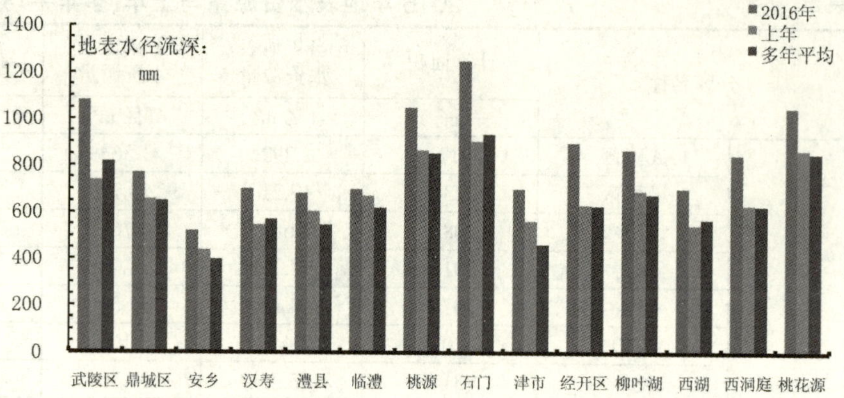

图 3　2016 年各行政分区地表水径深与上年、多年平均比较情况

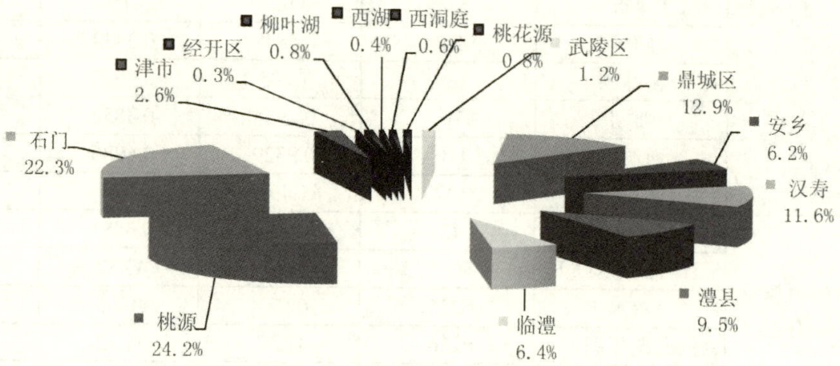

图 4　2016 年各分区地下水资源量分布情况

表八　　2016 年河流水质评价状况

水系	评价河段	汛期	非汛期	全年
溇水	皂市～石门	Ⅱ	Ⅱ	Ⅱ
澧水	石门～津市	Ⅱ	Ⅱ	Ⅱ
	津市以下	Ⅱ	Ⅱ	Ⅱ

水资源总量

水资源总量指评价区内当地降水形成的地表、地下产水总量（不包括区外来水量）。2016 年全市水资源总量 168.2 亿立方米，较上年偏多 26.5%。较多年平均偏多 25.7%。

水资源质量状况

溇水：全年期：Ⅱ类水质监测断面 2 个，占总评价河段的 100%。

澧水中下游：全年期：Ⅱ类水质监测断面 6 个，占总评价河段的 100%。

（志办）

环境质量

【地表水环境质量】津市区域内国控监测断面 2 个，分别是窑坡渡、毛里湖湖心，由常德市环境监测站进行月度监测。2016 年两个国控监测断面水质保持在Ⅲ类以上，达标率为 100%。省控监测断面 2 个，分别是宋家渡、白龙潭，由津市市环境监测站进行月度监测。2016 年两个省控监测断面水质保持在Ⅲ类以上，达标率为100%。县(市)控断面2个，分别是小渡口、车家溪(澹水)，断面属性为了解水质状况(不参与考核)。小渡口断面水质在Ⅲ类以上，车家溪断面水质在Ⅵ类以上。 (环保局)

【城乡集中饮用水水源地水质】津市环境监测部门按要求对白龙潭、谢家堰饮用水水源地水质开展月度监测(29项)、季度监测(61项)及每两年一次的地表水全分析监测(109项)。各项监测结果表明，白龙潭、谢家堰水质分别达到国家《地表水环境质量标准》(GB3838—2002)Ⅱ类水质标准，达标率为100%。 (环保局)

【空气环境质量】津市目前设有一个环境空气自动监测点位，位于津市市社会养老服务中心，全天候对全市空气质量进行监测。监测因子有PM10、PM2.5、二氧化硫、二氧化氮、一氧化碳、臭氧等6项。2016年有效监测天数为350天，其中优良天数249天、轻度污染天数75天、中度污染天数15天、重度污染天数10天、严重污染天数1天，空气环境质量优良率为71.1%。津市主要污染因子为PM2.5，达标率为73.1%。2016年PM2.5平均值为57ug/m³，比2015年PM2.5平均值69ug/m³有所下降。 (环保局)

【声环境质量】因城市发展，2016年按规范对津市环境噪声监测点位重新布置，并按新点位进行首次年度环境噪声监测。监测结果表明：主要交通干线的道路交通噪声昼间等效声级平均值为69.5分贝，低于《声环境质量标准》4类区噪声限值。城区区域环境噪音昼夜等效声级平均值为48.3分贝，低于2类区噪声限值。城区声环境质量总体良好。 (环保局)

市、市直机关、乡镇机关及驻津单位领导名录

（2016年12月）

中共津市市委员会

傅　勇　书记
陈章杰　副书记　市长
杨文惠　副书记
熊　斌　常委　副市长(常务)
张海卿　常委　宣传部部长
黄沅敏　常委　统战部部长
伍子科　常委　纪委书记
马吉云　常委　组织部部长
姜　超　常委　人武部政委
江　韬　常委　办公室主任
李景峰　常委　政法委书记

津市市人大常委会

王育平　主任
邓惠荣　副主任
黄费武　副主任
李亚林　副主任
胡湘萍　副主任
邓开泉　副主任
齐绍进　党组成员

津市市人民政府

陈章杰　市长
熊　斌　副市长
杨健全　副市长
李　阳　副市长
杜登全　副市长
戴志刚　副市长
高　见　副市长
徐兴勇　副市长
甘雪林　党组成员
葛　胜　党组成员

政协津市市委员会

姜正才　主席
曹后新　副主席
董新满　副主席(兼)
阿　毅　副主席(兼)
梁文利　副主席
雷光键　副主席
李子牙　党组成员

津市市人民武装部

姜　超　政委
吴　昊　部长
吴双喜　副部长

其他处级领导

张伟莉　市政府正处级干部
严东平　市政府副处级干部
温南军　市政府副处级干部
姚跃进　市政协正处级干部
王文军　市政协副处级干部
覃业辉　市法院院长
王朝阳　市检察院检察长
郭民忠　市公安局政委（高配为副处级）
石　勇　市工业集中区党工委书记　管委会主任
曹　魏　市一中党委书记、校长
李　力　电大津市分校党总支部书记、校长
张宏平　市委党校校长（高配为副处级）
黄大喜　市教育局副处级干部

市纪委(监察局)

伍子科　书记
葛　胜　副书记(常务)　监察局局长
黄毅明　副书记
李本亚　副书记
宁　宇　常委
钟　智　常委　监察局副局长
贺修武　常委
王　华　常委
杨　威　常委　纪检监察四室主任
毛　娟　监察局副局长
周　宏　审理室主任　正科级纪检监察员
周　鹏　纪检监察一室主任
钟晓婷　信访室主任
郭　丽　纪检监察二室主任
谢　娟　纪检监察三室主任
郭　勇　办公室主任
洪　震　党风政风室主任

市委办

江　韬　主任
陈克兵　副主任(常务)　保密局局长　机要局局长
吴正清　副主任
陈　革　副主任
彭　军　副主任
钱正彬　纪检员
谭静波　改革办专职副主任

党史办(地方志办)

雷忠武　主任

市委接待处

杨　军　主任
魏　来　副主任

机关事务办

肖廷知　主任
汤　惠　副主任
郑凌云　纪检组长　副主任

档案局(档案馆)

谢　波　局长
金义军　副局长
邹平华　副局长

组织部(市直机关党委)(市委非公有制经济组织和社会组织工作委员会)(基层党建办)

马吉云　部长
唐熙刚　副部长(常务)
韩宝诚　副部长
刘俊芳　副部长　市委非公有制经济组织和社会组织工委书记
雷光键　副部长(兼)
袁　静　副部长(兼)
刘迪波　市直机关党委书记
王　俊　纪检员
王跃云　基层办主任　市委非公有制经济组织和社会组织工委专职副书记
雷明军　市委非公有制经济组织社会组织工委副书记(兼)

郑家春　市委非公有制经济组织和社会组织工委副书记(兼)
张子荣　市委非公有制经济组织和社会组织工委副书记(兼)

党员教育中心
陈　荣　主任

党校(行政干部管理学校)
杨文惠　党校第一校长
熊　斌　行政学校第一校长
张宏平　校长
曾祥云　副校长
傅智慧　纪委书记

老干局
袁　静　局长
蔡学文　副局长
鲁祖英　副局长

总工会
李亚林　主席(兼)
蔡德习　书记　副主席
郭玉璟　副主席
向　巍　副主席
田晓红　纪检组长
　　女工委主任
吴　琛　经审委主任

团市委
童俊凯　书记
肖　丹　副书记

妇联
李志华　主席
田　华　副主席

科协
王观宏　主席

残联
董新满　理事长
张浩瀚　书记　副理事长
朱春年　副理事长

编委办
聂和旗　主任
邹　斌　副主任

事业单位登记局
黎帮慧　局长

宣传部(精神文明办)
张海卿　部长
刘德忠　副部长(常务)
胡国勇　副部长　文明办主任
张方军　纪检员

文体广新局
罗　斌　书记
易　旭　局长
龚德军　副局长
甘邦祺　副局长
余甫国　副局长
宋　奕　纪检组长
　　监察室主任

文化市场综合执法大队
杨　力　大队长

文物局
彭　佳　局长

广播电视台
汪东雷　台长
黄　鲲　总编辑
杨　玲　副台长
王侣丹　工会主席

文联
周恩清　主席
林小琼　副主席

政法委(综治办)(维护稳定工作办公室)
李景峰　书记
黄大庆　副书记(常务)
黄文勇　副书记
李　凯　副书记
李东方　纪检员

610办
黄文勇　主任

法院
覃业辉　院长
袁顺章　副院长
阿　毅　副院长
钱绪志　副院长
汪春华　副院长
瞿长军　纪检组长
周　炜　执行局局长
杨孟安　工会主席
庞延文　政工室主任
罗业才　审委会专委
肖　俊　审委会专委
李平章　审委会专委
王松武　法警大队大队长

新洲法庭
周业平　庭长

南区法庭
江海兵　庭长

保河堤法庭
姜业涛　庭长

检察院
王朝阳　检察长
蹇学文　副检察长
李　敬　副检察长
徐成华　副检察长
成燕平　副检察长
龚　平　纪检组长
辛　桓　政工室主任
曾贤炯　工会主席
黎谏昭　渎职犯罪侦查局长
　　检委会专委
向阳葵　检委会专委
匡纯华　反贪局局长

公安局
戴志刚　局长
郭民忠　政委
卜合明　副局长
吴为民　副局长
曾荣辉　副局长
罗启宏　副局长

王　田　纪委书记
李　平　副局长
尹昌建　政工室主任
张　杰　法制室主任
周　峰　警务保障室主任
项　峰　指挥中心主任
施光法　国内安全保卫大队大队长
罗　涛　国内安全保卫大队教导员
胡　月　刑事侦查大队大队长
周志刚　刑事侦查大队教导员
张安华　治安管理大队大队长
石　勇　经济犯罪侦查大队长
杜修超　经济犯罪侦查大队教导员
冯　蓓　人口与出入境管理大队大队长
杨　倩　人口与出入境管理大队教导员

三洲驿派出所
尹　顺　所长
王　山　教导员

汪家桥派出所
李志奇　所长
贺　虎　教导员

襄阳街派出所
石　翔　所长
王大湘　教导员

金鱼岭派出所
周用志　所长
聂　勇　教导员

嘉山派出所
彭　军　所长
李　维　教导员

新洲派出所
王先立　所长
成　懿　教导员

毛里湖派出所
王　维　所长
药山派出所
周　舟　教导员

白衣派出所
谌远辉　所长
张少龙　教导员

水上派出所
刘新波　所长
罗　琳　教导员

西湖派出所
沈能雄　所长
杨学军　教导员

看守所
水加斌　所长
韩虎臣　教导员

拘留所
谭　斌　所长
韩湘鄂　教导员

交警大队
庹进文　大队长
梁先菊　教导员
卢祖华　副大队长
潘格林　副大队长
鲁文全　副大队长
李任斌　副大队长
路　杰　纪检组长
赵　勇　事故处理中队中队长
游　琪　事故处理中队指导员
戴述雄　城南中队中队长
陈　钧　城南中队指导员
李　哲　城北中队中队长
杨　立　城北中队指导员
刘　冰　巡逻中队中队长
熊光明　巡逻中队指导员
熊朝晖　秩序管理中队中队长
杨雁凌　秩序管理中队指导员
许宏炎　低管中队中队长
张　华　低管中队指导员
刘先华　毛里湖中队中队长
王德勇　毛里湖中队指导员

司法局
聂平凡　局长
杨启文　副局长
杨重遥　纪检组长　监察室主任
颜甲丙　副局长
石瑞玲　政工室主任

民政局
辛吉忠　局长
贺　蔚　副局长
郑家春　副局长
黄益群　纪检组长
　　　　监察室主任
王伟林　副局长

统战部
黄沅敏　部长
齐绍瑛　副部长(常务)
罗勇刚　副部长

台湾工作办公室
周润清　主任

工商联
胡湘萍　主席
齐绍瑛　书记(兼)
赖丽容　副主席
雷明军　副主席

民建津市市委
易　旭　主委(兼)
梁文利　副主委(兼)
刘　莉　副主委
陈本方　副主委(兼)

民盟津市市委
周　欢　主委(兼)
贺爱华　副主委(兼)
曾红胜　副主委(兼)

农工党津市市委
王双全　主委(兼)
杨建国　副主委
杨　玲　副主委(兼)
卢　超　副主委(兼)

水务局
沈正贵　局长
陈克明　副局长
李召全　副局长

周新河　　副局长
邹永祥　　总工程师
朱方丽　　纪检组长　监察室主任

防汛办
邹永祥　　主任

水利建设管理中心
黄广杨　　主任

农业局
刘仕彬　　局长　农村办主任
卜四平　　副局长
李德华　　农村办副主任
邓超峰　　副局长
郭克艳　　副局长
廖金华　　纪检组长　监察室主任
管宏波　　总农艺师
李志昊　　纪检组长　监察室主任

农民教育办公室
李　琨　　主任

农村经营服务站
李永才　　站长
龚　勇　　副站长
李志兵　　纪检员

农机化局
聂　宇　　局长
李建安　　副局长
戴红桃　　副局长

畜牧兽医水产局
徐国斌　　局长
陈娇兰　　副局长
何金明　　副局长
雷　虹　　纪检员
赵昌琦　　副局长

林业局
颜　述　　局长
朱建新　　副局长
李庆惠　　副局长
刘　阳　　纪检组长
　　　　　监察室主任

龚佑元　　总经济师

森林公安局
韩绍忠　　局长
颜　述　　政委
李慧君　　副局长

湖南津市毛里湖国家湿地公园管理处
彭　敏　　主任
杨　毅　　副主任
周业平　　副主任
赵　斌　　副主任

津市市国有林场
雷波勇　　主任

供销社
路　琳　　主任
张慧华　　副主任　纪检组长
宋　昭　　副主任

政府办
甘雪林　　主任　法制办主任
　　　　　旅游外侨局局长
钟　轲　　副主任
程耀华　　副主任
魏　斌　　副主任
杨　志　　副主任
周　欢　　副主任
杜　君　　副主任
谭翼云　　副主任
鲁智勇　　副主任
鲁　文　　副主任
卢基燕　　纪检组长
　　　　　监察室主任

人防办
李合林　　主任

归国华侨联合会
朱方军　　主席

公共资源交易中心
杨绍军　　主任
熊　军　　副主任

政务中心
张　云　　主任
王涣军　　副主任

财政局
陈克元　　局长
朱传协　　副局长
周振秒　　纪检组长
　　　　　监察室主任
王　鹏　　总会计师
文　莉　　副局长
江海峰　　副局长

非税收入征收管理局
高家礼　　局长
胡　韬　　纪检员
肖　晖　　副局长
汪媛萍　　副局长

乡镇财政管理局
李正清　　局长

财政国库支付核算中心
齐志坚　　主任

财政局工业集中区分局
潘小平　　局长

农业综合开发办
马成明　　主任
唐才友　　副主任
鲁　瑞　　副主任
杨　菲　　纪检员

审计局
雷志华　　局长
吴承武　　副局长
洪振高　　副局长
　　　　　经责办副主任
欧阳莉　　纪检组长
　　　　　监察室主任
危　鸿　　总审计师

安监局
朱泽兴　　局长
张志刚　　副局长　纪检组长

龚启君　副局长
李克斌　副局长

信访局
高蓉月　副局长
王　毅　副局长

城管执法局
龚　龙　局长
雷凤彩　副局长
游运璇　副局长

教育局
蒋勇林　局长
刘明华　副局长
刘学斌　副局长
陈　亮　纪委书记
　　　　监察室主任
王忠明　副局长
关　平　主任督学

湖南广播电视大学津市分校
李　力　校长
卢　鹰　副校长
路典清　工会主席
罗宗斌　学生科科长
马　鸣　总务科科长

职业中专学校
周志波　校长
刘　莉　副校长

教师进修学校
刘　炀　副校长
马　霞　副校长

一中
曹　魏　校长
谭启荣　副校长
陈　耘　工会主席
余国华　办公室主任
申　建　教务科科长
徐元清　学生科科长
鲁丙林　后勤科科长

翊武中学
毕怀忠　副校长
曾红胜　副校长
周宏坤　副校长

五中
关　平　校长
张良秋　副校长
黄凤梅　副校长
郭祖安　工会主席

人社局
雷光键　局长
刘　敏　副局长
张世菊　副局长
杨柳青　副局长
高　毅　总经济师
李建华　纪检组长　监察室主任

劳动就业处
梁　勇　主任

劳动人事争议仲裁院
庹登继　院长

投资促进事务局
刘先利　局长

养老保险中心
贺进华　主任

医保处
聂本贵　主任

工伤保险处
刘德斌　主任

机关社保处
李海斌　主任

人力资源开发交流服务中心
毕　俊　主任

国土资源局
徐兴勇　局长
卜忠鑫　副局长
胡振基　副局长
高　翔　副局长
胡庭岸　副局长
胡圣华　纪检组长
　　　　监察室主任
朱文君　总工程师

国土资源局执法监察大队
杨绍军　大队长

土地开发整理中心
李　宏　主任

国土资源局工业集中区分局
陈真云　局长

住建局
刘定平　书记
陈本方　局长
汪国进　副局长
李碧军　纪委书记　监察室主任
谢韶辉　副局长
李　艳　副局长

公用事业管理处
李银安　主任

房管局
傅关杰　副局长
王　波　副局长
罗　斌　副局长
胡黎明　纪检员

住房保障办公室
成　军　主任

国有土地上房屋征收与补偿工作办公室
刘　芳　主任

交通运输局
朱国贵　局长
辜建格　副局长
肖耀军　副局长
吴先明　纪检组长　监察室主任
胡丕波　总工程师
朱方勇　副局长

运管处

秦　敏　　主任

交通质安所

葛　明　　所长
卢学林　　副所长
刘劲松　　副所长

地方海事处

施华翼　　主任

卫计局

郭天明　　局长
龚德全　　副局长
胡芬芳　　副局长
朱传铌　　纪委书记　监察室主任
彭　逆　　副局长

疾病预防控制中心

文　杰　　主任

农村合作医疗管理办公室

沈善喜　　主任

计划生育协会

张　妮　　副会长

卫生计生综合执法监督局

赵道明　　局长

人民医院

卜中华　　院长
王明生　　副院长
陈明辉　　副院长
贺国华　　副院长

妇幼保健院

肖耀平　　院长

环保局

卜茂平　　局长
蔡小玲　　副局长
彭思绪　　副局长
葛　雷　　副局长
鲁祖元　　纪检组长　监察室主任
王　威　　总工程师

统计局

曹建华　　局长
李光日　　副局长　主任科员
黄　淳　　纪检组长　监察室主任
赵清洁　　副局长

商务粮食局

谭文斌　　局长
郭春节　　副局长
万　君　　纪检组长　监察室主任
刘宇丹　　副局长
苏广军　　副局长

市场服务中心

李晓明　　副主任
易继军　　副主任
任　涛　　副主任

发展和改革局

易　榕　　局长
金　鑫　　副局长
贺　庆　　纪检组长　监察室主任
屈　良　　副局长
熊　文　　副局长

价格监督检查局

徐兴弟　　局长

科技工信局

赵　宇　　局长
袁　峰　　副局长
汤湘忠　　副局长
洪振华　　副局长
李运忠　　纪检组长　监察室主任
汪　宇　　总经济师

地震局

文　军　　局长

市场质量监管局

陈　杰　　局长
张子荣　　副局长
李　强　　副局长
苏红岩　　副局长
朱巨泽　　总工程师
陈　宏　　纪检组长　监察室主任

公路管理局

陶元生　　局长
常　军　　副局长
张　芸　　副局长
陈建平　　纪检员

人大机关

齐绍进　　办公室主任
周新华　　办公室副主任
彭元红　　联工委主任
任有为　　联工委副主任
陈群华　　人大法制委员会主任委员
　　　　　内务司法工作委员会主任
李亚杰　　人大法制委员会副主任委员
李　立　　人大财政经济委员会主任委员
刘　丹　　人大财政经济委员会副主任委员
刘　芳　　教工委主任
陈宏华　　教工委副主任
李　勋　　农工委主任
张先平　　农工委副主任

政协机关

李子牙　　办公室主任
曾　鹏　　办公室副主任
皮怀忠　　法群委主任
刘清华　　学文委主任
尹茂桂　　提案委主任
高曙光　　经科委主任

工业集中区

石　勇　　书记　主任
曾海涛　　纪工委书记
丁小峰　　副主任
宋秉忠　　副主任
刘文娴　　办公室主任
郭小毛　　招商合作局局长
李　震　　产业发展局局长
周　临　　规划建设局局长
孟祥华　　社会事务局局长

三洲驿街道

袁超伦　　书记
肖　婵　　副书记　主任
张志峰　　副书记

施光华　人大联络委主任
滕　达　纪工委书记
　　　　政协联络处主任
裴洪志　武装部长
邓俊杰　组织委员
黄泽清　副主任
黄春霞　副主任

汪家桥街道
彭进华　书记
刘康新　副书记　主任
向　涛　副书记
陈晓兰　人大联络委主任
姜　波　政协联络处主任　副主任
杜盼盼　纪工委书记
孟　军　武装部长
张议文　组织委员
何　江　副主任

襄阳街街道
彭发利　书记
徐　伟　副书记　主任
王友华　副书记
江彬霞　人大联络委主任
刘安春　政协联络处主任　副主任
钟　俊　武装部长
吴　婕　纪工委书记
黄朵朵　组织委员
于春艳　副主任

金鱼岭街道
王成勇　书记
佘威威　副书记　主任
雷湘炬　副书记
马大平　人大联络委主任
王　波　政协联络处主任
张　丽　纪工委书记
王笔毕　武装部长
史启寅　组织委员
雷　敏　副主任

嘉山街道
周晓奇　书记　人大联工委主任
邹　勇　政协联络处主任
燕文涛　纪工委书记　武装部长
郑媛媛　组织委员

新洲镇
郭久平　书记
施海英　副书记　镇长
郑宇辰　副书记
孟祥云　人大主席
汪晓庆　政协联络处主任　副镇长
王学新　纪委书记
王怀满　副镇长
周先福　武装部长
叶小军　组织委员
田祥杰　副镇长
覃　宇　人大副主席

嘉山管理处
周　欢　主任
沈恒勇　副主任
周　上　副主任

毛里湖镇
杨　波　书记
全林平　镇长
刘士林　副书记
鲁秉勰　人大主席
齐义芝　政协联络处主任
杨金堂　副镇长
汪师儒　纪委书记
李　睿　武装部长
万　菲　组织委员
曾楚汉　副镇长
张振兴　人大副主席

药山镇
胡永乐　书记
汤　兵　副书记　镇长
胡　汉　副书记
卜明华　人大主席
郑小华　武装部长
周　礼　纪委书记
詹　念　组织委员
郭守明　副镇长
王先明　副镇长
方　粟　人大副主席

白衣镇
刘　敏　书记
刘　波　副书记　镇长
齐志宏　人大主席
许凌翔　政协联络处主任
　　　　武装部长
周　强　组织委员
蔡昌明　副镇长
吴红平　副镇长

自来水公司
李　惠　董事长
毛世春　总经理
张拥军　副经理
汪　莉　副经理
刘长青　监事会主席
刘　伟　副经理
贺　立　工会主席

城建投公司
宋文联　总经理
叶国庆　国资公司副总经理
田　安　副总经理
李诗兵　副总经理
王志成　工会主席

嘉山实业公司
唐海平　董事长
周　敏　总经理

国税局
向宇宏　局长
黄　勇　副局长
廖　峻　副局长
王国荣　副局长
许杰峰　副局长
毕　垒　纪检组长

地税局
李太东　局长
庹朝双　副局长
石　全　副局长
杨福海　副局长
刘连杰　纪检组长

邮政局
谢迎朝　局长
郑益新　党委书记
曾五一　副局长

刘华清　　副局长
周常汉　　局长助理

烟草局

王亚平　　局长　经理
潘志远　　副经理
于　鹏　　副局长
侯惠平　　纪检组长

电信公司

周　军　　经理
姚　军　　副经理
彭　波　　副经理

移动公司

杨国民　　副经理
陈　骏　　副经理
郭兰英　　经理助理

石油公司

韩泽依　　经理
胡　军　　经理助理
戴　亮　　经理助理

（注：有行政职务的领导只写行政职务，无行政职务领导写党内职务，以2016年12月在任为准。任职名录由市委组织部提供。）

中共津市市委员会

【综述】2016年，津市市委团结带领津市人民，开足马力、攻坚克难，基本完成2016年经济社会发展主要目标任务，为全面建成澧水流域现代化的中心城市奠定坚实基础，实现“十三五”良好开局。2016年实现地区生产总值132亿元，增长9.8%；完成财政总收入6.43亿元，增长7.2%；完成社会固定资产投资118.8亿元，增长10.9%；城乡居民人均可支配收入分别达到28236元、13142元，分别增长8.5%、8.9%。 （朱樟杰）

【产业后劲显著增强】完成规模工业总产值193.5亿元，增长8.5%；完成规模工业增加值43.9亿元，增长10.2%；规模企业户数达到92家，津市工业园区成长为“百亿园区”、省级高新园区，跻身湖南省园区综合评价前20强。生物医药板块快速成长，生物酶制剂及应用特色产业基地被列为国家火炬特色产业基地，鸿鹰生物、龙腾生物、润农生态茶油成功申报为高新技术企业，津市被评为湖南省科技成果转移转化示范县市。企业帮扶力度加大，天泰食品等一批企业得到盘活，仁和盛二期、荣威服饰等一批新项目竣工投产。澧水流域首家公共保税仓和海关工作站在津市挂牌运行。电商产业园开园并孵化创业主体20多家。现代农业发展加快，农林牧渔业总产值增长到33.5亿元，生猪、食用菌、生态林果、休闲农业等特色产业发展来势较好，畜牧业生态循环养殖“津市经验”被农业部推介，津市被列为全国畜禽水产养殖污染防治整县推进试点县。服务业发展稳步升温。长沙银行、湘淮村镇银行进驻津市，银行、保险、金融等各类业态不断增多。宝悦乐城、博联家居建材广场建成开业。“津市牛肉米粉”旗舰店走进长沙，享誉湖南。 （朱樟杰）

【城乡面貌持续改观】全力推进“五城同创”、棚改攻坚、农村环境综合整治，城乡基础设施、人居环境显著改善，城市管理明显提质。顺利通过“国家卫生城市”评估验收和“省文明城市”复检。新洲、毛里湖、药山、白衣等特色集镇建设强力推进。美丽乡村建设、农民权益维护和农民负担监管工作被评为湖南省先进县市。城乡供水一体化经验在湖南省推介。毛里湖湿地公园成功摘得常德唯一国家级湿地公园牌子，正式获评3A级旅游景区。药山景区建设稳步推进，竹林禅院建成开院。城乡公路建设全面加强，澧水二桥、窑坡渡千吨级码头、S238新药线、渡棠公路项目建设有序推进。成功应对澧水流域多轮强降雨袭击，防洪抗灾能力显著增强。

（朱樟杰）

【内生动力明显增强】稳妥推进合乡并村、公车改革、机关事业养老保险改革、投融资改革、“营改增”等各项改革，获评常德市全面深化改革先进单位。国家新型城镇化改革、国家中小城市综合改革、湖南省海绵城市、湖南省智慧城市“四大试点”建设和津澧融城实质性推进。津市自主改革项目农村垃圾分类处理“绿色存折”制度被中央深改办向全国推介，并被常德市委作为2017年十大自主改革项目之一，在区县（市）全面推开。市民论坛“社区民主协商”课题，被国家民政部评为重点创新项目，并在民政部深圳会场典型发言。澧水航道津市段疏浚工程、窑坡渡千吨级码头启动建设，津市港蓄势待发，重新焕发出新的生机。 （朱樟杰）

【民生保障更加有力】扎实开展脱贫攻坚，实现脱贫540户1846人。社会保障更加健全，城乡低保标准进一步提高，基本养老保险、基本医疗保险在制度上实现全覆盖，失业、工伤、生育保险覆盖所有用人单位，城乡居民医疗保险实现一体化管理。实现城镇新增就业5805人。教育卫生“三年攻坚”完美收官，办学基础明显改善，津市被评为全国义务教育发展基本均衡区县（市）；公共卫生计生服务稳步提升，津市中医院成功创建二级甲等中医医院，津市人民医院完成“二甲”医院复评第一阶段工作。住房保障更加全面，累计投资8亿元，启动西河街、双济路等12个棚户区征收改造，涉改居民8130户；大力实施农村危房改造，累计投资5000万元，改造危房2500户。养老服务更加完善，乡镇敬老院改扩建有序推进，市养老服务中心二期工程启动续建。文化体育事业蓬勃发展，圆满承办湖南省自行车邀请赛津市站比赛。 （朱樟杰）

【民主法治加快推进】坚持领导干部带头学法，强化全民普法，深入开展“法治夜话”活动，津市荣获全国“六五”普法先进县（市）称号。深入推进“法制津市”建设，坚持重大事项集体决策，自觉接受人大法律监督、政协民主监督，办理人大代表议案和建议255件、政协委员提案357件，解决一大批老百姓关注的实际问题。社会治安、安全生产、信访维稳等工作扎实开展，湖南省社会治安综合治理民意调查测评居全省前列、常德第一，司法工作湖南省民调测评和司法行政工作综合评价居常德第一，继续保持全国平安县市称号。坚持市级领导信访接待日、市长热线受理回复等制度，群众合法诉求得到有效解决，领导接访特色工作经验，被《湖南日报》《常德日报》等媒体广泛报道。　（朱樟杰）

【党的建设富有成效】坚持党建引领全局，全面从严管党治党。圆满完成党委、人大、政府、政协换届选举工作。基层党建工作继续加强，各级班子和干部执政能力不断提升。扎实推进“两学一做”学习教育，与深化“三严三实”回头看相结合，突出问题导向，倒逼党员干部重点解决懒政怠政和不作为、乱作为等热点难点问题，推进改进作风常态化、长效化。狠抓党风廉政建设，严格压实“两个责任”，“四风”问题得到有效遏制。扎实推进“五百英才引进工程”，创新引才工作方式，为津市发展提供坚强人才支撑。着力加强党对人大、政协工作领导，加强党的统一战线和群团工作，加强党管武装工作，更加广泛凝聚干事创业力量。　（朱樟杰）

【中共津市市第十二次代表大会】2016年8月31日—9月1日，中国共产党津市市第十二次代表大会召开，285名党代表出席会议。会议主要任务是认真总结十一次党代会以来取得工作成就和基本经验，准确分析津市今后面临发展形势，明确坚持工业立市、重振工业雄风，树立经营理念、建设现代城市，突出民本情怀、推进城乡一体，全面推进党要管党和从严治党的工作目标和重点，选举产生新一届津市市委、纪委班子，推选出席常德市第七次党代会代表，为今后5年发展提供坚强组织保证。会议主题是：深入贯彻党的十八大和十八届三中、四中、五中全会精神，按照“五位一体”总体布局和“四个全面”战略布局要求，明确坚持工业立市、突出产业兴城，为建设澧水流域现代化的中心城市而努力奋斗！会议主要议程是：听取和审查中国共产党津市市第十一届委员会工作报告；听取和审查中国共产党津市市纪委检查委员会工作报告；审议津市市党费收缴、使用和管理情况报告；选举中国共产党津市市第十二届委员会；选举中国共产党津市市纪律检查委员会；选举津市市出席中国共产党常德市第七次代表大会代表。

（朱樟杰）

【中共津市市委十二届一次全会】2016年9月1日，中国共产党津市市委第十二届委员会召开第一次全体会议，津市市委第十二次代表大会产生的33名市委委员，6名市委候补委员，19名市纪委委员出席会议。

会议选举中共津市第十二届市委常委、书记、副书记。傅勇当选中共津市市委书记，陈章杰、杨文惠当选中共津市市委副书记。傅勇、陈章杰、杨文惠、熊斌、张海卿、黄沅敏、伍子科、马吉云、姜超、江韬、李景峰等11人当选中共津市市第十二届委员会常务委员会委员。会议还通过津市纪委第一次全会选举结果，津市纪委第一次全会选举伍子科为市纪委书记，葛胜、黄毅明、李本亚为市纪委副书记。

中国共产党津市市第十二届委员会
委员名单

马吉云　王育平　王朝阳　石　勇
朱国贵　伍子科　刘仕彬　刘定平
江　韬　杜登全　李　阳　李景峰
杨　波　杨文惠　张海卿　陈克元
陈章杰　易　榕　姜　超　姜正才
徐兴勇　高　见　郭久平　郭天明
唐熙刚　黄沅敏　彭进华　蒋勇林
覃业辉　傅　勇　蔡德习　熊　斌
戴志刚

中国共产党津市市第十二届委员会
候补委员名单

胡永乐　彭发利　赵立华　朱泽兴
周晓奇　赵　宇

中国共产党津市市纪律检查委员会
委员名单

卜合明　王　华　宁　宇　伍子科
刘俊芳　李　毅　李本亚　杨　威
吴　婕　汪师儒　张方军　陈　亮
周　鹏　钟　智　贺修武　郭　丽
黄毅明　葛　胜　瞿长军

津市市委书记、副书记、常委名单

书　记：傅　勇
副书记：陈章杰　杨文惠
常　委：熊　斌　张海卿　黄沅敏
　　　　伍子科　马吉云　姜　超
　　　　江　韬　李景峰

（朱樟杰）

【市委常委会议】

2016年市委常委会议主要内容

会议次数	主要内容
第1次	一、关于1月上中旬主要工作预安排 二、关于2015年度人口计生评先评优工作 三、关于2016年财政预算编制工作 四、关于合乡并镇机构设置工作 五、关于《2016年市委经济工作会议主体报告》和《政府工作报告》

会议次数	主要内容
第2次	一、关于1月中下旬主要工作重要活动预安排 二、关于2015年度综治维稳评先评优工作 三、关于2016年度春节走访慰问活动 四、关于传达学习习近平总书记在中央政治局“三严三实”专题民主生活会上的重要讲话精神
第3次	一、关于2月份主要工作重要活动预安排 二、关于传达学习中办发〔2016〕1号文件精神和中纪通〔2015〕12号关于六起中管干部违反中央八项规定精神 三、关于推进基层党建“五化”工作 四、关于2015年度绩效评估工作 五、关于贯彻落实湘办发电〔2015〕167号文件精神工作
第4次	一、传达学习省、常德市扶贫开发暨全面建成小康社会推进工作会议精神 二、关于2016年我市脱贫开发工作 三、关于2016年我市全面建成小康社会推进工作 四、关于2016年我市招商引资工作
第5次	一、关于3月上中旬主要工作重要活动预安排 二、关于传达学习习总书记在十八届中纪委六次全会讲话精神暨常德市六届纪委九次全会精神 三、关于上级政法工作会议精神及我市2016年政法工作 四、关于传达学习常德市乡镇党委换届工作会议精神及我市贯彻落实意见 五、关于相关单位办公用房调整
第6次	一、关于3月中下旬主要工作重要活动预安排 二、关于上级宣传工作会议精神及我市2016年宣传思想工作情况 三、关于2016年信访工作
第7次	一、关于4月上中旬主要工作重要活动预安排 二、关于传达学习习总书记“两会”期间在湖南代表团讲话精神和参加全国政协十二届四次会议民建、工商联组会时的重要讲话精神 三、关于迎接湖南省第三轮县级人民政府教育工作督导评估工作 四、关于我市脱贫攻坚及美丽乡村“五化”重点工作 五、关于我市优化经济发展环境工作 六、关于传达学习上级“营改增”精神及我市“营改增”工作
第8次	关于加强换届风气监督的上级有关精神及我市贯彻落实意见
第9次	一、关于4月中下旬主要工作重要活动预安排 二、关于省、常德市开展“雁过拔毛”式腐败问题和“纠四风、治陋习”专项整治工作会议精神及我市贯彻落实意见 三、关于常德市党委办公室系统工作会议精神及我市贯彻落实意见 四、关于常德市委统战工作会议精神及我市贯彻落实意见 五、关于常德市委组织部长会议精神及我市贯彻落实意见
第10次	一、关于5月上中旬主要工作重要活动预安排 二、关于合村工作 三、关于实行镇(街道)、工业集中区工会经费“乡财县管”试点工作 四、关于省、常德市关于加强和改进党的群团工作实施意见有关精神 五、关于我市2016年绩效考核评估方案
第11次	关于上级“两学一做”学习教育有关精神及我市贯彻落实工作情况
第12次	一、关于常德市换届工作会议精神及我市贯彻落实意见 二、我市推荐省、常德市“七一”表彰先进典型情况 三、关于我市与省建工集团战略合作重要事宜 四、传达学习习近平总书记重要指示精神及我市开展信访积案化解的情况

会议次数	主要内容
第 13 次	关于我市第十二次党代会筹备工作有关情况
第 14 次	一、关于 6 月上中旬主要工作重要活动预安排 二、关于进一步规范公务员津补贴发放工作 三、关于我市禁毒和毒品犯罪打击工作 四、关于领导保密工作责任制
第 15 次	一、关于 6 月中下旬主要工作重要活动预安排 二、关于环保重点工作 三、关于全面深化改革相关工作 四、关于“七一”表彰有关工作 五、关于对郭烽等同志违纪问题的处理意见
第 16 次	一、关于 7 月上中旬主要工作重要活动预安排 二、关于传达学习上级人大换届选举会议精神及我市人大工作 三、关于我市“创国卫”工作 四、关于我市前段防汛抗灾工作 五、关于传达学习习总书记在建党 95 周年庆祝大会上的讲话精神
第 17 次	一、关于 7 月中下旬主要工作重要活动预安排 二、关于 2016 年教育基金会募捐工作 三、关于我市上半年脱贫攻坚工作 四、关于召开市委领导班子专题民主生活会
第 18 次	关于我市第十七届人民代表大会代表推荐提名工作
第 19 次	一、关于市委第十二届委员会委员、候补委员及市纪委委员、纪委常委候选人预备人选名单 二、关于常德市委人大工作会议精神暨人大换届选举业务培训班主要精神
第 20 次	一、关于党代会筹备工作 二、关于市委工作报告和工作决议 三、关于市纪委工作报告和工作决议 四、关于常德市市县乡人大代表、市县政协委员人选推荐提名工作会议精神，市第十七届人大常委会组成人员提名工作，市第十七届人大代表推荐提名工作，政协津市市第十二届委员会委员人事安排工作方案 五、关于市政协换届工作
第 21 次	关于我市第十七届人民代表大会代表推荐提名工作
第 22 次	一、关于常德市第七届人民代表大会代表和政协常德市第七届委员会委员建议人员推荐工作 二、关于《中共津市市市委常委会议事规则》 三、关于传达学习中共常德市纪委、常德市监察局《关于进一步严明治理违规收送红包礼金纪律的通知》(常纪发〔2016〕9 号)精神
第 23 次	一、关于常德市第七届人民代表大会代表有关情况 二、关于政协津市市第十二届委员会委员推荐建议人选联合审查工作
第 24 次	一、关于市第十七届人民代表大会第一次会议和政协津市市第十二届委员会第一次会议筹备工作 二、关于加速推进我市新型工业化工作 三、关于市委市政府领导联系镇、街道、工业集中区和市级领导联系社区工作 四、关于常德市全面小康推进工作会议精神及我市贯彻落实意见 五、关于传达学习中共常德市委办公室《关于进一步建立健全落实党风廉政建设“两个责任”谈话制度的意见》(常办发〔2016〕11 号)文件精神及我市贯彻落实意见和审议我市纪检监察系统四个《提名考察办法(试行)》工作
第 25 次	一、关于政协津市市第十二届委员会委员推荐提名及政协津市市第十二届委员会常委组成人员提名工作 二、关于我市企业特派员选派工作 三、关于“两学一做”学习教育暨基层党建重点任务推进情况及落实建议

会议次数	主要内容
第26次	一、关于我市2016年县处级领导干部考核工作 二、关于我市第十二次党代会会议精神任务分解及调整我市推进工业化等六个领导小组情况 三、关于我市非公有制经济组织和社会组织党建工作 四、关于我市市级交流干部周转房建设
第27次	一、关于军事工作 二、关于我市2017年春节走访慰问工作 三、关于我市加快推进三产服务业工作 四、关于2016年度我市绩效评估方案调整工作 五、关于信访工作 六、关于对张帮华违纪问题的处理意见
第28次	一、关于省委、常德市委经济工作会议精神 二、关于2017年市委经济工作会议暨人大、政协“两会”筹备工作 三、关于中央、省、常德市法治宣传教育工作会议精神暨我市贯彻落实建议

（胡唯）

【中共津市市委重要文件】

2016年市委重要文件

序号	发文日期	文　号	发文机关	文件标题
1	2016-3-7	津发〔2016〕1号	市委市政府	关于印发《津市市城乡一体化试点工作方案(2016年-2020年)》的通知
2	2016-10-12	津发〔2016〕2号	市委	关于印发《中共津市市委常委会议事规则》的通知
3	2016-11-9	津发〔2016〕3号	市委市政府	关于加快工业发展的若干意见
4	2016-2-14	津委〔2016〕1号	市委	关于推进“五化”工作提升基层党建水平的意见
5	2016-2-14	津委〔2016〕2号	市委	关于转发《政协津市市委员会常务委员会2016年工作要点》的通知
6	2016-3-2	津委〔2016〕3号	市委市政府	关于表彰2015年度全市绩效评估考核先进单位和先进个人的通报
7	2016-5-6	津委〔2016〕4号	市委市政府	关于印发《2016年津市市绩效评估工作方案》的通知
8	2016-6-23	津委〔2016〕5号	市委	关于表彰先进基层党组织、优秀共产党员、优秀党务工作者和优秀村(社区)党组织书记的决定
9	2016-7-11	津委〔2016〕6号	市委	转发《中共津市市人大常委会党组关于做好全市市镇两级人民代表大会换届选举工作的意见》的通知
10	2016-8-26	津委〔2016〕7号	市委	转发《中共政协津市市委员会党组关于政协津市市委员会换届工作的方案》的通知
11	2016-1-22	津干〔2016〕1号	市委	关于郭勇等同志职务任免的通知
12	2016-1-22	津干〔2016〕2号	市委	关于提名任有为等同志职务任免的通知
13	2016-1-22	津干〔2016〕3号	市委	关于提名徐兴勇等同志职务任免的通知
14	2016-1-22	津干〔2016〕4号	市委	关于提名杜君等同志职务任免的通知
15	2016-1-22	津干〔2016〕5号	市委	关于提名聘任(解聘)刘莉等同志职务任免的通知
16	2016-1-22	津干〔2016〕6号	市委	关于提名曾鹏同志任职的通知
17	2016-1-22	津干〔2016〕7号	市委	关于提名朱方勇同志免职的通知
18	2016-1-22	津干〔2016〕8号	市委	关于提名胡生智等同志免职的通知
19	2016-1-22	津干〔2016〕9号	市委	关于提名田华等同志职务任免的通知

序号	发文日期	文　号	发文机关	文件标题
20	2016-1-22	津干〔2016〕10 号	市委	关于提名朱春年等同志职务任免的通知
21	2016-1-22	津干〔2016〕11 号	市委	关于提名赖丽容等同志职务任免的通知
22	2016-1-22	津干〔2016〕12 号	市委	关于提名刘莉同志职务任免的通知
23	2016-4-11	津干〔2016〕13 号	市委	关于提名吴正清等同志职务任免的通知
24	2016-4-11	津干〔2016〕14 号	市委	关于提名陈宏华等同志任职的通知
25	2016-4-11	津干〔2016〕15 号	市委	关于提名关平等同志职务任免的通知
26	2016-4-11	津干〔2016〕16 号	市委	关于提名解聘陈宏华等同志职务的通知
27	2016-4-11	津干〔2016〕17 号	市委	关于提名王波等同志职务任免的通知
28	2016-4-11	津干〔2016〕18 号	市委	关于推荐市工商业联合会第十二届执行委员会正副主席候选人的通知
29	2016-4-11	津干〔2016〕19 号	市委	关于推荐市科学技术协会第五届委员会副主席(兼职)候选人的通知
30	2016-4-11	津干〔2016〕20 号	市委	关于推荐中共津市市新洲镇第十三届委员会委员、正副书记及纪委书记候选人的通知
31	2016-4-11	津干〔2016〕21 号	市委	关于推荐中共津市市毛里湖镇第一届委员会委员、正副书记及纪委书记候选人的通知
32	2016-4-11	津干〔2016〕22 号	市委	关于推荐中共津市市药山镇第一届委员会委员、正副书记及纪委书记候选人的通知
33	2016-4-11	津干〔2016〕23 号	市委	关于推荐中共津市市白衣镇第五届委员会委员、正副书记及纪委书记候选人的通知
34	2016-4-11	津干〔2016〕24 号	市委	关于提名田祥杰等同志任职的通知
35	2016-4-11	津干〔2016〕25 号	市委	关于提名齐义芝等同志职务任免的通知
36	2016-4-11	津干〔2016〕26 号	市委	关于提名郭守明等同志职务任免的通知
37	2016-4-11	津干〔2016〕27 号	市委	关于提名吴红平等同志职务任免的通知
38	2016-5-10	津干〔2016〕28 号	市委	关于提名雷尧同志任职的通知
39	2016-8-20	津干〔2016〕29 号	市委	关于张海卿等同志职务任免的通知
40	2016-8-20	津干〔2016〕30 号	市委	关于提名周功表等同志职务任免的通知
41	2016-8-20	津干〔2016〕31 号	市委	关于提名戴志刚等同志职务任免的通知
42	2016-9-5	津干〔2016〕32 号	市委	关于中共津市市第十二次代表大会和中共津市市第十二届委员会、纪律检查委员会第一次全体会议选举结果的通知
43	2016-9-6	津干〔2016〕33 号	市委	关于津市市第十七届人大代表提名人选的通知
44	2016-10-24	津干〔2016〕34 号	市委	关于津市市新洲镇第十八届人民代表大会主席团主席、副主席和镇人民政府镇长、副镇长候选人的批复
45	2016-10-24	津干〔2016〕35 号	市委	关于津市市毛里湖镇第一届人民代表大会主席团主席、副主席和镇人民政府镇长、副镇长候选人的批复
46	2016-10-24	津干〔2016〕36 号	市委	关于津市市白衣镇第十八届人民代表大会主席团主席、副主席和镇人民政府镇长、副镇长候选人的批复
47	2016-10-24	津干〔2016〕37 号	市委	关于津市市药山镇第一届人民代表大会主席团主席、副主席和镇人民政府镇长、副镇长候选人的批复
48	2016-10-28	津干〔2016〕38 号	市委	关于全市各镇新一届人民代表大会第一次全体会议选举结果的通报
49	2016-11-8	津干〔2016〕39 号	市委	关于政协津市市第十二届委员会委员提名人选的通知

序号	发文日期	文　号	发文机关	文件标题
50	2016-11-11	津干〔2016〕40 号	市委	关于提名李立等同志职务任免的通知
51	2016-11-11	津干〔2016〕41 号	市委	关于推荐津市市第十七届人大常委会正副主任及委员、市人民政府正副市长及市人民法院院长、市人民检察院检察长候选人人选的通知
52	2016-11-11	津干〔2016〕42 号	市委	关于推荐政协津市市第十二届委员会正副主席、秘书长及常务委员候选人人选的通知
53	2016-11-12	津干〔2016〕43 号	市委	关于刘俊芳等同志职务任免的通知
54	2016-11-21	津干〔2016〕44 号	市委	关于提名津市市出席常德市第七届人民代表大会代表大会代表候选人人选的通知
55	2016-12-8	津干〔2016〕45 号	市委	关于曹后新等同志职务任免的通知

（胡唯）

办公室工作

【概况】2016 年，市委办紧紧围绕贯彻落实常德市第七次党代会和市第十二次党代会、市委经济工作会议精神，以学党章党规、学系列讲话、学先进理念、学业务知识，做优秀党员、做业务标兵，创文明单位、创满意服务、创一流团队的“四学两做三创”为目标，同心协力、苦干实干，各项工作取得长足进展。（王军）

【办文办会】2016 年，津市积极响应中央、省、常德和本级改进文风会风有关规定，精文减会，办文办会呈现出务实高效的良好局面。共制发各类公文 65 件，办理来文 553 个，整理立卷档案件 238 件。承办市委经济工作会议、全市党务工作会议等全市性会议 10 多场次，承办市委常委会议 29 次，收集印制预安排 12 次，工作日志 12 次。全年共安排市领导调研活动 110 多次,完成省、市领导杜家豪、赵小明、王群等重大接待 17 批次。（胡唯、张翔）

【督促检查】全年共开展各类督查活动 53 次，发现问题 186 个，编发通报、专报 21 期。办理省委书记批示件 2 件，常德市委书记批示件 1 件。进一步宣传推介津市督查及其他工作。在《湖南工作》上稿 1 篇《创新社会监督方式 营造民主问政氛围——津市建立市委工作监督员制度的主要做法和成效》，展示了津市督查工作的创新；围绕棚改攻坚、毛里湖湿地公园建设等工作开展调研，先后在常德日报上稿 7 篇。（姚茜群）

【综合调查】2016 年，综合调研工作始终紧跟市委推进“三大攻坚”“一大会战”、城乡一体、“五城同创” 等工作部署，围绕津澧融城、改革创新、小康建设等重点课题，扎实履行“以文辅政”工作职责，一大批先进工作经验、优秀调研成果进入领导视野。一年来，先后起草各类综合文稿 160 余篇 40 余万字，圆满完成了市第十二次党代会报告以及向常德市委主要领导汇报的《津市工作情况汇报》《津澧融城工作汇报》等一批重要文稿。撰写的《践行五大理念 建设五个津市》《重拾荣光再出发》《领导干部要树立“边界意识”》等 10 余篇署名文章被常德、省媒体推介发表，《建立“绿色存折制度”，推进农村环境综合整治》被省改革内刊全文刊发。推进基层单位办公室跟班学习制度，积极开展业务讲评活动，为各单位办公室、上级部门培养和输送了多批次文字干部。（朱樟杰）

【党委信息】2016 年，市委办公室共收到基层来稿 1406 篇，其中信息 923 篇，向省、常德市上报信息 405 条。全年被省、常德市采用信息数为 74 条，省采用 31 条，其中 3 条为单条采用；常德市采用 43 条。编发信息参考共 24 期。（李曼妮）

【机要保密】2016 年我们围绕年初制定的工作总体目标，以贯彻落实上级精神为主线，以“强基础、重落实、固安全”为核心，促进机要保密工作上新台阶。机要工作，实现值班值守 24 小时无缝覆盖，无一起失泄密事件发生。全年共收发机要密码电报 216 份，密码电报收发、传阅、办理做到高效、准确、及时。严格按照上级精神和工作部署推进电子政务内网建设。保密工作，认真贯彻落实《国家秘密载体销毁管理规定》，对去年以来的涉密文件进行了收集整理，共清退涉密文件 700 份，做好了涉密移动存储介质的管理。外宣工作，向上级刊物投稿 7 篇，被刊用 2 篇，向上级保密网站和《湖南保密》上报各类信息和综合稿件 26 篇，被采用 9 篇。（邹明君）

【服务中心】深化改革方面，编制了《津澧城市空间发展一体化规划》、《津澧融城推进工作实施方案》和《津澧融城目标任务分解表》；自主改革项目“农村垃圾分类‘绿色存折’管理模式”被央视、新华网、湖南日报等多家媒体深度报道，并得到省、市改革办的大力推介宣传。全面小康方面，下发了《全面建成小康社会指标体系（省二级）2016 年责任分解表》细化目标责任，以全省二类县第三的优异成绩，获评全省全面小康推进工作“十先进”县。招商引资方面，目前与山东统原集团等 4 家有意向企业就相关项目在进一步洽谈。服务企业方面，全年，到中联车企开展企业问诊服务 12 次，帮助解决问题 5 个，架设了政企沟通的天线，增强了企业发展的信息。（胡唯、陈俊纲）

纪检监察

【概况】2016年，津市市纪委在上级纪委和市委、市政府的正确领导下，深入贯彻习近平总书记系列重要讲话和各级纪委全会精神，认真落实全面从严治党政治责任，强化监督执纪问责，全市上下纪律规矩意识逐步增强，党风政风持续好转，党内政治生态呈现新气象。津市市纪律检查委员会机关位于津市市委大院内，共设八个室，包括：办公室、信访室、第二纪检监察室、第一纪检监察室、第四纪检监察室、党风政风监督室、案件管理室、案件审理室。津市市纪委监察局被评为2016年度全省纪检监察信息工作先进单位。（刘景毅）

【选举产生第十二届纪律检查委员会】2016年9月1日，中国共产党津市市第十二届代表大会第二次全体会议在市兰苑宾馆会议中心举行，会议选举中国共产党津市市第十二届纪律检查委员会委员，委员名单：伍子科、葛胜、黄毅明、李本亚、宁宇、钟智、贺修武、杨威、王华、卜合明、刘俊芳、李敬、陈亮、张方军、吴婕、汪师儒、瞿长军、周鹏、郭丽；9月1日召开中国共产党津市市第十二届纪律检查委员会第一次全体会议，会议选举伍子科为市纪委常委、书记，葛胜、黄毅明、李本亚为纪委常委、副书记，宁宇、钟智、贺修武、杨威、王华为纪委常委。（刘景毅）

【制度建设】一是学习传达贯彻两级党代会精神。通过市委常委会、纪委全会、中心组学习、基层单位专题会议等形式，学习传达贯彻落实常德市、津市市党代会重要精神。二是切实推动"两个责任"谈心谈话制度落到实处。严格落实常办发［2016］11号文件精神，出台《津市市落实党风廉政建设"两个责任"谈话制度实施办法》和《市级领导干部开展"两个责任"谈心谈话工作方案》，分市级领导和市直单位两个层面，将谈话内容、范围、谈话人、谈话对象等细化到人，量化到项，建立健全机制，做到"全覆盖"。印发"两个责任"谈话制度明白卡2700多份，提高全市党员干部知晓率。2月，市纪委、市委组织部对新晋提拔的81名副科级干部进行集中任前廉政谈话。年中，结合换届风气监督工作，不间断开展换届纪律谈心谈话。11月，市委书记、纪委书记共同对各镇、街道、高新区党（工）委书记和部分市直单位负责人19人开展集体谈心谈话，纪委书记先后对18名市纪委委员开展个别谈心谈话，并分别赴药山镇、白衣镇、市交通局、市科技工信局等12家基层单位开展落实"两个责任"谈心谈话。全年，全市县处级领导干部共开展谈心谈话462人次。三是强化监督检查，夯实"两个责任"。市委常委班子联基层，纪委书记负总责。9名班子成员联4镇5街，"包保"纪律审查、换届监督、并村改革、防汛纪律等，"一对一"促责。市纪委成立7个检查督导组，对全市各镇、街道及高新区、市直相关单位等19个单位的"两个责任"谈心谈话制度落实情况进行专项巡查。创新开展述责述廉专项巡察，突出"两个责任"述责、"民生资金"监督，对汪家桥街道、市环保局、市住建局3家单位开展述责述廉巡察，发现整改问题37件。四是严格追责问责，倒逼"两个责任"落实。严格按照《湖南省党风廉政建设主体责任和监督责任追究办法》，既查直接责任，又查领导责任和监管责任。对15名落实"两个责任"不力的领导干部予以问责，并对履行"两个责任"不力的5家单位主要负责人进行约谈。如11月，针对"两个专项整治"督查中发现的一例市级临时项目指挥部问题线索，市委书记、纪委书记共同对3名处级领导干部进行约谈。（刘景毅）

【党纪党风宣传教育】一是确定宣传工作要点。结合中央、省关于党风廉政建设和反腐败斗争新形势，对照《常德市党风廉政宣传工作要点》，制定《津市市党风廉政宣传工作要点》，确立全年宣传工作总体思路。二是积极上稿抓好对外宣传。全年津市在各级媒体共实现上稿332篇（则），其中，在中国纪检监察报上稿3篇，湖南日报上稿8篇，湖南卫视新闻联播新闻2则，人民网上稿15篇，新华网上稿4篇，中纪委网站上稿2篇，三湘风纪网上稿58篇，三湘风纪微信上稿2篇，新湖南上稿6篇，常德日报上稿50篇，常德电视台视频新闻20则，廉洁常德网上稿162篇。三是扎实推进廉政文化宣传。开展廉政微信"五进"活动，全市132名纪检监察干部，848名副科级及以上干部关注"三湘风纪"微信公众号。开展学习宣传"七一"讲话精神和问责条例心得体会征文活动，评选优秀文章5篇。结合"两学一做"学习教育，将学习贯彻《习近平关于严明党的纪律和规矩论述摘编》、新《准则》和《条例》，作为党委（组）中心组学习、党校干部教育培训重要内容，并纳入党风廉政建设责任制考核和领导干部述责述廉，实现宣传教育全覆盖、常态化。四是开展廉政党课巡回宣讲。采取副书记、常委、室主任轮流赴市直单位上党课形式，在全市范围内广泛开展廉政党课巡回宣讲。4–5月，市纪委副书记李本亚先后赴市人大、市地税局解读《条例》《准则》，赴市卫计局、市国土局、科干班讲授党风廉政建设和反腐败斗争形势和任务党课；8月，市纪委常委王华赴市教育局为全市各中小学校长、财务负责人讲授《知规明矩 干净干事》党课；7月，党风政风监督室主任洪震为100余名基层党组织书记讲授《农村基层干部如何廉洁履职》党课，通过开展廉政党课宣讲，不断强化广大党员干部和公职人员廉洁自律意识，筑牢思想"防火墙"。五是持续开展严明节假日纪律宣传。紧紧抓住春节、"五一"、中秋等重要时间节点，对上级严明节假日期间纪律要求的文件进行转发，对"节日腐败"等问题早提醒、早预防，抓早抓小。9月，对常德市纪委、常德市监察局《关于进一步严明治理违规收送红包礼金纪律的通知》在市政府网站、电视台及廉洁津市网进行广泛宣传，力促纪律宣传入脑入心。六是通过案情通报、案例剖析和党课形式开展警示教育，以案说法、以案说纪，达到震慑一批、教育一片的效果。全年共点名道姓公开曝光37起典型案件，委局7名班子成员到37家发案单位召开案情通报及警示教育会议。（刘景毅）

【查处违纪案件】坚持以“零容忍”态度惩治腐败，着力把纪律挺在前面，保持高压态势。一是加大纪律审查力度。全市各级纪检监察机关保持纪律审查步伐不变、力度不减、尺度不松，以坚决的措施减少腐败存量、遏制腐败增量。全年共立案查处违反党纪政纪案件76件76人，同比增长14.7%，查处大要案件4件，涉及科级干部15件15人。党纪处分58人，其中给予开除党籍处分8人，留党察看处分3人，党内严重警告处分13人，党内警告处分34人；政纪处分18人，其中开除公职1人，撤职、降低岗位等级处分3人，行政记过处分2人，行政警告处分12人。相继查处市财政局原副局长、党组副书记朱某某违纪案，药山镇原政协联络员、副镇长提名人选陈某某吸食毒品案等一批有影响力的案件，与上级纪委联合查处市政府办副处级干部刘某某违纪问题。10月，对市公用事业管理处正科级干部张某某进行立案调查并严格依规采取“两规”措施。注重发挥纪律审查合力，开展线索双向移送，纪检机关向司法机关移送线索2条，司法机关向纪检机关移送线索26条；11月，召开反腐败协调小组会议。2016年，教育、住建、公安、卫计系统和4镇纪委实现“全员办案”、消灭“零办案”。二是转变纪律审查观念。认真把握运用监督执纪“四种形态”，切实做到“抓大不放小、抓小不放大”。常态“咬耳扯袖、红脸出汗”，约谈提醒干部42人次，组织处理15人，谈话函询58人，发出监察建议书13份，督促整改问题15个。三是夯实纪律审查基础。邀请专家开展纪律审查急救知识专题辅导，与津市市人民医院签订绿色通道协议，强化纪律审查医疗保障。全面启动谈话场所建设，委局新增谈话室1间，工作室2间，监控设备1套，各镇纪委均建成高标准谈话室，对谈话室墙体、地面、桌椅、门窗、电源等全部进行软包处理，安装配备高清摄像头，做到调查、办案全程同步录音录像，保障安全办案、文明办案。（刘景毅）

【查处“四风”案件】着力推进正风反腐向基层延伸，关注好“群众身边”。一是坚持明察暗访。在坚持日常监督基础上，对重要时间节点、重要时段、重要区域开展专项监督。今年来，累计开展明察暗访40余次。开展规范党员领导干部和国家工作人员饮酒行为专项检查、中秋国庆“两节”专项巡察，累计成立检查组81个，抽调检查人员231人次，对8家单位违反上班工作纪律、违反公车使用规定问题予以交办或自查。二是深入开展“两个专项整治”。开展“四风陋习”和“雁过拔毛”式腐败问题“大清理、大清查、大起底”活动，明确农村集体“三资”、扶贫开发等五类整治重点，发现问题线索141起。扎实开展“两个专项整治”活动，做到“四必查”，即乡镇街道必查、专项整治自查自纠零报告单位必查、临时指挥部必查、上级明确重点单位必查。2016年，共立案查处“雁过拔毛”式腐败问题21件32人，给予党纪政纪处分32人，移送司法机关2人，追缴违纪资金295万余元，上报的市药山镇发瑞村原村委会主任杨某某违规申报危房改造资金案被中纪委、省纪委予以通报。三是严肃问题查处。重点查处当前党员干部队伍中存在的违规公款吃喝、违规发放津补贴或奖金福利、违规操办婚丧喜庆事宜、违规收送礼品礼金、涉赌涉毒等方面突出问题。2016年，共计查处四风类问题48起，处理党员干部48人，其中给予党纪政纪处分36人。（刘景毅）

【换届风气监督】严肃换届纪律，确保换届环境风清气正，营造良好政治生态。一是突出责任意识。市委常委会6次专题研究换届及换届风气监督工作，成立全市加强换届风气监督工作小组，出台加强换届风气监督工作方案，细化任务，责任到人。150家基层单位班子签订《换届纪律承诺书》并公示，81名基层纪检监察组织负责人、12名换届风气督导组成员单位负责人作出履职公开承诺、担负责任。二是突出宣传意识。举办两期换届风气监督培训班，组织开展换届风气宣讲17场次，累计培训人员达450人次。邀请省纪委领导到津剖析衡阳破坏选举案，组织开展湖南衡阳破坏选举案、四川南充拉票贿选和辽宁贿选案三案警示教育。组织观看学习“一片一书”达2500人次。通过宣传单、横幅标语、微信公众号、短信平台、电视媒体、政府网站在全市范围内严明“九严禁”“四个不准”“十个不得”的换届纪律要求，共计发放换届宣传手册3400余份、短信600余条、信息200余条。三是突出监督意识。认真做好廉政意见回复，该“否决”的坚决“否决”，该“查核”的迅速“查核”，为人大、精神政协、组织部门累计反馈意见逾40条，防止“带病提名”“带病提拔”。组建16个会风会纪监督组，部署开展换届纪律“一听、二看、三查”“五督五查”“五个一”等专项检查工作，发布9期督查通报，整改7类问题。会风会纪监督组对党代会、人大、政协换届开展会风会纪专项督导，通过全程驻团驻会，对代表团进行24小时监督检查，与代表、委员同吃同住同开会等机制，确保全程没有发生一例违纪行为。（刘景毅）

【行政监察】津市市纪律检查委员会和津市市监察局合署办公，实行一套班子、一套机构、两个机关名称、两项职能的体制，津市市监察局局长由纪委副书记兼任，2016年行政监察开展的工作主要有：一是行使行政监察职能进行案件查处。全年政纪处分18人，其中开除公职1人，撤职、降低岗位等级处分3人，行政记过处分2人，行政警告处分12人。二是积极配合市委中心工作和重大部署履行职责，2016年汛期，监察局派出多个督查组，对全市所有镇（街道）及单位的防汛值守情况进行日夜督查，确保汛期防汛救灾工作落实。三是对政府部门重要工作行使行政监督职能。2016年津市的征兵工作，市监察局配合武装部对征兵工作监督，成立征兵监察小组，公布征兵工作监督电话，设立举报投诉信箱，设立举报投诉信箱，24小时受理群众来信、来电，对征兵工作的推荐、体检、政审、走访、定兵五个环节进行全程监督，确保廉洁征兵。对2016年津市中考以及高考招生工作行使监督职能，由监察局、教育局纪检组、市高考招生办有关人员共同组成的市高考招生监督小组，派出高考监督员，公布举报电话，对高考招生工作实施全过程监督。（刘景毅）

【纪检监察队伍建设】按照“标准严于其他干部、行动先于其他干部、形象优于其他干部”要求，打造纪检监察反腐铁军。一是深化纪检体制改革。将委局机关内设机构整合为综合协调服务工作板块、纪律审查工作板块、党风政风建设工作板块，深度契合“三转”要求，提高工作效率。印发镇纪委书记、副书记提名考察办法等四类纪检组织负责人提名考察办法，进一步规范纪检组织负责人选拔任用程序，严格落实好基层纪检组织负责人提名考察“以上级纪委会同组织部门为主”要求。二是配强干部队伍。公开遴选公务员4名，提拔重用5名委局机关干部，提拔1名委局干部任街道纪工委书记，交流1名班子成员任市直单位负责人。以镇党委换届为契机，选优配强4镇纪委书记4名，专职副书记4名，纪检专干4名，严格落实“四不分管”规定，确保专职专岗。三是强化干部素质。组织一线执纪监督干部参加省、常德市纪委专题业务培训，实行新任基层纪（工）委书记“半年跟班”学习制，在35岁以下年轻干部中开展“比学争优”。（刘景毅）

组织工作

【班子配备、市镇换届】2016年，换届之年，围绕换届年度总目标总任务，主动谋事，扎实干事，圆满完成各项工作任务。

全面完成政府机构改革涉改单位班子配备工作。在2015年政府机构改革“一把手”队伍调整的基础上，做好对涉改单位副职的人事调整工作，新提拔50名“80后”充实到领导岗位，改革后，市直单位班子平均年龄为45岁，“一把手”平均年龄为46.5岁，分别较改革前下降2岁、1.5岁。市直单位普遍形成了“60、70、80”相结合的梯次配备结构。通过改革，不仅调优配强科级班子，还整改消化超配职数，在完成政府机构后，共整改消化科级职数（含非领导职数）155人，超职数消化的完成度已达到98.02%，真正通过改革激发了活力。二是做好其他市直单位的人事调整工作。2016年4月对总工会、农开办、供销社等市直单位纪检职务予以配齐；对公安局和交警大队的部分二级机构副科级领导职务进行了调整；对符合相关规定的津市4名全日制硕士研究生提任为副主任科员。11月对人大新增2个专门委员会和市委非公有制经济组织和社会组织工委班子进行调整。对原来具有公务员身份，因组织原因调整到企事业单位任职的吴正清等6名领导干部，进行调任登记，解决干部的后顾之忧。同时，对在事业单位任职且符合调任条件的关平、彭逆2名专业性干部调任到教育、卫生任职，较好地补充专业性的领导干部。三是开展领导班子和领导干部年度考察工作。组织对科级领导班子年度运行情况和科级领导干部现实表现情况进行考察，并结合年度考察，对试用期满的科级干部进行重点考察了解。加强考察结果运用，将考察结果作为单位、个人年度考核结果的重要依据，坚持能者上、庸者下、劣者汰的用人导向。加强年轻干部的培养力度，积极推荐1名科级干部到常德市园林局挂职1年并得到了市园林局的充分肯定。将职务与职级并行工作日常化，对达到晋升条件的人员即时办理相关手续。

圆满完成镇换届人事安排工作。一是“三类人员”选配工作平稳完成。从优秀村干部、乡镇事业编制人员、大学生村官（简称“三类人员”）中择优选配镇领导班子成员，是党中央加强乡镇领导班子建设的一项重要举措，是本次镇换届干部选拔工作的最大亮点。严把资格关。本人自愿报名，由镇党委资格初审后向市委组织部推荐，市委组织部联合市人社局、市编委办对推荐对象进行资格联审。对在审核过程中发现的难以把握的具体情形，主动向上级组织部门请示并按答复意见，对各类情形逐一分析、研判，确保符合条件的对象都能参与比选。最后，对通过资格审核的人员事先征求纪检监察机关意见，防止有违纪违规人员参与比选。共有41人报名，经过审核筛选，共有9人不符合条件，其中1人涉嫌违纪直接取消资格。严把比选关。在比选方式上严格区别于公开选拔，采取述职测评与现场面谈相结合方式进行。市委组织部、市纪委成立了联合指导组，全程参与测评工作，做到了责任落实，组织有序。通过述职测评，重点了解选拔对象的群众公认度，对民主测评优秀和称职率达不到要求的3人，取消其参加现场面谈的资格。现场面谈主要针对选拔对象知识水平和解决实际问题的能力进行测试，面谈内容紧贴农村工作实际，整个面谈过程程序严谨、纪律严明。同时为了解选拔对象的工作实绩和工作经验，设置奖励荣誉和任职资历加分项。整个比选过程接受人大政协、纪检监察机关和基层干部、人民群众的监督，做到了公开、公平、公正。严把考察关。根据公开比选的综合成绩，采取镇站所主要负责人和村党组织书记、村委会主任按镇排名，大学生村官全市排名的方式，每个类别按1:2的差额取前1–2名，结合镇推荐意见，市委组织部召开部务会确定考察对象。成立3个考察组，对考察对象采取查阅档案、个别座谈、征求有关部门意见等方式进行考察。考察组将考察结果汇总，形成考察材料，提交部务会研究。部务会结合考察情况，确定“三类”人员的拟提名人选，报常委会研究决定，共择优选配“三类人员”8名，其中镇事业站所人员3名，村党组织书记、村委会主任2名，大学生村官3名，每个镇都从本镇选配1名以上“三类人员”。整个选配过程平稳、有序，做到了上级认可，干部服气，群众满意。二是镇领导班子结构进一步优化。按照上级关于乡镇职数配备的标准，开展全额定向推荐，改进民主推荐方式，先进行个别谈话推荐后进行会议推荐，全面配齐了各镇领导班子，其中30岁左右年轻干部、党外干部、女干部的配备均达到上级要求，班子结构进一步优化。进一步充实镇党务工作力量，各镇都配备了专职副书记、纪委书记和组织委员。通过党委换届，镇领导班子的整体功能得到明显提升。

圆满完成人大代表、政协委员推荐提名工作。市县乡人大代表、市县政协委员推荐提名工作部署以来，市委高度重视，2016年7月21日，召开全市人大、政协换届工作动员大会，专题学习传达了人大代表、政协委员推荐提名的有关精神。市委组织部牵头，联合制定了津市人大代表和政协委员推荐提名工作方案及《人大代表、政协委员推荐提名工作职责分工》，并提交市委常委会进行了专题研究。强化全程监督。成立换届工作领导小组、换届工作指导组、换届风气督导组并开展了经常性的督促指导，严格责任追究，明确提出了对人大代表、政协委员身份认定、审查不严造成失真失实的，严格追究相关推荐单位、审查单位、考察组主要负责人及相关人员责任。同时，充分利用市纪委12388和市委组织部12380举报平台，畅通群众监督举报渠道，坚决查处违纪违法行为。在市委的统一领导下，由市委组织部牵头，市委统战部、市人大联工委、市政协办公室等单位紧密配合，统筹推进市县乡人大代表、市县政协委员推荐提名工作，整个推荐提名工作组织严密，程序到位，工作成效位居全市各区县前列。一是严把标准关。认真落实人大代表“五好”标准和政协委员标准条件，重点对人选身份、政治素质、思想品行、廉洁自律、履职能力、群众基础、遵纪守法、社会形象等方面进行了严格审查，特别是对不得继续提名的15种情形进行从严把关。在本级人大代表、政协委员联合审查环节，有23人因审查出问题被取消推荐资格，在镇级人大代表联合审查中，有16人因审查出问题取消推荐资格。在考察环节共有2人因履职能力较弱、代表性不强被取消人大代表推荐资格。二是严把结构关。在推荐过程中，始终严格按照上级结构要求进行代表的结构审查把关，全市248名镇级代表中，工人、农民、专业技术人员等基层一线代表共有231名，占代表总数93%；妇女代表共有87名，占代表总数的35%；非党代表共有93名，占代表总数的37.5%；继续提名代表共有103名，占代表总数的42%。本市171名人大代表中，工人、农民、专业技术人员等基层一线代表共有97名，占代表总数56.7%；妇女代表共有64名，占代表总数的37.4%；非党代表共有60名，占代表总数的35.1%；继续提名代表共有61名，占代表总数的37.2%。全市158名组织推荐提名的政协委员人选中，党外委员共有95名，占委员总数的60.1 %；妇女委员共有60名，占委员总数的38%；非公有制经济人士11名，占委员总数的7%（请示上级有关部门可在届中进行补充）；继续提名委员共有54名，占委员总数的34.2%。人大代表、政协委员各项结构均符合上级要求。三是严把责任关。制定《人大代表、政协委员推荐提名工作职责分工》，各镇、街道和市直有关单位党组织负责人均对所推荐的建议人选严格把关，并签字负责。参与联合审查的23个相关单位主要负责人均对审查人选的结论进行签字负责。代表委员考察组成员均对考察对象的考察材料签字负责。所有联点的处级领导同志都对所联系镇、街道代表考察对象的考察材料进行了签名把关。所有政协旅外委员都由市政协副主席带队进行实地考察。做到了任务层层分解，责任层层落实。四是严把程序关。认真执行上级规定的6个工作步骤，即组织人选推荐，提出初步建议人选，确定考察对象，组织考察，提出建议人选并公示，党委审定提名人选等，并对工作步骤进行了具体细化。如对本级政协的旅外委员采取委托当地组织部门和统战部门函调的方式进行，实现审查评价全覆盖，确保各项程序落实到位不走样。

圆满完成市镇换届选举工作。注重组织领导，充分发挥党委主导作用，组织召开代表、委员党员会议，进一步统一思想，发挥党员先锋模范作用。对各类候选人人选开展谈心谈话，进一步严肃换届纪律，落实组织意图。制定了突发事项预案，做好预防工作。在党代会、人代会、政协会上做好人事说明和候选人推荐工作。安排干部跟团跟组收集酝酿讨论和协商情况，全面掌握换届选举中的各类信息。在市镇党委、人大、政府和市政协换届中，组织提名的领导班子成员和代表、委员人选均以满票或高票当选，实现群众意愿和组织意图的高度统一，圆满完成四大家同步换届工作。

（吕方书）

【干部教育、干部监督、人才工作】（一）人才工作。2013年以来，在市委的坚强领导下，在常德市委组织部正确指导下，市委组织部坚持党管人才原则，扎实推进“人才兴市”战略，务实创新，积极作为，牵头实施“五百英才引进工程”，通过4年努力，取得较好的效果，为津市经济社会发展提供人才支撑。

重责任，完善工作体系。建立健全市委常委会研究人才工作重大问题机制，市委每年定期听取人才工作情况汇报。健全全市人才工作领导组织设置，明确工作职责，定期召开人才工作领导小组成员单位会议，听取意见建议，工作调度常态化，逐步形成市委统一领导，组织部门牵头抓总，有关部门各司其职，密切配合，社会力量广泛参与的人才工作新格局。出台《津市市人才引进、培养、使用和管理工作暂行办法》，明确“五百英才引进工程”人才引进的具体目标，规范引进人才的生活津贴、住房保障、创业扶持等方面的优惠政策，同时还出台《津市市人才开发资金管理办法》、《津市市人才公寓管理办法》等制度，强化人才工作保障。

重需求，提升引才质量。近2年，市人才办深入到部分引才较多的25家单位，了解人才的思想和工作状况、干群评价等。同时,围绕人才工作氛围、人才能力挥、人才培养等17个方面问题,与团市委共同开展问卷调查,收集意见建议,结合平时掌握的情况,形成综合参考报告,使引才工作更贴近津市实际。实行传统宣传方式与新型媒体相结合,网站、电视台、QQ群、微信、橱窗等多渠道、多形式、多层次的宣传增强引才工作的影响力。同时市人才办每年主动到长沙、武汉近20所一本院校,组织与毕业生面对面的引才信息宣讲会,现场招才揽才。截止2016年12月,共引进全日制专科以上人才491人,其中,一本以上人才104人,硕士研究生46人。

重保障,浓厚尊才氛围。津市人才开发专项资金从原有的每年20万元提高到了200万元,根据实际情况逐年提高,经费保障上居常德市各区县前列。对2013年7月至2016年9月以来各类高层次人才生活津贴按标准集中发放47.5万元,共涉及16个单位31名硕士以上人才。住房方面,一本院校及研究生以上学历人才,由市房管局整合公租房建设项目,修建单间和套件人才公寓各50套。统一配备空调、热水器等基本生活设施,实施物业管理,有40多名人才拎包免费入住,人才公寓建设经验在常德组织工作专报宣传推介;二本及以下学历人才,部分单位采取发放住房补贴、分配公寓等措施,帮助解决住房问题,如财政局,每月发放200元/人住房补贴,各镇、一中等单位提供单间公寓。就餐方面,各单位采取免费或现金补贴方式,给引进人才提供早中餐,镇、畜牧局等单位还提供免费的晚餐和节假日工作餐。

重交流,激发人才活力。4年来,举办6期科级干部培训班,4期中青年后备干部培训班,4期年轻干部读书班,300多名科级干部和300多名年轻干部政治素养和能力得到提升。开展各类短期业务培训10多班次,共计培训人数超过1000人。对接企业需求,在师资力量和培训基地上实行校企合作,在职业中专开设生物化工专业培训班,为津市新合新、鸿鹰祥、龙腾等生物化工企业针对性培养了50名技能人才;由商务粮食局牵头,外请专家,培训农村电子商务人才100多人。整合宣传部、团市委工作力量,搭建人才成长交流平台。探索创办“青年学堂”3期,邀请知名专家学者为青年人才进行专题辅导;开展“夜话人才公寓”活动2期,推选成立人才公寓自管会,在人才公寓推行自治管理,同步建立人才公寓“青年人才促进会”;组织开展志愿服务、相亲、沙龙等丰富多彩的活动,力争在增长人才知识和阅历的同时,进一步增进他们相互间的交流与了解。在常德市第一届高技能型“名师名家”评选活动中,津市共有程秋、吴家剑、黄建春等3名高技能人才被评为常德市“名师名家”,享受常德市高层次人才医疗保健待遇。湖南鸿鹰生物新型酶制剂开发创新团队成功荣获“湖南省企业科技创新创业团队”荣誉称号,并作为常德市科技人才创新团队代表入围全省“企业科技创新创业团队支持计划”。另外,根据津市市第十二次党代会精神,为工业立市提供智慧支持,牵头选派企业员,制定实施办法。经过摸底、考察,确定选派对象建议名单等程序,上报市委常委会,选派8名特派员与市级领导、退岗领导一道为企业服务。牵头制定企业特派员培养管理办法,达到培养干部、服务企业的双重目的。

(二)干部教育工作。2016年5月和10月分别举办科级干部培训班第一期和第二期。共培训学员90名,学员是新提拔重用或五年内没有参加主题班培训的科级干部,时间为1个月,全程脱产。

2016年11月举办部门中层骨干培训班一期。41名部门中层骨干组成的学员参训,课程参照科干班设置,到林伯渠故居、常德东方红博物馆、十八洞村等地外训,学习知识和扶贫攻坚经验。

2016年4月举办党性教育专题培训班一期。48名学员参训,学员为单位分管组织的领导或组织人事专干,课程安排以党性教育、组织人事、当前市情、红色精神宣传为主,受到了参训单位的一致肯定。

2016年完成4大网络专题班学习任务。全年组织全市领导干部参加十八届五中全会、干部教育工作条例、领导干部从政心态学习、五大发展理念培训,目前前三个专题班的学习已经完成,且完成率居全市第一;五大发展理念专题班正在有序督促进行,完成率居全市第一。目前全年干部网络学习任务(科级干部全年要求达到80个学时,处级干部全年要求达到50个学时)完成率居全市第二。

完成上级调训任务。省里调训了10名领导干部(工业园园区书记/主任培训班、不动产登记管理培训、安全生产专题培训班、信访工作专题班、金融管理专题研修班、财税政策专题班、现代城市发展班、乡镇党委书记进修班);常德市调训2名处级领导(县处级领导干部进修班)、2名乡镇长/主任[乡镇(街道)长(主任)培训班]、19名科级领导干部(市委党校科级干部进修班、党性教育示范培训班、团干班、少数民族干部培训班)。

(三)干部监督工作。狠抓换届风气监督。按照中央、省委和常德市委关于县乡集中换届各项部署要求,从严从实、抓紧抓实换届风气监督工作,确保换届工作稳步有序推进,风清气正。一是压紧压实责任。市委先后3次召开常委会议专题研究换届及换届风气监督工作,将换届及换届风气监督工作与其它中心工作同步研究,同步谋划,同步部署;市委书记对换届及风气监督工作亲自安排,亲自督导,亲自把关,推动形成层层压实责任,级级扎实履责的良好格局。成立领导机构。成立由市委书记任组长,市委副书记杨文惠,市委常委、纪委书记万长华,市委常委、组织部长、统战部长马吉云为副组长的换届工作领导小组。并成立全市加强换届风气监督工作小组,由市委常委、纪委书记万长华任组长,市委常委、组织部长、统战部长马吉云为副组长,市人大常委会、市政府、市政协党组和市委组织部、市委宣传部、市委统战部、市委政法委相关负责人为工作小组成员,负责全市换届风气监督工作的统筹总揽、组织协调和督促指导。工作小组下设办公室,办公室设在市纪委,由市纪委副书记李本亚任办公室主任,市纪委、市委组织部、市委统战部分管负责人任办公室副主任。专题研究部署。2016年2月29日,津市专题传达贯彻常德市乡镇党委换届工作会议精神;3月3日,市委召开全市镇党委换届工作动员会议,启动换届工作;4月11日,市委召开镇党委换届工作调度会,进一步明确责任主体,重申换届纪律要求,安排部署镇党委换届下一步工作。5月16日,市委召开常委会议,专题传达贯彻常德市换届工作会议精神,明确下段换届加强风气监督等7条意见。成立由市委书记任组长的市委换届工作领导小组和市第十二届党代会筹备工作领导小组,启动市党代表选举相关工作。7月7日,市委召开常委会议,专题传达学习上级人大换届选举会议精神,研究部署人大换届选举工作。制定工作方案。216年3月15日,印发《镇党委换届风气督导工作方案》《关于开展镇纪委换届专项工作督导的通知》,强化风气监督;4月21日,市委又出台《关于加强换届风气监督的工作方案》,细化实化"十个责任主体"的职责和任务,强化"四大家"换届风气监督工作职责;市纪委、市委组织部、市委宣传部联合下发《关于加强换届风气监督宣传工作方案》,进一步加强换届纪律宣传引导;印发《关于中国共产党津市市第十二次代表大会代表选举工作的通知》,明确市党代表基本条件,指导性比例,产生程序和时间等相关要求,紧盯节点、倒排"工期",确保换届稳步推进。二是加强教育培训。津市坚持教育在先、警示在先、预防在先,绷紧党员干部纪律之弦。发放学习资料。发放《严肃换届纪律文件选编》60册作为加强换届纪律学习教育必备教材,分送"四大家"班子成员和负责换届工作人员。截至目前,观看学习"一片一书"达2300人次。传达换届精神。6月21日,召开换届精神传达会,组织38名县处级老干部集体观看衡阳和南充"两案"警示教育片,进一步扩大换届纪律宣传覆盖面。6月22日,召开全市传达学习常德市换届工作座谈会精神大会,向85名"四大家"班子成员及市委、市政府工作部门主要负责人和各镇、街道党政正职传达常德市换届工作会议精神,通报中办关于换届涉法涉罪问题问责情况,进一步强化警示教育。开展谈心谈话。按照"四必谈"相关要求,与党委班子成员、重点岗位干部、后备干部及新提拔人选考察对象,层层开展专题谈心谈话772人次。开展业务培训。2016年3月3日下午,组织全市各镇专职副书记、纪委书记、组织专干和组织部换届工作人员进行了镇党委换届工作业务培训;4月27日,举办全市加强换届风气监督培训班,邀请省纪委莫国才处长作衡阳破坏选举案专题辅导,组织31名处级干部、各镇(街道)党(工)委书记、纪(工)委书记、市直单位"一把手"、纪检组长、驻津单位"一把手"、纪检组织负责人、市纪委党风政风行风监督员等共223人再次观看《衡阳破坏选举案警示录》,对严肃换届纪律进行再动员、再部署、再推进,确保换届纪律入脑入心。5月31日,组织23个选区牵头单位和组成单位负责人以及选举工作人员共110人对代表资格、选举程序和相关要求进行业务培训;6月15日,结合党性培训班,组织涉及换届的50家单位分管负责人和组织专干共50人,对换届相关政策和换届中的重点难点问题进行业务培训。7月20日,全市人大、政协换届选举动员大会召开后,接着召开了人大换届选举工作业务培训会。目前,累计培训达570人次,确保了"四必训"按要求落实到位。三是加强督查督导。围绕"九严禁"开展换届纪律监督,对违纪问题线索查核专办、立项督办,以"零容忍"态度正风肃纪,始终保持高压态势。2016年3月23和24日,市纪委会同市委组织部,对各镇党委、纪委换届工作进行"五督五查",发布1期专题通报,整改村级宣传换届、完善信访台帐两类问题。4月5日至6日,又采取"一听、二看、三查"方式,开展镇党委换届纪律专项督查,重点查信访举报登记台帐、镇党委会议研究换届纪律记录、村支两委学习记录和党员干部知晓"九严禁"情况,抽查40人次,进一步传导压力。5月下旬开始,开展"五个一"风气督导,发放一张提醒卡片、签订一份公开承诺、发送一条温馨提示、进行一次问卷调查和开展一系列明察暗访。印发1000张"换届纪律提醒卡"下发至全市各单位班子成员;组织全市各街道、工业集中区、市直等80余家单位班子成员签订《领导干部严守换届纪律公开承诺书》600余份,并在本单位开展公示;向全市200名副科级及以上领导干部发送严肃换届纪律温馨提示短信;发放《严肃换届纪律情况调查问卷》,抽查换届纪律知晓情况70余人次;成立督导组4个,开展巡回督查5次,现场督导1次。

严格干部选任用监督。在严格干部选拔作用监督管理上,加大干部选拔任用四项监督制度的落实力度,充分发挥干部监督工作联席会议信息互通作用,在干部选拔任用、日常管理的各个环节中严格执行《条例》规定。上半年,共收集干部监督信息44条,审查拟提拔任用干部档案60份,征求执纪执法部门意见48人,提出任免建议5条,保证《党政领导干部选拔任用工作条例》的贯彻落实。

探索开展"三责联审"工作。根据《市管领导班子和领导干部重大决策责任审核、选人用人责任审查和任期经济责任审计实施办法》(津组发〔2015〕2号),制定联审工作方案,确定3名联审对象和10名离任审计对象,向审计局发送2份"审计委托书",正式启动"三责联审"工作。（严凯）

【基层党建】2016年,津市以开展"两学一做"学习教育为契机,以落实"7+2"项重点任务为抓手,积极探索创新,不断夯实基层基础,推进了全市基层党建工作的整体发展。

多管齐下,压实党建责任。把党建责任作为各级党组织书记的首要责任,不断强化党组织书记抓党建的主业意识，推动基层党建任务落地落实。定目标。市委明确今年为“基层党建规范化建设年”。年初，出台了《中共津市市委关于推进基层党建“五化”的意见》，明确了党建工作方向，确立了具体工作目标。明责任。市委书记带头领办软弱涣散村整顿、贫困村帮扶、美丽乡村建设、完美社区建设联系点以及“两学一做”学习教育联系点，其他党员县处级领导都建立相应的联系点。进一步完善《2016年镇（街道）党（工）委、市直单位党委（党组）书记抓基层党建工作责任清单及考核细则》，分三大方面列明20多个考核项目，50多条评分细则。将党建责任落实情况作为基层党建述职评议考核的重要内容，要求各级党委（党组）书记切实履行第一责任。重督导。每季度开展一次基层党建工作督查，通过现场调查核实，查摆党建工作中存在的问题，现场列明问题整改清单，限期整改，并将督查结果纳入年终党建工作述职评议考核。市委高度重视对党建工作的研究调度，常委会先后多次召开专题会议研究常德交办问题整改落实、“两学一做”学习教育、领导班子换届、“七一”表彰、党员发展以及重点任务落实等基层党建工作，确保各项工作任务落实到位。

持续推进，抓实学习教育。认真贯彻中央、省委、常德市委的决策部署，高度重视“两学一做”学习教育的开展落实，突出“7+2”项重点任务这个“靶心”，精准施策，持续发力，抓好了学习教育的落实。专题学习扎实推进。市委常委示范引领，带头开展自学、集中学、交流研讨学、讲授党课等“九个带头”，围绕“讲政治、有信念”、“讲规矩、有纪律”及“讲道德、有品行”专题开展中心组学习，每个专题均有一名常委同志作中心发言，“讲奉献、有作为”集中学习已经完成。结合党的报告员制度，市委书记带头到所在党支部和联系点讲党课。重点任务落实到位。坚持问题导向，对工作开展中的重点难点问题及时上报研究。先后举办4期党务骨干培训班，分层分类解决业务不熟、程序不清、方法不当等问题。将狠抓整改作为突显工作成效的有力抓手。认真开展基层党建“7+2”项重点任务的落实情况调查核实，明确各基层党组织书记的整改责任。实行专职联络员和定期上报进度台账制度，定期了解基层学习教育开展和重点任务落实情况。各项工作深度融合。把开展主题党日活动、脱贫攻坚、纪念建党95周年系列活动等与“两学一做”学习教育深度融合，深化学习教育成效。组织各级党组织积极参与“岗位做贡献、合格见行动、共建新湖南”系列活动，结合防汛工作，开展“支部建在堤上、责任扛在肩上”的党员承诺、践诺活动，充分发挥党支部战斗堡垒和党员先锋模范作用。开展“千名党的报告员送党课下基层”活动，各级党组织书记和班子成员以党的报告员身份到所在支部和联系点上党课，宣讲党的路线方针政策、市委的重大决策部署。开展民情日记征集活动，全市共征集民情日记105篇，评选10篇优秀日记给予了表彰，其中2篇被常德推荐，1篇拍成专题片参与常德展播。

多措并举，加强队伍建设。注重强化领导，严格管理，关怀激励，着力增强党组织的战斗堡垒作用和凝聚力。抓换届，强领导。严格按照上级文件和政策要求，慎重考虑、周密部署、精心组织，抓好乡镇和市本级两级换届。在乡镇党委换届过程中，科学制定候选人提名办法，规范提名程序，严肃换届纪律。严格按条件和程序要求从“三类人员”中选拔8人进镇领导班子，配强镇领导班子，优化班子结构。配齐配强镇（街道）专职副书记、组织委员、组织专干，进一步充实镇（街道）党务工作力量。在市委换届工作中，精心准备各类资料，坚持干部初审、组长校审、分管签审、集体联审四轮审核制度，做到准确无误；实行分类装订、专人整理，做到精细管理，确保各类资料齐全完备、准确无误。全面贯彻从严治党的要求，开展基层党组织未按期换届情况排查清理，跟踪督导43个未按期换届的基层党组织及时整改，建立基层党组织换届请示、提醒制度和基层党组织书记约谈制度，形成规范基层党组织换届的长效机制。清“家底”，严管理。以党支部为单位，全面开展党员组织关系集中排查，健全“两册一表一库”，核实党员信息，查找失联党员，处置不合格党员。全市共排查清理出失联党员269名，经查找取得联系失联党员220名，截至目前，仍失联的党员共49名，给予1名不合格党员退党除名处置。建立党代会代表和党员违纪违法排查清理工作协调制度，市纪委、市委政法委、市人大办、市政协办等多部门分工合作，信息互通，确保“五类”对象清理到位、处理妥当。开展2008年4月至2016年党费收缴工作专项检查，注重通过强化思想教育，使补交党费的过程成为增强党员意识、提高党性觉悟的过程。截至目前，党员主动补交党费38.75万元。突出抓“关键少数”，开展党支部和党员存在的突出问题排查，制定领导机关学习教育专项整治方案，从严从实抓领导机关党员干部学习教育。全面开展非公有制和社会组织党的组织和工作覆盖情况排查，实行动态跟踪管理，强化因“企”施策，因“社”施策，集中推进非公有制企业和社会组织“两个覆盖”。重激励，增活力。精心组织纪念建党95周年系列活动，做好了省委、常德市委和津市本级优秀共产党员、优秀党务工作者、优秀村（社区）党组织书记、先进基层党组织等先进典型的推荐工作，其中有2名先进典型获得省委表彰，11名先进典型和4个先进基层党组织获得常德市委表彰，津市本级表彰先进典型共44名，先进基层党组织15个。通过表彰先进，弘扬正气、树立标杆，激励各级党组织和党员坚定信念、对党忠诚，履职尽责、奋发有为。市委高度重视对老党员和生活困难党员和的关爱扶助，“七一”前集中走访慰问141名生活困难党员。

强化保障，夯实基层基础。注重夯实基层基础。加强村级活动场所建设。大力开展活动场所“清零”和“提质”工作，市、镇两级财政以奖代投，补贴资金新建村级活动场所，改（扩）建村级活动场所。采取新建、改建、国资置换等方式加大社区办公服务用房建设。修订完善《全市村级组织活动场所管理暂行办法》,对活动场所的建、管、用进行规范,全面落实村干部值班制度。保障基层运转经费。市委高度重视基层运转保障。印发《关于进一步规范村、社区运转经费保障机制的通知》,建立村、社区运转经费和村、社区干部待遇正常增长机制。对合并村实行"减村不减钱"、"经费只增不降",确保基层有钱办事。在职村干部报酬和社区专职工作人员待遇全部实行打卡发放,达到1000元以上。落实抓党建促脱贫攻坚。开展驻村帮扶工作,市委多次下村调研,召开脱贫攻坚调度会。各镇党委均召开镇党委会,研究部署脱贫攻坚工作,并制定脱贫攻坚工作方案、到户工作手册、贫困户帮扶联系卡等台帐资料。市委领导带头,对11个重点贫困村每个村都安排1名以上市级领导联点,派驻一支驻村帮扶工作队,每支驻村帮扶工作队安排了9个以上后盾单位,明确实行"四包一"要求,"一对一"或"多对一"对全市11个贫困村所有贫困户实行结对帮扶,大力发展村级集体经济。坚持以"钉钉子"精神抓好软弱涣散党组织整改,全市6个软弱涣散党组织都有市委常委会组成人员联点,均从市直单位选派"第一书记"驻村任职工作。

探索创新,打造党建品牌。注重总结创新,探索有效途径,不断提升基层党建工作水平。探索推进农村党支部书记岗位职业化。在充分调研、慎重讨论的基础上,将"村支部书记岗位职业化"纳入规范化建设年的重要内容之一。积极探索在毛里湖镇办点示范,推行建立以"一定三有四化"为核心内容的农村党支部书记职业化管理机制,使农村党支部书记岗位成为工作脱产、干有所得、退有所养的专职岗位。试点建立党员服务中心。在襄阳街街道投资近100万元,充分利用闲置房源,建成党员服务中心示范点,探索创新党建工作模式,突破党建工作发展瓶颈,着力构建凝聚党员的新载体、联系服务群众的新网络和加强基层组织建设的新平台。有序推进基层治理规范化。市级领导联点指导,各职能部门加强支持,整合新农村建设资源、政府公共服务资源、村委会原有资源等,继续推行"3+X"试点探索,实行政策、制度、资金重点保障,强化村党组织的服务功能,推进村务管理的民主化和规范化。（齐荣）

【党员教育】组织基层党组织书记集中轮训。充分发挥市委党校主阵地作用,将基层党组织书记集中培训纳入党校主体班,2016年7月14日–15日,对全市村、社区、非公有制经济组织和社会组织的112名基层党组织书记进行了为期两天的集中培训,市委常委、组织部部长作动员报告并授课。通过培训基层党组织带头人,让"车头"带"车厢","头雁"带"群雁",进一步提升基层党组织的战斗力。

组织开展农村党员冬春训。2016年1月10日,市委组织部专门制定下发《关于印发<津市市2017年农村党员冬春训工作实施方案>的通知(津组通〔2017〕1号)》,明确培训时间、培训内容,成立领导小组,由常务副部长任工作领导小组组长,部机关负责党员教育和基层党建工作的相关负责人以及各乡镇分管党务工作负责人为成员,具体抓落实。农村党员冬春训以乡镇、街道为主,采取集中和分散相结合的办法,利用两天时间,对全市农村党员开展集中教育培训,培训内容涵盖党的十八届六中全会精神、习近平总书记系列重要讲话、湖南省第十一次党代会、常德市第七次党代会、常德市委经济工作会议、常德市七届人大一次会议、常德市政协七届一次会议及津市市第十二次党代会精神,《党章》、《中国共产党廉洁自律准则》、《中国共产党纪律处分条例》、《中国共产党党内监督条例》、《关于新形势下党内政治生活若干准则》等党内法规,农村法律法规和实用技术培训,重点开展实用技术、惠农政策、劳务技能、农村法律法规等。冬春训期间,各基层党组织还结合年度工作,开展自查整改和民主评议党员活动,并在最后集中重温入党誓词。通过对党员开展集中教育,党员们对自己过去一年的工作进行认真总结回顾,总结成绩,查找不足,向支部和支部党员进行汇报。冬春训活动的有效开展,让党员沟通思想,总结成绩,查找不足,发掘典型,浓厚氛围,整体素质有显著提高,思想观念有较大的改变,作风有明显的转变,为更好地发挥党组织在工作中的作用提供坚实的保障。

开展"农民大学生培养计划"。农民大学生培养计划是依托湖南广播电视大学系统,培养农村基层党员干部和新型农村实用人才。2016是农民大学生培养计划开展的第二年,全年招生50人,超过45人的年度任务,其中本科行政管理专业22人,专科法律专业28人。教学培训成果初步显现,2015届农民大学生学员周思,在常德市"农民大学生"创业故事演讲比赛中,荣获二等奖;学员赵晖,在常德市"农民大学生"信息技术能力竞赛中荣获三等奖;学员谭英、周思,在常德市"农民大学生"信息技术能力竞赛中荣获三等奖。

抓好农村远程教育终端站点操作维修员培训。2016年年是远程教育终端站点操作员三年培训计划(2014–2016)的收官之年,津市市委组织部分别依托常德飞天职业电脑学校和津市电大等培训机构,对全市远程教育终端站点操作员进行封闭式集中培训,共97人,其中到常德进行中级培训37人,在津市本级进行初级培训60人,所有学员均已通过结业考核。

组织党政干部参加清华大学教育扶贫党员干部培训。今年选派2名党政领导干部参加培训,分别是农业局局长刘仕彬参加城镇化、城乡统筹和美丽乡村建设专题培训班,政府办副主任、嘉山风景管理处主任周欢参加县域旅游资源开发管理与文化产业发展专题培训班,均已完成学习任务,顺利结业。

充实完善党员教育网站。党建网是党建宣传的红色阵地,组织工作的展示平台,党务公开的重要载体。今年来,津市市委组织部进一步规范了党建网信息上稿流程，并对党建网内信息进行了自查和清理，全年，累计在津市党建网发布信息270余条，在常德党建网上稿70余条，特别是在网站现有栏目的基础上，增加了“民情日记选登”板块，广大党员群众通过一个个鲜活的事例认识了在身边的基层典型。

宣传推介主流党员教育平台。在工作中，市委组织部积极向基层宣传推介共产党员网、红星视频网、常德党建网、津市党建网等网络学习平台，同时还发动基层党员关注共产党员、常德组工微信公众号，引导基层党员通过移动的党员教育平台开展学习。2016年，津市在红星视频注册远程教育站点52个，关注共产党员和常德组工微信公众号分别是5180人和1841人。

规范远程教育终端站点建设。2016年在完成合乡并村后，市委组织部对全市远程教育终端站点进行了清理规范，要求全市52个远程教育终端站点按照“四有”的标准（有一间30平方米以上的活动阵地，有一套能正常运转的远教设备，有一册记录完整的学用台帐，有一名操作熟练的站点管理员）和“五防一配套”要求（防火、防盗、防潮、防尘、防雷及桌椅配套，各类规章制度上墙）规范建设。对各终端站点设备进行集中维护。

制作精品党课课件。为了深化“两学一做”学习教育，市委组织部对全市基层党课稿件进行了精心筛选，评出市委常委、市委办主任江韬的专题党课和津市讲师团周碧华、潘津秀的微宣讲3部精品党课进行专门拍摄，制成课件供党员干部观看学习，视频党课内容新颖，党员群众喜闻乐见。

拍摄“旗帜”栏目先进典型。在基层发掘先进典型，将襄阳街街道志愿者协会会长朱德文和汪家桥街道汪家桥社区书记司马立芳的优秀事迹录制成视频，报送至常德电视台“旗帜”栏目进行宣传推介。

制作教学资源片。将汪家桥街道改革抓党建的基层“小党建、小社团、小网格”管理模式工作经验进行了总结，摄制成《惠风和畅润万家——汪家桥街道小微改革纪实》专题教学资源片，上报常德教学资源库进行推介。

完成组工内网分级保护系统加固。在上年全面完成组工内网分级保护工程的基础上，按照测评标准，对各设备和终端进行系统加固，10月底前全面完成。顺利迎接省级测评验收。（何奔）

宣传工作

【**概况**】2016年，津市市宣传思想文化工作以中央、省、常德市、津市市党代会精神为指导，围绕市委、市政府中心工作，坚定不移落实好党委（党组）意识形态工作第一责任，务实创新，主动作为，不断提升全市理论武装、新闻舆论、精神文明建设和文化惠民工作水平，聚力讲好津市故事、传播好津市声音、维护好津市形象，不断凝聚推动发展的津市力量。

理论武装工作扎实推进。一是制定《2016年津市市委中心组暨党员干部政治理论学习计划》，邀请清华大学教授和省、市专家领导，举办高质量市委中心组扩大学习10余场，下发《习近平谈治国理政》等学辅资料1万余册。二是组建全市党的报告员队伍，组织“十八届四中全会精神”、党代会精神、“两学一做”等主题宣讲30余场，受教育干群1.3万余人。三是举办了第五届市委年轻干部读书班、第四届“津市市车胤读书节”。截至12月，读书班已为市委政府培养储备30岁以下年轻后备人才180余人，其中74人已公开选拔到省、常德市等上级部门单位工作，或被提拔到镇、街道副职等任用。“车胤文化进校园”、“经典诵读”、“我的青春在津市”主题征文演讲等“车胤读书节”9大主题活动受到群众欢迎。《湖南日报》、《常德日报》对津市两项创学品牌活动做了专题推介。

新闻舆论工作强势发声。一是在全市组建100余人的新闻通讯员、网评员队伍，举办了全市新闻通讯员、网评员培训班，选送40余名工作骨干参加省、常德市新闻业务培训，新闻工作有新提质，市棚改、农村垃圾分类处理、洞庭湖区生态治理等方面工作经验先后在《人民日报》、央视等主流媒体宣传推介。二是截止2016年三季度，已在《人民日报》、《光明日报》、《经济日报》、新华社上稿12篇，《湖南日报》15篇，《常德日报》402篇；在央视播稿3条、湖南卫视播稿15条，常德电视台播稿207条，上稿数和播发时间均创历年新高。津市电视台新闻业绩已跃居区县市第一方阵。三是制定出台《津市市网络舆情应对处置办法》、《津市市网站管理办法》等制度性文件，坚持24小时网络值班，对涉津舆情做到及时发现、合理处置，实现了津市连续五年舆情处置零事故。

文明创建工作深入推进。一是认真组织各级各类道德模范评选表彰活动，先后涌现中国好人榜助人为乐好人鲁礼荣、孝老爱亲好人姜甫稳、见义勇为好人陶炜、全国“孝亲敬老之星”、“全国志愿者先进个人”傅绍荣、全国首届优秀敬老志愿者朱德文等一批先进典型和道德楷模。二是与深圳方维网络科技有限公司合作建立津市市志愿服务网络平台，完成志愿者信息登记，健全志愿服务工作网络，广泛开展文明交通劝导、绿色环保行、扶贫助残等志愿服务活动。三是全面启动津市市本级文明单位、文明社区、文明村镇创评活动，2016年申报单位已达29家，文明创建细胞全面激活，文明创建共建共享局面基本形成。今年，已向上申报2016届省级文明城市，通过全民动员、全员参与，顺利通过省级文明城市文明指数测评，在全力确保省级文明城市“金字招牌”的同时，力争拿到2017年全国文明城市“入场券”，努力向创建全国文明城市继续迈进。

文化事业产业繁荣发展。一是成功引进省五环集团1.2亿元市五环时代全民健身中心项目；华耀国际影城、湖南潇湘国际影城先后落户津市；东莞精彩钢制印刷项目成功签约，新鲁包装公司二期5000万扩建项目按期投产，虎爪山国家遗址保护项目已争取资金1530万元,民国风情街工程正在建设中。二是在常德地区率先完成“农家书屋”行成政村100%全覆盖，农村广播基本实现“村村响”,启动书香社区和乡村文体小广场建设,为社区、村居新建阅览室、活动室7间,添置健身路径器材150余套。三是立足“欢乐津城”文化活动品牌,组织群众性演出活动50余场,干群2万余人次参与其中,参加常德市“百团大赛”，获精品节目奖1个，二等奖3个,1个原创节目推荐到省“欢乐潇湘”演出。（傅坚）

【新闻外宣】上稿创历年新高。2016年,全市宣传工作以习总书记在新闻舆论工作座谈会上的讲话精神为指引,围绕“坚持工业立市,突出产业兴城,为建设澧水流域现代化的中心城市而努力奋斗”目标,确定工业立市、生态建设、美丽乡村等重点选题,全年在中央电视台上稿3条,在人民日报、光明日报分别上稿2篇,经济日报上稿1篇,在新华社上稿7篇，在湖南日报上稿40篇(其中头版头条1篇,专版2个),在湖南卫视上稿15条,常德电视台播稿207条,常德日报上稿479篇(其中头版头条15个),上稿数和播发时间均创历年新高。

重点宣传影响大。一年来,多次奔赴新华社、人民日报、中央电视台等主流媒体驻地,上门推介津市新闻亮点。3月31日央视新闻频道新闻直播间以《湖南第二大淡水湖重现清澈》为题报道津市在探索洞庭湖区生态治理取得的成绩。5月份新华社就农村垃圾分类经验垃圾银行专门来津采访,并向全国推介。7月12日中央电视台《经济半小时》栏目就津市农村环境综合整治进行长达20分钟的专题报道，展示津市农村新形象。

新媒体宣传效果好。为顺应移动互联网时代到来、进一步规范政务信息新媒体发布,“津市发布”微信公众号在年初上线,截2016共推送信息200余条,逐渐成为外界了解津市的窗口,并在处理突发事件方面积累了丰富经验。2014年开始运营的“津市电视台”微信公众号影响力持续增强,已是全国县级电视台微信公众号影响力百强。

社会宣传共鸣强。在防汛抗洪、五城同创、党代会等全市重大事件期间,组织电视台、手机报、微信公众号、流动宣传车等多种渠道及时宣传了市委市政府的声音,营造良好社会氛围。

舆情处置效果好。制定出台《津市市网络舆情应对处置办法》、《津市市网站管理办法》等制度性文件,始终坚持宣传部干部联动网评员队伍24小时舆情值班制度,第一时间监测到舆情后迅速交办相关单位并在最短时间内做好回复，努力将负面舆情控制在萌芽状态。一年来,市网宣办共检测并处置涉津舆情80余条,做到舆情管控零事故。

网络生态环境清。联合市文体广新局、市电子政务办深入开展“清朗专项行动”、“网上生态专项整治”、“跟帖评论专项整治”等网上治理专项行动,每天派专人全网搜索有害信息,重点清查15个重点环节的37类信息,及时发现、及时报告、及时查处。贯彻落实关键信息基础设施网络安全检查,市网宣办召集近30家单位召开了关键信息基础设施网络安全检查业务培训会,圆满完成20多家单位的填报任务。根据省网信办、常德市网宣办下发的《湖南省网络舆情信息报送工作制度》，开展网络舆情举报工作。安装湖南省网络舆情客户端系统,2人一班轮流报送舆情信息。

队伍建设提质快。在全市组建100余人的新闻通讯员和网评员队伍,举办全市新闻通讯员、网评员培训班,选送40余名工作骨干参加省、常德市新闻业务培训,新闻工作有新提质。（伍振）

【津市手机报】津市手机报每周二至周六早上八点准时发布全市前一天的市政汛情、民情动态。津市手机报受众达到5000多人，全年发稿1450篇次。

制定完善手机报管理办法,对信息的编写、报送、考核等进行规定,严格实行“三审制”。确保手机报发布信息的准确权威性。突出重点,增强宣传的针对性,围绕市委市政府中心工作开设“五城同创”“两会解读”“服务企业”等专题栏目。细化栏目,拓展宣传的多样性,手机报设有津市动态、津城万象、历史上的今天、车胤读书、健康生活等多个栏目,通过文字、图片等多种形式发布资讯。同时,实现红网津市手机报与津市新闻网的互联互通,读者通过手机了解更多、更详细的信息,也可以在网上阅读津市手机报。（毛菡）

【书香社区建设】以“车胤读书节“系列活动为载体，着力加强公共文化基础设施建设和公共文化服务体系建设,积极部署书香社区建设工作,通过前期的选址、筹备,于2016年10月高标准建成汪家桥、柏枝林和襄阳街三个社区书屋，面积均在100m²以上，设有儿童阅览区、成人阅览区、电子阅览区。每个书屋购置有文化类、科技类、健康类、少儿类等图书近4000册,并开设有四点半学校为社区学生服务。书屋建成以来,陆续开展“爱心捐书”、“每天读书一小时”、“读书启迪智慧，我读书我快乐”、“好书伴我行”、“读书月”等内容丰富、形式多样的群众读书活动,改善社区人文环境，为城市创建增添新的亮点。（王敏）

【欢乐津城活动】历时6个月的“欢乐津城”、“百团大赛”圆满结束,2016年共开展百团大赛惠民演出28场，受惠群众达2万人次,新编创节目舞蹈类12个，舞剧1个，曲艺类8个，戏曲类1个。津市市大鼓曲艺协会、津市市博梦艺术团、津市市孟姜女文化演艺公司获得常德市“百团大赛”二等奖,津市市兰枫合唱艺术团、津市市综合艺术团获得三等奖,津市市新梦志愿服务团获得优秀奖。合鼓《二胎风波》获得精品节目奖,合鼓《现实》、歌舞剧《药山禅韵》获得优秀创作节目奖,合鼓《现实》参加省“欢乐潇湘”演出,并获得银奖。（王敏）

【文明城市创建】2016年,津市市文明办在津市市委、市政府的正确领导下,深入贯彻习近平总书记系列重要讲话精神,以社会主义核心价值体系为根本，配合全市“五城同创”重要工作，切实加强公民道德建设和未成年人思想道德建设，提高市民文明素质和城乡文明程度，广泛开展和谐创建活动和群众性精神文明创建活动，通过省级文明城市检查验收，再次获得“省级文明城市”称号。（王敏）

【志愿服务平台】2016年初，经市委主要领导批准，市委宣传部、市文明办着手搭建津市志愿服务平台，即津市市志愿服务网。3月17日与深圳方维网络科技有限公司签订了合同书，由其代为开发网站。经过双方不断沟通和协商，网站开发过程进展顺利，已正式投入使用。（王敏）

【志愿服务活动】通过志愿服务平台的搭建，进一步壮大志愿者队伍，并推动志愿服务活动经常化制度化，津市志愿服务氛围日益浓厚。如文化志愿者惠民演出、各单位志愿者服务湖南自行车联赛、法律服务志愿者“法治夜话”、“关爱大自然、保护毛里湖”志愿服务、“国际志愿者日”宣传活动等，全年约有近万人次的志愿者参与到了活动中。（王敏）

【文明单位创建】2016年，津市市民政局、津市市人力资源和社会保障局、中共津市市委办公室、津市市政协机关、津市市总工会被授予“2016年度常德市文明单位”荣誉称号，津市市荷花社区、津市市汪家桥街道汪家桥社区被授予“2016年度常德市文明社区”荣誉称号，津市市图书馆被授予“2016年度常德市文明窗口单位”荣誉称号。津市市三洲驿街道办事处等13个单位被授予“2016年度津市市文明单位”荣誉称号。（王敏）

【市委中心组学习】认真制定《2016年津市市党委（党组）中心组理论学习安排意见》，以习近平总书记系列重要讲话精神为主题和主线，确立了6个学习专题，采取集体学习与自学相结合、组织专题报告会和邀请专家、学者作专题辅导等各种形式，邀请到省委党史研究室主任张志初、长沙海关加工贸易监管处处长徐玲娜、清华大学紫荆创新研究院培训中心主任林惠春教授等专家领导来津，举办高质量市委中心组扩大学习9次，精选和下发《习近平总书记系列重要讲话读本（2016年版）》、《总体国家安全观干部读本》、《胡锦涛文选》等学辅资料，党员干部政治理论水平和科学决策能力得到有力提升。（沈洁莹）

【年轻干部读书班】2016年4月，在全市行政机关、事业单位、30岁以下的年轻干部范围当中，通过单位推荐、选拔考试、组织考察，遴选出40名优秀学员参加市委第五届年轻干部读书班的培训学习。组织学员参加班级学习、中心组学习30余课次，开展井冈山红色教育、户外拓展训练、社会调研等班队活动，截至12月，年轻干部读书班为市委培养年轻干部、储备人才200人次左右，提拔重用、考录上级部门的达50人次。（沈洁莹）

【基层宣讲】依托阵地，进机关、进乡镇、进学校开展宣讲10余场，直接受教育干群近2万人；建立全市党的报告员制度，发挥基层党组织党的报告员“讲政策、及时讲、耐心答”优势，2016年5月，组织开展党的报告员十八届五中全会进基层暨“讲话精神进基层”微宣讲活动，10月，全面开展党的十八届六中全会和省第十一次党代会精神、常德市第七次党代会精神主题宣讲，有力回答好百姓关心的热点、焦点问题，更做到让党和国家的路线、方针、政策深入到基层，普及到党员群众，津市学习型党组织建设面向基层向纵深发展。（沈洁莹）

统战工作

【概况】2016年，在津市市委的坚强领导和上级统战部门的精心指导下，以党的十八届五中、六中全会精神为指针，深入贯彻落实上级统战工作会议精神，扎实开展“凝心聚力‘十三五’行动”和“两学一助”学习教育，在新起点上进一步开创了津市统战工作新局面。围绕主线，认真贯彻落实会议精神。在市委中心组第三季度（扩大）学习会上，黄沅敏部长以“充分认识新形势下统一战线的重要作用”为题对会议精神和《条例》进行解读；成立了以傅勇书记为组长的市委统一战线工作领导小组，标志着津市统一战线事业迈入崭新的发展阶段。紧扣中心，全力做好经济统战工作。深入实施同心工程，积极倡议非公人士参与精准扶贫活动，累计捐款约10万元。创新理念，进一步推动合作共事。引导党外人士积极参政议政、民主监督，深化社会服务活动，打造统战工作品牌；深入开展新媒体代表人士统战工作调研，继续推进社会组织统战工作试点，加强对试点单位的沟通联系指导。突出重点，加强党外代表人士队伍建设。注重党外代表人士发展拓展渠道，更新了全市党外知识分子数据库。促进发展，着力做好非公经济领域统战工作。组织非公经济人士参加各类座谈会、培训班，帮助非公经济人士健康成长和非公经济健康发展。注重团结，扎实做好民宗对台工作。落实民族优惠政策，开展“宗教法规宣传月”和和谐寺观教堂创建活动，组织宗教界人士开展慈善慰问活动；落实涉台困难群体救助机制，建立“皇姑姊妹”微信群，真情服务台胞台属20多次。提升水平，切实加强统战部门自身建设。扎实开展“两学一做”学习教育，强化统战部机关干部作风建设，推动作风建设常态化、长效化；大力营造宣传氛围，有效扩大了统战工作影响力。（雷鑫平）

【统一战线服务“十三五”行动】大力发展多党合作事业。在全市各民主党派和无党派人士中开展“两学一助”学习教育，各民主党派结合自身特点，围绕改善民生开展社会服务，受到了广泛好评。深化党员市级领导与党外代表人士、非公经济人士联系交友机制。党委、政府积极支持民主党派、无党派人士加强协商能力建设，积极开展政党协商活动。引导党外人士积极参政议政，在津市两会上共提交代表建议和委员提案52件。深入推进民主监督，12名党外人士分别被市委、政府和有关部门聘请为市委工作监督员、优化经济环境监督员。参加市委常委会，监督员座谈会等会议，参与执法检查、监督评议等活动18次，有力地推动了政风行风转变，增强了民主监督意识，拓展了民主监督范围。进一步拓展了民主监督范围。探索开展了新的社会阶层人士统战工作，继续推进社会组织统战工作试点，新增老年书法家协会1家社会组织进行试点，工作开展颇具新的特色。积极倡议非公人士参与扶贫活动，将扶贫工作与“万企联村”、光彩事业、感恩社会光彩行动工作紧密结合。由统战部、工商联牵头组织开展了“房协助困、温暖城乡”、“非公助学、爱暖嘉园”、代表委员“一进二访”等公益活动，累计捐款约10多万元。在省级同心人物傅绍荣的带动下，市国税局为2名贫困学生捐助4000元助学金，极大地温暖了寒门学子和家长的心，其先进事迹在常德新闻联播“凝心聚力话统战”专栏播出，同心人物的示范和作用得到充分彰显。民盟市委联合市民宗局在药山镇翊武中学开展“同心?烛光行动”。民建市委和农工党市委开展义诊5次，发放药物3万余元，发放宣传资料1万余份。（雷鑫平）

【同心工程】打造精准扶贫模式。“关山红桔”育种成功后，合作社前期免费为种植大户、家庭农场提供红桔种苗3万株，并采取同一技术、同一品质、同一管理，三年结果产生经济效益后再向合作社支付种苗款的模式向农户推广。合作社又与市农教办对接，聘请了知名教授下到田间地头，免费为村民进行种植、嫁接、育苗等技术培训，培训农村剩余劳动力100多人次，培育了一批生产技术能手和种植大户。今年合作社在关山基地培育了红桔种苗50万棵、红豆杉（2公分）5万棵；关桥基地培育了红桔种苗50万棵、红豆杉10万棵、山茶花20万棵、红叶石楠20万棵、紫薇10万棵；在复兴村建立了30亩红桔母本基地。“同心项目”不断壮大。10月30日，《常德日报》新农村·美丽乡村版以“‘关山红橘’结出‘同心果’”为题对该项目进行了宣传推介。创造可观经济收益。合作社现已和50多户村民签订土地流转合约，全市各基地流转土地约1000余亩。2016年“关山红桔”苗木繁育销售额预计达到200万元。田家山种植大户樊方奎今年的10万斤鲜果，早在8月底就已由长沙红星水果批发市场以每斤3元价格预订，获纯收入30万。上牯岭承包户李绍兵，三年前将大片脐橙和普通柑桔高位换头成关山红桔，今年50多亩关山红桔迎来丰产期，也将创纯收入50万元以上。产生显著社会效益。项目切合市委工作队“美丽乡村”建设规划，助力创建绿色村庄，构建集种植、采摘、观赏为一体的绿色生态产业链。由合作社出资40多万元在关山村修建了同心小溪、同心游道、同心小憩庭，并修整了元帅井，助力美丽乡村建设。今年，项目又开花卉养殖这一新路，培育了紫薇、海棠、红枫、樱花等30多个优良品种，数量达30万株，百亩紫薇苑、30亩北美海棠花瓶区基本成型，带动了周边5县、13家旅行社的观光旅游，休闲观光经典初见雏形。因纳入同心工程项目，实施精准扶贫新模式，使该项目极具推广和复制效应。

（雷鑫平）

【党外代表人士队伍建设】注重党外代表人士发展拓展渠道。定期走访任实职党外代表人士所在单位，加强联系，了解情况，表达组织对他们的关心、支持和后续培养，为他们的进一步发展拓宽空间。今年，组织开展了全市统一战线理论政策研究征文活动，拟从中发现一批优秀党外干部进行培养使用。4月份，常德市委统战部来津市专题调研党外干部队伍建设情况，听取了津市党外干部队伍建设等方面工作汇报。注重培养党外优秀干部。以津市“500英才引进工程”为契机，引进党外人才32名，现已纳入党外后备干部培养管理的12名。2016年，共13人次党外干部得到市委提拔重用或交流到新的领导岗位，推荐23名党外代表人士参加了民主党派中央、省委和常德、津市举办的各类培训班。注重加强党外知识分子工作。制定了知联会工作计划，更新了全市党外知识分子数据库，建立了由89名无党派人士组成的无党派代表人士队伍。重点在会员中开展了“四个一”活动，即：参加一次学习培训、提一条建议、参加一次参观考察、参与一次服务社会活动。在常德举办的第二届党外知识分子“科技创新?贡献常德”活动成果展中，津市申报的“甾体激素药物中间体高效环保制备技术的应用及产业化”项目获得金奖。（雷鑫平）

【非公经济领域统战工作】营造非公经济发展良好环境。认真贯彻落实习近平总书记在参加政协民建、工商联界联组会上的讲话精神，组织50家非公企业开展“访民企、办实事、强信心”调研活动。组织非公经济人士参加“依法保障和促进非公有制经济健康发展座谈会”，畅通企业家反映情况、反映诉求的渠道。深入开展“万企联村”活动，将湖南和平生物科技有限公司实施的湖南省现代农业特色产业园食用菌示范园项目申报为省级示范项目。帮助非公经济人士健康成长。举办“营改增”专题培训讲座，帮助企业更好的适应营改增税法改革新形势；开展“守法诚信 坚定信念”主题教育活动和党性教育活动，以“两学一做”为契机，运用微信等新媒体在非公企业、非公经济人士中广泛开展理想信念教育实践活动和党性教育活动。加强工商联建设。按照《中国工商业联合会章程》规定和湖南省委、常德市委统战部相关文件要求，积极组织开展工商联换届工作，于4月21日成功召开了津市市工商联（总商会）第十二次会员代表大会，选举产生了新一届工商联（总商会）领导班子。（雷鑫平）

【民族宗教】广泛开展宣传教育。深入开展“宗教政策法规宣传月”活动，集中组织宗教界代表人士和宗教教职人员学习《宗教事务条例》和《湖南省宗教事务条例》等相关的政策法规；推荐基督教福音堂教师李桂到常德市参加“五教同行，讲经解经”演讲活动。着力推行依法行政。确保少数民族考生资格审查零差错，全市共有20多名少数民族高考生享受了高考加分政策；积极开展民族团结进步行活动，开展少数民族干部情况摸底工作，推荐2名少数民族干部赴常德党校学习。依法加强宗教管理。组织开展和谐寺观教堂创建活动，开展专项整治和清理活动，制定关于加强宗教活动场所安全管理规定，进一步规范了各宗教活动场所的安全保卫工作；配合省、常德市佛教协会对津市佛教教职人员进行信息采集、审查和发证，对宗教活动场所负责人不明确、寺观教堂名称不规范等问题进行了核查、校检，为规范管理宗教教职人员奠定坚实基础；建立完善宗教场所登记制度、宗教教职人员备案制度、大型宗教活动审批制度“三项制度”；推荐3名民族宗教界代表人士担任市政协委员。有序推进场所建设。重视宗教团体和重点宗教活动场所建设，在土地划拨、建设规费减免等方面给予政策和资金支持；支持药山寺改扩建项目，为启动大殿建设和竹林禅院建设积极协调，牵头组织14个部门指导药山寺“竹林禅院”落成庆典；指导药山寺举办“慈云讲堂”“禅修夏令营”等活动；大同观寺改扩建项目，主体工程及内部装修已完工，正在进行路面硬化与绿化工作；嘉山寺大殿主体工程已完工，已启动居士楼的建设；古大同寺弥勒殿会同文物部门确定了保护修缮方案；牵头协调津市基督教后湖会堂的征拆工作，为基督教后湖会堂搞好搬迁选址、房屋产权落实等工作。（雷鑫平）

【对台工作】夯实基础。坚持目标管理制。将对台工作纳入全市绩效考核内容，形成党政领导、台办牵头、部门支持、社会参与的对台工作格局。对全市120户台胞台属和40户港澳涉外代表人士的家庭摸底建档，每年对档案进行更新。档案不仅包含本人和家庭的基本信息、经济收入情况，登记在台亲属住址、工作等情况。助力发展。津市台办采取“请进来、走出去”的方式，一方面邀请台商来津市实地考察、洽谈项目，另一方面积极组织当地企业、团体以及个人赴台交流考察。3月，台资企业台湾淳安集团董事长邱森盈、淳安电子股份有限公司董事长张荣德来津参观考察。组织省级同心社区负责人赴台考察，学习台湾社区建设情况。积极帮助津市佳美养殖公司参加台湾休闲农业游学团，进行现代农业学习考察和文化交流。积极引导。对台宣传教育实行进党校、进社区、进媒体的“三进”活动，构建多层次宣教格局，确保对台工作的正确舆论导向。凝聚人心。在春节、中秋等传统节日开展走访慰问活动，使台胞台属体会到台办的诚意和热情，体会到祖国大家庭的温暖。将生活困难的涉台群体纳入救助范围，落实救助经费10万元。与人社、民政、住建等部门协调，解决困难对象的社会保障问题。去年，津市台办又顺应互联网思维，建立起“皇姑姊妹”津籍陆配微信群，通过微信联络感情、答疑解惑、帮难解困。全年接到就学、就医、居留、证照考试、旅游等多个方面的求助和咨询30多次，均在第一时间解答，广受台胞台属好评。（雷鑫平）

【自身建设】深入开展“两学一做”学习教育，结合统战部门实际制定了《“两学一做”学习教育实施方案》，研究部署工作开展的形式和具体细节。同时我们紧抓规定动作，不断创新载体，把“两学一做”学习教育与统战系统工作紧密结合起来，坚持实效导向，开展了“统战系统自身建设深化年”等活动。结合扶贫攻坚，到扶贫联系点结对帮扶，深入基层为群众解决具体问题。注重业务工作培训，组织统战系统干部、党外代表人士参加了统战业务知识学习培训班，统战干部业务能力不断提高。

（雷鑫平）

政法工作

【概况】2016年，津市市政法工作在常德市委政法委和津市市委、市政府的坚强领导下，围绕“两保两创一坚守”的工作目标（即保津市大局稳定、保“全国平安县市”荣誉；创特色工作、创一流水平；坚守综治工作在常德第一方阵靠前排位），扎实推进平安津市建设、法治津市建设，全力维护社会大局稳定，取得了显著成效。具体工作主要体现在：

平安津市建设纵深推进，群众安全感满意度大幅提升

民调测评成绩斐然。在津市范围内持续深入开展平安镇街、平安家庭、平安单位等平安创建活动，开展大走访、大沟通、大排查、大化解工作，努力营造平安稳定的社会环境。实施“抓领导高位推动、抓宣传全员知晓、抓包保全面覆盖、抓火候打防升级、抓奖惩提升效能”的“五抓”举措，全方位推进“创平安促满意”工作，群众安全感满意度有较大幅度提升。在全省社会治安综合治理民意调查测评中，津市全年综合得分为90.75，位居全省前列，常德第一，全市9个镇街全部进入常德市前10名。

矛盾调处实效明显。健全矛盾纠纷排查分析报告制度，落实“三调联动”，积极邀请人大代表、政协委员、律师、平安志愿者、“五老人员”参与调解，做到矛盾纠纷排查调处机制长效。全市共建立各类人民调解组织107个，其中镇街村居调解组织78个，行业、专业调解组织10个（土地流转、房屋征收折迁、道路交通事故赔偿、学校、物业管理、交通、医患、环保、知识产权、人事劳动争议人民调解委员会），联合调解组织1个，调委会驻法院、检察、公安调解室10个，共有人民调解员436人，基本实现了调解组织的多层次、宽领域、全覆盖。2016年，全市共排查出各类矛盾纠纷2855件，调处2841件，成功率达99.5%，没有发生因民间纠纷调处不及时或调处不当而造成的非正常死亡、民转刑案件、群体性闹事和群体性上访。

基础工作落实到位。实有人口、实有房屋、实有单位信息采集扎实，全市三实信息采集居住人口和户籍人口完成率均达100%以上，信息采集总数488073条。“天网”工程建设基本完工，对全市所有的电子监控平台后端存储设备进行全面改造升级，新增500余个高清探头、新建电子卡口11套、高空瞭望4处。率先开通视联网，“三台合一”

纳入智慧城市建设筹建启动。特殊人群服务管理、预防青少年违法犯罪、校园及周边治安综合治理等工作形成了齐抓共管良好格局。

防控管打持续发力。开展社会治安重点地区和重点治安问题月排查，把群众反映强烈的“两抢一盗”、“涉黄涉赌”、“涉黑涉恶”、“涉毒”等违法犯罪问题作为整治重点，先后开展了治爆缉枪、旅馆业实名登记、“黄赌”断链等系列专项整治行动。2016年公安机关共立刑事案件549起，审查行政案件637起，刑事拘留136人，行政拘留227人，强制隔离戒毒66人。及时快速侦破“4·23”杀人案、“9·4”故意伤害致死案、“4·5”王某寻衅滋事恶势力犯罪案、中亿佰联集资诈骗等大要案。检察院受理审查逮捕案件60件77人，批准逮捕45件59人，受理审查起诉案件114件158人，提起公诉75件101人。法院共受理各类案件2158件，同比上升30.5%；结案2015件，同比上升23.7%，结案率93.4%。其中受理诉讼案件1560件，审结1459件，受理执行案件598件，执结556件。

信访维稳措施落实有力，全市社会大局持续稳定

领导带头机制坚持到位。长期坚持落实市级领导坐班接访化解矛盾制度、市级领导电话和分工信息公示制度、市级领导包案化解信访突出问题和信访积案制度，效果显著。2016年，市级接待处理信访1297批(件)次3494人次，与去年同比，批次下降20.3%，人次下降24.9%，无到常赴省进京非正常上访，无因信访问题引发的群体性事件，无信访引发的极端个案，截止2016年底是常德市唯一的“三无”区县。

情报信息网络高效运转。建立以维稳办为调度中心，专业机构情报信息网、主管部门情报信息网、基层情报信息网三网并行的情报信息网络体系，坚持每周对全市涉稳因素进行全面收集、分析研判。2016年共获取研判各类涉稳情报信息300余条，牢牢把握维稳工作的主动权。

涉稳重点对象分类管控。成立10个信访维稳专项工作组，对全市23类重点涉稳群体和52名重点涉稳人员，按照活跃和激进程度分为“红、黄、绿”三级，将涉稳人员按照在群体中发挥的作用分为“A、B、C”三类，实行分级分类动态管控，及时交办化解，做到了工作重点明确，包保责任到位，稳控效果明显。2016年共进行交办4次，涉及重点对象31名，化解涉稳问题23个。

突发事件处置依法稳妥。建立了一支以公安干警为主力，治安巡防队员、城管队员、民兵预备役为补充的常态化应急处突队伍，科学制定了应急处突工作预案，做到依法处置，稳妥高效。2016年，处置集访闹访案事件32起，其中处置非正常死亡案事件14起，刑事拘留1人，行政拘留8人，做到无一例矛盾激化或事态升级。

执法监督职责履行到位，涉法涉诉信访改革率先推行

监管工作机制不断完善。落实案件评查制度，2016年组织专家评查案件14起；落实重大事项报告备案制度，共报备51件重大执法活动和事项；落实司法救助制度，全年审批申报重点救助对象9名，发放救助资金15.1万元。

常规专项活动开展到位。开展“规范法律服务管理 、优化法律服务市场”专项执法检查活动，开展整顿“干预司法活动、插手具体案件处理”专项行动，开展“集中清理判处实刑罪犯未执行刑罚”专项活动，有力促进执法司法活动公平公正。

涉法涉诉信访率先改革。探索建立涉法涉诉信访“一统四分”的工作格局(即全市建立一个涉法涉诉联合接访中心，市人民检察院、市人民法院、市公安局、市司法局分别设立一个接待室，并配置相关设施)、接访到息访全环节的案件流转程序规范、律师参与化解代理“五大机制”(即律师值班机制、律师评析机制、律师代理申诉机制、重大疑难案件化解机制、涉法涉诉信访工作联席会议机制)和“五个一”(即一库，设立律师人才库；一图，建立工作流程图；一表，律师值班安排表；一卡，考勤指纹卡；一账，接访处访流转台账)管理运行模式，属常德市首创，常德市委政法委给予高度评价，并组织在津市召开现场经验交流会。正式运行以来，律师参与值班化解工作，共接待案件50件，进入流转程序案件4件。

法治津市建设全面推进，司法体制改革举措落实积极

普法宣传措施推陈出新。制定了“谁执法谁普法”工作方案、出台了“领导干部学法积分制管理办法”，开办了领导干部法治夜校，创立了“市委常委会会前学法”、“周浩佬说法”、“普法音像”、“法治文艺”、“法治夜话”五大普法品牌，开展了“依法办事示范窗口单位”和“民主法治示范村(社区)”创建活动。2016年6月，津市被中宣部、司法部、全国普法办评为全国“六五”普法先进县(市区)。

公共法律服务建设到位。构建全市公共法律服务中心、主体、基础、网络“四大平台”，健全法治宣传、“一村(社区)一顾问”、律师服务企业、律师值班常态制、法律援助“五项机制”，形成了以公共法律服务平台为中枢，法律援助中心、公证处、律师事务所、法律服务所、镇(街道)法律援助工作站、村(社区)司法行政工作室为支撑，全体司法行政干警、公证员、律师、法律服务工作者为主体的公共法律服务体系。9月30日，常德市在津市召开公共法律服务体系站点建设现场推进会，重点推介津市公共法律服务体系建设经验。2016年全市依托公共法律服务平台共办理法律援助案件185件、公证案件679件、律师办案件162件、司法鉴定案件281件。

司法体制改革稳步推进。围绕户籍、出入境、治安、交通、消防等工作，公安行政管理服务改革推出了34项便民利民举措。按照全省统一进度，市人民法院28名干警、市人民检察院14名干警已通过员额考试考核。

政法队伍建设不断加强，基础设施建设有所改善

落实三抓促进队伍建设。一是抓学习教育提质强能。全面落实“两学一做”学习讨论，出台内部学习制度，组织经常性的业务知识培训和政治学习，组织全体青年干警参加演讲比赛、征文等各种形式的教育活动，保证了政法系统干警的日常学习从质量、数量上紧跟形势的变化。二是抓制度规范正风肃纪。政法各单位进一步规范完善了内部管理制度，严肃纪律作风，制定岗位责任制考核办法，严格将考核结果运用到对干部的评优推荐中。三是抓典型引领创先争优。组织各局院推选先进典型，将先进事迹打印成册，利用官方网站、微信平台、会议活动等方式对外推介，激发政法干警创先争优积极性。

争取支持保障基础建设。积极主动汇报，争取市委政府重点扶持，政法各单位基础建设有明显改善。投资8000万元的公安局业务技术用房建设进展迅速，支持580万元的检察院接访中心和青年干警公寓已启动建设，法院机关院落提质改造支持200万，交警大队机关院落提质改造支持100万，政法委机关办公规范化建设支持20万。

（姜水宁）

【维护稳定】2016年，在上级部门的精心指导和市委市政府的高度重视下，紧紧围绕“五个不发生”工作目标，牢固树立“情报为先、民生为本、作风为基、法治为魂”维稳工作理念，认真履职、敢于担当、奋力作为，确保了全市社会政治大局持续稳定。

领导高度重视强力维稳。市委、市政府高度重视维稳工作，党、政主要领导率先垂范，坚持对维稳工作亲自研判决策，亲自调度部署。除坚决落实市级领导轮流坐班接访制度外，每逢重大节日、重要时段，都会召开专题调度会，将全市突出涉稳问题交办给包案市级领导和相关责任单位。市委政法委书记李景峰不仅多次调度重大涉稳问题的化解，还经常第一时间亲临现场指挥突发事件应对处置。

情报信息收集研判收效斐然。津市建立的以维稳办为调度中心，专业机构情报信息网、主管部门情报信息网、基层情报信息网三网并行的情报信息网络体系运行效果愈加凸显。2016年共超前获取了“2·4”中亿佰联集访市政府、“3·2”县级班车司机集访市信访局、“8·25”胡振宝带汽油来市委自焚等10余条内幕性、行动性信息，为上级部门调度及本市开展化解工作争取主动权。另一方面，特别注重对情报信息及维稳形势的分析研判工作。维稳办一直坚持维稳形势研判周例会制度，特护期、敏感日每天碰头会商；各乡镇（街道）、主要维稳成员单位坚持专题议稳月例会制度；市级领导每季度还组织维稳办、信访局、民政局、公安局等相关部门召开一次涉军群体稳控工作联席会议，既实现信息高效共享，又有利于整合资源统筹做好全市涉军群体稳控工作。

突出矛盾纠纷化解责任落实。全市在重大节日或重要时段，均会组织开展矛盾纠纷全覆盖摸底排查，对摸排掌握的矛盾纠纷实行台账式动态管理，然后按照习总书记“诉求合理的解决问题到位；诉求无理的思想教育到位；生活困难的帮扶救助到位；行为违法的依法处理”的指导原则，逐一研究，逐一交办，限时明责化解。2016年11月10日，市维稳办、联席办对全市范围内摸排出的10余个突出涉稳问题联合交办给包案市级领导及相关责任单位，有力的推动了矛盾纠纷的化解，实现了将矛盾化解在基层和萌芽状态，将人员稳控在当地的工作目标，确保全市特护期社会大局的绝对平稳。

重点人管控举措勇于创新。津市对涉稳人员采取教育疏导、困难帮扶、依法打击等常规措施的同时，不断探索创新管控方法，如将涉稳群体按照活跃和激进程度分为“红、黄、绿”三级，将涉稳人员按照在群体中发挥的作用分为“A、B、C”三类，实行分级分类动态管控，做到了工作重点明确，包保责任到位，稳控效果明显。截至2016年底，全市赴省进京非正常上访零登记。2016年，市维稳办根据“控头”原则，结合当前涉稳群体呈现出的联动密集、诉求交织等新特点，又总结出“培植重点人”稳控工作法，即在群体中培养一至两名能为我所用的人作为群体牵头人物，起到了“控制一个，稳控一片”的良好效果。

社会稳定风险评估稳步推进。为了进一步强化干部风险防控意识和提升风险评估能力，2016年5月、9月全市组织的两期科级干部培训班上，由市委政法委纪检员对当前维稳形势分析与研判的相关知识进行了专门培训。在评估范围控制方面，2016年年初市维稳办即对全市拟实施的项目进行清理，对涉及人民群众切身利益且在实施过程中可能存在涉稳风险的重大项目，均要求项目具体承办单位开展风险评估。凡需经市委常委会、市政府常务会讨论作出决策的重大事项，在提交会议讨论之前，也要求各呈报单位必须将风险评估作为前置程序。

突发事件应对处置依法稳妥。全市建立一支以公安干警为主力，治安巡防队员、城管队员、民兵预备役为补充的常态化应急处突队伍，做到“召之即来，来之能战”。同时全市还形成了处置事件剖析机制，每起事件处置完后组织相关部门碰头，总结成功经验，查找不足并剖析原因，真正达到了以实战促提高的目的。2016年，市维稳办共调度集访、闹访劝导处置32起、突发事件处置14起，每起事件的处置既迅速平息事态，又有力的打击违法行为。如2016年10月9日在处置傅华超事件中，在反复劝阻无效的情况下，结合现场局势，市维稳办调度公安、交警、消防、交通等相关部门近百名工作人员进行了强行处置，共刑事拘留1人。该事件的强制处置，对规范全市信访秩序和管控其他涉军群体起到震慑作用。　（姜水宁）

【平安创建与社会治理】2016年，市综治办在市委、市政府的坚强领导和常德市综治办的精心指导下，创新思维，紧扣主线，坚持以党的十八大和十八届三中、四中全会精神为指导，严格贯彻落实上级政法工作会议精神，持续深化平安创建、大力开展专项工作、重点整治突出问题、全力维护大局稳定，人民群众安全感和满意度不断提升。

深化基层平安创建，夯实综治工作基础。

为深化各层次平安建设活动，形成积小安为大安的创建格局，在总结以往平安建设经验，不断提升平安创建品位和质量基础上，分三个层次深入开展平安创建活动：一是由市综治办、市妇联牵头在全市范围内广泛开展广泛开展平安社区（村）、平安家庭创建活动；二是分别由市卫计局、市教育局、市市场服务中心、市科工局在医院、学校、市场、企业等重点行业内开展平安医院、平安学校、平安市场、平安企业等专项平安创建活动；三是在各镇街道、部门单位间深入开展平安镇、平安单位创建活动。通过各类“平安细胞”的建设，积“小安”为“大安”，努力营造平安稳定的社会环境。

强化指导协调职能，重点开展专项工作。

定期召开综治委各专项工作组联系协调会议，建立了由组长单位牵头推动专项工作开展，疑难问题由综治办召集相关单位协调交办处置的工作机制，健全了对综治专项工作组织机构日常运行、经费保障等方面的考评制度。2016年，联合卫计、公安等部门重点推进了重性精神障碍患者救助管控工作；与公安部门一道共同推动了实有人口、实有房屋、实有单位“三实”信息采集工作，协调相关部门对常德市365综治信息平台各类基础信息和专项信息进行了录入更新；联合妇联、公安、法院、检察、司法等单位联合推动反家庭暴力工作。实有人口、特殊人群服务管理、“两新组织”、网络社会管理、重点整治、预防青少年违法犯罪、校园及周边治安综合治理、护路护线联防、“三调联动”等专项组各司其职，各尽其责，共同形成了综治工作齐抓共管的良好格局。

建立多元调解机制，大力化解矛盾纠纷。

完善调解组织。全市共建立各类人民调解组织107个，其中镇街村居调解组织78个，行业、专业调解组织10个（土地流转、房屋征收折迁、道路交通事故赔偿、学校、物业管理、交通、医患、环保、知识产权、人事劳动争议人民调解委员会），联合调解组织1个，调委会驻法院、检察、公安调解室10个，共有人民调解员436人，基本实现了调解组织的多层次、宽领域、全覆盖。同时邀请人大代表、政协委员、律师、平安志愿者、“五老人员”参与调解取得良好效果。健全工作机制。以人民调解为基础和依托，积极完善“三调联动”工作机制，建立矛盾纠纷排查调处工作月协调会议制度并形成会议纪要，对重大矛盾纠纷、跨区域或行业性矛盾纠纷落实了交办、督办、反馈、通报等制度；针对农村土地承包、城市土地征用、房屋拆迁补偿、劳动、社会保障及节前突出的拖欠职工工资和人身损害赔偿等突出问题建立专项排查化解机制；在重大节假日和换届选举期间等重要时间节点和重要时段建立重点排查化解机制。凸现工作实效。紧扣平安津市建设大局，进一步健全矛盾纠纷排查调处、重大社情报告、越级上访和群体性事件快速反应、社会稳定风险评估等长效机制和矛盾纠纷排查分析报告制度，通过走访群众、接待来访、召开座谈会等方式，逐村组、逐社区、逐单位进行摸排梳理，掌握矛盾纠纷重点区域、重点行业、重点人群。2016年，全市各级调解组织共排查出各类矛盾纠纷2855件，调处2841件，其中：农村集体土地征用、流转38件，土地、山林、水利、资源权属纠纷320件，环境保护纠纷11件，劳动社保纠纷60件，医疗卫生纠纷9件，交通事故纠纷545件，房屋产业纠纷81件，经济合同、金融借贷纠纷61件，人身损害纠纷191件，婚姻家庭纠纷142件，邻里关系纠纷481件，其他纠纷902件，调处成功率99.5%。

重点整治突出问题，全力维护社会治安。

加强社会治安重点地区和重点治安问题月排查整治力度，针对排查和群众反映强烈的“两抢一盗”、“涉黄、涉赌”、“涉黑涉恶”、“涉毒”等违法犯罪案件作为整治重点，先后开展了系列专项行动予以坚决打击。一是坚持了命案必破。及时快速成功的侦破“4·23”杀人案。二是强化打击重点。始终坚持打击暴力恐怖犯罪、黑恶犯罪、八类严重暴力犯罪、多发性侵财犯罪、涉枪涉暴犯罪和非法集资、传销等涉众型经济犯罪，以及网络、电信诈骗、食药安全、环境污染等新型犯罪。先后成功侦破“4·5”王某寻衅滋事恶势力犯罪、中亿佰联集资诈骗等大要案。三是开展专项整治。开展治爆缉枪专项整治，查处涉枪涉爆行政案件2起，收缴各类枪支3支，子弹156发，收缴各类管制刀具7把；开展了旅馆业实名登记专项整治，严格落实“四实”登记验证制度，行动期间通过旅馆业治安管理信息系统抓获网上逃犯1名，处罚不按规定登记上传的旅馆4家，下发限期整改通知书13份；开展了整治“黄赌”断链专项行动，捣毁涉黄窝点2个，侦办容留卖淫案件2起，查处涉黄治安案件4起，取保候审2人，治安拘留10人。通过强化打击整治，消除治安隐患，城乡社会治安状况明显好转，人民群众安全感进一步增强。

构建立体防控体系，提升防范科技水平。

全面强化社会面治安防控。以加强和完善城区治安巡逻防控为抓手，全面推进城区治安防控体系建设，通过开展巡防队管线、派出所控片、警务室守点、社区义务巡防队作为有效补充，广泛开展治安巡逻，在重大节假日安排军警联合巡逻，最大限度的降低了街面“两抢一盗”等多发性侵财案件发案率；公安、检察、法院、司法相互配合，在主要出城路口及人员集中区域开展“警灯闪烁”专项治安防控行动，提高见警率。大力构建立体治安防控网络。建立建强镇（街道）、村（社区）义务巡逻队，加大对集镇、路口、居住集中区及偏远山区的巡逻力度；各镇均按要求自筹资金建成了电子视频监控系统，共建成电子监控平台4个，电子监控探头46个。有效提升各镇的治安防控水平。要求有独立院落的机关事业单位严格按照市委、市政府《关于进一步加强机关、团体、企事业单位内部安保工作的意见》的要求落实单位内部安全防控，建立覆盖全面的立体防控网络。不断提升治安防控科技含量。结合“天网工程”对全市所有的电子监控平台后端存储设备进行全面改造升级，新增500余个高清探头、新建电子卡口11套、高空瞭望4处。依托常德市“365社会治理信息平台”，组织网格员及时录入更新流动人口、特殊人群等专项信息数据，为动态管理各类重点人员提供了信息化支撑。积极推广各类技防措施，支持天维、金盾等保安公司等专业安保力量，为城区400余家公司企业、临街门店及个人住宅安装监控探头及报警系统，提供有偿安保服务；联合移动、联通等通讯公司推广“行车卫士”、“995十户联防”等技防措施，不断提升防控手段的科技含量。2016年，全市可防性案件明显减少，群众安全感不断提升。

落实创安促满举措，全面赢得群众满意。

加强组织领导。市委、市政府高度重视“创平安、促满意”工作，多次研究、专题部署，并将其作为一项领导干部年度考核的重要依据，市委书记亲自挂帅，市委常委、政法委书记任副组长兼办公室主任，市公安局政委（专职）和市委政法委副书记任办公室副主任，负责日常工作开展。明确职责任务。按照“谁主管谁负责”和“属地管理”的原则，将创安促满的职责任务，层层分解落实，牢固树立“平安稳定就是最大政绩”的工作理念，定期分析研究、及时解决工作中存在的问题和困难。加大督导力度。按照“三联四大”工作要求，由市委书记带头，所有市级领导均到所联系的镇（街道）、部门单位指导开展创安促满工作；从政法委、公安局、检察院、法院、司法局抽调班子成员，分别下沉联点到村（社区）指导督导联点区域和辖区单位落实工作举措；所有的政法干警分别到所联系的居民户家中，开展大走访、大沟通、大排查、大化解工作，切实倾听群众诉求，扎实解决实际困难，用实际行动赢得群众的认可和满意。（姜水宁）

【执法监督】2016年，全市执法监督与涉法涉诉信访工作在深入贯彻落实十八届三中、四中、五中全会精神的基础上，紧紧围绕全国、省、市关于政法工作的总体部署，完善执法监督工作机制和管理方式，狠抓政法机关执法水平和办案质量，规范提升涉法涉诉信访处理的法治化水平。

全面推进执法监督管理工作

落实重大事项报告备案工作。在2015年工作开展的基础上，按照常德市委政法委开展“一次制度学习重温、一次报告员培训、一次全市性督查”的“三个一”主题活动的工作要求，政法委在2016年的6月22日进行了重大事项报告备案工作培训，全面推进重大事项报告备案制度的推行与落实；按照常政法传〔2016〕39号的文件要求，政法委对法院、检察院、公安局和司法局的重大执法活动和事项报告备案工作开展情况进行了督查，各政法单位按照工作要求均进行了自主培训。政法委按照每季度的时间节点，向常德市委政法委上报重大执法活动和事项，截止到2016年第三季度，共报备51件重大执法活动和事项。

开展案件评查。为切实提高执法办案质量，及时发现和解决涉法涉诉信访案件中存在的突出问题，强化执法过程中的薄弱环节，提高政法队伍公正执法意识，促进涉法涉诉信访形势根本好转，政法委在2016年8月22日至26日牵头组织开展了为期一周的案件评查工作。

通过与常德市涉法涉诉联合受理中心和各政法单位对涉法涉诉信访案件进行对接和摸底，共对14件案件进行了评查。评查工作实行交叉审查，涉及本单位的案件都由其他参与工作的政法单位专业人员进行评查，保证评查工作独立、客观；对于疑难复杂或评查组内有分歧的案件，评查组工作人员则共同商议，征求其他工作人员的意见；每一件案件评查结束后，评查人员都撰写了评查报告，内容涉及案件基本情况和评查情况，并对案件的后续工作提出了相关的建议。

开展整顿干预司法活动、插手具体案件处理工作。按照常德市委政法委以及“两个规定”的工作要求，开展了整顿领导干部干预司法活动和司法机关内部人员过问案件工作，建立健全领导干部干预司法活动、司法机关内部人员过问案件的记录台账及向市委政法委报送情况制度。截止到2016年第三季度，全市没有领导干部干预司法活动和司法机关内部人员过问案件的情况。

开展专项执法检查活动。一是开展了“规范法律服务管理、优化法律服务市场”专项执法检查活动，政法委按照工作要求迅速制定方案，成立专项执法检查活动工作领导小组，明确工作责任人，联系各政法单位确定工作联络人，通过调查摸底和自评自查，津市没有出现相关违规违纪情况，法律服务机构内部管理规范，运行情况良好。二是开展了“集中清理判处实刑罪犯未执行刑罚”专项活动，按照工作要求政法委成立了专项活动领导小组，对专项活动进行研究部署，组织对重点单位、部门和案件开展督查指导，协调解决重大疑难复杂问题。重点对截至2016年3月底审前未羁押判处实刑罪犯未执行刑罚的情况进行一次全面清理，通过清理，核对数据，全市有5名判处实刑未执行的人员，其中3名因身体原因看守所拒绝收押，2名下落不明，针对下落不明的人员进行了网上追逃和公安抓捕。

深入推进涉法涉诉信访工作改革

做好日常接访工作。截至2016年十月底，执法监督室共接待涉法涉诉信访案件11件次，与去年相比信访数量平稳。

法院无常德市级以上的转办交办督办案件，本市级由市人大通过转信函的方式转办案件10件，信访人通过来信方式向院长信访案件6件次，当事人来访6件次（来访事项为信访事项，不包括咨询）。检察院共受理群众来信来访13件（次），其中涉检信访4件（次），无重复访和集体访事件发生。公安局共受理18件涉法涉诉信访案件，其中初信初访11件，重复信访7件，通过工作，目前已办结15件，3件正在办理当中。

落实涉法涉诉信访案件终结后退出移交的工作责任。按照常德市委政法委的工作要求，对于已退出移交的涉法涉诉信访案件，严格落实好信访人所在基层组织的教育疏导、矛盾化解和帮扶救助工作，并纳入综治工作内容进行考核，实行工作奖惩。根据上级文件精神，结合津市具体情况，上半年已出台"涉法涉诉信访案件终结后退出移交办法"，截至2016年10月底，没有涉法涉诉信访案件终结后退出移交的案件。

严格把关司法救助工作。根据工作安排，市国家司法救助工作领导小组对救助工作进行统筹安排，同时向政法各单位传达工作精神，引起高度重视。按照工作程序镇、街道和各政法单位进行救助报备工作，由政法委和国家司法救助工作领导小组办公室对申报对象严格审批，确保每笔资金符合规定，根据救助报送情况，津市已对9名申请人进行了救助，发放救助金额15.1万元，其中中央、省财政拨付15万元，本级配套0.1万元。2016年法院共通过发放县级国家司法救助金息访结案2件次，申报市级国家司法救助4件次10万元(已审批)，申报省级司法救助2件次8万元(已审批)。检察院办理司法救助案件1件。

跟进律师参与涉法涉诉信访案件工作。根据试点工作的统一部署，全市从2016年4月份开始规划试点工作，先后出台了实施方案和配套的制度措施，成立了涉法涉诉联合接访中心和律师人才库，2016年7月份接访中心正式运行，律师参与值班化解工作，共接待50件案件，已有四件案件进入流转程序。2016年11月3日由司法局牵头组织，对津市参与该项工作的三家律师进行了工作培训，一是加强责任认识，二是优化服务水平，三是提高业务能力，促进律师参与涉法涉诉信访案件工作更加专业化和精细化。 （姜水宁）

【队伍建设】全市政法系统深入推进思想政治、业务能力、纪律作风建设，按照"五过硬"的要求，为努力建设一支信念坚定、执法为民、敢于担当、清正廉洁的政法队伍，取得了显著成绩。

以"两学一做"学习教育为导向，加强机关党建工作

认真落实学习教育。以"两学一做"为导向，要求党员干部学党章、学党规、学习近平总书记系列重要讲话，结合政法机关内部学习制度，要求全体党员以自主学习为主、集中学习为辅的方式，对党章党规、重要讲话进行深入细致的学习，做好学习笔记、写好学习心得，并先后开展三次专题讨论，引导党员在讨论会中不断坚定"三个自信"，自觉把党章党规和习近平系列讲话要求转化为实际行动，做到学而信、学而用、学而行。

扎实以学促行。充分发挥务实精神，将"两学一做"学习教育的目的落实到日常业务工作中。为帮助群众脱贫解困，市委政法委组织市委驻金林村扶贫工作队及后盾单位负责人深入到白衣镇金林村调度脱贫攻坚工作，让各后盾单位负责人身临其境感受到脱贫攻坚工作的重要性和紧迫性，并明确每一个贫困户的联户帮扶责任人，逐户制定脱贫方案。同时，支部党员在社会管理综合治理、执法监督、文明单位创建等工作中，更多的用用"合格党员"的标尺衡量自身行为，取的了民调成绩常德排名第一、涉法涉诉改革成效明显、赴省进京非正常上访"零登记"的良好效果，使每一个党员都依托活动载体发挥了自身作用，增强了学习教育的针对性和实效性。

突出重点工作。完善了党的基层组织建设体制机制，认真坚持"三会一课"制度，规范党员调入调出、党费收缴等组织管理制度建设，督促开展在职党员进社区报到和志愿服务。建强了党建阵地，按照"八个一"党建阵地规范化建设要求的相关活动阵地也逐步完工。开展了党代会代表和党员违纪违法未给予相应处理情况排查清理工作。共排查出68名党员受到刑事责任追究，12名党员涉及"黄赌毒"等行政处罚案件。开展党费收缴专项工作排查，将08年至今党费收缴情况进行排查，查出因党组织关系转入需补交党费的党员1名，并按党费收缴规定补缴了党费。

以队伍正规化建设为目标，强调整体素质提高

强化教育培训。加大了对全体政法干部的培训，保证每名干部都至少参加了一次上级或本级业务知识培训或学习，组织全体青年干部参加演讲比赛、征文等各种形式的教育活动，全面提高青年干部素质。市人民法院组织干警参加各级培训58人次，市人民检察院组织干警参加了10次集中学习或视频讲座，市公安局自主举行了培训班25场次、参训人员160人次，市司法局从2016年4月份开始每月开展1-2次"青年干警讲法"活动，保证了政法系统干警的日常学习从质量、数量上紧跟形势的变化。

强化制度管人。制定了政法委机关内部管理制度并专门组织全体干部进行学习，对纪律作风、学习教育等各项工作进行了规定，并制定机关干部岗位责任制考核办法，严格将考核结果运用到对干部的评优推荐中。市人民法院组织6次目标岗位责任制考评，奖惩45人次，到各庭室局队督导3次，通报问题7起。市公安局制定出台《津市市公安局警务辅助人员管理工作规定》，对全局91名警务辅助人员按照"谁使用，谁管理、谁负责"的原则严格进行管理，并按制度管理定编定人定岗。市司法局修订和完善了22项工作制度，实行不定期的纪律作风督导，每月对干部考勤考绩情况进行公示，促进了作风转变，提高了工作效能。

以纪律作风建设为常态，从严管理政法队伍

强化常态管理。继续贯彻落实上下班、工作等各项纪律制度，在最新修改完善的制度中，对上班迟到缺勤干部进行现金罚款，并在年终绩效考核中扣

分，真正严格了纪律。在扶贫、防汛、五城同创等中心工作中，也要求全体政法干部更多的用“合格党员”的标尺衡量自身行为，做到遵纪守纪，严于律己。

强化用人审查。在2016年的职务与职级并行和干部调整中，政法委将政法系统所有符合职级并行条件的、拟调整的干部统一在书记办公会议上研究，对于有问题的干部一律延后调整，做到了《党政领导干部选拔任用工作条例》中的“六不用”。同时，严格干部任免程序，2016年共下发干部任免文5份，调整干部51人次。在党代表换届过程中，市委政法委要求市人民法院、市人民检察院、市公安局严格把关，对存在违纪违规、涉嫌违法犯罪等问题的党代表特别是政法系统的党代表，一律依程序上报，严格把关。

强化明察暗访。加强对政法各单位的明察暗访，采取突击检查、不定期检查的方式，对上下班工作纪律、着装及窗口服务情况，并辅以拍照等手段，查实具体问题5条，发通报2则。要求政法各局院组织纪律作风明查暗访两次以上。

以文明创建为契机，扎实做好文化育警

丰富开展活动。认真组织开展以“我骄傲，我是政法人”为主题的全市政法系统演讲比赛，政法系统各局院经过近1个月的精心准备和初选，遴选出8位政法干警参与最终的角逐，以一种特殊的方式来纪念五四爱国运动。组织青年干部到贫困点村走访慰问3，并撰写民情日记6篇，提升了干部的全面素质。除此之外，还积极组织政法系统干警参加全市机关体育活动，丰富干警的业余生活。

强化创先争优。利用官方网站、微信平台、政法工作会议等方式，及时对外推介了执法过程中英勇负伤的刘斌等政法工作先进典型，在政法系统开展了“湖南好人”和“最美青年卫士”的推荐评选，从政法各局院中推选出先进典型，将他们的先进事迹打印成册，并通过“平安津市”微信公众号，向广大干部群众宣传，收到良好效果。（姜水宁）

防范和处理邪教工作

【概述】中共津市市委防范和处理邪教问题领导小组办公室，在市委、市政府、市防范和处理邪教问题领导小组的高度重视与正确领导下，认真贯彻各级政法工作会议精神，坚持“平安津市和法治津市建设”为统领，坚持依法治理邪教的基本方略，坚持“主动进攻、讲究谋略、创新突破”的总要求，抓实各项工作，实现“三个零指标”，做到“三个没发生”。实现“零进京、零聚集、零插播”管理目标，没有发生“法轮功”、“全能神”、“门徒会”等邪教人员进京滋事，没有发生“法轮功”10人以上、其他邪教组织30人以上规模性聚集滋事，没有发生有影响的涉邪极端性事件，为津市社会政治大局的持续稳定做出应有贡献。具体工作主要体现在以下六个方面：

【基础工作进一步夯实】一是深入贯彻上级文件精神。紧扣“反邪教基层基础工作建设年”这根主线，深入贯彻落实省委办公厅、省政府办公厅印发的《关于加强防范处理邪教基层基础工作的意见》（湘办发[2015]35号）文件精神，以市委政府两办名义下发了《关于加强防范处理邪教基层基础工作的实施意见》，理顺基层反邪教工作体制，健全基层反邪教长效工作机制，提升基层反邪教工作水平。二是建强基层反邪工作队伍。各镇、街道、副科级以上单位明确一名班子成员为分管领导，配齐配强专（兼）干。建立镇（街道）、村（居）、组“三级”情报信息网络，健全情报信息报送制度，物建反邪教情报信息员150多名。三是明确基层反邪教工作职责任务。进一步规范完善摸排工作制度、重点对象稳控工作制度、交办督办制度、定期回访巩固制度、“五个纳入”工作制度、工作考核制度。把反邪教警示教育纳入党校教学计划、纳入党委（党组）中心组学习计划、纳入中小学校德育教育内容、纳入美丽乡村和完美社区建设、纳入法治津市建设；把防范处理邪教工作纳入本级社会治安综合治理工作同研究、同部署、同督查、同考核、同奖惩。四是规范完善举报涉邪活动奖励机制。规范完善举报奖励制度，加强对举报奖励制度的宣传，促进反邪教群防群治力度的提升。

【打击防控进一步有力】一是突出落实好涉邪重点对象的稳控。完善了“法轮功”及其他邪教重点人员数据库，细化包保稳控工作责任，层层签订责任状，明确责任人，全方位落实“稳控、转化、巩固（帮扶）”工作措施，促进回归社会正常生活。二是突出落实好重点时段节点的防控。在元旦、春节、各级两会、“4·25、5·13、6·4、7·22”等节假日、敏感日、特护期，对涉邪防控工作进行专门部署，积极主动落实防控措施，协调相关部门及各类群众组织力量，抓好反宣品清理收缴，确保社会面稳定。三是突出落实好重点涉邪问题的整治。开展经常性的整治行动，做到“露头就打”、“抓早打小”，不让邪教蔓延成势。

【警示宣传进一步拓展】协调各方，整体联动，合力推行好新闻媒体、专业网站、文艺文化、公共场所的防邪反邪警示宣传。一是开展反邪教宣传教育“六进”活动。持续落实好进乡村、进小区、进机关、进学校、进企业、进家庭工作。高标准完善村居“一墙一窗”宣传阵地建设，适时更新反邪防邪宣传内容；在市区40个居民生活小区制作悬挂了反邪教警示宣传牌。利用手机报等短信宣传平台，逢节假日向广大市民群发反邪教宣传短信；在学校开展“崇尚科学、远离邪教”宣传周活动。继续开展“家庭拒绝邪教”活动，“家庭拒绝邪教承诺卡”签卡率达95%。二是落实好党内反邪教警示教育工作。把反邪教警示教育纳入党委中心组学习、党校主体班教学内容，定期向党员领导干部通报反邪教斗争形势。三是加强网上反邪教工作。抓好《凯风网湖南频道》、《岳麓红枫网》、《湖南红星网》等专业网站的组稿投稿工作，在国家级网站《凯风网》等专业网站上稿14篇。四是创建期刊反邪教宣传阵地。与市科协合作,在《兰津科苑》开辟了反邪教宣传专栏,全年刊发反邪教宣传专栏3期。

【无邪创建进一步深入】认真落实中央"百县千乡万村无邪教创建示范工程"方案要求,在全市组织开展无邪乡镇街道、村居、单位创建工作,结合实际制订了创无工作实施方案,将无邪创建示范活动与综治维稳、文明创建、建整扶贫有机结合,细化了工作标准,量化了工作任务,明确了工作要求,落实了1个创无示范镇和6个创无示范村居。

【帮教巩固进一步有效】一是搞好专门帮教。组织派出所干警、综治干部、村居负责人以及相关单位负责人对本辖区本单位的重点涉邪对象采取单个警示谈话的形式,进行专门帮教,促其转化。二是搞好感情帮教。组织各涉邪重点工作单位对辖区内特困"法轮功"人员进行了走访慰问,积极主动与相关部门协调,解决问题。三是搞好回访帮教。每季度在全市范围内集中开展了对"法轮功"人员的回访帮教工作。四是搞好送班帮教。积极做好铺垫工作,送常德市教育转化基地参加办班教育转化。今年来,转化"法轮功"人员数已完成上级下达的转化任务,已转化人员无一人出现反复,巩固率达100%。(办公室)

机构编制

【概况】2016年,机构编制部门全面贯彻落实市委经济工作会议精神,以全面深化行政体制改革为重点,通过进一步转变政府职能,不断深化行政审批制度改革,大力推进网上名称管理工作,严控严管机构编制,创新事业单位登记管理,切实加强自身建设,为实现全市经济社会发展提供服务和保障。

(盛涵麟)

【行政管理体制改革】一是政府职能转变和机构改革圆满完成。按照转变职能、简政放权、依法行政的总体要求,共取消市政府工作部门职责8条,划出职责14条,划入职责40条,新增职责19条,加强职责43条。按照上级有关精神和要求,对有关部门的机构职责和人员编制进行整合,市人民政府工作部门设置为24个,共减少正科级单位6个,撤销合并副科级以上行政性事业单位8个。24家政府工作部门和16家涉改事业单位"三定"规定都已全部正式制发。二是乡镇区划调整改革圆满完成。对涉改乡镇进行重新测算和分类,精简后津市由7个乡镇合并为4镇,其中:三个新合并乡镇(新洲镇、毛里湖镇、药山镇)确定为二类乡镇,白衣镇因本次区划未调整暂维持以前的三类乡镇。4个镇的"三定"工作已全面完成。完成了街道重新分类工作,津市原来的1个二类、3个三类街道均重新认定为二类街道;新设立的嘉山街道办事处,也确定为二类街道,出台嘉山街道的"三定"规定,其机构、编制、人员已全部配备到位。三是其他专项改革稳步推进。配合做好国有林场改革;积极参与了公车改革、机关事业养老保险改革等;开展不动产登记职责整合工作,2016年3月25日设立不动产登记中心;2016年6月29日组建市卫生计生综合监督执法局;整合全市城乡居民基本医疗保险制度,2016年11月11日设立津市市城乡居民医疗保险管理服务中心。完善文化管理体制和文化市场执法体制;完成公路管理体制改革和工业集中区"一权两制一司"改革;配合推进医药卫生、教育、科技等领域的改革。根据常德市部署要求,启动综合行政执法体制改革工作。(盛涵麟)

【政审批制度改革】一是适应机构改革需要,及时做好权力清单动态调整工作。对涉及合并撤销和需要调整规范的单位的权力清单进行再次清理,清理后市直部门权力清单的实施单位由原来的44个调整为29个,清单事项由原来的3922项调整为3244项,减少678项。二是统一设立行政许可办公室,集中行使行政审批职能。全市24家涉改政府工作部门中有20家按要求设立行政许可办公室,剩余4家由于没有行政许可事项或由于编制限制不设内设机构而未设置。三是根据国务院、省政府、常德市政府部署,完成非行政许可审批事项清理工作。2014年市政府《关于公布取消、调整、合并和保留的市级行政审批事项目录的通告》(津政发〔2014〕62号)中包含非行政许可审批事项20项已全部取消或调整,同时在政府各部门权力清单中,也不再设有非行政许可审批这一类别。四是继续做好国务院、省政府取消下放行政审批事项的承接落实工作。根据上级文件精神,通过与相关单位进行比对和沟通,津市对应取消市级20项行政权力事项,调整12项行政权力事项。(盛涵麟)

【网上名称管理】2016年,通过加大宣传引导力度、增强主动服务意识及加快完善配套政策等措施,网上名称管理工作取得突破性进展。全市已注册单位333家,域名注册87.4%,网站挂标68家。(盛涵麟)

【机构编制管理】一是严格审批制度。所有机构编制调整事项,均由市委编委办收集整理后,提请市编委会议研究决定。2016年共召开编委会议3次,主要是研究政府机构改革、乡镇区划调整、人才引进、事业单位公开招聘、人员调动、法检移交等事项。二是理顺职能职责。结合政府机构改革,对25家政府工作部门和涉改的16家事业单位进行"三定"。三是规范新设机构。根据上级部署要求,结合政府机构改革将市妇幼保健站与市计划生育服务站合并,2016年6月29日组建市妇幼保健计划生育服务中心,市卫生监督所与市人口和计划生育执法监察大队合并,2016年6月29日组建市卫生计生综合监督执法局。根据工作需要2016年2月26日设立归国华侨联合会、2016年3月25日设立不动产登记中心,在全市机构改革精简机构数量后,2016年3月25日新设民意调查中心。将原由乡镇规划建设管理事业站所承担的乡镇规划、建设管理服务等职责整合到原乡镇国土资源所,组建了4个镇的国土规划建设管理所,加挂国土资源所牌子，明确为市国土资源局、市住建局派驻各镇的事业机构。将2个街道国土资源所合并成立城区国土资源所。四是用好编制资源。严格按照政府机构改革有关精神，对重组合并的单位编制缩减20%，在全市30家单位中相互调剂95名编制，合理调配各单位编制，满足改革及新设单位所需编制。根据编制空缺情况，配合组织、人社部门及时审核全省公务员招考计划63名、人才引进计划66名。五是完成法检移交统计上报工作。与相关部门协同配合，将法检两院“三定”规定、2002年以来机构编制事项调整文件、干部任免文件等资料整理装订成册，完成法检两院机构编制移交的基础性工作。六是实时更新完善实名制系统。依据机构编制调整文件及三定规定及时对机构、编制异动信息进行更新，确保实名制系统数据准确无误。七是及时办理人员出入编手续。截至2016年12月，办理了220人次的入编手续（其中，人才引进34人，公务员招录、选拔生、选调生录用33人，事业单位公开招聘54人，退役士兵安置10人，三类人员8人，特岗教师、免费师范生7人），326人次的出编手续（主要为调出、辞职、解聘、退休等类型）。对机构、编制、人员等方面的异动情况在实名制系统进行及时更新，做到账实相符。八是配合津市市机关事业单位社会保险处养老保险数据采集工作。对全市在职在编人员以及离退休人员的进行审核，核准全市机关事业单位机构性质及人员占编情况，确定人员身份，确保身份与岗位相符，岗位与机构性质相符，确保参保人员的数据真实有效。 （盛涵麟）

【事业单位登记管理】一是继续推进事业单位分类改革工作。全市纳入分类的事业单位总计262家。已分两批发文确定类别的事业单位238家，其中公益一类226家、公益二类12家。暂缓分类单位3家（市机关事务办、市事业单位登记管理局、市文物局）。剩余21家单位作为津市第三批分类单位正在办理发文程序。二是开展事业单位年度报告公示工作。市委编委办在常德市率先推行运用二维码开展事业单位年度报告公示，全市已登记事业单位298家，已通过年度报告审核的229家，办理设立登记2家，变更登记49家。三是启动机关群团单位统一社会信用代码工作。根据上级要求，市委编委办与2016年5月启动机关群团单位统一社会信用代码工作，已有39家单位换发了统一社会信用代码证书，此项工作按常德统一部署将于2017年底全面完成。

（盛涵麟）

老干部工作

【概况】2016年来，全市老干部工作以贯彻落实中办〔2016〕3号、湘办发〔2016〕21号和常办发〔2016〕15号文件为主线，以老干部党建工作为抓手，进一步落实老干部政治生活待遇，深入开展“老干部为党和人民的事业增添正能量”活动和离退休干部“两学一做”学习教育，市委老干部局立足管理、强化服务，积极探索管理服务新办法，着力解决的热点难点问题，稳步推进老年大学建设和老干工作转型发展，充分发挥好老干部的正能量，各项工作取得明显成效。

至2016年12月，全市共有副科级以上离退休干部1201人。其中，离休干部47人，处级老干部88人，副科级以上退休干部1066人。全市共有离退休干部党员1998人，组建了31个老干部党支部，12个老干部党小组。共有涉老组织18个。 （刘莲）

【落实老干部政治待遇】主动抓好老干部“两项建设”的落实，引导离退休干部紧跟新形势，为津市全面深化改革凝心聚识。一是创新学习教育常态化。把“两学一做”学习与推进老干部工作转型及为党的事业增添正能量活动相结合，指导老干党支部开展“两学一做”学习教育活动。一年来，举办集中学习6次，形势情况通报会3场，学习辅导报告会3场，邀请市委党校讲师为老干部深入解读党章党规，增强老干部党员的政治意识和党性意识，及时让老党员们了解学习教育的情况，同时增进老党员们之间的交流互动，提高学习教育的成效。联合市委组织部举办全市离退休干部党支部书记培训班2期，组织老干部工作人员业务培训1期。通过培训，提高老干部党支部书记党建工作能力和水平。提升老干部工作人员服务管理能力。组织就近参观考察活动5次。组织处级退休干部赴常德市参观考察城市建设及经济社会发展成果，重阳节组织离退休老干部参观美丽乡村建设，让老干部了解地方要事，感受津市的发展变化，为津市的发展点赞。通过参观考察活动，推进离退休干部为党的事业增添正能量活动升温。二是加强老干部党支部建设。在全市老干部党支部和离退休干部党员中开展“戴党徽·亮党员身份”活动，教育引导广大老党员保持公仆本色，牢记党员身份，有效激励老干部党支部发挥作用，激励老干部模范带头。抓好老干部党支部换届工作，全市31个老干部党支部围绕“五好”创建要求，及时换届，配强班子，增强支部和党员的活力。离退休干部支部加强自我管理和服务，支持基层党委政府的工作，为党委分忧，献计献策，离退休干部党支部的凝聚力和影响力明显增强。三是增强思想政治工作实效。继续落实在职领导联系老干部，重大会议和活动邀请老干部参加，重大决策征求老干部意见，充分调动老干部参政议政热情。一年来，老干部参加或列席市党代会、市委经济工作会、政府全会、人大和政协两会等重要会议达63人次。

定期开展集中政治学习和情况通报会，组织老干部系统学习党的十八届五中、六中和习近平总书记系列重要讲话精神，把“两学一做”学习与推进老干部工作转型及为党的事业增添正能量活动相结合，指导老干党支部开展“两学一做”学习教育工作，开展“做合格共产党员”主题教育活动。

坚持联系结对老干部、节日走访、

生病探望、生日祝福、去世吊唁等工作制度，经常性开展走访慰问活动，加强与离退休干部思想联系沟通，了解思想动态，帮助解决实际问题，赢得老干部的理解与支持。一年来，市委老干部局上门走访慰问达4次，走访老干部达359人次，异地看望居住外省市离退休干部25人次。

一年来，先后在全市老干部党组织和离退休干部中开展“展示阳光心态、体验美好生活、畅谈发展变化”主题活动，有效推动离退休干部党支部建设。在全市老干部中深入开展“奉献之星、阳光之星、时代之星”评选活动，选树老有所为先进典型43人，通过电视台、手机报、政府网站等新闻媒体报道，有效地激励了老干部党支部发挥作用，激励老干部模范带头。（刘莲）

【落实老干部生活待遇】2016年来，市委把老干部工作纳入全市党建工作盘子，党政领导形成共识，市委、市政府积极创造条件，完善老干部生活待遇保障机制，优先落实老干部生活待遇，让全市离退休干部共享地方改革发展成果。

离休干部“三个机制”运行平稳，市财政局、民政局等部门对落实离休干部两费的资金支持力度加大，全市离休干部两费得到保障，医药费按规定实报实销。先后解决无固定收入离休干部配偶或遗孀生活费提标，全市离退休干部基本工资增长全部到位。加大对特困老干部帮扶力度，先后对17名身患重病、家庭空巢、生活困难的离退休干部及遗孀给予帮扶资助。

党政领导尊重关爱老干部。重大决策征求老同志意见，重要会议邀请老同志参加，重大事项和重点工作决策，主要领导都会主动征求老干部工作部门和老干部的意见。坚持老干部联系制度。市级领导联系结对38名离退休干部，重要节日市委领导亲自分头登门走访看望老同志，征求工作意见，帮助解决老同志生活中的问题，切实关心老干部。市委书记傅勇等领导到任后第一时间就逐户上门看望老干部，听取老干部意见。

部门支持为老同志办实事。组织、财政、人社、民政、卫生等部门支持老干部工作，落实上级政策文件，及时研究落实措施，全力保障和落实离退休干部的生活待遇，让老干部共享改革发展成果。2016年全市老干部政策性待遇落实，离退休干部工资及津补贴提标等得到很好的落实，离休干部无固定收入的遗孀、配偶生活补助费标准按新政策文件执行到位。老干局深化贴心服务，经常上门联系老干部，主动征求意见，帮助解决困难，先后为老干部解决各类困难问题18件，赢得老干部的理解与支持。（刘莲）

【改善老干部活动条件】2016年，在市委市政府的大力支持下，投资400多万元对老年大学进行维修改建，投资99.28万元添置老年大学教学设备和局办公设施。改建提质竣工后的老年大学，包含各老年协会办公室14间、老年大学教室9间、阅览室1间，办公室6间，将成为津市老干部和老年朋友学习交流、强身健体、施展才华、发挥作用的重要场所，为全市离退休老干部、老年人搭建更好地学习活动交流平台。

【关心下一代工作】市关工委着力研究新形势下青少年的成长特点和规律，调动有关职能部门和社会各方面的力量，创新工作方式，推动了关心下一代工作健康有序开展。加强阵地建设。目前全市4个镇、5个街道和19所中小学都成立关工委领导小组，78个村居、社区建立关协组织，基本实现关工委组织“横到边，纵到底”的要求。开展道德法制教育活动。2016年来，市关工委联合成员单位开展“学雷锋树新风”主题教育活动，对青少年进行中国梦教育和雷锋精神教育，开展了做“有道德的人”签名活动。围绕“车胤读书节”开展了4·23世界读书日活动，组织学生读书看短片。开展了“最美家书”评选活动。组织中小学生在敬老院和德育教育基地开展孝老敬亲活动。联合市法制办，开展“三进（进网吧、进学校、进家庭）”活动与“三好（好学生、好孩子、好公民）”活动，组织一批老同志到市澧武中学开展法制宣传，参加人数达到500人次，深受家长和学生欢迎。开展帮扶工作。白衣镇关工委引进贵洲融学英才科技有限公司联宜项目，通过开展长沙市在藉部分学生与白衣镇农村部分贫困学生联谊结对活动，每年决定帮扶10名中小学生，捐赠衣服、文具用品与助学款。近年来，津市教育基金会联合资助中心募得社会各界善款224万余元，捐助大学生、幼儿38人，计94200元；捐助中小学生1309人，计14万余元。坚持关爱留守儿童。在街道及部分乡镇建立专门的青少年活动场所，“周末学校”“学生托管站”“四点半学校”等集学习、教育、交流为一体的综合平台。

2016年，老干部易祚金、黄明星荣获全省关心下一代工作先进工作者，汪家桥街道关工委获全省关心下一代工作先进集体。（刘莲）

【老体协工作】5月，市老年人门球协会选拔优秀队员代表常德市参加湖南省第九届老年人运动会门球比赛获男子团体第二名；10月24日—26日，组织举办常德市“人防杯”第十七届党政机关老干部门球赛，共14支代表队近180名老干部参加，津市代表队获优胜奖。5月，市老年人钓鱼协会组队代表常德市在株洲市参加湖南省第九届老年人运动会钓鱼比赛，获团体第五名。8月，市老年人太极拳协会6人参加中国陈家沟第三届陈式太极拳国际交流大赛，获陈式太极拳传统套路比赛一等奖3个、二等奖3个。9月，在安乡县参加常德市第29届老年人钓鱼比赛，获团体第一名。12月，市霞光艺术团作为湖南选区其中一支代表队参加全国《谁是舞王》中国广场舞比赛获优秀奖，并在央视展播，为津市争得荣誉，充分展示全市老干部积极健康的精神风貌。

（刘莲）

【老科协工作】老科协在市委、市政府的高度重视和支持下，积极探索新路径。市老科协按照常德市老科协要求，分别办了三个示范点。老科协会长袁竹炮领办的重点科技项目示范点，在湖南润农公司研发出新产品“消渴饮”已上市。老科协常务副会长王协枝与市农业局一道在新洲镇庹家坳村兴办精准扶贫示范点，组织农业专家为该村50亩食用菌生产提供技术服务，并对两户特困户分别给与1千元的启动资金。在金鱼岭街道办事处关山村参与美丽乡村建设，支持资金3万元，用于改善基础设施。

结合津市实际，宣传科技知识。在润农公司新产品体验会上宣传科技成果；通过科普日活动在庹家坳村开展农业科技咨询，在关山村组织医疗专家开展医疗服务进农家活动；请常德市医疗专家为老科协会员讲养生保健知识。通过组织各种形式的活动，使广大老年群众及会员实实在在地享受科技服务和接受科技知识的普及。津市电视台、常德广播电台等新闻媒体对上述活动都做出了及时报导，社会反响很好。

2016年，津市老科协大力开展调研建言活动，选定3篇送市委、市政府领导阅示后批转有关部门和单位。调研建言文稿涉及的内容主要有农业、民生、教育、社会管理，自我保健等多个方面，比较好的发挥了老科协会员关注津市社会发展和民生福祉的正能量作用，得到市委市政府领导的肯定。（刘莲）

【工作队伍建设】2016年，老干部工作部门坚持以老干部满意为标准，强化精细管理，深化亲情服务，为老干部办好事、办实事，真正担负老干工作部门的重任，党员干部服务水平得到提升，老干部工作队伍展示出新形象。推进全市老干部工作的发展。强化主体责任，营造风清气正干事环境。2016年老干局从严制度入手，抓作风转变，促班子建设和队伍建设。注重廉政教育，结合“两学一做”学习教育和例会学习，组织学习纪委通报精神，教育引导党员干部筑牢拒腐防变的思想道德防线。注重调研宣传，提升整体工作水平。2016年，全局围绕老干部工作转型、为党和人民事业增添正能量、离退休干部党组织建设等重点课题，积极开展广泛调研。加强制度建设，推进规范管理。通过广泛征求意见，修订完善制度，以制度建设推动工作进展，实现工作管理与人员管理更加规范。注重加强宣传思想队伍建设，通过组织丰富多样的正面舆论宣传，激发全市老干部为党和人民事业增添正能量的积极性，充分展示老年风采。加强组织学习，强化为老干部服务意识。围绕建设学习型机关目标，认真组织“每周一课”学习。加大对干部培训学习，通过举办工作人员政策业务培训，集中学习老干部政策，组织干部职工学习新闻宣传知识，提高干部的信息宣传能力。通过抓业务学习和培训，进一步强化责任意识、服务意识和奉献意识，更好地为老干部服务。（刘莲）

党校工作

【概况】2016年，市委党校坚持党校姓党根本原则，认真领会十八届五中、六中全会精神，以《中国共产党党校工作条例》和《干部教育培训工作条例》为指针，切实履行职责，发挥阵地作用，积极推进干部培训、轮训工作的开展，较为出色地完成各项工作。

坚持从严治校，用制度强化学校管理。坚持从严治校原则，不断加强组织内部建设，用制度强化学校管理：落实每月理论学习制度。坚持一月集中组织一次的理论精品课观摩活动，增强全体教职员工的党性修养。坚持民主集中制度。党务校务及时在学校醒目位置和学校网站进行公示，严格遵循换届纪律，成功地完成了党支部换届选举工作。完善管理制度建设。对教学科研、后勤管理和财务管理等方面都进行了全面的梳理和完善，对校内各科室以及个人岗位职责进一步明确分工并设置了教师岗位工作制。严格请假制度，严肃上下班打卡纪律，增强了内部管理的科学性、规范性和纪律性。加强反腐倡廉教育。除在课堂讲、让教工学外，班子成员还认真落实一岗双责、谈心谈话等制度，及时杜绝不良苗头，监督工作进入学校日常管理全过程。

坚持从严治教，用责任落实教学科研。干部培训工作。按照全市干部教育培训的计划安排，积极主动与相关部门沟通协调，以突出党性教育和理论教育为重点，合理设置教学课程，认真落实干部培训计划。全年共举办6期主体班，培训人数360余人，涵盖2期科干班、1期年轻干部读书班、1期党性教育示范培训班、1期基层支部书记培训班、1期部门中层骨干培训班。另外，积极配合部门办班，陆续开办了生产经营单位安全生产业务培训班、党员发展对象培训班、信访工作业务培训班、老干部“两学一做”报告会、离退休老干部“两学一做”学习专题培训会、政府采购业务培训等12期培训班，共培训学员1200余人。此外，充分发挥党校理论宣讲优势，选派骨干教师深入乡镇、社区、机关单位开展十八届五中、六中全会精神、两学一做等宣讲活动共计17场次，培训对象达到1600余人。

创新办班模式，分别前往浏阳市委党校、湘西花垣县委党校等兄弟学校开展异地教学活动，激发学员的学习热情，开阔学员视野，也增进与兄弟党校的互动交流。

教学科研工作。2016年完成《讲政治有信念是党的根与魂》、《解读十八届五中全会精神》、《道家管理思想》、《讲规矩有纪律，做政治上的明白人》、《四个全面战略伟大部署》、《我国法制的进程》、《共产党宣言》及其当代价值、《供给侧改革 助力全面建成小康社会的新动力》《廉洁自律准则及纪律处分条例》等12个新专题的更新，每个教师的专题更新率达100%。全年完成2个课题结项和3个课题立项工作（1个省级课题，2个市级课题）。另外，报送的3篇哲学论文在今年的省党校系统马哲理研会上全部获奖，其中《浅议县（市）级党校如何开展马克思主义哲学教学》获一等奖、《论共产党人之理想信念所依托的哲学基石》获二等奖、《马克思主义哲学视野下领导干部依法行政意识的建构》获三等奖；法学论文《强化法治护航引领津市发展》获省三等奖；科社论文《对先富－共富的理论模型实践过程的思考》《如何实现工业企业的健康发展—以津市市为例》分别获省二、三等奖；理研论文《供给侧视野下县域城市建设的短板与对策》《深挖本土文化资源 推动经济发展水平》分别获省二、三等奖。

坚持全员发展，用学习提升教职工素质。夯实理论基础，增强四个意识。为做好新形势下的党校工作，以“两学一做”为契机，在校内开展了“领导干部严要求 党校教师高标准”主题活动。先后组织全体教职员工集中学习《中国共产党党校工作条例》、《干部教育培训工作条例》、《中国共产党问责条例》和《中国共产党党员权利保障条例》，通过学习，大家不仅形成了规范的学习笔记还积极撰写了论文。为提高自身办学水平，开展了向优秀党校学习的活动，全体教职员工前往桑植县委党校调研，双方就教学科研、校园基础建设、后勤管理、规章制度的制定执行等各个方面进行了深入的探讨与交流，从兄弟党校学到了很多宝贵经验。此外还开展了入党誓词背诵、党章我最熟、唱红歌和向身边优秀共产党员学习等活动，大家踊跃参与，热情高涨，使整个主题活动形成一个又一个高潮。为期一年的“领导干部严要求 党校教师高标准”主题活动贯穿党校工作始终，提升了队伍的整体素质，增强了教职工的“四个意识”，将党校工作推上一个新的台阶。

加强业务学习，提高师资水平。学校有计划地选派党校专兼职教师参加各种业务培训学习。2016年，校长张宏平参加了为期二个月的省委党校校长培训班，带回先进的教学培训理念。学校领导还多次带领年轻教师赴省委党校、市委党校参加学习取经活动。2016年暑假，学校领导还带领全校专兼职教师前往中国人民大学参加了为期9天的党校系统师资培训，提高专兼职教师的专业化成长水平。2016年推荐1名年轻教师参加市委党校系统的教学比武活动，获得三等奖，历练年轻教师。

全体教职员工参加《十八届五中全会精神》、《干部培训管理条例》、《五大发展理念》和《国家工作人员学法用法考试》等网络培训，合格率达到100%。同时，有条不紊的推动“两学一做”专题活动的开展，全体党员参加“两学一做”专题讨论会，张宏平校长作党章辅导，各与会党员做积极发言，学习氛围非常浓厚。市委常委、组织部长、统战部长马吉云就“两学一做”专题活动亲自来党校授课，他以“讲政治、有信念”为主题，上一堂生动的党课，大家受益匪浅。

坚持大局为重，用热情严抓中心工作。深刻认识“大干新三年、建设新津市”的重大意义，紧紧围绕市委市政府的中心工作，力争把各项工作落实到位。扎实开展“一进二访”精准扶贫活动。领导班子深入联系的社区居民，关心帮扶对象日常生活并为其送去慰问物资。落实民调工作精神。按照市委精神，全体教职员工积极宣传民调的重要性和相关举措，向周围的亲朋好友宣讲津市发展的新形势和成绩，力争全市在全省民调工作中取得好的口碑。开展迎“创国卫”省检工作。学校对创卫资料进行收集整理，并在全校范围内开展搬家式的卫生大扫除活动。不仅严明办公室卫生标准，尤其是对校园内的死角、花坛等进行彻底的除草、清理垃圾的行动，还多次参与所联社区的卫生清扫。紧扣市委“创卫”工作的开展，切实做好车胤大道路段包保工作。不间断地上路巡逻，针对不文明行为进行文明劝导，规范包保路段的车辆停放、店铺经营、卫生保洁等方面的工作，取得了较好的效果。落实防汛工作。贯彻落实市《防汛抗旱工作会议》精神，安排防汛人员，配备防汛器材，积极参加防汛工作。落实党代会精神。深入学习湖南省第十一次党代会精神、常德市第七次党代会精神和津市市第十二次党代会精神，并围绕本市第十二次党代会提出的四个中心建设目标，及时调研并部署专题研究，切实发挥党校智囊团作用，为市委决策提供可行性参考。

坚持服务领先，用真诚推进行政后勤管理。后勤工作是党校工作的重要组成部分，是维护党校教学中心、科研基础地位的重要保障，在改善党校办学条件，提高党校后勤服务保障能力等方面发挥着重要作用。2016年以来，进一步优化软硬件设施，提高服务保障水平。紧抓多媒体教室建设。学校努力配合多媒体教室基建工地的协调工作，多媒体教室已于十月份投入使用，深受学员欢迎。申报省级园林单位。党校作为市委、市政府形象的一个窗口，积极配合做好五城同创的相关工作，争创省级园林单位。完成老干部体检工作。学校关爱退休教师身体状况，组织全体退休教师前往市人民医院进行了体检。筹办书记办公会。6月份，市委书记王学武亲率市委办、政府办、编委办、财政局、教育局、住建局、房管局和人社局等部门负责人来校召开现场办公会，行政后勤部门认真负责做好相应的前期工作，让此次活动取得圆满成功。加速校园改造。校园棚改、绿化、综合楼改造均已完成图纸设计、造价预算，即将进入预算评审、招投标程序。

【干部培训】3月17日，市生产经营单位安全生产业务培训班。160人参训。4月8日，市委年轻干部读书班开班。40人参训。5月4日，第一期科级干部轮训班开班。46人参训。5月10日，发展对象培训班开班。100人参训。5月11日，城市发展与建设专题讲座。市政府副市长李景峰主讲。100人参训。5月20日，老干部“两学一做”学习教育报告会。180人参训。5月28日，2016年度信访工作业务培训班开班。130人参训。6月22日，老干部“两学一做”学习教育专题培训会。120人参训。7月14~15日，基层党组织书记集中轮训班开班。120人参训。9月28日，市电子化政府采购平台培训班开班。170人参训。9月30日，全市离退休干部“三星”评选表彰会、市2016年重阳节庆祝大会、市为党的事业增添正能量活动推进会举行。310人参会。10月17日，第二期科级干部进修班开班。45人参训。10月18日，市第三次全国农业普查动员大会举行。120人参训。10月25日，市基层党组织换届工作培训会举行。140人参训。11月20日，市中层骨干培训班开班。41人参训。

【完成多媒体教室建设】根据市委书记办公会议纪要〔2015年第7号〕精神，市委党校启动了多媒体教室建设。2月3日，公开招标完成，采购编号：JS2016-GC-01，成交金额98.9万元。随后签订了政府采购合同协议书，办理施工许可证等各项手续。3月1日，党校多媒体教室建设正式动工。6月中旬，主体工程完工，随即开展二次装修和设施配套采购。该工程总面积594.6平方米，共分2层：一楼为多媒体教室，可容纳学员100人；二楼为学员食堂，可容纳120名学员同时就餐。10月上旬，第二期科干班开班时新建多媒体教室正式投入使用。（曾祥云）

档案工作

【概况】2016年，津市市档案局在市委、市政府的坚强领导下，在上级档案部门的精心指导下，紧紧围绕市委、市政府中心工作大局，深入贯彻落实中央、省、常德市档案工作会议精神，以提升档案工作水平，服务津市经济社会发展为主线，不断加强档案资源建设、档案业务建设、档案信息化建设、档案法制建设和档案干部队伍建设，认真履行档案保管保护和档案利用职责，为各级领导决策、各部门工作、社会各界和广大人民群众服务发挥了重要作用。2016年，被评为常德市档案工作先进单位。

津市档案馆馆藏资源丰富，至2016年底共有案卷级档案100469卷，文件级档案111340件，其中，明清档案42卷，民国档案76卷，建国后档案100351卷111340件。此外，还保存资料7649册。馆藏档案主要反映津市市域内的政治、经济、军事、科技、历史文化等多方面的内容。（唐颖）

【馆藏资源建设】档案移交进馆。一是政府机构改革和乡镇区划调整改革档案移交工作。2016年初，档案局干部多次深入各乡镇，指导乡镇档案规范整理与处置，并将全市7个乡镇2001-2015年文书档案16287件接收进馆并全部整理入库。4月份，津市市档案局业务人员对各涉改单位应移交进馆的档案进行了一次全面督导，查找档案流向，指导档案整理，督促档案移交。截止年底，已有原市药监局等因政府机构改革的12家单位71卷11700件档案移交进馆。二是到期档案移交工作。按照《关于认真做好档案移交进馆工作的通知》要求，2016年继续做好各单位2005年前档案接收工作，共接收市烟草局、市政务中心、市公路局等10家单位档案1878卷44159件。

档案寄存服务。津市档案馆对行政机关、企事业单位和社会个人开展档案寄存服务。2016年寄存法院业务档案6107卷。（唐颖）

【档案查阅利用】切实做好档案查阅利用服务窗口建设，改善接待条件，改进查阅方式，简化利用手续，为查档群众提供优质服务。截止年底，共接待利用者3019人次，提供利用档案资料11820卷。其中，3月份受社保停止补建补缴政策影响，档案馆迎来一次查档高峰。档案局积极应对，为近800名查档群众查阅档案资料5000多卷（册），出具证明600多份。（唐颖）

【档案信息化建设】2016年10月，津市市档案馆档案数字化加工服务项目完成公开招投标，由石家庄腾翔盛业电子科技有限公司中标，并于10月正式启动档案数字化加工工作。该项目内容包括80万条的档案目录著录及331万页的纸质档案扫描。截止年底，已完成涉及民生和查找利用率高的50万页档案的数字化加工任务。（唐颖）

【档案业务建设】机关档案工作。积极开展对基层立档单位的业务指导，深入实地先后指导了住建局、住房公积金、襄阳街办事处等单位2015年度的归档文件整理，提升档案管理规范化水平。10月，对全市行政事业单位档案工作进行了年检年审和执法检查，从中评选出优秀单位40个，并对档案年检和执法检查结果及存在的问题进行了通报。

围绕中心工作开展业务指导。积极开展对农村土地确权登记颁证和精准扶贫档案工作的业务指导，与农经站、扶贫办主动衔接，密切配合，多次下到各镇及扶贫点村。9月份，指导新洲镇鹿山村、药山镇三新垸村整理扶贫档案，迎接了省、常德市扶贫办抽查。从10月中旬开始，安排2名工作人员协助扶贫办对全市扶贫点村档案整理工作进行业务指导。年底，精准扶贫档案工作顺利通过了上级扶贫部门的检查。（唐颖）

【档案法制宣传】开展国际档案日宣传活动。按照省、市档案局要求，积极组织开展纪念“6·9国际档案日”宣传活动。一是积极宣传发动全市档案工作者及支持档案工作的社会各界人士参加国家档案局举办的“档案与民生”征文活动，共收到征文5篇。二是在各涉民单位、街道社区等地悬挂“档案与民生”宣传挂图，增强公民保护档案、利用档案的意识。三是在江南明珠广场开展集中宣传活动，现场展示“档案与民生”和《档案管理违法违纪行为处分规定》挂图，并发出家庭建档倡议书1000份，赠阅《档案时空》杂志200份。四是利用江南明珠广场户外显示屏及第二行政中心、房管局、农村商业银行等单位电子显示屏营造宣传氛围。?五是通过《常德日报》、中国档案网、津市手机报、津市电视台微信公众号等媒体平台发布宣传报道。

文字宣传工作。一是积极撰写文字信息，大力做好文字宣传工作。先后上报信息、文章40余篇，国家级媒体采用信息7篇，其中《中国档案报》上稿信息1篇；省级媒体采用信息8篇；常德市级媒体采用25篇，其中《常德日报》上稿信息7篇，文章1篇；津市市级媒体采用信息16篇。二是参与论文评选活动。发动全市档案工作者积极参与湖南省档案学会组织的“曾三与新中国档案事业体制发展”主题征文、全省第二十四次档案学术论文评选及常德市档案学会第十九次档案学术论文评选活动，共收到论文16篇，其中档案局两名干部的论文《浅谈档案信息化工作中网络安全风险的防范与应对》、《浅析曾三的档案学理论》获常德市档案学会第十九次档案学术论文评选优秀奖。

档案信息网站建设。严格按照网站运行维护的有关规定要求，认真维护更新网站各栏目内容，加强了对档案系统工作动态信息的收集、更新、发布。截止年底，共更新信息100余条，较好地宣传了档案工作。

档案行政执法资格考试。11月，四名干部参加了全市行政执法资格证考试。执法干部积极准备，认真学习相关法律法规，掌握基本法律知识与档案专业法律知识。最终全部通过了考试，取得了行政执法证，提升了档案干部执法水平。（唐颖）

【编研与展览】开展《津兰文史图文丛书》的编撰工作。2016年，档案局组织部分专业和熟悉津市历史的同志，以市档案馆馆藏档案资料为平台，充分开发馆藏档案资源，挖掘津市地方文史菁华，开展《津兰文史图文丛书》的编撰工作。2016年9月，第一辑《朱务善的传奇人生》已印刷发行。

红色收藏展览馆建设。2016年完成贺龙展厅的建设。4月，红色收藏展览馆被市委宣传部、市文明办授予“爱国主义教育基地”称号。到目前为止，毛泽东像章展厅、贺龙展厅接待了省档案局、省党史办、常德市委、市政府相关领导和社会各界人士近千人，社会反响较好。

举办“光荣与梦想”图片展。为纪念中国共产党建党95周年暨红军长征胜利80周年，6月20日至7月20日，津市档案馆举办为期一个月的“光荣与梦想——纪念建党95周年暨红军长征胜利80周年”主题图片展。此次图片展分别展出了《光辉历程 伟大成就》建党95周年纪念图片和《伟大的征程□□纪念红军长征胜利80周年》宣传图片。近六十幅精美印制图片浓缩了自1921年中国共产党成立以来，带领中国人民经过艰苦卓绝的斗争，最终迎来伟大胜利的光辉历史。生动详实的图片资料展吸引了众多市民前来观看，带领群众重温光荣历史，进行一次生动的爱国主义教育和革命传统教育。（唐颖）

【服务市中心工作】扎实推进精准扶贫工作。自津市开展精准扶贫工作以来，档案局密切关注对口帮扶的毛里湖镇同乐堡村贫困户生活生产情况，切实实施有针对性的帮扶措施。2016年，档案局干部下乡走访慰问7次，并有一名班子成员长期驻扎联系点村，深入实地摸清贫困户的具体情况，扎实推进帮扶工作的开展。全年落实帮扶资金2万元，并为贫困户送去慰问金2000元及化肥1吨。

深入开展“两学一做”学习教育。按照在全体党员中开展“两学一做”学习教育的相关要求，档案局积极开展学习教育工作，取得了良好成效。一是及时召开专题会议安排部署，制定学习方案和学习计划，并成立“两学一做”学习教育领导小组。二是按照学习计划扎实开展自学和集中学习讨论，全体党员积极参与学习，认真开展交流讨论，并撰写心得体会。三是积极宣传引导。在“津市档案信息网”设立了“两学一做”学习教育专栏，及时上传学习资料并实时宣传学习教育情况。在单位电子显示屏滚动播出相关学习内容，营造良好的学习氛围。（唐颖）

史志工作

【概况】2016年，市委党史办在上级业务部门的指导下，紧紧围绕市委、市政府的中心工作，始终坚持以马克思列宁主义、毛泽东思想、邓小平理论和“三个代表”重要思想为指导，全面贯彻落实党的十八大和十八届三中、四中、五中、六中全会精神和中央、省、常德市党史、地方志工作会议精神，牢牢把握“党史姓党”的政治方向和“一突出两跟进”（突出中国特色社会主义时间段历史研究，不断跟进党中央的步伐，不断跟进历史前进的脚步）的基本要求，继续广泛深入宣传贯彻《地方志工作条例》，深入挖掘津市党史方志资源，找准存史资政的切入点，以史铸魂的共鸣点和开门办史的链接点，以科学发展观统领津市史志工作，所编写的史志资料和地情书籍完全符合党的路线、方针、政策要求，为资政、育人、存史、惠民提供真实可靠的资料。为服务“四个全面”、“五个常德”和“大美津市”，为建设澧水流域现代化中心城市而努力。2016年，被上级业务主管部门表彰为常德市2016年度党史方志工作先进单位，湖南省“以史铸魂”先进集体称号。

实打实支持援助社区建设。市委党史办认真贯彻落实市委、市政府相关文件精神，积极响应，对联系的襄阳街街道办事处盐矿社区、襄阳街社区进行实地调研，听民情，解民意，实实在在下基层、接地气，克服自身办公经费紧张，为社区多方筹集资金，支援社区基础设施建设，共援助社区建设资金3万元。积极参加“五城同创”，雷忠武主任亲自带队，顶着烈日，自始自终站在马路中央指挥交通通行。在扶贫攻坚工作中，为药山镇双门村捐资5000元，帮扶对象张作银年迈体弱，为其增加收入，帮助尽快脱贫，购买小鸡仔50只，进行兜底帮扶。在春节前夕，购买棉被、床上用品、大米、油、猪肉等生活物资进行走访慰问，发放慰问金1200元。史志人热心教育事业，为教育捐款5000元。在防汛抗旱工作中，克服人少事多的困难，不讲价钱，领导带头值班，日夜坚守防汛责任阵地，尽职尽责，不间断地进行巡逻值班。（谈凤翔）

【多措并举，扩大党史影响力】在《地方志工作条例》颁布十周年之际，市委党史办高度重视，加大宣传力度，强化开放意识，坚持“开门写史”“开门修志”，建立全方位开放的大党史方志工作格局，完成制作宣传牌8块，分别到常德市丁玲公园、津市法治广场、津市市委机关大院和社区进行展示宣传。

主动作为与市委宣传部联系，争取把党史、方志宣传教育列入市委中心组学习计划内容，扩大影响力。5月10日，津市召开市委中心组二季度（扩大）学习，请湖南省省委党史研究室主任张志初主讲“两学一做”专题，反响很好。与市委党校对接，把党史、方志宣传教育列入市委党校常年培训计划内容。抽调精兵强将，常德市业务尖子、党史方志专家、党史办原副主任、正科级干部向满华主讲中国共产党津市历史。先后在5月5日2016年科级干部进修班上、6月14日2016年党性教育专题培训班上、2016年10月27日第二期科级干部进修班上、11月22日2016年部门中层骨干培训班上主讲“学习中共党史 牢记自身使命”专题，很好地宣传了党的历史功绩，收到了预期效果。

在《湘潮》期刊发行方面，党史办雷忠武主任充分利用个人人脉，主动与部门负责人联系，争取《湘潮》发行支持力度，完成《湘潮》发行237份，达到省下达的万分之九的要求，免费赠阅全市市级领导和各机关、学校、企事业单位，大力传播“党史好声音”。被省委党史研究室评为全省“以史铸魂”先进集体。

办好津市史志网，认真做好津市史志网改版升级后的后续工作。津市史志网改版升级后，抽专人参加业务培训学习，调整网站布局，下大力充实栏目内容，逐步将津市党史办编纂出版发行的党史、地方志资料上传津市史志网上，方便每一个人查阅。充分发挥平台优势，利用网络平台这个现代媒体，营造积极健康向上，清新明朗的党史舆论环境和社会文化生态。在弘扬主旋律，激发正能量上发挥积极作用。（谈凤翔）

【启动建设“一馆一室”】“一馆”即方志馆，利用市档案局原档案馆的二楼库房改造维修，建成方志馆。目前，市委、市政府分管领导已同意按《全国地方志事业发展规划纲要（2015-2020年）》要求和湘政办发[2016]11号文件精神，启动津市市方志馆建设。“一室”即党史陈列室，在市档案局档案馆二楼，由毛泽东纪念厅、贺龙纪念厅、朱务善纪念厅、津市烈士纪念厅四个展厅组成，命名为“红色收藏展览馆”和“党史陈列馆”。展馆面积共计约1000m²，毛泽东纪念厅和贺龙纪念厅已基本完成，朱务善纪念厅计划在2017年完成，津市烈士纪念厅计划在2018年全面完成并免费对外开放。2016年，津市市委宣传部、市文明办已正式发文将此馆列为津市市爱国主义教育基地，并免费对外开放。

（谈凤翔）

【编纂出版发行《津市市乡镇（街道）简志》】《津市市乡镇（街道）简志》是常德市首部完成编纂出版印刷的志稿。常德市委党史办高度重视，决定在津市召开常德市各区县（市）乡镇（街道）简志现场会暨《津市市乡镇（街道）简志》专家评审会。10月14日，《津市市乡镇（街道）简志》专家评审会在市兰苑宾馆召开。会议由常德市委党史办、市地方志办副主任周华辉主持。常德市委党史办、市地方志办主任刘李波，津市市委常委、市委办主任江韬出席会议并讲话。会上，津市市委党史办主任雷中武作志稿编纂情况汇报。随后，常德市各区县（市）方志专家分别从不同角度对志稿进行全面、细致的评议。专家一致认为，该志稿内容丰富、特色突出、编纂规范、可读性强，是一部较好的评审稿，同时建议对部分篇目进行微调，补充资料，对不符合志体要求的地方进行修改完善。常德市委党史办主任刘李波对《津市市乡镇（街道）简志》召开评审会表示祝贺，这是常德市首部县级乡镇（街道）简志评审会，津市市委党史办开了一个好头，标志着全市乡镇（街道）简志编纂工作进入收获季节。肯定该志稿质量较高、基础较好、特色突出。建议津市市委党史办要重视专家评审意见，高度重视修改、出版工作，争取把《津市市乡镇（街道）简志》打造成常德市样板工程。市委常委、市委办主任江韬表示，津市市委 党史办会高度重视，认真梳理专家意见；坚持质量第一，精心组织志稿修改，争创精品佳志。会后，党史办立即行动起来，按照评审专家的意见、建议对《津市乡镇（街道）简志》进行了修改、补充，月底进入印刷厂，由石门县教育印刷厂印刷。印刷数量：1500册。12月底公开发行，赠送全市市级领导和全市各行政事业单位。（谈凤翔）

【编纂、出版、发行《津市年鉴》（2016）】经过多年努力，《津市年鉴》编纂工作已经走上正轨，在完成《津市年鉴》（2006-2010）、《津市年鉴》（2011-2014）两本的基础上，从2015年起，津市年鉴开启一年一鉴模式，正式实现一年一鉴。《津市年鉴》（2016）共印1000册，免费赠送全市市级领导、各单位。充分把握春节人员流动量大的有利时机，不等不靠，主动作为，首次免费赠送全市大型宾馆、酒店，扩大党史方志宣传力度，提高津市知名度，传播津市风采。（谈凤翔）

机关事务管理

【概况】津市市机关事务管理办公室为市委市政府直属的正科级参照公务员管理单位，归口市委办管理，有编制16个，在编人员12人、退休人员6人，提前退休人员3人，计划内临时工10名（绿化、卫生、保安等），内设行政股、物业管理股、安全保卫股、机关财务室三股一室。2016年，机关事务办紧扣市委、市政府的决策部署，认真开展“两学一做”学习教育活动，切实增强政治意识、大局意识、核心意识、做合格共产党员。进一步完善规章制度，改进工作作风，突出抓物业管理、后勤服务、财务保障及中心工作。一是抓好制度落实。“两学一做”活动开展以来，事务办认真组织学习党章党规及习近平的系列讲话，认真落实中央“八项规定”、省委“九条规定”、市委“十项规定”，主要抓制度完善落实，对制度纲性量化，执行严格，督导考核到位；重点抓党建7项重点任务和2项重点工作；对“四风”方面存在的问题，进行自查，梳鞭子；监督严查，不走过场，处置到位，二是加强监督管理。用制度管人管事，每月办公室进行一次月工作情况督查通报，每月进行一次工作总结与讲评。2016年开展督查活动10次，发现苗头及时提醒、开展批评与自我批评，杜绝事态扩大。三是班子率先垂范。在制度上、日常行为上坚持从班子做起，带头遵守各项规章制度，办事作风有了明显的好转，杜绝了“四风”陋习。干部职工的工作作风明显改进，事前谋划，事后总结，主动服务成为工作常态。上班按时打卡签到，做到不迟到不早退，外出办事按程序审批登记，杜绝公车私用的现象，按规定时间、指定地点停放车辆成为自觉。2016年获得湖南省文明卫生先进单位。（梅超）

【绿化管理】加强绿化培管。事务办负责绿化面积30000多m^2，其中机关大院8000多m^2、第二行政中心5500多m^2、原机电职院16000多m^2。分别聘请绿化专业公司进行培管，三处办公场所种植有桂花、窝竹、南竹、樟树、玉兰、银杏、杜鹃、栀子花、月季等各种乔木上千株，2016年共移栽灌木600余（株），树木花卉浇水抗旱6次，每年一次树木修整，草坪修剪6次，对路边树枝进行清障，树干涂白，喷药4次，按季节更换花卉6次，共摆放各种花卉5000余盆（株）。美化机关，创造舒适的办公室环境。（梅超）

【物业管理】第二行政中心：物业管理收费规范，物业收费标准每月1.666元/m^2，办公面积15033m^2，全年物业费30万元，每年按时对电梯检测并及时维保，保证电梯安全运行，开通了6–7楼的电梯门，3楼通道改造，国土局5楼卫生间、第二行政中心7–15楼卫生间墙面渗水进行维修，分别对4–6楼的办公室墙砖脱落、1–3楼卫生间污水管出口破裂和便盆损坏及时维修或更换，二次供水管破损，对深井替水泵进行了及时维修更换，对中央空调2号主机配电箱开关和故障及时维修，添置绿化带中心招牌、鼠站11个，更换国土局大门感应器，2016年7月的暴雨造成大楼大面积渗漏，事务办及时与相关专业部门联系现场解决问题。为了不影响上班，事务办对空调机组进行全面的清洗和保养。机电职院：为了加强机电职院绿化建设和安全保卫，深入实际，调查研究，针对目前存在的问题，进行认真整改，2016年上半年投入2万元对原机电职院倒塌围墙进行修复，对树木进行清障。加强绿化卫生管理，聘请安保公司安排人员负责值班卫生，原机电职院卫生安保环境得到全面改善。机关大院：规范车辆管理，对机关大院公务用车和干部职工的200多辆私家车免费发放了进出通行车贴，劝导停车规范，确保整齐。监控室24小时开启，不间断值守，晚上分5班进巡逻，白天三人站岗执勤，保卫人员要求着装上岗，站岗值勤，规范敬礼。在突发事件处置中，及时汇报，上下联动，成功化解和处置群体事件。2016年来机关大院未发生一起重大刑事和治安案件。机关大院卫生清扫经常化，24小时保洁，做到主干道上24小时无垃圾杂物；垃圾桶、路灯灯罩每月进行了2次清洗；8000多平方米的草坪剪修和喷药治虫各5次。机关大院广场破损麻石板维修、更换做到及时；清洗了消毒供水池2次，麓园小区水下管网和化粪池进行了掏粪清淤。麓园小区水电费收缴及时准确，保证了用水用电安全有序。投资3万元分别在机关大院和第二行政中心设立健康小屋。（梅超）

【食堂管理】加强机关食堂管理，制定食堂奖惩管理制度，每天都有专人对食品卫生进行督导检查。并邀请食品药监局每个月对食堂的食品卫生进行不定时抽查和指导食品安全卫生工作，看有没有过期和霉变的食品。在创“国卫”迎国检中，2016年6月投入7万多元将机关食堂操作间改成透视操作间，将食堂旧灶具烟道更换，添置质量过硬，卫生达标的不锈钢厨具，贮藏间按要求设置生、熟食品区，保证熟食和生食分开存放不串味和卫生，铺设防滑地面砖，封闭下水道，彻底解决食堂卫生死角，使操作间置于干部职工的监督之中，并将一间大包房进行了装修改造，添置新的餐桌餐椅，并对食堂屋面进行防水处理。在创“国卫”迎国检中，并得到检查组的高度好评。创满意食堂，不断提升食堂服务质量，分别于7月、12月对机食堂饭菜质量、服务质量、食品安全、卫生状况在机关院内进行了问卷调查，收到意见和建议6条，在测评中，机关干部职工满意率分别达到92%以上。

（梅超）

【安全保卫】安全保卫“零隐患”。2016年初及时调整机关大院“一中心五网络”机构及成员，与大院各单位签订“社会治安目标管理责任状”，制定机关大院信访维稳突发事件应急处理和报告制度，制做固定的法制宣传牌。坚持保卫人员每周一集中学习和培训一小时制度，全体保卫人员要求着装上岗，站岗值勤，规范敬礼。在突发事件处置中，成功化解和处置多起围堵市委机关大门的群体事件。坚持院内24小时全天候保安执勤，每天晚上对办公区、生活区进行巡查，杜绝安全隐患。抓实来访登记，来客一律登记备案，坚持对来客进行回访，填写登记回执。做到文明劝导主动化，重点对乱丢垃圾、乱扔烟头、车辆乱停乱靠的行为进行劝导。对不文明行为一经发现，及时跟进制止，办公场所环境卫生明显好转，来客来访人员不文明行为明显减少。对驾驶员进行安全教育，主办交通安全宣传周活动，机关车辆使用贴牌，使车辆进出机关安全有序。2016年共登记来客3000多人次，协调处理上访人员300多人次。由于技防、物防的硬件投入和规章制度的完善，安保工作得到进一步加强。目前机关大院未发生一起重大刑事和治安案件，治安秩序井然有序，做到了保卫工作精心不出事。（梅超）

【财务管理】一是完善财务管理制度。机关财务室认真履行会计监督职责，升级了财务软件，对机关大院各单位财务人员不定期的进行业务指导和培训。进一步规范国库集中支付系统，严格规范资金的运作，加强对发票的审查力度，严格执行票据的审核制度，严控三公经费支出，把好各类支出关，对不符合规定的票据坚决不予报销，力保发票的完整性和真实性。二是固定资产进行清理。加强国有资产管理，2016年

6月份完成对各单位的固定资产清理，做到账实相符。三是加强了非税票据的监督管理，对非税票据实行专人管理，专机操作，对票据购买、发放，汇缴建立明细台账，有效的拓展了财源。四是办公用房集中配置。由于机构改革，单位合并。现机关大院有19家行政事业单位，第二行政中心11家行政事业单位，原机电职院8家行政事业单位，市委常委扩大会议听取了机关事务办《关于合并单位办公用房调整方案》工作情况汇报，根据市政府领导的指示。按照不超标原则，严格按照县级正职30平方米，县级副职24平方米、正科级18平方米、副科级12平方米、科级以下9平方米的要求，遵照同一层楼多个单位共用会议室原则，2016年3月份各单位办公用房全部按要求调整到位，多余办公用房全部移交给国资办。全市没有违反规定新建办公用房，没有超过规定标准多占面积、使用办公用房以及租用办公用房。事务办财务室集中办理28家单位年报和四大家的车辆保险，配合有关部门完成对机关大院退休人员的数据采集和“三公”经费的检查及有关单位的离任审计工作。2016年7月份完成28家单位的国有资产清理登记。2016年初常德市纪委抽检中，得到了检查组的好评。 （梅超）

【中心工作】一是凝聚一班人。建立一支讲团结、讲奉献、善于协作的机关事务团队，培育机关事务管理文化，围绕联系服务群众“最后一公里”。2016年初的一场大雪，机关大院广场积雪较厚，为了赶在干部职工上班前清扫积雪，领导亲自带队，率全办人员冒着严寒和刺骨的北风清扫广场的积雪和树枝上的积雪，有的同志手上打了泡。脚被冻坏了，但是没有一位同志叫苦叫累，始终坚持到最后完成清扫任务。二是推进“两创”。按市委的部署，高度重视，设立专门机构，主动联系协调社区和城管，同时在办公经费相当紧张的情况下，挤出资金2万元支持汤家湖社区的创建工作。特别在创“国卫”中，对包保路段，严保责任路段的卫生、车辆的规范停靠、清理乱搭乱建、违规违章摆设摊点、占道经营的现象。做到劝导主动，服务周到热情，执法执纪严明，促进社会风气有了较大的转变。在创“国卫”迎检中，市委机关餐厅在这次检查中受到检查组的高度好评。三是精准扶贫。根据市委的部署，实地考察，摸清底子。首先制定了精准扶贫的工作方案，与贫困户结对子，帮助贫困户脱贫，每月到2位联系户家中走访，帮助他们制定脱贫计划，制定扶贫规划，落实扶贫责任，解决脱贫中的困难，在发展生产，树林苗木培管，水稻种植培管，养殖等方面进行帮扶。为联系户孙子读书申请了“雨露计划”，并给予补助资金5000元，同时到位援助资金2万元。美丽乡村建设资金2万元。争取在规定时间内对二名困难户完成脱贫任务。四是工业立市，做好部门服务企业工作，加强企业联系工作，安排专人经常到津市市梦镶金蚕丝被有限公司实地走访，帮助企业解决需要我们出面解决的问题，今年春节前给困难职工送去了3000元的慰问金。

（梅超）

接待工作

【概况】2016年，市委接待处牢固树立接待工作树形象、优环境、促生产力的理念，坚持热情周到、规范有序、厉行节约的工作宗旨，认真履行接待服务职能，圆满完成了年度各项工作任务，其中，全年共接待宾客195批近3000人次，其中省部级领导3批次，地厅级领导60余次，重要客商90余次，接待经费同比下降21.6%。

强化大局意识，服务中心工作，充分发挥接待窗口作用。一是圆满完成各项重大接待任务。先后完成省委副书记、省长杜家毫调研“一湖四水”工作、副省长蔡振红调研畜牧水产工作、省人大常委会副主任刘莲玉督导人大换届工作等一系列重宾接待任务，为各级领导莅临津市视察指导工作提供优质服务，充分展示津市接待工作的窗口形象。二是接待重要客商来津投资兴业。2016年，津市招商引资力度不断加大，来津考察投资的客商越来越多，2016年先后多次接待广东溢多利、恒天九五、中联重科等上市公司老总和省轻盐集团、省建工集团、长沙通程集团等大型国企的高层管理人员。三是保障各类大型会议活动。先后牵头组织和参与“两会”、党代会、人大政协换届等重大会务接待工作。

强化精品意识，积极开展工作，充分发挥桥梁纽带作用。规范的接待流程、热情的接待服务、鲜明的地方特色，给来津市的各级领导和客商留下了良好印象，也架起了津市对外交往的桥梁和纽带。一是精心谋划，科学严谨。接到任务后，立即收集每位来宾的性别、年龄、身份、民族、行程、目的、工作内容以及饮食起居习惯、工作学习、医疗保健等方面的信息，召开专题会议，根据任务要求，制定详细工作方案，明确细化分工，组织专人对重点工作区域进行全面跟踪督查，检查宾馆房间设施设备、物品配备、卫生状况等，对存在的问题及时进行整改。二是注重细节，加强督查。严格执行接待流程，及时更新市情介绍内容，根据接待主题制作接待手册、席位卡等接待用品，把“姜女传说”“囊萤夜读”“药山禅寺”等富有鲜明地方特色的图片印制在接待用品上，同时定期检查重点工作区域的防爆及消防安全检查，做到细之又细，确保接待服务过程统一、高效、安全、流畅。三是突出特色，创新服务。为改变公务接待简单的迎来送往、食宿安排的传统观念，在接待实际工作中，突出“精细化”、“个性化”和“特色化”。在餐饮方面我们指导宾馆提前制定出“荤素搭配合理、健康营养均衡、时令特色明显”的用餐菜谱，坚持新鲜、安全、味美、营养的标准，跟踪每一餐的服务流程与细节，从原材料的选材到菜式设计搭配，从饮食出品到对菜温、菜量、菜品补给的控制等，确保用餐井然有序，同时我们充分发掘本地资源，做好地方饮食菜品，尝试粗粮细做、细菜精做、土菜洋做、老菜新做、饭菜适口，不上高档菜肴和用野生保护动物制作的菜肴，在充分体现厉行勤俭、反对浪费的基础上，满足重要宾客的饮食需求。为注重亲情化服务，挑选有经验的餐饮服务员为来宾们做好现场用餐服务，对来宾们主动问候，靠前服务，发现来宾们身体稍有不适，及时送上蜂蜜水、姜茶及常用药物等。在住宿方面严格按规定标准安排，对每位来宾房间的设施、卫生情况反复仔细检查，确保干净、整齐、完好，对温度、物品配送、环境布置等都合规合情，同时做好机动备用预案，以备人员变化、工作洽谈的急用。

强化学习意识，提升整体素质，充分发挥模范表率作用。一方面，扎实开展政治理论学习。按照市委"两学一做"的统一部署，扎实组织党员干部学习党章党规，学习习近平总书记系列讲话精神，牢固树立接待工作是"第一窗口"的理念，多措并举提高接待人员的综合素养。在学习过程中，开展了以"八个一"为主线的学习活动，即每人一本学习资料、每人一个专用学习记录本、每周进行一次学习笔记检查、每周安排一次规定篇目集体学习或自学活动、举办一期教育学习专栏、观看一部先进人物影片、进行一次心得交流、举办一期党员干部读书班，做到学习内容不漏项、覆盖范围不漏人，教育形式多样化，形成上下联动的学习氛围。另一方面，认真开展业务知识学习。在学习的内容和形式上紧扣市情和接待工作实际，有的放矢的组织公务接待礼仪、饮食健康、营养学等方面知识的学习，组织业务骨干赴兄弟市县考察学习，不断拓宽接待人员的视野，丰富接待人员的业务知识。特别是对市域市情，要求接待人员做到熟记在心、有问必答、对答如流，当好津市形象的展示员，经济发展的宣传员，资源产品的推销员。

重监管，严把关，确保各项规定落到实处。市委接待处严格按照中央八项规定、《党政机关国内公务接待管理规定》《湖南省党政机关国内公务接待管理办法》《常德市党政机关国内公务接待管理实施办法》要求，坚持勤俭办接待的原则，重实用、不奢华、高品位、低成本，对公务接待费用实行日清月结，严把公务接待经费结算审批关。一方面：聚焦规定，认真落实各项要求。积极推行"五无五不"管理机制，即：无公函不接待、无必要不接待、无可控不浪费、无清单不结算，无会审不报销。形成事前引导、事中控制、事后倒逼的管理办法，确保按规定做事、按规矩花钱。另一方面：严格标准，坚持勤俭简约作风。在接待过程中，根据就餐人数确定就餐形式，不搞迎送、宴请、会餐等。同时在人、财、物的管理和使用上合理安排、精打细算，在保证工作的前提下，压缩就餐工作人员数量。

主动靠前作为，积极参与中心工作。2016年，接待处在充分履行本职的同时，参与扶贫攻坚、国家卫生城市创建等中心工作。扶贫攻坚方面，为联系点村新洲镇荷花堰村援助脱贫资金2万元用于基础设施建设，班子成员包保因病致贫户2户，私人出资帮助其购买生产生活物资。国家卫生城市创建方面，为联系的襄阳街阳由社区援助资金1万元用于社区垃圾清运，并安排工作力量全天候巡逻劝导。（梁甜）

【重宾接待】2月24日，国家农业部畜牧司副司长王俊勋、国家农业部畜牧司副处长王健一行调研全市畜禽养殖生产及污染防治情况。王俊勋一行深入湖南阳光乳业股份有限公司第七牧场、湖南仕林生物科技股份有限公司、湖南旺森农牧有限公司和市佳和生态农业有限公司开展实地调研。省畜牧水产局副局长欧燎原，省畜牧水产局科教环保与法规处处长肖光明，常德市委副书记徐正宪，市委副书记杨文惠，市委常委、副市长徐兴庭及相关部门负责人参加调研。3月1日，省住建厅党组成员、总工程师易继红带领省厅城建处、村镇处、风景保护研究中心负责人一行调研津市城市建设工作。市委书记王学武，市委常委、常务副市长周功表、市政府副市长李景峰参加调研。3月3号，省环保厅党组书记、厅长刘尧臣一行来津市视察环境保护工作。刘尧臣一行先后前往仕林生物公司、毛里湖镇中南村垃圾分类点、生活污水处理站、旺泰农业有限公司进行了实地踏勘。常德市市委副书记徐正宪、津市市委书记王学武、政府市长陈章杰、人大主任王育平、政协主席姜正才、政府副市长刘瑜参加视察。3月4日，国家科技部火炬中心特色产业基地处副处长金学奇一行在省科技厅高新处处长刘琦、副处长孙丕忠的陪同下，莅临全市考察调研生物技术特色产业发展情况，金学奇一行先后深入鸿鹰生物、新合新生物两家企业和"两湖"生物医药园建设现场进行了实地参观考察，并就申报国家火炬计划特色产业基地工作提出相关的指导意见和建议。常德市科技局局长马慧、党组副书记副局长陈建中，市委副书记杨文惠、政府副市长黄杰等参加调研。3月9日，常德市原政协主席、老年体协主席刘春林一行调研津市老年体协工作和常德市第十七届机关老干部门球赛筹备工作情况。刘春林一行实地查看津市监狱门球比赛场地，详细了解场地基本情况。市委副书记、市长陈章杰，市政协主席姜正才参加调研。3月14日，省住建厅副厅长袁湘江一行来津调研。3月15日，省政协常委、人口资源环境委员会主任胡伟林一行调研津市城乡供水一体化工作情况。胡伟林一行先后来前往毛里湖镇中南村农户家中实地调研农村自来水供应情况，在新洲镇神九堰，胡伟林一行详细了解了神九堰美丽乡村建设，以及以车胤、孟姜女为旅游景点的乡村旅游开发情况。次日，调研组先后来到白龙潭水厂、药山镇官堰村、自来水公司水质监测站，实地了解津市城乡供水情况。市委书记王学武，市政协主席姜正才，市委常委、市政府副市长徐兴庭参加调研。3月23日，常德市人大常委会主任刘明、常德市人大常委会副主任王先蒙、常德市人大常委会秘书长万利一行调研津市农村饮水安全长效机制建设工作情况。刘明一行先后来到津市白衣镇水厂、药山镇金盆村、毛里湖污水处理站、西湖渔场等地，实地了解津市城乡供水模式、覆盖范围及水质监测、污水处理措施等情况。市委书记王学武，市人大常委会主任王育平，市委常委、市政府副市长徐兴庭，市委常委、市委办主任江韬，市人大常委会副主任邓惠荣参加调研。3月26日，汉寿县委书记罗先东来津考察学习。4月18日，常德市政协副主席诸戈文一行来津调研。诸戈文一行视察生产街棚户区改造、三洲驿街道柏枝林完美社区、养老服务中心、城乡供水一体化、嘉山实验学校、两湖生物医药园、湖南鸿鹰生物科技有限公司、毛里湖湿地公园等项目，座谈了解津市社会经济发展情况及精准扶贫工作情况。市委副书记、市长陈章杰，市委常委、市政府副市长周功表，市政协主席姜正才参加调研。4月24日，常德市委书记王群来津调研。5月3日，省人大常委会原副主任蒋作斌、省政协人口资源环境委员会原主任陈本洪、省发改委党组成员、湘西办主任周震虹来津市调研。蒋作斌一行先后视察德雅中学、车胤公园暨“一宫三馆三中心”项目建设现场、毛里湖湿地公园、毛里湖电排、津市三中、鸿鹰生物、澧水二桥建设现场。市委书记王学武、市委副书记杨文惠、市人大常委会主任王育平、市委常委、常务副市长周功表、市委常委、市委办主任江韬参加调研。5月12日，常德市委书记王群，常德市委常委、市委秘书长黄清宇一行督导检查津市防汛准备工作情况。市委书记王学武，市委副书记、市长陈章杰，市委常委、副市长徐兴庭，市委常委、市委办主任江韬参加检查。5月16日，省建工集团工会主席熊用机一行来津调研。5月18日，省政府副秘书长王光明一行来津调研。5月25日，常德市原市委常委、军分区司令员董正武来津视察。6月7号，省住建厅党组副书记、副厅长袁湘江一行来津市调研津澧城市空间发展一体化工作。袁湘江一行先后视察临津桥、沅澧快速二号线规划选线、洞庭大道、三眼桥老旧小区改造、生产街棚户区改造工程、澧水二桥建设现场、阳由小区、新洲仿古城建设现场等地。市委书记王学武，市委副书记、市长陈章杰，市委常委、市委办主任江韬，市政府副市长李景峰参加调研。6月14日，省政府副省长蔡振红、常德市委书记王群、政府市长周德睿来津视察宗教工作，视察药山寺竹林禅院、天主教堂。6月16日常德市人大常委会主任刘明调研指导津市“两学一做”工作，并前往金鱼岭街道大关山村讲授党课。刘明先后实地调研市药山唐风小镇竹林禅院、阳由小区、澧水二桥建设项目现场、宝悦乐城等地，详细了解津市重点项目建设情况。常德市人大常委会秘书长万利，市委书记王学武，市人大常委会主任王育平，市委常委、组织部长、统战部长马吉云，市委常委、市委办主任江韬参加调研。6月17日，常德市委常委、纪委书记陈恢清督导津市“两个责任”落实情况。陈恢清一行先后实地调研鸿鹰生物、中联车桥、白龙潭水厂、养老服务中心、三眼桥小区改造现场，现场听取各项目相关情况介绍。6月20日，中联重科詹纯新董事长一行到达津市，对津市全环境治理项目进行考察对接。6月26日，常德市委书记王群来津调研。7月13日，省委政研室副主任、省小康办常务副主任张伟达调研津市全面建成小康生活工作推进情况。张伟达一行先后实地查看了市养老服务中心、柏枝林社区，详细了解有关工作开展情况。市委常委、市委办主任江韬及市委办、市统计局、市住建局、市农业局等相关单位负责人参加调研。7月20日，长沙海关党组成员、政治部主任戴文涛，常德海关党组书记、关长徐承军一行考察津市设立保税仓和海关工作站工作。戴文涛、徐承军一行先后考察津市窑坡渡千吨级码头项目现场、鸿鹰生物公司、嘉山实业、金湘猪鬃和三湘和达物流公司，对相关项目情况和企业运营模式、产业结构、发展方向等方面的情况进行深入细致的了解。市委副书记杨文惠，市委常委、市委办主任江韬陪同考察。7月28日，常德市人大常委会主任会议视察津市毛里湖国家湿地公园湿地保护工作。与会人员视察毛里湖湿地公园，实地查看湿地公园基础设施，详细了解津市近年来湿地保护工作情况。常德市委常委、市政府副市长提名人选任晨，常德市人大常委会副主任王孝山、王先蒙，人大常委会秘书长万利，市领导王育平、徐兴庭、邓惠荣参加活动。8月1日，省长杜家毫、副省长张剑飞、向力力、常德市委书记王群、政府市长周德睿一行来津视察“一湖四水”工作。乘船考察澧水水质、千吨级航道及码头建设情况。8月16日，岳阳市常务副市长唐道明一行来津市考察城市建设工作。9月7日，9月8日，民革湖南省委参政议政处处长何青萍一行调研津市环洞庭湖生态城镇建设工作。何青萍一行在市政府副市长提名人选高见的陪同下先后考察毛里湖镇污水处理厂、毛里湖国家湿地公园、新洲镇集镇改造现场。9月12日，兰州军区原政治部副主任刘学理将军来津调研。10月28日，常德市人大常委会主任刘明、常德市人大常委会秘书长万利调研津市“两学一做”学习教育工作情况。刘明一行先后实地视察和平生物、三湘和达、新合新生物医药、襄阳街党员服务中心，详细了解津市重点项目建设情况。市委副书记杨文惠、市人大常委会主任王育平、市委常委、组织部长马吉云参加调研。10月29日，湖南省农委县域经济发展处副处长尹邦友率省美丽乡村考核验收组来津市市考核验收2016年度美丽乡村建设先进区县市工作。考核验收组来到嘉山街道戚关村、白衣镇蒲山村，通过听取解说、实地查看、进村入户等方式，对2016年度津市市美丽乡村示范村建设情况进行了解，并对照美丽乡村建设工作考核指标，现场提出意见和建议。常德市农委副主任刘仕英一行及津市市人大副主任邓惠荣、市政府副市长高见、市政协副主席梁文利、市农业局局长刘仕彬等陪同验收。10月31日，省人大常委会副主任刘莲玉督查调研津市贯彻落实省委人大工作会议精神情况。刘莲玉一行来到柏枝林社区，查看了社区人大工作室、图书室等处，观看了市人大工作汇报片，详细了解社区人大工作开展情况。11月5日，常德市委书记王群来津调研。11月24日，常德市副市长、公安局局长唐恒忠来津调研。12月5日，常德市委副书记徐正宪一行调研津市美丽乡村建设和农村环境整治工作。徐正宪一行先后实地调研蒲山村、箭楼村、毛里湖镇污水处理站等地，认真听取津市农村环境整治、农村改厕工程等情况介绍，详细了解了美丽乡村建设重点项目实施情况，并对当前津市开展美丽乡村建设工作提出了指导意见。常德市农业委主任李百艳、常德市环保局党组书记关建锋及市委副书记杨文惠、市政府副市长刘瑜、高见参加调研。12月7日，常德市人大常委会副主任王先蒙调研津市供销社综合改革工作。常德市人大常委会农工委主任汪淑凡、常德市供销社理事会主任戴作凡及市人大常委会副主任邓惠荣等参加调研座谈。12月15日，常德市政府副市长朱晓平、农委主任李百艳、畜牧兽医水产局局长谢朝君来到津市佳和灵泉基地调研。津市市委书记傅勇、政协主席姜正才及畜牧兽医水产局相关负责人陪同调研。12月18日，广东省溢多利集团董事长、总裁陈少美先生一行对新合新津市基地进行调研。新合新董事长刘喜荣，总经理冯战胜参加调研活动。（梁甜）

津市市人民代表大会常务委员会

【概述】2016年，在市委的正确领导下，市人大常委会紧扣市委总体部署，立足人大工作实际，把财政运行、项目建设、城乡建设等经济社会发展重点工作以及专项资金使用、食品、药品安全、环境整治等群众关心的热点工作作为审议、视察、调研的重点，依法履职，积极作为，扎实推动人大各项工作开展，圆满完成了换届选举任务，为加快推进津市经济社会发展和民主法治建设作出了积极贡献。全年共召开人民代表大会2次、常委会会议7次、主任会议11次，听取和审议专项工作报告22项，作出决议、决定17个，依法补选常德市人大代表1名，依法任免"一府两院"国家机关工作人员54人(次)。（黄雅珣）

【换届选举】津市换届选举工作于7月14日正式启动，根据津市情况，共划分100个市人大代表选区、103个镇人大代表选区。省人大确定市十七届人大代表名额为171名，根据政党、团体推荐和选民联名，实际确定正式候选人271名。撤乡并镇以后，市人大常委会重新确定镇人大代表名额为248名，根据实际确定正式候选人351名。全市设立投票站194个，中心会场9个，流动票箱154个。9月26日为选举日，参加选举投票的选民177028人，参选率占全市总人口的73.68%、占登记选民的82.98%。全市依法选举产生了新一届市人大代表171名、镇人大代表248名，依法选举产生了新一届人大常委会组成人员、人民政府领导班子以及法检"两院"主要负责人，整个换届工作依法有序、换届纪律风清气正、换届任务圆满完成。（黄雅珣）

【监督工作】财政资金监督方面。听取和审议了市人民政府《关于2015年度城建项目计划执行和2016年城建项目计划及资金安排情况的报告》、《关于澧水二桥建设项目及资金安排使用情况的报告》等，督促合理、科学管理和使用城建资金；对校车补助资金等专项资金管理及使用情况开展专门调查，主任会议进行审议，促使资金管理使用更趋规范、安全和有效；听取和审议融资资金使用管理、债务管理等情况报告，提出针对性强的建议，并严格贷款审查程序，帮助政府防范债务风险。民生热点监督方面。关注食品、药品安全，重大节日前夕，对商场超市、菜市场、餐饮、酒店等单位的食品卫生安全组织突击检查；联合、督促部门开展校园食堂食品安全专项检查，督促整改检查出的问题；开展了全市疫苗管理工作专题调研，推动政府及部门加强管理，确保了全市疫苗安全。关注农业发展。调研春耕备耕工作，督促相关部门主动对接，帮助解决了涔澹农场高标准农场建设项目播种问题；重视环境整治，开展了畜禽退养工作视察，督促禁养区规模畜禽养殖实现全面退养，津市人居环境进一步优化。法律监督方面。听取和审议了《环境保护法》贯彻执行情况、《食品安全法》贯彻落实情况、《农村土地承包法》执法检查审议意见落实情况等报告，促进法律法规的贯彻落实；加强对全市司法工作的监督，以"司法公正常德行动"活动为平台，积极开展监督活动；继续开展法官、检察官履职评议，常委会组成督导组，对"两官"履职评议活动全程跟踪、指导监督，组织人大代表旁听庭审，现场评议法官、检察官等履职情况，以监督推动司法公正；开展规范性文件备案审查，全年共审查备案市人民政府报备的规范性文件11份，提出修改建议10余条。政府工作监督方面。对市政府工作部门2015年度工作开展情况进行了工作评价，打分排名，现场通报，促进部门积极履职；结合"环保世纪行"、"农产品质量安全行"、"农民健康行"、"民族团结进步行动"等活动的开展，推动政府及部门工作落实。（黄雅珣）

【代表工作】增强代表履职实效。通过集中培训、以会代训、专题讲座等方式加强代表培训，组织代表外出学习考察，印发有关法律法规，为代表提供学习条件，提高代表履职能力。积极为代表履职提供保障，坚持常委会组成人员联系代表制度，采取电话沟通、个别走访、集中座谈等方式，加强与代表的经常性联系。上半年常委会班子成员带队走访了市、乡两级人大代表152人，与代表面对面沟通、交流，收集意见、建议。规范"人大代表联系群众工作室"的运行，组织代表定期在工作室轮流接待选民、在原选区走访选民。邀请代表列席市委、人大、政府重要会议，参与视察检查、工作调研、旁听法院庭审案件等活动，扩大代表对各项工作的参与。激发代表履职活力。开展代表述职活动，每次人大常委会安排2名津市选举的常德市人大代表进行述职，市人大代表分期分批向原选区选民述职，并进行了满意度测评。督促指导街道组织开展了"人民选我当代表，我当代表为人民"述职评议活动，述职代表逐条整改选民提出的意见、建议，评议效果良好。围绕市委工作中心、人大常委会工作重点以及代表、群众关心的热点问题，定期组织代表小组活动，对活动实行主题管理，保证活动的针对性和实效性。提高建议办理质量。对于市十六届人大五次会议上征集的49件代表建议，及时转交办，督促办理落实。将《关于加强城市人行道规范化管理的建议》、《关于清除城市"牛皮癣"进一步美化市容市貌的建议》等10件代表建议列为重点建议，由主任会议成员领衔督办、工委连续跟踪督办，采取召开座谈会、现场查看、代表与承办单位面对面交流、承办单位现场解答相关问题等方式，有效提升了建议办理质量。对市十六届人大四次会议一号议案——《关于建设城区及周边绿色走廊的议案》落实情况进行调研、组织视察，推动了"绿色走廊"议案落实。

（黄雅珣）

【人事任免】不断深化人事任免工作规范化建设，认真执行拟任免人员任前法律知识闭卷考试、任职发言、颁发任命书、向宪法宣誓等制度，对市人民法院、市人民检察院拟任对象，在人大常委会上通报个人执法档案检查情况，严把了任免程序关和任职资格关。一年来，共任免国家机关工作人员54人（次），其中任命28人（次）、免职26人（次）。其中，2016年9月20日，津市市第十六届人大常委会召开第三十次会议，免去周功表的市人民政府副市长职务，免去文国平的市人民政府副市长、市公安局局长职务。2016年10月25日，津市市第十六届人大常委会召开第三十一次会议，免去徐兴庭的市人民政府副市长职务，免去黄杰的市人民政府副市长职务。

（黄雅珣）

【自身建设】提高队伍素质。认真组织开展了"两学一做"学习教育，督促领导领学、个人自学、支部带学，提升干部的政治素养。结合人大日常工作、换届选举工作等，外请专家、内请行家授课，开展集中学习，组织定期学法，实施廉政教育，提高干部综合素质。提升工作效能。加强组织建设，增设了法制、财政经济两个专门委员会，配优了人大常委会组成人员。加强基层建设，街道全部设立了人大联络委，各镇配备了专职人大主席和副主席，明确了专干，配强了基层人大干部队伍。每季度召开一次镇（街道）人大工作联席会议，交流工作开展情况，通报工作安排，协调解决工作中存在的困难和问题，提升了镇（街道）人大工作水平。加强内部管理，严格执行考勤、财务管理、公车管理等制度，对照岗位责任制考核办法，客观评价、评议干部工作业绩，机关工作作风更加务实。注重工作宣传，以制度激励干部撰写调研、信息，一年来在常德市级以上刊物、网站发表文章97篇，《县乡人大换届选举有关问题的调查与思考》、《当前基层人大工作存在的问题与思考》等多篇理论文章在省、市获奖。及时更新网站，制作履职专题片，人大工作影响力增强。凝聚团队合力。积极创建市级文明单位，美化办公环境，优化工作条件，组织文体娱乐、志愿服务等活动，提升文明素养，凝聚队伍活力，成功打造了文明机关。

（黄雅珣）

【人民代表大会】2016年1月8日至10日召开津市市第十六届人民代表大会第五次会议，参会代表161名，列席人员129名。1月8日，听取2015年市人民政府、市人大常委会、市人民法院、市人民检察院工作报告；听取《津市市国民经济和社会发展第十三个五年规划纲要（草案）》的编制说明；听取市人民政府办理代表议案、建议的报告；审查津市市2015年财政预算执行情况和2016年财政预算（草案）的报告（书面）。1月9日，代表进行分团讨论，收到代表建议、批评和意见49件，涉及财政经济、城建环保方面24件，教科文卫方面11件，农业与农村方面7件，内务司法与其他方面7件。1月10日，补选陈章杰为津市市人民政府市长，补选齐绍进、李立、李勋3人为津市市第十六届人大常务委员会委员；表决通过了市人民政府工作报告、市财政工作报告、市人大常委会工作报告、市人民法院工作报告和市人民检察院工作报告的决议（草案），批准十三五规划纲要（草案）。

2016年11月23日至25日召开津市市第十七届人民代表大会第一次会议，参会代表171名，列席人员135名。11月23日上午，大会开幕。11月23日下午至24日，代表进行分团讨论。11月25日，选举王育平为津市市第十七届人民代表大会常务委员会主任；陈章杰为津市市人民政府市长；邓惠荣、黄费武、李亚林、胡湘萍（女）、邓开泉5人为津市市第十七届人民代表大会常务委员会副主任；熊斌、杨健全、李阳（女）、杜登全、戴志刚、高见、徐兴勇7人为津市市人民政府副市长；覃业辉为津市市人民法院院长；王朝阳为津市市人民检察院检察长（根据《地方组织法》第八条第六款规定，报经常德市人民检察院检察长提请常德市第六届人民代表大会常务委员会批准）；卜明华、马大平、王明生、邓维平、朱芩青（女）、刘丹（女）、刘芳（女）、刘莉（女）、齐绍进、汤光明、李立、李勋、汪莉（女）、张先平、陈宏华、陈晓兰（女）、陈群华（女）、周新华、黄大庆、黄毅明、龚林、彭元宏、韩宝诚、鲁秉勰、裴莉林（女）25人当选为津市市第十七届人民代表大会常务委员会委员；马湘秦、王阳春（女）、王育平、毛娟（女）、邓惠荣、全林平、刘绍英（女）、刘寅初、刘喜荣、齐少鑫、孙永志、李太东、李志华（女）、李燕萍（女）、张璐（女）、陈本方、陈克元、陈章杰、易榕（女）、周海娟（女）、周辉、郑学贵、高科、黄金虎、曹魏、章光明、梁仲、彭芳（女）、董晓平、傅勇、雷志华、褚敏（女）、熊玉芳（女）、熊毅、戴君耀、魏敏 36 人当选为津市市出席常德市第七届人民代表大会代表(根据《选举法》第四十六条规定,由常德市第六届人民代表大会常务委员会代表资格审查委员会审查确认);会议表决通过了《关于设立津市市第十七届人民代表大会法制委员会、财政经济委员会的决定》(草案),以及津市市第十七届人民代表大会法制委员会、财政经济委员会主任委员、副主任委员、委员名单。（黄雅珣）

【人大常委会会议】2016 年 1 月至 12 月,津市市人大常委会共召开常委会会议 7 次,历次人大常委会会议及审议决定的事项如下:

津市市人大常委会 2016 年决议决定一览表

届别	常委会第次	会议时间(年月日)	作出的决议或决定
十六	二十六	2016 年 1 月 5 日	津市市人民代表大会常务委员会关于批准津市市人民政府《关于提请将津市市土地储备中心贷款偿还资金列入相应年度预算的议案》的决议
十六	二十七	2016 年 3 月 10 日	关于批准津市市人民政府《关于提请将 S233 津市澧水二桥项目贷款偿还资金列入相应年度财政预算的议案》的决议
十六	二十八	2016 年 5 月 24 日	无
十六	二十九	2016 年 7 月 12 日	津市市人民代表大会常务委员会关于批准津市市人民政府《关于提请将津市一中基础设施建设项目贷款偿还资金列入相应年度财政预算的议案》的决议
十六	二十九	2016 年 7 月 12 日	津市市人民代表大会常务委员会关于批准津市市人民政府《关于提请将新洲棚户区改造综合整治一期(城中村)项目政府购买服务资金列入年度财政预算的议案》的决议
十六	二十九	2016 年 7 月 12 日	津市市人民代表大会常务委员会关于批准津市市人民政府《关于提请津市市海绵城市建设工程(一期)实行委托代建及代建款支付纳入财政预算的议案》的决议
十六	二十九	2016 年 7 月 12 日	津市市人民代表大会常务委员会关于市镇两级人大换届选举时间的决定
十六	二十九	2016 年 7 月 12 日	津市市人民代表大会常务委员会关于设立津市市选举委员会的决定
十六	二十九	2016 年 7 月 12 日	津市市人民代表大会常务委员会关于关于设立各镇选举委员会的决定
十六	二十九	2016 年 7 月 12 日	津市市人民代表大会常务委员会关于重新确定部分镇人民代表大会代表名额的决定
十六	三十	2016 年 9 月 20 日	津市市人民代表大会常务委员会关于接受谢迎春同志辞去津市市人民法院院长职务的决定
十六	三十	2016 年 9 月 20 日	津市市人民代表大会常务委员会关于接受荣明同志辞去津市市人民检察院检察长职务的决定
十六	三十	2016 年 9 月 20 日	津市市人民代表大会常务委员会关于覃业辉副院长为津市市人民法院代理院长的决定
十六	三十	2016 年 9 月 20 日	津市市人民代表大会常务委员会关于王朝阳副检察长为津市市人民检察院代理检察长的决定
十六	三十一	2016 年 10 月 25 日	津市市人民代表大会常务委员会关于批准津市市人民政府《关于将津市市白龙潭(原大洼)水厂建设项目贷款偿还资金列入相应年度财政预算的议案》的决议
十六	三十一	2016 年 10 月 25 日	关于召开津市市第十七届人民代表大会第一次会议的决定
十七	一	2016 年 12 月 22 日	津市市人民代表大会常务委员会关于继续实施市级储备粮制度的决定
十七	一	2016 年 12 月 22 日	津市市人民代表大会常务委员会关于批准津市市人民政府《关于将津市市“一宫三馆”项目以政府购买服务方式实施并将购买服务资金列入相应年度财政预算的议案》的决议

（黄雅珣）

【视察】2016年,津市市人大常委会　　组织本市人大代表对议案及群众普遍　　关心热点工作进行视察。

津市市人大常委会2016年组织代表视察一览表

届别	视察时间(年月日)	几级代表	代表人数	视察内容
十六	2016年06月22日	津市市人大代表	20	绿色走廊建设
十六	2016年11月10日	津市市人大代表	18	城区畜禽退养
十六	2016年12月08日	津市市人大代表	25	绿色走廊建设

(黄雅珣)

津市市人民政府

【概况】2016年，津市市辖4镇5个街道1个省级高新区。土地总面积550.79平方公里，其中耕地面积32.4万亩。年末户籍人口24.0万人，非农业人口12.46万人，人口出生率8.59‰。年降水量1281毫米。

2016年，全市实现地区生产总值132亿元，增长9.8%。其中，第一产业增加值20.4亿元，增长3.5%；第二产业增加值63.4亿元，增长9.9%；第三产业增加值48.2亿元，增长12.3%。三次产业结构为15.5:48.0:36.5，二、三产业占地区生产总值比重为84.5%，比上年持平。一、二、三产业对经济增长的贡献率分别为5.5%、48.9%和45.6%，分别拉动经济增长0.5个、4.8个和4.5个百分点。规模以上工业中七大产业完成工业总产值168.4亿元，增长8.5%。其产值和增速分别是：汽配40.4亿元，增长13.0%；盐化工21.7亿元，下降9.3%；食品40.9亿元，增长9.4%；造纸2.0亿元，下降62.2%；纺织20.5亿元，增长23.4%；生物医药24.6亿元，增长18.2%；新型建材18.3亿元，增长18.3%；其他产业25.1亿元，增长8.2%。

全年共完成省重点民生实事工作任务19项，责任承办单位15家，共投入经费7.20亿元。其中国家投入1.28亿元、省级投入1.05亿元、县市投入1.09亿元、其他投入3.77亿元。完成的主要重点民生实事项目分别是：新增城镇就业人口5805人。实现3425名贫困人口脱贫。建设美丽乡村示范村1个。农村自来水建设普及率97%。帮助残疾儿童实施抢救性康复14人。新增养老服务床位272张。农村危房改造800户。城镇市政管网水水质达到《生活饮用水卫生标准(GB5749-2006)》要求。城市棚户区改造8130套。农村信息化工程(直播卫星户户通建设)1070户。完成义务教育合格学校建设2所。救治救助贫困重性精神疾病患者35人。农村适龄妇女（35-64岁）“两癌”免费检查3266人。新增社会治安视频监控摄像头50个。农村公路提质改造27.74公里。农村公路安保设施改造2.7公里。农村配电网改造5个行政村。

全年完成农林牧渔业总产值34.27亿元，增长3.4%。其中，农业产值12.2亿元，增长2.6%；林业总产值3.33亿元，增加4.9%；牧业总产值15.76亿元，增长3.0%；渔业总产值2.13亿元，增加7.7%；农林牧渔服务业产值0.88亿元，增长8.21%。全年实现农林牧渔业增加值20.93亿元，增长3.63%。其中农业增加值8.75亿元，增长2.63%；林业增加值2.88亿元，增加4.91%；牧业增加值7.38亿元，增长3.38%；渔业增加值1.36亿元，增加7.57%；农林牧渔服务业增加值0.56亿元，增长8.2%。农作物播种面积75.27万亩，其中粮食作物播种面积37.32万亩，经济作物播种面积37.95万亩，减少0.2%。粮食产量138862吨，油料产量30310吨，瓜果产量29578吨。全年完成养殖业产值17.89亿元，占农业总产值的52.2%；水产品产量27737吨。出栏生猪54.66万头、牛0.62万头、羊4.4万只，出笼家禽447万羽。年末拥有农业机械30929台，比上年增加296台，总功率193201千瓦，比上年增加2563千瓦。年末实有耕地面积32.6万亩，其中：水田19.1万亩，旱地13.25万亩，常用耕地面积31.64万亩。农村用电量2749万千瓦时，增长6.6%；农用化肥施用量(折纯量)1.20万吨，减少21.1%。全年开工各类水利工程128处，水利工程投入资金7250万元，水利工程完成土石方60万立方米。完成堤防除险加固2处、整修新建塘坝602处、渠道清淤333处494.54公里、机埠维修改造28处。新增农田有效灌溉面积370公顷。

全市规模以上工业完成工业总产值193.52亿元，增长8.5%。全市完成工业增加值59.80亿元，增长10.1%。规模以上工业企业完成增加值43.88亿元，增长10.2%，其中：国有企业完成增加值2.35亿元，增长4.2%；股份制企业完成增加值40.99亿元，增长8.2%；其它经济类型工业企业完成增加值0.37亿元，下降53.2%。产销衔接状况良好，全市规模以上工业产品销售率98.3%。规模以上工业企业完成主营业务收入190.20亿元，增长7.7%，实现利润总额4.79亿元，下降8.3%。规模以上工业企业完成入库税金1.61亿元，增长12.9%。新增规模以上工业企业7家。完成工业固定资产投资46.9亿元,下降4.5?%,其中技术改造投资36.1亿元,增长34.2%。战略性新兴产业完成工业总产值33.12亿元,增长23.6%。全年工业园区基础设施建设完成投资4亿元,自开始建设已累计完成投资21.43亿元。全年出产精制盐68.9万吨,减少4.3%;水泥112.8万吨,增长16.2%;车桥18.7万根,减少4.2%;纱6.7万吨,增长45.7%;糖化酶36.3万标吨,增长8.5%;氢化可的松1018.49吨,增长291.4%。

全市建筑业增加值3.74亿元,增长7.1%。资质以上建筑企业9家,完成建筑业总产值6.8亿元,增长10.9%。

全社会固定资产投资118.8亿元,增长10.9%,其中技改投资36.1亿元,增长34.2%;房地产开发投资15.8亿元,下降23.7%。基本建设投资66.9亿元,增长2.6%。按产业分,第一产业完成投资1.4亿元,增长7.7%;第二产业完成投资46.9亿元,下降4.5%;第三产业完成投资70.5亿元,增长12.9%。按经济类型分,国有投资21.7亿元,增长21.1%,非国有投资97.1亿元,增长13.8%。

全年房屋施工面积140.7万平方米,下降12.4%,其中住宅117.8万平方米,下降15.5%。房屋竣工面积12.9万平方米,增长13倍。房屋销售面积13.3万平方米,增长22.0%。016全年完成社会消费品零售总额61亿元,增长12%。各季度增速分别为11.8%、11.8%、12%和12%,呈现平稳增长的特点。城镇市场实现零售额51.9亿元,增长11.9%,占社会消费品零售总额比重为85%,乡村社会消费品零售额9.1亿元,增长12.5%。限上批发业零售额0.26亿元,增长8.0%;限上零售业零售额12.9亿元,增长28.5%;限上住宿业零售额0.1亿元,减少2.7%;限上餐饮业零售额0.8亿元,增长19%。限上零售业零售额占社会消费品零售总额的21%。23家规模以上服务业企业完成营业收入5.0亿元,增长34.5%。居民消费价格总体平稳,居民消费价格指数102.1%,商品零售价格指数101.1%。

全年共签约新项目36个,增长63.6%。内资到位资金50.7亿元,增长4.3%,外资到位资金7600万美元,增长17.5%。进出口总额4495万美元,与去年持平,其中出口额4181万美元。

全年完成交通运输邮电仓储业增加值5.82亿元,增长10.8%。全社会运输单位完成货运量598万吨,下降0.2%,货物周转量117739万吨公里,增长0.1%。全市客运量338万人,下降14.4%,旅客周转量11305万人公里,下降4.8%。境内公路全程总长513.5公里,其中国道3.97公里,省道135.61公里,县道12.19公里,乡道145.02公里,专用公路1.68公里,村道215.04公里。年末全市汽车保有量12702辆,增长17.4%,其中民用汽车12506辆,增长26.5%。本年新注册民用汽车1887辆,增长30.1%,其中新注册轿车1883辆,增长32.0%。

全市完成邮电业务总量1.49亿元,增长5.7%;年末固定电话用户20639户,下降6.6%;移动电话用户196166户,增长26.4%;宽带网用户44088户,增长36.1%。

全年旅游总收入10.86亿元,增长12.4%。国内旅游人数159.89万人次,增长12.7%。境外入境人数74人次,增长2.8%。全年出境人数9550人次,增长14.4%。推出"津市人游津市"活动,举办了"枇杷节"、"杨梅节"等水果采摘活动,举办了"摸鱼采莲"等乡村游活动,初步形成一日游精品路线,将"新洲美丽乡村游"线路挤进常德二十条精品线路。

全年完成财政总收入6.43亿元,增长7.2%,其中公共财政预算收入4.29亿元,增长4.6%;公共财政预算支出24.90亿元,增长26.3%;国地两税完成各项税收入库5.1亿元,与去年同期持平,其中国税收入2.09亿元,增长21.2%;地税收入3.03亿元,下降10.7%。

年末金融机构各项存款余额110.92亿元,增长25.5%,其中非金融企业存款余额20.27亿元,增长53.8%,住户存款余额74.47亿元,增长10.1%。金融机构各项贷款余额35.17亿元,增长7.3%。全年各项保费收入1.02亿元,下降11.3%,保险业务支出0.88亿元,增长63.0%。

全市共有中小学学校32所,其中:小学19所,初中学校9所,普通高中2所,中等职业学校1所,特殊教育学校1所。各类在校学生16178人,下降1.4%,其中小学在校学生9067人,增长0.5%,初中在校学生3497人,下降1.3%,高中在校学生2662人,下降6.9%,特殊教育学校在校学生135人,下降8.0%,中等职业学校在校学生817人,下降4.0%。各类学校招生总数3867人,下降7.2%,毕业生总数3805人,下降15.5%。幼儿园在园幼儿数4796人,下降2.2%。高中阶段毛入学率97.4%,毕业生升学率97.8%。落实义务教育保障资金1352万元,下降8.7%,发放中职国家助学金15.6万元,增长8.3%。

年末高新技术企业14家,省级工程技术研究中心3个。获得湖南省科技进步奖1项,获得常德市科技进步奖励1项。专利申请85件,其中发明专利15件。授权专利51件,其中发明专利25件。全年技术合同成交金额0.61亿元,增长43.7%。

全市拥有专业艺术表演团体1个,群众文化馆1个,新增2个图书馆分馆,1个社区文化广场,1个红色纪念馆,1个民俗文化展览馆。文化创作成绩斐然,2016年常德市百团大赛中,获3个二等奖、3个三等奖、1个精品节目奖、2个优秀创作奖,其中大鼓节目《现实》获"湖南省欢乐潇湘文艺演出"银奖;常德市第十届鼓书擂台赛暨全国第二届鼓书邀请赛中,获一银一铜。图书馆流通量达32320人次,外借43277册图书,开展车胤读书节、图书馆之友等活动。博物馆与市一中联合开展"夏令营"活动,在社区、学校进行巡回展览,邀请广大市民走进博物馆,共接待6.3万余人次。年内放映农村公益电影1022场。全市拥有广播电台1座,中短波广播发射转播台1座,广播综合人口覆盖率99.8%。拥有电视台1座,电视综合人口覆盖率97.0%。有线电视用户6.22万户,增长2.4%。

全市医疗卫生机构总计229家。其中医院5家,基层医疗卫生机构211家,专业公共卫生机构13家。卫生机构人员数1864人,其中卫生技术人员1375人,卫生机构实有床位1192张。救治救助贫困重性精神病患者35人。参加新型农村合作医疗人数15.89万人。

群众体育进一步普及,经常参加体育锻炼人数20.4万人,年内开展全民健身项目21项次。城乡公共体育基础设施不断完善,全市拥有体育场地88个,其中运动场4个,游泳池1个,各种训练房21个。新建农民体育健身工程行政村6个。成功引进五环时代全民健身中心,如期运营共祥乒羽毛球馆、力美健康中心。每月组织2次以上全民健身活动,圆满举行了常德市老干部门球赛、湖南省自行车邀请赛。

年末全市居民总户数97947户,总户籍人口239744人,其中城镇人口124664人,乡村人口115080人。按性别分,男性人口121588人,女性人口118156人。按年龄分,0-17岁32378人,18-34岁48031人,35-59岁102369人,60岁及以上56966人。年内人口出生率7.38‰,年内人口死亡率5.09‰,人口自然增长率2.29‰。

全年城乡居民人均可支配收入23157元,增长8.5%。其中城镇居民可支配收入28236元,增长8.5%,农村居民人均可支配收入13142元,增长8.9%。

年末城镇登记失业率3.17%。参加城镇基本养老保险职工人数25884人,离退休人员26380人。新型农村养老保险登记参保人数53753人。城镇居民基本医疗保险参保人数71021人。城镇职工基本医疗保险参保人数29504人。参加失业保险16012人。领取失业保险金人数301人。参加生育保险12607人。参加工伤保险职工人数12533人。

获得政府最低生活保障的城镇居民14.31万人次,发放城镇居民最低生活保障经费0.41亿元,增长5.1%;获得政府最低生活保障的农村居民10.66万人次,发放农村居民最低生活保障经费0.13亿元,增长4.2%。各类收养性社会福利单位床位数2513张,增长6.3%,各类收养性社会福利单位收养人员数1650人,增长3.5%。新改建城乡养老服务示范点13所,养老服务示范点新增床位数129张。

年末森林覆盖率18.6%,比上年提升0.3个百分点,全年完成造林面积1046公顷,增长3.2%,退耕还林工程造林面积133公顷。城市人均公园绿地面积9.69平方米。人均水资源保有量1863立方米,年内平均降水量1281毫米,总用水量13705万立方米。总体水质状况提高,满足Ⅲ类标准断面比例达到100%。

全年万元GDP耗能0.35吨标准煤,规模以上工业企业能源消费量19.42万吨标准煤,下降20.5%,万元规模以上工业增加值耗能下降率达到17.8%。减排治污成效明显。主要污染物排放均呈下降态势,全年化学需氧量、二氧化硫、氨氮及氮氧化物排放量分别为9163吨、7070吨、840吨、623吨,分别下降了2.0%、2.5%、1.0%和4.0%。

安全生产形势持续稳定,全年发生各类安全生产事故2起,减少75%,各类安全生产事故死亡人数3人。亿元GDP生产安全事故死亡人数0.02人/亿元。全年发生生产经营性道路交通事故2起,下降75%。　（刘烽）

【市政府2016年常务会议】

1月20日,市委副书记、市长陈章杰主持召开市政府2016年第1次常务会议,研究2016年重点项目建设及争资争项工作、棚户区改造安置相关工作。会议原则上报方案,并要求挖掘政策机遇,强化项目前期工作,强化项目调度机制,进一步巩固提升争资争项相关机制,群策群力,推进争资工作;会议原则同意出台《棚改工作细则》,并做好文件严格审核。

3月3日,市委副书记、市长陈章杰主持召开市政府2016年第2次常务会议,研究"五城同创"、城乡一体化试点建设、公路治超、信访、洞庭湖水环境综合整治等工作,审议通过了《津市市国家专项基金使用管理实施意见》、《津市市帮扶工业企业十条》、项目建设及向上争资工作奖励表彰方案。关于"五城同创"工作。会议强调2016年津市要以夺牌为中心,以抓好创建基础性工作为重点,以创森夺牌,创卫、创园申报成功,创文"入笼",创模升级达标为目标,全力推进"五城同创"工作;同意市"五一一五"工作责任机制调整方案、以及《津市市2016年度城市创建工作方案》。关于城乡一体化工作。原则同意市农业局提出的《津市市城乡一体化试点工作方案(2016-2020)》,按程序报批会签后发文;同意出台《津市市2016年镇村示范建设推进办法》,市财政安排1500万元城乡一体化建设专项资金,由市一体化办统筹安排各项建设。市财政另安排城乡一体化办30万元工作经费。关于公路治超工作。原则同意调整津市公路治超工作领导小组成员名单,以及治超办提出的《津市市治理超限超载工作实施方案》,并同意将公路治超工作纳入相关部门及各镇政府的年终绩效考核内容,同意安装一条不停车检测系统,由市财政拨付专项资金按招投标方式采购安装到位。

3月24日,市委副书记、市长陈章杰主持召开2016年市政府第3次常务会议,研究教育督导评估迎省检、土地利用总体规划调整、依法行政、优化经济发展环境、公车制度改革、市管企业经营业绩考核及薪酬管理、审计等工作。关于教育督导评估工作,会议同意成立市迎接湖南省第三轮县级人民政府教育工作督导评估领导小组,负责"五评合一"具体工作。关于土地利用总体规划调整工作,会议同意市国土资源局提出的《津市市土地利用总体规划调整方案》和主要指标参数、用地布局;同意按省国土资源厅评审会意见修改耕地保有量和基本农田保护目标,调整基本农田布局。关于依法行政工作,会议要求市政府法制办对照上级主管部门工作要求,对本次会议提出的关于依法行政工作的意见,逐项予以回应。会议同意出台《津市市行政执法办理制度》、《津市市行政机关参加行政诉讼暂行规定》、《2016年度市政府常务会议会前学法安排》、《津市市人民政府法律顾问团组成人员》、《津市市政府法律顾问团工作规则》等文件。关于优化经济发展环境工作,会议原则同意《津市市2016年优化经济发展环境公开测评工作方案》;同意出台《2016年津市市开展“四项整治”行动实施方案》。关于审计工作,会议要求市审计部门要强化使命意识,充分发挥好审计工作“刀子”和“筛子”的作用。会议原则同意《2016年度津市市审计项目计划》。会议强调,要按照国家、省关于加强审计工作的文件精神,加大审计力度,创新审计方式,提高审计效率,依法依纪反映领导干部不作为、乱作为的问题,加强审计结果的运用,推动津市经济社会健康发展。

4月21日,市委副书记、市长陈章杰主持召开2016年度市政府第4次常务会议,研究2016年省重点民生实事项目、金融产业扶贫和养老服务体系医养楼建设项目工作,审议了津市市2015年工业经济、招商引资、品牌建设等7项工作考核奖励方案。关于2016年省重点民生实事项目情况,会议指出要加强调度,严格考核,建议将重点民生实事项目工作纳入全市绩效考核,由市实事考核办负责工作考核,市绩效办将考核结果纳入相关责任单位年度绩效考核。会议审议并原则通过《津市市2015年度工业经济等7项工作考核奖励方案》,要求根据本次会议议定意见,进一步修改完善。会议还原则通过《津市市金融产业扶贫实施方案(草案)》,研究了养老服务体系医养楼建设项目情况并形成意见。会前,与会人员还学习了国有土地房屋征收与补偿工作相关法律知识。

5月6日,市委副书记、市长陈章杰主持召开2016年市政府第5次常务会议,就村镇银行引进及收回津市三中、回购德雅中学田径运动场等工作进行了研究。关于村镇银行引进工作情况,会议同意引进浏阳农商行在津市设立村镇银行,明确市金融办牵头依法依程序签订相关合作协议,并同意成立村镇银行筹建工作领导小组,在政策优惠、人才引进、经营选址方面给予浏阳农商行帮助。会议同意收回津市三中及回购德雅中学田径运动场等工作,并形成了相关意见建议。

5月26日,市委副市记、市长陈章杰主持召开2016年市政府第6次常务会议,学习了《不动产统一登记制度》,审议了《津市市政府购买服务棚改服务实施办法》,研究了不动产统一登记、省自行车联赛津市自行车邀请赛、校车安全管理、清理整治环保违规建设项目、建制村合并、困难残疾人生活补贴和重度残疾人护理补贴制度、市城区清扫保洁市场化第二轮招标等工作。关于不动产统一登记工作。会议传达学习了常德市不动产登记工作会议精神,会议明确了建立津市市不动产统一登记联席会议制度,要求市委编委办按照常编发〔2016〕4号文件精神,尽快审核新设立的不动产登记机构的职能职责、编制人员等事宜,提请市委编委会审定;同意将市国税局、地税局、非税局、房管局、相关银行等部门涉及不动产登记服务的业务窗口集中至新政务中心。关于校车安全工作,会议原则同意市校车办提出的《津市市校车服务协议书(讨论稿)》《关于规范校车服务公司安全运营管理考核办法(试行)》《关于规范农村客运班线车、城市公交车提供学生上下学服务行为的意见》《津市市2016年校车经费补贴方案》。关于建制村合并工作,同意市民政局提出的《各镇、金鱼岭街道、嘉山街道建制村(社区)合并方案》;同意以市政府名义下发《各镇、金鱼岭街道、嘉山街道建制村调整的批复》、《津市市建制村(社区)调整方案》。关于困难残疾人生活补贴和重度残疾人护理补贴制度,同意调整津市市困难残疾人生活补贴和重度残疾人护理补贴发放标准,自2016年1月1日起,按每人每月50元标准发放,并根据经济发展、财政状况及物价变动等因素,每两年调整一次。

6月22日,市委副市记、市长陈章杰主持召开2016年市政府第7次常务会议,学习了《中华人民共和国农村土地承包法》、《中华人民共和国农村土地承包经营权流转管理办法》,审议了《关于加快互联网产业发展的实施意见(草案)》,研究了智慧城市建设、禁毒、设立澧水河口省级自然保护区、提高城乡低保和五保供养保障标准、新型材料试点项目建设、设立三湘和达公共保税仓和海关工作站等工作。关于智慧城市建设工作。会议同意《津市市智慧城市建设基金与项目对接计划》、《津市市智慧城市建设推进方案》,用以指导津市现阶段智慧城市项目建设。关于禁毒工作。会议指出,当前津市吸毒人群有向各群体扩散趋势,毒品问题与黑恶犯罪、暴力凶杀、盗窃等危险社会行为联系紧密,毒品滥用与吸毒者健康恶化、家庭破裂息息相关,严重危害社会安全,影响社会稳定。会议同意《津市市2016年“6.26”国际禁毒日宣传活动方案》,同意将禁毒宣传工作纳入年终禁毒工作考评和年度绩效考核内容。关于设立澧水河口省级自然保护区工作。会议指出,澧水河口自然保护区总面积12万多亩,申请省级自然保护区有利于保护丰富的野生物种、改善生态环境、提升津市形象、推动经济发展、争取国家政策支持。会议同意采取津市与澧县人民政府联合申报的方式申报澧水河口省级自然保护区,原则同意《澧水河口湿地申报省级自然保护区工作方案》,同意申报澧水河口湿地省级自然保护区管理处。关于提高城乡低保、五保供养保障标准工作。会议同意将津市城市低保保障标准、人均补助标准提高;农村低保保障标准、人均补助标准提高。新标准从2016年5月起执行。关于新型材料试点项目建设工作。同意成立新型材料试点项目推进工作领导小组,明确新洲镇公租房、药山镇公租房和高新区嘉山安置房三个项目作为试点,并给予不同的奖励补贴，全力推进新型材料试点项目建设。会议还通过了《关于加快互联网产业发展的实施意见（草案）》，研究了设立三湘和达公共保税仓和海关工作站等工作，并形成意见。

7月22日，市委副市记、市长陈章杰主持召开2016年市政府第8次常务会议。会议研究了安全生产、工业企业“降成本、减负担”、庭园春天装修工程增补项目、2016年退役士兵“八一”走访慰问活动等工作。关于安全生产工作。会议要求，全市各级各部门单位要牢固树立安全生产“红线”意识和“底线”思维，坚持把安全生产各项要求贯穿到各行业。会议同意加强镇街安监站标准化、规范化建设及其它提请研究的问题，原则同意《加强基层安全生产能力建设的实施意见》（草案）。关于工业企业“降成本、减负担”工作。会议指出，当前津市工业正处在转型发展、爬坡过坎的关键时期，如何帮助企业“降成本、减负担”，打造优良环境，提供优质服务事关工业发展快慢、企业兴衰存亡的重大问题。会议原则同意加大惠企政策宣传力度、督查工作力度，原则同意开展“百名领导干部服务百家企业”活动，同意召开一次企业减负工作专题工作会议。会议还研究了庭园春天装修工程增补项目、2016年退役士兵“八一”走访慰问活动等工作，并形成意见。

9月13日，市委副书记、市长陈章杰主持召开2016年市政府第9次常务会议。会议听取研究了市公务用车改革工作、行政审批“两集中、三到位”工作、《津市市乡村教师支持计划（2016—2020年）实施细则（草案）》、全市旱土（田）农机深松整地作业工作、第三次全国农业普查工作、整合食品资源、促进产业发展实施方案、汪家桥改造工程量增减情况、将九澧大道更名为津澧大道等工作。会议学习了《关于进一步严明治理违规收送红包礼金纪律的通知》（常纪发〔2016〕9号）文件精神。关于行政审批“两集中、三到位”工作，会议原则同意下发《津市市行政审批“两集中、三到位”工作方案》、原则同意进驻人员。关于整合食品资源、促进产业发展工作，会议原则同意《关于整合我市食品资源、促进食品产业发展的实施方案》，初步拟定成立“湖南津品澧物商贸有限责任公司”，统一商标和LOGO标示，整合津市及周边区县食品产品，加强与苏宁云商、长沙网创集团等网络购物平台合作，提升津市食品产业影响力，推动津市食品产业发展。

10月21日，市委副市记、市长陈章杰主持召开2016年市政府第10次常务会议，研究加速推进新型工业化、“五大专项行动”畜禽水产退养、机关事业单位养老保险改革、深化商事制度改革、加强“三山”保护白云山林区管理等工作，并形成工作意见。关于加速推进津市新型工业化工作。会议原则同意以“市委、市政府”名义下发《关于加快工业发展的若干意见》，以“两办”名义下发《2016年度中小微工业企业贷款贴息补贴实施办法》、《关于津市市推进工业化领导小组更名及调整组成人员的通知》、《津市市领导联产业、部门服务企业实施方案》、《津市市企业特派员联系企业实施方案》，原则通过《推进工业化领导小组成员调整方案》、《盘活闲置低效企业方案》、《领导联产业、部门服务企业安排》、《特派员驻点帮扶方案和特派员选派管理办法》。关于“五大专项行动”畜禽、水产退养工作。会议原则同意成立养殖环境整治专项行动领导小组，将养殖环境整治纳入年度绩效考核，出台养殖退养奖补标准，修定、完善津市禁养区、限养区、适养区范围。关于深化商事制度改革工作。会议指出，商事制度改革的主要内容是“宽进”和“严管”，通过简政放权，降低门槛，放宽市场准入口，激发市场活力。在此基础上，通过监管部门联动、数据共享，进行信用管理，实现“一处受罚、处处受限”的市场秩序监管机制。会议原则同意出台《津市市人民政府关于深化商事制度改革的实施意见》，将深化商事制度改革工作纳入相关部门的年终绩效考核。

12月2日，市委副市记、市长陈章杰主持召开2016年市政府第11次常务会议。会议研究部署了进一步加强信访工作，饮用水源地保护及划定、明确社区“事务目录”、2016年退役士兵安置、长沙银行引进、华阳路道路新建工程量增减说明等方面的工作。关于进一步加强信访工作，会议要求准确把握、认真贯彻上级对信访工作的部署要求，切实增强责任感和忧患意识。会议原则同意开展《信访工作责任制实施办法》和《湖南省信访工作责任制追究办法》的学习宣传，并纳入全市各单位“两学一做”学习内容；会议同意出台《关于进一步加强和改进我市信访工作的实施意见》，重新印制便民联系卡，将《津市市处理信访突出问题及群体性事件联席会议》更名为《津市市信访工作联席会议》，并调整相关机构人员及专项小组，出台《津市市包案化解行动方案》。关于饮用水源地保护及划定工作。会议原则同意将沈家台、金鱼岭水厂水源地不再划为饮用水水源地，并以市政府名义上报常德市政府和函告常德市环保局。会议要求，白龙潭水厂要严格按照环评要求对相关环保设施进行整改达标，尽快完成扩容提质建设，做好迎接中央环保督查的准备。关于明确社区“事务目录”工作。会议原则同意以“两办”名义印发《津市市社区依法履行职责事务目录》和《津市市社区协助政府工作事务目录》，并在2017年1月1日起，社区事务按上述两个事务目录执行，进一步提高社区保障标准。

12月15日，市委副市记、市长陈章杰主持召开2016年市政府第12次常务会议，审议了《津市市关于项目准入、优化和奖励政策的若干规定（草案）》《津市市加快推进三产服务业工作方案》《津市市三产服务业2016–2021年项目建设表》和《津市市2017年财政预算》，研究了春节走访慰问、巡游出租车特许经营权招投标、2017年向上争资、2016年绩效评估等工作。关于《津市市关于项目准入、优化和奖励政策的若干规定（草案）》的审议意见，同意出台《津市市关于项目准入、优化和奖励政策的若干规定》，要求文件出台后，全市上下要认真组织学习宣传，并明确指出，市科技工信局、市市场质量监督福管理局、市商务粮食局、市发改局、市高新区、市金融办、人民银行津市支行等部门要迅速制定具体考核细则，按程序审批后实施，确保该文件操作可行。关于巡游出租车特许经营权招投标工作，同意提前启动津市市巡游出租车特许经营权招投标工作，并按照《湖南省人民政府办公厅关于深化改革推进出租车行业健康发展的实施意见》（湘政办发〔2016〕78号）的规定，停止收取出租车经营有偿使用费。（刘烽）

【市政府文件】

2016年3月11日，津政发〔2016〕10号《关于印发＜津市市帮扶工业企业十条（暂行）＞的通知》

2016年6月15日，津政发〔2016〕20号《关于印发＜津市市政府购买棚改服务（暂行）办法的通知》

2016年7月27日，津政发〔2016〕24号《关于依法关闭取缔非法粘土砖厂的通告》

2016年8月11日，津政发〔2016〕25号《关于加快互联网产业发展的实施意见（试行）》

2016年9月8日，津政发〔2016〕26号《关于实施不动产统一登记的通告》

2016年9月26日，津政发〔2016〕27号《关于印发＜津市市乡村教师支持计划（2016–2020年）实施细则＞的通知》

2016年12月12日，津政发〔2016〕30号《关于印发＜津市贯彻落实＜水污染防治行动计划＞实施方案（2016–2020年）的通知》

2016年12月20日，津政发〔2016〕31号《关于印发＜津市市地方储备粮管理办法＞的通知》

【津市市政府十六届六次全体会议】2月2日，市人民政府第十六届六次全体会议在市兰苑宾馆会议中心召开。会议分解落实市委经济工作会议和市十六届人大五次会议《政府工作报告》明确的2016年工作任务，交办2016年人大代表议案建议和政协委员提案，对春节前和全年开局相关工作进行了安排部署。市委副书记、市长陈章杰指出，过去的一年，全市上下在市委的正确领导下，团结一心，奋发图强，攻坚克难，实现了经济社会发展稳中有进、稳中提质。多项经济指标在常德各区县处于中上水平，多项工作考核在常德市各区县名列前茅。在常德市率先实现了饮水安全全覆盖，构建了全省率先、常德唯一的城乡一体化供水模式；大力推进了棚改攻坚，成为杜家毫省长在全省“两棚两房”工作现场会上唯一表扬的县市。在全省率先实现集镇污水处理站的全覆盖，消灭农村白色垃圾，在2016年全省环保工作会议上做了典型经验介绍，承办了全省现化畜牧业建设工作会议，生态循环养殖模式在全省推广。综治民调工作位列全省第六、常德第一，创下常德区县市历史上的最好成绩。陈章杰指出，议案建议和提案是宪法和法律赋予人大代表和政协委员履行法律监督、工作监督和民主监督的重要内容和形式。办理议案建议和提案是政府及其所属部门的法定职责和神圣使命，是建设服务政府、法治政府、诚信政府的具体体现。各部门单位必须从讲政治的高度，按照办理工作要求，落实办理责任，加强联系沟通，提高办理实效，强化督查督办，按时回复到位。陈章杰强调，要实现全年稳增长的目标，全市上下要切实增强“等不起”的责任感、“慢不得”的危机感、“坐不住”的紧迫感，按照市委政府确定的湘西北“工业实力强、城乡一体化、现代气息浓”的精致城市内涵发展定位，以及两个率先实现、两个基本完成、两个历史跨越的总体目标，坚持工业主导，推进园区攻坚、城乡一体化攻坚、棚改攻坚和交通大会战，积极开展“五城同创”，强力推动民生升温，率先实现精准脱贫，提前实现全面小康，为“十三五”开好局、起好步。力争实现地区生产总值增长9.5%左右，规模工业增加值增长10%左右，固定资产投资增长20%左右，财政总收入增长10%以上，社会消费品零售总额增长12.5%左右，城乡居民人均可支配收入增长11%左右的全年经济工作预期目标。陈章杰要求，切实抓好全年工作开局必须及早部署、提前安排，要在3月底前迅速把任务分解下去，特别是对落实《政府工作要点》、招商引资、项目建设、“五城同创”、棚改攻坚等重点工作，要进一步细化方案，进一步明确责任，迅速落实目标责任，将工作紧锣密鼓的开展起来。要进一步加强经济运行调度和要素保障力度，抓好工业生产，抓好冬修备耕，抓好对接联络，全力保障全年经济工作开好局。要落实社会保障和救助措施，按时足额发放城乡低保资金、救济金和养老金等，认真开展送温暖活动。要加强市场监管，保证市场供应，妥善保障市民生活。要搞好值班值守，严查和整改安全隐患，严厉打击违法犯罪行为，严守各级作风建设和纪律规定，确保安全生产责任落到实处，确保社会大局安全稳定。市委书记王学武在会上对当前安全生产、作风建设、招商引资和访贫问苦四项工作进行了强调，指出春节将至，要全力做好消防安全、道路交通安全、食品药品安全等相关工作，保障农民工、破产企业职工合法权益；要严守规矩，不穿雷区，不越红线，文明勤俭过节；招商引资要继续保持好的作风，不等不靠，务求实效；要扎实开展访贫问苦活动，充分发挥体制优势，把党委政府的关爱送到贫困家庭中去。王学武强调，当前，全市干部调整工作已基本结束，要求各级“一把手”要心底无私，要发扬民主，要开拓进取，要关爱同事，切实带好班子，管好队伍，推动各项工作再上新台阶。市人大常委会主任王育平，市政协主席姜正才分别讲话，对去年全市工作给予充分肯定，要求全市上下认真落实会议精神，全力推进各项工作开展。市委常委、常务副市长周功表主持会议并宣读了《津市市人民政府办公室关于2016年人大代表建议和政协委员提案办理工作的通知》。（刘烽）

【市政府重点工作推进会】10月24日，市政府重点工作推进会暨全市政情通报会在市兰苑宾馆会议中心召开。会议通报全市1–9月主要工作情况，分析工作中存在的主要问题和不足，对下步工作进行安排部署。会议要求全市上下坚持项目引领、坚持大干工业、坚持城市提质、坚持改善民生，强化实干意识，确保完成全年目标任务，为早日实现党代会和“十三五”的既定目标而努力奋斗。会上，市科工局、市发改局等部门负责人分别就各自重点工作推进情况进行了汇报，市领导熊斌、杨健全、李阳、刘瑜、杜登全、戴志刚、高见、徐兴勇分别就各自分管工作情况进行了通报、部署，并对下阶段工作提出意见建议。据了解，2016年1–9月，全市上下认真贯彻落实中央、省委、常德市委经济工作会议精神，坚持稳中求进工作总基调，紧扣“新常德新创业”总要求，抢抓津澧融城重大战略机遇，着力园区攻坚、城乡一体化攻坚、棚改攻坚“三大攻坚”和“交通大会战”，全市经济运行良好，呈现出经济总量稳中有升、农业经济保持稳定、规模工业平稳增长、固定投资增速趋稳、消费市场稳中趋涨、财政收入较快增长、居民收入平稳增长等特点。全市实现地区生产总值74.7亿元，增长9.2%；全市93家规模工业企业完成规模工业总产值139亿元，增长7.4%。1–9月，津市共引进新项目23个，总投资14.2亿元，其中亿元项目5个，全市跟踪在谈的重点项目30多个；1–9月，全市项目建设在市委市政府的坚强领导和高频调度下，取得较好的成效。截止9月，全市72个重点项目中53个已开工建设，开工率达73%。市委副书记、市长陈章杰就如何抓落实、保目标指出，全市上下要借助当前良好的发展氛围、发展来势、发展机遇，以不达目的不罢休的决心和勇气，奋力开创津市经济社会发展的新局面。陈章杰要求，要攻坚克难，清醒认识到我们工业存在的不足和难处；客观看到津市财税收入总量还很小、财力不够的问题；看到三产是我们的短板，也是我们努力的方向；深入分析存在的问题、矛盾，在工作中做到有的放矢、主动作为。要突出重点，在项目建设、工业发展、城乡提质、民本民生等方面狠下苦工，以重点领域和关键环节为突破口，全力以赴，推动各项工作的落实。陈章杰强调，要始终坚持招商引资“首位战略”，按照“大小项目兼顾，五年新引进100个以上工业项目”的要求，将目标任务层层分解到相关市级领导和部门单位，实行月调度、季通报。要带着课题招商，结合产业基础，重点围绕“1115工程”，新能源汽车和重型车桥配套基地、生态保健食品生产基地、工业物流配送产业基地等四大基地精心策划一批项目，盘活存量招商，围绕20家破产企业和重点困难企业，通过领导牵头、部门包办，在深入调研基础上，采取资产重组、“腾笼换鸟”等措施，力争年内盘活楚天纺织、益林纺织、鑫洲汽配、皇瑞新材料等企业闲置资源。要敢于创新、敢想敢干，谋划和启动一批新的投资项目。重点结合第十二次党代会和“十三五”规划明确的发展目标，围绕国家中小城市综合改革试点、新型城镇化试点等内容以及产业发展、老工业区搬迁改造、海绵城市试点等重点，谋划、筛选、储备一批重大项目，抓好项目必走的前期程序，使项目尽快成熟并达到审批要求。要有使命感和危机感，讲求工作方法和艺术，讲求苦干加巧干，持之以恒地抓好向上争资争项工作。要夯实园区平台，打造功能齐全、产业特色鲜明、辐射澧水流域、带动经济发展的区域性工业经济中心。按照“一权两制一司”的要求，积极履行主体职责，勇于担当、自加压力，切实抓好产业发展、布局及企业帮扶等工作，力争2017年启动并完成高新区调区扩区，确保规划面积达到20平方公里左右；推进工业污水处理厂、千吨级码头等基础设施以及标准厂房、物流园二期、公共保税仓等重点项目建设，积极引导金融、信息、科技等服务网点入驻园区；强化产业培训，培育一批骨干型、成长型、生态型企业。按照党代会的要求，大力推进“1115”工程，加快实施骨干企业倍增和小微企业成长计划，发展产业群，打造生物医药百亿集群，充分发挥中联车桥、致远汽配的引领作用，集聚一批配套企业，做大做强机械制造产业，改造提升食品、纺织、盐化工等传统产业，积极培育新材料等新兴产业。要凝聚合力，靠忠诚、靠担当、靠正气凝心聚力，真抓实干，合力攻坚，为工业立市、产业兴城、建设澧水流域现代化的中心城市不懈奋斗。市委书记傅勇指出，全市上下要进一步紧盯工作目标，在发展态势方面，要坚定信心；在工作成效方面，要正视问题；在目标任务方面，要紧盯不放。全市各级各部门单位要进一步落实工作举措，坚持项目引领、坚持大干工业、坚持城市提质、坚持改善民生，进一步改进工作作风，全体党员干部要强化担当、身体力行、创新干事，积极投身到真抓实干、奋力冲刺的大潮中。傅勇强调，津市的发展慢不得、等不起，尤其是在当前各地竞争日益激烈的态势之下，各级领导干部和各部门一定要强化实干意识，出实招、求实效，全力以赴抓落实。傅勇强调指出，工业是津市经济的命脉，必须始终坚持“工业立市”核心战略不动摇，大干工业。帮扶企业要“真”，全面推行产业发展帮扶领导小组制度，建立领导联点产业、部门联点企业制度。发展产业要“实”，要在项目对接服务和土地、税收、贷款贴息等各方面，提供优质服务和优惠政策。傅勇要求各级各部门单位要坚持项目引领，突出以商招商，推进专业招商，加强项目包装，瞄准引进战略投资者，要因人施策，认真梳理各项惠企政策，列出清单，建立点对点联系，强化对接，并不断优化方案，解决客商的后顾之忧，用真诚、真心和行动感动客商，争取项目早日落地。要对照“十三五”确定的项目库，积极主动与上级部门对接汇报，及时掌握国家和省里的工作动态和投资方向，谋划一批、储备一批项目，形成申报梯队，提高项目申报成功率。各级各部门单位对照全市工作目标任务，自加压力、埋头苦干，确保完成全年目标任务，为早日实现党代会和“十三五”的既定目标而努力奋斗。 （刘烽）

办公室工作

【概况】2016年,市政府办公室在市委、市政府的坚强领导下,紧紧围绕经济社会发展大局,充分发挥参谋助手和中枢协调作用,主动适应新常态,全力以赴谋发展,履职尽责搞服务,聚精会神抓落实,较好地完成了各项工作任务。

【参政设谋】一是文稿起草有质有量。高质量起草领导讲话材料,先后完成了政府工作报告、政府全会报告、城市创建动员大会、"九合一"大会主题报告、政府工作重点推进会、溢多利用电问题的情况汇报等64篇大型材料、近50万字。高标准把关修改常德领导来津专题视察美丽乡村工作汇报等会议材料45篇、近30万字。二是调查研究成效明显。紧跟市委、市政府工作大局,撰写了《扬帆再起航》的调查报告,提出疏通澧水航道、建设千吨级码头和公共保税仓的设想,得到市政府主要领导的签批,在全市引起较大的反响。完成《打造澧水流域金融服务中心》的调研,对津市打造银行业、保险业、证券业的聚集地进行了有力论证,并提出一些建设性意见和建议。三是信息工作力度加大。坚持平均每天向上报送2条以上信息,共上报信息近600余条,常德市办和省办共计采纳24条。全年共发表消息报道80余篇。其中,常德政府网站上稿31篇,《常德日报》上稿21篇。四是刊物发行常抓不懈。共编发6期《政府公报》,将领导批示和调研文章编辑整理成《政情参考》刊物,共编发14期,报送给市政府领导,供领导决策参考。五是宣传报道影响扩大。

【政府督查】一是突出市政府重大决策和重要部署、阶段工作和常规工作督查。以《政府工作报告》、市政府常务会议、专题会议议定事项和省重点民生实事督查为主要内容,对工作任务目标进行责任分解,明确责任部门,采取责任到人、定时督查、及时通报、全程跟踪的方式狠抓落实。二是突出领导批示和交办事项督查。及时主动办理市长批示件督查,全年共承办市长批示件9件,做到了事事有落实、件件有回音,对落实不到位的开展跟踪督查。三是突出市委、市政府日常工作重点督查。在平时的日常督查工作中紧盯工业立市、项目建设、城市管理、棚改攻坚、环境保护等主线,同时积极参与防汛、五城同创等全市中心工作,开展了系列重点督查,如实快速反馈执行情况以及潜在倾向性问题,便于领导把握决策,有力推动各项工作的落实。全年共下发《督办通知》19份、《督查通报》4期、《督查专报》11期。同时,认真做好了建议提案的办理工作,全年共承办常德市政协提案1件,市本级人大建议51件、政协提案69件,见面率、答复率、满意率(含基本满意)均为100%。

【办文办会】进一步规范来文审查、发文审核等规程,严格实行公文专人负责制,提高公文质量。全年共起草、审核政府及办公室文件376余件、市政府常务会议纪要12期、市长专题会议纪要27期。规范收文管理,实行公文"统收统管制",做到急件急办,特件特办,密件专办。共收到上级文件985件,其中:中央级文件65件,省级文件386件,常德534件,均做到传阅准确、及时、安全、保密。承办全市八合一工作大会、政协政情通报会、三级人大代表视察等大型会议8次,市政府常务会12次,市长专题、电视电话等其他各类会议200多次。组织参与市长园区建设、项目建设、棚改攻坚、美丽乡村等有关工作调度、调研活动30余次,无一差错和失误。高标准、高水平承办会议、省、常德市领导来津视察等大型公务接待7次,外地客商来津考察、外地及兄弟区县来津学习参观、上级部门督查督办等一般公务接待20余次。

【法制工作】出台《2016年度依法行政工作要点》,加速推进依法行政,加快法治政府建设步伐。印发《津市市行政机关参加行政诉讼暂行规定》,进一步规范津市行政机关行政诉讼应诉工作,提高行政诉讼应诉工作水平,及时有效化解行政争议。强化对规范性文件的管理,理顺并完善规范性文件的合法性审查、发文、备案等程序,坚持制发程序一个不少、"三统一"管理一样不漏。审核出台规范性文件21件。建立了政府常务会会前学法制度,下发了《2016年度市政府常务会议会前学法安排》,先后学习了《国有土地上房屋征收与补偿条例》等12部法律法规。建立了政府常务会议题会前合法性审查机制,确保了政府决策的科学、合法。建立了政府合同会审会签机制。凡以市政府名义签订的合同,在签订前先由市法制办会同有关部门进行会审会签、合法性审查。开展了政府合同专项清理检查,通过法制办督导、法律顾问参与、各部门自查,进一步理清、理顺了津市政府合同管理现状和管理机制。建立了市法律顾问全程参与市领导接访和涉法事务"统一收集、统一处置"机制。下发了《津市市行政执法办理制度》,强化了行政执法部门依法履责、独立履责的意识和能力。出台了《津市市法律顾问团工作规则》,为规范津市法律顾问团工作,充分发挥津市法律顾问团在政府决策、管理中的咨询作用奠定了基础。完善了行政机关应诉复议制度。为适应新形势下行政诉讼新的要求,起草出台了《津市市行政机关参加行政诉讼暂行规定》,就行政诉讼的承办部门、工作要求、行政机关负责人出庭应诉等内容进行了明确,提升了行政首长出庭应诉的意识和质量。全年受理行政复议案件15件,办结15件。参与行政诉讼案件7件。认真组织行政执法人员培训,共培训行政执法人员600余人次。

【市长热线】严格执行《市长热线工作细则》和《市长热线工作考核细则》,落实群众合理诉求,创新热线工作制度,完善诉求处理机制,用心筑牢政民沟通的"连心桥"。共受理各类合理投诉3077件,比去年同期增加3.7%。其中本级热线电话处置件1466件;市长信箱、市民留言1041件;常德市长信箱、市民留言60件;常德社会求助服务热线510件。回复率、办结率均为100%,回访满意率在90%以上,广泛赢得了群众的信任、领导的肯定、社会的好评。一是畅通渠道。单设了市长热线办,明确两名以上专干,确定一名政府办副主任主管市长热线办全面工作,确保热线24小时畅通,做到"电话有人接、事情有人办、问题有人督"。每两周从全市各相关单位中轮流选派一名工作人员到市长热线办坐班学习,充实了工作力量。二是建立台账。对于市民的每一个热线诉求,严格按照《市民诉求办理处置流程》进行办理,对诉求逐件登记,实行"日清周结月汇报"。建立了回访督办制度,安排专人对各单位未办结事项进行及时催办、督办,对办结事项主动回访投诉人。三是跟踪问效。对于一些群众关注度高的热点、难点问题,由市长热线办编辑专题信息,呈送主要领导审阅批示,并由市级领导亲自督办。四是严格考核。将市长热线工作纳入全市绩效考核内容,把热线工作同面子、票子、位子挂钩,对各单位办理情况实行周通报、月评比、年考核,强化了市长热线办理工作责任,增强了回复办理实效。特别是对于群众投诉集中、处理难到位、问题反复性强的难点问题,要求相关部门负责人到市长热线办公室现场坐班,直接回复和回应群众诉求及关切,缩短办理流程。

【应急管理】按照"一案三制"的工作重点,积极推进应急管理体系建设,应急体系不断完善,预防和处置突发事件能力明显提升。部署和完成了应急基础信息采集、应急预案清理及基层应急管理规范化建设工作。坚持24小时应急值守制度。应急值守电话0736-4212100每天24小时专人值守,确保突发事件信息渠道畅通。坚持每日报平安制度。市应急办除每天坚持向常德市应急办报平安外,要求全市24家重点单位每天下午16:00前通过QQ群或值班电话报告当天应急值守情况,确保突发事件信息收集及时、报送渠道畅通。营造社会共同关注应急工作的良好氛围,开展应急宣传活动共20余次,让应急管理知识进一步深入人心。坚持"结合实际、突出主题、假戏真做"的原则,全市共开展危险化学品、消防、抗震避震、地质灾害以及防汛抗灾等应急救援演练活动30余次,达到检验预案、锻炼队伍的目的。

【电子政务】2016年共对教育局、检察院、国土局、高新区、一中等电子政务工程项目进行了技术评审,评审金额共计3700多万元,审减金额1300多万元,有效节省了资金。完成各类采访任务600多个,更新政务动态新闻2000余条,部门动态新闻1800余条,政务公开、民生服务等子栏目信息15000余条。新开辟了城市创建、健康教育专栏、两学一做、惠民政策类等专栏10余个。积极落实国家、省和常德市有关网站普查会议、文件精神,密集调度和督导部门网站建设工作,有效解决了部门网站"不及时、不准确、不回应、不实用"等问题,全面清除"僵尸网站",并顺利通过了国务院、省政府每季度网站抽查。加快网站集约化建设,通过市级政府门户网站统一规范提供信息发布、解读、回应、互动、服务等功能,共集约化整合网站30家,已全面完成纳入普查单位集约化任务。开办嘉宾访谈6期,围绕市委市政府各项中心工作,经济社会发展中的热点难点问题,通过政府网站作出积极回应,阐明政策,答疑解惑,提高了公众参与度,群众反响强烈。积极贯彻落实上级有关电子政务外网平台建设相关要求,纳入电子政务外网平台建设共有45余家部门单位,基本实现部门、镇应用全覆盖。牵头组织推进"智慧城市"建设工作,完成"天网工程"、"智慧城管"、"智慧教育"等项目建设,启动"智能交通"、"天网拓展工程"等项目。

【政务公开】健全政务公开机制。制定出台《2016年津市市政务公开工作要点》,明确相关工作目标、公开重点和考核要求,并将政务公开工作完成情况纳入全市各部门和镇政府绩效考核的重要内容;针对机构改革、政府换届、合乡并村等实际情况,及时调整市政务公开领导小组人员,明确具体的工作职责和专门人员。拓展政务公开领域。在政府门户网和各市直部门网站开辟专栏,坚持以政策法规、城乡建设、社会公益、财政信息、环境保护、重点项目、安全生产等信息作为重点,深化政务信息公开,累计公开政府信息1万余条,重点领域信息2000余条。集中展示权力清单和责任清单,开展涉企收费项目清理工作,取消、降低各类收费项目41项;推进保障性住房、食品安全、环境保护等领域的监管执法信息公开,印发《关于做好行政处罚决定书网上公布工作的通知》,有序推进"阳光执法";推进重大建设项目信息公开,在政府门户网站设置专栏,将公租房续建项目、全民健身中心项目建设、高新区重点项目建设等信息及时发布,方便群众第一时间了解项目动态;推进环保领域信息公开,出台并公布《津市市大气污染防治专项行动实施方案》,在政府门户网公示环保违法违规建设项目清理表、工程建设项目环境影响评价公告,水厂饮用水水源保护区划分情况等内容,回应社会关切;推进教育、卫生、食药等方面的信息公开,全市各中小学全部建立财务收费信息公开制度,各医疗卫生机构全面推进院务公开;建立完善了法律顾问、人大代表、政协委员、市民代表等利益群体列席政府常务会或政府专题会的制度,扩大公众参与度;将重点民生实事项目进展情况全部上网公示,方便群众查询知晓。夯实了政务公开基础。新建市政务中心完成主体工程建设,正在进行内部的装饰装修,拟进驻的单位、审批事项和人员安排即将进驻到位;4个镇均按照大厅式政务中心要求全部完成了镇政务中心的新建或改建,合并的原灵泉乡、原李家铺乡、原棠华乡集镇及所有社区、行政村全部设立了便民服务代办点,方便群众办事。

【优化环境】一是加强领导促优化。全市优化环境工作会议后,市政府召开第3次常务会议上就优化经济发展环境相关工作进行专题研究,为确保工作责任落实,召开高规格的全市优化经济发展环境工作动员大会,进一步明确全年的工作重点。为真正做到“听民情、了民意、解民忧”,组织召开监督员座谈会,市长陈章杰、常务副市长周功表亲自到会作指示、提要求。二是强化服务促优化。在进一步深化服务企业上,继续以“优化企业环境服务年”为主题,将20名监督员分为4个小组对全市100家企业开展走访帮扶活动,切实为企业解决了一些实际问题。加强涉企收费监督检查,印发《津市市行政事业服务性收费手册》200余本,采取主动上门服务方式,组织优化环境监督员到园区企业上门发放,并对涉企收费政策进行了宣传解读;加大帮扶工业企业力度,组织优化工作监督员走访企业,了解帮扶工业企业十条的落实情况,完成了“关于规范涉企收费,优化企业发展环境”的调研材料,为领导决策提供正确参考。三是执行制度促优化。严格执行涉企检查备案、快结快办的投诉处理等制度,全年共接到企业、群众投诉12起,均按照受理、调查、反馈的程序第一时间给当事人进行了回复,对于损害经济发展环境的案件进行严肃查处,共查处案件4起,其中全市通报批评1起,治安拘留2人,内部通报批评7人。同时,在全市职能部门及办事服务窗口推行首问负责制、一次告知制、限时办结制等制度,要求办事人员做到热情、礼貌,能够当场办理的就当场办理,不能当场办理的要说明办理时限,做好解释工作。四是开展整治促优化。深化“四项整治”行动。按照既定的工作目标和任务,每项整治行动均制订方案,明确牵头单位、责任单位和整治时限;开展了随机测评活动,组织监督员以座谈会的形式分别对4个街道办事处的普通市民、个体工商户进行征求意见,发放测评卡和意见征求表各400张,收集汇总各类问题20个,建议30条。加大工程项目招投标专项整治力度,按照上级要求,迅速启动和制订工作方案,确保了省检不出问题。

【城市工作】一是建立健全城建双月调度、工程量调整会审签证、评审、预审、会商、量化管理、市政维护及同步配套等工作协调机制,“协调调度、督导落实、参谋决策、考核激励”等职能作用得到充分发挥。全年召开调度会议5次,细化任务到单位774项,牵头组织规划设计预审达22次,施工会商共42次。二是采取项目管理法、一线工作法、一事一议法、协调兜底法四大工作方法,现场解决矛盾和个案问题达110多个,全力保障了工程项目的进度。三是会同住建局、城管局、市场服务中心等部门共同制定《城市管理系列制度文件汇编》,确立八大工作机制、九个管理办法及两个指导意见,进一步规范了责任主体、细化工作标准、明确处罚细则,为城市建设、管理工作提供了制度保障,城市综合管理能力得到进一步加强。四是组织力量深入开展调研,与各镇和相关部门充分探讨小城镇建设目标、工作思路和主要任务,拟定2016年小城镇建设工作方案及考核办法细则,有力推动了全市小城镇建设工作。

【金融工作】全市各项存款余额110.91亿元,比年初增加20.24亿元,增长22.9%,其中人均存款余额为73.52亿元,已完成小康指标任务数(73.78亿元)的99.6%;各项贷款余额37.73亿元,比年初增加4.95亿元,增长15.1%,已完成小康指标任务数(40.36亿元)的93.5%。金融企业整体盈利水平增强,中间业务收入大幅度提高,经营利润持续增高,为全市经济发展提供坚强支撑。

2016年3月至11月份,集中开展打击非法集资专项排查、宣传工作。成立领导小组,分管市长任组长,制定排查工作方案,联合人民银行津市支行、市公安局、市市场监管局等部门进行排查,对全市1家小贷公司、1家典当行、3家金融中介、11家寄卖行、15家养老机构、45家专业农民合作社及高风险行业企业进行排查,未发现非法集资苗头。打击非法集资宣传工作同步进行,印发《防范非法集资违法犯罪活动社会宣传手册》5万份,通过津市市手机报、津市电视台微信公众号、津市新闻频道等媒体发布“拒绝高利诱惑、远离非法集资”消费警示,提醒警示广大市民。进一步摸清风险底数,确保社会经济大局稳定。坚持金融联席会议制度,首次将融资平台、证券、保险公司负责人首次纳入会议,并且搭建起良好的政银企信息交流平台和资金融通平台。积极引进金融实体,与浏阳农商行和长沙银行签订合作协议,两家银行将于2017年开办营业。

【机关建设】组织建设不断加强。严格落实党风廉政建设责任制,建立健全中层以上领导干部廉政档案,大力开展党风党纪、廉洁自律和艰苦奋斗教育,实行领导干部重大事项报告制度。全年,全办干部职工未发生一起违反党风廉政建设的案件和计生、综治等违法违规事件。积极引导非党干部向党组织靠拢,1名同志递交了入党申请书,推荐了1名同志参加入党积极分子培训,1名同志被确定为预备党员。学习教育不断加强。坚持每月组织干部政治学习一次,每周落实读书笔记一篇以上。全年开展以政策理论、业务知识、健康知识等为主要内容的政治学习活动12次,“走出去”学习3次,“请进来”学习6次。组织工作经验、读书心得交流等活动,促进了全办干部相互学习、相互进步。后勤管理不断加强。在厉行节俭、减少开支的同时,多方筹措资金,千方百计保证了日常运转资金,确保了办公室工作的正常运转。严格报账审核流程,严控财务支出关,严把财务管理纪律关,坚持小额请示、大额讨论,事前请示、事后审核的财务审批制度,勤俭持“家”,杜绝浪费。加强车辆管理,实行司驾人员季度学习制,强化车辆驾驶人员安全教育和知识培训,增强司驾人员安全意识和责任意识,合理调度车辆、严格车辆保修,确保车况良好和安全行车,全年所有车辆未发生一起道路交通安全事故。（刘烽）

发展和改革工作

【概况】2016年是“十三五”开局之年，津市发改局在市委、市政府的正确领导下，在全市各部门、街道、镇的积极配合下，围绕中心，服务大局，勇于担当，率先作为，圆满完成年度发展和改革等各项工作任务。

精准研判，全面对接，当好经济建设和社会发展的领头羊，做好争资争项的排头兵。瞄准国家、省、常德市“十三五”规划重点，汇编、上报津市市洞庭湖生态经济区重大项目，总计项目25个，计划总投资131亿元。其中，水环境项目16个，投资73.4亿元；环湖公路项目2个，投资9.05亿元；生态产业项目7个，投资48.2亿元。落实申报湖南省常德市“十三五”期间重点流域水环境综合治理工程项目津市市工业污水处理厂及配套管网建设工程、津市城市生活污水处理厂二期工程、津市市乡镇生活污水处理工程、西毛里湖湖泊整治工程、澧水流域津市段污染防治工作等10个，计划总投资32.79亿元。适应津市“北商南工”的新常态，抓住国家加大对老工业城区搬迁改造支持力度的机遇，组织人员到株洲、衡阳等地考察学习，召集相关部门、企业负责人座谈会商，聘请专业设计院所的专家来津指导，整理出“津市市老工业区基本情况”等大量资料，并且，几经酝酿修改形成了“津市市城区老工业区搬迁改造实施方案”正式文本，现已呈报省发改委、省政府正待审批之中。为落实省发改委、省委组织部、国开行湖南省分行三个部门联合下发的《关于统筹推进全省农村综合服务平台建设有关事项的通知》(湘发改投资［2016］416号)文件精神，促进农村综合服务平台建设项目落户津市，采取派出去考察学习，请进来与组织、民政、街道、镇等部门对接的方式，拟定津市农村综合服务平台建设的内容和《津市市农村综合服务平台建设实施方案》(草案)，以供领导决策定夺。

2016年，津市发改局争取“津市中医医院迁转”、“保障房配套基础设施建设”、“四水治理毛里湖电排续建工程”等预算内项目21个，争取到位资金20404万元，其中，中央项目15个，资金19364万元，省内项目6个，资金1040万元。争取新洲旅游名镇建设、养老服务体系建设、职业中专实训基地建设、津澧融城污水管网、城乡供水一体化、湘澧盐矿独立工矿区改造、沿河路棚户区改造等基金项目14个，共获批基金7.528亿元。

加强队伍建设，提高发改工作水平。一是完善了工作管理制度。进一步修订完善了机关工作管理制度12项。特别是在考勤、请销假等制度方面，严格加强定期和不定期明察暗访，实行周汇总月通报，整肃工作纪律和干部作风。二是开展中层骨干竞聘活动。加强干部队伍建设，提高干部队伍业务能力和提升发改干部队伍水平，在机关干部职工中举办了中层骨干岗位竞聘活动，通过公开公平公正地竞争，竞聘产生8名中层骨干，进一步调动干部职工的工作积极性和责任心。三是深入开展“两学一做”专题教育学习活动。按照市委“两学一做”专题学习教育要求，在局机关全体党员中深入开展“讲政治、有信念”，“讲规矩、有纪律”，“讲道德、有品性”，“讲奉献、有作为”教育等活动，通过“两学一做”，进一步提高干部的素质，提高发改机关的工作效能。2016年，津市发改局被常德市评为年度全市发展和改革工作目标管理先进单位、洞庭湖水环境综合治理五大专项行动先进单位，被津市市政府评为绩效评估良好单位。津市市价格监督检查局被常德市评为年度全市价格监督检查业务工作考评优秀单位。

【规划与调研】加强宏观规划基础，当好市委政府参谋助手。一是准确研判、分析形势。2016年，津市发改局准确分析国内外及区域发展形势，密切关注国家、省发改委最新时政政策，科学研判全面深化经济体制改革、项目建设和投资运行的基本情况、主要特点，存在困难问题及下阶段形势和工作打算等，及时为市委、市政府当好参谋助手；二是积极调研、把握动态。对津市“新型城镇化”，“中小城市综合体制改革”、“津澧融城”、“公车改革”、供给侧结构性改革、重点项目建设、农民人口市民化等重大热点难点问题进行调研，完成了一批高质量的调研课题。其中，《津澧三三模式：推进同城化智慧城市建设》被国家发改委编为工作成功经验典型案例材料。同时，积极上报津市中小城市综合体制改革试点、新型城镇化建设工作进展和工作动态，加强津市与国家、省发改委的密切联系，编发《津澧融城推进工作实施方案》等综合信息，2016年围绕中小城市综合改革向上报送信息经验调研材料20余篇次；三是科学规划、促进发展。进一步明晰津市中小城市综合体制改革试点工作任务，修改制定《2016年津市市中小城市综合体制改革试点工作实施方案》，联合相关部门编制《津市市生态红线划定方案》、《津市市生物医药产业发展规划2016-2020》、《“十三五”新一轮农村电网改造升级规划》等相关专项规划，科学制定《津市市公务用车改革工作实施方案》、《津市市经济体制改革实施方案》等工作方案，围绕全面深化经济体制改革牵头组织细化全市国企国资改革等12大项59小项经济体制改革工作任务。年内，发改局机关还组织班子成员，结合各自分管的工作，有针对性选择课题进行调研，收到了较好的成效。

【向上争资】向上争资成效显著。争取资金方面。2016年，确定向上争资目标任务16.79亿元，较上年增长20%。2016年，津市共争取上级资金23.5亿元，历史性的突破20亿元，完成全年争资目标任务的140.3%。36个有争资任务的责任单位中，34个完成或超额完成全年目标任务。争取项目方面。各单位广辟渠道、积极对接、主动汇报，现有海绵城市、保障房配套基础设施、农村危房改造、毛里湖湿地保护、全民健身中心、公安业务用房续建、农村薄弱学校改造、企业养老保险等重大项目成功争取,并得到上级大力支持。争取基金方面。2016年,各责任单位积极申报国家专项建设基金,成功争取到新洲生态旅游文化名镇建设、津市养老服务体系建设等6个基金项目(第一批和第二批国家专项建设基金),获批基金2.82亿元,位居常德第一方阵。年前,正在继续争取第三批国家专项建设基金,现已上报13个项目,其中西毛里湖水域生态治理、澧水风光带、两湖生物医药孵化园、药山镇生态文化旅游、社会停车场等5个项目已通过省发改委审批,正等待银行审批。

【津澧融城】10月8日,常德市委书记王群同志召开津澧融城两地工作调度会后,为积极贯彻落实常德和津市市委主要领导指示精神,迅速启动了津澧融城相关工作。1.高度重视。成立工作班子,对常德市委王群书记和津市市委市政府主要领导就津澧融城工作相关会议精神进行了原原本本的传达学习,同时就津市关于津澧融城下阶段工作重点进行了详细部署和安排。2.积极对接。10月中下旬,按照市委政府的工作安排,市发改局积极牵头履责,与工业集中区、财政、城建投等部门和投融资平台就津澧融城有关具体工作进行集中商议,同时主动邀请澧县相关部门来津就津澧融城工作的组织机构、工作任务、保障措施、具体项目等进行深入研讨。经过与澧县相关部门的多次对接,津澧融城工作班子的搭建,实施方案的起草、目标任务的确定等前期工作基本形成共识。3.开展调研。10月下旬,在市政府常务副市长熊斌的带领下,前往常德市国资委、财鑫投资担保有限公司、德山经济开发区等地深入考察,就津澧融城投融资平台组建、帮扶工业企业公司化运作模式及申报津澧新城国家级经济开发区等相关工作进行了学习交流,进一步理清了津澧融城投融资平台和申报国家级园区的发展模式和企业帮扶的工作思路。4. 完善方案。10月18—22日,与澧县发改局组成专门工作班子,采取封闭式集中办公,共同编制起草《津澧融城推进工作实施方案》,双方经过为期5天的讨论、研究、谋划,基本制定出了《津澧融城推进工作实施方案》、《津澧融城重点任务分解表》(征求意见稿)。5.共同商议。11月7日,两地党委、政府、人大、政协四大家主要领导对《津澧融城推进工作实施方案》和重点任务表集中进行了商议研讨,目前融城方案和重点任务表原则上已经获得双方同意通过,并已上报常德市委市政府,并且按照双方融城工作的安排,启动了相关前期工作。

【公车改革】常德8月19日召开公务用车制度改革工作会议以后,市发改局立即对上级公车改革相关文件和会议精神向市委市政府主要领导进行汇报,市委常委、常务副市长熊斌主持召开了政府办、组织、编办、发改、财政、人社等公车改革领导小组成员单位主要负责人的专题调度会,对公车改革工作进行了周密的部署和安排。公车改革领导小组各成员单位也按照各自职责分工,对全市符合车改条件的涉改单位、涉改人员、涉改车辆等重新进行核实核查,对改革前、改革后的公务交通经费及全市公务交通补贴情况进行了认真测算,制定出《津市市公务用车制度改革实施方案》。按照常德公车改革时间节点的要求,车改办完成津市公车改革第一阶段的相关工作。1.津市符合此次车改条件的单位有市直党政机关37家,党派群团组织13家,政法单位6家,镇街10家(工业集中区),参管事业单位(含二级机构)40家,上年政府机构改革时行政职能被剥离的参管单位3家,参管与非参管单位合并的3家,共计112家。2.改革前的车辆有202台,司勤人员有157人,改革后津市能保留车辆96台,其中一般公务用车45台(定向保障用车2台、机要通信应急用车21台、接待调研用车3台、综合执法平台用车4台、特种技术用车5台、乡镇车辆10台),执法执勤部门用车51台(一般执法用车46台、特种技术用车5台),可保留司勤人员51人。3.据测算改革前市公务交通总支出为2995万,改革后市公务交通总支出为2784万,比改革前节约了211万。4.明确第一批涉改的人员总数。5.在上级车改政策划定的"红线"坚决做到不触碰,上级允许自行确定的政策尽量做到用到位的基本原则指导下,制定出台《津市市公务用车制度改革实施方案》、《津市市公务用车制度改革实施方案》,对市公车改革的参改机构、人员范围、车辆范围、公务交通补贴标准、公务用车服务平台、车辆处置办法、司勤人员安置意见等等都进行详细明确的规定。

【物价管理和检查】加强物价监督管理,优化经济发展环境。一是增强价格预警能力,保持CPI稳定态势,防止受国际影响通胀压力增大,建立健全了价格预警与应急机制,防止农产品、生活必需品和生产资料价格出现大幅波动。二是加强农资价格监管,扩大监测网点范围和数量,提高监测的准确性和可靠性。三是编印下发《津市市涉企行政事业性收费项目清单》、《津市市涉企服务性收费项目清单》、《津市市行政事业性收费目录清单》、《津市市涉企行政审批前置服务收费目录清单》四大清单,并且,实行"清单"公示制度,进一步提高涉企收费透明度,有效规范涉企收费行为。在涉及民生物价和收费方面,及时对学校、医疗机构、幼儿园、养老院、福利院等公益单位的生活用水、用气价格做出了相应调整。四是优化经济发展环境。加强群众极为关注的教育、医疗药费、电信、液化气及行政收费的监管,开展客运市场、农资市场、涉企收费等专项检查,收取医疗违法所得3.5万元。加大12358价格举报电话及应急处置工作,实行24小时举报电话全天候服务。五是推行资源环境价格改革。完善用水、用气差别化、阶梯式价格调节机制。城区供水价格类别由原来的五类(居民生活用水,行政事业用水,工业用水,经营用水,特种用水)简化为三类,即:居民生活用水、非居民生活用水、特种用水,三类用水比价关系为1:1.5:4。召开市城区水价调整和居民阶梯水价听证会,报市政府常务会议研究同意,按照“补偿成本、合理收益、节约用水、公平负担”的原则,市城区自来水公司平均水价由 1.61 元 /m³ 调整为 2.1 元 /m³。其中居民生活用水由 1.44 元 / m³ 调整为 1.75 元 /m³,非居民生活用水由(行政事业用水 1.44 元 / m³,工业用水 1.58 元 / m³,经营用水 2.58 元 / m³)统一调整为 2.63 元 /m³,特种用水由 5.7 元 / m³ 调整为 7.0 元 /m³。停征天然气价格调节基金,降低销售价格。居民,非居民,车用天然气在原销售价格基础上统一下调 0.03 元 /m³,居民用天然气销售价格由 4.02 元 /m³ 下调为 3.99 元 /m³,非居民用天然气由 4.38 元 /m³ 下调为 4.35 元 /m³。车用天然气销售价格由 4.58 元 /m³ 下调为 4.55 元 /m³。出租车运价调整。经成本监审、召开听证会等法定程序,报市政府审定批准,津市出租车营运价格调整为基准里程 3 公里内 5 元,3 公里后每 700 米计价器调表 1 次,加收 1 元(燃油附加费已并入起步价)。其计价方式为:单程载客 7 公里以内(含 7 公里)不收空驶费,超过部分每公里加收 1 元的空驶费。等候时间超过 3 分钟计价器跳表一次,加收 1 元。夜间(晚 9:00 至次日晨 6:00)上浮 20%,从 2017 年 1 月 12 日开始执行。

统 计

【概况】2016 年是“十三五”开局之年,津市市统计局在市委市政府的正确领导下,在全市各单位的大力配合和支持下,强化统计队伍管理,夯实基层基础建设,突出优质服务,精心组织农业普查及各项统计调研工作,扎实抓好中心工作,较好地完成年度各项工作。

强推进,大力开展基础工作。一是成立了联网直报平台指挥中心。加强与基层报表单位的沟通与联系,对统计人员提出的问题及时进行解答,使“四上”企业统计数据联网直报平稳运行。二是申请成立了津市市民意调查中心,承担起了全市各项民意调查任务。三是基层统计站工作日趋完善。到 9 月份全市镇(街道)统计站已按照省统计局乡镇(街道)统计工作规范化建设标准全部验收达标;城乡住户调查一体化工作记账质量不断提高,住户记账补贴及辅助调查员的补贴费有所提高,年度住户样本的换户工作平稳进行。四是开展“三农普”工作。2016 年是第三次农业普查的开局之年。认真布置安排第三次农业普查的各项工作,按照第三次全国农业普查工作的总体要求,进行时间进度安排,整个普查工作分四个阶段进行:普查准备阶段、现场登记阶段、数据质量抽查和数据处理阶段,工作总结及资料开发阶段。

强服务,全力配合中心工作。一是承担全市全面建成小康社会各项指标的监测工作。年初按津市小康工作的发展进度对各小康责任单位下达年度考核目标,对短板指标及时提出中肯意见,并多次配合市委“小康办”、“两办”督查室开展专题督查,2016 年津市小康工作获得全省“全面小康推进工作十先进县”的光荣称号。二是开展省重点民生实事数据评估。统计局建立一整套为民办实事的数据评估体系,加强与市政府考核办的联系,平时对责任单位进行沟通,对职能部门在实际工作中履行职责存在的问题勇于提出意见和建议,真正为老百姓的福祉鼓与呼。三是全力配合搞好省级文明城市复检。8 月中旬,配合市文明办,完成 2016 年全省文明城市复检测评。四是开展创国卫居民满意度调查。3 月份落实创国卫居民满意度调查方案,实行“专人、专岗、专责”的管理模式,明确工作职责和目标任务,共入户 300 户,整理汇总了满意度的调查报告。

强参谋,精心做好信息工作。一是办好内部刊物。充分发挥掌握统计数据的权威性的优势,开展优质统计服务。每月及时印发《津市统计月报》,加强对全市经济运行情况进行分析,使领导能更好地了解津市的经济社会发展状况,以便科学决策。二是客观总结津市市“十二五”经济社会发展取得的成绩,让广大市民了解津市在小康建设路上发生的新变化,使“实力津市、创新津市、宜居津市、幸福津市”的成效深入人心。同时,站在融入经济大循环的视角,积极参与对津市“十三五”规划的编制工作。三是加大统计调研的力度,针对当前经济社会发展的新情况,组织工业、投资、商贸、服务业等多个调研小分队,深入厂矿、餐馆、建设工地等企事业单位进行调研,掌握企业运行的第一手情况,并及时向市委、市政府提供相关信息,2016 年共编撰《决策参考》六期。四是进一步扩大统计服务范畴。在“市政府网站统计信息专栏”和“津市统计信息网”等媒体定期向社会各界提供统计信息服务,发布反映津市经济社发展状况的统计信息,宣传津市各行各业在新常态下经济社会发展的新成果。

强学习,努力提高队伍素质。一是加强机关统计队伍建设。为适应“三新”统计,局机关统计业务人员按照省统计局、常德市统计局的安排,多次参加业务培训,累计达 16 余人次;二是做好网上继续教育工作。全体工作人员在时间节点前完成网上的多种学习教育工作,都顺利通过 2016 年湖南省统计继续教育考试。通过多形式、多层次的培训,使统计队伍素质有了一定的提高。(黄淳)

【第三次全国农业普查】2016 年是第三次全国农业普查的标准时期(2016 年 12 月 31 日 24 时为标准时点),整个普查工作大致分为四个阶段进行:普查准备阶段、现场登记阶段、数据质量抽查和数据处理阶段,普查资料开发阶段。市政府高度重视,认真开展第三次全国农普查工作,召开政府常务会议,成立津市市第三次全国农业普查领导小组领导机构和津市市第三次全国农业普查领导小组办公室工作机构,各镇、街均成立相应级别的领导机构和工作机构,各涉农村、居委会均组建普查工作组。市统计局认真组织各项普查业务工作。一是认真制定各项具体工作方案。按照第三次全国农业普查工作方案的总体要求,具体制定宣传发动、“两员”选调与普查知识培训、普查区与普查小区划分及绘图、清查摸底、正式入户登记及数据质量控制等工作方案。二是认真抓各项普查具体工作的落实。按时间节点和质量要求,认真开展宣传发动,充分利用动员会、有线电视、网络、手机报和户外宣传屏及宣传画册等形式广泛宣传,提高农普工作的知晓度和配合度;认真开展“两员”选调与普查知识培训工作,全市选调普查指导员和普查员 365 人,分别接受常德市、津市市和乡镇三级业务培训;认真开展普查区与普查小区划分及绘图工作,全市共分为 66 个普查区、323 个普查小区;认真开展清查摸底工作,通过对各镇街的清查摸底,确定全市农户登记对象为 34820 户、规模农业经营户登记对象 250 户和农业生产经营单位登记对象 79 个。三是抓好部门联动与督查。多次召开部门会议,明晰部门职责;多次开展专项督查,联合市政府督查室对各阶段工作进行业务指导和督查,确保工作质量。按国家普查方案要求,至 2016 年 12 月 31 日,津市第三次全国农业普查工作全面转入正式入户登记工作阶段。

(李光日)

【城乡居民生活】2016 年,津市市居民生活进一步改善,经济收入稳步增长,消费水平有所提高,消费结构趋向合理,生活水平质量日益提升。根据津市市城乡经济调查队对 100 户居民家庭抽样调查资料显示,津市居民人均可支配收入 22587 元,同比增长 8.8%。其中,城镇居民人均可支配收入 28236 元,同比增长 8.5%,农村居民人均可支配收入 13142 元,同比增长 8.9%。

津市市 2016 年城镇居民人均可支配收入构成:工资性收入 14076 元,占可支配收入的 49.8%;经营净收入 4196 元,占可支配收入的 14.9%;财产性收入 1181 元,占可支配收入的 4.2%;转移性收入 8783 元,占可支配收入的 31.1%。

津市市 2016 年农村居民人均可支配收入构成:工资性收入 3351 元,占可支配收入的 25.5%;经营净收入 7229 元,占可支配收入的 55.0%;转移性收入 2235 元,占可支配收入的 17.0%;财产性收入 327 元,在收入构成中占比过小。

居收收入的增长主要得益于:1、工资改革效果明显。2016 年 6 月津市市正式实施《湖南省人民政府办公厅转发省人力资源社会保障厅财政厅关于调整机关事业单位工作人员基本工资标准和增加机关事业单位离休费三个实施意见》,提高机关事业单位工作人员和离休人员工资水平;2 农村养老金提标。2016 年津市市农村基本养老保险人均标准从每年 720 元,提高到 900 元,增幅为 25%。3、外出务工收入增加。由于各地不断提高基本工资水平,外出务工人员工资水涨船高,而津市是传统的劳务输出县市。全市多次免费开展如焊工、电工、厨师、计算机、保姆等职业技能培训,有效提升外出人员就业能力和就业水平,为保障外出务工人员收入水平打下良好的基础。4、社会救助力度加大。各乡镇政府及对口部门加大对扶贫工作的财力、物力投入,同时针对不同的贫困户进行有针对性的扶持,如技术培训、产业升级、推广销售等。同时提高城乡低保补助标准和范围。

2016 年,津市市居民人均生活消费支出 17965 元,其中城镇居民人均生活消费支出 20296 元,农村居民人均生活消费支出 11506 元。津市市居民消费与上年相比,八大项消费呈普升区势,增长最快的为人均交通通信消费 2057 元,比上年增长 59.7%;人均教育文化娱乐消费 3385 元,比上年增长 35.2%;人均衣着消费 1288 元,比上年增长 27.1%。其次是人均生活用品及服务消费 1094 元,比上年增长 18.5%;人均医疗保健消费 1074 元,比上年增长 12.6%;人均食品烟酒消费 5900 元,比上年增长 10.9%;其它用品和服务消费 215 元,比上年增长 10.8%;人均居住消费 2953 元,比上年增长 7.4%。随着经济收入稳步增长,消费水平相应提高,2016 年津市市恩格尔系数为 32.8%,恩格尔系数持续下降,津市市居民生活水平已经基本实现小康。（雷红梅）

民　政

【概述】2016 年,津市市民政局工作紧紧追靠津市市委、市政府提出的“开足马力决战决胜,为提前实现全面小康而努力奋斗”的总要求,结合津市民生发展需求,较好完成当年各项目标任务。津市市民政局在常德民政绩效考核中排名第一,在津市市绩效考核中获红旗单位,先后取得省级先进 2 项、常德先进 4 项、津市先进 6 项,其中在地方优化经济发展环境测评中取得“四连冠”,并在当年再次成功获评常德市文明单位荣誉称号,在地方经济社会中发挥保障民生的关键作用。

2016 年,津市市民政系统共有在职干部职工 149 人,党员 109 人,局机关工作人员 55 人,设立股室 10 个:办公室、基政股、政工室、财务股、救灾股、优抚股、社会事务股、社会福利和慈善股、社会救助股、福彩中心;下属二级单位 12 个:慈善总会办公室、社区建设工作领导小组办公室、老龄工作委员会办公室、低收入家庭认定中心、殡葬管理所、光荣院、社会福利院、军队离休退休干部休养所、救助管理站、刘家山公墓管理处、殡仪馆、养老服务中心。津市市民政局承担着全市的救灾救济、城乡最低生活保障、城乡困难群众重大疾病救助、基层政权建设、区划地名管理、双拥、优抚、退役士兵安置、婚姻登记、儿童收养登记、社团登记、民办非企业单位登记、社会救助、低收入家庭认定、殡葬管理等职能。（雷明洋）

【社会救助】2016 年全市城市低保对象共计 7351 户 11929 人,农村低保 7467 户 8880 人;农村五保 1047 人,其中分散供养 558 人,集中供养 489 人。根据省 2016 年民政工作要求,全市城乡低保指导标准分别不低于 455 元 / 月和 235 元 / 月,城乡低保月人均救助水平分别达到 286 元 / 月和 126 元 / 月。从当年五月起同步实施“四个提标”,

即：城市最低生活保障标准由350元/月统一提高到455元/月，月人均补助水平由272元提高到286元，城市“三无对象”由500元/月提高到700元/月；农村最低生活保障标准由167元/月统一提高到235元/月，月人均补助水平由121元提高到126元；农村五保分散供养年标准不低于3200元，集中供养年标准不低于5700元。全年，津市市城市低保共计发放14.3万人次，发放资金4027万元；农村低保发放9.85万人次，发放资金1328万元，农村五保发放1.7万人次，发放资金505万元；医疗救助2.4万人次，发放资金496万元；临时救助1200余人次，发放资金145万元。合计发放救助资金6501万元。同年，先后对4镇5街240户低保申请家庭进行认定，认定合格对象225户；医疗救助认定43户,认定合格对象43户；完成对社会保障兜底脱贫对象认定1016户2668人，确保精准扶贫的公正公平。对原有城市“三无”、农村“五保”对象按新的认定标准进行清理认定和自理能力评估，特困供养人数从原有的2047人降至1196人。对全市农村贫困户实行建档立卡2084户8752人，经过市联合认定机构共认定审批1016户2668人，其中农村低保对象877户1973人，建档立卡贫困户139户695人，无劳动力或者丧失劳动能力的家庭100户479人，因残重度贫困的家庭493户815人，因病重度贫困的家庭272户660人，因灾或意外事故造成重度贫困的家庭7户9人，因其他不可抗拒原因，无法依靠产业扶持和就业帮助脱贫的重度贫困家庭5户10人。

（钟益）

【**救灾救济**】2016年6月27日到6月29日，津市市遭受历史上罕见的特大暴雨，降雨量达到近200毫米，造成农村部分农作物被淹没，受灾总面积达343公顷，受灾总人数2416人，导致4农户12间房屋受损，4公里村道被损毁，直接经济损失达620万元。面对灾情，津市民政局干部职工连续鏖战三昼夜，在一线开展紧张的防汛堪灾救灾战斗。汛期开始，除严格执行汛期24小时救灾值班和局领导班子带班制度外，乡镇灾害信息员工作得力，及时上报灾情，邀请民政局领导及时堪灾并评估灾情。市民政局共派出4个勘灾小组，每个班子成员领导一个小组，在第一时间赶到现场堪灾救灾，完成全年洪涝灾害的后续工作，共社会化发放175万元救灾资金，慰问群众150户，发放救灾物资3.3万元，棉被200床，确保灾民生活和安置。为应对自然灾害，津市市民政局超前储备救灾帐篷100顶、棉衣500件、棉被1000床，同时与市区超市签订救灾物资订购合同，形成以超市仓储为主的联储基地，联储物资包括食品、食用油、饮用水、食盐等15类生活物资，保障灾情所需、快速配送，形成救灾物资特供急送的绿色通道。　（严九桂）

【**优待抚恤**】2016年，全市共有优待抚恤对象3818人，津市市民政局认真落实和兑现国家的优抚政策，大幅度提高优抚群体抚恤优待水平，有效缓解优抚对象生活标准低、吃药贵、看病难的问题，做到优抚对象抚恤补助待遇政策落实和兑现横向到边、纵向到底的无缝覆盖，全年，共向上争取优抚资金达2283.6万元。上半年，民政局、卫生局联合对乡镇卫生院、人民医院、中医院等优抚对象医疗保障定点医院的工作情况进行抽查，对医院工作人员进行软件操作培训，对个别医院进行整改，使全市13家优抚对象医疗保障定点医院已全面使用优抚对象医疗保障软件，建立优抚对象医疗费用“一站式”结算模式，使优抚对象参保参合的报销补偿、医疗服务机构的优惠减免和政府的医疗补助“三项待遇”一地进行、同步落实、即时结清。全年，结算全市优抚对象门诊费共计9.8万元，住院补助18.21万元，资助参保参合10.7万元，同比上年增长10%。　（刘伟）

【**退伍安置**】津市市民政局始终把拓宽安置就业工作做为第一目标。2016年，全市共接收三级士官16人(其中1人自愿选择自谋职业)，9月，召开2016年度三级及三级以上转业士官的见面会，并根据民发(2015)195号文件精神，以本人档案为依据，对符合政府安排工作条件的退役士兵服役表现进行量化评分，并作为退役士兵安置的重要依据。津市市委、市政府对退役士兵三级以上士官的安置工作高度重视，始终坚持“当年研究、当年上岗”的原则，保证三级士官全部安置上岗。12月，14名需指令性安置的三级及三级以上转业士官全部安置到位，三级以下的退役士兵采取货币化方式安置，共发放退役士兵安置保障资金317.72万元；当年9月是首个夏秋季退役士兵返乡季，先后陆续接收首批秋季退役士兵53名，报到时间持续1个月，报到率100%。为搞好退役士兵的接收与报到工作，津市市民政局早谋划，早准备，提前做好退伍士兵接收的各项准备工作，专门印制相关资料，进一步规范安排和简化报到程序，为退役士兵认真讲解可享受的免费职业教育和技能培训政策等。　（刘伟）

【**双拥共建**】为加强退役士兵技能培训，提高退役士兵就业能力，推进安置改革、维护社会和谐稳定。2016年，对上一年度退役且本人有培训意愿的160名退役士兵，分三期进行职业教育和技能培训，完成汽车检测与维修、汽车美容、计算机应用、电子商务、汽车驾驶等专业，共投入教育和技能培训资金40多万元。利用省委、省政府要求省厅各处室联系一个村委会帮扶解困的契机，津市市民政局多次到省厅安置处，把本市的退役士兵安置工作向省厅领导汇报，争取领导重视，通过汇报争取，安置处领导确定把联点工作放到本市的毛里湖镇青苗社区，9月20日，省厅安置处许处长带队全处工作人员共7人来到青苗社区，慰问20余户重点优抚对象，特困老党员，并在村部参加村里组织的党员会议，听取村支部书记汇报，并表态之后三年，省厅安置处将积极支持村里集体经济发展，全力以赴，共同探讨发展传统农业合作社模式，造福村民。　（刘伟）

【**养老服务**】2016年全市养老机构23个，其中，乡镇敬老院7家，床位654

张，服务人员60人，入住老人602人；民办养老院13家，床位997张，服务员141人，入住老人856人；市属养老院3家，床位590张，服务员42人，入住老人232人。

全市共有80岁以上农村老人2742人、90岁以上老人478人、65岁以上失能半失能低保老人906人、百岁老人9人。通过实施高龄补贴惠老制度，全年共计发放补贴资金271.5万元。同年，对高龄补贴的规范发放工作进行清理排查，共计清理出重复享受、死亡、享受社保老人共187人，清理出即享受90岁补贴又同时享受80岁补贴的老人76人。是年，常德市民政局、消防大队来津市督导养老机构消防安全隐患整改落实情况，及时指出存在的消防安全隐患问题。针对存在的问题津市市民政局联合津市市消防大队一道对各民办养老机构负责人进行会训，要求各养老机构及时安装感烟探头，确保老人入住安全。并组织6名养老护理人员到省厅进行培训。2016年，全面启动老年人意外伤害保险工作。津市市民政局出资25.088万元为全市7168名“五类老人”购买意外伤害保险，其他老年人意外伤害保险工作在全市各乡镇街道有序开展，参保人数较往年有大幅提升。同年，启动津市市养老服务中心二期续建工程，项目占地20亩，主体建筑为电梯房，设计楼层为18层，其中：老年住宅楼15000平方米（床位400张）、老年康复医院1000平方米、老年活动中心800平方米、老年膳食房1000平方米、幼儿园1200平方米，配套建老年草地门球等休闲康复健身实施。开启毛里湖健康养老产业园前期准备，先期投资1000万元实施有关基础建设，并完成立项、报批、设计和招标工作，启动土地征收、“三通一平”工作；狠抓乡镇敬老院改扩建，预算投资1700万元、占地16亩、建筑面积4000平方米、新建床位200张的新洲敬老院当年完成竣工，毛里湖镇敬老院改扩建完成土地征收等前期工作。（刘北平）

【福利慈善】2016年，津市市出台《津市市困难残疾人生活补贴和重度残疾人护理补贴发放操作办法（试行）》，启动对全市5307名特困残障群体“两项补贴”，共打卡发放补贴资金210.5万元。8月，开展2016年度“精准扶贫 点燃希望”民政助学活动，共计为96名受助学生发放助学金共计32.6万元，其中常德资助25名，每人5000元；津市资助71名，每人2000—5000元，并拍摄民政助学活动专题片在津市市电视台进行为期一周的播放。9月，在《中华人民共和国慈善法》正式实施期间和9月5日第一个“中华慈善日”之时，开展首个“中华慈善日”系列宣传活动，用多种形式普法、讲法、宣法、用法，构建起法律宣传新常态。组织开展“精准扶贫 爱心惠民”活动，为受灾及特困群众免费发放468件旺旺牛奶。是年，省民政厅社会福利和慈善促进处许长林处长一行来津市，就重点民生实事项目和残疾人双补落实情况进行调研督导检查。对残疾人两项补贴发放工作进行指导，对下一步残疾人两项补贴发放工作常态化提出相关要求，对重点民生实事项目相关建设要求、工程进度、工程质量及后期效益等提出指导性意见。（刘北平）

【社区建设】2016年，全市共有城市社区39个，其中市城区设五个街道办事处，下辖25个城市社区，4个镇下辖14个城镇社区，在25个城市社区中，原社区15个，村改居社区7个，转职或新建社区3个。通过几年的努力，津市市已经形成以市社区建设领导小组为核心，社区办、街道办事处为指导机构，社区“两委”、工作站、居民片组长、楼栋长为责任单位或责任人的社区工作网络，基本实现“单位人”向“社会人”的观念转变。全市25个城市社区构建起社区党总支、居委会、工作站加若干社区网格的“3+N”管理模式，社区公共服务站覆盖率达100%，166个网格党支部全面建立，以社区党总支和网格党支部为终端的党的基层组织体系、以社区公共服务站为终端的政务服务体系均已组建完成。劳动就业、社会保障、治安稳控、计划生育、城市管理等公共服务和大部分的社会事务均由社区自治组织承接落实，社区工作队伍为本市经济社会发展做出突出贡献。是年，启动后湖、丝绸2个社区平台建设，后湖社区建成入驻办公，丝绸社区完成主体工程，基本实现完美社区建设对城市社区的全覆盖。5月3日，制定印发了《津市市成型小区（院落）自治共方案的通知》，通过突出“群管自治”，采取民政局班子成员联街道、民政干部包社区的“联包”措施，指导各成型小区出台自治方案、自治章程、自治标准、自治办法，并探索出党建引领型、群众自治型、物业管理型、共驻共建型等四种小区治理模式，全面启动津市市成型小区（院落）自治创建工作的开展。（唐智勇）

【地名区划】2016年，津市市民政局在完成乡镇合并的基础上，按照全省统一部署，完成乡镇区划调整和并村改革工作，津市市由84个建制村合并调整为39个建制村，减幅为53.57%。合并后新村人数均在2000人以上，3000-4000人的建制村有11个，4000人以上的1个；主动申请退职的村支两委成员102人；全市无一例舆情、上访事件。圆满完成上级下达给津市的并村改革工作任务。此次建制村合并中有77个建制村，12个乡镇社区参与改革，三合一的有7个（药山镇4个，毛里湖镇3个）建制村；非成建制的有7个（药山镇4个，毛里湖镇1个，新洲镇2个）建制村；建制村更名的有13个（社区更名的3个）；维持现状建制村有7个；村居合并的有11个建制村；人口最多的建制村为药山镇八宝湖村3946人，人口最少的建制村为毛里湖镇清泉村1938人；面积最大的建制村为药山镇和平村18.65平方千米，面积最小的建制村为毛里湖镇田家山村2.6平方千米；人口最多的乡镇社区为毛里湖镇大山社区6898人，人口最少的乡镇社区为白衣镇石板滩社区830人；全市100名党员以上的建制村有15个，党员人数最多的建制村为白衣镇建国村146人，党员人数最少的建制村为新洲镇车胤村55人；全市建制村总人口数为25832户104435人，

3750名党员，1026个村民小组。本轮建制村合并后，全市辖39个城乡社区，39个建制村，其中新洲镇辖7个建制村，4个社区；毛里湖镇辖11个建制村，4个社区；药山镇辖11个建制村，4个社区；白衣镇辖7个建制村，2个社区；金鱼岭街道辖1个建制村，3个社区；嘉山街道辖2个建制村，2个社区；三洲驿街道辖7个社区；汪家桥街道辖5个社区；襄阳街街道辖7个社区。同年9月，完成津市鼎城线边界联检任务，相关资料如期上报，并按要求归档存底。对市城区31条主次干道、119条路、巷牌查漏补缺工作，前期遗漏、破损、变动的路街巷牌全部规范到位，并规范命名（相关命名情况附后）。同时，制作安装津市和澧县的届线牌，并对“九澧大道”进行更名工作，经常德市政府审批，正式将“九澧大道”（东起涔水大桥，西至临津桥）更名为“津澧大道”，更名通知下发到个乡镇、街道和市直单位。津市市开展的全国第二次地名普查工作完成4个乡镇39个建制村的地名采集，整理地名目录10000余条。同时，组织开展“镜书家乡·寻找回家的路”摄影及征文比赛，共收集作品300余篇（幅），其中10余篇（幅）优秀作品汇编成册。与省三院对接，完成津市行政区划图的制作。

（唐智勇）

津市市2016年建制村名称说明表

序号	村名	说　　明
1	麓山村（Lù Shān Cūn）	因境内有一座山，高152米，故称麓山村。总面积11.89平方公里，2406人。
2	庹家峪村（Tuǒ Jiā Yù Cūn）	1979年在此修建庹家峪小Ⅰ型水库，水库水源面积390亩，灌溉农田1780亩，因该水库得名庹家峪村。总面积14.23平方公里，2411人。
3	毛家岗村（Máo Jiā Gāng Cūn）	原李家大队境内有一毛家岗，为毛姓人所居住的山岗。1982年澧县地名普查时，将李家大队更名为毛家岗大队。总面积11.15平方公里，人口2064人。
4	长岭村（Cháng Lǐng Cūn）	原长岭岗境内有一条较长山岗，名长岭岗。此山岗绵延起伏至荷花堰村境内仙鹤岭。总面积7.07平方公里，人口2369人。
5	黄林堰村（Huáng Lín Yàn Cūn）	相传境内有一口堰，原为王姓财主私产，取名王琳堰，后家族败落，黄姓人迁居于此，遂将此堰改名黄林堰，1961年新洲分社成立时，取名黄林堰大队。2004年黄林堰、草鞋两村合并组建为黄林堰村。总面积6.9平方公里，人口2926人。
6	车胤村（Chē Yìn Cūn）	原名车渚村，相传东晋车胤，字武子，少年时曾在此地“囊萤”苦读，后成才官封礼部尚书，此地古时设有车渚书院，1961年新洲分社成立时取名车渚大队。2004年车渚村部分组合南江村合并为车胤村。总面积4.63平方公里，人口1973人。
7	青山峪村（Qīng Shān Yù Cūn）	2004年由南溪、豹鸣、白龙三自然村合并而成，其境内有座大山名青山，山上有座寺庙，庙内有一高僧名窦儿佛。山下有条峪、延绵数里，故名青山峪。现青山峪村总面积10.57平方公里，总人口2734人。
8	同乐堡村（Tóng Lè Bǎo Cūn）	同乐堡自民国二十三成立，所辖梁家坪、双堰、同乐、永兴、金星五址为甲。1960年命名同乐大队。因同乐历史悠久，且地理位置集中。故而得名。总面积11.27平方公里，3181人。
9	箭楼村（Jiàn Lóu Cūn）	因村内有地名称箭楼湾，取名为箭楼村。1961年建队时，命名为三星大队，后因重名，居住地箭楼湾更名为箭楼大队，后又更名为三星；后又更名为箭楼。总面积10.48平方公里，2584人。
10	樟树村（Zhāng Shù Cūn）	1958年公社成立时，据境内有一山岗樟树古老引人瞩目，故名。总面积8.15平方公里，1975人。

序号	村名	说明
11	花桥村 （HuāQiáoCūn）	当地有这样民谣：花轿坳里出高官，告红碑处现威严；文武官员下轿马，九道圈门到驿站；……。因故而名。总面积 6.46 平方公里，2056 人。
12	中南村 （Zhōng Nán Cūn）	初级社之前，有澧赋、中南、双合统称澧赋垸，而中南又是澧赋垸的中心，故名。为总面积 7.12 平方公里，3815 人。
13	七星村 （Qī Xīng Cūn）	七星洲，原有荒洲七个，村从洲名。总面积 3.9 平方公里，2960 人。
14	中心村 （Zhōng Xīn Cūn）	1954 年前，瑞民垸辖民主、中心、铜盆。中心正处中央，而得名。总面积 3.57 平方公里，2495 人。
15	双坪村 （Shuāng Píng Cūn）	1961 年公社体制调整据境内两大坪地注目，故名。1985 年分为旭坪、中心、双坪三个村，1988 年合为旭坪、双坪村，2004 年合为双坪村。2016 年建制村合并改革中成建制保留，村名村址不变。总面积 3.8 平方千米，2480 人。
16	清泉村 （Qīng Quán Cūn）	1961 年公社体制调整时分别为星星大队、青乐大队，青乐大队境内有极乐宫遗址，故名。星星大队因县内重名，据鼓架山下八方坪中一股清澈古泉而命名为古泉。2004 年分别选青乐、古泉的一个字作为并村后的新村名，合并为清泉村。2016 年建制村合并改革中成建制保留，村名村址不变。总面积 9.8 平方千米，1938 人。
17	万家村 （Wàn Jiā Cūn）	1961 年公社体制调整建队时，据驻地原一万姓人设铺的万家铺之名取名万家。1952 年行政隶属李家铺大队，1955 年分为万家大队，1994 年分为道林，万家两村，2004 年两村合为万家村。2016 年建制村合并改革中成建制保留，村名村址不变。总面积 7.5 平方千米，1960 人。
18	田家山村 （Tián Jiā Shān Cūn）	于 2005 年由樟树、复兴村合并而成。2016 年建制村合并改革中成建制保留，村名村址不变。总面积 2.6 平方千米，2523 人。
19	新湖村 （Xīn Hú Cūn）	1961 年公社体制调整建队时，取名新湖大队，寓有“湖乡换新貌”之意。2016 年建制村合并改革中成建制保留，村名村址不变。总面积 5.53 平方千米，2638 人。
20	三新垸村 （Sān Xīn Yuàn Cūn）	因新福、新民、新合三新合并，取名三新垸村。总面积 5.18 平方千米，3427 人。
21	民康村 （Mín Kāng Cūn）	原茶场村与民主村在解放后就同属一个大队，叫民主大队，而所在的地方地名就叫民康垸。总面积 6 平方千米，2418 人。
22	天鹅村 （Tiān'é Cūn）	因历史上有一做名叫天鹅寺的寺庙，因此而得名。总面积 6.78 平方千米，2446 人。
23	八宝湖村 （Bā Bǎo Hú Cūn）	因境内有原渡口镇八景之一的八宝湖而得名。总面积 13.91 平方千米，3946 人。
24	杨坝垱村 （Yáng Bà Dàng Cūn）	原三合和李阳村共有水系叫杨坝垱，因此而命名。总面积 11.7 平方千米，2177 人。

序号	村名	说　　明
25	药山村 （Yào Shān Cūn）	唐朝唯严禅师在此地一座名叫药山寺的寺庙中修行，并为佛教流派曹洞宗的祖庭，故命名为药山村。总面积 11.75 平方千米，3090 人。
26	临东村 （Lín Dōng Cūn）	解放初期，该村属临澧县，因在临澧县最东边，故名临东村，延续至今。总面积 9.92 平方千米，3784 人。
27	和平村 （Hé Píng Cūn）	原联合村、官堰村和双门村从解放后就同属一个大队，即和平大队。总面积 16.25 平方千米，3153 人。
28	西湖村 （Xī Hú Cūn）	2004 年，原凤鸣、凤凰、太平三村合并，因紧邻西毛里湖，故命名西湖村。2016 年建制村合并改革中成建制保留，村名村址不变。总面积 4.47 平方千米，2274 人。
29	白云山村 （Bái Yǔn Shān Cūn）	2004 年，原民主和云山合并，因境内有白云山脉，故命名为白云山村。总面积 9.6 平方千米，3100 人。
30	钟灵村 （Zhāng Shù Cūn）	由钟灵村和会云村合并而来，丰时，此地建有一庙。据传庙内钟声自鸣，始音清越，余韵徐歇。众云菩萨显灵。乃将庙迁往附近一山，取名钟灵山。村以此山取名。总面积 12.4 平方公里，2442 人。
31	柏林村 （Bó Lín Cūn）	由金林村和柏林村合并而来，相传，清华驿驿道途经此地，由于盛产柏树，有大片柏树林，甚是美观，因此而得名柏林村。总面积 9.9 平方公里，2317 人。
32	清华驿村 （Qīng Huá Yì Cūn）	由金泉村和天门村合并而来，因村内有清华驿古驿站，历史悠久，远近闻名，故本次并村取名为清华驿村。总面积 11 平方公里，2189 人。
33	建国村 （Jiàn Guó Cūn）	由建国村和双马村合并而来，因建国村历史悠久，毗邻毛里湖，特产丰富，故取名建国村。总面积 15.6 平方公里，3522 人。
34	红光村 （Hóng Guāng Cūn）	由红光村和荷花村合并而来，因红光村面积更大，人口更多，故取名红光村。总面积 16.1 平方公里，4078 人。
35	金坪村 （Jīn Píng Cūn）	由金坪村和长安村合并而来，因金坪村面积更大，人口更多，故取名金坪村。总面积 11.5 平方公里，2846 人。
36	金和村 （Jīn Hé Cūn）	由金星村和永兴村合并而来，因历史上金星村和永兴村就是一个村，名金和村，故取名金和村。总面积 12.4 平方公里，2509 人。
37	大关山村 （Dà Guān Shān Cūn）	大关山村由原建制村大旗村、关山村合并而成，原大旗村相传明末李自成兵败湖南，曾驻扎大旗山，立大旗于山脊，后吴三桂起兵反清，也曾在此安营扎寨，在山麓插旗，故村名大旗。关山村在古时候名观山，后在明朝时期叫名关山，关山烟树为澧洲外八景之一，关山古道、关山宝塔岭、关山古渡口皆为旧时风景胜地，但民风彪悍，绿林辈出。2013 年来，以“悠然关山、七彩田园”定位，关山明月生态园为龙头产业，打造休闲、观光、旅游、体验为一体的城市郊野公园，创建 AAA 级景点品牌，范围涵盖“四居两村”，经广泛征求意见，最后形成一致，新村名为大关山村，一则是关山合大合强，二则是用大旗名“大”字，使大旗村群众仍有归宿感，“关山”人文标志得以延续。
38	戚关村 （Qī Guān Cūn）	由原戚家村、关桥村两村合并，根据多次征求两村干部、党员、村民代表及社会贤达等各方意见，分别选戚家、关桥的第一个字作为并村后的新村名。总面积 8.35 平方千米，2336 人。
39	杉堰村 （Shā Yàn Cūn）	1958 年公社化时，因境内有一口大堰塘加杉树堰，故取名杉堰。2016 年建制村合并改革中成建制保留，村名村址不变。总面积 3.92 平方千米，2771 人。

津市市城区部分道路名称命(更)名表

序号	原规划名或原命名	方 向	原起止点	长度(M)	宽度(M)	备 注	标准名称
1	澹津路 (主干道)	南北方向	澧水大桥(北) 津市监狱	1200	42	一路一名 (不分段命名)	孟姜女大道
2	新开路 (主干道)	南北方向	人民路 北外环路	3000	50	环洞庭湖生态经济区 环湖路	洞庭大道
3	澹津路 (次干道)	南北方向	建设银行 沿河大堤			老旧历史地名	后湖路
4	澹津路 (次干道)	南北方向	农业银行 沿河大堤			老旧历史地名	会仙桥路
5	静远路—民安路 (次干道)	南北方向	洞庭大道 九澧大路	1500	24	辖区居民要求	澹津路
6	发展大道 (主干道)	东西方向	东外环路 西外环路	1400	50	根据地域功能	涔澹大道
7	北一环路 (次干道)	东西方向	桑园路 双济路	800	24	老旧历史地名	封家台路
8	临园路 (次干道)	东西方向	西外环路 东外环路	950	24	老旧历史地名	龙坑路
9	明珠湖路 (次干道)	东西方向	西外环路 东外环路	1000	24	老旧历史地名	三圣路
10	品元宫二路	东西方向	刘公桥 生产街路	545	13	老旧历史地名	惠政桥路
11	团湖大道 (主干道)	东西方向	孟姜女大道 关桥路	4849	30	体现津市市门户	津市大道
12	工业大道 (主干道)	东西方向	孟姜女大道 明道路	1418	42	老旧历史地名	窑坡大道
13	立志路 (次干道)	东西方向	中联大道 关桥路	1317	25	原地域地名	杉堰路
14	新城路 (次干道)	南北方向	津市大道 杉堰路	2200	35	规划约定	科凌路
15	娄星路 (支路)	南北方向	嘉山大道 明道小区	650	16	根据地域名称	明道路
16	青山路 (次干道)	南北方向	胥家湖路 龙岗路	3195	25	根据地域名称	团湖路
17	振兴大道 (主干道)	南北方向	杉堰路 津市大道	1656	41	原地域地名	戚家路
18	名苑路	南北方向	九澧大道 护市路	200	20	老旧历史地名	罗家湖路
19	华阳路	南北方向	大同路 新殡仪馆	1000	10	老旧历史地名	华阳路
20	外环路 (次干道)	东西方向	围绕北城区环道	10000	24	根据地域功能	外环路
21	城东路 (次干道)	南北方向	车胤大道 九澧大道	500	24	原道路名称	城东路

序号	原规划名或原命名	方 向	原起止点	长度(M)	宽度(M)	备 注	标准名称
22	桑园路 (次干道)	南北方向	人民路 静远路	3060	24	老旧历史地名	桑园路
23	小渡口路 (支路)	南北方向	九澧大道 车胤大道	550	18	老旧历史地名	小渡口路
24	生产街	南北方向	建设路 九澧大道	1200	18	老旧历史地名	生产街
25	胥家湖路 (次干道)	东西方向	孟家女大道 澧县滟洲接线	5461	25	原地域地名	胥家湖路
26	龙岗路 (次干道)	东西方向	孟姜女大道 团湖路	1431	25	原地域地名	龙岗路
27	嘉山大道 (主干道)	东西方向	孟姜女大道 中联大道	1802	42	保留历史文化底蕴	嘉山大道
28	创业路 (次干道)	东西方向	周家铺路 团湖路	2661	25	规划约定	创业路
29	周家铺路 (主干道)	南北方向	胥家湖路 工业大道	5000	42	原地域地名	周家铺路
30	中联大道 (主干道)	南北方向	杉堰路 嘉山大道	2102	42	规划约定	中联大道
31	关桥路 (次干道)	南北方向	杏鲍菇北侧 杉堰路	310	25	原地域地名	关桥路

津市市路、巷名称命(更)名表

序号	所属社区	原规划名或原命名	巷道起止点	路、巷口附近标志性建筑和单位	长度(M)	宽度(M)	标准名称
1	后湖社区		南起建设路西至沿湖南路	欧时力、国安公寓	250	3.5	福音堂巷
2	后湖社区	新建房	南起沿河大堤北至幸福家园	人民影院、国立汤包	800	4	新建坊巷
3	后湖社区	新码头	南起沿河大堤北至建设路	衣香丽影	800	4	新码头巷
4	后湖社区		西起澹津路东至双济路	建设银行	1000	4	沿湖北路
5	后湖社区		西起澹津路东至双济路	秦皇岛	1000	4	沿湖南路
6	桥北社区	红灯笼巷口	南起九澧大道北至护市路	红灯笼餐馆、护市社区	50	5	护市巷
7	桥北社区		南起九澧大道北至阳光新城	夏伯牛杂馆	200	5	阳光新城巷
8	桥北社区	国税花园巷口	南起银苑路北至九澧大道	国税局、农发行	200	7	国税巷
9	桥北社区	万寿巷口	财政局以西至二小北边门面	质检站旁	300	10	银苑小巷
10	桥北社区	兰苑路口	北起银苑路—南至兰苑宾馆后门	原公证处	150	7	兰苑巷
11	三洲街社区	万苑路巷口	北起车胤大道南至石油公司以南	品元宫市场西侧	80	12	品元宫巷
12	三洲街社区	天后宫路	天后宫 50 号起,天后宫 67 止	猪鬃厂、天主教堂	500	20	天后宫巷
13	城隍庙社区		南起沿河大堤北至明珠楼	老干局	300	4	大码头巷
14	城隍庙社区		南起沿河大堤北至刘公桥 1 号	老锻造厂	100	3	锻造巷
15	城隍庙社区	建设巷	南起沿河大堤北至建设路饺儿馆	覃妈老字号	250	3	煤建巷
16	护市社区		人民银行旁—银苑路	聋哑学校	180	7	御林庵巷
17	护市社区		土里庙—养老中心以东	土里庙、养老中心	180	5	土里庙巷
18	护市社区		南起九澧大道北至蔡家河堤	嘉丽源、大桥宿舍	70	5	建材巷
19	护市社区		汇友茶楼—消防队	万兴	100	7	消防巷

序号	所属社区	原规划名或原命名	巷道起止点	路、巷口附近标志性建筑和单位	长度（M）	宽度（M）	标准名称
20	柏枝林社区	车胤大道425号	南起车胤大道425号至十八子食品厂	十八子食品厂、长寿公寓	100	6	长寿巷
21	柏枝林社区		刘公桥路102号至猪鬃厂小区	六建公司、武装部宿舍	200	30	五金巷
22	油榨坊社区	工程公司路	人民路至车胤大道	君之林府小区西侧	500	7	君之林巷
23	油榨坊社区	高程路	人民路至九澧大道	兴发棉业公司旁	250	5	棉麻巷
24	油榨坊社区	园林路	人民路至车胤大道	党校旁	330	3	园林巷
25	油榨坊社区	青龙庙	人民路至车胤大道	青龙庙居民小区内	50	3	青龙庙巷
26	油榨坊社区	汇湘路	人民路至车胤大道	殡仪馆东侧	2500	4	蚊香巷
27	油榨坊社区	致远路	人民路至车胤大道	青龙禅寺旁	1500	3	青龙寺巷
28	油榨坊社区	文体公园路	车胤大道至九澧大道	体育局西侧	2500	4	文体巷
29	油榨坊社区	金属回收路	车胤大道至银苑路	金属回收公司旁	250	3	回收巷
30	油榨坊社区	曾家台路	车胤大道至银苑路	永安汽车出租公司东侧	50	3	曾家台巷
31	新村社区	市长巷	银苑路－九澧大道	财政公寓	500	4	银九巷
32	新村社区	华融湘江旁	银苑路－九澧大道	华融湘江银行旁	500	4	华都巷
33	新村社区	九澧大道	九澧大道－双济路	金海岸小区	3500	25	海岸路
34	汪家桥社区	三元宫	沿河大道－人民路	老交通局	500	3	三元宫
35	汪家桥社区	拐子巷	东河街－人民路	文化馆	300	3	拐子巷
36	汪家桥社区	汤家巷	沿河大道－人民路	雅馨园宾馆	500	4	汤家巷
37	汪家桥社区	韩石巷	沿河大道－人民路	原种子公司仓库	500	3	韩石巷
38	汪家桥社区	鲢鱼垱	沿河大道－人民路	老粮食局	400	4	鲢鱼垱巷
39	汪家桥社区	蚊香厂宿舍	沿河大道－人民路	蚊香厂宿舍	300	3	新华巷
40	汪家桥社区	东河街	湘航公司－汤加巷	湘航公司	700	4	东河街
41	汪家桥社区	曹家巷	人民路－东河街	原人民招待所	100	2	曹家巷
42	澹津社区	计生局旁	市计生局—护市路	市计生局	150	8	陈家台路
43	澹津社区	社区路	烟草局—护市路	烟草局	150	8	汤家坟路
44	城东社区	城东二路	车胤大道—九澧大道	养蜂协会、城东社区以西	600	3.5	德昌巷
45	城东社区	公园东路	九澧大道—车胤大道	澹津公园东	600	3.5	公园巷
46	城东社区	4至6组	双济路—桑园路东150米		1800	3.5	德荣巷
47	襄阳街社区	板车巷	襄阳街—东堤	盐业包装厂	1800	3	板车巷
48	襄阳街社区	襄阳河街	盐化工码头至汉晶瑞	盐化工码头仓库	2000	20	沿河路
49	襄阳街社区	襄阳街	老襄阳街闸门至水文局止	盐业包装厂	400	12	襄阳街路
50	襄阳街社区	工商局路	国安小区至五小宿舍	工商局	150	10	鸡儿庙路
51	襄阳街社区	文化巷	人民医院化验室老前门—襄窑路	膀爷餐馆	200	7	文化路
52	襄阳街社区	老机校路	文化37号—孟姜女大道19号	医院宿舍、老技校大门	250	8	玉皇阁路
53	襄阳街社区	老干局	百步磴－老干局宿舍	林业局、老干局宿舍	500	6	老干巷
54	襄阳街社区	5号公路	5号公路—襄窑路665号	廉租房小区	100	12	五号路
55	阳由社区		孙彩莲—刘清林	农科3组	800	3	移民巷
56	阳由社区		襄阳银秀酒家—板鸭路	阳由农庄	500	5	西支巷
57	阳由社区		林杰—新河路	穿过5号路、周寓诊所	450	3	民主巷
58	阳由社区		向际贵东—胡少水西	5号路以南	700	6	阳由巷
59	阳由社区		北堤—机埠路	穿5号路	1800	6	知青巷

序号	所属社区	原规划名或原命名	巷道起止点	路、巷口附近标志性建筑和单位	长度（M）	宽度（M）	标准名称
60	澧阳社区		五号路—韩家湖	阳由液化气站	2000	5	韩家湖巷
61	澧阳社区	五号路	襄窑路—东堤		1800	7	五号路
62	澧阳社区	机埠路	襄窑路—机埠东堤		1800	3.5	机埠路
63	澧阳社区		荷花路—向才革	老建华机械厂南	600	6	荷花巷
64	澧阳社区		丁新—韩绍文	穿过机埠路	800	3	农科巷
65	澧阳社区		黄大意－付关军	襄窑路以西老砖厂小区	150	3.5	砖厂小区路
66	汤家湖社区		司法局—向才元商店	司法局以南	500	3	新星巷
67	汤家湖社区		马东香早餐馆－大同卫生所	盐兴菜场对门	100	3.5	警民巷
68	汤家湖社区		孟姜女大道－付先珍家前	检察院对面	100	2.5	汤家湖巷
69	荷花社区	荷花路	襄新华机械厂—东堤渔湖		1200	3.5	荷花路
70	荷花社区	菜园路	王观金—疏菜产业园		160	3.5	菜园巷
71	荷花社区	临街巷	张代华—罗成霞		110	2.5	临街巷
72	荷花社区	社区巷	罗正良—胡子华		110	2.5	社区巷
73	荷花社区	香火南巷	邓继惠—邓继斌		110	2.1	香火南巷
74	荷花社区	连心中路	陈本莲—曾凡才		110	2.5	连心巷
75	荷花社区	曲尺巷	罗先锋—傅绍策		120	3	曲尺巷
76	荷花社区	田园路	徐德安—高守忠	对虾农庄	1000	3.5	田园路
77	荷花社区	广场路	荷花社区—疏菜产业园	善德园广场	150	3.5	杨柳巷
78	古大同社区	国营林场	盐矿路以西－林场苗圃山顶	警民巷以西、林场	300	2	羊刃山路
79	古大同社区	老果园路	盐矿北门卫－原石油公司		3000	3	御果园巷
80	古大同社区	果园十二组皮带廊	盐矿后门卫－刘泽模房屋		250	3	皮带廊巷
81	古大同社区	左家堰路	盐兴路以东—傅祖亮房屋		300	3	左家堰巷
82	古大同社区	氧气库路	盐兴路以西—桔子山顶		80	3.5	土里垭巷
83	古大同社区	桔子山路	盐兴路以西—刘德珍房屋		50	2.	桔子山巷
84	古大同社区	老计生委路	盐兴路—路世庆房屋		200	2.5	盐兴巷
85	古大同社区	羊刃山 1 号路	盐兴菜场—羊刃山山顶		150	2.5	羊刃山 1 号路
86	古大同社区	羊刃山 2 号路	休闲广场—羊刃山山顶		80	2	羊刃山 2 号路
87	古大同社区	羊刃山 3 号路	老计生委—羊刃山山顶		70	2	羊刃山 3 号路
88	古大同社区	水厂路	大洼水场—原电子管厂		2500	3	水厂路
89	盐矿社区	矿办路	南起盐矿路北至盐矿老医院门口	矿办	380	8	矿办路
90	盐矿社区	学校路	南起盐矿路北至电视台山路	五完小	150	7	学校路
91	盐矿社区	球场路	北起盐矿路南至盐矿廉租屋大门	中山酒店	130	6	球场路
92	盐矿社区	花园路	西起盐兴路东至球场	垃圾路	230	7	花园路
93	盐矿社区	机校路	北起盐矿路南至球场	机校围墙	70	6	机校路
94	盐矿社区	后山路	东起矿办大门西至雪天水厂北至皇姑山	盐矿围墙外	130	5	后山路
95	湖桥社区	湖桥路	孟姜女大道－山顶	中联重科	900	6	湖桥路
96	湖桥社区		孟姜女大道－山顶	俱乐部、襄阳街卫生服务中心	600	4	油库小巷
97	湖桥社区		孟姜女大道－山顶	俱乐部	500	3.5	新区东巷
98	湖桥社区		孟姜女大道－山顶	襄阳街卫生服务中心	200	3.5	新区西巷

序号	所属社区	原规划名或原命名	巷道起止点	路、巷口附近标志性建筑和单位	长度(M)	宽度(M)	标准名称
99	湖桥社区		孟姜女大道－山顶	湖桥社区居委会	300	3	近区小巷
100	湖桥社区		孟姜女大道－山顶	湖桥社区管理中心	300	3	东区小巷
101	湖桥社区		孟姜女大道－山顶	灯光球场	400	3	西区东巷
102	湖桥社区		孟姜女大道－山顶	子弟学校	300	3	西区西巷
103	文家湾社区	移民小区	办事处—移民小区 7 排	办事处	250	3	移民巷
104	文家湾社区	文家湾	友缘客栈—于必生家	友缘客栈	1200	3	文家湾巷
105	文家湾社区	水厂	清远路—水厂宿舍	清远路	300	4	清远观巷
106	文家湾社区	热电厂	七小旁—热电宿舍	七完小	800	4	热电巷
107	文家湾社区	砖厂	襄窑路—砖厂老办公宿舍	襄窑路	120	4	砖厂巷
108	丝绸社区	襄窑路	缫丝厂—航道	丝厂、染厂、航道宿舍	300	12	襄窑巷
109	丝绸社区	丝绢路	缫丝厂—绸厂西区宿舍	益林公司、西区宿舍	1000	12	丝绢路
110	丝绸社区	西区小区路	宏力公司北围墙—西区宿舍	西区宿舍	400	6	西区巷
111	丝绸社区	东区通道	社区办公楼—东区宿舍南 1 栋	社区办公楼、东区宿舍	300	4	东区巷
112	丝绸社区	中区通道	中区宿舍南 1 栋—南 4 栋	中区宿舍	400	5	中区巷
113	丝绸社区	益林宿舍小区路	益林公司大门—厂区宿舍	益林公司、益林宿舍	500	5	益林宿舍小区路
114	团湖社区	中心路	团湖大道—创业路	村部西侧	360	9	中心路
115	团湖社区	荷堰路	团湖大道—创业路	村部东侧	360	9	荷堰路
116	明道社区		东娄星路—西变电站	王西平—余乾喜	500	4	新园路
117	明道社区		东娄星路—西变电站	李先科—余乾梅	500	4	新福路
118	明道社区		东娄星路—西变电站	李志群—余勇	480	4	新泉路
119	明道社区		工业大道(北)—社区西边(南)	裴军—李炳竹	300	6	广兴路

津市市城区广场名称命(更)名表

序号	原规划名或原命名	位置	理由	标准名称
1	九澧广场	九澧大道与凤凰路交汇处	湖南澧水干流及其 8 大支流，曰温、曰渫、曰黄、曰茹、曰道、曰溇、曰澹、曰涔，总名曰澧，津市居澧水尾间，素为湘北名埠，九澧门户。	九澧广场
2	江南明珠广场	孟建女大道与车胤大道交汇处	历史人物车胤即车公，车胤家里贫穷，常无油点灯照读，夏天夜里，他用织物做成囊袋，内装萤火虫，借萤光读书，他长大成人后，以博学多才、聪明英俊而称誉乡里。	车胤广场
3	皇姑山广场	襄窑路与孟姜女大道交汇处	关山烟树属澧洲外八景之首，津市为全国七十二福地中的第四十八福地，福地文化很深，此处将可作为进福地的山门。明洪熙元年(1425)，朱元璋之孙朱悦燿封华阳王，谪居澧州，辟关山为御果园，置望江轩、思蜀亭，在宁极观旧址上建殿修宇，供道士奉执香火。每风雨欲来，眺望关山，烟雾朦朦，青松隐隐，故称"关山烟树"，于是山也有烟山之称。	皇姑山广场
4	江南广场	清远路与孟姜女大道交汇处	虎爪山遗址的发现，改变了中华民族人类起源的论点，早在 40—50 万年前，澧水流域一带就有人类活动，这个地方的远古人类与周口店北京人一样，已进化到可以直立行走，学会了使用工具，考古界有"南虎北周"之说，将虎爪山与北京周口店齐名，被考古学家冠以"澧水文化类群"的称呼，是湖南旧石期早期文化的代表，虎爪山遗址被评为湖南近 20 年十大考古发现之首。对研究湖南地区人类文明起源和长江中下游地理、地貌变迁有着极其重要的意义。	虎爪山广场

【社会组织管理】2016年，全市共有社会组织155个，其中社会团体109个，民办非企业单位45个，基金会1个。涵盖房地产、建筑、医药、养殖等各个行业，涉及教育、科技、文体、卫生、养老服务等各个领域。2016年全年新登社会组织37个，依法注销4个。全年完成全市82家社会组织专职人员及党员人数摸底，其中专职人员共249人，党员61人。推荐3名社会组织法定代表人为政协委员。同年，津市市成立社会组织孵化基地，选址于襄阳街街道阳由社区1栋4层建筑物，通过改扩建及装修装饰，总面积达到2000多平米，并于当年进驻"一站一团一基地五中心"。一站：志愿者服务工作站；一团：星光艺术团；一基地：党史国防教育基地；五中心：党员活动中心、老年活动中心、青少年活动中心、日间照料服务中心和法律援助中心。配备有卫生与健康工作室、心理咨询室、文体室、档案室、会议室和社区书屋等10多个功能室，着力为社会组织和群众团体提供活动场所和服务，为辖区居民群众提供更多社会化服务。

（唐智勇）

津市市2016年新登社会组织统计表

社会组织名称	成立时间	会员人数	业务范围
津市市电子商务协会	2016-01-20	53	宣传贯彻相关政策法规，促进行业行约的建立完善，开展市场导向工作，开展学术交流，加强对外合作交流，建立电子商务示范基地
津市市健身健美协会	2016-01-27	55	承担市相关主管单位委托的健美运动的竞赛和培训任务，承担各类型各层次训练单位的业务指导；组织选拔优秀会员参加全市、全省、全国的竞赛
津市市女企业家协会	2016-05-09	54	组织开展会员交流、互助、考察、合作等各项活动
津市市旗袍文化协会	2016-05-17	56	组织会员参加公益活动、形体和才艺训练、旗袍文化礼仪讲座、茶道、女红、心态、家庭及处世哲学研讨交流等
津市市综合艺术团	2016-06-20	58	参加市里每年春晚，街道社区文艺活动，三下乡演出
津市市基督教后湖会堂协会	2016-07-27	57	团结信众，爱国爱教，荣神益人，提高学道和灵性素质，完成真神交托本会救世救人的使命
津市市新洲镇旅游协会	2016-08-18	55	配合新洲镇人民政府搞好旅游开发、旅游考察等相关工作
津市市朗诵与演讲协会	2016-08-23	54	负责制定并实施协会发展规划、演讲比赛规划；组织开展诗歌朗诵会参与部门演讲比赛
津市市自行车运动协会	2016-11-4	51	自行车体育运动
津市市白衣镇长安农民用水户协会	2016-11-7	56	对用水户提供充足水源，完善可靠的供配水系统，组织管辖区域内小型水利工程的维修、改造
津市市白衣镇永兴农民用水户协会	2016-11-7	57	对用水户提供充足水源，完善可靠的供配水系统，组织管辖区域内小型水利工程的维修、改造
津市市毛里湖镇中南村爱卫协会	2016-12-14	59	负责协助村委会制定和实施整治规划，负责环卫转向资金筹集管理，保障环境整治工作运转
津市市毛里湖镇七星村爱卫协会	2016-12-14	55	负责协助村委会制定和实施整治规划，负责环卫转向资金筹集管理，保障环境整治工作运转
津市市毛里湖镇花桥村爱卫协会	2016-12-14	53	负责协助村委会制定和实施整治规划，负责环卫转向资金筹集管理，保障环境整治工作运转
津市市毛里湖镇荣台社区爱卫协会	2016-12-14	51	负责协助居委会制定和实施整治规划，负责环卫转向资金筹集管理，保障环境整治工作运转
津市市毛里湖镇青苗社区爱卫协会	2016-12-14	53	负责协助居委会制定和实施整治规划，负责环卫转向资金筹集管理，保障环境整治工作运转

社会组织名称	成立时间	会员人数	业务范围
津市市毛里湖镇樟树村爱卫协会	2016-12-14	54	负责协助村委会制定和实施整治规划，负责环卫转向资金筹集管理，保障环境整治工作运转
津市市毛里湖镇灯塔社区爱卫协会	2016-12-14	55	负责协助居委会制定和实施整治规划，负责环卫转向资金筹集管理，保障环境整治工作运转
津市市毛里湖镇大山社区爱卫协会	2016-12-14	56	负责协助居委会制定和实施整治规划，负责环卫转向资金筹集管理，保障环境整治工作运转
津市市毛里湖镇田家山村爱卫协会	2016-12-22	58	负责协助村委会制定和实施整治规划，负责环卫转向资金筹集管理，保障环境整治工作运转
津市市毛里湖镇箭楼村爱卫协会	2016-12-26	58	负责协助村委会制定和实施整治规划，负责环卫转向资金筹集管理，保障环境整治工作运转
津市市毛里湖镇万家村爱卫协会	2016-12-26	56	负责协助村委会制定和实施整治规划，负责环卫转向资金筹集管理，保障环境整治工作运转
津市市毛里湖镇清泉村爱卫协会	2016-12-26	55	负责协助村委会制定和实施整治规划，负责环卫转向资金筹集管理，保障环境整治工作运转
津市市毛里湖镇双坪村爱卫协会	2016-12-26	54	负责协助村委会制定和实施整治规划，负责环卫转向资金筹集管理，保障环境整治工作运转
津市市毛里湖镇中心村爱卫协会	2016-12-29	53	负责协助村委会制定和实施整治规划，负责环卫转向资金筹集管理，保障环境整治工作运转
津市市毛里湖镇同乐堡村爱卫协会	2016-12-29	54	负责协助村委会制定和实施整治规划，负责环卫转向资金筹集管理，保障环境整治工作运转
津市市心理咨询师协会	2016-12-29	55	行业学术交流，提供心理咨询服务
津市市红色收藏展览馆	2016-1-12	4	收集整理历史物证及文字资料，组织广大干部群众参观伟人业绩，教育下一代革命接班人
津市市育仁幼儿园	2016-1-13	6	全日制学前教育
津市市娃哈哈幼儿园	2016-1-19	7	湖桥社区及周边社区 2-6 岁学龄前儿童
津市市地方文化暨砾石文研究中心	2016-3-8	4	组织开展对本市及周边地区特色文化的研究、保护、推介等公益活动；组织开展以砾石文为重点的汉语古文字的研究、保护、推介等公益活动；组织开展对地方文化及砾石文实物的抢救、保护及相关博物馆建设等公益活动；组织开展由政府部门和其他单位安排、委托给中心的相关课题研究和公益活动
津市市棠华乡蓝天幼儿园	2016-4-5	8	全日制学前教育
津市市白衣镇龙凤幼儿园	2016-4-25	7	全日制学前教育
津市市新洲镇星河幼儿园	2016-5-6	6	学龄前教育
津市市李家铺乡新星幼儿园	2017-1-12	8	学前教育
津市市棠华乡希望幼儿园	2016-6-6	7	全日制学前教育
津市市明美老年公寓	2016-9-21	11	养老服务

【殡葬改革与服务】津市市民政局按照全市殡葬一体化的发展思路，于2014年在毗连刘家山公墓的南边启动投资4000万元、规划总建筑面积9760m²的殡仪馆搬迁项目，历经2年筹备与建设，已于2016年完成投资3000多万元，建成车库、公厕、门楼、围墙、食堂、综合楼、招待所、骨灰存放间、火化间、连廊及亭、吊唁厅等20个单项工程。此外，为推动殡葬改革向农村辐射延伸，津市市民政局先期在药山镇和新州镇实施节地生态公益公墓开发建设，并按照以奖代投的形式，优先给予项目资金支持，当年完成生态安葬墓区选址，开始集中治丧场所建设。通过将殡葬惠民政策具体化，实行对去世的五保户无偿提供遗体接运、遗体火化、遗体冷藏，还为每个低保去世对象给予1230元的殡葬费用减免，当年为社会弱势群体减免丧葬服务收费30多万元。

（刘朝忠）

【福利彩票发行】2016年，全市福彩销售创造6106.4万元的历史最佳成绩，超额完成市福彩中心下达的6100万的目标任务，同比增幅0.34%，其中电脑彩票1324.1万元，增幅3.93%；中福在线4668.7万元，基本与上年持平；刮刮乐彩票113.7万元，增幅47.7%。是年，全市彩票站点总数32家，单机专营店28家，双机店4家，动物总动员发行17家，刮刮乐彩票枪发行29家，标准化建设的彩票销售旗舰店1家。同年，津市市福彩办组织管理员、大厅工作人员和站点业主参加2016全常德市福彩系统综合技能大比武，获得优胜奖。省福彩中心视频票部李晔部长带领四川省福彩中心视频票部田部长，四川省德阳市福彩中心李主任，市福彩中心颜主任、顾主任一行18人来津市参观学习中福在线彩票发行工作。

（陶炜）

【社会事务】2016年津市市共办理结婚登记1648对，办理离婚登记764对，补办结婚登记623对，补办离婚登记14对。2016年，津市市民政局对全市低保审与计生对象出台相关优先优惠政策文件，对70户特别困难计生低保户给予相应的补助和扶助，其中低保补助37人，每人补助500地，临时救助33人，每人300元，共计28400元。同年，出台《津市市加强农村留守儿童关爱保护工作实施方案》，经过摸底，全市共有留守儿童1792人，孤儿191人。无监护人留守儿童共计46名，父母无监护能力的留守儿童总共27名，残疾留守儿童共19名，患病儿童1名。经与各部门协商联系，无监护人留守儿童已经全部明确监护人，父母无监护能力的留守儿童全部指定社区或村委会为临时监护人，残疾留守儿童全部纳入残疾人“两项补贴”，每个季度发放生活补贴和护理补贴。

（彭述芳）

【其他工作】2016年，津市市民政局不负重望，各项工作都取得非常优异的成绩。对外宣传上，全年完成大小调研课题8个，在各类媒体外宣上稿272多篇，其中：部7篇、省级19篇。特别是完成的“社区民主协商”课题，被国家民政部评为重点创新项目，并在民政部深圳会议典型发言，调研成功还被《中国民政》杂志、《中国社会报》大篇幅推介。完成的市级重点调研课题《城市扶贫，一个不该被忽略的战略课题》，不仅为津市市委、政府有关城市扶贫决策提供了重要的参考，这一调研成果也被民政部采用推介。招商引资上，2016年向上争取惠民资金达9700多万元，超过年初市里下达目标；项目建设全部达到目标进度；招商引资也成功引进天泰天润新能源项目，投资达1.8亿元。社工人才上，全年共有3人通过全国社会工作师考试，使全市社工持证人员达14人。

（雷明洋）

津市市民政局2016年荣誉明细

级别	获奖部门或个人	荣誉称号	评奖部门
省级	民政局	全省福彩销售先进单位	省民政厅
	刘北平	慈善工作“先进个人”	省慈善总会
	光荣院	全省文明优抚事业单位	省民政厅
	王端君	全省“寒冬送温暖”专项救助工作优秀个人	省民政厅
常德市级	民政局	全市民政工作先进单位	常德市委市政府
	民政局	全市福彩销售工作先进单位	常德市民政局
	津市市	完美社区工作先进单位	常德市委市政府
	老龄办	全市老年人意外伤害保险工作红旗单位	常德市老龄办
	唐智勇	乡镇区划调整改革工作优秀个人	常德市委市政府

级别	获奖部门或个人	荣誉称号	评奖部门
津市市级	辛吉忠	绩效考核二等功	津市市委市人民政府
	唐智勇	绩效考核三等功	津市市委市人民政府
	刘　伟	绩效考核三等功	津市市委市人民政府
	贺　蔚	绩效考核先进个人	津市市委市人民政府
	郑家春	绩效考核先进个人	津市市委市人民政府
	彭述芳	绩效考核先进个人	津市市委市人民政府
	雷明洋	绩效考核先进个人	津市市委市人民政府
	杨　林	绩效考核先进个人	津市市委市人民政府
	严九桂	绩效考核先进个人	津市市委市人民政府
	刘北平	绩效考核先进个人	津市市委市人民政府
	郑　娟	绩效考核先进个人	津市市委市人民政府
	路建英	绩效考核先进个人	津市市委市人民政府
	李　强	绩效考核先进个人	津市市委市人民政府
	辛吉忠	招商引资先进个人	津市市委市人民政府
	辛吉忠	向上争资先进个人	津市市委市人民政府
	辛吉忠	优化经济发展环境工作先进个人	津市市委市人民政府
	民政局	优化经济发展环境工作先进单位	津市市委市人民政府
	民政局	脱贫攻坚先进后盾单位	津市市委市人民政府
	民政局	美丽乡村建设工作先进单位	津市市委市人民政府
	民政局	维稳工作先进成员单位	津市市委市人民政府
	民政局	平安建设先进单位	津市市委市人民政府
	民政局	绩效考核红旗单位	津市市委市人民政府

人力资源和社会保障

【概况】2016年，津市人力资源和社会保障工作在市委、市政府的坚强领导下，在常德市局的关怀和大力支持下，继续以“就业有岗位、保障全覆盖、人才强支撑、权益得覆盖、团队更和谐、工作创满意”主线，以“两学一做”和创文明单位为抓手，践行担当之责，全面超额完成了年度目标任务。

【征缴社会保险基金创新高】2016年，共征缴入库各项社会保险费35666万元，其中养老保险22282万元，机关社保7128万元，职工医保4400万元，生育保险212万元，失业保险410万元，工伤保险804万元，城乡居民养保430万元。

【突出民生需求，促进就业创业】2016年，市人社局围绕中心工作、服务大局，认真贯彻落实党和政府为应对国际金融危机冲击和“保增长、保民生、保稳定”采取的一系列政策和措施，始终把扩大就业、促进再就业作为一项重要工作，认真落实国家就业政策，多渠道多方式做好促进就业再就业工作。实施积极的就业政策，建立政府促进就业的目标责任体系，确立“劳动者自主择业、市场调节就业和政府促进就业”的机制。就业总量稳步增长，就业形势保持基本稳定。实现城镇新增就业5805人，其中失业人员就业3002人，就业困难人员就业901人，“零就业家庭”动态就业援助100%。强化扶持，就业创业利民。一是创业扶持强支撑。政策扶持激活创业活力，全年发放小额担保贷款2036万元，扶持创业231人，带动吸纳就业人员952人。进一步优化创业环境，加强创业载体建设，津市市电商产业园于今年元月建成挂牌，入园孵化企业20多家，带动就业1000余人。二是技能培训显实效。抓培训就是抓就业，2016年，共培训学员2682人，如新洲食用菌生产技术、三洲驿办事处育婴员培训等，就业率达98%。大力实施雨露计划，为常德技师学院输送20名高技能后备人才、为政德驾校输送20名技能脱贫人员参与学习培训，基本实现了“培训一人，就业一人，脱贫一户”。结合津市本土实际，挖掘特色培训，开设了津市牛肉粉制作、小食品制作等专题培训项目，系统进行创业意识教育、创业项目指导和企业经营管理培训等。通过创业项目指导和培训支持，津市牛肉粉作为津市品牌已经成功登陆长沙、武汉等地。三是就业服务重举措。线下服务做优，全年广泛组织开展了“春风行动”、“民营企业招聘周”、“高校毕业生就业服务月”等专项活动；线上服务提速，积极推进“津市职介村头通”服务，市人力资源网与镇(街道)、社区(村)基层劳动保障平台招聘信息实时联网发布，打造15分钟职介服务圈。通过各级网站、手机报、津市就业微信等媒介共发布1491条就业招聘信息。四是失业保险抓落实。确保按时足额发放，全年为700名失业人员发放失业保险金520万元，为国有困难企业拨付岗位补贴130万元。

【完善保障体系，推进普惠共享】一是抢抓政策引导参保。一方面紧紧抓住省补建补缴最后政策机遇，完成了7812人的补建补缴，实现企业基本养老保险应保尽保。另一方面坚决落实市政府相关社保费率优惠措施，生育保险、失业保险缴费费率分别下浮0.2个点、0.7个点，降低了企业用工成本。工伤保险费率下调20%，为津市二、三类参保企业减少工伤保险费近100万元。特别是今年成功积极争取了省园区企业缴费优惠政策，津市43家园区企业养老保险缴费费率由28个点降为22个点，为津市企业减轻缴费负担近600万元。同时充分运用省小集体补参保政策为6000名失地(被征地)农民办理基本养老保险参保手续，减少财政应补贴金8000万元。二是助保扶持参保养老。为解决国有企业下岗职工续保缴费困难，采取挂帐形式延长社保补贴政策，使1万多名原下岗职工群体减轻了续保缴费的资金压力。调整出台津市助保政策，进一步扩大助保覆盖面，提高助保额度，2016年，共帮100多名困难群体人员参加基本养老保险，发放助保贷款总额达224万元。三是强化措施征缴扩面。强力推行社会保险费“五险统一”征缴，全年“五险”扩面3074人。通过开展社会保险扩面征缴执法活动，督促用人单位补交社会保险费150余万元，督促15户用人单位参保，基本养老保险、基本医疗保险在制度上实现了全覆盖，失业、工伤、生育保险覆盖了所有用人单位。

【规范管理流程，人事人才为民】一是人才管理搭平台。以搭建平台聚焦人才，实施“五百英才引进工程”，借力“常德市第十二届民营企业大型人才交流会”等平台，架起用人单位和求职者“零距离”沟通桥梁，为津市经济社会的可持续发展提供可靠的人才保障。二是考录管理严规范。严格公务员、事业单位招聘纪律，确保考录工作阳光、安全、公正，2016年共招录公务员30名、事业单位7名及“人才引进”34名。现已启动2016年下半年全市部分事业单位公开招聘考试工作，计划公开招聘工作人员67人。三是绩效考核抓重点。为突出党委政府工作重点，激发干部职工干事创业的热情，调优了市绩效管理评估方案和指标体系，严格督促全市部门认真落实省、常德市重点民生实事项目，所有实事项目均完成实施。四是深化改革重落实。根据上级政策，及时兑现全市850名乡镇工作人员补贴，落实机关事业单位干部职工调整基本工资标准及建立公务员职务与职级并行工作。

【维权力促和谐，维护大局稳定】一是健全机制，规范用工。健全协调劳动关系三方机制，督促企业依法规范劳动用工管理。全年，签订三方协议55份，预存农民工工资保障金296万元，使农民工工资有了基本保证，有效从源头遏制了拖欠农民工工资的行为。二是人事争议，妥善处理。坚持有案必受原则，严把证据关、法律适用关，公开公平、公正处理劳动争议，2016年共处理各类劳动人事争议案件26件，结案23件，接待群众劳动保障法律法规政策咨询服务500余人次，有效促进全市劳动关系和谐稳定发展。三是执法维权，强化建设。加大劳动保障监察执法专项检查的工作力度，强化行政执法规范化建设，2016年，开展了“清理整顿人力资源市场专项行动”、“用人单位遵守劳动用工和社会保险法律法规情况专项检查”“建设领域农民工工资支付情况摸底排查活动”等多次专项执法检查，努力遏制劳动违法行为。四是信访维稳，积极应对。主动应对，化解矛盾，全年共接待群众来信来访132起、267余人次，协调处理劳资纠纷25件，满意率100%，信访答复28件。进一步落实企业军转干部解困维稳政策，全年，共接待军转干部来访120人次，企业军转干部总体稳定。

【转变工作作风，提质服务便民】一是树正气。以学习十六届六中全会精神为引领，以两学一做学习教育为核心，以创文明单位为抓手，切实增强全体干部职工的政治意识、大局意识、核心意识和看齐意识，营造出风清气正的浓厚氛围,成功创建了常德市文明单位。二是转作风。认真落实各级加强作风建设的各项规定,根据人社工作实际,制定了政治、工作、业务、生活纪律“25个不准”负面清单,并印制成工作手册,干部职工人手一册,较好的规范干部职工行为,确保了干部职工守住底线,不越红线,没有一人受到各级明察暗访通报。三是立形象。探索开通咨询服务平台,“12333”巧变“津市人社政策通”,全年接受群众咨询800余人次,群众满意率达100%。全方位开展“三声四零五心六不让”优质服务,优化了工作流程,将原97项工作流程精简为35项,减少审批环节17个,做到了群众办事更加便捷。开展了服务对象评窗口活动,接受群众监督。人社部门“亲人服务”的服务理念已经形成,部门形象有新提高,近几年没有一例因工作服务不优的曝光投诉事件。由于人社部门积极作为,工作得到市委、市政府的高度肯定和社会各界认可,有6名副科级干部得到了重用,担任了部门和单位主职,有3名优秀中青年干部走上副科级领导岗位。在年度优化经济环境测评中,局机关获得第二名,就业、企业养保、医保均在二级机构第一方阵。

【就业培训工作探索创新】一是“订单培训”。委托定点培训机构进行技能培训。2016年津市为常德技师学院输送了20名高技能后备人才。为常德政德驾校输送了20名建档立卡贫困家庭“两后”生。通过此两项中,长期免费技能培训,达到培训一人,就业一人,脱贫一户的目标。二是“精准扶贫”专项技能培训,为顺应市场要求,提高培训质量,提升劳动者的就业技能,打造月嫂、养老护理员的培训品牌。在市妇幼保健院,中泰家政服务有限公司成立精准扶贫培训基地。全年共“精准扶贫”培训月嫂79人,养老护理员85人。三是“家门口培训”。送培训服务上门,为偏远乡镇村民举办培训班。当市“美丽乡村”灵泉镇投入300万元进行蘑菇养殖,积极邀请河南西峡县蘑菇种植专家讲课,为107名返乡农民工开办2期食用菌生产工技术培训班。四是联合培训。全年就业培训中心通过与津市乡镇、街道、兰苑宾馆、湘澧盐化、医院等单位签订联、委培协议,为失业人员、农村劳动力进行技能培训。如今年9月,和津市人民医院联合对100名失业人员进行了医务护工培训。培训结束后主要是在医院进行病人护理工作,月收入达2000元以上。10月份与兰苑宾馆共同举办一期餐厅服务员培训,50名失业人员培训结束后大部分在本市兰苑宾馆就业。五是创业培训重点向就业弱势群体倾斜。全年共为249名有创业意愿人员进行创业培训,其中包括70名农村妇女、36名高校毕业生,重点对他们进行了创业意识教育、创业项目指导和企业经营管理培训。

【职介服务专项活动扎实开展】一是积极筹备认真组织开展“春风行动”专项活动。1–3月,在全市范围内开展以“搭建供需平台,促进转移就业”为主题的“春风行动”专项活动。为组织好专项活动,布置各乡镇、街道做好“三会一走访”工作:参与市本级现场招聘会、召开干部给返乡农民工拜年座谈会、召开返乡农民工创业就业先进典型表彰会,积极开展基层走访活动。在春节前后发放“给返乡农民工的一封信”、农民工进城务工指南等资料,在人流集中地如超市、车站、码头张贴宣传单,利用基层平台的电子显示屏、触摸屏公示就业岗位。活动期间共组织召开招聘会11场,邀请省内外65余个企业提供岗位8525个,为求职人员提供免费服务8950人次,跨地区劳务输出352人,本地企业就业685人,登记参加创业培训78人,职业培训951人,免费提供劳动维权、法律咨询服务121人。二是常态化开展招聘服务活动。如工业园企业用工专场招聘会、“民营企业招聘周”就业服务现场招聘会、践行党的群众路线教育实践活动“促就业,送岗位”现场招聘会、退伍军人涉军群体专场招聘洽谈会、毕业季举办大学生招聘会等。并不定期举办各种规模的专场招聘活动服务缺工企业。三是做好做优“求职不出门”服务。津市劳务外出务工近10万人,在逢年过年时期积极组织开展“2016年津市企业招工大篷车”下乡招工活动、务工人员参观企业活动等,促进就地就近就业。全年共举办“大篷车”招聘会下乡入村5次,共组织32多家企业参与招聘,提供用工岗位3000余个,共有810人达成就业意向,真正将就业岗位送到了村民“家门口”。四是探索做好出国劳务工作。4月,举办出国劳务知识培训班,邀请江苏常青对外经济合作有限公司董事长孙召青讲解出国务工的基本知识。市组织部、商务局相关负责人,市乡镇、街道劳保站站长参会。培训会上,常青公司负责人对出国务工流程,出国务工的常见问题,劳务输入国家的基本情况、风俗习惯,务工人员的工作环境、工作内容、吃住行等情况进行了细致的讲解。各乡镇街道劳保站长纷纷表示:出国劳务是一项惠民富民工程,将在基层积极配合协调,大力宣传出国务工,推动津市出国劳务输出工作健康发展。

【失业保险】2016年,失业保险基金收入717.53万元。其中失业保险费收入456.78万元,利息收入27.22万元,转移收入6.68万元,上级补助收入250万元。失业保险基金支出704.68万元,其中为失业人员发放失业保险金481.32万元,缴纳职工基本医疗保险及大病互助123.82万元,农民工生活补助0.19万元,转移支出1.47万元,上解调剂金44万元,稳定岗位补贴支出53.88万元。目前失业保险基金滚存节余2170.52万元。

【小额贷款工作稳妥推进】2016年,就业处结合本地实际用活用足政策,使小额担保贷款广为人用,发挥其最大政策效应。一是加强初审筛选力度。为提高贷款发放精准率,全年申请对象工商营业执照办理时间规定为贷款通知下发时间之前,杜绝突击办证,弄虚作假。二是简化申报程序。由申请人至服务大厅窗口报名、拍照,按先后顺序进行审核办理;由以前的个人到银行查询征信记录调整为由小贷中心统一到银行查询。三是降低申报门槛。申报人允许有商业银行贷款记录(已归还)。四是加大向乡镇发放倾斜力度。针对津市乡镇属就业优惠政策“盲区”的现状,是年的创业担保贷款面向全市所有行政村100%全覆盖。全市84个行政村每村申报1-2名具有一定规模的种植、养殖户申请小额担保贷款,使这项惠民政策在乡镇广为人知,有效发挥小额贷款促创业,创业带动就业的倍增效应。如渡口的种植大户朱方胜,毛里湖的种植大户辛绪平在自己创业的同时带动周边群众的就业。五是细化服务模式。采取“创业培训+创业贷款+跟踪服务”的模式,把创业担保贷款和创业培训工作有机结合,需取得创业培训证书人员才有创业担保贷款资格,有效提高了贷款人的创业能力,减少了贷款的盲目性。六是创新“一站式”服务绿色通道。进一步优化创业者申贷、放贷服务,将多项服务流程和项目进行整合梳理。将创业担保贷款窗口、银行服务窗口整合办公,实现申请、审核、发放、跟踪、还贷一条龙服务,使创业人员即时办结。

【落实养老待遇调待工作】根据湘人社发[2016]55号《关于2016年调整企业退休人员养老金的通知》。津市自2016年1月1日起,为2015年12月31日前已按规定办理退休手续的企业退休人员调整增加基本养老金。圆满完成了2016年度企业退休人员待遇的调整,共为24456人调整养老金待遇357万元,人均月增加146元,并补发了1-12月的调待养老金3213万元。目前,津市离退休人员人均月养老金达1849元。确保按时足额发放。

【完善被征地农民社保政策】进一步完善了津市被征地农民社会保障政策、促进规范管理、维护被征地农民的合法权益,根据湘政办发【2014】31号文和【2015】19号文件精神及相关会议要素,结合津市的具体情况,将全市被征地农民社会保障基本政策进行适度调整,让那些一大批的农民因为土地被征用而逐渐成为了被边缘化的一种特殊群体,享受到社保惠民政策。

【退休人员领取养老金资格认证】落实推进和深化了全市退休人员社会化管理服务工作,方便退休人员就近、快捷、安全、经济办理养老金领取资格认证手续,加强基金管理,防范冒领。坚持一惯的便民举措,对未进行养老金身份认证的退休人员尽快到所属地的乡镇、社区社保经办机构进行认证,异地居住的退休人员也可自行在湖南省人力资源社会保障公共服务网上进行身份认证。对于高龄、重病、伤残等原因和居住在养老院团体的退休人员,由本人或委托他人向所在社区提出申请,由中心统一安排时间组织工作人员上门服务。2016年,共为27311名退休老人进行养老给取资格认证。

【修订助保惠民政策,扩大助保范围】助保政策开展初期,津市主要对失地困难群体提供助保贷款,2016年常德市把“助保惠民工程”列入政府八大行动中,并将“助保工程”工作做为年终考核的重要指标。为落实助保惠民工程的需要,顺应群众需要,惠及更多困难职工家庭,中心修订新的“助保工程”政策方案,新方案进一步扩大助保覆盖面,提高助保贷款额度。惠及更多的困难职工,解决更多特困群体无力接续养老保险关系,帮助灵活就业人员参加企业职工养老保险。2016年,总共为112人发放助保贷款224万元。

【机关事业单位养老保险】2016年,全市参保单位203家,参保人数5723人,其中正常缴费人数4954人,征收基本养老保险金7128万元;离退休人数4068人,发放基本退休费7425万元,发放率达100%。

【认真做好调待工作,按时足额发放养老金】2016年下半年,津市机关社保处主动与人事、财政部门沟通衔接,于10月份对3900多名退休人员的养老金待遇进行了调整,并补发2016年1-9月以来的调待养老金718万余元,确保基本养老金的足额支付,实现全市养老金无拖欠。

【积极推进机关事业单位养老保险改革】一是2016年5月,经与编办、财政等相关部门衔接,对全市各机关事业单位在职参保人员和离退休人员的基础信息进行初步摸底,全面清理与校对人员信息,确保机关社保基础信息的准确性。二是2016年10月开展机关事业单位工作人员养老保险数据采集,按照先易后难的原则,分步启动养老保险改革工作。

【城镇职工基本医疗保险】2016年12月,全市城镇职工基本医疗保险参保人员29504人,生育保险参保人员12607人。

【创新思路抓扩面征缴】把加强扩面征缴作为推进医保工作首要环节,突出抓好“两数”。首先是增人数。将工作重点放到民营企业参保上来,充分协调相关部门支持配合,形成工作合力,联动推进扩面,2016年,津市职工医保共新增参保单位15家,新增参保人数613人。其次是调基数。2016年,平均缴费工资基数由去年的2626元提高到了3308元,最低缴费工资基数由去年的2415元提高到了2715元,保证医疗保险费的足额及时入库。

【完善内部管理,突出便捷服务】2016年,全市共有712名职工医保患者享受了异地就医即时结算的便捷服务,大大减少了他们“跑腿”和“垫支”的麻烦。

【严把关口强化基金监管】对定点医疗机构实行动态监控,加大在院在床、诊疗过程、合理用药的稽查力度及违规拒付力度。2016年,我处对全市定点医疗机构的门诊和住院情况突击检查85次,对职工医保和居民医保的住院病历随机审核516人次,并将病人不在床、无住院指征、病历审核不合格等违规情况全市通报;对全市协议零售药店进行了130次稽核,并对稽核中发现的问题及处理情况全市通报,通过实施暂停刷卡业务、责令整改、扣除预留金等处罚措施,收到很好的震慑效果,进一步规范协议零售药店的医疗行为。

【城乡居民基本医疗保险】按照湖南省人民政府《关于整合城乡居民基本医疗保险制度的实施意见》(湘政发〔2016〕14号)文件精神,从2017年起建立全省统一的城乡居民基本医疗保险制度，即“统一覆盖范围、统一筹资政策、统一保障待遇、统一医保目录、统一定点管理、统一基金管理”。全市的城乡居民医保制度于2016年10月份由原城镇居民医疗保险和原新型农村合作医疗全面整合到位，设立津市市城乡居民医疗保险管理服务中心，为市人力资源和社会保障局管理的具有行政职能的副科级事业单位，核定编制15名，内设办公室、财务审计股、医疗审核股、信息管理股、审核稽查股，负责全市城乡居民医保的业务管理和经办服务工作。2017年城乡居民医保参保人数为225016人，人均筹资标准每人610元，年基金筹资总额达1.37亿元。

【工伤保险】津市市工伤保险处是工伤保险工作的经办机构，具体负责用人单位参加工伤保险的参保登记、基金征缴、基金管理、事故调查、待遇给付、工伤预防、工伤康复等相关经办工作。2016年，津市参加工伤保险单位355家，参保人数达到33511人。累计共征收工伤保险费805万元，工伤保险基金支出912万元。

【维权力促和谐，维护大局稳定】一是加大法律宣传力度。多途径、多平台、多方式宣传劳动保障法规法律，同时深入企业及各建筑施工现场，面对面与经营者、劳动者沟通交流，不断增强经营者依法生产经营、劳动者依法维权的意识。二是加大源头管控力度。监督企业依法办事，强化劳动用工备案和建筑工程领域农民工工资保证金制度，全年督促签订劳动合同1000多份，缴存农民工工资保证金369.8万元。三是加大矛盾化解力度。积极调处各种劳资纠纷投诉举报和信访，全年共受理投诉举报及信访89件，调处纷案81件，共计协助劳动者追讨社保工资等534万元，帮助7家破产企业职工获得各类权益12000多万元.四是加大行政执法力度。对调解不成的劳资纠纷，依法通过行政执法为劳动者维权，全年共移送公安机关恶意欠薪案件2件，申请人民法院强制执行案件2件。切实维护劳动者合法权益，促进社会和谐稳定。

【劳动争议仲裁】2016年，仲裁院处理劳动人事争议案件47件，共涉及劳动者47人，涉案标的29.37万元。其中，非立案调解处理24件，不予受理3件，立案调解6件，裁决14件，法定时效内结案率100%。

【城乡居民基本养老保险】城乡居民基本养老保险坚持以全面建成覆盖城乡居民的社会保障体系为目标，着力加强政策宣传，强化基金管理，提升服务能力，各项工作取得新进展。2016年，津市参保缴费人数35879人（其中，农村五保、城镇三无、重残一二级人员1329人）缴费金额共计436.64万元，完成目标任务的94.7%(其中，居民“持卡缴费”339793人，缴费金额共计421.03万元；经办机构自收1900人，缴费金额15.61万元；政府代缴1320人，缴费金额13.2万元)。60周岁以上待遇发放人数26199人，累计发放2565.26万元，发放率100%；生存认证25799人，认证率达100%。

政务服务中心

【概况】2016年市政务中心定编5个，在编人员3人，其中一人借调到市政府办公室，实有工作人员2人。市政务中心在市委、市政府的正确领导和上级主管部门的具体指导下，以便民利民、优质高效服务为宗旨，紧紧围绕改善政务环境，服务经济发展目标，主动作为，各项工作有序推进。

抓平台建设，市民之家项目基本建成。为打造全新政务服务平台，2016年启动市民之家项目建设，规划投资2200万元，在市第二行政中心旁新建一栋4层综合大楼，建筑面积7488平方米。政务中心把市民之家建设作为一项中心任务，全力以赴抓好项目推进。该项目年初立项，3月底开工建设，7月份完成主体工程建设，至12月正在加紧室内装修装饰施工，春节后即可投入使用，基本实现当年立项、当年施工、当年建成的目标。一是强化工作力量。主要领导亲自挂帅，并明确一名班子成员具体负责，仅用2个多月时间完成项目报建、招投标等相关手续，实现市民之家项目及早开工建设。二是加强配合衔接。作为项目监管单位，主动与城投公司、人社局、机关事务办等单位衔接联系，协调解决市民之家项目报建、施工、内部装修中的各种问题，确保工程按计划顺利推进。三是主动超前谋划。坚持提前介入，主动与设计部门进行沟通，及早做好内部装修设计前期工作。对拟进驻市民之家单位逐个走访，进一步核实进驻人数、了解所需柜台及特殊要求，并将调查核实情况汇总后及时提交给设计部门，节省设计时间。

抓环境优化，中介服务清理规范初见成效。一方面狠抓了中介服务事项清理。按照国务院、省政府关于清理规范政府部门行政审批中介服务的通知精神，依据权力清单，自6月份以来，集中力量对全市191项行政许可类事项前置中介服务进行全面清理，澄清底子。针对现有的56项行政审批中介服务事项，按照没有法律法规和政府规章依据的服务事项一律取消，中央和省市已取消的行政审批中介服务事项一律对应取消的原则，结合津市实际，把好清理审核关，提出具体处理意见，并向社会公开征求意见，印制行政审批中介服务目录清单。另一方面组织开展专项督查。为落实国务院、省政府取消的行政审批中介服务事项，优化经济发展环境，8月份，市优化办、政务中心等单位组成联合检查组，对涉及津市7家行政审批单位13项行政审批事项落实情况进行专项督导检查，从督查情况来看，检查单位对国务院、省政府取消行政审批中介服务事项落实较好，无违反上级规定的情况。

【政务服务】2016年，截止12月6日，全年累计受理行政审批服务事项9449件，办结9449件，办结率100%。

抓规范管理，政务大厅建设不断加强。一是加强窗口日常管理。严格落实考勤制度、请销假制度、首问负责制等各项工作制度，对窗口工作人员的日常工作纪律、服务态度、业务办理情况等开展经常性督促检查，并将检查情况与绩效评估考评相结合，促进窗口人员作风改进，热情服务。公安局、民政局等窗口开展预约受理及特件上门服务，极大地方便了办事人员，受到群众好评。

二是改善办事服务环境。为给广大群众提供更高效、更满意的政务服务，3月份筹措资金8万多元对大厅内部进行重新粉刷、铺设塑料地板，大厅面貌焕然一新。

三是营造窗口活力。政务中心在严格制度管理的同时，坚持以人为本，注重人文关怀。5月份，组织窗口工作人员开展走进关山活动，参观乡村建设，亲身感受到农村发生的巨大变化。通过活动促进交流、增进友谊，增强窗口工作人员的归属感和凝聚力。

抓集中审批，“两集中三到位”全面推进。行政审批“两集中、三到位”是规范行政行为，深化审批改革、实现审批提速的根本途径。结合市民之家平台建设，2016年全面开展推进“两集中、三到位”工作。一是制定工作方案。在对全市行政审批职能单位调查摸底的基础上，借鉴周边区县经验，通过多次讨论研究，拟定津市市行政审批“两集中、三到位”工作方案，提交市政府第9次常务会议通过，以市政府办名义下发《关于印发<津市市行政审批“两集中、三到位”工作方案>的通知》（津政办发〔2016〕47号）。二是拟定进驻事项。政务中心与市编办积极衔接，对权力清单目录行政许可事项进行认真清理，安排进驻市民之家行政许可职能单位25家，公共服务单位12家，基本涵括政府工作部门，拟进驻事项213项。三是分步抓好推进落实。按照“设立机构、职能归并、流程再造、整体进驻”四个环节，加大推进力度。10月下旬市委常委、常务副市长专门召开“两集中、三到位”工作调度会，政务中心会同相关部门开展上门督查。通过督促指导，各行政审批单位成立行政许可办公室，完成职能归并和流程再造，对审批事项进行授权，编印行政审批服务指南。行政审批时间整体压缩幅度达到50%，实现了审批提速。

抓体系建设，乡镇便民中心建设稳步推进。按照“先试点、后推广”的工作思路，结合组织部门基层党建工作目标任务，4月份启动白衣镇便民服务中心示范点建设，对原有政务大厅按照场所面积达标、设施配套齐全、服务功能完善的规范化要求进行扩建改造，8月份正式投入使用。通过示范带动、分步推进，各方共同努力，白衣镇、新洲镇、汪家桥街道、襄阳街街道、嘉山街道五个乡镇街道完成便民服务中心建设，政务服务网络不断完善。各便民服务中心集中开展社会保障、人口计生、民政、国土资源、城镇管理等项服务，极大地方便了办事群众。（办公室）

信访工作

【概况】2016年，在市委市政府的正确领导下，全市各级各单位尽力履职，聚力共为，预防化解各类信访矛盾，切实维护群众合法权益，取得一定成效。到市信访总量下降12.6%，人次下降24.1%，无因信访问题引发的群体性事件、无信访引发的极端个案。市领导接访工作经验，先后在《湖南日报》、《常德日报》等媒体报道推介，津市被评为常德市信访工作先进单位、常德市“千案攻坚”活动先进单位、常德市“基层基础强化年”活动先进单位，李力被评为全省信访工作先进个人、湖南省最美信访干部。

以落实工作责任为核心，大批信访问题得到妥善解决。始终紧盯领导责任、属地责任、部门责任的严格落实，解决群众反映的实际问题，维护群众合法权益。市委、市政府坚持每季度听取一次信访工作汇报，研究解决信访突出问题；市委书记、市长坚持带头接访约访下访、带头阅批群众来信。全年17位市级领导在市信访局坐班接访481批665人次，化解一批征地拆迁、基础设施建设、劳动社保等信访突出问题；在全市开展的信访积案化解攻坚专项行动中，市委常委会、市政府常务会议两次专题研究，13名市领导带头包案，认真研究化解方案，主动约访接待信访对象，交办的48件积案均按期办结。全市各单位按照“属地管理、分级负责，谁主管、谁负责”的原则，认真办理初信初访问题738个，及时办结率达到95%以上，促进重复信访减少。

以实施信访信息化为突破口，信访渠道更为畅通高效。落实上级要求，加快推进网上信访和信访信息化建设。市信访局开通了津市市网上信访投诉平台，津市信访微信公众号，开展网上信访集中宣传活动，方便群众足不出户反映诉求。9个镇、街以及26个重点市直单位，开通运行信访信息系统。市信访局带头做到数据全口径录入，真正做到信访信息全录入、业务全流转、数据全生成、办理全公开。采取党校集中授课、一对一操作、现场指导、以会代训等方式，反复开展网上信访业务培训，推进了信访系统应用。大力推进网上信访代理工作，各镇、街均设立专门的网上信访代理员，代理群众网上信访，网上信访占比已达到40%。依托信访信息系统，着重推动网上满意度评价工作，参评率达25%，满意率达60%。

以推动信访法治化为主线，信访秩序得到有效改善。各单位通过发放宣传资料、显示屏、现场宣讲等方式继续加大宣传力度，推动依法逐级走访、诉访分离等法治信访常识深入人心。同时，各级各单位运用法治思维和法治方式解决信访问题的理念更加明确，法治信访的氛围越来越浓厚。信访部门坚持严格把关、解释到位、分流到位的举措，做好涉法涉诉信访事项的受理处理。从5月份起，落实律师到信访局值班接访制度，为上访群众提供有效的法律服务。针对信访活动中出现的一些集体访、非理性上访、过激言行等，信访、稳定、公安等部门以及各相关责任单位形成合力，坚持把法治宣传和教育疏导工作挺在前面，帮助、引导群众依法理性维权。对于不听劝阻，执意闹访、缠访等非法行为，以及恶意越级上访造成不良影响的非正常上访人员，公安机关依法予以训诫、处置，依法维护了正常的信访秩序。

以促进信访规范化为重点，基层基础更加夯实有力。大力开展信访工作“基层基础建设强化年”活动，高度重视信访规范化建设。全市统一细化制定信访业务工作规则、流程及文书蓝本，汪家桥街道、新洲镇、毛里湖镇、公安局、民政局、教育局等单位网上办理规范及时。大部分单位按照要求完善了信访工作阵地，按要求开展领导干部接访、约访、下访，把善做群众工作、业务能力强的同志安排在信访岗位，落实信访岗位津贴，促进任务落实。信访工作任务重的民政、房管等部门服从市委组织部的统一调度，安排人员进驻市接访中心开展联合接访。按照“村（社区）每周排查一次，镇（街道）每半月排查一次，市每月排查一次”的要求，扎实开展矛盾纠纷排查化解工作，2016 年共排查出比较大的矛盾纠纷 693 件，化解 489 件，化解率达 70%以上，减少信访隐患。

【津市市：三十年如一日坚持领导接访】津市自上世纪 80 年代起就开始实施领导接访，多年来一直未间断。近年来为更好地服务群众，津市市委、市政府不断创新领导接访机制，收到良好成效，多年来该市无越级非访，无因信访问题引发的群体性事件和极端恶性事件，连续八年被评为全国平安县市。

一是坚持领导公开接访。在 2008 年县委书记大接访活动后，津市出台《关于建立领导大接访长效机制的意见》文件，明确每个工作日都有一名市领导接访，市委书记、市长每月各安排一天接待来访群众，其他市领导每天轮流在信访局坐班。同时，将市领导接访的时间安排以及市领导的职务、电话、分工等信息在信访局的醒目位置公布，让信访群众一目了然。2016 年，全市 17 位市级领导在信访局接访 481 批 665 人次，化解一批企业破产、征地拆迁、城乡建设等信访突出问题。二是开展干部走访下访。从 2012 年起，津市规定于每年 4 月、10 月开展全市干部集中大走访月活动，活动主题结合中心工作具体而定。如今年主要以“两学一做”和精准扶贫等中心工作为载体，推动广大党员干部深入基层，开展走访下访活动，要求各级干部坚持记民情日记，建民情档案，收集社情民意，及时化解问题，帮扶解困。（办公室）

旅游工作

【概况】2016 年，津市旅游围绕打造“6 个 1”开展全年工作，即：创建 1 个 3A 级旅游景区，举办 1 场津市旅游节，编撰 1 本津市乡村旅游规划，制作 1 部津市旅游宣传片，打造 1 支旅游志愿者队伍，开创 1 条一日游精品线路，进一步激活津市旅游氛围，提升津市旅游的品质与形象。

定方向。对全市旅游资源进行一次全面摸底，分析资源等级，建立基础性资料数据库；明确发展定位，以打造津市旅游“大美津市、精致新城”为总体目标，围绕乡风、乡景、乡情，编制津市乡村旅游规划，让津市乡村旅游打上“乡愁”的烙印，让美丽乡村建设与乡村旅游有效结合起来，从而以全新的面貌挤进“常张湘”旅游金三角的笼子，对接常吉怀旅游经济带，积极向省、常德市推送重点旅游项目，争取资金推动津市旅游基础设施建设。

创品牌。集中优势资源，用 1 年的时间，将关山与古大同森林公园整合创建国家 3A 级风景区，指导相关单位制定创建工作任务书、路线图、时间表，2016 年底确保创建工作如期完成，打破津市零 A 级景区的尴尬局面；同时，对全市特色小食品、工艺品、农副产品等进行一次摸底，精心包装 1–2 个特色旅游商品，参加省、常德市优秀旅游商品大赛，启动“津市礼盒”设计，提升津市旅游商品知名度。

重宣传。一是用好官媒纸媒、用活微信微博等新型媒体，充分利用政府网站、手机报、官方纸媒等平台，创立津市旅游官方微信平台，提升旅游工作对外发布的权威性；二是借力津市本地微信公众号、常德市内相关自媒体、微博等平台，提升旅游工作对外发布的趣味性。三是通过公交站台平面广告、广场 LED 屏、宣传橱窗广告投放，与不定期活动展览，充分调动包括旅行社、景区在内的涉旅企业力量，将宣传工作覆盖全市；四是积极参与国家、省、常德市组织的各类交易会、博览会、节会活动，组织相关企业携津市旅游资料前往推介。

刻符号。面向社会公开征集最能代表或体现津市旅游形象的标识、标语，制作明信片、文化衫等旅游纪念品；制作《津市旅游画册》、《津市旅游导游词》、《津市旅游指南》等图文资料；编印《津市旅游》宣传报刊，制作津市旅游形象宣传片与旅游宣传广告，拍摄一部微电影进行网络投放；面向全市招募一支志愿者队伍，培养一支讲解员队伍，整合一个集旅游规划、策划，旅游研究相关领域的专家学者参与，资深媒体人在内的智囊团，每年组织一次“开门纳谏”津市旅游发展研讨会，邀请各界人士参与谏言献策。

抓活动。要达到“季季有活动，年年有新意”的目标，以活动带动氛围营造，促进旅游发展。以“首届津市旅游节”为引领，分季度举办“关山赏花季·津市旅游节”、“津市美食季·米粉文化节”、“药山体悟季·禅宗文化节”、“青苗年味季·农副产品博览会”活动等，促津市旅游提质升温。推出“津市一日游”精品线路，与市总工会联合举办“津市人游津市”春游系列活动；延伸拓展“乐游津城”活动，举办杨梅采摘节、毛里湖垂钓节、关山帐篷节、乡村音乐节、三禾鱼蟹节、年猪节等。

强管理。筹备建立旅游行业协会，提升津市旅游行业服务水平，促进行业管理规范化发展，并积极与旅游院校建立“局校合作”关系，提升行业管理科学

化水平。同时坚持落实安全生产工作，与各涉旅企业签订安全生产责任状，严格做好日常性安全检查。（周上）

【旅游宣传营销】2016年加大旅游宣传推介，打造特色旅游品牌。一是加强宣传，开拓客源市场。编印三期《津市旅游》报纸；制作津市旅游宣传折页，实现“一册在手”玩转津市；建立“津市旅游”微信公众平台，宣传津市旅游新面貌；安排专人定期更新政府网站旅游文化栏目。同时，积极向常德及周边县市推广津市乡村旅游景点，将“新洲美丽乡村游”线路挤进常德二十条精品线路；向“常德旅游”微信公众号推介乡村旅游，实现活动每期有报道，专题景点有介绍；邀请常德市及周边县市的优秀旅行社来津踩点采风，吸引周边县市区游客成团游玩关山、药山等旅游景区景点。二是举办活动，营造旅游氛围。通过办好节会，提升人气，促进旅游产业发展。联合市总工会推出“津市人游津市”活动；举办“枇杷节”“杨梅节”“摸鱼采莲节”等乡村旅游活动，形成新洲镇（原灵泉镇）一日游的精品线路；筹办津市首届旅游摄影大赛暨红色旅游宣传月活动，与津市摄影家协会合作，对全市13个景区景点进行拍摄，评选优秀照片在法治广场进行集中展示；凸显禅修特色游，以“药山讲堂”“禅修夏令营”为品牌，扩大药山禅宗祖庭道场的影响力；做好“旅游+体育”的文章。将嘉山和毛里湖等景区景点纳入湖南省自行车联赛赛事线路，制作1000余份自行车联赛旅游宣传折页，纳入“随手礼”发放给每位选手，将300余份《津市旅游报》布置到参赛者下榻的酒店，精心制作30余块展板，沿赛线布展，提升津市旅游形象。（周上）

【景区创建】2016年启动毛里湖国家湿地公园国家级3A级景区创建工作。加快毛里湖国家湿地公园综合楼和游客接待中心、科教宣教馆、湿地植物园建设，启动木制栈道观鸟点、观鸟台、亲水屋及相关配套的基础设施建设，完善景区标识标牌。对照创建标准，形成《津市市创建国家3A级景区指导意见》等指导性文本，加强与省、常德市业务主管部门的沟通交流，通过请进来、走出去的方式、聘请专家来津指导创建工作，同时组织创建人员赴贵州学习考察，确保了毛里湖国家湿地公园在12月成功通过了国家3A景区创建评审；津市半岛农庄、三禾鱼蟹园成功创建为湖南省五星级乡村旅游区（点）；整合澧水沿江风光带、九码头特色小吃商业街、民国风情街、益泰绸布庄等城市休闲旅游资源，争创国家3A级旅游景区。（谢佩玲）

【旅游资源】津市现拥有国家级、省级旅游资源9个，分别是：国家湿地公园1个（毛里湖国家湿地公园），国家级森林公园1个（嘉山国家森林公园），国家级非物质文化遗产1个（嘉山孟姜女传说），国家级重点文物保护单位1个（虎爪山旧石器时期遗址），省级风景名胜区1个（嘉山风景名胜区），省级重点文物保护单位2个（古大同寺、新洲古城），省级重点寺庙1个（药山寺），省级特色旅游名镇1个（新洲镇原灵泉镇）。拥有自然、人文、生态景观8处：澧水河、皇姑山、“关山烟树”、中武当道观、三湖公园、市博物馆、益泰绸布庄、美食街等。

全市共有旅行社及门市部6家；三星级旅游饭店1家（兰苑宾馆）。湖南省五星级乡村旅游点1个，特色“农庄”47家，宾馆42家，旅游志愿者队伍9支80人。在建旅游项目5个：新洲古城嘉山风景区开发项目、关山景区项目、药山寺项目、毛里湖湿地公园一期能力建设项目、植物园建设项目。（周上）

【旅游项目建设】2016年，积极推进项目建设，优化旅游发展环境。一是抓好3A级景区创建。启动毛里湖国家湿地公园国家级3A级景区创建工作，加快毛里湖国家湿地公园综合楼和游客接待中心、科教宣教馆、湿地植物园建设，启动木制栈道观鸟点、观鸟台、亲水屋及相关配套的基础设施建设，完善景区标识标牌。对照创建标准，形成《津市市创建国家3A级景区指导意见》等指导性文本，加强与省、常德市业务主管部门的沟通交流，通过请进来、走出去的方式、聘请专家来津指导创建工作，同时组织创建人员赴贵州学习考察，确保毛里湖国家湿地公园12月成功通过国家3A景区创建评审；整合澧水沿江风光带、九码头特色小吃商业街、民国风情街、益泰绸布庄等城市休闲旅游资源，争创国家3A级旅游景区。二是加快药山村基础设施建设。实施药山寺改扩建工程，完成竹林禅院及其配套设施建设，启动大殿建设；完成“一水两路”工程，启动唐风小镇的建设和旅游区别墅、精舍的建设。三是完善古大同景区建设。加强古大同寺的维修改造，恢复禅宗九祖道场气象；实施中武当重建工程，恢复道观建筑群，重现道家四十四福地的养生福地的生机。四是推进旅游厕所革命。大力推进旅游厕所建设，解决景区“用厕难”的问题，今年全市共有在建厕所项目16个。积极向上争资，成功争取旅游厕所专项资金52万元，完成三个景区七个厕所的新建和升级改造，进一步提升了景区服务水平。五是试点标准化民宿。为提升景区的留宿能力，组织关山村、药山村农户20多人赴花岩溪考察学习民宿建设，形成《津市标准化民宿建设管理指南》，在关山村、药山村试点建设3-5家标准化民宿，制定环境卫生、接待服务、食品卫生、安全管理等制度标准，实地指导农户加强制度管理，实现制度上墙。以奖代投，对示范性民宿给与奖励性补助，提振建设旅游配套设施的信心。（谢佩玲）

【旅游规划】未来五年，津市旅游将按照市党代会关于发展旅游产业的相关精神，按照发展“全域旅游”的总体思路，“立足区域谋发展，打造津市旅游新品牌”。依托津市丰富的自然景观和人文资源，完善服务设施和功能，“十三五”期间将毛里湖国家湿地公园和药山景区成功创建为国家4A级景区，将津市整体打造成环洞庭湖休闲度假型旅游中心城市，建成名副其实的“大美津市 精致新城”。

构建大美津市的“全域旅游”格局。按照“全域旅游、城景一体”的工作思路，重点打造河湖风光、生态湿地、历史文化、乡村体验等多位一体的大美津市精致新城。推动津澧两地旅游一体化发展。加快融入泛湘西北精品旅游路线。

实施“11125”工程。构建“一中心、一龙头、一环线、两公园、五景区”的旅游空间格局，即：打造城市旅游集散中心；以毛里湖国家湿地公园和药山景区国家4A级景区建设为龙头；建设沅澧快速干线5号线、S238新岳线、棠渡线、S302线为环形主干道的旅游交通环线；保护并开发毛里湖国家湿地公园和嘉山国家森林公园；形成药山禅宗文化旅游区、关山福地文化旅游区、嘉山民俗文化旅游区、毛里湖湿地生态旅游区、城郊乡村旅游区五景区。

开发五大片区。一是围绕“清清毛里湖、悠悠养心洲”，开发毛里湖片区。将毛里湖国家湿地公园初步建成集研学旅游、科普、湿地民俗文化体验为一体的滨水休闲度假区。二是围绕“宁静的国际禅修中心”，开发药山片区。做好禅修文化休闲旅游项目开发，建成具有国际影响力的禅文化养生度假旅游区。三是围绕“江湖连通·欢乐河街”，开发城市片区。结合五城同创、海绵城市和水系改造工程，助推澧水、涔澹水风光带建设，实施三湖公园河湖连通改造工程，主打津市“水城”品牌；配套休闲旅游业态，推动津市欢乐河街、美食街、益泰绸布庄－民国风情街等项目建设，打造特色休闲街区。四是围绕“荆楚风韵、风情小镇”，开发嘉山片区。将嘉山景区建设成为以爱情和勤读文化为特色的民俗文化体验旅游区。五是围绕“悠然关山、七彩田园”，开发关山片区。打造以福地文化为主导的人文休闲旅游区。

力求三大突破。牢牢把握吃、住、行、游、购、娱六大旅游发展要素，深入推进旅游产业融合发展，做好“旅游+”文章，培育旅游产业新业态。一是在景区建设上求突破。通过以点带线，以线促面，以面成域，提升旅游“硬实力”。在“点”上抓落实。紧盯国家政策，以培育津津乐道的人文景观为引领，推进毛里湖湿地公园、药山等重点景区提质改造，力争创建2个国家4A级旅游景区。加快古大同寺维修改造，恢复中武当、禅宗九祖道场、道家四十四福地等道观建筑群。在“线”上下功夫。以交通大会战、五星级特色乡村建设为抓手，加快推进沅澧快速干线5号线、S238新岳线建设，拉通关山、古大同等景区、景点之间的路网联系，形成“多点一线”的旅游集散地。在“面”上做文章。推进“智慧旅游”，结合五大片区开发，建设旅游接待中心，完善旅游信息咨询、安全保障、交通便捷、便民惠民等信息化服务体系，提高旅游接待能力。在“域”上求融合，促进“点、线、面”的融合式发展，最终形成“全域旅游”大格局。二是在旅游文化上求突破。要通过旅游搭台、文化唱戏、经贸开花，提升旅游“软实力”。大力开发禅修文化、生态体验、研学养生、休闲运动等旅游项目，积极举办户外露营、环湖骑行、米粉节等活动，满足不同人群消费需求，提高人气。充分挖掘历史遗迹、民俗资源，大力开发“一山一水”、“一男一女”；深挖码头文化、移民文化等特色文化，打响旅游品牌。建立津市旅游商品协会，大力开发“津市十大名菜”“津市十大小吃”“津市十大工艺品”等系列旅游特色商品，推进第三产业融合发展。三是在服务水平上求突破。构建主流媒体旅游形象宣传、主要客源市场旅游形象广告宣传、本地旅游形象公益广告宣传三级旅游形象推广体系，加大酒店、餐饮、旅行社等旅游机构管理和景区治理力度。落实信访和游客投诉制度，建立统一投诉受理平台，建立无信用企业黑名单，实现旅游监督向综合管理转变。借助职教实训基地，培养旅游技术人才，满足旅游产业发展需求。

（周上）

湖南省嘉山风景名胜区

【概况】2016年，湖南省嘉山风景名胜区以科学发展观为指导，积极融入洞庭湖生态经济区，围绕市委、市政府提出“做大做强旅游产业，建设全国旅游强市”的目标，深入挖掘孟姜女深厚文化底蕴，集中精力抓管理、全力以赴强攻坚、千方百计促提升，努力推进旅游产业转型升级，有效推动了景区各项事业全面进步。全年共完成景区内6户违章建筑的拆除；全年内无一处森林火灾的发生。景区总体规划全面启动。

强力推动违章建筑拆除攻坚。2016年是嘉山风景区正式启动违章建筑拆除的攻坚之年，在市委市政府的领导下，在新洲镇政府的支持下，风景区正式启动了对山顶6处违章建筑餐馆进行拆除，从对违建户下达违章拆除通知书开始到违章建筑拆除，整个过程为期一个月。由于历史原因，嘉山一直以来被澧县和津市一分为二的管理，嘉山山顶的6家土鸡餐馆由澧县那边的老百姓经营，三证全无，而且卫生情况越来越糟糕，满山都是生活垃圾，严重的影响的景区的自然景观，鉴于此情况，嘉山风景区管理处一班人，在一个月的时间里，耐心的给老百姓做工作，给他们讲解政策，分析利弊，经过不断的努力做工作，终于在整个拆迁过程中没有发生一起群体性事件，圆满的完成拆迁任务。

着力推动总体规划修编。走“抓创建促保护管理”之路，在明确嘉山风景区作为1991年湖南省第二批省级风景名胜区的基础上，由于以前的总体规划年代久远，已经不适合现在的发展形式，近年来经济飞速发展，嘉山风景区周边地区也发生着深刻的变化，总体规划修编已经迫在眉睫，现规划修编工作已经全面展开申报文本的编制、翻译工作，着重加强嘉山山地质地貌对比研究工作，稳步开展嘉山风景区地规划编制工作。

切实强化保护管理。(一)强化景区资源保护。嘉山风景区核心景区面积1.4平方公里，在核心景区内有大量的古树林木和名胜古迹，需要切实加强保护和管理，同时进一步加大对火源的管控和白蚂蚁的防治。(二)强化景区环境治理。完善大气、水质、气象、噪音监测系统建设，加强污水处理和环境卫生治理工作。(三)强化景区安全建设。加强森林消防专业队伍标准化建设和生物防火隔离带建设；扎实做好综治、安全生产、信访等工作，存在问题及时整治，实现安全生产"零事故"目标，维护景区社会和谐稳定，促使嘉山风景名胜区成功跻身全省旅游标准化示范点行列。

（蔡鑫）

中国人民政治协商会议津市市委员会

【概况】2016年，在中共津市市委的坚强领导下，市政协常委会主动适应经济发展新常态，按照“忠实履职，奉献津市”的总要求，组织和带领全体政协委员，通过会议协商、提案督办、视察调研等，积极履职建言，服务科学发展，协同改善民生，政协工作务实创新、有为有位，为全面建设小康社会做出积极贡献。2016年，市政协圆满完成换届任务，认真开展“两学一做”学习教育，积极进行文明机关创建，加强党风廉政建设，政协机关工作水平和服务水平再上台阶。（刘清华、贺秀毓）

【召开政协津市市第十一届委员会第五次会议】政协津市市第十一届委员会第五次会议于2016年1月7日至9日在兰苑宾馆召开，165名政协委员参加会议。此次会议共召开三次全体会议、一次常委会议，进行一次分组讨论。会议听取并审议市政协主席姜正才同志作的政协津市市第十一届委员会常务委员会工作报告；听取并审议市政协副主席曹后新同志作的政协津市市第十一届委员会常务委员会关于十一届四次会议以来提案工作情况的报告；杨柳青、李强、熊玉芳、张云等4名政协委员代表所属专委会、工作组、党派等，围绕经济社会重要领域、民本民生热点问题，分别作题为《帮扶企业解困，重振工业雄风》《抢抓电子商务新机遇，启动我市经济新引擎》《进一步提升我市社区矫正工作水平的建议》《规范发展健康养殖，着力改善生态环境》的大会协商发言；列席津市市第十六届人民代表大会第五次会议，听取并协商政府工作报告及其他报告，协商讨论津市市国民经济和社会发展第十三个五年规划纲要（草案）；协商有关人事；补选政协常务委员；表彰先进；征集提案；通过政协津市市第十一届委员会提案委员会关于十一届五次会议以来提案审查情况的报告；通过政协津市市第十一届委员会第五次会议政治决议及其他决议；时任市委书记王学武讲话。（刘清华、贺秀毓）

【召开政协津市市第十二届委员会第一次会议】政协津市市第十二届委员会第一次会议于2016年11月22日至24日在兰苑宾馆召开，157名政协委员参加会议。此次会议主要任务是选举政协津市市第十二届委员会主席、副主席、秘书长及常务委员；协商津市市人民政府市长、副市长人选，市人民法院院长、市人民检察院院长人选。会议共举行三次全体会议、三次主席团会议，进行两次联组讨论、一次工作组（活动组）讨论。市委书记傅勇在闭幕式上讲话。会议选举市政协主席1名，副主席5名，秘书长1名，常务委员24名。名单如下：

主　席：姜正才

副主席（按姓氏笔画排序）：

阿　毅　　曹后新　　梁文利

董新满　　雷光键

秘书长：李子牙

常务委员（按姓氏笔画排序）：

王双全　　王侣丹(女)　　毛　娟(女)

尹茂桂(女)　　皮怀忠　　全林平

刘迪波　　刘清华(女)　　齐绍瑛

杨付明　　杨柳青　　吴　涛

吴　惠(女)　　汪　宇　　汪晓庆(女)

陈本方　　胡芬芳　　姜　波

高曙光　　黄祖金　　庹国安

赖丽容　　蔡德习　　熊玉芳(女)

（刘清华、贺秀毓）

【协商议政】2016年，中共津市市委行文转发《政协津市市委员会常务委员会2016年工作要点》，对市政协2016年重要活动进行系统安排。中共津市市委办公室、津市市人民政府办公室、政协津市市委员会办公室联合印发《津市市政协2016年协商工作计划》，完善“12310”政治协商体系，即1次全体会议协商，2次常委会议协商，3次主席会议协商，10次对口协商和提案办理协商。

1次全体会议协商。在1月7日至9日召开的市政协十一届五次会议上，政协委员围绕津市经济社会发展重大问题进行协商讨论。市政府对委员提出的意见建议分类梳理，逐条交办。会议集中对企业帮扶解困、电子商务发展、社区矫正工作、规范健康养殖等4个课题进行大会协商，市委市政府主要领导对大会协商发言材料现场签批，明确分管领导牵头、部门办理落实。

2次常委会议协商。3月22日，十一届市政协第二十一次常委会议专题协商津市"五城同创"工作，协商有关人事，听取财政工作报告。时任市委常委、市委宣传部部长黄治军，时任市人民政府副市长李景峰，市人民政府副市长李阳应邀出席会议。会议听取市创建办汇报，市政协经科委、提案委、学文委、法群委、办公室分别对创森、创园、创卫、创交模、创文工作进行协商发言，常委和主席会议成员就创建工作分别发言。市创建办和五个分指挥部负责人列席会议。11月10日，十一届市政协第二十二次常委会议协商市政协换届相关工作。

3次主席会议协商。4月14日，市政协主席(扩大)会议协商津市市工业企业"降成本、减负担"工作，提出提振企业发展信心、强化减负政策支撑、硬化减负工作举措的建议，形成《关于"工业企业'降成本、减负担'工作"的建议》主席会议建议案；4月28日，市政协主席(扩大)会议专题协商并村工作，提出妥善安置好离任干部、监管处置好集体资产、统筹发展好社会事务的建议，形成《关于"推进并村工作"的建议》主席会议建议案；6月17日，市政协主席(扩大)会议专题协商电商产业发展工作，提出切实加强政策保障、切实加强配套服务、切实加强氛围营造的建议。

10次对口协商和提案办理协商。3月，市政协学文委会同市文体广新局、市商务粮食局等就津市文史资料征编工作开展对口协商；5月，市政协法群委会同市司法局、相关镇和街道等就社区矫正工作开展对口协商；6月，市政协经科委会同市消防大队、相关企业等就企业消防安全工作开展对口协商；9月，市政协提案委会同市科技工信局等就科技孵化工作开展对口协商。6月至9月，市政协提案委会同市商务粮食局、市科技工信局、市畜牧水产局、市市场质量监管局、市环保局、市卫计局等就十一届五次会议《抢抓电子商务新机遇，启动我市经济新引擎》《帮扶企业解困，重振工业雄风》《规范发展健康养殖，着力改善生态环境》《关于建立全市食品安全综合检测站的建议》《关于加强对生物医药园区废气排放管理的建议》《关于加强乡村医生队伍建设与管理的建议》等6件重点提案开展提案办理协商。（刘清华、贺秀毓）

【提案工作】市政协十一届五次会议以来，广大政协委员和政协各参加单位以高度的政治责任感和使命感，坚持围绕中心，服务大局，认真履行职责，积极运用提案建言献策。共提出提案107件，经审查、合并、整理，立案68件，转社情民意和作来信处理23件。其中，集体提案24件，委员联名提案21件，占提案总数的42%。从内容上看，有关工业经济方面的13件，占12.2%；有关农业农村发展方面的13件，占12.2%；有关城建交通管理方面的38件，占35.5%；有关商贸流通方面的9件，占8.4%；有关科教文卫方面的21件，占19.5%；有关党群综合等其他方面的13件，占12.2%。

十一届五次会议以来，委员们围绕市委市政府中心工作及人民群众关心的热点难点问题提出提案，这些提案凝聚着委员们的智慧和心血，反映人民群众的期待和要求，为促进津市经济社会发展发挥重要的作用。市委市政府主要领导非常关注提案工作，对《抢抓电子商务新机遇，启动我市经济新引擎》《帮扶企业解困，重振工业雄风》《规范发展健康养殖，着力改善生态环境》《关于建立全市食品安全综合检测站的建议》《关于加强对生物医药园的废气排放管理的建议》《关于加强乡村医生队伍建设与管理的建议》《进一步提升我市社区矫正工作水平的建议》《关于进一步规范米粉生产企业的建议》《关于对市人民电影院进行公益性改造和再利用的建议》《关于对摩托车闯红灯行为加强治理的建议》等10件提案进行签批；常务副市长亲自调度提案办理工作，召开专门交办会落实办理责任；分管副市长对提案办理情况亲自把关，落实办理工作。市政协领导亲自参与提案办理工作，通过督办会、座谈会、评议会等方式推动提案面商率稳步提高，提案办理效果明显提升。市委办、市政府办建立健全提案办理制度，明确规定办理方法、办理时限和办理质量，有力推动提案办理工作；各承办单位切实把提案办理工作列入重要议事日程，普遍建立"一把手"负责制，并实行分级负责办理工作机制，保证办理工作落到实处。所有提案都得到有关部门的认真办理，提案办复率和委员满意与基本满意率均达100%。

一是紧扣发展大局，助推经济科学发展。委员们围绕调结构、转方式、稳增长，就津市推进工业经济、农业产业、三产服务等方面的发展提出大量意见建议。如：《帮扶企业解困，重振工业雄风》等提案的有关意见建议得到市委市政府采纳，并出台《津市市帮扶企业十条(暂行)》；《抢抓电子商务新机遇，启动我市经济新引擎》等提案，促进电商产业园的建立和完善，助推津市电商产业的发展；《关于进一步加快发展我市乡村旅游业的建议》等提案，加快"津市旅游"微信公众号和"乐游津城"官方微博的推出，做好农旅结合的文章，营造浓厚氛围，助推津市乡村旅游品牌形象的提升。

二是着眼改革创新，推动社会事业发展。委员们围绕津市教育、卫生、文化等社会事业方面问题积极建言献策。如：《关于进一步抓好我市中小学生法治宣传教育的建议》等提案，促进津市中小学教学计划的调优，提高津市中小学生的法治意识，推动城乡教育整体提质；《关于加强乡镇卫生院医疗队伍建设的建议》等提案，推动津市医疗人才培养基金、人才培训库的建立，促进津市卫生事业的发展；《关于加强推进文化惠民工作的提案》的提案等，加快益泰绸缎庄修缮保护和新华工厂文化创意产业园申报等工作，有力促进津市城区形成层次分明、风格各异的文化空间，助推"精致、家居"城市建设。

三是关注民生问题，力促美丽津市建设。委员们高度关注民本民生工作，提出很多提案。如：《建设澧水大桥沿江风光带的建议》等提案得到市委市政府采纳，澧水大桥沿江风光带建设工程已经纳入城市建设整体规划；针对《关于进一步规范米粉生产企业的建议》等提案，市政府组织监管部门针对米粉行业存在的突出问题，探索建立湿米粉安全监管机制，开展湿米粉专项整治行动，取得较好成效；《关于加大整治非法使用松香拔毛行为力度的建议》《关于加强农村机耕道建设的建议》等一系列聚焦民生工程的提案，经过承办单位认真办理，问题得到解决，社会普遍认可。

四是聚焦环境问题，促进生态文明建设。委员们围绕城市卫生、环境治理、污染防治等方面问题积极思考，为促进津市环境改善发挥积极作用。如：《规范发展健康养殖,着力改善生态环境》的提案，市政府高度重视，规划养殖红线，加大限养区内养殖企业的清退，强化监管措施，促进养殖生态环境修复；《关于加大农村通组公路硬化建设财政投入的建议》《关于加强我市农村村镇建设规划管理的建议》等提案，相关部门进一步加大农村建设的整体规划，改善津市农村公路运输出行条件，有力促进美丽乡村建设；《关于对摩托车闯红灯行为加强治理的建议》等提案，促使相关部门将摩托车闯红灯的交通违法行为纳入交通管理九大整治范围，通过强化日常管理，创新管理模式，改善城市道路交通环境，提升城市形象。（尹茂桂）

【民主监督回访视察】4月8日，市政协办公室印发《2016年津市市政协民主监督回访视察工作方案》，由市政协办牵头，与市政协各专委会共同组建4个监督回访小组，就2015年市政协对市市场质量监管局、市交警大队、市安监局和市卫计局等4个单位民主监督意见的整改落实情况进行监督回访视察。5月4日，市政协召开2015年度委派民主监督小组工作回访视察座谈会。市政协主席会议成员、市政协各委室负责人和部分民主监督小组成员，市卫计局、市市场质量监管局、市交警大队、市安监局等4家被委派单位主要负责人参加会议。会上，4家单位汇报2015年民主监督小组提出的意见建议的整改落实情况，各民主监督小组进行点评。

（刘清华、贺秀毓）

【重要履职成果回访视察】2016年，是“政协重要履职成果跟踪回访年”，对十一届政协重要履职成果的转化落实情况进行“回头看”，重点对十一届政协建议案、3次政协委员论坛、重点提案、重要社情民意信息的办理落实情况进行跟踪回访。

4月上旬，市政协召开主席会议，确定回访视察课题。市政协办公室印发《津市市政协重要履职成果回访视察工作方案》，各专委会根据文件精神，分别与承办单位联系沟通，协商回访视察相关工作，并制定回访视察具体方案。5月份，市政协主席（扩大）会议开展回访视察。看现场、看视频、听汇报、议成果，通过组织政协委员进行现场视察，直观了解承办单位的政协履职成果转化落实情况，观看承办单位拍摄的视频，全面了解市政协重要履职成果的办理落实情况，召开座谈会，听取承办单位对政协履职成果转化落实的情况汇报，政协委员对承办单位的成果转化落实情况进行点评等程序，全面、细致地进行回访视察工作。

5月16日，市政协经科委牵头，会同市林业局开展“美丽津市·生态津城”政协委员论坛回访视察。政协委员先后视察古大同森林公园、高速公路出口处、白衣蒲山村、石板滩污水厂。在座谈会上，委员们观看生态津城建设专题宣传片，时任市林业局局长颜述就生态造林、公路绿化、湿地保护、森林公园建设、秀美村庄建设、绿色走廊建设等工作汇报情况。委员们围绕“美丽津市·生态津城”论坛，结合津市近年生态建设发展，展开交流。

5月20日，市政协法群委、学文委牵头，会同市住建局开展“美丽津市·宜居津城”政协委员论坛和“关于规划建设车胤文化主题公园的建议”的落实情况回访视察活动。政协委员先后视察新洲古城建设情况、民安路棚改安居工程进度、车胤公园规划地项目、城东五组小区建设、双济沟建设。座谈会上，市住建局负责人汇报2014年以来该局全面落实“建设绿色津市，打造宜居津城”工作开展情况。政协委员根据近年来全市上下“美丽津市·宜居津城”活动开展情况及存在的问题纷纷意见建议，为津市生态建设建言献策。

5月31号，市政协提案委牵头，会同市教育局开展“美丽津市·满意教育”政协委员论坛回访视察活动，调研津市教育工作情况。委员们先后视察新洲镇中学、市三中、市一中、市职教学校、市德雅中学，边视察边听取学校负责人对学校相关工作情况的汇报。在座谈会上，全体参会人员观看教育专题片《回眸与展望》，听取市教育局负责人所作教育工作汇报，委员们就津市教育工作建言献策。（刘清华、贺秀毓）

【视察活动】3月1日，市政协主席会议对津市重要项目华阳殡仪馆、一中新教学楼、澧水二桥建设情况进行视察，现场听取有关方面情况汇报，详细了解项目建设进程，细致询问建设过程中的问题困难，鼓励各负责单位迎难而上，确保工程按质按量顺利完成。

（刘清华、贺秀毓）

【换届工作】2016年，是省、市、县三级同步换届之年。换届工作正式启动前，市政协召开专门会议，学习中央、省委关于加强换届风气监督的系列文件以及中纪委、中组部加强换届风气监督的“九严禁”，观看《不可触碰的底线——衡阳破坏选举案警示录》，并进行专题讨论；制定《关于协商“调整市政协换届时间、实现市级领导班子同步换届”的工作方案》；通过《关于调整政协津市市第十一届委员会换届时间、实现市级领导班子同步换届的决定》并报中共津市市市委批准，报常德市政协备案。

3–4月，市政协开展为期两个月的委员大走访。由主席会议成员带队，分别对工商联和民主党派等政协参加单位和各界别政协委员进行走访，了解委员的思想动态，宣传提前换届的决定，宣讲换届纪律要求。

8月正式启动政协换届工作，进行

留任委员摸底，将符合政策要求、有较强个人意愿和有较好履职能力的委员名单收拢。8月8日，市政协召开党组会议，讨论谋划留任委员和界别设置问题并布置政协换届相关工作。8月29日下午，召开政协委员人选推荐提名工作会议。会上，市委组织部就《关于认真做好政协津市市第十二届委员会委员人选推荐工作的通知》《政协津市市第十二届委员会委员人事安排工作方案》进行说明，部署政协委员推荐提名工作；市委统战部就党外代表人士和非公经济人士推荐提名提出要求；市政协办就表格填写、推荐细则、工作流程等作具体说明。会后，市政协紧密配合市委组织部和统战部做好相关工作。

按照有关规定，政协津市市第十二届委员会由中共、民盟、民建、农工、无党派、工商联、共青团、工会、妇联、科技科协、文艺体育新闻、教育、医药卫生、经济、农业、少数民族和宗教、社会福利和社会保障、特别邀请人士等18个界别组成，其中党外委员不少于60%。委员严格按照酝酿推荐、资格审查、组织考察、市委审定、协商确定的原则和程序产生。8月中旬至9月上旬，组织各单位推荐人选，形成推荐建议人选审查名单；9月中旬，对推荐建议人选名单进行结构审查，对推荐建议人选中的非公有制经济人士开展综合评价，组织相关单位进行联合审查，形成初步建议人选名单；9月下旬，确定考察对象，进行组织考察，形成建议人选名单，并公示；10月上旬，市委常委会议研究审定提名人选；11月10日，十一届市政协召开第二十二次常委会议，审议政协津市市第十二届委员会委员名单，协商通过市政协十二届一次会议议程和日程(草案)、市政协十二届一次会议大会秘书长名单(草案)、市政协十二届一次会议大会副秘书长名单(草案)、市政协十二届委员会提案审查委员会成员名单、市政协十二届一次会议大会选举办法(草案)。

11月22日至24日，政协津市市第十二届委员会第一次会议胜利召开，标志着市政协换届工作圆满完成。

(刘清华、贺秀毓)

【对外宣传】2016年，《湘声报》头版头条以《小论坛彰显大作为——津市市“政协委员论坛”这3年》为题，推介津市政协委员论坛；以《津市市政协帮扶发展内生动力——重铸长寿村》为题，宣传市政协脱贫攻坚工作。省政协新闻网站对市政协重点工作进行报道，常德市政协网站对市政协专题协商、民主监督、志愿活动等工作进行经常性报道。《创新协商方式，彰显政协作为》获湖南省政协理论研究优秀论文三等奖，《当前我市工业企业“降成本、减负担”的主要诉求及帮扶对策建议》获湖南省政协优秀调研报告三等奖。

(刘清华、贺秀毓)

【合作共事】参加人民政协的各民主党派、工商联、无党派代表人士和社会团体是政协组织的宝贵资源和履职的重要基础。在全体会议、常委会议、主席会议以及政协组织的其他各类会议中，市政协积极为各民主党派、工商联、无党派和社会各界人士创造议政建言条件，邀请各党派团体参加政协组织的调研、视察、协商等活动，在政协搭建合作共事平台，鼓励和支持各党派团体畅所欲言，调动党派团体参政议政的积极性，共同推进津市经济社会发展。

(刘清华、贺秀毓)

【联络交流】市政协利用召开政协会议、组织政协活动、开展外出招商等机会，加强与社会各界联系。主动慰问联系旅外委员，推介津市经济社会发展情况和市委市政府重大工作举措，鼓励旅外委员发挥优势，为津市建设献计出力。

开展委员走访月活动。3月份，按照主席会议成员走访部门委员、专委会联系走访本委委员的工作部署，全覆盖走访委员。宣讲习近平总书记系列重要讲话精神，通报市政协2016年重点工作；听取委员对津市经济、政治、文化、社会、生态文明建设和“十三五”开局之年工作的意见建议，收集社情民意；征求委员对市政协机关履职服务方面的意见建议；了解委员的思想动态，协调解决委员在生活、工作、履职过程中遇到的困难，深入调查研究，发现问题，解决问题。

2016年，津市市政协承办省政协来津市调研城乡供水一体化工作。海南陵水县政协、中方县政协、安乡县政协等兄弟政协先后来津市交流农村环境综合整治工作、休闲观光农业、生态林业建设等工作；常德市政协临澧活动组来津市开展异地视察活动；组织常德市政协津市活动组、政协课题调研组先后赴武汉、长沙、常德、澧县等地学习考察。

(刘清华、贺秀毓)

【服务市委中心工作】市政协主席会议成员按照市委统一安排，积极参与“五城同创”、美丽乡村办点、完美社区建设、控违拆违、涔水新城、项目建设、招商引资、湿地公园建设等工作。6月至12月，按照统一部署，政协机关干部职工积极开展国家卫生城市创建路段包保及市容市貌整治工作。2016年，毛里湖国家湿地公园顺利获得国家湿地中心正式授牌，并取得国家3A级旅游景区牌子。

全体政协委员主动投入，弘扬扶危济困传统美德，积极响应省、市、县政协三级联动，开展“三个一”结对帮扶脱贫攻坚行动，通过联村联户、捐资助困等方式，共结对帮扶困难群众120多户，为群众办各类好事实事156件，提供各类帮扶物资100多万元，解决就业44人，帮助困难学生24人，充分展示政协委员情系民生、履职为民的责任担当。市政协机关按照“领导联点、干部包户、结对帮带、精准扶贫”的工作要求，在毛里湖镇长寿村开展脱贫攻坚工作，采取“一对一”或“多对一”的措施，结对帮扶贫困家庭。(刘清华、贺秀毓)

【文明单位创建】3月7日，津市政协机关召开创建常德市市级文明单位动员大会。市政协坚持以创建文明单位为契机，强化学习教育，增强服务意识。为加大精神文明单位创建工作力度，不断巩固和扩大精神文明建设成果，促进市政协各项工作再上新台阶，按照市级文明单位创建工作要求，专门制订实施方案。为深入贯彻《公民道德建设实施纲要》，扎实推进社会主义核心价值体系建设，增强思想道德建设吸引力，不断提升公民思想道德修养，市政协分别于3月18日、5月25日、8月10日、10月13日，在三楼道德讲堂举办以“爱岗敬业、无私奉献”“孝老爱亲”“诚实守信”“学田工”等为主题的道德讲堂，共同接受道德洗礼。市政协还组织政协干部开展丰富的节日活动和志愿活动：4月1日，市政协举办“缅怀先烈——我们的节日·清明”纪念活动；5月12日，市政协组织清理白色垃圾志愿服务活动；6月8日，市政协机关组织开展“我们的节日·端午”主题活动；11月7日上午，市政协机关志愿服务队到市社会养老服务中心开展志愿活动；等等。在市政协机关干部的共同努力下，各项创建活动有序开展，成效显著，2016年，市政协机关被评为常德市市级文明单位。

（刘清华、贺秀毓）

【十一届政协重要履职成果编辑】 十一届政协本着“忠实履职，奉献津市”的宗旨，切实履行人民政协“政治协商、民主监督、参政议政”职能。为全面展现十一届市政协的工作成果，2016年，进行政协重要履职成果编辑工作。

在广泛征求意见基础上，出台《政协津市市第十一届委员会重要履职成果编辑工作方案》。编辑工作以党的十八大和十八届三中、四中、五中、六中全会精神和常德、津市市委经济工作会议精神为指导，围绕市政协中心工作，汇集和记述政协津市市第十一届委员会在提案工作、学习工作、文史资料工作，协商座谈、视察、考察、调查研究和反映社情民意信息活动等各个方面的基本情况和重大事情。组织成立政协津市市第十一届委员会重要履职成果编辑工作委员会。履职编辑共分序言、机构概览、领导旨要、工作报告、工作回顾、履行职能、委员风采、政协影响、文件辑录等9大类目。按照结构框架，条分缕析，将任务细化到每个委室，确保材料征集工作有条不紊。明确编辑工作要突出特点、体现特色、图文结合、编写规范，甚至对文稿格式进行要求。限定从线索确定、资料收集撰写、整理与定稿到完成印刷的时间，确保工作有序进行。编委会数易其稿，广泛征求各方意见，于10月按质按量完成《津市政协这四年》的编辑印刷工作。（刘清华、贺秀毓）

【“两学一做”学习教育】 2016年2月，中共中央办公厅印发《关于在全体党员中开展“学党章党规、学系列讲话，做合格党员”学习教育方案》，并发出通知，要求各地区各部门认真贯彻执行。市政协机关全体党员干部采取自学与集体学习相结合的方式，通过交流讨论，撰写心得体会等，按照相关要求，认真进行学习教育。

5月12日，市政协召开党组会议研究部署“两学一做”学习教育。传达习近平总书记关于“两学一做”学习教育工作重要指示精神，传达中央关于做好“两学一做”学习教育工作座谈会重要精神，传达时任省委书记徐守盛在“两学一做”学习教育工作视频会议上重要讲话精神，传达常德市委和津市市委相关精神。研究通过《政协津市市委员会党组深入开展“两学一做”学习教育实施方案》，并于5月13日正式印发。5月16日上午，市政协机关党支部召开“两学一做”学习教育工作会议，学习贯彻习近平总书记关于“两学一做”学习教育重要指示精神，贯彻落实湖南省委、常德市委、津市市委关于学习教育的部署要求，对市政协机关学习教育进行动员部署。5月20日，市政协召开党组会议，开展“两学一做”集中学习。5月23日，市政协党支部召开党员大会，进行“两学一做”第一专题——“讲政治、有信念”学习讨论。6月25日上午，市政协召开党组会议，开展“两学一做”第二专题集中学习。6月25日下午，市政协党支部召开党员大会，进行“两学一做”第二专题——“讲规矩、有纪律”学习讨论。6月27日，市政协党组书记、主席姜正才以“永葆本色，做焦裕禄式的共产党员”为主题，为七星村全体党员上党课。9月20日上午，市政协召开党组会议，开展“两学一做”第三专题集中学习。9月20日下午，市政协党支部召开党员大会，进行“两学一做”第三专题——“讲道德、有品行”学习讨论。11月9日，市政协召开党组会议，开展“两学一做”第四专题集中学习。11月28日，市政协党支部召开党员大会，进行“两学一做”第四专题——“讲奉献、有作为”学习讨论。（刘清华、贺秀毓）

【党风廉政建设】 4月8日，市政协机关为进一步筑牢机关党员干部职工拒腐防变思想道德防线，加强机关党风廉政建设，组织全体机关党员干部观看《镜鉴—湖南衡阳、四川南充“两案”警示录》《不可触碰的底线》等警示教育片。4月25日，市政协组织《津市市“雁过拔毛”式腐败问题专项整治实施方案》《津市市“纠四风、治陋习”专项整治工作实施方案》专题学习。会议对市政协“雁过拔毛”式腐败问题和“纠‘四风’、治陋习”专项整治工作安排部署。8月12日，市政协以“深刻反思衡阳破坏选举案教训，切实加强换届风气监督，努力营造良好政治生态”为主题，召开领导班子专题民主生活会。会上专题学习《中央第五巡视组向湖南省反馈巡视“回头看”情况》《坚决抓好中央巡视“回头看”反馈意见整改落实切实担负起从严管党治党政治责任》等内容。9月10日，市政协召开党组会议专题学习《关于进一步严明治理违规收送红包礼金纪律的通知》。9月20日，市政协召开党组会议，就党风廉政建设进行例行谈话，市纪委相关负责人列席会议。11月7日，市政协党组就关于落实“两个责任”谈心谈话工作召开专门会议，学习《中共津市市委办公室关于印发<津市市落实党风廉政建设“两个责任”谈话制度实施办法>的通知》《中共津市市委办公室关于市级领导干部开展“两个责任”谈心谈话工作方案》。

（刘清华、贺秀毓）

【政协津市市第十一届委员会常委会议】 2016年，市政协共召开常委会议3次，历次会议情况如下：

次数	时间	会议内容
二十次	1.9	听取有关人事事项协商酝酿情况汇报；听取会议分组讨论情况汇报；通过政协津市市第十一届委员会第五次会议关于常务委员会工作报告的决议（草案）、政协津市市第十一届委员会第五次会议关于十一届四次会议以来提案工作情况报告的决议（草案）、政协津市市第十一届委员会第五次会议政治决议（草案）。
二十一次	3.22	协商“五城同创”工作；听取财政工作汇报；传达全国政协十二届四次会议精神；协商有关人事，任命市政协办公室副主任，任免镇、街道政协联络处主任，审议通过政协委员增补名单。
二十二次	11.10	审议政协津市市第十二届委员会委员名单；协商通过市政协十二届一次会议议程和日程（草案）；协商通过市政协十二届一次会议大会秘书长名单（草案）；协商通过市政协十二届一次会议大会副秘书长名单（草案）；协商通过市政协十二届委员会提案审查委员会成员名单；协商通过市政协十二届一次会议大会选举办法（草案）。

（刘清华、贺秀毓）

中国民主同盟津市市委员会

【概况】中国民主同盟津市市委员会下辖一中、德雅中学、三中、五中、职教集团、文化、直属 7 个支部，至 2016 年底共有盟员 150 人，其中在职 100 人，退休 50 人，本科以上学历 95 人，中高级职称 110 人。民盟湖南省委委员 1 人，民盟常德市委委员 2 人，常德市政协委员 3 人，津市市人大代表 6 人，津市市政协委员 15 人。2016 年，在民盟常德市委和中共津市市委的领导下，在市委统战部的大力支持下，民盟市委团结带领广大盟员，深入学习中共十八届五中、六中全会精神和中央统战工作会议精神，坚定不移走中国特色社会主义发展道路，紧紧围绕省、市民盟工作要点和全市工作重点，积极履行参政党职能，加强思想建设、组织建设、制度建设、领导班子建设，提升政治把握能力、参政议政能力、组织领导能力、合作共事能力、解决自身问题能力。（吴涛）

【参政议政】围绕中心工作建言献策。民盟市委负责人参加津市市委、人大、政府、政协组织的协商会议，对市政府工作报告、党代会报告提出意见建议。津市市十六届人大五次会议上，市人大常委会副主任胡湘萍、盟员邓维平提出“完善公共服务基础设施，在城区修建大型停车场”等建议。政协津市市十一届五次会议期间，民盟市委提交集体提案《关于大力推进国家园林城市创建的建议》，盟员提交个人提案 15 件。贺爱华、唐禹、毕家寿 3 位盟员被评为 2015 年度优秀政协委员，集体提案《关于规划建设车胤文化公园的建议》被评为 2015 年度优秀提案，曾红胜提交的“启用公交卡，方便民生”、谭兴烈提交的“关于修建我市中渡口抗战纪念碑”、何津文提交的“桥洞的隐患要解决”3 篇社情民意被评为市政协优秀社情民意。市政协评选的 10 篇优秀社情民意信息中有 3 篇为盟员撰写。刘白冰提交的“重症精神病患者成为社会不稳定因素管理和服务亟待加强”、“推进和规范中小学医务室建设势在必行”和程治元提交的“全科医生培养现状堪忧应予重视”3 篇社情民意信息被盟省委采用。围绕重点问题深入调研。民盟市委按照“党委出题、党派调研”的模式深入调研，形成一系列成果。曾红胜副主委撰写的《民主党派履行民主监督职能情况调研》和吴涛撰写的《县级新媒体代表人士统战工作调研》两篇论文参加常德市委统战部理论调研竞赛。薛君撰写的《新入职青年教师专业成长的调查与思考》参加盟省委的基础教育调研竞赛并被常德市委统战部采纳。围绕社会热点参与监督。9 位盟员担任特约人员。冯战胜担任市委工作监督员；刘白冰、曾红胜、朱效之、毕家寿担任市政协民主监督员；毕家寿、邓维平担任市纪委党风政风行风监督员；程治元、邓维平担任警风警纪形象监督员；赖丽容、邓维平、程治元、毕家寿担任市国税局特邀监督员；张清源担任津市市法院人民陪审员。2016 年他们分别参加了市委工作监督员座谈、满意政府监督员座谈、警风警纪形象监督、市一中教育教学开放周、案件庭审与调解等，提出意见建议，充分发挥党派民主监督作用。（吴涛）

【自身建设】深入学习，夯实思想政治基础。中共津市市委高度重视民盟组织建设，市委常委、统战部部长黄沅敏专程走访民主党派机关，对民主党派的工作提出殷切希望。民盟市委组织全盟学习贯彻党的十八大，十八届五中、六中全会精神，中央统战工作会议精神。3 月，民盟市委负责人列席中共津市市委常委会议，学习习总书记“两会”期间在湖南代表团讲话精神。9 月，津市市第十二次党代会和市委中心组举行三季度（扩大）学习暨统战工作专题讲座后，民盟市委召开全委（扩大）会议进行专题学习。2016 年，民盟市委积极响应全省统一战线开展的党外代表人士“学系列讲话，学优良传统，助力新湖南”（简称“两学一助”）学习教育活动，相继开展“感悟先贤，我与民盟”主题征文比赛，组织盟员参加常德民盟“议政建言论坛”。民盟市委班子成员参加省社会主义学院的网上学习。50 多位盟员参加省委统战部举办的“两学一助”网上知识竞赛，平均成绩达90分以上，掀起全市“两学一助”活动高潮。盟员政治理论水平不断提升，多党合作事业的共同思想政治基础进一步巩固。优化结构，做好组织建设。坚持标准、严格程序，在保持教育和文化主体界别的基础上吸纳优秀党外中青年知识分子，盟员人数达到150人，组织发展呈良好势头。5月，组织22名盟员代表参加常德民盟换届选举大会，周欢、吴涛当选民盟常德市委委员。基层组织换届上，民盟市委严格换届纪律、程序和候选人条件，专程走访盟员单位协商换届事宜，指导五中、职教集团支部换届。朱月莲当选五中支部主委，孙忠诚当选职教集团支部主委。人才兴盟，着力干部培养。大力举荐人才，今年人大政协换届后有6名盟员担任新一届市人大代表，15位盟员担任新一届市政协委员，其中胡湘萍担任人大常委会副主任，邓维平担任人大常委，吴涛、庹国安、赖丽容担任市政协常委，胡湘萍、周欢、唐禹3人被推荐为常德市政协委员。推荐蔡昌明参加常德市党外领导干部培训班。贺爱华、熊淑平、王芳、廖伦荣等15位盟员被评为常德市“优秀盟员”，曾红胜获“参政议政积极分子”称号，唐禹、吴涛被评为“宣传工作先进个人”。民盟津市一中支部被评为常德民盟“先进基层组织”。拓宽载体，搭建新媒体宣传平台。全年在各级媒体上稿40多篇，其中湖南日报新媒体报道“津市民盟烛光行动为中学配送营养餐”，红网报道“津市走出的杰出盟员刘绍英”，省政协网站报道津市“盟员积极建言优化经济发展环境”，三湘统战网推介“津市盟员履职两会展风采”。3月，“津市民盟”微信公众号正式运行，公众号对省市党代会等重要会议精神及时宣传，全面报道民盟常德市委换届等盟内各项活动。新媒体已成为盟员互动交流，凝聚政治共识的坚实平台。

（吴涛）

【社会服务】坚持“发挥优势，突出重点，量力而行，讲求实效，持之以恒”的方针，以高度的社会责任感开展社会服务，展示津市民盟的良好形象。4月，文化支部举办家庭护理知识公益讲座，市二小盟员薛君担任主持；5月，民盟市委在翊武中学开展“同心·烛光行动”，德雅中学盟员于宁送去示范课；7月，谭兴烈、毕家寿等老盟员在毛里湖国家湿地公园并开展湿地保护志愿服务；10月，一中支部开展“我为学校发展献一计”活动，德雅支部开展“采摘爱心橘”活动；11月，文化支部开展文化服务进校园活动，五中支部盟员赴棠华乡中学开展听评课活动……经过多年发展，津市民盟已然形成以捐资助学为主的“烛光行动”和以公益讲座为主的“文化服务”两大社会服务品牌。全市盟员也在本职岗位上立足本职，取得引人注目的成绩。2016年，文化支部主委唐禹被省文化厅评为“星级文化志愿者”，三中支部杨红在全市“五一”岗位标兵评选活动中被评为“十佳教学比武标兵”，谭兴烈被评为全市离退休老干部“阳光之星”，毕家寿被评为离退休老干部“时代之星”。在全市教师节表彰大会上，一中支部主委庹国安被评为实验教学比武常德市特等奖；五中支部主委朱月莲、德雅支部李红获得课堂教学比武常德市一等奖；职中支部盟员孙忠诚获得年度课堂教学比武湖南省三等奖、津市市优秀教师；五中支部副主委张改华被评为津市市教育教学质量优秀奖；一中支部杨歆被评为津市市教育教学质量进步奖。

（吴涛）

中国农工民主党津市市委

【概况】中国农工民主党津市市委下辖津市市人民医院、津市市中医院、津市市教育、市直属四个支部。现共有农工党员85人，其中在职党员56人，退休党员29人，全部为中高级职称。常德市人大代表1人、常德市政协委员3人、津市市人大代表、政协委员10人。2016年，在农工党常德市委和中共津市市委的领导下，在统战部的具体指导下，农工党津市市委团结和带领全市农工党员认真学习中共十八大会议精神和习总书记系列重要讲话精神，紧紧围绕中共津市市第十二次党代会和市委经济工作会议精神，不断加强自身建设，积极履行参政党职能。

【参政议政】围绕中共津市市委、市政府的中心工作，充分发挥人才优势，积极参政议政。在“两会”期间，农工党津市市委及党员共提交人大议案3篇、政协提案16篇，社情民意件5件。常德市政协委员卢超的提案《关于打造湘西北健康产业园的建议》获常德市委书记王群的亲自批示。《加强中小学生心理健康教育的建议》、《加强农村卫生院基础设施建设的建议》、《加快“三湖公园”环境改造，提高城市品位》等议案受到中共市委、市政府的重视和肯定，并由相关部门采纳落实。胡芬芳、全林平、杨玲等被津市市政协评为“优秀委员”。农工党员积极参加社会活动，关注民生，农工党市委组织党员开展调研活动。针对津市毛里湖国家湿地公园的开发与保护课题积极开展调研，先后三次组织党员到毛里湖区进行实地调查，走访湖区周边群众，了解环境污染及治理现状，并对开发利用及保护情况与毛里湖国家湿地公园管理处进行座谈，形成“关于加快毛里湖国家湿地公园开发与保护”的调研文章。并就医疗垃圾的处理、中小学生的心理健康、特种教育的关注等方面进行调研。农工党津市市委充分发挥民主监督职能，多次列席中共市委常委会议、政府常务会议并提出合理化建议。组织人大代表和政协委员参加对市各职能部门的视察评议活动，对市环保局、市市场和质量监管局、市卫计局、市交通局等执法部门进行监督检查工作。

【自身建设】农工党津市市委组织党员集中学习，学习中共十八大和习总书记系列重要讲话精神，加深党员们对我国政策方针的了解；学习统战理论知识和政协理论。3月农工党津市市委通过聘请农工常德市委秘书长为全体党员进行政协理论知识的讲座，使党员了解政协理论的基本知识，提高参政议政水平;4月组织党员骨干参加常德市统战系统举办的“同心讲堂”学习,学习中共中央统战工作会议精神,增强统战意识;5月组织党员参加农工党中央“走进基层、贴近党员,培育和践行社会主义核心价值观百场宣讲”报告会;下半年推荐党员骨干参加农工党中央和省委组织的后备干部培训班学习:6月全林平参加农工党湖南省委在省社会主义学院举办的“全省青年党员骨干培训班”学习;10月毕华参加农工党中央在人民大学举办的“全国宣传干部培训班”学习;12月王双全参加农工党中央在杭州举办的“新时期统一战线理论研修班”学习;还有杨建国、胡芬芳、周芳、向甜、齐平香等同志参加农工党常德市委组织的各类学习,系统学习中共十八大和习总书记系列重要讲话精神、中国农工民主党党章,党史和农工党十五大会议精神。通过系列学习培养年轻党员骨干,为2017年市委换届实行政治交接奠定坚实基础;加强人大、政协换届后党内新的人大代表和政协委员的理论知识培训,举办培训班,提升党员们参政议政的能力和水平。继续积极开展“双岗创优”活动,要求党员们积极履行参政党职能,争做优秀农工党员;同时立足本职,踏实工作,争先创优。全林平、王双全、周芳、胡芬芳等被评为津市市“双岗创优”活动先进,其中全林平、毕华、胡芬芳等同志被农工党常德市市委评为优秀农工党员,全林平同志被农工党湖南省委评为优秀农工党员。积极开展“两学一助”学习活动,认真学习习总书记系列重要讲话精神,学习党的优良传统,积极参加农工党常德市委组织的继承优良传统,展现党员风采“两学一助”演讲比赛,青年党员周芳获常德市“二等奖”,津市市委获组织奖;组织市委委员和青年骨干参加常德市各民主党派无党派人士“两学一助”之“学系列讲话”专题辅导会;组织党员骨干到农工党常德市委党史陈列室学习,了解民主党派与中共风雨同舟、肝胆相照,致力于社会主义革命和建设的光辉历史;重阳节组织老党员开展主题为“缅怀革命先烈,传承革命传统”的学习教育活动,到常德参观丁玲纪念馆。

【社会服务】农工党津市市委组织各医院支部党员医务人员,组成医疗服务队,全年5次到乡镇和社区进行义诊活动,免费发放药物价值近2万余元,服务群众1000人次,发放宣传资料2000份,深受农村村民和社区居民的欢迎;为进一步推进民主政治建设,组织司法界的党员在桥头广场,开展普法知识宣传和教育。继续与市检察院团委联合开展“检察官进校园”的法制宣传活动,开办法律知识讲座,发放宣传资料;与市卫生局、人民医院联合开展了对乡镇基层医务人员的专业技术培训活动,开办培训班期,培训医务人员40人;市委组织干部党员开展“精准扶贫”活动,进社区慰问贫困家庭,发放慰问金8000元;配合农工党常德市委精准扶贫、脱贫攻坚工作,组织党员们缴纳特殊党费,党员们踊跃参加,纷纷慷慨解囊,共捐款8000元。农工党津市市委开展捐资助学,连续三年为津市五中贫寒学子捐款5000元。(杨建国)

中国民主建国会津市市委员会

【概况】2016年,民建津市市委扎实推动思想建设、会务活动、参政议政、光彩事业、舆论宣传等重点工作,取得一定成绩。共有会员126人,下设工业、商业、综合、文化和卫生5个支部。其中经济界人士77人,有中高级职称的59人,担任政府副科级以上实职的12人,担任常德和津市市两级人大代表、政协委员22人。(刘莉)

【自身建设】1.认真学习传达上级会议精神。年初,民建津市市委组织召开了市委工作会议,认真学习贯彻全省统战部长会议精神,以纪念中国共产党建党95周年为契机,紧扣“学习习总书记重要讲话”主题,结合津市经济工作会议、“十三五”规划纲要,全面安排部署主题学习活动,积极推进多党合作事业。民建市委从8月开始全面贯彻民建湖南省委、民建常德市委精神,集中一年时间,在全市广大会员中开展“学系列讲话、学优良传统、助力新常德新创业”(简称“两学一助”)学习教育。2.认真开展主题学习和主题实践活动。一是各支部分别召开支部会议,专题学习习总书记在民建、工商联组会议上的重要讲话精神,引导津市广大民建会员继承和弘扬优良传统,坚定在中国共产党领导下走中国特色社会主义发展道路的信念,积极为津市经济发展献计出力。二是为庆祝建党95周年,组织会员参观了红色纪念馆,还组织会员开展热议习总书记在纪念红军长征胜利80周年大会上的讲话的活动。三是组织会员参加一系列培训活动:易旭主委5月参加了民建中央在北京举办的基层主委培训班学习;王先华、陈继攀两名会员代表民建常德市委7月参加了民建中央在郑州举办的非公经济论坛;刘莉8月参加了民建湖南省委在江西举办的骨干会员培训班以及常德市委统战部举办的全市多党合作理论研修班的培训;陈钢、吴松霖等四名会员9月参加了民建常德市委举办的参政议政骨干培训班的学习。12月,民建津市市委组织市委委员、会内人大代表、政协委员近三十人举办了参政议政骨干培训班。市人大副主任邓惠荣、市政协副主席梁文利、市委统战部、市人大联工委、市政协提案委负责人出席了此次培训会。民建市委通过各种学习活动的开展,提高了会的凝聚力,也提高了会员整体素质。3.注重质量认真开展组织发展工作。加强对新会员和后备力量的培养,积极向上推荐人才,发展了政治素质较高的吴松霖、王虹迪两名年轻有为的新会员。

(刘莉)

【参政议政】积极履职,充分发挥参政议政作用。“两会”期间,民建17名政协委员和5名人大代表积极履行委员和代表的职责,以高度的责任感和使命感,积极参政议政。一是代表、委员认真履职。两会上,他们认真听取和审议了陈章杰市长所作的《政府工作报告》及其他相关报告，认真审议《津市市国民经济和社会发展十三个五年规划纲要草案》，积极参加小组讨论，踊跃发言，为津市市在新的起点上又快又好的发展建言献策。二是积极调研，积极撰写提案。两会期间，提交《关于健全公共安全管理体系，增强应急管理能力的建议》、《关于对市人民电影院进行合理改造与利用的建议》两件集体提案。三是代表、委员深入实际提出建议、提案。陈继攀代表提出《关于"澧水流域航运中心"建设的几点建议》、毛娟代表提出《关于关爱失独家庭的建议》、刘莉代表提出《关于使用节能环保低踏板城市公交车的建议》，陈宽广等政协委员提出了《我市经济的不断发展，优化环境需进一步巩固》、《我市城市公共交通管理仍需加强》等提案，得到与会各位领导、代表和委员的一致好评。这些建议、提案也都得到相关部门的督导办理。上半年，民建市委完成《浅谈引导非公有制经济人士弘扬企业家精神》等两篇理论调研论文。积极调研，充分发挥民主监督职能。4月开始，民建会员人大代表参加了人大组织的加强疫苗管理方面的调研，走访调查近十个乡镇、街道卫生所，深入基层发放问卷进行调查，提出可行的建议意见，得到领导的好评。5月，会员代表还参加人大小组分团活动，参与棚户区改造视察调研活动，并提出科学合理化建议。民建会员中的两名市委工作监督员多次列席市委常委会，履行监督职能。两名优化经济环境监督员深入十多家企业走访询问情况，并进街道开展随机测评活动，为优化经济环境发挥积极作用。毛娟代表到法院参加了案件审理旁听活动，并对法院的工作提出合理化建议。积极推荐，充分发挥会内人才优势。2016年是人大、政府、政协换届之年。民建市委严格落实换届纪律，积极向人大、政协推荐优秀人才，经过人大、政协换届选举，梁文利当选为津市市第十二届政协副主席；毛娟、陈本方当选为常德市第七届人大代表；易旭、汪晓庆推荐为常德市第十届政协委员；刘莉、裴莉林、陈钢当选为津市市第十七届人大代表；刘清华等15名会员推荐为津市市第十二届政协委员。（刘莉）

【参政议政】开展"双岗"创先争优活动。充分发挥本会特色和优势，积极响应市委、市政府号召，为打造百亿工程，为项目建设作出应有的贡献。2016年，民建津市市委继续开展"双岗"创先争优活动，紧扣基层组织和会员特点，立足领域、行业、部门实际，确定活动主题、设计活动载体，推动创先争优活动有声有色的开展。民建市委广泛发动和调动广大会员，广泛开展各种社会服务活动，在招商引资、项目建设、支持新农村建设和服务会员企业等方面做了大量工作，赢得社会各界的广泛赞誉，树立了良好的社会形象。"双岗"活动成果显著。2月，在中共市委经济工作会议上，前民建津市市委兼职副主委陈宽广获得招商引资先进个人；湖南鸿鹰祥生物工程有限公司会员李洪兵等作为研发人获科技进步奖；民建会员张森经营的湘泰食品厂在工业企业获入规奖，多名民建会员荣获政府嘉奖。为响应民建省委号召，民建津市市委组织会员参加了法律宣讲活动、征文活动、省优秀会员评选活动等，并在活动中表现突出，刘莉、汪晓庆评为民建常德市委参政议政先进个人，傅绍荣、齐贵珍评为民建常德市委社会服务先进个人。在组织会员参加的常德市委统战部组织的"学优良传统"主题演讲比赛中，津市民建会员汪晓庆荣获优胜奖。社会服务领域不断扩展。组织会内医务人员开展义诊活动，3月、6月、10月开展三次大型义诊，就诊对象800多人，免费发放药品10000多元，村民赞不绝口，社会反映很好。本会市委在经费紧张的情况下，长期资助品学兼优的贫困学生，5月，民建市委为新洲镇患严重脊椎侧弯的周梦瑶送去1580元。会员傅绍荣34年如一日，为孤寡老人捐钱送物，坚持不懈，元月，为社区10名贫困居民送生活物资、为贫困学子捐资助学2000元、捐2000多元到津市社会福利院开展第34次送温暖活动，傅老的义举得到常德电视台的采访并在常德新闻联播中进行了专题播报。会员王先华作为津市爱心协会的副会长今年6月组织协会成员为云南瓦房小学孩子捐助价值7000元的生活用品，9月民建市委深情结对职业中专四名贫困学子捐助2000元，会员陈继攀、李洪兵、马国良、张森等一直在捐助结对的贫困学子，这些会员关注公益事业的举动，得到社会高度赞扬。（刘莉）

工商联

【概况】2016年津市市工商联（总商会）在津市市委、市政府的高度重视下，在常德市工商联的精心指导下，在有关部门的大力支持下，在各位会员的全力参与下，紧紧围绕市委、市政府中心工作，强化服务意识，努力当好市委管理非公经济的助手，做好政府与非公企业的桥梁，为推动全市非公经济的健康发展和非公经济人士的健康成长，做出了一定的贡献。一年来，新发展各类会员共260余个，并成功创建为全国、湖南省两级的县级"五好"工商联。（严丹）

【换届选举】2016年是换届之年，津市市工商联按照《中国工商业联合会章程》规定和湖南省委、常德市委统战部相关文件要求，认真组织开展换届工作，并以换届为契机，广泛走访企业，多方征求意见。于2016年4月21日召开津市市工商联（总商会）第十二次会员代表大会，分预备会议、第一次全体会议、教育培训、第二次全体会议四个阶段进行，选举产生津市市工商联（总商会）第十二届执行委员会，共产生96名执委，48名常委，并选举胡湘萍为工商联主席，总商会会长，齐绍瑛、雷明军、赖丽容为工商联副主席、总商会副会长，严丹为工商联（总商会）秘书长；此外，还选举出刘喜华、陆立新、范国军、唐建为工商联（总商会）兼职副主席；选举王巧丽、刘广志、李贵骏、江湘津、龚林、鲁礼祥为工商联（总商会）兼职副会长。

市工商联积极配合人大、政协换届，严格根据会员履职考核结果，严把综合评价关，筛选了一批政治素质优、事业发展好、社会责任强的优秀会员作为人大代表、政协委员的推荐人选。本次换届，被推荐为常德市人大代表的非公代表人士有1人(刘喜荣)；被推荐为津市市人大代表的7人(邓维平、王东、谭剑英、龚林、李贵骏、施光辉、彭德银)，其中有1人为人大常委会委员(邓维平)；被推荐为津市市政协委员的有14人(刘喜华、朱亚兰、梅武君、向往、潘文清、芦世洪、周尚玉、谌勋、田雨、董臣、李建明、杨付明、张方富、胡军)。

(严丹)

【参政议政】深入企业开展调研走访，2016年全年开展常规走访活动6次，专题调研3次，受访企业和人员近百人次，协调矛盾问题解决10余次。另外，配合常德市委统战部、常德市工商联，联合津市市委统战部共同开展"访民企、办实事、强信心"专题调研，并形成综合分析材料；深入了解企业发展情况，收集相关信息，提出并上报《当前非公发展的主要困难问题及建议》、《关于设立帮扶企业基金的建议》、《关于把商贸企业纳入部门服务企业范围的建议》、《关于工业集中区有关交通问题的建议》等。2016年本市召开两会时，工商联界别代表委员主要围绕浓厚工业发展氛围，帮扶企业解困；加强仓储建设，促进商贸活市；澧水水运物流现状及建议；关于将商贸企业纳入部门服务企业的范围等方面建言献策。(严丹)

【教育培训】一是开展专题讲座。在"营改增"全面推进之际，为帮助企业更好的适应营改增税法改革新形势，为企业排忧解惑，2016年4月21日市工商联举办一场110余人参与的"营改增"专题培训讲座，并邀请了地税局副局长进行讲解。二是开展党性教育。以"两学一做"、"两学一助"为契机，运用微信等新媒体在非公企业、非公经济人士中广泛开展党性教育活动，组织学党章，学习近平系列讲话，加强非公经济人士教育培训，坚定非公经济人士理想信念，提升非公经济人士发展能力，促进非公经济人士健康成长。三是开展主题教育活动。在广大非公有制经济人士中开展"坚定信念，守法诚信"主题教育活动，引导非公经济人士树立"守法是最好的保护、诚信是最大的品牌和形象"的理念。 (严丹)

【商协会发展】一是成立新的商协会。以王巧丽为代表的一批优秀女企业家，以发扬女企业家"自尊、自信、自立、自强"精神，展示女企业家巾帼不让须眉的风采为目的，于2016年5月20日组建津市市女企业家协会，选举王巧丽为会长，胡世兰、周尚玉、杨琼、陈惠为副会长，胡杰为秘书长。此外，在乡镇街道筹建基层分会，其中四办于2016年12月2日召开基层商会的成立大会，其他乡镇也已完成前期准备工作。二是发展已建成协会。2016年9月23日，召开津市企业家协会第二次会员代表大会，选举产生企业家协会会长、副会长、秘书长。搭建商协会与市委、政府、银行的沟通平台，通过企业家座谈、专题调研、春节团拜等形式，畅通互动，密切感情，提高实效。 (严丹)

【光彩事业】精准扶贫活动。积极倡议非公人士参与精准扶贫活动，将精准扶贫与光彩事业紧密结合。工商联机关结对土桥村李玉林1户贫困户，多次实地走访，详细了解其家庭、收入、身体等情况，制定精准的帮扶方案，帮助贫困户进行了房屋改造、收入兜底、健康检查等事项。帮助争取危改资金2.5万，单位自筹3万完成了房屋改造，牵头组织女企业家协会为其捐助7000余元用于购置生活用品，万隆实业公司董事长范国军捐赠房前屋后绿化8000元。重阳节、春节，给贫困户送去慰问金及年货，我们结对的贫困户于2016年已成功摘帽。工商联捐助土桥村扶贫资金1万元。此外，工商联还牵头组织了非公经济人士为毛里湖镇土桥村捐赠"改厕"公益资金4.8万元。润农茶油通过公司基地，参与产业扶贫。

助学济困活动。先后于2016年1月25日、27日牵头组织开展了"非公助学、爱暖嘉园"(捐款约10万元)、"房协助困、温暖城乡"等公益活动；2016年8月25日湖南旺森农牧股份有限公司，通过津市教育基金会定向对津市一中进行教育捐助，帮助困难学生，奖励优秀老师，并签订了100万元助学协议(2016–2025)，每年10万元，连续10年。2016年该公司还投入10万元对邻近2个村的困难村民进行慰问帮扶。

(严丹)

【招商引资】一是经过工商联多次协商，促成会员企业湖南旺森农牧股份有限公司与津市市新华机械制造有限责任公司于2016年12月2日签署股权收购战略协议书，两家公司正式开始战略合作。旺森农牧计划自签约起一年时间内，对新华机械投资共2000万进行升级改造。二是汽车摩托车专业市场迁转项目，经过一年的调研、商议，汽摩协会已选址丰华城，计划以协会团购形式购买门面，首家商户旭辉汽贸购买丰华城门面8间，约700m²，并已与2016年国庆节期间开业运营。三是湖湘商贸入股三湘和达，已进行多轮谈判对接，并达成了合作意向。 (严丹)

【五城同创】工商联克服人手少，工作任务重等困难，严格落实路段包保责任，确保责任路段做到"四无"(无出店经营、无乱停乱靠、无沿街叫卖、无乱丢乱扔)。工商联积极落实办公区域、机关院子的卫生、绿化及软件资料，带头拆除本单位车棚一个，拆除蒋某违章搭建的厨房一间。院内画小车停车位5个，摩托车停车位2个。另外，2016年工商联共支持社区创建工作经费3万元。

(严丹)

【自身建设】非公党建继续强化。按照组织部要求，工商联进行了非公企业、商协会党组织关系的排查和梳理，完善了非公领域党员信息的登记管理，强化了党员的组织意识和纪律意识；积极开展"两学一做"专题教育，认真组织以党章党规、习近平系列讲话等为主要内容的专题学习活动，并结合单位实际，运用微信等新媒体在非公企业、非公经济人士中广泛宣传“两学一做”专题教育相关精神，真正把非公党建落到实处。

工作作风持续转变。通过学习教育活动，在全体干部中形成勤奋上进的学习风气，提升机关干部履职能力。建立完善了各项行之有效的规章制度和考核办法，规范日常工作程序和内部管理。全体机关干部签订《个人廉洁自律承诺书》，开展了“纠四风、治陋习”、“雁过拔毛”等多个专项整治活动。坚持“服务不懈怠、帮忙不添乱”的原则，得到各位老板的认可和好评。（严丹）

总 工 会

【概况】津市市总工会内设办公室、组宣部、财务部、女工部、民主管理部、生产保护部、经审办、技协办、职工维权帮扶中心，下设法律维权办公室，至2016年，实有行政编制人数7名，事业编制人数4名，另聘用工会专干人员2人，聘用在职人员39名担任社会化工会工作者。市总工会根据市委、市政府中心工作，深入开展“两学一做”群众教育实践活动，充分发挥工人阶级主力军作用，自加压力，善谋实干，在工会组建、劳模工作、职工维权与帮扶、推进民主制度建设、丰富职工文化生活等方面取得了一定成绩。在构建和谐津市中彰显工会作为发挥了重要作用。为津市经济实现跨越发展做出重要贡献。

按照“日常工作出经验、重点工作出亮点、自选工作创特色、整体工作上台阶”的思路，紧紧围绕“五个津市”、“三大攻坚”等中心任务，以增强“三性”为主线，以去“四化”为突破口，以打造“五会”（忠诚、亲民、创新、活力、勤廉）为目标，着力强化基层基础，着力拓展工作空间，着力提升服务实效，加强对下级工会的扶持，管好盘活“五本账”。强化经费的监督审查，确保经费支出合理。去年来，按照市委市政府的整体规划，筹建津市市工人文化宫，该项目已纳入十三五规划，并得到省总、常德市总大力支持。同时，加强了网络建设的规范化，打造了工会组建、困难帮扶、民主管理等一批省级、全国级的品牌，夯实了基础。职工法律援助中心、厂务公开民主管理等工作受到常德市总、省总的表彰；“双联”工作为省双联帮扶工作先进县市；工会工作评为常德市先进；津市市总工会评为常德市文明单位。（任杰）

【职工维权】规范维权方式。为了更好地维护职工的合法权利，我们在协商模式、联动模式、司法模式、源头模式四种有效的维权模式中不断创新机制。全市维权案例10件中100%是通过协商维权。为此，着力于源头模式，督促相关单位同职工签订《劳动合同》，工会代表职工签订《集体合同》，促使企业和职工按照协商双赢的原则把《劳动合同》、《工资协商合同》的签订和履行落到实处。全年，新签订劳动合同2200多份，续签4500多份，集体合同36份，工资协商118份；扩大维权影响。我会与市人社局、市科工局、市工商联等部门加强联系，建立了三方协商机制。同时，还组织了对12家规模企业的职工劳资、劳动合同、平等协商集体合同、工资协商协议、女职工专项集体合同等进行职工基本权益监督检查，在维权调研过程中，我们紧紧抓住“五险一金”这个关键点，并形成调研报告，上报常德市总工会。对带普遍性的案例，有针对性地选择个案，有效地维护职工合法权益；强化就业维权。年初，与市人社局在江南明珠广场联合举办“春风送岗、劳雁归巢”招聘会，有近万人参加招聘，涉及到工业企业、美容美发和餐饮等服务业企业76家单位参与招聘，提供就业岗位3080个，达成求职意向达1385人，现场签约的为334人。招聘会上，聘请专职律师、心理咨询师对职工现场咨询，发放《工会法》、《劳动法》、《劳动合同法》3个法律法规和《职工维权帮扶中心手册》宣传册共8000多份，受到了社会各界的好评。（任杰）

【职工帮扶】开展精准帮扶。大力实施“一户一策”精准脱贫计划。年初组织对职工困难情况进行全面摸底调查，加强对困难职工困难情况的动态监测，重点了解困难职工致困原因和脱困需求。去年底，对困难职工电子档案进行清理，未脱困的为1500人。对生活中遇到困难的城镇职工和农民工，积极协助政府做好解困“一对一”（精准）帮扶工作。对点村的个别困难农民工给予2000元帮扶。开展困难职工、农民工子女就学难问题摸底调查，争取政府和企业行政投入、动员社会爱心力量等途径，筹集助学资金50多万元，资助210名困难职工和困难农民工家庭子女入学难问题。强化医疗互助。按照常德市总的要求开展职工医疗互助活动，去年6月份，加大宣传职工医疗互助活动，参加第五期医疗互助人数为7815人。为第四期医疗互助活动309人次提供医疗互助，医疗互助金为42.1万元。下半年，第五期医疗互助为132人次提供医疗互助金为21.8万元，11月份，常德市总工会对津市第四期的互助对象32人进行了大病补助，发放补助金24.9万元。整个活动受到社会的好评，我们将继续做好各项细节上的工作，让广大职工满意。规范帮扶行为。一是强化三级帮扶体系。逐步形成以“帮扶中心、帮扶站、帮扶点”为基础的三级帮扶网络化格局。二是强化工作流程。实施困难职工帮扶工作的电脑化管理，建立完善的困难职工台帐，与上级形成信息畅通的工作格局。三是完善困难群体台帐。年初通过逐级申报、层层把关，新增建档困难职工127人，全部录入全国帮扶网络系统，为今后工作打下良好的基础。春节慰问工作，组织全市行政事业单位干部职工深入到90多家企事业进行“双联”接对走访慰问困难职工560多人，为企业、社区办实事107件，送去捐款和物资折合人民币34.5万元。对18个帮扶站点发放大米480袋，对160名困难职工发放大米320袋，每袋10kg；共计1.6万斤大米；对294人困难职工进行慰问，慰问金达24.55万元；解决帮扶难点。除在“两节”开展慰问活动以外，市总工会还坚持了日常帮扶。春节期间，市总工会为钰兴科技、新特维困难职工送去慰问大米1800斤，为8名特困职工送去6000元慰问金。“五一”期间，对4名困难劳动模范进行特困帮扶，每人送去500元的慰问金。端午节前，为3个困难职工帮扶站点送去15000元帮扶资金和3000斤大米。8月中旬，为10名困难职工子女送去3000元的学习用品。11月份，对药山镇药山村2名困难家庭进行走访慰问，送去慰问金5000元。注重对全市特别困难的职工进行慰问，解决部分困难职工和居民的生活困难。（任杰）

【业务工作】突出特色抓“创建”。通过创建活动，引导、促进基层工会组织创先争优。我会以“乡镇文化广场”、“六好乡镇”、“模范职工之家”等活动为载体，推进全市工会组织规范化建设，收到了较好的效果，市地税、市移动公司、市一中、市娄星纺织、渡口镇等40多家规范基层工会组织积极参与各项创建工作。抓分类指导。以“工人先锋号”创建活动为载体，以“五型”班组建设为主要内容，在全市开展乡镇（街道）工会规范创优竞赛活动，按照创建“六好”乡镇（街道）工会要求，进一步夯实工会组织基础。津市市新州镇黄林堰村评为常德市示范性职工文化广场。号召全市企事业单位，以引导班组实施精细化管理和标准化建设为目标，积极开展“最美班组长、芙蓉标兵岗、百岗明星、五一劳动奖章”等推荐评选活动。2016年市新合新、友联纺织申报安康杯优胜单位及班组，此项活动得到了企业与广大职工的积极响应和认可；抓站点建设。按照“七有”标准，规范帮扶站点运作，拓展帮扶站点服务项目。抓园区工会，结合园区攻坚战役要求，充分利用职业化工会工作者这支队伍，积极服务企业发展，指导园区企业开展工会工作等。抓社区工会建设，充分结合“完美社区”创建，进一步规范社区服务体系，着力抓好社区帮扶站点。襄阳街街道办事处及荷花社区做为全市帮扶站点示范单位学习典型；抓制度完善。根据省总，常德市总的工作部署，在省帮扶中心基础上进一步升级，各项规章制度和台账严格按照星级标准进行，为了更好的发挥窗口作用。我们在六个方面以规范制度来进一步完善各项工作，提升帮扶中心服务水平，不断完善各项制度（即：优化企业发展环境上、构建稳定的劳动关系上、职工医疗互助活动上、项目化帮扶工作上、完善帮扶网络上、转变工作作风上由为突出）；抓劳动竞赛。围绕“践行新理念，建功十三五”主题，发挥企业的主观能动性，动员企业广泛开展群众性岗位练兵技能比赛、技术交流等活动，激发广大职工学技术、钻技能的热情，进一步加强职工技能竞赛，提高技艺。一是号召全市职工以主人翁姿态投入到“中国梦·劳动美”活动中去，继续深化“工人先锋号”活动，把劳动竞赛向广度和深度推进。二是开展“我为企业做贡献”提合理化建议活动。全市共收到合理化建议4700多条，重点被采用建议165条。竞赛活动、提合理化建议、节能减排为企业生产增效发挥了积极作用。三是开展岗位练兵、技术比武等活动。“五一”前组织全年职工职业技术大赛，共有6类10个项目，评选出十佳标兵100名，整个活动的奖金达13万元，在全市有效地倡导了“工匠精神”和练兵热潮。四是组织开展劳模和技能“创新工作室”活动。推动职工创业创新。通过动员广大职工积极投身于自主创业、技术创新热潮之中。着力搭建平台，把职工（劳模）创新工作室打造成职工创业创新的主阵地，年内创建了鸿鹰祥、新合新示范型职工、劳模创新工作室2个。同时，充分发挥工会培训基地“大学校”的作用，提升职工素质，通过开展新型产业紧缺技术工种技能人才培训工作，为职工创业创新创造条件；抓劳模工作。提升劳模慰问层次。一是对全市三级劳模进行摸底调查；二是组织开展劳模相关政策宣传，对劳模关心的问题耐心细致解答；三是走访慰问劳模。由四大家主要领导带队，走访慰问了全国、省（部）级、常德市级劳模311名，送去慰问金、大病补助、工资补差近30万元。通过慰问活动宣传劳模精神，扩大劳模影响；抓安全生产。市总工会与市安监局联合开展了“安康杯”竞赛活动，全市68家企事业单位涌跃参加。6月份在江南明珠广场进行了安全生产月咨询日活动，活动围绕“安全发展、人人有责”为主题，以安全发展理念、安全生产法律法规、安全知识和安全生产的先进典型为宣传重点，制作宣传牌，发放宣传资料3000多份。同时，还与市安监局、劳动局等部门配合督导调研企业安全生产、职工劳动保护工作，共参与全市安全生产监督检查12次。（任杰）

【学习宣传】开展“两学一做”学习实践活动。围绕全面从严治党持续深入基层，学习教育全覆盖到全体党员的要求，突出党员“亮身份、晒业绩、作表率”实践特色，把“学、做、改、评”有机结合，组织全会党员干部认真学习党章党规、学习习总书记系列重要讲话，立足岗位做合格党员，切实把全会党员的思想和行动统一到上级工会和市委、市政府的决策部署上来；开展文化宣传活动。积极号召各基层工会组织利用展牌、宣传栏橱窗、横幅标语及知识抢答赛等形式，重点宣传《工会法》、《劳动法》、《劳动合同法》、《湖南省职工代表条例》、《企业工会工作条例》等与职工切身利益相关的法律法规。市工会与妇联、共青团联合组织了多场的活动，全市共组织体育竞技、劳动技能比武、演讲赛、歌咏赛、书画赛等各种活动达120多场次，参与职工达2万人次，深受职工的喜爱，营造了良好的氛围；强化劳模精神宣传。为更好的宣传标兵、能手及劳模事迹，弘扬典型人物精神，市总工会与市电视台联合开辟了“劳动者风采”电视专题栏目，通过职工技能比武活动评选“十佳员工”，精心拍摄选制了30套事迹宣传片，分不同行业的岗位职工能手及其常德市级以上劳模做为典型人物，将他们的先进事迹制作成专题片，于“五一”前后在市电视台连续展播。节目受到了社会各界人士的一致好评，为促进津市劳动就业营造了良好的舆论氛围。（任杰）

【创新特色】全市工会经费“乡财县管”工作取得了实质性的进展，可以概括为：组织严密、职责明确、管理规范、运转有序，其经验得到了推介。10月21日，全省工会“乡财县管”工作推进会在津市召开。创新“厂务公开民主管理”运作机制。通过抓典型，以点带面，力争全覆盖。4–6月在全市重点企事业单位建点示范，市人民医院、市自来水、湖南娄星纺织、津市坝道水泥、常德仁和盛等10个不同行业企业的示范点起到带头作用，通过建立平台，有效维护职工合法权益。7月份，常德市总在津市召开现场经验交流会。（任杰）

共 青 团

【概况】2016年，共青团津市市委紧紧围绕服务党政中心和青少年需求，把握“凝聚青年、服务大局、当好桥梁、从严治团”四维工作格局，切实做好团的自身建设、主题教育活动、青年就业创业、重点青少年群体管理、青春志愿者行动、贫困学生救助、“五城同创”等工作，为建设新津市贡献了青春和力量。

至2016年底，全市共有青少年(14–28岁)3.8万人，其中学生团员3000余人。9个乡镇(街道)团(工)委配备或配齐团组织机构和成员，市直单位均建立了团支部或青年组织，积极筹建非公企业团组织。团市委核定的编制为3个行政编，班子配备一正一副，办公室人员1名。实有在编在岗人员2名，团市委书记1名，副书记1名。另，大学生志愿服务西部计划人员1名，金融系统（农行）挂职1名(半年时间，挂职截止2016年5月底)。（肖丹）

【主题研讨，引导青年】2016年，津市团市委通过开展系列学习研讨活动、青年大讲堂、主题活动等进一步引导团员青年树立社会主义核心价值观，坚定实现“中国梦”的使命感和责任感。2016年5月4日，开展“飞扬的青春，与压力握手言欢”主题心理健康团体辅导暨学习讨论活动，全市70余名青年参加，就当前的时事热点、重要文件精神、团员青年中的新问题新发现、团员青年金点子好声音等进行探讨研究，针对年轻干部工作压力大，进行专业的心理健康团体辅导，为全市青年干部减轻压力，开辟出工作新思路。组织学习《中共中央关于加强和改进党的群团工作的意见》及湖南省委相关文件、团省委主题班成果，青年干部们结合津市实际及自身工作，务实地提出一些需要解决的问题和基层团工作开展的意见和建议。

2016年3月12日，组织青年志愿者开展津市市“共青林”建成揭牌仪式暨2016年“践行雷锋精神，建设生态津城”义务植树活动，由各市直单位和社会组织200余名志愿者代表在共青林中义务种植了200株植物幼苗。组织乡镇团委书记参加了常德团市委举办的基层团干培训班，通过课堂教学、经验交流、实例分享和实地考察相结合的方式，提高团干部乡镇团建工作水平和能力，有助于尽早实现网格化管理、阵地化服务、社会化运作、功能化发展的共青团整体性工作格局。

主题教育。津市团市委联合津市教育局团工委、各中小学以主题班会、演讲比赛、社团活动等多种形式，组织“与人生对话”“珍爱生命”“经典诵读”“解开千千结”“社会主义核心价值观”“红领巾相约中国梦”“青少年环保世纪行——健走活动”等多场团日主题教育，提高团员对团组织的认同感和归属感。清明节期间，开展“我们的节日·清明”主题教育活动。组织中小学生到烈士陵园、蒋翊武墓前等扫墓，集中接受革命传统教育。2016年，全市少先队工作得到团省委、常德团市委的一致认可，团中央少儿部刘建波部长来津调研时，对津市在少先队辅导、引领工作上给予高度的肯定，鼓励市少工委夯实基础，奋力前行。

【搭建平台，凝聚青年】6月，利用新媒体，搭建微信群、“青年之声”综合平台等，开展青年学习讨论活动，交流读书心得、学习体会，推荐美文，答疑解惑，将思想引领逐渐常态化。协助加强人才公寓管理，为便于紧密联系青年，6月，成立“人才公寓自治委员会”，方便青年之间的沟通与交流。组织联谊活动，丰富青年人的业余生活，以“青年之家”和人才公寓为依托，成立6个兴趣小组，开展有益身心的趣味交友活动。全新包装“津市V青年”微信工作平台，为青年发声，积极打造成本市青年人喜爱的微信公众号。

【完善组织，保障青年】全市所有社区及有条件的部分村已实现团组织阵地覆盖，部分社区还实现功能分区，社区志愿者队伍逐步健全和完善，为团员青年开展活动提供保障。同时打造基层团组织精干队伍，健全基层团干配备考核机制，确保基层团干服务团员青年的时间数和活动效果；加强团干部教育培训，利用新媒体大讨论、以会代训、专题培训等形式，多元化强化团干素质。组织部分街道、乡镇、重点中学团委书记和学校大队辅导员10余名参加团省委、常德团市委举办的团建培训、队日活动培训等，通过课堂教学、经验交流、实例分享和实地考察相结合的方式，提高了团干部基层团建工作水平和能力。在基层深化“雷锋号”“青年文明号”等创建，在城隍庙、后湖、襄阳街雷锋号志愿者工作站的基础上，协助柏枝林社区申报雷锋号志愿者工作站。支持财政局做好国家级“青年文明号”创建准备工作，支持新洲法庭、襄阳街街道办事处等单位申报“全国青少年维权岗”等。

【品牌活动，活跃青年】志愿服务方面。利用“3·5”雷锋月契机，津市团市委组织各单位、志愿者协会开展“志愿服务进社区”的系列志愿服务活动，社区义诊、维护清洁、扶贫帮困、文明劝导、进社区维修、陪伴孤寡老人、义演等活动；3月份，团市委组织30名志愿者牵手留守儿童开展“关爱留守儿童志愿行”活动，弥补留守儿童内心亲情陪伴缺失的失落感；“4.5”清明祭英烈，组织全市青年志愿者协会志愿者们缅怀先烈，并为已逝的失独老人扫墓。5月15日，全国助残日“共筑爱心桥，同圆中国梦”志愿服务活动走进市特殊教育学校，为聋哑学生捐赠200余件爱心图书和文化体育用品，表演节目，互动游戏，互赠卡片，体现对残疾儿童浓浓的人文关怀。6·1儿童节，带领扶贫点村优秀少先队员参加常德团市委组织的“青春作伴 大爱为家”感受城市活动。9月份，在城市无车日宣传活动中，全市青年志愿者用行动支持和践行城市无车日活动。除此之外，还配合湖南省“自行车邀请赛”等活动，各组织100余名志愿者开展志愿服务。

扶贫助困争方面。积极对接省青基会“药山阳光希望小学”建设项目，敦促棠华乡岳山小学加快建设进度。2016年12月该项目已全部竣工，顺利验收及拨款；大力推广“微益中国”，新增教师志愿者21人，成功获资助项目6个，受助人数达400余人；实施2016年“圆梦计划”，通过积极争取，全程配合整理资料、入户走访、发布助学信息等，用1个月的时间为津市6名家困难的优秀大学新生争取到了“芙蓉学子”每年5000元资金帮扶。落实希望工程“一元捐”、“青春作伴”、“红土地”等助学项目。2016年，共资助学生27名，解决助学资金8.6万元。争取扶贫点村希望书屋建设项目，全年共争取到位项目4个，将较好地为农村儿童及留守儿童服务，为农村学生文化建设提供平台和阵地。

创业就业方面。积极响应“大众创业 万众创新”口号，开展全市青年创业就业活动。5月份，团委配合电商产业园建成，组织参与津市市电商孵化基地落成暨第一届电商巅峰论坛，解读创客优惠政策，为青年创业再开“绿色通道”。7月份，联合湖南师范大学旅游学院暑期“三下乡”团队，就津市农村青年规模种养殖、艺术培训、电子商务等多个创新创业项目开展调研，详细了解当前农村青年创业的现状和困境。推荐津市优秀电商青年30余人参加省电商培训，并与商务局进行沟通，举办本市电商培训，为更多的青年电商和创业者们提供平台、增强技能。

服务党政中心方面。号召全市青年团员以实际行动投身创建活动。交通劝导我先行。全市机关单位志愿者组织青年志愿者率先开展文明交通劝导，为交通管理模范城市、文明城市创建给力；美丽乡村微寻访。5月份，团市委与旅游局共同组织美丽乡村观摩活动，年轻干部和团员青年深入近郊的关山村参观学习该村“美丽乡村”建设和乡村旅游开发，通过微信、微博等新媒体，将美丽乡村推介宣传出去。文明创建志愿行。文明城市测评期间，组织全市文明单位、职业中专学生等志愿者100余名，在全市所有交通路口、客运车站等志愿服务，获得好评。（肖丹）

妇女联合会

【概况】2016年，津市妇联在市委、市政府的领导下，上级妇联的指导下，紧紧围绕市委、市政府的中心工作，以“服务党政、服务基层、服务群众”为指针，坚持“一手抓发展，一手抓维权”的工作方针，切实履行好组织妇女、引导妇女、服务妇女、维护妇女儿童合法权益的职责，团结和凝聚广大妇女为推动津市经济社会发展贡献力量。（田华）

【妇联改革】一、基层妇联组织改革。按湘妇字[2016]44号《湖南省基层妇联组织改革实施方案》的文件精神，2016年，中共津市市委组织部、津市市妇女联合会联合发文：1、津组通[2016]21号《关于调整和明确镇、街道、市直单位妇联工作负责人的通知》要求，一、各镇、街道明确一名班子成员兼任妇联主席，根据工作情况可配备一名专干。二、市直各单位明确一名妇工委主任。2、津组通[2016]30号，《津市市基层妇联组织改革工作实施方案》。文件明确全市基层妇联组织改革的相关要求。一是目前，全市共有9个乡（镇）街道妇联组织，2016年12月31日前已完成镇、街妇联换届。39个村妇代会、37个社区（居委会）妇代会也正在启动妇代会改妇联，2016年5个街道办城市社区已完成换届工作。2017年7月前，与村（社区）换届同步完成全市所有村（社区）妇代会改妇联工作。妇女组织组建率及妇干配备率均为100%。机关、事业单位这块，各市直单位也均按要求选举出妇委会班子，配齐配强妇工委主任。在非公企业中，坚持党建全覆盖的同时，积极推进妇女工作全覆盖，优先发展女党员，优先培养女中层干部。二是妇联干部队伍配备。妇联自身干部情况，妇联核定的编制数是5个编制，（其中行政编制4个、工勤编1个）班子配备是一正一副，办公室人员1名，工勤人员1名。认真学习传达群团会议精神。自中央、省、市群团工作会议召开以来，我会积极组织妇联干部认真学习会议精神，积极向市委、市政府汇报相关工作，努力争取落实人员编制、经费等问题。经过津市市委常委会研究决定：在本轮机构改革中给市妇联增加1个编制，确保妇联专职干部达到5名。全面落实以每人每年不少于1元的标准分别划拨妇女事业发展专项经费，纳入同级财政预，并随着经济社会发展相应增加的基础上，确保镇（街道）妇联工作经费列入区县市财政预算，且不少于2万元。

（田华）

【宣传教育】妇联利用“三八”、“六一”、“三八维权周”、“三下乡”等有利时机，通过举办大型普法宣传活动、设立咨询台、发放宣传资料、联合司法局送法下乡进社区、开展家庭律师社区行等形式，开展宣传教育活动，扩大了宣传教育覆盖面，全社会对《妇女权益保障法》的知晓率达到90%以上，提高了妇女法律意识，增强了妇女依法维权的能力。妇联邀请家庭教育专家开展了“家庭教育”公益讲座，与家长共同探讨、交流家庭教育的科学理念、技巧方法，普及家庭教育知识，共有500余名家长聆听讲座。2016年妇联开展的活动：1、“三八”妇女节，为庆祝《中华人民共和国反家庭暴力法》2016年3月1日正式实施，三八”在津市法治广场开展“反家暴法”大型普法宣传活动，参加的单位有妇联、公安局、司法局、法院、综治办等单位，会场摆放大型宣传展牌，各单位摆放了咨询台现场为群众做法律咨询和解答，发放宣传手册4000余份。2、“六一”儿童节前，妇联购买书包、文具等学习用品，到扶贫点村毛里湖镇长寿村、花桥小学开展对贫困户家庭的儿童走访慰问，并给学校捐赠女童自我保护宣传画册300余份。3、“6.26”禁毒日，津市法治广场举办大型志愿者宣传活动，妇联组织的“禁毒妈妈志愿者”进行发言，并为群众发放“禁毒”宣传手袋、扇子、宣传单等1000余份。4、家庭教育。2016年二孩政策全面放开，为满足广大育龄妇女的需求，5月份邀请市人民医院妇产科主任刘美进、护士长朱玲、儿科医生李贤楔在柏枝林社区为180余名妇女讲课，内容主要是孕产妇产前备孕及孕期注意事项，新生儿早期护理，儿童常见病的预防及诊治知识。在渡口翊武中学“知心屋”项目点成立津市首家“留守儿童心理咨询室”，并在11月举办“关爱雏鹰·呵护健康”——湖南省预防儿童意外伤害知识公益讲座，邀请省儿童医院专家来授课。襄阳街办事处阳由社区ECD儿童早教中心项目启动，旨在为该社区低龄儿童开展学前免费早教。8月份派出2人到乌鲁木齐参加全国妇联的儿童早教项目培训班，11月派出3人到长沙芙蓉区现场观摩早教活动场地布置及工作开展情况。5、普法维权。联合司法局开展送法下乡、进社区活动，全年共举办“家庭律师社区行6场次”，为近500余名群众宣传向广大村居民群众宣讲《反家暴》法、婚姻家庭、未成年人保护、老年人赡养等相关法律知识。播放反家暴知识广播稿使广大妇女、老人、儿童增强法律意识，提高维权能力；认真接待来信来访。为积极引导妇女群众以理性合法的方式表达利益诉求，一是坚持维权与维稳相结合的原则，认真接待群众来访。二是进一步完善信访制度，做好信访登记及回访工作。2016年共接待来信来访来电39件，并为2名困难妇女提供法律援助。多方面协调，联合公安派出所、司法局法律援助中心、法院等多部门联合处理各类信访案件。（田华）

【活动开展】一是表彰先进，树立典型。一是宣传表彰优秀妇女典型。对去年在“巾帼建功”、“最美家庭”、“最美创业”、“最美湘女”、“平安家庭示范户”创建等一系列活动中评选出的先进集体和先进妇女代表进行表彰。对接电视台拍摄《“三八”女性风采、最美系列》宣传片，对三洲驿街道后湖社区（湖南省巾帼集体），德雅中学刘洋老师（常德市“最美家庭”），广兴超市员工业余作家余晓英（常德市“最美湘女”）、津市开元物业公司总经理王巧丽、渡口镇返乡创业女农民刘梅知等1个集体、4名个人先进典型进行了专题报道。“三八”节期间在津市新闻中播出，并在政府网站和微信平台宣传。二是开展走访慰问。市委书记王学武、市妇联主席李志华对朱云香、杨成芬2名全国“三八”红旗手进行走访慰问。动员各妇联组织、妇工委对所联系的贫困户家庭妇女开展结对帮扶。三是启动2016年寻找“最美家庭”“最美创业”“最美湘女”活动。选树先进典型，引领广大妇女巾帼建功。二是“社会性别与公共政策”课程进党校课堂。2016年5月17日、10月19日、12月6日，市妇联主席李志华在市委党校给科干班的学员上了一堂精彩的“社会性别与公共政策”课程。领导干部是政策的制定者、推动者，是对社会资源进行再分配的代表者。“社会性别与公共政策”课程走入市委党校课堂，增强了科级干部的社会性别意识，为营造公平的社会环境，促进男女两性协调发展提供了条件。（田华）

【事业发展】1、积极开展女妇儿“两纲”工作。2016年5月17日，津市市妇女儿童工作委员会在政府办三楼会议室召开“妇儿两纲工作”会议，参加此次会议的有32家妇儿工委成员单位。会议再次明确了各成员单位职责和义务，部署了迎接2016年迎全国“两纲”中期督导评估工作。会议的召开使市妇儿工委各成员单位在各自的工作中做到有章可循，有法可依。2、重点落实农村“两癌”免费检查项目。一、“两癌”免费检查工作。根据《湖南省农村适龄妇女“两癌”免费检查工作方案》要求，津市市2016年农村“两癌”免费检查任务数为3139人。6月12日，津市第一批农村“两癌”免费检查在药山镇渡口卫生院开始，到12月8日，津市共检查3266例适龄妇女，任务完成率达104.05%。二、“两癌”贫困妇女救助。2016年2月，在市妇联的努力争取下，白衣镇和药山镇的两名“两癌”贫困母亲得到了中国妇基会的救助，每人获得了1万元的救助金。4月，全国“两癌”数据统计填报工作开展，津市妇联一共上报58人（包括往年重新申报的），其中低保对象：18人，建档立卡人员：11人，既是建档立卡人员又是低保对象的：6人。9月又对5名贫困“两癌”妇女发放救助金6万元。下阶段还有两名通过上级部门审核的对象及4万元的救助金，预计共6万元，正在对困难对象进行摸底上报审核后再发放。对今年检出患病的妇女，积极对接扶贫办和民政局，对符合条件的对象优先纳入低保和救助范围。3、开展电子商务创业培训活动。6月，为帮助农民朋友开展电子商务创业培训活动，津市妇联联合市商务粮食局开展农民创客电子商务培训。此次培训为期2天，各镇、街道共计30人参加。课堂上老师对互联网思维、移动电商解读、视觉营销之呈现、拍摄基础知识入门、photoshop基础知识等方面进行讲解。培训的开展为广大农民朋友进行电子商务创业打下了良好的基础。4、开展“春风送岗位”活动。2月17日上午，为适应津市企业快速发展对人力资源的迫切需求，积极为返乡农民工、大中专毕业生、下岗失业人员等各类人员就业提供服务，妇联与人力资源和社会保障局等单位举办的津市市2016年“春风行动”现场招聘会在江南明珠广场举行。此次招聘活动共组织70家龙头企业单位进场招聘，3500余名求职者进场求职，现场达成就业意向1580余人次，其中女性有近500人。（田华）

文学艺术界联合会

【"津市文联"微信公众号影响力逐步提高】"津市文联"微信公众号开通，定期发布津市文艺界的精品力作，得到了广大读者的一致好评和点赞，影响力逐步扩大，彰显了津市深厚的文化底蕴和厚重的文化气息。

【《兰草》影响日益深远】2016年共编印《兰草》五期，对《兰草》进行改版和提质，覆盖面不断扩大，影响力稳步提升，尤其是《一中专刊》和《十三五专刊》强力宣传推介津市，提升津市影响力和知晓率，助推津市政治、经济、社会、文化的全面发展。进一步发现、培养创作人才，营造浓厚的创作氛围，促进津市文艺界大发展大繁荣。

【"义务送春联"活动持续举办】年初、春节前夕，市文联承办的"义务送春联"活动盛大举行，全市众多知名书法家积极参与，共为市民免费赠写春联3000余幅，为市民送去党和政府的温暖，为春节的津城增添温馨、喜庆和欢乐，营造温暖祥和的春节氛围。

【文艺创作成果丰硕】"我的青春在津市"征文演讲比赛、"荷花品格、梅花精神"演讲比赛高潮迭起。周献坤老师的作品《窑洞人生》获常德原创文艺奖，翟向荣老师的微电影《兰亭墨华》举行首映式。龚峰《骨头里的痒》、庹云《流不动的母亲河》、雷立旺《醒来》获丁玲文学奖。易明、庹云、龚峰入选省作协会员。争取湖南省散文创作基地和湖南省文艺创作基地落户津市。（王珏）

残疾人联合会

【概况】2016年以来，市残联在市委市政府的领导下，认真学习贯彻习近平总书记系列重要讲话精神，深入开展"两学一做"的主题活动，按照《常德市残疾人事业"十三五"发展纲要》的相关要求，全面推进残疾人社会保障和服务体系建设，全面加快推进残疾人小康进程的部署，进一步改作风、强管理、夯基础、上水平，为津市全面建成小康社会而努力奋斗。市残联2016年工作围绕残疾人民生项目、市残疾人康复托养中心项目建设、残疾人就业工作、信访维权工作等重点工作展开，切实履行好密切联系残疾人、服务好残疾人的职责。2016年市残联超额完成政府下达的工作任务，完成任务达130%。（朱春年）

【残疾人民生项目】高质量地完成省重点民生实事项目："0—6"岁贫困残疾儿童抢救性康复。省任务为14名，已完成14名，包括脑瘫7名，孤独症2名，智力2名，人工耳蜗3名，已经完成任务的100%。康复效果明显，康复对象家属的满意率达100%。

"爱心房"建设、无障碍设施改造全面完成。2016年市残联组织协调资金200多万元，为全市46户贫困残疾人家庭进行新建、改建房屋，对30户贫困残疾人家庭开展无障碍设施改造。市残联按照统一要求，严格标准，保障建设质量，得到社会和残疾人的高度评价，常德市电视台予以跟踪报道。

全面实施残疾人"两项补贴"。在实施残疾人重度护理补贴基础外，2016年省政府又增加贫困残疾人生活补贴制度，全市符合享受政策的对象5158人次，发放救助资金达300万元，让更多的残疾人得到实惠，增加他们的幸福感和满足感。

康复辅具工作实现新拓展。根据残疾人康复的特殊需求，对部分贫困残疾人装配给予扶助。一是视力康复。市残联组织相关医院的医护人员一道，下到各镇和街道社区开展白内障筛查，并免费手术85例，较上年增加50%。还免费为10名低视力患者适配助视器。二是肢体康复。市残联邀请常德市假肢站医务人员，来津市上门为肢残人定制模型和假肢维修，共投入资金10万元，为23名残疾人安装假肢和矫形器，为肢体残疾人提供零距离服务。三是免费辅助器具服务。2016年"助残日"期间，投入资金20万元，采购辅助器具1100件，送到各镇、街道并无偿分发到残疾人手中；免费为131多名精神病患者提供药物救治。

2016年对全市近7000名残疾人开展专项调查；建立助残志愿者队伍，助残志愿者队伍达230人；为550名残疾人提供机动车燃油补贴，每人每年260元，共补贴14.3万元；开展助学活动，2016年为17名贫困残疾人家庭子女和残疾学生开展助学资助，提供资金4.04万元；"六一"儿童节和教师节期间，慰问市特教学校残疾学生和老师，送去慰问资金7000元；市残联投入5万元对扶贫点村、"联千村帮万户"点村实施精准扶贫，为扶贫对象提供政策支持、技术支持和资金扶持。（朱春年）

【市残疾人康复托养中心项目建设】2016年启动市残疾人康复托养中心建设项目。此项目经过几年努力已由国家发改委立项，根据津市市的实际情况，市残联选择与民间资本合作，提升建设标准，扩大建设规模，项目占地30亩，投资2400多万元（含市残联项目资金230万元），建筑面积8000平方米，新建有300张床位的残疾人康复托养中心，将极大的改善残疾人的康复托养条件。预计2017年底完成主体工程并投入使用。（朱春年）

【残疾人就业工作】市残联始终把残疾人的教育就业培训工作作为残疾人发展生产、增加经济收入、提高生活水平的服务平台。一是举办两期培训班，残疾人实用技术培训和技能就业培训各一期，全市参加培训残疾学员达130人。为培养残疾人职业技能，提高残疾人就业能力。4月19日，市残联在新洲镇农村远程教育培训中心举办农村残疾人食用菌技术培训班，共培训90人，该班聘请湖北省宜昌昌林生态农业科技有限公司范世荷董事长进行授课。11月3日，在津市恒联服装厂举办40名残疾人参加的服装制作培训班。通过培训，残疾人掌握一定的技能，增强他们就业创业的信心。二是选派残疾人外出学习。2016年市残联选送12人到常德参加技能培训，让他们掌握一门实用技术和谋生手段，其中大部分都找到谋生途经。三是就业安置有新突破。一方面与企业对接，集中安置残疾人就业。2016年在裕达卤碱有限公司，安置32名聋哑人就业。还积极与浙江杭州桐庐科祥磁性材料有限公司联系，安置8名残疾人，公司与残疾人签订长期的劳动合同，为残疾人购买“五险”，除包吃包住外，公司保底工资2000元，最多月工资可达5000多元，该公司对市残联选送的残疾人非常满意，并给予高度的评价。四是主动扶持残疾人创业。2016年市残联通过调查研究，镇、街道推荐，层层筛选，对25名残疾人进行创业扶持，扶持资金达13万元。（朱春年）

【信访维权工作】市残联认真贯彻落实省、市关于做好信访工作的一系列重要精神，坚持从稳定的大局出发，高度重视和加强信访工作，扎实开展矛盾纠纷排查化解活动和班子成员轮班接访制度，及时解决残疾人反映的各类突出问题，进一步畅通信访渠道，规范信访秩序。一是2016年市残联共接待来信来访37人次，为残疾人提供法律援助服务案件1件，提供咨询服务130人次，未发生一起群体性上访事件。

（朱春年）

科学技术协会

【概况】2016年，津市科协按照“一年打基础，二年上台阶，三年出经验”的工作目标，秉持“联络、协调、服务”的职能，立足常规工作，打造特色工作，团结社会各方力量，全方位出击，倾力将科协建设成“科技工作者之家”。全面完成了对组织体系的建设、对特色工作的探索，还开展了科普活动进社区、下乡村活动，创办《兰津科苑》，举办津市市首届青少年科技创新大赛活动等。从多方面提升科协影响力。并在健全组织，凝聚力量，提振信心，提升地位方面均受到津市市委市政府领导、常德市科协领导和社会各界的充分肯定。（朱智炜）

【成立镇、街道、企业科协】为进一步推动津市科协工作的良性发展，促进津市科技事业的更加繁荣，2016年4月12日成立四个镇、五个街道和一个重点企业科协。分别为新州镇、毛里湖镇、药山镇、白衣镇、三洲驿街道办事处、汪家桥街道办事处、襄阳街街道办事处、金鱼岭街道办事处、嘉山街道办事处和自来水公司。镇科协的成立是“工业强镇”和“科教兴镇”的重要举措。街道科协通过给群众解决各种在种养、加工、技术、法律法规政策卫生保健等方面的疑难问题让群众感到科技“110”高效、快捷、方便。企业科协的创立服务企业的效益发展，提高企业员工科学素质，也服务企业的科技工作者。同时调整“津市市全民科学素质领导小组”成员单位，涉及24个单位，明确工作职责和目标任务。清理、整顿、新建好科协下属各类学会，加强管理、指导，初见成效。各科协独立自主的开展工作，均取得了可喜的成绩。（朱智炜）

【召开届中选举会议】2016年4月22号在科协会议室召开届中选举会议，调整补充兼职副主席和常务委员，聘请退职的处级领导为顾问，现任的专业技术人员集中的局级单位负责人任名誉主席，乡镇街道科协主席、主要学会、协会、基地负责人和社会各界名流任常务委员。制定班子成员岗位责任制，明确工作职责，进一步加强对学会、协会工作的领导，加大对学会协会的管理力度，充分发挥学会、协会的作用，推动全市科技事业的更加繁荣发展。（朱智炜）

【举办“‘财税杯’津市市首届青少年科技创新大赛”】2016年6月–11月，由津市市科协、市教育局、市科技工业信息化局、市环保局、团市委联合主办，市财政局、市国税局冠名，市直机关党委、市总工会协办，市德雅中学承办的“津市市首届青少年科技创新大赛”经过历时4个多月的精心组织，于2016年11月18日落幕。大赛共收到科技发明作品、科幻画、科学实践活动作品200余件，在德雅中学进行作品展览，经专家认真评审，从中共评选出一等奖7名，二等奖12名，三等奖17名，优秀奖12名，评选出优秀组织奖5名，优秀科技辅导教师3名。部分优秀作品选送常德市参加青科赛参评，共获一等奖1个，二等奖3个，三等奖7个，周文被评为优秀十佳科技教师，超津市参加常德青少年科技创新大赛获奖的历史记录。此达到举办大赛的目的—推动青少年科技活动的蓬勃开展，培养青少年的创新精神和实践能力，提高青少年的科技素质，鼓励优秀人才的涌现。（朱智炜）

【创办全国科协系统首个综合性、地方性的科普内刊《兰津科苑》】2016年3月出版第一期《兰津科苑》，设置健康、科技、生活知识等栏目，共198页，发送后倍受好评，后在8月与12月分别出版第二期、第三期，书中不光有城市的建设、科技的发展，还有很多与我们生活密切相关的事情。在全国各地津市人中发送后影响颇大，给人以耳目一新的感觉，书中图文并茂，雅俗共赏，既是科技人表达心声的园地，又是向科技人展现世界的窗口。不少职能部门利用此平台宣传行业知识，科协工作与学会、协会、基地工作也得到充分推介，受到市委政府及在外老乡、市民的肯定。同时也填补地方科协无自主编办科普刊物的空白。（朱智炜）

【开展评选表彰“科普示范基地”、“科普示范社区”、“科普示范协会”、“科技示范户”和“农村科普带头人”活动】2016年2月，市科协深入各镇、街道，对以考察、检查、考核、验收、储存；申报多个科普惠农项目，帮助一些社区、基地、协会与个人获得一批先进称号与表彰：其中柏枝林社区被评为省级“科普示范社区”，绿旺农业、仕林生物、新华养殖、梦圆蔬菜被评为常德市级“科普示范基地”，马锐被评为“科普带头人”，并分别给予了授牌。通过这些奖励，充分发挥社区和带头人的技术特长和技术创新能力，以基地示范带动农户发展，以大户带动小户致富，以科学技术管理促进和提高经济效益。（朱智炜）

【举办“科普进社区、下乡村”科普文艺宣传活动】为进一步宣传贯彻《全民科学素质行动计划纲要》，紧紧围绕“节约能源资源、保护生态环保、保障安全”的主题，宣传科学的生活观念，普及科学生活知识，引导农村居民增强科学意识和鉴别能力，提高广大农民的科技文化水平。2016年10月14号，在新洲镇恒源驾校操场，由津市科学技术协会、新洲镇党委、政府主办，津市市文广体新局协办，新洲镇科协、津市雅韵科普艺术团、津市市恒源驾校承办的“科普进社区、下乡村”科普文艺宣传活动顺利开展，充分发挥科普知识在全市“美丽乡村”建设和“完美社区”建设中的作用，受到广大群众的一致好评。

（朱智炜）

【强服务，强力提升科协的影响力】服务市委政府中心工作方面，完成了“脱贫攻坚”“美丽乡村”和创建“国家卫生城市”“国家森林城市”“全国文明城市”及“棚改攻坚”等工作，参与“送科技文化卫生下乡”活动，为教育扶贫基金会捐款5000元；服务部门单位工作方面，协助教育局、卫生局、农业局、商粮局、环保局等多个单位建立学会；请专业人员到市委党校上课；请张才友、吴昌云二位教师给青少年科技创新辅导教师上课；与市文明办对“科普示范社区”表彰授牌；举办“6·25”国土日文艺宣传活动；与农经局和邮政储蓄银行联系，搞好“银会合作”工作。这些活动都促进科协与社会各界的联系，加深科协自身服务意识，也同时提升社会影响力。组织科协班子成员赴食用菌基地调研协助解决生产、销售等问题和赴自来水公司调研，积极为企业正面宣传；服务科技工作者方面，扶持行业协会和基地、社区的建设发展，做好专业技术人才及组织的信息收集，聘请常年法律顾问为其维权，扶持科技工作者出版专著。（朱智炜）

归国华侨联合会

【概况】津市市归国华侨联合会(简称：市侨联)经中共津市市委机构编制委员会津编发［2016]2号批准同意，于2016年2月26日正式成立。列入群众团体序列，机构级别明确为正科级，核定正副科级领导职数1名，行政编制2名，与同级工会、共青团、妇联等人民团体享有同等待遇。市侨联机关设在津市市凤凰路388号。

2016年，市侨联在市委、市政府的正确领导和上级侨联的指导下，市侨联以党的十八届五中、六中全会精神为指导，坚持“以人为本，为侨服务”的宗旨，充分发挥市侨联的特点和优势，团结和带领全市归侨、华侨、海外留学生、侨眷紧紧围绕市委、市政府的中心工作，积极服务津市经济发展，出色的完成了全年工作任务。

【营造环境】2016年年初，市侨联在组建和成立前后，市侨联负责人多次向市委、市政府主要领导和分管领导汇报，争取关心和支持；3月上旬原市委书记王学武亲自调度，给侨联安排办公室；市政府相关领导在资金上给予了大力支持，对办公室进行维修，购买了新的办公设备；市委常委、统战部长黄沅敏多次到市侨联进行调研，指导工作，营造简洁又舒适的工作环境。从接待华侨、侨眷来看效果较好。

【大力宣传】津市市侨务工作在前些年工作是较滞后的，因没有专门部门管理，归侨、华人、华侨、留学生有事不知向什么部门去申请、申办。通过市侨联的成立，在市委、市政府主要领导和分管领导等高度重视和支持下，市侨联大力宣传，与广大华侨、海外留学生、归侨、侨眷进行联系和沟通，使广大华侨、海外留学生、归侨、侨眷感到终于有了自己的组织，自己的家，真诚地感谢市委、市政府为他们做一件大好事；很多回乡的华侨、海外留学生与市侨联取得联系，表示只要有可能将为家乡经济建设尽自己最大之力；归侨、侨眷希望市侨联多为他们排优解难。

【摸清底子】从成立津市市侨联开始，市侨联人员深入全市乡镇、街道、部门等单位，到目前为止，基本摸清全市归侨、华人、华侨、留学生的相关情况。津市有归侨、华人、华侨、留学生230多人，侨眷、侨属2000多人，分布在全球24个国家和地区。并且侨联是边摸底、边对接、边核准、边定位、边服务、边交友。为了核准情况，一是登门的拜访，二是把归侨、侨眷请到侨联做客，了解情况。

【服务社团】市侨联利用华人、华侨在国外发达国家的科技、信息优势给津市的人民群众提供力所能及的帮助。比如：有一名退休干部肾脏上长了一个十分罕见的良性肿瘤，在首都301医院做了手术，但301的专家也搞不明白此类肿瘤的机理。正好津市有一名华侨在美国梅地奥诊所工作，他是资深病理学家，梅地奥诊所是全球最大(有六万多医务人员)、最先进的医院。我们把片子传过去后，很快就搞明白了，此类肿瘤在美国有纪录9例，做了祥细解释，病人悬着的心立马放下了。

【公益助残】市侨联开展了一些捐助残疾人的公益活动。争取到香港吴新可基金会捐赠的轮椅15台，全部下发给了市残疾、残障人士。

【加强联谊】2016年以来侨联已经接待了回国探亲有一定知名度的华人、华侨10多批次。与旅美华侨胡必皇等海外华人、华侨、留学生120多人取得了联系。

旅美华侨胡必皇教授是国家聘请的长江学者，专门研究药学，手头有多个专列，市侨联专人联系，他表示回乡后与市侨联联系。市侨联准备带他到工业新区参观考察，看能不能在津市生产他的专利药品。

2016年9月19日下午，旅美华侨张增芳教授在上级领导和市侨联主席朱方军等相关业务部门负责人陪同下，先后考察津市蚕桑生产基地(湖南省蚕桑科学研究所蚕种制种基地）；全省最大工厂化生产食用菌企业湖南和平生物科技有限公司；津市市食用菌研究所。

旅美华侨张增芳教授是终生享受国务院特殊津贴的专家，美国国务院认定的杰出教授，2013年国务院侨办全球华人创业团队领军人，欧美精英创业协会副会长。张教授表示将视情况与湖南和平生物科技有限公司开展深度合作。

以上两位教授市侨联专人密切联系，将为津市科技和经济发展作好铺路搭桥的工作。

【服务中心】 在药山镇和平村市侨联联系了一位大二贫困学生，每年捐助学费、生活费1万元，连续三年，到其大学毕业为止，现已出资1万元。同时鼓励其父母开展家庭养殖，现已在家养鸡、种菜、耕地种粮，介绍户主到集镇打临工，每月有1500多元的收入；同时依托国家政策我会为户主申请大病救治和农村低保1名，年低保收入有1000元；市侨联每月至少两次派人上门及时解决该户实际困难，该家庭今年人均可支配收入达3933元。已达到基本脱贫要求。年底根据扶贫办要求，对该户房子进行维修，追加了0.56万元，春节前资金已全部到位，房子已按要求全面进行了维修，改善了该户居住条件。

在“创建国家卫生城市”路段包保工作中，市侨联克服人员少，工作多等问题，聘请人员按要求完成了路段包保工作任务。

（刘春青）

军事

【概况】2016年，津市人武部按照“围绕改革固根本、聚焦中心谋打赢、统好班子强队伍、从严治军保稳定、着眼融合促发展”的工作思路，科学谋划，固强补弱，振奋精神，狠抓落实，单位全面建设再上新台阶。人武部被湖南省军区评为“基层建设先进团级单位”、“结合工作搞报道先进单位”，姜超被评为“优秀团级单位主官”。人武部被常德军分区评为“军事训练先进单位”“安全管理先进单位”，吴双喜同志被评为“优秀基层干部”，鲁亮同志被评为“优秀机关干部”，姜超、吴双喜、鲁亮三人被分区记嘉奖一次。

强化看齐追随思想，把握建设正确方向。2016年干部转业后，武装部只有5名班子成员在位，地方合镇并村后，18名专武干部调整了12名，34%的民兵营长变动。针对军地改革实际，结合教育活动、民兵整组、专武干部例会等，跟进学习新思想新理念，把牢人武部和国防后备力量建设的正确方向。一是建强党委班子。新调整的2名班子成员到位后，利用一个星期集中学习上级党委全会精神、《党委工作条例》《民主集中制学习读本》《党委会的工作方法》等相关知识，增强抓好工作的方向感；开展经常性交心谈心，增进相互了解，建立工作友谊，形成团结氛围；坚持重大事项一起议、一起定、一起签，以制度规范、公开民主等提升班子决策力。制定经常化学习制度，定期交流学习体会，大项工作中开展评比竞赛，以学习力提升战斗力，积极适应“五个转变”。二是抓实大项教育。年初，组织干部职工学习改革会议精神，理解改革意义，逐一进行表态发言，坚决支持拥护改革。随着工作任务转换，加强思想引导，相互加油鼓劲，增强“干迎改革”的主动性。通过制作宣传展板、印发应知应会手册、收听收看电视新闻等，营造了“两学一做”教育良好氛围。全体干部职工手抄《党章》党规，专武干部定期到人武部机关参加党课教育，每天利用交班学习一篇系列讲话，党委正副书记先后4次上党课，强化追随看齐意识。10月份以来，认真贯彻理论学习“五步法”，逐步推进党委机关、专武干部学习实践同频共振，强化武装工作有效落实，提升了基层武装、财务整改、门面关停等工作质效。三是践行严实作风。每月初主动交纳党费，及时公示养成习惯；每周五上午落实党日活动，班子成员带头形成机制；人人承诺践诺，相互监督强化制约等，强化党员意识。严格经费开支审批报销，杜绝公款私用、虚报冒领、违规发放福利等违纪违规问题；干部职工水电、房租、就餐等费用按月登记，统一上交财务；下基层一般返回机关就餐，要求专武干部不发烟，不送土特产；引导干部靠素质立身、凭实绩进步，破除个人进步“拉天线”“找后门”；军地之间除工作关系外不相互宴请，不互送礼物；开展7个行业风气整治，解决了11个方面的突出问题，明晰“公私”界限，彻底肃清郭徐流毒影响。

抓好战备训练落实，提升应急应战能力。部党委认真学习领会“五部”职能使命定位，始终坚持在战备训练上下苦功夫，为履行职能使命打好基础。一是狠抓战备工作落实。年初，加强对军地指挥系统维护，抓好“三室两库”建设，添置设施设备，完善功能，达到战备要求。3月初，在与军分区方案对接的基础上，组织各科和基层武装部统一修订方案、细化任务、精算力量，确保方案上下衔接、便于操作。10月份，投入近20万元购买了民兵应急连部分专用装备器材。落实日常战备制度，每季度组织1次战备演练，抓好春节、“两会”“6.4”“八一”等节假日和重要敏感时期的战备防护，做到随时拉得动、起作用。二是狠抓三级干部训练。3月下旬，按照“两面思考、三处可用”的要求，组织全体干部开展军事常识、国防法规等内容的研究作业，统一组织考核验收。经常性组织军事技能、业务能力、体能素质训练，参加军分区年终军事训练考核成绩靠前。训练预备期、民兵整组、征兵工作等展开前，组织专武干部学政策法规、学组织指挥、学工作流程，提升“精武”能力。组织4名新任职专武干事到人武部跟班学习半年，大项工作任务压担子，每月考评强动力，把好“入口关”，经验做法被《中国国防报》宣传推介。4月份，选派3名专武干部参加省军区集训，1人获

"优秀学员",2人被评为"先进个人"。5月份，组织4名专武干部参加分区集训，获总分第三名，1人被表彰为"优胜个人"。督促各基层武装部利用重要工作节点，分批组织民兵营长学习集训，促使他们"懂行"。

聚力夯实基层根基，推动武装工作落实。津市人口基数小，整体经济实力在常德靠后，干部流动快，基层基础工作薄弱，很多武装工作没有落地。我们坚持工作精力向基层聚焦，扎实推进国防后备力量调整转型，力促"两个转变"。一是抓实民兵整组。3月份，先后召开了整组业务会议、民兵预备役暨国动委全会、民兵编组布局协调会，部署推进民兵整组工作，强化领导合力；突出潜力调查、布局调整、组织拓展3个重点，科学统筹编组；开展现役、专武和民兵干部3期集训，提升整组能力；联合政府督查室先后组织3轮督查，促进编组落实；结合整组搞好战备方案修订、基层阵地建设、兵役登记"三个结合"，基本达到了队伍编实、编精、编专业、编规范的要求，在分区组织的评比检查中获得第二名。二是推进民兵基层达标建设。3月初，结合民兵整组在汪家桥街道、社区分别刻划样板，编印下发《民兵基层建设规范》，统一制作两卡、三本、四册，组织18名专武干部赴澧县、汉寿参观学习，指导各镇(街道)抓好阵地建设和基层武装工作落实。6月份，撤乡并镇工作完成后，部领导带队到9个镇(街道)逐一检查，防止武装阵地被挤占挪用。10月份，组织对全市合村后民兵营阵地建设进行全面摸底，召开达标建设推进会，扎实推进基层阵地建设。11月下旬，分片检查验收镇(街道)、村居(社区)阵地建设情况；12月9日，组织18名专武干部开展军事理论、队列指挥、军事要素考核，培养武装工作"明白人"。目前，9个镇(街道)阵地建设达标，全市76个村居(社区)，其中59个村居(社区)阵地建设基本达标，17个村待村部建好后立即推进。

坚持依法从严管理，巩固安全稳定局面。按照省军区"五种管理方式"抓安全的工作指导，强化理念，规范秩序，压实责任，牢牢守住安全底线。一是加强安全教育。针对干部在位少的实际，年初召开干部职工会议专题研究安全管理工作，进一步强化"三个根本性转变"的思想认识。先后召开6次党委会、12次安全工作会议、4次安全形势分析会，组织学习上级"六个管理规定"等安全法规，研究部署安全稳定工作。利用交班时间，先后62次组织全体人员集中学习上级下发的有关通知、通报，加强针对性教育，树牢安全发展理念。二是规范各类秩序。坚持每周四讲评一次安全问题，每月组织一次安全检查，每季度组织一次安全形势分析，正规安全秩序，完善制度措施。省军区要讯刊发了我们的做法。3月份，集中开展"条令月"活动，抓好条令条例法规学习和强化训练，认真纠治军容不整、言行不端、一日生活制度不落实、营院秩序不正规等倾向性问题，确保"四个秩序"正规。9月20日开始，组织开展"百安"活动，反复学贯法规，严密组织"七查六看"，纠治了27个安全隐患，进一步正规安全管理秩序。三是压实安全责任。年初，及时健全了安全领导小组等领导机构，组织全体人员层层签订安全防事故责任状，传导抓安全工作压力，激发工作动力。实行安全管理责任制，按照主官负全责、谁主管谁负责、谁组织谁负责、谁使用谁负责、谁批准谁负责的原则，落实"人车枪弹密、水电火钱航、油酒黄赌毒、涉外涉地方"等安全重点的管理责任。全年共组织了4次安全工作阶段性讲评，对3名干部职工进行了批评教育。

严格执行新政新规，提升综合保障质效。围绕"能打仗、支援保障打胜仗"目标，大力压缩行政消耗性开支，推进后装保障向中心任务聚焦。一是严把财经制度约束关。坚持党委理财，每月组织党委一班人集中学习财务制度和财经纪律，分析财务管理形势。严格执行财务管理规定，5000元以上开支落实党委委员联审报批，1000元以上开支、民兵误工补贴等转账支付，95%的小额开支刷卡消费。认真抓好财经秩序清理整治，对2014年至2016年所有票据逐一进行清理，查出超标准接待等开支10笔，相关人员退款18280元。二是严把经费使用投向关。厉行勤俭节约，公务接待先审批后办理，基本安排在内部食堂；车辆派遣履行报批手续，市内办事提倡公交出行，节假日全部封存入库；定点采购办公物资、维修车辆等，进一步压缩行政消耗性开支。全力保障演训活动、征兵整组、基层建设等中心工作，切实把有限经费用在战斗力生成的刀刃上。

坚持军民深度融合，不断浓厚党管武装氛围。加大党管武装工作力度，不断推进党管武装工作向制度化、规范化方向发展。一是着力把武装工作法规宣传好。向地方党政领导发放《党管武装工作手册》，将党管武装法规制度、国防教育等纳入市委中心组理论学习内容，强化地方依法管武、建武意识。及时将上级党委全会精神、国防后备力量建设文件、上级军事机关指示要求整理汇编，提出贯彻落实意见，呈报市"四大家"领导阅示，争取他们对武装工作的支持，营造党管武装良好氛围。二是着力把党管武装制度落实好。严格落实议军会、军地领导双向兼职、现场办公、党管武装述职等基本制度。市委傅勇书记上任后的第一个星期就来武装部现场办公，解决武装工作难题。市人武部先后会同市政府制定完善国动委会议、计划、请示报告、成员调整、工作联系、文件办理等工作制度，每月编印《武装工作简报》，向地方党政机关通报武装工作大事要情。联合市委、市政府出台《基层武装部党管武装绩效考评实施细则》《新任专武干部跟班学习实施意见》等规范性文件，建立了后备力量整组和国防动员潜力调查统筹部署、大项演训活动国动委协调联动、国动委全会评议各专业办主任履职情况等武装工作长效机制。近年来，先后有3名武装部长被提拔到镇(街道)主要领导岗位。三是着力把武装工作效益发挥好。充分发挥民兵"三队"作用，组织民兵积极参加扶贫帮困、抢险救灾、“国家卫生城市创建”等活动。联点毛里湖镇同乐堡村的精准扶贫工作，3名干部与该村7户贫困户开展结对帮扶，解决了困难户就医、社保、入学等难题。联合地方后盾单位先后协调筹措资金160万元，用于该村改造危房、改造电网、修建道路、发展特色产业等，帮助45户95人脱贫。军地合力选拔优秀退役军人担任村官，支持退役军人创业，目前有21人任村支书或主任，1人创办企业产值在1000万元以上，6人在100万元以上。主动协调市民政局、农业局、市委宣传部等相关单位，共同做好退役军人待遇落实、就业创业、典型宣传等工作，高守荣(津市市荣迪实业有限公司董事长)、朱德文(津市市襄阳街志愿者协会会长)2名同志创业事迹在湖南日报、常德日报等媒体上进行了报道。

2016年1月28日，津市人武部党委召开全体(扩大)会议，研究部署2016年度武装工作。津市市委书记、市人武部党委第一书记王学武及全体人武、专武干部参会，常德军分区李辉忠司令员带工作组莅临指导。会上，市人武部部长吴昊作党委工作报告，市人武部政委姜超就党委工作指导需要把握的问题进行强调，市人武部党委第一书记王学武就“适应新形势，全面提升党管武装质量”提出具体要求。李辉忠司令员对此次会议和津市党管武装工作给予高度评价，并就适应改革大势持续发展、突出中心主业积极作为、严守纪律规矩树好形象、严守底线确保稳定、深化党管武装推动融合五个方面作指示。

2016年1月28日，津市人武部组织召开全市民兵整组暨业务培训会议，全体人武、专武干部及民兵应急连编组单位负责人共38人参会。会议部署民兵整组任务并组织了整组知识培训。编印下发了《党管武装手册》、《民兵基层阵地规范化建设》、《民兵整组工作规范》、《专武干部集训学习资料汇编》等文件资料。

2016年1月26日至29日，津市人武部组织开展“坚决服从改革大局，忠实履行职能使命”教育活动。传达学习习主席系列重要讲话和军委国防动员部领导的讲话精神，进行深入调查摸底，并开展以“明职责、敢担当、有作为，做新一代国防动员人”为主题的学习讨论。

2月25日，津市人武部副部长吴双喜到常德市民政局参加了“双带双促”活动座谈交流会。

3月9日上午，津市市委、市政府、市人武部在人武部3楼会议室组织召开2016年度全市民兵预备役暨国动委全体会议。人武部全体干部职工、各镇(街道)党委书记和专武干部、市国动委委员参会。白衣镇、汪家桥街道、襄阳街街道3个单位党(工)委书记进行党管武装工作口头述职；姜超政委对全市党管武装工作进行了讲评；吴昊部长作年度民兵预备役和国防动员工作报告；市委书记、市人武部党委第一书记、市国动委第一主任王学武重点就抓好党管武装工作提质增效作了讲话。

3月31日，常德军分区翁曦参谋长率军分区司令部、常德市政府督查室相关人员组成联合检查组，对津市民兵整组工作进行全面检查验收。听取津市民兵整组工作汇报，现场检查市民兵应急连和药山镇基干民兵连点验，对民兵应急队员装备器材操作使用情况进行考核，并随机抽检了毛里湖镇、药山镇民兵基层阵地及资料建设情况。根据军分区下发通报，津市民兵整组工作在常德市总分排名第2名。

4月14日，省军区纪检处长曹正春上校带省军区机关工作组，对我部年度开局起步工作进行检查调研，并观摩了津市荣迪公司“退役军人之家”和德雅中学国防教育基地建设情况。

6月22日下午，湖南省军区副政委刘建新少将带工作组来津市人武部检查调研。工作组采取听取汇报、实地查看、个别谈话、查阅资料、民主测评等方式，对津市武装工作进行了全方位的检查，对人武部工作汇报和全面建设给予高度评价。常德市委常委、军分区政委张绳道，津市市委书记王学武等领导参加相关活动。

7月13日至14日，军分区后勤部长林云山带工作组来我部指导“两学一做”专题民主生活会。期间，工作组听取了工作汇报，对全体干部进行测评并与人武部干部座谈，审阅了班子成员对照检查材料，观摩了德雅中学国防教育基地、荣迪公司“退役军人之家”和汪家桥社区民兵营建设，对人武部半年工作情况及会议准备给予充分肯定，并对后段工作提出了明确要求。会后，林云山部长为人武部干部作专题党课教育。

7月28日上午，市人武部组织市委机关全体干部开展“军事日”活动。

7月30日上午，津市新任市委书记傅勇到人武部调研工作。听取工作情况汇报，实地查看部办公楼内软硬件建设情况，对近年来人武部围绕军事中心任务和市委、政府的工作大局，积极支持地方经济社会发展取得的成绩表示充分肯定，并对人武部继续保持优良传统、争取更大光荣提出了殷切希望。市长陈章杰、市委副书记杨文惠、常务副市长周功表、市委办主任江韬等陪同调研。

8月29日上午，津市人武部举行宣布党委第一书记任职命令大会。会议由市人武部政委姜超主持。常德军分区政治部主任吉荣华大校、津市市委副书记杨文慧、市人武部部长吴昊以及各镇(街道)党(工)委书记，各基层武装部部长，人武部全体干部、职工参加会议。吉荣华主任宣读了常德军分区党委关于傅勇同志党内任职通知，对推进津市党管武装工作创新发展提出要求。市委书记、市人武部党委第一书记傅勇就履行第一书记的职责要求，推动党管武装工作与经济社会建设的协调发展作表态发言。

9月19日至22日，津市市委常委、人武部政委姜超，部长吴昊先后在毛里湖镇同乐堡村、嘉山街道召开精准扶贫工作调度会、“创国卫”工作调度会，要求各联点单位强化政治和大局意识，硬化工作责任和措施，确保市委市政府重要工作目标实现，市人武部明确专人负责参与联点扶贫和“创国卫”路段包保工作。

根据省军区、军分区的统一部署，人武部从9月20日开始部署开展“百日安全无事故”活动。9月21日，专题组织党委安全形势分析，并对照上级“七查”、“六抓”要求深入查找安全隐患抓整改。28日，迎接了军分区后勤部长林云山带工作组对我部的安全检查。

10月18日，市人武部部长吴昊、政委姜超、副部长吴双喜到毛里湖镇同乐堡村，进行一对一精准扶贫，并为他们带来了致富农资与信息。

10月25日，津市市人武部党委组织全体党员干部、职工认真学习习近平总书记在纪念红军长征胜利80周年大会上发表的重要讲话。

11月16日，市委常委，人武部政委姜超及市林业局工作人员一行深入联点企业--津市市石油化工仪器有限责任公司开展走访调研。

11月25日上午，市人武部组织全体干部、职工参加了“两学一做”第四专题“讲奉献，有作为”学习讨论。

11月30日，市人武部组织召开了全市民兵基层建设推进会。市人武部机关干部职工、全市专武部长、干事参加会议。

为全面检验津市专武干部综合素质，切实抓好专武干部队伍建设。12月9日，市人武部利用一天时间对全市18名专武干部进行了年终考评考核。

12月21日，军分区政治部、常德市市委督查室带工作组对津市党管武装工作进行绩效考评。工作组一行在人武部听取了市委常委、人武部政委姜超的工作汇报，其后与人武部党委班子成员进行座谈交流。

12月26日至12月30日，市人武部副部长吴双喜带领考核组成员对全市镇（街道）2016年度武装工作进行检查考核。（夏猛）

【兵员征集】紧紧围绕“五个确保”，军地联合召开征兵任务部署会，先后2次协调市委宣传部、政府办、教育局等部门召开碰头会，3次组织专武干部召开推进会，下功夫强化军地合力；发放2000份征兵工作公告、1350份宣传手册，悬挂标语横幅300余条，群发短信15万余条，下功夫加强征兵宣传；组织专武干部从公安、计生部门调档适龄青年数据信息，逐个上门走访或电话联系，下功夫摸清兵员底数；联合市政府督查室全程参与征兵宣传、兵役登记、初检初审、廉洁征兵等工作，下功夫抓好检查督促；坚持大学生优先、“双合格”人员优先、基层推荐排名靠前优先、军烈属子女优先等原则审批定兵，下功夫把好质量关口，提升“五率”分值，圆满完成70名新兵征集任务。镇（街道）初检人数创近年来新高，达到任务数的3.82倍，18岁青年兵役登记率达到100%，上站体检人数为任务数的2.27倍，高中生以上文化程度100%，其中大学生达到40%，未发现违纪违规问题，没有出现退兵现象。

6月29日至7月11日，2016年军校生和国防生、国防生、定向培养和直招士官招收面试体检在常德站进行，津市人武部组织对全市19名考生参加面试体检。

7月26日上午，市政府、市人武部联合召开全市征兵工作会议。会议表彰了2015年度征兵工作目标管理考评先进单位，总结了去年征兵工作，部署了2016年的征兵任务，各基层单位签订递交征兵工作责任书，常务副市长周功表、市人武部部长吴昊、政委姜超出席会议并讲话。

8月8日至10日，津市征兵体检工作全面实施，在津市民兵训练基础集中封闭设站、一站式体检，共有173名应征青年参加体检。体检期间，常务副市长周功表莅临检查，人武部部长吴昊、政委姜超常态巡视，常德市征兵办秘书组负责人及体检组专家组织场检合格人员进行现场复查指导。

9月2日，津市新任常务副市长熊斌到人武部参加定兵会议并调研武装工作。

9月13日，津市2016年新兵入伍欢送大会在市人武部举行，会议由市委常委、人武部政委姜超主持。市委副书记杨文慧、市人武部部长吴昊、副部长吴双喜以及乡镇（街道）专武干部、接兵部队领导、新兵亲属和社会各界群众共有200余人参加。（夏猛）

【国防动员】3月9日，召开民兵预备役工作暨国动委全会，调整国动委成员，明确政府主抓的工作责任。4月份，会同市政府落实了“一综七专”办公室工作人员和经费保障。6月份，联合地方相关部门开展国防动员潜力调查，摸清辖区动员潜力，搞好信息数据的收集汇总和管理。8月份，组织各专业办公室工作人员开展1期国防动员基本知识和指挥技能培训，提高开展动员工作能力。积极探索贴近津市国防教育的方法路子，按照“一年建成一基地”的要求，分别在德雅中学和翊武中学新建两个国防教育基地，发挥了辐射带动作用，经验做法被《光明日报》《中国国防报》等媒体宣传推介。在市政府网站开辟“国防教育”专栏，及时宣传津市国防后备力量和民兵预备役工作。9月份，组织开展了“国防教育进校园”“我爱国防”征文等活动，促进国防教育升温。人武部主官、国防教育专干先后在党校、学校、科局等开展9次国防教育讲座，着力强化党政干部、学生国防观念。

5月9日，津市市委常委、市人武部政委姜超同志以“清醒认清周边安全形势，强化国防安全战略意识”为主题，给津市市委党校科干班学员上国防教育专题辅导课。

6月16日，市人武部、市政府办公室组织国动委各专业办召开国防动员潜力调查工作动员暨业务培训会。重点对人民武装动员、政治动员、国民经济动员、人民防空动员、交通战备动员、科技动员、通信动员7大类国防潜力调查明确了任务分工，对国防动员潜力数据填报、采集等相关工作提出明确要求。

8月19日至25日，津市人武部组织对全市700余名高一新生进行了为期一周的军训。

9月下旬至10月份，津市国教办组织开展了“全民国防教育月”活动，活动主要有4项内容,分别为:国防教育宣传巡展、专题国防教育课、"传承红色基因、共建巩固国防"专题征文和"爱我中华、心系国防"演讲比赛,浓厚了全市全民国防教育氛围。

10月21日,津市市委常委、市人武部政委姜超同志在市委党校为全市近40名科级领导干部上了一堂生动的国防教育课。（夏猛）

【对外有偿服务清理清查】2016年我部对外租赁门面3个,承包合同分别于2016年11月30日、2017年1月14日、2017年3月3日到期。4月15日,班子成员与门面经营户集体见面、谈话,传达中央军委关停对外有偿服务场所的文件精神,依法依规提出关停时限。10月份,对所有经营户加强政策宣讲,取得了理解和支持。11月30日,关停了金长城食府,门面落锁,张贴了公告、封条,未出现租赁户上访、闹事情况。其他2户将依据上级明确时间节点和合同规定,到期关停所有租赁门面。（夏猛）

【民兵训练】3月8日至10日,津市人武部组织全市18名专武干部进行了为期3天封闭集训。集训以基本队列动作训练、民兵整组和兵役登记方法流程培训为主,集训期间还组织到汪家桥街道武装部和汪家桥社区民兵营重点观摩武装工作资料登统计情况,并到汉寿县进行民兵基层阵地规范化建设参观见学。

4月16日至22日,人武部组织了第一期30名民兵骨干和基干民兵"四会"教练员训练。

4月下旬,根据津市市委、市政府要求,津市人武部会同水务局在津市各行政单位、镇(街道)工作人员和民兵应急连部分民兵中抽组300人成立津市防汛抢险机动大队。并于4月25日至5月13日,依托津市职教集团训练基地,分三期进行了集训,集训结合津市往年防汛抢险实际,以抢护管涌、构筑子堤、排除渗漏、机械植桩为主要科目,通过外请专家授课、观看抢险救灾演示片、组织现地演练,有效提升了机动队的专业知识和实战能力。

5月3日至8日,人武部组织城区基干民兵应急分队60人,重点抓好以警棍盾牌的基本动作、基本队形和防暴处突基本程序等为主要内容的应急维稳训练。

5月12日至13日,根据军分区命令,市人武部组织市民兵应急连民兵78人参加常德市民兵应急分队抗洪抢险综合演练。演练以澧水流域全线超保证水位,兰江闸堤段出现管涌群和澧水黄沙湾堤段背水堤坡出现渗水现象为实战背景。市人武部接到号令后,迅速组织民兵应急连快速机动赶赴澧水流域,圆满完成了开设指挥所、封堵管涌、处置渗漏等演习内容。湖南省军区副参谋长胡代松,市委常委、常德军分区政委张绳道,常德军分区参谋长翁曦,常德军分区政治部主任吉荣华观摩演练。

6月23日9时,津市人武部会同市防办组织市抢险机动队300人在兰儿港堤段组织进行防汛抢险综合演练,演练以兰儿港堤段突发管涌险情为背景,按下达集结命令、组织勘察险情、现地部署任务、组织封堵管涌和抢筑子堤程序进行,有效提升了抢险机动队伍遂行紧急任务和指挥部组织指挥能力。津市全体在家市级领导及各镇(街道)主要领导观摩演练,人武部吴昊部长现地组织抢险机动队进行演练讲评。

7月15日至24日,组织以76名退役军人为主体的民兵"四会"教练员集训,开展学生军训队列教学、组织指挥、教歌拉歌等内容的训练,培养了35名学生军训合格教练员。8月下旬,组织24名教练员到辖区3所高中开展学生军训工作,进一步锻炼了队伍。

10月19日至21日,津市人武部组织各镇(街道)武装部长召开执行"神十一"应急搜救值班备勤任务推进部署会,并组织民兵搜救备勤分队100人进行集训,重点进行了分队集结、快速机动、预定区域编组行动、分队警戒、封控搜索等科目训练。（夏猛）

【省军区司令员黄跃进来津市调研指导武装工作】12月18日上午,省军区司令员黄跃进,市委常委、军分区司令员李辉忠,参谋长翁曦等来津市检查基层人武工作。黄跃进先后视察了德雅中学国防教育基地、澧水河堤、市人武部营院,并听取了工作汇报。黄跃进充分肯定了市人武部建设情况,并要求基层组织正确面对国防改革,要读懂、吃透、拥护支持改革,发挥基层作用,产生效益。要服从安排,配合县委,听指挥、守规矩、严纪律。专武干部要积极到位履职,做好基层实践工作,产生正能量,振奋精神,圆满完成各项任务,保障社会安全稳定。他指出,改革之年完成好改革发展任务,最终要落实到基层。各级要把理论学习与具体实践联系起来,推动武装工作由抓硬件建设为主向抓武装工作组织为主转变,由抓自身建设为重点向抓武装工作落实为重点转变,向基层延伸,提高社会效应。市委书记傅勇、市委常委、人武部政委姜超、人武部部长吴昊等市领导陪同调研。（夏猛）

武警津市中队

【概述】中国人民武警装警察部队常德市支队三大队津市市中队(以下简称中队)前身是津市镇公安队,现隶属于武警湖南省总队常德市支队。中队的职能任务:主要负责津市市看守所外围武装警戒,以及担负处置突发事件、抢险救灾等临时性勤务。2016年,被总队评为基层建设先进单位、军事训练先进单位。（苟红岩）

【历史沿革】武警常德市支队津市中队在党的正确路线引导下,坚持四项基本原则,继承和发扬我党我军光荣的革命传统,以崭新的姿态、坚定的步伐,为巩固和发展安定团结的政治局面做出了积极贡献。津市解放后,即正式组建公安武装,依形势任务变化,中队番号体制多次易动,先后称中国人民武装警察部队津市公安队,中国人民解放军湖南省军区津市警备队,中国人民武装警察部队津市镇中队,中国人民武装警

察部队常德市地区支队津市中队，中国人民武装警察部队常德市支队津市市中队。（苟红岩）

【部队管理】2016年，中队坚持依法治警从严治警方针，大力加强部队正规化建设。严格按照条令条例加强部队管理，坚持民主集中制原则，继承和发扬尊干爱兵、官兵一致的优良传统，确保部队的高度稳定和集中统一，针对中队建设基础薄弱的现实，狠抓经常性管理。学习贯彻条令条例，使条令条例学习教育经常化、制度化。依照条令条例严格规范中队的一日生活制度，正规中队的“四个秩序”（战备、训练、工作、生活）。加强检查督导抓住“四个”（外出、电话、汇款、会客）控制，加强检查督导，促进管理向全时制、全员额、全方位发展。（苟红岩）

【军事训练】2016年，中队坚持把军事训练作为和平时期提高部队战斗力的主要途径，严格按照《军事训练大纲》科学组训，从难从严从实战需要摔打部队，官兵牢记职责，苦练军事技能，牢固树立居安思危思想。军事训练坚持以提高执勤和“处突”能力为目的，以贴近实战为原则，按纲施训，科学练兵，不断提高官兵军事训练素质；以干部为重点，以“五小”（小场地、小块时间、小教练员、小情况诱导、小群练兵）练兵为主要辅导形式，从严按纲施训、科学合理组训、正规训练秩序、严防训练事故等方面抓好训练的落实。（苟红岩）

【思想政治教育】2016年，中队始终坚持把思想建设摆在首位，从思想上、组织上、行动上牢牢掌握部队，针对驻地环境复杂、拒腐防变形势严峻等特点，努力探索思想政治工作新特点、新规律和新方法，围绕“听党指挥、能打胜仗、作风优良”这一政治目标，结合官兵思想实际，制订教育计划。强化思想政治建设首位意识，进一步校正官兵人生观、世界观和价值观，筑牢拒腐防变的思想防线。开展密切内部关系教育、法纪教育、爱装管装教育、时事政策教育、心理健康教育、执勤教育、爱国奉献主义教育等。通过开展一系列教育活动，进一步激发官兵爱岗敬业精神，提高官兵明辨是非的能力。官兵理想信念坚定、思想稳定、纪律严明，争先创优意识明显提高。（苟红岩）

【后勤保障】2016年，中队加强后勤人员的经常性思想教育，抓好设施完善把“五配套”设施建设作为部队建设的大事来抓，发挥“双重领导”的优势，争取地方政府和目标单位在经费、物资上的支持，营造一个拴心留人的好环境。加强军营财产设施管理，建立健全管理责任制，立档造册登记，责任到人，与年终评功评奖挂钩。成立以司务长为组长的维修小组，发挥“小能人，小行家”的作用，做到随缺随补，随坏随修，使中队的军营财产设施保持良好状态。抓财务管理经费管理实行党支部当家理财、“双主宫”审批制度。充分发挥武警委员会的作用，提高经费使用效益，实施经费公开，自觉接受群众监督，开展“节约一度电、一滴水、一粒米”活动、“光盘”行动等，收到较好效果。（苟红岩）

【拥政爱民】2016年，中队继承和发扬部队的光荣传统，开展警民共建活动，做好拥政爱民工作。积极投身地方“三个文明”建设，开展“把驻地当故乡，视人民为父母”的拥政爱民活动，为驻地群众排忧解难、支援建设、抗洪抢险。多次配合市公安局做好演练、汇报表演等工作。中队官兵利用节假日参加“送温暖、献爱心”等活动（参加义务献血80余人次，植树造林300余株，慰问驻地周边孤寡老人王婆婆并为其补房填瓦、清理院子排除安全隐患，多次为驻地打扫公共卫生），加强与群众的血肉联系。通过扎实有效的拥政爱民工作，促进警政警民关系和谐，得到地方政府和人民群众的好评和大力支持。节假日各级政府和群众主动到中队慰问，使官兵们深深感受到津市乡亲父老的深情厚谊，筑牢战士们扎根山区部队建设、安心服役的思想，激发为第二故乡奉献青春的热血信心。（苟红岩）

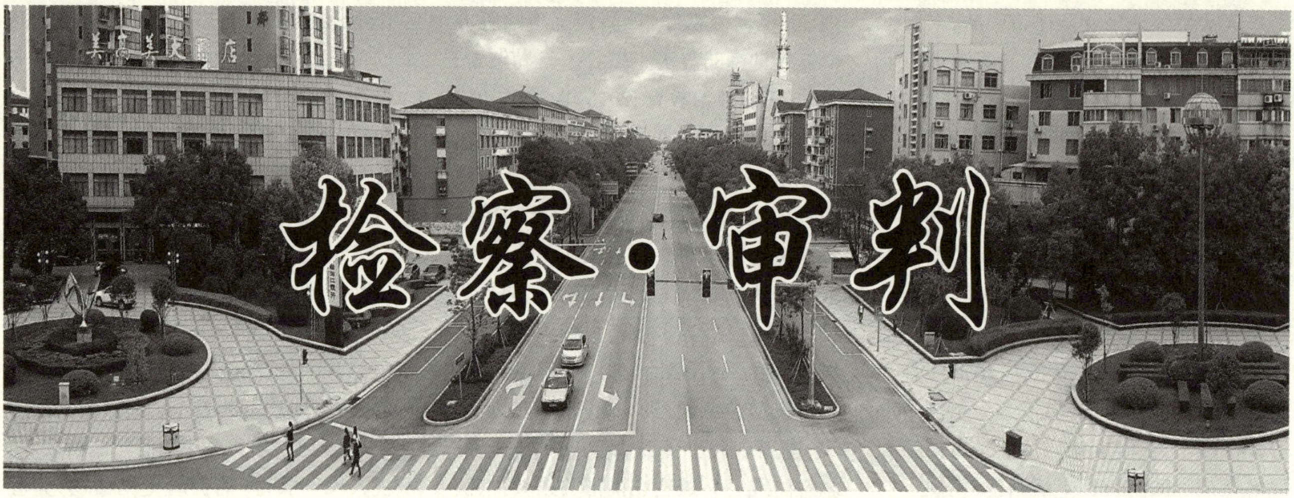

检　察

【概况】市检察院共有政法专项人员编制54人,2016年有在职干警44人,其中男性34人,女性10人。从职务划分:有正副检察长5人,其他班子成员3人,检委会委员8人;另有聘请临时工12人,书记员6人,离退休人员21人。2016年,市检察院以建设忠诚型、服务型、满意型、活力型检察机关为目标,全面履行检察职能,全年民调测评在常德市检察系统排名第一,再次赢得了津市社会各界和群众的点赞。

(龚平、刘武)

【职务犯罪侦查】突出重点领域查办与预防职务犯罪。全年院受理贪污贿赂犯罪线索10件10人,与上年同期相比增加85%,立案9件10人,与上年同期相比增加80%,其中7人分别为涉农资金、财政领域、建筑领域的人员。已侦查终结3件,起诉5件5人,判决1件1人。受理渎职犯罪线索1件1人,侦查终结1件1人,起诉3件3人,与上年同期相比增加33%,判决1件1人。对水利建设资金、财政支农资金及农机补贴涉及到民生民利方面的开展犯罪预防调查3件,深入津市市农商行、市场和质量监督管理局(原工商局、药监局、技术质量监督局合并)、市政府办及津市2016科级干部培训班开展警示教育讲座4次,宣传人数近300人。对本院查处的资松礼贪污、受贿、滥用职权案和对本院近三年查处的工程建设领域的职务犯罪情况进行分析,并分别向津市市水务局、财政局分别发出检察建议,均得到及时的整改、回复。行贿犯罪档案共计查询34次。　(龚平、刘武)

【刑事检察】2016年,突出宽严相济维护社会稳定。以案件质量为核心,准确把握逮捕条件,严把事实关、证据关,做到打击犯罪与保护人权相结合、法律效果与社会效果相统一。全年共受理审查逮捕案件60件77人,其中批准逮捕45件59人,不批准逮捕15件18人,逮捕率为76%,与去年同期相比上升了2.7%。受理审查起诉案件114件158人,审结87件114人,审结率上升了2.4%。其中向市院呈诉1件1人,提起公诉75件101人,与去年同期相比上升了2.7%,不诉11件12人。

(龚平、刘武)

【诉讼监督】突出法律监督维护公平正义。强化诉讼监督职能,大力开展侦查监督、审判监督、立案监督。侦查监督依法发出纠违通知书3份,与去年同期相比减少40%;开展立案监督3件3人(含撤案监督1件1人,对公安机关立案监督2件2人)。审查起诉部门依法发出纠违通知书2件2人,与去年同期相比减少50%;提出检察建议2次,与去年同期相比持平;追捕漏犯2件3人,与去年同期相比减少33%。对法院判决提起抗诉1件1人,与去年同期相比上升100%。　(龚平、刘武)

【民事行政检察监督】2016年,全面履行民行检察监督职责,推进多元化监督格局,在重点做好行政执法检察监督特色亮点工作的同时,加强对民事、行政诉讼活动的法律监督,积极探索行政执法检察监督工作过程中的罪案线索移送。办理督促行政机关履职案件8件,与去年同期相比增加50%,发出检察建议书9份,全部得到行政执法部门的整改回复;其中办理的津市法院审判人员违法行为监督1件,发出检察建议也得到了法院的整改回复。行政执法检察监督工作一直是我院的特色亮点工作,保持和进一步发展这个招牌工作是我院工作的重中之重。在督促行政机关履职的过程中,服务民本民生为着力点和切入点,重点关注食品药品安全、惠民资金等方面,针对热点事件及时开展行政执法检察监督工作,如2016年3月份,社会热点关注的山东破获数亿“二类问题疫苗”流入18省份,其中就包括湖南省的消息后,检察院第一时间组织干警就“问题疫苗”在津市范围内展开行政执法监督工作。从3月24日开始,津市检察院分管副检察长多次带领干警深入辖区疾病预防控制中心、社区医院、乡村卫生院，先后对疫苗的品种、数量、批号、购销流向以及使用情况进行了解，并就发现的问题发出检察建议，督促卫生部门和食品药品管理部门依法及时履行监督职责，要求其将相关情况第一时间查清并向社会公众公开，让人民群众放心。另外，"津市牛肉粉"这个地理证明商标是津市来之不易的品牌，切实维护这个品牌的市场地位和品牌价值不仅是经营者的责任，也是津市每个执法、司法人员的职责。2016年8月份我院获悉津市米粉、米面厂存在安全隐患的问题，分管民行科副检察长徐成华立即带领干警对津市的3家米粉加工厂和1家米面加工厂进行调查了解，并就发现的部分加工厂设备布置不合理，原料与成品存在交叉污染风险、大米原料有涉嫌不合格情形等问题发出检察建议，督促市场和质量监督管理局依法及时履行监督职责。

（龚平、刘武）

【**案件管理**】为确保案件质量，我院实行"线下线上同步进行"的工作机制，线下继续落实去年探索的"三查三改"制度，对各业务部门办结的案件每两个月组织评查一次，逐案、逐次填写案件质量评查表，发现、解决业务部门在办案中存在的问题。线上对部门信息填录、文书制作、办案流程进行管理和指导，重点查看在办业务流程执行是否准确、文书制作是否规范、办案信息是否同步等，对统一系统运行和使用情况进行督查，发现问题及时通知承办人，做到即查即改。为了确保评查的客观、公正，2016年的案件质量评查实行专人评查与小组评查相结合的方式，从各科室的业务骨干组成案件质量评查小组，定期对业务部门办结的案件进行评查，组织评查4次，共填写《津市市人民检察院执法质量考评表》130份，指出问题400处。

（龚平、刘武）

【**规范司法行为**】深化规范司法行为专项整治活动。首先是统一思想，提高认识。根据省院、常德市院和津市市委政法委的工作部署，结合本院工作实际，制定了规范司法行为专项整改实施方案，对各阶段工作进行了具体安排；调整了以检察长、副检察长为正副组长和各科室负责人为成员的专项整改活动领导小组；先后召开了院党组会、院务会和全院干警大会，认真学习全省政法系统和全省检察机关专项整改活动电视电话会议精神，提高开展专项整改活动的重要性和必要性的认识，把干警的思想和行动统一到省委政法委和省检察院的要求部署上来。其次是开门纳谏，营造浓厚氛围。面向社会设立了征求意见箱，公布了投诉电话和电子邮箱；通过电视台、宣传栏公布开展专项整改活动的目标任务、主要内容和工作部署；走访了部分人大代表、政协委员和机关事业单位、国有企业、私营企业，广泛征求意见和建议；召开了专题民主生活会、开展批评与自我批评，对反贪、反渎、控申、公诉、侦监、民行等七个重点部门的执法薄弱环节深入查摆，深入剖析执法工作中存在的不规范问题及其原因，使整改活动有的放矢。最后是积极整改，规范执法行为。加强对查办职务犯罪、批捕、公诉等办案重点环节的监督，明确了办案中检察委员会、检察长、分管副检察长、科室长、承办人各自的权责范围和各种文书的签发权限，理顺了相互之间的权利义务，强化对不捕、不诉、查办职务犯罪案件的监督，加强了对重点办案环节的监督力度；制定出台了《法律文书制作规范》，就适用的法律文书种类、犯罪事实和证据的叙述要求、文书格式等进行规范。将《审查结论报告》、《侦查终结报告》、《起诉书》、《不起诉决定书》等14种常用的检察法律文书，制作成通用文书模版并辅以制作说明；严格执行《错案责任追究条例》等执法责任和错案追究制度，开展案件质量评查，评查结果书面进行通报，个人应承当责任的依法依规予以追究；修订《岗位目标责任制考核评比办法》，对每个科室定岗、定责、定目标工作量，按月进行动态考核，结果张榜公布并排出名次，年终汇总并奖优罚劣。

（龚平、刘武）

【**教育培训**】4月21日、9月15日先后开展了两次庭审评议活动，院检委会委员、全体青年干警参加，邀请市检察院领导和部分人大代表、政协委员到场指导，庭审结束后进行了认真的分析评议，总结得失。开展了一次法学论文评选活动，收到干警上交论文18篇，评出优秀论文3篇给予表彰。其中1篇被津市市法学会评为2016年度法学理论调研论文特等奖。

（龚平、刘武）

【**纪律作风建设**】2016年，院纪检监察室积极发挥组织协调和监督检查的职能作用，使各项工作都得到了进一步的加强，并取得了明显的成效。在全院范围内开展为期八个月的"纠'四风'、治陋习"专项整治工作。深入开展"雁过拔毛"式腐败问题专项整治工作，年初，进行了党风廉政建设责任书的签状工作，党组书记分别与党组成员、党组成员分别与分管科局室的负责人签订责任状，力求做到责任明确，一级抓一级，层层抓落实。进一步加大监督力度，不断拓宽监督的渠道。为进一步规范执法行为，促进廉洁公正执法，根据高检院工作部署和要求，一是上半年在院公诉、侦查监督、反贪等相关科室建立干警执法档案和廉政风险排查与防控工作，干警按要求填写在工作中容易发生廉政风险点及防控措施，对每个环节的承办人是否存在失职行为和是否需要追究提出具体的意见和建议。二是严格执行检察机关发布的禁酒令和严禁违规驾驶警车及酒后驾车的规定。纪检监察室经常对规定执行情况进行检查。三是强化对本院自侦部门办案安全工作措施落实情况的监督检查。要求每个案件都必须制定详细的安全防范预案，严格落实审看分离和侦录分离的规定，纪检部门随时到一楼办案区进行查看，发现问题及时提出纠正意见。四是督促自侦部门严格落实自侦案件"一案三卡""一案一表"规定，及时处理扣押冻结款物，真正做到案结款清。在市院检务监督检查中取得了好的成绩。五是掌握本院干警购房和购车情况，及时填写干警廉政档案的内容。

（龚平、刘武）

审　判

【概况】2016年，津市法院以保持全国优秀法院荣誉为目标，依法履行审判执行职能，服务社会稳定和经济发展大局，较好地完成了各项工作目标。全年共受理各类案件2158件，其中受理诉讼案件1560件，审结1459件，受理执行案件598件，执结556件。受理案件数量与2015年同比上升30.5%，结案数量同比上升23.7%。年度司法绩效继续保持常德法院系统先进行列。

（杨孟安、马建平）

【刑事审判】2016年，市法院共受理刑事案件124件167人，审结114件146人。判处三年以下有期徒刑88件101人，三年以上十年以下有期徒刑16件26人，十年以上有期徒刑2件2人。依法严厉打击“两抢一盗”、诈骗、故意伤害等侵犯公民人身财产权利的犯罪，审结此类案件45件48人。严厉打击涉毒犯罪，针对全市毒品案件数量逐年增多的趋势，保持高压打击态势，审结此类案件23件24人。开展集中清理判处实刑罪犯未执行刑罚专项活动，维护司法公正和法律权威，清理出未执行刑罚的案件10余起，已将3名罪犯依法依规交付执行。开展刑事案件涉案财物集中清理活动，进一步健全涉案财物的交接、保管制度。（杨孟安、马建平）

典型案例　邵伟华、邵庭华、张阳等九人电信诈骗一案

2016年6月1日至2日，该院公开开庭审理了被告人邵伟华、邵庭华、张阳、陈广茂、邵庭荣、邓亚明、宗斌、邓建军、刘勇诈骗一案，分别判处9位被告人有期徒刑七年六个月至一年四个月，并处罚金人民币八万元至一万元不等。

经审理查明：2014年底，被告人邵伟华找到其外甥同案人邵庭雄（另案处理），邀其参与从银行取出他人利用电信诈骗的赃款，并要其寻找可靠的外地人作为下线，进行取款，承诺支付取款金额的10%做为报酬。邵庭雄将上述情况告知曾与其一起打工的被告人张阳，并承诺给付取款金额5%做为报酬，并要张阳找人参与取款。2015年2月至4月，被告人张阳先后邀集了被告人邓亚明、宗斌、邓建军加入，并雇请被告人刘勇开车，在湖南省常德市、津市市、澧县、临澧县、桃源县、益阳市、株洲市等地取款，然后汇入上线指定的银行账户。2015年3月，被告人邵伟华邀集被告人邵庭华、邵庭荣加入后，邵庭华找到被告人陈广茂，要其在电白县多家银行办理了16张银行卡，在常德籍被告人取款后，将款项汇入陈广茂的银行账户，被告人陈广茂将钱取出后，交给被告人邵伟华、邵庭华、邵庭荣。至案发时止，邵伟华等九被告人共诈骗被害人现金48.44万元。

法院审理认为：被告人邵伟华、邵庭华、张阳、陈广茂、邵庭荣、邓亚明、宗斌、邓建军、刘勇以非法占有为目地，采取虚构事实的方法，骗取他人财物，数额巨大，其行为均已构成诈骗罪。本案系共同犯罪，根据各被告人在犯罪过程中所起的作用和犯罪情节，依法作出了上述判决。

【民商事审判】2016年，市法院共受理各类民商事案件1332件，审结1247件，结案率为93.6%。积极审理涉民生案件，审结婚姻家庭、人身损害、劳动争议、医疗纠纷等案件450余件，依法解决人民群众最关心的利益问题。围绕服务大局，妥善调处涉棚改纠纷，为中心工作提供优质法律服务，在审理原告津市房管局与被告廖某房屋租赁合同纠纷一案中，从立案到结案共用24天，为推进棚改工作提供支持和保障。协调处理涉金融案件，审结金融借款合同及信用卡纠纷案件6件，为邮政储蓄银行等金融机构回收贷款本息108.7余万元。稳妥审理好破产案件，对津市7家破产企业坚持依法“保产能、保稳定、保各方债权人利益”的原则，有效运用法律手段，协调好利益主体之间的关系，盘活了中意糖果、雪丽造纸、鑫洲汽配、卡普吉诺四家企业，确保了大局稳定，该院审理破产案件经验被省高院转发。开展服务企业专项活动，办理涉中联重科公司案件437件，院领导多次带头出差办案，为该公司挽回经济损失8062万元。根据最高院的部署安排，从2016年6月1日起，该院作为湖南省四家试点法院之一，全面启动家事审判方式和工作机制改革试点工作。（杨孟安、马建平）

【行政审判】2016年，市法院共受理行政诉讼案件103件，审结98件，受理非诉行政执行案件5件，执结5件。支持行政机关依法行政，对谭某等65人诉津市工商局行政登记及行政赔偿一案，依法裁定不予受理。保护行政相对人合法权益，妥善审理涉及土地征收、房屋拆迁、企业改制、社会保障等与民生密切相关的案件，在审理宋某诉津市房管局不履行房屋行政登记法定职责一案中，该院通过审查依法责令被告在法定期限内对原告的申请重新作出处理。加强行政执法指导，主动为津市旧城改造、城市创建、控违拆违、征地拆迁等工作提供法律保障和服务，先后6次为市创建指挥部进行法律指导，8次参加全市机关控违拆违工作会议并提供法律意见。（杨孟安、马建平）

【案件执行】2016年，市法院共受理执行案件598件，执结556件，执结率93%。开通绿色通道，为追索劳动报酬、赡养费、抚养费等涉民生执行案件开设绿色通道，逐案建立台帐，采取强制执行与执行和解相结合的方式，执结案件55件。依托司法网络查控系统，加强与银行、国土、车管所等部门联动，通过查控反馈信息执结案件22件。加大强制执行力度，司法拘留10人，集中曝光失信被执行人名单163人，充分发挥刑事手段在破解执行难中的震慑和惩治作用，以涉嫌拒不执行判决、裁定罪移送公安机关1人。12月8日，该院召开执行工作新闻发布会，通报了今年以来执行工作情况，介绍了“解决执行难、消化执行积案，争创无执行积案先进法院”、“转变执行作风、规范执行行为”、打击涉嫌“拒执”犯罪和执行案款专项清理等五大专项行动，详细阐述了该院“基本解决执行难”的主要措施。

（杨孟安、马建平）

典型案例　雷霆出击上演执行“计时赛”

11月22日，经过17小时的跨省千里“赛跑”，一件买卖合同纠纷案件终于得以快速执结。

津市市日盛化工有限责任公司与张可发、徐万明等5人的买卖合同纠纷案件，不久前调解结案，然而结案后被告5人并未按约定如期向原告支付货款16万元，原告随后向津市法院申请强制执行。法官宋立军在承办该案后，立刻在网上查询被执行人的财产，很快查出被执行人徐万明在江西南昌招商银行洪城支行有存款90余万元。因查控系统正处于升级期间，无法实行网络冻结、划扣，为防止徐某转移财产，法官宋立军展开了执行的“计时赛”。一行3人连夜赶往江西南昌。次日，徐万明存款即被强制划入。申请执行人已拿到了全部执行款，该案执结完毕。

【立案信访】全面落实立案登记制，做到有案必立，依法受理，民事案件当场立案率99.5%，执行案件当场立案率100%，立案工作实现了零投诉。建立减、缓、免交诉讼费绿色通道，让弱势群众感受司法人文关怀，对58件涉民生案件困难当事人办理缓交诉讼费用60.6285万元。对困难当事人实行多层次司法救助，共救助困难当事人56人(次)34.89万元。2016年，市法院办理各级各部门督办交办信访案件8件次，按时回复率达到100%。年初，津市被常德市政法委确定为律师代理涉法涉诉信访案件的试点地区，该院作为核心成员单位，积极配合市委政法委推进涉诉信访联合接访中心建设，并进行了一些探索实践，其做法得到常德市政法委及兄弟法院的充分肯定。（杨孟安、马建平）

【审判管理】规范案件流程管理，案件从立案到归档的每个环节有记录、有监管、有考核。全面推进审判流程、裁判文书、执行信息公开三大平台建设，上传生效裁判文书1306份，所有案件办理流程均录入数字法院应用系统。提升科技法庭应用水平，所有庭审案件全部实现同步录音录像，音像资料刻盘入卷存档，方便当事人随时查阅，保障当事人的知情权。（杨孟安、马建平）

【司法改革】推进专业法官会议制度，全年共召开专业法官会议7次，讨论疑难案件9件、评析发改案件8件。建立法官业绩档案，政工室牵头构建了包括法官业务素质、文书撰写、调查研究、信息宣传等综合评价体系的业绩档案。进入8月份以来，中央和省委、省高院加大司法改革力度，要求10月31日前完成员额法官的考核考试工作，9月20日，该院召开司法体制改革动员大会，正式启动首批入额法官遴选工作，并按计划对32名报名的法官完成了业绩考核、民主测评及理论考试工作，12月30日，湖南省高院党组研究决定，确定该院28名同志为湖南省法院首批员额法官。7月28日，经过层层筛选，该院被省高院确定为湖南法院信息化3.0版建设15个试点单位之一，围绕省高院信息化建设3.0版要求，将信息化融入到法院管理的各个环节，提高管理效能。目前，内网管理系统、外网公开平台、数字法院应用系统、干警业绩档案等涵盖法院工作的九大板块基本建成，且运行良好。（杨孟安、马建平）

【队伍建设】2016年，市法院调整6名干警的工作岗位，市人大和政法委对13名干警进行了职务任免。8月20日，该院党组书记覃业辉履职。11月25日，津市市第十七届人民代表大会第一次会议举行第二次全体会议，会上，覃业辉全票当选为津市市人民法院院长。按照从严治党的要求，全面加强党支部建设，对机关各支部支委、党小组组长及党员重新进行了调整，确定党支部书记由院领导担任。落实“三会一课”制度，扎实开展“两学一做”、“三严三实”等学习教育活动，按照要求部署搞好落实，破解“六难三案”问题。加强干警廉政教育，组织全院干警观看教育警示片，引导干警树立高尚的精神追求。明确工作目标和党风廉政建设要求，层层签订责任状，落实主体责任和监督责任。深化学习型法院创建活动，组织干警参加各级法院组织的专题培训、上岗培训和视频讲座，共计320人次。完成省院重点调研课题一个，2名同志撰写的3篇论文入选第28届全国法院系统学术讨论会。6月28日，该院召开法官履职评议大会，周业平、江海兵、王月波名被测评法官现场作履职情况汇报，并由在座全体干警当场对3名法官进行打分测评，评议结果均为优秀。注重典型引导，定期开展道德讲堂活动，邀请全国人大代表刘绍英女士来法院宣讲，引导干警积极投身道德实践活动。在常德市2016年度民调测评中，该院法官队伍形象名列全市基层法院第一名。

（杨孟安、马建平）

【政务保障】2016年3月，常德中院召开全市法院院长会议暨人民法庭建设工作会议，推介该院2座省级标准化法庭的建设经验，4月28日，新洲法庭被中华全国总工会授予“全国模范职工小家”荣誉称号，成为2016年常德法院系统唯一获此殊荣的基层工会组织。改善干警工作生活条件，翻新改造青年22间干警宿舍，并配备空调、热水器，新建含有31个车位的车库，购买35台办公电脑，安装工间操广播系统。加强门户网站建设，创造良好舆论环境，充分利用各种媒介宣传推介法院工作，一年来，被各类媒体、网络采稿300余篇，被省高院采用信息1篇，常德中院采用信息5篇，宣传工作被评为先进单位。加强警务保障，采取技防和人防相结合的办法，加强办公区域和庭院的安全巡逻，配置了一批新式警用装备，有效提高了我院处置突发应急事件的能力，在今年召开的常德中院法警工作会议上，介绍了该院警务保障工作经验。

（杨孟安、马建平）

公　安

【概况】2016年，在市委、市政府和常德市公安局的坚强领导下，在社会各界的大力支持下，该局深入贯彻党的十八大、十八届三中、四中、五中、六中全会精神，深入贯彻习近平总书记系列重要讲话精神，全市公安机关围绕“建一流队伍、创一流业绩、树一流形象”的“三个一流”目标，深入实施“两加强两提升”、“五标准五工程”警务战略，始终贯穿公安改革“一条主线”，依托立体化治安防控体系和四项建设“两个载体”，坚持以创新引领、改革驱动，强化风险防控，聚焦能力建设，积极应对风险挑战，着力破解短板问题，主动融入发展大局，务实创新思路举措，扎实推进各项公安工作和队伍建设。在社会矛盾相互交织、风险隐患大量增多的形势下，全市没有发生暴恐分子现实破坏活动、没有发生影响政治稳定的重大事件、没有发生大规模群体性事件，实现全市刑事案件、命案、道路交通事故死亡人数同比“三个下降”，人民群众安全感、警务调查满意度、队伍形象“三个上升”，有力维护了国家安全和社会大局的稳定，成功实现了“十三五”的良好开局，津市公安在螺旋式上升的发展历史进程中进入了一个新状态、新格局、新阶段，用实际行动证明了津市公安队伍的忠诚勇敢和责任担当。荣获”2016年全省公安队伍建设工作成绩突出集体”，民调工作在常德市委政法工作会议上作了典型发言。

2016年1月1日至12月31日，共立刑事案件622起，同比去年(786起)下降20%；行政案件822起，同比去年(998起)下降17%；刑事拘留182人，同比去年(191人)下降5%；取保候审89人，同比去年(103人)下降13%；提请逮捕107人，同比去年(129人)下降17%；逮捕71人，同比去年(77人)下降7%；移送起诉157人，同比去年(136人)上升15%；行政拘留289人，同比去年(335人)下降14%；强制隔离戒毒90人，同比去年(84人)上升7%；共办理居民身份证12515张，办理各类出国境证件7360本，其中护照4074本、往来港澳通行证3056本、往来台湾通行证230本，各类签注6923人次，发放居住证344张。无行政复议案件，无行政诉讼案件，无国家赔偿案件。　(覃正文)

【维护稳定】2016年，该局始终把维护社会稳定作为首要的政治责任和“第一要务”，科学研判维稳工作面临的新形势和新问题，不断转变维稳工作观念，调整维稳工作思路，健全情报信息网络，强化打击处理，坚持“事前介入”原则，加强矛盾纠纷化解，确保津市政治社会大局稳定。该局围绕“六四”、“全国两会”及敏感日、特护期，对全市的不安定因素进行拉网式排查，澄清涉稳隐患底数，超前预警、有效参谋，牢牢地掌握了维稳工作的主动权。没有发生群体性闹事、进京赴省等越级上访，参与处置各类突发性事件20多起，收集各种情报信息120余条。　(覃正文)

【刑事侦查】该局始终把打击违法犯罪作为公安工作的主业，始终把加强破案打击作为掌控社会治安的重要手段，努力提高破案打击的工作实效和群众满意率。2016年，共立刑事案件418起，其中侵财案件314起，危害公共安全案件29起，破坏社会主义市场经济秩序案件11起，侵犯公民人身权利、民主权利案件24起，妨害社会管理秩序案件39起。共破刑事案件171起，其中侵财案件79起，危害公共安全案件30起，破坏社会主义市场经济秩序案件6起，侵犯公民人身权利、民主权利案件21起，妨害社会管理秩序35起。一是坚持命案必破。2016年成功地侦破“4·23”杀人案、“9.4”故意伤害致死案。二是坚持黑恶必除。针对辖区社会治安和刑事发案的实际情况，把“涉黑涉恶”等直接侵犯群众切身利益及破坏经济发展环境的违法犯罪案件作为打击的重点，努力提高涉黑涉恶的破案率。侦破“4·5”王某寻衅滋事恶势力犯罪案件。三是坚持民生案件必惩。“群众最痛恨什么犯罪就严厉打击什么犯罪，群众反映什么治安问题最突出就集中整治什么问题”。把群众关注的“两抢一盗”的犯罪行为作为民生案件必查。10月，成功侦破砸汽车车窗玻璃盗窃车内财物的案件，抓获2人。11月11日，成功抓获了2名专门盗窃农村批发部卷烟的犯罪嫌疑人。成功侦破跨区域系列入室盗窃香烟案：2016年10月至11月份，津市公安局先后接到7起农村盗窃超市香烟及现金的报案。民警赶往现场后积极向群众了解情况，查找视频卡口，后通过观看300多G视频资料后发现，这些案件都系一个人骑摩托车到农村盗窃大量的香烟，民警对盗窃农村超市系列案展开侦查。经查看确定了安乡、津市、临澧发生的盗窃农村系列案系同案，因此对案件进行了串并。同时在视频侦查方面确定该名嫌疑人后，对该名嫌疑人两天出现的轨迹进行了全程追踪。经警方查明，澧县人戴某刑满释放后重操旧业，多次单独或伙同"狱友"彭某驾驶摩托车，先后流窜至湖南省常德市津市的白衣、新洲、药山等乡镇，以及邻近的澧县、安乡县、临澧县等地，采取撬锁入室等方式盗窃超市或路边商店，疯狂作案20多起，盗得芙蓉王、和天下等各类香烟700多条，现金4000元，以及全自动洗衣机1台，金银首饰等，涉案价值20多万元。2016年11月23日，津市公安民警经过日夜奋战30天，连续500多小时反复观看上千G视频监控、比对上百双鞋垫花纹、排查上千人、驱车上千公里调查取证，克服重重困难，抽丝剥茧，最终将两名盗窃嫌疑人抓获归案。这是常德市"雷霆60"专项行动开展来，津市警方成功侦破的首起特大入室盗窃案。（覃正文）

【经济犯罪侦查】2016年，共受理经济案件16起，破大要案件6起，刑事拘留24人，抓获网上逃犯10人，逮捕13人，取保候审6人，移送起诉10人，挽回经济损失6000余万元。成功侦破首起故意销毁会计凭证、会计账簿案：2016年元月初，津市公安局经侦大队在工作中发现津市一工厂有故意销毁会计凭证、会计账簿的嫌疑，经过审查后于7月13日立案进行侦查。经查明，该厂于2002年至2010年7月10日的账外账收入账本撕毁，被撕毁的账外账收入账本涉及金额高达约1.2亿元，犯罪嫌疑人周某、刘某、黄某、刘某乙先后被抓获归案。8月份，将4人移送起诉至津市市检察院。成功侦破非法吸收公众存款、集资诈骗案：4月份，破获了津市中亿百联投资管理公司非法吸收公众存款、集资诈骗案，抓获犯罪嫌疑人6人，移送起诉3人，涉案金额3000余万元。成功侦破"12.08"特大组织领导传销案：2016年11月2日，常德市公安局接到群众举报，常德人陈某、津市人程某等人为首，在常德设立传销工作室进行传销，假借"网络维护费"向每名会员收取会员费128元，参与传销人员众多。常德市公安局指令津市公安局接待初查，2016年11月4日受案并初查，初查中发现陈某、程某等人已发展会员2000多人达10个层级，涉嫌组织、领导传销活动罪，于11月23日常德市公安局立案并抽调津市市公安局民警组成专案组进行侦查，侦查中查明王某、顾某、张某、万某等人组成传销组织，利用"世界云联"网络平台组织、领导传销活动，从获得的数据得知，其传销活动涉及全国20多个省市，约100多万人93个层级，陈某等人在常德进行的传销活动是王某等人组织、领导传销活动的一部分，按公安机关办案规定，于2016年12月7日呈请湖南省公安厅对王某等人涉嫌组织、领导传销活动批准立案，次日湖南省公安厅批准立案。经过3个多月的连续奋战，调查取证，常德市和津市市两级公安机关全面掌握了一个以西安和深圳两地为主，辐射湖南、广东、陕西、安徽、浙江、北京等全国20多个省市活动的传销网络的相关情况，这一传销团伙打着民族的、世界的、生态的幌子，拉人头、发展下线、牟取利益。2016年12月14日，常德、津市两级公安机关共派出130多名民警，分成5个抓捕行动小组，辗转千公里，分别在西安、深圳、合肥、杭州等警方的配合下，开展统一抓捕行动，当场抓获犯罪嫌疑人30人，冻结扣押资金5000多万元，豪车2台，豪宅2套，缴获电脑200多台、传销资料和读本1000多份、银行卡100多张。第一批公诉12人。（覃正文）

【治安管理】2016年，查处治安案件822起，同比去年948起下降13.3%，治安拘留289人，同比去年301人下降4%，治安罚款84人，同比去年145人下降42%。查处的违反治安管理的案件主要是侵犯人身权利的殴打他人案件、侵犯财产权利的盗窃财物案件、毒品违法活动等几类案件。其中群众关注的热点赌博案件大幅度下降，2016年侦办涉赌刑事案件6起，同比去年13起下降53.8%，查处赌博治安案件13起，同比去年31起下降58%，电游赌博在津市斩草除根。一是圆满完成警保卫工作任务。2016年该局先后组织开展了"两节两会"、"清明节祭祖"、"药山禅院开光仪式"、"2016省自行车联赛津市站"、"第十二次党代会安保"、"环洞庭湖新能源汽车拉力赛"、"常德柳叶湖国际马拉松赛"等警保卫工作18次，每次活动前认真检查活动现场安全，精心制定保卫工作方案，协调有关单位抽调人员积极参与，活动期间协调各单位各警种密切配合，积极履行职责，竭尽全力，确保每次保卫任务圆满顺利完成。二是严格管控肇事肇祸精神病人。全市登记在册肇事肇祸精神病人100人，该局对肇事肇祸精神病人逐人建立档案，在各重要时期和特护期，加强与乡镇街道政府部门的联系，共同落实对肇事肇祸精神病人的管控。2016年，全市未发生精神病人肇事肇祸案例。三是加强涉危涉爆企业管理。全市现有剧毒化学品使用单位3家，民爆物品使用单位1家，年使用民爆物品20余吨，剧毒物品1300余吨。严格落实每月对涉危涉爆企业进行安全检查，下发整改通知书5份，发现并整改安全隐患6处，与相关单位联合强制关停存在严重安全隐患的涉危涉爆企业4家。四是严格公务用枪管理。成立公务用枪管理委员会，完善公务用枪管理制度，并和全市其它公务用枪单位签定工作责任状，定期开展公务用枪安全检查，督促单位健全公务用枪管理台帐，确保公务用枪管理使用合法规范。

五是开展治爆缉枪专项整治工作。和市安监局等部门联合开展“打非治违”专项行动,收缴烟花爆竹100余件;积极开展治爆缉枪专项整治行动,印发张贴行动通告1000余份,办理涉枪涉爆刑事案件6起,刑事拘留6人,移送起诉4人。查处涉枪涉爆行政案件12起,治安拘留5人,行动中收缴各类枪支58支,子弹270余发;收缴各类管制刀具7把。六是加强旅馆业实名登记管理。和旅馆业严格落实“四实”登记验证制度,明确包保旅馆责任民警职责,采取网上巡查和明查暗访相结合的办法,加强了日常检查、督导、考核和处罚力度。一年来,通过旅馆业治安管理信息系统抓获网上逃犯2名,执行蓝色预警处置落地管控72人次,处罚不按规定登记上传的旅馆4家,下发限期整改通知书13份。开展整治“黄赌”断链专项行动:“黄赌”案件是群众关注的热点问题,2016年,该局根据常德市局的统一部署,开展整治“黄赌”断链专项行动,在全市宾馆、茶楼等公复场所进行反复宣传,公布举报电话。成功办理关山村汪某某家开设赌场案,被列为省督案件侦办。全年共捣毁涉黄窝点3个,侦办涉黄刑事案件4起,涉赌刑事案件6起,移送起诉4人,查处涉黄治安案件14起,涉赌治安案件43起,治安拘留121人。开展党员干部涉赌涉毒查禁行动:2016年6月9日至14日开展为期5天的党员干部涉赌涉毒统一查禁行动,共出动警力160余人(次),清查各类涉赌涉毒重点场所60余家,抓获各类违法人员33人,其中涉赌16人(市直单位党员干部1人),涉毒12人(村居党员干部2人、乡镇站所工作人员1人),涉黄5人;治安拘留(含并处罚款)12人,罚款12人,强制戒毒3人,社区戒毒3人,破获涉黄刑案1起,有效净化了全市社会治安环境。追回农民工工资:2016年元月,市人力资源和社会保障局移送市公安局王某拒不支付劳动报酬一案,主犯王某欠薪后逃逸。该局领导高度重视,立即抽调精干警力对王某拒不支付劳动报酬案进行全面详细的调查取证,2016年1月11日,民警将王某追逃到案。在办案过程中,民警从法、理、情多角度向王某阐明了拒不支付劳动报酬的性质和将承担的法律责任,促使王某迫于社会舆论的压力和法律的威严,支付了拖欠24名农民工的工资共计36万余元。全力侦办“食药环”民生案件:2016年该局侦办部督“食药”刑事案件1起,查处“环境”治安案件2起,治安拘留2人。10月份以来,治安大队全力侦办“9.20”专案(即郭某某、金某某等人生产、销售不符合安全标准的食品案),公安局成立专案指挥部,举办专案培训班,在津市、南县等地先后抓获多名犯罪嫌疑人,查明销售死因不明的死猪700余头,涉案金额近百万元。截至目前,该案已采取刑事措施41人,刑事拘留34人,批准逮捕20人。成功侦破一起涉嫌非法持有枪支罪:2016年6月11日,津市公安局接到报警称,44岁的孙某在药山镇棠华一餐馆吃饭时与戴某发生争执,当时,孙某朝天响枪后逃离现场。公安民警迅速赶赴现场进行勘查取证,民警当场收缴了3支火药枪,并对枪支的杀伤力进行了鉴定。津市警方以孙某涉嫌非法持有枪支案进行网上追逃,同时列为省督涉枪案件。在“雷霆60”行动开展后,津市公安局党委高度重视,副市长、局长戴志刚多次对此案进行督办,要求快速抓获嫌疑人,破获省督案件。津市公安局对该案进行挂牌专案督办,成立了专案组。专案组民警经过反复分析、多次调查走访,确定了嫌疑人孙某的活动走向。民警一方面对孙某的父母及妻子开展政策宣传,多次上门做工作督促孙某投案自首;一方面开展布控,摸清孙某的落角地或活动地,随时做好抓捕准备。经过10多天的努力,于12月6日晚8时,在药山一片树林中将嫌疑人孙某抓获归案。该局以嫌疑人孙某涉嫌非法持有枪支罪被刑事拘留。73岁老汉涉嫌寻衅滋事被刑拘:湖南津市73岁老汉田某平时因无聊,一个多月来,先后多次在凌晨时分出门,扎破摩托车、小轿车等车辆轮胎100多个,涉案金额近5万元。2016年12月21日,田某因涉嫌寻衅滋事被刑事拘留。2016年11月份以来,津市警方接到多名市民报案称,包括摩托车、三轮车、小轿车等车辆轮胎被扎破,致使车辆无法正常行驶。接警后,民警全面开展调查取证。12月10日凌晨5时许,当田某出门在一小区看到一辆三轮车后,瞅瞅四周无人,连忙拿出随身携带的锥子,将该三轮车右后车轮扎破,听到轮胎漏气的声音后迅速离开。才走几米远,田某又看到一辆红色轿车,便又掏出锥子将该轿车前左车轮扎破。没想到,就在田某刚准备离开时,被在车内休息的车主发现。车主立即报警,并和110处警队员一起将田某扭送到汪家桥派出所。归案后,田某流下了悔恨的眼泪,他反复说对不起车主,对不起家里70岁的老婆和两个女儿。田某的两个女儿也积极筹款,愿意为车主赔偿经济损失。

(覃正文)

【禁毒工作】2016年共立毒品刑事案件33起,破获毒品刑事案件29起,刑事拘留27人,逮捕起诉30人,查处涉毒行政案件157起,查获吸毒人员207人,行政拘留193人,强制戒毒92人,铲除毒品原植物罂粟1170株,缴获各类毒品607.03克。一是发动全民参与禁毒。6月22日,市禁毒委召开了全市2016年禁毒工作会议。市委副书记、市长、禁毒委主任陈章杰出席了大会。陈章杰强调指出,全市毒情形势愈发严峻,全民禁毒刻不容缓,各级各部门务必高度重视,认真履行禁毒职责,积极参与其中,全力配合禁毒部门打好这场人民战争。6月24日上午,市禁毒委以“无毒青春、健康生活”为禁毒宣传主题,在法治广场隆重举行大型禁毒宣传暨拒毒签名活动,全市禁毒工作者、禁毒志愿者代表、部分学生代表1000余人参加。当天,共发放宣传资料1万余份,现场解答市民咨询500人次。二是积极开展专项行动。为有效打击毒品违法犯罪,从8月1日起,贯彻落实禁毒支队集中扫毒专项行动的工作目标,开展了为期五个月的集中扫毒专项行动。9月23日,按照局党委的统一部署,将缉毒执法工作纳入“百日会战”专项行动，继续加大对毒品违法犯罪活动的打击力度。行动以来，公安局缉毒执法工作也取得一定成效。10月24日，通过几个月的经营，成功破获一起非法持有毒品案，抓获嫌疑人刘某某，现场缴获冰毒478.54克。（覃正文）

【110指挥调度工作】110指挥调度工作主要是及时对全市发生的重大突发性事件、刑事治安案件和重大自然灾害等进行调度指挥，确保成功处置；24小时接听全市各种报警和救助电话，及时派出民警对所发警情和救助给予先期处置。2016年，全年接警3520起，其中有效警3206起，刑事警情128起，治安警情1722起，救助499起，抢险救援6起，其他856起。（覃正文）

【基层基础建设】一是公安业务技术用房建设。2015年12月24日上午9时58分，津市公安业务技术用房建设正式破土动工。该项目经申报国家、省、市发改委批准，项目建筑总面积13900平方米，预计土建工程、绿化、装修等配套措施将投资5000万元左右。该项目建成后，可以满足公安民警业务技术用房需求，并满足群众办事需求能力。该局高度重视安全生产，始终把安全生产放在第一位，每天安排专人进行安全巡查，及时发现和排查安全隐患，并多次聘请专家对安全隐患进行科学评估和分析，确保安全生产。此业务技术用房主体工程已于2016年11月21日封顶，投入资金2000万余元。后期装修等工作正在进行有条不紊地进行。二是开展派出所撤并工作。根据津市市行政区划的调整，共撤销3个建制乡，现辖5个街道4个镇，2016年该局对派出所开展了相应的撤并调整工作，呈报拟撤销派出所2个，拟新建派出所2个，拟更名派出所3个，拟搬迁派出所1个，所名所址不变的6个。撤并完成后，津市实有派出所12个。（覃正文）

【机构调整】该局不断优化资源整合，强化职能配置，确保警力下沉，激发队伍活力，至2016年，全局有民警职工202人，辅警80人，专职巡防队员66人。科学设置政工室、警务保障室、纪委监察室、法制室四个综合管理机构，指挥中心、国内安全保卫大队、刑事侦查大队、治安管理大队、公共信息网络安全监察大队、经济犯罪侦查大队、人口与出入境管理大队、禁毒大队、交通警察大队等8个执法勤务机构、13个派出机构，看守所、拘留所2个直属机构，有效整合警务资源。（覃正文）

【人口管理】2016年，全市户籍在册240076人，其中男性121811人，女性118265人；共出生人口1769人，其中男955人，女814人；共办理居民身份证12515张，办理各类出国境证件7360本，其中护照4074本、往来港澳通行证3056本、往来台湾通行证230本，各类签注6923人次，发放居住证344张；上门为群众办理身份证158次，送身份证上门149次，解决群众疑难户口问题22件。一是便民利民。2016年推行了35项便民利民举措，人口与出入境涉及8项；简化办证程序。从2015年12月份起，办理出入境证件无需提供户口本，只需身份证即可办理；台湾通行证的办理取消了旅行社组团的规定；开通了异地办证服务。今年6月起湖南省居民都可在局办证窗口办理身份证、出入境证件；简化户口办理迁移手续。湖南省内居民将户口迁入津市，只需在我局办理迁移手续，无需到迁出地办理。二是户口清理整顿。2016年是户口清理整顿的第三年，经省厅、市局验收合格。大队对照《津市市公安局深入推进户口登记专项清理整顿工作实施方案》，按照市局的统一安排，重点对16周岁以上无相片人员、常口照片相似人员、18周岁以下不随母也不随父上户情况进行清理。16周岁以上无相片人员共10689人，经清理、核实注销10154人，通知办证535人，已全部完成。常口照片相似人员528人，经核实删除138人，无需处理379人。18周岁以下不随母不随父上户的25人，经核实分别通知当事人迁走、合户或做删除处理。以上三项工作完成率均达100%。三是全面完成示范户籍室创建工作。11月份，随着襄阳街派出所示范户籍室的建成，全局十一个派出所已经全面完成示范户籍室创建工作。四是落实三级回访制度，提升警调满意度。为了更好的服务群众，征求群众的意见、建议，查找工作中的不足，大队对所有来大厅办理过证照、户口事宜的群众实行回访。首先是通过警信通短信服务平台进行回访，询问满意度，对回访不满意的再进行电话回访，与群众交流沟通，对于电话回访仍不满意的，由大队长带领民警上门回访，做好解释工作，直到群众满意为止。全年共发送短信回访信息10825条，电话回访189人次，收到群众意见、建议502条。五是是加强流动人口管理。全年新录入流动人口7660人，出租房屋1657户。并严格按照暂住人口和出租房屋信息登记的要求，及时录入《湖南省社区流动人口信息管理系统》，确保信息录入及时和准确，服务打击破案工作。（覃正文）

【“三实”工作】为建立“实有人口、实有房屋、实有单位”三位一体管理新模式，推进津市实有人口动态管控体系建设，按照省公安厅、常德市公安局的统一部署，从2016年4月1日起，在全市范围内部署开展“三实”信息集中采集专项行动。截止11月30日共采集实体楼栋信息52448条，实有房屋信息148067条，实有人口信息228304条，实有单位信息2414条，从业人员信息20155条，通过“三实”信息采集抓获逃犯1名，查处治安案件2起。（覃正文）

【规范执法】充分发挥公安机关法治建设生力军作用，继续以“执法无懈怠、办案无过错”为目标，在每一起案件办理、每一个执法环节上都能体现社会公平、彰显法律正义，以实际行动维护社会公平正义，努力建设法治公安，全面提升执法公信力。2015年，共审核刑事案件205起，刑事拘留188人，取保候审124人，监视居住28人，提请逮捕136人，起诉169人；审核行政案件282起，行政拘留359人，强戒93人，责令社区戒毒41人。一是加强执法素质培训，着力提升执法能力。全局182名民警通过不同方式和渠道参加了培训，其中法制室下基层授课 82 场次，培训民警 677 人次。全局取得中级执法资格的民警数为 152 人，占总民警数的 61%，1 名民警取得高级执法资格，1 名民警取得司法资格。二是健全执法制度规程，全面规范执法行为。全面实行讯（询）问违法犯罪嫌疑人同步录音录像，推动执法记录仪管理使用，同步录音率均达 100%；全面推行起诉、判决信息录入工作，全年共录入上传检察建议 1 份、检察院起诉书 32 份、不起诉决定 6 份、法院判决书 37 份，录入上传率已达 100%；推行议案评案制度，全年共评议案件 20 起。三是突出强化执法监督，提升执法管理水平。坚持以公开为常态、不公开为例外原则，将执法依据、执法程序、执法进度、执法结果向社会公布。开展执法问题专项整治及执法质量巡查，清理了 2012 年以来的涉毒刑事案件 118 件，行政案件 588 件；大力开展“一案一评”活动，共评查刑事案件 125 件，行政案件 161 件；规范涉案财物管理及信息公开、行政处罚决定书公开。（覃正文）

【监所建设】2016 年，共收押各类人员 250 人，其中上年末结转 52 人，新收押 198 人，其中刑拘 173 人，逮捕 13 人，取保候审收回 3 人，本省区市其他所转来 4 人，其他 5 人；因病拒收 20 人。处理出所 177 人，其中投送监狱 39 人，刑满释放 24 人，转取保候审监视居住 88 人，转本省市区其他所 19 人，其他处理 7 人。年末有在押人员 73 人，其中公安机关未结 9 人，检察院未结 12 人，法院未结 33 人，留所服刑 6 人，待执行 13 人。共办理执行拘留对象 194 人，其中治安拘留对象 188 人，司法拘留对象 6 人；期满出所 150 人，停止执行拘留 13 人，请假出所 1 人。一年来，监所部门深入开展全省执法管理专项检查活动，集中清理判处实刑罪犯未执行刑罚人员，全面贯彻落实十项重点工作，逐步落实医疗专业化建设，加强在押人员出所就医安全管理，完成武警监门哨、武警备勤室和 AB 门的二次改造，紧紧围绕监所安全这个中心，坚持“科学设岗，以岗定人，定职定责，创新管理模式”，以“两学一做”和“雁过拔毛式腐败”、“纠四风”“治陋习”两个专项整治活动等为契机，在监所硬件设施逐步完善的基础上，抓好队伍建设，努力改革勤务模式，规范执法行为，强化管理，积极开展信息化建设，较圆满地完成了全年工作任务。（覃正文）

【公安科技和综合保障】一是加强天网工程建设。积极向政府汇报，2016 年，共投入 3000 多万元，加强人防、物防与技防建设，安装了电子监控系统 66 个，治安摄像头 220 多个，重点部位和单位安装报警系统 44 个。二是夯实基层基础建设保障。投资 20 多万元加强图侦室建设；加强反恐建设，投资 200 多万元购买反恐车等装备；加强暖心惠警建设，为异地单身青年民警争取单身公寓 48 套；扎实推进“210”工程建设，倾斜基层基础工作，上半年投入 40 万元，为派出所新添置车辆 3 台，空调 9 台，电脑等装备。三是加强科技强警支撑。公安检查站（卡口）和派出所综合警务指挥室建设。按照常德市公安局三十四项重点工作要求，该局多次召开两项重点工作建设调度会，明确由治安大队牵头，经前期现场踏查论证，制定了全市公安检查站（治安卡口）和派出所综合警务指挥室建设方案，目前 G55 高速公路工业园出入口、省道 S302、S306、S205 县际交界等六处治安卡口建设已完成，依托新洲超限超载检查站建设的公安检查站和汪家桥派出所综合警务指挥室，目前正在招投标采购阶段，预计在 12 月 20 日前全面完成建设任务。（覃正文）

【队伍建设】该局始终把队伍建设作为第一根本，切实建强执法主体。一是抓好思想政治工作。坚持把思想建设摆在首位，认真开展了“雁过拔毛”式腐败及“纠四风、治陋习”专项行动，肃清队伍；开展问题民警排查活动，2016 年，已将 3 名问题民警关禁闭；开展“两学一做”学习活动，加强理论建设，提高政治觉悟和信仰。二是抓好队伍管理改革。2016 年 3 月份，通过竞争性选拔中层干部，提拔重用副科级青年干部 10 人，新提拔正股级、副股级干部 18 人。三是抓好公安文化和宣传工作。积极推介了“一案一奖”记功嘉奖、“一线警察”表彰嘉奖、“优秀派出所所长”标杆嘉奖，还组织民警参与省厅举办的“最美青年卫士”评选，市公安局聂勇和周志刚从全省数万干部中脱颖而出成功入围“最美青年卫士”候选人。四是抓好纪律作风建设。把严守党的政治纪律和政治规矩摆在首位。坚决执行《准则》和《条例》，在全局开展了纪律作风教育整顿活动，重点解决了民警在纪律作风、警容风纪、执法规范等方面的顽疾。五是抓好党风廉政建设。级级压实“两个责任”，严格落实党委主体责任和纪委督导责任，召开了全局党风廉政建设暨反腐败工作会议，全局各二层单位“一把手”签订了责任状。辅警身中十多刀仍抓住嫌犯死死不放：面对双手挥舞菜刀的杀人犯罪嫌疑人的负隅顽抗，赤手冲进屋内抓捕的湖南津市市公安局 110 处警中队辅警刘斌，在搏斗中身上被砍十多刀，凭借一定要抓住嫌犯的勇气，忍受剧烈疼痛仍双手死死抓住歹徒持刀的双手，赢得了民警成功制服犯罪嫌疑人的战机，彰显英勇无畏的真本色。2016 年 7 月 18 日早上 8 时，湖南津市市金鱼岭街道办事处燕子窝社区一居民家发生了这样的感人一幕。当日上午 7 时 30 分，津市市公安局 110 指挥中心接市民报警，称一持刀男子窜至金鱼岭街道办事处燕子窝社区一居民家中，持刀将一老人砍倒在血泊中，生命垂危。刘斌接到 110 指挥中心的出警指令后，和当班民警紧急赶往事发现场。赶到事发现场后，场面惨不忍睹，案发现场一 60 岁老人被砍倒在地，头部和自上多处被砍伤鲜血直流，一根手指被砍断丢在地上，不停地痛苦呻吟，见状，民警赶紧拨打 120 急救电话。经了解，凶手杀人后，来不及逃离，躲藏在附近的一二层楼房内。由于现场围观群众多，怕犯罪嫌疑人狗急跳墙再次伤及无辜，刘斌和民警将犯罪嫌疑人躲藏楼房紧紧围住。由于二楼空间狭窄，犯罪嫌疑人又躲在一个狭小的房间内抗拒抓捕，在多次规劝犯罪嫌疑人弃刀自首未果后，现场指挥员下达了破门抓捕的行动命令。身为冲突队员的刘斌率先破门而入，第一个冲上去与犯罪嫌疑人正面交锋，但丧心病狂犯罪嫌疑人不甘被擒，张牙舞爪地挥舞菜刀朝刘斌身上砍去，尽管身穿防刺服在身，在奋力抓捕犯罪嫌疑人时，其脸部和双手臂仍被多处被砍伤，鲜血直流，但刘斌仍忍住剧烈疼痛，与其拼死搏斗，最终和随后冲进的民警一起将犯罪嫌疑人制服。随后，刘斌被送往医院进行紧急抢救，经医生诊断，面部裂伤、右上臂多处皮肤裂伤、全身多处软组织挫伤，医生对刘斌的眼部、手臂共缝 15 针，无生命危险。 （覃正文）

【改革创新】该局始终把改革创新作为第一准则，切实强化为民服务。加强管理服务手段建设推动公安行政管理转型升级，持续推进并落实《便民利民服务 35 项举措》。突出公安行政管理服务改革，围绕户籍、出入境、治安、交通、消防等工作，集中推出了 34 项便民利民举措。突出执法权力运行机制改革，主动适应以审判为中心的诉讼制度改革。加强了执法素质培训，着力提升执法能力，152 名民警取得中级执法资格，占总民警数的 61%，1 名民警取得高级执法资格，2 名民警取得司法资格；健全了执法制度规程，全面规范执法行为，全面实行讯（询）问违法犯罪嫌疑人同步录音录像，同步录音率均达 100%；全面推行了起诉、判决信息录入工作，录入上传率达 100%；规范了涉案财物管理及信息公开、行政处罚决定书公开。 （覃正文）

消防工作

【概况】2016 年，消防大队党委在支队党委和津市市委、市政府的正确领导下，以习近平主席系列重要讲话精神和全军、公安现役部队政治工作会议精神为指针，以党建促队建，强班子带队伍，大力提升社会火灾防控水平和灭火救援实战能力，加大综合保障力度，有力推动了各项重点工作，实现火灾形势和部队管理"双稳定"。

把握脉搏，加强党委班子建设。消防大队党委把班子和队伍建设作为全年工作的重要抓手，采取一系列行之有效的措施。一是定好位置，提高班子驾驭能力。大队党委严格执行党委中心组学习制度，把基层建设与部队管理工作统筹安排，形成了两个建设协调发展，管理和教育并驾齐驱的格局，全面提高班子驾驭全局的能力。二是议好事情，提高班子决策水平。大队党委坚决贯彻落实临澧政治工作现场会议精神，执行民主集中制，完善党委议事规则，积极稳妥推进部队党内民主建设，在事关部队建设大局和涉及官兵利益等问题上，着力营造畅所欲言，集思广益的民主氛围，做到一般问题及时通气，重大问题深入交换意见，确保科学决策。三是走好道路，提高班子廉洁意识。为教育官兵发扬艰苦奋斗的传统，筑牢执法为民的思想基础。大队党委从制度、教育、回访、廉政评估等环节入手，收到了良好效果。严格贯彻落实了上级的各项廉政制度和专项活动，开展"两个专项整治"和执法腐败集中整治活动，组织官兵参观看守所服刑人员生活，对社会单位开展公开述职述廉活动，面向社会聘请 5 名廉政监督员。对涉企收费进行全面清理，对干部近亲属从业逐一摸排，营房建设中涉及的大宗物资采购、基建工程项目，全部经政府公开招投标执行，由支队纪委全程监督，切实避免营房改造工程中产生利益输送问题。一年来，大队上下风清气正，社会形象显著提升。四是学好精神，提高班子理论水平。扎实开展"改革强警"主题教育和"两学一做"学习教育活动，通过书记上党课、集中学习讨论、手抄党章 100 日和重温入党誓词等系列活动，坚持学做结合，促进知行合一，获得了支队"两学一做"知识抢答赛的第二名；在 G20 峰会、东盟博览会消防安保期间，大队把安保一线作为"两学一做"的生动课堂，党员官兵在安保一线亮身份、亮承诺、亮行动，出色的完成了各项工作。

加强防控，优化消防安全环境。为全面加强社会面的火灾防控，消防大队党委多点发力，取得了显著的成效。一是推动政府落实责任。市政府召开消防工作会议，与乡镇街道、部门逐一签订年度消防工作责任状，明确了全年消防工作目标任务；通过召开安全工作交办会，下发交办函，督导火灾隐患整改和推进消防工作；市委、市政府主要领导多次听取汇报、带队检查单位，对重大节假日和 G20 峰会期间消防安全进行专门部署，实行消安委实体化运作，每季度召开消安委联席会议，形成群策群力、群防群治的良好态势，有力的推动社会消防工作的落实。二是整治隐患效果显著。建立健全火灾隐患排查整治常态化机制，在夏季消防检查的基础上突出抓好"易燃易爆场所专项整治"，"电气火灾隐患排查"、"文物古建筑消防安全治理"等专项工作，全年共检查单位 1648 家，发现火灾隐患 1851 处、督促整改火灾隐患 1836 处，办理行政处罚案件 47 起，临时查封 25 处，责令"三停" 18 家，处罚 36.85 万元，拘留 5 人，整改销案重大火灾隐患 4 处，始终保持全力围剿火灾隐患和违法行为的高压态势，有力净化全市消防安全环境，确保全市火灾形势保持高度稳定，全年未发生一起较大以上火灾事故。三是深化宣传提升意识。广泛利用社会资源开展消防安全宣传教育培训活动，努力将消防宣传向社区和农村前移、向居民推进，增强了全市人民的消防安全意识。以消防宣传"进机关、进学校、进社区、进企业、进农村、进家庭、进网络"为主线，广泛开展消防站开放、消防志愿者宣讲、消防教育培训演练、火灾隐患曝光、每周半日宣传、"119"消防宣传月等活动为载体的的消防宣传教育培训活动，依托手机短信、LED 显示屏、官方微信等现代化电子传媒以及标语、灯箱、广告牌等传统宣传媒介开展消防知识宣传，开放消防站 18 次，举办消防宣传活动 15 场，设立大型消防宣传牌 3 块，发送手机短信 3 万余条，发放宣传资料 5 万余份,"津市市公安消防大队"微信公众号关注人数已达7000人。组织培训人员深入各乡镇、街道开展乡镇长、村居"两委"负责人培训,共计培训乡镇长38人,村居"两委"负责人200余人,在全市营造了"人人关心消防、个个重视消防、全民支持消防"的良好氛围。

强化管理,构筑群防群治体系。2016年,消防大队重点加强了四个方面的社会消防管理,构筑起群防群治的火灾防范体系。一是强化社会面消防管理。结合津市实际,为了彻底扭转小场所消防安全管理难的局面,提请市综治办下发了将《消防安全网格化纳入社会管理综合治理平安建设目标管理考评工作的通知》,在全市各乡镇、街道全面推行消防安全网格化管理。全市9个乡镇、街道层层落实责任制,全部建立健全网格化的管理模式,已在全市34家重点单位,23个社区建立微型消防站,从多个层面构筑火灾预防、扑救和宣传教育平台,进一步提升消防管理效果。二是强化单位消防管理。确定重点单位48个,并将监管责任落实到每名监督员;对重点单位实行"户籍化"管理、三项报备和等级管理制度,48家重点单位"户籍化"管理全部达标,单位消防安全自主管理水平明显增强。三是推进执法规范化建设。持续开展"亮窗工程",全面规范消防受理窗口工作,推出《为民服务十项公开承诺》,加快消防行政审批效能建设,实行限时办结,确保了行政执法和行政许可的公平、公正、公开。今年以来,大队所办理行政许可无一件超期现象,行政处罚无一起行政复议,监督执法无一例网外运行,取得2016年津市优化社会经济与环境测评第三的成绩,消防执法监督能力显著提升。四是强化派出所监督管理。提请公安局制定下发《关于进一步加强公安派出所消防监督管理工作的决定》,进一步明确派出所消防监督管理职责,全力推进派出所消防监督管理工作。2016年,大队通过业务培训、联合检查、以会代训等形式,加大派出所工作指导力度,全市派出所消防监督工作实现常态化,全年共检查单位1867个,发现火灾隐患3349处,督促整改3326处,有效延伸消防监督管理的触角。

锤炼精兵,提升部队正规化建设。为适应全市社会经济的高速发展,消防大队主动作为,有针对性的开展灭火演练、想定作业和岗位练兵活动,有效提升了部队的攻坚能力。一是全面加强执勤备战工作。严格落实执勤备战制度,狠抓安全防事故工作,坚持每月召开一次安全形势分析会,使安全工作呈现出人人学、人人抓、人人管的群策群防氛围;始终将灭火救援作为工作重心,全年共接处警81起,出动车辆124辆次,出动警力839人,抢救被困人员15人,抢救财产价值45.2万元,火灾处置率达到100%,全年未发生一起执勤事故及安全事故。二是全面夯实战训基础工作。坚持以提高战训基础工作为重点,狠抓业务训练,根据城市发展及功能布局,对中队装备器材和作战能力进行了全面评估,进行了排烟装备及防护装备实战效能测试,对全市市政消火栓进行了摸底。严抓"六熟悉"训练,全年共修订完善预案75份,开展各类演练80余次,战评率达100%。三是深入开展岗位练兵活动。深入开展执勤岗位练兵比武活动,加强官兵体能训练、技能训练,全员参训提高基本素质;以实战为背景,加强想定作业、无预案演练,开展合成训练,不断加强装备人员有机结合。通过系列的措施,部队灭火救援能力得到全面提高。四是坚持正规化达标创建。大队以营房原址重建为契机加强正规化建设,始终坚持"队伍结构合理、装备配备实用、业务训练过硬、作战效能显著"的评判标准全力推进正规化达标创建工作,扎实推进灭火救援能力建设。始终贯彻条令条例意识,以学习新条令和整训月活动为抓手,大力加强部队管理教育,落实一日生活制度,增强了官兵条令条例意识,每月对士官进行民主评议,实行奖勤罚懒制度,部队管理教育水平再上新台阶。

夯实基础,提升消防安全水平。大队党委一班人通力协作,群策群力,积极请示,得到了市委、政府主要领导的高度重视,市政府想方设法加大消防方面的投入,切实保障消防工作正常有序开展。一是保障消防业务经费。市财政2016年共计投入消防经费511.45万元,其中消防业务经费264.5万元,消防装备款40万元,专职消防队消防车辆购置经费40万元,其他专项经费16.95万元,新建营房配套设施专项经费150万。二是增加公共消防设施。2016年,市政府在城市提质时改造城市供水管网,增设消火栓30个,有效缓解城区消防的供水问题。同时,为提升城市抵御火灾的能力,津市消防站改造工程经过一年的紧张施工,大队办公楼改造工程已顺利完工并投入使用,中队执勤楼工程已进入最后的装修阶段,年内即将投入使用。三是组建专职消防队伍。市政府安排专项经费40万元,先后为3个建制镇组建专职消防队伍,配备两辆多功能消防车和个人防护器材及灭火救援设备,有效提高农村处置火灾的能力。

(办公室)

公安交通管理

【概况】2016年,津市市公安局交通警察大队紧紧围绕公安交管"四项建设"和津市"五城同创"的要求,突出平安建设、能力建设和便民服务,突出酒驾、摩托车、违法停车"三项整治",严厉打击各类交通违法行为,全面开展隐患排查治理,强化重点企业车辆安全监管,大力开展法律常识宣传教育,各项工作取得显著成绩,实现公安交管工作"三提升、两下降"(违法查处总量提升,民警执法水平提升,群众交管工作满意度提升,交通事故死亡人数下降,涉摩交通事故数量下降)的目标,为津市的发展提供安全畅通的交通环境和和谐稳定的社会环境。

大队共接处警1472起,受理交通事故1189起,查处各类交通违法行为53117起,办理车驾管业务22859起。大队获得省法治湖南领导小组“2016—2018依法办事示范窗口单位”、省公安厅交管局“湖南省交警系统执法示范单位”、常德市交警支队“2016年春运工作先进单位”等荣誉。

一是安全形势总体良好。2016年，大队坚持以事故防控为核心，深入推进道路交通安全社会化管理，通过强化对运输企业和重点车辆的监管，坚持对企业负责人、驾驶人的座谈和教育培训，坚持对路面的管控和群众的广泛宣传，在全市机动车增加近4000台、驾驶人增加近3000人、通车道路不断增长的情况下，保证了良好的交通安全形势，全市未发生一起死亡3人以上的较大交通事故，交通事故死亡人数同比下降46%，涉摩交通事故起数同比下降19%，涉摩事故死亡人数同比下降60%，创造了历史新低。

二是违法整治力度强大。2016年，大队加强了对各类交通违法行为的整治力度，重点突出了摩托车、酒驾“两大专项整治”，采取定点查处与巡逻检查相结合、路面查处与下乡督办相结合的方法，对城乡摩托车违法行为进行整治。采取“错时工作”的酒驾整治勤务工作制度，在中、晚餐后时段，不定点的在全市范围进行整治。全年共组织整治行动35次，违法查处数据大幅增加，现场查处各类交通违法行为1.2万多起，同比增长50%。

三是秩序整治效果明显。大队对勤务机制进行调整，建立了“高峰站点、平峰巡查、延时工作”的勤务机制。在城区车流量、人流量较大的路口、学校路段等落实早、中、晚高峰定点秩序维护和上、下学时段护学行动，确保日常高峰时段，春节、清明节等重要时段，车流量、人流量大幅增加的情况下，全市道路的有序通畅。对全市城区主次干道违法停靠的车辆，长期停放的“僵尸车”等，进行了严厉整治，同时，为配合“创国卫”工作，大队实行“延时工作制”，将整治时间提前至早7点、延长至晚10点，不间断进行巡查。全年共查处违法停车行为6887台次，同比增加116%，清理“僵尸车”28台。

四是执勤执法更加规范。为全面提高民警综合素质，大队开展了以提高执法能力水平为重点的“执法质量年”活动，聘请支队法制专家詹蔚群来队授课2次，组织进行下中队培训16次，对案卷质量进行监管，对执法记录仪使用进行督导，执法工作进一步规范。大队未发生因执法问题引起的媒体曝光和舆论炒作，无行政复议和国家赔偿案件，执法质量考评工作在常德支队名列前茅。

五是队伍活力显著增强。大队党组发挥政治激励作用，报告市委提拔8名副科级干部，推荐7名中层副职干部，盘活有限的警力资源，激发队伍活力，全队民警职工的履职意识大幅提高，开展整治、查处纠违、预防事故的工作热情空前高涨，形成“领导作表率、骨干带好头、群众齐参与”的良好局面。共查处各类交通违法行为53223起，同比增长50%。

六是科技效能明显提高。通过机构调整，合并指挥中心与科技中队，充分发挥了科技强警的作用，在科技设备老化、损坏的情况下，科技设备的作用得到了充分的发挥。非现场抓拍交通违法行为3.6万多起，同比增长近一倍。

七是领导群众更加满意。圆满完成两会、党代会、自行车赛、汽车拉力赛等全市各类大型会议、活动交通警保卫工作40多次。筹资50多万元建设小型汽车驾驶人科目一考场和交通事故快处快赔中心，进一步方便了群众。妥善处理25起死人交通事故，矛盾基本全部得到化解，未发生因交通事故的集体上访和群体性事件。积极支持完美社区建设，开展扶贫帮困活动，资助社区和群众资金8万多元。群众对公安交管工作的满意度不断提升，大队在全市优化环境测评中名列行政执法类第一名。

（雷孝亮）

【开展三项整治】2016年，大队围绕“路畅人安”的目标，开展了贯穿全年的“酒驾整治”、“摩托车整治”、“违法停车整治”三项专项整治行动，改革了警务勤务工作模式，酒驾整治采“取错时工作制”，重点在晚7点至9点进行，违法停车采取“延时工作制”，将整治时间延长至早7点至晚10点，摩托车整治采取“定点查处与下乡检查相结合”，严厉查处交通违法行为，全年查处酒驾行为346起，纠正查处摩托车违法行为8532起，停车行为6887起，有力地消除了安全隐患，事故防控效果显著。

（雷孝亮）

【省级文明单位创建成功】2016年，大队为确保省级文明单位创建成功，成立了以大队长庹进文为组长，教导员梁先菊为副组长、其他大队领导为成员的领导小组，下设创建办公室，由梁先菊任办公室主任，民警何灏、张丽坤，退休人员杨晓霞为专干，具体负责文明单位创建工作。创文办公室按照创建标准和要求，认真组织道德讲堂、网络文明宣传、扶贫帮困、义务献血、禁烟行动、“我们的节日”、文明氛围营造等活动，收集整理创建资料9本，近50万字，图片300多幅。9月份，成功迎接常德市文明办检查，2017年2月27日湖南省文明办发文进行公示。（雷孝亮）

【装备后勤】2016年3—5月，大队相继进行了水改、电改建设，筹集资金8万余元，将办公区与家属区水、电实现分离，解决了历年以来的遗留问题。8—9月，筹集资金60多万元，进行建队以来的首次办公楼大维护，对大队办公楼内部进行维修，办公桌椅进行更换，改善办公环境、办公条件。（雷孝亮）

【城市创建】作为创建“国家交通管理模范城”牵头单位，3月14日，提请市政府，召开津市市“五城同创”工作调度会，对创建国家交通管理模范城工作进行部署安排，3月25日，大队邀请省交警总队领导袁双林、省畅通工程专家、中南大学教授黄合来及支队领导来津市进行实地考察调研。5月12日组织创模32家成员单位，由市政府副市长文国平主持召开“津市市创建国家交通管理模范城工作推进会”，对创模工作再次发力。同年10月，由津市市政府、中南大学城市交通研究中心、智慧交通湖南省重点实验室共同完成《津市市城市综合交通体系规划》、《城区智能交通系统设计》、《停车设施规划》等规划设计工作。（雷孝亮）

【便民服务】2016年，是全国大力推行公安改革的第二年，为进一步方便群众，常德市公安局推行35项便民利民措施，根据上级公安机关的要求，大队积极争取权限下放，筹资50多万元，分别建立津市市机动车驾驶人科目一考场和津市市交通事故快处快赔中心，并分别于5月5日、7月12日正式运行，解决了驾驶证申领科目一考试往返奔波常德和轻微交通事故处理久拖不决的烦恼，极大地方便群众。（雷孝亮）

【交通事故】2016年2月13日7时0分许，李本军驾驶湘JY8115号小型轿车，沿津市市津澧大道由西向东行驶至丰华城门前路段时，将道路上的行人谭传秀撞倒，造成受伤后经津市市人民医院抢救无效于当日死亡的道路交通事故。

2016年6月9日20时10分许，李芳灯驾驶湘J54U12号正三轮摩托车沿津市市药山镇临东村村级公路由南往西行驶至临东村三组路段左转弯时，由于车辆制动失效，导致车辆失控，先与路边的院墙碰撞后，将由东往西在路边行走的陈金香压倒，造成陈金香当场死亡、车辆受损的道路交通事故。

2016年7月25日18时5分许，雷军驾驶湘J7P316号（未悬挂号牌）普通二轮摩托车沿津市市毛里湖镇青苗村由东向西行驶至青苗村十组交叉路口路段时，与由北向南雷志刚驾驶的鄂D8GS59号轻型自卸货车相撞，造成雷军当场死亡，两车受损的道路交通事故。

2016年11月18日18时40分许，彭文元驾驶湘J20T12号小型普通客车沿省道306线由北向南行驶至津市市药山镇明康村4组路段时，由于观察不够，采取措施不力，将由南向北在道路上行走的行人刘云香撞倒，造成刘云香受伤，经药山镇卫生院抢救无效于当日死亡、车辆受损的道路交通事故。

2016年12月16日15时45分许，黄继超驾驶湘J898RR号小型轿车沿津市市津澧大道由西向东行驶至与桑园路交叉路口路段时，与沿桑园路由南向北行田育华骑行的搭乘有孙逢玉的二轮电动自行车发生碰撞，造成田育华、孙逢玉受伤，两车受损，孙逢玉后经津市市人民医院抢救无效于当日死亡的道路交通事故。（雷孝亮）

【科技设备及停车设施】全市现安装路口红绿灯及电子警察设备20处，分别为：津澧大道与凤凰路交叉路口、津澧大道与万寿路交叉路口、津澧大道与孟姜女大道交叉路口、津澧大道与刘公桥路交叉路口、孟姜女大道与银苑路交叉路口、车胤大道与双济路交叉路口、车胤大道与万寿路交叉路口，车胤大道与孟姜女交叉路口、孟姜女与大道与清远路口、孟姜女大道与津市大道交叉路口、津市大道与周家铺路交叉路口、津市大道与团湖路交叉路口、津市大道与中联大道交叉路口、嘉山大道与周家铺路交叉路口、嘉山大道与团湖路交叉路口、S205与新洲政府路交叉路口、S205与S306毛里湖镇交叉路口。全市安装电子卡口6处，分别为津澧大道城东丰华城、城西广电局、二广高速连接线、工业集中区新合新公司、S205线14公里、S306线244公里处。全市安装电子监控控头75处，分别为津澧大道德雅中学、双济路口、津澧大道与凤凰路口、万寿路口、孟姜女大道、刘公桥路、丰华城、农发行、移动公司、社会客运站；银苑路与凤凰路、万寿路、刘公桥路交叉路口；国税局；车胤大道与凤凰路、刘公桥路、孟姜女大道、邮储银行、兰苑宾馆；建设路与后湖路交叉路口、万寿路三完小财政局、车胤大道、万寿路与建设路交叉路口；刘公桥路与品元宫路交叉路口、刘公桥自来水公司、人民路工商银行、襄窑路菜市场、孟姜女大道人民医院、一中、市委、水务局、清远路中联重科、丝绸路、龙岗路、津市大道、大同路市委、津市大道与周家铺路、团湖路、中联大道交叉路口。S205线新洲政府路口、新洲梅花路口、毛里湖中队、毛里湖镇三岔路、毛里湖镇汽车站；护市路与刘公桥路、孟姜女大道、万寿路、凤凰路交叉路口等处。全市主次干道共施划停车泊位895个，其中津澧大道403个、孟姜大道71个、车胤大道278个、襄窑路143个。政府建设社会停车场2个，澧水大桥下停车场88个停车泊位、宝悦广场（原征稽所）44个停车泊位。（雷孝亮）

【车驾管业务】2016年共办理车驾管业务22859起，其中车管业务10657台次，汽车注册登记1917台，摩托车注册登记1897台，汽车年检1864台，摩托车年检3450台，抵押登记809台，转移登记384台，注销登记336台。驾驶证业务12202人次，初次申领2830人，科目一考试2331　人次，审验1559人次，满分学习1041人次，补换证4441人次。（雷孝亮）

司　法

【概况】2016年，津市市司法局在市委、市政府的领导和常德市局的指导下，全面贯彻党的十八届五中、六中全会精神以及市委经济工作会议精神，紧紧围绕年初确定的“1233”工作思路（围绕一个主题、抓好两项建设、带好三支队伍、凸显三项职能），全面落实司法行政工作开展，把握工作重点，坚持问题导向，加快推进司法行政改革，开创司法行政工作的崭新局面。2016年上半年和下半年，在全省民调测评中，津市司法行政工作综合评价均排常德市第1位。2016年1月，津市市司法局被省司法厅评为“全省公共法律服务中心建设突出集体”和“全省信息化基础工程建设突出集体”；津市市司法局新洲司法所、白衣司法所被省司法厅评为“湖南省规范化司法所”；2016年6月，津市市被中宣部、司法部、全国普法办评为“全国‘六五’普法先进县（市区）”；2016年7月，“津市市实行领导干部学法积分制”入围湖南省十大法治事件评选、津市市名正法律服务所主任周林军入围湖南省十大法治人物评选；2016年8月，津市市司法局参加全国司法行政系统先进集体评选，司法行政各项业务工作成效明显。（车四友）

【公共法律服务】 加强公共法律服务体系建设。一是以全省公共法律服务实体平台建设试点为契机，构建高规格的全市公共法律服务中心平台。二是积极对接省厅"如法网"，构建公共法律服务网络平台。三是加大镇（街道）公共法律服务站建设推进力度，构建公共法律服务的主体平台。四是加大村（社区）公共法律服务点建设推进力度，构建公共法律服务的基础平台。建成以公共法律服务中心为中枢，法律援助中心、公证处、律师事务所、法律服务所、镇（街道）公共法律服务工作站、村（社区）公共法律服务点为支撑，全体司法行政干警、公证员、律师、法律服务工作者、人民调解员为主体的公共法律服务体系，形成了全市公共法律服务"一小时服务圈"。2016年有持证公证员4人，律师22人，司法鉴定人员12人。

建立健全公共法律服务工作机制。一是健全"一村（社区）一顾问"机制，为基层依法治理提供法律支持。年初，司法局拟定了《一村（社区）一法律顾问义务法律服务协议》，下发到各律师事务所，由律师事务所主动与村（社区）签订协议，并积极组织律师进村（社区），发挥法律专业优势，全方位、多形式为村居的重大决策和管理工作提供强有力的法律支持，为百姓提供公益的法律帮助。目前，全市25个社区、53个行政村全部配齐了法律顾问。二是健全了法律援助工作机制，保障社会公平正义。建立健全案件申请、受理、审查、决定、指派、承办等环节业务规范，优化办案流程，努力为受援人提供优质的法律服务；进一步完善刑事案件速裁程序试点和法律援助参与刑事和解、死刑复核案件办理工作机制；进一步完善法律服务便民举措，缩短一般性案件受理审查期限，涉及农民工讨薪、群体性事件、可能影响社会稳定案件以及其他紧急特殊情况案件，实行即时受理，快速办理，对于行动不便的残疾人、老年人、未成年及严重疾病患者实行预约式、上门式、一站式服务。三是创新法律援助工作，推行"诉讼＋调解"新模式。对于一些案情简单、争议不大、有调处空间并且适合调解的案子，尽量引导受援群众采取调解的方式，就争议问题达成协议，既为弱势群众减少诉讼成本，又达到简便、快速的维权效果。

推进公共法律服务体系有效运行。一是将律师参与信访值班纳入政府购买公共服务体系，从三个律师事务所中选派一批素质高、业务强的律师参与日常接访工作。参与接访的律师充分利用专业优势，在工作中发挥"咨询师"作用，为群众提供法律咨询服务，对符合法律规定、应当通过司法途径解决的案件，引导群众走司法程序、依法处理；对不属于法律调整范畴的案件，尤其是涉及农村村民自治内容的问题，帮助群众疏导情绪，讲明政策；对无理诉求的案件，通过同类案例宣传，讲明利害，引导群众理性诉求、息诉罢访。二是积极启动律师参与化解和代理涉法涉诉信访案件工作，制定《津市市律师参与化解和代理涉法涉诉信访案件实施方案》、《津市市涉法涉诉联合接访中心主要职责》、《津市市涉法涉诉信访工作联席会议制度》、《律师参与化解和代理涉法涉诉信访案件流程图》以及律师值班安排表及相关登记台帐。三是开展了律师乡村（社区）行专项法律服务活动。组织三个律所律师下到全市各村（社区）开展法律服务活动，就有关农村土地承包、土地流转、山林纠纷、征地拆迁、婚姻家庭等问题与群众开展面对面的法律答疑。四是开展了企业免费法律体检活动。组织律师深入中小企业，详细了解企业的法律服务需求，有针对性地制定法律服务方案。为中小企业进行全面的民商事合同、劳动人事合同审查，规范企业管理，强化企业"法律风险评估及防范"意识。

2016年1–10月，全市依托公共法律服务平台共办理法律援助案件221件、公证案件679件、律师办案225件、司法鉴定案件281件。同时，开展律师乡村（社区）行专项法律服务活动18次，为中小企业免费法律体检16次，律师参与信访值班共接访95批次，参与化解和代理涉法涉诉信访案件26件，化解息访8件。2016年9月30日，常德市公共法律服务体系站点建设现场推进会在津市召开，津市市公共法律服务体系建设推进力度和运行情况受到与会者的一致好评。（车四友）

【人民调解】 人民调解组织网络体系日臻完善。目前，全市共建立各类人民调解组织107个，其中：乡镇、街道人民调解委员会9个，村、居人民调解委员会78个，行业、专业人民调解委员会10个，联合人民调解委员会1个，人民调解委员会分别驻人民法院、人民检察院调解室各1个，驻公安派出所调解室8个。全市人民调解员436人。全市乡镇（街道）、村（居）人民调解委员会建成率达100%，基本实现人民调解组织的多层次、宽领域、网格化、全覆盖。

人民调解规范化建设进一步强化。一是按照"八有"、"六统一"的要求，进一步加强了村（居）人民调解组织的规范化建设。年初，我们重新印制了122本村（居）人民调解委员会工作台帐，及时下发到各个村（居），并针对重点内容逐一进行指导。二是树立基层司法行政工作新理念，在全市范围内创建村（社区）司法行政工作室，直接为群众提供"零距离"规范化服务。三是修定了《人民调解员工作补贴发放管理办法》，按照管理办法严格考评并将人民调解员工作补贴及时足额发放到位。

"三调联动解纠纷，防控风险促发展"专项调解活动继续延伸。进一步健全矛盾纠纷排查调处、重大社情报告、越级上访和群体性事件快速反应、社会稳定风险评估等长效机制和矛盾纠纷排查分析报告制度。组织人民调解小分队深入基层，通过走访群众、接待来访、召开座谈会等方式，逐村组、逐社区、逐单位进行摸排梳理，掌握矛盾纠纷重点区域、重点行业、重点人群，真正对不稳定因素尤其是可能引发非正常上访和群体性事件的矛盾纠纷做到底数清、情况明。充分发挥“三调联动”机制作用，建立流动调解庭，组织人民调解员到群众家里、到建设工地、到田间地头、到医院病房进行现场调解，及时化解了一批突发性、疑难性、复杂性矛盾纠纷，有效地维护了社会稳定。

1-10月份，全市共调解各类矛盾纠纷3115起，没有发生因民间纠纷调处不及时或调处不当而造成的非正常死亡、民转刑案件、群体性闹事和群体性上访。（车四友）

【法治建设】围绕目标，强化法治建设工作体制和机制。成立了以市委书记为组长的市委法治建设领导小组，配备了专职工作人员，组织协调全市法治建设工作。同时，各镇（街道）、市直部门也相应建立组织领导机构，实行了“党委统一领导，政府组织实施，人大政协监督，部门单位齐抓共管，全社会共同参与”的法治建设工作模式。

创新普法形式，培育亮点，深入开展普法工作。今年全市普法工作以全面总结“六五”普法启动“七五”普法为重点，突出重点对象，不断创新形式。以领导干部为重点抓好国家工作人员学法用法工作，坚持“法治半小时”学习制度，组织全市领导干部参加“领导干部法治夜校”学习，积极开展中心组学法、会前学法以及干部法治讲座等，2016年1-10月，共开展市委常委会会前学法6堂，6月22日，全市领导干部法治夜校正式开班，时任市委书记王学武主持开班仪式，全市“五大家”领导以及法治津市建设领导小组成员单位主要负责人共70多人参加了法治培训，特邀长沙大学蒋伟龙副教授作了《全面依法治国背景下之依法行政》的法治讲座。以青少年法治教育为重点，推进青少年法治宣传教育，2016年9月，在全市青少年中组织开展以“拒绝校园暴力，共建平安和谐校园”为主题的法治宣传教育周活动。以农民为重点，加强农民法治宣传教育，通过开展“送法下乡”、全市农村法治宣传教育月、“法律明白人”培训、“法律赶集”、“法律知识竞赛”、“法治文艺汇演”等活动将法律送到老百姓的家门口。

丰富普法宣传载体，法治文化建设深入推进。将普法阵地建设作为重点，坚持每季度对桥头法治广场宣传橱窗进行一次更新，指导全市农村（社区）健全了法治宣传专栏。同时，把法治文化建设纳入文明城市创建的大局中，营造法治文化氛围。2016年，市司法局联合市文广新局编排小品《劝婚记》、音乐快板《法治新农家》、大鼓《戒赌》等法治文艺节目，并组织开展法治文艺汇演，以群众喜闻乐见的形式开展法治宣传。

加大法治津市建设推进力度，出台《法治津市建设工作要点》，不断深化法治县（市、区）创建活动，开展“依法办事示范窗口单位”、“诚信守法企业”、“依法治校示范校”以及“民主法治示范村（社区）”等创建活动。全市有5个单位被评为“全省依法办事示范窗口单位”、10个社区被评为“全省民主法治示范社区”、9个村被评为“全省民主法治示范村”。（车四友）

【社区矫正】扎实推进社区矫正中心建设。津市社区矫正中心业务用房建设是2016年全省重点民生实事项目，根据湖南省委办公厅、湖南省人民政府办公厅《关于印发〈2016年重点民生实事项目实施意见〉的通知》和《湖南省司法厅关于进一步推进县（市、区）社区矫正中心建设的实施意见》要求，司法局积极汇报，得到省、常德市及本市领导的高度重视，并于4-5月完成选址和设计（该项目确定在老司法局院内机关食堂旧址重建，建3层，包含三个功能区、九个功能室，总建筑面积490平方米，总投资约150万元），6-7月完成报建工作，7月底进场施工，12月主体工程已全面竣工，顺利通过上级验收。

扎实推进社区矫正管控工作。一是积极部署和落实了社区矫正“防脱管”、社区矫正监管安全隐患排查整治、集中清理判处实刑罪犯未执行刑罚等专项活动，实现“零脱管”的工作目标。二是严格落实考核奖惩，对符合表扬条件的7名社区服刑人员给予表扬奖励，对不服从司法所日常监管且经教育后仍不悔改的5名社区服刑人员给予了警告处分，起到了提高社区服刑人员改造积极性、增强社区矫正威慑力的良好效果。三是加强督导检查，每月对司法所开展一次社区矫正工作督查，对社区矫正日常管理进行检查督促。4月份，先后迎接了常德市司法局、省社区矫正管理局对津市的业务检查，津市档案台帐的规范化得到了上级领导的肯定。

扎实推进社区矫正教育矫治工作。司法所每月组织社区服刑人员到辖区内的公益劳动基地开展公益劳动和集中教育学习。同时，在坚持常规学习的基础上，不断创新教育学习形式，2016年，在社区矫正对象入矫、解矫环节重点发力，先后在城北司法所、新洲司法所开展集中入矫、集中解矫宣告仪式，较好地树立社区矫正工作权威，为开展安置帮教工作夯实了基础。

坚持“以人为本”，加强帮扶力度。今年来，津市市司法局已先后赴津市监狱、津市看守所为服刑人员办理现场公证数十起，有效地维护和保障服刑人员合法权益。开展后续照管工作，主动与常德市强戒所对接，共同对津市籍戒毒人员就业安置和后续照管问题进行交流，共同落实戒毒（康复）人员就业扶持和救助服务。积极与民政部门沟通衔接，为30多名家庭特别困难的刑满释放人员解决了临时救助，帮助他们缓解过渡时期的生活困难；积极推进安置帮教基地建设，为新回归、无业可就的刑满释放人员提供一个过渡性的工作平台，帮助他们更好地融入社会。

1-10月，全市开展社区矫正对象集中教育学习528人次，心理矫治77人次，公益劳动587人次；开展社区矫正社会调查评估50次，出具法律文书50份。截至目前，全市累计接收社区矫正对象444人，累计解除社区矫正对象373人，当前在册社区矫正对象71人，其中管制1人，缓刑60人，假释7人，暂予监外执行3人，无一人脱管漏管。全市在册刑满释放人员348名，安置率和帮教率均达100%。（车四友）

【队伍建设】严格工作制度。修订和完善了22项工作制度，实行不定期的纪律、作风督导，每月对干部考勤考绩情况进行公示，促进作风转变，提高了工作效能。制定了《司法所绩效考核管理办法》，对司法所工作推行计分制管理。

加强主题教育。按照市委的统一部署，在全体司法行政干警中开展"两学一做"主题教育实践活动。组织全体干警集中学习各级政法工作会议报告材料、《中国共产党党章》和习近平总书记系列讲话，认真进行自查自纠，写好剖析材料，进一步提高认识，查找思想意识方面存在的问题，端正执法为民的思想。

注重典型培育。2016年，司法局组织干部到省厅参加"全国司法行政系统双先事迹展评"，并对"优秀共产党员石瑞玲"、"普法老黄牛车四友"、"湖南好人余学舫"等先进典型通过《常德日报》以及各大网站进行集中宣传。通过典型推育，让广大干部学有榜样，干有看头

开展学习强能。开展"青年干警讲法"、"我骄傲，我是政法人"主题演讲、"说出我的调解故事"等丰富多彩的活动，并定期组织青年干警旁听法院庭审、参与法律援助案件办理、参与人民调解现场观摩等，全面提升干警素质。

（车四友）

津市监狱

【概况】2016年，津市监狱以创建现代化文明监狱为总揽，以促进整体升级提速为目标，着眼大局谋长远、坚守底线控风险、集中力量补短板、抢抓机遇解难题，各项工作均保持持续向好的发展势头。持续实现监管安全"四无"、"七个不发生"和"三个坚决杜绝"目标，各级组织的向心力、公信力和警察职工队伍的执行力、创新力明显增强，监狱经济保持平稳健康发展，文明创建迈上新阶层，布局调整步入实质阶段，监狱逐步转入内涵式发展轨道。本年度监狱被省直工委授予"省直机关文明单位"称号，在全省监狱系统绩效考核中位于优秀等次，荣立安全生产目标管理工作集体三等功。

监管安全。坚持以监管安全"四无"和"十个不发生"为目标，努力打造"零违禁品"监狱。以"严肃法纪规定、整顿监管秩序"、安全隐患排查整治活动为主轴，高频率开展联合清查、交叉清监，实行违禁品管控、监管核心制度落实不力倒查问责制。开展AB门管理达标活动，规范进出监流程，实行罪犯物品"零带入"。联防联动机制多维度对接，与驻狱检察院建立违纪行为预警机制，与公安机关建立违规外协人员移交、查处机制，与驻狱武警深化"三共"合作，开展实兵实地联合演练6次，应急处突能力显著提高。按照"抓重点、补刚需"的原则，全年投入资金912万元，加强安防设施建设。

生产安全。建立安全生产风险分级管控和隐患排查治理双重预防机制，实行安全生产标准化三级认证，开展大排查、大管控、大整治行动，共排查事故隐患612起，投入整改资金73.8万元，一般隐患整改率100%。全年举办安全知识培训5期参训361人次，本质安全保障体系进一步完善。

教育改造。扎实开展罪犯行为规范专项整训、"增强身份意识教育"专项整训活动，罪犯行为养成明显好转。完善顽固犯包管包教程序，做好重点罪犯个别教育证据保全。以改造歌曲传唱活动、监内广播、《逢春报》等为载体，焕发监区文化建设新活力。开展大型社会帮教、亲情帮教活动37场次，参加常德"善德行"电视现场捐助会，实现监内效应与社会效应双赢。加强心理问题罪犯筛查，有效化解心理危机63人次，预防自杀自残34人次。

劳动改造。开展劳动工具管理专项整治活动，高标准落实6S管理，合理分配劳动力资源，科学下达劳动定额，加大罪犯考核公开、分级处遇力度。完善罪犯劳动低报酬操作程序，提高劳动报酬发放标准，增加劳动餐奖励，极大地调动了罪犯的劳动积极性。

罪犯权益保障。将控制罪犯监内病亡率作为"一把手"工程，规范罪犯健康档案，实行病犯三级管理、四级诊疗；整合狱内医疗资源，提高病犯管理与医疗水平；提高总医院病犯月伙食费，为艾滋病犯和危重病犯制作营养餐；依法畅通老病残犯减刑、假释出口，开通24小时急保"绿色通道"，罪犯监内病亡率保持较低水平。提升罪犯生卫保障水平，开展内务、食堂、监区医疗卫生、生卫物资采购、囚被服等系列规范化管理工作，监内面貌明显改观。严格按程序办理减假暂，建立办案信息平台，全年办理减刑、假释2360件，新批暂予监外执行11件。及时为老病残犯办理减假暂，协助"三无"罪犯申请缓交"三金"，增强了罪犯的改造信心。

领导班子建设。严格按程序完成"两委"选举工作，明确领导班子内部职责分工。改进领导干部选拔任用办法，完成"三定"方案，营造公平公正的选人用人环境，选拔处级实职领导4人、处级非实职领导2人、科级实职领导3人、科级非领导职务111名。监狱、监区两级领导班子率先垂范，坚持科学民主决策、依法阳光用权、大胆担当作为，在特别防护期带队清查监、堵漏洞；在抗洪战斗中带头守大堤、排险情；在布局调整等项目中来回跑审批、督现场；在狱区环境整治中亲力亲为同施工、共植树，新的班子很快得到了群众的支持与信任。领导班子凝聚力、公信力的增强，带动了队伍战斗力、执行力的提升，形成了全狱上下齐心协力谋发展、干实事的良好氛围。

队伍建设。落实"两学一做"，构建以"党委中心组月学习、支部周一学习"为时间轴，领导上党课、专家讲座、专题视频为主模块的教培网，通过佩戴党徽亮身份、重温入党誓词表决心，增强党员荣誉感、责任感。用好用活物质奖惩与精神激励双重杠杆，加强督察、考勤及结果运用，利用广播宣传先进、鞭策后进，组织先进人员挂职锻炼和考察学

习，队伍精气神大幅提振。持续开展体检和妇检，落实精准扶贫，为困难家庭、困难党员、重病患者发放帮扶金共计约31万元，发放奖学金、助学金共计8.52万元。坚持待遇倾斜一线警察和苦脏累岗位职工，完成工人增资改革，职工收入保持系统中上水平。

执法执纪监督。落实党风廉政建设“两个责任”和领导“一岗双责”，逐级压责扛责、传导压力。将“雁过拔毛”式腐败和“纠‘四风’治陋习”与“严肃法纪规定，整顿监管秩序”两个专项整治活动有机结合，从严落实“一个联动，六个查处，一个落实”，由监狱领导带队，组织业务科室、武警、监区警察组成整顿清查小组，开展联合清查，严查为罪犯传递违禁违规物品、“关系犯”和“保护伞”、亲情电话不监听、监内赌博行为、不经狱政科批准为犯属传递物品给罪犯、AB门安检流于形式6个突出问题。强化考勤考纪，专项整顿机关作风，全面铺开“五位一体”（警务督察、绩效考核、精细化考核、生产考核、月督办考核）的考核体系。学习贯彻中国共产党“廉洁自律准则”和“纪律处分条例”，着力查处“五权”案件。扎紧重点领域、重点环节的制度“笼子”，完善预算管理制度，规范监内小卖部销售管理，细化政府采购和招投标程序。建立财务、审计、法制多部门工作合作机制，全年组织项目招标190多个，审查对外合同约200份；完成审计项目296个，审减180万元。（陈章荣）

【监狱第九届党代会胜利召开】11月28日，监狱召开第九届党代会，完成新一届党委委员、纪委委员的选举，回顾总结监狱过去五年的工作，绘就了未来五年的发展蓝图。敲定了以打造“农庄中的监狱”为目标，以布局调整建设、蔡家河小区、农田水利为三大板块的总体发展规划，津市监狱步入新征程。将加速推进第一押犯点建设作为“先手棋”，年内完成项目初步设计、施工图设计等，目前正在进行概算书评审、施工图图审、第一标段和监理招标，项目于2017年1月1日正式奠基。（陈章荣）

【开展文明创建活动】围绕文明创建活动，实施文化广场建设工程、小区环境整治工程、扶贫帮困工程，辐射推进整个警察职工小区的品质提升；开展元宵游艺活动、乒乓球赛、篮球赛等一系列群众性文体活动，使发展成果真正惠及全民。全狱警察职工及家属积极为创建添光加彩，签订《文明服务公约》，参与义务除草和卫生大扫除、清除社区白色垃圾等志愿服务活动。（陈章荣）

【抗洪抢险取得胜利】2016年6至7月，澧水流域连降大到暴雨，先后出现三轮洪峰，涔水白羊堤水位达到13年来最高洪峰40.30米。监狱党委研究制定应急措施和应急疏散转移方案，带领500余名警察职工和60名武警组成巡逻队、抢险队勇战洪峰，实行24小时全堤段无间隙巡逻查险，开导渗水沟100多条1200多米，在堤面填充砂砾石150立方，开启排渍机埠6座，全面清基除障，确保全狱安全度汛。（陈章荣）

【深化土地合作经营机制】深化与大型农业企业的合作，将土地出租经营工作化零为整，全面实施2万亩“旱改水”项目，加强中低产田改造、农业综合开发，完善农田水利基础设施，扩大有效投资，促进土地增值，形成新的经济增长点。（陈章荣）

【全面取消罪犯室外劳作】综合考虑监管安全、政策、市场等因素，2016年，监狱企业撤销涔澹建材公司，退出砖瓦生产，标志着监狱全面取消了罪犯室外劳作，减少了安全隐患。监狱制定了《砖瓦生产退出实施方案》、《砖瓦产业现状及处置资产评估情况说明》，依法依规地有序开展罪犯转移、资产处置等工作。（陈章荣）

交通运输

【概况】津市市交通运输局是主管全市公路和水上交通行业的市人民政府工作部门，正科级，2016年经津市市委机构编制委员会办公室审核、津市市人民政府批准，对市交通运输局主要职责、内设机构和人员编制进行调整，将市公路管理局、市道路运输管理处、市地方海事处、市港航管理处、市县乡公路管理处承担的行政职能划入市交通运输局，其余职责进行整合；将市县乡公路管理处职责划入市公路管理局；将市地方海事处与市港航管理处整合，重新组建市地方海事处；不再保留市港航管理处、市县乡公路管理处。

根据职能职责调整，市交通运输局设5个内设机构：办公室（法制股、行政许可办公室）、政工人事股、财务审计股、计划基建股、运输与安全科技股。下辖4家事业单位（津市市地方海事处、津市市道路运输管理处、津市市交通建设质量安全监督管理所、津市市交通运输局新洲超限检测站）、3家企业单位（津市市船货代理公司、常德龙运公司津市分公司、津市市农村公路养护站）。交通系统实有工作人员248人，行政事业单位实际上岗人员115人，企业实际工作人员47名，退休人员86名。

2016年，津市交通积极落实“两个责任”，启动并全力推进“交通大会战”，深入开展“最美交通行业”创建，全力以赴打好“创国卫”攻坚战，全市交通基础设施大为改善，交通公共服务能力有很大的提高，为津市建设“澧水流域现代化的中心城市”贡献交通力量，在交通运输工作跨越式发展的道路上迈出了坚实步伐。

【交通现况】津市市公路总里程514.559公里，其中国道4.159公里，省道103.833公里，县道44.824公里，乡道145.017公里，专用公路1.683公里，村道215.043公里。一条高速：东常高速津市起止于关山——汉泗，津市境内12.048公里。一条国道：G353津市境内起止于涔水大桥——临津淡东渠，全长4.159公里；五条省道：S224津市境内鹿山8组——哑河大桥南端45.983公里，S305津市境内渡口——岳山寺20.318公里，S311津市境内石龟山大桥西——八宝湖桥头14.008公里，S516津市境内农村信用社——岳山寺41.895公里，S517津市境内五泉铺——汉泗铺4.795公里，与即将修建的安慈高速形成“五纵五横”骨架路网和以市区为中心的半小时经济圈，改善与常德、岳阳、湖北的交通条件。境内有桥梁27座3738.34延米，其中澧水大桥1606延米、石龟山大桥1572延米。完善公路管网。航道2条（澧水航道、澧湘航道），通航里程44公里。

【道路运输市场】2016年全市从事道路运输及相关业务的经营业户659户，从业人员2281余人，客货运车辆1045台。客运汽车站2个（其中二级车站1个、五级站1个），农村客运招呼站106个。客运运输企业3家，从业人员484余人。全市机动车维修经营业户34家，其中一类汽修厂2家，二类汽修厂8家，蓄电池修理3家，充气补胎7家，汽车美容9家，三类专项修理24家。2家二类以上维修企业安装维修工位视频监控系统，建立维修企业维修工位监管平台，实现对维修企业的车辆二级维护作业动态视频监管。全面提升二级维护的维修质量，为全市的道路运输提供了可靠的安全质量保障。2016年全市两所驾校（恒源驾校、吉安驾校）新增教练车40辆，培训驾驶员1830余人，满足社会驾驶员的培训需求。营运驾驶员继续教育培训机构2016年共培训营运驾驶员400余人次，全面提升营运驾驶员的服务能力和安全生产水平，为运输行业安全提供有力保障。

【水运市场】2016年津市港辖4个港区，即中心港区、窑坡渡港区、新洲港区、保河堤港区。2016年，共有各类泊位20个，最大靠泊能力500吨的5个，年综合通过能力达到485万吨。

全市共有津市德顺航运有限公司、津市久春航运有限公司、津市市宏达航运有限公司、津市市民生运输有限公司、津市市一海船务有限公司、津市万形物流有限公司8家水路运输企业(其中：危货企业1家、港口水运辅助业2家),个体水运经营业主264家,港口码头经营业主19家。营运船舶264艘(其中:客渡船11艘,客位300座),<300总吨:48艘;300—600总吨:101艘;600—1000总吨:75艘;>1000总吨:13艘，总运力达17.8万总吨，最大船舶1900总吨。装卸的主要货物有盐化工产品、农副产品、水泥建材、石膏、煤炭、矿石、非金属矿等。

【交通基础建设】2016年,市交通运输局把打好“交通大会战”作为津市发展之先,积极主动作为,抢抓津澧新城、洞庭湖生态经济区和长江中下游城市群等政策机遇，在全省严格控制国、省干线建设计划的严峻形势下,津市成功将G353(涔水桥至临津桥)、S238(新洲至药山)、S233（新洲至保河堤)、S306(窑坡至灵泉汉泗)、渡棠线等117公里干线公路项目挤入“十三五”建设规划,“十三五”期间津市累计近30个交通项目挤入了项目库(其中干线公路建设项目5个、农村道路建设项目120公里、危桥改造项目10个、水运项目5个、客货运建设项目8个)，总投资达60亿。争取到澧水流域水上搜救中心和三湘和达物流园项目落户津市。同时,积极配合相关部门做好呼南高铁、“常荆”城际铁路、“荆张”高铁、“石南益”铁路津市段建设的争取工作。

S238津市新洲至棠华岳山公路工程路线起于津市市新洲镇新洲桥南桥头处(原X028,K0+000),往南经过荷花堰村、梁家坪村、白衣镇、石板滩、棠华乡,终于津市市棠华乡岳山村S238(原X028,K31+550),路线全长30.13km。项目采用二级公路标准建设，设计速度60km/h,路基宽10m,路面宽8.5m,项目征用土地713.44亩(其中包含利用原有公路306.98亩)。项目推荐方案共设桥梁4座(小桥,无涉水桥墩),涵洞128道,平面交叉40处,无立体交叉,无隧道工程。项目工程投资估算总额23558.39万元,总工期为24月。2016年启动前期工作，本项目S1合同段于2017年动工。

津市渡口至棠华公路路面大修工程,路线起于津市市渡口镇与S318(原S306,K248+000)交汇处,往西经过老湾里、双合村，终于津市市棠华乡（原X029,K10+335）处，路线全长10.397km。2016年10月,在完成相关前期工作后，启动项目建设，至2016年底,完成项目建设的60%。

安慈高速公路建设项目是湖南省规划的“六纵九横三环”高速公路网的重要组成部分,连接杭瑞高速、二广高速、常张高速,全长120.67公里,在津市境内约23公里，津市主要配合协调好工程的建设,营造良好工作环境。2016年,津市完成项目实物量调查工作。

G353津市段新建项目通过交通部门积极对接与汇报,省、市交通部门已明确同意该项目挤入“十三五”建设规划,工程总投资约2.3亿。

S306津市段(绿色通道)采用公路二级标准设计施工,路基宽10m,路面宽8.5 m,全长约17km,工程总投资约1.7亿元。至12月,正积极开展前期准备。

实事项目逐步推进。2.7公里公路安保工程是省为民办实事项目,Y482路线K1+500—K2+600,隐患里程为0.3公里;Y105路线K1+700—K5+600,隐患里程为0.8公里;Y112路线K2+700—K3+100，隐患里程为0.4公里;Y113路线K3+500—K6+100，隐患里程为0.4公里;Y103路线K0+900—K3+400,隐患里程为0.8公里。该项目由湖南省志远建设公司承建,12月26日,高质量、高标准完成。50公里农村公路断头路建设(明细附后),11月底前已全部高质量完成。

2016年津市市道路整治统计表

汇总单位:津市市交通运输局

序号	所属乡镇	项目名称	已验收里程(km)	备注
1	金鱼岭街道办事处	燕子窝社区华阳路-3组	0.495	
2	金鱼岭街道办事处	大关山村13组-15组	1.655	
3	汪家桥街道办事处	城东社区6、7、8组	1.8	
4	新洲镇	车胤五片(南江片)	1.5	
5	新洲镇	杨家村十一组	0.655	
6	新洲镇	黄林堰村1组-10组	0.704	
7	新洲镇	复兴片区4组-5组	2.154	
8	新洲镇	车胤村8-4组	1	
9	新洲镇	葵花村2组-9组	1.952	

序号	所属乡镇	项目名称	已验收里程(km)	备注
10	新洲镇	龙山村 1 组–5 组	1.835	
11	新洲镇	庹家峪村杨家片 2 组	0.55	
12	新洲镇	长岭村学校–原荷花堰	1.2	
13	白衣镇	金和村金星片 14 组–4 组	0.7	
14	白衣镇	红光村(原荷花村 8 组–新棠公路、原红卫村 1 组–红光村 1 组)	1.888	
15	白衣镇	柏林村 2 组–5 组、9 组–11 组	2.05	
16	白衣镇	金林村 7 组–11 组、10 组–4 组	1.95	
17	白衣镇	金和村(原永兴村部–原永兴村 10 组)	1.303	
18	白衣镇	金坪村(变电站–3 组交界处)	0.809	
19	药山镇	临东村(临东村部–15 组、临东村部–11 组、临东村部–12 组)	2.233	
20	药山镇	临东村黄金片 1 组	0.725	
21	药山镇	临东村黄金片 5 组	0.777	
22	药山镇	药山村奇龙片 4 组–9 组	1.392	
23	药山镇	和平村双门片 10 组	0.673	
24	药山镇	药山村 5 组–6 组	1.2	
25	药山镇	民康村民主片 6 组–8 组、8 组–湘北公路	2.5	
26	药山镇	西湖村 4 组	2	
27	药山镇	药山村药山街道–胡家、药山街道–虎山、棠药公路–奇龙 11 组	2.2	
28	毛里湖镇	花桥村(原川门村 2 组–7 组道路)	1.313	
29	毛里湖镇	箭楼村土桥片 3 组–5 组	0.88	
30	毛里湖镇	七星村 15 组–下坝公路	0.5	
31	毛里湖镇	同乐堡村(同乐堡 14 组–梁家坪、双堰 4 组–5 组)	1.827	
32	毛里湖镇	同乐堡村(村部–毛家铺、村部–4 组、梁家坪 2 组–3 组)	4.633	
33	毛里湖镇	樟树村 21 组–23 组	1.1	
34	毛里湖镇	中南村 3 组–5 组	1.453	
35	毛里湖镇	中心村 18 组	0.394	
合计			50	

【S233 津市澧水二桥建设】S233 津市澧水二桥工程项目位于澧水大桥下游约 1.7 公里，是跨越澧水的一座特大型桥梁。该项目北起新开路跨澧水，经阳由垸，接清远路上 S205。工程全长 6129 米，其中桥梁全长 1900 延米，主桥上构采用 82+140×2+82 变截面预应力砼连续梁，主梁为单箱双室箱梁，箱梁采用挂篮悬臂浇筑。北引桥为 18×20（空心板）+12×30（T 梁），南引桥为 8×50（T 梁）+11×30（T 梁）。连接线长 4229 米。采用公路Ⅰ级标准设计施工，主桥桥宽 21.5 米，连接线路基宽 21.5 米，工程总投资约 3.7 亿元。S233 津市澧水二桥工程项目已作为省道公路桥梁列入省“十三五”干线公路建设规划，同时，该桥梁也是湖南省洞庭湖生态经济区规划中西洞庭湖环湖公路过澧水的特大型桥梁。本项目两阶段初步设计由湖南省交通科学研究院编制，厅规划办委托湖南天智交通建设技术有限公司组织专家及有关单位代表进行初步设计评审，专家组对修编后的设计文件进行复查。承建单位为中铁建港航局集团有限公司，2016 年项目进展迅速，完成投资 1.05 亿（总投资完成 1.6 亿元），完成路基土方填筑及清淤换填 4 万方、涵洞 6 道、桩基 132 根、系梁 22 道、立柱 42 根；二、三、四办征地工作全部完成；拆迁安置小区开工建设。

【津市港窑坡渡港区嘉山作业区一期工程建设】项目位于津市高新区附近澧水河段西岸，是湖南省水路交通“十二五”重点建设项目之一。项目码头陆域纵深 185m，占用岸线长 200m，总占地约 83 亩。码头工程建设规模预测货物吞吐量 56 万吨，其中件杂货 48 万吨，集装箱 1 万 TEU（标准箱，集装箱运量统计单位），拟建 1000 吨级通用泊位 2 个，主要为津市高新区及周边部分区县的食品、能源、原材料及其他物资运输服务，工程总投资约 1.3 亿元。7 月 28 日，津市港窑坡渡港区嘉山作业区一期工程建设项目在常德公共资源交易中心顺利开标，确定施工单位为湖南佳程建设有限公司，建设期为 19 个月。在完成施工场地围挡、临时板房和钢筋棚搭建、试验桩检测（结果符合设计要求）、水工建筑施工围堰平台，确定土方借方、商砼、钢筋供应方等开工前相关准备工作后，9 月 13 日，试验桩开钻。10 月 17 日，项目正式动工建设，对水工桩基础和陆域回填同时施工，至 2016 年底，210 根水工桩基础全部完成，累计完成投资 3080 万。

【航道疏浚】澧水航道津市段疏浚项目。该项目为省水运投负责的项目，津市段投资约 1.4 亿，2016 年 SG2 合同段完成招投标，于 11 月份正式开工，对朱家小垸滩（上）、朱家小垸滩（下）等同时进行施工。SG2 合同段疏浚范围为澧水航道津市段邵家咀—新河口段，共 25km，按三级航道等级标准进行整治，可通行 1000 吨级货船。该项目由湖南省中源航务工程有限公司施工，建设资金约 5626.8 万元，总工期 18 个月。津市主要配合协调好工程的建设，营造良好工作环境。

【综合物流站场建设】辖区内有占地 150 亩湖南三湘和达现代物流园一期工程，并以此为基础申报湖南省区域性物流园区进行二期工程建设。2016 年 10 月 19 日，津市举行常德海关驻津市市工作站揭牌暨三湘和达公用型保税仓库启动仪式，常德市建成的第一家保税仓库——津市三湘和达公用型保税仓库正式启用。

【交通行业管理】2015 年完成旅客运输量约为 210 万人次，货运量近 500 万吨，水路货运量达 17.8 万总吨。确保了旅客春运、“五一”、“十一” 等节假日期间的平安出行，全年未出现旅客滞留现象。

聚力道路运输行业管理。一是整顿行业经营秩序，扎实推进“打非治违”等专项工作，依法取缔马路维修店面 10 户，整改维修门店 5 家，有效遏制城区主干道占道修车经营行为；关闭非法驾培教练场地 6 处，查处异地违规实训教练车 15 辆，驾培市场整顿成效显著；维护站场经营秩序，依法取缔并关闭澧水大桥一处客运代办私设点，并积极协调澧县运管处大力整治津澧结合部临津桥周边区域的客运车辆乱停乱靠及站外揽客等行为，道路运输经营秩序明显好转。二是加强道路运输安全监管，持续开展道路运输平安年、道路运输安全生产监管年等系列主题活动，2016 年来共向客货道路运输、维修企业、驾培机构发出安全隐患整改通知书 16 份，均已整改到位，及时消除安全隐患，对 18 名违法违规的驾驶员进行安全培训教育及对全市运输从业人员进行从业资格证继续教育；建立运管执法人员客运车辆联系卡，严格监管每台客运车辆，消除监管漏洞；三是优化城市公共客运环境，完成 24 个农村客运招呼站新建任务，极大方便农村居民出行；进一步规范城市出租汽车驾驶员经营行为，督促落实出租汽车经营主体安全监管责任，同时，开展文明服务督导工作，定期组织执法人员收集意见，并定期召开驾驶员座谈会增进互信了解，极大提升城市公共客运服务水平，与去年相比，出租汽车、公交车服务质量投诉率明显下降。

强化水运市场监管。一是加大水上安全宣传力度。以安全宣传为主导，以“安全生产月”、“安全咨询日”等活动为载体，充分利用各种宣传媒体，强化港口码头、水运企业、个体经营户及广大人民群众安全意识，全年共发放各类水上安全宣传资料 500 余份。二是加强水上安全监管力度。大力开展隐患排查治理专项行动，深入渡口码头船舶全面排查事故隐患，建立隐患跟踪监控机制，对可能存在的安全隐患进行分析梳理，2016 年共整改隐患 30 起，打击取缔“三无”船舶 10 艘，限期整改企业 2 家、码头 2 处；组织开展油品泄漏火灾处置、伤员快速救治、水陆交通管制、水上防污染处置、应急预案启动等项目的港口危货水上安全演练，提升水运从业人员消防实战和应急处置能力；扎实开展水上交通安全专项整治及季节性安全管理工作，重点加强现场稽查和监管，坚持做到每天对进出港船舶进行认真检查，对在港船舶逐一登记并建立台账，及时掌握船舶动态和受载情况，确保港口安全生产秩序。同时，抓好“春运”、“安全月”、“汛期”、“十一黄金周”期间的水上安全监管工作，落实安全监管责任，全年共计出动车、艇巡港240次，联合辖区航道站巡航64次，独立巡航34次，巡航总里程达1400公里，检查营运船舶400余艘次，检查渡口20次、经营企业30次，完成签证560艘次，全年没有发生一起水上安全事故。三是提升水运业务服务水平。坚持依法行政，不断完善执法机制。2016年办理船舶检验年审、船舶办证业务221艘，水路运输企业年审6家，水运服务企业（船货代理业）1家，年审年检合格率达100%；按照新的渡口统计要求，对客渡船标准化改造工作任务进行了重点部署，完善措施，严格监管。2016年，圆满完成4艘标准化客渡船的改造工作。

治超持续高压态势。一是强化路面和源头治超巡查监管力度。2016年，津市市交通运输局严格按照省、市关于治理公路车辆超限超载相关规定，结合交公路发（2016）124号《关于进一步做好货车非法改装和超限超载治理工作的意见》文件精神，对源头和路面进行重点稽查。全年共出动源头治超车120余辆次，执法人员600人次，对2家源头企业巡查350余次，检查车辆总数3200辆，完成卸载货物总量6800吨；综合执法大队共出动路面治超巡查车辆1440余辆次，出动执法巡查人员3600余人次，超限超载行为得到有效遏制。二是着力营造治超氛围。制作治超新政宣传标语30余条，发放新政宣传单3000余份，出动宣传车辆10余次，新增及更换各类宣传标识和认定标准公示牌5处。三是努力提高执法水平。按照治超新政新要求，树立“执法一体化，标准统一化”治超理念，要求全站执法人员掌握适应治超工作新模式，确保超限车辆卸载到位，把治超新政落到实处。四是大力推进科技治超。2016年投入资金150万元完成了公路不停车检测系统的建设安装和调试，将实行全方位、全天候的电子监控治超，并根据技术监控设备记录资料对违法超限运输车辆依法给予处罚，大幅提高全市治超工作效率。

农村公路建设全面加强。坚持以造福百姓为己任，大力推进交通民生项目建设，打造便民交通，一是对石保公路进行提质改造，完成了47处错车台建设任务；二是投入700万元完成对28公里窄路实施加宽改造；三是继续推进农村公路50公里“断头路”建设，11月份任务全部完成；四是11月底前完成2.7公里农村公路隐患路段生命安全防护工程。

安全生产形势保持稳定。维护安全生产稳定大局。定期对全市客运、公交、出租企业进行地毯式安全生产隐患大排查，对发现的隐患及时下达整改通知书并限期整改落实到位，2016年共组织开展联合执法199次，出动执法人员1393人次，检查生产经营单位140家次，整改安全隐患28处。通过常抓不懈，全市安全指数均在控制指标内，全市水上、道路运输和交通工程施工安全保持“零死亡”记录，且没有出现节假日旅客滞留现象，确保全市安全生产形势平稳。

狠抓在建交通项目质量安全监管。一是把好工程建设质量安全关，按照“一岗双责、党政同责，齐抓共管”工作要求，开展安全生产专项整治工作，明确参建各方责任，落实安全生产责任，并以专项检查或不定期抽查等方式，重点对交通建设项目各种违法、违标、违规、不规范等行为进行监督检查，同时，督促业主和施工方及时整改安全隐患，确保了交通建设项目工程质量的合格率及工程施工安全事故的零发生，努力实现项目建设创精品工程和创平安工地常态化。二是建立质量安全监管常态机制。项目质量安全监管到位。建立交通建设项目五级质量安全管理体系，确保每个环节、每个部位的质量安全责任都落实到位、跟踪监督到位、检查整改到位。同时还聘请社会监督员常驻项目建设现场，让工程建设处于全社会的“阳光”监督状态下。三是加强农村公路工程质量安全监管，深入津市原棠华、渡口等五个乡镇街道，对已实施完成的农村公路安保工程进行施工质量和设计规范检测，确保农村公路沿线安全，最大限度地预防和减少公路交通事故的发生；四是学习交流大型桥梁建设先进技术经验，为把澧水二桥建设项目打造优质安全桥梁标杆，津市澧水二桥项目业主、监理及设计代表等负责人及相关技术人员，赴广东省江门市银鹭大桥现场参观学习了水下大体积承台新型无封底混凝土钢混组合吊箱围堰施工工艺，为津市建设大型桥梁项目积累宝贵经验和先进做法，有力推动澧水二桥项目建设。

【津市公交】2016年津市公交线路共7条126台：1路车11台、2路车14台、3路车12台、5路车22台、6路车15台、8路车10台，东环线21台，西环线21台。全市有出租汽车150台，分别由鸿运出租车公司和亨通出租车公司经营，其中鸿运公司100台，亨通公司50台。为确保的士车合理运营，2016年11月已启动出租车调价程序。2016年5月启动津澧公交化改造工作，多次与澧县交通部门进行商讨对接，已完成停靠站点名称统一和首末站站牌建设，12月已购置10台新能源电动公交车，并启动充电桩建设工作。

城市公共出行环境大幅改善。2016年，市交通运输局高度关注群众、人大代表反映的热点、难点问题，组织公交车驾驶员代表和公司负责人深入走访调查，将2路公交车行驶线路延伸至市城乡结合部嘉山街道关桥小区，缓解市民“出行难”问题；为方便群众出行，公交车加班加点接送园区企业员工上下班。

2016年，完成旅客运输量约为180万人次，交通运输能力的快速发展满足全市旅客出行及货物配送要求，圆满完成春运期间的高峰运输。

（裴莉林、鲁淑娣、王浩、刘佩佩）

公路管理

【概况】2016年10月，津市市人民政府办公室文件以津政办发【2016】59号印发了《津市市公路管理局主要职责内设机构和人员编制规定》，公路局级别为正科级，为市交通运输局管理的公益一类事业单位。市公路管理局承担的行政职能划入市交通运输局，原市县乡公路管理处承担的行政职能划入市交通运输局，其余职责划入市公路管理局，主要负责所辖公路的建设、养护、路政等行业管理工作。2016年，有干部职工55人，其中在职干部职工36人，退休职工19人。局机关设5个内设机构，办公室、财务股、机务安全股、养护工程股、路政大队，成立道路养护中心，原道班编制32人整体划入。公路局下放前管养省道2条、县道2条，养护总里程80.265公里，其中，省道36.201公里，县道44.064公里。下放后，根据二0一六年第二号书记办公会议纪要精神，关于公路养护的问题，会议明确，津市所有公路养护工作归口市公路局。截止2016年底，津市公路总里程已达581.991公里(不含高速公路)，其中：国道4.769公里、省道99.571公里、县道42.82公里、乡道145.017公里、村道215.043公里、专用公路1.683公里。 (蒋建国)

【公路养护】公路局工作重点在路面日常巡查、养护。根据市委市政府和常德市局的工作要求，为使公路管理工作有序推进，每月给各股室、道班下达了目标任务，每季度进行一次考核评比，考核结果与年底评先评优挂钩。上半年，结合常德市局部署的雨季养护竞赛开展补坑槽、清水沟、除杂草等一系列活动，确保道路畅通。3月，对渡(口)棠(华)公路养护保畅；4月，对X028线路基垮塌、哑河大桥钢管扶手损毁、S306线水沟及S205线波形刚护栏损坏等进行修复；5月，结合“路政宣传月”进行路域环境综合整治；6月，开展“安全生产月”，对管养线路临水临崖段增设安全标志；7-8月，完成了津市农村公路的普查调研工作；9-12月对棠(华)药(山)公路养护保畅。同时，公路局积极参与了6月在津市举行的2016年湖南省自行车联赛津市自行车邀请赛的赛道保畅及10月举行的环洞庭湖新能源汽车拉力赛津市路段公路的保畅等工作。全年处理坑槽近20000平方米，面层封油30吨，完成干线公路清理水沟20000余米，清灌缝40公里，恢复损毁的路基波形护栏和桥梁刚护栏1000余米。 (蒋建国)

【安全生产】认真贯彻“安全第一、预防为主”的重要方针，落实“一岗双责”，始终把安全生产工作摆在首位。2016年，先后制定通过《春运工作实施方案》、《水毁公路抢修应急预案》、《冰雪灾害公路抢修应急预案》及《安全巡查制度》。为提高全局安全意识，继续实施绩效工资奖罚机制；继续坚持路政与道班相结合的日常养护巡查机制。抓好安全警示教育。每月例行对局养护道班、机械设备、作业现场进行安全生产检查，发现隐患，及时排除。年初发现保河堤道班房围墙基础下沉开裂，存在安全隐患，投入1万资金对围墙进行了改造，消除了隐患。5月21至5月23日，投入二十多万元对X028线新洲肖家湖段路基垮塌导致的路侧刚护栏严重崩塌进行修复，消除了重大安全隐患。6月进行的安全生产月活动，紧密围绕“强化安全发展观念，提升全民安全素质”主题，通过大力开展安全生产教育、深化“平安公路”建设、开展隐患排查专项行动和安全执法活动，使安全生产得到进一步保障，为人民群众出行创造良好的公路环境。全年增设安全标志标牌40块，增设示警桩200多根，恢复损毁的路基波形护栏和桥梁刚护栏1000余米，保障安全生产零事故。 (蒋建国)

【路政执法】继续创建示范路政大队。在去年基础上不断完善、创新标准化路政大队创建工作。坚持从队伍素质、规范管理、执法形象等方面入手，不断强化“满意路政”、“和谐路政”理念，打造了一支“统一、规范、文明、高效”的执法队伍，实现了路政管理新突破。一是狠抓队伍建设。加强执法培训，规范执法行为，加大执法预防、教育、监管力度，严查违规违纪行为，坚决杜绝公路“三乱”行为的发生，不断提升窗口执法形象。二是完善硬件设施，路政案例用的电脑、照相机等设备配备齐全。现在路政管理逐步走向“队伍正规化、行动军事化、管理法制化、制度规范化、执法文明化、设施现代化”的管理轨道。

开展路域环境整治。2016年3月份，市公路局抓住市政府对城市、农村路域环境整治和城市创建的有利契机，在各镇政府及相关部门的配合下，对津市全境干线公路进行一次路域环境综合整治。路政执法大队对所管养路段公路路肩、公路用地范围内非公路标志牌逐一清查，需要办理行政许可手续的，一律从快办理；未办理许可的标志牌一律清除。该活动实施以来，新增办理行政许可手续9件，清除非公路标志牌10余块，清理公路及公路用地内临时堆积物40余处，基本消除了建筑材料占道堆放、广告横幅乱拉乱挂、违章乱搭乱建等现象，恢复了路域形象、美化路域环境。

开展“路政宣传月”活动。2016年6月为全国“路政宣传月”，公路局积极开展了以“爱护桥梁、保障安全”为主题的路政宣传月活动。活动形式多样，一是悬挂横幅标语宣传；二是制作宣传展示牌提供宣传咨询；三是利用广播进行宣传；四是深入现场发放宣传小册。通过此次宣传活动，争取了社会各界对路政管理工作的理解和支持，营造全社会共同保护公路完好、安全和通畅的意识，为路政事业又好又快发展创造良好舆论氛围。 (蒋建国)

邮　政

【概况】2016年，津市市邮政分公司共有员工90人，其中合同用工66人，劳务派遣工24人，另有离退休人员64人。所辖一部：市场经营部（下辖快包中心、邮件处理中心）；一室：综合办公室；四中心：金融代理中心（与中邮保险局合署办公）、函件中心、发投中心、渠道平台中心。下设九澧支局、北大路支局、桥南支局、窑坡渡支局、保河堤支局、渡口支局、棠华支局、白衣支局、灵泉支局等9个自办网点及人民路邮政代办所、李家铺邮政代办所、涔澹农场代办所、新洲代办所等4个代办网点；其中属自有资产的有九澧支局、北大路支局、窑坡支局、保河堤支局、渡口支局、棠华支局、白衣支局，其它网点均采用房屋租赁的方式进行经营，但其设备资产属于自有。

2016年被评为津市市“平安建设”先进单位。

荣获常德市邮政2016—2017年金融跨年度竞赛“争先发展单位”光荣称号；

被评为常德市邮政分公司2016年度“平安邮政”优秀单位，李小云同志被评为先进个人；

被评为常德市邮政分公司2016年度“全市邮政服务质量监督检查工作模范单位”，邓国莲同志被评为先进个人；

被评为常德市邮政分公司2016年度全市网运“达标争先”先进单位，王成湘同志被评为先进个人；

被评为常德市邮政分公司2016年度“邮政新闻宣传工作先进单位”，周志武同志被评为先进个人；

获常德市邮政分公司“2016年度全市投递综合管理奖”；投递中心、渡口支局、棠华支局，全年无有理投诉受常德市分公司表彰。

周志武同志获2016年度党的建设和纪检监察工作“先进个人”光荣称号；

胡远山同志被评为全市优秀机要员。（周志武）

【经营增效】一是全年实现业务收入2648.2万元，完成年计划的93%，同比增长6.1%；一是储蓄余额净增1.77亿元，和去年同期相比，多净增1.26亿，同比增幅为245.03%（2015年余额净增数为5130万元），2016年一季度余额新增市场占有率创历史新高。2016年完成金融类业务收入1981.3万元，完成年计划的96.41%；三是完成报刊流转额338万元，完成发行收入123.96万元，完成年计划的103.3%；四是完成集邮收入104.52万元，完成年计划的116.13%；五是完成函件业务收入92.38万元，完成年计划的77%；六是完成包快收入96.51万元，完成年计划的101.6%；七是完成分销收入31.89万元，完成年计划的26.6%。（周志武）

【项目创新】一是实施“金融+电商”线下三步走、线上三结合方案。线下将“电商”店主发展成邮政金融客户、金融网点的延伸平台；线上将邮政金融客户的非金融服务与工业品下乡、农产品进城以及地方政府主推项目相结合；二是组合“金融+非金融”服务包，整合邮务优势服务产品；三是促进收入和产品结构转型。通过加快电子银行的发展，开展了进企业、进校园、进社区等“三进”专项推广活动；重点拓展了贵金属、信用卡、电子与网上支付、线下消费和代销资管等新业务；加快了POS、商易通机具布放方便广大用邮客户的同时，降低企业营销成本。四是推进经营方式转型。落实一局一策和一点一策，实现精准化客户营销，实现全员管户、分层维护，提升存量客户维护效率。五是活动项目持续发展。通过开展“夏秋练兵”营销竞赛，引导基层深入挖掘本地客户市场，包括农特经济、社区等；同时以农产品进城为依托，以满足金融客户“绿色生活”的需求为切入点，打造以邮政网点为核心的农特“生态圈”。（周志武）

【能力提升】加强寄递网能力升级。一是以常德市分公司网运作业计划为指导，及时调整分公司内部网运作业计划，晚间接车安排专人负责，白天接车增加2名普投人员帮忙，有效的缩短卸车时间，加快邮件的处理及传递速度。同时，根据农村网点的道路建设情况，适时制定并启动应急预案，出动农村网点邮件转趟车120余趟次，确保农村网点上午收寄邮件当日出口。二是实行城区快递包裹量动态专投服务，双十一、双十二期间，快递包裹累计进口3.19万件，进口量日均峰值达到2100件，为了确保邮件投递不积压，新增私车公助1台、揽投小货车2台、电动三轮车5台、PDA4台，安装智能包裹柜4个。邮件处理中心全面推行散件外走、车等邮件流水化作业模式。投递信息上线率、邮件信息反馈率均达标。

提升信息技术水平。以常德市分公司中心机房和网点的网络扩容改造、提供ERP系统上线应用技术保障为前提，配合推广和指导网点运用支局宝系统、储蓄前台免填单系统，加强金融网点效能、保险产品满期转换率及储蓄产品关联等大数据分析，支撑业务发展。

加大基础设施建设。一是积极向上争取政策，投入资金40万元，对棠华支局员工住所、保河堤支局员工住所，进行了维修和升级改造，让员工的生活条件得到大大改善；二是分别在市委大院、湘澧盐矿、津市监狱、宝悦乐城等四处安装了智能包裹柜，在方便客户领取包裹的同时，提升企业形象；三是投资近30万元，对办公楼的办公室、会议室、卫生间等进行升级改造，改善工作环境；四是投资近10万元，采购电脑、投影仪、打印机等设备，提升办公效率；五是采购二台电动三轮车用于快包投递，提升投递能力；六是对邮件处理中心投入安装监控系统，提高安全保障。（周志武）

【管理】加强人力资源管理。一是按照市公司风险管理的要求，合理调配员工5人，达到了人尽其用，规避风险的目的，同时也真正的满足了网点对人员的需求，有效的化解了网点员工紧缺的矛盾；二是开展教育培训，优化队伍建设，全年累计自训或参训520余人次，提升综合素质与履职能力；三是重点推荐人才，向上推荐石彬为分公司的总经理助理、推荐胡景红为初级人才并得到认可。

完善财务集中管控。一是有效的配合上级财务部门推行ERP系统应用，执行集中报账制，实现了高度的业财一体集成；二是企业效益与效率稳步增长，2016年完成净利润544.94万元，折旧109.87万元，全年缴纳税金27.29万元；三是劳动生产率稳步提升，人均23.64万元，同比增幅8.9%；四是企业员工人均收入大幅增长，正式员工人均年增幅达22.22%，劳务工年增幅达28.24%；五是完成固定资产投资19.06万元，固定资产原值达到2250.32万元，固定资产净值1165.22万元。六是业务收入欠费少，全年累计收入欠费率1.25%，远低于全市欠费率。

强化安全服务保障。认真履行普遍服务和特殊服务义务职责，严格落实安全生产责任制，全年无重大安全生产责任事故和各类案件发生。以常规检查及突击检查相结合的手段，检查网点、部门及所有要害部门168次、发现隐患15处、下发整改通知书10份、现场整改5处、处罚违规人员13人，对投递、邮件处理等场地进行了监控系统更新，对大部分网点安装了地锁，对简易金库指纹认证系统进行了维护，确保设备良性运转。扎实开展“两加强、两遏制、回头看”活动，重点配合“空降部队”整体接管式突击检查工作，查漏补缺，立查立改，规避风险，确保安全。狠抓综治民调工作，落实案防责任制，加大两岗履职检查力度，妥善处理客户投诉，严格执行“十条禁令”，切实加强合同管理和企业法制建设。（周志武）

【文化引领】融入地方参政议政。在2016年地方党代表与人大代表的换届选举中，简志刚同志当选为本届党代表、并与钱红两同志同时当选为津市市人大代表。

文化建设效果明显。“三八”节，在组织全公司女员工游览澧县城头山遗址公园的活动中，让员工领略“中国第一城”丰厚的文化底蕴及悠久的人文历史；在国庆节组织员工开展了拔河、步调一致“庆国庆，职工趣味活动比赛”等活动中，让员工玩在其中、乐在其中，并大大增强了重在配合的团队意识；春节前夕，在市公司工会组织的文艺汇演中，津市分公司选派的节目，得到领导的好评；在市公司举办的第四届职工篮球赛活动中，津市分公司团队获冠军称号。

精准扶贫彰显真情。一是在市公司的倡导下，分公司中层踊跃捐款，共捐款项玖佰元；二是积极响应省公司号召，践行“精准扶贫”，开展“湘西花垣十八洞村桃树认领公益活动”，共认领桃树24株，认领金额一万元；三是分公司与市妇联、二完小等共同筹办“快乐六一手牵手”爱心公益活动，为23名留守儿童免费发放爱心书包，适时的开展这些活动，充分彰显了中国邮政“情系万家、信达天下”的国企担当精神。

读书活动创新思维。着力推进职工文化建设。配合省邮政工会积极推动“互联网□”职工服务体系的形成，以“十三五”规划为主线，服务企业自主创新为目标，推进职工文化建设。以争做优秀职工活动为载体，继续深化“创建学习型组织，争做知识型职工”活动，广泛开展职工读书活动和普法活动，加强职工教育培训，催生企业管理创新。

（周志武）

电　信

【概况】中国电信津市分公司是一家集完整的固定网、移动网、基础网、数字网和数据网为一体的通信运营企业。拥有覆盖地域城乡的网络体系，具备电信全业务、多产品融合的服务体系，能够满足客户的各种通信及信息服务需求，是津市市最完备的基础网络运营商和综合信息服务提供商。

中国电信津市分公司主要经营品牌及业务：高清宽带、ITV、翼支付等。围绕规模效益发展，2016年完成总体收入3412万元，同比增长5.2%，上缴税收80万元。业务规模上，2016年12月有固定电话业务规模20639户，宽带业务规模22093户，移动手机业务规模43036户。固定电话业务收入占电信业务收入的8.8%，其中80%为家庭客户，移动数据及互联网业务收入占电信业务收入的比重提高至85.7%。移动宽带（3G/4G）用户占比大幅提高，光纤接入成为固定互联网宽带接入的主流。移动宽带用户在移动用户中的渗透率达到80%；20M以上宽带用户占比达91%，光纤接入（FTTH/0）用户占宽带用户的比重超过四分之三，宽带业务中78%为家庭客户，融合业务发展渐成规模。

网络建设方面，中国电信津市分公司2016年内完成工程项目51项，按照市委、市政府三改四化要求，积极实施道路三改四化电信线路入地工程施工，入地工程投入资金720万元，涉及道路长度54公里，修建地下管道59公里，过街顶管5750米，移改光缆分纤箱890个，移改光纤用户4450户，拆除电杆650根，迁改各类光电缆216皮长公里，实现了全光网城区管线入地改造。投入145万元加大农村全光网村建设，光缆建设15.9万皮长公里，安装光缆分纤箱460个，实现所有农村全部95个自然村全光网覆盖，宽带速率大幅提升，实现百兆，进一步发挥互联网在当地经济发展的作用。实现农村区域LTE800M网络全覆盖，建成LTE800M基站40个，耗资800万元，LTE800M是国内第一张低频LTE网络，具有覆盖距离远、深度穿透强的优势，可以大幅提升农村区域的覆盖能力，为客户提供更佳的4G上网体验。

网络优化方面，中国电信津市分公司通过现有SDH、波分等传输承载网对原来数据网进行优化、升级后，实现了全市电信用户的光网改造，能给普通家庭宽带提供100M上网速度，更稳更快；具有了对全市所有政企单位高带宽（IPRAN）改造的能力，为“智慧城市”等新型信息技术的智能化应用提供有力保障。加快传统ADSL用户迁转速度，互联网化各项指标有了较大提高，城市宽带非光网比0.1%，固话非光比2.4%；农村宽带非光网比4.7%，固话非光比1.3%，全面完成互联网化提升指标。加快FTTH光功率整治，全年整治光网用户 430 户，保障用户光纤宽带上网质量。农村全面启用密波分电路，提高了网络稳定性，有效保证了 ITV 质量及带宽。

中国电信津市分公司下辖综合部、销售服务部、网络部 3 个部室，北大三路营业部、建设路营业部、桥南营业部 3 个城市营业部和新洲、毛里湖、药山、白衣、灵泉、窑坡 6 个农村支局，除自有中心营业厅外，还在城区建设路、万寿路、襄阳路、大码头、九澧大道和农村新洲梅花路、保河堤富强路、白衣街道、石板滩街道、棠华街道、李家铺街道、灵泉街道、渡口街道上设有代销网点，服务网点均匀分布、遍布城乡。有在职员工 56 人，坚持"用户至上，用心服务"的服务理念，为客户提供主动服务、全员服务、差异化服务、优质高效服务和现代化文明服务。中国电信津市分公司按照"加快规模发展、深化机制创新、推进降本增效、提升服务水平"的工作要求，全面落实"细分市场、多点拉动"的发展战略，积极应对各种挑战、考验和竞争。

作为地域信息化建设的主力军，津市分公司秉承"追求企业价值与客户价值共同成长"的经营理念，以全新的多业务、多网络、多终端融合及价值链延伸，努力使信息化成果惠及社会各行业和广大人民群众。在追求价值增长的同时，坚持企业与社会、环境及利益相关者和谐共生，认真履行社会责任，热心参与公益事业，自觉承担社会义务，广泛开展节能减排活动，认真落实共建共享政策，避免资源浪费和重复建设。企业在精神文明建设、市场拓展、客户服务、精确管理等方面均取得了显著成绩，持续保持省级"消费者信得过单位"、省级"双文明单位"、省级"青年文明号"、湖南省"模范职工之家"等荣誉称号。 （汤静）

移动通讯

【概况】2016 年，津市移动通信分公司坚持以科学发展观为指导，认真践行"新跨越"战略，坚持以加快业务发展为中心，以强化管理为保障，以巩固网络优势为支撑，以强化客户服务为企业社会责任，企业持续保持良好的发展态势。

津市移动分公司始终以业务发展为中心，实现移动业务量收大步发展。2016 年客户规模达到 10.4 万户，经营收入 7068 万元，上缴税收 223 万元。打造精品网络，提供一流网络服务。移动通信基站遍布城乡，新增 4G 基站 170 个，共有基站 453 个，实现网络无缝覆盖。营销网点是点量均匀分布，每个乡镇有 2 个以上营业网点，每个行政村有服务站，全市有营业网点 56 个，光纤入户 4631 户。还配有 1 个城区营业部和 2 个乡镇营业部，加强营销服务网点管理，更加及时和便捷地为广大客户提供有效服务。始终坚持"诚信"的服务理念，努力提高客户服务水平。以"满意 100"为主题，2016 年相继开展"诚信服务，满意 100"、"金牌服务，满意 100"等服务提升活动，向广大移动客户率先提出八项服务承诺。秉承"正德厚生，臻于至上"的企业核心价值观，为当地的经济建设、构建和谐社会做贡献。参与富民惠农建设、点村建设、移动信息化村建设和社会主义新农村建设，救灾保通信，抗震献爱心，尽一切社会责任做好公益事业。

连续多年被常德和津市市消委授予"消费者信得过"单位；连续多年被常德和津市市工商行政管理局授予"重合同、守信用"企业；这四年来移动分公司荣获许多荣誉称号，有"常德双文明单位"、"中国移动集团模范职工小家"、"省级文明单位"、"常德市消费维权先进单位"、"津市绩效评估先进单位"等。

联通通讯

【概况】2016 年，联通津市分公司与渡口分公司合二为一，成立为新的联通津市分公司。完成业务收入 2200 万元，移网规模用户 36000 户，宽带用户 4300 户。

【网络建设】2016 年，联通津市分公司积极提升网络品质，加快基础通信网的建设与优化工作，对城区人民路、建设路、银苑路、凤凰路、万寿路及渡口、白衣、新洲、灵泉等乡镇进行管线入地改造，并新建基站 2 家。实施对主干道路光缆保障措施、优化新建光缆方案、加强城改施工现场的盯防，确保了城改过程中网络的安全运行。

【社会公益】2016 年，联通津市公司积极响应政府创建工作，坚持管线入地，配合政府"五城同创"、城市绿化建设；积极参与精准扶贫活动，安质按量完成政府交办的扶贫任务；积极配合政府"数字津市"的建设，深入企业，为企业信息化建设出谋划策，为本地企业现代化发展、管理提供强有力的服务支撑。始终坚持"诚信经营"，落地实名制，规范经营行为，配合公安机关办案协查工作。推崇"首问责任制"，想用户之所想、急用户之所急，为本地的经济建设做企业应有的贡献。

城市建设与管理

住房和城乡建设

【**概况**】2016年，市住建局机关在职干部职工55人，班子成员7名，提前离岗6人，退休人员35人。设有办公室、计财股、人事股、燃气办、村镇站、绿化办、法制股、执法大队、建管股、招投标办、城建股、档案馆、规划办等股室。下属管理市政、园林、质安等3个二级单位，行业管理自来水公司。

单位主要是承担城市规划、建筑市场、燃气供水公用事业管理，城市基础设施建设、市政基础设施和园林绿化维护管理及村镇建设管理工作。牵头国家新型城镇化试点建设、湖南省海绵城市建设试点工作。　（易继文）

【**班子建设**】市住建局7名班子成员。

抓住“两学一做”主题教育主线，提升干部职工队伍整体素质。党员领导带头，作风转变快，真正做到了学习提高不走过场，查摆问题不走形式，整改问题不讲面子，解决问题不摆架子。通过整改提高，强化了党的组织建设，进一步完善党建目标管理责任制，形成了一级抓一级，层层抓落实的党建工作格局。局党委通过组织开展“城市创建”、“企业帮扶”、“农村精准扶贫”等活动，把解决问题的重点放在发展社会经济、贴近群众、贴近实际上，有针对性地重点解决老百姓反映强烈的灯不亮、水不通、路不平等问题。单位投入50多万元用于创卫迎检工作，为结对帮扶点村、帮扶对象给予资金支持近30万元。

结合“两学一做”教育，开展党风廉政廉政建设和行政效能监察，重点抓好建设行业作风建设。对行政许可项目进行集中清理，推行行政许可公示、优化行政审批事项和行政执法责任制、过错追究制。对建设管理工作实行公示制，将城市规划、建设、建筑管理等办事程序、收费标准实行公开告知。年内共进行城市规划公示12次，确保了市民的知情权和监督权。四是切实解决群众关心的热点问题，着力抓好为民办实事工程。多方筹措资金，完成了御林庵、银九巷等6条巷道改造，实实在在为市民提供了便利，维护了群众的切身利益。

严格执行“三会一课”制度，加强教育管理。按组织部门要求，认真组织局中心组学习、机关政治业务学习和建设专题法律法规学习。重点学习十八届三中、四中、五中、六中全会精神、“两学一做”教育读本及习总书记系列重要讲话精神。完善制度建设。对照中央、省、市关于作风建设八、九、十条要求，局党委对原有制度进一步修订完善，共制定、整理各项制度二十多项，在局年度目标管理考核中，将党建工作纳入考核的重要指标之一，实行指标量化考核。抓好基层组织常规工作。严格执行组织发展公示制和责任制，把好党员发展关。做好全系统后备人才库建设工作，加强后备干部考察、培养。开展系列党庆纪念活动，对3个先进集体和8优秀共产党员进行了集中表彰。

认真落实领导班子成员党风廉政建设责任制。按要求对责任制进行了分解，严格执行领导干部个人重大事项请示报告制度，全系统无重大违法违纪现象发生。落实责任制报告制度和领导班子成员民主生活会制度，按要求召开2次高标准民主生活会，开展批评与自我批评。结合“谈话谈心”制度，局党委对存在的问题进行了深刻剖析，提出整改措施，并限时完成。　（易继文）

【**规划工作**】积极配合津澧新城总体规划编制工作。组织完成《津市市总体规划纲要（2015-2030）》编制，通过津市市规委会、人大常委会、常德市规划局专家审查。

根据省住建厅要求，常德市政府聘请中规院深圳分院编制《津澧城市空间发展一体化规划》。8月初，配合常德市收集20多个相关部门的最新资料并及时上报，邀请省住建厅领导先后于7、8月份对津市、澧县及荆州、公安等地进行津澧一体化规划调研。

中规院深圳分院于9月完成《津澧新城城市总体规划纲要（2015-2030年）》阶段性成果，对纲要人口及用地规模、空间布局、土地利用等方面提出了具体的规划专业意见，征集市发改局、国土局、交通局、工业集中区等近30个相关职能部门意见和建议,汇总报送常德市规划局。

加快完善详细规划、专项规划编制。科学引领规划,按照“海绵城市”、“智慧城市”规划建设理念,受市委、市政府委托,聘请高水平设计团队科学制定澧水沿江风光带规划设计方案、“一宫三馆三中心”及车胤文化公园、西河街棚户区改造民国风貌街、三湖景观亮化规划设计等,并组织完成了政府采购程序。抓实专项规划编制,合理确定全市排水管网新建及改造项目一期工程(南区)设计方案,扎实做好城市停车设施、公交首末站、步行和自行车交通系统、北一环路管网规划方案设计、沿河路规划方案等专项规划,组织完成大同路(西段)道路改造工程、毛里湖镇小街小巷改造等4项施工设计。

配合做好PPP项目设计,对东入城口(470亩)、西入城口(105亩)、西河街(271.07亩)等地块现场踏勘,收集地块内建筑、道路、下水管网等现状情况基础资料,为做好PPP项目包装打下基础。

严格规划管理,更新规划审批程序。细化内部职能,分解为用地规划室、工程规划室、私房审批室,突出各办公室之间的联运作用,形成了“一条龙”办结模式,极大缩短办结时间,如技术审查规划设计方案、施工图,法定时限为7-14个工作日,实际只需3-5个工作日,年内累计审查白衣镇蒲山新区、宝达丽景豪庭、民安路公租房等12项规划设计方案。核发规划条件13份,建设用地总面积20万平方米;办理规划选址意见书36份,用地总面积221万平方米;办理建设用地规划许可31份,用地总面积62万平方米;办理建设工程规划许可43份,建筑总面积38万平方米;办理临时建设工程规划许可3份,建筑总面积0.45万平方米;办理私人建房20户,建筑总面积0.42万平方米;发放农科安置点初拟红线图39户;发放不予许可告知书18份。完成西城小区、九码头美食城等4个项目规划公示。完成德雅教师公租房、东湖林语二期等15项竣工验收,建筑总面积为19.8万平方米;完成32户私人住宅竣工验收,建筑总面积0.68万平方米。

推进城区地形资料全覆盖。组织完成城区地形图1:500地形图测绘以及成果检验工作,与市国土部门统一坐标系,为城市规划管理和国土管理工作提供统一地形资料。

坚持规委会审批制度。坚持市规委会把关的原则,对每个项目的审批,在规划股认真审核报建项目的用地性质、用地范围、容积率、绿地率、停车位等经济技术指标相关资料的基础上,对规划条件、《选址意见书》的核发和重大项目规划设计方案评审,一律由市规委会领导把关。年内,报市规委会共召开5次工作会议、2次专题会议,审议民安路公租房(三期)、澧水沿江风光带、植物园、广东溢多利生物科技股份有限公司蒸汽外管及电力工程、乡镇棚改项目、津市市排水管网新建及改造项目一期工程(南区)、社会养老服务中心医养楼、三湖公园亮化、新洲镇孟姜女文化广场、印务公司地块、原蚊香包装厂地块规划调整意见、洞庭大道与涔澹大道交汇处东南角地块规划情况、海绵城市方案、丝绢路、残疾人康复托养中心、五环时代全民健身中心、丽景豪庭、澧水二桥与银苑路交汇处处理方案、国网公司生产综合楼等19项规划设计方案或规划选址意见。（易继文）

【设施建设】城建项目大推进。2016年,全市城市基础设施建设工作本着打造宜居津市,改善民本民生的总要求,按照“五城同创”的总目标,经市委、市政府等四大家认真研究,确定2016年城建计划总投资2.24亿元,共包括35个项目,其中结转2014、2015年未实施9256万元,企业代建1400万元,实际2016年政府新增投资1.17亿元。

按照人大代表、政协委员建议和提案,经市委政府调研,年中新增(银苑中路、凤凰路、万寿路)路灯改造、果园路改造、氧化塘治理等11个城建项目,续建发展大道、清远观公园等4个项目,孟姜女大道白改黑工程暂时取消,实际本年启动城市基础设施建设项目49个。

实际完成银苑中西路改造工程、刘公桥中路改造工程、九澧大道白改黑工程、澹津健康主题公园升级改造等30个项目;

启动盐矿大道、三湖公园升级改造工程、双济广场建设等7个项目;12个项目正在设计或招投标、报建等前期工作。双济中路改造工程、果园路改造工程2个工程签订了施工合同。西环路建设工程、沿河路防汛通道改造工程、渔丝湖公园、民安路建设工程4个项目完善了设计;南区襄窑路污水管网建设1个项目完成了招投标工作,三湖公园升级改造工程(西湖)、双济广场建设2个项目完成招投标。澧水风光带建设工程一个项目进行方案设计。植物园建设工程、氧化塘治理2项工程进行施工图设计。2016年城建项目统计表,见附表1。

【市政维管】按照城市基础设施长效维管机制管理规定,启动2016年长效维管工作,明确考核细则,加强长效维管力度,实行全年计划、月签证、季结算等系列维管办法。全年共投入380余万元,完成沥青灌缝78971米;路面填补1515.33平米;人行道维护铺装4743.56平米;更换侧石197.5米。排水疏通35280米;更换泄水板99个;更换井盖118个;疏通泄水井3540座。更换维修节能灯2326盏,钠灯7546套,更换修复路灯井48套,清洗寄杆路灯65盏,拆除旧灯杆258杆,更换新灯188杆,排查线路故障53处,更换各型号线路1950米。（易继文）

【城市亮化工程】2016年,全市投入131万元,对车胤广场,虎爪山广场,皇姑山广场,九澧广场,征稽广场,柏芝林广场,三湖公园,澹津公园及孟姜女大道(津澧大道—沿河路),临街房屋建筑等数十处进行了亮化。

【城市创园】广泛宣传,全面发动。全方位开展社会宣传。充分利用电子显示屏、临街建筑墙面、大型广告牌和宣传橱窗等,在全市公共场所、醒目路段和各单位庭院，滚动播放、张贴悬挂创园宣传标语及工作内容。深入进行媒体宣传。发挥网络、电视、手机报等新闻媒体的作用，开辟创园专题栏目，进行多角度、多层次的宣传报道，普及创园知识，提高市民对“创园”工作的知晓率，做到家喻户晓。适时组织活动宣传。利用群团组织各种平台开展“绿化美化津市、爱我绿色家园”创园演讲活动和知识竞赛，利用每年义务植树日组织开展“纪念林”建设活动，开展争创园林式单位、小区及城市无车日、志愿服务等活动，吸引广大市民和学生自觉参与创建；落实会议和资料宣传。层层召开工作部署会、调度会、印发宣传资料等形式，传达精神，全面发动，确保宣传无死角。2016年，共召开工作调度会5次；发放各类文件、宣传资料3000余份；新闻媒体宣传报道创园相关内容30余条；街头广场设置创园专题宣传栏10块；部门单位悬挂创园标语50余条。通过舆论引导、志愿服务、共建带动等多措并举方式，营造“人人干创建、处处抓创建、事事为创建”的浓厚氛围，有效地促进创园工作的深入开展。

健全制度，依法促动。为确保城市园林绿化的规划、建设、养护和管理有法可依、有章可循，结合实际，先后制定出台《津市市城市绿化管理办法》、《津市市绿线管理办法》、《津市市防止外来物种入侵管理暂行办法》、《津市市古树名木保护管理办法》、《津市市公园管理办法》、《津市市园林绿化养护管理办法》等系列办法、规定和制度。加大依法治绿的力度。严格履行建设项目绿地指标审核程序，严肃查处侵占绿地、砍伐树木、破坏绿化设施等违法行为，并利用电视、电台、报纸等新闻媒体对破坏绿化的行为予以曝光，有效促进执法工作的顺利开展。年内受理临时占用绿地、砍伐移植树木、建设项目绿地审批申请36件，审查批准17件。

任务落实，资料齐全。年内，共收集了创国园本底资料55卷，覆盖创园7大项57小项的全部内容；30家园林式单位和小区完成资料的汇编、影像片的制作。10月28日国家住建部出台新的《国家园林城市系列标准》，指标由原来的8大项64小项调整为七大项57小项。创园办迅速调整思路，对接各职能部门，提供有关本底资料，不断完善数据统计、图纸等申报基础资料，充分做好申报前的各项准备工作。12月1日按申报要求上报津市创建国家园林城市资料到省住建厅，通过省住建厅的评审。认真落实创建任务。紧密结合《国家园林城市系列标准》，制定创园工作任务，将64项任务逐项分解，划分到每个相关单位，并落实具体责任人。分管副市长召开了4次全市创园工作调度会，创园工作部署专题会10多次，年内创建任务基本完成。

绿化大提质，2016年，先后新建、改建公园绿地10余处，重点改建了澹津公园、三湖公园、古大同森林公园、皇姑山森林公园等一批高档次城市综合型公园。公园拆除实体围墙，实行免费开放。澹津公园完成一期道路改建项目建设，二期绿化改造工程处于设计状态。对三湖公园进行了全方位升级改造，完成公园周边建筑美化工程；对皇姑山和古大同森林公园按照《公园设计规范》要求，进行改造升级，新建游路，增添设施，设置标牌。新建清远观公园、征稽所广场、双济游园等一批新公园绿地。道路绿化提质明显，新建津市大道、科凌路、胥家湖路等10条大道绿化，对国立巷等12条小街小巷进行行道树栽植，对原有孟姜女大道开发区段等12条道路进行补栽补植。庭院绿化扩面，开展单位庭院绿化达标和绿化先进单位、园林式单位创建工作。，市委党校、烟草局等10家省级园林式单位（小区），润农公司、阳由社区等19家市级园林式单位（小区）。年内，全市园林式单位（小区）达到82家。截止2016年底，全市绿地面积574.65公顷，绿地率33.76%，人均绿地面积8.79m²。（易继文）

【绿化维护】全年完成乔木修剪19019株1次；满灌修剪188121.47m²10次；草坪修剪192899.25m²10次；苗木绿地抗旱150060m²3次；乔木病虫害防治38038株、乔木施肥10262株、灌木施肥1223株、满灌施肥28347.62m²，苗木冬季防冻处理19019株。对照国家级园林城市创建标准，重点加强2个公园、5个广场19019株苗木、491718.69m²公用绿地的维护管理，建立了维护台账，对维护管理工作进行动态化监测管理。维护突出季节特点，春季抓好栽植苗木的维护，确保成活率在95%以上；夏季抓好苗木抗旱管理，做到机械和人工抗旱相结合，确保全市苗木、绿地的鲜、活、靓；秋季抓好施肥管理，做到全市苗木、公园、广场、绿地普遍施肥一次；冬季抓好苗木防冻管理，对城市主次干道乔木进行刷白防冻处理。同时，树立精品意识，提高维护质量。形成孟姜女大道、九澧大道、三湖公园、工业园区等一批绿化亮点景观。全市19019株乔木、491718.69m²公用绿地成活、保鲜。在市创建办多次组织的明察暗访考核中得到好评，更为国家园林城市创建打下了坚实基础。（易继文）

【建筑管理】年内，全市新建工程21项，总建筑面积34.78万平方米，计划总投资4.8亿元。其中，市政府投资工程5项（不含市政项目），计划总投资3375.58万元；房地产开发项目5项，总建筑面积25.45万平方米，计划总投资3.27亿元。针对建筑市场中的新情况、新问题，出台建筑工地指纹打卡等一系列规定和制度，打击违法转包、分包、挂靠行为，规范关键岗位人员履职行为。年初，组织召开全市建筑施工质量安全动员大会进行部署安排。同时对开、复工项目的施工现场管理进行检查和指导，指导全市创建标准化工地。加强勘察设计管理，开展初步设计审查工作，及时纠正初设方案中的问题，堵塞初设漏洞，优化初设图纸。从设计源头对工程质量通病提出了预防和治理的指导意见。

健全建设工程项目关键岗位录入，对达一定规模的30多个项目实行了指纹考勤管理。对现场强化工程质量监管。扎实推进建设领域专项治理两年行动，全面推行工程建设五方责任主体项目负责人质量终身责任，严格落实质量终身责任承诺制度、永久性标牌制度和信息档案制度。

启动三湖建筑立面美化工程项目，该项目处于津市三湖公园，政府投资1800万元进行提质改造。出台《津市市建筑工地扬尘防治专项行动方案》，严格落实施工现场扬尘治理“六必须、六不准”，建立扬尘治理考核机制，完善建筑工地文明施工长效管理体制，开展14次检查，针对治理不到位的项目进行专人3次。（易继文）

【质安工作】拓展检测业务能力，启动质安业务技术用房改扩建工程。年内，监管建设工程102个，其中市政基础设施建设为19个，私房建设22个；房建及三改四化工程61个，面积约22.3万平方米（不含市政基础设施及私房），造价约42136万元。竣工工程18项，建筑面积约10.5万平方米，竣工验收合格率100%。所监督管理的工程项目中，市民之家、津市一中新建综合楼、津市公安局业务技术用房3个项目获得了“省标准化示范工地”。我站全年下发各类停工整改通知50余份，安全隐患整改通知140余份，出具各类检测报告5800余份。

质安内部管理严格。落实工程质量承诺制度；强化关键岗位人员到岗履职；规范劳务分包公司备案制度；规范项目报监管理程序。通过要求企业法人、建造师本人面对面签定承诺书，如实填写信息平台记录，劳务分包公司安全员押证制度，每月抽查关键岗位人员到岗履职情况等措施提高施工、劳务分包企业的管理意识。

加强建筑质量通病防治工作，突出治理重点，坚持治理楼板开裂现象，坚持采用预防墙体开裂的是施工工艺，坚持外墙防水措施施工到位等措施，重点整治了影响使用功能的外墙及窗台渗漏、厨卫及屋面漏水、楼板及墙体开裂等质量通病。并按照《湖南省住宅工程质量通病防治技术规程》的要求，凡是住宅工程验收前必须做卫生间蓄水、外墙、外窗淋水试验，对存在渗漏的项目一律不予验收。

要求工程各责任主体单位按照国家有关强制性标准、规范和设计图纸施工，采取切实有效的施工方案加强工程实体质量管理，杜绝质量事故。进行施工检验批和隐蔽工程验收，以及涉及结构安全和功能性的检验试验等质量控制工序，建立健全施工过程质量检查验收制度，重点对地基基础、主体结构、隐蔽工程和关键部位的质量情况以及工程质量通病治理情况进行检查，对检查中发现的质量问题及时查处、纠正，并予以通报。

加强重点工程、保障性住房工程和安置工程项目的质量管理，确保工程质量。把关责任主体行为、进场材料、设备、实体质量、各类验收程序和资料收集。加大对保障性住房和安置房的抽查频次，配合各级各部门多次对保障性住房进行6次专项检查。（易继文）

【海绵城市建设试点】2016年3月，津市被评为湖南省首批海绵城市试点城市；2016年5月，省住房和城乡建设厅等三部门联合印发了《湖南省住房和城乡建设厅 湖南省财政厅湖南省水利厅关于确定省级海绵城市和地下综合管廊建设试点城市的通知》（湘建城函〔2016〕158号），《通知》要求各试点城市根据试点建设实施方案要求，落实目标责任，切实完成三年试点建设目标任务。按照“先规划、后建设”的原则，积极有序推进试点建设，形成连片示范效应，为全省海绵城市建设探索出可复制、可推广的建设运营管理经验和模式。

同年6月中旬，由李景峰副市长带队，市城市办、住建局、工业投、城投公司相关负责人赴常德市学习海绵城市建设相关经验做法；6月底，市委办江韬主任、李景峰副市长再次带领相关职能部门负责人赴望城区学习调研，交流探讨省级海绵试点城市建设经验做法，初步与望城区、凤凰县达成了组成战略联盟的共识。7月14日，陈章杰市长组织相关部门负责人、省建科院专家一行对津市海绵城市初拟示范区及项目进行了现场调研，随后召开了座谈会，会议要求海绵城市建设今年见成效、两年出成果、三年全建成。

同年7月19日，陈章杰市长在市委一楼会议室主持召开年度第4次规委会。市委、市政府、市人大、市政协等市主要领导及市直相关单位主要负责同志参加会议。会议原则同意示范区范围，示范区总面积8.3平方公里，其中城北老区4.5平方公里，城南新区3.8平方公里；原则同意项目建议，项目总计42个，其中城北老区26个，城南新区16个，明确市住建局做为海绵城市建设牵头实施主体；要求全市新建、改造项目必须全面融入海绵理念。除地下管网普查及信息系统建设、津市市城内垸防洪防涝工程、团湖路及戚家路工程4个项目外，其余均列入海绵贷款及海绵专项资金。

组建领导机构和工作机构。成立津市市海绵城市建设推进工作领导小组，由市长任组长，常务副市长及人大、政协领导任副组长，分管副市长任常务副组长，财政、水务等相关职能部门任成员单位；同时成立津市市海绵城市试点工作办公室，作为日常工作机构，办公室设住建局。

启动海绵城市专项规划编制工作。按照住建部和省厅文件要求，海绵城市试点地区2016年10月必须完成海绵城市专项规划编制工作，由住建局牵头，初步确定编制单位，并已启动规划编制和多规梳理前期工作。

完成海绵城市建设实施方案编制。为确保三年试点见成效，结合津市实际，多次组织专家团队与省建科院进行对接，调整优化海绵城市实施方案，方案编制以全部完成。

建立了完善的保障体制。牵头起草《津市市海绵城市建设项目管理办法》、《津市市海绵城市建设项目实施细则》和《津市市海绵城市建设试点项目奖补办法》，完成意见征集。

强力推进项目建设试点。从公园生态修复、市政道路、黑臭水体治理、小区院落改造等多个方面开展海绵城市建设工作。车胤公园、南区污水管网、市委机关改造已完成规划方案设计;三湖公园、双济广场、双济路、民安路、东湖氧化塘、消防队机关院落已完成施工图设计;三湖水体聘请常德海绵公司高技术团队进行治理;澹津公园、清远观公园一期工程基本完成。同时海绵办向青年城、丰华城等示范区内5个开发小区发出海绵督办函,要求其小区基础设施配套按市海绵城市建设实施方案要求进行设计建设。

海绵城市建设资金保障有力。海绵项目总投资约15亿元左右,项目建设资金来源主要为四个方面,一是省级财政补贴资金1.2亿元,第一批补贴资金8000万元现到位;二是津市通过招商引资采用PPP模式与省建工集团等大型国企签订战略合作协议,解决部分海绵项目资金问题;三是申请农发行的海绵城市建设贷款4.7亿元;四是部分海绵城市建设项目如污水管网改造、黑臭水体治理等得到国家发改委相关专项基金支持。

宣传工作亮点突出。海绵办分别于8月12和8月22在常德日报头版头条上发表了《津市海绵城市建设破解“城市看海”窘境》和《津市城区成功经受暴雨考验》两篇文章,向全市人民宣传了海绵建设理念和津市海绵城市建设成效。（易继文）

【新型城镇化建设试点】按照《湖南省新型城镇化综合试点工作总体方案》、《津澧国家新型城镇化综合试点工作实施方案》及2016年度重大项目建设方案,对照《常德市新型城镇化试点工作方案》采取强组织、出政策、压责任的举措,突出试点任务,加快城镇建设,推进城乡一体化,促进镇村同步发展,城乡面貌持续改观,试点工作取得阶段性成效。

机构与制度建设有保障。成立国家新型城镇化试点工作领导小组,由市长担任组长,市政府常务副市长和分管城建的副市长担任副组长,市委办、政府办、城市办、工业集中区、发改、住建、财政、国土、人社、公安、城管、交通、农业、环保、教育、林业等部门“一把手”为成员,办公室设在住建局,办公室主任由住建局长担任,下设综合协调组、项目调度组、外宣联络组和专项工作推进小组。

制定《推进城乡一体化实施方案》,指导全市的城乡一体化工作。发改、财政部门研究出台了本地区企业通过PPP模式进入特许经营领域的管理办法。住建局牵头制定规范农村建房的政策性文件,有序指导农村居民建房。坚持突出重点、集中攻坚,有步骤、按时序推进试点工作,在规划设计、环境整治、城中村改造、基础设施建设和公共服务设施建设、产业发展、体制机制改革等方面,开展专项攻坚行动。实行“领导+指挥部+融资平台”的推进机制,切实将任务落实到项目、压实到干部。

工作推进有力。着力推进津澧融城。一是加强对接交流。津澧两地在常德市的统筹协调下,先后召开三次联席会议,就试点工作展开交流商讨,达成了系列意见。10月9日,常德市委王群书记专题调研津澧融城工作,为津澧融城和试点工作提出了明确要求。11月8日,津市市委书记傅勇带队前往澧县就津澧融城相关工作与澧县主要领导和部门展开磋商,拟定联系会议定期召开机制,并在工作推进机构的建立和匹配问题上达成一致共识。12月18日,澧县县委书记邹如龙带领澧县党政主要领导和相关部门专程到津市进行进一步对接沟通,统一2017年津澧融城工作双方将共同推进的项目工程,将试点工作进行具体化。推进重点工作。加快规划编制。在常德市的牵头和重视下,与澧县方面充分对接,完成《津澧新城空间发展一体化规划》和《津澧新城产城融合示范区建设试点实施方案》,做好《津澧新城城市总体规划纲要(2015—2030年)》编制前期工作和初稿送审。加快园区建设。两地已就工业开发区的建设方式、产业定位、建设规模等内容达成一致意见,正同步启动共创国家级经济开发区的工作。加快融资平台筹建。两地组织财政、发改、国土、住建、城投公司等部门主要负责人先后到常德市经开区、国资委、城投公司和财鑫担保公司等单位进行了考察学习,双方已厘清了共同组建津澧新城投融资平台的基本思路,正在与第三方洽谈投融资工作具体事宜。加快项目建设。年初两地拟定的各项重点项目建设稳步推进,津市方面的沅澧快速干线2号大道津市段项目建设、城乡供水一体化工程基本完成,澧水二桥、G353改道项目正在稳步推进,排水管网改造和新建工程、生态水系治理工程有序实施,城区老工业区搬迁已经完成规划和方案,各项搬迁工作正有条不紊推进。澧水风光带建设已经完成规划方案,即将实施。产城融合发展方面,津市工业集中区规划面积达到20平方公里,建成区面积达到6平方公里,园区产值达到140亿元,已获批省级高新区和国家生物酶制剂及应用特色火炬特色产业基地。明确来年任务。即十大重点工作:①2017年编制完成津澧新城城市总体规划及控制性规划、经济社会发展规划、土地利用总体规划三项规划;②启动搭建津澧新城建设投融资平台,力争2017年6月底前挂牌运营;③共同创新谋划园区资源共建共享模式;④启动国家级经济开发区申报,力争2019年前申报成功;⑤推进津澧大道(沅澧快速干线2号大道项目建设),力争年内建成通车;⑥启动津澧汽车总站建设项目,力争2018年投入运营;⑦谋划津澧城市防洪圈及澧水风光带建设项目,力争2017年7月份动工建设;⑧开通津澧市县城区公交线路,力争2017年4月前正式开通;⑨研究两地放开高中阶段招生政策,力争2017年9月开放两地招生;⑩研究两地居民医保无差别化报销制度,力争2017年3月底前发布实施。

着力推进农业人口市民化。一是放开落户限制去门槛。出台《关于进一步推进户籍制度改革的实施意见》,取消了农业与非农业性质户口区分,全面放开落户限制,对在津市市区及乡镇有合法稳定住所(含租赁)的人员,本人及其共同居住生活的配偶、子女、父母等,可以在当地申请登记常住户口，开辟农民进城落户的无障碍通道。二是出台政策吸引。对进城农民购房给予契税减半优惠，对城中村失地农民在城区购房给予3到5万元货币补偿，出台《村民建房暂行管理办法》，对按要求在集中地区新建的民居给予3000元每户的奖补，采取政策惠民的方式大大降低农民进城成本。三是完善公共服务留住。出台《津市市被征地农民社会保障工作暂行办法》，22136多名被征(失)地农民全部纳入社会保障体系，让农民享有城市居民的社保权益，解除农民进城后的养老之忧。统筹城乡医保，将新农合与城镇居民医保并轨，让农民与市民同等享受城市医疗服务和医保待遇。加大对农村转移就业劳动者的就业技能培训补贴，根据工种类别给予500元至1200元的培训补贴，拓展农民的发展空间，提高农民进城后的生存能力。出台《津市市进城务工随迁子女就读义务教育阶段学校接收管理暂行办法》，并投资3000多万元，新建农民工子弟学校嘉山实验小学，有效消除农民进城后子女的教育问题。四是就地就近城镇化解决。推进扩权强镇，将津市的全国重点镇新洲镇纳入城市总规，实现统一的建设管理。推进小城镇建设，出台《加快推进小城镇建设的若干意见》，设立小城镇建设专项基金每年500万元，将资金、资产、土地、棚改等政策进一步向乡镇倾斜，提高集镇吸附力，增强小城镇容纳农业人口的承载力。采取宅基地置换建设用地的方式建设农村新型社区，引导农民集中建房、集中居住，新建大山村、阳由社区等多个农村新型社区，让农民群众自愿“上楼”、融入城市生活，开辟就地就近城镇化的新路子。

着力推进城乡一体化。推进城乡供水一体化，投资1.81亿元，实施“一片两线”供水模式，实现城乡供水“同网、同质、同价”，让生活在偏远山村的农民群众喝上来自城里的自来水，即使在管网的最末端，也保持水压稳定、水质优良、水价略低。推进城乡公共交通一体化，开通城乡客运大环线，44辆农村客运车辆双向对开，城区和所有乡镇一站式到达，实现农民群众在家门口上车进城的愿望。推进环卫保洁一体化，积极开展农村环境综合整治，推进农村环境卫生保洁社会化管理，推行农村垃圾“户分类、村收集、镇转运、市处理”方式，特别是实行的“再生资源绿色银行存折”的农村垃圾分类处理模式获中央媒体推介，不仅提高资源利用率，也让农村群众享受到同城里一样的环卫清洁服务。推进生态建设一体化，划定限养、禁养、适养区，对禁养区养殖户全部进行退养，投资4100万元，全面整治饮用水源区、生态保护区畜禽污染，成功挤入农业部全国畜禽水产养殖污染治理试点县笼子，累计退养各类养殖户161户，退养面积达到14.3万平方米。同步推进大气、土壤、水体污染治理，全面禁止投肥养鱼。投资5000万元，新建集镇污水处理站7座，实现污水处理乡镇集镇的全覆盖。推进城乡管理一体化，探索构建齐抓共管的“大城管”格局，以行政执法委托授权的形式，组建乡镇国土、规划、环保集中管理站，实现了城市管理职能向乡镇延伸，有效规范了镇村建设管理和农民无序建设。推进城乡信息一体化，加大“智慧农村”建设力度，采取试点方式，整村推进，涌山村等4个村全部实现光纤入村率、数字电视信号覆盖率、集镇4G网络覆盖率3个100%。

着力提高城市承载力。坚持实施路改、水改、棚改和绿化、美化、亮化、数字化“三改四化”和城市创建，加快城市建设步伐，提高城市管理水平。一是加强基础建设。累计投入资金10多亿元，新建和改造主次干道及小街小巷67条，弱电管线入地110公里；以“海绵城市”建设为引领，完成城市道路雨污管网55公里；改扩建城市污水处理厂和白龙潭水厂、城市生活垃圾无害化处理场，城市基础设施全面升级换代。二是完善功能配套。推进城市环卫清扫市场化，新建垂直压缩式垃圾中转站7座，新置垃圾转运车16台，分类垃圾桶1万余个，城市卫生面貌大为改观。大力普及天然气，供气管网总里程达98.7公里，燃气普及率达到81.3%。新建和改造城区农贸市场7个，拆除违章建筑20多万平米，建设示范小区68个，实现“脏乱差”的老旧小区向“净洁绿”的转变。投入5.8亿元，开工新建公租房678套，完成城市棚户区改造8130户(套)，发放租赁补贴4000户、1400多万元，推进棚改向乡镇延伸，完成农村危房改造2500户，基本实现困难群众住有所居。全面推进绿色津市建设，成功申报嘉山国家森林公园，毛里湖获批国家湿地公园。三是推进城市创建。积极擦亮城市名片，国家森林城市通过验收，国家卫生城市通过国家爱卫办暗访，成功争取到国家智慧城市试点、省海绵城市试点，城市形象不断提升。（易继文）

【建设执法】建设行政执法大队分四次对津市市在建工程项目进行打非治违专项及综合检查，对违反程序的建筑工程项目，及时对建设单位、施工单位进行立案查处，对相关关键岗位人员未到岗履职的行为下达建筑市场不良行为记录告知书。年内年共下达不良行为告知书4份，在建工程下达责令改正通知书23份，停工改正通知书48份，对新天地、西城小区等项目建设工程违法行为立案查处6起。

规划执法大队现场查处违章建筑7起(退回公共面积490平米)，并下达停工通知26起，配合各办事处对历史遗留下来的违章建筑拆除10起（面积为970平米)。对私房验收有违章情况但不影响城市规划实施的私房业主进行处罚达到28起，罚没为8.1万元。

（易继文）

【扶贫结对】完成全市460户建档立卡户危房改造工作，对结对点村(原复兴村）及其5户帮扶对象投入近30万元用于农村基础设施建设和农户危改与养殖业发展，帮扶对象成功脱贫。两次走访娄星和宏森钢构企业，完成企业反映贷款难、用工难及交通安全隐患等问题的上报及协调处理。（易继文）

【争资争项】2016年住建局5112万争资任务，年内实际到位1.25余亿元(其中海绵资金8000万、危改资金3125

万、河湖治理资金780万、管网建设资金350万、新城建设资金100万、慢行系统建设资金180万），超额完成245.2%。招商方面，主要对接长燃落户津市，工作进展顺利。（易继文）

【农村危改】2016年，省住建厅下达津市农村危改任务2500户，补助资金共3125万元。结合津市实际下达到新洲镇480户、毛里湖镇756户、白衣镇404户、药山镇660户，二办30户、三办20户、四办80户、五办40户、西湖渔场30户，其中建档立卡户有440户。按照《湖南省2016年农村危房改造实施方案》项目进度竣工率不低于80%要求，已完成房屋建设，实际完成2600户危改农户危改验收及补助资金打卡发放。（易继文）

【燃气污水】2016年长沙燃气公司启动其北城储配站搬迁，已完成桩基础建设。全年新安装燃气用户3000户（全市燃气用户达到18000户），销售天然气300万立方米，销售液化气1500吨。9月，中国能源建设葛洲坝集团公司与湖南海川达投资管理公司达成战略合作协议。完成污水处理750万立方米，消减COD1340立方米。（易继文）

【城建档案】落实"一书一表"制度。即建设单位在工程报建时签订《报送工程档案责任书》，填报《建设工程档案工作终身责任人登记表》。年内共签订49个项目《报送工程档案责任书》。推行工程档案预验和备案制度。接收海晨国际、汪家桥改造、关山路道路等40个工程项目入档审查，开具《档案预验收意见书》工程13份，对档案验收合格项目开具《建设工程档案移交证明书》，替代原档案合格证。年内接待查档百余人次，借档173卷3511份。（易继文）

供　水

【概况】津市市自来水公司成立于1971年，2001年改制为津市市自来水有限责任公司，为国有独资，注册资本1200万元，职工156人（含内退职工8人），退休职工71人。内设科室部门19个，其中安装公司属于独立核算的一级法人公司。公司拥有水厂4座，日供水能力10.6万吨，城区DN100以上管网150公里，农村DN100以上管网350公里，负责全市28万城乡居民的饮用水供应，全市供水用户68545户。2016年公司实现售水量1020万吨，水费收入1560万元，安装收入1300万元。全年水质全分析2372项次，公司水质监测站通过省级CMA认证的水质检测项目55项，水质综合合格率99.9%。公司荣获2016年度"全国县镇供水先进单位"、"津市市先进基层党组织"荣誉称号。（汪莉）

【安全优质生产】公司始终坚持"安全生产重于泰山"的宗旨，建立了从水源头到水龙头的安全生产保障体系，从加强生产调度、设备保养维护、取水源预警监控、水质三级管理、制定供水应急预案各方面，多措并举全力保证安全优质供水。一是进一步加强源水水源监控。在白龙潭水厂、谢家堰水厂饮用水取水点上游1000米至下游100米设置饮用水源保护区界标、宣传牌，投资15万元对三个取水点设置钢网护拦2200米；定期派员到取水上游和道河沿线，对其水源进行巡查、采样、检测，做好详细的记录，并将巡查过程中发现的问题，及时向市委、市人大、市政府、市政协、市环保局进行报告，得到上级相关部门和社会各界的高度重视，采取相应措施，及时、有效地预防、控制和消除了生活饮用水污染事件的发生。二是加强水质检测能力建设。公司投入资金30多万添置紫外可见分光光度计、原子荧光光度计水质检测设备，加大人员培训力度，每年外训人次达10余次。水质监测站对城区及乡镇共15个监测点每半月进行1次7项指标的采样监测，所检7项综合合格率为99.8%。2016年新增水质检测项目3项，每月检测项目达38项，半年全分析检测项目55项，所检项目均符合国家生活饮用水标准(GB5749-2006)，在近两年省疾控中心面向全省106项水质检测考核中，106项水质指标完全符合国家饮用水卫生标准。2016年公司全力配合市政府创国卫工作，整理、报送水质检测资料，并根据检查组意见，增加并调整全市管网水采样点15个，对所有涉水产品卫生许可批件全面清理归档。完成认监委对检验检测服务业统计数据的网上填报和能力验证8个项目的检测工作。三是保证水厂设备日常安全巡检维护工作常态化。年初公司制定生产设备巡检维护计划，从设备及危货品采购入手，严格按程序办事，严把设备质量关，定期按计划对所有水泵机组、制水设施、电器设备进行保养维修，全年未出现一起因设备故障引发的生产事故。四是坚持水质公示制度。公司每月向省城市建设信息网、常德市住建局、市住建局、市食安办、市卫生监督所报送水质检测报告，并定期通过电视、政府网站、微信公众平台向广大用户公示。（汪莉）

【农村供水运营】2015年8月全市城乡供水一体化全面运营，该项工作走在了全省前列。保障全市城乡居民安全、正常、有序用水是公司生产经营中的头等大事，根据《津市市城乡供水一体化运营管理暂行办法》，公司建立"决策层、管理层、执行层、监督层"的运营管理体系。设立了农村供水部，明确一名班子成员主持日常工作，具体由新洲营业所、谢家堰水厂负责农村供水运营管理，制定统一生产调度方案。按照"资源共享、合理分配、高效运行、保障供水"的原则，合理调度农村与城区自来水供应。针对城市与农村需水量的多少、每天高峰与低谷时段用水量的不同，及时调整城乡一体化供水方案，发挥白龙潭水厂大水厂的调蓄功能，科学调度，保证供应。健全全方位水质监测体系。公司水质监管实行"企业自检、行业监测、政府督导"相结合的制度，公司内部实行三级水质监测体系，即班组自检、水厂化验室监测、水质监测站抽样监测。并通过加装消毒处理设备、对谢家堰水厂化验室实施升级改造、强化农村水厂员工业务培训等措施，确实提高了农村水厂水质处理与检测能力。农村管道线长面广，为保证农村管网末梢水余氯值达标，公司在帽儿岭高位水池及谢家堰水厂加装次氯酸钠发生器。今年对谢家堰水厂泵房设备进行升级改造，安装避雷装置。一年来，谢家堰水厂接听维修电话 190 余次，管道维修 285 余次，及时解决部分农村用户的用水困难。2016 年农村日供水量 1.1 万吨，农村供水用户 28278 户，较好地履行运营管理的责任，确保了农村居民用上放心水。（汪莉）

【供水设施建设】保障城乡供水是供水工作的第一要务，加强供水基础设施建设是提升供水保障能力的根本前提。2016 年，公司以加强管网建设与改造作为改善民生的重要抓手，以贯彻执行市委、市政府重大决策部署、完成重点工作和目标任务为核心，紧密配合市政府“五城同创”、“棚户区改造”等重点工作，紧跟城市提质改造的步伐，更换银苑西路、孟姜女大道、建设路、人民东路、裕安路、新洲镇梅花路 DN100mm 以上主管 2.5km；先后完成城区民安路、新开路、鑫民、银苑世家、西城民居、大巷口安置房及团湖公租房等主管网铺设及立户安装；完成中意幸福里一期、丰华城一期、湖畔华庭一期、博联家居广场、恒盛青年城、中设广场及宝悦乐城新建楼盘的供水管网安装；完成三湖补水管网安装工程，将澧水原水引入三湖公园的西湖；完成湖桥社区、原造纸厂宿舍、交警大队宿舍等小区改水工作；完成毛里湖湿地宣教中心 DN160mm 1.8km 的主管铺设；完成原李家铺乡集镇 DN200mm 管网改造 564 米，新洲镇清泉村、荷花堰村、黄林堰村 DN63mm 以上管网改造 2500 米；完成谢家堰水厂输电线路、取水泵房配电系统改造、输水管网连通工程；完成大同路加压泵站 110KV 水泵机组升级工程；完成原渡口镇、原棠华乡 DN150mm，原灵泉镇 DN100mm 减压阀的更换。2016 年公司启动白龙潭水厂 7.5 万吨 / 日供水能力的扩改工程，它的建成将为农村管网东、西连片，津澧融城区域化供水提供有力保障。城市二次供水实行统建统管，建设与日常管理工作稳妥推进，已完成海晨国际、金海岸二期、中意幸福里、宝悦乐城、湖畔华庭、丰华城楼盘的二次供水安装，目前运行正常。（汪莉）

【供水营销服务】公司坚持“诚信为本，用户至上”的服务宗旨，以用户为中心，以满意为标准，创新服务，倾心打造供水服务优质品牌。建立了立户报装、预算设计、水表维护、仓储管理、用户信息一体化管理流程，对外实现了一站式服务，对内加强了营销管理，着力规范优化办事流程、服务时限。增设服务网点，2016 年公司在湖桥、盐矿两个社区设立了缴费代办点，同时大力推广网上缴费系统，全年用户网上缴费业务量大大增加。客户服务中心继续执行提前上班，节假日照常上班制度，坚持微笑待客户，文明办事情，遇事不回避，不推诿，拉近与用户之间的距离。客户管理中心、新洲营业所积极转变工作作风，在水量抄录的同时，带着供水宣传信息上门，耐心细致地做好用户的宣传、解释工作。尽量将服务平台前移，每逢小区及农村集中改水，公司就派员到施工现场办理相关业务，我们多跑腿，让老百姓少跑路。加强管网抢维修调度工作，保持供水服务热线 24 小时畅通，只要用户有需求，管道有爆裂，总是第一时间赶到现场，风雨无阻，日夜施工，尽量缩短停水时间，减少经济损失，确实保证抢维修工作的及时性，全年完成大小管网抢修 760 余次，其中 DN100mm 以上管网达 80 多次，维修更换 DN100mm 以上阀门 11 台次。同时借助电视台、网站、短信、微信公众号及时发布停、复水信息，宣传企业工作动态，普及供用水常识。全年发布各类信息 60 余条，接听信访热线 720 余次，处理市长热线回复 130 余条。通过进社区、进企业、进商户，实行水厂开放日等活动，广泛听取用户意见，解决用户实际困难，努力提高群众对供水工作的满意度。坚持价费公示制度，落实城区低保户水量减免优惠政策，全年为低保户减免水费 10 多万元，公司成为津市首批价格诚信示范单位。供水服务水平的提升得到了广大用户的认同，在 2016 年全市优化经济环境测评中公司名列第三。（汪莉）

【公司经营管理】公司从基础抓起，抓重点，破难点，规范修订立户报装、施工管理、合同管理、仓库管理等流程和制度。引进使用现代化设备和手段，积极探索供水计量新模式，推广使用光电直读水表 2200 多户，提高了抄表准确率，节省人工成本。运用国内领先的智慧泵房系统对全市二次供水进行统建统管，运行效果良好。控制供水产销差异率是行业内共同面临的问题，我们通过充实管网查漏人员，配置先进的听漏设备，制定片区巡检计划，加大管网漏点巡查力度，调度好抢维修工作等各种手段加以控制，全年管网巡查 107 次，查处漏点 75 处，有效降低管网漏损率。2016 年，公司稽查队配合市消防大队对全市消防栓集中普查，对 108 台消防栓试水试压，登记建档。在实行居民用水阶梯价格后，稽查队对部分用户用水人口与性质进行核实，保证新水价的平稳实施。坚持水表首检制度，2016 年顺利完成三年一期的常德市计量标准器考核工作。切实抓好材料管理，着重落实工程材料验收工作，收到明显成效。按照国家推进资源性产品价格改革的决策和部署，2016 年公司完成城区供水价格调整与改革工作，实行了居民生活用水阶梯价格，为较好地推动该项工作，公司派员主动深入社区、企业、单位，收集用户意见和建议，借助各种媒体宣传水价改革的意义和目的，得到了社会各界的理解和支持。价改工作得以平稳实施。为今后供水企业的可持续性发展，奠定了良好的资金基础。2016 年 5 月，随着“营改增”的全面实行，公司财务科重新修订了财务工作流程、工程安装合同、发票管理等一系列的工作方案，积极组织财务人员对“营改增”政策及增值税申报系统 ABC4000 进行学习并熟练掌握，在“营改增”第一期申报时被市国税局指定为全市申报样板企业。

公司始终把职工队伍的素质教育

放在重要位置。2016年3月,公司开展中层负责人述职测评活动，现场述职、现场评分,对各部门中层负责人进行了调整,并提拔5名优秀青年员工进入中层管理队伍，优化了管理队伍结构;根据社会发展对企业员工提出的新工作要求和标准,公司立足长远,着力搞好员工培训工作,以内培为主,外培为辅,帮助员工提高综合素质和业务水平。2016年,公司组织员工先后参加了水质检验技术、施工管理、预算管理、档案员、统计员等多项专业技术培训,有两名员工通过学习取得了本科文凭,一名员工取得中级专业技术职称;为保证高层建筑正常用水，加强二次供水的管理,公司组织中层骨干外出参观学习上海熊猫集团在二次供水、智慧泵房等方面的先进理念与技术,全面提升公司在“设备管理、团队管理、技术管理、经营管理”上的管理水平。（汪莉）

房地产管理

【房地产市场管理】2016年全市投放市场商品房楼盘18个，完成房地产投资12.26亿元，房地产新开工面积12.63万m²，发放商品房预售许可证5个（分别为家居建材广场和嘉晟新天地),批准预售面积6.22万m²,施工面积140.51万m²,共销售商品房15.71万m²、销售额5.56亿元,年成交均价为住宅3069元/m²,非住宅5974元/m²。楼市开发量基本稳控,海晨国际、宝悦乐城等综合体、嘉盛新天地、丰华城等品质楼盘,从坐落位置和楼盘品质,均较往年有大的提升,为全市城市提质打下基础。

按照管理与服务并重的原则,房管局继续加强房地产市场监管,加强商品房预(销)售网上签约、网上合同备案管理工作,及时发布开发企业、楼盘销售信息,规范预售商品房合同注销及信息变更管理。严格执行商品房预售许可准入及物业管理用房验收制度,规范商品房销售现场公示。全年共监管预售资金近5.56亿元，保障全市房地产市场稳定。（成静）

【物业管理】2016年，全市16家物管公司接管物业小区33家，归集物业维修资金879.26万元。分别为:津市市鑫驿物业服务有限公司接管的福民小区、津市市鑫驿物业服务有限公司接管的接龙桥小区、津市天源物业服务有限公司接管的望江广场、津市天源物业服务有限公司接管的水岸银都、津市开元物业服务有限公司接管的金海岸森林水榭、津市开元物业服务有限公司接管的国际名苑、津市开元物业服务有限公司接管的东湖林语、津市开元物业服务有限公司接管的欣富花园、津市开元物业服务有限公司接管的阳光新城、津市开元物业服务有限公司接管的红旗幸福湾、津市开元物业服务有限公司接管的君之林府、湖南省津市鑫达物业有限责任公司接管的东湖小区、津市市庭园物业服务有限公司接管的紫竹苑小区、津市市庭园物业服务有限公司接管的津市市市场中心、常德宝悦物业管理有限公司接管的宝悦乐城、湖南省英伦物业管理有限公司接管的海晨国际、澧县浦金物业服务有限责任公司接管的中意幸福里、津市市信仁物业服务有限责任公司接管的金世纪花园、津市市信仁物业服务有限责任公司接管的怡富小区、津市市信仁物业服务有限责任公司接管的金城银座商住楼、津市市信仁物业服务有限责任公司接管的步行街商住楼、常德安居物业服务有限公司接管的津市市委市政府机关、常德安居物业服务有限公司接管的津市市第二行政中心、常德安居物业服务有限公司接管的津市市交警队、常德安居物业服务有限公司接管的嘉城湖畔小区、常德安居物业服务有限公司接管的雅梦苑小区、常德安居物业服务有限公司接管的阳光水岸小区、常德安居物业服务有限公司接管的恒盛青年城、常德安居物业服务有限公司接管的君之林府二期、常德安居物业服务有限公司接管的九澧华都、常德安居物业服务有限公司接管的九澧华府、常德安居物业服务有限公司接管的庭园春天、常德安居物业服务有限公司接管的市委鹿苑小区。是年,设立住宅专项维修资金管理系统,分别以物业管理区域为单位设账,按房屋户门号(业主单位)设分户账,将历年的住宅专项维修资金房屋信息录入系统,方便资金使用的查询。（成静）

【住房保障】自2015年国家取消新建普惠性保障房任务后,2016年公租房项目共9个1952套。结转项目5个1274套,并根据上级文件精神,对交付使用的保障性住房均进行室内二次装修,装修工程的内容包括:室内地面砖、室内仿瓷涂料、室内门、厨房灶台、厨房厕所吊顶、室内灯具及室内水电管线预埋等,8月，将二次装修完毕的2014年建设的民安路二期住房1286套进行安置，此次安置房已经达到基本入住要求,既减轻住房困难家庭的负担,也为下一步保障性住房的整顿清理工作奠定了基础。

2016年按上级文件要求,提高租赁补贴标准,按一人户2160元/年、二人户2520元/年、三人户2880元/年进行发放，全年完成租赁补贴发放3468户。（成静）

【棚户区改造】2016年共实施棚改项目12个8130户,三湖棚户区改造项目获得省基础示范项目的表彰。年初,市政府出台《棚户区改造安置补贴审批操作细则》，针对为城区范围内棚户区改造和其他市级以上重点工程征收中他处无住房同时未申请住房保障的被征收对象发放新建商品房5万,二手房3万元的安置补贴，全年累计发放棚改安置补贴凭证314户,发放安置补贴资金219户共计990万元。（成静）

【产权交易】2016年完成交易业务受理超3600宗，其中二手房登记业务约900宗，新商品房办证业务300宗,城乡抵押业务含新商品房按揭业务约1200宗,商品房预告业务近1000宗,新建房屋初始登记500宗;测绘队全年完成各类房屋测绘八百多栋及上千套房屋,总测绘面积近百万平方米。全年发放所有权证及登记证明的房屋登记4515宗，其中发放所有权证2588本，发放房屋他项权证441本，登记证明1486本，受理注销登记802宗。受理查封登记63宗并进行归档扫描整理。整理所有权及他项档案1805卷。共接待房屋信息查询6403宗（其中住保查档1180宗，拆迁查档186宗），查询近4000人次，开具唯一生活用房证明2800份。

9月20日按照国家要求成立不动产登记中心，为配合不动产登记中心工作，方便登记人员办证，房管局抽调部分业务精英配合不动产中心工作，并所在登记中心成立业务窗口，开通本局产权登记系统数据，与之共享，得到人们好评。（成静）

【白蚁防治】津市市白蚁防治所坚持“防治结合、综合治理”的工作宗旨，针对全市蚁害高发区，全力灭治、防治面积近9万平米，签订防治与灭治合同12份。先后完成海员楼，仁心小区，丝绸社区等白蚁防治任务。同时，对市域羊湖口、东河街、汪家桥等多处遭受白蚁侵害国有公房的白蚁危害情况进行摸底、对全市近10万平米的国有直管公房进行白蚁灭治。（成静）

【直管公房】经过几年棚户区改造后，津市2016年管理的国有直管公房为3268户近10.199万m^2。全年对东河街61号、东河街83—86号、北大路345号、东河街99号等地块“黑瓦屋”解危拆除，拆除总建筑面积1200平方米；对19处存在隐患的国有直管公房进行大中修，房屋小修1600处；对清远路廉租房屋面落水管进行更换、加固；对北大东路原包装厂落水管更换；对益民小区下水道新做145米；对福民小区下水道开挖及清理方面进行大中修。同时建立节假日巡查记录台帐，完成危旧及C、D级黑瓦屋危险点巡查48次，并加固处理；完成国有直管公房日常维修1145处、廉租房日常维修170户，从源头确保国有直管公房安全。

全年共完成2198户租金核减年审户、2户新增户的资格审核及上报工作，争取核减租金29.63万元。确保民生政策落实。

加强保障房后期管理，建立健全保障性住房信息管理系统，实现数据共享，确保保障对象信息查询审核的准确性；启动住房保障动态管理机制，完善保障对象年审制度，加强腾退力度；完善物业管理考核机制，提高保障性住房小区物业管理水平，安排人员到小区实地摸底，确保后期管理到位。（成静）

城管执法工作

【概况】2016年，津市市城管执法局上下凝心聚力，真抓实干，以“五城同创”为契机，立足本职工作，不断加大城市管理专项整治力度，持续深化管理“一改四化”，建立健全城市管理长效机制，为全市经济社会健康、快速的发展创造了良好的城市环境。一年来，该局在城市管理工作上，一是大力加强宣传工作。发放“两禁工作”、“渣土管理”及“门前三包”的宣传资料5300份；在高新区出口、临津桥等显著位置设立大型公益广告牌；在常德日报、常德晚报、政府网站上稿109篇，发送电视台曝光图片及现场整治图片463张。二是以整治攻难点，城市环境面貌显著改善。重点对学校周边，菜市场、城区主次干道的出店经营、占道经营、流动摊贩、早夜市、车辆乱停乱靠、渣土管理等专项整治。清除城市“牛皮癣”8543处；收缴、规整农贸市场外围流动摊点293起；责令隆晟公司43台渣土车做加覆盖改造；对砂石码头、在建工地违规业主下达整改通知书61份，查处违规渣土车辆342台次，暂扣58台次，劝导187台次；对乱停乱放的非机动车辆，采取教育劝导与现场纠正摆放相结合的方式，共规范车辆停放1637台次，机动车累计抄牌1383台次。三是坚持以人为本，推进城市基础设施建设。2016年，市政府投入环卫基础设施建设资金289.1万元，新建公厕8座，改造公厕2座，新建中转站2座，升级改造中转站3座。四是以管理强队伍，城管执法形象明显提升。抓内部优化整合。科学合理的完成了局内部机构设置和人员定岗，在实行审批权、执法权、监督考核权“三权”分立的基础上，将人员分配向一线执法队员倾斜，执法一线人员调整充实到了52人，改变了执法一线力量不够集中的现状，工作运转机制更加顺畅。抓学习教育培训。采取“请进来教、走出去学”的方式对干部职工进行教育培训。坚持用制度管人，修订完善了局《岗位目标管理考核办法》、《财务管理制度》等14项内部制度。（田祖兵）

【城市管理】市容管理。市城管执法局按照年初工作计划，加大城管宣传力度，创新宣传形式，努力营造良好的社会舆论氛围，为城管执法创造良好的社会环境。一是宣传覆盖面广。为积极推进“五城”创建、城区“两禁”、路段包保等工作，在高新区出口、临津桥等显著位置设立大型公益广告牌，执法宣传车坚持每天在城区大街小巷、城乡结合部进行流动宣传。2016年发放“两禁工作”、“渣土管理”及“门前三包”的宣传资料5300份，并深入社区，多角度、多方位地宣传城管法律法规，力争做到“家喻户晓，人人皆知”。二是宣传形式新。充分运用市政府网站、手机报、报刊等新闻媒体平台，及时反映城管工作动态，宣传工作的重要性。在电视台开辟设置城管专栏及曝光栏，每天对不文明现象进行图片曝光和及时宣传整治工作正能量。2016年累计在常德日报、常德晚报、政府网站上稿109篇，发送电视台曝光图片及现场整治图片463张；拆除、清理违规设置户外广告31处，拆除违规设置标识牌176处。

严治城市“八乱”，开展市容秩序专项整治工作。对出店经营、占道经营、流动摊贩、早夜市、车辆乱停乱靠等专项整治，实行严管重罚。规范户外广告和主次干道门店招牌的设置，取缔有损市容观瞻的户外广告牌。加强主干道违章建筑执法巡查，对违章建筑一律予以拆除，防止新增违法建筑。执法人员以白加黑、“5+2”工作模式，实行“零容忍”高压执法，持续开展市容环境集中整治行动，对不听劝阻的业主坚决予以严厉打击。2016年9月10日，在津市市创建办的统一调度下，津市市城管执法局会同三洲驿街道办、津市市公安局、津市市政法委及津市市民宗局等力量，出动执法车辆5台、执法人员40余人，对违法占道的新疆商贩进行强制取缔。2016年共查处、取缔违规占道行为452处；收缴、规整流动摊点582起；拆除违章搭建物、构筑物、棚阁93处；对违反市容市貌行为下达限期整改通知书154份。

户外广告管理。为进一步亮化城市街道，提升城市形象，按照“尺寸统一、材质合格”的原则，对城区临街门店招牌进行了统一规范和调整，对破损、侵占绿地、不符合要求的户外广告、标识牌等进行了拆除和清理。2016年累计审批广告项目17个，审批电子屏广告设施4个；拆除、清理违规设置户外广告31处，拆除违规设置标识牌176处。

“牛皮癣”清除工作。2016年是津市市创国卫工作收官之年，津市市城管执法局组织机动中队以“5+2”、“白加黑”工作模式对津市市大街小巷拉网式排查，加大对城市“牛皮癣”的清除力度，建立健全了“牛皮癣”考核办法和细则，派专人负责对“牛皮癣”清理工作进行考核，督导清理人员及时清理，确保创国卫工作不留死角，2016年，共清除城市“牛皮癣”8543处。

马路市场整治工作。2016年加大对全市马路市场的专项整治力度，对君之林、绿荷池、襄阳街、新村、生产街、丝绸路等6处马路市场经营秩序进行全面整治，对市场外围摊贩进行劝导，对不服从安排继续在市场外摆摊设点的经营户实行强制收缴或取缔。2016年共收缴、规整农贸市场外围流动摊点293起。

渣土车管理。2016年，全市登记造册渣土车共计133台，颁发准运证车辆133台。在渣土车日常管理上，加大处罚力度，对沿途洒落、带泥上路等行为进行顶额处罚。同时加强对源头单位管控，坚决防止超载、覆盖不严、车轮带泥等对造成路面污染的现象发生。按照全覆盖、无洒漏、不带泥上路原则，加大渣土车管理力度，安排专人对码头、建筑工地等进行日常巡查和管控。对没有实行全覆盖运输、沿途洒落、带泥上路等污染城市道路的运输车辆依法进行暂扣和处罚。2016年4月，局渣土中队在日常巡查时发现隆晟渣土公司有43台渣土车未安装覆盖，在运输途中洒落严重，造成路面污染，局渣土中队了解情况后，按照《湖南省实施<城市市容和环境卫生管理条例>办法》第十四条规定，依据《中华人民共和国行政处罚法》第二十三条的规定，对隆晟渣土车辆运输管理公司给予行政处罚，罚款5000元，并下达责令改正通知书，责令完成污染路面清扫，未加覆盖车辆完成加覆盖改造，未完成改造车辆一律不准上路营运。2016年5月中旬，执法人员对九仓库深夜作业车辆进行了为期一周的突击整治行动，暂扣违规车辆23台，有效遏制了周边环境污染和噪音污染。今年来共对砂石码头、在建工地违规业主下达整改通知书61份，查处违规渣土车辆342台次，暂扣58台次，劝导187台次。

车辆占道管理。为营造城区整洁有序的市容环境，该局安排桥北、桥南中队执法队员对市城区主次干道进行全天候巡查，发现违规停靠机动车辆和非机动车辆，及时进行劝导或规整，对不听劝导或无司机在场的坚决予以抄牌。2016年，累计抄牌1383台次，对乱停乱放的非机动车辆，采取教育劝导与现场纠正摆放相结合的方式，共规范车辆停放1637台次。通过不间断巡查、教育规劝、严罚违章行为等措施，人行道乱停乱靠现象明显减少。

“两禁”工作。两禁是指在禁放区域(城北区：澧水北岸全部地区(含津市监狱)城南区：东至澧水河堤，南至团湖大道，西至国营林场、盐矿社区、燕子窝社区(盐兴路口)、湖桥社区、丝绸社区(原床单厂以东)、工业集中区，北至澧水河堤。)禁止燃放烟花爆竹，禁止沿街抛洒冥纸。该局综合执法大队保持全天候执法巡查，做好禁放区域的监管，特别是春节、清明节等节日期间，联合街道社区力量做好巡查、监管工作，确保无反弹现象。重点做好城中村区域内红白喜事、殡仪馆办丧、门店开业等信息摸排工作，对违规行为及时制止，确保津市市城区、刘家山公墓及城北区近2000座坟地未发生燃放烟花鞭炮的情况；2016年共及时劝导、制止燃放烟花鞭炮苗头3起。（田祖兵）

【环境卫生】提升环卫管理。强化监督考核，按《考核办法规定》严格对垃圾清扫外包单位家宝公司、垃圾填埋场外包单位首创公司的监管，确保了垃圾清扫、处理工作的实效。津市市作为全省第一批实施农村环境综合整治整县推进工作的10个县(市、县)之一，农村生产生活环境大幅改善。2016年7月1日，CCTV-2中央电视台财经频道记者团就城乡生活垃圾处理相关问题对津市市城管执法局环卫处负责人进行了现场采访。此次采访重点是了解津市市垃圾农户分、村收集、站处置等各方面情况，并就农村垃圾处理过程中所遇到的难题进行了深入访谈。于2016年7月12日在中央电视台财经频道《经济半小时》栏目播出。为进一步持续推进环境卫生整治,净化美丽家园，津市市城管执法局环卫处不定期开展“城中村”、“城乡结合部”治理行动，做到生活垃圾日产日清、不积存、不见活堆。切实做好环卫设施设备日常维护工作，对破损、下水道堵塞、屋顶漏水等存在的安全隐患问题进行及时排查，第一时间抢修。2016年，累计维修公用设施167次，疏通公厕下水道123次、拆换141个，布置更换绿桶740个，维修垃圾桶88个，保障了环卫设施的正常运行。规范建筑垃圾管理，成立了建装办，宣传、引导装修门店将装修垃圾自觉倾倒到指定地点，对不按要求和地点倾倒建筑垃圾的违规业主依法进行处置。2016年来，该局督导并处理违规倾倒建装垃圾77起，制止违规倾倒建装垃圾手拖2台，彻查陈年建筑垃圾地段22处。加大了机械化清扫作业频率，津市市有机械清扫车辆共计5台，现城区主次干道、工业集中区等区域道路均已采用机械清扫模式。2016年10月8日，津市市政府投资购置的2辆小型清洗车正式投入使用，主要用于城区人行道及道路路牙的清洗保洁，具备高效、节能、环保的特点。添置这些新型环卫设施，既减轻一线工人的劳动强度，也大大提高津市市环卫作业质量，进一步提升环卫作业专业化、机械化及精细化水平。（田祖兵）

【环卫设施建设】加大资金投入，不断完善环境卫生基础设施建设，提高环卫服务水平。2016年，按照创建工作要求，市政府投入环卫基础设施建设资金289.1万元，新建公厕8座，分别为燕子窝公厕、新码头公厕、柏枝林公厕、油榨坊公厕、君之林公厕、清远路公厕、西湖公厕、家居城公厕。改造公厕2座，分别为湖桥公厕、大码头二楼公厕。新建中转站2座，分别为清远路中转站、家居城中转站，升级改造中转站3座，分别为党校中转站、粮食局中转站、生产街中转站。截止2016年12月31日，全市共有洒水车8台，清扫车5台，小型清洗车2台，转运车6台，压缩车1台，吸粪车1台，餐厨车1台，摆臂车2台，大钩臂车2台，小钩臂车9台，垃圾收集车1台，公厕35座，其中男蹲位134个，女蹲位147个，中转站13座，果皮箱647个，绿色垃圾桶1970个，大钩臂桶23个，小钩臂桶180个。城市环境卫生清扫工人480人，清扫面积385.14万m2，清扫街道30条（不含社区小街小巷），全市平日清理垃圾110吨，节假日清理垃圾170吨。环境设施的完善体现着一个城市生态文明和精神文明建设的成果和社会民主的程度，完善的环境设施会给人们的正常城市生活带来许多便利。考虑要满足人们的使用需要，新建公厕不仅功能齐全，内部设施完备规范，标识标牌完整全面，而且注重厕所内部的美化建设，做到公厕外观、色彩与周围环境相协调。公厕出入口有轮椅进出坡道，厕内地面及厕间内均无障碍，通道空间宽敞明亮，内部布置合理，采光好。在硬件设施上配备洗手盆、面镜、拖布池；地面上铺设防滑地砖，防滑垫。个别公厕配备了烘手器，高保真音响、自动喷香器、免费wifi等服务设施，新建公厕的修建极大缓解市民入厕问题，也大大提升城市配套服务功能，给广大市民提供便利。（田祖兵）

【队伍建设】提升执法水平。一是提高干部职工业务素质。充分调动广大干部职工的学习积极性，经常开展业务交流，保持经常性的开展政治业务学习，保证政治信念上的坚定，不断创新学习方式，定期对执法队员进行业务知识、法律知识的培训，力求建设一支高水平、高素质的执法队伍。二是优化执法程序，规范案件办理。不断规范执法程序，在城市管理执法中，将责令整改和行政处罚相结合，加大查实违法行为责任追究力度，严格依照法定程序进行执法，从程序和实体上保障当事人合法权益。严格执行案卷审查、评查制度。对案卷不规范、超越法定职权、适用法律不正确的，由法规股严格审查把关，提出指导意见，退回重新办理或移交。2016年，津市市城管执法局以队伍建设为主线，以“群众满意度上升，城市管理能力提升，执法水平上新台阶”为目标，不断提升队伍素质，改善队伍形象。一是加强学习教育。采取“请进来教、走出去学”的方式对干部职工进行教育培训，提升执法队员的素质。定期开展业务学习和政治学习，提升干部职工的业务水平，提高干部职工政治素质。二是强化监管考核。加强对干部职工的监督考核，严格执行局《岗位目标管理考核办法》《财务管理制度》等内部制度。局考核办每月四次对干部职工上班考勤、到岗履责情况进行督查，每月坚持印发《督查通报》。三是狠抓党建。按照中央、省委、市委及津市市委的部署及要求，深入开展“两学一做”教育学习，重点抓好“制、学、践”三字文章，即：制定了城管执法局《“两学一做”教育学习方案》，学习党规党章、学习习总书记系列讲话，践行开展了“做合格党员”活动，要求全体干部自觉践行奉公守法、廉洁自律，充分发挥表率和示范带头作用。坚持依法行政，增强城管执法水平。城管执法局上下牢固树立法律至上的理念，遵循“开展工作合法、遇到问题找法”这一思路，夯实执法工作基础，做到规范执法，依法行政。一是强化执法业务培训。每月组织一次执法业务学习，对与城市管理相关的法律法规进行集中学习。同时，采取法规讲座、案件专题讨论等多种形式，对执法中的疑点、难点问题进行梳理与解答，进一步提高执法队员业务能力。二是规范执法程序。依法规范行政许可、行政处罚的程序，明确了各环节的责任主体，要求行政处罚、行政许可必须逐级审批、层层审核把关，重大、疑难案件必须经局党组讨论，才可作出决定，确保了行政许可和行政处罚决定程序更加合理、透明。三是提升案件办理质量。严格执行局行政执法责任、错案追究、考核评议等制度，编制行政执法案卷范本，完善行政执法案卷评查制度，定期开展行政执法案件评查，以提高行政执法案件质量。

（田祖兵）

【民生】精准扶贫工作。根据津市市市委、市政府开展精准扶贫工作的要求，制定具体实施方案，明确帮扶目标、任务和要求，确定扶贫专干，抓好组织实施。津市市城管执法局党组主要负责人带领干部多次深入药山镇奇龙村，了解各贫困户当前存在的具体困难，分析致贫原因，并结合实际，对每户贫困制定了扶贫规划，送上扶贫资金，解决实际困难，切实落实扶贫任务。

招商引资、向上争资工作。严格按照市委、市政府要求，大力开展招商引资、向上争资工作。圆满完成2016年度向上争资任务，招商引资取得实质性进展。与广东中山信德勤光电有限公司达成初步投资意向。（田祖兵）

工业·科技·电力

工业和科技工作

【概述】2016年，在津市市委市政府和常德经信委及科技局的正确领导和大力支持下，津市工业及科技工作全面贯彻执行市委工业立市的战略决策，面对宏观经济下行压力依存的不利局面，主动适应新常态，不断提升新动能，努力实现新作为，加大科技创新和对工业企业的帮扶解困力度，取得良好成效，圆满完成推新考核、招商引项、向上争资、项目建设、科技进步等项目标任务。

工业经济有增长。2016年，全市工业经济虽然受到宏观经济下行压力依存及营改增等减税因素影响，但由于全市上下合力兴工，仍实现平稳增长。全市95家规模企业完成工业总产值193.5亿元，同比增长8.5%；入库税收1.61亿元，增长12.9%；实现规模工业增加值43.88亿元，增长10.2%。从业人员21579人，其中专业技术人员1534人。随着宏观经济形势好转及部分停产企业复产、新开工投产及工业主导产业骨干企业发展来势向好。

招商引资有成果。全市引进工业项目共15个，总投资约28亿元，已签约落地企业12家，其中亿元项目10个，投资额约7亿元；待正式签署投资协议项目3个，皆为溢多利集团投资，预计一期投资额可达20亿元。投资1.8亿元的动力锂电池项目即将交地开工、湖南好米针镜科技有限公司与津市嘉山实业有限公司签约，已入驻园区中小企业孵化园，建设针镜微创医疗器材生产项目。投资1.8亿元的互联网产业园已投产运营。全年新开工投产10个项目，其中，荣威服饰、湘陶建材、汇迈电子、仁和盛胶印彩印、鸿粉知己等5个项目为当年签约当年投产。通过“二次招商”和帮扶解困，部分停产破产企业恢复生产：卡普吉诺由湘陶建材公司租赁恢复生产；雪丽造纸被溢多利集团并购；益林公司与湖南甘甜进出口贸易有限公司签订租赁协议，正进行收购洽谈；汇迈电子租用原乔锐纺织厂房；中宝原厂房分别租给金福恒通和金凤凰纸业；皇瑞新材料盘活双方已经达成初步共识；鑫洲汽配由嘉山实业公司收购后续建打造汽配创新创业园，作为职业实训基地和科技孵化器。与北京渔经公司达成了拟将北京的生产基地及研发机构转移到津市，并拟投资上亿元的意向性协议。溢多利生物医药等一批战略合作及拟引项目取得较大进展。

企业帮扶有力度。落实中央和省市“三去一降一补”的总体要求，加大对困难企业帮扶。年初，市政府出台《津市市帮扶工业企业十条（暂行）》，为企业降费减负提供系列优惠政策，市财政安排2000万元工业企业帮扶解困专项资金，全市各部门共取消、停征、降标56项涉企行政事业性收费和服务性收费项目，初步统计为工业企业减轻税收、社保、贷款利息、用电用地、中介评估收费等项负担1500多万元，采取多种方式帮助天泰食品等一批濒危企业度过难关。市委十二次党代会提出“坚持工业立市、重振工业雄风”的发展战略以来，市推新领导小组及时贯彻执行，组织专门班子认真梳理近几年各级各部门出台的各项惠企新政，在广泛征求意见的基础上，出台《关于加快工业发展的若干意见》（津发〔2016〕3号）。并制定《推进工业化领导小组成员调整方案》、《盘活闲置低效企业方案》《领导联产业、部门服务企业安排》、《特派员驻点帮扶方案和特派员管理办法》等具体工作方案，现已组织实施，提振企业发展信心。此外，今年全市各部门共向中央、省市相关部门帮助企业申报技术改造、科技平台、淘汰落后产能等专项资金项目30多个，为企业争资3000多万元，有力助推企业发展 。

科技创新有突破。围绕激发企业创新活力，4月份组织职工职业技能大赛，6月份开展知识产权进园区活动。申报鸿鹰生物、龙腾生物、润农生态茶油等3家企业获批为高新技术企业。2016年高新技术产品增加值13.4亿元，同比增加48%。申请专利85件，授权专利51件，其中发明专利25件。（祥见津市市发明专利统计表）。2016年4月，津市生物酶制剂及应用特色产业基地项目被科技部批准为 2016 年第一批国家火炬特色产业基地;7 月，省政府以湘政函[2016]105 号文件批复津市市设立省级高新技术产业开发区;9 月下旬,津市被认定为 2016 年全省科技成果转移转化示范县市，成为常德市唯一获此殊荣的县市。加大企业技改力度。新上和续建投资 500 万元以上工业项目 41 个,完成固定资产投入 45 亿元，其中技改项目 28 个,技改投入 37 亿元。新合新投入 4 亿元 GMP（国际化厂房改造及设备升级）等一批技改项目在建或投产。农业科技特派员工作卓有成效,开展了“科技下乡”等活动,工业品牌建设有进展,电子商务进入发展快车道,工业与科技及信息化的深度融合加快。

高新区建设有进展。园区成功获批省级高新技术产业开发区。园区 69 家规模工业企业完成规模工业产值 155 亿元,税收 1.53 亿元,相比上年略有增长。启动扩区调区工作。共征地 745 亩,为重点项目入园提供用地保障。工业污水处理厂项目已完成招标,施工单位已进场施工;热电中心待溢多利集团走完内部程序后即可签订“三方协议”,蒸汽管网架空部分正在进行地勘;长燃燃气厂区围墙和配套管网已启动建设,园区段配套管网已基本完成顶管,储备站正在设计施工图;科瑞鸿泰新建的康乐福医养综合中心 2017 年启动营业；海关工作站、综合保税仓落户园区,在全省省级以上园区综合评价考核中名列第 19 位,首度进入前二十强,园区生产生活配套日益完善。

服务企业有实效。为营造工业立市的浓厚氛围,市电视台等媒体设立“企业巡礼”等专栏,全方位报道津市工业动态及服务企业活动。9 月成功举行企业家协会第二届会员大会,选出了新一届协会班子,现已开展企业联谊合作等活动。11 月召开“领导联产业、部门服务企业”活动动员大会,对 2017 年服务企业工作提前做出动员部署。召开推新领导小组会议，对推新任务细化分解交办，对近期重点工业项目跟踪作出安排。建立企业特派员工作制度,精心挑选一批老同志和青年干部,派驻到重点企业开展个性化服务。今年以来全市各部门为企业解决融资、用工、用地、办证等困难和问题 100 多个,新增工业贷款 2 亿多元,组织企业招工 1000 多人。

（甘德军）

【产业发展】机械制造产业。受产业转移等因素影响,行业企稳回升,表现稳定;2016 年全市机械装备制造企业 72 家，其中 25 家规模企业完成工业总产值 44 亿元,同比增长 13.4%;入库税收 4132 万元,同比 5.6%。骨干企业中联车桥公司工程重型桥产量增加,致远公司轻型桥生产形势良好,智鹏机械公司投产为农机行业注入新活力,劲龙电机公司等企业创新能力强劲,恒博尔热风机公司年产 200 台工业热风机制造项目两个厂房(各 4000m^2)已基本建成,正在安装设备。天泰天润新能源公司年产 2000 吨磷酸铁及 500 吨磷酸铁锂项目正在进行厂房装修、设备购置及安装调试。随着大汉高档客车即将投产及中联车桥襄樊基地拟回迁入园,装备制造产业有着良好发展前景。嘉城汽配公司因资金链断裂于 2015 年 3 月停产，已破产清算。洞庭机械、超华汽配、山庆泵业处于半开工状态。新华机械、百特机械、飞达橡胶、大同密封、鑫嘉城处于停产状态,尚在寻求战略合作者。

生物医药产业。生物医药产业是津市着力培育的战略性新兴产业,通过打造占地 5.28 平方公里的“两湖”生物医药产业园,实现了规模扩张、产销两旺,持续向好;2016 年 10 家生物医药规模企业完成工业总产值 29.4 亿元,同比增长 17.6%;入库税收 3780 万元,同比增长 19.4%;龙腾生物公司、菲托葳公司均被溢多利公司并购,实现靠大联强。生物医药产业来势较好,溢多利公司拟建立格瑞生物酶制剂生产线及虎杖等植物提取物生产线项目、康捷生物食品级生物酶制剂生产线项目、科益新生物甾体医药中间体及医药制剂项目及溢多利热电联产供热供能项目等四大基地及研发大楼,从特色产业向支柱产业方向发展,已成为津市工业经济最具发展潜力的新兴产业。

食品产业。2016 年全市有食品生产企业 50 余家,其中规模企业 22 家。食品产业稳中有增:22 家规企实现产值 47 亿元,同比增长 10.1%,入库税收 690 万元,同比增长 -35.2%;龙头企业中意公司破产后,湖南金健米业公司并购中意公司更名为湖南新中意食品有限公司,实现脱胎换骨,步入了发展快车道。并计划研发膨化食品,谋划企业发展的新增长点;南北特计划投资 300 多万元新建一条鱼丸子生产线,弥补豆干系列市场萎缩的不足;嘉品嘉味自去年启动后,动力强大,后劲十足;创奇食品、十八子、津味绿康、椰糠食品、张老头鹏来、广钱油脂、农场加工厂、光大食品公司稳中有增,毕胜酒业年产 1 万吨白酒生产线设备正在安装中。

纺织产业。全市有纺织规模企业 12 家,其中制衣企业 3 家。纺织服装产业市场有回暖迹象:9 家规模以上企业完成工业总产值 20.5 亿元，同比增长 23.4%,税收 1258 万元,同比 -33.7%;全市纺织产能已达到 30 万锭，其中精梳紧密纺 10 万锭。骨干企业益林纺织因资金链断裂,于 2014 年 5 月停产,各项债务 1.8 亿元,破产重组方案已敲定,已寻求新的投资者正在协商收购中。楚天纺织于上半年停产,相关部门及企业正拟定实施重组盘活方案。纺织产业抱团取暖,基本度过难关,体现合作意识。

盐化工产业。目前全市盐化工企业共有 14 家,盐化工产业仍在低谷徘徊:9 家规企实现产值 16.9 亿元，同比 -4.2%;入库税收 2718 万元,同比 -14.9%;产业市场重心企稳,湘澧盐化公司在盐业体制改革到来之际,抢先布局小包装盐项目,亏损减少。原金永化工公司已更名为渔经生物公司,拟将总部迁转津市,有望投资上亿、税收过千万,该公司运用互联网技术拓展营销渠道,生产供不应求。骨干企业天盛电化于 2015 年 5 月停产后,通过寻求合作者,现已与鸿鹰公司达成初步合作意向。

建材产业。呈企稳回升之势:10 家规企产值 20.3 亿元,同比 -3.7%,入库税收461万元,同比增长25.7%。正常运行的6家新型建材企业主要生产:水泥、预拌混凝土、钢构厂房、环保砖、钢化玻璃等产品。骨干企业卡普吉诺公司于2014年11月破产后,引进战略投资者湘陶建材,厂房由管理人已整体租赁给湘陶建材生产瓷砖,2016年7月,经过4个月的厂房、设备检修,正式复工。该项目一期改造、添加设备,已投入资金2500万元,目前员工100多人,年产值达1.26亿元,运行情况良好。

其它产业。其它产业主要产品有纸品包装、猪鬃、电力设备、电子产品、石油化工仪器、燃气炉具、养殖饲料等。企业生产形势各异:金湘猪鬃、新鲁包装、欣龙非织造、仁和盛包装、玖联电子等产销两旺,形势向好。欣龙非织造扩产2条生产线已开工建设,下游企业引进已达成协议。新材料、新能源、电子信息等战略性新兴产业呈现良好发展势头。

(甘德军)

【存在的问题】工业发展增速减缓。经济下行压力依存,全市停产、半停产的企业近20家,规模企业总数增势趋缓。津市传统企业存在设备陈旧、工艺落后、技术含量低、核心竞争力不强等问题,产品大多处于产业链中低端。工业融资难,劳动力成本高、环保压力大、市场竞争激烈、运输成本高等因素,造成企业综合生产成本居高不下,企业盈利空间缩减。资金等生产要素供给不足,企业发展及减负政策落地工作进展不快,困难企业帮扶难度较大。受资源环境及市场等因素制约,工业发展难。

招商引资成效欠佳。全年签约项目总量同比有所下滑,引进具有带动支撑作用的大项目、好项目不多,落地项目推进速度不快,重大投资信息偏少,招商引资的质量和水平有待进一步提升,招商方式方法还有待进一步创新。

科技创新能力不强。企业主体创新意识不足,科技创新人才尤其是领军人才匮乏,高新技术企业数量不多。现代科技服务体系不健全,产学研深度融合不够。科技创新投入不足,政府及企业创新投入呈下滑之势,多元化投入机制不健全。全民科技素质不高,全社会学科学、用科学氛围不浓,科技成果转化率不高,科普宣传和培训工作仍需加强。(甘德军)

【科技工信局召开干部作风整训会】2月18日,新组建的津市市科技和工业信息化局召开干部作风整训会,班子成员、中层骨干及全局机关干部就2016年的工作规划进行相互通报并点评。年初,该局以修订完善机关干部岗位责任制及学习、考勤、财务管理等10大制度建设为抓手,以制度管人管事。通过定岗定责,明确奖惩,激发了全局干部职工的工作积极性。目前全局综合办公室、科技投资股、经济运行股等8个股室人员已全部调整到位,局班子成员及各股室自加压力,分别制定争先创优的年度工作目标。局党组书记、局长赵宇提出了"内强素质、外树形象,争创一流文明机关;创新引领、优质服务,重振津市工业雄风"的工作目标。该局自2015年12月由原工业和信息化局与原科学技术局合并组建以来,全局干部正以饱满的工作热情、务实的工作作风投入到招商争资、科技发展、产业调研、服务企业、行政执法等工作中去并初见成效。(甘德军)

【津市知识产权工作获省级表彰】2月24日召开的湖南省知识产权工作会议上获悉,津市获得"湖南省知识产权工作先进县(市、区)"称号。2015年,津市不断创新工作思路,健全知识产权工作体系,加大对知识产权的资助力度。一年来,知识产权创造能力明显增强,全市年专利申请量达到130件,增幅17.1%,其中发明专利58件,增幅20.8%,专利授权量达到113件,增幅32.9%,其中发明专利44件,增幅214.3%,发明专利授权量居全省22位。知识产权运用能力提升,一大批重点发明专利得以实施,新合新生物通过专利质押获得银行500万元贷款。知识产权保护能力加强,全市共查处假冒专利案件18件。(陈林)

【津市市推进新型工业化暨园区攻坚大会召开】3月14日,津市市召开推进新型工业化暨园区攻坚大会,分管工业副市长黄杰作主体报告,传达常德市园区攻坚大会精神,部署津市2016年工业工作,提出深入推进园区攻坚、全面激活企业动力、大力抓好招商引资、做大做强优势产业等工作举措。会议对2015年推新工作予以奖励,共发放招商引资、企业技术改造、推动工业化与信息化融合、企业创新平台、促进产业集群发展、工业企业税收增长、部门服务企业、品牌建设等11项奖励资金239.68万元。下发了《津市市帮扶工业企业十条(暂行)通知》及部门服务企业、园区攻坚、推新考核等文件。会议由市长陈章杰主持,市委书记王学武提出要把园区发展作为经济发展的"第一战场",推动形成"大办工业、办大工业"的良好局面的号召。目前该市工业开局良好,推进新型工业化各项工作正蓬勃开展。(甘德军)

【仁和盛二期彩印和精包装项目签约】3月25日上午,由人大常委会主任王育平牵头引进的常德仁和盛二期彩印和精包装异地建设项目与津市市嘉山实业公司成功签订厂房租赁合同,标志着该项目正式落户津市工业园区。该项目总投资5000万元,租赁厂房建筑总面积为2679.4平方米,专用于胶印彩印的研发、生产与销售。该项目预计今年6月投产,2018年预计销售收入达到8000万元。(甘德军)

【市政协召开工业企业降成本、减负担协商会】4月14日,市政协召开工业企业降成本、减负担协商会议,研究部署工业企业减负工作。会议由市政协副主席曹后新主持。会上,市科技工信局、市人社局负责人作了部门工作汇报,分析了当前津市工业企业面临的压力。在目前经济下行的压力下,工业产品量价齐跌,企业用工成本,融资成本居高不下。为减轻津市企业负担,缓解企业压力,市政协建议从降低企业用工成本、降低税费负担、降低水电费等方面切实为企业降费减负。市政协主席姜正才、副市长黄杰参加会议并讲话。

(甘德军)

【工业企业一线员工职业技能大赛落下帷幕】4月22日，经过几个月的层层选拔和近几天的激烈角逐，津市市第四届工业企业一线员工职业技能大赛圆满结束。这次大赛由市科技工信局与市总工会等部门联合承办，设置了现代物流（叉车）、电焊、纺织细纱等3个项目，全市工业企业选拔的45名行业翘楚参加了决赛。经严格评判，中联车桥宁先元、中联车桥胥劲松、友联纺织龚启双（女）分获三个项目冠军。此举激发了企业员工学技术的热情，营造了劳动光荣的氛围。市领导杨文惠、李亚林、黄杰先后参加了现场指导和比赛观摩。

（甘德军）

【科技工信局召开老干支部成立大会】5月10日，市科技工信局在局机关会议室召开原工信局、科技局老干支部委员会议，经酝酿提名，选举产生了新的科技工信局老干支部委员会，任觉非任支部书记、张国元、王正贵、张明任支部副书记，吴秋英等5名同志任支部委员。原工信局支部书记张书鳞同志主动辞去支书职务，并总结了过去工作。新任支书任觉非对今后做好老干支部工作作了表态发言。局党组副书记、副局长袁峰主持会议并做了讲活，通报了有关情况，肯定了老干支部过去的工作，对今后的工作提出了要求。局领导汤湘忠、李运忠及有关同志参加会议。

（甘德军）

【常德经信委领导调研津市散墙工作】2016年6月15日上午，常德市经信委副主任夏智率常德市散墙办主任史雄等一行6人对津市散墙工作进行调研。市科技工信局分管负责人进行了汇报。夏主任充分肯定了该局散墙工作的成绩，并就如何进一步开展散墙工作做出了指示。（谭荣）

【常德市科技局调研津市生物医药产业】6月30日，市科技局副局长罗功大一行来津市调研生物医药产业工作，科技工信局副局长洪振华、总经济师汪宇陪同。罗功大一行先后来到鸿鹰生物、新合新等企业，详细了解津市生物医药企业发展、知识产权及产学研开展情况，同时，还征求了企业负责人对市重大项目指南编制工作的意见和建议。

（陈林）

【局党组组织纪念建党95周年专题党课活动】7月7日，市科技工信局全体干部职工、市地震局全体在职党员、市科技工信局部分老龄党员共30多人，在市委党校教室举办了纪念建党95周年专题党课活动。面对鲜艳的党旗，全体党员重温入党誓词。津市市委党校唐群老师为全体党员干部、职工上了一堂生动的党课，详细阐述了四个全面战略布局基本内容、战略目标，根本保证。

（甘德军）

【津市省级高新技术产业开发区获批】7月14日，省政府湘政函[2016]105号文件批复：津市市设立省级高新技术产业开发区，实行现行省级高新技术产业开发区相关政策，按照"高新园区、特色园区、质量园区、效益园区"的战略定位，着力培育良好的创新创业环境，努力把园区建设成为创新创业生态区、新兴产业集聚区。省级高新技术产业开发区的建立，将有力促进津市工业创新发展，也为津澧融城后申报国家级开发区创造了条件。（甘德军）

【津市市企业家协会第二届会员大会成功举行】9月23日，津市市企业家协会第二届会员大会在兰苑宾馆隆重举行。123名企业家协会会员欢聚一堂。市委书记傅勇、市人大主任王育平、市政协主席姜正才、市委常委、政法委书记李景峰、市人大副主任胡湘萍、副市长杜登全、高新区书记石勇及市政府聘请的热爱工业、熟悉经济工作的7位老同志，市直有关部门负责人应邀参加会议，会议由市委副书记杨文惠主持。市科技工信局局长赵宇向大会报告换届前期筹备工作。市民政局局长辛吉忠宣读《关于同意津市市企业家协会换届选举的批复》。经全体会员审议，以举手表决形式，正式通过津市市企业家协会《章程》（修正案）和第二届领导集体的推荐名单。湖南中联重科车桥有限公司总经理彭述东当选为津市市企业家协会第二届会长，魏敏等11人任新一届副会长，李良琪等21人为常务理事，唐建等32人为理事，揭耀任秘书长。

新任会长彭述东在当选感言中说：在自己的40多年企业生涯中，参加过多次类似的会议，如此规格高，规模大，如此隆重的是第一次，体现了新一届市委坚定不移推进"工业立市"的坚强决心，感到一缕新风扑面而来，深受鼓舞，同时也深感责任重大，一定坚定信心，忠实履职，围绕"维权、服务、创新"做好工作，促进发展，以实际行动回报领导的支持和协会同仁的信任。接着新当选的5名副会长代表李洪兵、黄健、陆立新、超水生、于坤明做了分享发言，市监局局长陈杰、市优化办主任杨志做了表态发言。

市委书记傅勇发表了重要讲话。他首先对新当选的会长彭老总从事企业43年，特别是担任企业老总27年来对津市的贡献大，有智慧、有担当等方面进行了充分肯定。接着，傅勇书记强调了三点：一是要坚定企业发展的信心。津市的工业基础很扎实，工业的氛围很浓厚，产业工人和体系建设、园区建设、优势产业等方面在常德市各区县都是最好的；津市服务业的前景也很好，我们有澧水流域唯一的公共保税仓、澧水流域唯一的县级现金供应中心，常德各区县市唯一具有独立核算资格的证券经营部，我们在党代会上提出把津市建设成为澧水流域的工业经济中心、现代物流中心、金融服务中心、创新研发中心是有优势和基础的。企业家对津市的发展信心足，他们热爱津市，相信市委政府支持企业发展，也理清了发展思路。二是要全面落实服务企业的责任。要真心实意地对待企业家，和企业家交朋友，建立"亲""清"的政商关系。要真心实意帮扶企业，真抓实干发展产业，真金白银支持企业。兑现惠企政策，支持转型升级，扩大融资，突破企业发展瓶颈；三要发挥企业家协会的作用。发挥政企、银企的纽带作用，发挥企业家会员之间交流互助作用，发挥走出去、引进来的牵头作用，发挥协会的智囊作用。最后，傅勇书记祝愿企业家协会开

局顺利、蒸蒸日上；祝愿企业家企业兴旺、幸福健康！（刘百胜）

【津市获 2016 年全省科技成果转移转化示范县市】9 月下旬，从省科技厅传来好消息，津市被认定为 2016 年全省科技成果转移转化示范县市。据悉，全省共 15 个单位获此荣誉，津市成为常德市唯一获此殊荣的县市。近年来，在津市市委、市政府的正确领导下，津市科工部门牢固树立“营造创新创业环境，集聚科技创新资源，提升自主创新能力，培育自主创新产业，辐射带动区域发展”的理念，建立健全“五大机制”，积极贯彻落实国家、省科技创新相关政策，科技工作取得了良好的成绩。到目前，共有 35 家企业与高等院校、科研院所、大型央企以及高科技企业签订了合作协议。仅 2016 年就投入 2000 万元，与省高新创投设立政府创业风险投资引导基金，成立了中小企业担保公司，建立了产业风险投资专项资金，有效缓解了科技型企业及项目融资困难的问题。津市建立了符合市情的人才培养、引进和激励机制。津市共引进各类专业技术人才 50 人，并出台大学生入驻“孵化器”的管理办法，为科技成果转移转化工作提供了人才技术保障。目前，有效发明专利达到 99 件，拥有自主知识产权的企业达 27 家，已建成国家级科技示范村 1 个，科技示范基地 8 个，科技示范乡镇 2 个，科技示范项目 10 个，拥有高新技术企业 11 家，省级工程技术研究中心 1 家，省级企业技术中心 1 家，科技成果服务机构 11 家。津市的生物酶制剂及应用特色产业基地及省级高新技术产业开发区获批。

（甘德军）

【召开“领导联产业、部门服务企业”活动动员大会】11 月 11 日下午，全市“领导联产业、部门服务企业”活动动员大会在兰苑宾馆会议中心召开。会议的主要任务是贯彻落实市第十二次党代会精神，对全市“领导联产业、部门服务企业”活动进行动员部署。会议由市人大常委会副主任、工商联主席胡湘萍主持。会上，市政协副主席曹后新宣读了市委、市政府《关于加快工业发展的若干意见》，工业集中区党工委书记、管委会主任石勇宣读了“关于印发《2017 年津市市企业特派员驻点帮扶企业实施方案》的通知”，市科技工信局负责人宣读了《关于开展领导联产业、部门服务企业活动的通知》。市环保局、市人社局、市国税局分管负责人及企业特派员年轻干部代表在会上做表态发言。市政府副市长（提名人选）、市推新领导小组常务副组长杜登全在动员报告中要求：各包保部门和特派员要围绕主题、明确目标、突出重点，深入开展调查研究，全面了解企业的经营状况，摸清和找准企业发展之难、之求、之需。要切实吃透上级政策，大力宣传各级服务经济发展的政策措施，竭尽全力为企业寻求发展空间，确保帮扶政策落地生根。要按照一企一策原则，帮助企业分析发展思路、生产、经营、管理等方面存在的问题及根源，引导企业把握发展机遇，积极破解深层次制约因素，切实提高企业服务水平。要加强组织协调，切实锤炼服务作风，建立服务企业长效机制，畅通信息报送渠道，明确责任抓好督办，确保“领导联产业、部门服务企业”活动取得实效。市委常委、政法委书记、市推新领导小组组长李景峰在讲话中指出，开展“领导联产业、部门服务企业”活动，是贯彻落实党代会精神，改善企业发展现状，浓厚工业发展氛围的需要。各包保部门和特派员要切实强化认识、端正态度，切实强化服务、解决企业发展中的实际问题。要进一步强化服务理念和担当意识，深入企业进行调研，把困难在哪里摸清楚，原因是什么搞明白。对津市工业企业普遍存在的融资难、融资贵，人才引进难、留不住，发展环境欠优等问题，认真研究解决问题的措施和办法；要切实强化管理、督查考核。推新办要加强调度、督查和评议，考核办要加强考核、兑现奖惩。李景峰要求，各包保部门和特派员要只争朝夕、立即行动、抓好落实，切实为企业排忧解难，帮助津市企业解套脱困、发展壮大，推动全市工业持续平稳健康发展，为重振津市工业雄风贡献应有的力量。全市对口服务部门分管负责人、企业负责人、企业特派员、市科技工信局、市商务粮食局和工业集中区全体班子成员参加会。

（刘百胜）

【留美博士后谢新开在津拟建博士工作站】11 月 24 日，市政府副市长、市推新领导小组常务副组长杜登全在高新区会见了留美博士后、苏州引航生物科技有限公司总经理谢新开博士。据悉，谢新开先生是美国加州大学洛杉矶分校化学工程和生物工程系博士，美国伯克利和联合生物能源研究所博士后，师从合成生物学、代谢工程学国际顶尖科学家、美国工程院院士 Jay Keasling 教授。曾任世界知名生物技术公司美国 Codexis 公司资深科学家、项目负责人，从事酶工程研发，主持多项酶催化技术的开发和优化，具有从项目设计到优化到工艺放大的丰富经验。2012 年获得美国总统绿色化学挑战奖，在国际顶级杂志（Science, JACS, PNAS, etc）上发表论文 15 篇，拥有多项国际和国内专利。谢新开博士考察了津市部分生物医药企业，通过对接洽谈，初步达成了合作共识，拟在津市建立一个博士后工作站，建立战略合作关系，为津市生物企业搭建研发平台，提供技术服务。（刘百胜）

【常德市政府推新督查组莅津专项督查】11 月 29 日，常德市政府推进新型工业化督察组在常德市经信委副调研员林云利带领下莅临津市进行专项督查调研，市人大副主任、市推新领导小组副组长胡湘萍陪同督查。这次督查是按照常政督函（2016）27 号文件的统一安排，对全市各区县“千名领导干部服务千家企业”活动、贯彻落实《常德市帮扶工作企业十条》及 2016 年企业入规情况三个方面内容进行专项督查。督查组在听取津市三个方面内容专题汇报后，对津市的推新工作给予了充分肯定，认为津市发展工业的氛围浓厚，思路清晰，措施得力，工作扎实，四大班子齐抓共管，工作有特色，效果好，并就进一步抓好工作推进提出很好的建议。督查组还深入到市金湘猪鬃和今年新入规的荣威服饰两家企业实地考察调研。市政府办、市科技工信局、市高新区、市统计局负责人参加调研汇报。

（刘百胜）

【溢多利项目对接会召开】12月19日，溢多利项目对接会在市委常委会议室召开，溢多利生物科技股份有限公司董事长陈少美一行就项目推进情况与市委书记傅勇，市委副书记、市长陈章杰交换意见。会上，市政府副市长杜登全就“两湖”生物医药园暨溢多利系列项目推进情况进行介绍；市委副书记、市长陈章杰就项目用电、用地、环评、征拆等方面工作进行了补充说明。据悉，“两湖”生物医药园规划总面积5.28平方公里，重点沿团湖、胥家湖周边布局，经过一年建设已初具雏形，具备良好的项目落户承接基础。全市上下形成共识，即以生物医药园为主战场、主战地，以生物医药产业为主引擎，以溢多利产业园系列项目为龙头，壮大津市生物医药产业，引领全市工业经济发展，建设澧水流域工业经济中心。

溢多利生物科技股份有限公司董事长陈少美认真听取相关情况介绍，并就园区基础设施建设、项目配套建设等相关工作，与津市相关负责人进行沟通交流，交换了意见。陈少美对津市坚持工业立市核心战略，推进“两湖”生物医药园建设给予高度评价，感谢市委、市政府在企业发展、项目建设中提供的优质服务。陈少美表示看好津市良好的工业基础、完备的工业体系、浓厚的发展

津市市发明专利统计表

（时间 2016.1.1—2016.9.30）

编号	专利号	专利名称	专利权人
1	2013106836794	一种含中性蛋白酶的啤酒复合酶	湖南鸿鹰生物科技有限公司
2	2013107168507	一种含有纤维素酶的小麦日粮酶及其制备方法	湖南鸿鹰生物科技有限公司
3	2013107169872	里氏木霉发酵生产纤维素酶的方法及其菌株应用	湖南鸿鹰生物科技有限公司
4	2013107397370	一种含有益生菌的乳仔猪专用复合酶及其制备方法	湖南鸿鹰生物科技有限公司
5	2012105668388	一种生产酸性蛋白酶的方法	湖南鸿鹰生物科技有限公司
6	2013107166785	纤维素酶及其制备	湖南鸿鹰生物科技有限公司
7	2013107164296	一种热稳定性好的β-葡聚糖酶	湖南鸿鹰生物科技有限公司
8	2013107174688	一种添加有纤维素酶生长猪专用酶及其制备方法	湖南鸿鹰生物科技有限公司
9	2014107188153	一种含真菌α-淀粉酶的退浆复合酶及其制备方法	湖南新鸿鹰生物工程有限公司
10	2014103449671	一种用于啤酒酿造的液体复配酶及其制备方法	湖南新鸿鹰生物工程有限公司
11	2012102113128	一种提高液态漆酶存储稳定性的方法	湖南鸿鹰祥生物工程股份有限公司
12	2013100252205	一种环模压辊	湖南万木汇生物质燃料有限公司
13	201310595028X	泼尼松龙中间体或其类似物的制备方法	湖南新合新生物医药有限公司
14	2013105946477	氢化可的松中间体的制备方法	湖南新合新生物医药有限公司
15	2015100406931	醋酸氢化可的松的精制方法	湖南新合新生物医药有限公司
16	2014108399306	19-去甲-4-雄甾烯-3,17-二酮的制备方法	湖南新合新生物医药有限公司
17	2014104517093	U型件弯曲模具	中联重科车桥有限公司
18	2013106535388	热处理桥壳的方法和制造桥壳的方法	中联重科车桥有限公司
19	2013105598731	一种减速器、轴承式行星齿轮、太阳轮	中联重科车桥有限公司
20	2013104844673	制动鼓、鼓式制动结构与车辆	中联重科车桥有限公司
21	2013103666448	轴承组件、转向桥和车辆	中联重科车桥有限公司
22	2014104116967	转向驱动桥及其轮边离合装置以及车辆	中联重科车桥有限公司
23	2013104358321	奶糖及其制备方法	湖南新中意食品有限公司

氛围，将加大在津市投资力度，争取溢多利系列项目早日投产见效。陈少美还就项目建设中的具体问题提出建议。

市委书记傅勇对溢多利生物科技股份有限公司关注津市、看好津市、投资津市表示欢迎和感谢。傅勇指出，打造生物医药产业百亿集群，将“两湖”生物医药园建成国际一流、国内领先的生物酶制剂及应用专业园区是津市当前工作的重中之重，津市将本着关注工业、帮扶工业、发展工业的宗旨，互利共赢的原则，创新合作模式，实现互利双赢。傅勇强调，溢多利系列项目对津市经济社会发展和工业产业结构调整意义重大，津市将一如既往的做好服务工作，以高效的行政效率和优质的政务环境服务企业，为企业在津的长足发展提供强大的支持和保障，为企业发展壮大打造良好平台。傅勇还就园区开放、园区规划和项目配套等方面工作与客商交换意见。（甘德军）

【津市新洲镇灵泉机制砖厂烟囱成功实施定向爆破】12月20日12时58分，随着一声巨响，津市市新洲镇灵泉机制砖厂41米高的烟囱轰然倒地，标志着这一运行了30多年的高能耗、高污染、对生态环境造成破坏的粘土砖厂彻底关闭停产。今年以来，津市市政府根据上级要求，加大了“禁实”（禁止生产实心粘土砖）和推广节能环保砖的工作力度，出台了《关于依法关闭取缔非法粘土砖厂的通告》，组织科技工信、国土、环保、工商、公安等职能部门与全市4家砖厂所在镇政府通力合作，拿出切实可行的关停方案，制定详细的时间表，严格依法行政，对拒不关停、非法生产的实施强制关闭。全市所有粘土砖厂都已停止生产，力争年前全部实现关停转产，使这一问题得到彻底解决。

（甘德军）

【市工业企业特派员工作调度会召开】12月22日，市政府在政府办召开工业企业特派员工作调度会。会议由科技工信局局长赵宇主持，8对16名（一老带一少）企业特派员分别汇报了所服务的30家重点企业生产经营状况及近期需解决的问题；科工局班子成员分别就所联产业情况进行了通报。市政府副市长杜登全在总结讲话中高度肯定近2个月来企业特派员所做的工作，并指出了存在的不足。对下阶段企业特派员工作提出三点要求：一是整体联动，形成合力；二是抓好培训，提高水平；三是尽心帮扶，解决问题。并对企业反映的一些具体问题进行解答。（甘德军）

湖南中联重科车桥有限公司

【经营概况】2016年，商用车行业整车厂新建车桥产能进入释放期，市场竞争更趋激烈。在国家环保法趋紧，推行新能源产品的情况下，一年来各商用车企业都积极实施国四转国五、新能源车等产品结构的转型调整。受到国家宏观经济影响，在供给侧改革不断发力的当下，商用车市场进入了中低速发展的新常态，全年产销同比增长5.5%左右，而车桥公司所处商用车轻型货车和轻型客车市场均为负增长。

车桥公司在所处行业市场连续下降的严峻形势面前，坚持全面贯彻年度总体经营思路，严格执行各项管控要求，认真落实年度经营规划，以“适应新常态，建立新机制，实现新目标”为工作核心，以“调结构、拓市场、降成本、提品质、控风险”为抓手，变革创新，积极化解经营风险，稳中求进。经受住了市场的挑战和考验，稳定了经营规模，取得了经营效益的提升。全年完成工业总产值7.53亿元，实现销售收入8.63亿元，产销汽车桥总成18.7万根，实现利税近6000万元。

【资阳子公司股权结构变更】湖南中联重科车桥资阳有限公司（以下简称资阳子公司）股东资阳南骏汽车有限责任公司（以下简称南骏公司）为只具备低速车资质生产的企业。2016年，根据国家出台的“自2017年元月开始将取消低速货车产品类型的生产，同时原低速货车生产企业在满足准入条件的前提下可以升级为轻型载货汽车生产企业”的产业政策，南骏公司控股资阳子公司后将获得升级为轻型载货汽车生产企业的条件之一。鉴于此，为在2016年年底前获取轻型载货汽车生产资质，延续企业的生产经营，南骏公司向资阳子公司控股股东车桥公司提出了控股资阳子公司的请求并获同意。

2016年8月15日，经资阳子公司股东会同意，车桥公司将部分股权转让南骏公司，股份由原来的51%变更为41%，而南骏公司则由原来的49%变更为59%。同年10月16日股东会同意南骏公司增资，车桥公司由原来的41%变更为34%，南骏公司由原来的59%变更为66%。

【车桥公司荣获常德“科学技术进步奖”一等奖】2016年3月，车桥公司的“汽车起重机用重型车桥技术的研究与产业化”项目经过县市两级筛选和专家评审，荣获了2015年度常德市“科学技术进步奖”一等奖。

该项目在车桥双联双级驱动技术、双联万向节传动技术、大转向角转向驱动技术等方面进行了自主创新，在重型车桥桥壳胀管成形、壳体电子束焊接、减速器数字化装配等制造技术进行了探索研究，掌握了汽车起重机车桥的设计与制造核心技术，获得发明专利3项，实用新型专利6项，并获得了国家重点新产品证书。

汽车起重机车桥属汽车关键零部件总成，满足车辆承载、驱动、转向、制动、行走功能。该项目对转向驱动车桥设计和制造技术的研究，着力突破高端功能性基础件和关键零部件制造核心技术，对提高主机产品的技术水平、做强做优先进装备制造产业有着重要意义。该项目打破国内外公司对我省工程车桥高端技术和市场的垄断，使我省工程机械企业掌握基础件的核心技术，为我省工程机械的高速发展打下坚实的零部件技术基础，在关键零部件配套上彻底摆脱外部零部件价格高、供货周期长的制约，依靠主机与基础件协同开发，将使主机的价格、质量、服务的优势得到进一步发挥。

该项目由我公司组织实施技术研究攻关、产品开发、试验及样件试制。通过产业化建设形成了单班年产 3 万根汽车起重机用重型车桥的生产能力。项目开发的产品应用于 25-80 吨汽车起重机,150-800 吨全地面起重机中。同时,项目技术研究的成果还推广应用于公司的商用车桥产品中,针对商用车桥的特点,有针对性地向东风、江淮等主机厂介绍推广相关技术和产品,特别是在数字化装配和柔性加工技术的应用上取得了很好的效果。项目关于转向驱动的技术研究成果将在拖拉机前转向驱动桥产品中得到进一步推广使用,为公司农机板块提供零部件支持。

【车桥公司通过质量安环管理体系建设】车桥公司加强质量管理,强化体系建设,加强程序文件梳理、修订。2016 年,执行 7 次体系滚动审核、12 条生产线的过程审核、24 种桥产品审核,执行改进项 50 项次,查漏补缺,不断完善体系管理,顺利通过德国莱茵检测认证服务(中国)有限公司 ISO/TS16949 质量认证外部审核。同时,ISO14001 环保管理体系和 OHSAS18001 健康安全管理体系外部审核认证也顺利通过。

【车桥公司是湖南省制造业信息化示范企业】车桥公司信息化与工业化深度融合工作取得成效,已具备了信息化规划、实施、开发、运维等比较完善的信息化体系。在业务管理方面,实施了核心业务全面集成的 SAP 系统,初步达到物流、资金流、信息流的三流合一,在应用过程中,业务流程持续改进,成本管理更加精细,管理效率和水平得到提升。在研发设计方面,实施了产品全生命周期管理的西门子 TC 系统,建立了协同设计的研发平台,缩短了新产品开发周期,同时为 ERP 提供数据来源,研发管理和研发水平都迈上了一个新的台阶。

目前公司的信息化平台或系统还有设计 NX 三维及 CAE 分析、办公 OA 系统、财务预算和资金系统、行为一卡通系统、交流视频邮件系统、安全域控准入系统等,这些系统在不断深化应用过程中取得了显著效益效果,支撑公司业务、助力公司战略,提升了企业核心竞争力,在行业应用和区域范围也起到较好的示范作用,是湖南省制造业信息化示范企业。

"十三五"两化融合将围绕公司战略发展规划,积极探索移动互联网、云计算、大数据等新一代信息技术在公司生产经营各个环节中的深化应用,重点主攻智能制造、绿色制造,实施"中国制造 2025",推动形成新的工业生态体系,促进商业模式不断创新,实现车桥公司逐步从制造到智造的跨越发展。

【共青团中央领导调研青年工作】2016 年 8 月 8 日,团中央少年部副部长刘剑波、团中央少年部教务处干部沈子尧,由常德团市委副书记徐帧陪同来到车桥公司对青年工作进行调研。

在公司党委副书记江亚的陪同下,调研人员参观了智能化机加工生产线、数字化装配线、制动器生产线和桥壳涨管成型线,刘剑波副部长详细询问了企业的运营情况

在与公司党、团负责人、优秀青年员工代表、"青年文明号"代表的交流中,刘剑波副部长对公司团委提出了几点期望,同时对车桥公司和公司团委给予了高度评价。

【新产品·新市场】2016 年,车桥公司开发东风集团、江淮汽车等二十八个市场的汽车桥总成新产品共 462 种。其中东风股份国五平台项目、2017 款应用型产品共计 90 种前后桥的开发并实现了量产;完成东风股份特种车 04ES 同轴电机后桥的开发并实现了小批量供货;完成了新能源减速器平台对标;完成 RM804-1004 水田拖拉机前期技术方案策划、零部件对标及初步方案讨论。开发的 61G304S 等新产品平台,当年实现新产品销售收入 7000 多万元。

开发 9 ~ 11 米客车底盘新产品 6 种。开发 12 米客车新产品 16 种。客车产品市场已覆盖全国各个地区。

新开拓了陕重汽、江淮汽车等重型汽车桥总成优质市场,产品比重从轻、中型桥向重型桥倾斜。

【持续开展全员质量改善活动】车桥公司持续开展以"让客户满意"为主题的全员质量改善活动。在以彭述东总经理为活动领导小组组长,各副总经理为副组长的强大推动力中,设立全员质量改善活动办公室,确保质量改善工作保质、保量、按时稳步推进。坚持"原因找不清不放过、责任查不清不放过、纠正措施不落实不放过"的三不放过原则,从加强质量意识宣贯、优化管理职能、严格供应商管理和售后问题改善提升等方面着手,2016 年全年累计实施质量培训 1583 人次,完成售后改善 18 项次,外部质量损失率降低 10%。通过该项活动全面提升产品质量,消除客户抱怨,极力提高公司产品在市场上的竞争力。

【关爱员工、稳定队伍】车桥公司每年组织开展两次"内部救助"活动、"爱心改变命运"助学活动和春节"送温暖"慰问活动,对患有重病、生活困难或家庭困难导致子女面临辍学等困难的员工及时传递温暖,提高员工满意度。2016 年,帮扶慰问公司员工 86 人,帮扶金额 27.6 万元,其中"爱心改变命运"活动救助贫困家庭及学子 47 人,救助金额 16.9 万元。根据《员工福利实施细则》,全年对员工生日、结婚、生育、住院、丧葬等进行慰问达 119 人次,慰问金额 4.2 万元。

【竞赛活动形式多变,成果突出】车桥公司工会围绕生产经营中心和公司持续发展,根据各部门特点,找准着力点,打造劳动竞赛工作品牌特色。以经营效益为中心,探索创新劳动竞赛的新形式、新思路。近几年来,围绕节能减排开展"降本增效我先行"活动,围绕技能提升开展"车桥我最棒"员工技能大赛和"优秀匠师"员工一专多能技能大赛等一系列劳动竞赛活动。让竞赛活动成为提升员工素质的"主渠道",成为提高公司效益的有效载体。

开展"降本增效我先行"实践活动。车桥公司从 2013 年开始持续开展"降本增效我先行"实践活动,以降低生产

过程中成本消耗、减少生产工作各环节浪费、节约办公费用、修旧利废、节能降耗、小改小革、合理化建议等活动为重点，以各基层党支部为主，各分会协助，党政工联合组织进行，在公司各单位全体党员、员工中全面展开，制定了评先评优等激励政策，对在实践活动中表现突出的单位、班组和个人实行奖励。开展降本活动四年来，从比价采购、产品设计、工艺优化、材料利用、物流仓储等方面实现降本总额达 5000 多万元，将实践活动渗透到了公司生产经营的全过程，融入到产品实现的每一环节，实现了“全员化、全方位、全过程”开展降本增效实践活动，取得了非凡成绩。

开展“车桥我最棒”职工职业技能大赛。车桥公司“车桥我最棒”职工职业技能大赛从 2014 年开始每年举办一次。连续三年来已举办了现代物流进出库作业、计算机应用操作以及数控车床、电焊工、铣工、磨工、装配工、冷作工作业等 8 个比武项目，得到了津市市总工会、津市市科工局等政府部门的大力支持并引起较大反响，参加省、地、市各级政府举办的各项技能比武大赛中均取得不凡成绩，获得了“五一劳动奖章”、“五一先锋”、“岗位标兵”、“岗位能手”等荣誉称号。

2016 年，胥劲松等人又囊括津市市总工会“电焊工、现代物流进出库专业技能大赛”现代物流进出库作业的前三名和取得电焊工作业第一名的好成绩，其中 7 名选手被评为“十佳岗位标兵”，同时车桥公司获得庆五一岗位标兵评选活动优秀组织奖。钳工吴家剑在常德市职工职业技能大赛中取得钳工作业第二名的好成绩，在湖南省“十行状元、百优工匠”技术比武中获得第十六名。

【员工培训和学习活动】车桥公司不断创新开展形式多样的员工培训和学习活动。

4 月，车桥公司党委开展了“两会”精神的学习活动，全面学习贯彻 2016 年全国“两会”精神。由公司各党支部牵头学习《全国人大代表詹纯新：习总书记为中联重科指路 企业发展紧跟国家战略》等重要内容，根据自身情况特点，有重点、分层次地开展学习活动，引导全体员工深刻领会、准确把握两会的精神实质，让公司骨干员工的思想与“两会”精神、公司战略部署保持统一，更加积极主动地践行社会主义核心价值观，更加积极主动地推动企业转型发展。

5 月，车桥公司党委组织各支部观看《守住欲望底线》廉洁教育专题讲座。各支部党员将此次学习作为一次党课教育，做好学习记录并向公司党委提交了观影心得。

6 ~ 10 月，车桥公司党委开展了“两学一做”学习教育活动。重点学习《中国共产党党员领导干部廉洁从政若干准则》、《中国共产党纪律处分条例》等党纪党规、习近平总书记在十八届中央纪委五次全会上的重要讲话精神等内容。“两学一做”学习教育活动从 6 月到 10 月连续 5 个月分动员部署、活动开展、总结提高三个阶段进行，教育活动达到了一定效果，切实增强各广大党员、员工政治意识、大局意识、看齐意识，把思想和行动都统一到公司发展目标上来。

6 月，车桥公司开展以“强化安全发展观念，提升全员安全素质”为主题的安全教育培训。组织以生产车间班组长、专兼职安环管理员、近三年新入职人员等 70 多人观看安全警示教育视频，通过一个个真实的案例，警示安全生产的重要性及起到对安全事故的事前防范作用。

11 月，车桥公司人力资源部和技术质量部联合开展了以主要技术骨干、设计人员和质量管理人员为主要参训对象的专业技术人员培训。培训内容对专业技术人员进行知识更新、补充、拓展和提高，更重要的是对解决公司当下出现的质量问题有非常大的指导作用。

11 月，车桥公司开办了数控车床、焊工、装配等工种的中、高级培训班，开展了一线操作技能培训达 23 项，培养出中、高级技能工匠队伍达 327 人，占生产工人比重 47%以上。

11 月，车桥公司举办了 2016 年度党、工、团干部培训。党工团干部培训每年度举办一次，采取培训讲座和拓展训练相结合的方式开展。培训目的在于培养干部坚守中联重科的企业文化和价值观，遵循中联的管理制度和流程，培养人才、提高责任。

12 月，车桥公司举办了第四期后备管理骨干培训。车桥公司重视人才培养，建立了快出人才的机制。按照德才兼备的原则，挑选忠诚中联文化、能力较强、综合素质高的人才充实到后备管理团队。实行分类管理，重点培养，通过导师指导、定期培训等方式，帮助后备骨干成长，完成能力提升。

【企业文化生活多彩纷呈】车桥公司工会 2016 年全年以“车桥嘉年华、欢乐你我他”主题活动为主导，以各分会和活动协会为个体，组织团结动员全体员工开展各项工会活动，维护企业稳定，构建和谐员工之家。

3 月，组织开展“三八”国际劳动妇女节活动。由公司工会为每位女员工购买一份平安团体保险，各分会自主组织开展形式多样的庆祝活动。

10 月，举办秋季职工气排球赛。公司各分会 14 支队伍 80 余名队员参加比赛，队员们在为期 8 天 53 场次的紧张激烈角逐比赛中，表现出团结协作、永不服输的精神。

12 月，举办“我运动·我健康”员工趣味健身竞赛活动。活动展开双人跳绳、呼啦圈接力等 5 个趣味性、娱乐性强的比赛项目，参加比赛的有 14 支队伍 100 多人，不少单位领导亲自上阵，带头参赛。比赛突出了团体齐心协力和发挥队员间默契配合的集体观念，营造出团结、和谐、快乐的团队合作氛围。

12 月，开展“赛春联”春联征集活动。活动得到 40 名春联爱好者的热心参与，收到春联作品 65 幅。作品风格和表现手法不拘一格、各具特色，作品内容表现出了车桥公司发展过程中的创建成果和广大员工的大事、喜事、感人事，以及表达出作者对自己、家庭、祖国未来生活的畅想和对中联事业的殷切祝福。

公司成立的棋牌、舞蹈、户外运动、

气排球、乒乓球、羽毛球、篮球等7个文体活动协会，会员已达300人次，每个协会活跃在各自的活动阵地中，充分发挥自我优势，举办各具特色的活动。

棋牌协会1月举办迎新春“双百分升级”扑克大赛。15个单位72名选手参赛。比赛为期3天36场次。

舞蹈协会1月与津市伊梵梦轩瑜珈馆举办“腊八节”联谊舞会。在公司工会开展的气排球与趣味赛中展现会员风采，以啦啦队表演的形式为比赛助力。

户外运动协会分别在6月和11月开展了津市白云山南北穿越活动和常德国际马拉松赛道徒步活动，参与人数达80人次。

气排球协会10月在与公司工会联合举办的秋季气排球赛中，协会会员积极参与策划、组织、裁判工作，赛事获得圆满成功。

乒乓球协会7月在津市市乒乓球协会举办的单打排位赛中荣获亚军、12月津市市总工会举办的迎新春团体赛获得优秀组织奖。

羽毛球协会9月在参加中联重科2016年度“青春无畏 逐梦扬威”羽毛球联赛中，取得了团体冠军、女子单打冠亚军、混双亚军的好成绩。

湖南省湘澧盐化有限责任公司

【概况】2016年，受盐业体制改革方案出台影响，公司共生产盐硝产品75.53万吨(其中:精盐68.86万吨，芒硝6.67万吨)；销售盐硝产品76.48万吨(其中：精盐70.23万吨，芒硝6.25万吨);实现工业总产值4.33亿元;实现营业收入4.16亿元。全年工资总额5294万元，在岗职工收入增长6.3％。无重大安全责任事故发生。

党建工作不断创新，职工发展信心增强。深入开展“两学一做”专题教育活动，配齐配强了领导班子，抓好党组织规范化建设。配合完成省委巡视第七组巡视工作，结合整改要求，认真查摆问题，及时整改落实。完成了党委委员和纪委委员换届、党支部换届和津市市人大34选区的代表选举工作。发挥思想政治工作优势，抓好《盐业体制改革方案》正面宣传引导，分析形势，讲明举措，解疑释惑，促使全员进一步统一思想，坚定信心，共渡难关。

差异战略定位准确，品牌策划稳步推进。结合实际，认真分析，理清思路，走差异化发展道路。发挥资源优势，推广产品由国家级天然饮用水源开采，利用独立食用盐制盐系统精制而成的概念，做好品牌策划，相继推出了“雪牌”活水盐系列新产品、“雪牌”生态盐的包装和版面设计。提炼出“问盐哪得鲜如许，为有源头活水来”“雪牌生态盐，身体0负担”的宣传语，制作了产品宣传手册、宣传片、年度推广方案、产品标识及新品包装设计方案等。

市场营销布局合理，应收账款控制较好。通过实践，明确了公司营销战略定位为：一江一路、一区一策、蚂蚁搬家、低端抢占市场、高端获取利润、城市辐射农村；重构营销公司，设立了市场部、综合部、化工盐事业部、销售六大片区及武汉直营公司；各大片区在合适的省会及重点城市设立营销分公司(办事处)，以省会和大中型城市为中心，以城市辐射农村。出台了各类营销管理方面的制度和细则，防范经营风险，全年应收货款回笼率97.84%。

生产管理水平提升，各项费用逐步下降。根据年度生产目标，与各单位签订了生产经营管理目标责任书，重点对原卤氯化钠含量、吨产品耗汽、千大卡产汽、吨汽发电量等指标进行了严格考核，制定了“挖潜增效”方案。吨产品综合能耗为116.5公斤标煤，比去年同期下降4.11%。全年机物料消耗费用194万元，同比下降95万元;发生力资费用708万元，同比下降422万元，比预算下降139万元。

煤炭管理卓有成效，采购成本控制得当。煤炭采购踏准节奏，提前布局，全年煤炭采购单价较上年下降了31.6元/吨(含税)，全年煤炭采购成本节约超过600万元。生产性大宗物资通过采购招标，全年节约采购成本350万元以上。按照管理提升和降成本活动，降低采购成本100万元。卸货力资下降8万元，下降幅度57%。

技改项目稳步推进，小改小革效益可观。20万吨/年小包装食盐包装仓储配送中心工程完成了主要设备招标工作。项目投资5000万元，2016年已投资516万元。各生产单位相继开展修旧利废，强化备品备件管理，逐步清退劳务用工，组织小改小革活动，加强设备巡视维护保养。全年共发生生产维修费983万元，同比去年下降63万元。加强工艺流程管理，不断完善优化工艺流程，减少中转环节，降低内部物流中转成本，内部转运费同比下降104万元。

(伍渊云)

【矿山地质环境恢复治理分期验收】1月14日，由省地质环境监测总站、常德市国土资源局和澧县国土资源局组成的验收工作组到矿区实地进行验收检查。

通过查阅相关资料，到地灾隐患点实地进行查看，问询当地村民，组织召开村民座谈会等形式，验收组认为：湘澧盐化公司矿山恢复治理措施基本符合矿山实际情况，恢复治理效果较好，符合矿山地质环境阶段性恢复治理分期验收条件。(伍渊云)

【“心系盐化　圆梦中华”春节联欢晚会】2月2日晚上，公司在舞厅举办了主题为“心系盐化 圆梦中华”春节联欢晚会。晚会节目内容丰富多彩，有表演唱、独唱、黄梅戏以及舞蹈等。现场有近300名职工家属观看了表演，公司在家高管均出席了晚会。

公司党委书记苏倪华在晚会开始前致辞，晚会在歌舞《金猴闹春大拜年》中拉开序幕，一群可爱的小猴子集体向观众朋友们拜年。晚会现场灯笼高照，彩灯闪烁，演员们的精彩表演博得了大家阵阵掌声，特别是男声独唱《得意的笑》，表演唱《逛盐城》以及黄梅戏选段《夫妻观灯》，更是将晚会的气氛推向高潮。

晚会结束时，公司全体高管与所有演职人员走上舞台共同演唱《今天是个好日子》，整场晚会在一片喜庆、祥和的气氛中圆满结束。（伍渊云）

【第一届九次职代会】3月7日，公司隆重召开公司第一届九次职代会暨2015年总结表彰大会。来自各单位的职工代表和受表彰的先进集体、先进个人代表共131人参加会议，公司党委副书记、工会主席刘发云主持会议，董事长、总经理魏敏做了题为《提升管理 重构营销 努力实现差异化战略 打赢盐业改革攻坚战》的工作报告，从十个方面全面回顾和总结了2015年取得的成绩，分析了2016年面临的形势，明确了工作总体要求和奋斗目标。（伍渊云）

【"适应新形势 开创新局面"知识竞赛】3月30日，公司举办了主题为"适应新形势 开创新局面"知识竞赛，来自9个党总支的9支代表队参加了比赛。

比赛分为必答题、抢答题、风险题三个环节。选手们现场的精彩表现博得了现场观众的阵阵掌声，特别是抢答题环节，各代表队的比分交替上升，争夺激烈。最终，机关一代表队夺得第一名，机关二代表队夺得第二名，盐硝厂代表队获得第三名；小包装厂党总支获得优秀组织奖。（伍渊云）

【60万吨盐硝联产节能技改项目通过环保验收】3月31日，常德市环境保护局在公司主持召开了60万吨盐硝联产节能技改项目竣工环保验收会议。参加验收会议的有常德市环境保护局、津市市环境保护局、湖南品标华测检测技术服务有限公司的领导和专家，公司副总经理张胜、高级经理李立亚和生产部、科技规划部负责人。

验收组一行实地查看了项目生产工艺、设备运行状况、环保设施配套建设，询问生产和现有污染物排放情况。听取了公司关于项目建设、生产试运行及环保"三同时"执行情况等方面的情况汇报；听取了湖南品标华测检测技术服务有限公司关于项目环保验收监测及污染物达标排放的情况汇报。验收组按照省环保厅关于项目环评批复的相关要求，仔细审阅并核实项目验收资料、台账和环保验收监测报告。

经过讨论，验收组认为：60万吨盐硝联产节能技改项目建设规范，各项环保设施配套，目前主要污染物均实现了达标排放，符合项目竣工环保验收条件，同意通过项目验收并予以公示。（伍渊云）

【中共湖南省湘澧盐化有限责任公司第一次党代会】6月30日，公司举办了中共湖南省湘澧盐化有限责任公司第一次党代会。会议听取和审议了苏倪华同志作的题为《充分发挥党组织政治优势，全力护航企业改革发展，为湘澧盐化的美好明天努力奋斗》的工作报告，刘发云同志作的题为《聚焦主责，突出主业，抓好党风廉政建设，促进企业健康发展》的工作报告，选举产生了湘澧盐化第一届党委委员和纪委委员。（伍渊云）

防震减灾

【概况】2017年全市防震减灾工作总体思路是：紧紧围绕全市"十三五"发展战略，根据国家、省、常德市防震减灾工作部署，以提高防震减灾能力为重点，以强化监测预报为核心，以改革创新为动力，坚持防震减灾融合式发展，打牢基础，完善机制，巩固常德市防震减灾业务先进单位成果，推动"十三五"，全市防震减灾事业不断向前发展。

一、切实加强地震监测预报

1、加强台站建设。抓好津市测震台、观测井和地下流体台观测井的综合改造和上坡路段地面硬化工作，加快办理各项手续，确保国庆节前投入使用。

2、做好分析会商。抓好前兆台站资料处理，分析工作，对异常宏观观测资料，按《湖南省地震局宏观微观异常核实工作规程》的通知要求，及时核实、上报。创新工作方法，注重工作落实，组织开好每月地震趋势会商会。

3、快处地震事件。按照局地震事件应急响应机制，第一时间处理地震事件，开展地震现场考察，编发震情信息、简报，关注震情进展情况，随时作好应急准备，维护社会稳定大局。

4、开展两类培训。一是全市宏观观测人员知识培训，二是微观观测人员知识培训。

二、努力提高震害防御能力

5、做好行政审批。

6、完善行政执法。

7、做好相关培训。

三、加速推进应急体系发展

8、完善应急机制。

9、做好应急演练。5月份，联合市教育局和相关职能部门开展声势大，规格高，效果好的地震科普知识宣传和应急演练活动。

10、强化示范创建。2017年新创1所以上市级示范学校，争创1所以上省级示范学校。开展地震安全示范小区创建工作。

11、强化应急准备。配合常德市、省地震局落实"十三五"培训规划，加大应急物资储备力度，购置3套以上实用地震应急装备。

四、更加注重地震科普宣传

12、抓好节点宣传。加大"5.12"防灾减灾日、唐山地震纪念日的科普宣传力度，增强广大公民对防震减灾事业的认同与共鸣，努力提升全民防震减灾科学素养。

五、不断强化内部建设

13、强化日常工作开展。抓好台站监测工作，完善各项制度，收集整理档案资料，搞好院内环境卫生。

14、加强理论知识学习，强化教育管理，增强全局人员的规矩意识，服从意识，责任意识和大局意识，努力提升全员业务能力，公文写作能力，贯彻执行能力和综合协调能力。

【业务工作】2016年，继续围绕地震监测预报、地震灾害防御、地震应急救援三大职责开展工作：一是对全市四个宏观观测点进行巡查、业务指导和制度建设整改，动员带动全民开展群测群防工作。二是加强抗震设防安全监管力度，严格审批程序和安全质量把关，重点加强对高层建筑地震安全性评价的审核把关和全程管。三是纳入津市规委会成员单位序列，确保防震减灾法的有效落实和执行。四是部门整体联动，完善应急救援队伍建设。五是开展地震科普知识及模拟演练活动。六是新洲镇中学范荣获“湖南省防震减灾科普教育”、“常德市防震减灾科普教育”示范学校指导。七是津市市地震局被评为常德市防震减灾工作先进单位。

【专项工作】2016 年 5 月 31 日，常德市人大副主任肖燕芳率领市人大相关职能部门和常德市地震局领导来津市市调研防震减灾工作。

2016 年 7 月 18 日，湖南省地震局局长燕为民来省局相关处室来津市市调研工作。

2016 年 9 月 12 日，中国地震局地壳应力研究所研究员赵刚，中国地震局台网中心项目部副主任肖武军、安徽省地震局研究员赵建和和湖南省地震局监测预报处处长贵文品等相关领导来津市地震局调研工作。

2016 年 10 月 12 日，湖南省地震局副局长刘家愚、常德市地震局局长彭燕芳来津市地震局调研工作。

【中心工作】2016 年完成向上争资任务 22 万元。

2016 年积极开展“两学一做”学习教育活动。

2016 年积极开展“一进二访”进村扶贫活动，筹措资金和物资、物品 3 万余元，帮助扶贫户解决一些实际问题，引导他们脱贫致富。

四、内部管理工作：

2016 年，完成职工值班周转房维修改造工程、院内绿化工程、围墙加固粉刷工程，完成监测设备、雷网、电网升级改造工程。

电　力

【企业概况】国网津市市供电公司担负着全市 4 个乡镇、5 个街道办事处、82 个行政村 16 个居委会的生产生活供电任务，兼有全市范围内的电力基础建设，生产经营和办理客户的业扩报装、施工、接电及用电管理职能。内设综合管理部、发展建设部、调度控制分中心、运维检修部、营销部（县客户服务中心）、乡镇供电所管理部、金鱼岭供电所、保河堤供电所、新洲运检所及湖南德力电力建设集团有限公司津市分公司。2016 年完成售电量 4.02 亿千瓦时，同比增加 8.96%，电网最高负荷达 110.59 兆瓦，较去年同期增长 31.4%。售电均价 715.66 元 / 千千瓦时，比年度计划值高 1.86 元 / 千千瓦时。综合线损率 5.56%，比年度目标低 0.09 个百分点。台区线损率 6.47%，同比下降 0.06 个百分点，较计划值低 0.03%。城市 D 类电压合格率为 99.997%，农网综合电压合格率为 99.298%。10kV 配网跳闸率同比下降 40%，优质服务规范率居县级公司前列。未发生员工安全责任性事件和外人触电伤害事件，未发生员工违法违纪和违反作风建设相关规定的行为。

【电网概况】津市电网以大网供电为主，辅以用户自备热电厂，境内无水电电源。津市电网供电电压等级共有 5 个：220kV、110kV、35kV、10kV、0.4kV。境内拥有变电站 2 座，变电容量 22.6MVA（35kV 保河堤变为 2×5MVA，棠华变为 2×6.3MVA）。无功设备总容量为 4000Kvar，全为电力电容，分别是装在保河堤变电站（1800Kvar）、棠华变电站（2200Kvar）。管辖 35kV 输电线路 5 条，长度 80.75 千米；城市配电线路 16 条，长度 55.04 千米，其中 10kV 联络线 8 条，10kV 配电线路 8 条，农村配电线路 31 条，710.54 千米。

【人力资源】2016 年，国网津市市供电公司有干部员工 82 人，其中各类技术人员中：高级职称 1 人、中级职称 4 人、初级职称 43 人；高级营销师 14 人；高级技师 1 人、技师 7 人、高级工 45 人、中级工 6 人、初级工 7 人、学员 3 名；硕士研究生文化程度 1 人、大学本科文化程度 51 人、大专文化程度 20 人，大专及以上文化程度占员工总数 88%；中专、技校 4 人，占员工总数 4.8%；高中 2 人，占员工总数 2.4%；初中及以下 4 人，占员工总数 4.8%。津市农电服务责任有限公司现有员工 98 人，其中本科 5 人，大专 34 人，中专 8 人。

截止 12 月底共派送 43 批 130 人次参加市公司、省公司组织的各类培训，公司及班组举办各类培训 308 项，培训 1080 人次，全员培训率达 100%。员工队伍素质得到提升，每年都有优秀员工加入党组织，党员队伍涌现出一大批岗位技术能手，刘安通过培养现已成为技师，李平参加常德公司兼职培训师竞赛荣获三等奖，成为高级技师及地级市优秀专家人才；王权和叶旭峰参加常德公司全球能源网知识竞赛荣获三等奖。钟兵荣获常德供电公司劳动模范。

【电网建设与发展】500 千伏常德北输变电工程属地化协调十分顺利，得到省送变电和省公司相关部门高度认可；110 千伏中华输变电工程克服困难，已进场施工；35 千伏渡口变选址工作已经启动。全年配电网建设项目达 2100 万元，其中涉及贫困村 4 个、中心村 21 个、村村通 23 个。新建 10 千伏线路 31.627 千米，新增配电变压器 47 台共 7200 千伏安，改造配电变压器 18 台共 2820 千伏安；新建低压线路 14.127 千米，改造低压线路 125.191 千米。现第一、二批农网改造工程已经竣工，第三、四、五批项目正在抓紧施工。2016 年 3.6 万户的集抄建设已全部完成现场施工，实现了津市范围集抄全覆盖。强化电网建设全过程管理。认真贯彻落实上级关于加强外协施工队伍管理的意见和要求，施工质量大幅度提高。

【民生实事工作】2016 年度国网津市市供电公司“民生实事工作”涉及 5

个行政村，分别是原渡口镇新福村、新民村、李阳村，原棠华乡凤鸣村，白衣镇金星村。工程总投资384万元，新建、改造10千伏线路5.79千米；新增配变新建台区9个/900千伏安；新增配变改造台区2个/300千伏安，利旧配变改造台区4个/340千伏安；新增低压综合配电箱15台；新建、改造220～380伏线路22.872千米；新增2*JKLYJ-1-16接户线24.173米、YJLV-2*16低压电缆4.636米、YJLV-4*35低压电缆0.656米“一表一户”集抄改造1886户，其中更换单相电能表1832户，更换单相单表位表箱1341户，更换三相电能表108户，更换三相单表位表箱54户。

国网津市市供电公司严格按照“津实办发[2016]1号”文件的量化考核办法、“津实办发[2016]2号”文件的验收标准要求及农村配电网改造标准，确实切实解决配电变压器过载、用户电压低等用电问题，在整个常德兄弟县范围率先圆满完成了2016年度“重点民生实事项目”所有施工任务。

【低电压治理】2016年，继续大力整治低电压，结合“中心村”改造、“贫困村”改造、“村村通”改造等有利时机，争取到5个批次项目涉及32个(合并前)村改造，全年总投资达2000万元。率先完成津市贫困村改造、率先完成中心村改造、率先完成“村村通动力火”改造。基本消灭村组大片区域和用户低电压的情况，津市农村电网的供电水平处于常德市的前列。同时，积极申报2017年农网改造升级工程项目，目前已经得到2017年批复项目估算投资达2600万元。

【经营管理】始终坚持依法从严治企，坚持规范的议事规则和决策程序，严格执行民主集中制和“三重一大”决策制度。坚持项目申报、实施、验收、审计全过程管控，规范农电业扩管理。严格执行财经纪律，严格执行预算，规范财务报帐审批手续。结合津市实际情况和管理模式，适时调整了安全管理和稽查力量，优化了城区收抄和计量采集的集约管理，增加了营销稽查力量，坚定农电运检集中管理模式。不断完善公司岗位工资套改、全员绩效管理机制，充分发挥奖惩激励机制。不断改进公司经营管理水平。坚持勤俭节约，规范办公用品集中管理、车辆管理、公务接待，对废旧物资处置，车辆维修、房屋维修等较大项目实行了集中招标、比价机制，严格落实网改、集抄等内外审计发现问题的整改；积极主动依法维权，以外力破环、外人触电、窃电三类典型案件为重点，积极推进依法维权工作深入开展，依法处理窃电、拖欠电费、表计故障引起的电费纠纷案3起，挽回企业损失合计89000余元；对聂本元触电人身损害案，我公司积极主张权利，将企业赔付比例控制在30%以内。切实落实作风建设要求。领导干部带头严格自律，纠正“四风”，加大对违规饮酒行为的惩处力度，签订严禁违规饮酒承诺书80余份，与重点人员进行约谈提醒，查处午餐违规饮酒2人；强化考勤管理，严肃工作纪律，每月不定期对办公楼人员上下班情况进行督察，累计绩效考核脱岗、早退人员20余人次。积极开展农配网高损台区效能监察，累计下达项目建议书2份，处罚台区员漏抄、估抄行为8人次，查处违规用电、偷电10余人次，追缴电费1.5万余元。全员保密意识得到强化，积极动员全体员工关注保密观公众号，分部门、各所宣贯保密警示教育案例，对全体员工进行了保密知识考试，在春节来临期间，组织各部门进行了保密自查。集体企业紧盯市场，提升服务，树立形象，企业产值首次突破2287万元。

【安全生产】重点管控作业行为，实现作业现场、抢修现场安全督查小组同进同出，强化现场考核，落实考核兑现，

全年共发布生产作业信息平台的作业现场149个，创省公司无违章现场2个；市公司标准无违章现场3个，合格无违章现场10个。加强农村漏电保护器管理，采取三级督查机制，共计检查台区总保护器1100台、分路保护器280台、用户家保6300台，处罚80人次，罚款金额14780元，确保总保“三率”达100%。狠抓设备安全隐患整治，充分发挥设备主人制作用，加强考核和督查，集中力量整治输变配电设备安全隐患和树障，彻底根除了棠新线、保风线等线路重大隐患，全年35千伏输电线路未发生跳闸事件，在年内发生冰灾、暴风等多次较大自然灾害情况下线路跳闸率仍明显下降。强化联动机制，全年联合津市安监局和电力执法大队对津市三改四化带来的触电安全隐患下达安全隐患告知书36份。实施安全短信提醒，对全市各乡镇安监站、国土站长、分管安全副镇长、住建局、园林处和市政处、个体吊车司机，建筑企业每月不间断发送安全警示告知短信，有效地遏制了外力破坏发生。积极推行带电作业，完成配网带电作业次数202次，有效减少客户停电时间。集中力量开展生产管理系统整治，集中运检、营销力量，开展营配调贯通相关工作，PMS2.0实用化整治初见成效。圆满完成了迎峰渡夏、春节、清明、五一、端午节等重大节假日保电任务。进一步加强了国家安全、保密、网络与信息安全、交通安全、消防安全等工作。

【营销服务】夯实优质服务管控基础，从营造“服务无小事”的工作氛围，提升服务意识着手，我们强化指标责任分解、严格奖惩。要求部门之间服务联动，提升服务精细化水平，演好自己的岗位角色。通过开展全方位的专业技能培训、服务素质培训等，不断提升员工综合素质，结合“两学一做”学习教育活动，公司“共产党员服务队”经常性开展服务活动。公司班子成员主动上门开展用户走访、征求行风评议意见建议，配合政府实行总经理电话公开承诺，加强与重点客户、诉求客户的联系沟通。公司积极推行客户经理制，对于大客户均明确专门的骨干技术人员担任客户经理，全程协调电力报装、建设、验收送电及相关问题处理。积极推广掌上电力APP、用电信息短信提醒服务。全年服务投诉同比明显减少，未发生因人员态度引发的投诉，未发生典型案例、重复投诉事件。

【党的建设和精神文明建设】扎实开展“两学一做”。严格按照规定动作开展学习教育和专题讨论，每天编发学习短信，开展讲党课、举办党纪党规知识抢答等活动。全年共开展集中学习13次，其中9次扩大学习，班子成员专题讲党课12次。通过评选“党员示范岗（台区、线路）”、“三亮三比三无”主题等活动发挥党员示范带头作用，通过“一帮一”促进全员绩效提升。2016年，公司党建工作荣获湖南省电力公司“百个党支部标准化建设示范点”荣誉。积极弘扬“电骡子”精神。在防汛主战场架设60公里临时照明线路，经常性到特殊学校、敬老院等开展助残帮困活动。在2017年3月31日召开的津市市襄阳街道志愿服务先进表彰大会上，国网津市市供电公司“电骡子”共产党员服务队荣获“2016年志愿服务先进集体”。狠抓党风廉政建设。修订明确“一岗双责”责任清单，做到依法依规，业务工作与廉政建设同部署、同安排；严格执行国网公司通用制度标准，注重关键岗位和重点环节的廉政风险管控，开展部门主要负责人、供电所长集中廉政谈话，签订廉政承诺书80余份。切实关心员工的工作和健康生活。加强健康食堂建设，提高工作餐的水准，解决单身职工晚餐和节假日就餐问题。狠抓文明卫生工作，荣获2016年度“省级文明卫生单位”称号。挤出有限费用修缮单身职工住房，改扩建职工书屋，落实离退休职工“两项”待遇，解决供电所房屋渗漏等实际问题。坚持开展好夏送清凉、冬送温暖，节日困难职工送慰问等活动。坚定青年职工爱岗爱企，敬业奉献的责任意识。信访渠道通畅，无越级上访事件。企业保持和谐稳定。2016年度荣获常德供电公司“先进工会”称号。（办公室）

农村工作

【概况】津市市农业局是主管全市农业农村工作和农业经济发展工作的市人民政府工作部门。2015年12月在全市机构改革中，原津市市委农村工作部与原津市市农业局合并，组建为新的津市市农业局，另加挂津市市委农村工作办公室牌子，现内设股室及二级机构共17个，干部职工64人。主要职能有城乡一体化改革试点、现代农业发展、美丽乡村建设、县域经济发展、农产品质量安全监管、农业科技推广和农民教育培训、农业执法、农业环境保护、农村脱贫攻坚和农村能源建设等。

2016年，津市农业农村工作以城乡一体化攻坚和脱贫攻坚为总揽，坚持改革创新，发展现代农业，建设美丽乡村，全市农村经济稳步发展，民生福祉不断改善，社会大局和谐稳定。据统计，2016年，津市实现农林牧渔业总产值33.50亿元，同比增长3.6%；实现农林牧渔业增加值20.93亿元，同比增长3.6%；农村居民人均可支配收入达到13142元，同比增长8.9%。成功争取到了全国洞庭湖区畜禽水产养殖污染治理试点，毛里湖被评为“国家湿地公园”；农村环境整治“绿色存折”制度和毛里湖生态环境改善情况被中央电视台专题报道；美丽乡村建设、脱贫攻坚工作和农药管理工作被评为全省先进，关山村、蒲山村被评为常德市美丽乡村；农民负担监管工作被评为全省先进。（郑栗）

【城乡一体化改革试点】作为常德唯一的城乡一体化建设试点，经过精心谋划，2016年，津市正式启动了改革试点工作，年初召开了镇村示范建设打擂评选会议，掀起建设热潮。市、镇两级共整合投入资金1.89亿元，实施集镇拆违、棚户区改造、房屋立面改造、道路规范化建设、产业规划布局等工程，各镇集镇控违拆违、特色集镇规划已经完成，棚改工作全面启动，共新建村级活动中心53个，改造农村危房2600余户；集镇污水处理管道铺设全面完成，各镇污水处理站已全部运行；新建乡镇压缩式垃圾转运站7座，为53个村（居）配备可卸式垃圾收集箱310个、人力垃圾清运板车300辆，建成户用四格净化池12000座；关桥村、大山村特色民居集中示范点已经建设完毕，剩余特色民居集中示范点建设任务也正在建设中。同时，还探索将部分国土审批权、城镇管理职能委托授权到乡镇政府，优化了服务，方便了群众，规范集镇建设管理。探索推进新型农村社区建设，新型农村社区全部完成规划设计，药山村、九堰村新型农村社区已开工建设。（郑栗）

【现代农业发展】一是传统农业稳步发展。召开全市粮食生产会议暨早稻专业化集中育秧会议，落实早稻面积13万亩，加大惠农政策的宣传力度，就农民关心的粮食直补、良种补贴、购机补贴、扶贫优惠等惠农强农政策给予农民耐心解答，提高农民的春耕春播的积极性，掀起春耕备耕热潮。协调农资个体经营户做好春耕物资的调运和储备，引进适合津市种植的农用物资产品，主动协调农资销售部门调入化肥、农膜、农药等农业生产资料，全力保障春耕生产供应。二是特色产业蓬勃发展。市委政府大力扶持食用菌产业发展，每年安排50万元的产业引导资金，新建食用菌研究所，引进湖南和平生物科技有限公司和湖南仕林生物科技股份有限公司2家大型食用菌工厂化栽培企业，创建5个香菇种植基地，一家双孢菇基地，2016年全市食用菌产值突破5000万元。全市葛果种植面积达到1.5万亩，进一步巩固“津市葛果”这一国家地理标志品牌。休闲农业亮点频现，全市具有一定规模的休闲农庄（农家乐）达19家，锦绣兰苑成功创建为五星级休闲农庄，半岛农庄被评为五星级乡村旅游点，药山、关山等新建休闲农业点来势看好。三是农产品加工业繁荣发展。全市有农产品加工企业397家，2016年，完成现价总产值72.1亿元，同比增长15%；完成工业销售收入70.85亿元，同比增长15.3%。2016年新认定1家省级、2家常德市级农业产业化龙头企业。四是农业品牌创建成效明显。截至12

月，湖南新中意食品有限公司的"中意"果冻、"中意"糖果和湖南鸿鹰生物科技有限公司的"梅花"糖化酶创建中国驰名商标，全市农产品加工业共创建湖南省著名商标15件、湖南省出口名牌产品2件，绿色食品认证25件、无公害农产品认证4件。湖南润农生态茶油有限公司的油茶籽采集基地和"茶籽油"产品分别获得有机产地、有机产品认证，"津市牛肉粉"获得国家地理证明商标。（罗兰兰）

【美丽乡村建设】一是突出重点抓示范。津市把美丽乡村建设与城乡一体化试点、农村环境整治、脱贫攻坚等工作相结合，以"六点一带"建设为重点，引领美丽乡村建设整市推进。六点：即6个省、常德市美丽乡村示范点村；一带：即湘北公路景观带。共创建省市县三级美丽乡村示范村32个，覆盖率为82.4%。二是强化投入抓基础。按照"财政奖补、项目整合、招商引资、信贷支持、社会帮扶"的模式，强化投入保障。近年来，项目和资金投入逐年递增，已累计投入3.58亿元，硬化通村通组公路245公里，新建维修机耕道457公里、水利设施3512处，新建改造村级活动中心39个，安全饮水、村级卫生室建设全覆盖，示范村电网改造全部完成。三是创新机制抓管理。创新乡村治理模式。通过建立完善"四议两公开"、"村民理事会"等制度和推行"3+X"乡村治理新模式，调动广大群众参与美丽乡村建设的积极性和主动性。通过开展"清洁文明户"、"三户三好"、"五好家庭"等评选活动，营造了"优美环境我管理、家园建设我出力"积极的工作氛围。农村环境整治网格化管理。每个镇由一名市级领导包保，每个村由一名镇政府干部包保，每个组或片区由一名村组干部包保，每个路段由一名村保洁员包保，每个农户由一名党员包保，建立包保责任台账，确保全市环境整治不漏一处、全域覆盖。深化"月评季奖"制度。在农村环境整治上，市对镇、镇对村、村对户层层开展"月评季奖"，并及时兑现奖惩，市整治办负责对各镇的考核；镇整治办负责对各村的考核；积极推行农村环境社会化管理，各村成立村环卫管理协会，负责督导保洁员的清扫清运工作和对农户进行考核。（马利）

【农村环境整治】一是狠抓"五化"建设。按照贫困户2000元/户、其他户1200元/户的奖补标准，改厕改厨工作整市推进，完成改厕改厨1100户；农村建房规范有序，湘北公路沿线民居呈现新貌，改造农村危房2160户，危房改造"三会两公示""两留影两共建"等方法，得到省扶贫办的高度肯定；按照"前庭后院、前花后果"的标准，建设美丽庭院3500户，湘北公路沿线及白衣镇蒲山村、毛里湖镇土桥村、药山镇新福村实现美丽庭院建设全覆盖；通过推行"户分类、村收集、镇转运、市处理"的垃圾处理模式，实现城乡生活垃圾处理一体化，目前，津市的农村垃圾集中处理率达到99.76%，生活垃圾和集镇餐厨垃圾的减量率分别达到了70%、90%。二是狠抓生态建设。通过开展"十万乔木绿津城"、"绿色走廊"等创建活动，新造林1.52万亩，建成"绿色走廊"94公里。农村集镇污水处理全省率先全覆盖；新增"四格"净化池700座，农村生活污水处理率达到80%。三是狠抓养殖环境整治专项行动。截至12月，津市已完成畜禽退养233户、16.93万m^2，占任务的71.09%，超过省绩效考核指标；拆除网箱7599口、2.02万m^2，退养任务全部完成。（马利）

【农产品质量安全监管】2016年制定了《2016年津市市农产品质量安全监测工作方案》、《2016年农产品质量安全监管工作方案》、《津市市食用农产品质量安全"清源"行动方案》和《津市市农产品质量安全监管百日行动工作方案》。2016年，对城区市场、蔬菜生产基地、超市生产和销售的水果蔬菜组织抽样检测，共计抽检20921批次，监测1400批次，均无超标情况发生。（钟薇薇）

【农业科技推广和农民教育培训】2016年共培育新型职业农民210人，组织技术人员跟踪服务新型职业农民400人次，涉及水稻再生稻及水稻综合种养、食用菌、葛果、柑橘等特色产业，培育扶持青年农场主10人。组织25人参加了省推广总站主办的技术培训、植保专干培训以及项目管理人员和信息员的培训。全年开展田间学校培训6期，培训大户165人次。创建了4个一季中稻加再生稻高产栽培示范点，再生稻平均亩产210公斤，亩增加纯收入400元；2个水稻＋小龙虾综合种养示范点，亩产值5000元，亩纯收入3500元；3个籼粳杂交稻高产示范点，平均亩产740公斤，高产丘块达到870公斤。（唐植槐）

【农业执法工作】2016年开展"春季农资打假保春耕"、"红盾护农保春耕专项行动"等执法检查行动，大力整治了农资市场，全年共检查农资门店123家，检查种子标签57张，立案查处农业违法案件6起，没收未经审定、停止推广经营水稻种子534公斤，收缴停止经营百草枯水剂1.3吨，协调处理农资纠纷12起，挽回经济损失30余万元。（管宏波）

【农业环境保护】2016年开展"农药减量化宣传月"活动。对柑桔大实蝇防治进行1000亩办点示范。水稻重金属修复治理VIP实验示范项目分别在新洲镇长岭岗村完成早晚稻各50亩、车胤村完成一季稻50亩，同时完成小区试验2处，按要求落实各项措施。（马家湘）

【农村能源建设】对全市养殖大户进行了摸底调查，并建成资源库。准备争取2个大型沼气工程项目。对2016年度省办批复给津市的省级农村能源示范项目及其配套专项资金的实施与使用情况，进行认真的评价，做好自评报告。（王劲松）

农经工作

【概况】2016年，津市市农经站在市委、市政府的正确领导和上级部门大力支持下，市农经站按照各级农业农村工作会议精神，结合部门职责，创新思路，改进方法，转变作风，打造亮点，狠抓落实，全市农村土地流转、农民负担监管、农民专业合作组织建设等工作，取得显著成效，为推动全市农村经济发展和稳定农村社会秩序做出积极贡献。

【农村土地承包管理工作】农村土地确权登记颁证。津市作为2015年全省48个整县推进确权登记颁证工作的区县市之一，于2015年8月正式启动土地确权工作。在市委、市政府的高度重视下，成立了市确权工作领导小组，制定了实施方案、考核办法，召开了全市动员大会，举办了市、镇、村几级业务培训班，完成了技术服务合同招标采购（单价为15元/亩），开展了横向到边、纵向到底的宣传发动等前期准备工作。2015年12月—2016年2月份，有确权任务的镇、村基本完成资料收集和摸底调查工作。2016年3月初，两家技术公司开始进场作业。6月份，完成所有地块的外业调查。7–8月份，完成内业数据处理。9月份，已有84个村、居完成权属摸底调查、外业调查指界、内业数据处理和第一轮审核公示工作，测绘地块16.8万块，实测面积23万亩。目前，已全面转入第二轮公示及本市第一轮自检阶段，力争2017年6月底前申请省里面验收。

规范引导农村土地承包经营权流转。一是强化宣传。3月份，积极参与市司法局组织的“送法律”下乡活动，大力宣传《土地承包法》、《土地管理法》《土地流转管理办法》等法律法规，发放宣传单2000余份。二是建立土地流转信息网。提供流转信息发布、合同签订或鉴证、政策咨询等服务。三是规范流转。按照依法自愿有偿的原则，引导流转双方自愿流转土地。2016年，新登记备案的家庭农场、专业合作社，使用全省统一的土地流转合同书。

加强矛盾纠纷化解和农村土地纠纷仲裁庭建设。一是加强仲裁庭建设。争取国家专项建设项目资金50万元，建设150平方米的仲裁庭，配备必要的办公设施和“数字庭审系统”，解决农村土地纠纷调解仲裁硬件建设。二是加强矛盾纠纷化解。与镇、村一道妥善处理土地确权、土地流转引发的土地矛盾纠纷。至12月，市、镇、村共调处化解矛盾纠纷171起，其中市级调解化解矛盾纠纷23起，特别是成功化解药山镇药山村新农村建设土地流转纠纷、新华村佳和牧业土地流转纠纷、毛里湖镇中南村任振枝确权土地纠纷等有影响的矛盾纠纷，没有发生因土地纠纷发生重大涉稳事件。

【农民权益维护和农民负担监管工作】落实农民权益维护和农民负担监管工作责任。3月份，与乡镇（街道）、市直部门签订了农民负担监管工作责任状，并将农民负担监管工作纳入乡镇（街道）、市直部门绩效考核内容。同时，代表市减负办经常性地开展涉负问题明察暗访。9月份，检查发现毛里湖镇中学利用周末补课并收取学生生活费的问题后，减负办及时交办给市教育局，教育局党组高度重视，在7日内将这一涉负问题整改到位。

联合市乡财局，督促各镇、街道开展“雁过拔毛”式腐败问题自清自查。通过自清自查，共立案查处案件5件，给予组织处理5人，收缴违规违纪资金23.272万元。

开展“雁过拔毛”式腐败问题专项检查。7–9月份，由津市农经站牵头，联合7家职能部门，采取随机抽查的形式（每个镇抽3个村，每个街道抽1个农村社区），对全市各镇、街道进行了专项检查。对发现的一般性问题，进行了现场交办，责令限期整改；对涉及到个人违规违纪的13条线索，及时移送给市纪委。四是主动对接、密切配合常德市专项整治办、减负办做好“雁过拔毛”式腐败问题和涉负问题专项检查。5月份、9月份，常德市专项整治办、减负办对津市进行了2次专项督导检查，没有出现突出问题、典型问题，没有涉负问题被常德文字通报。常德市减负办对津市农民权益维护和农民负担监管工作给予了高度肯定。

【农民专业合作社建设工作】2016年津市新型农业经营主体呈健康平稳发展态势。至12月，全市在工商注册并在市农经站登记备案的农民专业合作社共78家，在去年60家的基础上新增18家，增长率30%；合作社注册资金达12838.98万元，入社成员2498人，辐射带动农户13009户。合作社主导产业以种植业、养殖业、林果业、加工服务业为主，经营品种涉及棉花、葛果、食用菌、蜂蜜、肉兔、水产品等。其中养殖业合作社23家，种植业合作社26家，林果业11家，服务业18家。全市家庭农场去年47家，今年新增至58家，增长率23%，目前农庭农场主导产业是粮食种植业，种植面积50至200亩不等。为切实培育好农业新型经营主体，主要做以下几个方面的工作：

制定发展规划，明确发展目标。按照规范与发展并重的工作思路，目前已建成三家省级示范合作社（湖南光华养兔专业合作社、津市市德旺养蜂专业合作社、津市市旺森养猪专业合作社）；力争通过二年的努力，全市合作社发展达到100家，其中成员人数100人以上规范发展的合作社达60%。

加大扶持力度，推动健康发展。为扶持农民专业合作社健康快速发展，引导农民专业合作社走规范化建设、标准化生产和品牌建设之路，积极落实相关扶持政策。一是申报落实中央财政支持农民专业合作社的项目资金60万；二是市本级拨付专项资金10万元，对规范发展的专业合作社进行扶持；三是协调相关产业部门（农业、畜牧、林业等）给予符合条件的合作社组织承办实施相关产业项目。为扶持家庭农场快速发展，近三年，全市已累计将58家家庭农场中的46家申报纳入“百千万”工程，享受连续三年100元/亩的财政补助。

树立典型引路，搞好示范带动。重点做好省级示范社创建工作，在成功创建三家省级示范社的基础上，指导基础较好的合作社创建产业示范园，示范园和示范社建设工作的稳步推进，对带动津市合作社规范健康运行起到积极作用，初步形成了以药山蔬菜、毛里湖水产养殖、白衣农机服务、新洲水稻种植为代表的“一村一品、一镇一业”的产业格局，为新农村建设提供了重要的产业支撑。

鼓励引导创办，搞好规范指导。指导农民专业合作经济组织发展生产合作、销售合作、科技服务合作社；鼓励由农民合作创办、农村集体经济组织领办，依托企业、乡镇农技推广站、供销社等团体，按照自愿、互利原则兴办合作经济组织。

打造一批品牌，提高市场竞争力。紧紧围绕农产品标准化生产，积极实施品牌战略，通过合作社积极打造无公害食品、绿色食品等优势农产品品牌。目前已有1家获得了地理标志产品认证，10家获得了注册商标，9家通过无公害产品质量认证，有力提升津市农产品的影响力和市场竞争力。（办公室）

畜牧兽医水产工作

【概况】2016年，津市市畜牧兽医水产局在市委、市政府的正确领导下，优化区域布局，转变生产方式，推进种养业生态循环发展，进一步构建养殖废弃物综合利用的有效模式与途径，使津市畜牧兽医水产局的工作步入全省乃至全国同行业的前列。

2016年，全市出栏生猪54.66万头，牛0.62万头，羊4.4万只，家禽447万羽，兔49.2万只，同比分别增长0.11%、5.08%、3.29%、4.68%、3.6%；水产品起水27722吨，同比增加0.19%，畜禽水产品产量实现稳步增长。全市养殖业总产值17.89亿元，比上年增长17.97%，占农业总产值的52.2%。

【生猪产业标准化推进】2016年，津市市生猪产业以规模化养殖为基础，标准化生产为方向，创建3个农业部畜禽标准化示范场，形成以津市市佳和现代农业特色产业园和湖南旺森现代农业综合产业园为核心的产业集群，辐射带动周边农户150户，出栏生猪34万头，实现津市市生猪产业的提质增效。

【渔业产业结构调整】积极推进稻田综合种养，建成240亩虾稻混养生态示范基地，亩平增收3000元以上，发展南美白对虾养殖面积400亩，亩产效益在5000元以上；鱼鳖混养是农场生态甲鱼的主打模式，其亩平收益在7000元以上。积极发展休闲渔业，津市市三禾鱼蟹园、锦绣兰苑生态农业科技有限公司被评为湖南省五星级休闲农庄。对水库、饮用水源保护区做出禁止投肥、投饵的要求，实施“人放天养”，现已收回水面承包合同2处，重新签订禁投肥补充合同95处，“毛里湖鱼”因水质改善而味道鲜美成为市场的“香饽饽”，并建立“大湖清水蟹”品牌，实现毛里湖水域保护与开发的典范。

【动物疫病防控】2016年，津市市畜牧兽医水产局狠抓动物疫病防控，有效防控重大动物疫病和人畜共患病的发生。一是强化防疫工作。严格执行“季防月补”制度，集中人力、财力、物力打好春秋集中免疫攻坚战，免疫猪口蹄疫、猪瘟、猪蓝耳病12.23万头，牛羊口蹄疫0.85万头，羊小反刍兽疫0.69万只，禽流感99.45万羽，占应免数的100%，免疫证发放15.23万张，牲畜耳标佩带率100%。二是强化检疫工作。建立完善的产地检疫网络，动物产地检疫率达到100%。对全市10个生猪定点屠宰场和1个菜牛定点屠宰场都派驻了专职检疫员，严格实行了入场查证验标、宰前检疫和宰后同步检疫。对检疫合格的猪、牛肉加盖验讫印章并出证后，方可出场。三是强化动物疫情监测，全年共送检890头（羽）份动物血清样品，其中猪血清样160头份、牛羊血清样80头份、禽血清样650羽份，通过检测免疫抗体合格率均达到85%以上。

【创建省畜禽水产品质量安全监管示范县】2016年，市畜牧兽医水产局继续把畜禽水产品质量安全作为常态工作放在首位，成功创建省级畜禽水产品质量安全示范县（市）。一是对养殖场（户）、兽药饲料生产经营企业、屠宰企业进行日常监督检查，建立健全经营购销台账、养殖生产档案、屠宰检疫、数量等相关记录。二是加强养殖环节和投入品的监管，在全市范围内开展了兽药GSP认证工作和兽药饲料打假，对5家企业下达了限期整改通知书并跟踪其整改到位，取缔不合格兽药经销店2家。三是强化抽样检测。检测“瘦肉精”猪尿样15449个，生猪“瘦肉精”检出率为零，上级业务部门抽检畜牧肉样48个、饲料兽药样品12个、禽蛋样24个，合格率均为100%。

【渔业资源保护】2016年，市畜牧兽医水产局狠抓渔业资源保护，通过抓好春季禁渔、开展人工放流、打击电捕鱼养护水域生态资源。一是强化政策宣传。出动宣传车3次，召开座谈会3次，张贴、散发《禁渔通告》，在重点区域制作悬挂了4块永久性标识，同时动员全市群众积极监督举报，切实将宣传工作做到实处。二是继续实施人工放流。5月底，在津市市大码头开展鱼类人工增殖放流活动，共计投放鱼苗35000斤，品种以白鲢和鳙鱼为主，价值20万元。三是重拳出击打击违法捕捞。组织开展了36次打击非法捕捞专项整治行动，共出动执法车辆40多台次，执法船只40艘次，出动执法人员120多人次，巡回检查近600公里。

【农业部洞庭湖区畜禽水产养殖污染治理试点】2016年5月17日，津市因发展现代生态循环畜牧业起步早、成效好，加上多次与上级对接争取，被农业部列为全国畜禽水产养殖污染防治整县推进试点县，为湖区畜禽水产养殖污染治理探索和积累可复制、可推广的成功经验。随后农业部两次来津市督导调研洞庭湖区畜禽水产养殖污染治理工作，都对津市市的试点工作作出了肯定，表示将把津市的先进治污模式和技术在全国推广。

【养殖环境专项整治行动】为贯彻落实省政府55号文件要求，做好畜禽养殖污染整治行动和河湖围网养殖清理专项行动，市畜牧兽医水产局全力以赴，强力推进。一是科学制定发展蓝图。

成立市畜禽水产养殖污染专项整治工作领导小组，聘请中国农业大学专家为首席专家顾问，并委托湖南环科院制定《津市市养殖污染治理规划》，根据城乡土地用地、城乡环境整治和养殖业发展总体规划，划定禁养区、限养区、适养区，确定津市养殖污染整治的内容，为津市养殖业的布局优化提供蓝图。二是全力攻坚退养工作。由市长抓总、常务副市长牵头、分管副市长主抓，市畜牧兽医水产局及相关乡镇具体实施，仅2016年11和12月两个月时间，就完成退养畜禽养殖场(户)233户，退养面积达169290.52m²，完成退养任务达71.09%，超过省绩效考核指标；网箱退养397户，7599口，全部拆除到位。三是严格加强环境管理。出台《规模化畜禽养殖场建设审批制度》《津市市畜禽养殖污染防治管理暂行办法》，明确要求，新建或扩建养殖场须经国土、环保、规划、林业、畜牧备案许可方能动工，并严格执行环保“三同时”制度；非禁养区已建养殖场必须完成配套环保处理设施建设，由环保局下达责令整改通知书、出具环评报告，逾期未整改到位的，按相应的法律法规进行处罚或关停。

【推进养殖场污染治理和综合利用】津市在大型养殖场和中小型养殖场环境整治中，针对不同养殖场的条件，因场施策。一是积极促进大型养殖企业开展粪污综合利用，建设一体化综合处理设施，确保无害化消解、资源化利用和达标排放。如旺森农牧、鸿峰兔业，其中旺森投入3000万元，建成1000m²沼气池、沼液储存供应塔及沼液管网进田、日处理废水500吨污水处理工程、千亩玉米牧草、蚯蚓养殖加工厂等多个大型生态项目。二是积极推行种养平衡，就地消纳粪污。如佳和农牧在津市市新洲镇、药山镇建立两个大型生态养殖基地，就是按照“猪—沼—果、林、蔬”种养结合技术路线建立，同时带动周边农户发展生态小农庄。三是积极推进中小型养殖场治理，实施升级改造，完善配备设施。主要从污染源头通过雨污分离实现减排减量，固液分离，污水发酵后生产沼气，沼液有消纳去处的地方直接还田还林，达到种养平衡，或者采用立页增氧发酵污水处理系统处理；干粪送至有机肥厂加工成有机肥后作肥料，或发酵后养殖蚯蚓，或堆积发酵后直接用作肥料。四是实行粪污利用。在开发“四式养蚯”消纳粪污新模式的基础上，津市进一步强化蚯蚓的深加工，建设2000m²的全国首个恒温恒湿机械化蚯蚓养殖加工厂，室内温控全年孵化养殖蚯蚓，并利用现代生物萃取技术，提取、纯化蚯蚓液。

【定点屠宰管理职能移交】2016年4月，根据《国务院机构改革和职能转变方案》中“生猪定点屠宰监督管理职责”由商务部门划入农业部门和湖南省畜牧水产局的要求，原由市商务粮食局承担的生猪(牛)定点屠宰管理、生猪(牛)屠宰执法稽查等职能正式划归市畜牧兽医水产局。

【屠宰场整改和新屠宰场建设】2016年，市畜牧兽医水产局积极落实市委、市政府的创卫工作部署，投入近30万元，出动300人次加强屠宰场整改，打造无蚊蝇滋扰、老鼠绝迹、设施齐全，面貌焕然一新的屠宰场，顺利通过国家卫生城市技术评估小组检查验收。同时投资800万元，在工业集中区团湖村8组新建一个年屠宰规模为生猪5万头、菜牛5000头及加工服务一体化的大型机械化定点屠宰场，截止2016年底已完成所有手续，计划于2017年正式动工建设并投入使用。

【发展粮改饲项目】引进湖南中苋生态科技有限公司，投资5000万元在津市市投资籽粒苋种植与粮改饲秸秆综合利用项目，利用籽粒苋和玉米秸秆按照1∶1比例粉碎后加多功能菌种混合制作成青贮饲料，可广泛应用于猪、牛、羊、鸡、鸭、鱼等饲料配方，生产放心安全肉食品。 (办公室)

林　业

【资源现状】全市现有林地面积17.76万亩，湿地面积15.6万亩，森林覆盖率18.85%，活立木蓄积量55.44万立方米。 (袁超军)

【造林绿化】2016年，津市市林业局以“绿色津市建设”活动为抓手。大力实施血防造林、退耕还林、森林抚育重点生态绿化工程，2016年来全市共完成营造林15700亩，其中：血防造林7000亩，退耕还林工程已完成荒山造林2000亩，退耕还林后续产业项目1700亩，中央财政补贴项目5000亩，森林抚育11000亩，分别完成建设任务的100%。完成新造油茶林1580亩，油茶低改林改造3160亩；争取国家林业项目造林建设专项资金1236.8万元。2016年8月，省退耕还林成果项目办公室对津市巩固退耕还林项目后续产业的造林情况进行抽查；2016年11月，国家林业局对津市森林抚育工程进行检查验收，检查结果良好；2016年，林业局按照“因地制宜，适地适树”，原则，全面加强公路绿化，今年来，共完成、公路绿化55.8公里，全市道路绿化率达到98%。

(袁超军、陈金平)

【湘北公路绿化提质改造】2016年，市林业局根据市委、市政府工作部署，牵头组织实施湘北公路沿线绿化提质改造工程，工程从新洲肖家湖桥南到原渡口镇八宝湖桥止，全长约45公里，含公路控制线内增绿补绿，所有居民屋前种树栽花，可视范围内全面绿化。涉及到药山镇、毛里湖、新洲三个镇21个村(居)。

工程规划总投资约1250万元，其中市财政投入350万元，镇村自筹900万元。湘北公路沿线两旁、村居民屋前、大多数空坪隙地全都栽上绿化苗木，到5月底工程已经全部完工，进入后期养护阶段。湘北公路沿线共栽植各类大规格珍贵苗木红叶碧桃、水密桃、

日本樱花、夹竹桃、黄花槐、水杉、

红叶石楠、垂柳、广玉兰、茶花、桂花、杜英、樟树、红继木、木槿、木芙蓉、小叶女贞等苗木约10.1万多株，完成投资1250多万元。　　(陈金平、袁超军)

【义务植树】 2015年，市林业局组织形式多样的义务植树工作，号召全体市民开展“三边”造林，荒山绿化，在2015年3月12日组织市民深入开展全民义务植树活动。津市适龄公民共完成义务植树50万株，履责尽职率达到90%。3月12日当天，市林业局全体干部职工在古大同森林公园大门入口处积极开展了义务植树活动，共栽植樱花1500多株。全市118家机关事业单位安排在市区17个社区25处空坪隙地进行义务植物，共栽植樟树、杜英、栾树、桂花、红叶石楠等大规格绿化苗木近20000株。　　(袁超军)

【林政资源管理】 加强林木采伐管理。严格按照《林业“十三五”规划》要求，在全市大力推行木材采伐指标进村入户公示制度，切实加强森林采伐限额和年度木材生产计划执行情况的监督，2016年全市共发放林木采伐许可证65张，采伐蓄积9100立方米。全市采伐证发放合格率达100%，伐区设计合格率达到100%。

加强公益林管理。将全市森林分为商品林和公益林进行分类经营，全市23620亩省级以上生态公益林纳入森林保险，落实发放中央、省级财政森林生态效益补偿基金，2016年12月，津市公益管理及生态效益补偿基金发放工作通过省、常德市考核，工作得到省、常德市实事办充分肯定。

加强林地管理。市林业局加强林地综合管理，严格按照有关规定认真审核、审批征占用林地手续，按照占一补一的原则，做好植被恢复工作，确保森林资源稳定增长。严厉打击非法征占用林地行为，2016年，全市共查处案件1件，征占用面积1.18亩，行政处罚3人，拘留1人。

加强林权管理。在全面深化、巩固集体林权制度改革成果的基础上，全市深入开展并完善林地流转、林权抵押贷款工作，至2016年12月，今年共办理林权流转19宗，面积1386.3亩，转让金额达230余万元；林权证纠错3本，面积52.2亩，新办林权证2本，面积50.5亩；林权抵押贷款展期1宗，贷款金额160万元。　　(袁超军、黄兆雄、罗长清)

【森林资源保护】 有害生物防治工作。2016年，市林业局牵头组织完成《有害生物防治预案》制定。通过加大森林病虫害监测力度，大力开展遏制松材线虫病扩散蔓延、杨树天牛防治、白蚁防治以及植物检疫等工作，全市重点实施森林病虫害防治面积2万余亩，有效地遏制全市森林病虫害的大面积发生和蔓延。在对所有的电缆、光缆盘等松木材包装材料进行森林植物检疫专项执法行动同时，积极开展了产地检疫，对全市150亩苗圃进行全面检疫，检疫苗木达160万株。检疫木材9285.6立方米，防治杨树天牛2000多亩，组织施放白僵菌高孢粉1.5吨。达到了预期防治效果，有效的保护了全市森林资源。

野生动植保护工作。以“爱鸟周”、“野生动物保护月”为平台，采取电视、网络及下发宣传标语、倡议书，在广场、集镇人群集中地段以图片展览形式开展野生动植物也是人类朋友的宣传，让市民逐步自觉形成爱护野生动植的良好习惯，树立良好的饮食观和生态观。2016年，全市共张贴横幅标语60多条，印发“倡议书”10000余份，举办图片展览3次，通过宣传教育市民自发保护动植的良好氛围正逐步形成；进一步健全保护体系。按照上级主管部门及市野生动物保护的要求，结合津市的实际，重点在澧水河道湿地、毛里湖湿地公园、嘉山国家森林公园等鹭类等野生动物的重点栖息地林区，恢复和重建野生动物的栖息地、停留地。同时构建市、乡、村上下联动，成立专门野生动物保护队伍，构建全市野生动物保护网络，做到重点季节对野生动物保护不留盲区、不留死角。加强执法，为切实有效维护林区治安稳定，确保资源安全，先后开展保护候鸟“百日专项行动”、保护野生动物“天剑行动”等专项行动。2016年，全市共开展执法检查7次，处理群众举报15起，共办理林业案件32起，其中林业刑事案件2起，林业行政案30起，刑事处罚3人；收缴死鸟200多只，放生活鸟650余只，放生蛇类40余斤。

(袁超军、赵　志)

【森林防火】 在森林防火工作中，津市森林防火工作坚持“以人为本、管防结合、重兵扑救”的方针，把森林防火工作放在首要位置。领导重视、“高位”推进。市委、市政府对森林防火工作十分重视，并将森林防火工作纳入乡镇目标考核，设立森林防火单项考核制度，切实加强了领导，落实责任，增强市、乡、村三级的责任感和紧迫感，森林防火工作达到前所未有的高度。强化措施、落实责任。在森林火灾高发期，落实局机关干部包乡镇、乡村干部、护林员包组、联户、定山头的责任制，突出加强巡山、排查隐患和野外火源管理，彻底消除火灾隐患。加大宣传培训，提高防火能力。通过采取流动宣传车、新闻媒体、发放宣传单等方式加大宣传教育力度，提升广大市民防火意识。通过采取现场演练、培训、知识讲座等形式加强扑火队伍培训，提高队员应急能力、实战经验。落实森林防火特护期、重大节假日24小时值班制度，重大节假日所有林业干部带头深入林区重要路段，引导群众文明祭祀，加强火源管理。通过采取一系列措施津市森林防火工作取得了显著成效。2016年，全市有效处置大小森林火灾28起，过火面积386.4亩，当日扑灭率100%，查处刑事案件1起，各项防火指标完全控制在省、常德市规定的范围之内，确保无重特大森林火灾发生。为进一步加强森林资源保护，今年4月初，全市统一组织“森林防火专项宣传活动”，共出动宣传车20余次，张贴森林防火通告1000余份，印发宣传单5000余份，召开各种森林防火会议10余次，增强全民森林防火意识。组建三支防火队伍，成立由市消防大队武警、林场职工为主的30人的市级专业扑火队伍，林业局组建以年轻干部职工为主的森林防火应急队伍，各乡镇及村组也组建15人的扑火应急分队，提升综合防扑火能力。年初，投入资金10多万元，添置风力灭火机10台、高压水泵2台，防火服40余套。

（袁超军、王豹）

【古树名木普查】2016年，市林业局牵头组织开展古树名木普查工作，5月24日，津市市林业局按照全省统一部署，对津市境内的古树名木进行普查，工作于6月20日前完成，历时近一个月。此次古树名木普查重点查清津市古树名木资源总量、各类、公布状况、生长情况，单株古树名木的树种、树龄、保护级别、生长地点、生长环境、生长状况、养护管理等数据和照片资料，掌握了解古树名木的生态、科研、人文、地理、旅游等方面的价值。

外业普查期间，普查人员不惧炎热天气，跋山涉水寻找古树。根据《古树名木鉴定标准（试行）》要求，普查组走访各村镇，利用手持GPS定位仪和激光测距仪等先进工具对古树名木的位置、高度、冠幅和胸径等数据进行测量，并用相机拍摄古树名木的全貌，较为全面地掌握了古树名木的基本情况。此外，普查组还通过采访当地村委会的工作人员以及老人，了解古树背后的故事，更全面地完善了古树名木的信息资料。历时一个月全面完成津市古树名木清查工作，经调查全市共有古树名木种群13个，古树135棵。其中100—199年102棵，200—299年20棵，300—399年4棵，400年以上9棵。下一步，普查工作的重点将以整理内业资料为主，并录入古树名木信息管理系统。此外，市里还将编制印刷《津市市古树名木图册》，建立津市古树名木普查档案，完善全市古树名木信息管理平台建设，开展古树名木公布、挂牌等工作，并为每棵古树名木制作二维码标签，实现全市古树名木资源网上一张图信息化动态管理。

（袁超军、赵志）

【毛里湖国家湿地公园建设】2016年，是毛里湖国家湿地公园试点建设的验收之年，也是公园保护与管理出成效的关键之年，津市市委、市政府高度重视公园建设，将公园建设上升为全市生态文明建设"首位战略"，列为"一号工程"。为加大公园生态建设与资源保护力度，公园建设中以"提质、涵养、恢复"为重点，突出抓了"四大治理"工程。水源治理工程。采取"对上协调、对下整改"措施，通过多次向省政府汇报，成功将毛里湖的原渔业养殖水源调整为饮用水源，并与相关养殖企业多轮磋商谈判，达成禁投协议，真正实现了毛里湖的人放天养。至2016年底，毛里湖多个水质监测点监测数据显示稳定在Ⅲ类，部分监测点数据显示为Ⅱ类，使湖水水质得到明显改善。生态治理工程。通过实施公园周边7000多亩水源涵养林建设，增加湖滨缓冲带面积101.6亩，流域湿地面积恢复1035亩；对公园恢复重建区的近300亩成片杨树林实施砍伐，并流转土地690亩，完成了王家咀湿地植被恢复及鸟类栖息地建设；投入200多万元，实施毛里湖野菱角原生境保护性建设和有害生物"水葫芦"打捞；组织公安部门、环湖各乡镇开展了5次大规模打击滥采、滥伐、滥猎野生动植物的专项行动，2次集中整治行动，共收缴放生非法捕猎、贩运和经营的野生动物鸟类1600余只、野生蛇148公斤、青蛙240公斤、蟾蜍130多公斤，行政刑事拘留38人，挽回经济损失530多万元。移民治理工程。为彻底解决毛里湖镇（原保河堤镇）大山村150多户环湖居民生产生活对毛里湖周边生态环境干扰及毛里湖和澧水下游最后一批上岸渔民的居住问题，引进社会资本5000多万元，高标准完成总容量达252户的毛里湖国家湿地公园"大山生态移民安置小区"建设，现已入住居民86户，另有108户签订了意向合同。同时，按照湿地科普进小区的构想，在小区配套开辟"湿地公园科普宣教基地"，设有湿地科普室、农家科普书屋、湿地宣教长廊、湿地超市等，营造了浓厚的湿地科普宣教氛围。基础治理工程。投入近1000万元在沿湖周边安装了视频监控系统，修建了青龙咀、唐家咀和箭楼三处管护站，新建了青龙咀、王家咀码头和天鹅道路，翻修了花桥、箭楼巡护码头；投入8000万元正抓紧新建3500m²的湿地科普宣教中心、450m²的游客接待中心、6500m²的生态停车场、23000m²的游客码头、25000m²的公园主入口广场、2300m²管理服务办公楼、4座五星级旅游公厕等基础设施，同时，对公园道路、给排水、环保、供电、路标和消防等附属设施一并纳入配套建设。此外，还在公园及其周边配套设置了公园导览图及简介、景物介绍牌、标志标识牌等引导标识；添置监测巡护船、望远镜、观鸟单筒镜、数码相机、显微镜等生态环保设备，使公园管理条件得到不断优化，管理能力得到持续提升。

2016年7月国家林业局组织专家对毛里湖国家湿地公园试点建设进行了全方位检查、评估，公园试点建设得到专家充分肯定，顺利通过专家组的评估，国家级湿地公园正式获批。

（袁超军）

【国有林场及嘉山国家森林公园建设】林场工作。2015年，国有林场完成2万亩森林病虫害的检测上报和防治工作，其中包含2356.5亩国家重点公益林，加强林场森林资源管护，对林场内裸露地进行树木补种。

嘉山国家森林公园建设。2016年，津市林业局按照市委、市政府部署，狠抓公园建设。一是加强公园科学规划。聘请长沙景程旅游景观设计有限公司完成公园总体规划设计。二是加强公园基础建设。投入资金800多万元，先后实施林区通水、通电、通路的"三通"工程，加强林区危房改造；完成公园接待中心升级改造，重新整修公园广场、大门，完成大门两侧场地平整和绿化提质改造；完成公园进场道路黑化、两侧绿化，新建景区游道10多公里，拉通连接景点之间盘山公路；新建了路标指示牌102个，共栽植樟树、桂花树、樱花树等各类树种1200余株，转运土方40000余方，埋设下水道涵洞530余米。完成了皇姑山景点体育设施配套工程，公园基础设施逐步完善。三是加强了资源保护。在做好基础建设的同时，加大对公

园内景点资源保护，严防森林火灾发生；对公园内所有古树名木进行挂牌、建档保护。（钱海林、袁超军）

【创建国家森林城市】2016年，市林业局作为国家森林城市创建的牵头单位，在市委、市政府的正确领导下，在常德市创森办的支持指导下，紧扣国家创森指标要求，着力推进国家森林城市创建。

召开多次层工作会议。2016年，是创建国家森林城市的最后一年，也是最关键的一年，市林业局十分重视创森工作，多次向市委、市政府的主要领导进行专题汇报，得到了领导大力支持，多次以市委、政府常务会议形式进行专题研究，并由市级领导牵头多次召开多层次的创森工作上劲会，会上就创森建设工作进行安排部署。按常德市创森工作要求对津市创森工作的目标任务、重点工作进行再次动员，再次安排部署，并将创森工作相关指标数进行适当调整。全市各部门单位、乡镇、街道及村、社区都召开宣传发动会，安排部署创森工作，真正做到各级响应，全民动员。

加强全方位宣传发动。在森林城市创建工作中市林业局十分注重发挥广大市民的主体作用，全市上下充分利用好新闻媒体、会议、简报、征文等多种宣传载体，深入乡镇农村、街道社区、学校及重点企业开展全方位、多层次加强创森工作的宣传报道，增加市民对创森工作的认知度和认同度。在全市掀起“绿色津市人人建，创森工作人人参与”的热潮，积极营造良好的工作氛围。通过浓厚氛围营造，引导全市上下充分认识建设创森工作的重大意义，深刻领会创森工作的本质内涵，清晰地明确在创森工作中各自的责任和工作重点，更加自觉地、积极主动地、富有创造地投身于建设创森工作。

制定高起点工作举措。为了确保津市创森工作顺利推进，由市创森办牵头组织林业局、住建局分别对津市的创森工作任务进行全面调查摸底。将津市创园工作与创森工作进行有机对接，根据掌握的资料制定津市市创森工作实施方案，先后完成清远观公园、银苑路休闲广场、澹津公园、津市大道的绿化升级方案和建设方案设计并通过评审，启动绿地系统修编工作，出台《津市市绿线管理办法》。下一步将继续出台《津市市城市园林绿化管理办法》、《津市市蓝线管理办法》、《津市市紫线管理办法》、《津市市古树名木管理办法》等，为城区绿化建设提供强有力的科学保障。同时将全市创森工作任务进一步细化，责任到人：将农村片每个乡镇（有农村的办事处）在创森工作中需要完成的植树造林、义务植树、公路绿化、封山育林、生态示范户建设等任务数落实到每个具体单位；将城区片全市所有23条主次干道、空坪隙地绿化任务按照就近的原则落实到具体单位，并要求按照统一规划的树种及规格大小在规定的时间内完成。

推行高强度督查检查。为确保创森工作落到实处，工作中市委、政府主要领导实行一季一调度，分管领导一月一调度。市委、市政府督查室将创森工作列入全年重点督查的内容之一，每季度组织人大代表、政协委员及相关部门对全市创森工作进行一次全面督查，对各单位未能按期完成阶段任务的进行通报批评，通报批评后仍未能在限期内完成任务或分类排位靠后的，对其分管领导及相关责任人实行黄牌警告或诫勉谈话；对按期完成或超额完成目标任务、成绩突出的单位和个人，给予表彰奖励。通过督查通报，进一步推动工作开展，确保任务落实。

完善高质量工作机制。根据常德市创森办工作要求，津市主要创建任务是：津市森林公园扩容提质，晋升国家级森林公园，续建毛里湖国家湿地公园，提质改造虎爪山遗址公园、三湖公园、澹津公园、澧水防护林风光带和九澧大道、车胤大道、澹津路、人民路等道路（街道）绿化，新增绿地面积136.7公顷，同时做好未达标项目的升级达标工作。时间紧、任务重，为了完成以上创建任务，市委、市政府主要领导分组联片，深入一线采取召开多层次座谈会、现场察看和走访人大代表、政协委员、造林大户等形式多样调研，找准创森工作的关键点，并出台系列机制、办法，有力推动了创森工作的开展。

出台激励机制。市委、市政府在调研的基础上以文件形式出台了系列补贴政策、激励机制。一是加大造林补贴力度。对全市成规模的荒山造林，纳入国家补贴项目给予补助支持。鼓励在毛里湖国家湿地公园周边造林，加大对沿湖造林的扶持力度；二是加大封山育林补贴力度。在全市大力开展封山育林，对全市纳入封山育林林地进行补贴，仅此一项市财政每年投入的资金就在200万元以上；三是通过放宽准入，积极鼓励社会一切投资主体参与创森活动。并拿出专项资金对产业合作社及品牌产品建设等给予一定奖励。系列补贴政策、激励机制的出台极大的调动广大群众参与创森工作的热情。

制定考核机制。为加快创森工作步伐，巩固工作成效，通过调研，结合津市创建任务、工作目标制定创森工作考核办法。即创森工作考核实行分片考核、分类排位办法，考核分为乡镇片、城区片（包括驻津单位）及规模以上企业三块进行。农村片的工作考核由林业局负责；城区片考核实行三级考核机制，即“两创办”考核各街道、工业新区，街道、工业集中区考核各社区内的小区及空坪隙地，社区考核辖区内的所有单位。

完善公路绿化管理机制。为巩固公路造林绿化成果，通过调研摸索出一条行之有效的办法：由乡镇将公路两边林地以发包的形式流转给造林大户，由他们按照林业部门的造林设计负责造好林，然后由林业部门验收合格后给造林业主发林权证，林木所有权为造林业主所有。由于发林权证，造林业主成为林木真正的主人，公路造林护林的积极性空前高涨，一举破解多年来制约全市公路两边植树的难题，全市已硬化的公路两边全部高质量栽上的樟树、杜英等，且长势良好。

通过开展创森工作，三年来，全市累计完成造林4.57万亩，投入资金

2484.28万元;创建义务植树基地9个,面积370亩。完成义务植树342万株,全民义务植树尽责率在90%以上。新建纪念林基地2个,其中共青林基地1个,面积20亩;结婚纪念林基地1个,面积2.4亩。完成农田林网建设任务391.1公顷,其中新建174.5公顷,改造216.6公顷。投入资金4000多万元,建成公共绿地1.21万平方米,栽植各类绿化苗木10.86万株,建成3235个生态示范户,完成荷花社区、阳由社区、关山村、大旗村、关桥村、蒲山村等26个重点示范村建设。完成城区空坪隙地38处、节点143处、城区道路49.8公里的增绿补绿,完成柏枝林社区公园、阳由社区公园、嘉山广场、清远观公园等公园广场的新建,完成车胤广场、九澧广场、皇姑山广场、江南广场、工业集中区广场等5大广场的绿化提质改造,启动三湖公园、澹津公园进行升级改造,完成津市大道、中联大道等道路绿化,完成孟姜女大道、车胤大道、九澧大道绿化提质改造。推进皇姑山公园、古大同森林公园基础设施建设,加强荷花社区、阳由社区、新村社区、清风小区等居民小区绿化。全市新增绿地361.94公顷,其中公园绿地41.3公顷,防护绿地161.61公顷,生产绿地47.67公顷,附属绿地111.36公顷。津市城乡面貌焕然一新,农村的荒山、林地、屋边、水边、路边都栽上了经济林、果木林;城区的公园、广场、空坪隙地、居民小区全都披上绿装。创森的40项指标全部达标,9月初顺利通过国家林业局专家组验收,获得"国家森林"荣誉称号。

(袁超军、赵志)

【秀美村庄建设活动】2016年,市林业局继续组织在全市全面开展秀美村庄建设活动,活动采取采取镇村主导、全民参与、项目投入、市场运作的多渠道、多层次投入的方式全面加强道路绿化,村庄、小区及庭院绿化美化;发动群众开展"三边(路边、水边、屋边)"造林,大力保护古树名木。荷花社区、新村社区、关山村等一批基础设施完善、环境优美、民风淳朴村居初步建成。全市共投入资金1000多万元,栽植各类绿化苗木4.86万株,建成公共绿地0.3万平方米,完成了1040个生态示范农户的建设任务。(袁超军)

【澧水河口湿地自然保护区申报省级自然保护区】2016年在市委、市政府的大力支持下,与澧县林业局合作全面启动澧水河口湿地自然保护区申报省级自然保护区工作。

成立高规格的领导机构。成立由市委副书记任政委、分管农业的副市长任指挥长,市委办、政府办等19家单位主要负责为成员的澧水河口省级自然保护区申报工作指挥部。

召开澧水河口省级自然保护区申报工作动员会,初步完成区域内资料的收集与整理。

与澧县合作共投入资金150万元,聘请北京林业大学所属的中蕾公司全面启动科考、总规编制及申报材料文本制作工作。

成功申报澧水河口省级自然保护区和国际重要湿地,将为毛里湖国家湿地公园申报国际重要湿地的提供强有力支持。将其打造成为津澧向上争资引项的又一国家级的平台和重要国际名片,必将津澧经济发展提供强劲动力。

(袁超军)

【绿色走廊建设】在2015年的市十六届人大四次会议上,市人大将部分市人大代表提出的"关于建设城区及周边绿色走廊的议案"列为当年的"一号议案",市政府高度重视"一号方案"办理工作,成立由市长任指挥长,分管农业和城市建设的副市长任副指挥长,林业、住建、规划、财政、交通、旅游、三办、四办、新洲镇、灵泉镇等单位主要负责人为成员的工作领导小组。领导小组办公室设在市林业局,由市林业局局长兼任办公室主任。由林业局牵头主抓"一号方案"办理工作,在广泛调研的基础上,初步选定的绿色走廊路线,整个绿色走廊由"生态体验、生态田园、生态健身、生态旅游"四条主环线组成。环线总长为94公里,其中最长环线长约为33公里,总面积约为54平方公里。"一号议案"初步设想分为三年完成,设计具体项目有40个,投资总规模为15525万元,其中财政投资3000万元。

2016年,各单位按照"绿色走廊"建设规划要求,各司其职,扎实推进"绿色走廊"建设工程。现已完成资金投入1.3亿元,建成项目19个,还有22个项目未完成,需完成资金投入4197万元。

市林业局牵头聘请长沙市园林设计院,完成"绿色走廊"总体规划的概念设计;完成嘉山国家森林公园大门升级改造,公园入口土地平整及两侧绿化,完成皇姑山景区山顶广场、道路、游道硬化工程建设;完成标示标牌、垃圾箱、休憩区及健身等配套设施建设。

市住建局组织施工完成桥下广场平整、硬化及绿化工程和大同路硬化黑化工程。

襄阳街街道办事处完成500米果园路拓宽、盐矿空坪地50余亩绿化工程;推进果园社区居民整体搬迁工程,目前已经完成120多户的搬迁任务;

金鱼岭街道办事处完成丝绸路、大旗路、大同路及关山村内所有村、组公路两侧绿化;完成关山路2.3公里道路升级改造、道路绿化及硬化黑化工程;完成关山明月生态园建设工程,流转土地1000亩,栽植苗木40余种;完成3.5公里樱花大道路面拓宽、绿化提质工程。

嘉山街道办事处完成原关桥村至灵泉街道道路拓宽硬化工程、高速出口绿化建设,流转土地325亩,新建苗圃基地一个。

新洲镇政府完成新洲街道、原灵泉街道的升级改造及绿化、美化、亮化工程;完成生态旅游区绿化造林工程建设,新造林1500亩;完成伏牛山景区造林150亩。

通过"绿色走廊"的建设,进一步推动津市城乡绿化,改善津市生态环境,为更好地发挥津市生态效益、环境效益、经济效益,创造良好的人居环境奠定坚实的基础,为广大市民健身、休闲、旅游等创造良好的条件。(袁超军)

毛里湖国家湿地公园

【概况】地理条件独特。毛里湖国家湿地公园位于津市市东南部，周边环绕毛里湖镇、白衣镇和药山镇3个乡镇，公园地理坐标为东经111° 51′ 08″ ~ 111° 58′ 28″，北纬29° 20′ 48″ ~ 29° 29′ 40″；与安慈、二广高速互通相连。常年蓄水量1.38亿立方米，水深7至9米，面积达6250公顷，其中林地和旱地达1641.7公顷，湖面纵深约20公里。毛里湖湖形独特如海中珊瑚，支汊众多，千回百转，远望烟波浩渺，近观山清水秀。

生物资源丰富。湖南毛里湖国家湿地公园及其周边生物资源丰富，珍稀濒危动植物繁多。共发现维管束植物735种，其中土著种子植物527种。国家重点保护植物12种。湿地脊椎动物262种，其中野生鱼类77种，鸟类129种，两栖类13种，爬行类25种，哺乳类18种。列为国家一级保护野生动物有黑鹳、中华秋沙鸭2种，国家二级重点保护的野生动物有白琵鹭、鸳鸯等18种，列入“三有”的动物有中华鳖、王锦蛇、黑眉锦蛇等138种。

历史文化悠久。毛里湖及其周边有着悠久的历史和灿烂的文化，水神河伯坐船永留河底，龟将军尸成龟山，还有南宋钟相、杨幺起义屯兵的遗址，明末清初云南王吴三桂造反叛乱的练兵作战台。石龟山出土的3000余斤古钱币等，均见证了该地古代先人的文明与生活。

比较优势明显。毛里湖是湖南省最大的溪水湖，是省内仅次于洞庭湖的第二大天然优质淡水湖，也是省内少有的无血吸虫危害的天然湖泊，2013年，经过湖南省政府、湖南省环保厅、湖南省财政厅和津市市人民政府多方努力争取，毛里湖以其独特的生态功能被列入国家《良好湖泊生态环境保护规划》(2011–2020)以及“湖南省十大环保工程”中重点湖库水环境保护工程。

发展前景看好。按照《毛里湖生态环境保护总体实施方案》，毛里湖生态环境保护项目共实施5大类、18小类、43项工程，工程总投资13.8亿元。到2017年，总体水质基本保持在国家《地表水环境质量标准》Ⅲ类，一级饮用水源保护区水质达Ⅱ类，综合营养状态指数小于50，湖泊生态环境健康状况趋于良好。此外，大自然在赋予毛里湖秀丽外表、世纪机遇的同时，更为可贵的是让她处于武汉、重庆、长沙三个城市经济圈的中心位置，具有明显的区位优势、独特的人文景观、良好的湿地环保潜能。

管理机构健全。2013年8月12日，中共津市市委机构编制委员会正式批准成立毛里湖国家湿地公园管理处，属正科级事业单位，编制12个，在编人员9人。管理处内设：综合办公室（财务室）、保护管理股、科研监测股（国家级陆生野生动物疫源病监测站）、宣传教育股（旅游管理办公室）、湖南毛里湖大野生态建设开发有限公司。（曾琴）

【湿地公园保护】一是推进饮用水源保护。湿地公园管理处积极配合市环保局，对上协调，对下整改，成功促成省政府发文将毛里湖的原渔业养殖水源调整为饮用水源，拆除大湖拦网1.3万米、养殖网箱1.19万口，并与大湖股份签订了禁投协议，为实现毛里湖的人放天养打牢了基础。二是推进环湖生态保育。湿地公园建设领导小组协调市林业局及环湖乡镇在毛里湖周边先后完成了7000亩水源涵养林建设；整合市农业局项目资金200多万元，对毛里湖野菱进行了保护性恢复；公园管理处流转土地690亩，建成了王家咀湿地植被恢复及鸟类栖息区。三是推进环湖污染治理。协调相关职能部门利用项目资金，完成了环湖集镇生活污水处理管网及站泵建设和环湖生活垃圾收集、转运、处理一体化建设，在主要入湖溪流启动了生态拦截坝（沟）和缓冲池建设，关停了环湖禁养区内部分养殖企业。四是打牢环湖保护屏障。湿地公园管理处积极向市政府汇报，强力推行毛里湖周边500米范围内的土地控制 “六不准”禁令，并连续2年深入开展了毛里湖生态环境集中整治行动；整合水务等部门项目资金，先后投入2000多万元完成了公园主要湖堤灌浆及生态护坡工程和毛里湖中小河流治理工程，2016年上半年又正式启动了8400多万元的毛里湖防洪排渍电排建设工程。（曾琴）

【湿地公园建设】2016年2月，正式在毛里湖毛水汉东侧、S205西侧的大山村和樟树村交汇处启动了公园一期能力建设。公园一期能力建设项目共涉及公园主入口广场、宣教中心、宣教中心外部环境、宣教中心内部布展、访客中心、游船码头、旅游公厕、主入口至游船码头1号道路、主入口至宣教中心2号道路、1号和2号道路两侧绿化、办公及服务建筑的简装等能力建设项目11个（不含民投代建的办公服务区项目）。截止2016年底，完成开标的在建项目6个（宣教中心、宣教中心外部环境、访客中心、游船码头、旅游公厕、主入口至游船码头1号道路）；5个项目待市里确定方案后启动建设。（曾琴）

【公园试点通过国家验收】毛里湖湿地公园于2011年3月正式获批开展国家湿地公园试点建设，为顺利通过国家验收，湿地公园管理处先后开展了两个“百日”行动。一是“百日会战”。从2015年的11月至2016年2月，以省检为目标，完成了112项具体工作任务，成功取得了省检第一名。二是“百日攻坚”。2016年3月至7月，以国检为目标，完成了103项具体工作任务。8月23日，在哈尔滨召开的“全国湿地保护管理工作大会”上，毛里湖正式获得“国家湿地公园”授牌。2016年12月毛里湖国家湿地公园在全省林业工作会议上介绍公园建设试点经验。（曾琴）

【国家AAA级旅游景区创建】在夺牌征程中，湿地公园管理处利用“国家湿地公园”授牌后的一些利好，积极争取市旅游局支持，稳步推进湿地公园3A级旅游景区创建，并于2017年2月成功通过了常德市旅游局现场初审。

（曾琴）

森林公安

【概况】津市市森林公安局原名津市市公安局林业派出所，成立于1995年8月。2009年5月,正式更名为津市市森林公安局,正科级单位,受津市市林业局、公安局双重领导,与津市市森林防火指挥部办公室合署办公。下设刑侦治安大队、综合办、法制办和防火办四个股室。定编政法专项编5名,现有在编民警4名，空编1名，聘用辅警3名,市公安局法制办副主任兼任局法制办主任1名,共有工作人员9名,其中本科学历4人,大专学历3,中专学历2人，平均年龄34岁，警督以上警衔2人,警司2人;正科干部1人,副科干部1人,副主任科员2人。

森林公安依照《森林法》、《湖南省林业行政处罚条例》、《行政处罚法》、《刑事诉讼法》等相关法律法规的规定,秉公执法、从严执法,积极开展打击违法犯罪行为:

保护森林资源及野生动植物资源,严厉查处全市辖区内的非法占用林地、违法运输木材、毁坏林木及其它涉及林业的案件。

依照国家林业局、公安部《关于森林案件管辖范围及森林刑事案件立案标准的规定》,侦查破坏森林资源、野生动物资源的刑事案件,严厉打击刑事犯罪活动,保卫森林资源和野生动物资源安全。

加强林区治安管理,维护林区的治安秩序,查处林区的治安案件和《森林法》第39、42、43、44条规定的行政案件。及法律法规授权的林业行政处罚案件和上级林业行政主管部门委托授权的其他林业行政处罚案件。

加强公安基础业务工作,健全群防群治组织;建立护林网络,改善林区治安和护林防范机制,推进林区社会治安综合治理,提高林区治安防控能力。

大力宣传保护森林资源的法律、法规和有关林业政策，提高辖区干部、群众的法律意识,坚持群众路线,依靠人民群众同破坏森林资源的违法犯罪分子做斗争。

强化情报信息工作，加强调查研究，及时掌握和反映林区治安动态,针对林区治安情况,因地制宜,组织开展专项斗争,或专项整治。

承担津市森林防火指挥部办公室日常工作,督促各森林防火责任单位和成员单位尽责履责,防止发生森林火灾和人员伤亡事故。 (梁杰)

【业务工作】2016年森林公安局坚持专项行动与日常打击相结合,集中整治与综合治理相结合,近几年,着力开展了“亮剑行动”、“绿盾行动”、“天网行动”、“缉枪治暴”、“非法征占用林地”、“绿箭行动”、“候鸟保护”、“活立木市场整治行动”、非法贩卖野生动物等专项整治行动,取得不俗的成绩,以打促防,努力构筑“打、防、控”一体化机制,有力的打击破坏野生动物资源违法犯罪行为,有效的保护了津市市森林资源和野生动植物资源。自1995年成立森林公安机构以来共办理的林政案件300余起,涉林刑事案件32,收缴木材800余立方米,移送起诉48人,逮捕人3人,林政处罚人次400余人,收缴并放生青蛙6000余只、蛇900余条、鸟类500余只,收缴枪支47支,查处违法经营户37户,刑事案件查处率为100%,林政案件查处率达100%，有力维护津市市森林生态的持续,为社会经济协调健康发展增添了活力。其中2016年共出动警力192人次,出动车辆94车次,共受理查处各类涉林案件32起,其中:刑事案件2起,林业行政案件30起,处理群众纠纷12起，查处各类违法犯罪人员27人,取保候审3人,移送审查起诉3人次。 (梁杰)

【队伍建设】2016年度津市市森林公安局共配备警车一台、执法记录仪五个、对讲机六部、单警装备4套,实现民警在执勤过程中对人民群众所说的话以及民警在执法过程中的行为等进行监控。作为监督手段可以有效减少民警在执法过程中出现徇私舞弊或者消极执法等违反执法条例规范的行为。同时,上级部门可以在第一时间对执勤民警提出意见,这对执法规范化程度的提升是一个重要的保障。

津市市经济社会的高速发展使保护森林资源的任务将越来越艰巨,森林公安机关要承担的任务也将越来越繁重,同时也为森林公安队伍建设和管理提出了新的更高的要求。一直以来津市市森林公安的工作之所以开展得有声有色、卓有成效,走在津市市各项工作的前列,最大的成功之处在于培养了一支特别能战斗、作风过硬的好队伍。为此局党组进一步加强对公安队伍的领导的班子的建设,纯洁队伍,树立良好警风和扰患意识、群众意识和法制意识,坚持与时俱进,坚持执法为民。“好钢靠锻打”，经常组织开展各种业务培训和军事化、正规化的训练,认真钻研《森林法》、《湖南省林业行政处罚条例》、《行政处罚法》、《刑事诉讼法》等法律法规,努力使队伍成为通才、全才,做到秉公执法,依法办案。努力营造“比、学、赶、帮、超”的良好工作氛围,通过认真落实、扎实推进各项绩效管理制度,任务量化分解、责任明确细化,不仅调动民警工作积极性和激情,实现了民警被动应付工作到积极主动工作的转变,有力地助推全州森林公安工作的全面发展。自2006年全国公安机关“三基”工程建设起动以来,津市市森林公安局借助“三基”工程建设的强劲东风,紧贴森林公安工作和队伍建设实际,把“抓基层、打基础、苦练基本功”落到实处,不断创新,寻求突破,实现跨越,推进“三基”工程建设,向纵深发展。多年来,着力解决了基础警力不足、基础设施薄弱、警务保障困难等一系列“瓶颈”难题,有效提高了广大民警的执法水平以及森林公安科技信息化应用能力,强化了森林公安基层基础建设,提升了森林公安民警驾驭林区社会治安的综合能力。 (梁杰)

农业机械

【概况】津市市农业机械化管理局为市农业局管理的正科级公益一类事业单位，内设办公室、科教质量监督管理股2个股室，下辖农机安全监理所、农机培训服务中心（农机推广服务站）2个二级事业单位，核定编制18人，其中局机关10人，农机安全监理所6人，为财政全额拨款；农机培训服务中心2人，为自收自支，主要承担全市农机安全生产监督管理、国家农机购置补贴实施、新机具新技术推广、农机市场监管、农机教育培训和农机职业技能开发等职责。

2016年，市农机化工作在市委、市政府的正确领导下，在市人大、市政协的有效监督下，在社会各界的支持配合下，紧紧围绕着农业增产、农民增收、农村繁荣三大目标，切实履行"用农机、管农机、造农机"三项职能，凝心聚力、攻坚克难，创新突破，实现农机安全生产、农机购置补贴、农机科技推广、现代农机专业合作社等业务工作稳中有升，展示农机部门良好的社会形象。

2016年全市农业机械拥有量30929台，农机总动力193201千瓦，农业机械原值28544万元，综合机械化水平66.02%。农机专业合作社13个，农机大户35户，农机经营、维修网点33个，农机从业人员8132人，农业机械经营收入8762万元，利润总额5213万元。农机服务领域遍及农、林、牧、副、渔、加工各业，据不完全统计，农机已承担全市70%以上的农业生产劳动量，70%以上的农村运输量，每年为全市农村经济发展、农业增效产生直接和间接经济效益近亿元，连续多年被评为常德市农机系统先进单位、农机推广先进单位、农机安全生产先进单位等。

【农机安全生产】拿出守土有责的魄力，不因小而不为，不因难而不进，有力支撑起了全市30000多台农业机械和上万农机手的大安全。一是完善责任体系。严格落实"党政同责、一岗双责"，市与乡镇、乡镇与村组、村组与农机手层层签订农机安全生产责任状，将农机安全生产纳入全市年度目标管理考核范畴，积极探索农机安全"网格化"管理模式，把农机安全隐患排查治理、督促办理牌证、安全生产宣传、安全事故防控和矛盾化解等工作逐一包保到人，争得了农机安全的主动。二是强化危机意识。以安全事故为警钟，高悬安全危机之剑，积极开展农机春运安全、农机超限超载、"平安农机"示范创建、农机安全监管执法年、农机法律下乡等各类农机安全专题宣传10余次，发放宣传资料20000多份，发送农机安全警示短信2000余条。利用农机年度检审，举办农机驾驶员法规培训11期500余人次。积极加强与市安监部门联动，创建"平安农机示范镇"1个，"平安农机示范合作社"5个。三是严格排查治理。对农用运输车及其驾驶人的基本情况进行全面调查摸底、分类统计、设立台帐，做到心中有数。对涉及农机安全的重大危险源和农机安全隐患的变型拖拉机、农机生产经销企业进行了全面督查，对发现的问题及时整改落实。全市全年办理拖拉机年度检验393台，其中变型拖拉机上线检测141台，上线检测率100%，年度检审率91%，保险率100%；小型拖拉机检验252台，年度检审率75%，保险率100%；新办农机驾驶操作证56个；受理各类农业机械新入户登记107台，其中大型拖拉机42台，小型拖拉机14台，联合收割机51台；转入各类农业机械10台，其中变形拖拉机7台，小型拖拉机3台；组织各类农机安全执法检查30余次，查处各类违法车辆20余台次，下达安全隐患整改通知书15份，未发生一起农机安全生产责任事故。

【农机购置补贴】从构建符合津市实际的补贴实施监管体系入手，重点突出"三个强化"。一是强化政府行为。成立以分管副市长任组长、农机、财政、纪检监察、减负等部门参与的领导小组，与乡镇（街道）层层签订责任状，纳入政府年度目标管理考核范畴，压实乡镇（街道）一线部门的工作责任，强化财政、纪检、减负等部门的监督责任，使农机购置补贴由部门工作上升到政府行为。二是强化规范操作。召开全市农机购置补贴工作及操作培训会和专题警示教育会，对市镇两级补贴操作员、核查员进行专门培训，强化工作人员的纪律意识和专业水平，为全市乡镇（街道）11名农机购置补贴核查员配备专用核查摩托车。强化补贴申请人违规风险面对面提示，把补贴申请人阅读和签署《违规风险提示表》作为办理补贴必不可少的工作流程，筑牢廉政风险防控防线。加强补贴经销商的监督管理，要求经销商一律亮证经营，加挂指定经销商牌子，公开价格承诺和质量保证，在醒目位置公开经销机型与配置标准，积极做好"三包"售后服务和零配件供应。开展新进补贴机具现场演示评价，对常德智鹏机械公司等3家农机生产厂家9个品目12种机具型号进行现场演示评价，每次演示都有上级领导把关、纪检干部监督、技术专家表态、机手代表见证，杜绝了钱权交易，规避了腐败行为。三是强化信息公开。一方面做好农机购置补贴办理场所的公示，采用公告牌、告知单等形式，向购机户公开补贴政策、办理程序、资金使用进度、结算进度等，让广大购机户了解补贴信息和政策要求。另一方面，将农机购置补贴申请情况公示到村（居）委会，接受社会监督；在市电视台图文频道、省农机购置补贴信息网和本局网站等新媒体平台，设立补贴咨询和投诉举报电话，定期更新公开相关补贴政策、补贴办理信息等，做到应公开的信息一律公开，已公开的信息准确有效，保证了补贴政策阳光公开，惠及于民。

2016年全市争取国家农机购置补贴资金704万元，完成补贴资金606.81万元，补贴各类农机具480台套，直接受益农户254户，拉动农户农机直接投入2000多万元。

【农机科技推广】围绕水稻生产全程机械和农机对农村农业全覆盖两个

重点，突出关键机具。把发展水稻生产全程机械化列为市镇两级政府的重要工作任务，将机插秧纳入乡镇年度岗责考评内容，在白衣镇、毛里湖镇、新洲镇、药山镇建立5个200-1000亩的水稻机插秧推广示范点，荣晟农机专业合作社在涔澹农场流转土地30000余亩，开展优质水稻耕、种、收、烘干、加工全程机械化生产，集中示范、规模示范的效果得到了充分展示，机插秧推广的"燎原"态势基本形成。突出机艺融合。积极与农业局对接，加大技术合作，对机育插秧的农户免费发放种子，组建联合技术服务小组，对水稻育秧、机插、培管等关键环节实行点对点技术咨询和服务，帮助解决农民群众在水稻生产全程机械化工作中遇到的各种技术难题，做到"三个必到"：即每个作业点必到、机手有疑惑必到、机械出故障必到。水稻耕种收综合机械化水平77.22%，机插率达到39.8%，水稻机插、烘干等"卡脖子"环节机械化实现了突破。突出服务引导。在春耕、夏种、秋收等重要农时，根据津市农业实际和农户需求，积极协调调配拖拉机、联合收割机、耕整机等各类农业机械3000多台套及20000多个(件)零配件投放市场，确保农机市场货源供应充足。组织农机推广技术人员进农机制造企业、进农机专业合作社、进农机科技示范户、进村组，及时帮助农民群众解决选机、购机、用机中遇到的困难和问题。举办新进补贴机具现场演示评价会、机插秧现场演示会、油菜免耕直播会等各类农机现场演示会、观摩会10多次，创新了农机推广工作服务模式。

【农机专业合作社】抢抓省政府的"百千万"工程扶持政策机遇，积极引导农机合作社增加新型农机装备、完善农机基础设施、配套先进农艺技术、抓好基地品牌建设、规范合作社自身建设，把发展现代农机合作社作为解决"谁来种地、怎么种好地"的现实难题。一是选派外出培训。选派农机合作社社长、社员代表20余人次，参加省农机局机插秧技术培训、合作社理事长交流培训及其他专业培训，组织赴澧县、桃源、益阳等地观摩学习农机合作社建设经验，有力拓展了农机合作社视野和提升了专业操作能力，增强了合作社做大做强的信心。二是全程跟踪指导。指导帮助市德鹏农机专业合作社成功申报为省现代农机合作社，市大喜农机专业合作社申报为省现代农机合作社示范社，市农发农机合作社申报为常德市现代农机合作社示范社。目前，全市13家农机专业合作社，省级现代农机合作社达到5家，省级示范社1家，常德市级示范社1家，合作社专职从业人员200余人，流转耕地面积2万余亩，农机作业服务面积(含跨区作业面积)36万多亩，农机作业产值达3000多万元。三是全力帮扶服务。积极争取农业、水利、农开等部门支持配合，利用高标准农田建设、土地平整等项目修建机耕道100余公里；积极引导农机专业合作社参加农机深松整地项目建设，5家农机专业合作社通过招投标完成深松整地作业面积15000亩，创收79.5万元；积极与乡镇、村组协商联系，帮助市农发农机专业合作社转流土地2000多亩，市大喜农机专业合作社流转土地1100多亩，有力提升了农机专业合作社自我造血能力。

【农机教育培训】坚持教育培训与提高技能相结合，形成农民、农机培训师资、农机管理"三位一体"的培训体系，全面提升农机从业人员的素质水平。以生产需要、农民需求、补齐短板为根本出发点，大力提高农民技术技能，举办了水稻机插秧、农机驾驶操作、农机技术指导、经营服务等内容的农机技能培训班15期，培训各类农机人员1000余人次。创新性地在湘潭高垅航空基地开展了一期农用无人植保飞机新型职业农民农机技能培训，让愿意学技术的农民享受国家免费培训政策，给农民既增能又减负。坚持以"培育一流师资、培养一流人才"的工作思路，积极打造一支优秀的农机培训师资队伍，选送5名教师参加省农机教育培训，并顺利取得中华人民共和国拖拉机驾驶培训准教证，提升了全市对农机管理、科技、技能人才进行教育培训的实力。多方位加强各级农机管理人员的培训，努力造就一支管理能力强、尽责履职的农机化管理人才队伍，多次有计划地组织农机管理人员赴武汉、娄底、湘潭等地学习"充电"，通过广泛学习、开阔视野，进一步拓展了工作思路，增强了服务能力。加强基层农机管理人员的思想政治、业务知识、农机化法律法规、农机化发展新趋势新方向等方面的培训，提高服务理念，筑牢基层根基，全年组织乡镇农机员和农机监理岗位培训100余人次。

【农机市场监管】把强化农机监管职能，规范农机市场，保障农机生产、经营、使用者的合法权益作为监管工作的重要任务来抓。2016年，与农业、工商等部门开展联合打假维权专项行动3次；依托农机安全生产大检查活动，对全市经销商、维修网点、农机专业合作社开展安全生产专项检查，对经销、维修网点部分"三无"小农机配件，责令停止销售、整改到位；对农机专业合作社部分隐患机具进行督促维修整改；对社会和群众关注的农机质量安全和售后服务保障进行常态化监管，时刻保持高度警惕状态。同时加强投诉监督体系建设，完善工作制度，明确工作责任，及时受理和认真处理各类农机投诉。全年补贴机具质量投诉举报反馈率达到100%，无一例重大农机质量投诉案件和上级督办案件，农机手对补贴机具质量满意程度进一步提高。

【农机中心工作】面对农机争资口子少、路子窄的窘境，竭尽全力，争取到位各类农机项目发展资金1165万元，完成市委政府下达的年度目标任务的112.7%。积极参与专业招商小组的招商活动，4次外出对接招商项目，成功帮助常德智鹏机械制造公司与深圳玖富超能集团公司签订了5000万元的金融投资合作协议。积极参与市委、市政府各类创建活动，抽调1名专职人员服务联系城市创建工作，从有限工作经费中拿出10多万元帮助新洲镇复兴村扶贫解困和美丽乡村建设，使联系包保的5户贫困户成功脱贫摘帽。

【农机队伍建设】在小农机服务大农业的实践中，虽为弱势部门，但抓队伍建设的信念一直没有淡薄，势头一直没有减缓。一是用主题活动凝聚精神。积极开展"文明单位"创建、"雁过拔毛"腐败问题专项整治、"纠四风、治陋习"专项整治、优化经济发展环境"四项整治"、"两学一做"学习教育等主题活动，并以问题为导向，对各类不正之风和腐败问题进行全面扫描，深入调研，重点排查，建立问题台帐，逐项整改落实。2016年，通过多方筹措资金20多万元，改扩建了农机服务大厅，为办事群众提供从补贴申请到监理办证一站式方便贴心的优质服务，得到群众的一致好评。二是用健全制度规范行为。从完善《岗位职责》和《内部管理制度》入手，健全《日常工作制度》、细化《财务管理制度》、完善农机安全、农机购置补贴、治理"三乱"、党风廉政等方面制度，分解落实精细化管理，强化制度约束，加大跟踪问责，有效地规范了党员干部职工行为，既方便了农民群众，又保持良好的部门形象。三是用贴心服务提升作风。从群众迫切需要解决的机耕道、农机上户、农机维修、农机年检、农机保险、办理农机购置补贴之类的小事、琐事、杂事做起，把农机年检审窗口前置到乡镇村组，做到拖拉机检测不出村，驾驶证审验不出村，保险办理不出村，并将办好的拖拉机行驶证、驾驶证等义务送到农机手手中。对农户办理农机购置补贴申请，实行延时服务、预约服务，只要农户有需求，随叫随到，节假日不休息。向所有农机手免征拖拉机号牌费、行驶证费、登记证费、驾驶证费、安全技术检验费等5项收费，取消拖拉机反光贴收费；联合中石化津市公司对本市农机手购买春耕生产柴油每升低于市场价0.81元，为农机手节约资金20多万元，有效密切了党群干群关系，提高了基层群众的满意度、信任度。（曹明）

水　务

【概况】2016年以来，津市市水务局在市委、市政府的正确领导下，全面贯彻党的十八届三中、四中、五中、六中全会及党中央、湖南省委、常德市委、津市市市委经济工作会议精神，按照津市市委"五位一体"总体布局和"四个全面"战略部署，坚持稳中求进工作总基调，紧扣"新常德、新创业"总要求，从保障城乡经济健康发展出发，进一步加强领导，强化措施，积极推进农田水利基础设施建设、城乡供水一体化扩容提质工程、洞庭湖区水环境综合治理沟渠塘坝清淤增蓄专项行动，注重水安全、水资源、水环境统筹，注重大中小工程配套，注重城乡水利协调发展，不断提高水务的防洪保安、水资源保障、水环境保护和服务民生能力，为助力建设澧水流域现代化的中心城市、为水务工作"十三五"开好局、起好步，打下了良好的基础。（郭庆）

【水利建设】2016年度，为切实抓好年度水利建设工作，津市市人民政府召开专门会议，专题研究年度冬春农田水利基本建设工作，市委书记王学武、市委副书记、市长陈章杰也多次到西毛里湖排涝泵站施工工地、沟渠塘坝清淤增蓄专项行动工程施工点、城乡供水一体化扩容提质管线建设等施工现场检查调度，及时解决施工过程中遇到的困难，促进工作开展。在水利建设线多面广，任务重、要求高、时间紧的情形下，津市市水务局对重点工程倒排工期、强化督导，不断自加压力，有力组织协调，整体推进迅速，圆满完成常德市下达的计划任务。2016年共计投入水利建设资金9200万元，移动土石方230万立方米，开工建设水利项目652处，其中堤防除险5处、疏挖新建塘坝500口、清淤渠道50条200公里、整修保养机电排灌设施80处95台12488千瓦。先后实施了阳由垸双电杆和新洲下垸万家坡除险加固工程、西毛里湖排涝泵站新建工程、城乡供水一体化工程"扩容提质"建设、洞庭湖区水环境综合治理沟渠塘坝清淤增蓄专项行动等重点项目，其中堤防除险加固工程得到常德市的表扬并获得上级资金奖励；西毛里湖排涝泵站新建工程通过了水利部的飞行检查；津市市洞庭湖区水环境综合治理沟渠塘坝清淤增蓄专项行动被常德市洞庭湖生态经济区建设推进委员会评为先进单位；农村安全饮水工程的"城乡供水一体化建设"模式，得到了湖南省人大、湖南省政府、湖南省政协领导的高度肯定，成为全省农村安全饮水工作的调研热点。（郭庆）

【农村安全饮水工作】2016年，为适应津市市城乡供水一体化建设与城市发展的需要，为城市"扩容提质"奠定坚实基础，津市市水务局把握时机，加速了城乡供水老管网改造的步伐。在中共津市市委、津市市人民政府的科学部署下，对原城乡供水老管网开展了扩容提质工程，投资八千万元，将原7个集镇街道供水老管网和部分中心村组老旧的供水主管网更换为管径更大材质更安全的PE管，并对谢家堰集中供水工程增建毛里湖取水头部，在津市市城区新铺设管径达到630mm的孟姜女大道主供水管网，建成襄窑路、九澧大道等补水管网项目工程，城乡供水一体化"扩容提质"工程计划2017年4月建设完工。津市市"城乡供水一体化"建设模式在湖南省农村饮水安全方面做出了有益的探索，取得了一定的成效，得到了各级的充分肯定。2016年3月15日，在湖南省政协常委、人口资源环境委员会主任胡伟林同志的率领下，湖南省政协农村安全饮水工作调研组到津市市进行城乡供水一体化工程调研，在先后实地察看了毛里湖镇中南村用水户、谢家堰水厂、市城南区白龙潭水厂、药山镇官堰村用水户、津市市自来水公司水质监测站后，调研组一行对津市城乡供水一体化工程给予高度评价。2016年3月22日，常德市人大常委会主任刘明、副主任王先蒙、秘书长万利一行也来到

津市市2016年度在建水利项目概况表

工程名称	工程主要内容	工程年度投资额度(万元)	建设时间
西毛里湖排涝泵站新建项目	通过在毛里湖镇西湖渔场农业分场欧家台处新建大型电排站向澧水抢排西毛里湖渍水,设计抢排流量50.0m³/s,装机4台1400kw,总装机容量5600kw,批复工程投资8442.06万元)。电排建成后每年可减少渍灾损失2000万元,提高了内湖渍堤的防汛能力,保障了下游受益区的安全。	2220(中央投资)+100(省级配套)	跨年度建设项目
城乡供水一体化扩容提质建设	对原城乡供水老管网开展了扩容提质工程,计划将原七个集镇街道供水老管网和部分中心村组老旧的供水主管网更换为管径更大材质更安全的PE管,并对谢家堰集中供水工程增建毛里湖取水头部,在津市市城区新铺设管径达到630mm的孟姜女大道主供水管网,建成襄窑路、九澧大道等补水管网项目工程。	5500(城区)+1500(农村)	跨年度建设项目
沟渠塘坝清淤增蓄专项行动	津市市洞庭湖区水环境综合治理沟渠塘坝清淤增蓄专项行动2016年实施项目涉及津市市药山镇、毛里湖镇、新洲镇、汪家桥街道办事处、襄阳街街道办事处,工程计划清淤大中型渠道共108条、总长度168.4公里,其中大型渠道36条、总长度90公里;中型渠道72条、总长度78.4公里;小型渠道255条、共计434.4公里,整修和新建沟渠配套设施237处。另外还由津市市各镇、街道办自筹资金完成增蓄项目大型塘坝3处、涉及蓄水量24.1万立方米,中型塘坝83处、涉及蓄水量107.6万立方米,小型塘坝322处、涉及蓄水量73.3万立方米。	1300(省级奖励)+各镇自筹	2016.9开工,12月完工
道水津市段治理工程	工程综合治理河长为1.8km,内容为大堤加高陪厚及堤顶泥结石防汛公路路面,格宾护脚加雷诺护坡(5+100-5+560),清淤疏挖(1+800-3+050),拆除重建张家滩涵闸(5+205),提高堤防防护标准,改善防洪能力。主要工程量为土方开挖36165立方,土方回填62046立方,人工栽草皮12412平方,浆砌石356立方,格宾840立方,雷诺8976平方,砼及钢筋砼589立方,清淤3.42万立方,泥结石路面2400平方。	总投资582.7万元。	2016年11月17日开工,计划2017年4月完工。

津市,专题调研津市市农村饮水安全工程城乡供水一体化模式长效机制工作情况。在现场参观了集镇农民用水户、白龙潭水厂、津市市自来水公司水质监测站和津市市工业集中区污水处理厂,了解了津市市"城乡供水一体化"建设模式覆盖范围及水质监测、污水处理措施等情况后,他们对津市市城乡供水一体化采取"明确一个主体、实施两大改革、强化三大措施、完善四大机制"的工作措施给予充分肯定和高度赞扬。常德市人大常委会主任刘明要求:津市市要在严禁污染水源保护区的基础上明确农村饮水安全城乡供水一体化工程管理机构,探讨长效管理机制,用制度保证管网老旧维修资金的来源。从人、设施、技术、制度四个方面抓好水源保护、供水保障。津市市在农村饮水安全工作上走在全省前列,要将好的经验、特色工作总结好,推广好。2016年11月25日,在常德市召开"湖南省冬春水利建设暨'十三五'农村饮水巩固提升现场会",11月24日下午,来自全省各地的八十多名参会代表在省水利厅副厅长钟再群的带领下,专程赶到津市市实地参观了津市市白龙潭水厂、津市市水质检测中心。在第二天的会议上,作为全省农村饮水安全工程建设先进典型,津市市市委副书记、市长陈章杰代表津市在会上作冬春水利建设和农村饮水安全工作的经验发言,获得与会代表的一致好评。省水利厅副厅长钟再群指出,津市市"城乡供水一体化"工程的建成,为湖南省农村饮水安全工程增添一道靓丽的风景,其做法值得其它地市借鉴、推广。津市市农村饮水安全工程城乡供水一体化建设,下一步将继续解放思想,着手实施城乡供水一体化PPP模式改造,引进社会资本合作运营,提升供水智能化和信息化水平,提升服务质量和效益,以盘活现有存量资产,缓解政府融资和债务压力,更好地加速城乡统筹发展进程,为早日实现新型城镇化开辟出津市的特色之路。

【洞庭湖区水环境综合治理沟渠塘坝清淤增蓄专项行动】2016年,为加快推进洞庭湖生态经济区建设,加强洞庭湖区水环境治理,湖南省委省政府决定用两年时间在洞庭湖区开展水环境综合治理五大专项行动。其中,沟渠塘坝清淤增蓄专项行动由水利部门负责实施。津市市水务局在前期实地调查摸清津市市湖区垸内沟渠塘坝基本情况的基础上,制定并印发《津市市沟渠塘坝清淤增蓄专项行动工作方案》，明确了津市市湖区堰塘清淤和垸内沟渠疏浚行动目标、重点任务、实施责任和程序。2016年8月8月，津市市人民政府办公室以“津政办函〔2016〕23号”文下发了《关于下达2016年洞庭湖区沟渠疏浚省级奖补资金实施计划的通知》，同时，津市市水利建设指挥部也行文下发了《关于成立津市市沟渠塘坝清淤增蓄专项行动监督工作领导小组、质量监督检查小组的通知》和《津市市2016年沟渠塘坝清淤增蓄专项行动工程验收方案》等相关文件，对于整个专项行动从组织领导和工程验收上给予了明确的分工、保障和规范。计划津市市两年度的沟渠塘坝清淤增蓄专项行动任务由各街道办事处、镇政府负责组织实施完成，对于各项目区的项目不采取招标方式，以村组为单元完成单元工程任务，这样减少招投标等中间环节成本，实现了补助资金效益最大化。津市市洞庭湖区水环境综合治理沟渠塘坝清淤增蓄专项行动2016年实施项目涉及津市市药山镇、毛里湖镇、新洲镇、汪家桥街道办事处、襄阳街街道办事处，工程计划清淤大中型渠道共108条、总长度168.4公里，其中大型渠道36条、总长度90公里；中型渠道72条、总长度78.4公里；小型渠道255条、共计434.4公里，整修和新建沟渠配套设施237处。另外还由津市市各镇、街道办自筹资金完成增蓄项目大型塘坝3处、涉及蓄水量24.1万立方米，中型塘坝83处、涉及蓄水量107.6万立方米，小型塘坝322处、涉及蓄水量73.3万立方米。2016年10月13日，津市市在毛里湖镇召开了“沟渠塘坝清淤增蓄专项行动施工现场会”，市分管副市长高见、市水务局负责人、各相关镇、街道办负责人和水管站长共三十多人参加了会议。与会人员先是一起深入到毛里湖镇青苗社区的西干排渠渠道疏浚样板点工程现场，查看和了解沟渠清淤工程建设情况，并就工程施工标准和经验进行了沟通交流。随后，在毛里湖镇镇政府会议室，水务局负责人就“工程施工标准、施工中遇到的青苗补偿和淤泥堆放处理”等问题进行了详细解读，要求相关镇（街道办）都按照样板沟渠道和塘坝的标准执行，同时要求每个镇（街道办）的镇（街道办）党委书记、镇长（街道办主任）、分管副镇长、水利管理站站长、村支部书记各创建一条样板渠道、一座塘坝清淤增蓄的示范点，以“五样板”的模式推进专项行动工作，真正发挥以点带面作用。会上，各相关镇、街道办负责人还做了表态发言并递交了工作责任状，会后，为强化专项行动工程技术指导，津市市水务局抽调了10名专业技术人员下到各镇村（街道办社区）工地，每镇（街道办）2名技术人员，与当地水利管理站的人员到工程工地同吃、同住、同监督，对整个工程实行技术包干负责。对于不达标的单元工程及时纠正，及时返工处理达标。防止施工过程走弯路，降低了工程建设成本，提高了工程效益。为把工程建后管护摆在与工程建设同等重要的位置，坚持建管并重，津市市还结合农村环境保洁任务，与各镇（街道办）政府签订了相关的沟渠常年养护合同（签订时限为3年），市财政对各镇（街道办）的沟渠塘坝保洁维护给予适当补贴，由相应的农村环境保洁专业队负责沟渠塘坝的保洁任务。在水务部门的支持指导下，各镇（街道办）强投入、抓建设、勤调度、促落实，攻坚克难，扎实苦干，仅用三个月就超额完成了津市市沟渠塘坝清淤增蓄专项行动2016年度工作任务，得到了湖南省水利厅洞庭湖水利工程管理局的高度肯定，为湖南省洞庭湖区水环境综合治理沟渠塘坝清淤增蓄专项行动的考核验收提供了高标准的参考，被常德市洞庭湖生态经济区建设推进委员会评为“2016年度洞庭湖水环境综合治理五大专项行动先进单位”。（郭庆）

【西毛里湖排涝泵站新建工程】西毛里湖位于洞庭湖西缘及沅澧大圈西端的津市市境内，是省内第二大淡水湖，湖面面积6.0万亩，控制集雨面积363.68km²。湖内渍堤全长23450米，为提高内湖渍堤的防汛能力，保障下游受益区的安全，同时为毛里湖湿地工园建设发展提供可靠的安全保障，2015年9月17日，津市市西毛里湖排涝泵站新建工程正式开工，为建设好这一惠及西湖、毛里湖周边群众的重点工程，2016年度，津市市水务局适时召开项目建设调度会和建设进度督办会，多措并举加快推进该重点工程建设进度。津市市西毛里湖排涝泵站新建工程，泵站站址位于西湖渔场农业分场欧家台，设计排水流量50.0m³/s，装机4台单机1400kw，总装机容量5600kw，工程概算造价8442万元。截止2016年底，该工程完成实际投资近6000万元，先后完成泵站防洪闸门、机房水下部分、进水渠道开挖、拦污检修闸门、机房水上部分等分项目施工，预计于2017年完成工程施工并投入运行。（郭庆）

【防汛抗旱工作】2016年，津市市水务局在市委、市政府和市防汛抗旱指挥部的正确领导和有力指挥下，始终坚持“安全第一，常备不懈，以防为主，全力抢险”的方针，牢固树立“防大汛、抢大险、救大灾”的思想不动摇，认真贯彻落实上级防汛工作部署和要求，提早安排，周密部署，强化责任，狠抓落实。2016年3月初，针对经国务院正式批复后的新版《长江防御洪水方案》，津市市水务局集中组织全局干职一起进行系统的学习。新版《长江防御洪水方案》基于防洪形势需要，对防洪部署作出调整，增加长江上游防御洪水的安排，修订了长江中下游防御洪水的安排。进一步凸显了洞庭湖的调蓄功能，在一定程度上缓解了洞庭湖区防洪压力，同时也将使洞庭湖中高水位的维持时间有所延长，增加长江入湖洪水与湖南省湘资沅澧“四水”洪水“碰头”的几率。对此，津市市水务局一帮人，清醒认识到处于澧水尾闾的津市市防洪形势的新变化，以《长江防御洪水方案》为遵循，汛期前就及时开展修改、完善、调整原有的本市各垸洪水防御安排和防汛方案的工作。汛期前，津市市防办对2015年冬以来津市市652处开工建设的水利建设项目进行施工督导，并先后对津市市护市垸护市机埠、新洲上垸新洲机埠、新洲下垸邵家嘴机埠等进行维修改造，更换阳由垸窑坡电排主变压器，对新洲镇庹家峪水库涵闸进行整修，同时，对全市各个防汛物资储备点的防汛物资储备情况进行清查统计，针对检查出来的防汛物资器材存储不足，向市财政申请200万元专项资金进行添储，为做好防汛抗旱工作打下良好的基础。4月13日，津市市召开全市防汛抗旱会商会，在对相关工作进行讨论研究形成一致意见后，4月15日，津市市在市兰苑宾馆召开“全市防汛抗旱工作动员会”，中共津市市委、津市市人民政府全体在家的市级领导和市直部门负责人、津市市五个街道办、四个镇和工业集中区班子成员、水管站长共计200余人参加此次会议。会上，津市市市委常委、津市市人民政府副市长徐兴庭就2016年的防汛抗旱形势作工作报告，津市市监察局、水务局、毛里湖镇负责人就防汛抗旱责任落实进行表态发言，津市市各堤垸防汛抗旱分指挥部、指挥所指挥长递交防汛抗旱责任状。4月下旬，根据全市防汛工作会议精神和市防指通知，为切实做好2016年防汛抗灾工作，全面提升抢险队伍的战斗力，津市市从市直各部门单位和4个镇政府中抽调专门人员，组建300人的防汛抢险机动队，队员以津市市民兵预备役、退伍转业军人、近年新招录的公务员和引进的专业人才为主，年龄均在45岁以下，按照连、排、班的军事化编制进行编组。从4月下旬至5月上旬分三期组织训练，集训内容包括队列训练、抢险知识培训、防汛抢险堵漏排急等。通过集中训练，使队员们熟练掌握了“抢险、抢救”的基本知识和技能。同时，市防指还在全市范围内组建2000人的防汛抢险预备队伍，其中农村部分1000人，城市部分1000人，所有防汛抢险队伍都进行登记造册，以保证随时可以调用。2016全年，受厄尔尼诺现象的影响，津市市遭受多次强降雨过程，全年降雨量达到1281.05毫米，其中四月份为161.22毫米、五月份为162.5毫米、六月份为222.8毫米、七月份为306.1毫米，八月份为177.99毫米，九月份为39.38毫米，汛期总降雨量为1069.99毫米，占全年降雨量的83.5%。2016年日降雨量最高记录发生于当年8月10日，津市市新洲镇庹家峪水库雨量点记录到当日该地降雨量达到152.2毫米（当日全市平均降雨量为86.16毫米），其次发生在7月1日，当日津市市水务局雨量点录得降雨量达到116.3毫米（当日津市市平均降雨量为82.2毫米）。2016年6月19日至20日期间，澧水流域上游普降暴雨，导致澧水水位快速上涨，6月21日07:00时，澧水津市段水位达到39.43米，流量为每秒6500立方米，低于警戒水位仅1.57米。自6月27日凌晨开始，澧水流域再次发生强降雨过程，加之受澧水上游江垭、皂市水库开始泄洪影响，处于澧水尾闾的津市市汛情开始严峻起来，6月27日晚19:00时，津市市在市委办一楼会议室连夜召开全市防汛工作会商会，津市市防指政委、市委书记王学武在会上宣布全市进入防汛抗灾Ⅲ级应急响应状态，并要求津市市各级防指及各责任单位要把防汛抗灾作为近期一切工作重心。6月28日下午14:00点，津市定升公司燃气站内一废弃压把井出现翻砂鼓水险情，接到险情报告后，市护市垸分指挥部立即组织工程人员赶赴现场处置险情，经过1个多小时的打桩封堵，彻底排除了险情。6月28日下午14:30分，津市市阳由垸澧水一线大堤荷花中队双电杆段出现20多米长度新堤内坡下滑险情，市阳由垸分指收悉险情报告后，及时组织抢险劳力400余人，动用大小机械21台，对坡面实行开沟沥水减载，经过十多个小时奋战，至29日凌晨03:00时，终于使险情得到有效处理。6月28日晚19:28时，津市市园林处防汛突击队在巡查中发现市三湖公园水岸银都处发生管涌险情，市护市垸分指迅速准备60吨卵石及800条编织袋送到现场，并组织20名抢险队员和相关机械设备到场进行除险加固作业，经过3个多小时的战斗，当日夜里23:40时，该处险情终于得到有效控制。6月29日凌晨02:00时，津市市委书记王学武在市委办一楼会议室主持召开全市防汛工作紧急会商会，宣布全市启动防汛Ⅱ级应急响应。当日早上06:00时，津市市迎来澧水当年最高洪峰，澧水津市站水位高达41.81米，流速为每秒9340立米，超警戒水位0.81米，创10年来津市水位最高峰，津市市5个万亩以上堤垸自此水位陆续超警戒水位。受6月27日到6月29日津市境内强降雨过程影响，津市农村部分农作物被淹没，受灾总面积达343公顷，受灾总人数2416人，导致金鱼岭街道办事处关山村、新州镇4户农户12间房屋受损、4公里村道被损毁，直接经济损失达620万元。面对灾情，津市防指救灾分组迅速启动救灾预案，组织堪灾小组赶赴重灾区金鱼岭街道关山村、新州镇嘉山社区勘察灾情，救灾定损，并紧急拨付救灾资金2万元、帐篷10顶，棉衣被20床，对灾区生活有困难的群众进行临时救济，并指导他们开展生产自救，确保灾区群众有饭吃、有衣穿、有干净的饮用水喝，维护了受灾区社会秩序稳定。7月1日下午15:30时，受持续强降雨过程影响，津市市阳由垸澧水大堤双电杆新堤段再次发生堤内坡下滑、堤外坡出现雨淋沟的险情。接悉险情报告后，阳由垸分指半小时内迅速组织200多名抢险人员赶到现场，在大堤内、外坡铺设彩条布60卷12000平米，压缝砂石袋2500包，经过5个多小时的紧张奋战，当晚20:30时左右，阳由垸澧水大堤双电杆新堤险情得到有效处置。7月2日上午，津市市药山镇临东村大湾水库发生堤面崩塌的险情，药山镇迅速调集精壮劳力280余人，挖掘机2台，农用车6辆，编织袋800余条，砂卵石40多方投入抢险中，经过4个小时的奋战，在水库堤上铺盖彩布条35米，并挖掘溢洪道一条，水库北面挖掘泄洪口一道，及时排除险情。7月2日下午15:00时，津市市新洲下垸铁家咀至朱家咀堤段出现多处堤身渗水险情，收悉险情报告后，新洲镇立即组织干部群众进行抢险工作，迅速调集抢险运输车辆2辆，运送砂卵石5方，通过开沟导渗、反滤导渗、临河筑戗，控制险情。2016年7月上旬，受强降雨过程及冲柳高水水位上涨影响，津市市毛里湖水位居高不下，最高水位达到35.56米，超警戒水位0.06米，毛里湖堤防遭受长时间高水位浸泡。7月16日上午07:00时，毛里湖镇五儿咀渍堤防汛队员在巡堤过程发现，渍堤外约120余米的坡段因受长时间洪水浸泡出现滑坡险象，毛里湖镇迅速调集抢险人员20余名，挖土机2台，翻斗车6辆投入抢险工作，共拖运块石170方，对大堤进行加固处理，经三个多小时的紧张战斗，于10:00时有效制止了险情。7月19日07:30时，津市药山镇三新垸沿线、内八宝湖值守群众发现哑河与原新民村一组交界处渍堤有不明流水声，通过细致勘察，发现该处堤身有三处渗水，收悉该险情后，药山镇防指迅速调集挖掘机1台、劳力50名、块石3车、黄沙1车、卵石1车、编织袋800个赶赴现场进行抢险加固，经过约六个小时的奋力抢筑，在中午13:00时左右险情得以解除。7月25日上午，津市市毛里湖镇五儿咀堤段发现一处管涌险情，市包垸领导和市防指、毛里湖镇负责人在收悉险情报告后第一时间赶到现场进行处理，组织当地干部群众150多人次，动用各式车辆20多台，拖运砂石、土方100余方，使用编制袋5000余条，采用打围堰的方式，对该处管涌进行封堵，经抢险人员近4个小时奋战，该处管涌险情在当日中午得到有效控制。7月30日，津市市新任市委书记傅勇，在津市市委副书记、市长陈章杰的陪同下，上任伊始就对毛里湖镇及药山镇防汛工作进行检查调度，傅勇、陈章杰一行先后来到毛里湖排涝泵站新建工程处、毛里湖四林垸渍堤、新湾渍堤、新民排水闸等处进行了实地察看，详细了解该处水情险情和隐患排查、人员值班安排、防汛物资储备等工作情况。检查中，傅勇书记充分肯定毛里湖沿线各镇前一阶段防汛抗洪取得的阶段性成果，并向一线干部群众表出，毛里湖超警戒水位已持续了较长时间，大堤长时间浸泡后抵御洪水能力减弱，毛里湖沿线各镇对此要有清醒认识。傅勇强调，防汛抗灾事关人民群众生命财产安全，不容有失。毛里湖周边各镇要克服连日高温酷暑天气影响，综合调度闸口、河道、水库等，统筹做好调蓄、排涝工作；要备足防汛抢险物资器材，加强巡逻查险工作力度，保障防汛通道畅通；要加强险工险段、穿堤设施的全天候值守，及时排查险情，坚决打赢防汛抗灾这场硬仗。2016年4月初到9月底的汛期中，澧水津市段前后出现3次洪峰。第一次洪峰于6月29日07:00时通过津市，洪峰水位达到41.81米，洪峰流量为9340立方米每秒，超警戒水位(41米)0.81米(澧水津市段其他水位控制站点全线超警戒水位)；第二次洪峰于7月2日11:00时通过津市，洪峰水位40.79米，距警戒水位(41米)0.21米，流量6680立方米每秒，当时由于受洞庭湖水顶托，导致澧水流域津市市新洲上垸、新洲下垸段超警戒水位；第三次洪峰于7月21日02:00时通过津市，洪峰水位40.28米，距警戒水位(41米)0.72米，受此次洪峰影响，澧水津市新洲下垸超出警戒水位(39米)0.24米，其他堤垸水位均在警戒水位以下。另外，汛期内，津市市28座水库中有周家湾水库、长湾水库、中堰水库、姚家峪水库、长堰水库5座小(Ⅱ)型水库溢洪，涔水、冲柳高水出现较短时间警戒水位，涔水最高水位达到40.42米，超警戒水位(39.5米)0.92米；冲柳高水最高水位达到35.59米，超警戒水位(39.5米)0.09米。受当时冲柳高水的影响，津市市毛里湖湖水无法外排，毛里湖水位处于超警戒状态长达半月有余，最高水位达到34.05米，超警戒水位(33.5米)0.55米。面对2016年出现的澧水流域近十年来最大洪峰，在中共津市市市委、津市市人民政府和津市市防汛抗旱指挥部的有力领导下，津市市各部门单位干部群众闻汛而动，严防死守，科学应对，全力抢险，有力保障全市人民群众生命财产安全，实现"五个确保"的防汛抗旱工作目标，夺取了防汛抗旱的全面胜利，谱写了一曲2016年"防洪抢险保平安、抗灾救灾促发展"的时代乐章。

(郭庆)

【水行政执法】 为建立良好的水事秩序，津市市水务局以2016年3月22日第二十四届"世界水日"、3月22—28日第二十九届"中国水周"和"12.4"全国法制宣传日为契机，通过在集镇广场设立水法宣传牌和图片展、向过往群众发放水法律法规宣传资料、在市电视台播放专题宣传片等多种形式，加大水法规宣传力度，增强了各级水行政部门广大干部职工尤其是领导干部"落实五大发展理念，推进最严格水资源管理"的意识。2016年，市水务局从提升人员执法水平着手，积极组织执法人员参加上级部门的水政执法业务培训，不断提高政治理论素质和执法业务水平，全体执法人员均以优异的成绩顺利通过津市市法制办举办的年度行政执法证资格考试。参照湖南省水利厅、常德市水务局自由裁量处罚标准，结合津市实际情况，津市市水务局还制定完善了行政处罚自由裁量权标准，同时坚持案件公开制度，按照市法制办要求及时在津市市水务局政务网站进行"责令停止水事违法行为通知书"和"行政处罚决定书"公示，广泛接受社会监督。同时，市水务局强化了水政执法日常巡查工作，对津市市重点河段坚持每周巡查三次以上，针对在违规在河道两旁种植高杆作物、乱倒垃圾、河道内违法盗采砂石等不同形式水事违法行为，尤其是违法盗采砂石行为加大了惩处力度，对涉水违法事件做到早发现、早报告、早制止、早查处，一年来，通过坚持日常河道巡查制度，保持严打高压态势，进一步巩固全市河道砂石码头整治成果，有力的打击非法采砂的行为，确保津市市河道与堤防安全，为来年河长制的全面实行打下良好的基础。

(郭庆)

【水资源保护和水土保持工作】 2016年来，津市市水务局坚持多措并举，以健全最严格水资源管理制度、完善水资源监控体系、落实管理责任和考核制度为重点，严格用水总量、用水效率和水功能区限制纳污控制，强化用水需求和用水过程管理，推进机制创新，狠抓措施落实，较好完成了上级下达的主要控制指标任务，在水资源保护和水土保持工作上取得了一定成效。一是全面推进堤防整治和河道保洁工作开展。结合城市创建工作，津市市水务局紧紧围绕澧水河道保洁和市城区堤防卫生环境整治重点，推进河道保洁工作深入开展，水务局主要负责人多次带领全局干部职工，对市城区澧水一线大堤进行了环境卫生清理，全年累计出动600多人次、调用了高压水枪车等大型机械和运输车辆30多台次，高标准地完成了市城区澧水一线大堤周边垃圾的清理和沿岸闸门、堤防外坡的冲洗作业，使堤防面貌焕然一新。同时，市水务局还强化了河道保洁工作，租用2条专门船只、聘请10余名河道保洁人员负责市城区澧水河段水面漂浮物、垃圾杂物的打捞清运工作，并安排专人对澧水河道及堤防进行日常巡查，防止随意倾倒垃圾、废弃物的行为发生。通过堤防整治和河道保洁工作，津市市澧水一线大堤灌木整齐、草地平整，澧水河面漂浮物大为减少，河面水质得到了明显改善。二是落实最严格水资源管理制度，对澧水沿线各街道办事处、各镇水利管理站及直属单位实行最严格水资源管理制度考核任务，制定下达了2016年实行最严格水资源管理制度工作任务和考核要求，并在工作中强化制度落实、严格管理措施，加大监管力度，促进了工作任务顺利完成。三是强化水源地保护。扎实推进了津市市城乡供水水源综合整治、全市饮用水源地保护建设和备用水源地工程建设，对全市16处饮用水源地定期进行水质监测，并将监测结果向社会公示。四是严格取水许可与排污口管理。不断加强建设项目水资源论证，强化取水计划管理。加强了对津市重要水功能区和8个入河排污口的监督巡查工作和水质水量监测。五是深入推进水土保持工作开展。根据湖南省水利厅《关于开展市、县水土保持规划编制工作的通知》（湘水函〔2016〕37号）文件要求，经津市市人民政府研究同意，2016年8月11日以津市市人民政府办公室的名义行文下发《关于成立津市市水土保持规划领导小组的通知》（津政办函〔2016〕24号），加强全市水土保持规划编制工作的组织领导，确保规划编制工作有序推进。随后津市市水务局委托湖南省水利设计院负责开展《湖南省津市市2016—2030年水土保持规划》编制工作，经过实地调研，多番咨询、数次论证，2016年12月14日在津市水务局会议室召开《湖南省津市市2016—2030年水土保持规划》评审会，湖南省水利厅和常德市水利局相关领导参加此次评审会，会议在提出修改意见及建议后原则同意《湖南省津市市2016—2030年水土保持规划》通过审查。为津市市今后预防和治理区域水土流失、保护和合理利用水土资源提供技术支撑，具有十分重要的意义。（郭庆）

商务粮食工作

【概况】2016年以来，在市委、市政府和上级主管部门的正确领导下，市商务粮食局紧扣稳增长、促消费、保稳定主线，大力实施精准招商，全力推进外经贸发展，加速推动内贸流通升级，贯彻落实国家粮食安全战略，各项工作取得了较好成绩。（周也茹）

【机构设置】根据《中共津市市委津市市人民政府关于印发〈津市市人民政府职能转变和机构改革方案实施意见〉的通知》（津发〔2015〕5号）和《中共津市市委津市市人民政府关于津市市人民政府机构设置的通知》（津发〔2015〕6号）的规定，设立津市市商务粮食局（简称市商务粮食局），正科级，为市人民政府工作部门。根据《津市市人民政府办公室关于印发〈津市市商务粮食局主要职责和内设机构和人员编制规定〉的通知》（津政办发〔2016〕13号）的规定，将市商务局（市招商合作局）、市粮食局的职责整合，划入市商务粮食局；将市商务局（市招商合作局）的酒类食品安全监督管理职责划入市市场和质量监督管理局，将市商务局（市招商合作局）的畜禽屠宰监督管理职能划入市畜牧兽医水产局。

市商务粮食局主要负责制定全市商务粮食建设发展规划，组织指导全市的商贸流通、招商引资、粮食宏观调控，组织实施商务粮食综合执法检查，全局有编制49名，下设投资促进局、执法大队、质管办、军供站和酒管办五个二级事业单位，全局在职在编干部职工38人，其中局长1名、副局长3名、纪检组长1名。

2015年12月局长谭文斌到位，2016年1月副局长郭春节、刘宇丹、苏广军及纪检组长万君到位；2016年2月2日，全局首次干部职工大会召开；2016年3月3日–3月4日，办公室搬迁，正式合属办公；2016年3月16日，津市市商务粮食局正式挂牌。（周也茹）

【招商引资工作】2016年，津市共引进新项目36个，总投资22亿元，其中亿元项目8个，分别为总投资2亿元次氧化锌项目、投资1.8亿元动力锂电池正极材料磷酸铁锂项目、投资1.5亿元互联网产业园、投资1.2亿元湘淮村镇银行、投资1.5亿元五环体育、投资1.2亿元荣晟农业等项目。

一是坚持以商招商。鼓励企业联大靠强，引进战略合作者，发挥企业家人脉广、信息灵的优势，引导他们发动朋友和合作伙伴，来津投资兴业。推进二次招商，通过资产重组等措施，盘活园区闲置土地、厂房等。如引进湘陶建材租赁卡普吉诺厂房。二是坚持全员招商。2016年，津市组建5个专业招商小组，坚持领导带头、部门主责，实行月调度、季通报。对招商引资有功人员实行奖励，充分调动社会各界参与招商引资的积极性，在全市上下形成关注招商、支持招商、主动招商的浓厚氛围。三是坚持协会（商会）招商。按照年初常德市招商引资暨开放性经济工作会议提出的“1+2+3+X”的工作要求，充分发挥协会、商会在招商引资中的重要作用，津市的企业家协会中专门设立招商办，高新区成立招商局，2016年，先后拜访省医药行业协会、省食品行业协会和惠州台商投资企业协会、北京常德商会、成都常德商会等，邀请惠州台商投资企业协会来津市进行投资考察，同时力求促成省医药行业协会年会在津市召开。另外，积极推进成立深圳市湖南津澧商会，有望共同搭建招商合作平台，强化信息共享、项目流转、宣传推介、联合招商等工作，全面拓展招商引资渠道。四是坚持产业招商。围绕津市生物医药、机械制造、健康食品及无纺布下游产品等产业，精心策划、对接关联配套项目，如引进了溢多利产业园项目。（周也茹）

【外经外贸工作】2016年，津市实际利用外资7668万美元，同比增长20.37%；实际到位内资51.92亿元，同比增长6.5%。津市有对外贸易经营者备案的企业24家，有进出口业绩的11家，外贸进出口完成总额4495万美元，其中加工贸易完成进出口总额654.07万美元，同比增长40.59%；外派劳务人员实际工资收入为898.5万美元，同比增

津市市 2016 年部分签约项目

序号	项目名称	投资方	投资金额(万元)
1	“鸿粉知己”投资项目	津市康舜天商贸中心	5000
2	和平生物股权并购项目	盛唐春华集团	6000
3	牧草种植加工与生态养殖项目	湖南中苋生态科技有限公司	5000
4	旱改水项目	津市荣晟农业产业开发有限公司	12000
5	浏阳农商行津市村镇银行	湘淮村镇银行	12000
6	浩瀚食品蔬菜深加工项目	湖南浩瀚食品科技有限公司	5000
7	互联网产业园	湖南湖湘商贸股份有限公司	15000
8	动力锂电池正极材料磷酸铁锂项目	湖南天泰天润新能源科技有限公司	18000
9	窑坡渡港区嘉山作业区一期工程	湖南佳程建设有限公司	13000
10	万维生物竹稻米项目	湖南万维生物科技有限公司	5000
11	仁和盛二期彩印和精包装异地建设项目	常德仁和盛五金包装有限公司	5000
12	针镜微创医疗器材生产项目	湖南好米针镜科技有限公司	5000
13	次氧化锌深加工	华峰锌业集团	20000
14	花桥村植物园	润农生态发展有限公司	8000
15	五环全民健身中心项目	湖南体育产业集团	14700
16	渔经公司迁转	湖南渔经生物技术有限公司	10000
17	湖湘商贸股权并购合作	湖南三湘和达现代物流有限公司	6000

长 37.75%，对外投资中方合同投资额为 400 万美元。

一是培育壮大出口主体。2016 年，全年实现外贸业绩“破零”企业 4 家，超额完成常德市下达的目标任务（3 家），分别为湖南欣龙非织造材料有限公司、湖南天泰食品有限公司、湖南新光大食品有限责任公司、湖南新金湘生物科技有限公司；“倍增”企业 3 家，超额完成目标任务（2 家），分别为湖南新合新生物医药有限公司、常德市鼎丰机械有限公司、湖南阿斯达生化科技有限公司。二是强化服务，优化外贸环境。引进外贸服务公司，及时宣讲国家、省、市相关扶持出口的政策，帮助外贸企业做好各类资金的申报工作，用好、用活、用足国家支持外贸出口的政策措施。三是扩展平台，积极建设海关工作站和公用型保税仓库。常德海关驻津市市工作站和三湘和达公用型保税仓库于 2016 年 3 月正式筹建，于 10 月举行了海关工作站的揭牌暨保税仓的启动仪式，并在本市、常德市及省级媒体得到大力宣传，极大的促进了津市乃至整个澧水流域外向型经济的发展。　　（周也茹）

【商贸流通工作】1、电子商务来势较好。一是领导高度重视。成立电子商务发展工作领导小组，2016 年 8 月 11 日出台《关于加快互联网产业发展的实施意见（试行）》（津政发〔2016〕25 号），明确相关优惠政策及奖励政策。二是平台建设有序推进。2016 年 1 月 20 日，津市市人民政府与湖湘商贸、三湘和达三方在兰苑宾馆隆重举行津市市“互联网 + 商贸流通”战略合作协议签约仪式，就建设我津市电子商务公共服务平台，电商产品优选库及分销平台，城乡一体化物流信息平台达成一致意向。5 月 19 日电子商务孵化基地举行开园仪式，现入驻企业有湘村电子、天蚩湖等 20 家，创客 90 余人。城乡物流配送中心建成营运，每天有 5 台“湘村快线”小货车往返城乡。三是实绩效果显著。电子商务开展专业培训 15 期，累计达 1500 人。电子商务产业园开园至 12 月，网上销售额累计约 3000 万元，孵化出津市地方特色互联网品牌“酥公子”“再七碗粉”等，其中“再七碗粉”在常德市创新创业大赛中获得一等奖的荣誉。建设完成湘村驿站 120 家，邮政便民服务网点 59 家，实现网点全覆盖。2、流通业稳步发展。2016 年，全市共实现社会消费品零售总额 61 亿元，同比增长 12%，地区排名第三，其中城镇 52 亿元元，乡镇 9 亿元。实现限上行业批发 2634 万元，限上零售业 128730 万元，限上住宿业 104 万元，限上餐饮业 8150 万元。一是积极服务企业。多次上门企业宣讲政策，并按照《津市市关于加快商贸流通产业发展的若干意见》的要求，鼓励商贸企业优质经营。上年 4 月份，按市总工会统一部署，商务粮食局积极开展商贸服务业“双十佳”评选活动，评选出十佳服务标兵和十佳烹饪技术能手，并在市兰苑宾馆举行了隆重表彰仪式。二是认真抓好成品油管理及油气回收工作。完成辖区内 22 家加油站年检工作，督促中石化、中石油及社会加油站安装油气回收装置，已全部完成。三是加强社会消费品零售的调研和限上企业的清理工作。四是加大执法力度，与其它职能部门联合执法，取缔三个非法加油点，进一步规范成品油市场。五是推动博联家居建材广场、九码头美食商业街、小食品产业基地等专业市场的建设。博联家居建材广场目前正在抓紧施工中,争取2017年5月全面投入营运。3、"津市牛肉米粉"品牌稳步推广。一是拟订津市米粉品牌推广发展的工作方案;二是召开牛肉米粉协会第二届第二次会议,增补秘书长、副会长、理事、常务理事;三是提请市政府召开津市牛肉米粉品牌推广专题会议,落实相关部门职责;四是加大津市牛肉米粉走出去的力度,2016年新增品牌店7家,营业面积1400m²;五是加大宣传力度,在湖南卫视和钟山说事栏目对津市牛肉米粉进行宣传推广。4、三产发展有序推进。成立三产服务业工作领导小组,召开全市三产服务业工作调度会。2016年12月30日出台《津市市加快推进三产服务业工作方案》(津办〔2016〕40号),明确6个推进小组2017-2021年项目建设计划。(周也茹)

【粮食工作】1、抓好储粮安全监管。对全市现有政策性库存粮食按照"四无一符"科学储粮管理要求进行监管,确保了库存粮食数量真实、质量完好。2、做好危仓老库的维修改造。2015年底,上级拨付的专项资金249万元就已到位,我们按照项目资金的使用管理要求,严格程序,规范操作,现粮库维修改造工程已全部完成。3、抓好军粮保障供应。加强规范管理,强化优质服务,使部队满意率达到了100%。4、搞好粮食托市收购。津市累计共收购33000余吨,其中早籼稻18200余吨,中晚籼稻14800余吨。5、落实市级储备粮的储备任务。2016年,市级储备粮规模新增1000吨,我局积极向市委、政府汇报,主动争取财政、农发行大力支持,争取全面落实6200吨的储备任务。(周也茹)

【中心工作】1、紧扣向上争资的主题。全年向上争资1663万元,一方面超前谋划,积极争取电子商务进农村示范县项目资金及现代物流体系建设项目资金,另一方面全力争取外经外贸、社零统计、仓库维修等项目资金。2、紧扣创建国家卫生城市的主题。按照市创建指挥部的要求,积极落实路段包保、超市(商场、加油站)创建督导、家属区卫生清理等各项工作任务。3、紧扣创建津市文明单位的主题。向市文明办提出创建市文明单位的申请,按照创建标准,认真分解落实各项任务。12月通过市文明办验收,成功创建为津市市文明单位。4、紧扣扶贫攻坚的主题。去年,我局5名班子成员每人帮扶一户新州镇庹家峪村的贫困户,定期走访、询问脱贫情况,帮助解决实际困难。目前,已全部脱贫。5、紧扣安全生产的主题。积极开展安全生产大检查、大管控活动,定期巡查大型商场(超市)、加油站、粮库等安全生产工作情况,全年未发生一起事故。(周也茹)

【市商务粮食局首次干部职工大会召开】2月2日,津市商务粮食局干部职工大会在市总工会三楼会议室顺利召开,这是商务粮食局成立后的第一次正式干部职工大会,原商务局和粮食局退休老干部也出席了本次大会。

新任津市市商务粮食局党组书记、局长谭文斌同志做了主题报告,报告中他指出,此次会议既是一次新领导班子和大家的见面会,也是一次全局工作情况通报会。报告中对2015年工作做了总结,对2016年商务粮食工作做了重要部署。他强调,要深入贯彻落实省、市商务粮食工作会议和市委经济工作会议精神,以制度建设、队伍建设为抓手,搞好粮食收储,狠抓招商争资,强化商贸服务,严格综合执法,推动商务粮食工作再上新台阶。

局纪检组长万君同志通报了2014年、2015年度原商务局、粮食局受表彰情况。

会上,推选了新的工会主席,改选了老干支部。(周也茹)

【评选"十佳米粉烹饪技术标兵"】4月19日下午,市商务粮食局联合总工会在兰苑宾馆自助餐厅举行了2016年津市市"十佳牛肉米粉烹饪技术标兵"评选活动。

此次评选活动得到刘聋子、黄记、贺记、德诚酒店等牛肉米粉经营店的大力支持和踊跃参与,共有27名选手报名参加比赛。经评委逐一品鉴、现场咨询和打分后最终确定了夏进兵、彭信玉、戴峰等10名选手入选"十佳米粉烹饪技术标兵"。(周也茹)

【津市互联网产业园揭牌开园】5月19日上午,津市举行互联网产业园开园暨电子商务高峰论坛。湖南省财政厅经建处副处长肖念涛,常德市商务局副局长王新军,原市委书记王学武,市委副书记、市长陈章杰,市委副书记杨文惠,市人大常委会主任王育平,市政协主席姜正才及湖湘商贸、三湘和达、苏宁云商湖南分公司等电商企业负责人和创业代表共100多人参加了此次活动。

开园仪式在互联网产业园举行,由市政府副市长李阳主持。湖南省财政厅经建处副处长肖念涛,常德市商务局副局长王新军,原市委书记王学武,市委副书记、市长陈章杰共同为市互联网产业园揭牌。据悉,互联网产业园座落在津市原机电学院内,办公大楼共五层,占地面积4000多平方米。目前入驻企业有湘村电子等15家,创客60余人。试运行半年时间内已孵化出津市地方特色互联网品牌 "酥公子"、"再七碗粉"、"一颗糖三农教育"等。互联网产业园将为"大众创业、万众创新"的入园企业及创客提供两年免费入驻、免费培训、免费使用电商平台等各项配套支撑。

在市兰苑宾馆举行的电子商务高峰论坛上,湖湘商贸、三湘和达、苏宁易购等电商企业负责人分别就"津市市电子商务进农村示范工程的顶层设计构想"、"从苏宁转型看传统行业o2o之路"、"从互联网+商贸流通看如何打造县域批发、零售业的交易新入口"等角度进行了现场演讲,让全市机关干部、企业家及创业者对电子商务有了更深入的了解,为下一步津市互联网产业的健康发展奠定了良好基础。(周也茹)

【陈章杰率队赴南京招商】5月21日,市委副书记、市长陈章杰、副市长黄杰、副处级干部熊小平和商务粮食局主要负责人一行赴南京苏宁云商对接小食品产业园招商工作。

陈章杰向苏宁云商集团超市公司副总裁雍玮、公共事务中心总监丁静、长沙地区管理中心副总经理孙斌详细介绍了津市投资环境、优质资源和优惠政策，双方就津市小食品产业园的品牌建设、产品提质、运营团队等工作进行深入交流，并达成初步合作意向。

（周也茹）

【**省贸易促进会领导来津调研指导**】5月26日，国际贸易促进委员会湖南省分会副会长黄芳一行5人来津市调研指导外贸进出口工作。黄芳副会长在常德市贸易促进委员会副会长徐维君、市委副书记杨文惠的陪同下先后实地考察了津市重点外贸企业金湘猪鬃、鸿鹰生物，并在座谈会上认真听取津市外贸工作情况汇报和新合新、天成生化等外贸企业的情况介绍，黄芳副会长对津市外贸工作的成效给予充分肯定和赞赏，并表示贸促会的主要工作就是引导扶持中小企业走出去发展，希望津市的企业特别是外贸企业要加强与贸促会的对接联系，广泛开拓国际市场，推动津市外向型经济快速发展。商务粮食局、工业集中区、科技工信局等相关负责人参加了调研。　（周也茹）

【**转变思想观念　重视对外投资**】6月7日下午，常德市商务局副局长严利民、外经科科长杨大红来津市调研指导对外经济合作与投资工作。在认真听取津市外经工作情况汇报和金湘猪鬃、鸿鹰生物等重点外经外贸企业的情况介绍后，严利民副局长对津市外经工作的努力付出给予了充分肯定，他强调要高度重视对外投资和经济合作，这是一个地方培育外向型经济、推动经济发展的重要途径，地方商务粮食部门要认真研究国家、省里在这方面的一系列优惠政策和配套措施，搞好服务和引导，鼓励中小企业走出去，充分挖掘利用国外的市场、资源、低廉的劳动力成本等，实现转型升级和做大做强。津市市商务粮食局、金湘猪鬃、鸿鹰生物、新合新、天成生化、瑞晶玻璃等相关负责人参加了调研座谈。　（周也茹）

【**粮食行业协会暨早籼稻托市收购工作会议**】7月18日，市商务粮食局在五楼会议室召开粮食行业协会暨早籼稻托市收购工作会议，全市粮食行业协会会员单位、粮食经纪人、种粮大户及粮食承储企业共计40余人共同参加此次会议。

会上共同学习2016年政府工作报告中“三农”工作重点、2016年小麦和稻谷最低收购价执行预案等，并重点分析了今年粮食市场形势及收购情况。随后，大家进行了热烈的谈论，包括对当前早籼稻及今年粮食生产形势、当前粮食市场的探讨及想法、以及对今年国家收购政策的想法。

通过此次会议，不仅将国家惠农的相关政策进行了宣传，而且解答了大家的疑惑，帮助大家更好地进行生产、经营，并摸清了全市的粮食市场行情，为后续的粮食收购工作提供了参考。

（周也茹）

【**陈章杰率团参加“沪洽周”系列招商活动**】8月16日至8月18日，市委副书记、市长陈章杰率津市代表团参加了2016常德（上海）投资促进会。活动期间，除参加常德市组织的各项招商活动外，陈章杰一行还专程拜访了上海聚科生物医药孵化园、上海百傲科技有限公司等企业，宣传推介了津市＂两湖＂生物医药园，学习了专业孵化园区在平台建设、运营管理、配套服务、人才引进等诸多的先进经验，重点就与津市＂两湖＂生物医药园在项目合作、成果承接等方面进行了深入探讨。在浙江中设建工集团，陈章杰一行围绕津市高新区中设广场项目的加快建设与集团高层进行会商沟通，希望企业结合好政府出台的扶持政策，多元化促销，完善配套工程，尽早完成项目建设。

市委副书记杨文惠，以及市高新区、市商务粮食局负责人参加此次招商活动。　（周也茹）

【**省军粮供应管理中心来津市检查指导工作**】8月24日，湖南省军粮供应管理中心主任龙建跃一行来津市检查指导军粮供应工作。

检查组一行先后实地检查灵泉、窑坡渡等粮库及军粮供应站维修改造情况，察看了财务台账，对军供大米、面粉进行了品质扦样抽捡，并召开军供座谈会，听取津市军供工作情况汇报，征求当前军供工作存在的困难和建议。龙建跃主任充分肯定津市军粮供应工作，他要求在以后的工作中一是要大胆做好湖南军粮工作，二是要做出自己的特色，三是要保障驻津部队军粮供应。

（周也茹）

【**涂贤春调研商务工作**】9月6日上午，常德市商务局涂贤春局长一行来津市调研。涂局长在市委常委、常务副市长熊斌陪同下实地考察了三湘和达、鸿鹰生物、新合新，在听取津市外贸、物流、海关等工作的情况汇报后，涂局长对前期津市商务工作给予了充分肯定，对电子商务、安全生产、现代物流、绿色小镇等工作提出了明确要求，并就如何做好外贸工作着重强调，招商引资要注重从源头多引进一些优质外贸企业，同时对已有的外贸企业，要搞好服务，多为企业争取项目扶持资金，并制定更多的优惠政策，吸引企业外贸业绩回流，做大做强外贸进出口业务，促进外向型经济持续发展。政府办、商务粮食局、高新区等单位负责人和部分外贸企业参加了调研座谈。　（周也茹）

【**陈章杰率队赴航空集团招商**】9月22日上午，市委副书记、市长陈章杰，政协主席姜正才，统战部长黄沅敏和商务粮食局长谭文斌一行赴航空集团洽谈航空城建设项目。

陈章杰与航空集团董事局主席张博雄，副主席、总裁周本山，副总裁王朝杰就在津市投资航空城项目进行了深入洽谈。航空城项目是包含航空飞机发动机研发，航空飞机制造、销售、维修，飞行培训等为一体的综合性项目。陈章杰表示，津市将在土地、立项、空管及项目的可行性研究等方面做好前期准备工作，并明确表示希望双方能进一步对接，达成项目合作。　（周也茹）

【**常德海关驻津工作站揭牌三湘和达公用型保税仓库启用**】10月19日，津市举行常德海关驻津市市工作站揭牌暨三湘和达公用型保税仓库启动仪式，海关工作站的成立和公用型保税仓的启用，标志着津市的本土企业可在家门口办理进出口业务。

常德海关驻津市市工作站揭牌仪式上，市委常委、政法委书记李景峰介绍了海关工作站的筹备情况。常德海关关长徐承军，市委副书记、市长陈章杰签署合作备忘录。常德市政府副市长匡加才、长沙海关副关长齐忠平分别讲话，长沙海关关长黎对贞、常德市市委副书记徐正宪共同为海关工作站揭牌。

常德海关驻津市市工作站是常德市设立的第一个县级海关工作站。津市作为传统的出口基地，有24家进出口企业。海关工作站的成立将为津市外贸企业提供海关企业登记、企业信用管理、进出口通关流程、加工贸易、减免税等业务。

在三湘和达公用型保税仓库启动仪式上，长沙海关关长黎对贞、常德市市委副书记徐正宪、省商务厅巡视员周船在仪式上讲话，市委书记傅勇在仪式致辞，市委副书记、市长陈章杰主持仪式。

三湘和达公用型保税仓库是常德市建成的第一家保税仓库，占地面积15000平方米，设有仓库区、海关监管查验库区等，具有保税仓储、国际物流配送、进口和转口贸易等功能，保税仓库的启用将为进出口企业带来多重福利。

作为常德首家公用型保税仓库，津市三湘和达公用型保税仓库，既能为进口商品保税缓税，为企业降低成本优化物流渠道等创造条件，又可减少企业外贸风险，增强外贸经营灵活度，打造区域竞争新优势，将有助于津市乃至常德在更高水平上扩大开放，更好更快的承接产业转移，推动全市外贸稳增长和转型升级。

津市设立公用型保税仓库和海关工作站，能够扩大工业园区的比较优势，无论是对招商引资还是津澧地区的对外贸易、仓储物流等产业发展，都有极大的促进作用，将有力推动津澧工业园区创建国家级经开区。

长沙海关、湖南省商务厅、常德海关、常德市商务局、常德市出入境检验检疫局等单位负责人及津市相关领导、相关职能部门、外贸企业负责人参加活动。（周也茹）

烟草工作

【概况】津市市烟草专卖局（分公司）组建于1984年12月24日，局（分公司）地址位于津市市九澧大道792号。1986年2月正式上划省、地烟草专卖局、烟草公司，实行人财物、产供销、内外贸一条龙的统一管理体制。2005年5月，根据国家烟草专卖局的战略部署，顺利进行组织机构改革，成立湖南省烟草公司常德市公司津市营销部、津市市烟草专卖局，2006年12月根据湖南省烟草公司常德市公司建立母子公司体制改革的实施方案，成立湖南省烟草公司常德市公司津市分公司、津市市烟草专卖局。2016年，局（分公司）内设机构有办公室（法规、烟草学组、安保、经济运行）、综合室（政工、人事劳资、妇委会、计生会、监察、整顿）、财务室、专卖管理监督股、内管派驻组、市场服务分部。在职在岗员工39人，离退休人员21人。

津市市烟草专卖局（分公司）克服辖区人口少，卷烟销量规模小，人均销量基数较高等各种困难，锐意进取，团结拼搏，企业改革与发展的各项工作取得较好成绩，经济运行质量和效益稳步提高。近年国内经济形势进入新常态，且自2015年行业实行提税顺价政策以来，卷烟销售下行压力加大，津市市烟草专卖局（分公司）全体员工爬坡过砍、攻坚克难，始终坚持“国家利益至上，消费者利益至上”的行业共同价值观，做好市场服务、严格专卖执法，持续为国家财税收入做出贡献。2016年，卢宇同志荣获全省系统“六五”普法先进个人称号，津市市烟草专卖局被常德市局推荐为全省系统“2016-2018年依法办事示范窗口”单位，陶斯彤同志被评为常德市烟草学会2015-2016年度学会工作先进个人，其论文在市局烟草学会优秀论文评选中荣获三等奖，我局侯惠平同志成功当选为津市市第十二次党员代表大会代表，在年底的全市系统党建工作考核中，我局以99.4的高分位居全市系统县级局第一，QC小组课题发布会中荣获全市系统三等奖。2016年，烟草局被成功评为省级园林单位，配合津市市政府创建“放心食堂”。

2016年，津市辖区共销售卷烟10516.88箱，完成销售收入27049.07万元，实现利润6604.54万元。2016年共查获各类涉烟违法案件100起，查获涉案卷烟106.42万支，罚没收入达10.25万元。查获5万元以上的大要案7起，其中利用互联网非法销售真品卷烟省标网络案1起，涉案金额达300万余元。2016年，烟草局积极开展“636”志愿服务活动，包括文明交通志愿服务站岗行动、学雷锋志愿清扫活动、“3.12”绿色植树活动、“五城同创”文明劝导服务、志愿献血活动等。同时，积极投身社会公益事业，先后开展了春节慰问困难职工、发放“金叶”慈善医疗卡、“六一”爱心捐书助学、“春之霖”爱心助学活动、驻村扶贫、捐赠教育基金会等活动。先后向贫困老党员、困难职工、空巢老人、留守儿童等筹集资金4.1万元。共筹措资金12万元，用于扶贫点村的经济发展和地方相关单位发展，树立起烟草良好社会形象。（陶斯彤）

供销工作

【概况】津市市供销合作社联合社（简称市供销联社）为参照公务员管理的事业单位，主要职责：贯彻执行市委、市政府和上级供销合作社有关农村经济工作的方针、政策、法规；研究提出为农服务有关的政策建议；根据市政府授权，指导有关农业生产资料和农副产品政策性业务经营工作；指导基层供销合作社开拓农村市场，发展农业产业化经营等。研究拟定全市供销合作社的发展规划；对基层供销合作社进行指导、协调、监督和服务。市供销联社内设：办公室、经营管理股、基层指导股。现有人员编制10人，其中班子成员4人。（宋昭）

【农资流通服务】严格管理，规范运营。要求全系统农资经营企业建立健全农资商品进货验收制度、索证索票制度、进货台账和销售台账制度；全面开展所属农资生产经营单位摸底登记造册，完成农资经营诚信档案建设工作。

主动作为，优质服务。围绕春耕生产送科技、送信息及春季农资打假行动，结合实际，开展形式多样的送放心农资下乡活动。大力发展现代农资流通网络，实行直销、超市、连锁配送等现代流通方式，实施农资品牌战略。支持和引导各农资企业直接到乡村设立销售网点，开展连锁配送业务，构建覆盖广大农村的新型农资经营网络，提高优质农资产品的市场占有率。

坚持原则，加强督查。坚持"四不"原则，做到诚信经营。即：不经营假冒伪劣商品，不经营"三证"不全或过期失效商品，不搞虚假宣传，不短斤少两，维护供销社真诚为农服务的良好形象。加强质量管理，开展诚实守信经营。（宋昭）

【服务网络建设】加强基层组织建设。重点围绕创建省级标杆社、星级服务社的有关要求，积极抓项目申报，在镇村寻找合作伙伴，建立供销社新型基层组织。

大力发展社有企业。大力发展社有企业，以渡口镇茶场村茶叶资源为基础，做大做强津市市湘亮洞庭茶叶有限责任公司。

引导农民专业合作社发展。积极引导农民专业合作社的发展，以新洲果木林专业合作社为基础，建设青山峪柑橘和油桃基地。以和平生物为龙头，在灵泉发展食用菌专业合作社。

提供农技培训。2016年8月至10月培训农产品流通大户和农民经纪人20人，茶园、蜂业、食用菌等种养植技术服务培训50人次，近年来参训社员达400余人，印发种植、养殖加工等科普资料5000余份，组织协会座谈12次，开展对接活动20余次。

完成各项中心工作。基本完成了精准扶贫、防汛、创卫、信访维稳、招商争资等中心工作。供销系统退休人员多，下岗职工多，改制遗留问题多，信访维稳一直是我社工作的重点，我们积极做好矛盾化解、信访处理和维护稳定，四年来已处理信访案件25件，没有越级上访、群访事件发生。（宋昭）

【供销综合改革】一是学习宣传中央《关于深化供销合作社综合改革的决定》文件精神，开展"供销改革宣传月"活动，发放张贴宣传海报、折页8000多份，并在4月派专人跟随常德考察团赴湖北荆州、重庆秀山实地考察学习其先进经验。二是对全市各镇现有农村流通业务规模和发展前景进行了入户摸底。三是为搭建市供销为农服务平台，结合供销综合改革的精神和要求，主动对接澧县锦绣千村植保有限等多家公司，争取合作。四是认真贯彻落实上级安排意见及常德市人民政府会议纪要精神，重点抓好供销社新农村加油服务网点项目建设服务。

在市委、市政府的统一领导下，2016年12月成立津市市深化供销合作社综合改革领导小组，市委副书记杨文惠任组长，市政府副市长高见任副组长，各相关职能部门负责人为成员。并把改革工作纳入对相关市直部门和镇政府的绩效考核，并建立督导机制。

（宋昭）

市场服务

【概况】津市市市场服务中心于1999年工商体制改革后分流成立，2000年7月由市人民政府财贸办公室管理，为正科级自收自支事业单位：实行企业化管理、独立核算、自负盈亏；核定事业编制的有44人；肩负着市属国有市场治安、消防、卫生等日常服务；负责市场资产的开发建设、规划管理、物业服务；提供交易场所和服务设施等职责。中心下设办公室、考核办、财务股、人教股以及和平所、三眼桥所、福民所、襄阳街所、生产街所五个基层所，所辖有7个农贸市场：和平市场、三眼桥农贸市场、福民农贸市场、君之林农贸市场、绿荷池农贸市场、襄阳街农贸市场、生产街综合大市场；另外对九澧建材城市场实行物业管理服务。

【市场创建】2016年是全市创建国家卫生城市申报验收之年，在市创建办的具体指导下，我中心精心组织，周密安排，形成领导带头、人人参与、齐抓共管的良好氛围，市场环境得到进一步改善。一是注重宣传，营造良好氛围。我中心为提高经营户的卫生文明意识，动员经营户积极投入到城市创建工作中来，开展了形式多样的宣传发动工作。发放宣传资料3000余份、悬挂宣传横幅20余条、固定标语35条、制作宣传栏6个；与经营户签订《"门前三包"责任状》450份，强化经营户的卫生主体责任。二是加大投入，改善经营条件。在基础设施建设上，累计投入资金140多万元，改造门面15间、摊位25个、公厕4座、清理下水道1300米；硬化地面1500平方米；设立拦车立柱（围栏）150米；更换下水道盖板850块；配置熟食三防设施11个、不锈钢货架12个、不锈钢操作台17个；购置塑料菜篮5600个、铺防滑塑胶地毯900多米；在创建迎检期间，聘请40多名清扫保洁人员，全天清扫保洁不低于12小时。三是建章立制，开展文明经营户评选。完善《集贸市场管理制度》、《集贸市场卫生标准》、《集贸市场安全管理制度》、《经营户联系制度》、《"三比三看"市场精细化管理十八条》等制度；开展"文明经营户"评选活动，每月市场进行"文明经营户"评选活动，对文明经营户颁发流动红旗和奖金；2016年5月通过电视台微信公众平台，举行了首届"最美经营户"评选活动，从历年文明经营户中推荐产生15名"最美经营户"候选人，最终5名经营户被评选为“最美经营户”。

【市场提质】根据市政府2015年第42次专题会议纪要精神，2016年年初启动绿荷池农贸市场升级改造。中心上下用心策划、精心运作、全心投入，协调相关部门加快工程建设手续办理，及时解决工程中出现的问题，确保了建设项目工作进度。一是领导高度重视。单位一把手至始至终亲自抓、分管领导具体抓、一周一调度，精心组织实施，强化工程建设协调，督促施工单位加紧建设，有力地保障了施工建设。二是严格改造标准。绿荷池农贸市场场内改造标准、场内附属设施，通风采光，排污排水，水电安装等硬件设置等方面均按照省商务部建设改造标准进行施工建设。三狠抓工程质量。中心加大了市场监管力度，在强调工程进度的同时突出强调工程质量，对施工中没有按标准建设和情况坚决予以纠正，确保项目动工建设，有力地保障工作进度，经过四个月的紧张施工，绿荷池农贸市场于9月中旬靓丽复市。

【市场管理】2016年中心为着力提升管理水平，在市场全面执行制度化、标准化管理，以服务求生存、以服务谋发展，为经营户和消费者提供优质服务。一是健全完善市场管理制度。各市场进一步健全完善《集贸市场管理制度》、《集贸市场卫生标准》、《集贸市场安全管理制度》、《门前三包责任制》等一系列规章制度，制定了卫生、消防管理办法，市场清洁卫生和综合管理工作逐步实现规范化和制度化。二是加强市场卫生秩序维护。加大市场保洁力度，做到市场垃圾及时清扫，路面无渍水；加强市场内摊位乱摆乱设、车辆乱停乱靠的整治，规范经营行为，实行划行归市，分区经营，做到各类商品上台摆放，活禽入笼，水产入池，熟食带罩，净菜上市。三是开展市场集中整治行动。2016年4月下旬，中心与市监局对全市农贸市场家禽门店经营户进行了检查，对15个加工点进行了查处，就地封存了作坊内的加工工具，并责令其停止加工；9月上旬对绿荷池农贸市场、三眼桥零担市场、大码头市场进行规范整治，出动整治人员200余人/次，取缔流动摊点近200个；通过一系列措施，市场秩序进一步好转，脏、乱、差问题得到明显改善，人民群众满意率不断提高。

【市场服务】随着市场的不断发展和面对日益激烈的竞争环境，要将市场做得更大，做得更好，中心进一步深化思想，加强日常管理，引导干部职工树立大局意识和服务意识，提高效能，增强干部职工的工作责任心，强化服务意识，管理水平不断提高。一是树立市场服务理念。以服务求生存，以服务谋发展，营造“重商、亲商、护商、安商”的良好氛围；坚持实行诚信租赁，提供全天候优质服务，为经营户提供了“零障碍、低成本、高服务”的服务环境，及时抓好各市场的硬件设施的维修维护工作，进一步完善经营设施，解决部分市场水电供应、顶棚漏水、下水道堵塞等经营业主反映强烈的问题，在一定程度上化解各市场经营不顺、管理难的问题，赢得经营户的好评。二是提升职工队伍形象。坚持佩证上岗，礼貌待人，市场通过开展市场咨询服务、礼貌用语、首问负责制、搞好市场日常的卫生保洁、秩序维护及食品安全等工作，取缔出摊、出店经营，规范车辆停放，为经营者和消费者创造良好的经营、购物环境，市场管理逐步规范、队伍素质得到有效提升。三是调解各类矛盾纠纷。及时解决难点热点问题，切实维护经营者和消费者的合法权益。认真开展解释、宣传和疏导工作，将矛盾化解在萌芽状态，中心全年共调解各类纠纷50次，受理服务对象投诉和反映问题80余人次，所有问题均得到妥善处理。　　（办公室）

公共资源交易

【概况】2016年，市公共资源交易中心紧扣上级决策部署，遵循“管办分离、集中交易、规范运行、部门监管”的原则，认真履职、扎实工作，圆满完成了各项工作任务。全年完成交易项目310个，涉及预算金额25.35亿元（含土地挂牌交易7.2亿元），其中完成工程项目110个、采购项目180个、产权项目1个、国土项目19个。主要工作情况如下：

——业务工作有新成效。创收和节约资金明显增多。全年节约和创收资金共计5548.02万元，额度超过前三年的总和，较上年增加1991.77万元，节约率为3.06%。节约和创收资金在200万元以上的项目有6个，工程建设项目节约率普遍在7%以上，实现了财政节支的目标。招投标环境更加公正。在完成的110个工程建设项目中，有90个项目投标企业超过3家，有48个项目投标企业超过10家，有16个项目投标企业超过20家。长沙、株洲、邵阳等多地的企业来津参与投标，部分项目还吸引省内建筑行业一级企业参与竞争，充分体现了津市公共交易公平有序的竞争环境。串标和围标现象得到遏制。从完成的110个工程项目来看，有70个项目由外地企业中标，占比达63.6%，比去年上升11.5个百分点，本地企业中标仅占1/3左右，本地3家企业轮流坐庄的局面得到根本改善。

——机制创新有新突破。健全工作机制，争取政府下发《关于规范公共资源交易工作的会议备忘录》，明确工程建设项目评标办法、专家抽取方式，要求公共资源交易项目应进必进。全年进场的货物、服务类采购项目比上年增加49个，增幅达57.6%。加强中介考核，修订中介代理机构管理办法，实行动态候补管理，对其工作实行单月考核、双月通报，已发布6期通报，对违规代理机构作出了相应处罚。规范监督行为，行业监管人员一律在监控室监督，严格业主代表参与评标的准入资格，有效避免人为因素干扰评标；实行评审复核机制，确保评审公平、公正。创新监督管理，积极配合行业监管部门对招投标的全过程实施监督管理，引入公安经侦力量加大对串标围标行为的打击力度；严格执行非正常投标管理办法，对非正常投标行为进行网上曝光。全年先后配合行业监管部门处理了5起投诉事件。

——规范服务有新提升。优化交易流程，对交易流程进行再梳理，完善工程建设、政府采购、国有产权等项目交易工作流程，做到每个环节有章可循。分别建立财政投资预算评审、项目决算审计中介服务机构库，委托入库中介机构开展预算评审和决算审计工作，招投标工作前置和后续程序得到完善，提高政府性资金使用效率。主动靠前服务疑难项目，针对部分行业垄断、专业性强、多次流标的项目，主动与业主单位接洽，寻求解决办法。探索电子化运行，11月初开始推行电子化政府采购，所有项目一律实行网上报名、网上审批，减少投标人往返劳顿奔波，节约了企业的投标成本。推进场地标准化，投入近20万元，专业改造评标室，更换不间断电源，升级高清声像设备，增挂标识标牌，为规范交易提供了高水平的设施保障。

——服务大局有新作为。服务重点项目，围绕棚户区改造、园区建设、城市提质等全市重大项目，加班加点组织开评标活动，确保全市重点项目按时间节点有序推进。认真落实领导交办工作，对“如何增加外地中标企业缴税率”“如何增强本土企业中标竞争力”“如何组织PPP项目招投标”等课题开展调研，为政府领导提出了可行性建议；关注本地企业发展，就如何提高本地建筑企业竞争力组织开展座谈会，积极回应企业关切。扎实开展“脱贫攻坚”，明确帮扶干部，第一时间落实帮扶资金，坚持每月至少到户开展工作2次以上，特别是对一名贫困户，积极帮助筹措资金，引导其建设新房。积极配合“创国卫”工作，认真落实路段包保任务，按时到岗履责，确保路段包保工作无缝隙、无差错。

——队伍建设有新气象。突出党性教育、业务学习、廉政学习，着力打造一支想干事、能干事、不出事的干部队伍。加强党性教育，扎实开展“两学一做”学习教育，坚持“一把手”带头上党课，做到“环环有落实、会会有纪录、人人有笔记”，坚定党员干部理想信念。注重业务提升，先后分批次组织全体工作人员赴北京参加专业知识培训班，在中心内部实行定期轮岗锻炼，增强了业务能力和责任意识；坚持周五例会制度，学习相关法律法规，研究新情况新问题，提高实际操作能力。全年共组织公共资源交易活动300多场次，收退保证金1868笔1.93亿元，均实现“零差错”“零失误”。严格落实“两个责任”，扎实开展“荷花品格、梅花精神”廉洁文化活动，组织干部观看廉政教育片，强化干部自律意识，全年无一起因中心工作人员失误或违纪违规引发的投诉和举报。

（办公室）

兰苑宾馆

【概况】津市兰苑宾馆实业有限公司前身为津市兰苑宾馆、津市市委、市政府接待处。2009年6月顺利完成企业改制，成为津市较具规模的民营股份制企业。公司拥有员工近500人，资产近亿元。公司下辖三星级涉外酒店——兰苑宾馆和四星级休闲农庄——锦绣兰苑生态农业科技产业园。数年来，公司以品牌增值为企业发展的动力源泉，着力提升服务水平，大力倡导企业文化，努力构建和谐兰苑，致力于为广大消费者提供极具兰苑特色的优质服务，致力于打造成为一流的服务型企业，在湘北地区的宾馆行业中独领风骚。

兰苑宾馆位于市车胤大道402号，地处市区黄金地段，环境幽雅，交通便利，城区2路公共汽车可直达，距正在建设的二广高速东常段仅五公里之遥。宾馆于1987年10月正式营业，经过二十多年来的精心运营，特别是2003年大规模升级改造之后，现已发展成为占地面积4万平方米，建筑面积2万平方米，集住宿、餐饮、休闲、娱乐、健身、购物为一体的综合性宾馆。宾馆主楼为8层，拥有总统套房、行政客房、商务客房共141间(套)，其中八楼为豪华商务套房，整层均按五星级标准装修，在九澧一带堪称一流;会议中心设施齐备，功能先进，可供500多人大会及影视文艺活动，另外还有3个小型会议室供商务客人挑选；餐厅内设有12个造型典雅、风格迥异的豪华包房和可容纳500人同时就餐的大型宴会厅,佳肴琳琅,美食荟萃,任君选择；娱乐城内设15个高雅大气的KTV包房，让您充分展现自我个性；休闲中心有30个宽敞舒适的足浴、按摩包房，让您随时放慢人生节奏，尽享尊贵；除此之外，还配有大堂吧、商务中心、健身中心、桑拿室、美容美发厅、洗衣房及200个的停车位等多项服务设施，是客人休闲娱乐、商务洽谈的最佳场所。连续多年被评为津市市“保护消费者合法权益先进单位”、常德市“最佳星级饭店”、湖南省“省级文明卫生单位”。

锦绣兰苑休闲产业园是一家集休闲度假、生产经营、科技示范、生态保护、特色基地等为一体的产业园，占地面积2000亩，总投资8000万元，分三期完成。从2007年启动至今，现已完成投资3000多万元，完成了产业园土地平整、垂钓中心和兰苑农家乐的建设，建成了贯穿公路6.7公里，围绕农庄四周公路近8公里，绿化荒山800多亩，旱地200亩，并充分吸纳当地农村劳动力（占员工人数60%以上）。产业园自2008年开业以来，年接待游客5万人次以上，产生了较好的社会和经济效益，有效促进湘西北地区的旅游带开发，更好地满足游客们休闲、体验、娱乐、购物等方面的需求，有力推动了当地的美丽乡村建设，是津市市新农村建设示范点。2011年被评为“湖南省首届百佳魅力农庄”，2015年被授予“湖南省水产养殖示范点”，2016年被评为“湖南省五星级休闲农庄”。

中国人民银行津市支行

【概况】2016年津市支行面对新形势新任务，全面贯彻落实党的十八届三中、四中、五中全会和中央经济工作会议精神，坚持稳中求进总基调，注重金融改革攻坚、业务创新引领，突出金融风险防范、内控规范管理，勇于担当，积极作为，主动适应新常态，开创了履职新局面。支行江波、覃仕寿获2016年全省保卫知识比武个人二等奖，常德中支基础知识测试集体奖；支行离退休干部服务管理调研获武汉分行一等奖；王静《父亲的琐碎》获武汉分行"感恩父母五个一"活动优秀作品；办公室获2016年度津市金融宣传工作先进集体。

（傅智松）

【加强窗口指导，落实稳健货币政策】通过银政联席会议、季度金融形势分析会等形式及时向政府领导和辖内金融机构宣讲货币信贷政策、提示金融风险，为基层央行传导货币政策提供良好的外部支持。及时掌握辖内金融运行状况、人民银行重点工作推进情况、商业银行的创新工作成效、机构改革进展、重大信贷项目等，分析信贷领域内的热点、难点问题，提示关注问题。12月2日，津市市委书记傅勇、市长陈章杰来支行调研金融工作，傅勇书记强调：要高度重视、勇于创新、坚定信心、全力以赴打造澧水流域金融中心。开展涉农信贷资产评估工作，按照宏观审慎（MPA）监管原则，对津市农商行信贷资产质量进行总体评价，津市农商行总体评估指标2016年较2015年有所提高，对津市农商行信贷投放大幅波动、季中大幅超过合意贷款规模的行为，支行对农商行进行高管约见谈话，强调信贷投放纪律的严肃性，并要求其限期整改到位，不折不扣地落实央行信贷调控规划，经过人行指导，农商行全年贷款投入未超1.5亿的增长规模。进一步优化考核机制，引导全市金融机构增加有效信贷投入，加大力度支持地方经济转型发展。2016年，全市金融机构贷款余额35亿元，比年初增加2.3亿元；各项存款110亿元，比年初增加22亿元。（傅智松）

【深化金融生态创建，全力维护金融稳定】及时发布银行业执行人民银行政策法规评价报告，稳步推进重大事项报告工作。深入推进金融生态环境建设，将金融生态环境建设目标分解到相关部门的考核任务中，形成打造良好金融生态环境的合力，夯实金融业健康发展基础。2016年津市的金融生态环境经过2015年企业破产、民间借贷等不利因素的冲击后，已开始复苏，各项指标正在向好的方向发展，9月19日，为全面掌握津市关停破产企业破产重组转型升级进展情况，切实维护银行债权，支持企业走出困境恢复生产，常德市中支党委书记、行长曾涛率队赴津市开展专题调研，并对津市各金融机构支持关停破企业转型升级提出四点希望。支行将在中支的指导下与金融办等政府相关部门通力合作，努力开展金融安全区的创建工作。（傅智松）

【加强支付结算管理，提高结算质量】一是加强银行账户管理。认真做好人民币银行结算账户管理工作，截止到12月底，共开立基本户725户，专用账户19户，临时户11户，撤销各类账户186户。二是开展辖内银行卡助农取款业务风险排查工作，5月25日，津市支行召集辖内四家助农取款银行集中学习上级行对服务点建设的新精神、新要求，总结2015年津市助农取款服务点的工作成绩，分析存在问题，要求加大建设力度，进一步完善服务体系，同时，在助农点开展农村电商业务试点工作。

（傅智松）

【加强国库管理，全面提升国库工作水平】加强国库资金风险防控，积极推广国库事后监督系统，充分利用国库系统信息资源，加强国库调研分析；及时、准确、规范处理日常国库会计核算业务，国库会计核算质量总体较好，未发生核算差错或事故，至12月共完成税收收入4.82亿元，公共预算收入6.39亿元；公共预算支出30.82亿元。

（傅智松）

【推进反洗钱工作，提升反洗钱工作水平】组织部门人员认真学习总行关于2016年反洗钱工作文件精神，认清当前反洗钱工作面临的形势，明确支行反洗钱工作职责和任务。组织反洗钱工作人员参加中支反洗钱现场检查培训，提高反洗钱检查技能。5月，支行组织全辖金融机构开展声势浩大的反洗钱宣传，让公众明了反洗钱知识、认知洗钱的危害。（傅智松）

【加强征信服务工作，进一步推进信用体系建设】一是推进辖区中征应收账款融资服务平台的运用。全市累计上线注册用户6户，各金融机构都开展中征融资平台业务，共计开展平台融资业务3.4亿，其中明保业务2亿，收益权业务1.4亿，为辖内中小企业的融资起到了积极作用。二是积极为个人和企业提供信用报告查询。共计对个人进行信用报告查询1979人次，日均查询5.5次，接受企业信用报告查询133次，机构信用贷码发放249张。三是积极开展信用创建“五进”工作，建立新洲镇荷花堰村、湖南友联纺织有限责任公司两个“诚信文化教育共建基地”，全年共建信用村69个，信用乡镇3个，受评信用农户5.29万户。（傅智松）

【加强人民币流通管理工作，强化人民币收付和反假业务检查】全年共查库46次，移位查库2次，共办理出库业务771笔，金额50.6亿元；入库业务410笔，金额43.8亿元；调拨发行基金9次，金额18.5亿元，货币发行业务无一差错。配合公安机关严厉打击假币犯罪，全年共收缴假币收缴2458张，金额11.1万元；确保纪念币的兑换工作顺利开展。6月的航天币、12月的孙中山纪念币在全市各金融机构10多个网点同步向社会公开发行。所有承办行兑换点均设立了“兑换窗口标示牌”，支行分管行长率发行股、办公室相关人员组成巡查组进行巡视，确保纪念币有序兑换。（傅智松）

【积极开展各类金融知识宣传活动】开展了“金融消费者权益日”宣传活动，3月1日至3月15日，津市支行组织金融机构开展深化金融普法教育和金融知识宣传工作。开展了“6.14”信用记录关爱日专题宣传活动。津市支行组织干部职工集中参加信用知识微竞答活动，“测一测、摇一摇”，进一步提升“三湘征信”的互动性、交流性，提高全社会信用意识；开展九月金融知识宣传月活动。津市支行根据上级行工作部署，组织辖内各金融机构在津市灵泉镇开展金融知识集中宣传，将九月金融知识宣传月活动掀入高潮。9月23日，组织辖内各金融机构开展“网络宣传周”活动，各金融机构利用宣传折页、海报、显示屏等多种载体对网络安全知识进行了宣传。通过这些宣传活动，让广大老百姓充分了解金融知识，增强防范意识，取得良好的宣传效果。（傅智松）

【加强执法检查，严肃金融秩序】8月，支行对中行、农商行、公积金管理中心等机构金融信用信息基础数据库接入情况开展征信工作检查；9月，对华融湘江银行开展了国库经收业务和集中支付代理银行专项检查，针对该行业务规模较小、业务处理不熟练等现状，检查组对其相关业务人员进行了现场业务辅导；对工行、农行等5家银行人民币收付管理、反假货币业务进行检查；11月份，支行对辖内8家金融机构同业账户的开立使用情况进行了全面检查，对4家金融机构个人结算账户身份核实工作进行抽查，对于核实工作开展不力的机构提出严厉批评，并责令限期整改；12月针对邮政储蓄银行在征信系统管理中出现违规泄露个人信息案件，对其处7万元罚款。（傅智松）

【金融扶贫服务站建设初见成效】在津市支行大力推动下，建成了津市药山镇三合村、津市毛里湖镇土桥村等13个金融扶贫服务站。服务站由津市财政和津市农村商业银行共同承担建设。服务站的建成，进一步推动金融扶贫贷款发放，2016年，共发放金融扶贫贷款1300万元。（傅智松）

工商银行津市支行

【概况】中国工商银行股份有限公司津市支行2016年末在职员工52人，设有办公室、公司业务营销部、个人金融业务部三个部室，三个营业网点，即支行营业部、万寿路分理处、湖桥分理处，在澹津北路、兰苑宾馆、湘澧盐矿、中联重科车桥、九澧大道、君之林府设立自助银行、ATM机共16台，营业网点和自助银行分布津市市城区澧水南北两岸。

2016年12月末，两项存款余额为159526万元，比年初净增9137万元，其中，对公存款余额36274万元，较年初净增6971万元，储蓄存款123252万元，较年初净增2166万元，各项贷款余额为36019万元，较年初减少2628万元，其中公司贷款余额25340万元，个人贷款余额为10679万元。票据贴现4100万元，累计票据贴现12547万元，签发银行承兑汇票20000万元。转型业务取得新的发展，工银融e购交易客户5207户，手机银行8600户，个人网银证书客户7250户，企业网银证书客户43户，电子银行业务处于全市领先地位，信用卡新增2300户。内控案防、安全保卫能力进一步得到增强，连续实现二十四年未发生案件和安全责任事故。

2016年年初，根据省、市分行行长会议精神，支行班子成员及早作出部署，对全年工作进行了安排。一是优化人员结构，将一批有活力、责任心强、敢于开拓进取的年轻人充实到中层骨干队伍中来，二是加强客户经理队伍建设，对客户经理的工作职责、任务进行明确分工，并重申客户经理工作纪律，坚守道德底线。三是中层骨干、客户经理在完成本职工作的同时，要加强联系，信息共享，寻找客户，挖掘客户，培养客户，为客户提供高效优质服务。

在津市市地域、经济总量偏小、金融资源有限、同业竞争异常激烈的情况下，为了抢占市场份额，支行要求全行员工树立逆境中求生存、求发展的思想，全力打好储蓄存款营销的攻坚战，促进储蓄存款快速增长。同时，加大对公司法人客户的营销，力争对公存款有较大的增长。在营销存款的同时，加大对有贷款需求的法人客户和个人客户的营销，采取定人、定点、定户、上门走访，上下沟通、及时汇报，加班加点，确保贷款及时到位，有力的支持地方经济发展，受到当地政府的表扬。

转型业务中的电子银行业务是津市支行的一个亮点，在全市处于领先地位。一是加强对电子银行业务的培训，提高对电子银行发展的认识，选派业务能力强、服务态度好的员工充实到网点担任大堂经理，指导客户办理业务；二是坚持行长营业网点坐班制，督导大堂经理、柜员办理业务服务态度和效率，及时处理网点发生的各种突发事件，将各种事件消灭在萌芽中；三是积极做好工银E支付的营销工作，通过加快推广工银E支付客户的规模，提高工银E支付的开通率和使用率。

内控案防工作是津市支行的一面旗帜，至2016年已连续24年没有发生各类案件和各种责任事故。为确保无各类案件和各种责任事故的发生，2016年，支行坚持两手抓、两手都要硬的原则，在抓业务的同时不忘抓内控管理，抓内控管理为业务稳定发展保驾护航，认真开展员工异常行为排查、执行规章制度再检查、对检查出的问题进行再督查的"三再查"活动及对重点领域和风险事件专项治理工作，为24年无各类案件和各种责任事故的发生打下坚实的基础，内控管理体系得到进一步加强。支行每月召开一次内控案防和员工思想动态分析会，此举收到较好的效果。加强操作风险管理，重点加强对营业网点库存现金、空白重要凭证、印章、密码、钥匙的交接管理，加强对ATM的管理和网点现场主管的履职管理。

津市支行在积极推进业务发展的过程中，全面开展企业文化建设，为员工创造一个和谐的环境，让员工在工作之余身心得到放松。一是搞好职工之家和员工食堂的建设，在上级行的支持下，累计投入10余万元进行职工之家的建设，设立了图书阅览室、兵乓球室、健身房、娱乐室、荣誉室等，使员工在业余时间有一个好去处。二是制定"婚丧病假探望制度"、"节假日走访慰问制度"，并将这些制度贯彻落实，2016年，支行班子成员共同走访生病、住院、家庭困难员工10余户。三是加强行领导与员工之间的沟通渠道，不定期与离退休、在职员工开展座谈会，就津市支行的发展和大家共同关心的问题进行沟通交流，对大家提出的问题能解决的及时解决，因有些问题支行不能解决的，逐级向上级行反映，化解员工与单位之间的矛盾。（聂辉）

【存款】截止2016年末，两项存款余额为159526万元，较上年净增长9137万元，其中，对公存款36274万元，储蓄存款123252万元，活期粗款82528万元，定期存款76998万元。受国家政策和地方经济影响，我行存款虽然净增长9137万元，但形势不容乐观，个人储蓄存款仅增长2165万元，较2015年大幅减少，主要是个人资金用于购买社会养老保险、购房等，加上网络金融的发展对实体银行产生了一定的冲击，虽然网络金融种类繁多，收益较高，但风险相对较高，上当受骗的也不少，普通居民甚至是从事金融行业的人员都无法鉴别真假，建议还是到实体银行办理业务，确保资金不受损失。（聂辉）

【贷款】截止2016年末，两项贷款余额为36019万元，较上年减少2628万元。其中，公司贷款25340万元，减少1644万元，个人贷款10679万元，减少984万元。受国家政策影响，地方经济不景气，工业园区破产企业较多，银行对部分不符合国家政策的公司贷款进行压缩，但对新型企业如湖南新合新生物医药有限公司、湖南欣龙非织造材料有限公司等公司进行贷款投入，支持地方经济发展。个人贷款主要是个人住房贷款，受房地产市场的影响，居民购房热情不高，因此贷款减少。（聂辉）

中国建设银行股份有限公司津市支行

【概况】中国建设股份有限公司津市支行现有在职员工20人，其中党员7人。设有支行本部一个网点、另有营业部本部、人民医院、中医院、津市蔡家河社区、宝悦共5个自助银行服务区，有15台自助设备。2016年，在市行的正确领导与支持下，津市支行认真贯彻工作会议精神，紧紧围绕工作目标，确立全年经营策略、目标任务和工作重点，认清形势，坚定信心，锐意进取，狠抓落实，各项工作稳步推进，主要业务健康发展，管理能力不断增强，企业文化建设和团队建设逐步加快，基本完成全年的预定目标。

主要经营指标完成情况

1.存款：截止12月末，全口径存款时点余额为119570万元，比年初新增6501万元。其中：对公存款余额为37121万元，比年初新增1046万元。储蓄存款余额为82449万元，比年初新增5455万元。

2.贷款：12月末，各项贷款余额为29980.32万元，比年初新增360.9万元。其中：对公类贷款余额为18776.1万元，比年初负增1423.5万元。个人类贷款余额为11204万元，比年初新增1784万元。逾期及非应计贷款余额为66.6万元，较年初减少65.94万元。

3.中间业务收入：12月末，中间业务收入406万元。

4.利润：全年实现利润1638.56万元。（贺腾）

【亮点工作】加强资产管理，优化信贷投放，提高资产质量。做好企业信用等级评定、客户统一授信管理等常规管理工作的同时，把加强新增贷款管理、优化信贷投放作为效益的增长点，把加强清贷收息、盘活存量作为优化资产结构的重要措施，全年新投放贷款在当地四大商业银行占比第一。围绕"拓客户、搭平台、防风险"的工作重点，加快推进小企业的业务的平稳健康发展。全年为多家企业发放贷款 9080 万元，有效的解决这些企业生产流动资金困难。

在经济下行期，积极履行金融机构责任担当。在 2016 年度县域房地产低迷的情况下，向上级行继续积极寻求规模支持，加大个贷营销力度，新投放个贷 3600 万元。

2016 年，在资产质量管控方面，该行信贷客户中沃汽配生产经营不正常，给支行的经营效益造成严重负面影响，支行并没有坐等靠，而是积极的向上级行汇报和与当地政府沟通，在年底前将成功将该笔不良贷款 7800 万元全部处置完毕。

大个金产品渗透发展中高端客户。重点开展了分期、POS、信用卡、悦生活、代发工资、善融商务等产品营销。为高中端客户提供包括大额定期存款、实物黄金、外汇、基金、个贷的差别化服务与定价。全年善融商务实现 4000 万元的交易量，取得常德市分行交易量位具前列的好成绩。把代发工资业务发展做为抓存款源头，大力拓展工资代发业务，通过上下联动，积极采取有效的措施，加大营销力度，代发工资业务在 2016 年有了突破性发展。全年拓展多家企事业单位共计 1747 户员工代发工资已在该行办理。各项分期业务发展迅猛，汽车分期的增长创历史新高，家装分期、装修分期、分期通、现金分期通过全方位宣传来势都很好，倍受老百姓的青睐。

服务品质提升，核心竞争力加强。全年支行推出多个与服务有关的主题活动，坚持每周环境净化日行动，不单是让网点保持了整洁的环境，更是让员工在共同劳动中增加凝聚力。支行通过向上级行积极争取，今年新增宝悦自助银行一个，延伸服务半径，增大建行金融服务覆盖面。对支行营业部进行规范化改造工作，高标准配置硬件设施，在网点新增了 5 台智慧柜员机，大大提高为客户办事效率。强化员工培训，不断提高员工综合素质，提升服务客户软实力，多方位打造上档次、综合型的“精品”银行。服务内涵的深化、服务质量的提高、服务品质的提升，让建设银行在津市树立了良好的社会形象

强化内部管理，全面落实党风廉政建设。一是完善和贯彻落实各项双基党风廉政建设制度。支行成立了党风廉政建设及案防管理工作小组、反洗钱工作领导小组等组织机构，加强对操作风险的管理，在全行信贷工作、合规制度建设、重大风险管理事项上发挥积极作用。二是全年根据上级行的有关文件精神，支行组织 4 次员工排查的活动，并对全行员工进行一次家访。形成《津市支行风险点排查汇总表》，并针对问题进行整改。对能够排除解决的问题在第一时间内予以排除、解决。防范操作风险，控制道德风险。三是注重风险流程管理。在贷前调查与申报、授信资料调查、放款等环节，加强信用风险与操作风险管理和控制，确保信贷资产安全。四是落实“两个责任”，加强党风廉政建设 。及时与全行员工签订党风廉政建设责任状，2016 年，支行每月都组织全行员工学习党风廉政建设系列文件、要求全行员工学习要有笔记，每人每年不少于一篇学习体会。抓好岗位人员的廉洁自律教育，分部门定期组织安排学习，多次组织学习《条例》和《准则》，使支行干部员工从思想上对党风廉政建设重要性有了高度认识，提高员工自保意识，筑牢拒腐防变的思想道德防线。全员参加市行监察部组织的“推动全面从严治党”巡讲、支部全体党员重温入党誓词、支部书记上党课、集中收看《永远在路上》系列反腐专题纪录片等活动。

（贺腾）

建行津市支行 2016 年业务统计表

项目 年份	存款（亿元）	贷款（亿元）	新增 IC 卡（户）	新增个人有效客户（户）	利润（万元）
2016	11.96	2.98	16107	6327	1638

中国银行津市支行

【概况】中国银行股份有限津市支行 2016 年末在职员工 33 人，下设综合管理部、营业部、建设路支行和车胤自助银行，共有 20 台自助设备。2016 年，中国银行津市支行在津市市委、政府和常德市分行党委的正确领导下，支行班子团结全行员工，以“树立新形象、采取新行动、达成新目标”的工作思路作为指导思想，创造较好的经营业绩。

1、各项存款：截止 2016 年 12 月 31 日，津市支行人民币各项存款余额较年初增加 12682 万元，完成市分行下达任务的 105.68%，余额达 86837 万元，四大行新增市场份额 27.13%，余额市场份额较年初上升 1.14 个百分点。其中：公司存款增加 9998 万元，新增市场份额 34.15%；对私存款新增 2684 万元，市场份额 16.2%

2、各项贷款：2016 年末，支行各项授信余额 23282 万元，贷款余额较年初增加 9306 万元，四大行新增市场份额 76.22%，余额市场份额为 20%，提升 6.59 个百分点。其中：公司贷款发放 7000 万元，新增 6477 万元，新增份额 140%；个人贷款发放 5033 万元，新增 2562 万元，新增份额 43.56%；银行卡应收账款增加 267 万元。累计开立银行承兑汇票 615 元。

3、资产质量：2016 年 12 月 31 日，我行不良贷款降至 92 万元，不良资产率 0.39%，较上年同期下降 3.41 个百分点。

4、客户基础：支行 2016 年新立公司账户 58 户，信用卡发卡 220 张，新增个人有效客户 1149 户，个人网上银行交易户数增加 1966 户，手机银行交易户数新增 1410 户。

5、经营效益：2016 年实现业务净收入 1597 万元，拨备前利润 786 万元，净利润 395 万元。（杜志华）

【业务工作】1、把抓存款放在工作

的重要位置，实现存款稳步增长。一是及时部署一季度开门红活动，存款工作初见成效。支行就根据市分行工作要求结合本行自身实际情况，及时出台2016年一季度业务开门红竞赛活动方案，明确把支行人力、财力、物力集中投向开门红劳动竞赛中的指导思想。同时，采取分段冲刺的模式增加存款，开门红劳动竞赛取得较好的结果。二是增强营销服务意识，多渠道寻求存款增长点。支行结合本市经济的实际情况，认真分析城市建设资金的来源主要渠道，明确营销了方向，主动上门拜访农业发展银行、三洲驿街道办事处、汪家桥街道办事处的负责人，并对两个街道办事处下辖5个有拆迁任务的社区逐一上门对接，成功揽入存款2000多万元。三是积极寻求政府部门支持，财政存款业务取得较大进展。过去的一年，支行多次拜访市政府的主要领导、部门主管局长、人民银行行长，汇报我行近年各项工作，请求支持。通过不断营销，我行财政性业务重拾升势，取得较大进展。通过全行上下的共同努力，支行2016年对公对私存款新增额在市分行辖内的6个县行中排第二位。

2、以内生动力机制为导向，资产业务发展出现质性突破。一是主动出击，提升服务，个人贷款业务继续快速发展。为把握支行个人资产业务发展的大好时机，支行主动上门营销，为海晨国际、宝悦乐城、丰华城、恒盛青年城等5个楼盘项申报了共6亿元房产按揭贷款额度。2016年，全行共发放个人房产按揭贷款5033万元，完成市分行下达全年任务的105%，余额较年初新增2562万元，投放额和新增额均居市分行县支行小组前列。二是把握机遇，不懈营销，公司贷款业务发展实现了超常规。2016年5月中旬开始，津市支行对“涔澹农场旱地改水田”项目进行跟进营销。通过多达10次以上向上级行汇报和资料补充，该项目1.44亿元贷款终于正式获得批复，12月中旬发放第一笔7000万元。2016年，支行通过反复营销，积极汇报，一步到位，通过大公司口径为湖南新合新生物医药公司申请3000万元授信额度。新合新公司将于2017年春节之前办理2000万元实有贷款提款手续。2016年，津市支行公司贷款新增额在市分行辖内6个县行中排第一位。

3、持续深入推进网点转型建设，网点等级得到提升。一是按照省市分行要求积极稳妥地推进网点转型升级的培训工作。二是根据网点提升的工作要求，结合网点的实际情况，制定出各网点转型和等级提升的具体措施。三是支行加强对网点转型工作的督导，对照考核指标找差距，从多个维度提出整改方案。（杜志华）

【内控管理】内控和安全保卫工作常抓不懈，促进业务健康稳定发展。一是坚持逢会必讲，进一步深化“晨会案防一分钟”的工作机制，时常提醒员工遵守；二是及时传达学习《中行员工双十禁》、《中国银行员工行为违规处罚管理办法》、《严禁参与高利贷和民间融资》、《内控五十条》等文件，加强员工行为思想排查，规范员工的行为；三是坚持尾箱现金、重要空白凭证的周查、月查制度，把制度和员工的业务操作管理落到了实处；四是物防、技防及规章制度并重，坚持用制度管人，把制度贯穿到业务工作的各个环节。通过对内控和安全保卫工作的常抓不懈，有效促进了我行业务的健康稳定发展。（杜志华）

【企业文化】加强化企业文化建设，有效发挥了员工的工作积极性。一是支行管理层经常就工作、生活与员工交心谈心，听取员工对支行发展的意见和建议，尊重他们在工作中的创造力，有效激发了员工的工作积极性热情；二是支行尽可能的创造条件解决部分员工在工作与生活中遇到的困难；三是加强中行品牌宣传，得到了社会的普遍认同，增强员工的自豪感。支行利用江南明珠广场大型电子显示屏连续滚动宣传中行业务产品和企业文化，加深市民对中行的了解。在日常营销过程中，要求员工重视产品介绍，重视品牌宣传，在客户心中留下来良好印象。（杜志华）

【服务中心工作】积极参加地方政府组织的各项中心工作，得到肯定。近几年来，民调、创建国家卫生城市、精准扶贫工作是津市市委、政府的几大重点工作，津市支行积极参与。2014—2016年，支行在津市市政府组织的全市所有线管单位优化经济环境考核中分别取得第一、第四和第五名的较好成绩。津市中行的整体形象和知名度在当地政府和老百姓的心中得到大幅度提升。

（杜志华）

中国农业银行股份有限公司津市市支行

【概况】中国农业银行股份有限公司津市市支行现有在职员工53人，内设综合管理部、财会运营部、客户管理部和风险管理部，下辖营业部、九澧大道分理处和新洲分理处3个人工网点，设有人民医院、银苑路和农场3个离行式自助网点，惠农服务点遍布全市所有行政村。几年来，支行一直不断提高服务水平，打造高标准营业网点，加大信贷投放，建设高素质员工队伍，提升金融服务质效，为优化经济发展环境，服务地方经济发展做积极贡献。

（雷桃桃）

【主要经营指标】存款增长超越历史。截止2016年12月末，支行各项存款余额132669万元，比年初增加19467万元。其中，储蓄存款余额102814万元，比年初增加8142万元。对公存款余额29855万元，比年初增加11325万元，完成全年目标任务的378%，对公日均存款24027万元，比年初增加8279万元，完成全年目标任务的414%。2016年支行各项存款增量总额接近2个亿，是2015年增量的2倍多。特别是对公存款，2016年增量相当于前三年增量的总和。

资产业务取得突破。截止2016年12月末，支行各项贷款余额26934万元，比年初增加2663万元。其中个人贷款余额11706万元，比年初净增1223

万元。公司贷款余额 15228 万元，比年初增加 1440 万元。年末贷存比达到三农事业部考核要求

新兴业务再创佳绩。截止 2016 年 12 月末，支行营业收入总共完成 2833 万元，同比增加 30 万元。其中账面中收 496 万元，比去年增加 81 万元，贷款利息收入减少 378 万元，其他收入增加 327 万元。拨备前利润 1421 万元，同比增加 60 万元，拨备后后利润 -241 万元，同比增加 536 万元。

风险防控效果明显。截止 2016 年 12 月末，支行不良贷款余额 1221 万元，与年初相比下降 3911 万元，不良率为 4.53%，较年初下降 17%。

市场份额遥遥领先。截止 2016 年 12 月末，支行各项存款份额在"四大行"中占比 26.9%，与 2015 年相比增加 1.5%。各项贷款份额在"四大行"中占比 23.1%，与 2015 年相比增加 2.1%。各项存款增量份额在"四大行"中占比 44.5%，增长速度在"四大行"中排名领先。各项贷款增长在"四大行"中排名第二，其中个人贷款排名第一。

业务经营实现升级进位。在全省农行县域支行 29 个 C 类行考核中排名由第 20 名上升为第 4 名，提升 16 个位次，并因此被省分行评为"2016 年度经营管理先进单位"称号。在常德分行年度考核排名中，由上年度的第 11 名上升到第 10 名，得分 952.63 分，名次提升 1 位，分数提升 270 分。　　（雷桃桃）

【工作措施】建立健全规章制度。2016 年支行重新梳理原有各个层面管理制度，并加以完善。2016 年支行共制定出台涉及会议管理、费用管理、信贷管理、风险管理等各个方面的制度办法，使各部门职责明确、各岗位有章可循，经营活动按章操作，形成一整套科学健全、操作规范、管理严密、适合支行要求的管理体系。各项规章制度建立后，支行充分认识到加强管理，狠抓制度落实的重要性，要求各部室加强督导、检查和整改，以保证制度的严肃性，增强全行员工执行制度的自觉性，使业务操作更趋规范，促进了支行内部管理向规范化、制度化方向发展。

积极改进工作作风。在狠抓业务经营的前提下，支行把抓好员工队伍建设放在重要工作日程。一是以身作则，落实党风廉政建设。支行班子成员在日常工作中，处处严格要求自己，身体力行、率先垂范，做到以身作则。二是强化教育，提高党员干部素质。支行认真按照"两学一做"学习教育活动的要求和步骤，积极组织全行党员扎实开展了学习教育活动。支行班子带头学习，做好笔记，开好民主生活会，从班子自身建设、党员员工工作作风、群众反映强烈的问题上找差距，进行批评与自我批评，着力加以完善和改正。同时，支行建立班子成员分片包点的指导和督查制度，以确保学习教育活动开展到位。通过开展学习教育活动，为我行顺利完成各项业务指标提供了坚强的保证。

大力开展资金组织工作。为做好资金组织工作，力求实现存款份额增长取得突破，支行采取了以下措施：一是做到任务早落实，计划早安排。支行提早制定储备方案，落实考核机制，将存款任务分解落实到每位员工，形成人人有压力，人人有动力，充分调动每个员工的积极性。二是加强标准化服务，吸引和留住客户。通过制定标准化服务实施细则，以制度来规范，使支行对外服务工作上一个新台阶。三是推进季度竞赛，资金组织常抓不懈。通过四个季度的竞赛活动，较好地激励广大员工组织资金的工作积极性，促进支行各项存款的快速增长。四是加强政府机构类客户的营销与维护。

加大信贷投放力度。2016 年支行按照"抓大、拓中、不放小"的营销思路，加大资产业务的营销力度，打破营销困境，完成全省首笔高标准农田项目的营销，金额 2.4 亿元，近期将投放到位。大力支持家庭农场及专业大户发展，与中华联合保险公司联合，创新性开展"家庭农场保证保险贷款"。该信贷产品不需要农户提供抵押或者寻找担保人，只需购买中华联合保险公司的一份保险，即可获得我行发放的贷款，贷款利率为基准利率。为支持农民进城，鼓励农民在城区购房，配合市政府房地产去库存政策，支行推出了"农民安家贷"产品，针对进城购房的农民，给予贷款利率、首付成数等各方面的优惠，得到了农民和政府相关部门的一致好评。

加强不良资产处置。近两年来，支行由于不良贷款原因，在系统内综合绩效考核排名一直靠后。支行领导高度重视并狠抓不良贷款清收与核销工作，年初制定了不良贷款核销计划，年内上报呆账核销资料 39 户，其中已核销入账金额达 4576.5 万元，为全行卸下沉重的包袱。今年以来，支行将 10 户风险客户起诉至司法部门，其中 7 户起诉案件被法院成功受理，将 4 户风险客户移送公安机关处理。完成委托资产批量转让尽职调查 38 户，金额 384 万，完成委托资产处置终结和零受偿 120 户，金额 553 万。

加快推进网点深化转型。2016 年，支行 3 个营业网点同时开展深化转型工作，转型效果初步体现。一是全面贯彻"以客户为中心"的经营理念，提高贵宾客户体验。支行对营业部贵宾服务区进行了改造建设，将营业大厅与贵宾客户区进行物理隔断，使贵宾客户区的环境质量得到大力改善，贵宾客户体验明显提高。二是梳理和整合优化业务流程。采取功能区分和柜台优化组合的措施，为客户提供最优质的服务，进一步提升顾客的满意度。三是实行弹性排班制度。支行各网点均实行弹性排班制，根据业务量的变化灵活安排窗口数量，抽调人员配置到大堂，加强大堂的营销服务力量，或对贵宾客户进行维护和营销，从而优化人员配置，减少人力资源的浪费，业绩产能明显提高。

积极参加地方政府组织的各项中心工作。2016 年，支行积极响应并参加津市创"国卫"工作，认真做好迎检准备，即使在人员紧张的情况下，还是按照要求抽调人手坚持到"包保路段"轮流巡视。为响应落实市委政府精准扶贫工作，支行定期进村入户进行走访慰问。通过建立行领导与贫困户"一对一"

帮扶结对，实施“一户一策”帮扶措施，主动对帮扶对象给予物质支持、提供创业指导，取得了明显成效，获得群众的高度好评。（雷桃桃）

中国农业发展银行津市市支行

【概况】中国农业发展银行津市市支行成立于1996年12月，坐落在津市市九澧大道1093号，是津市市唯一的一家政策性银行，业务范围涵盖粮棉油收购、储备、产业化龙头企业、农村基础设施建设及县域城镇建设等领域。至2016年底，支行有干部职工21人，平均41.5岁，其中党员10名，占比47.6%。。机构设置有办公室、客户业务部、财务会计部，共两部一室。办公楼建筑面积1000平方米，占地面积1800平方米，服务功能齐全，设施一流。贷款对象有企业12家。（夏进新）

【业务经营】2016年，支行以年初中央1号文件精神为指导，依照津市市委、市政府主动适应新常态，突出改革、扶贫攻坚，支持新农村建设，认真办好新农村银行，以坚持党建工作的统领作用，狠抓业务发展和风险防控。（一）突出抓好业务发展。2016年全年投放各类贷款3.94亿元，发放基金2.82亿元；公存款日均余额5.963万元，较年初增加2.61亿元，增幅为74.62%；资金自给率达到了103.38%，较年初增长58%；帐面利润1840万元，贷款利息收回率达到了100%。主要经营指标达到预期目标。（二）突出抓好风险管控。加大不良贷款清收处置，不良贷款实现零余额，圆满实现“四无”目标。（三）党建统领作用得到加强。基础管理水平逐步提高，各种矛盾妥善化解，队伍建设稳步推进，初步实现了行风、行纪、行貌、执行力、基础工作、党政关系、银企关系以及自身经营效益的“八个转变”。（四）突出抓好队伍建设。一是狠抓作风建设；二是着力培养，大胆使用年轻同志；三是着力为员工办实事；四是大力加强反腐倡廉教育，认真抓好“一岗双责”的落实，在党员干部中深入开展以“四讲四有”为主题的“两学一做”学习教育活动，组织员工签订《廉洁从业承诺书》、《党风廉政建设责任书》、《拒绝非法集资承诺书》，与开户企业签订《银企廉政共建协议书》等形式，使全体员工紧紧围绕党支部的决议、决定的中心工作抓好落实。

2016年，中国农业发展银行津市市支行被常德市评为“市级园林式单位”，在全市金融界领域中名列前茅。

（夏进新）

津市农村商业银行

【概况】该行目前为津市网点最多、服务范围最广的地方性金融机构，秉承“服务三农、服务社区、服务中小微企业”的办行宗旨服务城乡居民。存贷款份额稳居全市第一位，下辖1个营业部、9个支行、2个分理处，内设办公室、人力资源部、财务会计部、资金营运部、风险管理部、电子银行部、稽核监察部、安全保卫部、信贷管理部、授权中心等10个职能部门，有在岗员工138人。自2014年农商行成立起，连续两年被市政府评为先进单位，先后被市办事处评为进步单位、综合考核优胜单位和资金组织先进单位等。

【经营成效】2016年，在津市市委、政府及相关部门的大力支持下，该行认真贯彻落实省农信联社和常德办事处工作会议精神，紧紧把握“改革创新、稳健发展”的总基调，围绕“打基础、抓制度、建流程、促规范、控风险”，促进发展、严控风险、规范管理，在困难中前行，主动适应新常态，各项工作迈上新台阶、实现新突破，保持业务经营的稳定和发展，实现全年无案件无事故的“双零”目标，主要表现在：一是经营规模稳步增长。年末，各项存款余额205123万元，比年初增长35589万元，同比多增10719万元；各项贷款余额112843万元，比年初增长14694万元，同比多增2256万元；二是支农支小力度不减。年末，小微企业贷款增速28.29%，高于贷款增速13.32个百分点；小微企业户数240户，比同期增加61户，小微企业申贷获得率89.74%，同比增加2.9个百分点。扶贫贷款精准发力，建成了本市13个贫困村的金融扶贫服务站，完成了2487户贫困农户的评级授信工作，其中贫困农户评级率达到100%，有效授信率达到85%以上；截至年末，投放扶贫贷款1100万元，完成了全年扶贫贷款发放任务。三是转型业务快速发展。全年手机银行开户8742户，中间业务收入118.17万元，营销ETC703台，个人优质客户数增加1214户，对公客户数净增108户。四是经营效益稳步提升。2016年实现经营利润3073万元，同比增长56.45%。

【信贷服务】一、着力结构调整。2016年，在认真分析津市经济及市场情况的前提下，提出了“小、散、优”战略，引导客户经理将贷款投向商户、经营户、消费类贷款、按揭贷款等，并且在绩效及奖励办法上，对贷款户数进行考核和奖励，以此来规避大额贷款风险。二、着力便民卡营销。把便民卡营销作为实现“小、散、优”战略的重要抓手，重新修订管理办法，适当下放审批权限，推动全员营销等，促进便民卡发放，到年末，累计营销便民卡524张，授信1.1亿元，实际用信5635万元。三、着力控制贷款质量。该行把新发贷款质量当作业务工作的生命线，严把贷款准入关。年初总结修订出贷款工作意见，明确了贷款条件，规范贷款流程。全年先后组织贷款序时稽核检查，大额贷款专项检查、信贷业务专项检查等，对新发贷款中存在的问题及时发现，及时处罚、及时整改，确保新发贷款质量，严控新发不良贷款。四、着力提高办事效率。一是开展客户经理培训。全年先后组织外拓培训、贷前调查培训、信贷法律知识培训，省联社线上业务培训及考试等提升信贷客户经理的业务水平、业务拓展能力；二是继续开展限时服务，明确贷款各环节的办理时限,督促贷款各环节加快进度;三是组织信贷客户经理开展“两扫五进”活动,督促客户经理由“坐商”变“行商”,主动上门,主动与客户对接,提高信贷服务水平。

【网点服务】一、引进外部智力。该行对优质文明服务状况进行会诊,设计标杆网点建设方案,并进行为期10天的培训和实践,对网点设施进行了统一布局,对员工柜台服务通过营销“七步曲”及网点“6S”管理进行规范,并指导建立了晨会、夕会制度。在城区两大网点设置了专职大堂经理,其他网点也设置了兼职客户经理,还通过一系列培训和实践巩固,彻底改变以往优质文明服务仅限于微笑服务、着装服务的比较单一的水平,使客户真正感受到农商行的热情服务,赢得广大客户的好评;二、突出转型服务。一是抢占POS收单市场。发展农信通业务对提升本行的知名度和服务手段具有重要意义,今年,为做好农信通的拓展工作,制定专项营销工作方案和奖励办法,并安排专人负责设备的安装、培训和维护工作,在商户申请集中时段抽调人员进行安装,确保最短时间布放到位,全年共布放农信通POS机368台;做好了POS的升级工作,根据人民银行和省联社的要求,对POS机具进行全面的非接触式刷卡消费的“非接”改造工作,方便客户刷卡消费和推进云闪付功能的实现;根据国家人民银行和发改委联合发文整顿收单市场的要求,限时完成了特约POS商户的收单费率改造和协议换签工作。二是完善自助服务渠道。为增强农商行的服务质量,提升品牌形象,2016年加快自助银行建设、完善机具功能,截止12月底,给6个乡镇支行各增加了1台存取款一体机,增加2个离行式自助银行和1个在行式自助银行,给2个网点增加发卡机。三是加大电子银行业务拓展力度,组织员工开展对手机银行、网上银行、微信银行等电子银行产品的营销,促进电子银行业务发展,全年电子银行业务任务全面完成。同时,为满足农村金融服务需要,本行积极开展助农取款服务点和助农终端服务点的布放工作,填补农村人口聚集区金融服务的空缺。截止12月底,累计布放助农取款点6个,助农终端服务点3个,其中:新增助农终端服务点2个,助力乡村金融服务。

邮政储蓄银行津市市支行

【概况】邮储银行津市市支行自2008年4月成立以来,逐步形成津市市金融业的新生力量。银邮12个自办和代理网点覆盖城乡,拥有ATM机自助终端18台,服务网点和自助设备数量位居全市银行业机构前列。2016年末,津市邮政自营和代理网点储蓄存款余额达到17亿元(含公司存款),城乡居民在邮储银行开立的账户数达25万户,持有邮储银行绿卡的客户数达13万户,各项贷款存量2亿元,按照邮政储蓄银行总行的战略定位,邮储银行已成为津市市百姓身边的一家全功能商业银行。

服务乡梓,回馈地方是邮储津市支行的服务理念。在扶持微小企业发展及服务“三农”方面,邮储银行充分发挥覆盖城乡的网络优势,积极创新金融服务手段,不断致力于为城乡居民提供专业、优质、高效的金融服务,有效解决广大微小企业主及农户融资难、贷款难的问题,累计为20家中小、微小企业及农户发放贷款4.8亿元,“要致富,找邮储”口号深入人心。在津市市委市政府的惠民工程中,邮储津市支行同样伴演着零售型商业银行的角色,共计为津市财政代发政府各类补贴50种。月代发总户为2.5万户。年代发资金总额6000万元,从2012年启动再就业贷款至今,共计发放贴息贷款5000万元。为服务地方经济发展、缓解政府资金发放压力、为各类补贴资金及时,足额,便捷到达老百姓手中,作出了积极的贡献。(叶理)

【业务工作】从2016年年初开始,邮储津市支行通过深化买单制政策,强化项目营销,组织重点营销,积极调动员工的积极性,巩固拓展了储蓄余额的发展;公司业务方面主要还是以财政资金为主线,用非税上线做为突破口,全力挖掘公司业务市场,通过与财政、社保等主要部门加强联系沟通,上下联动,跟踪服务。同时充分发挥能人效益,全方位营销,由员工提供信息,支行派团队攻关,保证了公司余额的稳步增长;信贷业务则呈现了贷款结余稳步上升,小企业贷款亮点凸现,贷款逾期率逐渐下降的良好发展势头。业务发展管理措施如下:

1、深化机构改革。全面摸清各业务条线、各管理台席风险岔口。明确风险管理专岗。重新调整了各部门风险管理人员和网点风险联络员,规范网点风险合规工作。二是内设机构设立后,重新梳理了各部门各台席岗位职责,实施扁平化管理,与分行部室建立一一对应关系,确保政令畅通。

2、加强财务管理。制定邮储津市支行综合办公管理办法,继续强化全面预算管理,严格控制成本费用。规范会计和统计基础工作,加强统计归口管理,确保统计数据准确。认真做好资金头寸管理,提高资金综合收益。

3、落实绩效考核。完善前台员工买单制绩效考核办法。将全行目标分解到各部门和各二级支行,按每月完成的进度,对二级支行和部门的绩效进行日常的月考核和季考核。

4、强化员工培训。制定和落实《2016年员工培训计划》,除积极参加省市行组织的各类培训外,该支行还组织员工定期不定期进行各种规章制度和业务的学习。

5、强化安全管理。完善安全管理各项制度和基础工作,积极开展安全教育和应急预案演练,落实好各履职检查人员的日常检查和突击夜查。加强安防技防设施硬件建设,实现安全达标,做到演练有照片,学习有记录,安保有台帐。

6、渠道建设落实。津市支行拟定2017年将人民路支行进行迁址改造,李家铺乡ATM自助终端也将在年底运

行，界时津市支行网点形象将全面改观。（叶理）

华融湘江银行津市支行

【概况】华融湘江银行股份有限公司是一家由中国华融资产管理股份有限公司与湖南省政府共同发起成立的国有股份制商业银行，总行设在湖南长沙。华融湘江银行股份有限公司津市支行于2013年1月8日正式开业，成为第一家进驻津市市的股份制商业银行。津市支行自开业以来，在津市市委、市政府的正确领导下，发挥该行具备央企、地方双重资源的优势和“小、精、专、新、特”的经营特色，利用该行华融卡“免卡费、免年费、免手续费”服务零收费的优势，秉承“立足津市、服务津市、依托津市、支持津市”的宗旨，实现稳健、快速发展，开启建设特色股份制商业银行的新局面。（何虹）

【主要工作业绩】截至2016年12月31日，津市支行各项存款余额为12.1亿元，市场份额占比达11%，较年初净增5亿元，占同期金融机构新增存款20245.35万元的25.26%；贷款余额为4.71亿元，市场份额占比达12.47%，较年初净增1.83亿元，占同期金融机构新增贷款的37.12%；津市支行自开业以来累计投放贷款8亿元，贷款始终保持零逾期、零不良。支行各项指标在华融湘江常德分行8家经营机构中排名第二，支行个人客户34267户，VIP客户1955户，对公客户131户，每月工资代发人数3600多人。（何虹）

【员工风采】津市支行现有员工14人，其中行领导3人，主管2人，客户经理4人，柜员4人，理财经理1人。

津市支行是一支团结、有朝气、有创造力的狼性团队，秉承“青年兴、华融兴”的人才理念，践行“星火燎原、照亮华融”中国华融精气神，以优质服务赢得社会各界良好口碑，在全市优化经济环境测评中连续叁年排名靠前。（何虹）

【银政、银企合作成果】大力支持津市市教育、医疗卫生以及民本民生工程。2016年该行向津市市第一中学发放5000万元项目贷款以用于津市市第一中学新建综合楼建设项目，该项目的建成是该行落实市委市政府以“新教育、新作为、新形象，努力创办人民满意教育”的重大举措，同时也是推进津市市教育改革发展，建设教育强市，实施人才战略，提高国民素质，振兴民族精神，促进社会进步的强有力保障。

2014年该行向津市市人民医院发放2600万元流动资金贷款以用于购买医用设备以及器材，提高人民医院硬件设施水平，为广大患者带来了福祉。

该行自2013年开业伊始即向津市园林与自来水公司投放5000万元流动资金贷款，截至2016年，该行已累计向津市园林与自来水公司投放流动资金贷款1亿元，为建设美丽津城添砖加瓦。

2015年该行向生产街旧城改造等重大民生和发展工程项目累计发放6000万元流动资金贷款，对美化、亮化津市以及拉动内需、促进投资、去除存量商住房、稳定市内房地产市场价格起到了积极作用。

2、加强政策护航，明确支持重点，服务重点项目建设。

2015年该行向津市嘉山实业有限公司发放项目贷款1亿元用于工业园标准化厂房建设，经过两年的建设，工业园标准化厂房已投入使用，大大强化工业园的功能和作用，增强招商引资的竞争力。

2016年该行向津市嘉山实业有限公司发放流动资金贷款5000万元用于津市两湖生物医药孵化园建设工程，该项目的建成将吸引基因工程、细胞工程、酶工程等现代生物技术领域专家型创业者，拥有自主知识产权的科研开发人员和研发型初创小企业入园创业，加速区域高新技术产业的集聚与发展，为津市工业园建设成为高新技术产业集聚的平台提供硬件基础。

2016年该行向津市市城市建设投资开发有限责任公司发放项目贷款6000万元用于置换金赛银基金，该笔贷款的投放，使得金赛银基金得以按时顺利兑付，维护了政府信誉，节约了融资成本。

2016年该行向津市市土地储备中心发放1亿元土地储备项目贷款，用于津市市2012年城乡增减挂钩土地收储项目，该笔贷款的投放将会为给津市市增加365亩可供出让的土地，获得土地出让收入4.6亿元。

该行拟于2017年1月向津市市交通建设投资有限公司投放2亿元项目贷款用于津市市澧水二桥建设，津市市澧水二桥的建成将进一步优化区域路网结构，缓解交通压力，提升区域公路通行能力，为区域经济发展提供交通支撑，促进项目沿线土地开发，也进一步突出区域的功能和地位。

该行拟于2017年1月向津市市嘉山水务有限公司发放1.282亿元项目贷款用于津市市工业园污水处理厂及管网配套建设，该项目的建成对改善工业集中区的城镇环境，提高人民生活质量，加快城镇建设，促进和谐社会的建设，都有着深远的现实意义和历史意义。

3、积极履行社会责任，倾力支持中小微企业，服务实体经济。

该行已向湘澧盐化综合授信8000万元，为其盐业改革后发展腾飞提供强有力的资金支持；同时金湘猪鬃、仁和盛、绿康、和平生物、南北特、天泰食品等一批优质企业在该行的贷款资金支持下实现了健康稳定的发展。（何虹）

【收获荣誉】2016年该行先后荣获“湖南省银行金融服务竞赛百佳优秀团队”、“常德市五四红旗团支部”、“津市市平安建设先进单位”、“华融湘江银行优质服务示范网点”等，并连续两年在全市优化经济环境测评中综合排名县管单位前二名。（何虹）

湖南津市湘淮村镇银行

【概况】湖南津市湘淮村镇银行股份有限公司(简称“湘淮银行”)是经中国银行业监督管理委员会批准,由全国28家标杆银行之一的浏阳农商银行作为主发起行,常德和津市市人民政府参股,征集部分省内企业法人及社会自然人共同发起,于2016年11月设立的区域性独立法人银行。

湘淮银行总部位于津市津澧大道998号,机构下设财务部、综合管理部、风险合规部、市场拓展部和营业部,2016年12月有员工15人,行长袁先佚。

2016年7月,湘淮银行筹建工作小组进驻津市,在津市市人民政府和银行监管部门的领导和支持下做了大量工作,先后征集发起人并召开发起人会议和创立大会,制订公司各项管理制度和业务发展三年规划,开展员工招聘及培训工作,确定营业网点并完成装修。2017年4月注册,注册资金1亿元。2017年4月取得金融许可证和营业执照,并计划于5月下旬开业。

湘淮银行扎根津澧本土,以繁荣津澧流域经济为己任,坚持“立足津澧,服务三农”的市场定位,坚持“廉洁、优质、高效”的服务承诺;坚持“一切为了客户,为了客户一切”的服务宗旨,坚持“做小、做优、做强”的经营理念,不断丰富业务品种,推出农户小额信用贷、工薪消费贷、商户流量贷和企业循环贷等特色产品,积极完善服务功能,努力拓宽服务领域。湘淮银行竭诚为津澧农户、农村经济组织、个体工商户和中小企业提供各类优质金融业务,始终不渝地倾力打造“农民朋友的贴心银行、社区居民的亲情银行、个体商户的便利银行、小微企业的伙伴银行”,服务实体经济,全力助推津澧流域区域经济发展。

市场定位——立足县域、服务社区、支农支小

经营理念——诚信、合作、共赢

企业愿景——倾力解决老百姓贷款“难”、贷款“贵”、贷款“慢”的问题

共同目标——助推区域经济发展和津市澧水流域金融服务中心建设。

(刘政驿)

长沙银行股份有限公司津市支行

【概况】长沙银行成立于1997年5月,是湖南省首家区域性股份制商业银行和湖南最大的法人金融企业。

长沙银行始终秉承“正道而行、信泽大众”的发展使命,坚持“聚焦客户、实干为本、快乐同行”的核心价值观。目前已拥有包括广州在内的30家分行(直属支行),共有超过700个网点,营业网点实现了湖南全域覆盖。同时,为广大客户提供365天7*24小时手机银行、直销银行、网上银行、微信银行和电话银行服务,在北京、上海、广州、深圳成立了业务分部,控股发起湘西、祁阳、宜章三家村镇银行和湖南长银五八消费金融股份有限公司。

长沙银行坚持深耕湖南,做“湖南人的主办银行”的定位,构建了以大批发为业务主体,大零售、大资管为两翼,网络金融为一尾的“一体两翼一尾”业务格局,着力打造智慧金融、县域金融、绿色金融、科技金融四大特色战略品牌。

为响应总行号召,长沙银行股份有限公司常德分行决定开设津市支行,2016年12月长沙银行股份有限公司津市支行筹建小组正式进驻津市,在津市市政府、人民银行、银监局等管理部门领导的帮助和支持下筹建工作进展顺利,目前长沙银行股份有限公司津市支行网点的装修及配套设施的安装工作已基本完成,金融许可证和营业执照正在办理中,网点开业时间初定于2017年6月,网点地址位于津市津澧大道与孟姜女大道交汇处(宝悦乐城7栋104-107号)。

长沙银行股份有限公司津市支行将坚持“政务银行、市民银行、中小银行”的战略定位,积极支持津市经济建设与社会发展,全面对接常德市城市城市提质、困区攻坚、民生升温“三大战役”,逐步成为津市战略性项目建设的先锋官、基础设施建设的生力军、中小微企业的小棉袄,努力打造“湖南人的主办银行”的本土形象。

津市市金源小额贷款有限责任公司

【概况】津市市金源小额贷款有限责任公司创建于2010年12月6日,公司经营地址为津市市车胤大道57号。主营业务:发放小额贷款、提供财务咨询。公司注册资本金为人民币6000万元,是湖南省人民政府批准的按照中国银行行业监督管理委员会和中国人民银行发布的银监发【2008】23号文件--《关于小额贷款公司试点的指导意见》要求设立的全省小额贷款公司试点单位之一。

津市市金源小额贷款公司专注小额信贷业务,以有发展潜力和具有诚信资质的“三农”经济、中小企业、个人客户为主要服务目标客户,并通过信贷主业展开“发展、管理、财务”等方面的咨询服务。公司严格执行经营上依法依规、管理上严谨规范的运作质量标准。内设信贷业务部、财务部、综合管理部、营业部。本着“简便、快捷、审慎、小额”的经营原则,高起点、高视点、高要求,致力于帮助客户突破融资瓶颈,实现财富梦想。凭借专业的团队、丰富的行业经验、完善的风险控制体系、卓越的产品创新能力服务大众。截止于2016年12月公司发放各类贷款9.3亿元,为津市地方经济的发展做出应有的贡献。

津市市金源小额贷款公司立足于基业长青,始终坚持安全性、流动性、效益性相统一的原则,努力提升“金源”品牌价值,力争成为经营规范、管理专业、优质高效、合作互赢、凸显社会价值的

全省一流的小额贷款公司。2011年度公司荣获常德市人民政府金融工作“先进单位”荣誉称号；2011年、2012年、2013年连续叁年获得津市市人民政府工业信贷支持奖。

方正证券常德津市澹津路证券营业部

【概况】方正证券常德津市澹津路证券营业部于2009年11月经湖南证监局批准成立。现营业面积达600平方米，拥有散户大厅、大中户室，交易环境舒适、宽敞，交易设施先进、完备，交易通道快捷、安全。营业部位于澹津路17号中国银行二楼，交通便利，人气密集。营业部现已与各大银行都开通了第三方存管业务，设有自助委托、电话委托、网上交易等多种服务手段，使客户委托、交割、转帐十分便捷，为客户提供了方便快捷全面的网络服务。伴随中国证券市场20多年的健康成长，津市营业部不断壮大，客户规模激增，现已下设澧县、安乡两个托管营业部。常德津市澹津路营业部始终秉承“客户至上”的宗旨，遵循“让客户资产增值”的经营理念，采取“营销、客服、咨询”三位一体经营模式，锐意进取、追求卓越，并素以规范的内部管理、有口皆碑的特色服务赢得了客户广泛赞誉，成为投资者理想的证券投资场所。

至2016年12月31日营业部共有员工21人，经纪人9人，2011年末营业部资金帐户数19303户，2011年全年股基权交易量442894.82万；2012年营业部资金账户数20970户，2012年全年股基权交易量364165.22万；2013年营业部资金账户数21849户，2013年全年股基权交易量497410.72万；2014年营业部资金账户数22634户，2014年全年股基权交易量335649.02万，2015年营业部资金账户数28005户，2015年全年股基权交易量2940920.12万;2016年营业部资金账户数33479户，2016年全年股基权交易量1338635.5万。在短短的几年内，在津市市政府和相关职能部门的关心和支持下，各项业务均得到了长足的发展。 （周跃文）

【证券经纪业务】常德津市澹津路营业部2011年全年交易金额442894.82万元，实现营业收入732万元，指定和托管市值2.4亿元，客户交易结算资金3713.83万元；2012年全年交易金额364165.22万元，实现营业收入568.71万元，指定和托管市值2.6亿元，客户交易结算资金3644.71万元；2013年全年交易金额497410.72万元，实现营业收入805.5万元，指定和托管市值2.98亿元，客户交易结算资金3669.23万元；2014年全年交易金额892733.3万元，实现营业收入1264.88万元，指定和托管市值5.32亿元，客户交易结算资金6185.25万元;2015年全年交易金额2988332.97万元，实现营业收入3593.63万元，指定和托管市值6.71亿元，客户交易结算资金9219.32万元。2016年全年交易金额1338635.5万元，实现营业收入1311.78万元，指定和托管市值5.78亿元，客户交易结算资金5806万元。 （周跃文）

【融资融券业务、IB业务、证券投资顾问业务】2011年10月经湖南证监局审核批复，取得融资融券资格。2011年末信用资金账户数量37户，营业部所有客户已获批可使用授信额度1603万元，融资融券收入3.97万元；2012年末信用资金账户数量72户，营业部所有客户已获批可使用授信额度2483万元，融资融券收入68.64万元；2013年末信用资金账户数量293户，营业部所有客户已获批可使用授信额度6889万元，融资融券收入147.89万元；2014年末信用资金账户数量523户，营业部所有客户已获批可使用授信额度18167万元，融资融券收入311.91万元;2015年末信用资金账户数量610户，营业部所有客户已获批可使用授信额度35062万元，融资融券收入861.60万元。2016年末信用资金账户数量621户，营业部所有客户已获批可使用授信额度35762万元，融资融券收入300万元。

2013年7月经湖南证监局审核批复，取得IB业务资格。2016年末累计IB业务客户数275户，累计成交量260595万元，累计IB业务净收入30万元。

2012年末取得投顾资格以来，营业部现有投顾6名，2016年签约资产日均过亿元，累计签约收入86万元。

（周跃文）

【营业部企业文化】一直秉承“持续创新、敢为人先、追求卓越、标新立异“”的企业文化。提倡开放、平等的精神，尊重、鼓励并激发员工的自主性和创新活力。追求产品和服务创新、技术创新、管理创新，通过创新产生高附加值的产品与服务。方方正正做人，实实在在做事是我们企业及其员工一切行为的原则与根本。方方正正做人，就是要诚信，忠诚；实实在在做事就是要尽心尽责。依法经营，诚实经商，追求多赢。言必信，行必果。正而不迂，直而不拙。自觉承担社会责任，有意识地使公司的利益与社会发展的总体利益相一致。 （周跃文）

中国人民财产保险股份有限公司津市支公司

【概况】2016年，人保财险津市支公司瞄准日益变化的市场形势和日益增长的民生需求，坚持转方式、调结构、防风险、促发展主基调，调整业务结构，转变发展方式，坚持有效益的发展，全司上下目标明确，扎实工作，从根本上提升了公司的拓展能力、竞争实力和市场影响力，公司经营管理迈上了一个新的台阶。人保财险津市支公司提高把握机遇的能力，把良好的政策环境转化为促进发展的动力，加快有效益业务的发展。抓主要矛盾，实施重点突破，取得了不错的成绩。

业务发展稳定增长。一是市场份额保持稳定，2016年公司实收保费达到4545万元，实现利润达611万元，市场份额始终稳定在70%以上。2016年车险收取保费2600万元，津市星胜公交、龙运公司、欣运集团、政府采购以及的士公司车辆基本在公司承保，另外还包括澧县金泰物流公司、常德邮政快递以及澧县新澧化工有限公司等域外业务；财产船货险收取保费290万元，其中货运险55万元、财产险235万元；责意险收入保费248万元，其中责行险56万元、意建险192万元。

坚持服务大局，经济补偿功能凸显。2016年，人保财险公司津市支公司积极发挥保险市场主渠道作用，勇担社会责任，对当地经济补偿的作用更加明显。全年公司签订保险合同2万多笔，承担风险金额30多亿元，全市多家企事业单位获得保险保障。公司全年处理各类保险赔案4500余件，其中机动车辆保险事故发生1600余件，支付机动车辆保险赔款1500多万元。如影响较大的赔案有：津市欣运集团湘J12502车2016年4月19日事故，车上25人不同程度伤残，车辆报废，公司充分发挥社会相应职能，为化解社会矛盾，为市委市政府避免不必要的麻烦，启动应急预案，预付赔款20万元，至该案结案公司承担超80万元的赔偿责任，使该单位和受灾群众恢复生活、重建家园发挥了重要作用，同时也有效地化解社会矛盾。

坚持勇担责任，农业保险稳步推进。公司努力将农业保险这项党和国家的惠民政策落到实处，积极探索推行农业保险基层服务体系建设，使中央政府到地方由过去单纯靠民政农业灾后救助过渡到事前的保险制度安排相结合的惠农政策逐渐变为现实，公司的经验和做法得到上级公司和地方政府的一致好评。认真贯彻落实各级政府和上级公司关于政策性农业保险的要求部署，全力服务社会主义新农村建设。2016年，全市农业保险签单承保种植业46.22万亩，其中水稻21.8万亩，棉花8.2万亩，油菜16.22万亩；养殖业签单承保头数17.44万头，其中，能繁母猪签单承保2.7万头，育肥猪签单承保14.74万头，肉鸡签单承保83万只，为全市种植（养殖）户提供了风险保障。公司积极发挥救灾补偿职能，将中央和省级财政惠农保险资金，用保险这支无形的手，共为全市6500多户受损农户支付了不同金融的保险赔款900多万元，为当地政府丰富菜蓝子、米袋子工程发挥了较好的保险保障作用。

坚持优质服务，自觉维护公司形象。开展整顿经营作风坚持依法合规经营活动，大力整治违规违纪经营行为，认真贯彻落实保监会和湖南保监局关于行业治理整顿的有关规定，坚持诚信文明从业和依法合规经营，带头执行行业自律公约，自觉维护市场竞争秩序，努力提高行业公众形象；积极推广客户服务标准化系统，推行承保、理赔“绿色通道”，有效解决“理赔不难”的问题。近些年人保财险公司对理赔服务实行快赔机制，即1万元之内的赔案立等可取，8万元以内的赔案7天内赔付到位。这些优质服务举措极大地化解受灾客户的困难，提升公司的社会形象，客户对公司的认可度日益提高。（姜小巍）

中国人寿保险股份有限公司津市支公司

【概况】中国人寿保险股份有限公司津市支公司2016年在津市市委市政府的正确领导下，在上级公司业务指导下，以服务客户为宗旨，全方位为企业事业单位、广大投保客户提供保险保障，及时理赔兑现，满期给付和生存领取。为经济发展和社会稳定做出了应有贡献。

2016年津市支公司代理人人数增至330人，较2015年增长了10%，为津市新增就业岗位近百人。2016年津市支公司共缴纳税收867012.13元同比增长25.46%。（谭松姗）

【业务发展情况】2016年津市支公司保费总收入为6674.6万元，其中新单保费长期寿险保险收入2638.2万，核心业务十年期长期寿险保费收入753万元，同比增长42.07%，短期意外险保费收入166.7万元，短期健康险保费收入169.4万元。

2016年津市支公司满期给付及赔付总支出总额为4973.35万元。其中短险理赔总额为173.2万元，重疾给付总额为510.65万。（谭松姗）

【打造“诚信服务金牌团队”】2016年津市支公司以“诚信我为先”活动深入推进诚信建设，加强沟通、整合资源、抓紧落实，制定活动实施细则，把对销售人员的诚信教育作为公司的首要任务，努力打造诚信服务金牌团队。连续四年致力于保险的诚信合规教育，2016年的主题是“诚信我为先—11’心连心”，以诚信赢得客户、促进发展，营造诚信和谐的良好氛围；以诚信铸就团队文化内核。（谭松姗）

【培训一支一流的员工队伍】为提升国寿的竞争力，公司把员工的素质教育放在首位，从硬件、软件两个方面着力打造一流的客户服务团队。加强岗位练兵，提升服务技能。多措并举，利用公司95519的短信平台，为客户提供卓有成效的服务外，还把国寿6.16客户节作为与广大客户的交流平台，通过该客户节的联欢活动，拉近公司与客户、公司与营销员、营销员和客户的沟通。

（谭松姗）

【“两学一做”学习教育】根据《中国人寿保险股份有限公司湖南省分公司党委关于在全体党员中开展“学党章党规、学系列讲话，做合格党员”学习教育实施方案》（国寿人险湘党发〔2016〕50号）文件，我公司组织干部员工二以“学党规、守纪律”为主题，重点结合学习毛泽东同志《党委会的工作方法》、《习近平关于党风廉政建设和反腐败斗争论述摘编》、《习近平关于严明党的纪律和规矩论述摘编》、《中国共产党廉洁自律准则》、《中国共产党纪律处分条例》《中国共产党党员权利保障条例》、《中国共产党地方委员会工作条例》、《党政领导干部选拔任用工作条例》等内容，进一步强化广大党员的纪律意识、规矩意识。（谭松姗）

【诚信服务】2016年津市国寿以“诚信我为先”活动深入推进诚信建设，加强沟通、整合资源、抓紧落实，制定活动实施细则，把对销售人员的诚信教育作为公司的首要任务，努力打造诚信服务金牌团队。连续五年致力于保险的诚信合规教育，以诚信赢得客户、促进发展，营造诚信和谐的良好氛围；以诚信铸就团队文化内核。公司从销售人员“两个风险点”专题教育，搜集客户真实资料，组织进职场、进社区、进柜面等活动，分三个阶段认真开展了此项活动。在推进公司职业道德诚信教育的制度化、日常化和规范化，以及提升公司品牌，树行业新风等方面都起到良好的促进作用。每年 9 月 16 日是中国人寿诚信合规日，津市支公司在领导的精心部署下，扎实有效地组织各项活动。还进社区摆摊设点搞宣传，收到非常好的宣传效果。（谭松姗）

【反洗钱工作】2016 年津市支公司积极开展反洗钱宣传活动，提高社会公众对反洗钱工作重要性的认识，预防洗钱活动，遏制洗钱犯罪，鼓励举报涉嫌洗钱犯罪等信息。同时，在宣传活动中充分发挥各级反洗钱工作部门的作用，凝聚反洗钱力量，营造和保持全辖共同参与反洗钱，打击洗钱犯罪的良好氛围，防范金融风险，维护金融稳定。津市支公司反洗钱工作突出三个重点：一要重点普及反洗钱基本知识。向社会公众介绍洗钱犯罪的基本特征及手段等，介绍近年来典型洗钱案例，提高社会公众识别洗钱风险的能力。二要重点宣传反洗钱相关法律法规。包括《中华人民共和国反洗钱法》、《金融机构反洗钱规定》、《金融机构大额交易和可疑交易报告管理办法》等，提升社会公众的的法律意识和洗钱风险防范意识。三要重点明确金融机构及公民的反洗钱义务。向社会公众宣传客户身份识别等反洗钱履职措施的必要性，引导公众理解、配合金融机构开展反洗钱工作。（谭松姗）

【“两个加强、两个遏制”回头看工作】2016 年根据总公司《关于印发 < 关于开展“两个加强、两个遏制”回头看的工作方案 > 的通知》（国寿人险发〔2016〕463 号）、省公司《关于印发《湖南省分公司关于开展“两个加强、两个遏制”回头看的工作方案》的通知》（国寿人险湘发（2016）385 号）及湖南保监局湘保监稽查〔2016〕26 号的要求，遵照分公司党委、总经理室指示，津市支公司组织开展了“两个加强、两个遏制”回头看工作。一是通过听取各部门汇报、访谈各渠道业务员、查阅资料等方式核验被检查各部门是否严格遵照外部监管机构和上级公司要求的步骤实施了自查、整改和督导抽查等；二是检查各部门填写的工作底稿、抽样记录和样本，核验其是否对每个风险点都执行了规范的检查动作，验证样本的抽取是否真实有效以及是否对样本进行了认真查看，查验底稿是否留有相关人员的签字记录，确保自查过程有迹可循、自查结论有据可查；三是通过随机抽样、调阅凭证单据、现场查验等方式核验被检查单位的业务是否存在问题和风险。

（谭松姗）

【保险理赔】2016 年，津市支公司死亡给付支出 124.77 万元、医疗给付支出 45.43 万元、伤残给付支出 3 万元、重疾给付 510.65 万元，全年总计赔款 683.85 万元。（谭松姗）

2013~2016 年短期险保费收入及赔付统计表

单位：万元

项目	2013 年	2014 年	2015 年	2016 年
实收保费	321.08	524.75	291.8	336
赔款	92.18	161.78	78	173.2
赔付率	28.71%	30.83%	26.73%	51.55%

财　政

【概况】2016年，财政部门紧紧围绕市委、市政府的决策部署，发挥财政职能，深化财税改革，加强收支管理，全力支持稳增长、促改革、调结构、惠民生、防风险，克难奋进、砥砺前行，为全市经济发展和社会稳定方面作出了应有的贡献。

财政收入稳定增长。全年完成财政总收入6.43亿元，同比增长7.22%。完成地方本级收入4.29亿元，同比增长4.62%，确保常德市收入任务和全面小康两项考核指标顺利达标。2016年来，面对经济下行压力以及全面“营改增”改革等减税降费政策的挑战，财税干部负重前行，千方百计保增长、抓收入。如税收方面，国地财联合深入开展税源调查，按月进行收入调度分析，全面强化征管责任，推广纳税评估、集中清欠追缴等；非税方面，着力盘活国有资产资源，实现国资收益4245.77万元，超计划9%，有力保证各项收入应收尽收、颗粒归仓，确保完成了预期目标任务。同时，财政部门充分发挥争资引擎作用，积极协调各方主动策划、谋划项目争资，确保上级补助收入的快速增长。其中，争取西毛里湖治理项目资金1.22亿元，海绵城市0.8亿元，养殖污染治理0.42亿元等，全年到位争资21.5亿元，同比增长28%。

服务发展成效明显。坚持稳增长工作总基调，积极作为，精准发力，多渠道筹措资金，促进经济发展。加大平台融资力度。通过城投公司银企合作融资、引进国家专项基金、开展政策性银行融资等，全年签约融资8.6亿元、到位资金4.98亿元，助力稳增长。加大项目投资力度。共投入2.53亿元支持城建基础、交通水利及生态建设等8大类、64个民生项目建设，拉动社会投资。加大产业扶持力度。安排新型工业化、科技创新引导基金500万元，奖励扶持优质发展企业；投入近亿元支持建设中小企业孵化园，新建标准化厂房6万平方米、配套职工宿舍楼1.9万平方米；支持建成了电子商务产业园，发展“互联网+”经济。帮助73家企业申报上级扶持项目30个，争取资金2000多万元，促进本地企业技扩改和节能环保。同时，还为园区争取了企业养保缴费费率14%的优惠政策，当年减负550万元，预计政策期内减负2500万元。加大金融扶持力度。安排1000万元开展了中小企业“助保贷”行动。安排2000万元入股省高新产业创投基金，支持企业创新投入。安排1000万元与财鑫担保建立风险池，为企业融资担保。安排370万元为33家企业进行了贷款贴息。发放创业贷款2036万元，扶持创业231人等，很好地用活财政资金杠杆，为经济发展注入了金融活力。

保障民生更加有力。全年实现一般公共预算支出25亿元。其中，与民生相关支出约20亿元，占支出80%，民生保障水平不断提升。基层运转及干部待遇保障水平进一步提升。镇、街道年初预算4744万元，同比增加了723万元。村居运转保障分别提到17万元和11万元，同比各增加1万元。同时，年初安排1.05亿元用于工资、津补贴及“五险一金”调标，保证了干部待遇稳步增长。社保社救及事业保障水平进一步提升。顺利实现企业养保十二连增，提高城乡低保月人均补助到286元和126元，增加五保户年人平分散供养标准到3200元，提高新农合、城居医保人均财政补助到420元，基本公卫服务人均财政补助到45元，还安排44万元全面开展了农村妇女“两癌”免费检查，安排300多万元为5000多名困难残疾人发放了生活补贴及护理补贴，安排174万元为45户残疾人家庭按每户4万元的标准修建了爱心房。加大教育、文化保障力度。安排945万落实了中小学校生均经费保障，其中，特教生均经费较上年提高50%。安排175万元落实了乡村教师的乡镇工作补贴。投入1600多万元用于中小学校硬件建设，改造农村薄弱学校，实施城市学校扩容。投入351万元支持学前教育，新建公办幼儿园和扶持民办幼儿园。投入困难学生资助资金249万元，确保了从幼儿园到高中阶段贫困学生资助体系的无缝覆盖。文化方面,投入37万元支持送戏下乡、送影下乡和农家书屋建设,投入1800万元启动虎爪山遗址公园建设,开展古大同寺修缮及益泰绸布庄修缮等,文化硬件建设有了新起色。"三农"保障水平进一步提升。完成惠农补贴打卡发放资金9840万元,发放项目34个,惠及10万余农村群众。整合投入现代农业生猪产业项目2000万元,促进农村特色产业发展。发放粮食补贴2300万元,投入农业水稻育秧、病虫防治、土地深松等资金1235万元,增强粮食生产能力。投入1600多万元建成了"一事一议"财政奖补项目67个,全面推进农业保险工作,完成保单保费1341万元,防范农业风险等,有力促进了农民增收、农业发展。

财税改革全面推进。准确把握改革要求,纵深推进财税改革,提升财政管理水平。实施全面"营改增"改革。按照改革要求,及时调度、精心测算、督导把关,确保全面"营改增"纳税人顺利移交。同时,针对"营改增"后续问题,一方面积极反映财力亏缺,争取上级支持。另一方面,联合国地税深入开展综合治税,防止税收流失,确保了全面"营改增"改革的平稳过渡。继续深化预算改革。进一步完善全口径预算管理,优化预算支出,全年共调减专项支出1897万元、社保计生配套支出765万元、还债支出4600万元,统筹用于民生支出;全面实行预决算公开,除涉密部门外,部门预决算、"三公"经费、重大资金等全部网上公示公开;加强财政存量资金盘活工作,共盘活资金860万元;编制权责发生制政府综合财务报告,共清查资产62亿元,负债37亿元,净资产25亿元,完整反映了政府收支状况及运行成果。推进PPP工作及债务管理改革。

津市市2016年财政收支统计表

单位:万元

收入项目	金额	支出项目	金额
一、税收收入	27364	一、一般公共服务	20751
其中:增值税	5675	二、国防	272
营业税	3812	三、公共安全	8310
所得税	2854	四、教育	25527
城建税	2854	五、科学技术	2072
二、非税收入	15543	六、文化体育与传媒	5200
专项收入	1853	七、社会保障与就业	59715
行政事业收费	1250	八、医疗卫生	20904
罚没收入	2169	九、环境保护	26296
国有资本经营收入		十、城乡社区事务	4476
国有资源(资产)有偿使用收入	8671	十一、农村水事务	24827
其他收入	1600	十二、交通运输	2243
三、上级补助收入	205337	十三、资源勘探信息等支出	1034
其中:返还性收入	5118	十四、商业服务业与事务	1609
财力性转移支付收入	85173	十五、金融监管等事务支出	85
专项转移支付收入	114481	十六、国土资源气象等事务	1253
四、国债转贷补助		十七、住房保障支出	41384
五、转贷财政部代理发行地方政府债券收入	6100	十八、粮油物资储备支出	452
六、调入资金		十九、债务付息支出	1750
七、上年结余	668	二十、其他支出	888
		二十一、债务还本支出	1650
		二十二、上解上级支出	3056
		其中:一般转移支付	827
		专项转移支付	2229
		二十三、调出资金	11
		二十四、安排预算稳定调节基金	579
		二十五、年终结余	668
总 计	255012	合 计	255012

成功争取了生活垃圾填埋处理和集镇污水处理及管网建设两个PPP项目被列为省级第三批PPP示范项目，将城乡供水一体化、工业污水处理、千吨级码头等3个项目申报参选了省级第四批PPP示范项目。着力规范了政府性债务管理，全年争取债券置换债务额度10.99亿元，极大缓解了财政偿债压力。推进国资管理改革。实行国有资产“全产权划转、全覆盖管理”，对乡镇站所、医院、学校以及87个村部资产等全部纳入了归口管理，并办理权证。全面开展了行政事业单位资产清查，共清查资产15.89亿元，负债4.95亿元，做到了底子清楚、账目明晰。

财政管理提质增效。坚持服务、监管“两手抓”，着力优化流程，强化监管，不断提升服务效率和资金效益。绩效管理步入常态化。全面推开预算绩效目标管理，实行上级50万元以上、本级30万元以上的专项资金全部进行绩效自评，并抽选16个本级专项进行财政评价。同时，严格落实评价结果运用，促进提高财政资金效益。集中支付关口作用明显。实现国库集中支付资金25.85亿元，直接支付率99%。审核退付不合规支出180笔、金额680万元。加强了“三公”经费审核，全年全市公务接待支出1500万元，同比减少40万元。加大了公务卡消费结算力度，全年结算资金816万元，公务消费透明度不断提高。财政评审、政府采购节支增效。共完成预结算评审项目353个，审定资金16.48亿元，审减资金3.53亿元，综合审减率为17.71%。完成政府采购561批次，采购金额2.7亿元，相比预算价节省资金2600万元，节约率为9%，政府采购公信力不断增强。财政监督力度加强。共对7个单位、3个专项资金开展了财政监督检查，查处违规资金1400万元，督促整改问题25个，有力维护了财经纪律的严肃性。会计管理日趋规范。全面启动了单位财务内控制度建设，加强了会计执法检查，会计基础工作不断规范。认真落实了会计人员继续教育学习，加大了会计人员培训力度，全年开展农村会计、小微企业会计培训5次，很好夯实了会计管理基础。（易盟）

【国库集中支付】完善集中支付制度建设，修订和完善《岗位职责》、《规范国库集中支付程序、明确工作责任的通知》、《公务卡管理暂行办法》等，明确资金管理、审批流程和相关支出控制标准，确保支付审核有据可依。明确票据内容与支付申请的经济分类科目一致，确保支付平台数据真实准确；严格各项资金核算管理，规范会计资料整理，做到“日清月结”。按时与各业务股室、预算单位、代理银行进行对账，做到账证、账表、账实一致。按月编制各类会计报表，准确反映财政资金运行情况；清理集中支付体系外银行账户，共销户12个工资代发银行账户；跟进乡镇撤并和机构改革，调整合并预算单位账户，共新增3家预算单位，更名9家，停用11家。至2016年底预算单位数为148家；加强支出终端把关。把关流程关、政策关、票据关“三关”，严控超预算、超计划支出，严控“三公”经费支出，全年全市“三公”经费支出2068万元，同比下降3%。退付不合规票据180笔，金额680万，督促300多万元资金纳入政府采购。督导所有预算单位全部启用公务卡结算，刷卡报销金额816万元，占授权支付的63%。（齐志坚）

【非税收入征收】2016年完成一般公共预算非税收入15543万元，同比增长44.21%。着力规范非税收入划缴工作，坚持专户按旬划缴、国库按月划缴，全年共划缴国库4989万元，划缴专户172982万元。严格票据管理，认真落实票据“核旧领新”、“计划领购”和“票据承诺”制，强化票据年检，全年对全市78家用票单位组织了例行检查，通过核查票据信息，清查过期票据4650份，催缴资金入库4.5万元，追缴嘉城湖畔和宝悦乐城项目欠款1584万元。加强非税稽查。对政法系统罚没收入组织专项稽查，查处和整改问题5起。推进票据电子化改革，制定《津市市财政票据电子化实施方案》，确定津市一中、德雅中学、海事处、市场服务中心、人社局等5家为试点单位，成效明显。（单文杰）

【政府采购和投资评审】实行财政投资评审联动管理，确保项目评审应审尽审。优化评审管理，公开选取了11家造价咨询单位组成的津市评审中介机构库，对投资较大、专业性强的财政投资项目原则上委托中介机构初审、评审中心复审。全年共评审财政投资项目353个，审定金额16.48亿元，审减金额3.55亿元，综合审减率17.71%。主要包括棚改、交通、水利、电力、市政、园林绿化、国土整理、农业开发及其他财政投资项目。严格采购预算管理，加大采购公开力度，政府采购公信力不断提升。全年完成政府采购561批次，采购金额2.7亿元，相比预算价节省资金2600万元，节约率为9%。（邓玉兰）

【预算管理改革】优化预算编制，突出部门预算均衡公平、同类合并杜绝多头列支、专项资金费随事转、执行文件逾期即砍、“三公”经费只减不增、“三保”优先严控经费，减并专项支出1897万元、减少社保计生配套支出765万元、减少还债支出4600万元。加大存量资金盘活力度，盘活专项资金860万元用于农业生产和基本建设支出。做好调资和机关事业单位养老保险改革工作，补发工资1801万元，发放提前退休人员工资及补贴1428万元，警衔津贴341万元。推进预算公开，以公开促监督，倒逼部门规范支出，共有127家单位公布部门预算并细化到类款项，对转移支付资金和上级专项资金全面进行公开。（董燕敏）

【融资与债务管理】根据省厅要求扎实做好2016年置换债券工作，共申报债券置换总额109894.71万元，到位置换债券资金107369.78万元。落实了金赛银基金还本付息，通过债券置换完成金赛银还本9960万元。扩大创业担保贷款，2016年共发放创业担保贷款220笔，发放金额2036万元。直接扶持创业231人，带动吸纳就业952人。截止11月底在保贷款617户，5070万元。2016年12月底到期贷款256笔1967万元。做实农业保险，2016年共完成种植业保险签单保费735.2万元，完成养殖业保险签单保费605.334万元，完成年计划100%。推进PPP工作,将垃圾填埋场、集镇污水处理及管网两个项目挤进省级第三批PPP示范项目,将供水一体化、工业污水处理、千吨级码头三个项目申报入选省级第四批PPP示范项目库。（刘向云）

【民生保障】按照“保民生、保稳定、保重点”的支出次序，千方百计保障民生支出。全年实现一般公共预算支出25亿元。其中，与民生相关支出约20亿元，占支出80%，民生保障水平不断提升。基层运转及干部待遇保障水平进一步提升。镇、街道年初预算4744万元，同比增加了723万元。村居运转保障分别提到17万元和11万元，同比各增加1万元。同时，年初安排1.05亿元用于工资、津补贴及“五险一金”调标，保证了干部待遇稳步增长。社保社救及事业保障水平进一步提升。顺利实现企业养保十二连增，提高城乡低保月人均补助到286元和126元，增加五保户年人平分散供养标准到3200元，提高新农合、城居医保人均财政补助到420元，基本公卫服务人均财政补助到45元，还安排44万元全面开展农村妇女“两癌”免费检查，安排300多万元为5000多名困难残疾人发放了生活补贴及护理补贴，安排174万元为45户残疾人家庭按每户4万元的标准修建了爱心房。加大教育、文化保障力度。安排945万落实了中小学校生均经费保障，其中，特教生均经费较上年提高50%。安排175万元落实了乡村教师的乡镇工作补贴。投入1600多万元用于中小学校硬件建设，改造农村薄弱学校，实施城市学校扩容。投入351万元支持学前教育，新建公办幼儿园和扶持民办幼儿园。投入困难学生资助资金249万元，确保了从幼儿园到高中阶段贫困学生资助体系的无缝覆盖。文化方面，投入37万元支持送戏下乡、送影下乡和农家书屋建设，投入1800万元启动虎爪山遗址公园建设，开展古大同寺修缮及益泰绸布庄修缮等，文化硬件建设有新起色。“三农”保障水平进一步提升。完成惠农补贴打卡发放资金9840万元，发放项目34个，惠及10万余农村群众。整合投入现代农业生猪产业项目2000万元，促进农村特色产业发展。发放粮食补贴2300万元，投入农业水稻育秧、病虫防治、土地深松等资金1235万元，增强粮食生产能力。投入1600多万元建成了“一事一议”财政奖补项目67个，全面推进农业保险工作，完成保单保费1341万元，防范农业风险等，有力促进了农民增收、农业发展。

（马华明、曾涛）

【乡镇财政管理】精细化管理乡村财政财务，全年乡镇街道预算总额4744万元，同比增加723万元。村级低限运转按照城区17万元、农村11万元的标准予以保障，较上年提高1万元。出台《村级集体“三资”清理工作实施方案》、《并村改革财务移交工作方案》、《并村改革资产处置办法》等文件，合乡并村改革财务管理不断规范。强化乡镇资金监管，全年传递资金信息650条、资金12940万元。持续开展镇村两级专项资金、集体资产资源处置、村级财务管理、惠农补贴资金发放的专项整治活动。着力规范财政涉农补贴打卡发放工作，发放惠农补贴项目34项、资金9840万元，严格落实三级公示和三级审核程序，确保各项补贴准确、及时、足额发放到农民手中。推进“一事一议”财政奖补工作，投资1600多万元完成59个村（居）、67个项目建设。此外，还争取省级困难财政所改造项目，完成了药山镇财政所升级改造。（汪媛萍）

【财政支持发展】多渠道筹措资金，精准发力，促进经济发展。加大平台融资力度。通过城投公司银企合作融资、引进国家专项基金、开展政策性银行融资等，全年签约融资8.6亿元、到位资金4.98亿元，助力稳增长。加大项目投资力度。共投入2.53亿元支持城建基础、交通水利及生态建设等8大类、64个民生项目建设，拉动社会投资。加大产业扶持力度。安排新型工业化、科技创新引导基金500万元，奖励扶持优质发展企业；投入近亿元支持建设中小企业孵化园，新建标准化厂房6万平方米、配套职工宿舍楼1.9万平方米；支持建成了电子商务产业园，发展“互联网+”经济。帮助73家企业申报上级扶持项目30个，争取资金2000多万元，促进本地企业技扩改和节能环保。同时，还为园区争取了企业养保缴费费率14%的优惠政策，当年减负550万元，预计政策期内减负2500万元。加大金融扶持力度。安排1000万元开展了中小企业“助保贷”行动。安排2000万元入股省高新产业创投基金，支持企业创新投入。安排1000万元与财鑫担保建立风险池，为企业融资担保。安排370万元为33家企业进行了贷款贴息。发放创业贷款2036万元，扶持创业231人等，很好地用活财政资金杠杆，为经济发展注入金融活力。（易盟）

【财政内部管理】着力提升机关内部运行效率，夯实财政工作的基础和保障。制度管理持续强化。对内部管理制度和目标管理考核方案进行修订，增强了考核的操作性。完善局务会汇报内容，突出重点工作督导、汇报、通报与考核，提高月工作调度的实效性，全年各部门重点工作完成情况良好。队伍建设长抓不懈。组织中层干部述职及中层副职资格竞聘，坚持每月集中学习和年轻干部个性化学习，坚持开展谈心谈话活动，组织财政所人员进行公务员参管登记，不断激励干部职工保持工作状态与上进心态。认真组织“两学一做”学教活动和系列廉政文化活动，我局在市“荷花品格、梅花精神”故事征文演讲稿和演讲赛中荣获两个一等奖。积极开展民情调查、脱贫攻坚、民情日记、送温暖等活动，扎实搞好建设提案办理工作，交办的7件建议提案和2件大会建议均取得了“满意”效果。信息宣传成效显著。加强信息调研服务财政业务工作力度，全年共发表文章148篇，在省部级以上媒体发表推介财政工作文章27篇，其中城乡供水一体化、农村环境综合整治经验得到了上级领导高度肯定，农村环境综合整治经验获省级金奖，社保资金管理经验获省级三等奖，投资评审经验获省级优秀奖，在全省信息宣传排名进一步提升，并荣获全省先进单位和先进个人双重荣誉。充分利用局显示屏、宣传橱窗、网站等平台，持续不断组织热点时事、机关文化、健康卫生、平安建设等宣传，起到凝聚干部职工、宣传重点热点、展示成效风采的作用。后勤服务严谨细致。在认真搞好五城同创、安全维稳等中心工作的同时，改造机关消防设施，加强食堂管理，美化亮化机关院落等，不断提高后勤保障水平。强化财政信息化安全保障，实施机房降温，启动数据异地备份存储等，为财政工作有序运行提供有力的信息技术支撑。职工文体活动精彩纷呈。改造老干部活动室和职工之家，配齐阅览、娱乐等系列设施，组织参加常德、本市羽毛球和乒乓球赛，坚持开展健身操、羽毛球、乒乓球、太极拳等兴趣小组活动，不断淘冶干部职工情操。（易盟）

国　税

【概况】2016年，津市市国家税务局主动作为，奋力担当，坚持在津市市委、市政府和上级局的正确领导下，抓住“贯彻、务实、创新、坚守”四个关键词，以干部队伍“强能提素”为关键点，从组织收入、税收征管、纳税服务、队伍建设、党风廉政、绩效管理六个关键面集合发力、集焦落地、集思攻坚、集结开花，实现了税收收入历史性跨越，打赢了营改增攻坚战，顺利通过省级文明单位创建。2016年共组织入库各项税收收入（含车辆购置税）22665万元，同比增收3793万元，增长20.10%；不含车辆购置税入库21135万元，同比增收3818万元，增长22%，其中“营改增”四行业入库2857万元，剔除该因素，入库18278万元，同比增收961万元，增长5.5%。（邹毅）

【组织收入】一年来，该局坚持依法征税，勇毅笃行，圆满完成税收收入任务。面对依然严峻的收入形势，一是坚定组织收入信心。抓住年初任务分配、年中过半、年末冲刺等组织收入的关键时间节点，客观分析全年税收收入任务，深入调研税收政策变化、征管改革、津市市社会建设所带来的税源增减，有的放矢，用数据和科学分析说话，统一思想，形成共识，坚定完成收入任务信心。同时积极向市委、市政府做好汇报，争取最大限度的理解和支持。二是坚定组织收入行为。抓大控小，强化税源管控，对48户年纳税额超过50万元以上的重点税源企业进行跟踪管理，精细化管理个体点上户，动态管理个体点下户，国际税收实现“零突破”；堵漏挖潜，开展黄金首饰、糕点加工、餐饮、摩托车等行业整治、积极开展纳税评估、税务稽查等，全年共纳税评估25户，入库税款95.98万元，调减亏损564.12万元；税务稽查20户，入库税款、罚款、滞纳金245.58万元，调减亏损38.52万元；税收核查351户，入库税款221.78万元，调减亏损59.93万元。加强增值税、企业所得税、车购税等税种管理，车购税管理工作获省局表扬并做经验交流。（邹毅）

【营改增】3月18日，国务院常务会议审议通过全面推开“营改增”试点方案，明确自5月1日起，将建筑业、房地产业、金融业、生活服务业等四大行业纳入试点范围。为扎实做好“营改增”工作，该局坚持团结协作，蹄疾步稳，将“营改增”作为头等重要之事，集全局之力，节奏紧凑，踏实细致完成了营改增各个阶段工作任务。一是合力攻坚保成效。全面开启“5+2”、“白加黑”工作模式，抢时间、拼耐力，全力围绕改革开展工作，打好“开好票”“报好税”“分析好”“改进好”等战役，各项工作运行平稳，四大行业全市年入库税收2857万元。二是走访宣传优服务。实地走访2334户移交新增纳税人，核查确认户面1769户。同时，广泛开展政策宣传辅导，发放纸质宣传资料8800多份，培训纳税人1909户次，解答纳税人疑问若干。三是后期管理提站位。认真组织对营改增前后，税收收入规模、发票管理、办税流程、申报模式、核算要求等进行深入调研，撰写的《四大行业营改增对地方税源与税收征管的影响及应对措施》在湖南国税刊发，在全省系统属于最早的两个单位之一。（邹毅）

【征管服务】一年来，坚持创新创优，深耕细作，全力提升征管服务质效。一是扎实推进国地税合作。年中完成国地税办税服务厅人员互驻，年底完成与地税共同进驻政务中心工作；联合地税，组织纳税人培训，辅导培训605人次；开展国地税联合稽查，打击税收涉税违法犯罪。二是全面落实简并征期政策。开展宣传和培训，共有1996户增值税小规模纳税人享受了该政策，每年约

津市市国家税务局2016年税收收入统计表

单位：万元

税种	2016年	2015年	同比增减额	同比增减比例
增值税	17861	14107	3754	26.61%
其中：营改增	3835	1034	2801	270.89%
消费税	2	2	0	0.00%
企业所得税	2992	3083	–91	–2.95%
小计	20855	17192	3663	21.31%
个人所得税	229	100	129	129.00%
城市维护建设税	28	13	15	115.38%
车辆购置税	1530	1554	–24	–1.54%
合计	22642	18859	3783	20.06%

减少纳税人办理纳税申报近4000户次,减少税收负担近100万元。三是健全协护税网络。配合政府开展商事制度改革,与住建、房产、财政、国土等多个部门共同搭建涉税信息交流平台;大力宣传“互联网+发票有奖”活动,鼓励消费者自觉索要发票,防止偷税漏税行为;按要求公示个体户定期定额、欠税、非正常户、注销公告等,推进协护税环境建设。四是深入开展“便民办税春风行动”。深入企业开展“需求大征集 服务大走访”,走访调研800多户企业,收集建议意见39条,其中该局已解决29条,提交市局解决10条;大力开展税收宣传,采取10多种形式开展多次、多类营改增政策宣传;持续优化纳税服务,继续推行首问责任制、一次性告知、“7+1”套餐、领导值班和业务骨干值班等制度。纳税人满意度持续提升,位列全省138个县市区局中的第15位,进步17名,获得省市局的通报表扬,其中信息化建设子项位列全市第一。(邹毅)

【从严治党】一年来,该局坚持两学一做,挺纪在前,全面营造从严治党氛围。一是扎实开展“两学一做”学习教育和“三员”身份意识教育。开展10多场次特色活动,如重温入党誓词、“特色党课”、表彰先进党支部和先进党员、“两学一做”进企业、进社区、进乡镇等。完成党员组织关系集中排查、党费收缴工作专项检查、机关党员干部学习教育等7项基层党建重点任务。按照支部标准化建设要求,改造了党支部活动室。二是持续推进深化巡视整改和专项整治工作。以“深查摆、抓实效、明责任、重长效”为方针,逐项列明整改任务图和时间表,认真进行查摆和整改,到12月已全部整改到位。三是进一步加强日常纪律作风监管。新增工作人员去向牌、“廉政宣言”宣传牌、“党纪条规”学习栏等。组织党内法规考试,开展特色纪检日活动,纪检日活动被市局评为特色纪检日活动优秀项目。落实谈话制度,对中层正职、高考子女干职开展廉政谈话,敲响警钟。组织干部参加党纪条规青春宣讲、“荷花品格 梅花精神”演讲,1名同志晋级常德市决赛。全面营造从严治党和风清气正氛围,该局在津市市2016年优化经济环境测评中名列第一。

(邹毅)

【队伍建设】一年来,该局坚持强能提素,倾情倾力,持续提高队伍建设效能。在带队伍、管干部上下功夫,继续深化“强能提素”工程。一是“税务夜校”内容丰富。开展上半年、下半年两个学期的学习培训与考试,多名干部走上讲堂,中国社科院专家、禅学专家和专业医生精彩授课,干职综合能力大幅度提升,税务夜校做法先后在湖南省文明网、常德文明网、常德日报,系统内各载体报道10多篇次。二是创建成果丰硕。扎实开展省级文明单位、无烟单位、健康单位创建,配合市委市政府开展创国卫、路段包保等工作。创建工作获市委、市政府好评,目前成功通过省级文明单位创建、省级文明卫生单位复检,健康单位创建获得检查组好评。三是志愿服务和工会活动多彩。开展服务湖南省自行车联赛、帮扶贫困道德模范、结对津市特教学校和津市三中,相关活动报道在省、市文明网刊发。组织无偿献血,新增4名同志获省无偿献血奉献奖铜奖。开展气排球、登山、春游、工间操等文体活动,干部职工放松了身心,增强了体魄,全局逐步形成了工作上比学赶超、勇争一流,生活上精神饱满、活力四射的整体氛围。四是绩效管理效能初显。合理设置共性和个性指标,严格各类指标日常考评,融合绩效管理和督查督办职能,强化绩效考评结果运用,绩效管理推动工作持续改进的作用初步显现。

(邹毅)

地 税

【概况】津市地税局组建于1994年,内设办公室、人事教育科、监查审计室、财务管理科、收入规划核算科、税政法规科、征管和科技发展科、党建办、工会9个行政科室,下辖办税服务中心、稽查局2个直属行政机构,信息中心1个直属事业机构,一分局(11人)、二分局(10人)、三分局(8人)3个派出机构。现有在职干部职工70人。2016年,津市地税局在省、市地税局和津市市市委、市政府的带领下,以建设“幸福地税、责任地税、阳光地税”为目标愿景,以“两学一做”教育活动为抓手,深化“三力”建设,充分发扬夙兴夜寐、奋发有为的“车胤精神”,为服务地方经济发展贡献积极力量。全年共组织入库各项收入31386万元,剔除营业税因素、政府融资平台契税、耕地占用税后同比增收46万元,增长0.24%。

2016年津市市地方各税费种收入情况统计表

单位:万元

税费种类	金额
改征增值税	44.9
营业税	5990.3
企业所得税	1913.4
个人所得税	5287.5
资源税	941.5
土地使用税	1213.7
城建税	1276.1
印花税	375.2
土地增值税	2247.9
房产税	1156.2
车船税	336.6
耕地占用税	1069.6
契税	6913.5
教育费附加	701.2
地方教育附加	466.6
残保基金	61.00
水利建设基金	310.7
文化事业建设费	0.4
社保基金收入	825.5
工会经费	253.1
价格调节基金	0.7
税务部门罚没收入	0.4
合计	31386

【税收征管】2016年，面对实体经济下行、“营改增”改革、税收优惠政策扩面等重大变化，积极开展税收清理，向国税移交1782户“营改增”纳税人信息数据，共清理入库税收3171.96万元。以财政部驻省专员办专项检查为契机，全面实施自查自纠，巩固税收质量。坚持“管好正常税源、管细潜在税源、管严零散税源”的工作原则，扎实做好税收分析，加强事中事后监管，打好纳税评估和税务稽查组合拳。逐步探索“信息管税”、“数据管税”新模式，在纳税评估中引用“金三”数据作为参考和评估依据，通过数据刷选、分析、比对，全年确定了50户重点评估对象，查补税款共计262.36万元。（兰钊）

【依法治税】积极推动国地税联合稽查，实现联合进户、协同审理、稽查信息共享、联合开展打击发票违法犯罪、联合开展区域整治等工作协同推进，全年对3户纳税人进行重点稽查，入库税款及滞纳金8.5万元。严格按照《常德市地方税务局减免税管理办法》，全面实行减免税信息化管理。积极参与工业企业帮扶活动，以助力园区企业快速健康发展为目标，坚持“抓帮困，促发展”的原则，大力开展《税收减免管理办法》等困难减免文件的政策宣传，全年累计减免各项税费共计1967.64万元，切实做到为企业降成本、减负担，优化津市的营商环境。2016年，该局被评为津市市“六五”普法依法治理先进集体。（兰钊）

【国地合作】以实现“服务深度融合、执法适度整合、信息高度聚合”为工作目标，围绕国家税务总局明确的51项合作内容，以“国地税+”为平台，畅通合作机制、拓宽合作渠道、优化合作流程，在双方的共同努力下，2016年12月津市市政务中心税务大厅在地税局办税大厅正式挂牌成立，遵循依法依规、资源整合、流程优化、业务统一、协同共管的原则，由国、地税双方统一进驻、统一运作、统一管理，实现由“互设窗口、互派人员”到“一人一窗双系统”的直接过渡，办税窗口全部实现“一窗一人办结”，推动了国、地税业务互通互办，让纳税人享受到“进一家门、办两家事”的便捷服务。（兰钊）

【纳税服务】深化“便民办税春风行动”，全面落实《全国县级税务机关纳税服务规范2.3版》，深入推行“先办后审”、“免填单”等服务制度，着力打造“窗口受理、内部流转、限时办结、前台出件”服务模式，推进“三证合一”、“同城通办”等工作，不断创新税法宣传形式，积极发挥纳税人学校的主阵地作用，税法宣传形式不断创新。“引进来”和“走出去”并举，通过邀请市人大、市政协该单位听取“营改增”专题汇报并开展近10个学时的专题学习，在工商联换届选举会上开设专题税收讲堂，借助党的报告员制度，下企业、下基层进行税收宣传，起到以点带面的示范效应，在全市营造良好征收环境。（兰钊）

【队伍管理】注重青年干部培养，开展青年干部“个性化”教育培训模式，在工作岗位优配、综合素质提升、人居环境改善等方面着力加强，通过定期开展行政能力测试、写作能力测试、计算机操作能力测试、会计知识测试、税务知识测试以及演讲能力测试，以考促学，激发学习热情，形成了合理的干部梯次培育格局。注重干部身心健康，实施“人才安居”工程，加强健身房、阅览室等活动阵地建设，帮助干部全面协调发展，营造积极向上、争先创优的良好氛围。该局在今年国家税务总局开展的“业务大比武、岗位大练兵”活动中，常德地税系统入围五人次，全省地税系统前十入围两人次，两名干部荣获省局征管、稽查能手称号；一名干部代表省局参加全省“两学一做”电视知识竞赛并荣获团体三等奖。该局还被常德市地税局评为“学习型团队”。（兰钊）

【党风廉政建设】深入开展“两学一做”学习教育，丰富创新基层支部组织生活会、部门行政工作会、重点工作推进会、重点工作督导会“四合一”会议、“七一”党课重温入党誓词等活动形式，坚持用科学理论武装头脑，指导税收实践。深化“三力”建设活动，通过开展“以身示范、向我看齐”，该局干部核心意识、看齐意识进一步增强。严格落实党风廉政建设各项要求，强化制度保障，加强支部建设，深入推进党建专岗专责。年初全体干部职工递交《津市市地方税务局2016年工作承诺书》，强化了干部廉洁自律性，在互助互督下有效提升履职能力。认真开展“雁过拔毛”式腐败问题和“纠四风、治陋习”专项整治行动，全面实施办公用房、公务用车、财务审计回头看，当好管家，确保不碰政策红线、不越纪律底线。（兰钊）

【地税文化】以“我爱我家”为主题，通过精细组织院落布局，加强院落亮化、绿化、清洁化管理，营造津市地税“温馨之家”；通过“优秀共产党员”、“优秀志愿者”、“最美地税青年”的评选，开展“五四”青年干部演讲赛、津市机关篮球赛、冬季趣味运动会等活动，充分激发全局干部积极向上的干事创业热情，打造津市地税“活力之家”；积极响应市委市政府号召，开展“创国卫”，大力实施门前三包，先后11次参与澧水河保护、社区文明共建等社会公益和志愿者服务活动，通过增进全局人员的道德心和公益心，建设津市地税“美德之家”。2016年度，由于政风、行风、作风建设有力，得到社会各界肯定，树立围绕中心、服务大局、勇争一流的良好部门形象。该局被授予“湖南省文明单位”称号。

（兰钊）

市住房公积金管理部

【概况】津市市住房公积金管理部是隶属于常德市住房公积金管理中心的具有行政职能的财政全额拨款事业单位，现有编制5人，设主任1名、副主任2名。办公大楼于2006年3月正式落成，大楼面积1330平方米，院落面积6600平方米。管理部在常德市住房公积金管理中心和津市市委、市政府的领导下具体负责全市住房公积金的管理和运作。

2016年，津市市住房公积金管理部

在各级领导部门和社会各界的大力支持下，各项管理工作保持有序健康发展。当年缴存住房公积金12841.1万元，新增公积金缴存人员573人，发放个人住房公积金贷款6500万元，为230户家庭圆了住房梦，为津市房地产市场健康有序发展添砖加瓦。截止2016年底，津市市住房公积金参缴人员已达21055人，共累计归集职工个人住房公积金91290.78万元，为公积金缴存人员累计提取住房公积金37739.78万元。累计为3548个家庭发入个人住房公积金贷款49305.76万元。（办公室）

经济执法与监督

环境保护

【**概述**】2016年，津市以深入贯彻落实新《环保法》为契机，主动适应生态文明建设和环境保护新常态，以改善民生为宗旨，以提高环境质量为核心，以服务和优化经济发展为主线，以大力加强环境监管执法为重点，全面推进环境保护各项工作，实现经济社会、人与自然和谐发展。

推进重点领域污染防治。一是推进水污染防治。制定《津市市水污染防治行动实施方案（2016—2020）》。继续实施西毛里湖治理，累计争取中央水污染防治专项资金2.29亿元，实施入湖溪河的生态拦截及湿地建设、网箱围栏拆除、沿湖集镇生活污水治理、农村生活垃圾处理及环境监管能力建设等工程项目，经过3年多的治理修复，西毛里湖水质明显改善，总体水质保持在Ⅲ类以上。加强集中式饮用水水源地保护，组织对省定13处饮用水水源地进行重新评审，取消沈家台、金鱼岭2处水源地，对白龙潭、谢家堰等2处城乡供水水源地及其他9处农村集中式饮用水水源地按新标准划定保护区，实施达标建设和规范管理。开展农村生活污水治理，投资6000多万元，建设污水处理站12座，日处理污水6000吨，实现农村集镇生活污水处理全覆盖。乡村地区通过改厨改厕、修建化粪池、沼气池、三格净化池、四格净化池等措施，对生活污水进行消纳，污水处理覆盖面达到80%以上。开展畜禽养殖污染整治。结合实施全国畜禽水产养殖污染防治整县推进项目，重新划定禁养区、限养区、适养区范围，对禁养区内养殖场（户）全面实行退养，并关停金健乳业第七牧场。开展工业污水治理，通过督促部分工业企业上环保设施，整改上级环保督查、执法检查中发现的问题，基本实现工业污水达标排放。同时启动工业园区污水集中处理厂建设工程。开展对市区黑臭水体的治理，实施后湖的疏浚清淤工程。二是推进大气污染防治。印发《津市市大气污染防治行动实施方案》，围绕落实方案开展专项行动。关闭粘土砖厂3家，转产2家。取缔10蒸吨及以下燃煤锅炉26台。对城区13家3灶头及以上餐饮企业和19家单位食堂油烟排放实行治理。对全市20家加油站推行油气回收环保措施。督促湘澧盐化公司等15家重点企业完成工业废气治理。加强道路扬尘治理，实行主街道低尘清扫和定时洒水；渣土车实行苫盖运输。建筑施工按“六必须六不准”要求控制和减少工地扬尘。淘汰黄标车22台。三是推进土壤污染治理。全面铺开土壤重金属污染状况的调查。争取中央和省级土壤污染防治专项资金2650万元。其中：投资500万元，完成了土桥村土壤重金属治理工程；投资150万元开展了对五公嘴土壤重金属污染的治理；投资2000万元对原香料厂土壤有机物污染进行治理。

进一步加强环境监管。一是加强环境管理。对工业园区做好规划环评，实施企业污染源头监管。依法实施行政审批，全年共办理建设项目环评审批事项37件。加强危险废物（固废）管理，完成49家企业的危险废物（固废）申报登记，并对申报登记单位的规范化管理工作进行现场抽查，抽查单位全部达标。加强辐射与安全管理工作。对已经关停的湖南雪丽造纸公司闲置的3枚Ⅴ类放射源，移交有资质的单位贮存，及时消除津市放射源污染隐患。对7家医院从事防射工作的人员进行防射安全培训。对津市农副食品加工业、食品制造业、化学原料和化学制品制造业、医药制造业等9大行业开展化学品生产使用情况的调查摸底，建立管理台账。二是开展环保违规建设项目清理整治。按照省政府统一部署，开展环保违规建设项目清理整治。全年清理并上报国家、省、常德市的违建项目49个，按照“关闭淘汰一批、整顿规范一批、备案管理一批”的原则，分别将任务分解落实到相关部门，要求各相关部门督促企业进行环境问题整改和环保手续补办。到2016年底，清理整治任务全面完成。三是严格环境执法。建立健全城乡环保网格化监管体系，设立20名环保网格员，明确工作职责和目标任务。开展环境执法大练兵活动,9月—11月,按照国家环保部统一部署,重点推动对排污单位现场监督检查、环境违法案件处理处罚、案件移交移送等各项执法工作。完善"双随机"执法检查制度,规范环境执法行为,环境执法力度明显加大。全年共出动监察执法人员324人次,检查企业160多家次,下达环境监察通知19份,查处环境违法行为14家,其中立案查处违法企业6家,责令停产5家,移送司法部门案件2起,行政拘留2人,罚款40.98万元。四是实施各类环境问题专项检查和整治。根据上级部门工作安排,结合津市实际,分别开展一系列专项检查和整治活动。开展打击非法捕捞专项行动,收缴电捕鱼工具36套。开展饮用水水源地专项检查,查出并关闭排污口2个。打击涉危险废物违法犯罪活动,督促全市涉危废单位全部按规范要求处置危废。实施餐具消毒行业专项整治,督促津康、瑞康2家餐具消毒企业配套建设污水处理设施。开展洞庭湖生态经济区工业污染源排查整治专项行动,建立全市工业污染源台账。

不断完善生态环境保护体制机制。一是加强环境保护责任体系建设。深入贯彻落实2015年底出台的《津市市环境保护工作责任规定(试行)》和《津市市重大环境问题(事件)责任追究办法(试行)》,通过市政府与各相关部门签订环保责任书,夯实压紧了各级各部门环保工作责任。二是发挥市环境保护委员会议事协调作用。依托市环委会的组织形式和协调机制,实施对全市环保工作的集中统一领导。2016年市环委会共召开全体会议2次,开展专项督查2次,下发交办件32件。三是建立考核机制。将环保工作纳入全市各镇街、工业园区、各部门目标管理和绩效考核内容,并大幅提高考核权重。制定专门的环境保护工作考核细则,强化各镇街、工业园区、各部门环保工作责任落实,推动全市环保工作的顺利开展。四是建立生态保护红线区。按照省政府统一部署,完成全市市域内生态保护红线划定工作。共划定生态保护红线区面积101.56平方公里,占全市国土面积的15.14%,其中,毛里湖国家湿地公园面积61.96平方公里、嘉山国家森林公园面积22.25平方公里、省级公益林面积15.69平方公里。五是推行环保领域市场化改革。推行排污权有偿使用和市场交易,对41家企业收缴排污权有偿使用费38万元,征收率96%。完成企业排污权交易8家。实施环境污染第三方治理和环保设施项目建设DBO和PPP模式,运用市场机制,优化环保资源配置。推行企业环境信用评价和涉化、涉危企业购买环境污染责任保险。全年参加环境信用评价的企业15家,其中省级评价3家、常德市级评价12家。购买环境污染责任保险企业3家。

抓好环境宣传和社会共治。一是组织环保宣传活动。以"环保世纪行"活动为平台,组织开展以水污染、大气污染防治为主题的各种形式的宣教活动,全年开展广场宣传活动5次,展出宣传牌120块,发放宣传册2万多份;举办环保知识讲座3次,环保文艺演出1场。利用电视、网络、电子屏幕、广告灯箱等载体,常年滚动宣传环保法律法规、政策文件和科普知识。全年向移动、电信手机用户发送环保公益短信10万多条。积极向外推介津市环保工作,全年在各级媒体发表环保内容的新闻报道70多篇。二是处理环境问题信访和举报。全年共接受群众信访和举报88件,处置率100%,回复率100%。其中领导批示件2件、市长信箱18件、来信4件、网络信访8件、电话信访57件、微信信访1件。从信访举报内容分析,养殖污染占37%,餐饮油烟污染占29%,工业园区空气污染占9%,噪声污染占13%,水污染占4%,其它占4%。三是办理人大代表意见建议和政协委员提案。全年办理市人大代表和市政协委员关于治理畜禽养殖污染、搬迁定点屠宰厂等建议和提案3件,并按时回复代表委员。代表委员对回复的满意率达到100%。四是引导公众参与环境监管。常年开通12369环保热线、网上举报平台。发挥环保监督员作用,在环评、"三同时"验收及处理群众投诉过程中邀请环保监督员参与,增加环保工作的公开度和公信力。指导和支持环保志愿者协会开展各种形式的宣教活动,发动志愿者组织公益环保行动和监管环境,举报环境违法行为,扩大公众对生态环境保护的参与面。

【环境质量状况】地表水环境质量状况:津市区域内国控监测断面2个,分别是窑坡渡、毛里湖湖心,由常德市环境监测站进行月度监测。2016年两个国控监测断面水质保持在Ⅲ类以上,达标率为100%。省控监测断面2个,分别是宋家渡、白龙潭,由津市市环境监测站进行月度监测。2016年两个省控监测断面水质保持在Ⅲ类以上,达标率为100%。县(市)控断面2个,分别是小渡口、车家溪(澹水),断面属性为了解水质状况(不参与考核)。小渡口断面水质在Ⅲ类以上,车家溪断面水质在Ⅵ类以上。城乡集中饮用水水源地水质状况:津市环境监测部门按要求对白龙潭、谢家堰饮用水水源地水质开展月度监测(29项)、季度监测(61项)及每两年一次的地表水全分析监测(109项)。各项监测结果表明,白龙潭、谢家堰水质分别达到国家《地表水环境质量标准》(GB3838—2002)Ⅱ类水质标准,达标率为100%。空气环境质量状况:津市目前设有一个环境空气自动监测点位,位于津市市社会养老服务中心,全天候对全市空气质量进行监测。监测因子有PM10、PM2.5、二氧化硫、二氧化氮、一氧化碳、臭氧等6项。2016年有效监测天数为350天,其中优良天数249天、轻度污染天数75天、中度污染天数15天、重度污染天数10天、严重污染天数1天,空气环境质量优良率为71.1%。津市主要污染因子为PM2.5,达标率为73.1%。2016年PM2.5平均值为57ug/m^3,比2015年PM2.5平均值69ug/m^{3}有所下降。声环境质量状况:因城市发展,2016年按规范对津市环境噪声监测点位重新布置,并按新点位进行首次年度环境噪声监测。监测结果表明:主要交通干线的道路交通噪声昼间等效声级平均值为69.5分贝,低于《声环境质量标准》4类区噪声限值。城区区域环境噪音昼夜等效声级平均值为48.3分贝,低于2类区噪声限值。城区声环境质量总体良好。

【污染物总量减排】坚持把主要污染物总量减排作为环保工作重点,以工程减排、管理减排、结构减排为抓手,坚持严格环境准入,狠抓项目治理,督促企业加大环保投入,强力推进污染减排工作,不断削减主要污染物排放总量。2016年全市化学需氧量削减187吨,同比减少2%;氨氮削减25吨,减少3%;二氧化硫削减145吨,减少2%;氮氧化物削减32吨,减少5%。全面完成了省及常德市下达的减排目标任务。

【西毛里湖生态保护】西毛里湖生态环境保护项目是纳入国家水质良好湖泊保护项目库、受到中央财政支持的项目。自2013年启动实施以来,截至2016年底,共争取到中央财政水污染防治专项资金2.29亿元。实际开工项目97个,累计完成投资4.39亿元。其中,2016年开工项目23个,完成投资1.58亿元,主要涵盖以下几个方面:一是实施宋家坪、白衣庵等大溪河的生态拦截及入湖河口湿地建设工程;二是在沿湖棠华、药山、灵泉等农村小集镇修建污水处理站5座;三是在沿湖地带居民聚居处建设1000个四格净化池;四是对10家退养的畜禽养殖场进行遗留的污染物治理;五是建立西毛里湖环境信息管理系统。2016年9月,在全国湖泊治理工作调度会上,津市市环保局就西毛里湖治理作了经验交流。

【农村环境综合整治】2013年,津市在竞争立项中以第一名成绩进入全省首批10个农村环境综合整治整县推进试点县(市),争取省政府以奖促治资金2000万元,整合部门和社会资金1.56亿元,共投资1.76亿元实施整治。对农村生活垃圾实行户分类、村收集、镇转运、市处理的模式。开展农村生活污水治理和饮用水水源保护工作,实施农业面源污染治理和养殖业点源污染治理,大力推进沼气池建设,津市农村地区实现家园、田园、水源、能源四个清洁化。2015年底开始,以大旗、中南两村为试点,实施促进垃圾分类的“绿色存折”制度,受到上级环保部门高度肯定和各级媒体大力宣传,被中央深改组、湖南省委深改组作为农村生态文明建设和环境保护的改革创新经验予以推介,形成农村垃圾治理的“津市模式”。环保部门随后又在沿湘北干线10个村建立“绿色存折”示范片,为全域推广做准备。2016年9月津市顺利通过省环保、财政两厅对津市农村环境整治项目的验收,并得到了高度评价,成为常德市第一个通过验收的单位。

【环境保护大练兵】按照上级环保部门统一部署,为推进环境执法队伍建设,强化执法技能,规范执法行为,提升津市环境执法水平,市环保部门自2016年9月至11月组织开展环境执法百日大练兵活动。大练兵活动围绕5个方面展开专项行动。一是开展涉危险废物环境违法犯罪行为专项督查行动,打击非法处置危险废物等恶意环境违法行为;二是开展重点企业环境保护专项检查行动,打击偷排直排、超标排放等恶意环境违法行为;三是开展高污染燃料禁燃区燃煤锅炉整治行动,打击企业和个人抵制锅炉改造、我行我素的违法行为;四是开展群众举报或媒体反映环境违法案件的查处、环境热点问题的查办行动;五是开展环保违法违规建设项目清理督查行动。各专项行动多措并举,有效震慑环境违法犯罪行为,确保区域环境安全。环境执法大练兵期间,市环保部门共立案调查环境违法行为8起,下达处罚决定书3份,移送公安部门1起,严厉打击了各类环境违法行为。

(办公室)

国土资源管理

【概括】2016年,在津市市委市政府和常德市国土资源局的正确领导下,按照年初全市国土资源工作会议的要求,津市市国土资源局坚持“保护与发展”并重的原则,以“明职责、理程序、优服务”作风提质活动为抓手,积极开展“两学一做”学习教育活动,全面着力于部队伍素质提升,切实维护群众权益,促进了经济社会全面协调可持续发展。今年来,津市市国土资源局积极加强内部能力建设,完善组织机构岗位建设,现有在编在岗干部职工85名,下设10个股室(办公室、人教股、用地股、规划股、地籍股、地产股、耕地保护股、财务股、地矿股、法规股),8个二级机构(信息中心、不动产登记中心(含档案室)、测绘大队、土地开发整理中心、国土资源储备中心、国土资源交易中心、市征地拆迁事务所、执法监察大队),5个镇(城区)国土所、1个分局。（梅昌伟）

【保障发展】2016年,市委市政府确定的国土工作盘子要求全年用地报批任务1000亩(含增减挂钩440亩),全年市国土资源局努力在争增量、挖存量、促节约、优服务上下功夫,全部共批回用地指标579亩,优先保证高新技术产业园申报、工业园区重点项目、民生工程、基础设施等的用地,没有因为用地报批工作而影响项目建设和招商引资。推进2016年440亩增减挂钩指标的实施工作,至12月已上省厅评审会,等待批复,进一步优化设计方案,准备招投标施工。（梅昌伟）

【保护耕地】2016年继续严格落实耕地保护目标责任制。年初与各镇政府签订责任状,明确相关目标、任务以及奖惩措施,并将耕地保护责任目标履行情况纳入年度镇政府考核。永久性基本农田划定工作通过省厅验收,明确津市耕地保有量为32.22万亩,基本农田保护目标为25.14万亩(含涔澹农场)。2016年全市耕地面积为32.33万亩,超出规划目标0.11万亩,全市基本农田落实面积达到25.18万亩,超出规划目标0.04万亩,实现耕地保有量稳中有升,基本农田保护目标得到较好的落实。

(梅昌伟)

【土地利用总体规划调整完善】

2016年为积极对接津市市建设总体规划，合理调整完善规划目标和控制指标，科学编制“十三五”时期津市土地利用总体规划，12月已通过省厅规委会、省府厅局会审查，正等待省政府批复。通过对接津澧融城，优化建设用地布局，全市新增城镇工矿用地规模1.5平方公里，其中中心城区调增约3平方公里，保障工业集中区申报省级高新技术产业开发区的相关工作，确保高新技术产业园、城市建设及美丽乡村用地需求。（梅昌伟）

【严格规范土地交易市场】2016年规范土地市场动态监测监管，明确专人对土地供后开发利用情况进行跟踪监管，进一步完善建设用地项目批、供、用全程监管。2016年全年供地62宗，92.4294公顷，成交金额75883万元。其中划拨供地13宗，面积30.942公顷；挂牌出让经营性用地19宗，面积49.8774公顷，成交金额73700万元；挂牌出让工业用地6宗，面积11.43公顷，成交金额1950万元。协议出让24宗，面积0.18公顷，出让金总额233.01万元。继续为各融资平台合理配置储备土地，目前已归集6亿元左右土地资产；在财政部门监管下，用活用好2015年储备中心已融资的1亿元资金。另外，搞好年度耕地质量等别调查与监测评价工作，在确保成果质量的前提下节约工作经费近10万元；对2011年以来批而未供的土地进行清理，保证近五年供地率达到93%(不含安慈高速)。（梅昌伟）

【地质灾害防治】2016年地质灾害防治工作事关民生幸福，是坚持以人为本为核心的科学发展观的本质要求，也是强化国土资源管理服务工作的内在要求。市国土资源局继续广泛宣传地质灾害防治知识，建立健全汛期地质灾害防治巡查核查等各项工作制度，完善群测群防体系，关键时期(暴雨)实行领导驻点监测，由2名局班子成员带队，24小时负责4个重点隐患点的监测工作。落实基层地质灾害防治责任，6月份组织开展了全常德市规模最大、效果最好的地质灾害防范应急演练，提高了地质灾害防治应急反应能力。积极督促全市地质灾害隐患整治工程建设，果园搬迁避让项目进展顺利，药山三岔路工程开工，白衣石板滩项目省厅立项。市财政拨款150万元，对皇姑山、虎爪山、翊武中学等隐患点进行了除险治理工作。（梅昌伟）

【国土资源执法监察】注重加强对各镇站所日常土地执法监察工作的管理、指导和监督，建立动态巡查工作台账，落实国土资源动态巡查制度，全年共出动巡查次数276次，出动巡查人员652人次，下发责停违法通知书55份，制止土地违法行为39起。认真处理来信来访案件，妥善解决信访问题，全年共接待群众来访12次共31人，来信受理信访案件6宗，办结信访案件6宗，做到件件有着落，事事有回音，信访办结率达到100%，全年未出现因国土资源管理违规进省、进京等非正常上访事件。针对国家土地督察武汉局在省域例行督察指出津市存在的问题，市国土资源局党组及时向市委市政府进行专题汇报，提请市委市政府成立了专门工作领导小组，分解落实部门责任，对整改问题向各镇、各单位进行专项交办。全面开展自清自查和整改，对全市108个图斑逐一核查举证，最终确定津市存在两项问题，目前均已整改到位。2016年下发图斑共108个，监测总面积近1025亩。为更准确判定图斑性质，市国土资源局加大对相关用地责任单位的用地报批进度督促力度，使未批先建的新增建设用地项目及时取得了合法用地批文，降低了违法用地比例。今年共上报省级违法用地2宗，上报违法总面积4.7亩，违法占耕地面积1.5亩。伪变化图斑1个，总面积3.42亩，占耕地面积1.62亩；对市级认定的涉及5个乡镇、3个职能部门和个人共11个图斑10处违法用地全部进行立案查处，履职率达到100%，查处率、整改率均达到70%，实现了卫片执法零问责，也使津市成为全常德市唯一免检的城市。（梅昌伟）

【不动产统一登记】2016年整合不动产登记职责、建立不动产登记制度是全国实施机构改革和政府职能转变的一项重大改革任务。认真贯彻落实上级要求，加快不动产统一登记工作进程，9月20日市国土资源局举行不动产登记中心揭牌暨首证颁发仪式。尔后，办证大厅、档案室硬件设施基本建设完毕，全员技术培训同步开展，对接林业局原始纸质档案及数据库资料移交顺利，与房管局资料移交正在有序进行中。至12月，全市共受理不动产登记申请758件，已发证493本，出具证明382份，基本解决统一登记初期的挤压、打乱仗问题，不动产工作高效便民受到群众好评。（梅昌伟）

【稳妥有序开展征地拆迁工作】2016年征地拆迁工作是一项系统的社会工程，涉及面广、关注度高、影响重大，国土资源部门一直将该项工作作为一项长远工作来抓。继续巩固征地拆迁领域损害群众利益问题专项行动工作成绩，妥善开展全市征地拆迁工作，特别是做好拆迁后农民的安置补偿工作，对困难群体、弱势群体在住房安置、困难补助等方面给予最大可能的照顾，积极解决拆迁农民的后顾之忧。全年共完成征地拆迁项目20个，发布土地征收公告17个，安置补偿公告14个，征地面积577.79亩，拆迁房屋153户，拆迁面积3.23万平方米，涉及总金额7267余万元。开拓思路建立征地拆迁专人信访接待制度，让群众的咨询和诉求有专人接待、专人解释、专人答复，全年共接待来访或征地拆迁政策咨询的群众20余起，无因征地拆迁原因而上访案例。

（梅昌伟）

【基础工作】2016年地籍方面，完成2015年度土地变更工作任务，对津市土地变更调查遥感监测108个图斑，总面积1025.2亩进行外业调查，及时整理数据报省规划院建立新的变更数据库，正确反映全市建设用地和耕地占补平衡的真实情况。测绘方面，主动联系技术单位在津市范围内建立测绘控制点8组，完成测绘成果数据互换与坐标系的统一；完成了津市市牲畜退养摸底测绘工作，对环毛里湖291户养殖户房屋土地情况，距毛里湖距离进行现场测绘，并绘制了宗地图。信息化建设方面，加大国土资源信息化建设的力度，升级提质中心机房环境和优化网络系统。

（梅昌伟）

【国土政策法规宣传】2016年，津市市国土资源局深入开展了土地法制学习和宣传教育活动，邀请相关法律专家，有计划、分层次地组织镇、村、组干部进行土地法制培训活动，全年组织法制培训5次，下乡法制宣传4次，进一步增强了各级领导干部依法用地的意识；充分利用“4.22”地球日、“6.25”土地日等重大纪念日，开展涉土法律法规政策宣传活动，悬挂横幅48条，分发宣传单40000余份，大厅电子显示屏滚动播放“土地日”等宣传内容时长共计半个月；配合安监、司法、办事处等单位部门到各镇、市城区广场开展法制宣传活动，并与新闻媒体紧密配合，面向社会广泛宣传国土资源法律法规、不动产统一登记工作和全市土地利用现状等，向省厅内网、湖南日报、常德日报以及常德市局、津市政府网站、手机报等报送信息120余条，刊登稿件80余条，在常德市各区县市国土资源系统信息报送中排中上游，通过集中宣传和平时宣传，大力宣传了国土资源法律法规及政策，营造了节约集约用地和保护耕地特别是保护基本农田的浓厚氛围。

（梅昌伟）

【作风建设】2016年，市国土资源局狠抓机关作风提质，积极开展了“明职责、理程序、优服务”活动和文明单位创建工作，通过建章立制，完善岗位责任制和考核奖惩办法。按照省厅、市局、市委“雁过拔毛”式腐败问题和纠“四风”治陋习两个专项整治工作要求，重点开展了土地征收补偿方面、农村土地综合整治项目方面、村民建房方面、在为群众办证服务方面的问题清查，经查，市国土资源局无重大违纪违法问题。年初召开全局党风廉政建设工作会议，全体中层负责人与局党组签订党风廉政建设责任状，并明确“两个责任”，要求全体干部职工始终把纪律和规矩挺在前面，不踩底线、不越雷池、不乱章法，坚持办事公正，自觉接受各界监督，实现阳光“晒权”，实现“阳光国土”。制定了“两学一做”学习教育活动全年学习计划，明确要求党员干部积极带头做表率，认真学习贯彻《准则》、《条例》；开展基层党建七项重点工作、两项重点任务，对支部党员组织关系等进行了集中排查；结合党的报告员制度，定期组织党的报告员深入基层、直面群众开展政策理论宣讲；开展“荷花品格、梅花精神”系列廉洁文化活动，发动全局党员干部参与故事征文和演讲比赛，取得了全市演讲比赛第五名的成绩，局长徐兴勇同志的民情日记《为希望和幸福护航》，在湖南日报上刊登。（梅昌伟）

审　计

【概况】津市市审计局内设办公室、法制股、财金股、行审股、经责股5个股室，下设政府投资审计专业处1个二级事业机构；核定领导职数为1正5副，实配领导1正4副；核定行政编16个、工勤编1个、事业编8个，实有行政编干部11名、工勤人员1名、事业编人员8名，聘请临时人员2名，其中中共党员16名、民建党员1名。

2016年，审计局紧扣发展大局，积极履责，开拓创新，善谋实干，各项工作呈现出良好的发展态势。全年计划审计项目30个，实际完成39个，公示审计结果32份，查出问题金额26610万元，移送线索5件9人，编发《审计要情》6期，被市委政府主要领导批示采用14条。有2篇业务文章分获常德区县市唯一的省厅征文二等奖与三等奖，有2个审计项目获常德市审计局表彰奖；外宣上稿创历史新高，署级媒体上稿达43篇，累计发表文章160多篇次，位居常德区县前列，提高干部素质，推介审计工作。在精准扶贫工作中，筹措资金210多万元，修建道路2公里，整修堰塘2口，结对贫困户3户，开展帮扶活动6次，提供致富信息8条，送去农资5000斤，捐款8700元，帮助发展蘑菇产业1个，已创收7万多元，为村民脱贫致富打下坚实基础，中国审计报、省厅网站、常德日报等媒体多次予以报道。全年招商引进企业2家；深入企业，积极协调，帮助企业解决场地租赁、招聘员工、环评等问题15个，为企业节资10万多元，服务企业工作居全市前列，受到社会各界充分肯定。

在队伍建设方面，一是选优配强班子。争取领导支持，选调了1名懂业务、年纪轻的同志任纪检组长，在中层干部中提拔了1名高级审计师任总审计师，优化了班子结构。二是充实工作力量。在全市压缩编制的情况下，新增事业编1个，选调了有中级职称的干部1名。三是加强业务培训。组织干部参加网络培训，参训率达100%；要求干部每天浏览署、省厅与市局网站至少30分钟，及时掌握新的理论与法规，主动学习各地经验与做法；选派23人次参加全国人大、审计署、省厅与常德市审计局组织的业务培训；组织14人次赴湖北、安徽与长沙、常德兄弟区县学习，增长见识，开阔视野，促进了工作。四是落实干部待遇。争取领导支持，提拔任主任科员3名，干部享受副处待遇2名、享受正科待遇2名、享受副科待遇1名；经与人社部门衔接，单位增设高级与中级岗各1个，其中1名干部享受中级岗待遇，月增收400多元。

2016年，已通过复查验收，确认为“常德市文明标兵单位”；被评为常德市“六五”普法先进单位，津市市年度绩效评估优秀单位，津市市纪检监察、招商引资和部门服务企业工作先进单位。

（卜五洋）

【预算执行审计】一是精心准备。4月份，结合津市实际，广泛听取意见，精心编制方案，除持续关注收入组织、支出管理、预算编制与执行、效益发挥等方面外，重点突出了社保资金、惠农资金、工程建设、部门预算等方面。二是深审严查。探索数字化审计方式，运用大数据技术，以数据为核心，运用比对、关联、筛选、模型分析的方法,实行深挖严查,注重发现疑点。如危改资金的审计,到税务、公安、房管、计生等部门采集数据17万多条,查出疑点83处,经现场核实发现违规问题49个,涉及金额19812万元,移送案件线索4件,编发《审计要情》2期。在市人大第29次常务委员会上,工作报告获全票通过,审计工作受到充分肯定。三是整改落实。坚持整改常抓不懈,既注重以前问题的整改,更注重发现问题的边查边改。2015年同级审发现的21个问题,协助督促整改20个,其他如财政存量不足、超财力安排支出致财政预算资产不实等问题,得到改善和纠正。成立由常务副市长任组长的整改小组,召开专题部署会,将问题交办相关单位"一把手"。由市人大分管财工委副主任任督查组长,定期督导,实行问题整改销号制。如发现的部门预算不合理、权力部门存量资金大的问题,及时沟通,促使财政局在半年度预算调整时予以综合平衡。12月,已有45个问题整改销号;为严防问题反弹,相关单位完善制度110多项,以市政府(办)名义下发文件3个,促进工作规范。 (卜五洋)

【经济责任审计】2016年,一是明确重点。审计范围上,坚持少而精,以任中为主,离任为辅;审计内容上,坚持审深审透,以"三责"为主,以探索开展自然资源、环境保护等审计为辅;审计组织上,坚持多管齐下,以审计为主,实行联合进点。二是创新方式。发挥八方联审作用,分别对被审领导"三责"评价,综合各方意见,形成报告,确保客观真实。对发现的问题,实行联合促改,提升审计效能。三是强化运用。全年完成项目9个,发现问题22个,查出问题资金613万元、违规资金579万元。审计中,注重去伪存真,加强分析研究,找准问题原因,抓住问题本质,站在大局高度,提出解决问题建议,主动给领导建言献策,加快问题整改,促进机制健全。编发《审计要情》2期,提出建议15条,被领导采用。如市五中校长经责审计中,发现师生比严重失调,提出加强教育布局调整的建议,市政府领导高度重视,启动搬迁调研工作,加速教育布局调整。 (卜五洋)

【政府投资审计】一是摸清底子。2016年1–4月,对2015年止应审未审项目进行摸底,建立台账。5月份,以政府办名义下发《关于做好2015–2016年度政府投资建设项目摸底工作的通知》文件,对2015年以来的项目全面摸底,建立工作台账,为审计全覆盖夯实基础。二是创新方式。积极外出参观学习,吸取各地精华,提升创新能力。选取澧水二桥、市民之家等3个项目,探索开展跟踪审计,及时建立台账,既督促工程进度,又确保审计精准。对结算争议大、可能被高估冒算的,引入第三方技术获取数据,延伸审计手臂。首次探索利用Google Earth对城市道路标示标线进行审计,被省厅技术处专程约稿,做法被审计署网站推介。启动50万元以下项目备案抽审机制,对竣工多年的25个项目进行抽审,加强审计监督,树立审计权威。加强投资公司审计,加强工程拨款监督;首次对1家公司施工的道路标线工程下发《关于停拨工程款的通知》,规范工程拨款。三是整合力量。为缓解人少事多压力,建立6家中介参与的中介库,实行动态管理。借助中介力量,审计项目2个,审减资金70.8万元。利用内审资源,建立投资审计业务骨干库,"五八腊"前抽调协助工作,缓解人手的不足。12月份,聘请注册造价师1名,促进工作开展。全年审计项目15个,总投资11586万元,审减资金1052万元。 (卜五洋)

【政策跟踪审计】2016年,根据统一安排,借助市纪委、财政局等部门和市委政府督查室力量,启动住保资金、扶贫资金、耕地地力补贴、落实中央八项规定等政策落实审计工作,发现问题19个,查出违规资金280多万元,移送案件线索1条,编发《审计要情》2期,确保政策贯彻落实,促进津市市经济社会发展。 (卜五洋)

安全生产监督管理

【概况】2016年,津市安全生产工作以贯彻落实习近平总书记、李克强总理一系列关于安全生产工作的重要指示批示精神为指针,紧扣省、常德市安全生产工作会议精神,突出安全生产"监管执法年"活动主题,夯实基层基础,健全体制机制,强化工作举措,注重宣传教育,全市安全生产形势总体向好平稳。

津市发生各类生产经营性事故事4起,死亡5人(建筑施工生产安全事故1起,死亡2人;电力施工生产安全事故1起,死亡1人)。未发生较大及以上生产经营性事故。 (欧阳刘慧)

【基层基础】机构编制。在2016年机构改革中,津市市委、市政府重视安监机构和人员编制设置工作,安全生产监察大队参照公务员管理编制由4个增加到10个,四个镇内设机构中均设立安监站,除一个镇4个编制外,其余三个镇均有5个编制;五个街道中,一个与工业园区重叠的街道由市编委行文设立安监站,给予4个编制,其余四个街道内设安监站,均有3个编制。

基础设施。各镇街道安监站在办公场所上,均有两间办公室,其中一间兼档案室;在办公设施上,均配备一台打印、复印、传真于一体的打印机,一台公用的笔记本电脑和便携式打印机,人手一台办公电脑;在办公经费上,按照上级要求拨付到位。各镇、街道,各负有安全生产监管的部门均建立健全监管台账,各村(居)委员均明确安全监管员。

业务培训。市安全生产委员会办公室,各镇、街道、各部门采取以会代训、基层辅导、指导自学,重点集中培训的方式开展津市安全生产业务培训,3月17日,举办津市生产经营单位安全生产业务培训班,150家企业主要负责人和30名市镇(街)安监人员参加了学习,培训班邀请常德市安监局副局长陈宏元、湖南金泰安全评价有限公司胡高工授课。6月24日,举办津市安全生产法制培训班,全市四个镇、五个街道共36人参训,重点培训县乡政府安全生产属地监管职责、行政执法基础知识以及行政执法软件管理系统使用等内容,并邀请市政府法制办主任授课。为增强广大企业职工安全生产和职业病的防范意识,控制和降低工伤事故发生,保护好广大职工的合法权益,11月18日下午,在高新区管委会四楼会议室举办企业安全生产、职业病防治和工伤保险政策专题培训班。各镇、街道安监站长,相关企业安全生产主要负责人参加。这次培训对最新修订《中华人民共和国职业病防治法》和工伤保险政策进行了解读,另外还对职业病防治知识进行了讲解。2016年,共培训企业主要负责人260人、市镇(街道)两级安监干部200多人次。同时,采取实地指导、个案辅导等方式,强化培训效果。（欧阳刘慧）

【体制机制】坚持目标管理制度。层层签订责任状。年初,市政府与各镇、街道和市安委成员(责任)单位签订了责任状,明确目标任务和工作要求。各镇、街道与村(居),市安委成员(责任)单位与本系统安全监管企业签订责任状,将目标任务和工作要求层层落实到领导和具体责任人。市安委办每季度对各镇、街道和市安委成员(责任)单位的工作进行一次集中考核,并印发通报。推行实时“黄牌警告”、“一票否决”制。津年有2家企业被“黄牌警告、1家企业被“一票否决”。坚持高位调度制度。1月8日,市安委召开第一次全会,市委书记主持会议,传达全国、全省及常德市安全生产电视电话会议精神,安排部署春节前后安全生产工作。3月14日,市委、市政府召开津市安全生产工作会议,总结2015年工作,部署2016年工作任务,会上市委书记、市长分别讲话。特别是津市“5.8”高处坠落事故发生后,市委书记、市长当即作出指示,并组织召开相关市级领导和单位“一把手”参加的紧急会议,安排善后处理、事故调查和津市在建工程安全生产大检查。5月12日市安委召开津市安全生产部门汛期安全生产大排查工作会议。5月19日,召开津市汛期安全生产、“监管执法年”工作暨市安委第二次全会。5月25日、5月31日,市委书记前后两次主持召开书记办公会议,分别专题研究解决“公安局业务用房建设工程与燃气公司、加气站安全隐患问题”、“老果园地质灾害防治问题”。7月5日,召开传达学习中央领导、省委省政府领导一系列关于安全生产指示批示精神会议。7月22日,市长陈章杰主持召开2016年度市政府第8次常务会议,会议传达上级一系列指示批示精神,专题研究了安全生产工作。8月30日,由市政府办副主任魏斌主持召开全市管线安全生产工作调度会议。8月31日,津市召开平安护航g20安全生产综合整治行动工作会议,会上观看安全生产警示片,通报市安全生产隐患整治情况。9月19日,由常务副市长熊斌主持召开津市安全生产隐患整治约谈与市安委会第三次全体会议。12月2日,由魏斌主持召开津市安全生产隐患排查整治督办会议,会议传达上级一系列指示批示精神,通报津市元至11月重大安全隐患整治情况。12月26日,召开安全生产约谈会,会议学习《中共中央、国务院关于推进安全生产领域改革发展的意见》,对津市2016年度重大安全隐患整治情况进行了通报。

坚持领导带队检查制度。津市各级领导干部严格按照领导带队检查工作制度,认真开展安全检查和督导。2016年,市委、市政府16名市级领导开展安全生产督导165次以上,镇(街道)党政“一把手”开展安全检查均达到5次以上,党政班子副职带队检查15次以上,负有安全生产监管职责的部门主要负责人带队检查3次以上,副职6次以上。特别是“5.8”高处坠落事故发生后,市委书记、市长带头深入建筑工地、企业车间和联系点开展安全生产大检查,指出存在的问题。7月8日,市委办、市政府办转发常德市《关于切实做好领导干部带队检查安全生产工作的紧急通知》,要求市级领导带头开展安全生产检查,进入第四季度后,市安委会以督办函形式,提示15名市委、市政府领导带队开展安全生产“三大”检查工作,2016年,津市15名市级领导检查各类生产经营单位85个,排查问题103个,其中5个重大安全生产隐患由市安委办挂牌督办。

坚持督办督查制度。2016年,市委、市政府督查室,组织开展了4次综合督查,市安委办组织督查8次,负有安全生产监督检查职责的部门开展联合督查12次,对存在问题单位点名通报曝光,并责令限期整改到位,确保工作落到实处。（欧阳刘慧）

【业务工作】开展监管执法年活动。经法律培训,并通过考试合格,全市四个镇、五个街道均有4名安全生产监管人员工作人员取得了行政执法证。同时,采取委托执法形式,市安监局与全市四个镇、五个街道签订一年一度的委托执法协议书,除省、常德市、津市市安监局纳入本年度行政执法检查对象外,其余生产经营单位由所在镇人民政府、街道办事处负责编制年度行政执法检查计划,由所属安全监管机构负责实施行政执法。任务完成较好。按照上级要求,制定并印发《津市市安全生产“监管执法年”活动实施方案》(津安发〔2016〕2号)、《津市市安全生产监督管理局2016年度行政执法工作计划》(津安监发〔2016〕3号)以及《关于进一步加强安全生产监管执法工作的实施意见》(津安监发〔2016〕2号)。

监管执法工作得到提升。按照文件规定,津市安监局定点行政检查42家生产经营单位,对下级安监机构检查对象双随机抽查60家生产经营单位,对5个街道、4个镇分别不少于2次执法监察,抽查生产经营单位2家。下达执法文书202份,立案调查12家,行政处罚25万元。津市“5.8”高处坠落事故发生后,经市政府批准,成立由市安监局、市公安局、市住建局、市监察局、市总工会、三洲驿街道办事处等单位负责人组成的“5.8”高处坠落事故调查组,调查组成立后,先后对施工企业、建设单位、监管部门、监理企业、协管单位及其有关人员进行询问笔录,调查组召开三次全体会议,形成了调查报告。对事故发生企业罚款贰拾万元,企业法人罚款壹万元,对相关责任人移交纪检监察部门给予党纪处分,对事故发生企业、监理公司上报严重不良行为记录。与此同时,对一起烟花爆竹伤人案件因涉及管辖权问题,已移交常德市安监局处理。

打非治违工作措施有力。通过建立黑名单制度、联合执法、严格驻点督导等方式,针对非煤矿山、危险化学品、油气管道、烟花爆竹、交通运输、建筑施工、消防、粉尘防爆等重点行业领域,开展集中打击、集中整治工作。如市安监局制定下发《津市市城区烟花爆竹"打非治违"专项整治行动方案》,成立以市政府副市长文国平为组长的行动领导小组。2016年,由市安委牵头,市公安局、市安监局、市市监局及相关辖区镇(街道)参加,开展烟花爆竹"打非治违"联合执法检查专项行动。取缔襄阳街办事处襄阳社区黄某、新洲镇荷花堰村王某两个非法经营店,共收缴非法物品100响精品笛音11件、81发违规烟花4个、小笛音雷8个、红炮3件、小子条鞭40封。按照"政府组织领导,工商部门为主,许可审批部门协调"的工作机制,积极参与危险化学品存储行业无证、无照经营"打非治违",取缔3处柴油非法经营窝点,整治1家危险化学品企业。查处1起盗采非煤矿山案,并对涉案嫌疑人进行行政拘留。

隐患排查治理工作扎实开展。津市不断完善隐患排查整改月调度、企业自查自纠月报、企业自查、乡镇抽查、部门复查等隐患排查机制,落实企业、行业监管部门、镇(街)、村(居)四方责任。坚持重大隐患由书记、市长亲自交办,现场督查验收的模式,对限期整改不到位的实行约谈,有效地推动企业落实主体责任。2016年,经群众举报、基层报告、部门函告、检查发现、上级交办,共排查发现各类重大安全生产隐患37个,已整改到位29个,占78.4%,尚有8个正在整改中。其中,成功处置毛里湖湿地公园建设、毛里湖排灌站建设两处危及三峡燃气管道安全的特别重大安全隐患。

各行业领域深入开展专项整治。津市安监局开展春节和清明节期间的"禁炮"巡查,和非煤矿山、危化以及工贸行业安全生产专项整治工作。市住建局组织开展在建项目安全检查38次,市交通运输局出动检查人员894人次,出动车辆97辆次,检查企业13家;检查渡船7艘,渡口4次。市房管局解危拆除房屋4处,排除房屋安全隐患6处,完成小修119户。市质监局组织检查全市所有行业领域的特种设备使用单位,对涉氨涉氯企业,人员密集场所的电梯、起重机械、锅炉、各类移动式压力容器和气瓶充装单位的特种设备使用单位进行重点监督检查,共组织督查组2个,参加检查督察人员共29人次,共检查企事业单位16家。

定期更新数据信息。各部门各单位定期在网上上传本辖区(系统)安全监管对象基础信息台账,做到"底数清、责任明"各镇、街道和负有安全监管职责的部门建立安全检查记录、安全检查照片、隐患排查整治3类台账

积极推进职业病防治工作。2016年,津市积极推进用人单位职业病危害因素现状评价工作,新合新公司、渔经公司和青山坳采石场完成职业病危害因素现状评价并通过专家评审;积极推进用人单位职业危害因素网上申报工作。全市完成网上申报的用人单位有63家,其中危险化学品生产使用企业及加油站全部完成了申报;在创建国家卫生城市过程中,针对用人单位职业病防治,严格按国家创建标准,督导用人单位搞好职业病防治工作。在创建国家卫生城市专家组验收的时侯,新合新公司代表津市企业接受检查,并得到专家们的一致好评。

创先争优工作成效明显。2016年,津市安全生产工作被评为常德市先进单位,新洲镇、汪家桥街道被评为常德市安全生产先进乡镇,新洲镇、毛里湖镇分别被评为省级、常德市级安全生产模范乡镇。津市创建安全生产标准化企业56家,其中二级1家,三级55家。

积极开展安全生产月活动和咨询日活动。市安委办下发安全生产月活动方案和咨询日活动方案,活动期间,市委书记王学武、市长陈章杰、常务副市长周功表、副市长文国平各撰写了一篇安全生产论文,各镇、街道党政"一把手"均上交了一篇安全生产心得体会文章。津市分别于6月15日上午、下午举办"守护生命"知识竞赛、"安全发展忠诚卫士"演讲赛,一举夺得常德市"守护生命"知识竞赛总决赛第一名,演讲赛获常德市组织奖。16日上午,市安委牵头组织各街道、22家成员单位,在市津城广场集中开展以"强化安全发展观念,提升全民安全素质"为主题的安全生产咨询日活动,采取津城广场宣传、流动车队宣传、分散组织宣传、督促指导宣传四种形式,共展出安全生产宣传展牌45块,发放宣传资料、传单2000多本(份);出动5台宣传车在城区和各集镇巡回宣传;全市四个镇45个村(居)同时启动广播宣传;科技工信局、商务粮食局等15单位深入企业指导宣传,全面增强安全意识、普及安全生产知识。在该月,全市共开展危险化学品、消防、学校防震、地质灾害以及防汛防旱等应急救援演练活动18场次,参演人员860人次,观摩人员2500人次。

(欧阳刘慧)

市场和质量监督管理工作

【概况】原工商、质监在2015年8月下放地方后,于11月底与原药监、食安办、酒管办合并,组建成立新的市场和质量监督管理局。现有正式在职干部99人,下设12个股室和三洲驿、汪家桥、新洲镇、药山镇4个基层所。(陈钢)

【中心工作】国卫创建抓好落实。作为国家卫生城市创建工作的主创单位,将"创卫"作为全局压倒一切的中心工

作来抓。从3月份开始，对市城区1200多户食品“三小”门店（小餐饮店、小食品店、小作坊）进行规范整治。所有局班子成员和干部职工全部前置到基层所，实行包街到组、包户到人的工作机制。培训“三小”门店从业人员900多人。在经费紧张的情况下，单位自主垫资90万元，用于对“三小”门店进行规范改造和创卫宣传。通过大半年时间，已对王饺儿、左妈妈、兰州拉面等250多家小餐饮进行了升级达标改造，成功创建2家“明厨亮灶”省级示范单位（津市一中食堂、兰苑宾馆）和1家“明厨亮灶”常德市级示范单位（德雅中学）。目前，宝悦乐城、九澧大道刘聋子至华融湘江银行、步行街夜市城等多个区域已初步形成规范改造食品示范区雏形。

服务中心担当有为。一是招商争资抓进度。一把手担任招商组长，带领班子成员主动和三一重工、河南常德商会等企业沟通衔接，河南常德商会的垃圾发电项目正进一步跟进。目前，在人大王育平主任的带领下，和科工局一道，正在进行一个项目的对接。2016年完成向上争资69万，完成222.8%。无项目建设任务。二是积极办理人大建议、政协提案。承办人大建议3件、政协提案5件。截止5月底前已全部办理完毕，满意率达到100%。三是主动落实部门联企，积极支持社区及点村建设，落实、配合好“棚改攻坚”、市容包保等全市中心工作任务。（陈钢）

【商事制度改革】一是市场主体稳步增长。严格落实商事制度改革相关规定，今年来全市新增市场主体1915户，同比增长15%。实行“五证合一、一证一码”登记制度，截止当前共核发新版执照985份。牵头推行企业事中事后监管，以市“商改办”名义联合20多个部门推行企业信用信息系统公示。二是服务企业成效明显。引导企业申请商标注册40多件，培育并支持申报常德市知名商标1件、湖南省著名商标3件，指导“药山”品牌保护注册，已成功注册40多个类别。帮助企业破解融资瓶颈，今年完成动产抵押登记12起，办理5家企业的股权出质，帮助企业融资近1.1亿元。助力企业、农村专业合作社年报公示1310户。（陈钢）

【食品药品监管】全年未发生重大案件和食品药品安全事件。一是开展学校及周边食品安全专项整治。与市人大、教育局联合开展春秋两季学校食品安全专项检查，检查中小学校、托幼机构100家次，签订食品安全责任书73份，下达整改通知书65份，开展飞行检查10多次，学校食堂全面翻修整改5家。指导市一中开展食品安全示范学校创建并获得“省级食品安全示范学校”称号。认真落实高考，学考食品安全保障工作，确保师生饮食安全。二是开展湿米粉专项整治。对各类餐饮服务单位湿米粉经营情况进行重点检查，共出动执法人员90人次，检查258户次。在市人大的带领下，多次召开米粉企业负责人会议，组织企业负责人到常德、汉寿等地获证米粉厂进行参观学习，帮助企业确定改造方案，对技术改造现场指导，大力推进“米粉提质工程”。三是开展餐饮量化分级现，现已分级评定438家，待评定11家。全力推行“明厨亮灶”。9月5日至6日，常德市“明厨亮灶”现场推进与培训会在市兰苑宾馆召开，津市“明厨亮灶”工作中的创新做法和经验赢得各县市与会人员的肯定。四是积极开展食品生产企业“树标杆”活动，与40家发证食品企业签定了质量安全承诺书，落实了企业食品质量安全主体责任。培育润农茶油和创奇食品2家“标杆”企业，迎接全常德市食品生产企业负责人和质量管理人员参观100余人次，获得了常德市食药局和各参观企业的好评。五是加大食品监测力度。完成省政府下达给津市240个食用农产品的抽检任务，同时对其它食品抽检了500个批次。六是深化药械不良反应监测。上报药品不良反应报告182例，上报医疗器械不良事件报告40例。（陈钢）

【市场质量监管】执法维权重拳出击。2016年来，对违反市场秩序的违法行为立案130余起，罚没入库100万元，收缴“三无产品”、假冒产品、过期食品等57个批次230余公斤，下达责改通知书450余份。一是加大执法办案力度，联合公安查处冷冻肉、病死猪肉案2起，分别被国家公安部和国家食药监总局列为部督案件。查处并移送司法机关假酒案1起。二是开展农村食品安全专项整治，与农业、畜牧、公安联合开展农村食品安全专项整治工作，加强农村和城乡结合部的排查力度，特别加大了违法添加非食用物质和滥用食品添加剂的打击力度。立案查处农村食品案件4起、涉案金额9000余元，查扣不合格食品15Kg，罚没人民币10.55万元。三是开展“红盾护农”专项行动，与各农资经营户签订《农资商品质量监管责任书》。四是加强商品质量监管力度，重点对家电、服装、建材、贵金属、校服、塑胶跑道、通讯市场、烟花鞭炮等进行专项检查，立案查处19余起，涉案金额21.5余万元。五是加强对压力容器、电梯等特种设备开展安全大检查，下达安全检查指令书7家，整改11家。六是加大虚假违法广告专项整治力度，发现涉嫌违法广告21条，罚款6万元。七是严厉打击不正当竞争行为，联合烟草专卖局、公安局等部门对烟草市场进行专项整治，下达责改通知书55份，监督拍卖行为5次，维护市场正常秩序。（陈钢）

【宣传培训】加大宣传、强化培训，全面营造良好监管氛围。一是组织食品药品安全知识宣传。开展了“3.15”、“3.31”、“5.12”、食品安全宣传周、安全生产月专题宣传活动5次，发放宣传资料1万余份，悬挂宣传标语12幅，接受现场咨询2千余人次。二是积极开展从业人员培训。联合市教育局组织全市各中小学校，公、民办幼儿园分管安全负责人开展食品安全工作培训，解读《食品安全法》等相关法律法规。组织小餐饮店、小商店、小作坊经营业主进行多期培训，详细解读创“国卫”的基本要求，对环境卫生、设施设备、票证台账等作具体指导。三是开展干部职工业务培训。每月组织一次局内业务互学，邀请市检察院同志讲授《依法行使权力，远离

渎职犯罪》法制讲座，对于规范食品药品监管执法行为起到很好的推动作用。（陈钢）

【队伍建设】强化学习提质。每月安排一次政治学习和业务学习，内容为习近平总书记系列重要讲话、党的路线方针政策、三个部门整合后所有的法律法规。通过定期的集中学习，提高干部职工的大局意识和业务办案水平。强化制度建设。在原有制度基础上补充修订，完善一整套内部管理制度和对二层机构的绩效考核管理办法，以制度管人管事。一年来，队伍精神面貌焕然一新，实现改革期间平稳过渡和新组建单位的人心凝聚、工作有序。（陈钢）

【党建工作】坚持突出党建龙头，牢牢把党风廉政建设抓在手上、扛在肩上、落实在行动上。一是加强学习。通过召开党组会议、中层干部会议及全局大会，对党风廉政建设、作风建设和“两学一做”等方面内容进行专题学习、逐级落实责任。专题组织学习《准则》《条例》等全面落实党风廉政建设各项规定。层层传导压力，确保党风廉政建设和“两个责任”落地生根。二是强化宣传教育。把党风廉政教育工作纳入党的思想教育和干部培训工作总体部署，作为党组织“三会一课”重要内容。严格规范机关“三公”消费行为，进一步完善党风廉政建设、惩治和预防腐败制度。提高制度执行力，坚决纠正有令不行、有令不止行为。三是落实责任。坚持把党风廉政建设作为“一把手”的重点工作来抓，严格落实党组主体责任和纪检组监督责任，严格落实“一岗双责”工作责任制，坚持“谁主管谁负责、谁分管谁负责、谁落实谁负责”，确保把规矩和纪律挺在前面。（陈钢）

教育工作

【概述】2016年，津市教育工作以创办人民满意教育为方向，以建设教育强市为目标，抢抓发展机遇，深化综合改革，教育方方面面工作迈入健康、科学发展轨道，教育工作综合改革经验被省、常德市两级主流媒体予以深度报道和推介。教育系统连续五年被评为常德市学校安全工作先进县（市、区），打造平安校园。县级教育工作顺利接受湖南省“两项督导评估”和“教育强市”验收检查，被认定为湖南省第三批教育强县（市、区），学前教育、义务教育被评估考核为全省优秀。2016年，湖南省对津市义务教育均衡发展工作进行公众满意度问卷调查，综合满意度为94.8%，顺利通过了国家义务教育发展基本均衡县（市、区）评估认定。“教育三年攻坚”工作圆满收官，实现了义务教育均衡教育城乡三个全覆盖（全市所有义务教育寄宿制学校全部安装“太阳能、空气能热水供应、学生单人单铺、学生就餐餐桌椅”等“三有”设施全覆盖，教育信息化全覆盖，合格学校建设全覆盖），极大提升办学基础。津市教师队伍建设活力迸发，2016年新进各类青年教师64名，城乡轮岗交流校长、教师26名，连续5个暑期开展“教师作风集中整训”和“千名教师进万家”大家访活动，改进了教师队伍思想作风和工作作风。津市各类教育办学水平稳步提升，中考成绩位列常德市中上水平，学考、高考成绩稳步上升，成为常德市成绩进步幅度较大县（市、区）。

发力三年攻坚工程，资源配置三个全覆盖

2016年是津市实施教育三年攻坚全面收官之年，教育实现合格学校建设全覆盖，智慧教育全覆盖，农村“三有”设施全覆盖，办学基础得到明显提升。投入校园建设项目资金总共达1.08个亿。学前教育提质升级，投入1180万元进行学前教育农村中心幼儿园提质升级工程，新建嘉山实验学校幼儿园已经于2016年9月顺利开园。农村薄弱学校改造深度实施，全年投入资金1220万元，共完成了6个项目的升级改造，其中白衣镇金林小学、毛里湖镇中心村小两所学校既是津市“合格学校创建”全面完成收官之作，又是津市“为民办实事”重点项目，两所村小办学条件与学校管理已经得到全面提升。全市所有义务教育阶段学校（包括村小和教学点）均按合格学校标准配置各类设施设备，全部接受合格学校评估验收并顺利通过，率先在常德市做到合格学校建设县域内全覆盖。城区美丽校园建设顺利推进，投入1060万元对一小、二小实施美丽校园建设，进行教学楼维修、校园校道路面黑化，田径运动场铺设塑胶跑道、校园绿化、美化提质升级、校园文化景观建设等。高中学校办学条件全面提升，投入5000万元新建的市一中教学科技综合大楼主体建设工程已于12月底竣工验收。将津市三中由民办收归公办，理顺办学体制，对市三中校舍及教育教学设施设备进行全面提质升级工程正在整体规划设计中。投入1000万实施的职业教育基础能力建设提质工程已经全面完成。智慧教育全面共享。市委、市政府把“智慧教育”纳入“智慧津市”项目整体推进，投入3000多万元，率先做到村小以上所有中小学教育信息化全覆盖。津市村小以上所有中小学全部安装班班通设备，中心小学及以上的学校全部建成电子备课室，村小以上所有中小学都安装了校园监控。

作风整训持续升温，队伍建设激发活力

教育发展，教师为本。津市教育工作坚持以队伍建设为基础，增强教育发展活力。优化师资队伍结构，以强化教师引进、培训、交流和校长队伍培养为抓手，队伍建设呈现新活力。2016年通过特岗教师招聘、人才引进的方式，共引进优秀大学毕业生64名，除高中阶段新引进招聘的教师安排到一中、三中、职专任教外，新进教师全部安排到津市农村中小学、幼儿园任教，改善农村中小学教师队伍年龄结构、学科结构，加速津市教师队伍新老更替。同时，采取城区教师到农村支教、城乡教师互助结对、新进教师向农村倾斜等方式来促进城乡教师队伍的均衡，使专任教师学科、年龄和职称结构日趋合理。完善队伍管理机制，加大校长及教师队伍的培养、管理、交流力度，制定并实施了中小学校长和后备干部管理办法、校长及教师交流工作方案，建立校长任期制和校长教师城乡流动机制。2016年8月，对义务教育阶段学校校长进行大规模的交流轮岗，提拔了6名80后、90后优秀青年教师进入学校班子。近几年来，解聘11名正副校长，有13名优秀教师走上校长岗位，占校长岗位65%，91%的正副校长进行交流轮岗，新选拔20名青年教师为校长助理。大力推进城乡教师、校长交流，促进了农村偏远地区教师教学理念和方法更新，提升学校管理水平和教育质量，城乡交流教师共169名，占教师总数的12%，教师交流比例逐年攀升。提升师资队伍水平，开展暑期师德师风集中整训和"千名教师进万家大家访"活动，大脑风暴、正风肃纪，改进了队伍工作作风，进一步构建了学校、家庭、社会相结合的育人网络。聘请湖南省知名专家到津市讲学，为全市业务骨干授课，开拓队伍视野。大力开展教师教育教学业务比武活动，在全国"一师一优课、一课一名师"教学比武活动中，已选送23堂优质课参加国家、省、市参评。在教学论文、教学设计、课件制作评比中，2016年津市共有89篇教师作品(课件)获省市级奖，其中获得常德市级奖62篇，获省级奖27篇。湖南省理科实验教学技能大赛津市教师参赛成绩居于常德市各区县市首位，其中保河堤中学教师朱梦丽获得湖南省中学化学实验教学竞赛比武第一名。

综合改革推陈出新，教育治理初现成效

深化教育体制改革，关键在于更新教育观念，推陈出新。近几年来，津市教育系统大胆尝试，稳步有序地退出系列改革措施，教育综合改革大刀阔斧，教育整体发展态势上有新突破。创新教育评价机制。成立教育督导委员会，创新教育督导评估机制。成立3个督学责任区，实施责任督学划片督导，聘任专职与兼职督学，从人员配备、资金安排等方面优先保障教育督导评估工作需要。深化督学改革、创新管理机制，实施责任督学挂牌督导，指导与监督学校加强管理，规范办学行为，提升学校科学化管理水平，2015年，被评为湖南省中小学责任督学挂牌督导创新县(市、区)。2016年，津市教育正朝着全国中小学责任督学挂牌督导创新县(市、区)的更高目标迈进。校园安全大局稳定。成立各类学校安全工作领导小组，确定了"统一领导，部门协调，各方联动"的工作机制。不断加大"三防"建设，确保了校园安全，连续五年被常德市教育局评为安全工作先进单位。规范校车营运，成立校车安全管理领导小组，完善管理制度与考评机制，设立校车专项资金，实现校车规范化运营。教育教学探索新径。落实教学常规，建设有效课堂，强化质量包保。局机关全体干部深入到包保学校沉底调研，指导一线教师搞好教学教研。学校校长、班子、教师包保到年级、班级、学生，形成了层层包保责任制。抓好"学"、"包"、"研"、"考"、"评"、"奖"六字工作的落实。大力推进教研"互联网+"模式，建立义务教育阶段各学科教研QQ群，全市近80%的教师加入学科群。实施名师工程，建立谭晓明小学数学工作室、肖建军高中物理工作室两个湖南省"网络优质空间"。

内涵发展深入推进，各类教育协调发展

注重内涵发展是提高教育质量的有效途径，近年来，津市教育工作多途径促进教育内涵发展，教育质量得到了稳步提升。校园文化打造品牌，2016年，津市一中、德雅中学、嘉山实验学校、津市二小、火花幼儿园五所学校成功申报健康学校，德雅中学安全教育文章被人民日报社刊《平安校园》刊发，德雅中学被评为"湖南省安全文明校园"、"常德市毒品预防教育活动示范学校"称号，津市一中被评为"省级食品安全示范学校"，是常德地区唯一获此殊荣的学校。素质教育呈现特色，通过快乐德育、人文智育、阳光体育，引领学生健康成长；积极打造"创新课堂"、"创新社团"，让学生享受成长的快乐，打造快乐校园。践行社会主义核心价值观，开展国防教育，德雅中学国防教育文章被光明日报刊发。积极开展阳光体育活动，2016年德雅中学女子足球队在常德中学校园足球联赛上继续以优异成绩跻身省联赛，并取得二等奖的好成绩，刷新了该队的历史记录。市一中篮球队在常德市2016年中学生男子篮球赛上发挥出色，勇夺桂冠。这是继去年夺冠后的成功卫冕，也是近四年第三次夺得该项赛事冠军。开展课外科技活动，提高学生的动手能力，2016年，嘉山实验学校学生饶凯、周琳斌、赵文博获第11届全国青少年教育机器人奥林匹克竞赛华中区选拔赛一等奖，填补津市教育在这一领域的空白。各类教育协调发展，2015年，津市学前教育获得"湖南省典型县市"称号，第二轮学前教育三年行动计划高位推进。津市学前教育发展走在了常德市各区县前列。义务教育城乡一体、一校一品、逐步迈向均衡优质。普通高中强化内部管理、引入激情办学模式，实施"双主课堂"初见成效，教学质量得到了极大提高。中考、会考、高考成绩稳步提升，是常德市各区县进步幅度最大的县市。在2016年第33届全国中学生物理竞赛上，津市一中高三学生钟钦年和肖晓分获全国二等奖和三等奖，为一中全面提质吹响冲锋的号角。职业教育逐渐形成特色，与津市工业集中区企业对接，走上产教融合的发展之路。成人教育以国家开放大学和社区大学为依托，开展了"一村一大"农民大学生培养计划。特殊教育在德育工作、艺术教育、康复教育、口语教学等方面初步形成特色，被评为湖南省特殊教育先进学校。

(曾文先、吕磊)

【德育】2016年3月在全市中小学深入开展学雷锋主题教育活动。为大力弘扬雷锋精神和志愿者服务精神，进一步加强革命传统教育和爱国主义教育，推动青少年思想道德建设，市教育局要求各中小学生广泛进行雷锋事迹、雷锋精神和雷锋式模范人物的宣传教育。

2016年3月29日二小、三小学区开展防火、防灾紧急疏散演练活动，消防大队6名官兵、消防车、灭火器材参与演练。2016年4月清明节期间，组织全市各校开展了“网上祭英烈”“经典诵读”等活动，对学生进行革命传统教育和美德教育。2016年5月教育局组织了2016年中小学生书法、绘画、摄影作品比赛，共有182名学生获奖。2016年5月3日市二小、三小学区228班李凡樊同学被推荐为常德市“最美孝心少年”、231班张谨栾同学、225班陈健铭同学被推荐为常德市“美德少年”。2016年6月举办全市中小学生艺术节。各校选派优秀节目参加全市的中小学艺术节展演活动。组织全市中小学生三独比赛，各校推荐优秀选手参与上级竞赛活动。2016年9月，在常德市“国宝情，中国心”主题征文活动中，津市一中学生朱莉娟、夏波分获常德市三等奖、优秀奖，德雅中学学生黄懿璇获常德市三等奖。2016年10月组织开展了法制教育宣传教育周活动。各学校通过悬挂一条宣传横幅、发出一份倡议书、举办一次法治讲座、召开一次主题班会等形式，增强了中小学生法治意识，自觉尊法守法。2016年10月以《第一粒扣子：培育和践行社会主义核心价值观读本》和《社会主义核心价值观青少年读本》为素材，全市开展了读书、征文活动，评选出优秀征文一等奖14篇，二等奖40篇，三等奖64篇。

2016年11月，教育局联合青少年活动中心开展心理健康教育送课下校活动。全市近30名心理健康咨询老师参加，参会人员聆听两堂心理健康教育课及心里教育专家的报告，收益匪浅。此项本活动强化津市心理健康教育工作。2016年11月23日，大爱微行爱心团体来津市特校给学生捐助御寒的衣物。2016年11月津市市德雅中学荣获省级生态文明示范校。2016年12月组织举办第六届班主任论坛。在学校和全市开展班主任技能竞赛，包括班会、队会（社团）课的竞赛、教育案例展示、问题答辩等。评选出优秀班会、队会（社团）课四堂，优秀案例四篇，优秀答辩文章四篇。　（廖元锢、涂戎）

【体卫艺科工作】2016年津市市学校体卫艺工作，继续作为学校常规得到巩固，进一步重视素质教育，促进学生全面发展。学校体育工作方面，规范体育课程设置的开设，狠抓体育课教学常规管理，积极开展阳光体育活动，认真抓好“两操”及大课间活动，加强对学生课外活动指导，保证学生每天1小时体育锻炼时间的落实。组队参加常德市中小学生乒乓球赛，取得高中女子单打第二，高中男子单打第三的良好成绩。组队参加常德市中学生运动会。比赛成绩较去年有了较大的进步。一中、德雅中学参加常德市中学生篮球赛，分别获得高中组冠军和初中组季军。德雅中学女子足球队参加省中学生校园足球联赛总决赛，荣获综合素质测评第二名，比赛成绩三等奖。德雅中学、一中参加常德市青少年校园足球年赛，分别获初中组第六名，高中组第七名；德雅中学女子足球队参加湖南省中学生校园足球联赛总决赛获综合素质测评第二名，比赛成绩三等奖。组织完成了2016年初中毕业生升学体育考试和《国家学生体质健康标准》的测试和上报工作。参加常德市中小学体育与健康教育教学评优活动，一中许棵获高中组一等奖、二小徐鑫获城市小学组二等奖、新洲中学鲁珊获农村小学组二等奖、德雅中学张奎获初中组二等奖。在常德市基础教育学校体育科研论文评审中津市张敏、谭贵才、周运泉、罗敏、熊荣杰荣获一等奖，石启发、李国庆、水源、陈志伟、李泽平、张玉婷荣获二等奖。举办中小学第十九届体育节。本届体育节田径运动会，一小刘冰颖创造小学女子跳高津市最高纪录，保中陈思颖打破初中女子铅球的体育节纪录。

学校卫生工作方面，开设中小学生命健康教育课。教育局统筹安排，建好学校医务室，配齐相关设备，做好中小学生生命安全教育和疾病防控工作。2016年下半年组织学生健康体检工作，建立学生体质健康档案；定期开展学校卫生工作督查，建设良好校园环境。2016年市教育局和市卫计局联合组织“健康学校”的创建工作，有五个学校成为第一批“健康学校”，并组织挂牌。教育局开展以“珍爱生命”为主题的健康教育活动。

学校艺术工作方面，规范了艺术类课程的开设。各校音乐、美术等艺术类课程能按课程标准开足开齐。上半年教育局组织了初三学生的艺术考试，较好的促进了学生艺术能力的培养。各校组建社团，如艺术（舞蹈、合唱、书法、美术等）、文学（写作、朗诵、演讲等），开展丰富多彩的活动。上半年教育局组织2016年中小学生书法、绘画、摄影作品比赛，共有182名学生获奖。举办十八届中小学生艺术节。上半年各校根据实际情况举办校园艺术节，六一前夕各校选派优秀节目参加全市的中小学艺术节展演活动。组织全市中小学生三独比赛。各校推荐优秀选手参与上级竞赛活动。

学校科技工作方面，2016年4月，在市德雅中学举办全市科技辅导老师培训，参加培训人数达50人。聘请了省内知名专家讲座与辅导。2016年9月，举办津市市首届青少年科技创新大赛。大赛由市科协、市教育局等五家单位主办，市德雅中学承办。共收到参赛作品200余件，经专家评审，共评出一等奖7名，二等奖12名，三等奖17名，优秀奖12名，优秀组织奖5名，优秀科技辅导教师3名。

参加第十五届常德市青少年科技创新大赛，三中庹云获一等奖，德雅中学周文、三中庹云获二等奖，一中卢小庆、杨艳，德雅中学周屹、田红标，棠华中学庞业伟、李晓玲，灵泉中心小学周业玉获三等奖，德雅中学周文获十佳科技教师。　（廖元锢、金昂明）

【学前教育】2016年度，津市幼教工作以“党的十八”精神为指导，深入贯彻《3–6岁儿童学习与发展指南》，以常德市示范性幼儿园创建、普惠性民办幼儿园创建工作为抓手，狠抓幼儿园常规管理，发挥示范园辐射功能，并加强教科研工作，提高教师素质，整体提高津市幼儿园的保教质量与办园水平，取得一定的成绩。

2016 年，津市新增“学前教育普惠工程”普惠性民办幼儿园 2 所，即新洲星河幼儿园、棠华金太阳幼儿园。选定 2 所幼儿园（灵泉慧慧幼儿园、津市市萌芽幼儿园）申报常德市示范性幼儿园，津市市萌芽幼儿园获得了领导、专家的高度好评。目前，津市共有各类幼儿园 43 所。城区有幼儿园 19 所，其中公办园 6 所，民办幼儿园 13 所。乡镇有幼儿园 24 所，其中公办农村乡镇中心幼儿园 7 所、村级园 3 所，民办园 14 所。全市已建成普惠性幼儿园 28 所（公办幼儿园 16 所，普惠性民办幼儿园 12 所），普惠园占比为 65%。全市 3–5 岁学龄前幼儿总数为 4796 人，公办园在园儿童数为 2037 人，普惠性幼儿园在园儿童数为 3716 人，普惠园幼儿数占比为 77%。

现全市已基本形成以公办幼儿园为主体，以示范园为主导，以乡

镇中心园为基础，以火花幼儿园为龙头的公、民办共同发展的学前教育新格局。

学前教育普惠行动，2016 年，全市共有各类幼儿园 43 所。其中普惠性幼儿园达 28 所，占幼儿园总数比为 65%。2012 年津市拟定和执行第一个学前教育发展三年行动计划；2015 年拟定和执行了第二个学前教育发展三年行动计划。公办幼儿园持续坚持合理收费，普惠性民认定自愿申请、公正公开评估、办园接受政府价格调整、政府每年一次性以奖代补给予基本补贴。全市已经形成以公办园为主体，保障全市城乡适龄幼儿能入园、入好园。目前园舍环境美观，收费合理，坚持公示制度，无安全事故发生，群众满意度高。

幼师培训方面，津市市学前办注重幼师队伍的建设，积极促进全市幼师队伍整体素质的提高。2016 年津市参加国培 76 人，省培 11 人，常德市级培训 21 人，市本级培训 50 人。今年安排了白衣中心幼儿园园长到长沙市政府机关第三幼儿园跟班学习，4 名幼儿园园长参加任职资格培训，12 名园长、11 名副园长参加业务培训，均获得岗位培训证。学前办积极组织幼儿教师参加省、市举办的各项培训、竞赛、观摩活动，激励教师加强进修学习和学历、普通话培训。8 月 25 日，教育局举办幼儿园卫生保健知识培训班，请市卫计局医生就新入托、入学儿童健康体检工作等内容对与会者进行讲座。在 2016 年常德市幼儿园艺术领域活动比赛中，津市市火花幼儿园卜红执教的《三只猴子》获二等奖，毛君丽执教的《美丽焰火》获三等奖。在 2016 年常德市幼儿园教师自制玩教具比赛中，津市市晨曦幼儿园李菲老师制作的《趣味长颈鹿》、津市市萌芽幼儿园王芳、鲁颖老师制作的《推推乐》获三等奖。

幼儿园收费管理方面，一是做好程序管理。继续完善建立在幼儿园等级评定基础上的发改局审定工作程序，特别是公办园、普惠性民办园的收费公示，禁止乱收费、乱涨价，学前办抓好幼儿园收费备案工作。具体措施是结合开学工作检查，做好资料备案存档，及时进行通报。

二是专题进行“津市市公办幼儿园

2016 年津市市学前教育师资概况表

幼儿园	人数	年龄（岁）					学历			职称				学前教育专业		编制		教师资格证		幼儿园教龄			
		20以下	30以下	40以下	50以下	50以上	中专	大专	本科	无	初级	中级	高级	是	否	有	无	有	无	5年以下	10年以下	15年以下	15年以上
火花	51	0	6	31	10	4	8	21	22	23	15	13	0	1	30	32	19	43	8	14	15	8	14
全市	498	4	125	196	132	41	206	180	55	407	26	51	14	187	311	75	423	249	249	190	115	58	135

2016 年津市市学前教育概况表

幼儿园名称	员工总数	教职工		幼儿基本情况					班级情况							
		教师	保育员	生总数	男	女	其中		托班		小班		中班		大班	
							独生	双女	个	人	个	人	个	人	个	人
火花	56	28	14	445	231	214	332	19			5	147	5	152	4	146
合计（43 所）	599	298	187	4796	2583	2213	2428	769	18	256	62	1349	58	1514	60	1677

2016 年度普惠性民办幼儿园情况表

县市区	民办幼儿园总数	民办幼儿园在园幼儿总数	普惠性民办幼儿园总数	普惠性民办幼儿园在园幼儿总数	普惠性民办园在园幼儿数占民办园在园幼儿总数比	普惠性民办园在园幼儿数占全市幼儿总数比	全市幼儿园在园幼儿总数
津市市 2016 年	27	2759	12	1679	61%	35%	4796

收费执行情况成本调查”。认真贯彻落实《湖南省公办幼儿园收费管理实施办法》(湘发改价费 [2015]649 号)、《常德市关于调整幼儿园收费标准有关事项的通知》(常发改价费[2016]395 号),津市市发展和改革局、津市市财政局、津市市教育局三家于 2016 年 8 月联合下发了《关于规范津市公办幼儿园收费管理的通知》的文件(津发改价[2016]7 号),并对全市公办幼儿园保育教育费及伙食费标准进行全面调整。2016 年 11 月 22 日至 11 月 24 日对全市公办幼儿园的收费执行情况进行调查,并委托津市市价格成本调查队对其成本情况进行摸底考查、测算、估算,进一步加强学前教育监管,规范好公办幼儿园收费行为,保证津市幼儿教育事业良性发展。

2016 年申报的 2 所普惠性民办园建设(新洲星河幼儿园、棠华金太阳幼儿园)公开申报、认定、签订创建协议,程序公开、公正;在创建过程中,抓住暑期,加速建设,同时收集整理资料,本次验收合格,评估等级为良好。

2012 年以来,认定 12 所普惠性民办幼儿园。普惠性民办园在创建过程中带头投入资金,修建园舍、添置户外大型玩具,不断改善和提升办园条件;积极参加学前教育专业理论知识的学习,努力加强园务管理,办园水平迅速提高,档案资料较为完善,办园品质逐年提升;进一步端正办园思想、规范办园行为,认真组织保教活动,为儿童的健康快乐成长奠基,成为全市民办幼儿园实实在在的好榜样、排头兵。普惠性民办幼儿园惠及民众,受到社会好评。今后要在长短期目标的结合上多引导规划,加强对政策的学习和理解,争取更大发展。

津市市嘉山幼儿园位于津市市工业集中区嘉山实验学校园内,2016 年上半年基建工程完工,独立园舍,于 2016 年 9 月开园。为此嘉山实验学校 8 月就拟定《嘉山幼儿园开园工作方案》,成立了以校长王淑英为领头人的筹备开园领导小组,进行教师招聘和聘用。教育局为嘉山园委派 2 名公招公办教师。教育股(学前办)廖元镅股长参与指导并大力支持,督导南区学校、办事处、村委会各方协调工作。嘉山幼儿园共开设大中小 6 个班级,每班按“两教一保”配置保教人员,秉承“为每一个幼儿提供最适宜的教育”的办园理念,认真贯彻教育部《3–6 岁儿童学习与发展指南》,促进幼儿身心全面和谐发展成长。嘉山幼儿园开园以来,已有小班 2 个,中班 1 个,大班 2 个,外聘幼师 11 名,共招收幼儿 163 名,保育保教教研活动正常运行。 (廖元镅、袁香、黄道师)

【义务教育】2016 年下学期全市小学生总数为 9064 人,办 228 个班,平均班额为 40 人。其中一年级学生总数 1589 人,办 39 个班,平均班额为 41 人;二年级学生总数 1678 人,办 44 个班,平均班额为 38 人;三年级学生总数 1545 人,办 40 个班,平均班额为 39 人;四年级学生总数 1445 人,办 37 个班,平均班额为 39 人;五年级学生总数 1456 人,办 36 个班,平均班额为 40 人;六年级学生总数 1351 人,办 32 个班,平均班额为 42。2016 年下学期全市初中学生总数为 3500 人,办 87 个班,平均班额为 40 人。其中七年级学生总数 1184 人,办 29 个班,平均班额为 41 人;八年级学生总数 1159 人,办 29 个班,平均班额为 40 人;九年级学生总数 1157 人,办 29 个班,平均班额为 40 人。

(廖元镅、涂戎)

【特殊教育】2016 年津市加快普及三类适龄残疾儿童少年义务教育,落实政府职责,完善了以津市特教学校为主体,以随班就读、送教上门为有益补充的残疾儿童少年义务教育体系。津市坚持把提高残疾儿童少年义务教育普及水平作为义务教育巩固提高的重要内容予以落实。2015–2016 年,全市义务教育三类适龄残疾(视力、听力、智力残疾)儿童少年人数为 29 人,已入学 28 人(含随班就读 14 人、送教上门 8 人),入学率为 96.55%,较好的完成 2015—2016 年特殊教育提升计划指标任务。2016 年 11 月,整理完成特殊教育典型县申报工作,相关资料已通过常德审核报送省教育厅。 (廖元镅)

【普通高中】津市市普通高中教育学校包括省级示范性高中津市一中和一般高中津市三中。2016 年高考,津市 1109 人报考,1093 人参考。其中文科参考 273 人,理科 528 人,对口升学 65 人,单招 173 人。普通类文科上线 270 人,上线率 98.90%,其中一本上线率 4.76□,二本上线率 19.41%;理科上线 567 人,上线率 97.42%,其中一本上线率 14.09%,二本上线率 43.13%;艺术类上线 23 人;对口升学参考 65 人,8 人上本科线。

津市市第一中学学校创建于 1943 年。学校现有教学班 38 个,在校学生 1758 人;在职教师 197 名,其中高级教师 76 人。

大力推进名师工程和青蓝工程。肖建军老师获津市首届“车胤教育教学突出贡献奖”,钟霞等 6 名教师获得常德市教学比武一等奖,王庆桃等 8 名教师被评为常德市骨干教师。推行《高二、高三教师选聘原则》。组织了齐勇等 12 位班主任赴北京培训,田菲菲等 6 名教师参加常德市高中教师培训。11 月,南县立达中学、澧县二中来我校交流,常德市教科院黄丽华院长一行 9 人应邀来我校指导我校高三教学工作。12 月,地理组教师赴湘钢二中进行教学观摩。学校组织了郁振霞等三名教师参加录像课省级评选。11 月,积极组织教师参加教育系统工间操比赛,荣获一等奖。12 月,学校教工代表教育获得津市市篮球赛第二名。

首次实现全市中考前 100 名均留在津市一中就读;把新生招录比例由以往的 60%调低到 40%,采取小班化教学、一包五辅导、辅尖补偏等措施。2016 年高考,高考一二本上线 332 人,升学率较上年提高 6%。2016 年学业水平考试一次性合格率,达 98.17%,位居常德地区第 6 名。

2016 年综合科教楼建设开工,2017 年上半年将投入使用。投资 200 万元对校园道路“白改黑”(铺设沥青),进入招投标程序，综合科教大楼1000多万元的仪器设备添置，进入采购程序。与金盾保安公司合作，签订严格的合作协议，并且耗资5万多元，在一中校园安装了50多了监控探头，做到了24小时监控全覆盖。借助棚改政策，完成一中家属区的“三改四化”工作，同时组建一中教工小区业主委员会。

津市市第三中学位于“孟姜女故里，车武子家乡”——新洲古镇。2016年7月从高平集团脱离，改制为公办学校。现有学生800多人，在编教职工76人，其中高级教师25人，中学一级教师35人。2016年获得工间操比赛津市市二等奖、津市市首届科技节优秀组织奖，参加常德市青少年科技创新大赛获得1金2银1铜；津市市中小学生运动会获团体第二名。曾华英老师《鸦片战争爆发的原因》参加常德市历史教学比武获得二等奖；李伟老师的美术课《从传统到现代》被评为省级精品课；庹云老师带领贺光辉、齐颖、陈文磊赴四川大学参加全国高校科学营活动，庹云老师被四川省教育厅、科协评为优秀教师；10月，课题《湖南省农村高中教研组建设实践研究》获得省教育学会规划立项；12月，袁超新获得津市市教学比武特等奖。（廖元锢、蔡勇）

【职业教育】2016年，津市市职业教育以《国家中长期教育改革和发展规划纲要(2010-2020年)》和《国务院关于加快发展现代职业教育的决定》为遵循，紧紧围绕津市市委、市政府“大干新三年，建设新津市”战略核心和总体部署，统筹兼顾，以校园文化建设和产学研一体精神引领职教职业教育发展。

一是强化精细化管理，提升质量效益。建设高效优质课堂，加大教学效果考核力度，开展各类教学比武，六名教师常德市教学比武获奖，其中孙忠诚获湖南省中职机电专业课教学信息化设计大赛优秀奖，王术娟、孙忠诚等5名老师获常德市机电专业说课比赛一等奖；4名教师被评选常德市“双师型”教师；6名教师参加国培、省培；名优教师示范引领作用发挥良好。2016年5月举行的津市市第十七届中小学艺术节上，马东同学获“三独比赛”二等奖，陈颖和罗缘分获“三独比赛”三等奖，学校服装专业师生自己设计制作的服饰表演节目《美丽绽放》荣获一等奖。马雯蕾、田灿等2名学生获得常德市职业院校学生技能竞赛三等奖，黄小泷获湖南省黄炎培职业规划大赛优秀奖；二是齐心协力谋发展，规模、效益齐争取。学校成功争取1000万元中职基础能力建设项目，8月份完成新建教学楼项目；机电技术应用专业被省教育厅遴选为“十三五”省级校企合作生产性实习实训基地建设项目。全年成人招生538人，中职招生257人。完成210名中小学教师普通话培训，对全市中小学教师进行信息技术提升工程培训835人次，2016年国培计划远程培训项目两次现场集中培训530人次；三是校企深度合作，服务地方经济。为新合新、鸿鹰、龙腾三家企业继续招收培养生化专业学生30名，学生享受“四免一补”政策，毕业后优先安排到以上企业就业。（朱传春）

【成人教育】津市市成人教育工作任务主要由教师进修学校和职业教育集团承担。学校以“开放务实、服务社会、发展教育”为宗旨，坚持高效实用原则，优先对全市中小学及幼儿园进行培训、教育科研指导、管理与实施，履行全市中小学教师继续教育培训、新教师岗位培训、骨干教师培训、信息技术应用能力提升培训以及各种短期培训职责；同时承担中小学教师继续教育学分登记与管理、教师普通话水平培训与测试；学校校本培训开展等工作。现有教职员工10人，其中专任教师6人，高级职称4人，中级职称4人，本科学历10人。2016年主要开展了如下成人教育活动：

一是教师普通话水平机辅测试。2016年3至5月教师普通话水平机辅测试培训班共有49名教师及社会人员参加，培训十天，5月25日进行机辅测试，参训教师二乙合格率达到78%；二是非语文文科教师普通话水平提升培训。根据湘教通〔2016〕269号《关于开展2016年度湖南省中小学教师普通话水平抽查的通知》的文件精神，全市1971年7月1日以后出生的在编在岗中小学语文教师须参加普通话水平提升培训，全市共128名教师参训。9月至10月集中培训4天。发放了自编《普通话测试与训练》的学习手册，10月27日，20名教师接受了省级普通话水平抽查；三是教师信息技术应用能力提升工程培训。根据《津市市中小学教师信息技术应用能力提升工程2016年培训实施方案》要求，提升工程培训开办两期培训班，采取“观摩—解读—研讨—实践—评估”五步式培训模式，分理论培训、网络研修、校本研修三个阶段展开，138名学员完成学习任务参加上机考试，138取得了湖南省中小学教师信息技术应用能力中级证书；四是2016年“国培计划”网络研修与校本研修整合培训项目线下培训。按照省国培办的要求，2016年9月17日、11月12日265名学员两次线下研修培训。培训促进了校本研修与网络研修、线上学习与线下研讨有机整合，实现了教师研修常态化。此外还高效完成了教师继续教育培训学分登记管理。

2016年电大成人招生创近年来新高，特别是联办招生有新突破，开放教育专、本科全年招生达538人。启动全市幼教师资提升工程，招收全市及周边县市幼教学前教育大专班学员80多人。组织了全市行政执法人员资格考试，参考人员达1000人次。举办60名农村远教站点操作维修员培训。超额完成了常德市委组织部下达的2016年秋季农民大学生招生任务，招生人数达50人，农民大学生网上学习平均点击率、平均时长位列全省第一，受到省校表扬。电大开放教育学生周思同学参加全省电大“创新创业电大助我行”演讲大赛获最佳文稿奖，参加常德市“农民大学生”演讲赛获二等奖；津市新村社区被评为常德市优秀社区教育中心，该社区居民谭贵云被评为常德“百姓学习之星”。（朱传春、万传金）

【民办教育】2016年年初津市市共

有民办教育机构42所，民办幼儿园27所，市保河堤镇民兴幼儿园因故中途停办注销，市襄阳街幼儿园为新增。民办培训学校16所，市搏梦艺术培训学校为新增。至年底为43所。市大风车幼儿园立项三年建设验收合格成为“湖南省骨干民办幼儿园”并授牌，市大风车幼儿园、天才幼儿园立项三年建设验收合格成为“常德市骨干民办幼儿园并授牌。

津市市社会力量管理办公室依法管理，严格按照《常德市民办幼儿园年度办学情况评估细则》和《常德市民办培训学校年度办学情况评估细则》引领督导，春季和秋季学期初和学期末，年初和年末坚持常规工作的检查督导，限期整改存在问题，印发评估检查通报，榜样示范，激励全面上进，取得一定效果。市灵泉镇慧慧幼儿园园长胡忠慧其矢志事业、倾情办园的优秀事迹在常德日报刊登，题为“守望乡村幼教的灿烂星空”。市东湖小区幼儿园、大风车幼儿园、恒通幼儿园、天才幼儿园，市保河堤镇旭光幼儿园、保河堤镇博华幼儿园、李家铺乡青乐幼儿园、灵泉镇慧慧幼儿园、棠华乡金太阳幼儿园、新洲镇星河幼儿园等年度办学水平评估为优秀等次，市剑桥外语培训学校津市市分校、少儿宝贝英语培训学校、小新星英语培训学校、星东方外语培训学校、亚历山大教育机构津市市分校等年度办学水平评估为优秀等次。（朱传春、万传金）

【队伍建设】2016年津市市教师队伍建设以提升素质为抓手，以全面推行教育人事制度改革为重点，强化机制管理，积极开展各项工作。一是狠抓师德师风建设。2016年暑期以“两学一做”活动为契机，以“立德树人铸师魂，教书育人强本领”为主题，以强化作风建设为主线，以“专家宣讲、主题教育、业务培训、千名教师进万家”为活动形式，开展了教师作风建设大整训。二是完善教师队伍补充机制。把高中阶段的教师引进，省特岗教师的招聘，免费师范生招考和安置，紧缺学科教师招聘作为教师队伍补充的重要途径，2016年新招聘省特岗教师45人，按照市委“五百英强引进工程”，引进11名本科院校毕业生补充到高中阶段学校，招聘紧缺学科教师5人，政策安置公费定向师范生1人。三是建立教师保障和激励机制。市人民政府出台《津市市乡村教师支持计划（2016–2020年）实施细则》（津政发〔2016〕27号），在职称评定、评先评优、奖励帮扶等方面向农村教师倾斜。鼓励教师到边远地区或农村学校从教，对在农村片小、教学点任教的教师每人每月给予100元—200元的补贴，每两年组织全市乡村教师进行一次免费体检。加大教师表彰奖励力度，津市二三学区校长聂枫获得常德市第二届翦伯赞教育突出贡献奖，4名教师获得津市市首届车胤教育突出贡献奖；四是科学推进教师信息化管理。启动并完成了教师资格首次定期注册，全市共注册1742人。完成了津市教师全国教师信息管理系统录入审核工作，全市共1696名教师录入管理系统。五是积极开展校长教师交流轮岗工作。2016年暑期，全市共交流义务教育学校校长（含副校长）25人，新任学校班子成员13人，13名农村教师考调进城，乡镇市区学校之间交流异动教师12人。六是实施职称制度改革。2016年是全省职称制度改革推广年，各学校通过对岗申报、实地考核、层层公示、坚持师德师风问题一票否决等，全年共评选中小学系列高级教师60人、一级教师20人、二级教师63人。七是扎实开展中小学教师培训，提升队伍整体水平。全市完成国、省、市级培训任务513人次，全员程远培训333人，确保了参训率、合格率100%，全市现有特级教师1人，常德市骨干教师32人，常德市学科带头人9人。八是严格规范教师资格认定工作，2016年共认定初中及以下教师资格15人，其中初中教师资格证8人，小学2人，幼儿园5人。

（杜德森、何任强）

【教育基金】津市市教育基金会于2014年开始筹建，2015年5月批准建会，注册资金400万元。2016年3月17日，教育基金会筹备小组召开津市市教育基金会第一届理事会第一次会议暨津市市教育基金会成立大会，选举产生了以原市政协主席贺修双为理事长的理事会。2016年9月2日，召开津市市教育基金会第一届理事会第二次会议，会议通过了2016年基金募集和优秀教师表彰及特困教师、困难学生救助等公益活动的具体安排。2016年基金会开展如下工作：一是基金募集情况，2016年募集资金227.42万元，同时建立专项基金，海南经济管理学院董事长曹成杰兄妹于2017年元月向基金会捐款200万元，设立市三中“曹氏兄妹奖励基金”。用每年投放利率专项奖励市三中优秀教师和学生；湖南旺森农牧有限公司董事长郭志森，从2016年起连续10年每年向基金会捐款10万元，专项用于奖励市一中优秀教师，至此基金会总量779.6万元。二是认真开展各级公益活动。开展优秀教师表彰活动，评选一小薛开元、一中肖建军、德雅鲁二英、翊武杨美慧4名优秀教师为“津市市车胤教育突出贡献奖”，每人奖励5万元。表彰评选“乡村红烛奖”、“优秀教师”、“优秀教育教学质量奖”等189人，先进单位8个，优秀课题组3个，共发放奖金93.51万元。走访慰问老师122人次，发放慰问金13.99万元。救助大中小学幼儿园特困学生165人次，共发放救助资金25.25万元。2016年教育基金会公益项目总支出136.79万元。

（杜德森、何任强）

【教师培训】根据工作要求和教师自身发展需求，多渠道、全方位、深层次的开展全市教师培训工作。一是完成国培、省培、市培计划任务。2016年全市参加市培71人、省培29人、国培413人。二是启动了“十三五”新一轮全员远程培训工作。333人参加并完成了规定学习任务。三是组织专业技能培训，其中参加适岗培训8人，新进特岗教师培训45人，“提升工程”培训272人。四是积极开展校长高级培训，选送了21名校长分别参加了国、省、市三级培训，同时专门组织各校校长、园长远赴南京师范大学进行为期7天的校长高级研修班培训。（杜德森、何任强）

【教学教研】根据教育局2016年工作思路，教研室认真履行教育局提升教学质量领导小组办公室职责，力促全局上下协调，出色完成提质管理工作。包保"联系人工作。各教研员明确联系股室和联系学校，每双周五收集各股室站提质包保情况，每月定期出好《包保简报》，对学校提质工作的督导情况以及发现的主要问题、提出的改进措施进行及时通报。"学习"培训者工作。初毕九门学科于四月份分别组织学科课标、考标、考卷分析研讨会，各教研员做学科中考复习报告，并邀请常德教科院学科教研员来津作中考辅导报告，还于五月份组织初毕学科教师进行中考模拟试卷制作竞赛。"协考"组织者工作。组织了高中、七八年级、小学各年级协作考试，九年级模拟考试。制定组考工作安排，组织考试命题制卷、组考、阅卷、统计、分析，编辑考试成绩册，为改进教学提高质量服务。"分析"牵头者工作。各教研员深入了解学科教学工作，分析教学质量情况，组织教学质量调度分析会，研究提升教学质量举措。共组织七次质量分析调度会，其中五次九年级教学质量分析调度会，两次义务教育阶段教学质量分析调度会。

提高课堂效益方面，以树立全员质量意识，提升教师专业素养，促进课堂提质增效，尽快提高教学质量为指导思想，展开了"提高课堂效益"的一系列活动，效果显著。落实"四改四抓"。教研员深入课堂，与教师一起研读教材、备课、反思，与教师一起研究改进教学方法，切实推行"四改四抓"的有效落实。组织课堂竞赛。四月份组织了全市初毕各学科常态复习课教学模式展示推广活动。十月份组织了"津市市青年教师课堂教学汇报活动"。在推进网络教研方面，积极推进网络教研，努力把学科QQ、学科网页建成一线教师喜爱的信息传递、业务学习、问题交流的教研新平台。强化学科QQ平台。各学科强化网络学科(QQ)平台建设，聘任学科组长，聘请主持老师，完善交流规则，组织教研活动，定期评先奖励，做到全覆盖、全参与、多交流、快提高，组织网上教学交流活动已成为常态。其中"津市小学数学QQ群"已成为常德市网络教研的一个优秀样板。建设网页信息平台。建立高中物理和小学数学两个湖南省"网络优质空间"。其中"谭晓明小学数学工作室网站"是我省少数几个学科教研独立网站之一。不到一年时间，访问量已达187000多次，访客遍布全国各省市区(含港、澳、台)以及美国、俄罗斯、法国、日本等10多个国家。充实教育信息网站。积极为教育信息网站"教学教研"栏目开发优质资源，展示教研成果，丰富教研动态、课题研究、学科资源等栏目内容，服务全市教师教学。在引领教师成长方面，一年来，获省级教学比武奖5个，常德级教学比武奖18个，省级中小学教研教改成果及经验奖1个。在优秀教学论文、教学设计、课件制作评比中，共有158篇文章(课件)获奖，其中省级奖71篇，常德市级奖87篇。

(谭晓明、贾群英)

【教育投入及办学条件】2016年是常德市教育三年攻坚计划实施的收官之年，津市教育努力加大投入，办学条件持续改善。2016年全市教育总投入2.58亿元，占公共财政预算支出的10.25%。

1、投资1100万元扎实推进农村薄弱学校改造和城区美丽校园建设项目18个。2016年立项的新建项目有新洲中学新建食堂和保河堤小学新建教学楼；维修改造招投标项目5个：李家铺中学场坪维修改造、渡口中心小学综合楼维修改造、白衣金林小学维修改造、一小文化建设工程、二小运动场改造。保河堤小学新建教学楼项目正在进行主体施工建设，2017年秋季开学交付使用。其它项目均已完成施工，验收合格交付使用。11个续建项目(2015年的杉堰实验学校附属工程等)完成各类专项验收、投资结算评审和资金结算。

2、投资843万元启动6个中心幼儿建设项目，实施学前教育三年行动计划。保河堤中心幼儿园、白衣中心幼儿园新建功能房项目完成施工，验收合格交付使用；渡口中心幼儿园新建工程项目、棠华中心幼儿园项目2017年秋季能交付使用；灵泉中心幼儿园新建工程完成土地划拨和施工图设计。完成嘉山幼儿园设施设备添置及食堂等附属工程建设，秋季顺利开园招生。

3、投入资金265万元全面完成教育三年攻坚上报任务和合格学校(为民办实事)建设任务。在全面完成农村薄弱学校改造的基础上，实施完成了金林小学、荷花小学、花桥小学、药山小学等村小旱厕改水厕改造，金林、花桥村小学塑胶跑道及运动场地改造，中心村小学校园美化绿化等。灵泉中学、棠华中学太阳能热水设备投入使用。集中采购、翻修626套餐桌椅，完成全市学生餐桌椅的更新换代。中心村小和金林小学接受合格学校评估得到高度评价。

4、投资208万元完成省级五项督导评估部分学校维修和及时消除校园安全隐患。为确保及时消除影响师生人身安全的各类校园安全隐患，教育局在会同安监、质监、监理、设计等部门的专业人员组成工作小组对全市中小学校舍安全现状进行了全面的安全评估的前提下，采取"一事一议"的方式，确立29个小型维修项目，为14所学校(园)有针对性地进行校园维修及时消除安全隐患。

5、投资4500万元推进市重点项目建设，做好相关建设项目前期工作。一中美丽校园建设工程项目完成投资4000万元新建综合楼总建筑面积21772平方米，2016年内完成主体施工。9月份完成了学生公寓改造。职业中专中等职业教育基础能力建设投资500万元新建津市职业中专学校教学大楼建筑面积2217.68平方米，9月份验收合格后交付使用。7月津市三中恢复公办后，编制三中建设规划方案，谋划第一期项目建设内容。二小新校区建设项目已经完成了建设项目用地审批手续，并报省国土资源厅会审通过。

6、推进项目建设资金管理，专款专用，项目资金绩效优良。2016年度已经下达的各类中央省级项目资金共计

2063万元。已下达的项目资金全部按照预定方案分配到校，专项用于学校基本建设，不挪用不截留。在4月份迎接省纪委对2011-2014年项目资金的专项审计和10月份财政专项资金绩效评价中，对项目实施、资金使用绩效评价优良。（彭浩）

【教育装备与实验教学】2016年，教育装备与实验教学工作紧紧围绕白衣镇金林小学、毛里湖镇中心村小学创建合格化学校进行装备，开展小学科学、中学理科实验创新以及实验教师操作技能竞赛，有力促进了全市教育装备与实验教学工作持续健康发展。2016年共有10名教师获得上级举办的实验教学说课竞赛、实验创新与技能大赛奖励，其具体情况分别是：津市毛里湖镇保河堤中学化学教师朱梦丽执教的《“可燃物燃烧条件”探究实验的改进》在常德市中小学实验教学说课竞赛活动中获特等奖，代表常德市参加湖南省中小学实验教学说课竞赛荣获一等奖，代表湖南省参加全国中小学实验教学说课竞赛荣获三等奖；津市新洲镇中学生物教师黎彩云执教的《绿色植物在光下产生氧气》在常德市中小学实验教学说课竞赛活动中获特等奖，代表常德市参加湖南省中小学实验教学说课竞赛荣获一等奖；津市五小教师欧阳凌云执教的《燃烧的秘密》在常德市中小学实验教学说课竞赛活动中获特等奖，代表常德市参加湖南省中小学实验教学说课竞赛荣获三等奖；津市一中教师卢小庆执教的《氨气与氯化氢反应实验的改进》在常德市中小学实验教学说课竞赛活动中获一等奖；津市一中教师胡海霞执教的《用圆锥摆验证向心力公式》在常德市中小学实验教学说课竞赛活动中获一等奖；津市一中教师杨艳执教的《渗透作用》在常德市中小学实验教学说课竞赛活动中获二等奖；津市毛里湖镇李家铺中学教师李茂佳执教的《大气压强》在常德市中小学实验教学说课竞赛活动中获二等奖；津市一中化学教师钟霞执教的《乙醛的银镜反应实验》在常德市中学化学教师实验技能竞赛中获特等奖，执教的《酸碱中和滴定实验》参加湖南省中学化学教师实验技能竞赛荣获二等奖；津市德雅中学化学教师郭泽红执教的《粗盐的提纯》在常德市中学化学教师实验技能竞赛中获一等奖；津市新洲镇中学化学教师王中群执教的《二氧化碳的实验室制取与性质》在常德市中学化学教师实验技能竞赛中获二等奖。（李雪生、李海）

【教育信息化工作】2016年，教育信息化工作紧紧围绕“智慧教育”建设为重点，以推进信息技术与教育教学深度融合为核心理念，全面落实以“加快推进”为主题，重点抓好教育信息化应用与创新，积极推动应用导向和机制创新，为促进教育公平、提高教育质量，实现以教育信息化带动教育现代化提供强有力支撑。一是组织参加常德市中小学电脑制作活动。津市市共有3篇作品获得常德市特等奖，2篇作品获得常德市一等奖，5篇作品获得常德市二等奖；二是组织参加常德市教育技术论文评选活动。津市市有10篇论文获得常德市一等奖，11篇论文获得常德市二等奖，24篇论文获得常德市三等奖；三是组织参加全国中小学学科德育精品课程征集展示活动。获得省级精品课程10堂，部级精品课程5堂；四是组织参加“一师一优课、一课一名师”活动。获得常德市级优课8堂，省级优课6堂，部级优课3堂，圆满地完成任务，达到活动开展的目的；五是举全市之力，完成“智慧教育”建设工作，下表为教育信息化建设情况。（李雪生、李海）

【学生资助工作】2016年，春季发放了学前贫困幼儿资助款9.8万元，发放人数196，秋季发放14.7万元，发放人数294。市本级配套资金未到位。津市共有义务教育阶段在校生（春季12844人，秋季为12699人），享受贫困家庭寄宿生生活补助学生2208人次，占义务教育阶段在校生数的17.3%，其中初中1121人次，小学1087人次，补助生活费125万元。共资助高中贫困生772人次，共计金额73.35万元。再加以学校校内的奖学金及对贫困生的捐赠，基本解决了贫困家庭学生的就学需要。市职教集团免学费736人，金额141.92万元；助学金76人，发放资金15.6万元，所有资金从银行直达中职学生开设的个人帐户，堵塞了资金流转中的漏洞。7—10月份，为144名大学生办理了生源地助学贷款，金额为113.2万元。并对贷款档案按国家开行的要求，进行了整理归档，提交省开行和留存。“九八”助学活动，和教育基金会联合行动，共收到社会捐款200万多元。2016年一共开展了两次助学活动，发放助学善款7.86万元，130名贫困学生受到帮助。（贺爱华）

【校车安全管理】2016年，全市共有乘车学生、幼儿3513人，接送车辆63台，其中国标校车46台，农村客运班线车17台，运营线路进一步优化，核定校车运营线路198条。已审批国标校车驾驶人准驾驶资质签注46人，核发校车使用许可46份，校车标牌46副。

完善校车监管体系。通过与校车公司签订服务协议、安全管理协议，与地方政府、中小学校（幼儿园）层层签订责任状，明晰了校车安全管理中，校车公司的主体责任，各镇（街道）政府的属地管理责任，市校车办各成员单位的监管责任。基本形成“用制度管人、按制度办事、靠制度管车”的校车安全管理体系。

完善校车考评机制。市校车办先后出台了《津市市校车安全管理工作考核细则》、《关于规范津市校车服务公司安全营运管理考核办法（试行）》。明确由市校车办每年对各成员单位和使用校车的镇（街道）进行工作考核，考核结果与市委、市政府对地方政府的年度考核挂钩；由市校车办和各镇（街道）校车办共同对校车公司进行考核（市校车办占70%，各镇、街道校车办占30%）；由校车公司、交通部门共同考核接送学生上小学的农村客运班线车；由校车公司对校车及司乘人员进行考核。基本形成市对部门、公司、校车的考核考评体系。2016年对校车公司的年度考核等级为“合格”。

完善校车培训机制。通过几年的探索，我们形成了市校车办与校车公司分层次培训机制。市校车办利用每年暑期组织全市校车安全员、驾驶员、随车照管员进行安全培训，组织校车使用学校（幼儿园）分管校长（园长）进行安全培训，明确学校（幼儿园）的交通安全责任。校车公司每季度组织一次应急演练，每月组织一次驾驶员、照管员培训，以问题为导向，以案说法，不断提高驾驶员、照管员的业务能力。

完善校车监管机制。通过设立“六定”公示牌、张贴校车安全监管公告、建立举报平台等措施，形成全社会监督管理氛围。强化公司管理职能，升级改造设施设备，完善3G视频监控系统，实行校车日常运行的动态管理。定期打非治违，市校车办组织主要成员单位全年开展7次集中打非治违行动，查处14起交通违法事件；各校车使用镇（街道）政府每月不定时组织校车安全检查，对违法违纪行为依法及时处理。强化学校、监护人的监督责任，创新《校车日志》，完善学生（幼儿）上下车交接手续，明确界定校车安全运行各环节的责任。

大力推行国标校车。继嘉山街道和金鱼岭街道于2016年6月强令娃哈哈幼儿园最后两辆面的车退市，原新洲中心小学接送学生的7辆农村客运班线车退出接送学生市场，继之以国标校车取而代之，已经形成国标校车与农村客运公交车接送学生上下学模式（药山镇使用农村客运班线车，新洲镇、毛里湖镇、白衣镇、嘉山街道、金鱼岭街道的关山村、大旗村使用国标校车）。

加强校车基础设施建设。各镇（街道）对辖区校车运行安全隐患进行排查整改已形成常态，2016年排查安全隐患125处，整改消除隐患125处。启动校车停靠站点建设，初步计划用三年左右时间完成。2016年11月，嘉山街道办事处率先提出了停靠站点建设试点申请，交通部门按照“以小学为中心，向四周辐射至村居”的原则，已正式审批嘉山学校及周边幼儿园校车运营线路6条，停靠站点18个。至此，全市的校车停靠站点建设试点工作正式启动，2017年将全面展开。

加大财政投入力度。2016年，市财政共投入资金134.1万元，其中，国标校车补助87万元，非国标校车补助4.1万元，贫困学生补助8万元，校车公司服务费（含安全考核奖补资金）15万元，校车办工作经费、安全考核经费、专项资金20万元，很好的保证校车的安全运营。（毛典华）

【教育督导】2016年津市市人民政府教育督导室紧紧围绕全市教育工作重点，以迎接省两项督导评估为契机，以提高教育质量为核心，充分发挥教育督导职能，扎实开展教育督导工作，制定了津市市2016年教育督导工作要点，开展了开学工作、2015年学校管理工作资料、德育工作、阳光体育活动、图书管理与使用、安全工作、教学常规等专项督导和随机督导。创新社会化评价体系，认真探索“管、办、评”分离的教育改革，继续开展学校管理工作社会满意度测评；县级教育工作顺利接受湖南省“两项督导评估”和“教育强市”验收检查，被认定为湖南省第三批教育强县（市、区），学前教育、义务教育被评估考核为全省优秀。2016年，湖南省对津市义务教育均衡发展工作进行公众满意度问卷调查，综合满意度为94.8%，顺利通过国家义务教育发展基本均衡县（市、区）评估认定。（马学贵）

津市市第一中学

【概况】湖南省津市市第一中学是一所省级示范性普通高级中学，省级“园林式单位”、省级“食品卫生安全学校”、常德市“教育科研先进学校”。学校创建于1943年，迄今已有74年历史。学校一直秉持“合格加特长，为学生的终身发展奠基”的办学理念，始终相信“每一个孩子都是父母的希望，每一名学生都是一中的骄傲”。学校现有教学班38个，在校学生1758人；在职教师197名，其中高级教师76人。学校有标准的教学大楼、办公大楼、科技馆、图书馆、体艺馆、学生公寓、教师公寓、学生食堂，每间教室配有现代化多媒体教学设备，学生公寓和教室都安装空调，综合科教楼已开始内部装修，2017年上半年将投入使用。

【教师队伍建设】多管齐下继续深化师德师风建设。一是学校党委面向全体党员教师，认真组织落实“两学一做”，开展多种形式的党风建设活动，组织“做一个有信仰的共产党员”专家讲座，举办党风建设知识竞赛活动、以“梅花精神、荷花品格”为主题的演讲活动、征文活动，增强党员教师率先垂范意识。二是面向全体教师，师德建设坚持不懈，进一步提升教师的道德情操。学校积极开展师德建设系列活动，利用教师例会和暑假，加强对教师的政治学习，在教师中倡导“敬业爱生，明礼诚信，平等合作，勤学乐教，廉洁奉献”的教师基本道德规范，举办师德演讲征文活动，开展公开承诺、学生满意率调查等活动，每月聘请专家团队来校讲座，促使教师队伍改观念、阔视野、长见识，引导和培养教师的道德情操，增强教师的道德责任感和健康的心理素质。加强教师队伍建设，努力促进教师专业发展。一是大力推进名师工程和青蓝工程。以做大做强语文、英语、数学、物理、生物5个名师工作室为突破口，带动所有学科教师队伍建设。学校创造条件让教师成为名师。2016年，我校肖建军老师获津市首届“车胤教育教学突出贡献奖”，钟霞等6名教师获得常德市教学比武一等奖，王庆桃等8名教师被评为常德市骨干教师。同时，多措并举大力促进青年教师成长。学校从住房安排和师徒结对等方面，积极为青年教师排忧解难和创造良好的工作条件，保障青年教师潜心教研。学校还大胆使用青年教师，2016年引进的6名青年教师中有3名在高一当班主任，有一位是团委副书记，还有两名分别在办公室和教务科协助学校的管理工作。这样让新进教师能更迅速的熟悉并融入新的环境，这对她们的专业成长也是非常有利。二是加强教师评价制度建设，激发了教师工作积极性。2016年学校修订规范教师量化考核标准，建立学生家长评教机制，完善教师的评价体系。开展了“浓情九月，感恩老师”“我最喜欢的老师”等征文活动，对教师的评价体系更接地气，更有针对性和实效性。推行《高二、高三教师选聘原则》，进一步优化高二高三师资队伍，警醒部分责任性不强的、教学效果不佳的教师。一年来我校教师队伍的精气神比较好，团结向上、公平竞争、团队合作的氛围更加浓厚。三是继续开展教师业务培训，扩大教师眼界，提升教师教学素养。严格教师教育的学分考核，鼓励教师们主动参加继续教育、学校教研、外出学习观摩和网上学习活动。学校也为教师的发展成长积极搭建系列学习研究平台，想办法为老师们提供学习、观摩的机会。2016年暑假，组织齐勇等12位班主任赴北京培训，田菲菲等6名教师参加常德市高中教师培训。同时积极开展校际教研教学交流。11月，南县立达中学、澧县二中来我校交流，常德市教科院黄丽华院长一行9人应邀来校指导高三教学工作。12月，地理组教师赴湘钢二中进行教学观摩。大力宣传典型，引导良好的师德风尚。学校发挥学校门户网站和微信平台的作用，设置宣传栏，利用校门口大型电子显示屏，及时宣传我校师德标兵、名优教师、优秀党员等教师的先进事迹，让他们发挥榜样示范作用，积极传递正能量。

【德育工作】坚持德育为先。一是充分发挥年级组的德育管理作用，加强班干部培养，积极探索学生自主管理，注重培养班干部管理班级的能力，进一步健全了学生会组织和学生自主管理体系，健全班委会制度，完成优秀班级、优秀学生和优秀班主任的评比活动。二是强化班级文化建设。各班制订班级口号、班级公约和张贴励志标语，让学生始终处在一种积极向上的氛围中，从而潜移默化，培养学生的道德情操，养成有理想、有道德、爱学习、爱运动、爱劳动的好习惯。学校整个德育工作重点突出，主次分明，素质教育效果明显。严格规范管理。学风方面，继续狠抓学生禁带手机入校的规定，学生玩手机的情形基本杜绝；推行封闭式管理，学生学习时间、校内安全得到最大程度的保障；2016年下半年创建“最美教室和最美寝室”的活动在学校开展的如火如荼，通过积极地宣传发动、严格的检查督促和声势浩大的评比表彰，取得了非常好的创建效果，现在的一中教室和寝室可以说是焕然一新，不仅干净整洁而且充满书香氛围和家的温馨。发挥班主任主体作用。一是进一步加强班主任队伍建设。2016年由校长主持召开了两次班主任工作培训会，学生科组织召开一次班主任经验交流会和四次常规工作培训会。2016年下学期推出正副班主任制度，班主任“以老带新”结对活动，发挥老班主任的引领示范作用，在调动老班主任工作积极性的同时也带动副班主任的迅速成长，进一步优化了班主任队伍建设。二是提升年级组管理工作水平和领导能力。落实年级常规管理，制定可行性强、操作灵活的班规班纪及配套管理制度，强化班主任工作考核，重点考核工作态度和工作业绩。搭建家校沟通平台。一是办好家长学校，营造大德育环境。二是召开家长会。各年级每学期召开一次家长会，举办励志感恩演讲“不要让爱你的人失望”，让家长走进校园和教室，及时了解学校近期活动和对孩子的教育状况，构建德育工作网络。三是开展家访活动。我校开展了“百名教师进千家”的大家访活动，宣传了市委市政府政策、学校管理规定和办学成果，了解家庭、家长对学生的影响，加强家校的直接沟通，构建家校联系的桥梁。四是开放办学，开门评教。2016年上半期，学校举办了“教学开放周”系列活动，学校除通过传统的家长委员会会议、家长会评教议教外，还专门聘请12位学校工作监督员。下半年，举办鹿山杯教学比武活动，特邀请家长和学校工作监督员做评委，参与学校评教议教，这既加强了与社会的沟通，也自加压力，使学校及广大师生强化自律意识。

【教学工作】落实常规工作，抓好“目标”管理。一是全面落实国家课程计划，抓好地方和校本课程管理，确保开全学科。二是坚持巡查制度和规范检查：监控系统接入年级办公室，教务科与年级组对课堂全程监管，以规范学生课堂的行为（睡觉、玩手机等），并督促老师对课堂监管。三是做好教学质量检测。每学期学校在月末、期中和期末都对学生的学习情况进行统一的检测，并对检测的情况进行全面的总结，各学科都能及时分析教学中存在的优缺点，提出今后改进的措施。四是坚持行政调研听课。领导班子坚持每周不少于一次行政调研听课，研究课堂，了解一线教学实际。加强两考研究，突破“出口”瓶颈。一是抓高考备考。2016年高考，在优质生源流失严重的情况下，高考一二本上线332人，升学率较上年提高6%。二是抓高二年级的会考。高二年级全体教师认真学习了会考标准，采取分层教学方法，确保了2016年学业水平考试一次性合格率，达98.17%，位居常德地区第6名，创造了学考新的辉煌。留住优质生源，把好“进口”质量。一是留生源，我校把2016级高一新生招录工作作为年度三大重点之首，首次实现了全市中考前100名均留在津市一中就读的夙愿；二是提质量，从源头上提高生源质量，把新生招录比例由以往的60%调低到40%，采取小班化教学、一包五辅导、辅尖补偏等措施，得到了家长的认可和社会的广泛好评。强化教学科研，坚持“过程”管理。倡导各教研组“五个一活动”：每学年一次外出教研活动；每学年申报一个市级及以上课题；每学期进行一次教学督导；每个月开展一次教研活动；每个月安排一次校际交流。深入推进课题研究，提高教师的科研能力，为配合省基础教育平台网上“晒课”，推进“一师一优课、一课一名师”活动的顺利开展，学校组织了郁振霞等三名教师参加录像课省级评选。

【学生活动】积极开展多种形式的学生德育主体活动。以学生科为主，统筹学校重大活动，组织高一年级军训比赛、高一、二年级跑操活动、拔河比赛，秋季田径运动会、学生篮球赛等活动；团委会配合组织了国旗下讲话、演讲、征文、书法大赛、主题班会、学雷锋进社区、心理健康教育等活动。三是推动心理咨询工作制度化，正常化，特别是对高一的学生，2016年下半年增设心理健康校本课，定期举行全校性的心理讲座，一方面利用本校的现有资源，另一方面积极争取聘请知名专家来校辅导。

【后勤工作】统筹兼顾，关心教职员工身心健康。坚持以人为本，增强服务意识。在班主任的使用上，先由个人申请，学校根据教师工作态度、工作实绩和学生评教的结果，选聘班主任。及时慰问生病住院的教职工。此外，学校先后组织教职工参加校运会铅球比赛、迎面接力趣味赛跑、象棋比赛、篮球比赛。优化后勤服务，加强安全保卫工作。一是优环境，引进市场机制，为全校所有的教室、学生宿舍全部安装了空调，实现了师生及家长期盼多年的愿望；完成了学生公寓的功能性改造，全部安装了热水、独立卫生间；二是从2016年1月份开始，和资质雄厚的金盾保安公司合作，学校门卫全部由专业保安公司的人员负责，并和公司签订严格的合作协议，确保对学校保安的全面管理，并且耗资5万多元，在一中校园安装了50多了监控探头，做到教学区、活动区、生活区、家属区24小时监控全覆盖。借助棚改政策，完成一中家属区的“三改四化”工作，同时组建一中教工小区业主委员会，增加楼梯扶手等人性化服务，启动小区社会化管理改革，居民自治工作进展较好；加强绿化工作预算，不断提高绿化管理效度；建立和完善校园安全保卫制度，进一步明确治保人员岗位职责。定期进行安全大检查，及时排查事故隐患。营造了安全安宁的工作、学习、生活环境。

【工会工作】加强工会工作，发挥工会桥梁作用。一是坚持校务公开，发挥工会监督功能，推进学校民主管理，进一步提升教职工参政议政能力；二是关注退休教师的生活起居，除组织退休教师重阳节聚会之外，2016年在重阳节来临之前，学校在家属区醒目位置，张贴《致我校退休教师的慰问信》表达学校班子对退休教师的关心和感激；三是丰富教职工文化体育生活，营造和谐工作氛围。2016年11月，积极组织教师参加教育系统工间操比赛，荣获一等奖。在12月结束的机关事业单位篮球比赛中，我校教工代表津市教育连克强敌，最终获得第二名的好成绩。

【政府支持】2016年，津市市委、市政府进一步加大了对学校办学条件改善的投入力度，投资200万元对校园道路“白改黑”（铺设沥青），已进入招投标程序，打开东校门完成原油泵电机厂的土地征收，综合科教大楼1000多万元的仪器设备添置，已进入采购程序。

（伍红帅）

津市三中

【概述】津市市第三中学创办于上世纪六十年代。位于“孟姜女故里，车武子家乡”——新洲古镇。建校50多年以来，学校为国家培养了初、高中毕业生20000多人，为高等院校输送了6000多人，其中空军飞行员19人。获硕士学位的300多人，获博士学位的30多人，出国留学的上百人。学校坚持“德育为首、五育并重、艺体见长、全面发展”的办学理念和“精细管理、有效教育、阳光师生、和谐校园”的管理思想，严抓内部管理，着力高效课堂，拓展办学特色，提升办学水平，取得了令人瞩目的成绩，初步形成了“艺体见长”、“德育管理”、“综合实践活动”三大办学亮点。学校被评为“津市德育工作先进单位”、“常德市优秀民办学校”、“常德市安全文明校园”。学校现有高标准的教学楼、学生公寓、科教楼、田径运动场、篮球场、多功能体艺馆。电脑室、多媒体教室、语音室、理化生实验室、练功房、美术楼、音乐中心等教学设施齐全。智能广播系统、监控系统、红外线防盗系统，等现代服务设施应有尽有。现有学生800多人，在编教职工76人，其中高级教师20人，中学一级教师35人。校园花团锦簇、香樟常青、桂花飘香、环境怡人，是广大学子求学的理想之地。

【主要荣誉】2016年，学校获得津市市教育系统工间操比赛二等奖；津市市首届科技节优秀组织奖；津市市中小学生运动会团体第二名。

【重大事件】2016年5月，曾华英老师《鸦片战争爆发的原因》参加常德市历史教学比武获得二等奖；李伟老师的美术课《从传统到现代》被评为省级精品课；5月，杨红老师的英语课获得津市市一等奖。7月，庹云老师带领贺光辉、齐颖、陈文磊赴四川大学参加全国高校科学营活动，庹云老师被四川省教育厅、科协评为优秀教师。9月，学校召开田径运动会；10月，学校开展了教学促进月活动；课题《湖南省农村高中教研组建设实践研究》获得省教育学会规划立项；

11月，学校组织参加津市市首届科技节，并取得良好成绩；向奎老师参加心理健康教育送课下乡活动。12月，学校组织参加了常德市青少年科技创新大赛获得1金2银1铜的优异成绩。12月，学校组织教师参加津市市班主任论坛，袁超新老师获得教学比武特等奖。

（刘凡）

湖南广播电视大学津市分校

【办学定位】湖南广播电视大学津市分校是全省唯一一所县级市分校，由津市市人民政府主办，教育教学业务受湖南广播电视大学领导和指导。

学校始终秉承“让学习伴随一生”的校训，向着“处处能学、时时可学、样样有学、人人乐学”目标转型发展。学校的主要任务是：开展专、本科高等学历教育，为行业、企业从业人员及其他社会人员提供高等学历教育；开展岗位培训、农村劳动力转移培训及农村实用技术培训等非学历教育，为各类社会人员更新知识和掌握新的技能提供教育培训服务；统筹利用各级电大的教育资源，建设远程教育公共服务体系，为全民终身学习和创建学习型社会提供学习支持服务。

【专业设置与办学规模】学校以国家开放大学开放教育专、本科教育为主，成人高等教育、奥鹏远程教育为辅助。开放教育本科层次开设汉语言文学、法学（含农村法律事务方向）、会计学、英语教育、行政管理等5个专业；专科层次开设计算机信息管理、小学教育、法学、农业经济管理、会计、电子商务、机械制造及自动化等7个专业。成人教育医类本科层次开设临床、护理、药学、医疗影像学等4个专业；专科层次有临床、护理、药学等3个专业。奥鹏远程教育专、本科共开设12个专业。

2016年学校共招生592人，按人口招生比算，名列全省前茅，（省电大系统开放教育全省平均人口招生比为万分之6.15，该校开放教育人口招生比为万分之17.8）。现有在籍学生1308人。2016年毕业生465人，本科毕业生中有5%获授学士学位。

【办学条件】学校地处津市市护市路1120号，占地面积65亩，建筑面积10225m²，固定资产629万元。学校办学基础设施完备，配有网络机房、云教室、双向视频、运动场等教学设备，教室12间、多媒体教室1间、云教室1间、多媒体机房2间、计算机105台、服务器3台、80/80端口2个。教学设备设施完好率97%，设备使用率95%以上。2016年地方财政投入221.70万元，较2015年增长4.63%。

【师资队伍建设】学校在职教工44人，其中专任教师37人，专业课教师29人。专任教师中本科学历34人；研究生学历2人，较2015年增加1人，占专任教师数的5.4%。副高职称15人，中级职称21人，分别较2015年增加2人。兼职教师5人，占专任课教师数的13.5%，兼职教师中有3人具有副高职称，2人具有技师及以上技术资格。

学校现有校级干部4人，二层行政7人，均有本科及以上学历，其中副高职称4人，中级职称7人。专任教师中有15人获得专业相关工种技师或高级职业资格证书，占专任教师数的40.5%。有2名全职科研人员，其中具有研究生学历1人，主要从事职业教育方面的研究工作。

学校注重建设一支结构合理、专兼结合的高素质教师团队，将教师的引进纳入津市市政府“五百英才”人才引进计划。2016年引进教师2人，其中1人具有研究生学历。学校制定了《“十三五”教师队伍建设规划》，为教师成长构筑良好平台、提供制度保障。2016年有2名教师分别获得副高级和中级职称，1名教师获“津市市优秀教师”称号，2名教师获得专业相关工种技师职业资格。

学校依据教师队伍建设规划，制定了《教师培养培训考核办法》等系列制度，将教师培训与业务考核和年终目标考核挂钩。2016年，15名教师参加了市级以上培训，校本培训参训率100%。采取“一年入门、三年成长、五年成才”的模式，加强青年教师培养，造就一支素质较高、专兼结合的教学团队。现有专业带头人6人（省级2人）、优秀骨干教师17人（2015年为15人）。

【教学资源】学校严格规范教材征订渠道，所用教材及教辅资料均通过省校教材管理中心统一征订，配发给每名学员使用的均为正版教材，无使用盗版教材现象。学校激励教师自建教学资源，为学员学习提供支持服务，促进教学质量提升。2016年，学校教师自制教学课件50个，较2015年增加7个；录制视频教学资源0.23TB。

【教学资源使用】教材是学生学习的主要参考书籍，教材室在每期开学的第一周，对学员领取教材的情况一天一通报，由班主任督促学员及时领取教材学习。教师面授的主要内容选自教材，教师自制教学资源上传到相应的专业QQ群、微信群以及津市电大在线学习平台供学员参考学习。纸质教材及自建教学资源给学生提供很好的帮助。2016年，津市电大在线学习点击率25.3万次以上，人均193.4次，人均学习时长123.51分钟，较2015年分别增长8.73%和5.71%。

【教学与教学管理】学校全面推行“四导”（引导、指导、开导、督导）教学模式和“一线五环”管理模式。制定了《面授课教学管理办法》、《网上教学工作实施办法》等教学管理制度，加强教学检查，注重教学督查，提高课堂教学质量。2016年各专业面授开课率100%，学生综合评价满意度达97.3%以上。建立校级领导、二层骨干下到班级和课堂制度，督导与指导教学工作，并制定相应的考核机制，考核结果与年终绩效挂钩。2016年学校各专业面授课程学生到课率均在90%以上，网络课程学生参与率达95.7%以上。

落实常规教学是提升教学质量的关键因素。学校不断修订完善《教学常规管理细则》，主要从备课、教学、辅导等方面完善各类考核细则，强化管理。教务科设立专门的教学督导室，对课堂教学、网络课程辅导、在线答疑、作业批改等方面进行检查与督导，每周一汇总，每月一小结。将检查结果在每月的教工会议上进行通报，并纳入教师的年终考核。2016年，学生面授到课率较2015年上升了4.75%，学生对教学的满意度上升了3.53%，学生期末考试各科成绩合格率均在91.3%以上，专科毕业论文合格率100%。

学校制定《津市电大开放教育专本科专业实践教学管理办法》，把加强实习实训基地建设和提高实践教育质量作为一项重要工作，统筹安排。目前，学校建立了7个稳定的校内外实习实训基地。教务科制订详细的实践教学活动方案，每个专业均有2～3个具体的实践教学任务，安排专任教师指导学生开展实践教学活动、撰写实践活动报告，对其进行量化评价，以此作为形成性考核成绩。学校高度重视毕业论文的自主终审落实工作，严格按照省电大的精神，控制教师指导学生人数，确保毕业论文质量。2016年，省电大对专本科学生的毕业论文抽样检查，学生论文合格率达 90%。

电大考试主要分为期末考试和全国统考。各类考试严格按照要求做好考前工作安排，考中工作流程设置与监督，考后工作总结与考试资料整理等工作。在考试前选聘责任心强的老师作为监考老师，并对监考老师及所有工作人员进行考前培训，进一步增强考试相关人员的法律意识及责任心。学校领导及考风考纪工作小组严格监控考试过程，发现问题及时制止、纠正，确保考试顺利进行。2016 年学校组织的各类考试均无重大违纪违法事件发生。

教学改革主要是采取“走出去，请进来”，创新人才培养模式，实施“双证”毕业探索。在省电大的指导下，聘请专业实践教学基地的专家，成立专业实践教学工作指导委员会。在开放教育专科部分专业开展专业实践教学，制定了机械制造及自动化等 3 个专业的校内外实践教学计划，满足学生既提升学历，又学习专业技能的要求。2016 年机械制造及自动化专业毕业生获专业相关工种高级职业资格达到 10.3%，中级职业资格达到 71.7%，计算机信息管理专业获征率达 87.5%。

【学生支持服务】班主任队伍是一支思想表现好、学识水平高、业务能力强、知识结构合理、教育经验丰富的和谐团队，普遍认为自己肩负的责任重大，使命光荣，感受到当好班主任一定要有“师生一体”的工作态度，要把助学、辅导工作落到实处。与此同时，学校要求：

班主任要认真做好理论学习，努力提高自己的思想素养；刻苦钻研业务，及时掌握教育前沿发展趋势；坚持教书育人，努力提高教育服务质量和水平；注重科学研究，运用科研成果推动和促进教育教学。做到以高尚的师德师风感染学生立身做人，用合理的的知识结构激发学生的求知求学。班主任为各届各专业建立 QQ 群和微信群，实时了解学生学习和生活等情况。班主任良好的助学做法，促成了学校招生、保学的良性循环。2016 年学生辍学、流失率控制在 2%以内，较 2015 年降低了 0.2%。

【质量监控及评价】学校建立以“以人为本”的管理理念。以端正工作态度、严明工作纪律、注重工作实效为切入点，狠抓、实抓、严抓教育教学常规为关键点的质量管理思路。质量监控工作成立以主管教学副校长为组长、行政干部、高级教师及外聘专家组成教学工作诊断委员会，负责教学质量监控指标体系的建立和完善，重点实施教学质量的宏观评价、监督和检查工作。强化质量监控，修订《教学质量评价方案》等系列制度，每学期召开 2 次教学质量诊断分析会。

学校注重教学过程监控。在教学工作检查与督导中采取以下措施：一是定期开展教学检查，查找教学中存在的问题；二是不定期开展推门听课，实时发现教学问题；三是每学期组织学生实施意见反馈。通过向学生发放问卷调查和座谈等方式，主动听取学生对教学的意见，及时反馈到相关部门和教师进行整改，促进教学质量提升。

学校建立学生满意度测评机制。制定好学校工作满意度调查内容，每年组织 2 次学生满意度调查，通过问卷调查、网络调查、微信调查等形式，组织学生对学校管理、教学管理、课堂教学、学生管理、后勤服务、班主任工作等方面进行满意度测评。2016 年学校各项满意度平均在 93%以上，毕业生对学校的满意度 95%。

学校建立健全过程性评价监控机制和奖惩激励机制。每学期学校明确教师教学工作内容和任务，由教学工作诊断委员会进行质量监控与评价，教务科进行日常工作检查与督导，其结果与教师年终绩效考核挂钩。2016 年学生上网学习率达到 91%，网上形成性作业完成率 93%，国家开放大学和省电大统考课程的平均合格率 87%，学校自主课程考试合格率 95%。 （屈辉）

津市职业中专学校

【学校概况】湖南省津市职业中专学校是津市市人民政府主办的一所公办职业学校，是首批国家级重点职业高级中学、湖南省示范性中等职业学校、湖南省示范性县级职教中心的牵头学校、湖南省教育信息化试点学校。学校先后被评为湖南省职业教育先进单位、湖南省中职德育工作先进单位、湖南省文明卫生单位、湖南省职业能力考试先进单位、常德市职业技能与培训先进单位。学校地处津市市车胤大道 1800 号，总占地约 100 亩(分南北两个校区)，建筑面积 28425.68m²，固定资产 3095 万元。

【教师队伍】现有在职教工 109 人，其中专任教师 86 人，专业课教师 58 人，“双师型”教师 42 人，占专业课教师 72.4%。专任教师本科及以上学历 79.1%，其中研究生学历 2 人，较 2015 年增加 1 人，占专任教师 2.3%，副高职称 32 人、中级职称 48 人，分别较 2015 年增加 2 人，兼职教师 4 人，占专业课教师 7.9%。

【教师培养情况】制定《“十三五”教师队伍建设规划》、《“双师型”教师标准及培养考核办法》等系列制度，将教师培训与业务考核和年终目标考核挂钩。2016 年，15 名教师参加市级以上培训，1 名教师到企业实践，校本培训 100%。采取“一年入门、三年成长、五年成才”的模式，加强青年教师培养，形成了素质较高、专兼结合的教学团队。现有 2 个名师工作室、专业带头人 12 人(省级 4 人)、双师教师 42 人(2015 年 31 人)、优秀骨干教师 27 人(2015 年 23 人)。

【教育教学改革】创新人才培养模式。学校先后与长沙航空职业技术学院、湖南工艺美术职业学院等合作开展中高职衔接办学，与市域内生物医药产业园的湖南新合新生物科技有限公司、湖南鸿鹰生物科技有限公司等企业开展校企联合办学，开展“招生即招工、入学即就业”的现代企业学徒制人才培养模式探讨。优化专业课程设置，新增实训室1个，升级实训室3个，修订各专业人才培养方案和教学计划，公共课、专业理论课、专业实践课课时比例为3:3:4，生产性实训课时比例平均达45%以上。按要求开设德育课和公共课，强化质量监控，修订了《教学质量评价方案》系列制度，每学期召开2次教学质量诊断分析会。规范使用教材，95%为国家、省规划教材，5%为校本教材，无使用盗版教材现象。实施信息化教学，新增数字化教学资源0.2TB，信息化教学课程达97%以上，是湖南省信息化教学试点单位。

【德育工作情况】学校开展“发现教师、发现学生”工程，把德育摆在优先发展的战略地位。为打造高素质德育队伍，启动班主任培养计划，每年采用“请进来、走出去、师徒结对”的模式对班主任进行提高培训，坚持班主任“先培训后上岗”的原则，2016年评选优秀班主任6人，现有常德市级优秀班主任1人。

落实德育常规，根据上级要求德育课进教学计划、进课表、进考核，每天安排20分钟班风点评。成立学生会、团委会，组建16个学生社团，每周开展1次活动。每周举行升旗仪式，并安排国旗下讲话，定期举办安全、法制、文明礼仪等德育主题活动。建有心理辅导室，配备1名专职教师，每2周开设1节心理健康讲座。

2016年依托现有的德育基地开展“职教好声音”、“诵读红色经典”、“汉字听写大赛”、“三五学雷锋”、“职教之春文艺汇演”、“《青青草》文学社征文”、“班级排球赛”、“班级拔河比赛”等校内外社团活动；举办校级文明风采大赛，共收到作品123件，挑选24件作品参加省市级复赛，比2015年增加了12件。黄从戎老师指导黄小泷等五名同学参加省黄炎培职业教育创业规划大赛获得优秀奖。

【规范管理情况】学校现有办公室、教务科、学生科、招生就业办、培训中心、后勤科、团委会等7个二层机构，完善了专业建设指导委员会、教学工作诊断委员会工作机制，形成了团结务实的管理团队。现有校级干部4人、二层行政7人，均有本科及以上学历，其中副高职称4人、中级职称7人，学校被津市市政府评为年终目标考核良好单位。学校适时对各项制度进行修订完善，形成了学校管理制度汇编文本，涵盖教学管理、学生管理、财务管理、后勤服务、安全管理、科研管理等各方面。如《绩效津贴发放办法》，明确向一线教师和班主任倾斜，将专业技能抽查、技能竞赛等纳入了《教学人员考核细则》。定期召开校委会、行政会、教工大会，党员大会，每年召开1次教代会，开通了学校网站、微信企业号、QQ群，实现了社会参与管理。如津市高新区的湖南鸿鹰生物科技有限公司，2016年5月在学校招聘10名毕业生，起薪2800元/月。工作3个月后，有3名学生成为技术管理干部，工资3500元/月，7名学生工作稳定，企业评价反馈好。

【设备设施】2016年，新增教学设备50万元，增加纸质图书2000册、电子图书10000册。现有教学设备1000.13万元，生均1.3万元；专业实训室32个，实训工位1435个，生均1.8个；教学用计算机260台，生均0.34台；纸质图书3.078万册，生均40册，电子图书60000册，生均77.9册。设施设备达标率99%、完好率95%，实训项目开出率95%。

【学生素质】学校致力于具有良好的道德品质、文化修养和专业技术技能型人才培养。2016年，学生思品综合评价合格率99.3%、优秀率20.4%，评选出学习标兵40人、三好学生87人、优秀学生干部61人、优秀团员95人，优秀寝室长30人，953人次被评为文明之星、技术能手、社团之星、优秀青年志愿者等。在市学生专业技能抽测中，计算机及应用、服装设计与工艺专业合格率100%。学校文化课考试达标率97%、专业技能考核合格率97.3%、体检合格率98.5%、毕业率99%。2人在市级以上学生技能竞赛中获奖。

【在校体验】学校每年的“开放周”活动，每期的家长会，邀请社会各界人士来校参观指导。每学期课堂教学满意度测评，毕业生问卷调查，各项满意率平均93%及以上。2016年学校成立了服饰艺术与表演等16个学生社团，每周开展1次活动，其中礼仪社团成立了志愿服务工作站，经常开展志愿服务活动，为学生成长成才提供舞台。如我校服饰艺术与表演社团，以教师为指导、学生为主体的模式开展活动，活动培训由专业教师和专业技能较强学生担任，通过每年津市市中小学艺术节、学校各类艺术活动等提供展示舞台，培养学生的综合素质和专业技能。

【资助情况】学校制定《学生资助工作办法》、《国家助学金管理及发放实施细则》等制度，助学金发放、学生资助等工作程序规范。2016年按政策免学费183.12万元，上学期对74名学生发放国家助学金7.4万元，下学期对78名学生发放国家助学金7.8万元。“微善风”助学活动，按2000元/年标准发放困难补助10万元，50名贫困学生受惠，确保每一位学生不因贫困而失学。如我校2016年有18名贫困学生在学校、社会资助下顺利完成学业。学生陈佳，幼年丧父，与祖母、母亲相依为命，吃的粗茶淡饭，穿的捐助衣裤，住的土砖瓦房，在微善风的资助下得以重返校园，被评为2016年湖南“一家一”助学就业?同心温暖工程“励志之星”。

【就业质量】学校学生就业以津市高新区为主，建立了省内外结合的就业网络，现有就业基地20个，建立了岗前培训和跟踪服务制度。2016年毕业生185人，96人升入高校，占比51.8%；就业87人，就业率100%，对口就业率68.9%，本地就业率58.6%，初次就业起薪平均2485元/月，较上年提高102元。

【职业发展】学校教育教学工作注重学生发展，强化学生综合素质、学习能力、创新创业能力培养。实施全员育人德育模式和有效课堂推进，每期举办优秀毕业生事迹报告会、创新创业报告会等促进学生全面发展。近年来，我校毕业生企业留任率达80%以上、用人单位满意度93%。有57人成为了企业技术骨干或岗位管理员，有2人成为津市高新区企业技术总监。如我校电子技术应用专业毕业生田华在深圳开办的深圳市晶品鑫科技有限公司，自主研发生产的CNC数控雕刻机、精雕机、打孔机，年产值500万元，其产品畅销国内外。

【校企合作】 现有合作企业20家，各专业有3个以上稳定实训基地，与津市市泵阀有限公司等合作成立“产、学、研”校内生产性实训基地，对外承接业务，对内承担生产性实训。合作育人，现有4个“订单”班，2016年合作修订专业人才培养方案4个、制定课程标准5门、开发校本教材2本。岗前培训和在岗职工培训1000人次。如我校机电技术应用专业与津市市泵阀有限公司合作成立的生产性实训基地，对外承接业务，对内承担教学实训，根据生产岗位开设课程、确定实训项目，专业教师和企业技术成员共同承担教学，学生在真实的生产岗位上训练，形成实体共建、教师共培、课程共构、人才共育的校企深度合作模式。

2016年安排185名学生到合作企业顶岗实习，校企共同制定《顶岗实习方案》，每个基地学校派1–2名教师全程管理，基地按10–15名学生1个师傅的标准配备技术人员指导，双方共同考核评价，学生顶岗实习合格率98.1%。

牵头成立了津市职业教育集团，成员单位包括湖南广播电视大学津市分校、津市市教师进修学校和津市市技工学校，是长沙航空协同创新中心成员单位。2016年职教集团开办培训班12个（较上年增加2个），开发培训课程3门、制定课程标准3门、开发校本培训教材3本。为企业开展岗前培训和在岗职工培训1053人。

【社会贡献】 学校年均为社会培养300余名合格技能型人才，2016年毕业生185人，升入高校96人，就业87人，双证率98.5%、就业率100%，市域就业率58.6%，企业满意度93%。实施职业培训1053人，90%以上的参培学员提升原有技能或获得新技能，为区域产业发展提供有力的人才支撑。

学校依托校企合作的生产性实训基地，2016年对外开展生产、咨询服务，开办数控车技术培训班4期，为市域内机械加工企业提供技术服务5项，助推市域产业升级、企业转型。

学校是常德市级中等职业学校机电联组主持单位，2016年为常德市中等职业学校机电专业教师培训60人次，组织联组成员单位专业教师到长沙航空职业技术学院培训学习，指导联组成员学校修订了机电专业人才培养方案，制定课程标准8门。学校是津市市新洲镇长岭村精准扶贫单位，一年来，争取扶贫资金30万元，学校捐赠资金2万元，帮扶该村开展农民工转移培训，共培训105人，3户脱贫。

打造书香校园，开展系列文化传承活动，组织读书征文、经典朗诵、职教好声音等主题活动6次，与市文体广新局合作开展了“车胤囊萤”非物质文化进校园活动，在27个社区开展全民终身学习志愿服务活动。学校是省级文明卫生单位、津市市书香校园。（屈辉）

津市德雅中学

【学校概况】 津市德雅中学创建于2010年。学校总投资1.2亿元，占地面积152.6亩。学校建筑气势恢宏，美轮美奂，教学楼、科教楼、办公楼浑然一体；多媒体教室、计算机教室及各种功能教室装备先进；标准的塑胶田径场、篮球场，设施齐全；学生公寓、师生餐厅方便舒适；校园网络系统、广播系统、直播系统、监控系统无缝覆盖，中央空调系统全校贯通。校园环境幽雅宜人，校园文化意蕴深远。

学校现有学生1800多人，39个教学班。拥有一支充满活力、富有激情、深爱教育、学识广博的教师团队。在岗教师157名，其中中学高级教师32人，本科以上学历142人，湖南省初中精英教师1人，常德市学科带头人1人，常德市第三届骨干教师4人，津市市骨干教师8人。

学校按照市委市政府2016年“适应新常态、实现新作为、建设新津市”的指导精神，在市教育局的正确部署下，坚持“为学生终身发展奠基”的办学理念，以“精心管理、激情德育、有效课堂、务实教研、人文后勤、美丽德雅”为工作主线，各项工作稳步发展，2016年取得了优异的成绩：荣获湖南省安全文明校园称号，被评为常德市毒品预防教育活动示范学校、湖南省园林式单位、湖南省健康学校，在年度考核中被评为红旗单位。2016年中考升入示范性高中学生比例达70%。

【教师队伍建设】 以教师的师德师风建设和专业成长为抓手，提升教师队伍整体形象。倡导“把每一个孩子都放在心上，让每一个孩子能健康成长”的教育理念。通过各种活动开展政治理论学习和业务学习，鼓励教师成为终身学习的先行者。选送五十多名教师参加各级各类国培省培市培，通过各类学习活动，教师们的师德作风更过硬，敬业意识更强，涌现出一大批敬业奉献的优秀老师。学校支部被评为常德市先进基层党组织，黄道勇、周屹两名党员被评为教育系统优秀党员，黄道军作为代表出席党代会。学校的组织、人事、师训工作获得教育局先进，杨小青被评为2016年组织工作先进个人。学校荣获湖南省安全文明校园称号，在9月的市教师节表彰中，26名教师获得各类表彰，鲁二英老师获得首届车胤教育奖，程学琼老师获得常德市优秀青年教师称号，并被确立为湖南省初中青年教师培养对象。

【德育工作】 安全工作放首位，争先创优获荣誉。本年开展的安全活动有：2月29日召开了德育工作暨安全工作首议会；3月31日邀请二所李志奇所长等警官一行3人到校进行法制讲座；3月29日我校寝室进行寄宿生紧急疏散演练;5月12日开展紧急疏散演练等相关主题活动;6月5日市交警大队陈益民队长等一行深入德雅中学开展以“酒驾醉驾,会害全家”“小手牵大手”主题宣教活动等。11月中旬,全市“知安全风险,会紧急避险”教育活动在我校启动。抓常规管理,确保德育工作落到实处,利用班主任会、晨教、班会、升旗仪式、大课间等时间强调常规纪律与安全,确保常规的落实。开展学生安全教育、纪律教育、法制教育、交通和心理健康教育等各类教育。坚持以教育为本,以预防为主的工作理念,建立健全学校法制教育机构,成立了德育副校长、教育处主任和各年级组长、班主任为组员的法制领导小组,定期对学生进行法制教育、道路交通安全教育等。班级量化管理操作,考核各班,每周一小评模范班级、优秀班级、合格班级,每月一大评,每期一总评,形成了各班积极争创优秀的态势,从严从细从实的把班级管理落在了实处。学校从《津市德雅中学班级量化考评细则》和《中学生日常行为规范》入手,重点从养成教育、学习习惯、社会公德和文明礼貌等方面进行教育。开展了丰富多彩的德育活动:3月3日开展了雷锋活动,敬老院献爱心和校园“光盘”我先行两个主题活动;3月31日上午,环保局一行几人来我校开展活动,“环保狂人”陈通湘以“水——人类生命的源泉”为主题开展环保知识讲座;3月10日上午,教育处举行了“雅学、雅言、雅行、雅餐”主题教育活动动员大会;3月28日下午,德雅中学广播站的心语之声栏目开播,播音时间为每周星期一,通过校内广播向全校师生宣传心理健康知识、进行心理小测试、心灵感悟分享,并对孩子们所提出的关于心理健康方面的问题进行回复;4月12日晚,在第一多媒体教室举行了津市德雅中学“我身边的雅故事”讲故事比赛;4月19日晚,津市德雅中学在春日和风中迎来了第五届校园文化艺术节暨创建国家卫生城市文艺汇演;5月25日进行心理健康教育系列活动,并出版了德雅心语期刊;学校从3月14日开始到5月20日进行七八年级班级足球联赛,历时2个多月;6月7日,举行第三届趣味运动会,项目设置为集体项目和个人项目,分别为50M障碍迎面接力、跳长绳、多人多足、袋鼠跳、下腰过杆、移动定点投篮等活动。9月份举行秋季校运会,承办全市的体育艺术节,12月21日德雅好声音精彩展演。全年在学生中开展雅学、雅言、雅行、雅餐为主题的多项活动;2月,李辉娟老师执教的心理健康课《团队快乐合作》获得首届心理健康优质录像课省二等奖;6月3日,津市第十七届艺术节中小学专场文艺展演中我校选送的原创史诗舞蹈《礼乐新韵》一举夺得本次展演特等奖和最佳节目创意奖两个最高奖项;9月参加常德市首届成建制班合唱比赛获得一等奖。成功举办德雅好声音活动。7月份学校女子足球队参加湖南省校园足球联赛获得二等奖;10月份学校成功承办津市中小学第19届体育节田径运动会获得团体总分第一名;11月份男子篮球参加常德市阳光体育运动联赛三分球获得冠军和季军,团体赛获得季军。在创卫迎检中做了一系列工作:加强路段包保,保证了重点时期从早上7点到晚上九点都有人值守。学校坚持常规一日三小扫,一周一大扫,且每月进行了搬家式大扫除;2013-2016年度创卫资料对照检查细则进行多遍的推敲和整理并装订;完成学校医务室和直饮水的改造;丰富学生和教职工的健康教育活动;参加创卫主题的演讲赛、征文、手抄报等比赛。在多次检查中,津市、常德、省级领导一致给予好评,学校校园环境在创建工作的促进下变得更加洁净、美丽。

【教学教研】学校通过加强过程管理,促进教学提质。通过集体备课,促进教研实效。周检查、月检查与不定期的随机检查相结合,规范教学管理中的每一个环节,学年内共组织教学教研专题会议6次,行政集体听课15次,与教师及备课组长的单独交流无计。全年举行教学反思会10科次,下发课堂教学阶段性反思总结通报40次、教学检查通报8次。建设好了电子备课室,探索更科学的备课模式,改进传统的手写教案,在教师中倡导通过集体备课整理推广电子教案,要求教师在集体电子教案的基础上个性化修改,让全体教师能有更多的精力和时间研究自身的教学工作,结合自己所教学生的实际精心准备好每一堂课。有序的收集和整理好各年级学科每周上传的集体备课教案,学期末将为各备课组建立一套完整的学期教学资料供来年的教学参考使用,极大地提升了教学管理的效率。采取措施确实减轻学生负担,布置作业要求精选习题,作业量适当,杜绝了消耗战、疲劳战,作业的批改要求及时规范,本期教务处关于学生作业完成情况以及教师作业批改情况的检查,作文专项检查,并及时通报。教务处每周对学生实施作业量实行周报,对靠增加学生作业量的方法换取教学效果的班级及老师提出整改要求。抓课堂教学规范,师生合力打造有效课堂。一是大力推行“雅学”活动,从学生课堂完整表达入手,规范学生言行,锻炼学生,提升学生能力。二是落实行政督察,每天由教务处人员进行课堂巡视,及时通报情况。利用每周教学情况反馈,有效地减少课堂迟到、课堂用手机等不良情形。尤其在期末复习阶段,教务处要求各备课组制定好严格的复习计划,落实到每一堂复习课;同时教务处联合教科室对学校最后两周的每节复习课堂进行无缝督查,每天通报检查结果,及时纠正复习课堂当中的散漫、无序,保证期末复习阶段课堂高效性。加强教研教改,课题、赛课促教研。上学期组织十位骨干教师示范课,4月份,在全市“十佳教学标兵”教学比赛中,肖炎芳老师执教的《unit1 where did you go on vacation?》荣获中学组第一名;被评为五一节津市教学标兵,5月份,教科室组织开展“雅师杯”语文学科“同课异构”教学比武活动,九位语文老师执教。下学期组织雅师杯教学比武,以数学教研组的有效课堂为比武主题,取得良好效果。下半年湖南文理学院二十名实习生到校实习两个月,成功组织了英语之星风采大赛。在一师一优课活动中，万杨老师音乐课获得部级优课，雷明娟老师获得省级优课，在学科德育精品课评选中，李红老师的班会课获得部级优课，程学琼，尹恒获得省级优课。郭泽红老师获得常德市化学教师实验操作技能一等奖。倡导老师们“用好一个本子”，即《德雅中学教师工作手册》，通过集体备课完善教学资料，鼓励老师们及时写下自己的教学感悟和教学反思。本学年有一百二十多篇德育、教育论文参加各级各类教育技术论文评选获得奖励。课题组工作稳步推进。英语组省级课题《多元智能视野下初中生英语课外活动维趣策略研究》拟在年底结题，艺术组常德市级《依托艺术课程提升学生积极人格品质的策略研究》工作完成中期检查。加强网络教研工作，各学科QQ群提供了良好的交流平台。3月份，教科室完成了常德市教育信息化网络联校项目申报工作；4月份，完成2016年湖南省教育信息化试点的申报工作。9月份完成信息技术示范校的课题申报。严格考试流程，争分夺秒强化中考提质学科。实施毕业年级包保制度，每周通报工作进展，参与市教育局组织的毕业学科各科质量分析会，并多次典型发言。组织九年级理科合格边缘学生的强化复习，八年级生、地学科的集中复习迎考安排，最大限度保障中考复习学科的实效性。在大力提升教学质量的同时，也不忘学生综合素质的培养。各项体育运动项目的训练风雨无阻。每学期尾声，教务处继续组织综合技艺课程考试严格组考、细化每一个阶段的工作，为全面提升学生的综合素质竭尽全力。

【后勤工作】后勤工作为教育教学保驾护航，加强后勤员工的业务培训，食堂管理中把“五常法”作为每周培训的必修课。完善各种制度，从分管校长——食堂主管——班长——组长——员工，制定具体的岗位职责。学校投入5万元安装新电梯；为确保师生安全用餐，修建高标准消毒池；实行明厨亮灶，安装可视视频，安装除油烟设施。每周五向家长公示下周菜谱，每日制定三个套餐供学生选择。部分教室多媒体设施更新了零部件，重新建设了医务室和直饮水制水室，后勤各项投资近二十万元。后勤服务注重“人、事、物”的管理，责任到岗，责任到事，责任到人的方式，各施其责，奖罚分明。严格采买程序，严把质量入口关，特别是索证索票手续做到完整无缺，食堂、商店、保管室、器材室各类物资分类存放，专人管理，各类台账逐日记载。各项检查反馈评价良好：在五评合一及创国卫检查、文明城市创建、健康学校创建中，多个检查组深入检查，对学校食堂管理、医务室、制水室、校园卫生、健康教育管理等方面给予很高的评价。

【校园文化】以传承本土文化，打造德雅文化为工作目标，硬件上添置了绿化区的钢质提示牌、楼道内的毕业生不锈钢名牌，英语角，德育宣传栏、学校荣誉栏做了更新，理化生实验室文化展示上墙，添置了十块不锈钢宣传牌等各项宣传广告投资近六万元。德雅讲坛共有八位老师开讲，唱响教育正能量。各级领导多次到校督导视察赢得好评，4月11月，省军区首长视察国防教育基地；5月，湖南省人大副主任蒋作斌视察学校；河北乐亭教育考察团到校交流；贵州三都水族自治区六位校长四月到校跟班学习一个月，另外广东、云南、常德的学校也来校考察。发挥工会的积极作用，一月份召开了教职工代表大会，完成工会委员换届选举，讨论修改并通过《学校工作报告》及有关制度。六月份，就学校暑假大型维修等事宜征求教工意见。所有维修合同均进行了公示，建立了校务公开档案。三八节组织女教工踏青活动，五.四青年节组织青年教师开展活动，为全校教工办理职工医疗互助保险。参加市工会业务知识考试，组织了我的好老师主题征文，演讲赛，录制演讲视频上交常德市参赛，参加感恩亲情写家书活动。积极开展教工健身活动。扩建教工之家，增加健身器材，聘请专人管理，长期开放，不少教师参加健身活动；组织教师开展课间跑操活动及广场舞并适当给予补助。慰问患病教师及教师家属住院慰问8人次，支出经费2100元。为德雅首位退休教师举办荣休欢送会。组织开展庆六·一儿童节活动，为全校67名教师子女发放读书卡，丰富教职工生活，组织了教师趣味运动会、11月参加了教育系统的工间操比赛。对全校留守儿童进行摸底造册，开展多项关注留守儿童的活动。建立贫困生档案，及时发放贫困生生活补助。为育龄妇女建立生育台账并进行管理。迎接上级主管部门检查并获得好评。工会各项为教师投入的开支近7万元。学校宣传工作稳步推进，校园网站和公众微信号推送图文两百多篇，湖南省教育网、津市市教育网、政府网、红网刊发文章近百篇，关于安全教育的文章《创建安全文明校园，为学生的幸福成长奠基》在人民日报社出版的《平安校园》2016年第4期上发表，《常德教育》第二期刊发我校德育管理文章《修德致雅打造活力校园》。学校拍摄宣传片《修德致雅 书写多彩教育梦》，8条新闻在《津市新闻》播报。国防教育基地建设的新闻在《光明日报》10月21日12版刊发，四张图片同时刊发在光明图片网。

（程学琼）

津市五中

【学校概况】津市五中位于津市南区孟姜女大道490号，校区辖襄阳街、金鱼岭、嘉山三个街道办事处，是一所常德市合格学校。学校始创于1972年，在1993—2000年间，先后与窑坡中学、阳由中学、湖桥子校、盐矿子校合并，成为“五校合一”的初级中学。学校师资力量雄厚，大学本科毕业54人，在读研究生1人，中学高级教师10人，中学一级教师50人，常德市骨干教师1人，津市市骨干教师5人。全体五中人在校长的带领下齐心协力、团结奋进、勤勉工作，学校各项工作按照预定计划有序向前推进。

【师德师风建设】开展党员公开承诺践活动，增强党员教师职业道德建设的自觉性。要求全体党员教师公开承诺，把个人的努力目标公之于众，接受家长、学生、同行和社会的监督，学校在每期末都将对教师师德进行评估，努力使师德建设工作收到实效。在全校教师中掀起了树良好教师职业道德风尚的热潮。开展形式多样的活动，保证思想作风建设活动出成效。

【德育工作】学校遵循“德育首位”的原则，建设德育队伍，落实全面育人。成立学校德育工作小组，实行每周一次小会、每月召开一次德育工作总结会，行政下班人员深入班级，协助管理班级。建立了竞争机制，切实加强班主任队伍建设。选拔一大批工作能力强、思想素质好、工作热情高、关心爱护学生的优秀教师进班主任队伍。涌现了工作热情高、班级内务管理务实的刘莉，善于学习、踏实肯干的樊哲林等优秀班主任。鼓励优秀教师长期从事班主任工作，基本形成了一支很强的德育队伍。科任教师寓德于课堂，管理人员寓德于本职工作。要求全体教职工以身立教，依法执教，育人育心，全心执教，做实施素质教育的优秀园丁。注重总结经验，推介班主任管理班级的先进经验。大大提高了我校教师的管理能力和教育能力，真正做到全员育人。在这样一直强有力的队伍带领下，学校在2016年度收获满满。在津市市艺术节上学生节目“妹娃儿要过河”获一等奖，在津市市体育节上校田径代表队荣获第二名好成绩，除此之外还有杨诗诗同学的作品《我的校园》在全省“第二届我爱我校普通明星片设计大赛”一等奖，傅丹同学的资助征文《爱用笑容永驻》获省级优秀奖，傅铭宇同学制作的《秋染》作品在常德市第十七届中小学生电脑制作活动中荣获二等奖。

【教学教研】教学工作是学校工作的根本，教学质量是学校的生命线。加强队伍建设促进教师素质不断提升，学牢固树立了向管理要质量、向课堂要质量的思想。以课堂教学为中心，凸显教研组、备课组的研究功能，提升了教育教学的整体水平。

学校三周一次的教研组、备课组活动已成为学校常规活动，教务处、教科室多方联动，全程参与，做到活动定时间、定地点、定内容、定中心发言人，切实将活动落到实处。鼓励教师积极撰写教研论文。同时学校利用例会时间，开展校本培训达10次之多，通过观看专家讲座、教学视频，更新了教师教育理念，促进教师专业成长。学校努力培养骨干、学科带头人，为教师争取外出学习机会。全年学校共有20多名教师被派到本市、长沙、湘潭、岳阳、常德周边县市及等地听课、参观、学习，拓宽教师的学科视野、更新教师的教育理念、提高教师的理论水平，为教师的成长注入新的活力。在2016年度学校多名教师教学效果显著，所教班级名列全市前10名。康廷芳执教的《有理数的乘方》在“一师一优课，一课一名师”活动中被评为国家级优质课，马文文指导制作的《秋染》作品在常德市第十七届电脑制作活动中荣获二等奖，齐志丹在津市市十佳教学标兵比武活动中获一等奖。为加强常规力度，结合本校实际，制定切实可行的《津市五中教学提质包保方案》，明确教学提质的具体措施，明晰教学质量考核细则。2016年中考成绩娇人。26人被津市一中正取，九年级七科合格率总评全市第二名。

【后勤工作】牢固树立“后勤不后，用心服务”的思想，把师生、家长的合理需求作为开展工作的出发点和落脚点，紧密配合学校开展各项活动，为学校的教育、教学工作提供强有力的后勤保障。确保食品安全。时时抓，处处查，确保食堂、商店食品卫生安全，为杜绝安全事故发生，在管理上做到把好三关：索证关、进货关、验收关。廉洁文化示范学校创建工作取得成效。师生通过廉洁知识的学习，廉洁素质不断提高、廉洁行为不断增强。 (康廷芳)

津市翊武中学

【改善办学条件】翊武中学在市、镇两级党委、政府的大力支持下，在教育行政主管部门的具体指导下，抢抓了国家对中西部教育项目投入的机遇，积极申报校园建设项目，2016年新建了学生食堂及多功能礼堂，新建了水冲式厕所。小学部多方争资加强校园环境建设，绿化面积逐增；维修改造围墙、综合楼。改造了新湖小学，投资近200万元对中心幼儿园加以重新新建。市委、市政府还加大了对我校教育设备设施改善投入力度。并配全配齐了多媒体教学设备设施、教师电子备课室、校园监控，开通了班班通、校园网，学校实验大楼、电教大楼以及体、卫、艺等设备设施进行了重新装备，室内各种器材齐全，账、卡、物相符。学校利用丰富的校友资源，积极引资，改善办学条件。学校各界校友纷纷返校团聚，并积极参与学校校园文化建设校园文化石、学校假山景观、学校电子显示屏等等。

【德育工作】2016年，津市市首个国防教育基地落户该校。一年来学校在爱国主义教育基地建设上进一步加大投入力度。申请红楼维修项目，重塑翊武铜像，建翊武文化广场，让翊武爱国主义精神的精髓永久定格。维修翊武亭，让翊武中学学生在纪念先辈的活动中，亲身体验与感悟爱国主义伟大情操。此外，不断完善了翊武校史展室，现正着手申报筹建翊武纪念馆及苏式红楼恢复修缮工作，已得到津市市委、政府的认可与支持，丰富的德育资源，支撑起了我校爱国主义教育的独特魅力。

翊武中学德育管理工作一直致力于打造一支优秀班主任工作团队。我校经常组织部分优秀班主任参加各类德育交流研讨活动，德育工作团队的工作能力明显提升。2016年，该校八年级班主任许银辉参加津市市第六届班主任论坛经验交流材料荣获特等奖。

其它社团活动的开展经常有序，学校依托渡口东山少年宫，成立合唱团、器乐队、舞蹈队、田径队、篮球队、排球队、书画、朗诵、象棋、东山文学社等十个学生社团，尽力为学生搭建培育兴趣，造就才华的平台，提供了竞争与展示的机会。

随着该校留守儿童的增多，该校德育工作也将留守儿童心理健康教育放在突出重要的位置，一是加强心理健康教育教师培训工作，建设心理健康教育专职教师队伍（目前有两位教师获得心理教育咨询师资质，班主任老师普遍接受心理健康教育培训工作，也具有一定的心理健康教育技能）。二是加强心理健康教育阵地建设。2016年该校成功申报湖南省农村留守儿童第二批心理健康辅导中心项目，学校心理健康教育条件得到极大改善，这将极大惠及渡口留守儿童。

【师资队伍建设】教育质量的提高，关键在于一支高素质的教师队伍。随着课程改革和素质教育在我校的全面推行，教师队伍建设面临着极大的挑战和机遇。

为加强该校教师队伍管理与建设，采取了以下措施：一是教育为先，促进师德师风建设。学校成立了师德建设领导小组，加强和改进教师思想政治教育、职业理想教育、职业道德教育，重视教师心理健康教育，完善教师业务档案建设，落实教师师德承诺责任状。把“敬业、爱生、奉献”作为教师工作的动力，坚决实行师德师风一票否决。二是狠抓培训，提高教师队伍整体素质。强化教师在职进修学习，学校鼓励和支持教师搞好各类教师继续教育培训，通过培训，该校教师队伍整体素质不断提升。三是强化青年教师的岗位培训。向青年教师提出“三年过三关”的要求。即第一年为“胜任关”，胜任自己所在年级学科和班级的教育教学工作；第二年过“提高关”，全面提高自己的教育教学水平和教学能力；第三年过“脱颖关”，要从众多青年教师中脱颖而出。充分发挥该校名优教师的引导作用，着力骨干教师的培训和培养。特别重视教师现代教育技术能力的培训和“师徒结对”帮扶工作。

该校涌现出一大批优秀教师，有“湖南省优秀教师”及津市市突出贡献奖获得者杨美慧，2016年又获得津市市首届车胤奖，有朱茂权、蒋芳老师先后被评为“津市市十佳教学标兵”，彭霞老师被评为常德市骨干教师等，并且每年均有5位及以上的教师获津市市级优秀教师荣誉称号。另彭霞、刘立兰、杨陆华晋升为高级教师。

【校园安全】学校牢固树立安全第一的校园管理思想，成立了安全工作领导小组，由校长亲自挂帅，分管校长具体抓，学校综治办是学校安全管理工作的常设机构，具体落实一系列安全管理制度与措施。

一是狠抓校园安全教育活动，学校行政会有一月一次的议安会议，每周的学生集会校级点评对安全管理有专门一项议程，每周的主题班会有安全教育的主要内容。此外，学校还经常聘请司法、交警工作人员来校进行专题讲座。二是强化了各类安全管理制度的落实。特别是对校园安全隐患实施日查制度，针对食品卫生安全、道路交通安全建立规范的台账。三是组织校园安全管理的演练活动，每个学期，学校都组织一次大型的应对突发事件的演练活动，在活动过程中，培养师生规避突发事件风险意识，提高师生自救自护的能力。一年来，学校没有发生一起严重安全事故，学生违法犯罪率为零，打造平安校园、和谐校园。 （钟易红）

津市市第一小学

【学校概况】津市市第一小学是一所办学历史悠久，有着厚重文化积淀的学校。学校地处城区中心，占地7627.6平方米，建筑总面积5196.28平方米。学校现有教学班级27个，学生1457人，在岗教师85名，其中中学高级教师2名，小学高级教师68人，常德市、津市市级骨干教师7名。

学校以“立足基础，全面发展，以人为本，追求卓越”为办学理念，坚持依法治校、科学管理，全力打造责任教育，大力开展教育科研，努力提高教育教学质量，注重培养学生的特长，促进学生全面发展，形成了较鲜明的办学特色。学校先后被授予“全国雏鹰大队”“湖南省经典诵读特色学校”“湖南省合格学校”“共青团湖南省委创造性中队”“共青团湖南省委创造性小队”“常德市特色学校”“常德市名优学校”“常德市书香校园”“全国青少年主题教育活动示范学校”和“湖南省优秀少先队集体”等荣誉称号。

【队伍建设】学校注重强化教师队伍建设，通过组织专题学习、专题讨论、专项督查和师德演讲活动，鼓励教师积极争当学生喜爱的教师、争当学校发展的骨干教师、争当家长满意的教师、争当同行钦佩的教师，实现自我价值。党员教师积极发挥先锋模范作用，在教育教学工作成效显著，校长薛开元年被评为湖南省优秀共产党员，荣获津市市第一届车胤教育突出贡献奖，李悦被评为常德市教研工作先进个人，马瑶芳被评为常德市党建工作先进个人，唐燕被评为津市市十佳教学标兵。在教师节表彰中3名教师被评为津市市优秀教师，6名教师获得教学比武奖，2名教师获得教育质量优秀奖。

【文化建设】2016年暑期，按照教育局“美丽校园建设”工作部署，投入近170万元，对学校进行了美化、亮化升级改造。教室内外墙壁粉刷一新，教室墙裙美观雅致，楼道张贴着活泼有趣的立体卡通图案，校园文化墙、宣传橱窗展示了学校厚重的文化背景和丰富多彩的校园生活，新建的“想说就说 想唱就唱”和“想写就写 想画就画”展示厅为学生个性张扬、释放真我提供空间和平台。硬件建设的发展不仅为学校的软件建设奠定坚实的基础，更促进办学品位的提升。

【德育工作】学校一直坚持德育为

首的思想，强化德育队伍管理，着重抓好班主任队伍建设，通过班主任工作论坛、班主任技能竞赛、德育论文评选、教育案例展示、优秀班主任评选等活动，促进了班主任班级管理能力的提升。同时以少先队活动为载体，把养成教育贯穿到各项活动之中，做到了常规管理制度化、德育活动系列化。一是坚持了“每周一评比、每月一表彰、每期一总评”的评先评优活动，即每周评选卫生红旗班级，每月表彰文明班级，每期评选优秀学生和优秀班级，通过评比强化了班级管理，加深了德育常规内涵，引领了学生品格行为习惯的健康发展。二是通过组织“三·五”学雷锋、清明祭英烈、六一文艺汇演、爱眼日宣传、帮贫扶困、“三独”选拔赛、校园艺术节活动、田径运动会、冬季趣味运动会等活动，充分展示学生特长，彰显他们的才能，近100名学生在各级各类竞赛中获得奖励。三是始终重视生命健康教育，坚持阳光体育活动。学校成立学校田径代表队和足球队，坚持每日早晚训练，学生运动能力发展较快。学校足球队代表津市参加常德市小学生首届足球联赛，获得体育道德风尚奖。

【教学教研】学校坚持以教学为中心，全面提高教学质量。一是严格落实教学常规管理。教务处坚持教案每月一检查，做到有记载，有通报，有整改要求，并将检查结果纳入教师工作考评之中。二是树立质量意识，提高课堂教学实效。学校要求每位教师要树立“四十分钟质量意识”，能够结合专业和学科特点，提升自己的专长，积极改进教学方式和学习方式，注重培养学生的学习能力、独立思考能力、实践能力，发展学生的个性。同时针对薄弱班级现状，由行政人员包保结对，参与教学教研活动，指导课堂实践，通过“跟踪课堂 解剖课堂 考核课堂”，达到科学提质的目的。三是积极开展与承办富有成效的教研活动。4月1日，与翊武中学开展“送教下乡”活动，校长薛开元作专题讲座，胡海燕、彭敏老师各上出研讨课。4月份承办津市市语言文字运用主题研讨活动和全市教育系统小学组教学标兵评选课堂教学比武活动。6月21日，老科协教育分会近40名教育工作者来到学校进行调研。学校教师积极参加各级各类教学教研活动，在“一师一优课，一课一名师”的网上晒课活动中共晒课近110节，其中刘娟老师执教的语文课被评为省级优课。甘玲和张萍老师参加省级德育精品课评选获得优秀，付芳老师获得“常德市语言文字运用”主题研讨活动录像课比赛一等奖，李徽老师获得常德市数学录像课教学比武一等奖，教师撰写近60篇论文获得国家、省地市级奖励。（马瑶芳）

津市市第二小学

【概况】津市市第二小学前身为长郡小学，创办于1927年。1959年定为市重点小学，1978年成为常德地区首批重点小学。津市市第三小学前身是汤石学校，创办于1913年，1950年与当时的长郡小学即今津市市第二小学合并，更名为津市第二、三完全小学，后于1957年拆分。津市市兰雅幼儿园始创于1996年8月。2014年，为促进教育均衡发展，津市市第二小学、津市市第三小学、津市市兰雅幼儿园三所学校试行学区制管理。2016年秋季，为推动第二阶段联合办学改革，按“一所学校，三个校区，一套班子，一体管理”的思路办学，原三小校区为学区一年级部。目前，学区共有40个教学班（二小校区30个，三小校区6个，幼儿园4个），学生1852名，133名在岗教师。

【学校荣誉】近年来，学校先后获得了全国青少年文明礼仪教育示范基地、中国少年科学院科普基地、湖南省基础教育教学研究优秀实验学校、湖南省红领巾示范学校、常德市名优学校、常德市书香校园、常德市语言文字规范化示范学校、湖南省教师培训基地校等荣誉称号。

【教学教研】学校以校本教研为平台，以课堂教学为主阵地，全力建设“趣智课堂”，全面践行“趣智文化”。学校明确了三条实施途径，逐步形成了比较完整的实施框架：一是管理之“智”——以管理文化“接纳、激励”为导培训与培养管理团队，探讨“变说教为培训”的精细管理工作模式，彰显高效管理特色。二是活动之“以趣育智”——以七个篇章的学生德育活动、丰富多彩的教师校本培训活动为载体，坚持全面有效地激发师生学习热情与发展潜能。三是教研之“以智激趣”——以课题研究为抓手，建设书香校园，走科研强校之路，立足“趣智课堂”教学模式的深入研究，培养高素质教师团队，建设“趣智共生”的高效课堂。

【办学理念】“百年积淀厚积薄发促成长，诗家经典耳濡目染亮心灯”，津市市第二小学全体师生以昂扬的斗志，务实的作风，用趣智共生的行动诠释校训“学会生存，学会负责”，追求“为学生的终身发展与幸福奠基，为教师的专业成长与成功领航”的办学目标，落实“趣浸童年，智润人生”的办学理念。（陈芳芳）

津市市嘉山实验学校

【学校概况】津市市嘉山实验学校于2015年8月开办，是津市市委、市政府优化津市教育布局，扩大优质教育资源，在津市市工业集中区新建的一所高标准的现代化寄宿制小学。学校总投资3000万元，占地53亩，现已建成体育健身中心、教学综合大楼、师生食堂、师生公寓、附属幼儿园，高标准的塑胶田径运动场。学校校门外有嘉山园林广场，校内有车胤文化广场，校园绿树新植、环境优雅。学校发展的总体规划：一年规范、三年创特色、五年铸品牌。

学校设施先进、功能齐备，安装校园广播系统和校园网络系统，实现班班通、电子白板进教室，配置多媒体教室、电脑室、图书室、阅览室、科学探究室、音乐室、体育器材室、舞蹈室、自然室、心理咨询室等十多个功能室，各个功能室配套设施设备资金总投入486万元，达到了省颁布的一类标准。

学校现有教师25人，其中，中级教师11人，高级教师2人，常德市学科带头人1人，津市市骨干教师1人，本科以上学历100%。是市教育局精心组建的一支结构合理、业务精干、充满活力的教师队伍，人均年龄31岁，在这支队伍中，既有常德市学科带头人、又有津市市骨干教师；既有经验丰富的中年教师，又有音体美才艺特色鲜明的青年教师。他们有激情、有梦想、能吃苦、敢创新，他们的工作实力，在开学工作中获得了学生、家长及社会的高度认同，社会各界反响良好。

学校设计容纳学生600人，2015年秋季开办至今，已经招收学生367名，开设了一至六年级8个教学班，其中，一、二年级分部开设了两个班。

【办学理念】嘉山实验学校将秉承给每一个孩子提供最适宜的教育的办学理念，以争创“环境一流、设备一流、师资一流、管理一流、质量一流”为办学目标，以“文化立校，特色强校”为办学思路，以“阅读滋养、艺体见长”为办学特色，把学校打造成“内外和顺、色彩丰富、书香满园、情趣四溢、智慧充盈”的魅力校园。

【学校荣誉】学校开办一年多，各项工作稳步发展，社会声誉逐步提升。获得2015——2016学年度教学质量进步奖、2016年常德市教育科研先进单位、常德市安全文明校园、常德市园林学校、湖南省健康学校。

【队伍建设】使命在肩，唯有努力！学校发展靠教师，学校在整章建制同时，着力打造教师队伍。年轻、活跃、素养全面是嘉山团队教师的特点，经验不丰富、教学功底不深是我们的不足，为此，我们采取强化学习，更新理念、开阔视野。外出培训是重要手段，学校先后派出教师100多人次前往南京、长沙、益阳、株洲、常德、澧县等地学习。为了保持与外界教育信息畅通，通过申报，我们先后成为了湖南省中小学管理专业委员会理事单位、湖南省教育科学研究工作委员会理事单位、湖南幼儿师范高等专科学校小学教师教育联盟单位。大力开展读书活动，在教师个人订购教育类书籍的同时，学校统一购买堪称教育经典、世界畅销的《第56号教室奇迹》、新教育实验发起者、“中国改革十大新闻人物”朱永新撰写的《致教师》和各学科(语文、数学、英语等)《新课标解读》等，倡导并组织开展全校性的读书活动。寒、暑假，学校都会拟定读书活动方案，对读书笔记、心得体会的撰写提出明确的要求，开学初，教师集中的一件大事，就是开展读书心得交流活动，并评选“优秀读书奖”。组织集中学习。在每周一次的教师例会上，组织全体教师集中学习教育政策法律法规、传递当前教育改革的动态、核心理念等。加强教师队伍的学习，提升青年教师队伍素质，优化教师队伍，形成结构合理，素质精良的教学梯队。常德市级、津市市级学科带头人、骨干教师在教育一线尽职尽责，在本职岗位上发挥着带头引领作用。在2016年下半年的教师节表彰中1人获得教学质量进步奖、5人获得优秀教师称号，学校获得教学质量进步奖及教育科研工作先进学校称号。嘉山实验学校党支部做好常规管理，注重队伍建设，2016年度发展新党员张滢、周煦子。

【德育工作】积极开展系列主题教育活动：爱国主义教育活动、法制教育讲座活动、心理健康讲座、家庭教育讲座、关爱“留守儿童”教育活动，文明礼仪教育活动、艺术节展演活动、体育节竞赛活动、国学经典诵读、趣味运动会、全国机器人大赛。学校开设了足球、跳绳、童声协唱、口风琴、书法、绘画等12个社团。学生活动成绩突出。学校信息技术兴趣小组在第11届全国青少年教育机器人奥林匹克竞赛中获得华中区一等奖，学校文学社创编的社刊《嘉苑》在津市市中小学校园文学社刊评比活动中获一等奖。学校舞蹈队的原创音乐剧《寻梦》在津市市第十七届艺术节展演中获特等奖、最佳创意奖。学校乒乓球代表队分别在第十六、第十七届乒乓球比赛中获佳绩，学校体育代表队在津市市第十九届田径运动会上获小学组团体总分第四名，实现了从上届到本届提升7个名次的飞跃。安全教育时时抓，全年校园安全责任事故和校园违法犯罪率为“零”。

【教学教研】2016年开始启动“每周一得”分享教育心得、读书感悟、畅谈教育人生。落实教研组备课组集体活动，从会议考勤、备课资源上传、活动记录等方面进行量化考核。教学方面，组织开展师徒结队活动、课堂教学研讨、比武活动、课题研究活动、国学经典诵读活动、古诗词背诵活动、家长会等。学校先后承办了“谭晓明工作室”工作推进会、常德市小学数学“数与运算”教学专题研讨会，有序的组织与安排赢得主办部门及与会教师的一致好评。教学比武成绩显著，先后有6名教师参加市级、省级教学比武，其中刘郦娴执教的《三角形的内角和》、刘蕾执教的《语言的魅力》、陈志伟执教的《找次品》获得津市教学比武优胜奖；贺星恒执教的《红绿灯在站岗》荣获常德一等奖；卜小华执教的《我的战友邱少云》荣获湖南省优秀奖；贺艳艳录制的《What's your hobby》一课和刘郦娴录制的德育精品课《遇见陌生人》正在参评。38篇教学论文、录像点评获得省、市级奖励。有经验的教师上好示范课，青年教师上好展示课，人人参与，共同进步。语文课题研究稳步推进，《城市小学国学经典诵读的整体推进策略研究》2016年6月顺利在省级立项。

【校园文化】积极的校园文化是学校发展的生命，是无形的生产力。学校自开办以来，就对学校文化建设给予了高度的重视，建校初期，对校园文化建设，我们提出一个目标:共建、共享积极的校园文化，并拟定了基本的理念文化。用门牌颜色划分处室功能，让校园色彩更加丰富，让处室功能更清晰。天空蓝代表教室，梅花红代表办公室，青草绿代表功能室，活力橙代表仪器室、准备室。绅士、淑女的厕所导向牌、文明提示楼层引导标志、文明食堂的创建、养成教育，从细节着手，让学生行为举止更加优雅。德育、教务、办公室、工会宣传栏的建设让学校工作更加透明化，宣传阵地统一化。2016年，通过深入思考、反复琢磨，学校在原有理念文化的基础上，提出了“嘉”文化的概念。“嘉”取材于学校名称的首字，由“鼓”的偏旁与“加”组合而成，其本义就是击鼓声、呐喊声交织，预示齐心协力、结局美好。结合学校实际，赋予了它有三重含义：温馨、美好、向上。为了将学校核心文化理念根植于每一位嘉山团队成员的内心，让“嘉”文化引领学校发展，学校通过环境布置、制度管理、机制激励、会议阐述、适时交流、活动深化等方式，让理念深入内心。其中，机制激励主要是通过评价来实现，即在教师评优评先、晋级、绩效考评过程中，学校将文化贡献与业绩贡献同时作为教师评价两项指标。文化贡献是指教师遵守学校制度的情况以及传递的思想、思维方式、理想、道德与价值观等。

【宣传工作】立足微信平台宣传学校，一年来微信平台新增图文百来篇，每篇稿件的点击率都达上百次，在市教育局、津市人民政府网、红网常德站教育频道发稿近百篇，津市电视台的《文艺播报》等栏目报道学校专题新闻数次，各种宣传渠道架起学校与家长、社会之间沟通的桥梁，增强家校联系，有利于更好的开展工作。　（田先）

津市市火花幼儿园

【学校概况】火花幼儿园是津市市教育局直属公办幼儿园，常德市示范性幼儿园，地处万寿路繁华商业中心地段，交通便利，安全无噪音、无污染。教育资源丰富，自然环境幽雅，人文氛围浓郁。幼儿园管理规范，服务热情，是孩子们学习生活的理想乐园。

火花幼儿园占地面积2866平方米，园舍面积3455平方米。标准高、设备新、卫生条件好。拥有全省一流的幼儿户外活动环境。各种各样的幼教大型玩具、游乐设施、塑胶操场、幼儿戏水池、沙池等科学布局，一应俱全。电子钢琴、电脑、液晶电视、DVD、中央空调、紫外线消毒灯、自动化广播、教学监控设备等现代化教学设施设备配置齐全。厨房设备科学精良，幼儿活动区、生活区十分标准规范，为幼儿提供了一流的学习生活环境，硬件设施达省级示范性幼儿园建设标准。是一所拥有现代化教学设备和高素质高水平师资力量的示范性幼儿园。

【教师队伍建设】火花幼儿园现有教职员工59人，大专以上学历教师71%，本科教师学历占40%，中级职称教师占44%，初级职称教师占56%，严格按照每班“两教一保”的标准配置教师。

火花幼儿园设有小小班、小班、中班、大班14个班级，在园幼儿501人。注重幼儿基础课程教学，综合运用多媒体教学，功能室齐全。该园认真贯彻《纲要》、《指南》精神，从“以爱为魂，以人为本”为办园理念；以“乡土资源的挖掘利用”为教育特色。一年来，幼儿园在各级领导的关爱与支持下，在全体教职工的共同努力下，无论是管理水平、师资队伍，还是保教质量、幼儿发展，以及科研工作都相应地取得了显著的成效。周颖文、张玲、谭敦慧、罗晓芳被评为常德市骨干教师，刘松梅被评为常德市优秀共产党员、周颖文被评为津市市优秀共产党员，傅婷婷、熊相蓉等5名教师获市教师节表彰。6月舞蹈《京韵花翎》在津市市中小学（幼儿园）艺术节获特等奖、7月代表教育系统参加广场舞大赛获特等奖，11月在全市教育系统工间操比赛中获特等奖。

【师德建设】幼儿园注重教师师德教育，每月对教师进行一次集中培训，全面提高教师的师德素质，培训内容为上级文件和各类法律法规。暑期进行为期5天的集中学习，对教师家教教养、有偿补课进行自请自查自纠，并签署师德承诺书。

【教学教研】幼儿园从完善组织建设，健全各项制度，加强教育培训，强化业务技能，加强检查指导，抓好细节管理，定期总结反思，开展丰富的活动，为保障幼儿健康成长奠定了良好的基础。为大力提升教师教育教学水平，先后安排27名教师到上海、深圳、青岛参观学习，回园后和幼儿园所有教师交流分享，实现大家共同进步。结合本园实际情况，根据幼儿园各年龄段的不同特点，编排了小、中、大班跑操。2016年6月，卜红执教的《三只猴子》、毛君丽执教的《美丽的焰火》分获常德市艺术领域教学比武二、三等奖，2016年11月陈玉姗执教《谁能吹出泡泡》、周颖文执教《打败魔咒》参加送教活动活动。积极撰写教育教学论文，其中2篇论文在省市级期刊上发表，20篇论文获省市级奖励。

【德育教育】幼儿园秉承“以人为本、以爱为魂”教育理念，让幼儿在快乐的游戏和日常生活中接受教育，3月开展的雷锋学习月，让幼儿除了从图片和音乐上了解雷锋精神外，还让幼儿之间用相互帮助理解雷锋精神。5月开展幼儿“自理小能手”比赛，不仅提高了幼儿的自理能力，同时也激发了他们自己的事情自己做的欲望，增强了宝宝们的自信心。6月开展的“轻器械操比赛”，使幼儿在器械操的锻炼中获得良好的情感体验，开朗积极和充满信心的个性心理品质得到培养，不仅激发了幼儿参与体育活动的积极性，而且促进了幼儿基本动作的发展，提高了幼儿动作的协调性，增强了幼儿体质，促进了幼儿身心和谐发展。10月开展“爱祖国、爱家乡、爱火花”朗诵大赛，小朋友把爱祖国的心情以诗歌的形式进行表达，寓教于诗，使大家从小对爱祖国之情有了更全面、深刻的认识，争做讲文明，重礼仪的合格小公民。元月开展的“庆元旦·迎新年”活动，不仅提高孩子们的动手能力和交往能力，培养他们的自信心，还让大家度过一个快乐而又有意义的元旦，感受到节日的喜庆。

【家长工作】火花幼儿园始终坚持

公开办园、民主办园，让家长委员会的委员们参与到幼儿园的日常保教工作中，进一步增加办园的透明度，为创办社会放心园所开放一个展示的窗口。6月、12月分别举行家长半日开放活动，更是让每一名家长走进幼儿园，走进班级与幼儿一起开展活动，观摩和体验幼儿园的一日保教常规。（曾丹）

【概况】津市市卫生和计划生育局于2015年11月由原卫生局和原计划生育局合并组成，主要履行原卫生和计划生育工作职能。按《三定方案》规定，局机关设行政许可办公室(含办公室)、人事股、财务股(含核算中心)、医政医管中医股(含血防办)、基层卫生股(含药品管理办公室)、计划生育基层指导股、计划生育家庭发展股和流动人口计划生育服务管理股8个股室。下辖19个二级机构，其中参管单位1个：卫生计生综合监督执法局；一类事业单位4个：妇幼保健计划生育服务中心、血防站、疾控中心、农卫站；二类事业单位1个：人民医院；转体单位13个：中医院、妇幼保健院、4个建制镇卫生院、3个非建制卫生院和4个社区卫生服务中心。整个系统在岗干部职工1112人，其中卫生专业技术人员921人(高级职称70人，中级职称295人，初级职称556人。

2016年，在市委、市政府的正确领导下，在市人大的有力监督下，津市卫生计生工作以卫生三年攻坚为抓手，凝心聚力，攻坚克难，各项工作取得一定成效。

2.“创国卫” 工作取得阶段性成效。一是拿出“创国卫”工作硬件盘子，明确推进节点；二是尽部门牵头和推进之责，2016年6月顺利通过省爱卫专家组对全市“创国卫”工作的验收评估，取得向国家申报创建国家卫生城市的资格，7月份通过了国家爱卫办对申报资料的审核；三是2016年10月顺利通过了国家暗访专家组对津市“创国卫”工作的检查，11月通过了省爱卫专家对津市暗访问题整改工作验收。

2.卫生“三年攻坚”有序推进。一是明确2016年目标和重点，争取国家、省、市相关项目和资金的支持。二是2016年12月金鱼岭社区卫生服务中心综合楼投入使用；白衣卫生院公卫楼主体工程竣工，2017年1月可投入使用；中医院住院大楼、汪家桥街道社区卫生服务中心整体搬迁等四大攻坚任务正在按照时间节点有序推进。

3.卫生计生整合工作顺利实施。相继完成原卫生监督所与原计生执法大队、原市妇幼保健站与原计生服务指导站的机构、人员及职能整合；各镇设立卫生和计划生育办；新组建的机构运行良好，各项工作有序推进。

4.医疗卫生发展稳妥有序。一是医疗卫生布局全力推进。重点推进人民医院、中医院和妇保院整体搬迁或改扩建论证工作。完成行政区域调整后的乡级和村级医疗的整体布局。二是专科建设稳步提升。中医院的脉管炎科、针灸按摩科成功申报为常德市中医重点专科；人民医院的妇产科、泌尿外科力争进入省重点专科项目笼子。三是“二甲”医院创建、复评工作顺利验收。6月份中医医院成功创建二级甲等中医医院；人民医院已完成“二甲”医院复评工作。四是专业技术人员培训有序开展。全年共选派87名专业技术人员到三级甲等医院参加培训，其中4名本科学历住院医师参加住院医师规范化培训，2名执业医师和2名执业助理医师分别参加两年全科医生转岗培训和助理全科医师培训。五是中医药工作进一步加强，2016年1月，被授予“全国基层中医药工作先进单位称号”。

5.公共卫生服务全面提升。一是继续全面推行公共卫生服务工作量化绩效考核。4月份迎接省卫计委公共卫生专项检查，2016年11月被评为“2015年省级公共卫生优秀单位”。二是疾病防控能力进一步加强。狠抓重点传染病防控，推进地方病防治，加强对艾滋病监测和行为干预。开展手足口病监测，无手足口死亡病例。加强职业病防控，疾控中心完成卫生服务机构职业健康体检资质现场评审工作。加强慢性病示范区建设，2016年12月被授予“省级慢性病示范区”称号。三是妇幼保健水平得到提高。农村孕产妇住院分娩基本医疗实行了全免，农村孕产妇项目补助人数802人，补助金额24.06万元。完成城乡免费孕前优生健康检查1018对，截止目前津市市无孕产妇死亡。0–6岁儿童健康管理率达92%。四是精神卫生工作有突破。全市共转岗培训4名精神科医师，基本满足精神卫生工作需求，精神病人得到有效救治。五是血吸虫病防治有作为。完成垸内外查螺 1028.63 万平方米,占年任务的 102%,全市未发生一例急性血吸虫病病例。免费救治晚期血吸虫病人 141 人。

6.计划生育工作成效显著。一是生育秩序继续保持稳定。主要表现在:人口出生比较稳定,波动幅度小,截止目前,符合政策生育率为 99.05%,比常德市下达的 97%指标高 2.05 个百分点。二是全面二孩政策推行有力。截止 12 月 31 日,津市按政策和程序共办理了 1102 例夫妇申报二孩服务证登记。三是家庭发展工作有效落实。及时足额发放了 2015 年三项扶助金 513.25 万元。2016 年,津市确认农村计划生育家庭奖励扶助对象 4479 人,计划生育家庭特别扶助对象 444 人,手术并发症特别扶助对象 27 人,三项扶助金已纳入财政预算,截止 2016 年底,落实利益导向扶助资金共计 3232 万元。与此同时完成打击"两非"案件 2 例。四是流动人口计划生育服务管理工作得到进一步加强。加强信息平台的日常监管,平台各类信息的反馈率均为 100%。五是计划生育协会工作得到强化。突出生育关怀工作,全年走访慰问计生困难家庭 165 户,发放慰问金或物资共计 9.1 万元。慰问贫困大学生 18 人,发放慰问金 4.4 万元。结对帮扶 6 家计生贫困户,开展精准扶贫。完善基层计生协组织网络,积极开展了"湖南省计生基层群众自治示范村(居)"的创建活动,已申报两个"省级计生基层群众自治示范村(居)"。六是卫生计生综合执法高效有力。强化打击非法行医和"两非"的日常管理工作,完成了常德市社会抚养费征收的考核任务。

7.党风建设与行业管理力度进一步加大。一是部署好行风建设年各项工作,完成了年度目标任务。二是组织好"雁过拔毛"、"纠四风"等党风廉政建设各项活动。2016 年共查处"四风"问题案件立案 3 起,处理 4 人;发现"雁过拔毛"问题线索 1 起,及时上缴违规截留资金 35.57 万元。三是开展收受回扣、不合理诊疗、有偿转诊等 6 项行风建设专项整治。

8.中心工作全面完成。全年向上争取资金 1.47 亿元,完成全年争资任务的 195%。完成对 35 名重性精神病患者救助救治和 3266 名农村适龄妇女"两癌"筛查两项省级重点民生实事项目。小康指标全面达标。农合参合率 100%,每千人口拥有床位数 4.47 张,5 岁以下儿童死亡率 4.29‰。（蒋玘霖）

【卫生计生监督】津市市卫生计生综合监督执法局于 2016 年 1 月由原津市市卫生监督所和原计划生育执法大队合并而成,隶属于津市市卫生和计划生育局。目前全局在编人数 27 人,长期从事卫生计生执法工作 21 人。

2016 年津市市卫生计生综合监督执法局在津市市市委、市政府的坚强领导下,积极推进机构改革,着力强化队伍建设,不断完善工作机制,加大监督执法力度。实现了人员配置、职能划分、工作协调的有效磨合,迅速打开了局面。各项工作开展顺利,成效显著。

坚持从严教育、从严管理原则,着力打造一支过硬的执法队伍。一是完善管理机制,制定了《加强干部管理的有关规定》、《优化经济发展公开承诺》等规章制度,严格考勤整顿上班纪律,规范干部着装风纪,用纪律、制度约束干部行为,增强了干部的纪律意识、规矩意识;二是利用"两学一做"有利契机,提高了党员干部整体素质。全年,共组织党员干部集中学习 25 次,上党课 4 次,党员自学人平 40 个小时,开展集中讨论 2 次,完成学习心得体会 45 篇,撰写文章 12 篇,极大地增强党员干部的政治意识、大局意识、纪律意识。

组织开展打击非法行医暨非法采供血、传染病防治等专项整治行动。制定《关于进一步加强医疗机构依法执业管理的通知》并根据《医疗机构管理条例》、《医疗机构校验管理办法(试行)》的规定针对 30 家不符合要求的典型单位作出暂缓校验的决定,全市各级医疗机构单位 186 家,全年,打击非法行医 8 起,出动车辆 30 次/人,没收非法所得 2000 元,没收药品、器械 5 箱。已监督全市各级各类医疗机构 372 户次,针对检查时发现的违法违规情况,下发监督意见书 178 份,责令改正 178 户(次),监督覆盖率达到 100%。同时进一步规范放射诊疗许可证的办理和校验工作,全年市局共抽查放射诊疗单位 13 家。制作文书 26 份。

实行医疗废物全覆盖处置。在做好市直医疗机构医疗废物集中处置的基础上,认真贯彻上级文件精神,积极争取市委政府支持,安排专项资金,组成专职队伍,配套车辆设备,对乡镇卫生院和个体诊所医疗废物日收日清集中处置,延伸了医疗废物处置的深度和广度,扫除了死角。对所有医疗机构未按照《医疗废物管理条例》相关规定进行医疗废物处置的,我们均对其提出整改意见,并给予行政处罚。共查处一般案件 32 起。

全面开展消毒产品经营单位的监督检查。重点查处药品经营企业和医疗机构消毒产品经营过程中存在的消毒产品冒充药品的违法行为,餐饮具消毒单位的工艺流程和使用的消毒器械、消毒剂、洗涤剂、和包装材料是否符合规定要求。全年共出动卫生监督员 28 人次,执法车辆 8 台次,共检查药品经营企业 12 家,医疗机构 22 家,2 家餐饮具集中消毒单位,发现存在问题产品 9 家,违规消毒产品在监督员要求下已全部下架. 查处药品经营企业以药品名义销售消毒产品案件两起,罚款 1 万元整。对因采购洗涤剂、消毒剂、包装材料时未索证索票和建立进货查验记录不规范,检验室检验记录不全的餐饮具消毒单位,给予警告并责令限期改正。

实行学校卫生责任监督管理。全市中小学校、幼儿园每月对本单位饮用水卫生、教育环境、生活设施、传染病防治、卫生保健情况进行自查,形成专题报告,由校长审查,签名上报。根据报告组织力量现场监督检查,为加大力度、形成声势,5 月份,由市卫计局邀请部分市人大代表、政协委员和政府监督员牵头,协同疾控中心、妇保院、教育局等单位,抽调人员组成检查小组对市区中小学校、幼儿园,按照《2016年春季学校卫生评分细则》进行现场评估打分,对分数偏低和监督检查中出现问题和存在隐患的单位负责人进行质询,当场开出交办通知书,责令整改。

坚持对生活饮用水进行监督公示。2016年3月卫计局对全市水厂自身管理情况、卫生管理制度和岗位责任制落实情况以及突发事件应急预案、乡镇分水站供管水人员健康等情况进行监督,对不达标和存在问题的单位,会同相关部门进行处置。并将监督结果连同疾控中心提供的水厂水质和管网末梢水质检测报告一并在市电视台图文频道和手机报进行滚动播出,接受广大市民监督。8月份对农村饮水安全再次进行监督检查,重要检查市政府实施城乡供水一体化工程后,各乡镇水厂是否存在私自制水供水现象、各乡镇分水站水源防护巡查是否规范、供管水人员健康体检是否到位等情况,确保全市农村群众喝上安全放心的饮用水。

大力打击对违法生育和"两非"行为。重点查处一起非医学需要非法为他人鉴定胎儿性别案件,并依照相关法律规定给予相应的处罚。

"创国卫"工作成效显著。2016年,紧紧围绕创建国家卫生城市这一个全市工作重心,充分发挥部门,通过多途径、多形式广泛宣传、培训,发放各类宣传资料1万余份,举办公共场所、生活饮用水安全及医疗机构废物无害化处理和相关法律法规学习培训班5期,培训人数达320人次。对"三小"门店实行网格化监督服务管理。"创国卫"对全市"三小"门店按照所在街道社区分布位置实行分块,由监督员责任管理,局稽查科对监督员履职情况进行稽查,对外公示举报电话,从而有效保证监督到位。结合创国卫这一全市中心工作,着力抓好规范化服务管理。2016年以来全市免费张贴公示牌280块,对符合要求小旅社、小宾馆发放清洁篮及毛巾共计3000余套,对小理发店、美容店发放消毒工具箱150件、头癣病人专用工具箱200个,灭蝇灯300盏,对重点单位发放多用消毒柜50台。

继续推行公共场所卫生监督量化分级管理制度。认真落实公共场所量化分级管理有关要求,开展卫生监督公示制度试点,加强抽检信息通报、公示和管理,加大对违法行为的查处力度。严把卫生许可关。坚持依法许可,把公共场所卫生许可作为确保公共场所卫生安全的第一关,对公共场所单位的生产经营场所卫生条件等各环节严格审查,严把许可关。全年共发放卫生许可证180家。开展公共场所卫生监督监测。全年全市监督检查公共场所212户,制作文书327份,完成212家公共场所单位的日常卫生监督监测工作,采集市直管公共场所单位顾客公共用具样品212份,合格样品212份,合格率100%。

(郭博礼)

【妇幼保健】2016年津市市妇幼健康服务工作工作思路是:深入贯彻党的十八大和十八届三中、四中、五中全会精神,紧紧围绕卫生计生中心工作,适应新形式,抓住新机遇,把握新机遇,以推进出生缺陷防治和重大妇幼公共卫生项目实施为重点,创新服务模式,强化服务监管,提高服务质量,全面提升妇幼健康管理水平和服务能力。在上级妇幼保健主管部门指导下,在市卫计局的直接领导下,通过一年的努力,以津市市妇幼保健院为主体的妇幼健康服务工作完成上级下达的各项任务和指标,工作取得长足的进步,取得了较好的成绩。一是孕产妇健康管理工作:全市无孕产妇死亡。孕产妇健康管理率达93.57%,高危孕妇筛出率达30%以上,高危孕产妇管理率达99.82%。孕产妇住院分娩率达100%。二是0–6岁儿童健康管理工作:0–3岁儿童系统管理率达86.95%,0–6岁儿童健康管理率达91.12%,5岁以下儿童死亡率为4.29‰。三是妇幼重大公共卫生服务项目开展情况:(1)孕产妇艾滋病、梅毒及乙肝检测实行全免费,检测率达100%。(2)妇女病普查16954人,普查率达36.89%。(3)县乡农村孕产妇住院分娩基本医疗全免费工作全覆盖,对农村孕产妇住院分娩实行一站式服务。四是出生缺陷防控工作:(1)全市积极推进免费婚前医学检查,婚检率达90.59%。(2)叶酸投服工作:叶酸投服率达96.40%,依从率达86.66%。(3)产前筛查工作:全市孕产妇产前筛查率达93.88%,产前筛查高危孕妇接受干预诊断率达73.75%,产前筛查高危孕妇妊娠结局随访率达100%,产前筛查综合干预率达89.68%。(4)新生儿疾病筛查率为91.77%(机构)。(5)新生儿听力筛查率为94.13%(机构)。(6)地中海贫血初筛工作全覆盖。五是湖南省重点民生实事项目:农村适龄妇女免费的"两癌"筛查工作:全市任务数3139人,完成数3266人,筛查率达104%,查出宫颈癌3人,乳腺癌2人。六是国家免费孕前优生健康检查:全市任务数1200对,完成1478对(其中农村户籍1344对,城镇户籍134对),超额完成了省级下达的任务指标。七是计划生育手术开展情况:(1)放置宫内节育器1154人。(2)取出宫内节育器478人。(3)输卵管绝育131人。(4)负压吸引术、钳刮术、药物流产、麻醉流产共计1972人。八是健康教育工作顺利开展,各项指标均达到规定标准,广大孕产妇及群众健康意识得到明显提高。

(曾祥兰)

【创建国家卫生城市】2016年是创建国家卫生城市冲刺决战的一年。在市委、政府的高度重视和正确领导下,全市上下凝心聚力、攻坚克难,创国卫工作成绩明显,截止2016年12月31日,顺利通过了、省级技术评估、国家卫生城市申报和国家卫生城市暗访。市级四大领导班子高度重视创国卫工作,书记、市长多次召开创国卫工作部署会和调度会,并多次现场调度指挥,形成市委统筹、人大监督、政府落实、政协助力、纪委问责、全民参与的工作格局。

2016年创国卫工作采取市创建办和市创卫办合署办公,并从相关职能部门抽调专业人员组成创建国家卫生城市专业技术组、督查组和宣传组;采取指挥部下设5个街道片区的"一统五分"的调度机制,5片、10线、15个主创单位构成的"5115"工作机制,"市级领导联社区"机制,涵盖片区、线块和所有辖区单位的"双三级"考核机制等一系列创新性机制。

深入创卫工作宣传,市创卫办牵头督促媒体开办专栏、开辟频道、落实记者、包装策划,在城区单位、宾馆、超市、商店、餐饮、公共场所等醒目位置设立大型户外宣传广告,并在城区主次干道、窗口单位、工地围挡和人群聚集场所张贴宣传广告进行全方位宣传确保天天有创卫新闻,时时有创卫声音;督促学校开展创卫知识竞赛,开展小手拉大手活动,为创建增光添彩。督促单位、街道、社区、小区、学校、城乡结合部、公共场所设立《健康教育专栏》并及时更新。

大力开展市容市貌专项整治行动。联合街道社区、公安、城管等职能部门,实行"路段包保"做到市容环境整洁有序。牵头督促全市各单位开展搬家式卫生大扫除,清理陈年垃圾、清理杂草、治理臭水沟、臭堰塘。据统计,2016年全市共清理建筑及生活垃圾8845吨,清除杂草39160m^2。积极开展"三小"门店专项整治,全市"三小"门店基本达到《国家卫生城市标准》。加大投入,打造硬件。向市政府申请投资2000多万元加强中医院污水处理工程,疾控中心的实验室建设。

积极推进以"清洁家园、病媒生物防制、健康教育"为主题的"爱卫月"活动。开展创建卫生街道、卫生社区、文明卫生单位活动,完成常德市对津市43家省、市两级文明卫生单位复查和市本级部分创建单位的检查工作。

【国家基本公共卫生服务】国家基本公共卫生服务2009年启动,到2016年国家基本公共卫生服务从9大类增加为12大类45小项,2016年津市的国家基本公共卫生服务项目任务目标均已完成。共建立居民健康档案份数230213份,居民健康档案建档率为88.8%,管理高血压病人数为15284人,健康管理率为42%。规范管理高血压患者12878人,规范管理率为84.3%。糖尿病在管患者为5907人,健康管理率为31.5%,规范管理糖尿病人数4760人,规范管理率为74.6%。重性精神病人在管患者1156人,重性精神病的规范管理率为89.9%儿童预防接种建证率100%,孕产妇系统管理率98.03%,3岁以下儿童系统管理率85.20%,。7岁以下儿童健康管理率为90.60%,农村孕产妇分娩补助率为100%,登记初诊结核病人832人,新发涂阳任务指标完成100%。（张智洋）

【个体诊所管理】严格按照法律法规,合理设置审批权限内个体诊所,2016年底完成了全市66家个体诊所年度校验工作。卫计部门加强对个体诊所日常执业行为的监管,及时指导医疗机构规范执业行为;提高医疗服务能力和水平。规范医疗机构、从业人员、诊疗科目准入管理。（陈克春）

【市人民医院】津市市人民医院是津市一所公益性二级甲等综合医院,担负着全市28万人民及邻县部分群众的基本医疗、急诊急救及突发应急事件处置等任务。医院共设有16个临床科室、13个医技科室以及两个大型门诊部和一所社区医疗服务中心。现有占地面积32.8亩,建筑面积61750平米,编制床位500张,在岗职工573人,有正高职称4人、副高职称70人、中级职称162人,硕士研究生4人。医院拥有德国西门子64排128层螺旋CT机、荷兰Phillips1.5T磁共振、美国GE双排螺旋CT、800毫安X光机(DR)、美国GE血管数字减影机、移动式X线C臂机、高清晰四维彩超、全自动进口生化分析仪、OMOM胶囊胃镜、关节镜、宫腔镜、腹腔镜、鼻窦内窥镜、胆管镜、支纤镜、膀胱镜、输尿管软镜、钬激光等高精尖大型医疗设备160余件。

2016年市人民医院以深入整治"四风"为契机,以"三好一满意"为目标,把医院中心工作与公立医院改革、平安医院创建、五城同创等系列活动有机结合起来,管理上从严,工作上做实,不断强化内涵建设,取得较好的经济效益和社会效益,医院综合管理及服务能力再上新台阶。医院全年完成业务收入1.6亿元,门急诊228496人次,出院23089人次,手术3350例次,病床使用率为97.7%,病人满意度95%以上。聘请专业医院管理公司开展人事制度、绩效改革工作,荣获"湖南省厂务公开民主示范管理示范单位"。2016年12月被常德市消委评为"消费者信得过单位",连续多年被津市市工商局评为"消费者信得过单位"。2016年11月消化内科护士长马新莲荣获常德市"双十佳"医护工作者表彰。2016年5月马新莲、邓双月、鲁琴、曹雪芹荣获津市市护士岗位技能竞赛标兵。2016年12月朱传银、李菁、杨帆、刘世平、汤泽锋、胡振彬6人荣获津市市三等功表彰。采取送出去、请进来方式加强人才培养,与湘雅医院、省人民医院等三甲医院签订定点指导协议,全年共派出青年骨干15人到省级以上三甲综合医院进行专科知识进修学习。全年共招聘各类专业人才30多人。2016年10月顺利通过二甲复评工作检查验收。医院省级重点专科普外科为重点,着重建设心血管、骨外科、神经外科等2-3个常德市级重点专科,落实重点专科的创建措施和资金投入。共投入近2000万元添置64排128层CT、电子胃肠镜、神经外科电子显微镜、脑功能康复仪等一批专科设备。打造专科品牌,形成"院有重点、科有专长"的发展模式。以微创介入为突破,提高疑难及危重症的救治能力,全年开展完成冠状动脉介入诊疗技术、静脉溶栓治疗、缺血性脑卒中新技术、外周血管介入、子宫切口妊娠栓塞术等介入新项目150例。积极组织申报各级科研项目。申报市级以上科研项目2项,被市科技局立项的有1项,其余项目仍在科技局审核评审中。完成2项介入新技术院内结题,心血管内科刘世平荣获"津市市优秀科技工作者"称号。2016年9月份新一届市委、市政府高度重视医院建设发展,在充分调研,反复论证的基础上,同意医院改扩建方案,由市城投公司向省国开行贷款用于医院改扩建项目建设,力争三年内按三级医院标准建成一座设施先进、功能完善的现代化综合医院。积极与常德市第一人民医院建立合作关系，并于6月23日–25日由市委常委、宣传部长黄治军部长带队与常德市第一人民医院一行13人到浙江恩泽医疗中心集团化管理先进经验和运行模式，市委书记傅勇、市政府市长陈章杰高度关注与常德市第一人民医院整体合作工作，多次专题调研讨论与常德市第一人民医院整体合作，要求尽快落实与常德市第一人民医院的强强联手，使全市人民在家门口就能享受到三甲医院的专家服务。创建工作得到文明城市检查组的高度肯定。全年参与灾害事故和突发事件医疗演练4起，完成各类医疗保障服务12余次。吴友文同志的扶贫日记在常德市委组织部党建专栏公开发表、精准扶贫工作得到常德市委组织部、津市市扶贫办表扬。全年份精准扶贫下乡义诊三次，义诊人次210多人，免费发放药品5000多元，为5位扶贫对象制定脱贫计划，免费为他们体检，折合扶贫资金近1万余元，走访扶贫对象5户共计30余次以上，召开座谈会10次。（胡振彬）

【市中医医院】津市市中医医院成立于1953年，是澧水流域一所集医疗、科研、防疫、保健于一体，以中医中药为主的综合性医院。医院是城镇职工医保、城镇居民医保、新型农村合作医疗定点医院和津市市机动车驾驶人体检定点医院。医院占地面积8639平方米，建筑面积6884平方米。截至2016年底，医院现有职工100人，返聘、临聘人员44人，临床医疗、护理人员85人，工勤管理人员15人；副高级职称7人（返聘2人），中级职称26人，初级职称54人。医院开设有内科、外科、骨伤科、脉管炎科、耳鼻喉科、口腔科、妇科、皮肤性病科、麻醉科、手术室、肛肠病专科、糖尿病专科和省重点建设专科眼病专科、针灸推拿专科及放射、检验、B超、心电图等医技科室和药剂科、制剂室、供应室等辅助科室，主要设备有进口螺旋CT、影像CR、四维彩色B超、电子胃镜、电子肠镜、电子阴道镜、彩色经颅多普勒、腹腔镜、500毫安X光机、多普勒、眼科专用手术显微镜、全自动生化分析仪、血球分析仪、动态心电分析仪、心肺功能测定仪、体外震波碎石机、白内障超声乳化治疗仪、眼科A超、眼科B超、泪道激光机、呼吸机、心电监护系统。实现了中心供氧、中央传呼，医院电脑化网络管理。

2016年医院不断提高医疗质量、保障医疗安全、推动医院管理创新、提高全员素质方面又迈上一个新台阶。全年门诊量53296人次，收治住院病人3226人次，治愈好转率90%，中医药参与率55%以上；年业务收入2100万元，药品收入占总收入的41%，中医特色治疗收入占总收入的40%，形势稳定，平稳发展。2016年6月16日，津市市中医医院成功创建为二级甲等中医医院；6月30日津市市中医医院针灸推拿科、脉管炎病科成功获得“十三五”市级中医重点专科（病）称号；2016年市中医医院先后与湖南省中医附一、附二、中医药研究院、常德第一中医医院签订医院联盟协议书，成立中医联盟。（肖丹）

【疾病预防】2016年坚持“预防为主、防治结合”的方针，规范管理，全面开展各项疾病预防控制工作，全面落实各项疾病预防控制措施。加强体系建设，重点抓好实验室计量认证质量体系运行的各项工作，严格执行标准规范和技术操作规程，按计量认证、质量手册、程序文件、作业指导书、技术记录的各项要求，完成检测检验工作。圆满完成了各项菌、毒种传代和剧毒物品的保管工作以及检测检验仪器的维护、计量器具的周期性检定和实验室之间比对及能力验证。2016年通过“疾病监测信息系统”共报告乙类传染病15种707例（无甲类传染病报告、不含HIV阳性12例），分病种依次为：病毒性乙型肝炎（379）、肺结核（189例）、梅毒（71例）、丙肝（25例）、艾滋病（10例）、戊肝（9例）、淋病（6例）、血吸虫（5例）、甲肝（4例）、肝炎未分型（3例）、布病（2例）、出血热（1例）、狂犬病（1例）、痢疾（1例）、猩红热（1例），报告传染病死亡病例3例，分别为狂犬病（1例）、出血热（1例）、艾滋病（1例），发病率278.54/10万，死亡率为1.18/10万；报告丙类传染病5种523例，病种依次为：手足口病（403例）、流行性感冒（50例）、其它感染性腹泻病（27例）、流行性腮腺炎（24例）和急性出血性结膜炎（19例），报告发病率206.04/10万，全年津市法定传染病总发病率484.58/10万。2016年共报告传染病类突发公共卫生事件0起。全年传染病预警信息75次，预警病种分别为麻疹、手足口病、流行性感冒、其它感染性腹泻病、急性出血性结膜炎、流行性腮腺炎、戊肝，其中7起手足口病预警初步判定为疑似事件，经调查处理4起为聚集性疫情；8起麻疹预警初步判定为疑似事件，经调查处理最终排除疑似事件；其余预警信息经监测数据分析。 霍乱监测方面，2016年津市共登记腹泻病人701例，检索412例，检测结果均为阴性，检索率达58.77%，外环境常规监测样本共150份，其中外水60份、水产品90份，未有阳性检出。全年共报告手足口病403例（重症病例1例，无死亡病例报告），发病率为158.77/10万。采集手足口病散发病例样本55例和聚集性疫情病例样本8例，其中采样病例中实验室诊断27例（均为EV71感染者13例，Cox16感染者4例，EV感染者10例）。手足口病聚集性疫情4起，其中托幼机构发生聚集性疫情2起，行政村聚集性疫情2起，经过有效处置，均未发生暴发疫情。2016年全市医疗机构共录入死亡病例1283例，其中男性738例、女性545例，男女性别构成比为1.35:1。报告死亡率为505.47/10万，死亡数居前三位的病种依次为循环系统疾病、肿瘤、损伤和中毒外部原因。

2016年津市非结防机构网络直报肺结核患者215例，重报8例，住院6例，出院0例；应转诊追踪201例，收到转诊单187例，转诊率为93.03%；总体到位190人，总体到位率为94.53%；其中转诊到位77例，转诊到位率为40.52%；应追踪124例，实际追踪124

例，追踪率为100%，追踪到位120例，追踪到位率为96.77%；到位患者有诊断结果的有190例，其中非结核62例，占到位患者的32.63%，到位未收治的患者0例。2016年全市发现HIV/AIDS 12例（不包括津市监狱），其中AIDS 3例，HIV9例，共死亡4例（包括既往病例）。津市累计发现HIV/AIDS 71例，死亡14例，归口管理57例，正在进行抗病毒治疗46例。学校卫生工作扎实推进。2016年市卫计局联合市教育局对全市23所中小学校、65所幼儿园开展了卫生管理、突发公共卫生事件应急处置、传染病防控、手足口病防控、健康教育、食品、饮用水卫生与安全、校园环境及个人卫生等方面进行督查，并对督查结果进行了通报。2016年市疾控中心对全市二小、德雅、一中等10所学校进行了学校环境卫生监测；在全市开展全民健康生活方式行动示范学校的创建工作，共创建健康学校5所。积极开展学生体检和常见病防治，全年共体检15000人，学生驱虫10000人。深入开展健康教育宣传：全年共开展巡回讲座13次，卫生日宣传12次。（袁宇）

【血防工作】贯彻落实《湖南省消除血吸虫病规划（2016—2025）》，坚持预防为主、标本兼治、分类指导、综合治理、联防联控，狠抓各项防治措施的落实，全面开展查螺、灭螺、灭蚴、查病、治病，狠抓重点人群、渔船民的监管，广泛开展健康教育。全年查病14928人次，化疗15402人次，在涔水、澧水垸外洲滩及垸内沟渠查螺1028.63万平方米，药物灭螺242.91万平方米，汛期垸外湖洲水体灭蚴103万平方米，血吸虫病疫情控制成效显著，继续保持"急感"零目标，巩固血吸虫病传播控制达标成果。（庹红萍）

【实施国家基本药物制度】2016年，按照党中央、国务院决策部署，把深化公立医院药品改革作为保障和改善民生的重要举措，全面深化县级公立医院医药改革。将公平可及、群众受益作为改革出发点和立足点，坚持保基本、强基层、建机制，破除以药养医，全面执行国家基本药物制度。根据实施国家基本药物制度的要求，全面规范各社区卫生服务中心及乡镇卫生院的临床药品备案采购工作；合理规范抗菌药物的采购、管理、使用，防范抗菌药物的滥用。严格执行医药卫生改革的主要目标要求，2016年全市3家公立医院，所有基层医疗卫生机构，全部实施基本药物制度，网上采购，和零差率销售。（刘荣华）

【人口计生工作】2016年，是国家推行"全面两孩"新政和卫生、计生改革的开局之年，在市委、市政府的坚强领导下，全市上下牢牢锁定目标，鼓劲加压，攻坚克难，有力有效地推进计划生育工作顺利开展，圆满完成年初确定的各项工作任务。全市共出生2221人，人口出生率为8.68‰，符合政策生育率为97.95%，出生人口性别比为109.25，实现了"全面两孩"新政的平稳落地。1.基础工作扎实推进。加强宣传引导，采取发放资料、义诊服务、政策咨询、电视专栏等多种形式，广泛宣传计生政策法规和科普知识，帮助群众正确理解计生国策，掌握优生优育知识，为全年工作顺利开展打牢了群众基础;坚持依法行政，全年依法征收社会抚养费210万元，有力维护社会生育秩序；严格执行生育政策，完善便民服务机制，实行生育审批网上办理，共登记发放生育服务证及再生育证2435例，其中一孩1263例，二孩1106例，审批再生育66例，进一步提高行政效能和群众满意度;加强服务管理，共落实长效避孕节育措施369例；着力提高信息质量，全员人口数据信息上报及时率95.69%;夯实流动人口底子，完成信息平台的日常监控，无逾期、督办信息，信息反馈及时率为100%，完成与广东省的区域协作，提高了流动人口的均等化服务水平。2.惠民服务深入开展。大力实施国家免费孕前优生健康检查项目，进一步提高实验室检测质量，加强重点人群出生缺陷干预和跟踪随访，全市1477对育龄夫妇受益，其中高风险人群190人得到合理化的建议与指导。稳步实施奖励扶助政策，2016年全市确认独生子女保健费1383人，农村部分计划生育家庭奖励4479人，计划生育家庭特别扶助444人，计划生育手术并发症27人，城镇独生子女父母奖励14410人，确认准确率和及时率均达到100%。深入推进"特扶关爱行动"，对全市计生特扶对象每年增加600元生活补助，并为其代缴居民医疗保险和养老保险，形成生活扶助提标和养老托底、健康促进的综合关爱体系。2016年，全市共发放计划生育利益导向政策资金3477.27万元。3.协会工作成效显著。2016年着力打造"生育关怀"品牌，开展了系列化的生育关怀活动。全年累计救助计生困难家庭112户，救助资金11.26万元，救助计生贫困大学生18户，金额4.4万元；大力促进计生家庭发展，各级计生协会通过开展计生家庭系列保险，理赔金额20.1万元，理赔率达100%，进一步增强了计生家庭抵御风险能力；加强计划生育补助项目建设，新增计划生育补助项目3个，争取上级扶持资金18万元。大力开展计划生育村（居）民自治示范村、镇创建工作，创建常德市级示范镇1个，省级示范村（居）2个。4.综合治理力度加大。各个综合治理部门紧密配合，认真履责，进一步强化合力计生的工作格局。组织、宣传、统战、农业、人社等部门严格执行计划生育政策审查制度，在人大代表、政协委员选举以及各类招考、评先评优、表彰奖励中，按照函来函往要求，及时函告卫生计生部门审查，落实计划生育"一票否决"制。公安、市监、住建等部门在上户登记、证照办理、工程监管等方面，与卫生计生部门信息共享、工作互动，有力促进社会抚养费征收，提高了流动人口均等化服务。教育、民政、农业、移民、住建、人社、工商联等部门认真制定和积极落实优先优惠政策，为计生家庭发放和提高相关普惠扶助项目标准。5.组织领导坚强有力。在卫生、计生机构改革和政策调整的大背景下，市委、市政府坚持计划生育基本国策不动摇，严格目标管理，实行一票否决，强力推进计生工作稳步发展。市委、市政府主要领导多次听取卫生计生工作汇报，深入开展调查研究，协调解决了一批重点难点问题。2016 年 5 月 11 日市委书记亲临卫生计生局调研卫生计生工作，现场解决了工作中面临的难点和重点问题，并对津市卫生计生工作提出了更高的要求。财政保障进一步加强，按照省里规定的"计生事业经费投入与上年度实际投入持平或高于上年度"的要求，进行足额预算，且每月及时足额拨付到位。各镇、街道、场及相关部门坚持思想不松、标准不降、工作不断、力度不减，扎扎实实推进各项基础工作，为全市计生工作作出了应有的贡献。其中，金鱼岭街道被评为常德市"六五普法单位"、优秀(乡镇)街道，卫生计生综合执法局被评为省"打击两非"先进单位。（滕儒旭）

【流口管理】2016 年，津市流动人口计划生育服务管理工作以《湖南省流动人口计划生育服务管理办法》和《流动人口计划生育服务管理"一盘棋"业务规则》为指针，以"湖南省全员人口信息管理系统"为依托，以"关怀关爱"、"均等化"服务为目的，在上级业务部门的具体指导和基层流管工作人员的大力协作下，完成了各级交办的工作任务，工作稳步推进。基本情况。2016 年，津市总人口 256457 人，其中流动人口 58879 人，占全市总人口的 22.96 %。流出人口 53332 人，其中男性 27304 人，女性 26028 人，已婚育妇 18154 人。流入人口 5547 人，其中男性 2990 人，女性 2557 人，已婚育妇 1608 人。2016 年全市共新增采集录入流出人口 8307 人，新增流出人口占流出总人口的 15.58%；新增采集录入流入人口 1724 人，新增流入人口占流入总人口的 31.08%。接收反馈省内省外各类协作信息共 7034 条，其中省内 4318 条（流入地 121 条、流出地 1878 条、异地 2319 条)，外省 PADIS 信息 1337 条、湘粤通报信息 740 条，来源于广东流入登记协查信息共 639 条。无逾期信息、督办信息，所有信息都及时接收与反馈，反馈及时率为 100%。2016 年 1 月 20 日至 2016 年 2 月 19 日，组织开展了政策宣传咨询服务活动；落实卫生计生基本公共服务；关怀关爱特殊人群；做好生育服务登记；加强信息清理等流动人口关怀关爱的专项活动，共悬挂横幅、张贴标语、制作墙版报、翻新阅报栏 156 条；发放计生保健宣传品 25000 份；发放药具 1560 多盒；组织宣传车 2 辆；开展健康知识教育咨询 8 次共记 200 多人；办理各种有效证件 241 本，免费技术服务 316 人次；慰问流动人口计划生育贫困户 240 户；留守儿童、空巢老人 68 户，发放慰问金共计 8.7 万余元，设立咨询台、义诊站各 11 处，公布维权电话 11 部；设立建筑工地宣传点 5 个，开展流动人口现场招聘会 2 场，现场达 1000 人；举办各种形式文艺汇演进社区(村)12 场次；组织发动干部参加宣传教育活动 200 多人次。（乔新蓉）

【计生政策惠民】2016 年，津市家庭发展工作紧紧围绕为民办实事，解决计划生育家庭后顾之忧的目标任务开展工作，不断健全完善计划生育利益导向机制，在全面贯彻落实中、省、市有关要求的同时，结合津市实际研究出台一系列有利于计生家庭、计生工作的措施，多方位、多角度体现对计生家庭的关爱与照顾，初步形成集奖励、优先、优惠、扶持、救助、保障等为一体的政策体系。2016 年，共确认农村部分计划生育家庭奖励扶助对象 4479 人，共发放资金资金 42299840 元，其中今年新增 971 人，退出 63 人。在新增的对象中，正常新增 803 人，政策调整 168 人，分别为生育间隔 33 人，占 19.64%，早婚早育 42 人，占 25%，未生育收养 93 人，占 55.36%。共确认计划生育家庭特别扶助对象 444 人，发放资金 2217480 元，其中今年新增独生子女伤残对象 29 人，新增独生子女死亡对象 41 人，退出独生子女死亡对象 7 人。共扶助手术并发症对象 27 人，救助资金 41700 元。发放独生子女保健费共 1383 户，发放资金 16.596 万元。在完善计划生育利益导向工作中，积极协调相关部门，整合社会资源、打造联动平台，形成多方参与、齐抓共管、资源共享、优势互补的利益导向工作新局面。积极协调卫计、人社、民政、医保、教育等部门，知道制定有利于计生的利益导向政策。2016 年，人社局为 93 名计生特扶对象参加城乡居民养老保险给予每人每年 100 元补贴，为 158 名城镇计生特扶家庭代缴居民基本医疗保险每人 120 元；教育局在发放寄宿生、贫困生活补助、普通高中国家助学金时，为 100 名独生子女和农村双女户家庭女孩提高 200 元扶助标准；工商联在开展走访慰问活动中，为 1 名计生患病儿童送去慰问金 2000 元，在捐资助学中，为 17 名计生困难家庭给予每人 300 元资助；民政局在安排城乡低保及其他救助经费在平等条件下，为独生子女家庭和农村计划生育两女家庭提高救助标准 500 元 / 年，为计生特扶家庭进行临时救助时给予倾斜；住建局在农村进行危房改造和城镇安排保障性住房时，优先考虑计生特扶家庭；移民开发局在大中型水库移民后期扶持中，为计生困难家庭给予每人 500-1000 元的生活救助。农村居民中的 174 名特别扶助对象全部纳入新型农村合作医疗参保范围，由市财政代缴。（王红）

【计生协会工作】2016 年以来，津市市计生协会在市委市政府的高度重视和常德市计生协的精心指导下，紧紧围绕"创先争优、服务大局"这一工作重点和津市市卫生计生各项中心工作，开拓进取，努力创新，不断强化自身建设，夯实基层工作基础，深化生育关怀行动，进一步提高了协会组织的影响力、凝聚力和号召力，津市市计生协会在 2015 年年底进行的机构改革中，进一步优化计生协会领导班子，增强了工作力量。2016 年 7 月份，津市计生协会召开津市市计生协第七次会员代表大会，选举产生新一届的协会理事会、会长、常务副会长、专职副会长，新聘用协会秘书长，津市计生协会在流入人口较密集的嘉山街道办事处建立三个流入人口计生协会组织，开展经常性宣传服务活动；2016 年春节期间，共走访慰问计生困难家庭 153 户，发放慰问金或物资共计 8.1 万元。2016 年 8 月中下旬，开展助学活动。常德市计划生育协会及津市市计生协会共走访慰问计生贫困家庭大学生18人，给每位学子分别送上关怀助学金2000至3000元助学金，合计送上助学资金共44000元。2016年3月份，市卫生计生局、计生协联系特困村新洲镇庹家峪村(原复兴村)，同时，部分卫计局、计生协班子成员联系5个计生特困家庭，实行一对一帮扶。2016年市卫计局、计生协已向该村援助扶贫资金10万元;2016年以来，津市市各级计生协会组织和发动志愿者扶助计划生育特殊困难家庭130多户，发放扶持资金及物资共计8万多元。同时，计生协组织发动志愿者在大型节假日对“空巢老人”“失独家庭老人”开展心理疏导、生活照料，给这些老人带来家庭般的温暖;2016年5月，在“5.29”协会会员活动日，开展系列宣传服务活动。开展街头政策宣传，发放宣传资料5000多份;在人口集聚地进行了义诊，达200多人次;走访计生贫困家庭12户，慰问金额1万元；津市市乡级计生协会组织把津市市各镇卫生院(卫生服务中心)负责人吸收进计生协会组织，成为计生协会理事会理事;2016年在妇女“两癌”筛查、产前筛查、免费孕前优生健康检查的宣传发动及早孕随访、妊娠结局随访等工作中，积极参与，主动作为。在基层计生协的积极参与下，截止2016年10月底，津市市超额完成“两癌”筛查的目标任务127人，产前筛查率与2015年相比上升了29.83%，早孕随访、妊娠结局随访率达100%，无一人失访。

(滕儒旭)

文化 体育 广电 新闻出版

【概况】2016年，是文化广电新闻出版局和体育局合并新组建津市市文化体育广电新闻出版局正式运行的第一年，履行文化、体育、广播电视、新闻出版四家职能。局机关设办公室、财务规划股、法制服务股、社文艺术股、体育股等五个股室，下辖8个二级机构，2家转制企业，一个投融资公司，分别为文物局（副科级参管，挂博物馆）、文化市场综合执法大队（副科级）、全民健身服务中心（副科级事业）、文化馆（挂美术馆）、图书馆、非物质文化遗产保护传承中心（挂艺术研究所、孟姜女文化演艺公司）、青少年体校、广播电视电影事业站、红旗剧院有限公司、电影放映公司、北辰文体投资发展有限公司。先后建设完成9个乡镇综合文化站、99家“农家书屋”、51家“体育小广场”。新增2个图书馆分馆，1个社区文化广场、1个红色纪念馆、1个民俗文化展览馆，为基层社区居民活动点配送体育健身器材107件。进行广播电视基础设施建设，完成省重点民生实事项目1070套电视户户通工程建设任务。覆盖城市社区，覆盖城乡的公共文化服务网络基本形成。

在新领导班子的带领下，全市文化体育广电新闻出版工作有了新气象。积极深化文化体制改革，务实创新、奋发拼搏，又好又快的推进了全市文化体育发展与繁荣。

【文化事业】坚持文化为民，开展丰富多彩的文化活动。一是活动惠民。始终坚持文化为民的工作导向，活跃文化氛围，丰富群众文化生活，组织开展各类传统节庆及文化惠民活动，着力创新文化品牌，打造特色亮点。举办“欢乐津城”2016送文艺进社区巡回演出”、津市市“文化科技卫生三下乡活动”、“慎终追远、缅怀先烈”清明节大型祭奠演出、2016年“农村法治宣传月活动启动仪式”文艺演出、“大鼓曲艺协会文化志愿者赴毛里湖、新洲、襄阳社区惠民巡演”、“常德百团大赛百姓大舞台津市曲艺演出”、“常德白马湖百姓大舞台惠民演出津市孟姜女演艺公司专场”、开展“全国第11个文化遗产日系列宣传活动”。围绕“车胤文化”系列阅读开展了各类阅读活动，启动了第四届“车胤读书节”，举办“4.23”世界读书日暨“车胤读书节”书香致远伴成长主题读书活动、《幼儿春季常见疾病家庭护理》公益讲座、“车胤读书”节孝亲敬老、弘扬美德道德讲堂走进二小、“车胤读书”最美家书征集等活动，图书馆正式挂牌为“津市二小、三小学区校外德育基地”，特别是联合津市市电视台开展“晒一晒我的图书角”活动，吸引近3000余观众关注并参与投票，在全市社会各界引起强烈反响。成功举办“大美津市 精致新城”为主题的津市市首届微电影大赛、“墨趣”高汉泉个人书法展和首届津市市美术馆馆藏书画展等文化展演，开启全市文化活动的新篇章。据统计，全年已组织开展各类文化惠民活动近30场，参加活动200多人次，受益群众2万多人次。二是服务利民。以三馆免费开放为平台积极开展志愿者服务活动。2016年初成立图书馆之友志愿者服务队，以图书馆为基础支撑，组建一支国际化的志愿者队伍，开展了“新春乐公益 后湖100K”全球线上线下同时接力跑、“益跑益歌”五城音乐会等公益活动，扩大了津市影响力，获得省市级部门的关注和好评。借创建国家卫生城市为契机，全体机关人员参与文明交通、集中清洁街道等志愿者服务活动，为创建全国卫生城市贡献力量。组织志愿者积极参加献血活动，将创建文明单位工作落到实处。围绕湖南省自行车联赛、常德市老干部门球赛、欢乐津城暨百团大赛、广场舞大赛等活动组织文化和社会志愿者共500多人（次）开展志愿者服务，志愿者们认真负责、吃苦耐劳、兢兢业业的工作态度得到社会各界的一致好评。

坚持树立精品意识，推动文艺创作繁荣发展。依托津市特有的厚重的宗教文化和美妙绝伦的自然生态环境，以药山寺惟俨禅师的禅宗思想以及其对儒学的影响为中心，创作大型音乐舞剧《药山禅韵》，旨在打造佛教禅宗文化产业，在常德百团大赛中荣获“二等奖”和“优秀节目创作奖”。沈伯军表演的渔鼓节目《渔鼓的传说》代表津市市参加省渔鼓汇演。津市市民间荆河戏剧团创作了荆河小戏《车胤萤读》，获得一致好评。大鼓协会创作《二胎风波》《现实》《红围巾》等作品，其中《二胎风波》在常德曲艺创作笔会上获得省专家的肯定与好评，大鼓节目《现实》获“湖南省欢乐潇湘文艺演出”银奖，改写了近年来艺术大作获奖历史，掀起文艺精品创作新高潮。津市本土民间文学大家王泸老师被评为“省十大最美基层文化人”，“车胤文化”主题系列活动被评为2016年度文化志愿服务示范项目。赢得社会广泛认同，为津市增添光彩。

坚持弘扬优秀传统文化，积极做好文化遗产保护利用。深挖本土文化资源，努力做好文化遗产保护开发。完成第一次全国可移动文物普查工作，建立了专门的藏品管理机制；津市文物局联合省考古研究所对常德地区具有一定价值的馆藏青铜器进行摸底调查，选送38件青铜器到省考古研究所进行修复，纳入常德市首批修缮保护目录，为常德市第一家县级青铜器文物主动送省修缮保护单位；虎爪山遗址被纳入国家《大遗址保护“十三五”专项规划》，对推动澧阳平原大遗址保护工作，促进津澧地区文化建设提供一个新的重大政策机遇和发展平台。以药山寺为背景创作大型舞美剧《药山禅韵》，编撰了书籍《朗澧锥指录》，积极开展“非遗进校园”等活动，深化非遗成果宣传。

坚持优化发展环境，文化产业持续迈进。成功引进五环时代全民健身中心，总投资1.47亿元，占地面积57.2亩；总投资4300万元的共祥乒羽毛球馆、力美健身中心如其运营；引进盛唐春华集团投入6000万元对和平生物实施了股权并购；市红旗剧院、人民电影院纳入棚改计划；益泰绸布庄修缮工作于7月正式启动。截至12月，完成项目争资2661万元，津市排名第一。

坚持强化群众观念，扎实推进文化民生工程。落实加快构建现代公共文化服务体系的实施意见，完善探索建设市公共文化服务体系相关基础性工作。一是实施文化惠民工程。开展送戏下乡、送电影下乡、送书下乡进社区活动；“三馆一站”免费开放工作。建成津市市图书馆国网津市市供电公司分馆，文化馆开展免费二胡、琵琶，绘画、渔鼓培训；博物馆与市一中联合开展“夏令营”活动；邀请广大市民走进博物馆，共接待63000人次；体育场馆常年坚持免费开放，开展了“新天地”自行车场地赛、足球联赛等十余场大型比赛。二是实施历史文化传承工程。弘扬中华民族优秀文化传统，车胤读书节、图书馆之友等活动，社会效益有了显著提升。全年图书馆流通量达32320人次，外借43277册图书，开展送图书下乡万余册；送电影下乡1022场；送戏下乡22场。

【体育】体育设施建设快速发展，借助津市体育创强，基层体育设施建设突飞猛进。如共祥乒羽毛球馆、力美健身中心、澹津公园、灯光篮球场等全面建成并投入使用，环后湖步行道计划2017年竣工，作为市内最大的体育建设项目，全民健身中心工程顺利推进，预计在2018年投入使用。全民健身活动火热开展，2016年开展群众性体育活动在80次左右，参与活动人数达20万多人次。4月9日，举办“新天地”自行车骑行大赛；3月–12月，举办津市市七人制足球联赛；6月，开展广场舞健身大赛；8月–10月，在全市范围开展工间操活动；8月8日，开展全民健身日展示活动；9月10日，组织开展“创国卫”公益骑行活动，10月，成功举办津市市首届“社保杯”广场舞联谊赛和承办了“人防杯”常德市老干部门球赛；特别是圆满举行湖南省自行车邀请赛，共有国内外465名选手冒雨参赛，提高津市知名度，推介津市形象。体彩销量屡创新高，全市已拥有17家体彩销售点，体彩销量逐年攀升。2016年全市共销售中国体育彩票568万元，体彩公益金提升为我们开展群众性体育活动和建设农村体育设施提供雄厚的资金基础。

【文化市场管理】加强文化市场监管和综合执法。一是全面推进商事制度改革。进一步落实涉企信息归集与部门事中事后监管工作，经班子会研究，成立津市市文体广新局企业事中事后监管工作领导小组，明确专人。制定《企业事中事后监管工作方案》，对工作统筹与日常管理、平台应用与日常操作提出具体要求，及时处理和上报各类信息，利用企业事中事后监管平台对相关企业进行管理。受理文化经营单位行政许可3件，批准3件。其中，KTV娱乐场所1件，网吧门店设立2件。对湖南有线津市网络公司上报的材料严格审核和上报，完成《广播电视传送业务经营许可证（有线）》、《卫星地面接收设施安装服务许可证》换证工作；完成全市500万元规模以下的5家印刷包装企业年检、换证工作。二是加强文化市场日常管理工作。大力加强网吧、歌舞厅等文化场所日常监管工作，6月安装网吧视频监控系统，是常德市唯一一个对城乡网吧进行全覆盖的监控平台，湖南卫视、经视电视台进行报道，进一步规范文化市场经营秩序。开展“清源”、“护苗”、“净网”、“秋风”四次专项整治行动，共销毁非法出版物2120余册，淫秽色情光盘550余张，非法刊物200余册；4月26日，集中开展了非法出版物、淫秽色情光盘的销毁活动，共销毁非法出版物1000余册，淫秽色情光盘550余张，非法刊物500余册。组织召开网吧、歌舞娱乐场所业主大会3次，加大全市网吧日常巡查密度，在周末节假日、暑期开展专项整治行动。全年共警告、处罚网吧24家，停业整改网吧9家，联合安监、消防等部门，对3家无消防通道，存在消防隐患歌舞厅进行查封，责令整改到位。（邓文明）

文物工作

【概况】津市市文物局属于文化体育广电新闻出版局管辖的参照公务员管理的事业单位，具有行政管理职能，人员编制10名。为副科级事业局。2011年3月中共津市市编制委员会下发(2011)7号文件，公布机构更名并升格的通知，内设文物股（含文物稽查中队)、博物馆股、办公室。现为湖南省考古学会团体会员单位,7人加入国家和省级有关学术团体;4人具有中级专业技术职称;1人具有抢救性发掘领队资格;副科级干部3人。

津市市有博物馆一座，馆藏文物2157套5030件，其中国家三级以上珍贵文物163套182件,居常德市各区县(市)之首。

全市现有106处不可移动文物点。

常年开展文物保护法律、法规宣传;对全市文物保护单位和馆藏文物及文物交易市场进行监管。实施文物行政许可审批,对基本建设项目进行考古调查勘探和抢救性发掘。（封生云）

【文物保护】2016年1月20日至3月7日,国家文物局委托第三方咨询评估机构对《津市虎爪山遗址抢险加固工程设计方案》进行了评审,并通过评审。

2016年3月22日，湖南省文物局批准《津市虎爪山遗址抢险加固工程设计方案》。(湘文物保(2016)31号)

2016年10月，虎爪山遗址被国家文物局纳入国家“十三五”大遗址保护专项规划。

根据市政府2015年第30次专题会议精神,决定对津市的历史、文化及建筑风格等有着一定的价值、目前保存较好的民国时期代表性建筑益泰绸布庄的全面修缮和加固工作。经过立项、财政投资评审、公开招投标等程序,由江西九丰园林古建筑工程有限公司中标建设。项目于7月18日开工建设,预计投资约300万元。2016年底完成北栋主体修缮。

历时四年多的第一次全国可移动文物普查,于2016年12月全面完成本市域的信息登录工作。本行政区域内国有可移动文物收藏量为2162件/2157套。其中:市博物馆收藏2150件/套,图书馆收藏3套6件，园林管理处收藏4套6件。

省级重点文物保护单位古大同寺因年久失修，建筑梁架已严重腐朽变形,遭受白蚁侵蚀,随时面临垮塌的危险。市文物局在总结古大同寺第一期保护修缮工程经验的基础上,经报请上级部门批准,启动古大同寺的二期修缮工程。组织专业古建测绘公司对古大同寺前殿和塔林进行勘查和保护方案编制工作；在不改变原有砖木结构的基础上,进行木作修缮、防腐、防虫工程。修缮项目工程总预算为35万元，总体工期为60天。

【考古调查、勘探、发掘】2月28日至3月1日,在新洲镇嘉山社区清理汉代墓葬一座;11月下旬，文物局对药山寺遗址进行第三次勘探调查,本次考古调查勘探面积近2000平方米，发掘石室古墓葬一座。（封生云）

【对外交流与展示宣传】津市馆藏的6枚印度德里国金币是研究“丝绸之路”商贸文化的珍贵实物。2016年2月15日,市文物局面向社会公开悬赏破译金币铭文。经过认真核对,根据破译资料送递的时间、准确性以及参考文献的可靠性进行比较,评选出海南海口市贾世杰、陕西咸阳林文君、德国慕尼黑大学吴雅迪三人共同获得本次悬赏破译活动奖金一万元。通过公开悬赏破译金币铭文,求真务实,扩大津市文物工作的影响力。

文物局本着“展示自我,服务社会”的宗旨,从社会中招募一批有志文物事业的志愿者,通过展览服务及电视网络平台宣传等重要活动,协助博物馆做大量的服务工作,形成更多的社会力量参与文化遗产保护。

按照博物馆免费开放工作要求,充分发挥好青少年爱国主义教育基地的作用,让博物馆里的文物“活”起来,开设户外电子屏及宣传专栏,对家乡人文历史,风景名胜进行介绍。在“5.18”博物馆日之际,将本土文化景点及部分文物精品图片制作成图文并茂的宣传展牌,先后走进燕子窝社区及五中校园,让观众通过不同的方式了解到家乡的人文景观,提高观众热爱家乡的意识。

津市市博物馆实行免费开放,展览内容主要为出土文物及“爱我津市”专题展览。

2016年11月，津市市博物馆被常德市授予“爱国主义教育基地”。

2016年6月11日第十一个“文化遗产日”,文物局以“让文化遗产融入现代生活”为主题积极开展一系列宣传活动,向观众发放“文化遗产日”的宣传报刊;利用“津津乐道0736”微信公共平台,出版文化遗产日宣传专辑,进一步传播文化遗产保护理念,弘扬优秀传统文化;配合市旅游局制作津市文化旅游宣传画册,让文化遗产融入到市民的旅游生活。

为宣传津市市文物工作，文物局2016年共有12篇新闻信息稿件在各类媒体登载。（封生云）

【论文、专著、文献资料】考古专家谭远辉编撰的专著《益阳罗家嘴汉墓》于2016年12月由科学出版社出版;论文《沅水中下游秦代墓葬概论》2016年12月由科学出版社出版,同时录入湖南省文物考古研究所三十周年纪念文集;论文《关于常德南宋邢倞夫妻合葬墓的补记》2016年12月在《岳麓书社》出版及在《湖南省博物馆馆刊》第十二集发表;《湖南娄底明代壁画墓发掘简报》2016年12月由科学出版社出版，并在《湖南考古辑刊》第十二集发表。

（封生云）

广播电视

【概况】津市市广播电视台是津市市委市政府直属的正科级事业单位。内设总编室(办公室)、人力资源部、计划财务部、综合部、广告中心、新闻中心、新媒体中心、技术中心、广播电台等部室。有全额拨款事业编制人员69名,其中台机关20人，实验台9人，电台4人,电视台36人。

电视台开办“津市新闻”、“津城财经周报”、“津城看点”、“生活新天地”、

“津市电视台微信公众号”等自办栏目，自办栏目合计超过780小时。广播电台开办“津市新闻”、“一周政务播报”、“畅通津城”、“童童说事”、“音乐时光”、“生活如歌”、“长篇播讲”、“音乐随身听”、“综艺大放送”等栏目。

2016年，津市广播电视台荣获常德市“六五”普法先进单位，津市市文明单位，计生综治良好单位，纪检监察工作先进单位等荣誉称号，有11部电视作品分获常德市广播电视新闻一、二、三等奖。（黄叶蓉）

【新闻外宣】2016年津市电视台共播发“津市新闻”260期，发稿1720条，制作专题片30部；“常德新闻联播”上稿320条，时长约20952秒；“湖南新闻联播”上稿23条，时长约650秒，央视新闻上稿3条，时长30多分钟，其中7月12日中央电视台《经济半小时》栏目就津市农村环境综合整治进行长达20分钟的专题报道，展示津市形象。

《津市新闻》推出创卫《五城同创》专栏，共发稿104条；《工业立市》专栏发稿42条；《贯彻党代会精神》发稿68条；《解读党代会精神》发稿12条；《教育攻坚》发稿27条；《小区自治》发稿10条，《青青毛里湖》发稿14条；《老干部风采》发稿11条；《基层党员风采》发稿7条。充分发挥电视媒体的主阵地功能，为党和政府的各项中心工作鼓与呼。

2016年9月，该台新闻中心克服设备缺人员少的困难，加大力度，顺利实现《津市新闻》扩容15分钟。自拍的新闻“湖南津市：遭遇龙卷风袭击房屋受损电力中断”(时长59秒)在8月15日央视13套的《新闻直播间》播出，开辟该台有史以来自拍新闻上央视的先例。

2016年3月，新成立新媒体中心。新媒体用先进的理念“筑巢引凤”，全年的工作取得可喜的成绩。“津市新闻”微信公众号得到推广，全年新媒体中心共发稿3445篇，其中津市电视台微信号发稿1592篇，津市发布微信号发稿128篇，手机报发稿1044篇，津市新闻网681篇。津市电视台微信点击量3000次以上358条，其中3000——5000次212条，5000——1万次124条，1万次以上34条。《霸气！津市刘聋子牛肉粉上湖南卫视《天天向上》，战胜重庆小面，安以轩、马丽、孙耀琦、大张伟极力推荐！！》月点击量创新高，超过3万。

2016年，该台微信公众号迈入全国县级广电微信号百强榜，全国排名第77名，全省排名第1名。（黄叶蓉）

【自办栏目】2016年新开自办栏目《生活新天地》分为两个板块，一为房产消息版块《新天地新动态》，另一版块为旅游服务板块《好吃好玩新天地》。本栏目本着立足津市、宣传津市、辐射周边，引领休闲时尚消费，关注休闲市场需求，点击休闲热线话题，提供各类休闲购物咨询服务的理念，旨在向津市提供多样化、对象化、个性化的综合服务栏目，让业内人士与观众之间架起一座交流沟通的桥梁，达到对内打造节目品牌，铺设经营平台，对外树立良好形象的目的。

广播电台每天播出栏目有《津市新闻》、《畅通津城》、《童童说事》、《音乐时光》、《生活如歌》、《综艺大放送》、《长篇播讲》。周播栏目有每周五播出的计生专栏，新推出的每周六播出的健康专栏。电台的创国卫宣传加强栏目、新闻、公益宣传力度。《健康生活》、《津市新闻》等进行调整，增加播出时段。重点对各单位创卫工作动态、公民健康素养66条等进行宣传；微信公众号加强《创卫信息》宣传力度，增设《创卫健康专栏》。（黄叶蓉）

图书发行销售

【概况】津市市新华书店，成立于1950年(主要经营书本、课本、图片、文化办公机械等等)。2009年1月8日改制为有限责任公司分公司(法人独资)，主要经营范围为：连锁经营中外书籍、课本、图片、日历、期刊杂志、录音录像制品及其他印刷品、电子出版物；连锁经营文化办公用品、电子计算机及配件、百货、五金、交电、数码产品、电子产品、音像器材、工艺美术品、建筑材料、金属材料；提供物资储存及代运咨询服务。公司位于津市市后湖路7号，在岗员工27人，连锁门店经营面积500平米，年销售总额约1350万，是一家具有着“新华书店”品牌优势的上市企业。

2016年是“十三五”规划开局起步的关键之年，也是全省新华书店推动战略转型的攻坚之年。一年来，津市分公司在津市市委、市政府及省、市公司的正确领导下，扎实开展“两学一做”主题教育活动，积极谋划公司发展，全体干部员工坚定信念、砥砺奋进，各项工作稳步推进。

【教材教辅发行】面对教材教辅发行新形势，津市分公司进一步强化“守土有责、守土负责、守土尽责”的意识与担当，确保了地方发行主渠道地位不动摇。首先，我们进一步加强了对外协调力度，优化了教材教辅发行环境。其次是下沉渠道、延伸服务，拓展市场空间，最大限度满足学校和学生的需求。再次是优化品种、补齐短板，寻求增量。

【一般图书销售】我们在倡导“全民阅读”，完善公共文化服务体系的宏观背景下，努力抢抓一般图书市场。一是重点抓好《习近平系列重要讲话》等政治理论读物的发行工作。二是积极开展营销活动，拓展市场空间。三是加强校园书店管理，拓展校园图书市场效果显著。四是狠抓团购图书市场，鼓励员工走出店堂要销售。

【文化用品销售】面对日趋激烈的文化用品市场竞争，进一步强化服务意识、提高服务水平、优化服务质量，深耕文化用品市场。一是继续抓好团购业务，加强大客户管理，扩大销售。二是丰富门店商品，做到门店畅销品种不断货、滞销品种不存货、新品及时到货，用种类齐全、类别新颖的商品来赢得更多的消费者，以推动门店销售。三是注重开展营销活动促进销售。四是努力完善文化用品业务系统，进一步规范了业务操作流程，明确责任分工。（胡马帝）

图书借阅

【概况】津市市图书馆作为津市市综合性公共图书馆，始建于1958年10月，属全省首批建立的20个县(市)公共图书馆之一。2014年7月，按照市政府要求搬迁至孟姜女大道739号，内设综合外借室、报刊阅览室、少儿借阅室、电子阅览室、地方文献室等多个部门，功能设施齐全，环境清雅，区域划分明显，为读者营造一个安静舒适的阅览环境和一种浓厚的阅读氛围。津市市图书馆在2013年被评为国家三级图书馆。有馆藏16.3万册，其中包括古籍文献93册，视听资料1445种，电子借阅机3台，电子图书8.9万册。2016年，津市市图书馆积极响应国家和省、市关于构建公共文化服务体系的要求，紧紧围绕公共图书馆职能的有效发挥，以“传承文明、传播文化、启迪民智、服务社会”为己任，全力实施“三种服务”结合(大众服务和专业服务、阵地服务与延伸服务、常规服务和网络服务)、“三项建设”同步(文献资源建设、人才队伍建设和管理制度建设)的发展战略，不断创新服务理念，深化服务层次，拓宽服务领域，创新服务项目，以品牌带服务，以服务创品牌，促进图书馆事业的可持续发展。按照“倡导全民阅读，建设书香津城”的要求，举办了形式多样的阅读活动，积极打造颇具影响力、带动力的阅读活动品牌，取得良好的社会效果。“车胤文化”主题志愿服务活动(常德津市市图书馆分队)获2016年湖南省“基层文化志愿服务示范项目”；津市图书馆唐禹荣获湖南省“星级文化志愿者”称号；津市市图书馆“车胤读书节”全民阅读推广系列活动获湖南省优秀服务成果三等奖；在“书香湖南”第六届“三湘少年儿童阅读之星”评选活动中，图书馆指导并推荐的市二小学生沈彩奕荣获三湘少年儿童阅读优秀奖；在“书香湖南”2016年全省少年儿童“光荣与梦想——纪念建党95周年暨红军长征胜利80周年”系列读书活动中唐禹荣获优秀指导奖；津市图书馆被评为2016年度常德市文明窗口单位；津市图书馆唐禹被评为常德市优秀志愿者。

利用网站、微信、微博作为线上宣传窗口，通过媒体多层次多途径宣传报道，截止2016年底，刊发在湖南省文化厅网站30篇、湖南省文明网5篇、常德日报12篇、常德晚报2篇、常德文明网20篇、常德市文体广新局21篇、当地媒体100余篇，提高活动知晓率和影响力，充分体现图书馆公益文化服务性质，积极引导社会对图书馆的深入了解和认识。为了进一步实现图书资源的共享，使图书馆真正服务于本地的文化建设，成为人民的终身学校，津市市图书馆在发挥自身优势的同时，逐步形成基础设施标准化、文献资料共享化、服务系统网络化的总分馆制体系，于2016年7月高标准的建成国网津市市供电分公司图书分馆，藏书2000余册，内设图书阅读室、藏书室、电子阅览室。馆藏图书涵盖哲学、宗教、政治、法律、经济、文学、艺术、历史地理、工业技术等多项类别，配套建设了数字图书馆管理系统，改变了过去传统的管理办法，图书管理、借阅更方便、快捷，实现资源共享的图书分馆。12月在地处有5千多常住人口的繁华地段柏枝林社区再建成一家分馆，该分馆集图书室、书法室、多功能报告厅于一体，室内陈设古朴雅致，3000余册书籍分门别类、整整齐齐地摆放在书架上，氤氲着浓郁的书香气息。市图书馆还为该分馆配置一台智慧型电子借阅机，把24小时电子书借阅服务送到社区老百姓的身边，可随时随地进行移动阅读，畅享方便、快捷的阅读体验。分馆的建成，保障广大群众的基本文化权益，丰富社区居民的文化生活，有效提升图书馆公共文化服务功能和作用。（刘詹）

【开展“车胤读书节”系列活动】津市是晋代名人车胤的故乡，车胤囊萤夜读的故事一直激励着津市人奋发向上。为了传承和弘扬车胤勤奋好学的精神，倡导读书学习，不断提高市民的文化素质，让读书成为市民的生活常态，用书香扮靓津城。3月25日，津市市图书馆举办的“与诚信为友，做美德少年”主题道德讲堂活动在一楼多功能报告厅开讲，活动由文化志愿者欧阳凌云主持，市五小的74位师生与全体馆员参加，整个活动以“诚信”为道德话题，通过观看经典故事，聆听诚信少年先进事迹，孩子们受到了心灵的洗礼，得到了道德的熏陶，并现场交流各自的心灵感悟，齐诵《弟子规》中“信”篇的经典语句后，孩子们庄严承诺：要做诚信的传播者，从身边的小事做起，诚信做人，诚信学习，做美德少年。4月21日津市市图书馆携手津市二小在馆内举办“4.23”世界读书日暨“车胤读书节”书香致远伴成长主题读书活动，市图书馆正式挂牌为“津市二小、三小学区校外德育基地”，该校师生和家长代表走进图书馆，在图书馆讲解员的指引下参观了阅览室、少儿借阅室、综合外借室、电子阅览室等开放窗口，详细了解图书馆的功能布局、馆藏资源、活动开展情况，并兴趣盎然地现场体验了移动图书馆和电子书借阅机的新型数字阅读服务，通过视频短片了解世界读书日的由来，感受辉耀古今的本土车胤文化，孩子们坐在书香浓郁的阅览室里，捧起图书馆特意为他们采购的弘扬真善美、传播核心价值观的优秀少儿书籍，在知识的殿堂里品味书香，在书香的熏染中享受阅读的快乐。5月开展的“家书话感恩，笔端留真情”最美家书活动，学生们以书信的形式与父母交流生活体会与感悟，共征集往来家书60余封，并在桥北法治广场开展优秀作品展，共展出优秀家书作品34篇、“我爱我家”精美手抄报24幅，“车胤读书节”系列活动剪影50余张，通过传统书信这一返璞归真的方式，增进家庭成员之间的情感交流，挖掘生活中的美德故事，结合“学校、家庭、社会”三方合力，凝聚家庭和美、社会和谐的正能量，在津城大地播撒美德种子、孕育道德花、劲吹文明风。6月18日，图书馆携手津市市“小桔灯”作文培训学校举办“快乐学习健康成长、感恩父母感恩未来”主题活动在法制广场隆重举行，在“父亲节”这个特殊的日子里，参演的老师和学生们同台演出，以他们深情的歌声，曼妙的舞姿，精彩的创意，倾情演绎出新时代“感恩”的主旋律，热情抒发了对父母双亲、对母校、对祖国浓浓的爱恋，充分展现了他们昂扬向上的精神风貌和知恩感恩的高尚品德。5月联合津市市电视台开展的“晒一晒我的图书角”活动，让读者为自己喜爱的图书角和喜爱的读者进行投票，一共展示15名小选手的图书角，吸引了近3000余观众关注并参与投票，经过一个星期的角逐，对网络投票结果进行统计，产生了4名日冠军，1名周冠军，此次活动的开展，调动青少年儿童爱读书、读好书、好读书的积极性，丰富青少年儿童的课余生活，更多的家长也开始重视阅读推广，开始重视家庭阅读环境建设，为进一步推进全民阅读活动，更好地满足人民群众精神文化需求，营造良好氛围。5月13日津市图书馆“道德讲堂”走进市二小多媒体教室举行“孝亲敬老，弘扬美德”主题活动，图书馆文化志愿者刘詹担任活动主持，100多名师生和文化志愿者积极参与活动，充分利用道德讲堂这个平台，创新载体、丰富形式，通过“身边人讲身边事，身边人讲自己事”的形式，达到“身边事教身边人”的目的，努力营造浓厚的道德氛围，助力津市精神文明建设，为构建和谐社会奠定思想道德基础。8月3日在柏枝林社区图书分馆举行“雪儿姐姐讲故事——精彩绘本与孩子分享”主题阅读活动，以绘本为载体，培养孩子早期阅读兴趣，让童年充满瑰丽想象，让成长积累温暖力量。11月1日开启“亲子狂欢万圣节”主题奇幻之夜，24组家庭一起分享精彩绘本《万圣节的大南瓜》，体验到不一样的阅读时光。11月开展第六届“三湘少年儿童阅读之星”推选活动，树立榜样，提高少年儿童阅读兴趣，提升阅读素养。11月21日市图书馆在药山镇翊武中学开展了“书香致远伴成长，文化服务进校园”第二期校园活动，为农村及边远地区的贫困儿童、留守儿童捐赠图书300余册，充分发挥校外活动基地的德育功能，搭建文化育人的平台，通过丰富多彩的阅读活动营造全民阅读、终身学习的书香文化氛围，弘扬具有津市特色的车胤文化，吸引少年儿童走进图书馆、利用图书馆，注重激发未成年人的阅读兴趣，培养未成年人的阅读习惯，竭力打造少年儿童培育和践行社会主义核心价值观的求知乐园。

（刘詹）

【举办“红色“主题年活动】2016年是中国共产党建党95周年暨红军长征胜利80周年，为大力弘扬爱国主义精神，讴歌党的丰功伟绩，引导广大青少年深刻理解社会主义核心价值观的丰富内涵和实践要求，强化爱国主义教育，6月11日至20日，津市市图书馆“光荣与梦想——纪念建党95周年暨红军长征胜利80周年”主题图片展在市德雅中学文化广场举行，分别展出《光辉历程伟大成就》建党95周年纪念图片和《伟大的征程——纪念红军长征胜利80周年》宣传图片，近60幅铜版纸精美印制图片浓缩自1921年中国共产党成立以来，带领中国人民经过艰苦卓绝的斗争，最终迎来伟大胜利的光辉历史。6月至8月，举办“寻访红色记忆”征文比赛，共征集征文300多篇，讴歌中华民族实现伟大复兴中国梦的奋斗历程，追寻革命先辈光辉足迹，其中《国耻难忘》《漫漫长征》《那些年，红色的青春》等7篇作品获得一等奖，还分别评选出二等奖11名，三等奖15名。7月开展红色主题网络答题活动，进一步开阔孩子们的视野，激发他们的学习兴趣，从而爱上数字阅读。8月5日于柏枝林社区分馆举办“阅读红色经典图书，纪念红军长征80周年”主题活动，让广大青少年进一步了解红军长征历史，深化爱国主义情感，在阅读中缅怀先辈们的光辉业绩，继承和发扬光荣传统，坚定理想信念。8月14日至15日，津市市图书馆举办的“光荣与梦想——品红色经典，绘精彩童梦”纪念建党95周年暨红军长征胜利80周年主题少儿书画展在津市市法制广场亮相，从120幅作品中选出45幅优秀少儿书法绘画作品，吸引不少小朋友、家长前来观看。8月23日，津市市图书馆在少儿阅览室举办了“光荣与梦想 --- 聆听红色故事，传承革命薪火”主题亲子活动，把革命传统与青少年思想实际相结合，孩子们用讲故事的形式颂扬了红色年代的精神瑰宝。

（刘詹）

【打造文化志愿者队伍】2016年津市图书馆之友，以图书馆为基础支撑，建立全球性的在线公益平台，开展文化交流和公益活动。至12月，志愿者人数已达200余人，他们充分发挥自己的专长和智慧，开展系列公益活动，不断推动津市公益事业蓬勃发展。大年初一开展辞旧迎新全球津市人为公益接力长跑，通过接力奔跑的方式迎接新年，以传播健康的生活方式。3月3日与市老干局联合开展老干部网络宣传骨干培训会，指导离退休老干部充分运用网络通讯工具，为网络舆论舆情树立正确导向。3月5日“弘扬雷锋精神，开展志愿服务”，走进润农生态茶油有限公司企业分馆开展“传递书香，文化暖心”学雷锋志愿服务活动。3月11日市图书馆志愿者走进德雅中学开展图书管理员业务培训，切实提高学校图书室管理员的业务水平。3月18日参加市委宣传部组织的“文化、科技、卫生三下乡活动”，为农村村民送去《农村科技文摘》、《农村百事通》等刊物。4月27日联合文化志愿者薛君老师举办《幼儿春季常见疾病家庭护理知识》公益讲座，以公益讲座的方式回馈社会。津市市人民医院儿科医生，中华儿科医师协会儿童保健协会会员，津市市五一劳动奖章获得者李贤楔医生担任主讲，为在场100多位家长上了深刻的一课，彰显现代医生崇高的医德医风，提高津市人疾病预防意识和知识，进一步夯实文化志愿者队伍，提升医疗卫生服务能力和水平。8月至9月，市图书馆与“益跑益歌”公益活动团队联合举办的“2016夏天五城公益派对”在上海、深圳、长沙、津市、北京五城顺利举行，搭建全球津市人在线公益平台，致力打造国际先进水平的图书馆，活动为图书馆捐赠一台三角钢琴，大家在活动中帮助别人，也从帮助别人的行动中收获快乐，提升自己，用热情、笑容、汗水去诠释什么是志愿者精神，用音乐的力量去传达爱的精神，感动社会。10月2日，津市图书馆之友在一中开展“我的健康我做主——谈生活方式与肿瘤”公益健康知识讲座，由文化志愿者上海交通大学医学院黄雷博士主讲，近60位听众认真聆听讲座，津市图书馆之友希望通过健康讲座让大家了解到健康知识和学习健康自我管理的同时，还可以传播健康的生活理念，提高大家的生活质量，爱心公益，健康人生，温暖他人，快乐你我。11月9日，津市图书馆之友第二次公益培训在搏梦艺校开讲，20多名学员参加，针对现在女性长期错误的生活方式，导致的形体走样，提出许多塑形建议和方法。为推进全民阅读，丰富企业员工文化生活，市图书馆于12月13日走进企业举办数字阅读推广活动，将一台电子书借阅机送至鸿鹰生物科技有限公司大厅内，并现场指导企业职工使用，电子书借阅机利用时下流行的二维码技术，开创独特新颖的图书借阅方式，3000种正版电子书、100多种期刊报纸可供读者免费阅读，且每月定期更新150册，读者在手机、平板电脑等智能移动设备上下载超星移动图书馆APP后，直接扫描借阅机上电子图书封面上的二维码即可将图书下载到自己的智能移动设备上，十分方便快捷，这项举措将文化惠民服务送到企业职工身边，为更好地满足他们的基本文化需求提供了有力保障。12月22日，津市市图书馆对2016年度志愿服务工作进行总结和表彰，聂枫、涂戎、徐凯、唐甜、王阳春、薛君、彭凤、许娟、欧阳凌云、田红标、赵倩、张业堂、何津文13名志愿者荣获“优秀志愿者”称号。津市图书馆自新馆开放至今，通过不断创新服务内容，培育服务品牌，构建了具有特色的文化志愿服务体系，打造了“图书馆之友”、“雪儿姐姐讲故事”、“书香致远伴成长、文化服务进校园”等多个特色志愿服务品牌项目，志愿者们尽己所能，服务社会，传播社会文明，践行志愿者精神，在一定程度上缓解图书馆工作人员的工作压力，是图书馆人力资源的有力补充，更是进一步为图书馆公益事业、助力全民阅读、创建文明津市做出积极贡献。（刘詹）

【人才队伍建设】津市市图书馆坚持“读者为本，服务第一”的宗旨，以人才培训为保障，加强图书馆员素质建设，为更好地提高图书馆现代化管理和服务水平，提高馆员服务素质，彰显窗口行业形象，多次组织学习培训活动，派员参加国家、省、市各级专业培训。加强业务学习，与图书馆同仁互动交流业务知识，吸收和接纳先进管理经验，达到互助学习、取长补短、共同进步的效果。通过全国文化信息共享工程网络直播组织全关人员进行系统的业务学习，全面提高馆员的技术水平。

为加强服务群众的意识，积极推进基层党内建设，4月1日，津市市图书馆全体员工参加“慎终追远缅怀先烈——我们的节日·清明”纪念活动，缅怀为津市的解放和建设事业做出英勇牺牲和重要贡献的先贤先烈，传承革命精神，传承民族文化。4月11日下午组织全体馆员在电子阅览室观看学习文化部全国公共文化发展中心厉华老师主讲的“红岩魂——信仰的力量”专题讲座，并自觉对照“学党章党规、学系列讲话，做合格党员”学习教育要求，结合自身的工作实践，为自己充电，弥补自身工作的不足。配合全市“两学一做”学习教育活动的开展，利用馆内数字资源平台，在电子书借阅机上推送50余种“两学一做”专题电子图书，读者只需用手机扫描图书二维码，即可免费阅读，为全市广大党员干部学习“两学一做”提供便利渠道，增加学习途径，以营造全市党员干部学习的良好氛围。5月，为扎实开展“两学一做”，结合本馆的工作实际认真拟定学习教育的具体实施方案，图书馆支部书记带头以“讲规矩、守纪律，做合格的共产党员”为题给支部全体党员和入党积极分子上一堂生动活泼的专题党课，党课主要从“什么是规矩，什么是纪律”、“党内有哪些纪律、哪些规矩”、“怎样做到守纪律、讲规矩”三个方面进行学习和探讨，以高度的政治责任感、良好的精神状态和扎实的工作作风，切实加强图书馆服务型党组织建设，推动读者服务水平，推进图书馆各项业务工作的开展。（刘詹）

镇街道

新洲镇

【概述】新洲镇北距津市市主城区7公里，东为澧水主河道，与澧县小渡口镇隔河相望，南与毛里湖镇、临澧县烽火乡接壤，西邻澧县澧南镇，是三县（市）、五乡镇结合部，是津市市的西南门户。全镇总面积86.12平方千米，辖长岭村、黄林堰村、车胤村、青山峪村、麓山村、庹家峪村、毛家岗村、五泉社区、孟姜女社区、嘉山社区、万寿宫社区等11个村（社区）。2016年末新洲镇共11500多户，2.85万人。耕地面积42450亩，其中水田面积35620亩，旱地6830亩；山林面积15000多亩亩，各类水域面积1400亩。新洲镇位于湘鄂边际高速线路重要连接点，已建成的二广高速和即将启动建设的安慈高速纵贯全镇并设立互通，是沅澧快速干线与津澧环城公路交接点。境内有省级嘉山风景名胜区，是孟姜女、车武子故里。2016年被授予湖南省安全生产示范乡镇，2016年入选湖南省百个特色旅游小镇，2016年被授予常德市美丽城镇、平安乡镇，是津市市城乡一体化建设先行先试重点镇。（龚亮）

【美丽城镇建设】2016年新洲镇美丽城镇建设突出“佳山好水忆江南，新业古韵建楚城”建设理念，依据地理特征和城镇风貌，经常德市天城设计院策划，确立依托一轴（即一轴古城，在南街修复护城河石拱桥、澧洲道府、戏台、万寿宫，形成具有明清徽派建筑风格的古城一条街）一带（即一带风光，将胥家湖、护城河、澧水、肖家湖连接，实施河湖连通，打造依山傍水的湖洲绿岛风光带），构建两场（即两场建设，建设孟姜女文化广场，古城文化主题广场，打造两张靓丽的文化名片）三片（即三片整治，以新洲流水沟地段为中心，对集镇东北面、东南面、西南面三个片区实施棚户改造综合整治），实施四线（即四线提质，对梅花路、北街一线，东街、南街一线，湘北公路集镇一线，湘东路一线全面实施路面黑化、亮化、绿化、美化、管线入地、下水管网改造、店面招牌规范等提质）五点（即五点宜居，通过实施五泉铺街道宜居点建设，车胤、黄林堰村宜居点建设，庹家峪村宜居点建设，肖家湖环湖绿岛宜居点建设和嘉山休闲度假山庄宜居点建设，建成特色宜居宜业村庄），打造古色古香特色集镇和宜居宜业新型社区的总体思路。按照一年见雏形、两年显成效、三年现古城建设步骤，采取“政府主导、村居配合、合理规划、市场运作”建设模式，快速推进美丽城镇建设。围绕总体思路，2016年主要实施湘东路道路及房屋改造项目，孟姜女大道路面及房屋改造项目，灵泉大道道路及房屋改造项目，梅花路道路及房屋改造项目，南街、北街、东街改造项目，孟姜女文化广场建设项目和古城文化主题公园建设项目等七大工程。

新洲镇湘东路道路及房屋改造项目。湘东路全长400米，宽10米，提质改造建设由常德市天城设计公司设计，总投资800万元。主要实施道路黑化、雨污分离管网新建、仿古人行道板铺装、仿古街灯安装、绿化带新建、交通设施安装、环卫设施安装、强电规整、弱电入地等建设，两侧200多户民居采取明清徽派风格改造。道路改造建设项目已全面完成并投入使用，房屋立面建设于12月已完成总量的85%。

新洲镇孟姜女大道路面及房屋改造项目。孟姜女大道新洲集镇段全长1400米，两侧住户526户。提质改造工程总投资1200万元，主要实施下水管网改造、仿古人行道板铺设、行道树新栽、交通设施安装、强电规整、弱电入地等建设，两侧民居实行明清徽派风格改造。提质改造工程至12月已完成92%工程总量建设。

新洲镇灵泉大道道路及房屋改造项目。灵泉大道位于新洲镇五泉铺集镇，全长1100米，宽14米，两侧居民住户510户。改造项目由株洲设计院设计，总投资1200万元，主要实施入口广场建设、雨污分离管网新建、机动车道与非机动车道黑化、人行道透水砖铺设、绿化带新建、集贸广场新建、污水处理站新建、强电规整、弱电入地等建设，配套交通、亮化、美化、环卫等民用设施。两侧房屋采取明清徽派与中国红相融合设计风格,改造效果大气美观。

新洲镇梅花路道路及房屋改造项目。新洲镇梅花路总长510米,宽10米,提质改造工程由常德市天城设计院设计,总投资1000万元,主要实施雨污分离管网新建、强电规整、弱电入地、人行道仿古砖铺设、主干道黑化等建设,配套亮化、绿化、美化、环保等设施,两侧民居实行明清徽派风格改造。路面改造工程已完成,12月民居改造建设即将启动。

新洲镇南街、北街、东街改造项目。新洲镇南街、北街、东街提质改造工程属新洲生态旅游文化名镇基础设施建设项目,该项目由常德市天城设计院设计,总投资2000万元。项目建设对新洲南街、北街、东街1200米街道实行仿古改造建设,涵盖下水管网新建、强电规整、弱电入地、亮化、绿化等建设,街道路面铺设拉丝青石岩,对两侧900多户民居实行仿古改造。

孟姜女文化广场建设项目。为传承孟姜女非物质文化遗产,打造孟姜女文化旅游产业,特此规划建造孟姜女文化广场。广场建设由常德市天城设计院设计,规划用地面积27亩,预算投入1800万元,设计建造广场牌楼、南门古桥仿建、南门古城墙仿建、忠贞亭、文化墙、室内展馆、健身广场、护城河景观带、灯光带等景观,配套休憩、健身、游玩等设施。

古城文化主题公园建设项目。新洲古城文化主题公园由常德市天城设计院设计,规划建设面积50余亩,预算总投资1000万元,突出新洲古城文化背景,仿明清徽派建筑风格,环护城河与内湖布局造景,设计建造文化长廊、水乡观景台、仙人谷、小桥流水、文化广场、游乐园等主要景观与休闲娱乐设施,仿古建造古城牌坊、河桥、小亭、回廊、栈道等江南园林建筑,再现新洲"江南楚城"风貌。 (龚亮)

【农业基础建设】2016年累计投入资金近3000万元,实施车胤村、五泉铺社区两个现代宜居点改造,五泉铺污水处理站新建等重点工程;硬化农村通组断头路23公里,土路整形17公里;完成新洲上垸电排站穿堤物重建、电排站机组与变压器更新维修和庹家峪水库涵闸新建等水利设施建设项目,沟渠清淤20公里,硬化沟渠4公里,堰塘清淤25口,新建和改建堰塘15口,机耕道12公里;推行绿色走廊和庭院美化建设。 (龚亮)

【精准扶贫】新洲镇共有3个贫困村,共有贫困村和非贫困村贫困户518户,1687人。市镇村三级干部积极开展产业扶贫、金融扶贫、技能培训扶贫、兜底扶贫,建成优质果木林扶贫基地2个(麓山村、长岭村建成300亩优质精品水果种植基地,主推爱园38脐橙种植品种);金融扶贫54户,发放贷款240万元;务工扶贫153人;兜底扶贫309人,至2016年12月脱贫444人。

(龚亮)

【产业发展】新洲镇建成家庭农场9个,组建农机协会4个,发展种粮大户80多户,粮食规模种植面积达到1.2万多亩,粮食种植面积稳定在3万亩,机械化生产率达到90%以上;推广食用菌种植,庹家峪村成功打造食用菌户外种植示范基地,建成高标准生产基地70余亩,建成菌棒生产基地,成立产业协会,吸纳100多名群众种植食用菌,年度种植菌棒40多万棒,产值达600万元。具有锦绣兰苑、半岛农庄、神九堰土家民俗风情园、烂泥湾休闲农庄等4个农俗旅游基地,成为省内小有名气的乡村旅游乡镇,衍生和兴起以服务行业为主的产业链。 (龚亮)

【计划生育】新洲镇着力提高群众的依法生育意识,提升计生行政执法能力和水平,重抓计划生育家庭奖励扶助政策工作的落实。2016年,新洲镇共有163人领取独生子女保健费,939人享受农村部分计划生育家庭奖励扶助政策,46人和享受特别奖励扶助政策,451人享受城镇独生子女父母奖励。落实奖扶政策新增农村部分计划生育家庭奖励扶助对象221人,享受特别奖励扶助对象8人,新增对象全部确认,资料全部整理归档,信息已录入国家人口宏观决策管理系统。2016年,共有245对夫妇参加孕前免费优生健康检查;利用"5.29"和"7.11"开展两次宣传活动,救助计划生育贫困家庭和贫困家庭大学生9人,使全镇育龄妇女对优生优育的意识不断提高。 (龚亮)

【安全生产】新洲镇围绕"强化安全发展观念,提升全民安全素质"主题,切实落实好"安全生产月"活动,利用多种途径进行宣传,积极开展"打非治违"专项行动。2016年,新洲镇通过日常检查中,共发现安全隐患125件,现场责令整改116件,限期整改9件,排除了安全隐患。3家未按要求整改企业被依法立案查处。在"打非治违"专项行动中,依法打击取缔了3家无证经营企业和网点,依法收缴烟花鞭炮,并集中销毁。

(龚亮)

【社会保障】2016年,新洲镇城乡居民医保参保2.1万人,新农保参保7310人,社保生存认证4000多人,农村五保认证174人;救扶比例大幅增加。大病救助、临时救助273人,扶助困难学生50人,累计发放救助和扶助资金近200万元;完成危房改造460户,改厕567户,修建残疾人住房12户。帮助60多名下岗职工再就业,引荐520多名城乡居民进入企业就业,近600户城乡居民家庭生活来源得到基本保障。 (龚亮)

【敬老院建设】2016年新洲镇敬老院由常德市城镇建筑设计院设计,总投资1000万元,建设面积40亩,建筑面积6500平方米,公共绿地面积10000平方米。新洲敬老院建有4栋宿舍楼,132套房间,配套食堂、餐厅、娱乐室、图书室、医务室、理发师、心理咨询室、消防等设施。至12月已完成主体工程建设,正在完善内部设施配套。 (龚亮)

毛里湖镇

【概况】津市市毛里湖镇成立于2015年12月,由原保河堤镇和原李家铺乡成建制合并,镇政府驻地设于原保河堤政府。

毛里湖镇地处津市市东南端,北与新洲镇毗邻,南接药山镇,西临省第二大淡水湖——毛里湖,与安乡县、鼎城区两县接壤,地形以平原和丘陵为主,全镇由澧水包绕。下辖15个村(居),总人口4.25万人,全年人口出生率为9.87‰,共流出人口11661人,其中省内3273人,省外8388人。区域总面积118.6平方公里,耕地面积4380公顷。其中,水田3540公顷,旱地940公顷,林地1832公顷。人均年收入14275.1元。(刘思思)

【基础设施】农村基础设施的建设关系到农业生产和农村经济的发展。一是排涝抗旱。为确保农作物保守旱涝保收,对石龟山机埠、六汊口、药铺拐三处泵站排涝机埠进行设备更新与大修,对各村居机埠、堰塘进行整修,全年维修机埠39处,整修和硬化堰塘32口。二是基础项目建设。申报实施高标准农田建设项目,投入资金1760万元,完成排渠硬化10.5公里,灌渠硬化15.5公里,整修机埠19处,新造防护林11.5公里,新建机耕桥梁、渡槽及渠系配套建筑物853处,整修改造机耕道26.6公里。申报实施沟渠清淤项目,投入资金736万元,共38条沟渠,总长度52公里,覆盖全镇15个村居。政府以奖代补工程,通过镇财政补贴135万元,村居自筹42万元,完成了19口堰塘硬化,56口堰塘清淤,98.5公里的水泥沟渠硬化和土渠清淤。投资400万元完成两个集镇的管网升级改造。(刘思思)

【产业建设】大力培育主导产业,抢抓农村土地流转契机,形成50亩食用菌、100亩生态大米、150亩菊花、200亩龙虾、300亩苗木花卉、300头肉黄牛、1000亩豆角、3000亩红菜苔、3000亩藠果、3000亩茶油、8000亩精养水面及8家餐饮休闲农庄等12大特色产业。培育种植大户、家庭农场、专业合作社等农村新型经营主体60个,其中100亩以上的种植大户36户,家庭农场10家,专业合作社14个。流转土地15000亩,有利于特色产业的规模化发展。(刘思思)

【集镇棚改】投资510万元对保河堤集镇新村路、富强路、中正路及其它四条小巷进行路面改造、管线入地、人行道板改造;对镇政府入口的小游园进行升级改造,对两个集镇的街道进行绿化提质改造;投入10余万元对两个集镇下水道进行改造,有效解决集镇污水排泄的难题。严格落实市委、政府的决定,扎实抓好两个集镇的"穿衣戴帽"工程,对保河堤集镇1000户房屋进行立面改造,通过"以奖代补"惠民政策对其中300户房屋进行屋面改造,在荣台小学教学楼绘制三幅手绘墙画,人居环境有力改善,湘北干线风景更加美丽。(刘思思)

【环保工作】紧紧围绕建设"污染治理、健康养殖、环境综合整治、企业节能减排、生态绿化"五大工程,打造"毛里湖湿地公园""湘北公路绿化提质""美丽庭院建设"三个样板。环境污染整治力度不断加大,配合市环保局抓好环保执法,落实拦坝拆除工作,确保地表水环境质量、空气环境质量达到要求。饮用水保护地水质标准达标率100%。全面推进养殖业污染防治工作,在毛里湖及沿湖周边实施全面退养,全镇目标任务退养63户。全力推进环境卫生整治工作,摸索出"户分类、村收集、乡转运、市处理"垃圾分类减量处理模式,"绿色存折"的概念深入人心,对集镇及主公路沿线垃圾处理实行市场化运作,并在中南、荣台、七星、大山、樟树、箭楼、灯塔、万家的8个村(社区)开展垃圾分类减量工作。2016年,全省各地共13批次2500人次领导、学者来镇参观学习,中央电视台对垃圾分类处理工作进行了专题报道。大力植树造林,积极完成造林任务,突出抓好森林防火及林业资源保护工作,没有出现森林火灾及乱砍滥伐现象。湘北干线全线升级。以20.2公里湘北干线为主线,全力除杂扫障,做到农户房前屋后摆放整齐。投资40多万元,清除沿途建筑垃圾,对公路两侧坑洼地带进行填土覆盖,购买草籽、花种、苗木,无偿发放给农户美化庭院。(刘思思)

【民生建设】一是社会保障。对3184名社会养老保险人员进行资金审核,为582名退休人员实行养老金发放和生存认证,完成农村养老保险14000余人,医保参保率达100%。为残疾人建设爱心房13户,解决五保户自来水63户。申请大病医疗救助161人次,资金35万元。临时生活救助89人次,资金9万元。贫困家庭慈善助学12人,资金3.6万元。为501名重度残疾人申请护理补贴,为479名困难残疾人申请生活补贴,为96户低收入家庭办理最低生活保障。二是危房改造。危房改造是改善民生的一件大好事,也是惠及百姓、恩泽子孙、促进农村经济发展的实事。2016年,全镇农村危房改造指标632户,第一批287户,第二批345户,补助资金790万元。其中第一批已全部动工,完工245户,第二批危改任务已分配到各村居,从根本上改善部分困难群众的住房条件。三是维权服务。成立镇法律跟踪维权分队,为外出务工人员开展"法律服务随我行"专项服务,与每位外出务工人员签订《法律跟踪维权协议书》,解决外出务工人员由于法律知识欠缺,难以通过正当法律途径依法维权的问题。一年来,已为20余名外出务工者提供维权服务,挽回资金40余万元。(刘思思)

【安全工作】狠抓安全生产工作。落实工作责任,强化安全知识培训,定期开展专项检查,对集镇加油站、烟花鞭炮经营点等一批安全隐患单位进行有效治理。强化道路交通安全,积极开展摩托车专项整治行动和道路交通标识警示宣传,加大事故多发地段的防治力度。重视消防安全。强化宣传氛围营造,配齐应急队伍,添置防火专用设施,落实消防责任制,减少火灾隐患。强化信访维稳工作。严格落实包保责任,深化网格化管理运行,确保工作责任无缝覆盖。认真强化社会管控。严格坚持"属地管理、分级负责"原则,加强矛盾纠纷调处与信访积案化解,全年成功调处各类

矛盾纠纷200余起，化解积案6件，民调工作位居常德前列。 （刘思思）

【社会文化】一是完善农村文化设施设备。15个村(社区)都设立农家书屋，每个书屋都有专人负责，全天候对外开放，满足了广大村民及外来务工人员阅读的需求。实现广播“村村通”全覆盖，为宣传党的方针政策起到喉舌作用，为党委、政府做好新时期农村工作做好服务。二是发展壮大民间艺术团体。成立了十余支广场舞队，政府免费为舞蹈队提供场地和电力设施，并不定期请专业老师对其进行现场指导。积极组织群众利用农闲时间，精心准备各项节目，参加常德市“百团大赛”、津市市“欢乐津城”文艺演出和市“社保杯”广场舞比赛。大力扶持民间传统艺术，为三棒鼓曲艺艺人齐兰英培养接班人。三是创新群众文化活动形式。青苗社区主办了第二届腊八节年货会，结合传统文化，举办乡土特色文艺活动演出，看斗牛、杀年猪、互动石磨豆腐，体验现场抓土鸡，品尝地道农家菜。举行了“捉鱼摸虾·采莲品荷”的亲子农家乐活动，还通过市旅游外侨办与旅行社达成合作，推出乡村一日游路线，不仅为毛里湖国家湿地公园进行预热，还带动镇域经济的增长。 （刘思思）

药山镇

【概况】药山镇位于津市市最南端，与临澧县和鼎城区接壤，距常德市38公里，距津市市45公里，镇内交通便利，S306线、S205线、S238线与县道029公路贯穿全境，常岳高速、二广高速比邻药山镇，是环洞庭湖公路沿线交通区位优势明显的交通重镇，为津市“南大门”。全镇总面积142.8平方公里，辖有11个村，2个居委会，总人口4.3万人。耕地面积5.98万亩，水田4.4万亩。全镇有水库13座，其中小Ⅰ型水库2座，小Ⅱ型水库11座。

2016年，是“十三五”的开局之年，在市委、市政府的坚强领导下，全镇上下主动对接“三大攻坚，一大会战”的战略目标，把握打造“天下药山，梦里水乡”的总基调，扎实推进各项工作，发展迈上新台阶。

【经济发展】全年完成财政收入2500多万元，同比增长7.9%，农民人均可支配收入达到13129元，增长9%。农业经济发展向好。全镇农作物播种面积近3万亩，建成民康等高效水稻栽培技术基地600余亩，13个家庭农场通过上级验收达标。蚕桑种植面积达220亩，产值280万元，从业人员超过120人，举办农业技术培训班5期，培训人员近600人(次)，添置各类农业机械86台，评选50户科技示范户。全面推进绿色药山建设，完成新造林面积2100亩，种植连片油茶200亩，完成湘北公路走廊绿化11公里，村级公路造林9公里。服务业发展迅猛。新增大型超市4家、农家乐旅馆8处，渡口螃蟹享誉常德。

【城乡建设】城乡一体化建设快速推进。“2+2”模式的城乡一体化建设工作进展顺利。投资3000万元，文昌阁集镇、棠华铺集镇功能性改造（道路、立面、地下管网等）项目全面推进，已完成工程总量的60%以上，计划于2017年8月全部竣工，届时，大家期待的梦里水乡长廊将美丽呈现。药山村美丽乡村建设投资2800万元，对村部广场建设、两路一沟升级提质基本竣工，唐风民居改造第一期完成60户，竹林禅院建成投入运行。新湖村新型社区改造全面竣工，改造民居120余户，安装路灯73盏。环境整治效果显著。投入近100万元资金对渡口集镇、棠华铺集镇及镇内所有主干道环境卫生整治实行市场化运作，户分类、村收集、镇转运、市处理的运行机制逐步理顺。投入专项资金对全镇沟港湖汊进行了全面清理，消除了卫生死角。深入实施月评季奖、定岗联带等方式方法，党员群众环境整治意识不断提升，全镇的环境综合整治工作位列全市第一。集镇管理日趋规范。重点整治乱停乱靠、乱搭乱建、马路市场等违规行为，强力实施了集镇核心区域禁止燃放烟花鞭炮，集镇市容市貌得到明显改观。

【扎实推进交通大会战】改造并硬化断头路21公里，实施窄路加宽7公里，全面启动S238棠药线征地拆迁工作，积极协调棠渡线改造工程，已基本完成路面硬化，正在启动设施配套工程。全面实施集镇雨污分流项目建设。投入资金1430万元，对棠华铺街道、文昌阁街道、药山村街区居民污水集中整治，建设污水管网5公里，新建站房占地3.5亩，于2016年12月全面竣工运营。实施水利设施建设。投入资金215万元，全年完成31处机埠维修改造、34口骨干堰塘清淤扩容、30.6公里沟渠清淤整修。

【民生保障】强力推行脱贫攻坚，全镇2016年有贫困户764户，预脱贫363户，通过验收的有205户，完成贫困户危房改造230户，发放金融扶贫贷款290万元；大力实施民生工程。成功引进省民政厅节地生态安葬和乡镇殡仪馆项目落户，年底前将正式投入使用。投资680万元的文昌阁敬老院改扩建项目已经竣工，五保老人生活环境大为改善。严格落实危改政策，全年实施危房改造686户，申请上级补助资金857.5万元；强化社会保障力度，积极推进新型农村社会养老保险和城乡居民医保征缴扩面工作，基本实现应保尽保。积极拓展劳动就业，全年城镇新增就业人数200人，失业人员再就业50人，就业困难对象再就业20人，零就业家庭就业援助率达到100%。积极强化弱势群体救助。全年共发放救灾救济款587万元。严把低保等惠民政策进入口关，认真开展低收入认证和民主评议工作，全年共排查和评议取消城乡低保对象26人，农村五保对象24人，新增农村五保对象8人，新评城乡低保对象254人。积极落实地名普查。对村民聚集地、公路、水库、景点等地进行详细的登记造册，全镇共录地名信息1741条。顺利推进土地确权颁证工作。

【社会事业】文化事业欣欣向荣。成功举办了药山镇“欢乐津城”暨“欢乐潇湘”、“百团大赛”群众文艺演出，在常德市第六届广场舞大赛津市“体彩杯”初赛上，药山镇广场舞队获得“三等奖”，皮影戏、军鼓队、腰鼓队等一大批社会文艺团体也在不断壮大。教育事业稳步提升。教育教学质量快速提升，中考升学率在全市名列前茅，顺利迎接了省县级教育工作“两项督导评估考核”。卫计服务不断完善。组织开展了流动人口关怀活动，全镇2000多名流出育龄妇女得到了计生跟踪服务，慰问走访了40户计生特殊家庭、新增211名农村、2名城镇奖扶对象，成功查处棠华铺社区“两非”案件一例，白云山村获得“省级计生协会示范村”荣誉称号。

【党建工作】坚持党建总揽，基层基础不断夯实。圆满完成镇党委、人大、政府的换届工作，配齐配强了党委政府班子。顺利完成并村改革，选齐配强了临时工作委员会干部力量。完善镇级“五小”设施和“一站式便民服务中心”建设，政府机关公租房建设项目已完成基础工程。加强村级阵地建设，新建药山村部广场，改建白云山及杨坝垱村民服务中心。实施全镇村级广播联网改造项目，做到广播宣传全覆盖。落实村级经费保障，村平低限运转资金达到11万元。党建机制不断创新。探索实施了党建工作月例会调度制度、党建联络员制度、党建工作模块化制度，全镇党建工作水平不断提升。从严治党成效明显。深入开展两个专项整治，严肃处置了一批典型案件。扎实开展“两学一做”教育工作，严格落实“两项责任”，不断加强干部作风纪律的督导检查，并在全镇范围内开展党风廉政建设谈心谈话活动，干部政治意识、大局意识、核心意识、看齐意识不断增强，干群关系更加融洽。

【安全稳定】狠抓安全生产工作。落实工作责任，强化安全知识培训，定期开展专项检查，发现并及时整改安全隐患。棠华中学停车坪、奇龙采石场、三岔路地质灾害点、翊武中学地质灾害点、下龙大堤、临东大湾水库等一批隐患得到有效治理。强化交通安全，积极开展摩托车专项整治行动。重视消防安全。强化宣传氛围营造，配齐应急队伍、添置防火专用设施，并认真落实坟墓“剃光头”行动，减少火灾隐患。强化信访维稳工作。严格落实责任包保，强化网格化管理运行，确保工作责任无缝覆盖。认真强化社会管控。采取人防加技防的立体防控方式，加强对社会层面管控，及时处理社会治安问题。严格坚持“属地管理、分级负责”原则，进一步加强矛盾纠纷调处与信访积案化解，全年成功调处各类矛盾纠纷210余起，化解积案7件。全年民调排名上半年位居常德市第一，全年位居常德市第二的优异成绩。（龙峥奇）

白衣镇

【概况】白衣镇位于津市市西南方，东与原保河堤镇隔岸相望，南连原棠华乡，西与临澧县烽火乡、津市原灵泉镇毗邻，北与原李家铺乡接壤，西毛里湖南、中、北三大湖泊延伸其中，环毛里湖国家湿地公园，地势东北高西南地，属丘陵山区。

全镇共有7个行政村（建国村、钟灵村、金坪村、红光村、柏林村、清华驿村、金和村），2个社区（白衣庵社区、石板滩社区），11个站所办（党政综合办公室、经济发展办公室、生态建设和环境保护办公室、社会管理综合治理办公室、卫生和计划生育办公室、农业和农村经营管理服务站、水利管理站、综合文化站、民政和劳动保障站、林业管理站、安全生产监督管理站）。全镇有14个党支部，共有党员1030人。总人口2.8万人，总面积92平方公里，耕地面积4.22万亩。是津市市完整保留建制的乡镇，也是全省有名的“鱼米之乡”、“特产之乡”。

白衣镇地理位置优越，交通便利。全镇共有一条县级主干道，由南往北贯穿全镇，东与省一级公路相毗邻。白衣镇距津市市区仅18公里，距临澧县仅25公里，距常德市市区仅50公里。顺应美丽乡村建设的大好形势，白衣镇结合农村工作实际及本地资源优势，进一步加快科技发展步伐，以“柑橘”、“葛果”两大产业为支柱，发展茶叶种植，现有柑桔种植面积15000亩，茶叶1000亩，葛果12000亩，10家葛果加工企业年加工能力超过2万吨，产值2200万元。2010年，“白衣葛果”获得国家地理标志产品认证。养殖业与第三产业的发展也来势喜人，以青龙嘴鱼湖、朱亮桥水库为主的8000亩水面综合养殖基地，年水产品产量已达3000吨。

2016年5月，白衣镇合村并乡工作完成，新的建制村居简介如下：

将红光村、荷花村二个村合并为一个村，新村命名为红光村，村部地址为原红光村村部，合并后，新村村民小组41个，总人口4078人，总面积16.1平方千米。

将钟灵村、会云村二个村合并为一个村，新村命名为钟灵村，村部地址为原钟灵村村部，合并后，新村村民小组28个，总人口2442人，总面积12.4平方千米

将金林村、柏林村二个村合并为一个村，新村命名为柏林村，村部地址为原金林村村部，合并后，新村村民小组24个，总人口2317人，总面积9.9平方千米。

将金泉村、天门村二个村合并为一个村，新村命名为清化驿村，村部地址为原金泉村村部，合并后，新村村民小组21个，总人口2189人，总面积11平方千米

将建国村、双马村二个村合并为一个村，新村命名为建国村，村部地址为原双马村村部，合并后，新村村民小组30个，总人口3522人，总面积15.6平方千米

将金坪村、长安村二个村合并为一个村，新村命名为金坪村，村部地址为原金坪村村部，合并后，新村村民小组28个，总人口2846人，总面积11.5平方千米。

将金星村、永兴村二个村合并为一个村，新村命名为金和村，村部地址为

原金星村村部，合并后，新村村民小组34个，总人口2509人，总面积12.4平方千米。

将蒲山村并入到白衣庵社区居委会，建制为社区，命名为白衣庵，社区地址为原蒲山村村部，合并后，新社区小组15个，总人口3870人，总面积5.7平方千米。

石板滩社区成建制保留，社区名称及办公地址均不变，总人口830人，总面积0.07平方千米。（高侃）

【综治维稳】2016年我镇社会管理综合治理工作在上级政法委的正确指导，镇党委、政府的领导下，依靠全镇广大干部群众的共同努力，主要是三个工作。一是规范组织建设，专门组建一支12人政府干部志愿巡逻队，二是整合部门力量。三是抓责任落实，年初与原19个村(居)，单位签订责任状，严格考核，兑现奖惩，二是排查调处矛盾纠纷，全镇共排查各类矛盾纠纷45起，成功调处43起，调解率96%，回复市长，市民留言、政府热线32起。省长信箱2起。三是包保稳控落实，对排查出来的农村战退军人，164师抗击台风的退役军人，幼师民办教师等重点涉稳群体11个144人。目前全镇对重点涉稳群体，采取“一个问题、一名领导、一套班子、一套方案、一包到底”的“五个一”的工作方法进行处理，对涉稳对象由包片领导，包村干部，支部书记，村主任，治调主任进行“五包一”由于包保稳控措施得力，今年没有发生一起涉稳群体到常德市赴湖南省进京上访事件。四，法治建设工作。全镇共有墙标、坎标258多条，并在镇中学举办一次700多师生参加的禁毒反邪教，道路交通等法律知识讲座，民调期间全镇发放各种宣传资料1万多份，提高群众的法律知识。2016年，白衣镇司法所被评为“湖南省规范化司法所”五，平安创建及网格化工作，在全镇范围内开展“平安创建，你我同行”有奖问答及平安家庭颁奖活动，此次活动现场共设立宣传展牌16块，发放法治知识、安全生产、道路交通安全等宣传资料共计2500余份，赠送小礼品达1000余份。评选出的22户平安家庭进行颁奖。白衣镇“三问于民”群众工作法在常德日报头版头条被推介，白衣镇被评为常德市“2016年度全市综治工作(平安建设)先进乡镇”。（高侃）

【水利设施】2016年，为改善村民出行不便，水利基础设施薄弱的状况，白衣镇共投入2000多万元，进行了下列工程的施工建设。

全面更新改造南亭堰、铜盆堰、猪头嘴三大机埠。

硬化灌区渠道12594米。

标准化新建机耕道19223米。

硬化扩容骨干堰塘16口，改造维修堰塘22口。

彻底改造余家桥泄洪渠、泄洪道、泄洪闸等系列防汛农田灌溉工程。

硬化村道25公里，拓宽村道30.6公里。（高侃）

【民政劳保】低保工作。2016年底，白衣镇共有农村低保户508户，523人，城镇低保55户，63人，去年8月低保标准进行普调，农村低保标增加每月A类30元/人，B类10元/人，C类15元/人，城镇低保增加每月75元/人。按市镇要求对全镇五保户、低保户进行全面核查，取消低保46人，五保5人。一年以来白衣镇共集中审核上报129人，目前低保评议工作正在进行中。

五保工作。白衣镇共有五保户176人，其中在2个敬老院集中供养的有95人，分散供养的有81人。1-11月份共有2名五保对象死亡，新增1人，向上申报3人，努力解决他们的后顾之忧。去年白衣敬老院提档升级，被评为常德市三级敬老院，2016年党委政府积极向上争取资金，加大对敬老院的升级投入，共计投入资金100多万元。

优抚工作。优抚对象的各种优待政策，全部及时足额兑现，截止到11月份共有在册60岁以上退役士兵199人领取优抚金，参战61人，并对全镇所有优抚对象率先进行了生存认证，对死亡对象及时清理，认证率名列前茅，对年轻退役士兵安排1次就业面试会，2次就业培训。

医疗及临时救助。按照《社会救助暂行办法》实施意见，截止到11月份认真审核上报城乡医疗救助151人，落实救助资金26.3万元，临时生活救助10人，落实救助资金3.4万元，及时使因病困难群体享受到了政策惠及，缓解了困难。

残联工作。2016年按照市残联和党委政府的统一部署出色的完成对11户残疾人的爱心房建设，8户残疾人无障碍设施改造，2户创业扶持。利用两个月时间对全镇297户重度残疾人、243户困难残疾人进行重新清理造册，同时分类发放护理补贴和困难补贴。为43个残疾人解决轮椅、拐杖等辅助器材；8月份对全镇残疾人进行普查，对残有持疾证的人群进行清理和生活状况的了解、关爱。

民政其他业务工作。2016年新增80岁(90岁以下)以上老人88人死亡19人，新增90岁以上老人13人死亡9，截止11月份全镇领取尊老金的80岁以上老人455人，90岁以上40人，新增孤儿2人，12人享受孤儿补贴，解决他们的生活困难。为6名困难家庭大学新生进行助学发放了助学金帮助他们继续完成学业；对全镇范围内的留守儿童、留守妇女、留守老人进行统计上报，配合民政局进行全国地名普查认证地名2000余条，正在进行资料归档。

开展城乡居民社会养老保险认领人员的生存认证工作。四年来以村(居)为单位，组织开展对全镇17个单位的城乡居民进行社会养老保险认领人员的生存认证，全镇共有11133人次参加认证，企业退休人员、灵活就业人员共有826人参加生存认证。

开展2014年湖南省劳动力资源信息采集工作。从6月上旬起，集中100天时间，在镇党委和政府的高度重视与支持下，9个村(居)通力配合，仅用60天的时间完成全镇10419名劳动力信息采集、13个用人单位的信息采集和电子台账录入。

开展劳动就业培训。四年来全镇共组织农经作物水稻栽培培训班4期，蔔果培训班4期，培训学员423人。参加市组织的企业厂家招聘会4次，全镇500多人参加，有115人被企业厂家录用。城镇新增就业人数500人，失业人员再就业110人，新增农村劳动力转移就业1200多人。为扶持大学生创业和下岗工人自主创业，在市相关部门支持下已先后为31人申请小额担保贷款186万元。

开展精准扶贫工作，2016年组织16名未脱贫困难户人员参加市月嫂培训班、养老扶理员培训班学习。免费为4名未脱贫困难户人员到常德政德驾校学习汽车驾驶员B2技术，为常德高技能人才选送学生12人。

开展城乡居民社会养老保险续保交费工作。四年来由于镇党委、政府的高度重视，宣传发动起步早，镇村两级相互协调，全镇共完成城乡社会养老保险缴费总人数27606人次，缴费400多万元。

开展城镇居民基本医疗保险和新型农村合作医疗工作。由于领导的重视、各村(居)的支持全镇共完成城镇居民基本医疗保险参保工作，四年来全镇有54000多人次参保。农村合作医疗参合百分之百，没有发生漏掉和重登的责任事故，使我镇的农村合作医疗健康稳定向前发展。 （高侃）

【生态环保工作】2016年，我镇在集镇环境整治上，投入资金近80万元，用于全镇环境卫生整治工作；重点解决全镇环境卫生宣传工作和白衣庵社区的市场化运作发包，完成全镇铁皮垃圾箱的全部维修，落实垃圾中转站3亩场地的绿化，按照洞庭湖五项治理工作要求，全面整治了毛里湖河岸环境卫生治理工作。全镇落实保洁员25人，村级落实保洁员16人，实行全镇环境卫生治理全覆盖。在畜禽退养中，2016年完成了26户退养户的任务。

同时，在白衣庵社区的棚户区改造工作中，全镇的棚改工作是1060户，四个路段规划的项目有立面改造和市政工程，总投资2000余万元，在去年底，全面落实社区3870米下水道清淤及四家管网入地工作。 （高侃）

【农业经济】农技推广工作。落实粮食面积2.3万亩(其中双季稻面积1800亩)，推广机插秧面积1万亩，抛秧面积8000亩。培植科技示范户90户，200亩以上家庭农场10家，培植发展农民专业合作社2家（全镇现有合作社22家)，30亩以上种粮大户112户。开展世项贷款可持续发展农业项目，基层农机推广补助项目、新型职业农民教育培训共计28场次，培训人数达1200余人。推广测土配方施肥15000亩，利用农开项目调运有机肥150吨，发放各类种子8000余斤。病虫防治药剂50件，发放病虫情报11期2000余份。

产业建设。在全镇发展湘莲面积2500亩，可创产值100万以上。全镇茶叶面积由原有800亩，扩大近400亩。协助创办了蒲山水蜜柚产业园，长安世纪红产业园建设。

办点示范。协助政府创办白衣镇“三美”创建工作及义务植树活动。创建了红光村万亩优质水稻示范片1000余亩，全市机插秧现场会。早稻集中育秧示范，再生稻栽培、粳稻办点示范，白衣镇工作显著。协助创办白衣社区、金坪村、柏林村、美丽乡村建设示范片，以及蒲山村水蜜柚产业园约800亩。2016年被评为“粮食生产工作先进单位”、“生态示范户和秀美村庄建设先进单位”、“畜禽退养工作先进单位”等。 （高侃）

三洲驿街道办事处

【概况】三洲驿街道位于津市城区西北部，东起万寿路，与汪家桥街道接壤；西至临津桥，与澧县澧澹乡毗邻；南濒澧水，与襄阳街街道隔河相望；北抵津市监狱。2016年，辖区总面积6.27平方公里，共有15816户、32478人，下设城隍庙、三洲街、后湖、柏枝林、桥北、护市、蔡家河7个社区居委会。辖区内驻有行政事业单位39家，企业11家，下设党总支7个，党支部32个，共有党员1341名。街道内设办公室、综治办、安监站、计生办、民政办、劳保站、财政所7个站所，新增棚改办、创建办2个中心工作办公室，城管中队驻三洲驿街道。目前在编在岗人员28名，其中行政编制14名，事业编制人员14人。（张月）

【党的建设】2016年，三洲驿街道深入开展党员组织关系排查，长期未参与组织活动的党员有143名，经多方查找与107名党员取得联系，36名党员仍处于失联状态；发展新党员3名；相继对柏枝林、桥北、后湖、城隍庙等社区班子进行调整。胡碧娥、王履霞2名社区干部成功通过湖南省公务员考试。作风建设不断深化。认真落实“三会一课”制度，召开组织生活会，深入开展批评与自我批评；及时部署“两学一做”专题教育，督促指导各基层党组织开展专项学习讨论。坚持“周安排月调度”机制，各线定期梳理街道事务，督促各项工作落实到位；成立文明办公督查组，对出勤到岗、会议纪律、上班纪律及服务态度等进行内部督查，公示督查结果，促使干部遵规履责。制定班子成员集中评议制度，对重大事项逐一表决通过。

（张月）

【安全稳定】2016年，三洲驿街道充分利用各类宣传媒介，进行安全知识宣传；坚持专项整治行动与日常排查相结合，及时化解各类安全隐患；建立安全生产长效机制，明确“一岗双责”管理考核。完善矛盾纠纷调处机制，切实做到排查矛盾、化解纠纷、巩固稳定。将民意调查与平安创建、防邪反邪、“三实”信息采集等三项工作有效整合，高效完成工作任务。对重点稳控对象实施“三包”(包思想工作、包解决问题、包特护期稳控)和“五个一”(一个问题紧盯、一套班子负责、一名领导牵头、一个方案解决、一包到底落脚)包保责任。制定群体性突发事件应急预案，坚持每天、每旬、每月排查与重大节假日排查相结合，狠抓矛盾纠纷排查不放松。 （张月）

【民生服务】2016年，三洲驿街道计划生育率达98.52%，无一例“两非”案件发生。定期对计生平台数据进行核实更新，及时清理流动人口信息，提升统计质量。充分关注困难群体生活，截止12月底，该办有五保户46户、46人，低保户951户1145人，每月发放低保救助资金336230元。为115人发放大病医疗救助221671元。以社区残协为依托，积极开展帮扶、就业、康复服务，深入开展“雁过拔毛”式腐败问题专项清理，确保上级救助资金落实到位。通过职业培训、企业用工见面会、及时更新就业信息等形式，为待业人员提供更多的就业机会，城镇登记失业率保持在4.5%以内。深入推行“3456”工作法，进一步完善居民自治机制。辖区内共有24个小区成立小区业主委员会，开展自治管理，开展“最美楼栋”、“最美家庭”等评选活动。（张月）

【社会事业】2016年，三洲驿街道共有青年志愿者协会、社会义工协会、爱心助困会、群众文体团队等22家，开展各类走访慰问、文体活动、爱心捐助等公益活动16次。积极组织文艺爱好者参加“百团大赛”，依托辖区京剧社、老年健身团等社区文艺组织，开展形式多样的院落、小区文化，庆“七一”等系列活动。深入开展科普教育，组织各社区进行科普宣传，柏枝林社区被评为常德市科普示范社区。（张月）

【“五城”同创】2016年，三洲驿街道整合力量、创新举措，采取突击检查、集中整治与常态监督相结合的方式，周调度、日碰头，投入100多万元，对辖区环境卫生、市容市貌进行全方位整治，顺利通过国家、省两级卫生城市检查。持续保持控违拆违高压态势，坚决执行“拖砖就问、砌墙就推”的规定，全面完成316处8919平方米违章建筑任务。（张月）

【棚户改造】2016年，三洲驿街道共有1574户棚改工作任务，其中征收搬迁1220户，功能性改造354户。自棚改工作启动以来，街道积极谋划，确定以西河街片区为主战场，逐步向其他6个片区推进的战略计划。街道在全面推进“五城”同创的同时，坚持棚改工作思想不松、队伍不散、机制不变、满怀激情、持续攻坚。2016年共完成协议征收859户，拆除房屋734处6.5万平方米，拆除违建265处5835平方米；354户功能性改造推进顺利；“两违”处置89户，收缴处置资金130多万元。护市城中村主体工程已竣工，建成柏枝林公厕，金帆二期主体主体改造已完成；拓奇、鼎鸣律师事务所宿舍、轻化纺小区等四个小区正在进行招投标。（张月）

【党风廉政建设】2016年，三洲驿街道以开展“雁过拔毛”、“纠四风”两个专项整治行动为契机，领导班子带头，街道上下掀起自我剖析、相互批评的热潮；以“荷花品格、梅花精神”征文活动为依托，大力宣扬身边的廉洁故事，筑牢干部思想防线。同时，街道党工委始终坚持把党风廉政建设融入到各站办所、社区等各项工作中，做到有规划、有调度、有督导、有落实。对重要信访件及时阅批，督促协调信访件的处理，及时化解矛盾纠纷；定期对党风廉政责任落实情况进行督导、调度，督导结果纳入年度绩效考核。（张月）

【办事处获2015年度全国模范职工之家称号】2015年，三洲驿街道认真贯彻“组织起来、切实维权”的工作方针，坚持抓好基层组织建设，推进工会组织规范化，增强工会组织凝聚力，建立独立工会组织23家，组织基层工会干部培训班2期，4次职工文体活动。通过街道社区劳动保障服务平台，以再就业培训、高技能人才培训、免费职业介绍、小额贷款、SYB培训、再就业援助、企业用工信息发布会、现场招聘会等多种形式的帮助下岗职工实现再就业，城隍庙、后湖社区被评为省级“充分就业社区”。依托综艺团、老年健身团等文艺组织开展文艺汇演、书画、摄影作品展、送春联、灯会等活动12次。（张月）

【办事处获2016年度津市市文明单位称号】2016年，三洲驿街道以精神文明建设为抓手，不断丰富精神文明建设内涵，开展“我们的节日”、“道德讲堂”、“诵读国学精典”，文明股室、文明社区评选、志愿服务等一系列活动，与传统文化有机结合，相互揉合渗透，将职业操守与道德良知紧密结合。强化街居干部思想精神道德水平提升，紧紧围绕忠诚、为民、公正、廉洁等主题进行，赋精神文明建设以实质内容。（张月）

汪家桥街道办事处

【概况】津市市汪家桥街道办事处位于津市市区东部。西起澧水大桥东侧（万寿路），东至小渡口，与澧县洪湖区毗邻，南濒澧水，北临阳由乡护市、城东村。辖新村、汪家桥、油榨坊、城东、澹津5个社区居委会，其中，城东、澹津社区为农村社区。辖区驻有行政事业单位28家，各类企业近17家。辖区总人口32437人，其中城镇常住人口25192人，总面积10.75平方千米。辖区内有社区文化活动中心5处，图书馆1个，藏书500册。幼儿园5所，小学1所，初中有2所，分别是德雅中学和双济实验学校。有社区医疗机构3个，门诊部（所）15个。学校体育场2个，文体公园体育场1个，公园1个，室外晨、晚健身场所8处。

2016年，办事处获全省人民满意公务员集体、省关心下一代工作先进单位、全市安全生产先进单位。（章慧红）

【组织建设】2016年，办事处重点探索“小党建”推动组织转型，提升“领事”能力。一是组建“小支部”，将组织边界向小区扩展。重点探索有效的“三小”党建模式，街道5个社区成立14个小区党支部并开展工作，开展党员服务进楼栋活动，由一名小区无职党员、楼栋长、街居干部共3人负责1栋楼，在每栋楼道口亮牌公示，负责楼栋日常事务，使小区党建成为了引导居民自治的核心力量；出台《无职党员评议12条标准》，做到征迁建设“亮身份”、棚改拆违“亮承诺”、社会维稳“亮岗位”，增强了无职党员的责任意识和服务意识；组织开展便民利民、困难救助、文化惠民等服务；推行小区议题联提、决策联议、活动联组，组织社区后盾单位共同参与小区管理。二是发展“小社团”，将服务边界向党外辐射。5个社区共组建文化艺术团、书画协会、文体健身队、小区业主委员会等社团组织20多个，组织居民志愿者开展小区出店经营、乱搭乱建、流动摊贩集中整治。通过群众自发组织文艺演出、运动会等活动，进一步凝聚自治共识。三是构建“小网格”，将管理边界向群众延伸。5个社区划分45个社会管理“小网格”，1名街居干部、1名网格员、1名志愿者对网格内居民“一对一”服务。“三小”党建、小区党支部领导下的居民自治“三三”管理模式被《常德日报》头版头条宣传报道。（章慧红）

【征迁拆违】2016年，由办事处主任亲自挂帅，带领两名班子成员，抽调13人驻扎现场进行拆迁，完成澧水二桥、澹津城中村、民安路二期房屋拆迁25户，城市规划区内提前安置危房户24户，完成二完小地块征地100余亩。由联工委主任领衔，通过棚改征收“三三模式”，全面完成双济沟以东片区415户公房征收，完成私房征收72户。2016年，拆除各类违章建筑522处3.1万平米；澹津城中村改造工程、酒厂小区立面改造工程都在紧张施工；城东六组小区及双济沟以东片区一期改造工程前期招标即将进行。（章慧红）

【城市创建】2016年，重点围绕“创国卫”，通过包区“专责”、排名“专考”、整治“专管”，卫生“专治”，投入100多万元，铲车及挖机近百台，全面清理辖区各类垃圾、杂物、杂草30000余车，清理沟渠6000多米、楼栋200多栋，清除“牛皮癣”2000余处，实施工地围挡5800多平米，制作创建宣传喷绘7000多平米。街居两级不讲价钱、不计成本，将力量全部投入到此次迎检准备工作中，对辖区重点区域、重点问题进行重点整治。还自行加压，投入80多万元铺设人民路君之林巷至小渡口路段道板砖。上半年，街道创建工作排名全市第一。（章慧红）

【社会保障】2016年，办事处加大社会保障力度。动员鸿鹰生物责任有限公司、常德德强通讯公司、甘肃省广兴商贸有限公司3个企业出资90万元帮扶25名困难学生完成小学至大学学业；通过成立城乡失地农民就业指导办公室，对300多名失地农民进行就业技能培训；与省机电学院合作，帮助定升机械、嘉诚汽配等公司培训技工400多名，每年街道本级拿出5万元救助各类特困人员。2016年，还聘请专业教师对200多名失业人员进行计算机技术培训，新建便民服务中心，实现“一站式”服务，新建日照中心解决10多名孤寡老人日间照料难题，解决群众反映的热点难点问题40多个。（章慧红）

【安全生产】2016年，办事处对辖区酒店、学校、茶楼、小餐饮店、加油站、幼儿园、敬老院等重点对象组织7次安全大排查；对辖区道路交通安全隐患进行了详细摸底，设置安全警示标志牌共2块，设置斑马线2处、减速带22.5米、限高门一个，及时消除安全隐患。特别是对新村社区华都巷车流量大，开放式居民区存在大客车、大货车串行问题，及时予以了处理，消除重大安全隐患。全年共查处各类隐患43处，整改43处，整改率100%。（章慧红）

【计划生育】2016年，符合生育率98.82%，人口性别比为109:100属于正常范围，协助市卫计局查处一起“两非”案件，依法依规对违法生育对象立案调查。积极开展计生“生育关怀”活动走访留守儿童及独生子女特困家庭，发放慰问金5500元。（章慧红）

【综治维稳】2016年，办事处实行干部“到户工作法”，按照办事处及社区干部职工每人包保60户的方式，对3000多户居民挨家挨户进行走访，全面宣传我们的工作。同时，认真填写民情日记，详细记录居民的基本情况及反映的问题。做到上户率100%、宣传资料发放率100%、调查问卷熟知率100%、群众诉求回复率100%、对象联系方式登记率100%的五个100%。平时强化治安巡逻，由综治办、派出所抽调5人定期或不定期开展巡逻。截至目前，共破获刑事案件63起，包括吸毒、盗抢等，行政拘留41人，其中吸毒21起，抓获吸毒人员24人，强戒15人，查处赌博案件3起，2起打牌赌博，一起电游赌博，行政拘留8人；发生刑案117起，破获35起，逮捕直诉21人，移交检察机关15起，14人。截至目前共受理津市市信访局转办和交办信访件75起，完成网上办信75起，街道、社区调解各类矛盾纠纷85起，成功调处矛盾纠纷83起，97.6%。（章慧红）

襄阳街街道办事处

【概况】襄阳街街道办事处北以澧水为界，南经大同路与金鱼岭街道办事处毗邻，总面积11.5平方公里，2016年有站、所、办11个，机关干部职工45人，下辖襄阳街、汤家湖、古大同、荷花、澧阳、阳由、盐矿7个社区居民委员会，居民9886户，总人口23288人，是全市重要党政机关、大型骨干企业、教育单位、医疗机构所在地。

2016年，街道党工委、办事处坚持一条主线、决战三大攻坚、突出六大重点，较好的完成了各项目标任务，推动街道经济社会又好又快发展。

2016年襄阳街街道办事处获评“湖南省园林式单位”，襄阳街街道获评“常德市平安街道”，襄阳街街道获评“常德市安全生产示范乡镇”，襄阳街街道办事处获评“2016年津市市文明单位”，襄阳街街道古大同社区获评“全国综合减灾示范社区”。

【基层党建】2016年街道始终坚持围绕经济抓党建，抓好党建促经济，基层党组织建设和党员队伍建设不断强化。一是以思想建设为引领，加强学习教育。根据“两学一做”学习教育要求，严格制定学习计划。深入践行党的报告员制度，组织开展丰富多彩的党日活动，形成学党章党规、学系列讲话、做合格党员的良好氛围。二是以组织建设为关键，强健了战斗堡垒。投资100多万元，将阳由老村部改扩建为一所街道党员活动中心，探索实践“135”基层党建工作模式，紧紧抓住党支部这一“中枢神经”,极大夯实基层基础。三是以队伍建设为根本,改进了服务能力。对7个社区居支两委班子及社区干部进行全面考察,新提支部书记2名,新提社区主任3名,调整工作人员7名,增补年轻干部3名,社区战斗力不断增强。四是以廉政建设为抓手,凝聚了发展合力。修订机关制度汇编、机关站所干部及社区岗考办法,全面规范干部管理。严厉查处“四风”典型问题,坚决杜绝党员干部违规整酒。严格工作纪律督查,考核结果与年终绩效挂钩。 (黄朵朵)

【三大攻坚】街道创新棚改攻坚“33工作法”,打响三大攻坚“百日会战”。以最快节奏、最强合力、最严纪律抓棚改,凡参与攻坚的街居干部,一律实行“不休息,不请假,不坐班”工作制度,干部凝聚力、战斗力、执行力明显加强。截至12月,二桥征拆方面,全年34户房屋征拆及红线范围内170亩土地征收任务,完成房屋33户协议签订及170亩土地征收,剩余1户月底有望签订协议;棚改攻坚方面,全年棚改征拆任务495户,完成481户,完成任务的97.2%。其中,襄窑路西侧325户棚改征收全面收官,历经四年之久的原面粉厂、味精厂片区60户污染搬迁已完成征收46户,盐矿片区110户全部完成征收;农机小区、仁心小区功能性改造完成,盐兴小区功能性改造项目正紧锣密鼓进行;果园搬迁避让方面,全年142户任务的果园地质灾害搬迁避让全部完成。

(黄朵朵)

【城市创建】围绕全市“五城同创”工作部署,全力推进国家卫生城市、国家园林城市创建。一是广泛发动,营造良好氛围。利用宣传栏、宣传车、宣传横幅、电子显示屏、入户走访、资料发放、文艺汇演等多种形式,广泛开展城市创建宣传,营造良好创建氛围。二是集中整治,清除死角盲点。一年来,累计投入资金160余万元,出动劳力8000余人次,铲车及挖掘机、拖拉机近100台次,清理各类垃圾、杂物、杂草20000余车,清理沟渠4000多米,清理堰塘20余口,楼栋100多栋,辖区环境卫生状况得到有效改善。三是创新载体,激发全民参与。组织辖区内单位、企业、居民广泛开展搬家式卫生大扫除。组织老党员、老干部志愿者上街文明劝导,营造“从我做起,从小事做起,人人支持,人人参与”的良好氛围。开展农村社区“文明卫生示范户”创建评选活动,打造文明卫生样板示范一条街,推动城市管理逐步由被动走向主动。 (徐铭露)

【产业发展】新发展企业5家,完成个转企20户,有效增强街道经济活力。湘窑路商贸街临街商铺全部营业,贺记粉馆等津市老字号强势入驻;开展医护、家政、电商等就业创业培训,发放小额贷款20余万元。争取上级投入资金410万元,完成7000米一线防洪大堤加修巩固;争取资金50余万元,完成沟渠清淤31.4公里,堰塘整治12口,农业基础设施进一步完善。 (王河清)

【社会保障】通过两次排查,取消城乡低保对象192户231人,对42户生活特别困难家庭及时纳入了低保。2016年共有城市低保833户991人,月发放低保资金29万多元,大病救助108人救助金额19万多元,慈善助学25名学生10.1万元。筹集资金物资共2.87万元,对五保老人、贫困家庭进行慰问救助。为52位残疾人申请,轮椅、拐杖、盲杖、盲表等康复器材,为7名残疾人申请了免费复明手术。为2位残疾人申请了假肢安装,帮助2名重残对象进行了“阳光家园”托养。对513户居民进行了住房租赁补贴申报,为1200多名居民办理了失地农民资格审核,组织近1000名灵活就业人员补缴养老保险,为341多名失地农民争取了被征地农民养老保险待遇,为90多名居民申请助保工程。全年办理城乡居民医疗保险14000人,办理城乡居民养老保险705人,为1672名养老保险待遇领取人员进行了资格认证。开展再就业援助,开发岗位200多个,帮助89名就业困难对象实现再就业。2016年全办新增就业人数1693人,其中失业人员实现再就业666人,4050人员251人。安置农村劳动力转移81人。 (裴勇)

【志愿服务】2016年,志愿者协会进一步团结辖区群众和社会爱心人士,大力弘扬“奉献、友爱、互助、进步”的志愿精神,以社区志愿服务为新的增长点和着力点,推动志愿服务向着持久化、规范化、制度化的方向发展。关爱帮扶。在春节、妇女节、八一节、国际志愿者日等节日期间为辖区困难家庭送去慰问品以及节日问候,不定期对社会低保人员、残疾人、优抚对象、留守儿童、失独老人等特殊人群进行慰问关怀,开办了留守儿童看护学校和早教中心,为孩子们营造了一个健康学习、成长的乐园。全年共慰问困难家庭200多户,送去慰问资金二十多万元。孝亲敬老协会特组织了一支文化艺术队伍,在2016年中秋、重阳、国庆等传统节日上为白衣镇、棠华镇、爱心幸福园以及养老服务中心的老人们带去了一场场精彩的演出,并不定时地组织社会志愿者为爱心幸福园的老人们整理内务、修理电器,为辖区老人开展老年人保健讲座和义诊活动。应急救援。协会成立了由专业人员组织领导的应急救援队伍,先后开展了防洪、防火、防地质灾害等知识讲座和技能培训,并配合安监站对辖区的安全隐患进行了排查整治。街道法律服务志愿者、医疗卫生服务志愿者不定期上门为居民传播科学、法律、医疗卫生等知识,为其提供法律援助和义诊服务。卫生整治。组织志愿者定期开展打扫社区卫生,宣传五城同创知识等活动,开展了文明卫生示范街的创建工作,与辖区沿街商铺住户签订“门前三包”协议书开展评比活动。 (匡晓雪)

【综治维稳】2016年街道继续推行机关干部联居“网格化管理”,强化综治法制宣传,开展常态式群防群治巡逻活动,保持违法犯罪活动打击的高压态势和主攻态势。与辖区各单位、社区签订综治、稳定、610、信访工作责任状108份,调处各类矛盾纠纷295件、接待来信来访146人次、处理市长热线投诉38件。网上信访督办交办调查回复34件、处置突发事件2起,化解不稳定事件5起。开展了两次校园周边环境整治,取缔无证餐馆1家，责令补办食品卫生许可证2家，查处违规网吧1家，对多出占道经营摊点进行规劝和制止，对学校周边出租房进行摸底排查，建台账257人，发治安告示560余份，确保全国高考和学校中考顺利进行，使学校周边治安环境明显好转。（胡忠勇）

【计划生育】2016年街道共出生208人，计内207人，计外1人，计生率为99.51%；出生率为8.93‰；出生性别比为110:100。流出人口2468人，其中男性流出1211人、女性流出1257人；流入人口734人，其中男性流入423人、女性流入311人。以人为本抓服务，免费为育龄妇女生殖健康检测4289人次，优生遗传监测198人次。（王观翠）

金鱼岭街道办事处

【概况】金鱼岭街道办事处成立于1989年6月。2002年，津市实施撤乡并办，撤销原窑坡渡乡，与金鱼岭街道办事处合并，组成新的金鱼岭街道办事处。2005年明道社区、团湖村划归工业园。金鱼岭街道地处津市市城郊结合部，位于津市城区西南部，北与襄阳街街道相连，南与工业集中区、嘉山街道接壤，东与襄阳街街道相连，西临道河与澧县澧南相连，“东常高速”穿越大关山村。2016年辖燕子窝、文家湾、湖桥、丝绸4个社区居委会，大关山村1个行政村，总面积17.03平方公里，总人口2.2万人。有党员1154名、基层党组织31个。辖区内聚集汽配、盐化工、造纸、纺织等4大产业集群，共有各类企业14家。

2016年，街道重点建设项目有2个。一是关山明月生态园建设项目。完成前期投资近2000万元，流转土地1580亩，核心园区初步建成紫薇、北美海棠、美国红枫、樱花、美国红枝垂柳等5个百花园，共栽种各种苗木300多万株。外围园区建成观景台、十二生肖广场、孝文化广场等多个景观，“关山明月生态园”开园近一年来，已接待各地游客上万人次。二是原窑坡纸厂、味精厂扩建工地移民片区项目。12月，原窑坡纸厂227户棚改项目现已全部完成，倒房面积24633平方米。与市农业局合作共同签约引进投资2000万的“鸿粉知己”牛肉米粉项目，在工业园投产运营。通过政策对接、汇报跟进，2016完成争资任务259万元，为年度目标任务的171.5%（政府下达年度争资任务151万元），在五个街道中排名前列。（郑阳）

【五大建设】2016年，金鱼岭街道党工委、办事处紧跟市委、市政府决策部署，务实创新促发展，自加压力求突破，以“五大建设”为抓手，推动城乡一体建设。

完美社区。按照连续建设、分步建设、梯次建设的思路，通过外引内联、上拨下筹等途径，采取项目带建、财政援建、部门帮建、社会捐建、社区自建等多种渠道筹资，先后为4个城市社区建成300平方米以上服务平台，基本实现社会管理办事大厅化、办公电脑化、居务信息化、活动阵地化、学习电教化、服务系列化，满足社会管理发展的需要。同时，按照“3456”管理模式，在成型小区建立小区党支部、业主委员会、小区公益中心“三位一体”自治组织；推行绿色小区、文明小区、清洁小区、平安小区“四区同建”；推出环境、设施、制度、治安、民风“五个好”的创建标准，基本实现“小社区大社会”治理目标。

美丽乡村。在大关山村开展美丽乡村建设。以“关山明月生态园”建设为龙头，带动旅游、服务、油茶、养殖等产业的发展。优质生态油茶产业初见成效。通过持之以恒的不懈努力，成功引进湖南农之源生态农业有限公司投资1个亿的“关山明月生态园”项目落户大关山村。至12月，已完成前期投资2000万元，流转土地1080亩，核心园区初步建成，共栽种各种苗木300多万株。外围园区建成观景台、十二生肖广场、孝文化广场、民俗文化展览馆、元帅井、许愿湖、环湖走廊、百步石阶、野外露宿营、樱花大道等10个景观，成功打造“三月三”风筝节、“八月十五”帐篷节、“四月八”枇杷节、乡土运动会和春天“樱花花海”、夏天“紫薇花开”、秋天“枫叶红了”等农业休闲旅游品牌。“关山明月生态园”开园近一年来，已接待各地游客上万人次；引进湘弘油茶等2家企业，流转土地960亩，产值已达400多万元，村民务工工资达20多万元。大关山、丝绸和邻近的官桥油茶种植近4000亩，关山茶油即将会成为地标品牌的绿色食品；休闲服务产业不断壮大。投资400多万的关山小舍已正式营运，一次性可接待各类游客160人。关山岭农庄、秀美山庄等一批家庭式农家乐、家庭旅馆正式挂牌营业，家家乐、农家娱乐中心、土特产经销部、关山米酒品尝、道水豆腐脑等20多家休闲风味小吃如雨后春笋冒了出来，很好地带动第三产业发展，使200多农民实现本土就业。

五城同创。2016年，街道办事处在市委、市政府的正确领导下，在联点市级领导及创建后盾单位的大力支持下，“五城同创”工作全面筹划，整体部署，稳步推进。主要是在“同”字上抓融合，在“创”字上下功夫，强力推进三个方面创建治理。在小区治理方面，通过居民自治、干部协治、联合促治，2016年先后强拆存量违章建筑近804处，面积近17363平方米，较好完成阶段性拆违治理任务。在环卫治理方面，突出卫生清扫保洁监管、市容监督岗前整训、参观外地经验等运作，确保各项环境卫生治理工作的深度开展。在城管治理方面，通过推进“城管进社区”、“网格化”治理、“三员两长”管理、街居干部包联门店、业主“门前三包”等综合治理，使街域环境得到明显优化。

棚改攻坚。全年任务539户，私房534户，分湖桥、雪丽两个片区。在签约安置上，截止12月，共征收签约475户，其中370户私房进行货币补偿。在实施房屋拆迁上，目前两个片区倒房459户（含砖厂72户），面积32819平方米（其中雪丽片区229户，18978平方米，湖桥片区230户，13841平方米），两片区共拆除违建105处，计4387平方米。截至目前，无一人因棚改而上访、闹访、缠访，确保和谐稳定的局面。

征地拆迁。在服务澧水二桥重点建设项目的实践中，我们运用班子成员包项目、街道干部包组织、社区干部包落实的“三包”工作法，按时间节点和拆迁进度，采取全程跟进、入户发动和集中攻坚等措施，确保拆迁任务的顺利进行。2016年已完成农拆51户，已完成征地9.97亩，房屋拆迁任务19户，目前已完成10户。另外，还启动市垃圾填埋场周边拆迁工作，现已完成一期20户（关山7户、丝绸13户）的协议签订工作，并全部安置在明道安置小区，现正在组织房屋拆除工作；二期21户（关山1户、丝绸20户）已完成协议签订。

（郑阳）

【六大保障】为确保金鱼岭建设发展大局，办事处坚持以稳定促发展，围绕“六大保障”，抓安定团结。

民生保障。2016年，通过实施精准扶贫，对辖区604户城乡贫困居民实施最低生活保障，共发放低保金92.95万元；五保户有148户，发放五保户分散供养补贴42820元；城镇医保参保人数4725人，筹资金额567000元，参保率达98.6%;农合参保人数4568人，筹资金额548160元，参保率达98.3%;通过劳动就业救助，共培训下岗失业人员120人次，新增城镇就业人员1576人。

计生保障。2016年，金鱼岭街道办事处辖区人口出生率为6.25‰，死亡率为4.15‰，人口增长率为2.1‰，紧扣“全面二孩”新政，通过不断优化计生服务，确保办事处符合政策生育率达100%，无“两非”案件发生。2016年，街道有新增农村奖励扶助对象30人，新增特别扶助对象3人，发放计生奖励扶助补贴212160元；有126名14周岁以下独生子女户享受独生子女保健费，发放独生子女保健费补贴31800元；有70户失独家庭，共发放失独补贴360840元。

维稳保障。2016年共排查化解各类矛盾纠纷118起，为工业区招商引资和企业发展提供和谐稳定的发展环境。

安全保障。坚持“党政同责、一岗双责”，党政一把手调度督导，重大节假日深入辖区企业现场安全检查，确保辖区无重大安全事故发生。2016年，对辖区重点单位、重点行业领域检查80余次，查处各类隐患32起，无重大安全事故发生。

减负保障。严格落实惠农补贴政策，确保各项惠农政策落实不走样、不缩水。2016年，发放退耕还林补助资金147681.25元、森林生态公益林补贴32625元、造林补贴96000元。

民调保障。通过脚踏实地抓惠民维稳、涉企保稳，民调在全市乡镇街道排名第一。（郑阳）

【绿色存折】“绿色存折”全称“再生资源绿色银行存折”。2016年，大关山村实施“绿色存折”制度，采用“一坑两筐一桶一折”的方式进行生活垃圾分类处理。根据“绿色存折”实施办法，农户凭存折可到垃圾分类中转站兑换现金或生活用品，实现“以废易物、以废变现”。在各级各部门的大力扶持下，村里投资26万元，建起生活垃圾分类存放点、以废易物兑换专柜，为村里添置垃圾清运车，为每家添置分放垃圾的桶和筐。经过一段时间的坚持实施，村里的环境变美了，邻里关系也变得更和谐了。农村垃圾分类处理“绿色存折”制度成果受到了肯定，并在央视进行了专题报道，被中央改革办专刊推广。（郑阳）

嘉山街道办事处

【概况】嘉山街道办事处地处津市市城市南部，东临澧水，西接二广高速，南与新洲镇毗邻，北与金鱼岭街道接壤，总面积21平方千米。嘉山街道成立于2016年1月，下辖明道、团湖2个社区，杉堰、戚关2个村，年末人口8270人。嘉山街道水陆交通便利，水路经澧水下洞庭直达长江，千吨级航运码头正在建设，省道S205线贯穿全境，二广高速在境内设有连接点。街道内设党政综合办公室、经济发展办公室、生态建设和环境保护办公室、社会管理综合治理办公室、卫生和计划生育办公室、农林水利综合服务站、综合文化站、民政和劳动保障站、社区工作站、安全生产监督管理站等股室（站所），目前在编在岗人员13名，其中行政编制8名，事业编制人员5名。（彭欣翌）

【安全生产】2016年，安监站在街道党工委、办事处的正确领导下，以实施《安全生产法》为主题，认真贯彻落实上级安全生产工作一系列指示精神，把安全生产工作作为街道经济发展、社会稳定的一项大事来抓，切实加强领导，落实责任目标，为贯彻“安全第一，预防为主，综合治理”的原则，督促辖区各单位落实安全生产责任，减少各类安全事故，遏制重特大事故发生，安监站加强“三个必须”工作，开展专项整治，街道安全生产工作取得明显实效，一年来整治大小隐患共30余处，无重大事故，无严重伤亡事件发生，各种安全事故造成的经济损失为零，达到几年来的最低水平。（彭欣翌）

【农林水利】2016年，传统产业得到巩固。突出抓好早稻育秧工作，尽力搞好产业结构调整，积极组织农民到外地学习农业生产经验，寻求发展特色农业产业路径。农业工作，全街道种植早稻1200亩，中稻1350亩，晚稻150亩。林业工作，制定全年度森林防火工作规划，街道登记造册应急救火队员150人，后背救火队员100人，添置风力灭火器2台，扑火拖把30把。完成绿色走廊道路硬化700米，辖区内共造经济油茶林55亩，生态环线造林5000株。水利工作，制定了防汛岗位责任，完成险工险段除险工作，落实防汛队和防汛器材。畜牧水产工作上，完成辖区1912.05亩的水域面积摸底，参与全市畜禽养殖跳出摸底工作。（彭欣翌）

【计划生育】2016年，计生办围绕稳定低生育水平及《决定》做好计划生育优质服务工作，结合辖区实际情况，利用辖区资源，认真学习计划生育微机管理系统，辖区共有2840户、8270人，有育龄妇女2158人，流动育龄妇女846人，新生婴儿18人，无政策外出生。计生办组织了辖区和各企业内育龄妇女进行免费生殖健康查体，提高了妇女自我保健意识，做到有病早发现早治疗。4月底走访本辖区计生协“三结合”帮扶对象李绍兵，并了解及解决一定实际困难。5月，计生办下各企业送关怀，共发宣传资料及药具120份。

【社会保障】民政劳保站工作坚持以“为民服务、为民解忧”为重点，以“公开、公平、公正”为要求，以“群众满意”为标准，认真贯彻执行国家各类社会保障政策和救助及民政优抚政策，保证各类救助及补贴资金的及时、足额发放。2016年享受全街道由民政部门核发的各类长期救助、补贴的人员有10类770人，其中农村低保159人、城市低保17人、五保38人、80岁老人86人、90岁老人9人、残疾人86人、优抚对象81人、失地等其他救助对象255人。在职村居干部补贴20人、离职村居干部补贴17人。对街道49名困难残疾人和37名重度残疾人近40个项目进行信息调查、比对、核实，完成相应补贴申报工作。对原来106名80岁以上老人和7名90岁来进行生存认证、信息核对，取消不符合条件享受老人补贴或死亡的80岁老人20名和90岁老人1名，新增符合条件的90岁老人4名。及时处理各类符合救助对象的申报。1年来两批次对43户低保五保申报对象进行入户调查，并报民政局落实低收入认定的34户，办理新增低保对象19户24人、新增五保对象2人，办理重大疾病医疗救助30人10万元，临时救助受灾及其他等特困对象50人7万元等等。组织开展就业培训120人次，发布招聘信息20余条。督促办理城乡居民养老保险1400人，发放城乡居民基本养老金约1000人。另外积极鼓励居民购买社会养老保险，及时为10位失地农民补办优惠手续。

【“五城”同创】自3月11日2016年度城市创建工作大会以来，嘉山街道在市创建指挥部精心指导下，在各有关部门、后盾单位大力支持下，在辖区各企事业单位的通力合作下，办事处和各村居全体工作人员团结协作，以“创森”年内夺牌，“创园”、“创卫”申报成功，“创模”升级达标，“创文”入笼的四大工作任务为目标，大力开展创建工作宣传，集中整治市容市貌，全面清理死角垃圾、以点带面开展绿化提质建设，下大力气改造城中村和城乡结合部，彻底取缔影响市容市貌的违章建筑。一是精心组织，切实加强领导，落实责任。二是广泛宣传，营造浓厚的创建氛围。三是始终突出重点，采取有效措施，狠抓工作落实。2016年清理卫生死角660余处6330余平方米，清理“城市牛皮癣”2320处，清理清运垃圾杂草900余吨，拆除乱搭乱建7处500平方米，清理乱堆乱放300余处，修补平整路面1760平米。积极发动各社区（村）、企事业单位、及沿街门店开展了10次“搬家式大扫除”活动。建筑工地及周边环境集中整治3次，规范6家大型在建工地渣土处理，累计清理清运建筑工地生产、生活垃圾335吨。（彭欣翌）

【党的建设】2016年，嘉山街道着力完成7+2党建重点工作，主要在以下方面履行基层党建责任。一是立足提质机关党建，在发挥主体效应上履责。将街道党建融入服务园区全过程，最大限度发挥机关党建在创建国家级园区实践中主体效应，为津市高新区综合评价迈入全省园区建设第一方阵发挥了党建助推作用。全年带头上党课3次，组织班子成员上党课12次，完成征地拆迁745亩、110户，签约落地企业12家，投资达20亿元的溢多利项目进展顺利。二是着眼激活村居党建，在把握关键环节上履责。全年培养入党积极分子16名，在读农民大学生达5名，2名村干部参加常德市远程教育培训，村干部年人均待遇达3万元。戚关村被评为常德市优秀基层党组织，成为展示津市美丽乡村风貌的窗口，党建工作经验在《常德日报》重点推介。三是全心构建非公党建，在破解难点问题上履责。目前街道成立了企业党委，单独组建党组织11家，联合组建党组织1家，派驻党建指导员38名，打造新合新、劲龙电机等多个示范党组织。（彭欣翌）

【综治维稳】2016年，嘉山街道以综治维稳“八个坚决不发生”和市委市政府提出的“两保两创一坚守”为总体工作目标，着力建立嘉山街道综治维稳工作体系，突出抓好平安建设、治安防控，流动人口服务管理、矛盾纠纷排查调处等重点工作。建立了社区、企业涉稳信息情报网络，按照机关干部联企（联户）、社区干部包网格的工作要求，定期和不定期的组织开展摸排工作；对辖区的各类突发事件，严格坚持“三个第一”即第一时间、第一责任人、赶到第一现场秉承依法处置、有法必依的处置原则，上半年较好的处理了乔瑞、华星泰、娄星等企业职工因工资被拖欠和工伤等原因而引发的多次信访事件。突出治安重点问题整治，针对群众反映比较多的“两抢一盗”、强揽工程、涉赌、涉毒等治安突出问题，成立以党政主要领导为组长的领导小组，始终保持对违法犯罪的严打高压态势，同时加大对辖区换换麻将馆、出租房屋、小旅馆的重点整治，对3名有不良行为的各类人员由派出所出面进行警示教。加强流动人口的管理。为加强辖区流动人口管理，减少和降低犯罪发生率，综治办严格落实定期排查工作机制，坚持每月和安监、计生等部门人员积极配合，开展对社区、企业的流动人口开展定期摸排、登记等工作，做到流动人口信息及时更新，使流动人口的管理做到规范有序，同时充分发挥流动人口QQ群作用，对辖区企业的流动人口进行动态管理。全年共录登上网流动人口700余名，登记准确率基本上达到98%以上，16年辖区内未发生一起流动人口违法犯罪和藏匿在企业的违法犯罪流动人员。（彭欣翌）

高新技术产业开发区

【园区基础设施建设】津市高新技术产业开发区位于津市市城市南部，东邻澧水，西接二广高速。于2005年启动建设，规划面积18.96平方公里，已建成面积达8平方公里。2016年，开发区水、陆路交通便利，空间布局合理，基础设施完善，产业特色鲜明。

开发区优先发展生物医药、先进的装备制造业、食品等产业，已入驻企业90多家，其中规模以上工业71家。中联重科、溢多利生物、欣龙控股、大北农饲料、金健米业等一批上市公司和知名企业在区设有全资子公司，特别是以鸿鹰生物、新合新生物为代表的生物医药产业发展迅速，已成为全国最大的酶制剂生产和出口基地。（彭欣翌）

【税收与经济增长】2016年，开发区积极应对下行压力，狠抓生产调度，综合实力迈上新台阶。面对市场低迷、相当一部分企业停产半停产的严峻形势，开发区进厂区、入市场，一周一调度，一月一会诊，共同研究解决建设、生产、市场及转型遇到的困难和问题，取得良好成效。全年新增规模工业企业6家；实现规模工业总产值155.72亿元，同比增长10.5%，入库税收1.54亿元，同比增长9.35%；完成规模工业增加值35.69亿元，同比增长10.7%，占全市规模工业增加值比重达到81%。（彭欣翌）

【获批省级高新技术开发区】2016年，开发区积极参与区域竞争，狠抓争项夺牌，形象提升取得新突破。4月获批国家火炬津市生物酶制剂及应用特色产业基地，成为湖南省第8家国家火炬特色产业基地；7月份获批省级高新技术产业开发区，为创建国家级园区奠定基础；先后通过省、国家园区清理整顿，进入国家开发区名录，在全省省级以上开发区综合评价考核中位居第19名，首度跻身全省20强。海关工作站落户津市，公用保税仓在三湘和达建成投入运行，鸿鹰生物、龙腾生物、润农生态茶油等3家企业获批高新技术企业，金湘猪鬃成功申报省级龙头企业。

（彭欣翌）

【招商与产业发展】2016年，开发区积极化解风险隐患，狠抓企业帮扶，帮困解难取得新成效。牵头起草了《关于加快工业发展的若干意见》、《津市市帮扶工业企业十条（暂行）》、《津市市小微企业助保贷业务管理办法》、《津市市2016年度中小微工业企业贷款贴息补贴实施办法》等一系列惠企政策，督促相关职能部门取消、停征、降标56项涉企行政事业性和服务性收费项目，为企业减轻负担1500余万元；发放贷款贴息资金530余万元，受惠企业达23家；为企业争取“135”工程等项目资金3000多万元，出资1000万元开展中小企业“助保贷”、2000万元入股省高新产业创投基金、1000万元建立财鑫担保风险池等，撬动银行贷款约4亿元，为企业走出困局送去了真金白银。鑫洲汽配、皇瑞新材料项目地块成功收回，天泰食品等一批困难企业重回良性轨道。

2016年，开发区积极破解要素瓶颈，狠抓项目推进，开发建设取得新硕果。新征地745亩、拆迁110户，建成标准化厂房4万平米、公租房284套，嘉山电排竣工运行，胥家湖路、工业污水厂及蒸汽、燃气管网建设等一批重点工程有序推进，继嘉山小学顺利开学后，幼儿园也如期开园招生。新签约引进项目12个，荣威服饰、仁和盛二期等10个项目相继投产，卡普吉诺等一批闲置厂房得到盘活和有效利用，特别是溢多利生物继收购鸿鹰生物后，又通过不同方式先后收购或控股新合新生物、龙腾生物、菲托葳生物、雪丽造纸等企业，在津市的投资达到13.8亿元，2016年又将有3个新项目即将开工建设，新增投资逾10亿元，成为常德市产业发展的旗舰之一。（彭欣翌）

【土地处置】2016年，开发区积极夯实基层基础，城乡统筹展现新面貌。投入资金近1000万元，实施了团湖、明道、戚家小区完美社区建设，拆除违章建筑50多处，清理乱搭乱建80余处，清运积存垃圾2000余方；硬化农村断头路2公里，硬化沟渠3公里，沟渠清淤15公里，堰塘清淤12口，新建和改

建堰塘6口，机耕道3公里；完成危房改造20户，改厕100户；推行绿色走廊和庭院美化建设。（彭欣翌）

【闲置企业盘活】2016年，开发区共入驻企业75家，其中正常生产建设的企业（项目）55个，存在较大困难和问题的企业（项目）20个，包括18个工业项目和2个商服项目。开发区通过竞买方式收回了困难企业鑫洲汽配项目95亩土地及地上资产，收购价格1128万元。开发区协议收回皇瑞新材料项目52亩土地，收购价格为99.8万元，土地收回公示已经完成。开发区先后三次主动到宜昌稻花香集团总部对接，成功促使停工3年的湘情酒业项目复工建设。2016年，开发区成功帮助天泰天润公司解决项目前期周转资金300万元，确保产品试制顺利进行，产品送往比亚迪公司检测，产品质量居同类产品前三位，为批量生产奠定基础，企业渡过难关。开发区新引进2个项目入驻鑫嘉城闲置厂房，其中致远天诚租用15000平米，科莱达租用5000平米，鑫嘉城现有厂房已全部得到有效利用；新引进2个项目入驻中小企业孵化园，盘活标准化厂房4800平米。（彭欣翌）

【党风建设】2016年，开发区坚持从严管党治党，狠抓作风建设，干部精神面貌有了新改观。坚持党建引领全局，全面从严管党治党，扎实推进“两学一做”学习教育，严格压实“两个责任”，“四风”问题得到有效遏制，干部作风不断改进，干事氛围日益浓厚，涌现出一批先进典型。成立企业党委，新组建党组织12家，派驻党建指导员38名，打造新合新、劲龙电机等3个示范党组织。全年培养入党积极分子16名，推送5名在读农民大学生，2名村干部参加常德市远程教育培训。村干部年人均待遇达3万元。戚关村被评为常德市优秀基层党组织，成为展示津市美丽乡村风貌的窗口，党建工作经验在《常德日报》重点推介。（彭欣翌）

津市市人民政府法制办公室
关于做好行政处罚决定书网上公布工作的通知

津法办发〔2016〕3号

市直及驻津各行政执法单位：

为促进行政处罚公平、公正，提升行政处罚公信力，推进依法行政，建设法治政府，根据《中华人民共和国行政处罚法》、《中华人民共和国政府信息公开条例》、《湖南省行政程序规定》等法律法规以及《湖南省人民政府法制办公室关于全省推行行政处罚决定书网上公布工作的指导意见》（湘政法发〔2015〕11号）、《常德市人民政府关于深入推进依法行政加快建设法治政府的实施意见》（常政发〔2016〕8号）、《常德市人民政府办公室关于印发 <2016 年度依法行政工作要点 > 的通知》（常政办函〔2016〕39号）、《常德市人民政府办公室关于印发 <2016 年常德市政务公开工作要点 > 的通知》（常政办函〔2016〕41号）等文件要求，现就全市推行行政处罚决定书网上公布工作有关事项通知如下：

一、全市行政执法部门自2015年8月1日起适用一般程序查办的行政处罚案件的行政处罚决定书，一律应在本单位官方网站予以公布（市公安局、市交警大队、市地税局因上级主管部门另有规定，可暂不公布）。

二、行政执法机关网上公布行政处罚决定书工作应当遵循依法、及时、规范、真实的原则，并对公布的行政处罚决定书质量负责。

三、行政处罚决定书应当在生效之日起20日内依法主动公布，但有下列情形之一的除外：

（一）涉及国家秘密、商业秘密、个人隐私的；

（二）涉及未成年人的；

（三）其他不宜在互联网公布的。

四、行政执法机关网上公布行政处罚决定书时，应当保留当事人的姓名或者名称等真实信息，但应当删除下列信息：

（一）自然人的家庭住址、通讯方式、身份证号码、银行账号、健康状况等个人信息；

（二）未成年人的相关信息；

（三）法人以及其他组织的银行账号；

（四）商业秘密；

（五）其他不宜公开的内容。

五、全市各行政执法单位应指定专人负责网上公布行政处罚决定书的管理工作，履行如下职责：

（一）组织、上传行政处罚决定书；

（二）发现公布的行政处罚决定书存在笔误或者技术处理不当等问题，协调有关部门及时处理；

（三）每月月底前向市政府法制办报送本单位公布的行政处罚决定书目录。

六、全市各行政执法机关应当通过本单位官方网站、电子显示屏、办公指南等多种方式，公示本单位网上公布行政处罚决定书的相关规定。

七、案件承办人员认为行政处罚决定书具有本通知第三项不宜上网公布情形的，应当提出书面意见及理由，由行政执法机关负责人审定。

八、网上公布的行政处罚决定书，除依照本通知进行技术处理的部分以外，应当与送达当事人的行政处罚决定书一致。各行政执法单位对送达当事人的行政处罚决定书进行补正的信息，应当及时上网公布。行政处罚决定书因行政复议或行政诉讼发生变更或撤销的，要在行政处罚决定变更或撤销之日起20个工作日内，公开有关变更或撤销的信息。

九、行政执法机关网上公布的行政处罚决定书，除因网络传输故障导致与送达当事人的行政处罚决定书不一致的以外，不得修改或者更换；确因法定理由或者其他特殊原因需要撤回的，应由行政处罚机关负责人审查决定。

十、全市各行政执法机关应在本单位官方网站开辟“行政处罚决定书公开”专栏，方便公众检索、查阅行政处罚决定书，并于每年的11月5日前将本单位行政处罚决定书网上公布年度工作情况书面报告市政府法制办。全市各行政执法机关行政处罚决定书网上公布工作将纳入年终绩效考核范围。

津市市人民政府法制办公室

2016年8月23日

津市市人民政府
关于依法关闭取缔非法粘土砖厂的通告

津政发〔2016〕24号

为推进大气污染综合防治，改善环境空气质量，有效保护耕地和推广节能建筑，根据《中华人民共和国安全生产法》、《无照经营查处取缔办法》、《国务院办公厅关于进一步推进墙体材料革新和推广节能建筑的通知》（国办发〔2005〕33号）、《湖南省人民政府办公厅关于进一步推进墙体材料革新和推广节能建筑的通知》（湘政办发〔2006〕4号）、《常德市人民政府办公室关于印发 < 常德市大气污染防治行动计划实施方案 > 的通知》（常政办发〔2014〕13号）等文件精神，结合我市实际，决定依法关闭取缔全市所有非法粘土砖厂。现将有关事项通告如下：

一、即日起，全市所有非法经营的粘土砖厂必须立即停止生产，自行处置现有产品及原材料，依法解除相关承包经营合同，签订关闭协议，自行拆除主机、轮窑等设备设施。

二、烟囱由所在镇组织有资质的机构实施定向爆破后安全拆除。

三、市政府将组织相关部门对非法粘土砖厂关闭情况进行检查验收，凡在2016年10月31日前未依法自行停产关闭的非法粘土砖厂，将依法强制关闭取缔。

四、本通告自发布之日起施行。

津市市人民政府

2016年7月21日

津市市人民政府办公室
关于印发《津市市出生缺陷防治实施方案》的通知

各镇人民政府、街道办事处、工业集中区管委会，市直相关单位：

《津市市出生缺陷防治实施方案》已经市政府同意，现印发给你们，请认真贯彻执行。

津市市人民政府办公室

2016年6月29日

津市市出生缺陷防治实施方案

为加强出生缺陷防治工作，根据《中华人民共和国母婴保健法》、《中华人民共和国人口与计划生育法》和《湖南省出生缺陷防治办法》等法律政策规定，按照“降低出生缺陷率，提高出生人口素质”的总体目标要求，结合我市实际，特制定本实施方案。

一、工作原则和工作目标

（一）工作原则。坚持政府主导、部门协作、社会参与、知情选择、重点推进、注重实效的原则。

（二）工作目标。2016年起全市免费婚前医学检查率、免费孕前优生健康检查目标人群覆盖率均达80%以上；免费叶酸增补服用率、叶酸服用依从率分别达90%、80%以上；免费艾滋病、梅毒和乙肝病毒孕28周前检测率和艾滋病、梅毒和乙肝病毒孕产妇及所生儿童用药干预率分别达85%以上；产前筛查率、新生儿疾病筛查率、新生儿听力筛查率分别达80%、95%、90%以上；育龄群众对出生缺陷防治知识知晓率达80%以上。

二、工作任务

（一）强化宣传教育

加强出生缺陷防治宣传教育，将出生缺陷防治宣教工作与常规婚前、孕前、孕期、生殖健康等保健宣教相结合，深入开展形式多样的出生缺陷防治健康教育和健康促进活动，定期在电视台、广播电台刊播出生缺陷防治公益广告、宣传节目及报刊上刊登出生缺陷防治知识，提高群众的认同感和积极性，营造全社会关注和支持出生缺陷防治工作的良好氛围。

（二）落实防治措施

1.实施免费孕前优生健康检查。从2016年起，全市将符合生育政策并准备怀孕的农村和城镇夫妇全部纳入免费孕前优生健康检查服务范围，实现免费孕前优生健康检查目标人群城乡全覆盖。

2.做实免费婚前医学检查和免费叶酸增补。在以往开展免费婚前医学检查和免费叶酸增补的基础上，进一步强化服务机构和基层工作职责，提高备孕、孕初妇女叶酸服用依从率。

3.开展地中海贫血防控。从2016年开始，承担婚前医学检查、孕前优生健康检查、产前筛查的服务机构均应开展地中海贫血血液学表型筛查，血常规阳性者由妇幼保健计划生育服务中心统一将血标本转送至常德市妇幼保健院产前筛查与诊断中心，免费进行血红蛋白电泳实验检测，提高初筛阳性后续检测诊断率。

4.实行重大传染病检测干预。对艾滋病、梅毒和乙肝病毒患者孕28周前进行免费检测干预，对艾滋病、梅毒和乙肝病毒孕产妇及所生儿童实行免费药物干预，提高孕早期检测率和阳性孕产妇及其所生儿童的预防用药率。

5.深化产前筛查与产前诊断。严格血清产前筛查及B超产前筛查机构准入和人员资质管理。对存在出生缺陷高风险的孕妇进行专案管理，重点监护。对产前诊断确认胎儿异常的，书面告知继续妊娠和终止妊娠可能出现的结果及处理意见。

6.推进新生儿疾病筛查。大力开展新生儿先天性甲状腺功能减低症、苯丙酮尿症、葡萄糖-6-磷酸脱氢酶缺乏症、先天性肾上腺皮质增生症、先天性听力障碍等疾病筛查，逐步开展串联质谱技术48种遗传代谢性疾病筛查，发现新生儿疾病筛查异常的，对其监护人做好确诊、治疗等告知工作。

7.加强缺陷儿童干预治疗。强化儿童系统保健管理，开展0—6岁儿童残疾筛查，对发现的残疾儿童给予相应咨询指导、医疗保健服务和早期康复训练指导。

（三）加强能力建设

加强资源整合利用，以妇幼保健和计划生育技术服务资源整合为契机，将免费婚前医学检查、免费孕前优生检查、免费叶酸增补与婚姻登记工作有机结合，创新推广卫生计生和民政部门“四位一体”一站式服务工作模式。同时把出生缺陷防治服务机构建设融入妇幼健康优质服务示范工程创建及“十三五”卫生计生事业发展规划，健全包括妇幼保健和计生服务机构、综合医院、基层医疗卫生计生机构等在内的出生缺陷防治技术服务体系。加大培训力度，积极开展优生咨询、产前筛查、新生儿疾病与残疾筛查等技术人员专项培训，加强母婴保健技术人才队伍建设，加快适宜技术的引进和推广，不断提高母婴保健技术服务能力和水平，有效降低新生儿出生缺陷发生因素。组织对乡级卫生计生咨询人员、县级管理人员、婚姻登记人员、相关部门联络员及社会志愿者等开展出生缺陷防治综合业务培训，不断提高业务能力。

（四）健全监测体系

将全市所有助产机构纳入围产儿出生缺陷监测网管理，全面掌握全市出生缺陷发生情况。完善出生缺陷信息管理机制，定期做好监测数据的采集、统计分析，根据出生缺陷初筛情况开展业务指导，提高基层监测人员出生缺陷识别诊断能力及信息统计管理水平。建立部门间监测信息互通机制，实现儿童疾病筛查、评估和康复信息共享，探索建立“以人群为基础”的出生缺陷监测网络。

三、部门职责

市卫计局：负责出生缺陷防治的具体管理和监督工作；开展育龄群众出生缺陷防治、孕期保健知识的宣传、咨询指导和对从事出生缺陷防治工作医务人员、志愿者进行业务和技能培训，向相关单位免费提供宣传教育资料；建立健全出生缺陷防治技术体系、出生缺陷监测体系及市、镇（街道）、村（社区）三级出生缺陷防治服务网络，加强对出生缺陷防治服务机构的监督管理和质量监控，不得为经医疗机构检查确认不宜再生育的妇女发放相关合法生育证件；协调有关部门和医疗机构，为育龄人员参加出生缺陷防治医学检查和出生缺陷儿治疗及早期康复训练提供便利条件。督促出生缺陷防治服务机构履行相关职责。

市人社局：在生育保险办理场所向公众免费提供出生缺陷防治知识宣传教育资料；加强政策协调，将出生缺陷儿治疗和早期康复训练费用纳入城乡居民基本医疗保险报销范围；对用人单位违反《女职工劳动特别保护规定》的予以处罚。

市民政局：在婚姻登记时向育龄人员进行预防出生缺陷宣传，免费发放宣传教育资料，主动引导申请结婚登记的夫妇参加和接受出生缺陷防治免费服务；加强婚姻登记员队伍建设，提升工作水平和政策宣传能力；将符合条件的出生缺陷儿纳入医疗救助范围，并向因救治出生缺陷儿造成基本生活暂时出现严重困难的家庭提供临时救助。

市财政局：将规定的出生缺陷防治经费纳入各级财政预算，做好免费出生缺陷防治服务所需资金的保障工作；监管出生缺陷防治工作资金使用情况。

市环保局：加强大气、土壤、水环境保护，加强环境污染治理。

市教育局：将出生缺陷防治知识纳入高中阶段以上学校健康教育课程；定期和不定期组织、督促学校采取多种形式开展预防出生缺陷防治、生殖保健等相关科普知识的宣传教育。

市安监局：在职责范围内对全市用人单位女职工劳动特别保护实施情况进行监督检查，并对用人单位违反《女职工劳动特别保护规定》的行为予以处罚。

市总工会：负责对国家机关、社会团体和企事业单位年轻员工开展婚育保健、出生缺陷防治科普知识宣传教育，为有出生缺陷儿童或曾生育过出生缺陷儿的贫困职工提供关怀及救助，配合做好出生缺陷防治工作。

市计生协：利用"生育关怀行动"为有出生缺陷儿童或曾生育过出生缺陷儿现准备生育的贫困家庭提供关怀帮助，参与、配合做好出生缺陷防治知识的普及工作。

市残疾人联合会：组织符合条件的出生缺陷儿到有资质的机构进行早期康复训练或者适配辅助器具，帮助其恢复基本功能，减轻残疾程度；开展出生缺陷儿童个案信息的收集汇总，与卫生计生行政部门协调建立残疾儿童信息通报系统；开展出生缺陷防治相关知识宣传。

市妇女联合会：负责对国家机关、社会团体和企事业单位育龄妇女开展婚育保健、出生缺陷防治科普知识宣传教育，为有出生缺陷儿童的妇女提供关怀、推荐便利就业岗位，配合做好出生缺陷防治工作。

红十字会：为贫困家庭出生缺陷儿童的关怀及救助提供募捐支持，参与、配合做好出生缺陷防治知识的传播宣传。

市妇幼保健计划生育服务中心：负责防控工作的具体实施，包括组织落实防控工作相关要求、人员培训、项目业务和信息管理、项目评估和指导、质量控制、提供出生缺陷防控服务、转诊等。

各医疗保健计划生育服务站：负责出生缺陷防控工作的健康教育、咨询、筛查、诊断、转诊、防控、质量控制、信息报送等工作等，以及出生缺陷健康档案建立、接受培训、配合工作等。

四、保障措施

（一）加强组织领导

高度重视出生缺陷防治工作，将出生缺陷防治工作纳入国民经济和社会发展规划。成立津市市出生缺陷防治工作领导小组和技术指导小组，我市要充分认识出生缺陷防治工作的重要意义，组织协调和监督管理结合实际，制定具体的防治目标和政策措施，加强对出生缺陷防治工作的督查考核。

（二）加强经费投入

实施免费婚前医学检查、免费孕前优生健康检查所需经费按原渠道解决，我市转入常德市妇幼保健院的地中海贫血初筛阳性对象血红蛋白电泳检测经费，每年按实际完成例数和每例100元的标准据实结算，所需经费由常德市财政负担。原未纳入免费孕前优生检查的城镇人口在妇幼保健计划生育服务中心检查所需经费，按每孩次享受一次的标准（240元/对）由市财政负担，出生缺陷儿治疗和早期康复训练费用纳入基本医疗保险报销范围；其他免费服务项目资金按原渠道执行。

（三）加强督查考核

将出生缺陷防治工作开展情况纳入市直相关部门年度绩效考核内容，市政府和相关部门要加强对出生缺陷防治工作的监督和考核，建立绩效考核和目标考核制度。出生缺陷防治工作领导小组每年对出生缺陷防治工作进度、服务质量、资金使用等情况进行督导考核，促进各项工作措施落实。

附件：津市市出生缺陷综合防控工作领导小组和技术指导小组

津市市人民政府关于印发《津市市政府购买棚改服务暂行办法》的通知

各镇人民政府、街道办事处,工业集中区管委会、市直各单位:

《津市市政府购买棚改服务暂行办法》已经市人民政府同意,现印发给你们,请认真贯彻执行。

津市市人民政府

2016年6月22日

津市市政府购买棚改服务暂行办法

第一章 总 则

第一条 为进一步转变政府职能,引导社会力量参与棚户区改造,推动棚户区改造工作取得更好的实效,根据《国务院关于进一步做好城镇棚户区和城乡危房改造及配套基础设施建设有关工作的意见》(国发〔2015〕37号)、《湖南省人民政府办公厅关于印发〈湖南省政府购买棚改服务管理暂行办法〉的通知》(湘政办发〔2015〕97号)文件精神,结合我市实际,制定本办法。

第二条 本办法所称政府购买棚改服务是指通过发挥市场机制作用,把政府应当承担的棚改征地拆迁服务、安置住房建设或筹集、货币化安置、公益性基础设施建设等方面工作,按照规定的方式和程序,交由具备条件的社会力量承担,并由财政部门会同住房保障、发改部门根据合同约定向其支付费用的一种工作模式。购买服务范围不包括棚改项目中配套建设的商品房以及经营性基础设施。

第三条 政府购买棚改服务遵循以下基本原则:

(一)科学规划,稳步推进。根据棚改目标任务,统筹考虑我市城市发展水平和居民改善住房条件等因素,科学编制棚户区(危旧房)改造规划,明确棚改规模总量,合理确定年度建设行动纲要,量力而行,稳步推进。

(二)政府主导,社会参与。在统筹测算我市财政购买棚改服务的承受能力的基础上,明确购买棚改服务的规模总量和分期购买的计划安排。有效引导并培育社会力量参与棚户区改造,引入竞争机制,提高棚改工作水平和效率。

(三)公开透明,竞争择优。按照公开、公平、公正的原则,完善政府购买棚改服务的各项程序规定。及时、充分地向社会公开购买服务的项目内容、承接主体条件、绩效评价标准等信息,确保社会力量公平参与竞争,择优选定承接主体。

(四)鼓励创新,完善机制。鼓励承接主体完善管理流程,创新服务方式,丰富服务内容,加强预算管理和成本控制,完善体制机制,提升服务满意度和社会效益。

第二章 购买主体和承接主体

第四条 津市市人民政府授权津市市房地产管理局为我市政府购买棚改服务的购买主体(以下简称购买主体)。购买主体按市人民政府授权开展政府购买棚改服务,并报市政府采购监管部门备案后开展采购活动。

第五条 津市市人民政府购买棚改服务的承接主体(以下简称承接主体)为符合国家和省关于政府购买服务相关要求的棚户区改造项目服务供应商,包括依法在市场和质量监管局或行业主管部门登记成立的企业、机构,在登记管理部门登记或经国务院批准免予登记的社会组织,符合条件的事业单位及融资平台等。鼓励多种所有制企业作为承接主体承接棚改任务。

第六条 承接主体应当具备以下条件:

1.依法设立,能独立承担民事责任;

2.治理结构健全,内部管理、监督制度和信息公开制度完善;

3.具有独立、健全的财务管理、会计核算和资产管理制度;

4.具备提供城镇棚户区改造服务所必需的设施、设备、人员和专业技术能力;

5.有依法缴纳税收和社会保障资金的良好记录;

6. 在参与政府购买棚改服务竞争前三年内无重大违法违纪行为,通过年检(报)、资质审查合格,社会信誉良好,获得3A级及以上评估等级的社会组织同等条件下可优先获得政府购买棚改服务资格;

7.法律、法规规定以及购买服务项目要求的其他条件。

具体承接政府购买棚改服务的条件由市房管局会同市财政局根据政府购买棚改服务项目的要求,结合津市市的实际情况确定。

第七条 承担有公共服务职能的公益性事业单位在符合前述条件、不新增财政供养人员编制的情况下可以成为承接主体,并与具备条件的社会力量公开、平等参与竞争。

第八条 市政府融资平台公司已通过市场化改制,建立现代企业制度,实现市场化运营,承担的地方债务已纳入财政预算、得到妥善处置,并通过合法程序明确公告不再承担地方政府举债融资职能,也可按规定作为棚改承接主体。

第三章 购买内容

第九条 政府购买棚改服务的内容主要包括：

1.居民棚改意愿入户调查；

2.棚改项目的可行性论证及评审；

3.棚改项目的征地拆迁服务；

4.棚改安置住房的筹集(包括新建、购买、租赁、改扩建、货币化安置等方式)；

5.棚改片区公益性配套基础设施建设，包括安置住房小区"红线内"的道路、供水、供气、排水、通讯、照明、绿化、土地平整等配套基础设施；与棚改项目直接相关，直接服务于安置小区居民的"红线外"城市基础设施。棚改片区公益性配套基础设施需纳入棚改规划同步报批并经省级主管部门认定，实行"同步规划、同步报批、同步建设、同步交付"。

第四章 购买程序

第十条 制定目录。市财政部门统一将棚户区改造(住房保障)纳入政府购买服务指导性目录。

第十一条 确定项目。根据政府购买服务指导性目录，我市购买主体根据本辖区棚改规划，会同市发改、财政部门选定政府购买棚改服务的项目，并审核购买服务的内容与标准。

第十二条 公开信息。购买主体应根据政府购买棚改服务计划，并报市监管部门备案后，及时在市人民政府或市房管局网站或其他媒体上公开政府购买服务的预算资金、主要内容、承接标准和目标要求等信息。

第十三条 选择承接。购买主体按照《政府采购法》的有关规定，通过公开招标、邀请招标、竞争性谈判、竞争性磋商、单一来源采购等方式，确定承接主体。

第十四条 签订合同。购买主体应依法依规与承接主体签订政府购买服务合同，明确购买服务的范围、标的、数量、质量要求及服务期限、补贴或服务报酬支付方式、权利义务和违约责任等内容，严禁转包行为。合同报市财政部门备案。其中，国有工矿棚户区改造项目和保障性安居工程相关配套设施项目同时报市发改部门备案。

第十五条 履约管理。购买主体应当加强履约管理，督促承接主体严格履行合同，及时了解掌握购买服务项目实施进度和资金运作方式，并根据实际需求和合同规定积极帮助承接主体做好与相关政府部门、服务对象的沟通、协调。承接主体应当按合同要求，认真组织实施服务项目，按时完成服务项目任务，确保服务数量、质量和效果，主动接受有关部门、服务对象及社会监督。

第十六条 资金支付。承接主体在实施合同约定的服务事项后，购买主体应及时组织对合同履约情况进行检查验收，并按照合同约定，按政府采购资金支付程序支付资金。

第五章 资金安排

第十七条 市人民政府将购买棚户区改造服务资金逐年列入财政预算，严格按照购买棚户区改造服务协议要求及时、足额向承接主体支付采购资金。年初预算安排如有缺口确需举借政府债务弥补，向省人民政府申请代发地方政府债券。

第六章 监督管理

第十八条 市人民政府按有关规定落实市域内的政府购买棚改服务项目的房屋征收及补偿有关工作，并由市征拆办组织实施。市人民政府发挥主导作用，确保棚户区改造项目征拆安置工作顺利进行。

第十九条 市房管部门应会同相关部门建立行政审批快速通道，简化程序，提高效率，对符合相关规定的项目，限期完成立项、规划许可、土地使用、施工许可等审批手续，确保棚户区改造按期实施。

第二十条 承接主体在实施棚户区改造中，要遵守土地、建设、规划等相关法律法规的规定，严格按照经批准的棚户区改造项目实施方案进行改造，违反相关规定的，依法予以处理。

第二十一条 财政部门和购买主体应当按照《中华人民共和国政府信息公开条例》、《政府采购信息公告管理办法》以及预算公开的相关规定，公开财政预算及部门和单位的政府购买服务的相关信息，涉及国家秘密、商业秘密和个人隐私的信息除外。

第二十二条 财政部门要会同房管部门、发改部门制定绩效评价办法，加快建立由购买主体、服务对象及第三方组成的综合性评审机制。要细化评价标准，对合同履行情况、受益主体满意度、财政资金使用效率、服务目标实现度等指标进行综合评价。注重结果运用，将绩效评价结果作为后续年度编制政府购买服务预算和选择承接主体的重要依据。

第二十三条 健全守信激励和失信惩戒机制。市场和质量监管部门管理、民政及承接主体行业主管等部门应当按照职责分工将承接主体承接政府购买服务行为信用记录纳入年检(报)、评估、执法等监管体系，购买主体给予积极配合。财政部门要建立政府购买服务退出机制，对弄虚作假、冒领财政资金以及有其他违法行为的承接主体，依法给予行政处罚，三年之内不得参与政府购买服务。

第二十四条 发改、财政、审计等部门和购买主体要加强对政府购买棚改服务的监督、审计，确保政府购买棚改服务资金规范管理和合理使用。对截留、挪用和滞留资金以及其他违反本办法规定的行为，依照《中华人民共和国政府采购法》、《财政违法行为处罚处分条例》等国家有关规定追究法律责任；涉嫌犯罪的，依法移交司法机关处理。

第七章 附 则

第二十五条 本办法由市政府授权市房管局负责解释，自发布之日起施行。

津市市人民政府办公室
关于印发《2016年津市市政务公开工作要点》的
通　　知

各镇人民政府、街道办事处、工业集中区管委会，市直及驻津各单位：

《2016年津市市政务公开工作要点》已经市人民政府同意，现印发给你们，请认真贯彻执行。

津市市人民政府办公室

2016年7月5日

2016年津市市政务公开工作要点

2016年是全面建成小康社会决胜阶段的开局之年，也是推进结构性改革的攻坚之年。今年政务公开工作的总体要求是：紧紧围绕省委、省政府和常德市委、市政府重大决策部署以及公众关切，认真贯彻落实《中共中央办公厅、国务院办公厅关于全面推进政务公开工作的意见》(中办发〔2016〕8号)、《国务院办公厅关于印发2016年政务公开工作要点的通知》(国办发〔2016〕19号)、《湖南省人民政府办公厅关于印发<2016年政务公开工作要点>的通知》(湘政办函〔2016〕62号)、《常德市人民政府办公室关于印发<2016年常德市政务公开工作要点>的通知》(常政办函〔2016〕41号)等文件精神，细化政务公开工作任务，加大公开力度，加强政策解读回应，不断增强公开实效，保障人民群众知情权、参与权、表达权和监督权，助力深化改革、经济发展、民生改善和政府建设。

一、围绕深化改革推进公开

1.进一步推进权力清单和责任清单公开。市政府及其工作部门要通过政府门户网站全面公开、集中展示权力清单和责任清单，并及时动态更新，方便公众获取和监督。积极做好承接、取消、下放、保留行政审批、职业资格等事项的公开工作，公开行政审批中介服务事项清单，公开项目名称、设置依据、服务时限等。做好审核转报的行政审批事项公开，公开审核主体、审核依据和最终的审批主体等事项。(市审改办、市法制办、市人社局按职责分工分别牵头落实)

2.推进市场监管公开透明。围绕加强事中事后监管，依法公开随机抽查事项清单，明确抽查依据、主体、内容、方式等，及时公布抽查结果和查处情况，实行"阳光执法"。重点推进保障性住房、产品质量、环境保护、安全生产、食品药品安全等方面的监管执法信息公开，依法公开监测、抽检和监管执法的依据、内容、标准、程序和结果。除法律法规规章另有规定外，市场监管部门适用一般程序作出行政处罚决定或者处罚决定变更之日起20个工作日内，公开执法案件主体信息、案由、处罚依据及处罚结果。加快推进企业信用信息公示系统建设，有关行业主管部门应将对企业作出的行政许可准予、变更、延续、撤销，以及行政处罚、抽查检查和企业严重违法失信等信息通过该系统进行归集并公示。市政府网站要积极做好与"信用中国"网站的连接工作，推动信用信息互联互享。根据省法制办湘政法发〔2015〕11号文件要求，做好行政处罚决定书网上公布工作。(市法制办、市电子政务办、市房管局、市市场质量监管局、市环保局、市安监局等部门负责落实)

3.推进政务服务公开。加强市政务服务中心与全省网上政务服务和电子监察系统的建设和应用，推动政务服务事项办理由实体政务大厅向网上办事大厅延伸，推进"互联网+政务服务"。健全和实行首问负责、实时公开、全程监察等服务公开制度，全面公开办事服务流程、期限和结果，收费项目、依据和标准，以及办事所需的证件、资料和监督方式等，实现办事服务全过程公开、全流程监察。推进公共企事业单位办事公开，市直相关单位年内要组织编制公共服务事项目录，公开服务指南，方便企业和群众办事。推进面向转移落户人员的服务公开，及时公开户口迁移政策，明确户口迁移程序和具体要求；公开居住证申领条件及程序、居住证持有人享有的基本公共服务和便利等信息。(市公安局、市政务中心、市电子政务办会同相关职能部门负责落实)

二、围绕促进经济发展推进公开

4.进一步推进经济社会政策公开透明。以稳定市场预期为目标，加大稳增长、促改革、调结构、惠民生、防风险等方面的政策公开力度，及时公布支持"双创"、培育发展新动能、改造提升传统动能、深挖内需潜力、优化产业结构、扩大对外开放等方面的政策措施，扩大传播范围，提高知晓度。对公开的重大政策，要分专题进行梳理、汇总，通过在政府网站开设专栏、出版政策及解读汇编等方式集中发布，增强政策公开的系统性、针对性、可读性。(各职能部门负责落实)

5.推进市场准入负面清单公开。做好市场准入负面清单试点情况的公开工作,公开市场准入负面清单试点内容,明确政府发挥作用的职责边界,落实市场主体自主权。试点过程中,市场准入负面清单的调整事项、依据和结果应及时向社会公开,方便公众查阅。负面清单调整时,要健全公众参与、专家论证和政府决定相结合的决策机制。(市发改局、市商务粮食局牵头落实)

6.推进政府投资的重大建设项目信息公开。围绕水利、市政、保障性住房建设、道路等基础设施,以及教育、卫生、文化事业建设等工程,做好审批、核准、备案等信息的公开,加大在线监测、项目稽察、执法检查等执法信息的公开力度。在政府网站设立重大建设项目公开专栏,汇总公开年度项目批准、备案情况,分项目公开项目基本信息和招投标、环评、选址、资金管理等实施信息。(市发改局牵头,相关职能部门按职责分工落实)

7.推进公共资源交易领域信息公开。市公共资源交易中心要依法公开交易公告、资格审查信息、成交信息、履约信息以及有关变更信息等,积极公开交易活动的技术标准、交易流程、操作规程和现场管理制度,实现公共资源交易全流程公开和信息资源共享,推动公共资源交易信息在常德市、全省范围内互联互通。(市公共资源交易中心负责落实)

8.推进减税降费信息公开。对支持小微企业、促进就业创业、兼并重组等方面的税收优惠和减免政策,要通过政府网站集中公开,方便公众查询,并充分发挥新媒体的主动推送功能,提高政策知晓度和传播率。实行收费目录清单管理,公布行政事业性收费、政府性基金以及实施政府定价或指导价的经营服务性收费目录清单,明确项目名称、设立依据、标准等,公开对清单之外乱收费、乱摊派等行为的查处结果。具体执收单位要在收费场所公示收费文件依据、主体、项目、范围、标准、对象等,主动接受社会监督。(市财政局、市地税局、市发改局按职责分工分别牵头落实)

9.推进国有企业运营监管信息公开。依法依规公开国有资本整体运营情况、企业国有资产保值增值及经营业绩考核有关情况、国有资产监管制度和监督检查情况等。及时公开市属国有企业公司治理及管理架构、财务状况、重要人事变动、企业负责人薪酬等信息。(市财政局牵头落实)

三、围绕民生改善推进公开

10.推进扶贫工作信息公开。围绕实施精准扶贫、精准脱贫,通过政府网站细化公开扶贫政策、扶贫成效、贫困退出、扶贫资金、项目安排等信息。要公开年度减贫责任书、建档立卡贫困人口脱贫计划、精准扶贫专项行动和专项工程信息及落实情况。(市农业局牵头落实)

11.推进社会救助信息公开。细化公开内容,在镇(街道)、村(社区)等群众生活的地区,用通俗易懂的方式公开城乡低保、特困人员救助供养、医疗救助、临时救助等信息,增强公开的针对性和有效性,提高公开信息的到达率。低保和特困人员救助方面,重点公开城乡低保对象人数、特困人员人数、低保标准、补助水平、资金支出等情况;医疗救助方面,重点公开救助对象的人次数、资金支出等情况;临时救助方面,重点公开救助对象的户次数、救助水平、资金支出等情况。做好减灾救灾信息公开,定期发布全省核定灾情、救灾工作进展、救灾资金物资调拨使用等情况。(市民政局牵头落实)

12.推进就业创业信息公开。加大促进就业创业政策、措施的公开力度,推动公开相关补贴申领条件、申领程序等信息,并做好集中展示。加强面向农村劳动力、就业困难人员、高校毕业生等就业专项活动的公开工作。及时公开就业供求信息,进一步做好行政事业单位人员招录信息和人力资源市场供求信息的发布工作,扩大就业信息服务的受众面。(市人社局牵头落实)

13.推进棚户区改造、农村危房改造和保障性住房信息公开。做好棚户区改造政策及相关任务完成情况信息公开工作,主动发布和准确解读政策措施,细化公开年度棚户区改造项目清单、项目建设计划任务量完成进度、安置政策和办法、安置对象和结果等信息,为棚改工作营造良好社会氛围。强化农村危房改造政策、对象认定过程、补助资金分配、改造结果公开,提高工作的精准化水平。深入推进保障性住房分配和退出信息公开,全面公开分配政策、分配程序、分配房源、分配对象、分配过程、分配结果和退出情况等信息,方便群众查询和监督。(市房管局、市住建局牵头落实)

14.推进环境保护信息公开。积极发挥新媒体主动推送功能或运用手机短信,主动向市民公开空气质量预报、城市空气质量指数范围、空气质量级别及首要污染物、对人体健康的影响和建议措施等内容。加大集中式生活饮用水水源水质监测信息公开力度,自2016年起每季度向社会公开饮用水水源、供水厂出水、用户水龙头水质等饮水安全状况。推进重点排污单位依法向社会公开其产生的主要污染物名称、排放方式、排放浓度和总量、超标排放情况,以及污染防治设施的建设和运行情况。督导检查建设单位公开环评信息。(市环保局牵头,会同市住建局、市水务局、市卫计局落实)

15.推进教育、卫生和食品药品安全信息公开。推进义务教育划片工作依据、程序、结果,随迁子女入学办法、入学流程、证件要求和办理方式公开,接受社会监督。加大学校财务信息公开力度。推动医疗机构院务公开,健全公开目录。做好涉及新食品原料、食品添加剂、食品安全标准以及食品安全风险评估结果等公开工作,继续加强对食品安全标准的宣传和解读。加强法定传染病疫情及防控信息的公开。做好食品药品监管信息、抽检抽验信息的公开工作,及时发布处罚信息、消费警示信息和产生重大影响的典型案件信息,积极回应社会关切。(市市场质量监管局、市教育局、市卫计局分别牵头落实)

四、围绕政府建设推进公开

16.积极推进决策公开。健全完善利益相关方、公众、专家、媒体等列席政府有关会议制度。各职能部门要积极实行重大决策预公开,扩大公众参与,对社会关注度高的决策事项,除依法应当保密的外，在决策前应向社会公开决策草案、决策依据等相关信息，并及时反馈意见采纳情况。推行医疗卫生、资源开发、环境保护、社会保障等重大民生决策事项民意调查制度，并以适当方式公开调查结果、意见收集和采纳情况。（各职能部门负责落实）

17.推进政策执行和落实情况公开。对政府工作报告、发展规划提出的重要事项，特别是省委、省政府和常德市委、市政府部署的改革任务、民生举措、重点工作，细化公开执行措施、实施步骤、责任分工、监督方式等，实事求是公布进展和完成情况。进一步加大对督查发现问题及整改落实、奖惩情况的公开力度。深化审计结果公告及整改情况的公开，以公开推动审计查处问题的整改，促进重大政策措施有效落实。（市审计局、各职能部门负责落实）

18.深入推进预决算公开。市财政部门在做好政府预决算公开的同时，要抓好使用财政资金的部门和单位预决算公开，公开内容应包括本单位职责、机构设置、一般公共预算收支、政府性基金预算收支、机关运行经费等情况。除涉密信息外，部门预决算支出应当公开到功能分类项级科目，一般公共预算基本支出细化公开到经济分类款级科目。要重点公开教育、医疗卫生、社会保障和就业、住房保障、涉农补贴等民生支出情况，包括项目名称、预算规模、补助标准、发放程序、资金分配结果等。（市财政局牵头落实）

五、围绕扩大政务参与加强解读回应

19.主动做好政策解读。建立政策解读工作机制，凡出台重要政策，牵头起草部门应将文件和解读方案一并报批，相关解读材料应于文件公开后3个工作日内在政府网站发布。要针对不同社会群体，采取不同传播策略，注重运用各类新闻媒体，特别要重视发挥主流媒体及其新媒体“定向定调”作用，及时全面准确解读政策，增进社会认同。（各职能部门负责落实）

20.积极回应社会关切。各级各部门要组织做好本地区本部门本系统的政务舆情监测工作，扩大舆情收集范围，及时了解各方关切，有针对性地做好回应工作。对涉及本地区本部门的重要政务舆情、媒体关切等热点问题，要认真研判处置，及时借助媒体、网站等渠道发布准确权威信息，讲清事实真相、有关政策措施、处置结果等。遇有重大突发事件时，负责处置的地方和部门是信息发布的第一责任人，主要负责人快速反应、及时发声。针对涉及突发事件的各种虚假不实信息，要迅速澄清事实，消除不良影响。做好当面申请、信函和邮件申请，通过津市市政府网和各部门网站等方式申请公开信息的办理工作，依法依规满足人民群众特殊信息需求。（各职能部门负责落实）

21.更好发挥媒体作用。各级各部门要善于运用媒体发布信息、解读政策，引领舆论、推动工作。对重要会议活动、重大决策部署、经济运行和社会发展重要动态等方面信息，要统筹运用媒体做好发布工作。重要信息、重大政策发布后，要注重运用主流媒体及其新媒体在重要版面、重要位置、重要时段及时报道解读。加强政务公开工作宣传和特色工作推荐，每月向市政务公开办报送2条以上与政务公开或政务服务有关的信息。（各职能部门负责落实）

六、围绕增强公开实效加强能力建设

22.提高政务公开工作制度化标准化水平。推进政府信息主动公开基本目录建设，进一步明确重点领域、重点行业公开的主体、内容、时限、方式等，提升主动公开的规范化水平。继续做好规范性文件清理结果公开工作，公开时要标明文件继续有效、失效等情形。严格执行保密审查制度，对拟公开的政府信息要依法依规做好保密审查。进一步总结完善政府信息依申请公开办理机制，依法依规满足人民群众特殊信息需求。（各职能部门负责落实）

23.提高政务公开工作信息化集中化水平。加强政府网站数据库建设，着力完善搜索查询功能，提升公开信息的集中度，方便公众获取。办好政府公报，着力提升规范性文件的发布质量和时效，并做好网上发布工作，发挥好标准文本的指导和服务作用。加快推进12345公共服务和投诉举报平台整合、建设、管理工作。（市政府办、市电子政务办负责落实）

各级各部门要高度重视政务公开工作，主要负责人年内至少听取一次工作汇报，研究部署推进工作；要确定一位负责人分管政务公开工作，列入工作分工，并对外公布；分管负责人要经常听取汇报，研究解决具体问题，推动工作落实。各级各部门要结合实际，制定具体实施方案或工作措施，明确工作责任，并在本要点公布后30个工作日内在本部门网站公开，2016年11月底前要将落实要点的情况形成书面材料报市政府办（联系电话：4218712，电子邮箱：1063385180@qq.com）。市政府办将对各级各部门落实情况进行督查，年底组织考核评估，并公布评估结果，考核评估结果纳入各级各部门绩效考核。

津市市人民政府办公室
关于印发《津市市行政执法办理制度》的通知

各镇人民政府、街道办事处，工业集中区管委会，市直及驻津有关单位：

《津市市行政执法办理制度》已经市人民政府同意，现印发给你们，请认真贯彻执行。

津市市人民政府办公室

2016 年 4 月 18 日

津市市行政执法办理制度

第一章 总 则

第一条 为加强行政执法争议协调、重点督办工作，提高行政效能，保持政令畅通，根据《湖南省行政执法条例》、《湖南省行政程序规定》等规定，结合我市行政执法工作实际，制定本制度。

第二条 我市行政执法机关在执行法律、法规和规章过程中发生的行政执法争议协调、督促查办，适用本制度。

第三条 行政执法争议协调、督促查办，应当遵循维护法制统一、保持政令畅通、提高行政效能、维护行政管理相对人合法权益的原则。

第四条 市政府法制办为主负责行政执法争议协调、督促查办工作。

第二章 行政执法争议协调

第五条 本制度所称行政执法争议协调，是指市政府法制办根据行政执法部门的申请、依其职权或者市政府领导交办，对行政执法争议进行协调处理的活动。

第六条 有下列情形之一的，行政执法机关可以依据本制度申请行政执法争议协调：

1、行政执法机关因行政管理职责发生的争议；

2、行政执法机关因行政执法依据发生的争议；

3、行政执法机关因联合执法发生的争议；

4、行政执法机关因行政执法协助发生的争议；

5、行政执法机关因移送行政执法案件发生的争议；

6、其他涉及行政执法争议事项。

第七条 有下列情形之一的，不适用行政执法争议协调：

1、不涉及法律规范适用的行政管理事务争议；

2、行政执法部门内部的行政执法争议；

3、行政执法部门因行政执法活动与行政相对人发生的争议。

第八条 发生本制度第六条规定情形的，有关行政执法机关应当及时协商解决。经自行协商不能达成一致意见的，除法律、法规和规章另有规定的，应当向市政府法制办提出行政执法争议协调申请。

行政执法机关自行协商达成一致意见的，不得违反法律、法规和规章的规定，不得损害行政管理相对人的合法权益。

第九条 行政执法争议协调申请，可以由发生争议的任何一方行政执法机关向市政府法制办提出。

第十条 行政执法机关申请行政执法争议协调，应当提交下列材料：

1、行政执法争议协调申请书；

2、有关法律、法规、规章和其他规范性文件；

3、其他有关文件、资料。

第十一条 市政府法制办收到行政执法争议协调申请后，应当在 3 日内进行审查，对不符合本制度第六条规定的，作出不予受理决定，并告知申请争议协调的行政执法机关。

第十二条 市政府法制办受理行政执法争议协调申请后，应当在 3 日内通知行政执法争议的另一方行政执法机关。另一方行政执法机关应当自收到通知之日起 5 日内向市政府法制办提交书面 答复及有关材料。

第十三条 市政府法制办在办理行政执法争议协调事项时，应当调查了解有关情况，充分听取有关行政执法机关的意见；必要时，可以召集有关行政执法机关负责人参加的协调会议，也可以邀请有关专家学者对争议事项进行论证。

第十四条 在行政执法争议协调过程中，对因争议协调事项不及时处置可能给公共利益或者行政相对人合法权益造成损失的，市政府法制办应当建议有关行政执法机关采取临时性处置措施。

第十五条 行政执法争议协调应当根据法律、法规和规章，并参考其他规范性文件。

有关法律、法规、规章及其他规范性文件对争议协调事项没有明确规定的，市政府法制办应当根据法律、法规、规章及其他规范性文件确立的原则进行协调。

第十六条 市政府法制办对争议协调事项应当按下列规定处理：

1、经协调，有关行政执法机关达成一致意见的，制作《行政执法争议协调意见书》，载明协调事项、依据和结果，送达相关行政执法机关执行。

2、经协调，有关行政执法机关无法达成一致意见的，市政府法制办应当提出行政执法争议协调书面建议，报请市政府领导决策。

争议经协调或政府领导决策之前，除关系公共安全或者公民人身安全外，行政执法机关不得单独作出行政处理决定。

第十七条 市政府法制办办理行政执法争议协调事项，应当在15日内办结；情况复杂，不能在规定期限内完成的，经主要负责人批准，可以适当延长，并告知申请争议协调的行政执法机关，但延长期限最多不超过5日。

第十八条 有关行政执法机关应当积极配合，协助执法争议协调工作，自觉执行《行政执法争议协调意见书》和临时性处置措施建议。

有关行政执法部门对《行政执法争议协调意见书》有异议的，可以在3日内向市人民政府提出。市人民政府认为异议成立的，可以责成市政府法制办再行协调；认为异议不能成立的，应当决定维持该意见书。

第十九条 有关行政执法机关对发生的行政执法争议不自行协商、不申请协调、阻挠协调，以及不执行或者拖延执行《行政执法争议协调意见书》，造成行政执法混乱或者其他严重不良社会影响的，由市政府法制办向市人民政府报告，由市人民政府给予通报批评，责令改正；情节严重的，由市监察机关追究行政执法机关负责人和其他责任人员的行政责任。

第三章 行政执法督促查办

第二十条 本制度所称行政执法督促查办，是指市政府法制办根据公民、法人和组织的反映或市政府领导的交办，对行政执法机关或执法人员不履行或拒绝履行法定职责的行为进行督促查办的活动。

第二十一条 行政执法督促查办采取催办、自行查处或责令限期纠正等方式进行。

第二十二条 市政府法制办经查证属实的，对行政执法机关或执法人员不履行或拒绝履行法定职责的行为，有权提请市人民政府发出《督办通知书》，责令有关部门限期办理，并报告办理结果。

有关行政执法部门对《督办通知书》有异议的，可以在3日内向市人民政府提出。市人民政府认为异议成立的，可以责成市政府法制办再行督办；认为异议不能成立的，应当决定维持该通知书。

第二十三条 有权行政执法机关不执行或者拖延执行《督办通知书》，造成行政执法混乱或者其他严重不良社会影响的，由市政府法制办向市人民政府报告，由市人民政府给予通报批评，责令改正；情节严重的，由市监察机关追究行政执法机关负责人和其他责任人员的行政责任。

第四章 附 则

第二十四条 本办法由市政府法制办负责解释。

第二十五条 本办法自发布之日起施行。

津市市人民政府关于印发《津市市行政机关参加行政诉讼暂行规定》的通知

各镇人民政府、街道办事处，工业集中区管委会，市直有关单位：

《津市市行政机关参加行政诉讼暂行规定》已经市人民政府同意，现印发给你们，请认真贯彻执行。

津市市人民政府

2016年4月18日

津市市行政机关参加行政诉讼暂行规定

第一章 总 则

第一条 为适应行政诉讼新的形势，规范我市行政机关行政诉讼应诉工作，提高行政诉讼应诉工作水平，及时有效化解行政争议，根据《中华人民共和国行政诉讼法》等法律法规规定，结合我市实际，制定本规定。

第二条 本规定所称行政机关，是指市政府、市政府直属各行政机关（包括法律、法规授权组织，下同）以及各镇人民政府。

本规定所称行政机关负责人，包括行政机关的正职和副职负责人。

本规定所称参加行政诉讼，是指行政机关在行政诉讼案件中作为被告或者第三人，向人民法院提交答辩状，参加人民法院开庭审理，依法行使诉讼权利、履行诉讼义务的活动。

第三条 行政机关法制机构负责本机关参加行政诉讼的指导、协调、监督工作。

市政府法制办应加强对全市行政机关参加行政诉讼工作的指导、协调、监督和考核工作。

第二章 承办单位和参加人

第四条 市政府作为被告的行政诉讼案件,按下列规定确定应诉承办单位(以下简称承办单位)和庭审等活动参加人:

(一)由市政府直接实施并作出的行政行为引发的案件,市政府法制办为承办单位,市政府负责人参加庭审等活动,同时可以委托1—2名市政府法制办工作人员或者律师作为一般授权代理人共同参加。

(二)由市政府直属各行政机关、镇人民政府具体实施而以市政府名义作出的行政行为引发的案件,除人民政府指定市政府法制办为承办单位外,由具体实施该行政行为的行政机关为承办单位,具体实施该行政行为的行政机关的负责人作为特别授权代理人参加庭审等活动,人民法院要求市政府负责人参加的除外。同时可以委托1名相应工作人员或者律师作为一般授权代理人共同参加。

第五条 市政府直属各行政机关、镇人民政府作为被告的行政诉讼案件,按下列规定确定承办单位和庭审等活动参加人:

(一)被起诉的行政机关法制机构或者具体实施该行政行为的机构为承办单位。

(二)被起诉的行政机关负责人参加庭审等活动,同时可以委托1—2名本机关具体工作人员或者律师作为一般授权代理人共同参加。

第六条 下列行政诉讼案件的庭审等活动,行政机关正职必须参加:

(一)社会关注度高的案件、群体性案件、行政赔偿数额较大的案件以及对行政执法具有指导意义的案件;

(二)本机关拒绝履行法定职责的案件;

(三)人民法院要求或者建议被起诉的行政机关正职参加的案件;

(四)本机关正职认为需要参加的其他案件。

第七条 行政机关收到人民法院的行政应诉通知书后,应当交由本机关法制机构按照本规定第四条、第五条、第六条的规定及时提出参加庭审等活动的行政机关负责人和其他委托代理人的具体人选,制作法定代表人身份证明书和委托代理人的授权委托书,一并报本机关法定代表人或者分管法制工作的负责人审定。授权委托书应当载明委托事项和具体权限,并由行政机关法定代表人署名、加盖行政机关印章。

第三章 工作要求

第八条 行政机关(含承办单位)行政正职为本机关参加行政诉讼的第一责任人,相关行政副职为第二责任人,委托代理人为具体负责人。

第九条 行政机关(含承办单位)应当严格依照《中华人民共和国行政诉讼法》等法律法规的规定,依法履行下列职责:

(一)认真签收人民法院送达的法律文书;

(二)及时向人民法院提出答辩状,提交作出具体行政行为的证据、依据和其他有关材料;

(三)参加庭审等活动;

(四)配合人民法院开展调查、调解;

(五)依法缴纳诉讼费用;

(六)自觉履行人民法院依法作出的生效的决定、判决、裁定、调解文书,对人民法院的司法建议,应当根据有关规定进行处理,并将处理情况告知人民法院;

(七)其他法定职责。

第十条 行政机关(含承办单位)负责人及其他委托代理人应当积极做好庭审等活动的准备,按照人民法院的通知,准时参加庭审等活动,在委托权限范围内履行职责,全面客观阐述行政行为所依据的事实、证据和法律依据,遵守法庭纪律。

第十一条 由市政府直属各行政机关、镇人民政府具体实施而以市政府名义作出的行政行为所引起的行政诉讼案件,市政府法制办应当在收到人民法院的行政应诉通知书以及其他行政诉讼文书后,及时向承办单位转送。

承办单位向人民法院提交的答辩状、证据、依据等材料,应当报市政府法制办审核后,方可由其提交人民法院。其中须加盖市政府印章的文书,应当报市政府法制办审核、市政府审定后方可加盖市政府印章。

第十二条 行政诉讼案件终结后,承办单位应当按照有关规定将案件材料立卷归档。

第十三条 行政机关行政诉讼应诉工作纳入本市依法行政考核内容。

行政机关应当提供行政应诉必需的工作保障条件。

第四章 工作制度

第十四条 建立行政诉讼部门联席会议制度。市政府法制办会同人民法院、相关行政部门定期召开联席会议,分析研判行政诉讼案件受理、审理和执行情况,通报信息、增进共识、加强协作,不断改进行政执法指导工作。

第十五条 建立行政诉讼庭审旁听制度。对行政机关负责人参加的行政诉讼庭审,市政府法制办会同人民法院共同组织行政机关负责人及其他行政执法人员观摩行政诉讼案件庭审活动,接受法制教育,吸取经验教训,提高行政机关负责人参与行政诉讼的能力和质量。

第十六条 建立行政诉讼案件综合协调制度。涉案行政机关要积极加强同人民法院的联系与沟通,探索解决行政争议的有效方式和途径,进一步完善行政诉讼案件和解、调解等综合协调工作机制,努力化解纠纷。对于社会影响大、可能影响社会稳定的行政诉讼案件,市政府法制办可协同有关单位向市政府相关领导报告情况。

第十七条 建立行政机关参加行政诉讼情况备案登记制度。行政诉讼案件审结后,行政机关应于行政诉讼案件审判结论作出后15日内,将参加庭审等活动的行政机关负责人的姓名、职务、参加审理情况,以及行政诉讼案件的决定、判决、裁定、调解文书复印件报市政府法制办备案登记。市政府作为被告的行政诉讼案件,由承办单位报送备案登记。

第五章　责任追究

第十八条　行政机关参加行政诉讼活动,有下列情形之一的,予以通报;符合行政过错责任追究规定条件的,予以行政过错责任追究;构成犯罪的,移送司法机关处理:

(一)无正当理由未按规定参加行政诉讼活动的;

(二)因未依法履行答辩、举证等义务,导致行政行为被撤销且造成重大经济损失或严重后果的;

(三)拒不履行人民法院生效的行政诉讼决定、判决、裁定、调解文书,造成严重后果的;

(四)对人民法院提出的司法建议未按有关规定进行处理的;

(五)涉案行政机关未将参加行政诉讼情况报送备案登记的;

(六)参加行政诉讼活动中存在其他违法、失职行为的。

第六章　附　　则

第十九条　行政机关在行政复议案件中作为被申请人参加行政复议,参照本规定执行。

第二十条　本规定由市政府法制办负责解释,自发布之日行。

津市市人民政府办公室关于废止《津市市价格调节基金管理办法》的通知

各镇人民政府、街道办事处,工业集中区管委会,市直及驻津有关单位:

根据《财政部关于取消、停征和整合部分政府性基金项目等有关问题的通知》(财税〔2016〕11号)、《湖南省发展和改革委员会关于转发国家发改委办公厅发改办价格〔2016〕389号文件的通知》(湘发改价调〔2016〕158号)的要求,2016年2月1日起,财政部停止通过向社会征收方式募集价格调节基金。我市2012年出台的《津市市人民政府办公室关于印发津市市价格调节基金管理办法的通知》(津政办发〔2012〕3号)与现行国家政策相抵触,不再适应工作需要,经研究,我市决定对《津市市人民政府办公室关于印发津市市价格调节基金管理办法的通知》(津政办发〔2012〕3号)予以废止。

津市市人民政府办公室

2016年4月19日

津市市帮扶工业企业十条(暂行)

为有效应对当前经济下行压力,帮扶工业企业减负增效,促进我市工业经济稳步增长,在全面落实中央、省、常德市惠企政策同时,特制订以下措施:

一、加大财政资金扶持力度。2016年,市财政安排2000万元工业企业帮扶解困专项资金,主要用于我市困难工业企业的融资奖补、技改补助、并购重组奖励、贷款贴息等。

2016年度市政府出资1000万元开展"助保贷"业务,出资2000万元入股省高新产业创投基金。

二、落实企业减负政策。企业缴纳的城镇土地使用税,亏损企业按地税部门相关政策享受减免;不符合减免条件,但企业发展前景较好、经营确有困难的,经企业申报,财政、工业集中区、科技工信部门审核认定,由市财政和工业集中区分别给予困难补贴。

工业项目建设阶段,全免市本级各项行政事业性收费,市本级相关服务性收费按不超过下限的30%收取。其他涉及工业企业的市本级各项行政事业性和服务性收费,执收单位按现行标准下限减半征收。

三、降低涉企中介收费。对与工业项目行政审批相关的规划核面、环境影响评价、节能评估、安全风险评估、消防设施检测等经营服务性收费,引导、鼓励、促进执收单位按最低收费标准减半执行。

建立企业资产评估报告互认机制,具有同等资质的机构出具的评估报告全市通用。在工业企业融资续贷时,企业抵押资产价值无重大变化的,相关机构和部门不得要求企业重复评估。

四、降低企业用工成本。企业工伤保险费率一类风险企业费率不变,二、三类风险企业在原费率基础上向下浮动至80%;缴纳的生育保险费率由0.7%降至0.5%;缴纳的失业保险费率单位缴纳部分由2%降至1.3%,对不裁员或少裁员且不欠缴失业保险费的用人单位,按照用人单位上年度实际缴纳失业保险费总额的40%给予稳岗补贴。

进城到企业工作的农民工在自愿的前提下,可继续参加新农保、新农合(暂定一年)。

合理确定企业最低工资标准调整幅度,从2016年起,最低工资标准调整幅度不超过5%。

支持帮助企业、园区、创业基地实行养老保险费费率过渡试点。对达到过渡费率试点条件的企业(园区可打捆),从批准之日起,根据用工规模,分别按12%或14%的费率缴纳养老保险费,以后每年提高1个百分点,逐步过渡到规定的统一缴费费率。

五、加大金融扶持力度。各银行业金融机构要稳定和扩大工业企业贷款存量,符合条件的企业可办理展期、续贷手续。如发生非正常抽贷、缩贷、断贷的,取消或减少财政性资金存款额度等对相关银行业金融机构的奖励优惠措施。

鼓励企业采用融资租赁方式购置生产设备,由市财政或工业集中区分别给予租赁利息10%的补贴。

各银行业金融机构对符合条件的工业企业年内要全面开展借新还旧等金融业务,降低企业续贷过桥成本。

六、推动企业并购重组。加大企业破产改制、并购重组力度,对2016年度重组成功且实现正常生产经营的,或重组后技改投入在300万元以上的,经工业集中区、科技工信、财政、审计部门审核,由市财政和工业集中区按被并购企业的资产总额分别给予奖励:被并购企业的资产总额在2000万元以上、5000万元以下的,奖励30万元;被并购企业的资产总额在5000万元以上、1亿元以下的,奖励100万元;被并购企业的资产总额在1亿元以上的,每增加1亿元,奖励100万元,最高不超过300万元。

对已经享受市政府优惠补助和减免政策的并购重组企业,不纳入本奖励范围。

七、鼓励企业转型升级。对工业企业进行技术改造,新增设备投资额达到300万元以上的,经工业集中区、科技工信、财政、审计部门审核,由市财政或工业集中区按新增设备投资额的2%分别给予企业一次性奖励,最高不超过100万元。未达到招商引资协议书约定投资额度的园区企业,不纳入本奖励范围。

对工业企业新认定为高新技术企业的,市财政一次性奖励5万元。

对新获批国家级、省级研发平台的,市财政一次性分别奖励10万元、5万元;对新获批常德市级研发平台的,奖励1万元。

八、加大政府采购倾斜力度。财政性资金和国有企业资金支出项目,同等条件下鼓励优先采购使用本地工业企业产品。对本地企业、行业协会、社会团体采购和消费本地产品数额在500万元以上的(以税务发票为准),根据采购额度评定等级,一等奖奖励10万元,二等奖奖励5万元,三等奖奖励3万元。

九、加大服务企业力度。深入推进“部门服务企业”活动,一个部门主要负责人结对服务一家工业企业,特殊困难企业由市政府派驻工作组实行精准帮扶解困。对接常德市工业企业公共服务平台,建设市中小企业服务中心和工业集中区企业服务中心,提供融资、管理、信息、培训等多项便捷服务;设立“工业企业110”热线,受理企业咨询、投诉。

十、加强监督检查。市政府办牵头,会同监察、科技工信、财政、审计、优化办等部门,每季度对本措施落实情况进行监督检查,及时查处不作为、慢作为、乱作为等行为。

本措施自发布之日起施行。如国家、省和常德市有更优惠措施的,按其政策执行。具体实施细则由市财政、市科技工信、工业集中区等部门制定。

津市市被征地农民社会保障工作暂行办法

2016-01-22

第一条 为完善我市被征地农民社会保障政策，促进规范管理，维护被征地农民合法权益，根据《湖南省人民政府办公厅关于做好被征地农民社会保障工作的意见》（湘政办发〔2014〕31号）和《常德市人民政府办公室关于印发<常德市市本级被征地农民社会保障工作的实施办法>的通知》（常政办发〔2015〕9号）精神，结合我市实际，制定本办法。

第二条 市城市规划区内因政府统一征收农村集体土地，而导致失去全部或大部分土地，且在征地时享有农村集体土地承包权的16周岁以上在册农业人口的社会保障，适用本办法。

其他区域对不具备生活条件被征地农民，农村集体经济组织又无法进行调地安置，当地政府无法进行异地安置的，参照本办法。

前款所称失去大部分土地，是指被征地后农村集体经济组织（以小组为单位）人均耕地不高于0.5亩；在册农业人口包括村改居人口。

被征地农民社会保障对象年龄基准日为土地补偿安置方案公告日。

第三条 被征地农民参加社会保障有关事宜由被征地土地所在乡镇（街道）、市国土资源局、市农经站、市公安局、市财政局、市人社局负责办理。

被征地土地所在乡镇（街道）负责组织国土所、派出所、劳保站等站所对被征地农民的参保资格进行初审。

市农经站负责对被征地农民土地承包经营资格进行审核。

市公安机关负责审核管辖地被征地农民的户籍、年龄资格。

市财政部门负责被征地项目社会保障资金财政专户资金到账的确认和管理；对人社部门计算的纳入社保人数财政补贴情况进行审核；负责相关工作经费安排。

市国土资源部门负责被征地项目社会保障资金的征收。

市人社部门负责被征地农民社会保障费用征收、开票和对被征农民享受社会养老保险补贴的标准进行审核。其所属的社会保险经办机构对被征地农民参加社会养老保险进行登记，建立被征地农民个人参保档案，缴费补贴台账，负责被征地农民个人缴费的征收、财政补贴到位的核算，养老金待遇的核算和发放。

第四条 被征地农民的认定。先由组或村（居）为单位进行摸底填报，并按要求进行公示，再报乡镇、街道、开发区管委会组织所辖相关部门初审，市国土、公安、农经、财政等部门审核后，再返回村（居）进行公示，公示后的名册经市人民政府审定后，由市财政和人社部门存档。

市人社部门严格区分其年龄段，核定其补贴标准后，即可办理企业职工基本养老保险（以下简称职保）和城乡居民基本养老保险（以下简称居保）的参保手续。

第五条 被征地农民社会保障资金来源：

（一）用地单位缴纳。征收农村集体所有的土地，用地单位应当将被征地农民社会保障费用列入工程概算，计入用地成本，本着“谁用地、谁负责”的原则，足额安排社会保障费用，不得减、免、缓。原用地单位欠缴的被征地农民社会保障费，应按新标准重新计算并限期缴纳。被征地农民社会保障费按每平方米40元的标准一次性提取。被征地农民社会保障费标准，随着征地补偿标准和全省在岗职工平均标准调整而适时调整。高速公路和铁路建设项目的社会保障费标准仍按《湖南省人民政府办公厅关于进一步做好高速公路和铁路建设被征地农民社会保障工作的通知》（湘政办发〔2010〕63号）精神执行。

（二）政府划拨。根据土地出让收入情况和被征地农民社会保障资金的实际需要，提取一定比例的土地出让收入用于被征地农民社会保障。

（三）集体补助。一次性提取10%被征土地的征地补偿费用于被征地农民社会保障。

（四）被征地农民社会保障资金的利息及其增值收入。

以上资金来源不足以支付缴费补贴的，由市人民政府予以解决。

第六条 征地单位拟征地需报省政府批准的，须携发改部门对该项目的批复、国土资源部门拟征地公告、被征地农民社会保障资金承诺函、缴纳“被征地农民社会保障费”收据、被征地农民参加养老保险登记表、被征地农民社会保障落实情况审核表，到市人社部门对项目所涉及的对象、保障项目、标准以及保障费用筹集办法等情况进行初审，经其审批同意后，由市人社部门向省国土资源部门出具该项目被征地农民社会保障落实情况的说明，并在被征地农民社会保障落实情况审核表上盖章，作为其用地报批的必备条件向上报批征地。

第七条 被征地农民社会保障以养老保险为主，根据社会经济发展状况，适时增加其他社会保险与社会救助。

第八条 鼓励被征地农民参加社会养老保险。被征地农民参加社会养老保险，给予缴费补贴。缴费补贴额＝征地当年被征地农民参加城镇职工基本养老保险时上一年度全省在岗职工年平均工资的60%×12%×补贴年限。具体补贴年限根据被征地农民土地补偿安置方案公告日时的年龄确定：16至30周岁的补贴6年；30周岁（含30周岁）至45周岁补贴8年；45周岁（含45周岁）至法定退休年龄的补贴10年；男60周岁（女55周岁）以上至70周岁的补贴12年；70周岁以上补贴15年。

同一被征地农民选择参加职保或居保，其享受的补贴标准一致。

第九条 对确定为保障对象的被征地农民，由所在地村（居）民委员会，组织村（居）民小组，在征地公告发布后一周内进行情况摸底，被征地农民选择参加职保或居保，填写被征地农民参加养老保险登记表，经公示、资格认定后报市人社部门进行参保登记。

不参加社会养老保险、不符合参保条件，以及参加居保但个人应缴费而不缴费的，均不得作为享受参保缴费补贴的对象。

第十条 被征地农民选择参加职保的，采取一次性缴纳或逐年缴纳养老保险费的方式。补缴时均按本办法第八条的标准享受缴费补贴额。一次性缴纳的起始时间，不得早于被征地农民本人年满16周岁的时间，也不得早于参保所在地城镇职工养老保险统账制度结合起始时间。

对于尚未达到待遇领取年龄且选择参加职保的被征地农民，其缴费补贴原则上分年缴纳，也可以一次性往前补缴。在达到待遇领取年龄时，缴费年限不足15年的，要通过补缴达到缴费满15年的要求；对于已达到待遇领取年龄且选择参加职保的被征地农民，其缴费补贴用于一次性往前补缴，缴费年限不得少于15年，缴费补贴不足以缴满15年的差额部分，由个人一次性补齐。

选择参加职保的被征地农民，其基本养老金、丧葬补助金、抚恤金和个人账户余额继承等养老保险待遇按上级有关规定执行。

第十一条 被征地农民选择参加居保的，在其个人账户增加被征地农民养老保险缴费补贴项目，将补贴额采取逐年或一次性记入个人账户的方式，记录缴费补贴情况。个人不缴费的年份，不享受缴费补贴。

对于尚未达到待遇领取年龄且选择参加居保的被征地农民，缴费补贴按相应的补贴年限分年计入。在达到待遇领取年龄时，应享受的缴费补贴尚未全部划转的，在领取待遇前的一个月内将缴费补贴余额一次性划入其个人账户；对于已达到待遇领取年龄且选择参加居保的被征地农民（含没有个人账户人员，这类人员先补建个人账户），将缴费补贴一次性划入其居保个人账户，并从次月起增发个人账户养老金。增发的个人账户养老金标准=缴费补贴÷居保个人账户养老金计发月数（参照现行职保个人账户养老金计发月数，不同的年龄对应不同的计发月数）。

选择参加居保的被征地农民，其基本养老金、个人账户余额继承等养老保险待遇按上级有关规定执行。

第十二条 原已参加居保的农民被征地后，可参加职保，按上述被征地农民参加职保的规定缴费并享受缴费补贴，其居保与职保的衔接按上级有关规定办理。

第十三条 已参加职保的农民被征地后，按规定享受缴费补贴。已领取职保待遇的，凭之前的缴费凭证，按程序审批结算。未达到待遇领取年龄的，其补贴用于缴费。

第十四条 对于家庭特别困难的被征地农民，按照属地管理原则，比照相关助保政策申请助保。

第十五条 从土地安置补偿方案公告之日起，符合条件的参保人员须在3年内办理职保或居保参保登记缴费手续，逾期未参保的，不再享受被征地农民参保缴费补贴。

第十六条 市国土资源部门按标准征收被征地农民社会保障费的情况；市财政部门对被征地农民社会保障资金的入库、拨付及财政补贴情况；市人社部门对被征地农民参保缴费、补贴到位情况，每半年对账一次，确保专项资金征收到位、收支平衡。

第十七条 本办法发布前已发布土地补偿安置方案公告的征地项目仍按原文件执行。

第十八条 本办法由市政府授权市人社局负责解释，自发布之日起施行。

常德规委会确定津澧城市空间发展一体化规划

常德市城市规划管理委员会召开2016年第1次会议了解到,审议并通过了《津澧城市空间发展一体化规划》,确定了津澧融城总体规划:一主两副三轴四板块。

即津澧新城一个主中心,澧县城区、津市城区中心两个副中心,区域衔接发展轴、融城发展轴、澧水景观轴三条发展轴,津澧新城、津市城区、澧县城区、国家级开发区四大板块,具体实施时间已纳入规划。

(一主两副三轴四板块规划图来源:市规划局)

津市、澧县同处澧水下游,洞庭湖区西部,与长江直线距离80多公里,自古就有“九澧门户”之称,两地同根同源,历史上经历过9次分分合合。津澧又是武汉城市群、成渝城市群、长株潭城市群的几何中心,二广高速常德段开通后,距湖北荆州仅90公里。可见,津澧不仅能辐射带动澧阳平原乃至澧水流域,更是湘西北对接长江的门户。

2013,市委、市政府从战略考量,作出了“推进津澧融城”的决策。围绕建设津澧新城这一目标,近年来,市委市政府做了大量务实而又有成效的前期工作,使津澧融城有了一定基础。

围绕津澧融城总体规划,会议明确城市交通形式是主干路串联组团和联系对外道路,各组团内部形成相对独立的次干路和支路系统;

修建澹洲大桥、津澧大桥、二广高速跨江、澧水三桥、澧水

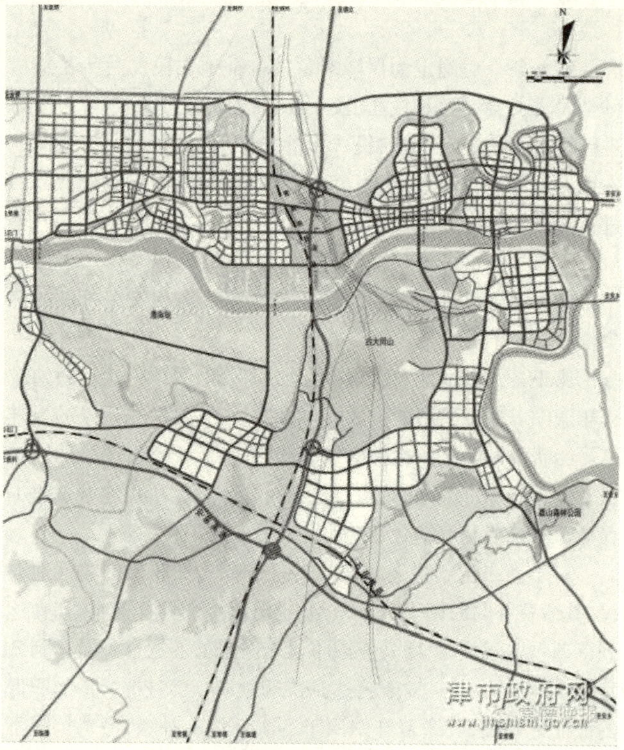

道路交通规划图

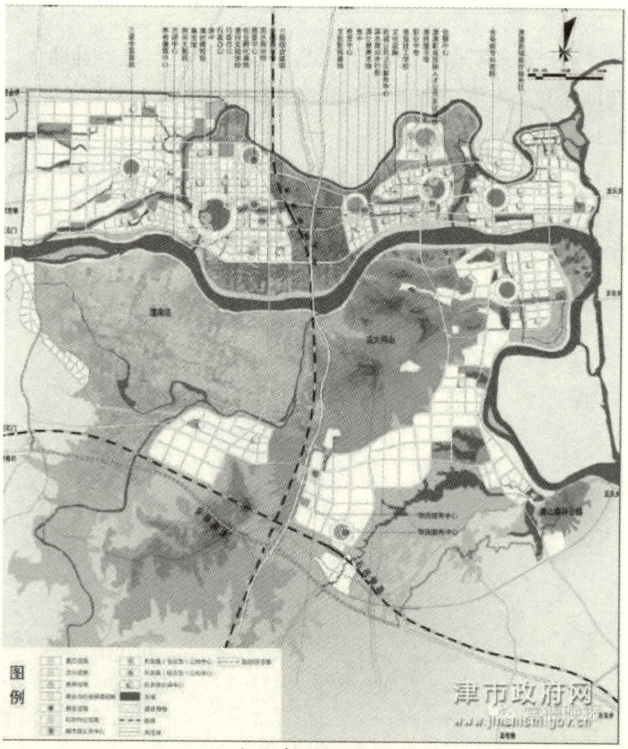

公共服务设施规划图

大桥、澧水二桥六座跨江通道；城市公共交通，通过区域专营或线路专营的方法，形成以客运站、高铁站为核心、城乡一体化的公共客运系统。

规划公共服务设施方面，设置城市级或区域级、片区级公、社区级三级公共中心，规划布局行政办公设施、文化施设、教育

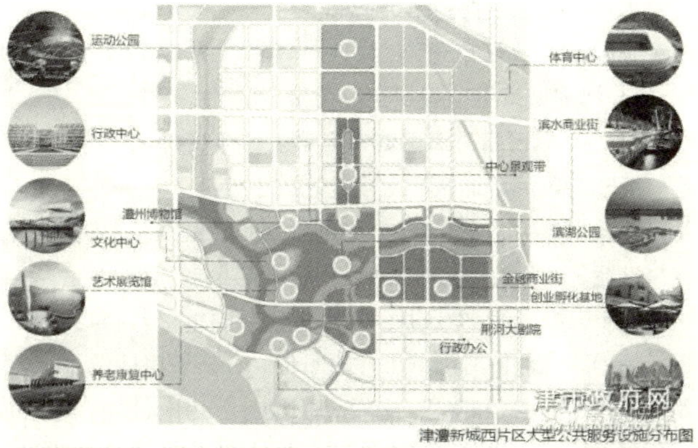

津澧新城西片区大型公共服务设施分布图

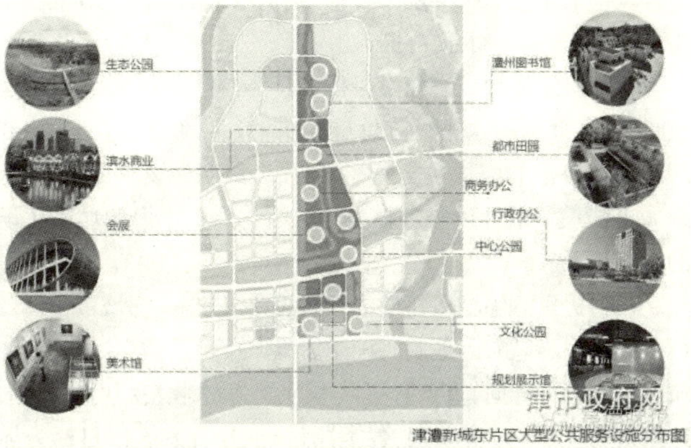

津澧新城东片区大型公共服务设施分布图

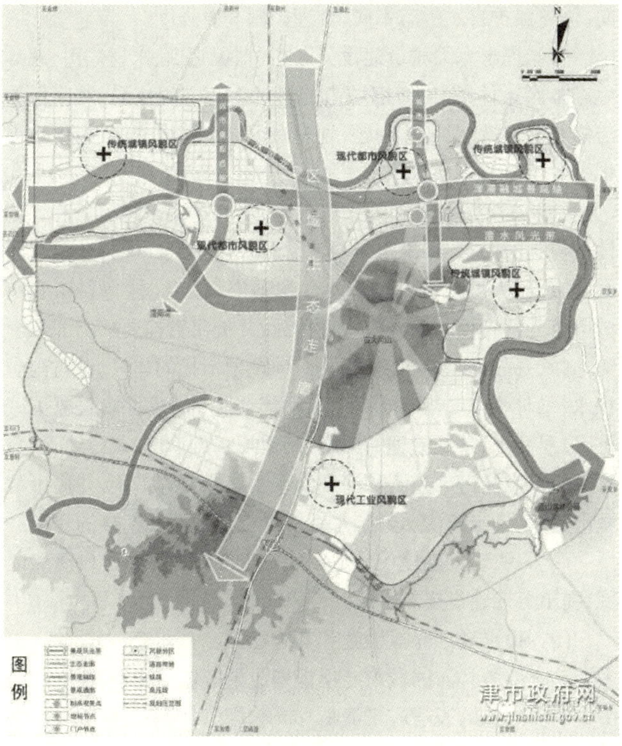

景观系统规划

科研等七类设施。

规划重大基础设施方面，津、澧统一防洪排涝建设标准，防洪排涝从大区域着眼，防洪排涝设施津澧一体化统筹布局；给水规划津澧取水水源统一取自澧水滟电大坝，适当整合现状水厂；规划新建澧县第二污水厂，澧水以北澹水以南澧县、津市的污水统筹考虑等。

景观系统规划维持山河城田的大格局。以水为脉，以景筑城，建设具有浓郁澧阳平原特色，自然与人工景观有机结合的“一廊、三带、三轴、三区、多节点”的景观风貌体系。

即是以二广高速和常荆铁路为依托构建区域生态走廊；沿区域内主要水系构建澧水、栗河—澹水、道河三条风光带；津澧融城景观轴、城市景观西轴、城市景观东轴三条景观轴；现代都市、传统城镇、现代工业三大风貌区；地标节点、门户节点、古大同山制高点等多个节点。

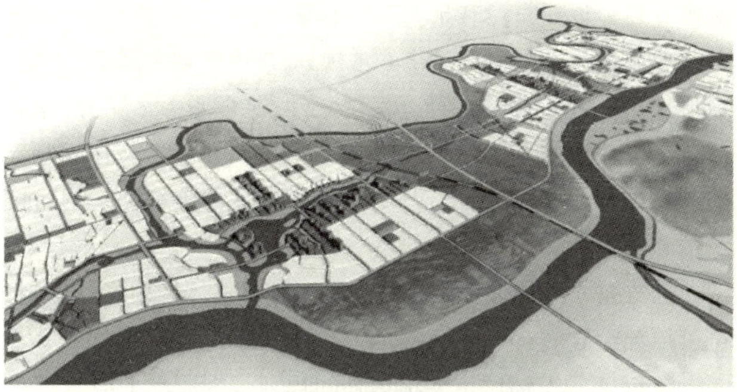
左岸城市，右岸田园，塑造澧水风光带

“融城发展走廊”——城市新的功能景观轴。

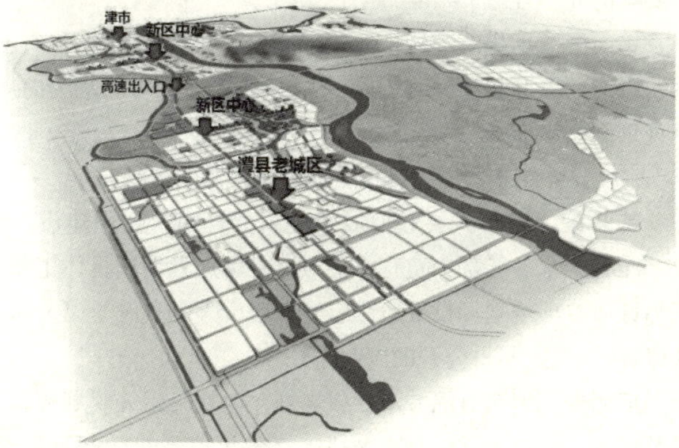

规划塑造澧水风光带。北岸规划滨江天际线塑造，滨水界面以点式建筑为主、增大建筑间距、前景背景层次分明，形成具有韵律感的天际线；

南岸控制城区强度分区，利用南岸凸岸和古大同山体形成水、绿、建筑交响辉映的格局，逐步形成“左岸城市，右岸田园”的澧水风光带，加快打造“津市—新区中心—澧县老城区”的城市新的功能景观轴——“融城发展走廊。”

海绵城市专项规划编制暂行规定

第一章　总　　则

第一条　为贯彻落实《中共中央国务院关于进一步加强城市规划建设管理工作的若干意见》(中发 [2016]6 号)、《国务院关于深入推进新型城镇化建设的若干意见》(国发 [2016]8 号)和《国务院办公厅关于推进海绵城市建设的指导意见》(国办发[2015]75 号),做好海绵城市专项规划编制工作,制定本规定。

第二条　海绵城市专项规划是建设海绵城市的重要依据,是城市规划的重要组成部分。

第三条　编制海绵城市专项规划,应坚持保护优先、生态为本、自然循环、因地制宜、统筹推进的原则,最大限度地减小城市开发建设对自然和生态环境的影响。

第四条　编制海绵城市专项规划,应根据城市降雨、土壤、地形地貌等因素和经济社会发展条件,综合考虑水资源、水环境、水生态、水安全等方面的现状问题和建设需求,坚持问题导向与目标导向相结合,因地制宜地采取“渗、滞、蓄、净、用、排”等措施。

第五条　海绵城市专项规划可与城市总体规划同步编制,也可单独编制。

第六条　海绵城市专项规划的规划范围原则上应与城市规划区一致,同时兼顾雨水汇水区和山、水、林、田、湖等自然生态要素的完整性。

第七条　承担海绵城市专项规划编制的单位,应当具有乙级及以上的城乡规划编制资质,并在资质等级许可的范围内从事规划编制工作。

第二章　海绵城市专项规划编制的组织

第八条　城市人民政府城乡规划主管部门会同建设、市政、园林、水务等部门负责海绵城市专项规划编制具体工作。海绵城市专项规划经批准后,应当由城市人民政府予以公布;法律、法规规定不得公开的内容除外。

第九条　编制海绵城市专项规划,应收集相关规划资料,以及气象、水文、地质、土壤等基础资料和必要的勘察测量资料。

第十条　在海绵城市专项规划编制中,应广泛听取有关部门、专家和社会公众的意见。有关意见的采纳情况,应作为海绵城市专项规划报批材料的附件。

第十一条　海绵城市专项规划经批准后,编制或修改城市总体规划时,应将雨水年径流总量控制率纳入城市总体规划,将海绵城市专项规划中提出的自然生态空间格局作为城市总体规划空间开发管制要素之一。

编制或修改控制性详细规划时,应参考海绵城市专项规划中确定的雨水年径流总量控制率等要求,并根据实际情况,落实雨水年径流总量控制率等指标。

编制或修改城市道路、绿地、水系统、排水防涝等专项规划,应与海绵城市专项规划充分衔接。

第三章　海绵城市专项规划编制内容

第十二条　海绵城市专项规划的主要任务是:研究提出需要保护的自然生态空间格局;明确雨水年径流总量控制率等目标并进行分解;确定海绵城市近期建设的重点。

第十三条　海绵城市专项规划应当包括下列内容:

(一)综合评价海绵城市建设条件。分析城市区位、自然地理、经济社会现状和降雨、土壤、地下水、下垫面、排水系统、城市开发前的水文状况等基本特征,识别城市水资源、水环境、水生态、水安全等方面存在的问题。

(二)确定海绵城市建设目标和具体指标。确定海绵城市建设目标(主要为雨水年径流总量控制率),明确近、远期要达到海绵城市要求的面积和比例,参照住房城乡建设部发布的《海绵城市建设绩效评价与考核办法(试行)》,提出海绵城市建设的指标体系。

(三)提出海绵城市建设的总体思路。依据海绵城市建设目标,针对现状问题,因地制宜确定海绵城市建设的实施路径。老城区以问题为导向,重点解决城市内涝、雨水收集利用、黑臭水体治理等问题;城市新区、各类园区、成片开发区以目标为导向,优先保护自然生态本底,合理控制开发强度。

(四)提出海绵城市建设分区指引。识别山、水、林、田、湖等生态本底条件,提出海绵城市的自然生态空间格局,明确保护与修复要求;针对现状问题,划定海绵城市建设分区,提出建设指引。

(五)落实海绵城市建设管控要求。根据雨水径流量和径流污染控制的要求,将雨水年径流总量控制率目标进行分解。超大城市、特大城市和大城市要分解到排水分区;中等城市和小城市要分解到控制性详细规划单元,并提出管控要求。

(六)提出规划措施和相关专项规划衔接的建议。针对内涝积水、水体黑臭、河湖水系生态功能受损等问题,按照源头减排、过程控制、系统治理的原则,制定积水点治理、截污纳管、合流制污水溢流污染控制和河湖水系生态修复等措施,并提出与城市道路、排水防涝、绿地、水系统等相关规划相衔接的建议。

(七) 明确近期建设重点。明确近期海绵城市建设重点区域,提出分期建设要求。

(八)提出规划保障措施和实施建议。

第十四条　海绵城市专项规划成果应包括文本、图纸和相关说明。成果的表达应当清晰、准确、规范,成果文件应当以书面和电子文件两种方式表达。

第十五条 海绵城市专项规划图纸一般包括：

（一）现状图（包括高程、坡度、下垫面、地质、土壤、地下水、绿地、水系、排水系统等要素）。

（二）海绵城市自然生态空间格局图。

（三）海绵城市建设分区图。

（四）海绵城市建设管控图（雨水年径流总量控制率等管控指标的分解）。

（五）海绵城市相关涉水基础设施布局图（城市排水防涝、合流制污水溢流污染控制、雨水调蓄等设施）。

（六）海绵城市分期建设规划图。

第四章 附 则

第十六条 设市城市编制海绵城市专项规划，适用本规定。其他地区编制海绵城市专项规划可参照执行本规定。

第十七条 各省、自治区、直辖市住房城乡建设主管部门可结合实际，依据本规定制订技术细则，指导本地区海绵城市专项规划编制工作。

第十八条 各城市应在海绵城市专项规划的指导下，编制近期建设重点区域的建设方案、滚动规划和年度建设计划。建设方案应在评估各类场地建设和改造可行性基础上，对居住区、道路与广场、公园与绿地，以及内涝积水和水体黑臭治理、河湖水系生态修复等基础设施提出海绵城市建设任务。

第十九条 本规定由住房城乡建设部负责解释。

第二十条 本规定自发布之日起施行。